Academia de Ciencias Políticas y Sociales

LIBRO HOMENAJE AL PROFESOR EUGENIO HERNÁNDEZ-BRETÓN

TOMO I

CARACAS / VENEZUELA

A12

Academia de Ciencias Políticas y Sociales
Libro Homenaje al Profesor Eugenio Hernández-Bretón / Academia de Ciencias Políticas y Sociales; prólogo Humberto Romero-Muci. – Caracas: Claudia Madrid Martínez; Editorial Jurídica Venezolana, 2019.
4 tomos

ISBN de la obra completa: 978-980-416-012-7
Depósito Legal: DC2019001945

1. DERECHO INTERNACIONAL PRIVADO 2. DERECHO COMPARADO 3. ARBITRAJE 4. DERECHO CONSTITUCIONAL 5. TEORÍA DEL DERECHO I. Título II. Romero-Muci, Humberto

Depósito legal: DC2019001945
ISBN: 978-980-416-013-4

ACADEMIA DE CIENCIAS POLÍTICAS Y SOCIALES
Avenida Universidad, Bolsa a San Francisco,
Palacio de las Academias
Caracas 1121-A
Teléfonos: (0212) 482.88.45 - 482.86.34 Fax: (0212) 483.26.74
e-mail: acienpoli@cantv.net / Página Web: www.acienpol.org.ve

Biblioteca "Andrés Aguilar Mawdsley"
Telefax: (0212) 481.60.35
e-mail: acienpol@cantv.net
Servicio on line: Sistema de Cooperación Jurídica: www.scjuridica.org.ve

Centro de Investigaciones Jurídicas
Teléfono: (0212) 377.33.58
Servicio on line: Proyecto Ulpiano: www.ulpiano.org.ve

Edición: Claudia Madrid Martínez y Editorial Jurídica Venezolana
Diseño de portada: Evelyn Barboza V.
Diagramación: Oralia Hernández

Impreso por: Lightning Source, an INGRAM Content company
para Editorial Jurídica Venezolana International Inc.
Panamá, República de Panamá.
Email: ejvinternational@gmail.com

Eugenio Hernández-Bretón

PRÓLOGO A LA OBRA COLECTIVA: "HOMENAJE AL PROFESOR EUGENIO HERNÁNDEZ-BRETÓN"

La Academia de Ciencias Políticas y Sociales se complace en patrocinar institucionalmente la publicación del libro homenaje al Profesor Eugenio Hernández Bretón, individuo de número y expresidente de esta corporación.

*

Es para mí un auténtico privilegio prologar esta obra homenaje que me compromete con la referencia de las múltiples y valiosas aportaciones académicas que se dieron cita para este reconocimiento, pero lo más importantemente, me permiten testimoniar sobre la calidad intelectual y humana de este eximio jurista venezolano.

Esta obra nace de la decisión de la Academia adoptada en la sesión ordinaria de fecha 21 de marzo de 2017, que tuvo por objeto la elección de la nueva Junta Directiva para el periodo 2016-2017 en la que resultó electo como Presidente el académico Gabriel Ruan Santos. En esa misma sesión terminaban 2 años de brillante ejecución de Eugenio Hernández Bretón como presidente de la Junta Directiva de la Corporación. La iniciativa de esta obra homenaje fue una decisión espontánea y entusiasta de los colegas numerarios para celebrar el liderazgo y las ejecutorias de Eugenio Hernández Bretón frente a la presidencia de la corporación en el muy especial periodo del centenario de la Academia, pero también –no es secreto, ni una excusa– para honrar la ejemplar trayectoria profesional y académica y el humanismo del homenajeado.

Rápidamente se conformó una comisión organizadora integrada por los académicos James Otis Rodner, Ramón Escovar, Julio Rodríguez Berrizbeitia y mi persona. Se delegó la coordinación ejecutiva del libro homenaje a la doctora y profesora Claudia Madrid Martínez. Ella dirigió la convocatoria, la recepción de las colaboraciones, la sistematización de los contenidos y la edición del texto de esta valiosa obra. Un esfuerzo titánico que se extendió por más de 3 años. Ella es la auténtica artífice del logro organizacional y del éxito de esta publicación homenaje.

La invitación a participar en esta publicación tuvo una respuesta aluvional. Se recibieron 110 trabajos monográficos de colaboración. Se dieron cita (i) (15) colegas numerarios de la Academia de Ciencias Políticas y Sociales, (ii) (2) colegas numerarios de otras corporaciones académicas nacionales, (iii) (76) profesores universitarios nacionales (iv) (18) profesores extranjeros provenientes de Argentina, España, Alemania, Chile, Japón, México, Estados Unidos, Puerto Rico, Paraguay, Panamá, Trinidad y Tobago y Uruguay

Las colaboraciones se recibieron en materia de (i) Derecho internacional privado, (ii) Derecho internacional, (iii) Derecho comparado, (iv) arbitraje, (v) inversión extranjera y arbitraje de inversión, (vi) Derecho constitucional, (vii) Derecho administrativo, (viii) Derecho tributario, (ix) Derecho civil, (x) Derecho mercantil, (xi) Derecho laboral, (xii) Derecho procesal, (xiii) Derecho penal, (xiv) teoría del Derecho, (xv) Derecho y economía, (xvi) Derecho y política y un (xvii) *addendum* de estudios sobre la personalidad y la obra del homenajeado.

Las colaboraciones recibidas se extienden a 3.298 páginas distribuidas en 4 tomos de 825 páginas cada uno. La obra fue editada en formato digital bajo los auspicios de la Editorial Jurídica Venezolana.

La cobertura económica de los gastos de diagramación y publicación electrónica y física del libro homenaje corresponde al generoso auspicio del Escritorio Baker & McKenzie, gracias al solícito apoyo de su socio administrador Dr. Ronald Evans Márquez.

**

La aluvional contribución a este libro homenaje solo se explica y se entiende, comprendiendo la inestimable personalidad de Eugenio Hernández Bretón, quien es considerado como un brillante intelectual. Esa cualidad no es casual, ni viene con el nombre ("**Eu gênio**" significa literalmente "**yo, genio**" en portugués)[1]. La realidad es que se trata de uno de los jurisconsultos venezolanos más reconocidos en el país y

[1] Correa Guatarasma, Andrés, Santos Luzardo en Hockenheim, en: *Libro homenaje a Eugenio Hernández Bretón*, Caracas, Academia de Ciencias Políticas y Sociales, 2019, p. 3231.

de mayor prestigio internacional[2], pero también se trata de un docente comprometido, de un extraordinario ser humano que nos honra con su impronta de venezolano ejemplar.

Hablar de la obra de Eugenio Hernández Bretón nos conduce forzosamente al Derecho internacional privado. Aquí sobresalen sus aportes a la contratación internacional, al Derecho procesal internacional y al arbitraje.

Su obra en materia de contratación comienza con su tesis doctoral sobre "**Cláusulas de elección de foro en condiciones generales de contratación**"[3] y se extiende a un estudio comparado de los sistemas latinoamericanos que sirvió como trabajo de incorporación en la Academia de Ciencias Politicas y Sociales intitulado "**Mestizaje cultural en el Derecho Internacional Privado de los países de la América Latina**"[4].

En materia de Derecho procesal internacional, además de innumerables artículos, destaca su obra "**Problemas contemporáneos del Derecho Procesal Civil Internacional venezolano**"[5].

Son múltiples sus escritos en materia de arbitraje, tanto comercial como de inversión.

Más allá del Derecho internacional privado, tiene aportaciones valiosas en el Derecho constitucional y el Derecho administrativo. Cultiva la historia del Derecho y el Derecho comparado.

A sus logros académicos y profesionales se une la virtud de poseer una mente abierta a otros campos del saber cómo la historia y la literatura, lo que le ha permitido realizar trabajos en el campo del Derecho en relación con la vida y actuación de personajes como Pablo Neruda y Andrés Eloy Blanco[6].

---

2 Rivas Dugarte, Rafael Ángel, Bibliografía del Doctor Eugenio Hernández Bretón, en: *Libro homenaje a Eugenio Hernández Bretón*, Caracas, Academia de Ciencias Políticas y Sociales, 2019, p. 3257.

3 *Internationale Gerichtsstandsklauseln in Allgemeinen Geschäftsbedigungen: unter besonderer Berücksichtigung des deutsch-südamerikanischen Rechtsverkehrs (dargestellt am Beispiel Argentinien, Brasilien und Venezuela)*, Frankfurt am Main, Lang, 1993, 323 pp.

4 *Discurso y trabajo de incorporación*, Caracas, Academia de Ciencias Políticas y Sociales, 2007, 117 pp.

5 Caracas, Editorial Sherwood, 2004, 149 pp.

6 Rivas Dugarte, Bibliografía del Doctor Eugenio Hernández Bretón..., ob. cit, p. 3257.

***

Eugenio Hernández Bretón destaca por su inteligencia en todos sus trabajos, pero también por su disposición a compartir su conocimiento, su calidad humana, su honestidad, la conformidad de sus acciones con sus palabras, su bonhomía.

Es montañista y aunque nadie es perfecto, es un discreto magallanero[7]. Es madrugador, noctámbulo y permanente pasajero, aunque nunca ausente[8].

Es conservador y a la vez vanguardista; académico, pero no protocolar[9]. Es un hombre sencillo. Le gusta la comodidad, pero detesta el lujo[10].

Ante el asombro de muchos, no usa reloj y es extremadamente puntual. Tampoco usa teléfono móvil, ni WhatsApp, pero siempre responde una llamada y un mensaje. Viaja en Metro a dar clases por toda Caracas, camina de su casa al despacho[11] y va "**enfluxado**".

Es un ávido lector y un buen conversador. Conversar con él sobre literatura es una gran experiencia. Compartir con él la mesa es un privilegio. Conoce de vinos, cervezas y rones. De orquídeas, de bromelias y de helechos.

Desde los 14 años consolidó un conocimiento plástico universal. Identificó a los clásicos de la pintura venezolana. Se sabe de memoria la Capilla Sixtina y mucho del palacio de los Ufizzi[12].

Mantiene una expresión seria. Es discreto y secreto. Es parco y de lenguaje llano. Algunos lo llaman "**la esfinge**". Por sobre todo estima la inteligencia del que le pide un consejo.

Es esencialmente venezolano y latinoamericano. A sus estudiantes les imprime el orgullo de ser venezolanos, destacando las muchas cosas buenas que hemos hecho. Conoce Venezuela como pocos, porque la ha recorrido, la ha "**caminado**".

---

7 Correa Guatarasma, Santos Luzardo en Hockenheim…, p. 3230.

8 Correa Guatarasma, Santos Luzardo en Hockenheim…, p. 3230.

9 Correa Guatarasma, Santos Luzardo en Hockenheim…, p. 3230.

10 Hernández Bretón, Juan Lorenzo, Mi hermano es un "tipazo": recuerdos de infancia y otros relatos de amigos sobre Eugenio Hernandez Breton, en: *Libro homenaje a Eugenio Hernández Bretón*, Caracas, Academia de Ciencias Políticas y Sociales, 2019, p. 3306.

11 Correa Guatarasma, Santos Luzardo en Hockenheim…, p. 3230.

12 Hernández Bretón, Mi hermano es un "tipazo"…, ob. cit., p. 3305.

Al hacer Derecho comparado siempre privilegia los sistemas latinoamericanos. Le cuesta entender que conozcamos más los sistemas europeos que los de nuestros vecinos.

Es generoso y solidario. Es un hombre profundamente familiar. Excelente hermano. Un hijo maravilloso y un padre amoroso y ejemplar. Es un muy buen amigo, es una persona de fiar. ¡Eugenio Hernández Bretón es un tipazo![13].

Pero la trayectoria vital de Eugenio Hernandez-Bretón no puede explicarse, y tampoco comprenderse, sin referirla a la personalidad magnifica de su esposa, Uxua Ojer: La luz de su camino y el centro de su mundo, de sus esperanzas y de sus logros.

****

La Academia extiende su gratitud a todos los autores que aportaron su aprecio a nuestro homenajeado. En especial un reconocimiento a la profesora Claudia Madrid Martínez por hacer posible la edición de esta magna obra. A la Editorial Jurídica Venezolana y al Escritorio Baker & McKenzie por la publicación del texto.

Este es un homenaje sincero y merecido al Profesor Eugenio Hernández Bretón. Para la Academia de Ciencias Políticas y Sociales es una obligación institucional reconocer a quién desde la ciencia promueve y defiende, con pasión y con razón, la dignidad del Derecho y del serio oficio de la docencia universitaria. A quien prestigia con su trayectoria y esfuerzo continuo la institucionalidad académica, encarnando el lema "**la Academia de Ciencias Políticas y Sociales está al servicio del país y servir al país es un honor**".

Este homenaje lo hacemos con gusto, con afecto y con gratitud.

Aguafría, octubre de 2019

Humberto Romero-Muci
Presidente
Academia de Ciencias Políticas y Sociales

[13] Hernández Bretón, Mi hermano es un "tipazo"…, ob. cit., p. 3306.

PRESENTACIÓN

El Dr. Humberto Romero-Muci, Presidente de la Academia de Ciencias Políticas y Sociales, me ha concedido el honor de presentar esta magna obra en homenaje a mi socio y amigo, Eugenio Hernández Bretón. El éxito de la convocatoria, reflejado en la participación de 123 autores nacionales y extranjeros, da cuenta de la admiración y estima que genera Eugenio en el foro jurídico, tanto en Venezuela como en el exterior.

Al realizar una breve revisión de la obra, vemos reflejados muchos aspectos de la personalidad y de la producción intelectual de Eugenio Hernández Bretón. Me parece, sin embargo, que faltaban unas notas sobre el quehacer del homenajeado como abogado en ejercicio y su relación con Baker McKenzie; una simbiosis digna de ser reseñada por las influencias y enriquecimientos mutuos, pues Eugenio, de alguna manera, también es producto de las enseñanzas de una escuela llamada Baker Mckenzie, lugar al que ingresó de pasante y donde lleva ya un recorrido vital de 41 años.

Eugenio vino al mundo en el umbral de la democracia venezolana, un 25 de abril de 1958. Realizó sus estudios de primaria y secundaria en el colegio San Ignacio de Loyola donde se gradúa en el año de 1976 (fue además miembro del Centro de Estudiantes desde 1971 a 1976). Es conocido el aprecio y conexión espiritual y cultural de Eugenio con su colegio y con los amigos que allí conoció. Mientras estudiaba le gustó practicar béisbol, tenis pero también excursionismo y montañismo. Ese último hobby lo conserva hoy en día y lo practica constantemente, tanto así que muchas de las reuniones de socios en el extranjero aún las aprovecha para ir a escalar a sitios nuevos.

Eugenio ingresa a cursar estudios en la Universidad Católica Andrés Bello donde se gradúa de abogado con los máximos honores (*summa cum laude*). De 20 años, y estando en el tercer año de la carrera, solicita su ingreso al Escritorio y comienza a trabajar como pasante a partir del 23 de noviembre de 1978 hasta el 30 de junio de 1981 y es inmediatamente contratado como abogado a partir del 1 de julio de 1981.

Los inicios en el Escritorio los dedica a realizar trabajos en el área de Derecho Civil, Mercantil, Administrativo y ya empieza a involucrarse en litigios internacionales. Como dato curioso, entre sus actividades extracurriculares, se hace cargo en 1981 de la sección "Cápsulas Legales" del programa de televisión que tenía el Ministerio de Educación y ya para ese entonces acreditaba conocimientos del idioma italiano e iniciaba estudios del alemán.

Con solo dos años de ejercicio profesional, Eugenio ya llama la atención de los socios por su curiosidad y acuciosidad intelectual. Nuestro homenajeado inicia un proceso de formación académica pocas veces visto entre los abogados venezolanos, dándose un recorrido jurídico por el Derecho anglosajón (Estados Unidos) y el Derecho continental (Francia y Alemania).

Así, con el soporte financiero de la firma en Caracas, parte a los Estados Unidos donde realiza un Seminario en Derecho Americano en la Universidad de Yale durante el verano de 1982, en preparación para optar a la Maestría en Leyes (LL.M.) que imparte la Universidad de Columbia. Allí culmina sus estudios superiores en el año de 1983. Para esa época es miembro del Senado Estudiantil de la Escuela de Derecho, el cual le otorga un Certificado de Mérito y es además miembro activo de la Columbia Society of International Law.

El Escritorio estará siempre pendiente de Eugenio y lo apoyará en sus diversas incursiones académicas a lo largo de su carrera (cosa que pudiera parecer rara en un despacho "americano" por la fama mal ganada de pensar solo en las horas y en la productividad de sus abogados) y es así como el socio administrador de la época, Freddy Paván Valery, le escribe el 19 de noviembre de 1982, lo siguiente:

> Deseo aprovechar esta oportunidad para reiterarte lo más complacidos que hemos estado con el trabajo que has desarrollado hasta ahora con nosotros. Estamos seguros de que al concluir tu post-grado, estarás aún mejor capacitado para continuar desempeñándote exitosa y brillantemente como abogado y de que cuando regreses a Caracas tu aporte profesional y personal será uno de los más valiosos

> para continuar el crecimiento de nuestra firma y mantener nuestro liderazgo entre los bufetes de Venezuela. En el plano personal, estamos convencidos de que con tu capacidad y conocimientos tienes un gran futuro con Baker & McKenzie.

Palabras proféticas de Freddy Paván pues Eugenio es, sin lugar a dudas, el socio que más ha destacado en aportes jurídicos en la historia de nuestro despacho de abogados en Venezuela. Su perfil de jurista integral con dotes de abogado sobresaliente en el competitivo mundo del ejercicio profesional, en distintas áreas del Derecho, no ha podido ser igualado.

Pasada la experiencia estadounidense, Eugenio decide emprender estudios en Alemania y solicita una beca al Comité de Desarrollo Profesional de la Firma bajo el "Graduate Scholarship Program" la cual le es concedida el 15 de julio de 1987. David Yates, Director de Desarrollo Profesional de la Firma, así se lo comunica:

> Le estoy escribiendo para informarle que en una reunión celebrada en la ciudad de Amsterdam, el Comité de Desarrollo Profesional decidió otorgarle la beca de la Firma bajo los auspicios del Programa de Estudios Legales de Postgrado. Igualmente le escribo para manifestarle mis felicitaciones personales para lo que constituye un logro considerable. Los estándares aplicados por la Firma son muy altos y en ningún momento está garantizado que la beca será otorgada cada año. Es por lo tanto de su mérito que el Comité haya sido de la opinión que este año sí se otorgaría la beca y estoy muy feliz de que vaya para alguien de la oficina de Caracas.

Así, Eugenio trabaja con la Firma hasta el 31 de marzo de 1986 y se dirige a Alemania a perfeccionar el idioma y a prepararse para asumir el reto de culminar otra Maestría en Leyes en la Eberhard-Karls Universität en Tübingen, donde obtiene el *Magister Legum* con mención *magna cum laude* en el año de 1988.

Habiendo terminado la Maestría en Alemania, ya Eugenio venía teniendo contacto con el profesor Erik Jayme, Decano de la Escuela de Derecho de la Universidad de Heidelberg y una de las autoridades más respetadas en el campo del Derecho Internacional Privado, quien acepta fungir como supervisor de estudios de Doctorado para Eugenio.

Eugenio decide emprender sus estudios de Doctorado e inmediatamente, en agosto de 1988, en Tübingen inicia investigaciones preliminares para luego dirigirse a la Universidad de Heidelberg. Sus estudios luego se concentrarán en el tema de la prórroga convencional de la jurisdicción internacional y de allí su tesis sobre "Cláusulas de elección de foro en condiciones generales de contratación", con un estudio comparado de los sistemas latinoamericanos.

Eugenio solicita una extensión de la beca que otorga el Comité de Desarrollo Profesional de Baker McKenzie. Dado que la beca está concebida como rotativa y solo de un año, la oficina de Caracas solicita a través de Malcolm Caplan que se haga una excepción a la regla.

Malcolm justifica así la solicitud:

> Eugenio ha fungido como asociado de la Firma por aproximadamente 7 años. En mi criterio, el cual creo es compartido universalmente por todos los socios de Caracas, Eugenio posee las mejores dotaciones intelectuales, entrenamiento y antecedentes de cualquier asociado en la historia de la oficina de Caracas. La mejor evidencia de esta conclusión es el hecho de que invariablemente a Eugenio le ha sido asignada la tarea de investigación primaria en virtualmente todos los asuntos críticos legales que confronta la oficina de Caracas.

Otro de los mentores de Eugenio en el Despacho, Eduardo Machado Iturbe, escribe varias comunicaciones en apoyo a las solicitudes de Eugenio.

El 25 de julio de 1988, David Yates le comunica a Eugenio la decisión de la Firma de extenderle la beca por un año para poder culminar con sus estudios doctorales y lo felicita por el logro extraordinario de un segundo año de beca "el cual es verdaderamente excepcional y solo acontece en candidatos de méritos sobresalientes".

Eugenio prosigue entonces y culmina con mención *summa cum laude* sus estudios de Doctorado en diciembre de 1991. No obstante, en 1990 decide pasar unos meses en Estrasburgo, Francia donde le es otorgado en abril de 1990, un Diploma en Derecho Comparado concedido por la Facultad Internacional de Derecho Comparado.

Eugenio regresa a la oficina como abogado con el rango de profesional asociado el 1 de septiembre de 1992. De allí viene una carrera meteórica: el 1 de julio de 1993 lo nombran socio local y en octubre de 1997 Luis Miguel Vicentini anuncia que la asamblea general de socios de toda la Firma reunida en Toronto, había votado favorablemente por la escogencia de Eugenio como nuevo socio internacional de la Firma.

A lo largo de todos estos años Eugenio ha tenido una brillante carrera como abogado en el ejercicio del Derecho, lo que demuestra una gran cualidad para traspasar los éxitos del campo académico al campo profesional. Eugenio goza de una extraordinaria reputación como abogado practicante en varias áreas del Derecho. Así se desprende de las diversas áreas donde el directorio internacional de abogados Chambers and Partners califica a Eugenio desde hace muchos años. En Resolución de Controversias, Banda 1; Derecho de Energía y Recursos Naturales, Banda 1; Árbitros más Buscados, Banda 1.

De manera aún más importante, Eugenio ha guiado su vida bajo valores humanos muy importantes como la amistad, la humildad y la solidaridad; además de la disciplina, responsabilidad y respeto por el tiempo ajeno y propio y el respeto por las personas mayores. Estos valores lo han destacado entre sus pares, al igual que frente a sus alumnos. Estos últimos han sido parte importante de su vida. Su trayectoria como profesor es larga, siendo sus principales centros de enseñanza: la UCAB (su alma mater), la UCV donde ingresó como profesor en 1992 y luego fue nombrado Coordinador de la Maestría en Derecho Internacional Privado y Comparado y, más recientemente, la Universidad Monteávila, como decano y a donde se incorporó como uno de sus profesores fundadores.

En la UCV ha trabajado no solo como profesor sino como constante colaborador de quien fuera su mentora, la Profesora Tatiana de Maekelt, en la Maestría de Derecho Internacional Privado y Comparado. La Dra. Maekelt ejerció una gran influencia en Eugenio. Pienso que le reafirmó la importancia de seguir adelante con la docencia y, además, de ser parte de la Academia de Ciencias Políticas y Sociales de Venezuela de la cual, no solo se convirtió en individuo de número, sino que alcanzó su presidencia a pocos años de su nombramiento. Además de la Dra. Maekelt, el Dr. Gonzalo Parra Aranguren ejerció gran influencia en

Eugenio. Siempre fue una referencia a consultar, por lo cual las visitas a la casa del Dr. Parra, bien en Altamira o en Europa, fueron constantes.

No obstante, la mayor influencia de Eugenio pienso que ha sido su padre, un gran jurista ampliamente reconocido por el foro. Lamentablemente lo perdió a temprana edad (murió en el año de 1973), pero gracias a los años que vivió con él y al constante recuerdo que su mamá le ha brindado de él, su papá ha sido de especial importancia. Igual que Eugenio, su papá vivió en Alemania y en Italia, fue un gran estudioso del Derecho, siendo su principal obra el Código de Comercio comentado. Podemos ver en el trayecto vital de Eugenio algunas coincidencias con la trayectoria de su padre.

Eugenio ha sido un muy buen hijo. Siempre se ha ocupado de su madre, la Sra. Socorro Rodríguez de Hernández-Bretón, con quien almuerza siempre los días viernes. La relación entre ellos es muy estrecha y de profundo calado.

Eugenio se casó con nuestra querida Uxua Ojer San Miguel en 1987, a quien conoció en Baker McKenzie cuando ella era pasante. Uxua ha sido una persona muy influyente en Eugenio al tiempo de ser una gran compañera de vida. Ambos comparten muchas pasiones e intereses comunes. Uxua también es profesora en la Escuela de Derecho en la UCAB y en la Universidad Monteavila y es una reconocida profesora y abogada. Uxua y su familia acogieron a Eugenio como un hijo y un hermano más. De manera que en los Ojer tiene otra familia.

Uxua y Eugenio tienen dos hijos, Armando y Eukene (Eugenia en vasco). Los dos Ignacianos hasta la médula como su papá. Armando de 19 años ahora estudia en Oxford, Inglaterra y Eukene de 16 años, cursa bachillerato en el colegio San Ignacio. Eugenio es un extraordinario padre, siempre pendiente de ellos en unión de Uxua.

Como se ve de estas breves notas, Eugenio y Baker McKenzie han tenido una historia de afectos, apoyos y respetos mutuos. En una conversación de hace un par de años con Eugenio le preguntaba si había considerado alguna vez irse de la Firma. Recuerdo que Eugenio me dijo en los términos más categóricos que "Baker es y seguirá siendo mi casa. El día que me retire me dedicaré a otra cosa".

En estos tiempos convulsos y de crisis, Eugenio ha logrado transmitir a la organización un maravilloso ejemplo de resiliencia y amor incondicional a Venezuela y al estudio del Derecho. A los abogados del Escritorio los motiva con frases como estas: "El trabajo salva, aún en los peores momentos; tener algo en que ocuparse es un gran alivio". Otra: "Aún en los peores momentos, la gente se sigue casando, los niños siguen yendo a la escuela, en fin la vida continúa. Siempre continúa". También alienta diciendo: "A Baker McKenzie siempre llegan extraordinarios casos, tú puedes trabajar en lo que quieras", y así entre otras.

Una de sus alumnas y ahora asociada del Escritorio me escribe sobre Eugenio:

> No solamente su aporte al mundo jurídico es digno de admiración y respeto, ya que además de ser un excelente profesional, es un mentor que cualquiera querría tener, y, sobre todo, una maravillosa persona. De las más humildes y agradables que conozco y que conoceré, sin duda. Su ética profesional y sus valores como ser humano, ciudadano y abogado, son inspiración y ejemplo a seguir. La luz más brillante, especialmente en momentos de oscuridad.

Valga pues nuestra admiración y respeto por Eugenio en este más que merecido homenaje que le concede la Academia, deseando que su obra y ejemplo nos acompañen por muchos años más.

Ronald Evans Márquez
Socio Administrador Baker McKenzie
Profesor de la UCV y de la UCAB

ÍNDICE

LIBRO HOMENAJE AL PROFESOR EUGENIO HERNÁNDEZ-BRETÓN

TOMO I

I. DERECHO INTERNACIONAL PRIVADO

TOMO II

II. DERECHO INTERNACIONAL

V. INVERSIÓN EXTRANJERA Y ARBITRAJE DE INVERSIÓN

VI. DERECHO CONSTITUCIONAL

TOMO III

VII. DERECHO ADMINISTRATIVO

VIII. DERECHO TRIBUTARIO

IX. DERECHO CIVIL

TOMO IV

XII. DERECHO PROCESAL

XIII. DERECHO PENAL

XIV. TEORÍA DEL DERECHO

XVI. DERECHO Y POLÍTICA

XVII. OTROS TRABAJOS

ADENDUM - ESTUDIOS SOBRE EL HOMENAJEADO

I. DERECHO INTERNACIONAL PRIVADO

EL DERECHO INTERNACIONAL PRIVADO ARGENTINO APLICADO A PARTIR DEL NUEVO CÓDIGO CIVIL Y COMERCIAL

ADRIANA DREYZIN DE KLOR*

Resumen: El Derecho internacional privado viene cobrando una importancia radical en lo que va del nuevo siglo. Se trata de una transformación profunda que se advierte al consultar los anales de jurisprudencia ya que el listado de conflictos que han tenido lugar en este período, refleja la dinámica que revisten las relaciones jurídicas internacionales de carácter privado. Frente a esta situación consideramos interesante adentrarnos en las decisiones provenientes de los órganos judiciales a la hora de pronunciarse en temas que conectan ordenamientos jurídicos de diversos estados. Nuestra perspectiva se centra en la jurisprudencia argentina, principalmente a partir de la sanción del nuevo Código Civil y Comercial que cuenta con un sistema de Derecho internacional privado.

Abstract: *Private international law is gaining radical importance so far in the new century. It is a profound transformation that is noticed when consulting the annals of jurisprudence since the list of conflicts that have taken place in this period, reflects the dynamics of international legal relations of a private nature. Faced with this situation, we consider it is interesting to enter into the decisions coming from the judicial bodies when deciding on issues that connect legal systems of different states. Our perspective focuses on Argentine jurisprudence, mainly from the enactment of the new Civil and Commercial Code that has a system of private international law.*

Sumario. I. Un justo homenaje. II. Un sobrevuelo introductorio. III. El Derecho Internacional Privado en la justicia argentina. IV. La jurisprudencia argentina a partir del nuevo acervo normativo: A. Sobre la igualdad de trato procesal. B. Reconocimiento de emplazamiento filial. C. La sucesión internacional. D. Sustracción internacional de menores. V. Reflexiones finales[1].

---

* Profesora titular de Derecho internacional privado. Universidad Nacional de Córdoba, Argentina. Académica de número de la Academia Nacional de Derecho y Ciencias Sociales. Coautora de las normas de Derecho internacional privado del Código Civil y Comercial. Investigadora SECYT cat. 1. Árbitro del Tribunal Permanente de Revisión de MERCOSUR.

1 Este trabajo está elaborado sobre la base de la comunicación presentada al XII Seminario de Derecho Internacional Privado celebrado en Lisboa, 13/14 de setiembre de 2018.

I. UN JUSTO HOMENAJE

Hace casi dos décadas tuve el privilegio de conocer a Eugenio Hernández Bretón, quien desde ese primer encuentro reflejó su sapiencia jurídica, principalmente en el área del Derecho internacional privado y su bonhomía como persona.

El Profesor Eugenio Hernández Bretón, es sumamente respetado por quienes tenemos el honor de compartir con él eventos jurídicos y por tanto no sorprende señalar que me siento honrada de poder participar como invitada en este justo homenaje que se le rinde.

Esta ocasión es sumamente oportuna para traer una vez más, reflexiones sobre los desarrollos de esta ciencia en el mundo postmoderno[2]. Numerosas obras de su autoría trascendieron las fronteras de Venezuela y tanto en América como en Europa es de recibo su doctrina siendo utilizada como material de inspiración de análisis de discípulos y colegas.

El tema elegido para homenajear al profesor y al académico, enraíza en la materia a la que el Dr. Hernández Breton se ha dedicado con ahínco y profundo apasionamiento ya que hemos escogido la problemática referida a la aplicación judicial del Derecho internacional privado. Nuestra mirada es desde la nueva regulación jurídica que ofrece la ciencia jusprivatista internacional en Argentina.

II. UN SOBREVUELO INTRODUCTORIO

Las relaciones privadas de tráfico externo están sometidas a la estructura y cambios experimentados por la sociedad internacional, y es inevitable señalar que en lo que va del siglo, las transformaciones producidas no son para nada un hecho menor. En efecto, hasta hace solo unas décadas, el Derecho internacional privado era considerado una suerte de laberinto con visos esotéricos, enseñado por profesores dedicados a exprimir en términos sistemáticos, un arcaico y heterogéneo

2 Acerca de esta etapa, ver: Jayme, Erik, Identité culturelle et intégration: Le droit internationale privé postmoderne – Cours général de droit international privé 1995, en: *Recueil des Cours*, 1995, Vol. 251.

conjunto de normas[3]. Comulgaba con este escaso desarrollo, el exiguo número de casos planteados ante nuestros tribunales, hecho que contribuía a enseñar en las aulas, antigua jurisprudencia a fin de ejemplificar la aparición de los diversos institutos que integran la materia.

El cambio producido se advierte con solo consultar los anales de jurisprudencia del siglo XXI. Una mirada al listado de conflictos que han tenido lugar sirve para reflejar la dinámica que revisten las relaciones jurídicas internacionales de carácter privado.

Frente a esta situación ¿qué sucede con los órganos judiciales a la hora de decidir en estos temas que conectan diversos ordenamientos jurídicos requiriendo una metodología propia, a la vez que se torna necesario situarse en un escenario que difiere del que se utiliza ante la problemática jusprivatista interna?

Si bien frente a la gran cantidad de conflictos que hoy se suscitan en el marco del tráfico jurídico externo, los magistrados se vienen capacitando para abordar con solvencia los intrincados problemas que estos casos suscitan, no faltan situaciones en que no se atiende el método propio del Derecho internacional privado para resolverlos.

Otro factor a destacar vinculado a esta ciencia pasa por corroborar que a lo largo de su historia, el Derecho internacional privado ha girado en torno a la idea de ofrecer una plataforma jurídica eficiente para resolver los conflictos internacionales que se originan en torno a los particulares[4]. En este orden, es dable preguntarse si las normas de Derecho internacional privado incorporadas al nuevo Código Civil y Comercial argentino[5]. Son útiles al desarrollo de las relaciones jurídico privadas internacionales y en su caso, si potencian la vida internacional de los particulares; en definitiva, si son eficaces a la hora de resolver los conflictos jurídicos de tráfico externo[6].

---

3 Álvarez, González, Santiago, Efectos en España de la gestación por sustitución llevada a cabo en el extranjero, en: *Anuario Español de Derecho Internacional Privado*, 2010, p. 340.

4 Carrascosa, González, Javier, *Conflicto de leyes y teoría económica*, Madrid, Colex, 2011, p. 16.

5 Ley 26994. Fecha de Publicación: B.O. 8/10/2014. El Código Civil y Comercial entró en vigor el 1 de agosto de 2015.

6 La tutela judicial efectiva exige que la solución a un conflicto judicial entre particulares sea eficiente. Si este valor no se concreta la garantía del derecho no es real ni auténtica

La doctrina norteamericana enfatiza esta idea de eficiencia a través del *due process*, señalando que en casos sin contactos suficientes con un país, la aplicación de la ley de dicho estado, conduciría a un proceso injusto en términos constitucionales[7]. Además, las partes se verían sorprendidas por la aplicación de una ley que no pudieron prever[8].

Retrocediendo en el tiempo, puede entenderse que la situación del Derecho internacional privado es particular: al haber sido tradicionalmente un sector con muy escasas normas positivas y sin sistematización alguna, se comprende que tanto desde la academia e incluso, a veces, en sentencias judiciales, se hiciera más filosofía jurídica que ciencia jurídica. Esta situación fue cambiando en el devenir y los sistemas de Derecho internacional privado han ido creciendo, tanto cualitativa como cuantitativamente, dándose un importante paso en Argentina con la sistematización de la materia en el nuevo Código Civil y Comercial. En efecto, las normas de DIPr están compiladas en el Libro Sexto, Título IV, en consecuencia, si bien no se logra aún la aspiración de máxima de los jusprivatistas internacionalistas que gira en torno al reconocimiento de la autonomía legislativa de una disciplina que goza de autonomía científica, el hecho de agrupar buena parte de la materia bajo un único título, aunque dedicado solo a dos de sus tres sectores, es un paso importante en tal dirección[9]. A partir de esta nueva situación se torna

---

quedando el derecho solo en una proclamación insustancial completamente vacía. La tutela judicial efectiva significa que los titulares de derechos constitucionales y receptados en las leyes, los pueden realizar de manera real. Conf. Carrascosa González, *Conflicto de leyes…*, ob., cit., p. 28.

7 Scoles, Eugene / Peter Hay / Patrick Borchers / Symeon Symeonides, *Conflict of Laws*, St Paul, West Group, 3th ed., 2000, pp. 151-155.

8 Brilmayer, Lea / Jack L. Goldsmith / Erin OHara OConnor, *Conflict of Laws*, New York, Wolters Kluwer, 2015.

9 Lamentablemente, importantes temas quedan sin legislar. Así, el sector del reconocimiento de decisiones extranjeras que fuera diseñado por el equipo que elaboró esta normativa y elevado a la comisión de reforma, no se incorpora al título. Lo mismo sucede con las normas referidas a sociedades constituidas en el extranjero. En el primer caso, continúan vigentes las normas contenidas en el Código Procesal Civil y Comercial de la Nación y en los ordenamientos procesales provinciales, en tanto que la regulación de las sociedades constituidas en el extranjero, sigue sometida a lo dispuesto en la Ley de Sociedades Comerciales. Otros temas que integran el Derecho internacional privado no fueron abordados, pues *ab initio* se nos anticipó que no debíamos incluir –al menos en esta etapa–, la regulación de situaciones internacionales plasmadas en leyes especiales que reciben una regulación autónoma (por

visible un sector que se encontraba diseminado a lo largo de la derogada legislación civil y de distintos cuerpos normativos que continúan en vigor.

Es cierto que con la sanción del Código Civil y Comercial no se supera en un todo esta dispersión normativa de la materia empero, se da un paso muy importante en esta dirección. Hoy son parte del Derecho internacional privado de Argentina las normas del Código Civil y Comercial; las normas de Derecho internacional privado diseminadas en leyes especiales, *v.g.*, en la ley de sociedades, en la ley de concursos y quiebras, las normas sobre reconocimiento y ejecución de sentencias y laudos extranjeros que se encuentran en el Código Procesal Civil y Comercial de la Nación y en los códigos de procedimiento de las provincias, las normas de Derecho internacional privado de la navegación, las normas de Derecho internacional privado relativas a la propiedad intelectual, a los derechos de autor y conexas, entre otras. Va de suyo que tienen jerarquía sobre las normas internas, las normas jusprivatistas acordadas a través de tratados internacionales. En este sentido, solo por ilustrar sobre algunos foros de codificación que nutren a esta ciencia mencionemos las convenciones provenientes de las Conferencias Interamericanas Especializadas sobre Derecho Internacional Privado (CIDIP), la Conferencia de La Haya, la Organización de Naciones Unidas (ONU) –también en la CNUDMI (Comisión de las Naciones Unidas para el Derecho Mercantil Internacional), los protocolos y Acuerdos ratificados en el ámbito del proceso de integración regional Mercosur.

Como se advierte, a la hora actual el Derecho internacional privado argentino es un sector del ordenamiento jurídico fuertemente positivizado, hecho que influye en su aplicación judicial facilitando el encuadramiento de las situaciones jurídicas privadas de tráfico externo a las reglas jusprivatistas vigentes, sean de fuente institucional, convencional o autónoma[10].

ejemplo, Derecho internacional privado de la navegación, insolvencia, seguros y derechos de autor y conexos). Asimismo, el grupo de trabajo que conformamos no abarcó la problemática de las inmunidades jurisdiccionales de Estados y organizaciones internacionales.

[10] Con relación a las fuentes de Derecho internacional privado puede verse: Dreyzin de Klor, Adriana, *Derecho internacional privado actual*, Buenos Aires, Zavalía, 2016.

Ahora bien, las normas de conflicto no son mecanismos normativos puramente localizadores, ajenos a los valores constitucionales. Este es un falso dogma que, al decir de Álvarez González, hoy ha quedado destruido. La neutralidad técnica de las normas de conflicto se ha ido abandonando –si alguna vez existió– abriéndose paso cada vez con mayor receptividad la idea de una orientación material en el procedimiento de localización[11]. Puede afirmarse así, que la selección de los factores de conexión de las normas de conflicto propias del Derecho internacional privado no es un acto meramente técnico. En este orden de ideas, el nuevo Código se hace eco de esta traza asumiendo la importancia que reviste particularmente dicha conexión en instituciones en que está en juego la defensa de los intereses de los vulnerables de la relación jurídica. En esta línea de pensamiento, importante doctrina ha defendido que la elección del punto de conexión nunca debe ser arbitraria[12]; y el legislador debe elegir las conexiones que mejor encajan con los valores materiales que recepta la Constitución y los Tratados de Derechos Humanos. Ello lleva a considerar que a través del Código Civil y Comercial se ha producido la constitucionalización del Derecho privado y del Derecho internacional privado[13].

De esta suerte, es dable comprender que no se puede caer en la tentación de desconocer la realidad y pensar que el modelo diseñado desde la teoría puede asumirse por el colectivo social sin más. Si se abre la puerta a esta ficción, es porque se legisla más allá de los intereses de los particulares llamados a colaborar con el modelo. Como no cabe otra interpretación, se produce un asincronismo entre la ley y la realidad que desde el primer momento trae problemas de difícil solución. Bien señala Espinar Vicente que la ley no debe ir ni a remolque de la realidad social ni exclusivamente delante de ella. En todo caso se debe adaptar a las variables del tiempo en que se aplica, y como motor de cambio

---

11 Prujiner, Alain, Le droit international privé: un droit du rattachement, en: Études *de droit international en l'honneur de Pierre Lalive*, Helbing & Lichtenhahn, 1993, pp. 161-172.

12 Así, conforme cita Carrascosa González, G. Beitzke, A.N. Makarov, W. Wengler, E. Jayme y F.K. Juenger entre otros, desechan las teorías por las que se sostuvo la "naturaleza meramente formal o técnica de las normas de conflicto", Carrascosa González, *Conflicto de leyes…*, ob. cit. p. 231.

13 Conf. Lorenzetti Ricado L., *Fundamentos de Derecho privado. Código Civil y Comercial de la Nación Argentina*, Buenos Aires, Thomson Reuters, La Ley, 2016, p. 35.

social. Debe amoldar y acompasar su ritmo al de la evolución de los planteos ideológicos de base para evitar su pérdida de contacto con los verdaderos intereses del universo al que sirve. Hay que ser conscientes de no caer en la confusión que conduzca a un desajuste entre el modelo y los sentimientos y concepciones sociales, del hecho que no sea necesario actuar con urgencia sobre unos perjuicios que se corregirán en función de intereses prioritarios, como son por ejemplo, los que se desprenden de los Tratados de Derechos Humanos que impregnan toda la legislación.

Asumiendo que el Derecho es un instrumento para la vida y para la ordenación y resolución de las controversias concretas que surgen entre las personas, se comprende la importancia que adquiere en esta ciencia jusprivatista internacional, la aplicación judicial de sus normas. Se ha reiterado hasta el cansancio que la finalidad del Derecho internacional privado es la justicia, empero con la subsiguiente aseveración referida a que la justicia que persigue y debe desarrollar el Derecho internacional privado no es la misma que la justicia que persigue el Derecho privado interno[14]. Esta diferencia se entiende en la medida que se comprenda que el objeto del Derecho internacional privado –los casos jusprivatistas internacionales– difiere de los casos internos en tanto estos carecen de la conexión a diversos ordenamientos jurídicos nacionales que caracteriza a los primeros.

En efecto, en los casos internos no se plantean los interrogantes que obran de punto de partida en el supuesto internacional; bien se sostiene que la justicia en Derecho internacional privado es una cuestión que atañe no a los estados sino a los particulares, pero que hay que llevar a cabo en un mundo jurídicamente fraccionado[15].

Esta premisa cobra sentido pues por una parte, la unificación / armonización del Derecho internacional privado tiene un alcance limitado; en tanto que desde otra arista, no existe un Derecho internacional privado mundial pese al gran desarrollo que se advierte en los foros de

---

14 van Hecke, Georges, Principes et méthodes de conflit de lois, en: *Recueil des Cours*, 1969, Vol. 126, p. 445.

15 Garcimartín, Alferez, Francisco J., La racionalidad económica del Derecho internacional privado, en: *Cursos de Derecho Internacional Vitoria-Gasteiz*, Vitoria, Universidad País Vasco, p. 91.

codificación internacional. Por tanto, la justicia en esta materia es relativa desde una mirada espacial pues cada país tiene su propio sistema. La consecuencia de este punto es que un mismo caso puede ser resuelto de distintas maneras dependiendo de los tribunales ante los que se plantee la causa ya que cada cual aplicará su propio sistema estatal de Derecho internacional privado que intenta hacer "su justicia" a la hora de decidir en situaciones jurídico privadas de tráfico externo. De tal forma, el *forum shopping*[16] se convierte en un fenómeno natural en la actual dinámica de la materia[17].

III. EL DERECHO INTERNACIONAL PRIVADO EN LA JUSTICIA ARGENTINA

En esta oportunidad nos referiremos al desarrollo judicial que el Derecho internacional privado ha tenido en el corto período que abarca desde la entrada en vigencia del nuevo Código Civil y Comercial hasta la actualidad. Como punto de partida en este tema es importante traer a colación el carácter subsidiario de las normas de Derecho internacional privado del Código Civil y Comercial las que solo se aplican cuando el caso no queda captado por fuentes jurídicas convencionales o institucionales[18].

Situados en esta hipótesis, debe reconocerse a la jurisprudencia su rol medular como fuente del nuevo ordenamiento y ahora, como precedente que va marcando el rumbo que toma el Derecho internacional privado actual en esta interacción entre la práctica judicial y los nuevos desarrollos[19].

---

16 El "*forum shopping*" es un fenómeno que tiene lugar cuando las partes plantean la situación jurídico privada internacional ante autoridades de un Estado determinado, porque persiguen con ello la aplicación de una ley, sustantiva y/o procesal que les sea más favorable a la pretensión suscitada. Ver Dreyzin de Klor, Adriana, *Private International Law in Argentina*, The Hague, Kluwer International, 2016.

17 Carrascosa González, Javier, *Desarrollo judicial y Derecho internacional privado*, Granada, Comares, 2004, p. 13.

18 Art. 75 incs. 22 y 24 de la Constitución y art. 2594 del Código Civil y Comercial.

19 Acerca del importante rol que asumen los jueces en el desarrollo del derecho ver: Parise, Agustín, Judicial decision-making in Latin America. Unveiling the dynamic role of the

En función de la aplicación judicial del Derecho internacional privado es importante traer a colación el tema del método que enarbola el legislador a la hora de elaborar las normas del sector en tanto que a partir de cómo se contempla el sistema, se cuenta con una herramienta útil para su interpretación. El elemento extranjero que caracteriza el objeto del Derecho internacional privado constituye el factor integrante de una situación jurídica que se suscita en el foro y que se halla conectada a un ordenamiento distinto. Este panorama puede ser abordado desde perspectivas diferentes. Se puede enfocar desde el punto de vista que proporcionan las normas en presencia o contemplarse desde la óptica que ofrece el propio supuesto. Atendiendo exclusivamente a las normas, se parte de una concepción previa que engarza en considerar que el Derecho internacional privado tiene como finalidad determinar cuando debe aplicarse un precepto del derecho del foro y cuando debe atribuirse su regulación a una normativa extranjera. En cambio, si se parte de considerar el problema desde la perspcctiva del supuesto, el objetivo de esta ciencia no esta tan centrado en determinar cuando se aplica una u otra ley, sino en hallar soluciones jurídicas apropiadas para regular las relaciones jurídicas internacionales[20].

Además de estas dos posiciones claves de percibir el problema, hay otros enfoques que matizan los descritos o que determinan diferentes objetivos. Sin embargo, a los efectos de nuestro propósito, el señalamiento efectuado sirve para entender que las normas de Derecho internacional privado incorporadas al Código Civil y Comercial responden al segundo enunciado, esto es al método multilateral, que entendemos superador del unilateralismo al apuntalar la flexibilización del sistema, apoyándose mas en el supuesto de la vida real que en la categoría jurídica en la que se encuadre la relación[21].

En la línea desarrollada, el principio de proximidad enunciado por Lagarde es un claro paradigma[22]. Asimismo, en este método se aprecia

---

Argentine Supreme Court, en: J. Basedow / H. Fleischer / R. Zimmermann (ed.), *Legislators, Judges, and Professors*, Tübingen, Mohr Siebeck, 2016, pp. 151 ss.

20 Conf. Espinar Vicente, José M., *Tratado elemental de derecho internacional privado*, Madrid, Universidad de Alcalá, 2008, p. 64.

21 Ver Carrascosa González, Javier, *Desarrollo judicial y Derecho internacional privado*, Granada, Comares, Granada, 2004, p. 173.

22 Lagarde, Paul, Le príncipe de proximité dans le Droit international privé, en: *Recueil des Cours*, 1986, Vol. 196, pp. 11 y ss.

una significativa tendencia a reforzar la esencia sustancial del precepto de atribución edificándolo de modo tal que se oriente hacia la consecución de un resultado material concreto[23].

Ahora bien, ¿estamos hoy enrolados en el método de justicia material para el caso concreto?

Si bien defendemos esta posición que ha devenido muy importante en aras de avanzar en la metodología para encontrar las soluciones más justas a los conflictos jusprivatistas internacionales, acordamos con la posición que sostiene que el pensamiento postmoderno propone combinar una pluralidad de métodos, no solo de reglamentación, sino científicos. Niega el paradigma científico y el normativo, y exige una tarea de aproximación a la pluralidad de valores y situaciones para proponer soluciones tópicas[24]. El último decenio de este siglo engarza con una nueva filosofía en esta materia, que transita por la búsqueda de "justicia de calidad".

Entre los axiomas que se destacan de cara a la mundialización, "la eficacia universal de las decisiones" ha cobrado el carácter de idea fuerza. Sin embargo, esta proposición no es un apotegma que funciona de modo aislado y menos aún, que se concreta por su sola aspiración. Teniendo como cierta esta premisa, la metodología del Derecho internacional privado va convergiendo hacia otras esferas, construyéndose sobre el reconocimiento de la complejidad de las relaciones que se tejen al amparo de un universo multicultural, que echa mano de la cooperación jurisdiccional internacional como un instrumento imprescindible del actual contexto[25], a la vez que se vitaliza el diálogo entre las vertientes jurídicas de las que el Derecho internacional privado se nutre. El método del reconocimiento de las situaciones también está posicionándose con energía en esta materia, que requiere en ciertos casos una constatación de los hechos acaecidos en otro Estado diferente de aquel

---

23 Juenger, Friedrich, General Course on Private International Law, en: *Recueil des Cours*, 1985, Vol. 193, p. 131 ss.

24 Conf. Sánchez Lorenzo, Sixto, Estado democrático, posmodernismo y el Derecho internacional privado, en: *Revista de Estudios Jurídicos*, 2010, 2ª época, No. 10.

25 Ver Britos, Cristina, Los principios que iluminan el Derecho Internacional Privado en el Proyecto de Código Civil y Comercial, en: *La Ley*, 13 de febrero de 2014, Cita online: AR/DOC/4058/2013

ante el cual se presentan, más que una indagación sobre el derecho aplicable[26].

La labor del juez se torna imprescindible frente a la necesidad de reconocer situaciones haciendo abstracción de la norma de conflicto del Estado de reconocimiento[27] pues se enfrenta con una suerte de situaciones cristalizadas; por ejemplo, una filiación fruto de gestación por sustitución realizada en un Estado que solicita la inscripción en otro país en que se prohíbe este instituto.

IV. BREVES PALABRAS SOBRE LA JURISPRUDENCIA ACTUAL

En el lapso transcurrido entre la entrada en vigor del Código Civil y Comercial y la actualidad, se han dictado sentencias que transitan por los tres capítulos que comprende el corpus de Derecho internacional privado; así, del primer capítulo intitulado "Disposiciones generales", se abordaron los siguientes institutos: aplicación del derecho extranjero (art. 2595), fraude a la ley (art. 2598), orden público (art. 2600). El segundo capítulo referido a Jurisdicción internacional que contiene normas sobre diversas materias vinculadas de una u otra manera a dicho sector, fue base de interesantes fallos sobre la problemática de medidas cautelares (2603), e igualdad de trato (art. 2610). Con relación al tercer capítulo, en el que se incorporan normas sobre sectores que componen el Derecho internacional privado desde la mirada específica de cada uno de los institutos –abordando tanto la cuestión referida a la jurisdicción internacional como al derecho aplicable–, hay en el haber del DIPr jurisprudencial del nuevo tiempo, sentencias sobre los siguientes temas: efectos patrimoniales del matrimonio (art. 2625); la sucesión internacional (arts. 2643/2644); formas y solemnidades en relación a la validez de los poderes otorgados en el extranjero (art. 2649); sustracción internacional de niños (art. 2642); obligación alimentaria

[26] Ver, Basedow, Jürgen, *The Law of open societies. Private ordering and public regulation of international relations in conflict of laws*, Leiden, The Hague Academy of International Law, Brill Nijhoff, 2015.

[27] Sobre este método, sus fundamentos, su necesidad y sus efectos, ver: P. Lagarde (dir.), *La reconnaissance des situations en Droit international privé*, Paris, Pedone, 2013.

(arts. 2629 y 2630), aunque no se trata ésta, de una enumeración exhaustiva sino solo aproximada[28].

Los fallos dictados provienen tanto de jueces de primera instancia como de cámara e inclusive, de la Corte Suprema de Justicia de la Nación.

Estas sentencias reflejan a las claras que la judicatura se ha hecho rápidamente eco de los principios plasmados en las normas que integran el Título IV del Libro 6.

Estimamos ilustrativo efectuar un sobrevuelo por algunos de estos fallos a fin de dejar asentado en qué grado la nueva legislación se articula con la jurisprudencia reciente. Principalmente, interesa detenernos en algunos fallos en que la legislación es novedosa o difiere de la anterior, para ponderar la respuesta que los tribunales vienen brindando a los casos concretos planteados ante sus estrados, sin pretender en modo alguno efectuar un análisis profundo de cada supuesto pues debemos respetar el espacio que nos fuera asignado para este trabajo.

A. Sobre la igualdad de trato procesal

Un fallo muy interesante ilustra el tratamiento de esta temática reflejando un antes y un después de la entrada en vigor del Código Civil y Comercial y su efecto respecto al artículo 2610. Se trata de una norma novedosa para la legislación civil y comercial internacional de la dimensión autónoma, ya que el instituto no se encontraba regulado en el Código Civil de Vélez. Sin embargo, la igualdad de trato no es ajena a la legislación nacional pues tanto el código adjetivo como la Constitución Nacional receptan el principio que enraíza en la garantía de acceso a justicia. Los axiomas referidos a la igualdad de trato como al libre acceso a justicia han sido ratificados por nuestro país mediante Acuerdos Internacionales –(Convención sobre Procedimiento Civil La Haya 1954, art. 17; Ley 23.502), Protocolo de Las Leñas (MERCOSUR CMC/DEC: No. 5/1992; arts. 3 y 4; Ley 24.578), y Tratados de Derechos Humanos con rango constitucional (art. 75 inc. 22).

[28] Los datos de los fallos enunciados se encuentran sumariados en la parte pertinente de esta obra.

Particularmente, en forma expresa, se incorporan en la Declaración Americana de los Derechos y Deberes del Hombre (art. 2 sobre derecho de igualdad ante la ley y 18 sobre derecho de justicia), la Declaración Universal de los Derechos Humanos (art. 7 que también incluye el derecho a igual protección de la ley sin distinción) y el artículo 24 de la Convención Americana sobre Derechos Humanos.

La sentencia que referimos fue dictada en autos "*Eguiguren Laborde, Valeria c. Chiramberro Larrategui, Daniel Carlos s. exequátur y reconocimiento de sentencia extranjera*" (CNCiv., Sala L, 18 de septiembre de 2015). Ante el pedido realizado por el demandado respecto a que la accionante con residencia en el extranjero debe ofrecer caución real, el tribunal, en aplicación del artículo 2610 sostuvo que no corresponde hacerle lugar. Funda su decisión particularmente en el 2 párrafo de la norma que enfáticamente prohíbe la exigencia de solicitar caución o depósito, bajo cualquier denominación, en razón de la calidad de ciudadano o residente permanente en otro estado.

Los Tratados internacionales que hacen a la dimensión convencional (en este caso la citada Convención de La Haya y el Protocolo de Mercosur) si bien prohíben la excepción de arraigo, no resultan de aplicación por tratarse en este conflicto, de una mujer que vive en un país no ratificante de dichas convenciones. De esta suerte cabe entender que en primera instancia se haya considerado procedente la caución.

Empero, con la entrada en vigor del nuevo Código Civil y Comercial con muy buen criterio y aplicando –aunque no se mencione expresamente en la sentencia– el artículo 2594 que ratifica el carácter subsidiario de las normas del Código vigente, el tribunal acude al artículo 2610, ante la falta de tratados internacionales que capten el caso, y revierte la sentencia dictada en primera instancia.

En este orden de ideas, es ilustrativo traer a colación que la Cámara destaca el cambio de criterio que debe primar a partir de la entrada en vigor del Código Civil y Comercial al señalar:

> No olvida este Tribunal lo decidido en forma disímil al respecto en los autos seguidos entre las mismas partes sobre disminución de cuota alimentaria –expte. No. 93.580/2011–, con fecha 28 de septiembre de 2012 y sobre tenencia de hijos –expte. No. 92.413/2012–

con fecha 24 de junio de 2015, pero la ley analizada en las presentes no se encontraba vigente al momento de expedirse.

Y agrega,

En consecuencia, este impedimento de acceso directo a la justicia en virtud del carácter de ciudadano o residente permanente en otro Estado, debe considerarse hoy derogado frente a la vigencia del artículo 2.610 del Código Civil y Comercial, norma que resulta aplicable al presente en virtud de su carácter netamente procesal.

Cabe consignar que la referencia es al artículo 348 del Código Procesal Civil y Comercial que recepta la excepción de arraigo en los siguientes términos: "Si el demandante no tuviere domicilio ni bienes inmuebles en la República, será también excepción previa la del arraigo por las responsabilidades inherentes a la demanda".

B. Reconocimiento de emplazamiento filial

Con relación a este instituto plasmado en el artículo 2634 del nuevo Código Civil y Comercial, traemos a colación el caso resuelto por el Juzgado de Familia No. 7 de Lomas de Zamora en la causa *"H. M. y otro s/ medidas precautorias art. 232 del CPCC"* (30 de diciembre de 2015).

El fallo resuelve una cuestión netamente nacional, es decir que en el supuesto planteado no se presentan elementos que caractericen a la relación jurídico privada como internacional. Bien se afirma que las situaciones internas, por oposición a las internacionales, se caracterizan porque todos sus elementos se encuentran vinculados a un único Estado o sistema jurídico[29].

Cabe preguntarse entonces acerca de las razones que conducen a incluir un breve comentario sobre el caso, en este trabajo relativo a la jurisprudencia de Derecho internacional privado.

Consideramos muy útil introducirnos en esta cuestión, no por los hechos en si, vinculados solamente con el ordenamiento interno, sino

[29] Conf. Fernández Rozas, José C. / Sixto Sánchez Lorenzo, *Derecho internacional privado*, Madrid, Civitas, Thomson Reuters, 8ª ed., 2015, p. 25.

porque entre los argumentos que se utilizan para declarar la inconstitucionalidad y anticonvencionalidad del artículo 562 del Código Civil y Comercial se cita expresamente el artículo 2634 referido al reconocimiento del emplazamiento filial en el extranjero. Este hecho da muestras del despliegue que reviste la dimensión autónoma de Derecho internacional privado en la aplicación judicial del derecho argentino, no acotando su alcance a un único sector, sino rescatando la norma a los fines de integrar temas como fraude a la jurisdicción y orden público del Estado.

Los hechos son los siguientes: Se trata de una pareja que no puede gestar debido a una enfermedad congénita que padece la mujer. En consecuencia pide a su hermana llevar a cabo una técnica de reproducción asistida en su útero. La gestación se realiza y la pareja solicita inscribir a la niña por nacer como hija de ambos, que son quienes aportaron los gametos y no como hija de quien dará a luz a la pequeña. El Juez de familia hace lugar a la petición declarando la inconstitucionalidad del artículo 562 del Código Civil y Comercial de la Nación por el cual se establece que los niños nacidos por técnicas de reproducción humana asistida son hijos de quien los dio a luz, con independencia de quien haya aportado los gametos.

El tribunal resuelve que:

> En virtud de la justicia preventiva estructurada por el Código Civil y Comercial, la inmediata inscripción de la niña por nacer, como hija de quienes han querido ser sus padres y/o madres mediante maternidad por sustitución debe ser ordenada, pues, ante la falta de reglas claras sobre este tipo de gestación debe determinarse con precisión el vínculo de filiación a favor de quienes recurrieron a la técnica reproductiva como registrales.

En cuanto nos ocupa dice el Tribunal:

> Toda vez que el artículo 2634 del Código Civil y Comercial reconoce el emplazamiento filial constituido en el extranjero, las prohibiciones legales o las limitaciones emergentes de la falta de regulación de la maternidad por sustitución resultan discriminatorias, en tanto se aplican mayormente a personas o parejas que no pueden afrontar los costos de una práctica compleja como ésta en el exterior.

La ratio de esta norma se encuentra en los casos internacionales planteados ante el Tribunal Europeo de Derechos Humanos frente a la negativa de Francia a reconocer la filiación a los hijos nacidos por gestación por sustitución en un país extranjero[30].

Entendiendo que el pluralismo metodológico del que se vale el Derecho internacional privado habilita a acudir al método de reconocimiento, esta norma incorpora una solución enrolada en dicho método para de este modo, satisfacer los principios de Derecho internacional privado[31]. El reconocimiento de los actos y de la sentencia extranjera así como la eventual ejecución contribuye a concretar los axiomas que sustentan la materia. En el caso de autos, el despliegue de la norma a nivel interno, actúa con un doble función: por una parte, prevenir sobre la necesidad de evitar un potencial fraude a la jurisdicción que se configura cuando las partes acuden para actuar o litigan ante autoridades de un país con el que el supuesto no tiene un contacto sustancial, pero los favorece en sus pretensiones[32]. En la hipótesis que el tribunal proyecta,

---

[30] Si bien las sentencias fueron dictadas con posterioridad a la inclusión de esta norma en el entonces Proyecto de Código Civil y Comercial ya que las primeras datan del 26/6/2014, los casos se plantearon con anterioridad y sobre ellos nos pronunciamos en: Dreyzin de Klor, Adriana / Carolina Harrington, La subrogación materna en su despliegue internacional ¿más preguntas que respuestas?, en: *Revista Interdisciplinaria de Doctrina y Jurisprudencia. Derecho de Familia*, 2011-V, pp. 301 ss. Para mayor ilustración agregamos que se trata de los asuntos *Mennesson vs. France*, (65192/11) y *Labassee vs. France* (65941/11) ambas sentencias del 26 junio de 2014; también, *Foulon et Bouvet vs. France* (9063/14 y 10410/14) del 21 de julio de 2016 y *Affaire Laborie vs. France* (44024/13) del 19 de enero de 2017, en los que la decisión declara la violación del art. 8 del Convenio Europeo de los Derechos Humanos al no reconocer la relación de filiación entre los niños nacidos mediante esta técnica y los progenitores que han acudido a este método reproductivo.. Recientemente, el TEDH –24 de enero de 2017–, dicta sentencia en la causa italiana Paradiso y Campanelli, por la que la Gran Sala revoca la sentencia del 2015.
Ver también, Quiñones Escamez, Ana, Doble filiación paterna de gemelos nacidos en el extranjero mediante maternidad subrogada, en: *InDret*, 2009, No. 3, p. 24, *www.inDret.com, http://ssrn.com/abstract=1440237.* Asimismo: Lamm, Eleonora / Nieve Rubaja, Parámetros jurisprudenciales en los casos de gestación por sustitución internacional. Los lineamientos del Tribunal Europeo de Derechos Humanos y sus repercusiones en el contexto global, *Revista de Bioética y Derecho*, 2016, No. 37.

[31] Sobre el método de reconocimiento puede verse: Dreyzin de Klor, *Derecho internacional…*, ob. cit., p. 98.

[32] Conf. Calvo Caravaca, Alfonso Luis / Javier Carrascosa González, *Derecho internacional privado*, Granada, Comares, 16ª ed., 2016, Vol. 1, p. 494.

se configuraría tal fraude provocando la "internacionalización del caso" dada la prohibición que existe en el país. En tanto que por otra parte, la aplicación de esta norma a una causa totalmente interna, contribuye a una adecuada y correcta articulación del orden público sustentado en el instituto en comentario, por lo prescrito en los tribunales de derechos humanos[33].

El rol de la judicatura a la hora de decidir casos jusprivatistas internacionales de derecho de familia debe partir de la consideración de los tribunales de derechos humanos ya que allí muestran su mayor incidencia, aunque todo el derecho debe ser encarado a través del prisma de derechos y garantías que este acervo jurídico comprende, hecho que justifica la fundamentación de la sentencia en un supuesto de derecho interno con una norma jusprivatista internacional.

C. La sucesión internacional

Seguidamente nos referimos a dos sentencias que se dictan a la luz de la nueva legislación autónoma de Derecho internacional privado sucesorio que integran la Sección 9 del Capítulo 3, Parte especial.

- En orden cronológico, cabe citar el precedente "Nardi Juan Carlos" que llegó a la Cámara de Apelación en lo Civil y Comercial de Junín para resolver el recurso interpuesto por la cónyuge y la hija del causante, quienes impugnaron la decisión del inferior de declararse incompetente en el proceso sucesorio incoado, sobre la base de que al momento del fallecimiento, el causante registraba su domicilio en Mato Grosso do Sul, Brasil.

Las recurrentes centraron sus agravios sosteniendo que en el patrimonio relicto existía un bien que se encontraba situado en territorio argentino, determinando como asiento normativo de su posición, lo dispuesto en el artículo 10 del Código de Vélez (entonces en vigencia).

El Tribunal de Alzada hizo lugar al recurso de apelación articulado, con cita de doctrina y de numerosos resolutorios de anterior data.

[33] Un análisis profundo sobre la gestación por sustitución tanto desde la perspectiva interna como internacional puede verse en Lamm, Eleonora, *Gestación por sustitución. Ni maternidad subrogada ni alquiler de vientres*, Barcelona, Universidad de Barcelona, 2013.

Asimismo, destacó que a la fecha del dictado de la sentencia se encontraba recientemente sancionado el Código Civil y Comercial de la Nación, que en su artículo 2643 recepta la posibilidad de iniciar el sucesorio ante los jueces del último domicilio el causante, o bien ante los tribunales del lugar de situación de los bienes inmuebles en el país.

A su vez, se hizo hincapié en las disposiciones de los Tratados Internacionales de Derecho Civil de Montevideo de 1889 y 1940 que, siguiendo el sistema del fraccionamiento, disponen como foro atributivo de jurisdicción el del lugar de ubicación de los bienes ("*Nardi, Juan C. s/ sucesión*", 18 de diciembre de 2014).

En este tema es necesario aclarar que la norma actual del Código Civil y Comercial innova con relación a la legislación precedente. Si bien se mantiene el criterio jurisdiccional del anterior Código, señalando como juez competente al del último domicilio del causante, se agrega, como segunda alternativa, la posibilidad de articular la pretensión sucesoria por ante el juez del lugar de situación de los bienes inmuebles en el país, siempre respecto de tales bienes. De este modo, se incluye un nuevo foro atributivo de jurisdicción, que es el *forum rei sitae.*

Desde esta perspectiva se observa que entre los dos sistemas absolutos imperantes –unidad y fraccionamiento–, la cuestión de la jurisdicción en materia sucesoria se ha ubicado en un sistema "mixto".

Ahora bien, resulta prudente destacar que la conjunción disyuntiva "o" que el legislador incorpora, da surgimiento a una norma de jurisdicción concurrente, dejando de lado la exclusividad que planteaba el anterior precepto.

En consecuencia, el artículo 2643 del Código Civil y Comercial si bien establece un foro patrimonial, lo hace con un alcance que podría considerarse "restringido", toda vez que sólo alude a los "bienes inmuebles". Aunque la interpretación que debe efectuarse alcanza a los bienes muebles de situación permanente en el país que se asimilan a los bienes inmuebles.

Asimismo, corresponde resaltar que la jurisdicción atribuida a los jueces del lugar de situación de los bienes inmuebles, no implica atribuir competencia sobre los bienes de esta calidad localizados en el extranjero sino que, por el contrario, solamente hace extensiva la jurisdicción a los jueces argentinos respecto de los bienes inmuebles situados en nuestro país.

- Por otro lado, a pocos días de entrar en vigencia del Código Civil y Comercial de la Nación, se expidió sobre el tema la Sala I de la Cámara de Apelaciones en lo Civil y Comercial de Azul (Prov. de Buenos Aires) en la causa "*G.J.C. s/* Sucesión *ab intestato*".

En esta oportunidad, la impugnación fue impetrada por la letrada apoderada de la presunta heredera del causante, fustigando la decisión del juez *a quo*, quien anclándose en la disposición del artículo 3284 del Código Civil derogado, se declaró incompetente para entender en la sucesión, atento que en el certificado de defunción se observaba que el causante residía en el Municipio de Leme, Estado de San Pablo, República Federativa de Brasil.

La apelante manifestó que el último domicilio del fallecido se situaba en la ciudad de Tandil, y que al momento de la muerte el *de cujus* se encontraba de visita en el domicilio de su hija en el Estado extranjero –San Pablo, Brasil–. Además, agregó que aún en el supuesto de que se considerase como último domicilio al que resulta del acta de defunción, igualmente sería competente el juez argentino por existir bienes relictos en nuestro país.

La Cámara, con invocación del texto del nuevo Código Civil y Comercial y luego de hacer una breve y concreta referencia a la aplicación de la ley en el tiempo, con absoluta precisión indicó que en el artículo 2336 se hace una expresa remisión a lo dispuesto en la Sección 9, Capítulo 3, Título IV del Libro Sexto, en materia de sucesión internacional.

Así, destaca que en el sector citado, nos encontramos con el artículo 2643 que otorga competencia para entender en la sucesión por causa de muerte, no sólo a los jueces del último domicilio del causante, sino también a los del lugar de situación de los bienes relictos.

En este sentido, la Cámara subraya que "...Con la incorporación de la hipótesis prevista en la segunda parte del artículo transcripto se viene a zanjar una discusión doctrinaria y jurisprudencial, que en su mayoría, se volcaba por esta solución..." y, en consecuencia, admite el recurso de apelación. (CCiv. y Com. de Azul, Sala I, Buenos Aires, 18/8/2015).

D. Sustracción internacional de menores

Las normas pueden actuar como pauta directriz y en esta línea, la Corte Suprema de Justicia de la Nación, se pronuncia en un fallo[34] en que interviene por segunda vez al no haberse concretado la restitución del menor ordenada, poniendo en sintonía las fuentes jurídicas convencionales que sustentan la sentencia con el artículo 2642 del Código Civil y Comercial que a su vez encuentra apoyo en el artículo 2594 aunque esta norma no se consigna de forma expresa en el fallo relacionado.

En efecto, la Corte Suprema de Justicia de la Nación aplica los lineamientos del nuevo Código Civil y Comercial que introduce principios esenciales en materia de restitución internacional de menores y, en base a lo dispuesto en el artículo 2642, resuelve exhortar a la magistrada interviniente para que en el plazo de un mes

> ...arbitre las medidas, urgentes y necesarias, para iniciar un proceso de comunicación entre el padre y su hijo, proceso que deberá llevarse a cabo en la República Argentina con participación activa de la magistrada, del defensor de menores, de un equipo interdisciplinario y de los representantes de las Autoridades Centrales de ambos países, así como desarrollarse en un espacio físico que los especialistas estimen conveniente, pudiendo, incluso, recurrirse en un primer momento a nuevos métodos modernos.

El caso en comentario de raigambre internacional, muestra un fenómeno propio de estas situaciones de tráfico externo ya que al ensamblar la faz internacional con la interna desencadena un proceso de adaptación que repercute sobre lo interno condicionando la respuesta jurídica final. Sucede que no pocas veces, cuando se resuelve un

[34] En diciembre de 2010 la Corte Suprema de Justicia de la Nación confirmó un fallo que ordenaba la restitución de un niño solicitada por su padre, a fin de que retorne a la ciudad de Miami, "por ser el lugar de residencia habitual del niño con anterioridad a la retención ilícita", por parte de su madre.

problema de tráfico jurídico externo aplicando la ley del foro, ésta se aplica de manera diferente a como se haría en supuestos homogéneos. Es decir que la naturaleza internacional de un sector del conflicto provoca un efecto "general" sobre el conjunto del supuesto[35].

V. REFLEXIONES FINALES

Tal como puede advertirse a partir de los breves comentarios efectuados a algunos de los casos resueltos por la judicatura en el período de tiempo acotado a la entrada en vigencia del Código Civil y Comercial, una nueva etapa se cierne en el país. Un país que rápidamente incorpora la legislación dictada y en pleno ejercicio de sus funciones los tribunales, en la tarea de interpretar que les compete, sientan jurisprudencia acorde a las ideas sustanciales que inspiraron y orientaron al legislador. Me refiero esencialmente a la que importa receptar la constitucionalización del Derecho privado y del Derecho internacional privado en el Título IV del Libro 6 por una parte, y adecuar las soluciones que debe brindar el derecho a los tiempos actuales, por la otra. Entendemos en definitiva, que la labor del legislador se fundó principalmente en proyectar esta obra hacia su destinatario.

La importancia que reviste la adecuación del Derecho internacional privado a los nuevos paradigmas que imperan en el siglo XXI se refleja en buena medida, en las normas adoptadas en el Libro 6, Título IV del nuevo Código Civil y Comercial. Se han receptado criterios que son de vanguardia respondiendo al siglo que transitamos, si bien la esencia radica en la interpretación que se realice de las normas de cara a los Tratados de Derechos Humanos que presiden e iluminan todo su contenido. Los principios sobre los que se edifica el Derecho internacional privado enraízan en el espíritu posmoderno y concretamente, en la adopción de criterios flexibles, en asumir la cooperación jurisdiccional internacional como un deber, en la incorporación expresa de la autonomía de la voluntad destacando así la posibilidad de reconocer a la persona humana una facultad que le compete y en optar por incluir

[35] Conf. Aguilar Navarrro, Mariano, *Derecho internacional privado*, Madrid, 1977, Vol. I, Tomo II, pp. 87 ss.

conexiones que responden a la vinculación de las relaciones con los ámbitos espaciales desde una perspectiva lógico-axiológica. Se dota así al sistema de razonabilidad a la vez que se facilita la mentada interpretación y aplicación judicial de las reglas incorporadas en aras de avanzar en la armonización de las soluciones.

Bajo la perspectiva enunciada *supra*, se impone una actitud particular al juez que debe asumir el esfuerzo de la argumentación. De este modo, la lógica del razonamiento se modifica con respecto a la que se desarrolla generalmente frente al ordenamiento material propio. Quedará en manos del magistrado realizar una interpretación artesanal conducente a cumplir con el objetivo que el legislador propone a la hora de elaborar este sistema y que escapa ya de su órbita para concretarse como sustento de la sentencia judicial.

OBJETO, CONTENIDO Y CARACTERÍSTICAS DEL DERECHO INTERNACIONAL PRIVADO

ALFREDO ENRIQUE HERNÁNDEZ OSORIO*

Resumen: El Derecho Internacional Privado, es un conjunto de normas jurídicas que tienen por objeto o fin, determinar la jurisdicción competente, el derecho aplicable y reconocimiento y ejecución de decisiones. Al principio se consideraba el derecho internacional privado como parte del derecho internacional o de gentes, el cual hacía referencia a la aplicación de las leyes de un Estado en el territorio de otro, sin embargo, con el desenvolvimiento de la inmigración y del comercio internacional, tomo un gran desarrollo el campo del Derecho Internacional Privado. Así pues, parte integrante del derecho de gentes paso a ser considerado como una de las ramas en que se divide ese derecho, contraponiéndose al derecho internacional privado, lo cual comenzó a llamarse Derecho internacional Público, pero esto no quedo allí, el Derecho Internacional Privado cada día fue destacándose más en el tiempo y las relaciones internacionales, tomando su lugar aparte, emancipado del derecho de gentes. Hoy en día, los tratadistas y estudiosos del derecho, no forman parte uno del otro, sino que son dos disciplinas distintas colocadas en ramas diversas en la clasificación general del derecho, teniendo entre si las relaciones que tienen generalmente las diversas ramas del derecho. El Derecho Internacional Privado, cumple una función social, ya que los cambios políticos, económicos, culturales de la sociedad trascienden en la propia evolución del Derecho Internacional Privado, lo cual resulta preciso encuadrarla en un determinado contexto histórico.

Abstract: *Private International Law, is a set of legal rules that have as object or purpose, determine the competent jurisdiction, the applicable law and recognition and execution of decisions. Initially, private international law was considered as part of international or people law, which referred to the application of the laws of one State in the territory of another, however, with the development of immigration and international trade, the field of Private International Law took a great development. Thus, an integral part of the law of nations is considered to be one of the branches in which this right is divided,*

* Abogado, Doctor en Ciencias Jurídicas. Magister en Derecho Internacional y Derechos Humanos. Especialista en Derecho Penal. Profesor Asociado, Facultad de Ciencias Jurídicas y Políticas. Universidad del Zulia (LUZ) y Profesor Titular, Facultad de Ciencias Jurídicas y Políticas. Universidad Dr. Rafael Belloso Chacín (URBE). Secretario Docente de la División de Estudios para Graduados de la FCJP de la Universidad del Zulia.
Email: alfredoeho@hotmail.com

in opposition to private international law, which began to be called International Public Law, but this did not remain there, Private International Law Each day was more prominent in time and international relations, taking their place apart, emancipated from the law of nations. Today, scholars and scholars of law, are not part of each other, but are two different disciplines placed in different branches in the general classification of law, having relations between them that usually have the various branches of law. Private International Law fulfills a social function, since the political, economic and cultural changes of society transcend the evolution of Private International Law, which must be framed in a specific historical context.

I. OBJETO Y FUNCIÓN DEL DERECHO INTERNACIONAL PRIVADO

Toda situación de hecho que involucre alguna particularidad extraterritorial genera un conflicto de leyes; para ello sólo basta que un solo elemento de la relación sea extranjero, uno de los sujetos por su nacionalidad o domicilio, un bien por su situación o un acto por el lugar de su ejecución. Al existir una relación jurídica que toque la legislación de dos Estados, se está presente ante un conflicto de Derecho Internacional Privado que amerita la determinación de la ley a aplicar ante esa relación.

A. Situación privada internacional

La pluralidad de sistemas jurídicos explica el objeto y la función del Derecho Internacional Privado; José Luis Bonnemaisson, en su obra Curso de Derecho Internacional Privado expresa que:

> La problemática del Derecho Internacional Privado está determinada por la existencia de relaciones en las que se observa la dispersión

> de sus elementos constitutivos a causa de las circunstancias específicas del nacimiento, desarrollo o extinción de dichas relaciones. En presencia de estos casos vinculados a una pluralidad de legislaciones surge la necesidad de establecer su regulación mediante las disposiciones de cualquiera de ellas[1].

Es bien conocida la necesidad del hombre, como ser social por excelencia, de interrelacionarse con sus semejantes, ya sea para satisfacer sus necesidades o para su desarrollo personal lo que hace distinguir dos supuestos:

1. Un supuesto sociológico que genera dos fenómenos:

a. El cosmopolitismo, se refiere al desarrollo del ser humano y su necesidad de interrelación con otros; el hombre es universal, le gusta viajar, conocer otros países, estar en contacto con otras personas, y el desarrollo tecnológico actual en la humanidad ha facilitado el desplazamiento de las personas en forma increíble lo que ha llevado a la conformación de una sociedad sin fronteras. Asimismo, Tatiana B. de Maekelt, en su Libro Teoría General del Derecho Internacional Privado, señala que:

> El presupuesto para la existencia del Derecho Internacional Privado es la movilidad social, derivada del carácter cosmopolita del hombre, y es precisamente esta movilidad, la que conectara a las relaciones jurídicas de los individuos con dos o más ordenamientos jurídicos simultáneamente vigentes[2].

En consecuencia, el desenvolvimiento del ser humano al interrelacionarse con otros semejantes dio origen al tráfico jurídico, a las relaciones comerciales, lo que trajo la expansión de la economía, recursos científicos y técnicos, entre otros.

---

[1] Bonnemaison, José Luis, *Curso de Derecho internacional privado*, Caracas, Vadell Hermanos, 2015, p.15.

[2] B. de Maekelt, Tatiana, *Teoría general del Derecho internacional privado*, Caracas, Academia de Ciencias Políticas y Sociales, 2005, p. 22.

b. La globalización, es un proceso de creciente integración e interdependencia dada, que incluye la ampliación de los espacios geográficos y de los ambientes de acción que se generan entre los miembros de la comunidad internacional.

La globalización no es únicamente un fenómeno económico, sino también sociológico y cultural; por ejemplo, los contratos internacionales celebrados por los consumidores encuentran en este ámbito una fuente constante de problemas de Derecho Internacional Privado y justifican, en buena medida, la evolución del Derecho Internacional del consumo, que en la actualidad ha encontrado en Internet un nuevo campo de desarrollo[3].

2. Un supuesto jurídico evidenciado por **la diversidad legislativa** que no es más que la presencia e intervención de varios ordenamientos jurídicos de diferentes países asociados al territorio y a la nacionalidad de las personas intervinientes en la relación jurídica.

Es necesaria ya que la unificación de todas las legislaciones impediría el progreso mismo del derecho. En efecto, si se pretendiera realizar mediante el establecimiento de un denominador común sería necesario dar preferencia a la legislación menos evolucionada para que pudiera ser aceptada a nivel mundial, con perjuicio de los Estados que se encuentran en una etapa más avanzada de desarrollo y si adoptamos en todas partes la legislación de mayor adelanto, sus normas serían inaplicables en los países con Estado de evolución más primitivo.

Así, Tatiana B. de Maekelt, afirma que:

> Consiste en la vigencia simultanea de dos o más ordenamientos jurídicos diferentes frente a una relación con elementos extraños. Puede tratarse de sistemas jurídicos de distintas comunidades nacionales enmarcadas en una institución estatal con soberanía política. En tal sentido, nos referimos a los sistemas venezolano, brasileño, español, francés, mejicano, griego etc.[4].

---

[3] Fernández Rozas, José Carlos / Sixto Sánchez Lorenzo, *Derecho internacional privado*, Pamplona, Aranzadi, 2011, p. 27.

[4] B. de Maekelt, *Teoría general…*, ob. cit., p. 22.

Por otra parte, expresa José Luis Bonnemaison que

> ...hay que tener presente la independencia, la autodeterminación y la soberanía legislativa, factores estructurales que determinan una producción jurídica positiva marcada no solo por las exigencias objetivas del grupo social, sino también por las orientaciones ideológicas y los intereses de política gubernamental que priven en cada sistema[5].

En consecuencia el cambio de lugar de un Estado a otro constituye la causa suprema de la existencia del Derecho Internacional Privado, este cambio se realiza por medio de la traslación de personas por medio de sus comunicaciones en forma de correspondencia o a través del correo electrónico.

Ahora bien, esta pluralidad de sistemas jurídicos explica el objeto y la función del Derecho Internacional Privado, ya que cada Estado cuenta con su propio ordenamiento jurídico, de manera que una misma relación jurídica puede estar conectada con más de un ordenamiento o con más de una jurisdicción, y este pluralismo jurídico provoca con frecuencia la concurrencia de reglamentaciones contradictorias de una misma conducta[6].

Se denomina a las relaciones de tráfico externo también conocidas como situaciones privadas internacionales, a las relaciones jurídicas que se encuentran sometidas a distintos sistemas jurídicos estatales. Las situaciones privadas internacionales presentan un mayor grado de inseguridad jurídica que las situaciones puramente internas, que se caracterizan estas últimas porque todos sus elementos se encuentran vinculados a un solo Estado o sistema jurídico. Esta internacionalidad de situación privada, de la cual se hace referencia viene dada por elementos subjetivos referido a las partes como la nacionalidad, residencia, domicilio, ciudadanía; así como los elementos objetivos de la relación jurídica, los cuales pueden ser: ubicación del bien, celebración del acto, lugar del registro, pabellón de una nave o aeronave, lugar del proceso, entre otros.

---

5 Bonnemaison, *Curso de Derecho...*, ob. cit., p. 17.

6 Fernández Rozas / Sánchez Lorenzo, *Derecho internacional...*, ob. cit., p. 23.

Todas las situaciones privadas que incluyen un elemento extranjero dentro de la relación jurídica son objeto de estudio del Derecho Internacional Privado, por ejemplo un contrato entre una empresa venezolana y una compañía China que debe ejecutarse en Brasil presenta un grado de internacionalidad, hay presencia de elementos extranjeros en la relación jurídica en comento. Distinto es, que se diga por ejemplo, que un venezolano contrato con otro venezolano en Venezuela, aquí no hay presencia del elemento extranjero, solo hay un solo ordenamiento jurídico el Venezolano por lo que le corresponde conocer del mismo al Estado Venezolano, en cambio el elemento extranjero o internacional es relativo y susceptible de modulación.

Siguiendo en este mismo orden de ideas, Parra Aranguren señala en su obra Curso General de Derecho Internacional Privado que; la determinación del objeto del Derecho Internacional Privado impone establecer la diferencia existente entre los supuestos de hecho conectados con una única legislación y aquellos que tienen vínculos con varios ordenamientos jurídicos; de manera que cuando todos los elementos se encuentran vinculados con una única legislación, el intérprete debe simplemente aplicar las normas de ese ordenamiento jurídico; sin embargo no es tan sencillo y fácil de resolver el problema cuando los elementos están conectados con varios ordenamientos jurídicos, ya que se plantea la cuestión de la jurisdicción y la determinación del derecho aplicable[7].

Claudia Madrid Martínez, expresa que al ser los casos con elementos de extranjería el objeto del Derecho Internacional Privado, su propósito básico es resolver las relaciones internacionales, la *rappor internacional* de Maury[8], en otras palabras, el objeto está constituido por las relaciones de trafico externo.

La función del Derecho internacional privado, consiste en proporcionar respuestas adecuadas a las relaciones de tráfico externo; las relaciones jurídicas entre sujetos de Derecho Privado, caracterizadas por un elemento internacional.

7 Parra Aranguren, Gonzalo, *Curso general de Derecho internacional privado*, Caracas, Facultad de Ciencias Jurídicas y Políticas, Universidad Central de Venezuela, 3ª ed. revisada, 1998, p. 25.

8 Madrid Martínez, Claudia, *La norma de Derecho internacional privado*, Caracas, Facultad de Ciencias Jurídicas y Políticas, Universidad Central de Venezuela, 2007, Serie Trabajos de Grado No. 2, p. 13.

B. Problemas condicionantes del Derecho internacional privado

El Derecho Internacional Privado cumple una función social, diversos son los factores que condicionan el paso de las relaciones jurídico-privadas a través de las fronteras.

La evolución del Derecho Internacional Privado ha hecho evolucionar el elemento de extranjería que determina el objeto, del cual se ha hecho referencia en líneas anteriores; En efecto, las relaciones jurídicas internacionales han dejado de ser esporádicas para convertirse en cotidianas, de ellas, participan tanto personas físicas como jurídicas, estas últimas revistiendo las más variadas formas, desde la sociedad tradicional hasta la novedosa *joint venture*; tan es así que los Estados y las mismas organizaciones internacionales han pasado a integrar el entramado del intercambio comercial, internacional. Los constantes movimientos migratorios, el turismo masivo pero sobre todo la globalización incluyendo en ello a la integración económica así como las nuevas fuentes de intercambio de bienes y servicios como el internet, exigen hoy en día una respuesta más adecuada del Derecho Internacional Privado que no se limite a la reglamentación de las relaciones internacionales como fenómenos aislados, extraños y poco frecuentes[9].

La tecnología así como el uso del Internet han facilitado las contrataciones internacionales lo cual ha facilitado mucho y evolucionado en esta área las relaciones jurídicas a distancia, se da un alcance transfronterizo del mismo.

II. CONTENIDO DEL DERECHO INTERNACIONAL PRIVADO

A. Materias reguladas

Al Derecho Internacional Privado se le atribuyen las cuestiones jurídicas como la competencia judicial internacional, Derecho aplicable, y reconocimiento y ejecución de decisiones.

---

[9] Madrid Martínez, *La norma…*, ob. cit., p. 23.

Parra Aranguren[10], señala la determinación de la ley aplicable a un supuesto de hecho de la vida real contentivo de elementos extranjeros es lo que los alemanes suelen considerar como su único objeto, es decir, no pretenden negar la importancia a las cuestiones relativas de la nacionalidad, a la condición jurídica de los extranjeros y al procedimiento civil internacional, más bien expresan que deben ser tratados como materias independientes ya que tienen una naturaleza jurídica distinta; se han distinguido varias corrientes, esta es la concepción restringida.

Esta concepción restringida entiende al Derecho internacional privado como una rama jurídica autónoma que se encarga de resolver los conflictos de leyes, en otras palabras, indicar el Derecho aplicable a las relaciones jurídicas con elementos de extranjería[11].

Otra tesis es la concepción sostenida por los autores franceses, la cual es más amplia en relación a la anterior; quienes asignan al Derecho internacional privado el estudio de la nacionalidad de las personas, la condición jurídica de los extranjeros; la selección de la ley aplicable a casos conectados con varios sistemas jurídicos; y las cuestiones relativas al Derecho Procesal Civil Internacional, como la jurisdicción o competencia internacional de los tribunales y la eficacia extraterritorial de las sentencias extranjeras[12].

Ahora bien, el régimen de la competencia judicial internacional (conflicto de jurisdicciones), lo que busca es determinar en que condiciones y bajo que principios los órganos que ejercen la función jurisdiccional en un Estado tienen competencia para entrar a conocer, y posteriormente proceder a solucionar los problemas que suscita una determinada situación privada internacional; y una vez determinada la jurisdicción, se pasa a indicar el Derecho aplicable o régimen de solución del fondo de la controversia.

El reconocimiento de los efectos de una decisión o de un acto extranjeros que resuelve y sanciona una situación privada internacional goza, asimismo, de sustantividad propia como sector específico del Derecho internacional privado. La posibilidad de reconocer y ejecutar los efectos de una decisión judicial extranjera constituye, sin duda, una de

---

[10] Parra Aranguren, *Curso general…*, ob. cit., p. 31.
[11] Madrid Martínez, *La norma…*, ob. cit., p. 25.
[12] Parra Aranguren, *Curso general…*, ob. cit., p. 34.

las labores esenciales del Derecho internacional privado, en orden a dotar de continuidad a las relaciones jurídicas en el espacio internacional[13].

Existe una concepción intermedia, que incluyen en el estudio del Derecho Internacional Privado cuestiones procesales relativas al domicilio o la nacionalidad; en este grupo se puede mencionar el sistema estadounidense que incluye en esta disciplina el conflicto de leyes, el conflicto de jurisdicciones y todo lo que respecta al domicilio, ya que en este sistema el domicilio es un factor muy importante tanto para la determinación del Derecho aplicable como de la jurisdicción competente[14].

Finalmente, se puede concluir que el contenido del Derecho Internacional Privado se limita a la determinación de la jurisdicción competente, la determinación del derecho aplicable y la eficacia extraterritorial de actos y sentencias. Venezuela se apega más a la concepción intermedia, antes Venezuela se podía encuadrar en la concepción amplia pero debido al cambio del factor de conexión de nacionalidad a domicilio hoy en día de acuerdo a la Ley de Derecho Internacional Privado; consagra la igualdad de derechos civiles entre venezolanos y extranjeros previsto en la Constitución de la República Bolivariana de Venezuela en su artículo 21, el Código Civil venezolano articulo 26 y la Ley de Derecho Internacional Privado en su artículo 19, razón por la cual se excluye del programa de estudio de Derecho internacional privado el Derecho de extranjería, debido a los cambios surgidos con la entrada en vigencia de la Ley de Derecho Internacional Privado venezolana.

B. Derecho interregional o interterritorial

Este Derecho se refiere a un conjunto de normas nacionales que indica cuál de los diferentes ordenamientos jurídicos, vigentes simultáneamente en un solo país, resulta aplicable a un caso en que intervienen elementos arraigados en diferentes regiones con diversas legislaciones, como es el caso de los Estados Federales de un mismo Estado, ejemplo por excelencia lo constituyen los Estados Unidos de América, Canadá, México.

---

[13] Fernández Rozas / Sánchez Lorenzo, *Derecho internacional...*, ob. cit., p. 23.

[14] Madrid Martínez, *La norma...*, ob. cit., p. 26.

Los conflictos interterritoriales presentan problemas menos complejos; raras veces se acude, dentro del mismo Estado soberano, a la aplicación del orden público internacional; el factor personal nacionalidad desaparece y se sustituye por domicilio[15].

En Estados Unidos de Norteamérica, los criterios de la jurisprudencia en materia de conflictos internos se trasladan con obvias limitaciones, a los conflictos internacionales; pero en América Latina estos conflictos interlocales presentados en los Estados Federales como Argentina, Brasil y México, son de poca relevancia en el ámbito de Derecho Internacional Privado; en cambio como señala Tatiana de Maekelt el sistema venezolano es centralista con ribetes federales, como lo califico la doctrina, no es propio para la aparición de estos conflictos interterritoriales[16].

Existen modelos muy distintos de Estados plurilegislativos y los conflictos de leyes internos a que dan lugar no admiten un tratamiento genérico como es el caso de España que no es comparable el pluralismo existente en ese País y diseñado básicamente en el artículo 149.1.8ª de la Constitución Española[17] con el modelo federal norteamericano;

---

[15] B. de Maekelt, *Teoría General*..., ob. cit., p. 37.

[16] B de Maekelt, *Teoría general*..., ob. cit., p. 38.

[17] Constitución Española de 1978. Art. 149. 1. El Estado tiene competencia exclusiva sobre las siguientes materias: 1ª La regulación de las condiciones básicas que garanticen la igualdad de todos los españoles en el ejercicio de los derechos y en el cumplimiento de los deberes constitucionales. 2ª Nacionalidad, inmigración, emigración, extranjería y derecho de asilo. 3ª Relaciones internacionales. 4ª Defensa y Fuerzas Armadas. 5ª Administración de Justicia. 6ª Legislación mercantil, penal y penitenciaria; legislación procesal, sin perjuicio de las necesarias especialidades que en este orden se deriven de las particularidades del derecho sustantivo de las Comunidades Autónomas. 7ª Legislación laboral; sin perjuicio de su ejecución por los órganos de las Comunidades Autónomas. 8ª Legislación civil, sin perjuicio de la conservación, existen además, Jurisdiccionales propias de cada Estado Federal. En España la jurisdicción es única y estatal por lo que el Derecho Interregional no produce problemas de competencia judicial o de reconocimiento de decisiones que por el contrario si se dan en los Estados Unidos de América, lo que si se da es conflictos de leyes internas (Derecho Aplicable). modificación y desarrollo por las Comunidades Autónomas de los derechos civiles, forales o especiales, allí donde existan. En todo caso, las reglas relativas a la aplicación y eficacia de las normas jurídicas, relaciones jurídico-civiles relativas a las formas de matrimonio, ordenación de los registros e instrumentos públicos, bases de las obligaciones contractuales, normas para resolver los conflictos de leyes y determinación de las fuentes del derecho, con respeto, en este último caso, a las normas de derecho foral o especial. 9ª Legislación sobre propiedad intelectual e industrial. 10ª Régimen aduanero y

arancelario; comercio exterior. 11ª Sistema monetario: divisas, cambio y convertibilidad; bases de la ordenación de crédito, banca y seguros. 12ª Legislación sobre pesas y medidas, determinación de la hora oficial. 13ª Bases y coordinación de la planificación general de la actividad económica. 14ª Hacienda general y Deuda del Estado. 15ª Fomento y coordinación general de la investigación científica y técnica. 16ª Sanidad exterior. Bases y coordinación general de la sanidad. Legislación sobre productos farmacéuticos. 17ª Legislación básica y régimen económico de la Seguridad Social, sin perjuicio de la ejecución de sus servicios por las Comunidades Autónomas. 18ª Las bases del régimen jurídico de las Administraciones públicas y del régimen estatutario de sus funcionarios que, en todo caso, garantizarán a los administrados un tratamiento común ante ellas; el procedimiento administrativo común, sin perjuicio de las especialidades derivadas de la organización propia de las Comunidades Autónomas; legislación sobre expropiación forzosa; legislación básica sobre contratos y concesiones administrativas y el sistema de responsabilidad de todas las Administraciones públicas. 19ª Pesca marítima, sin perjuicio de las competencias que en la ordenación del sector se atribuyan a las Comunidades Autónomas. 20ª Marina mercante y abanderamiento de buques; iluminación de costas y señales marítimas; puertos de interés general; aeropuertos de interés general; control del espacio aéreo, tránsito y transporte aéreo, servicio meteorológico y matriculación de aeronaves. 21ª Ferrocarriles y transportes terrestres que transcurran por el territorio de más de una Comunidad Autónoma; régimen general de comunicaciones; tráfico y circulación de vehículos a motor; correos y telecomunicaciones; cables aéreos, submarinos y radiocomunicación. 22ª La legislación, ordenación y concesión de recursos y aprovechamientos hidráulicos cuando las aguas discurran por más de una Comunidad Autónoma, y la autorización de las instalaciones eléctricas cuando su aprovechamiento afecte a otra Comunidad o el transporte de energía salga de su ámbito territorial. 23ª Legislación básica sobre protección del medio ambiente, sin perjuicio de las facultades de las Comunidades Autónomas de establecer normas adicionales de protección. La legislación básica sobre montes, aprovechamientos forestales y vías pecuarias. 24ª Obras públicas de interés general o cuya realización afecte a más de una Comunidad Autónoma. 25ª Bases de régimen minero y energético. 26ª Régimen de producción, comercio, tenencia y uso de armas y explosivos. 27ª Normas básicas del régimen de prensa, radio y televisión y, en general, de todos los medios de comunicación social, sin perjuicio de las facultades que en su desarrollo y ejecución correspondan a las Comunidades Autónomas. 28ª Defensa del patrimonio cultural, artístico y monumental español contra la exportación y la expoliación; museos, bibliotecas y archivos de titularidad estatal, sin perjuicio de su gestión por parte de las Comunidades Autónomas. 29ª Seguridad pública, sin perjuicio de la posibilidad de creación de policías por las Comunidades Autónomas en la forma que se establezca en los respectivos Estatutos en el marco de lo que disponga una ley orgánica. 30ª Regulación de las condiciones de obtención, expedición y homologación de títulos académicos y profesionales y normas básicas para el desarrollo del artículo 27 de la Constitución, a fin de garantizar el cumplimiento de las obligaciones de los poderes públicos en esta materia. 31ª Estadística para fines estatales. 32ª Autorización para la convocatoria de consultas populares por vía de referéndum. 2. Sin perjuicio de las competencias que podrán asumir las Comunidades Autónomas, el Estado considerará el servicio de la cultura como deber y atribución esencial y facilitará la comunicación cultural entre las Comunidades Autónomas, de acuerdo con ellas. 3. Las materias no atribuidas expresamente al Estado por esta Constitución podrán corresponder a las Comunidades Autónomas, en virtud de sus respectivos Estatutos. La competencia sobre las materias que no se hayan asumido por los Estatutos de Autonomía corresponderá al Estado, cuyas

mientras en España se admite una diversidad de legislaciones civiles, en los Estados Unidos de América existen además, Jurisdiccionales propias de cada Estado Federal. En España la jurisdicción es única y estatal por lo que el Derecho Interregional no produce problemas de competencia judicial o de reconocimiento de decisiones que por el contrario si se dan en los Estados Unidos de América, lo que si se da es conflictos de leyes internas (Derecho Aplicable).

C. Derecho interpersonal

En cambio el Derecho Interpersonal delimita la aplicación de normas jurídicas a un determinado grupo humano; como es el caso en Irán, Jordania, Líbano y Siria existen disposiciones diferentes en materia de Derecho Personal, de Familia, y Sucesiones para los diversos grupos musulmanes, cristianos y judíos. En Marruecos, también se aplica el Derecho Islámico a los cristianos pero con ciertas excepciones. Las religiones determinan el derecho aplicable a los diversos aspectos jurídicos que atañen a los grupos humanos que integran estas sociedades[18]. Estos conflictos interpersonales constituyen una naturaleza especial, debido a su amplitud no son fáciles de resolver y se complican estas situaciones con la relación existente con la jurisdicción competente; tan es así que el artículo 119 de la Constitución de la República Bolivariana de Venezuela, crea interrogantes con respecto a la prelación de las fuentes consagradas en el artículo 1 de la Ley de Derecho internacional privado, ya que el artículo de la Constitución consagra como fuentes del derecho los usos y costumbres indígenas, por eso se dice que estos conflictos son distintos.

El contenido fundamental del Derecho Internacional Privado, consiste en dar solución a los supuestos con elementos extranjeros utilizando para ello la aplicación del Derecho Material respectivo; las normas de conflicto para resolver los conflictos de leyes que se presenten, las normas procesales para resolver los conflictos de jurisdicciones y

---

normas prevalecerán, en caso de conflicto, sobre las de las Comunidades Autónomas en todo lo que no esté atribuido a la exclusiva competencia de éstas. El derecho estatal será, en todo caso, supletorio del derecho de las Comunidades Autónomas

[18] B. de Maekelt, *Teoría general…*, ob. cit., p. 38.

las normas de la *lex fori* para afirmar la eficacia extraterritorial de los actos emanados de autoridades provenientes del extranjero.

D. Derecho material unificado

Se refiere a la tendencia hacia la búsqueda de una unificación del derecho material, sin embargo esta unificación trae ciertas dificultades y limitaciones. Neuhaus, presenta el derecho material unificado de las siguientes formas:

1. Codificación de derecho material uniforme: La forma más frecuente son las convenciones, leyes modelos y proyectos de leyes nacionales que ejercen influencia en otros ordenamientos jurídicos; así mismo el contenido de este derecho en particular se refiere al Derecho Comercial, como son la letra de cambio y cheque, propiedad industrial e intelectual, transporte marítimo, aéreo terrestre[19]; En América se encuentran como ejemplo de este tipo de derecho en los tratados bilaterales y multilaterales como son las Convenciones Interamericanas sobre Restitución de Menores, Montevideo 1989, sobre Tráfico Internacional de Menores, México, 1994.

2. Codificación promovida por las Organizaciones Internacionales: Se podrían buscar en algunas decisiones emanadas de la Comunidad Andina de las Naciones, como es la Decisión 169 reformada por las Decisiones 244 y 292 referentes al Régimen Uniforme sobre Empresas Multinacionales Andinas y el Reglamento del Régimen Común de Tratamientos a los Capitales Extranjeros y sobre Marcas, Patentes, Licencias y Regalías[20] ; el artículo 153 de la Constitución de la República Bolivariana de Venezuela prevé la aplicación directa de las decisiones de la Comunidad Andina.

También se deben tomar en cuenta los principios sobre los Contratos Comerciales Internacionales los cuales han sido aprobados por UNIDROIT en 1994.

Codificación de los Organismos Privados: Se refiere a las normas materiales unificadas como es el comercio internacional, un ejemplo de

[19] B. de Maekelt, *Teoría general*..., ob. cit., p. 56.
[20] B. de Maekelt, *Teoría general*..., ob. cit., p. 56.

ello son las normas para la interpretación de los términos comerciales *(Incoterms)* y reglas y usos uniformes relativos a los créditos documentarios ambos instrumentos de la Cámara de Comercio Internacional de Paris; estas reglas se aplican como *lex mercatoria* y su vigencia como Derecho Comercial Internacional autónomo[21]. En este mismo orden de ideas, se hace necesario señalar que el derecho material uniforme es importante para el estudio del método directo del Derecho Internacional Privado, en la búsqueda de dar soluciones a casos con elementos foráneos a través de la norma material sin acudir a la norma de conflicto.

E. Derecho comparado

El Derecho comparado como método puede ser aplicado a cualquier área del derecho, realizando estudios específicos de ciertas instituciones. El desarrollo del Derecho Comparado tiene ciertos requisitos que se dan principalmente en determinadas circunstancias históricas, como las que han venido produciéndose a partir de fines de la Edad Moderna y especialmente en la Edad Contemporánea.

La intervención del Derecho Comparado en el Derecho Internacional Privado no se limita al proceso de comparación de las regulaciones de Derecho Privado, por cuanto reviste una serie de peculiaridades que la hacen importante, pues el Derecho Comparado juega un importante rol en los procesos de codificación convencional de Derecho Internacional Privado[22].

III. CARACTERÍSTICAS DEL DERECHO INTERNACIONAL PRIVADO

- Extraterritorialidad, es un requisito sine qua non, y además es una característica dado que resuelve conflictos de leyes fuera del ámbito del Derecho nacional
- Es de Derecho positivo; contiene normas escritas, integrado por normas que tienen carácter obligatorio; en cada País, el legislador

---
[21] B. de Maekelt, *Teoría general…*, ob. cit., p. 57.
[22] B. de Maekelt, *Teoría General…*, ob. cit., p. 60.

establece normas en mayor o menor número de Derecho Internacional Privado, que tienen el fin de indicar o determinar la ley que debe seguirse o aplicarse cuando concurren dos o más simultáneamente. Tatiana de Maekelt, señala que en el Derecho internacional privado se acude con mayor frecuencia a las fuentes supletorias en comparación a otras ramas jurídicas, específicamente a los principios generales del derecho y a la doctrina, pero estas fuentes son sustitutivas de una norma legislada y su acción no modifica el carácter positivo de la materia[23].

- Trata intereses particulares; los intereses de las personas en sus relaciones privadas; siempre está en juego un individuo o persona jurídica privada.

- Es de Derecho adjetivo; ya que la relación jurídica toca en algunos de sus elementos más de una competencia legislativa; la norma de Derecho Internacional Privado, nos indica cual es la legislación material que debe regirla, en otras palabras, ejerce la doble función de la norma de conexión, la cual es delimitar la competencia legislativa de los Estados e indicar la ley sustantiva o material aplicable al caso. Los conflictos intermateriales se resuelven dentro de un solo ordenamiento jurídico, mientras que la norma de conflicto determina cual entre los diversos sistemas jurídicos involucrados es el aplicable[24].

- Universalidad; regula derechos privados en la sociedad internacional con principios generalmente aceptados, en otras palabras es regular de manera uniforme en la sociedad internacional, la condición de los derechos privados; sus normas pueden aplicarse a todos los pueblos y permiten o hacen posible la aplicación de cualquier ley o costumbre de cualquier País, sin distinguir si es nacional o extranjero.

- Es un Derecho formal; la norma de conflicto no crea derechos ni obligaciones, es una norma indicadora pues señala el derecho aplicable.

- La norma de Derecho Internacional Privado tiene contenido independiente de las demás ramas jurídicas y funciona bajo su propia regulación[25].

---

[23] B. de Maekelt, *Teoría general…*, ob. cit., p. 62.
[24] B. de Maekelt, *Teoría general…*, ob. cit., p. 58.
[25] B. de Maekelt, *Teoría general…*, ob. cit., p. 60.

En el Derecho internacional privado se acude con frecuencia a las fuentes supletorias, especialmente a los principios generales del derecho y la doctrina, pero estas fuentes son sustitutivas de una norma legislada y su acción no modifica el carácter positivo de la materia[26]

IV. DIFERENCIAS ENTRE EL DERECHO INTERNACIONAL PÚBLICO Y DERECHO INTERNACIONAL PRIVADO

El Derecho internacional público: Regula las relaciones entre los Estados; Los asuntos de esta rama del derecho se resuelven a través de tratados, convenios, medios diplomáticos y los problemas de derecho internacional público solo interesan a los gobernantes

El Derecho internacional privado: Regula relaciones entre particulares de distintos Estados; Los asuntos de esta rama se resuelven a través de los órganos jurisdiccionales entre estados, y los problemas del derecho internacional privado interesan a los abogados litigantes.

Ambos poseen como fuente los tratados y la ley interna, pero para el derecho internacional privado la ley interna es fuente directa para el derecho internacional público es indirecta.

Tatiana de Maekelt[27], señala que el Derecho Internacional Público ha sido entendido como aquella rama del derecho que regula relaciones entre los Estados y demás sujetos de Derecho Internacional, es un derecho material, para este derecho la regulación interna es casi inexistente, en cambio para el Derecho Internacional Privado, tiene un carácter indicador y regula situaciones iusprivatistas; se mantiene el paralelismo entre ambos Derechos.

V. DEFINICIONES DEL DERECHO INTERNACIONAL PRIVADO

José Luis Bonnemaison[28] concluye que el Derecho internacional privado es una disciplina de ordenación jurídica que tiene por objeto

---

26 B. de Maekelt, *Teoría general…*, ob. cit., p. 11.
27 B. de Maekelt, *Teoría general…*, ob. cit., p. 38.
28 Bonnemaison, *Curso de Derecho…*, ob. cit., p. 25.

determinar cuál es la ley que debe regular o cual es la jurisdicción a que debe someterse un supuesto de hecho vinculado a diversos ordenamientos jurídicos simultáneamente vigentes; así como fijar la eficacia extraterritorial de los actos y sentencias.

Juan María Rouvier[29] dice que el Derecho internacional privado es la rama de la ciencia jurídica que determina la competencia legislativa de los Estados e indica la ley sustantiva o material aplicable a las relaciones jurídicas que puedan estar sometidas a más de una legislación.

Lorenzo Herrera Mendoza[30] define como la ciencia que establece los principios para resolver los conflictos entre las legislaciones civiles, mercantiles y judiciales de distintos Estados, y determina así la Ley aplicable a cada relación jurídica.

Niboyet[31] la define como la rama del derecho público que tiene por objeto fijar la nacionalidad de los individuos, determinar los derechos de que gozan los extranjeros, resolver los conflictos de leyes referentes al nacimiento (o a la extinción) de los derechos y asegurar, por último, el respeto de estos derechos.

VI. NATURALEZA JURÍDICA DEL DERECHO INTERNACIONAL PRIVADO

Algunos autores sostienen que el Derecho Internacional Privado no es más que una proyección del derecho interno en el plano internacional que regula conflictos de carácter privado; en realidad su naturaleza jurídica es muy especial, muy *sui generis*. Rouvier[32] opina que contiene elementos de:

- Derecho público, ya que toca aspectos de nacionalidad y condiciones jurídicas de extranjeros; que pertenecen a la esfera de esta rama del derecho

---

29 Rouvier, Juan María, *Derecho internacional privado. Parte general*, Maracaibo, Ediciones Astro, 2005, Tomo 1, p. 13.

30 Herrera Mendoza, Lorenzo, *Derecho internacional privado y temas conexos*, Caracas, Empresa el Cojo, 1960, p. 176.

31 Niboyet, Jean Paul, *Principios de Derecho internacional privado*, Madrid, Reus, 1928, p. 14.

32 Rouvier, *Derecho internacional...*, ob. cit. p. 13.

- Derecho privado, dado que regula relaciones entre particulares de distintos Estados, en el campo extraterritorial como el matrimonio, el divorcio, los contratos, entre otros;

- Derecho internacional, porque las relaciones jurídicas entre particulares pueden basarse en tratados, convenios y acuerdos internacionales; y,

- Derecho interno, al ser normas dictadas por el legislador interno de cada Estado.

Tatiana B. de Maekelt[33], expresa con respecto a este punto que la nacionalidad y la condición de extranjeros tiene carácter público; la materia de conflictos de leyes propiamente dicha, podría participar de ambos pública y privada, pero se evidencia una inclinación hacia el carácter privado, resulta más útil referirse a las relaciones entre el derecho conflictual y algunas ramas del Derecho Público que aclaran las posibles diferencias. Asimismo, plantea que el derecho internacional puede tener naturaleza interna o internacional, en el sentido de que si las normas de conflicto forman parte de fuentes internas, se trata de un Derecho Internacional Privado Interno y cuando se encuentran en fuentes internacionales tendrá una naturaleza de carácter internacional.

[33] Rouvier, *Derecho internacional…*, ob. cit., p. 39.

TRABAJADORES CON ELEVADO PODER DE NEGOCIACIÓN Y DERECHO APLICABLE A SUS CONTRATOS: NO SE JUSTIFICA RESTRICCIÓN A LA AUTONOMÍA DE LAS PARTES

ANDRÉS CARRASQUERO STOLK*

Resumen: La libertad de las partes para elegir el Derecho aplicable a un contrato internacional es un principio generalmente aceptado. En el contexto de los contratos de trabajo internacionales normalmente los ordenamientos jurídicos restringen la autonomía de las partes con el objetivo de proteger al trabajador como débil jurídico. Esta restricción puede ser de dos maneras: las partes no pueden elegir el Derecho aplicable o lo pueden hacer, pero con límites. En este artículo planteo que la autonomía de las partes no debería restringirse en el caso de contratos de trabajo internacionales con trabajadores con elevado poder de negociación, ya que no están en una posición débil. Para explicar el planteamiento utilizo como referencia el artículo 8 del Reglamento Roma I.

Abstract: *The freedom of the parties to choose the applicable law to international contracts is a generally accepted principle. In the case of international employment contracts, party autonomy is usually restricted in order to protect the employee as the weaker party. Such restriction could be in two ways: the parties may not choose the applicable law or they may do it but with limits. In this article, I propose that the restriction to party autonomy should not apply to international employment contracts entered into with employees with high bargaining power, since they are not in a weaker position. I use Article 8 of Rome I Regulation as a reference to explain my proposal.*

Sumario. Introducción. I. Protección del trabajador en las normas de conflicto sobre Derecho aplicable a los contratos de trabajo. II. Artículo 8 del Reglamento

* Universidad Católica Andrés Bello (UCAB), Abogado. Universidad Central de Venezuela (UCV), Magister Scientiarum en Derecho Internacional Privado y Comparado. University of Cambridge, Postgraduate Diploma in Legal Studies. Ejerce el Derecho en ESCG Abogados. Es profesor de Derecho Internacional Privado en la UCAB y en la UCV.

Roma I. A. Consideraciones generales. B. Comparación de dos o más ordenamientos jurídicos para determinar el Derecho aplicable. III. Trabajadores con elevado poder de negociación. A. Mismo tratamiento que los demás trabajadores. B. Argumentos para un tratamiento diferente. C. Ejemplos de un tratamiento diferente. 1. El proyecto de Reglamento de la Comunidad Económica Europea de 1972 sobre conflicto de leyes para relaciones de trabajo. 2. Derecho venezolano. D. Problema: cómo identificar a un trabajador con elevado poder de negociación. Conclusiones.

INTRODUCCIÓN

Un famoso futbolista profesional de un club europeo, un vicepresidente de banca de inversión de un grupo financiero internacional, un ingeniero petrolero altamente calificado y un programador jefe de una empresa de tecnología en California, son ejemplos de trabajadores con elevado poder de negociación. Este tipo de trabajadores está en capacidad de negociar frente a sus patronos en similar posición o en equilibrio, como consecuencia de su especial situación dentro de la empresa o por poseer destrezas o habilidades especiales. Sobre ellos trata el presente artículo en este libro homenaje a mi apreciado y admirado profesor Eugenio Hernández-Bretón. Una de sus enseñanzas ha sido lo importante de que el trabajo académico esté en función de resolver problemas reales de la práctica profesional. Este artículo se inspira en esta valiosa enseñanza.

La libertad de las partes para elegir el Derecho aplicable a un contrato internacional es un principio de Derecho Internacional Privado generalmente aceptado[1]. Las dos principales razones para esta general aceptación son: las partes son los más aptos para saber cuál es el Derecho más apropiado a su contrato, y seguridad jurídica o certeza[2].

---

[1] Weintraub, Russell, Functional developments in choice of law for contracts, en: *Recueil des Cours*, 1984, Vol. 187, pp. 239 ss., especialmente p. 271; Lando, Ole, The conflict of laws of contracts: general principles, en: *Recueil des Cours*, 1984, Vol. 189, pp. 225 ss., especialmente p. 237.

[2] Gamillscheg, Franz, Rules of public order in Private International Labour Law, en: *Recueil des Cours*, 1983, Vol. 181, pp. 285 ss., especialmente p. 315; Lein, Eva, The new Rome I / Rome II / Brussels I synergy, en: *Yearbook of Private International Law*, 2008, Vol. 10, pp. 177 ss., especialmente p. 180.

Sobre esta última razón, una cláusula contractual de elección de Derecho aplicable es la manera más fácil para las partes de tener certeza sobre qué Derecho regirá sus derechos y obligaciones derivados del contrato internacional.

En el contexto de los contratos de trabajo internacionales generalmente los ordenamientos jurídicos restringen la autonomía de las partes con el objetivo de proteger al trabajador como débil jurídico. Esta restricción puede ser de dos maneras: no se reconoce la autonomía de las partes (*i.e.* las partes no pueden elegir el Derecho aplicable) o se reconoce, pero con límites.

En este artículo planteo que la autonomía de las partes no debería restringirse en el caso de contratos de trabajo internacionales celebrados con trabajadores con elevado poder de negociación. Para explicar el planteamiento, utilizo como referencia el artículo 8 del Reglamento (CE) No. 593/2008 del Parlamento Europeo y del Consejo de 17 de junio de 2008 sobre ley aplicable a las obligaciones contractuales ("Reglamento Roma I"). Este artículo 8 contiene las disposiciones que determinan el Derecho aplicable a los contratos de trabajo y permite que las partes puedan elegir el Derecho que rige el contrato, pero con una restricción: tal elección no puede privar al trabajador de la protección que le brindan las normas imperativas del Derecho aplicable a falta de elección[3].

I. PROTECCIÓN DEL TRABAJADOR EN LAS NORMAS DE CONFLICTO SOBRE DERECHO APLICABLE A LOS CONTRATOS DE TRABAJO

En la generalidad de los casos el trabajador es la parte débil del contrato. Como tal, se ve forzado a aceptar los términos y condiciones impuestos por el patrono. Para contrabalancear el excesivo poder de negociación del patrono y proteger al débil jurídico, el Derecho material de muchos países ha restringido la libertad de las partes y ha establecido

[3] El artículo 8 del Reglamento Roma I tomó como modelo al artículo 6 del Convenio de Roma sobre ley aplicable a las obligaciones contractuales de 1980. Ambos artículos contienen las mismas normas de conflicto, salvo algunos pequeños cambios de redacción.

estándares mínimos de protección al trabajador que no pueden ser reducidos por acuerdo[4].

Si bien había consenso sobre lo apropiado de proteger a los trabajadores a través de normas imperativas, no había tal consenso en cuanto a protegerlos también mediante normas de conflicto especiales para contratos de trabajo internacionales (*i.e.* vinculados con dos o más ordenamientos jurídicos). Los autores discutían si debían existir estas normas de conflicto especiales o si era suficiente dejar la protección del débil jurídico a las normas imperativas del Derecho nacional de cada país[5].

Esta discusión formó parte de un debate más amplio concerniente a la función de las normas de conflicto. Según la visión clásica, la función de las normas de conflicto consiste exclusivamente en localizar un caso en un determinado ordenamiento jurídico, siendo irrelevante el resultado final de aplicar las normas materiales de este Derecho[6]. Por ejemplo, sería irrelevante si el Derecho aplicable protege adecuadamente o no al trabajador a efectos de determinar el Derecho que rige al contrato de trabajo. En cambio, según la visión de la justicia material, la función de las normas de conflicto no se limita a localizar un caso en un ordenamiento jurídico. Estas normas también pueden perseguir objetivos específicos concernientes al resultado final de aplicar un Derecho material al caso concreto (*e.g.* protección de trabajadores, consumidores y niños)[7]. Esta

---

4 Morse, Christopher, Contracts of employment and the E.E.C. Contractual Obligations Convention, en: P. North ed.), *Convention on the Law Applicable to Contractual Obligations: a Comparative Study*, Amsterdam, North-Holland, 1982, p. 144.

5 Hoyer, Hans, Some remarks on Arts. 1, 2 and 20 of the EC Draft Convention, en: O. Lando / B. von Hoffmann / K. Siehr (eds.), *European Private International Law of Obligations: Acts and Documents of an International Colloquium on the European Preliminary Draft Convention on the Law Applicable to Contractual and Non-Contractual Obligations, held in Copenhagen on April 29 and 30, 1974*, Tübingen, Mohr, 1975, p. 116; Giardina, Andrea, The Impact of the E.E.C. Convention on the Italian system of conflict of laws, en: P. North (ed.), *Convention on the Law Applicable to Contractual Obligations: a Comparative Study*, Amsterdam, North-Holland, 1982, pp. 242-243; North, Peter, Reform, but not Revolution: General Course on Private International Law, en: *Recueil des Cours*, 1990, Vol. 220, 1990, pp. 9 ss., especialmente pp. 203-04.

6 Audit, Bernard, Le caractère fonctionnel de la règle de conflit (sur la "crise" de conflits de lois), en: *Recueil des Cours*, 1984, Vol. 186, pp. 219 ss., especialmente p. 363.

7 Audit, Le caractère fonctionnel…, ob. cit., p. 363.

visión de la justicia material se ve reflejada en normas de conflicto materialmente orientadas, las cuales "buscan conseguir un cierto resultado sustantivo que los redactores a priori consideraron deseable"[8].

En el sistema de Derecho Internacional Privado de la Unión Europea, desde el Convenio de Roma sobre ley aplicable a las obligaciones contractuales de 1980 ("Convenio de Roma"), no hay duda que las normas de conflicto para contratos de trabajo deben también perseguir la protección del trabajador como débil jurídico. El artículo 6 del Convenio de Roma –ahora artículo 8 del Reglamento Roma I–, se considera como una norma de conflicto materialmente orientada[9]. que busca conseguir un resultado material o sustantivo (*i.e.* la protección del débil jurídico)[10].

Si las normas de conflicto para los contratos de trabajo fueran las mismas que las utilizadas para los contratos comerciales –ignorando así la protección de la parte débil–, los patronos podrían evadir fácilmente las normas imperativas del Derecho normalmente aplicable, simplemente incluyendo en el contrato de trabajo una cláusula de selección de un Derecho menos favorable para el trabajador[11]. Esta situación permitiría al patrono explotar su posición dominante en el contrato de trabajo en casos de Derecho Internacional Privado[12].

---

[8] Symeonides, Symeon, The American choice-of-law revolution in the courts: today and tomorrow, en: *Recueil des Cours*, 2002, Vol. 298, pp. 9 ss., especialmente pp. 400-401.

[9] Lagarde, Paul, Le principe de proximité dans le Droit international privé contemporain: Cours général de Droit international privé, en: *Recueil des Cours*, 1986, Vol. 1961986, pp. 9 ss., especialmente pp. 56-59.

[10] Giuliano, Mario / Paul Lagarde, Report on the Convention on the Law Applicable to Contractual Obligations, en: *Official Journal*, C 282, 1980, p. 25; considerando 23 del Reglamento Roma I. También ver Morse, Contracts of Employment…, ob. cit., pp. 144-145; Fletcher, Ian, *Conflict of Laws and European Community Law: with Special Reference to the Community Conventions on Private International Law*, Amsterdam, North-Holland, 1982, pp. 165-166; Kaye, Peter, *The new Private International Law of contract of the European Community: Implementation of the EEC's Contractual Obligations Convention in England and Wales under the contracts (Applicable Law) Act 1990*, Aldershot, Dartmouth, 1993, p. 221.

[11] Morse, Contracts of employment…, ob. cit., p. 149; O'Brien, John / Raymond Smith, *Conflict of Laws*, London, Canvendish, 2da ed., 1999, p. 367.

[12] Briggs, Adrian, *Agreements on jurisdiction and choice of law*, Oxford, Oxford University Press, 2008, p. 37.

Con el fin de proteger al débil jurídico y evitar situaciones como la mencionada, el artículo 8.1 del Reglamento Roma I restringe la autonomía de las partes en los contratos de trabajo internacionales, como se explica en la próxima sección.

II. ARTÍCULO 8 DEL REGLAMENTO ROMA I

A. Consideraciones generales

El problema de determinar el Derecho aplicable a los contratos internacionales es regulado en la Unión Europea mediante el Reglamento Roma I, que contiene normas de conflicto para estos efectos. El artículo 8 del Reglamento Roma I es el que trata específicamente el problema del Derecho aplicable a los contratos de trabajo.

El artículo 8 del Reglamento Roma I tiene cuatro normas de conflicto específicas para los contratos de trabajo internacionales, que pueden resumirse así: 1) **regla de la autonomía de las partes**: las partes de un contrato de trabajo pueden escoger el Derecho aplicable a su contrato. Sin embargo, esta elección no puede privar al trabajador de la protección brindada por las normas imperativas del Derecho que sería aplicable a falta de elección según las otras disposiciones del artículo 8 (art. 8.1). Si las partes no escogieron el Derecho aplicable, el contrato de trabajo se rige por: 2) **presunción de los vínculos más estrechos**: a) el Derecho del país en el cual o desde el cual el trabajador preste servicios habitualmente (art. 8.2); o b) si este Derecho no puede ser determinado, el Derecho del país en el cual esté ubicado el establecimiento a través del cual se contrató al trabajador (art. 8.3). 3) **Cláusula de escape**: si del conjunto de circunstancias se desprende que el contrato tiene los vínculos más estrechos con otro Derecho, el contrato se rige por este último Derecho (art. 8.4).

Si bien el artículo 8 del Reglamento Roma I permite la autonomía de las partes en los contratos de trabajo internacionales, esta facultad de elegir el Derecho es restringida con el objetivo de proteger al trabajador como débil jurídico. La restricción consiste en que la elección del Derecho aplicable no puede evitar la aplicación de las normas imperativas del otro Derecho que sería aplicable a falta de esta elección y que protegen al trabajador. Como se explica en la próxima sección, esta restricción implica una comparación de dos ordenamientos jurídicos para resolver el problema de identificar el Derecho que rige el contrato de trabajo.

B. Comparación de dos o más ordenamientos jurídicos para determinar el Derecho aplicable

A pesar que el artículo 8 del Reglamento Roma I no lo establece expresamente, generalmente se entiende que el Derecho objetivamente aplicable al contrato de trabajo solo podrá desplazar al Derecho elegido por las partes, en caso que el primero brinde una protección más favorable al trabajador[13]. Este planteamiento es coherente con el objetivo más importante de la regla del artículo 8 que prevé la autonomía de las partes: la protección del débil jurídico. Si luego de comparar ambos Derechos, el Derecho elegido por las partes brinda una mejor protección al trabajador, el Derecho objetivamente aplicable no aplicaría. En efecto, al trabajador no se le negaría la protección que proporcionan las normas imperativas del Derecho aplicable a falta de elección –como lo dispone el artículo 8.1–, cuando el Derecho elegido por las partes brinda mayor protección[14]. Por tanto, el Derecho aplicable a falta de elección garantiza un mínimo de protección que permite la autonomía de las partes, solo en la medida que el Derecho escogido proporcione una mejor o al menos equivalente protección al trabajador[15].

Ahora bien, en la práctica no es fácil comparar dos Derechos nacionales para determinar el más favorable. Por ejemplo, un trabajador es despedido y el Derecho elegido por las partes dispone que tiene derecho al reenganche, pero no a una indemnización. En cambio, el Derecho objetivamente aplicable a falta de elección establece que el

---

[13] Considerando 35 del Reglamento Roma I. También ver Lagarde, Le principe de proximité..., ob. cit., p. 57; Plender, Richard / Michael Wilderspin, *The European Private International Law of obligations*, London, Sweet & Maxwell, 3ª ed., 2009, p. 312.

[14] Dicey, Albert / John Morris / Lawrence Collins, *The Conflict of Laws*, London, Sweet & Maxwell, 14ª ed., 2006, p. 1667.

[15] Salah, Mohamed, Loi d'autonomie et méthodes de protection de la partie faible en Droit International Privé, en: *Recueil des Cours*, 2005, Vol. 315, pp. 141 ss., especialmente p. 179.

trabajador solo tiene derecho a una indemnización, pero no al reenganche[16]. ¿Cuál Derecho es más favorable al trabajador? Sobre este ejemplo se ha sugerido que el trabajador es quien debe escoger entre el reenganche o la indemnización[17]. También puede plantearse la situación en que el trabajador reclama diferentes beneficios (*e.g.* vacaciones y licencia de paternidad). Mientras que el Derecho elegido por las partes es más favorable en cuanto a uno de los beneficios (*e.g.* licencia de paternidad), el Derecho aplicable a falta de elección lo protege mejor en relación con el otro beneficio (*e.g.* vacaciones) ¿Cuál Derecho es más favorable al trabajador?

Estas preguntas no tienen una única posible respuesta, debido a que los jueces pueden tener diferentes criterios sobre qué Derecho es mejor para el trabajador. En este sentido, existen diferentes métodos para realizar la comparación de los ordenamientos jurídicos: global o analítico[18]. Conforme al método global, los Derechos deben compararse en su conjunto o globalidad –no solo la solución al problema específico discutido– y el resultado sería la aplicación de un solo Derecho o del otro, no de fragmentos de ambos ordenamientos jurídicos. Por ejemplo, en la sentencia *Mazzoleni* del Tribunal de Justicia de la Unión Europea, en el contexto de un caso sobre restricciones a la libertad de prestación de servicios, se estableció que era necesaria una comparación global para determinar si la protección brindada a los trabajadores en el Estado miembro del lugar del establecimiento es equivalente a la protección del Derecho del Estado miembro de acogida[19]. En cambio, el método analítico implica comparar de manera individual las soluciones específicas dadas por los Derechos a cada uno de los problemas discutidos. El resultado puede ser la aplicación de fragmentos de los Derechos

16 Basado en un ejemplo de Dicey /Morris / Collins, *The Conflict of Laws...*, ob. cit., p. 1667.

17 Hartley, Trevor, Mandatory rules in international contracts: the Common Law approach, en: *Recueil des Cours*, 1997, Vol. 266, pp. 337 ss., especialmente p. 376.

18 Jault-Seseke, Fabienne, L'office du Juge dans l'application de la règle de conflit de lois en matière de contrat de travail, en: *Revue critique de droit international privé*, 2005, No. 94, pp. 253 ss., especialmente pp. 279-285.

19 Tribunal de Justicia de la Unión Europea, caso No. C-165/98, 15/03/2001, párr. 35 y 39 (André Mazzoleni e Inter Surveillance Assistance SARL), en: http://curia.europa.eu/juris/celex.jsf?celex=61998CJ0165&lang1=es&type=TXT&ancre=

comparados[20]. Por otra parte, la comparación podría focalizarse solo en los intereses particulares del trabajador en el caso concreto o podría ser en los intereses colectivos del grupo de los trabajadores[21].

Si se utilizara el método analítico para comparar el Derecho escogido por las partes y el Derecho objetivo aplicable a falta de elección, el artículo 8.1 del Reglamento Roma I podría traer como consecuencia un fraccionamiento del contrato o *dépeçage* judicial, añadiendo así más complicaciones[22]. En efecto, si el Derecho elegido por las partes brinda menos protección al trabajador que las normas imperativas del Derecho objetivamente aplicable, el Derecho escogido solo sería desplazado en aquellos aspectos en los cuales es menos favorable. En los aspectos en que el Derecho elegido es equivalente o más favorable, se aplicaría este último Derecho[23].

Por ejemplo, en un contrato de trabajo se elige como Derecho aplicable el alemán pero el Derecho español es el aplicable a falta de elección, debido a que la prestación habitual de servicios es en Madrid. El Derecho alemán sería desplazado por normas imperativas del Derecho español sobre las vacaciones –el Derecho alemán prevé 20 días de vacaciones mientras que el Derecho español establece 22 días. Conforme al método analítico, el Derecho alemán aplicaría a todos los demás aspectos de la relación de trabajo no reguladas por normas imperativas del Derecho español o cuando estas normas imperativas no fueran más favorables al trabajador. En consecuencia, el contrato se fraccionaría y unos aspectos quedarían regidos por Derecho español y otros por Derecho alemán.

Independientemente del método utilizado, la comparación de ordenamientos jurídicos diferentes para determinar cuál es el más favorable

---

20 Pommier, Jean-Christophe, *Principe d'autonomie et loi du contrat en Droit international privé conventionnel*, Paris, Economica, 1992, p. 183.

21 Pommier, *Principe d'autonomie et loi…*, ob. cit., p. 184.

22 Von Hoffmann, Bernd, General report on contractual obligations, en: O. Lando / B. von Hoffmann / K. Siehr (eds.), *European Private International Law of Obligations: Acts and Documents of an International Colloquium on the European Preliminary Draft Convention on the Law Applicable to Contractual and Non-Contractual Obligations, held in Copenhagen on April 29 and 30, 1974*, Tübingen, Mohr, 1975, p. 14; Lyon-Caen, Gérard / Antoine Lyon-Caen, *Droit social international et Européen*, Paris, Dalloz, 8ª ed., 1993, p. 27.

23 Giuliano / Lagarde, Report on the Convention…, ob. cit., p. 25; Morse, Contracts of employment…, ob. cit., p. 152.

al trabajador y, por ende, el aplicable, afecta negativamente la seguridad jurídica, ya que el resultado podría ser impredecible dada la complejidad y su dependencia en cierta medida en el criterio del juez en el caso concreto.[24] Esta falta de seguridad jurídica está justificada en el objetivo principal del artículo 8 del Reglamento Roma I (*i.e.* protección del débil jurídico)[25], debido a que en la mayoría de los casos el trabajador es la parte débil del contrato. Sin embargo, existen situaciones en la que los trabajadores no están en una posición contractual débil, ya que tienen elevado poder de negociación.

III. TRABAJADORES CON ELEVADO PODER DE NEGOCIACIÓN

A. Mismo tratamiento que los demás trabajadores

Normalmente los trabajadores son la parte débil del contrato y, como tales, merecen protección legal para evitar ser forzados a aceptar términos contractuales desfavorables impuestos por los patronos (*i.e.* la parte fuerte del contrato). Sin embargo, existen casos en donde los trabajadores están en capacidad de negociar en igualdad de posición frente a sus patronos, como consecuencia de su especial situación dentro de la empresa o por poseer destrezas o habilidades especiales[26]. Estos trabajadores con elevado poder negociación usualmente tienen funciones gerenciales, de toma de decisiones de la empresa o de asesoría, o tienen un alto grado de experticia o destrezas[27]. Estos trabajadores suelen recibir una elevada remuneración por sus servicios y se les refiere por diferentes nombres, tales como: empleados senior[28], personal

[24] Similar en Fletcher, *Conflict of Laws...*, ob. cit., p. 168; Pocar, Fausto, La Protection de la partie faible en Droit International Privé, en: *Recueil des Cours*, 1984, Vol. 188, pp. 339 ss., especialmente p. 382; Pommier, *Principe d'autonomie et Loi du Contrat...*, ob. cit., pp. 177-178.

[25] Considerando 23 del Reglamento Roma I.

[26] En relación a trabajadores altamente calificados, ver Pocar, La protection de la partie faible..., ob. cit., pp. 374-375.

[27] Art. 7 del proyecto de reglamento de la Comunidad Económica Europea sobre conflicto de leyes para relaciones de trabajo de 1972.

[28] Gamillscheg, Franz, Les principes du Droit du travail international, en: *Revue critique de droit international privé*, 1961, No. 50, pp. 265 ss., especialmente p. 275.

gerencial[29], gerentes de alto nivel[30], personal directivo, empleados de alto nivel de remuneración o empleados altamente calificados.

Un claro ejemplo de un trabajador con elevado poder de negociación puede verse en el caso *Chunilal v Merrill Lynch International Incorporated* decidido por un tribunal inglés[31]. El Sr. Chunilal trabajó para compañías que pertenecían al grupo Merrill Lynch desde 1989 hasta el 2009. Fue transferido de Londres a Hong Kong en enero de 2004 en el cargo de Director de Banca de Inversión para la Región Asia Pacífico, supervisando las actividades de banca de inversión en la región. Luego fue nombrado Socio Gerente con el cargo de Vicepresidente Senior en enero de 2006. El Sr. Chunilal recibía un salario anual de USD. 200,000.00 más otros beneficios, incluyendo bonos anuales discrecionales. Él recibió bonos discrecionales por los años 2006, 2007 y 2008 por las cantidades de USD. 13,875,000.00, USD. 11,675,000.00 y USD. 2,345,000.00, respectivamente. Según estos hechos, el Sr. Chunilal fue sin duda un trabajador con elevado poder de negociación, tomando en cuenta su alta posición en la empresa, sus funciones gerenciales y de toma dc decisiones, y su alta remuneración.

Ahora bien, a efectos del artículo 8 del Reglamento Roma I, es irrelevante si el trabajador tiene o no alto poder de negociación. El artículo 8 da el mismo trato a todos los trabajadores, sin importar sus diferentes niveles de poder de negociación frente al patrono. De este modo, la restricción de la autonomía de las partes prevista en el artículo 8 aplica de igual manera para un trabajador que realmente es un débil jurídico, así como para un Gerente altamente calificado y con elevada remuneración.

---

29 Simon-Depitre, Marthe, Droit du travail et conflits de lois devant le Deuxième Congrès International de Droit du travail, en: *Revue critique de droit international privé*, 1958, No. 47, pp. 285 ss., especialmente p. 301.

30 Batiffol, Henri, Observations des membres de la Seizième Commission en Réponse à l'exposé Préliminaire et au Questionnaire de M. Etienne Szászy du 20 Juillet 1968: Observations de M. Henri Batiffol, en: *Annuaire Institut de Droit International*, 1971, No. 54(1), pp. 393 ss., especialmente p. 394.

31 High Court of Justice / Queen's Bench Division / Commercial Court, caso No. 2009 folio 1354, 18 de junio de 2010, (Damian Ratilal Chunila v Merrill Lynch International Incorporated), en: [2010] EWHC 1467 (Comm).

Lo irrelevante del nivel de poder de negociación de los trabajadores fue confirmado en el caso *Samengo-Turner v J & H Marsh & McLennan (Services) Limited*[32] por otro tribunal inglés en el contexto de un problema de jurisdicción. La Corte de Apelaciones decidió que era irrelevante que los trabajadores fueran altos ejecutivos a efectos de la aplicación de la sección 5 del Reglamento (CE) No. 44/2001 del Consejo, de 22 de diciembre de 2000, relativo a la competencia judicial, el reconocimiento y la ejecución de resoluciones judiciales en materia civil y mercantil ("Reglamento Bruselas I") –que regula la jurisdicción para los contratos de trabajo. Los demandantes eran corredores de reaseguros domiciliados en Inglaterra y contratados por una compañía del grupo Marsh McLennan. Los trabajadores fueron demandados en Nueva York por otras compañías del grupo en relación a un acuerdo vinculado con sus contratos de trabajo. Estos mismos trabajadores iniciaron un juicio ante los tribunales de Inglaterra para paralizar el juicio en Nueva York. Los trabajadores alegaron que, conforme al artículo 20 del Reglamento Bruselas I, ellos solo podían ser demandados ante los tribunales de su domicilio (*i.e.* Inglaterra). Uno de los argumentos de las compañías fue que "los demandantes no eran empleados que necesitaran protección porque ellos eran ejecutivos senior bien remunerados". En relación con este argumento, la Corte de Apelaciones decidió que la "Sección 5 –del Reglamento Bruselas I– aplica a todos los empleados independientemente de una necesidad particular de protección". Por tanto, conforme a la decisión Samengo-Turner la sección 5 del Reglamento Bruselas I aplica a cualquier trabajador, incluyendo aquellos con alto poder de negociación.

Sin embargo, considero que el caso de los trabajadores con alto poder de negociación merece un mayor análisis. La principal razón para restringir la autonomía de las partes en los contratos de trabajo es la condición de débil jurídico del trabajador. Tomando en cuenta que en algunas situaciones los trabajadores realmente no están en una posición débil, no pareciera justificado restringir la autonomía de las partes en

[32] Court of Appeal / Civil Division, caso No. A3/2007/1257, 12/07/2007 (Julian Samengo-Turner y otros v J & H Marsh & McLennan (Services) Limited y otros), en: [2007] EWCA Civ 723.

dichos casos. En la próxima sección explico mis argumentos para un diferente tratamiento a los trabajadores con alto poder de negociación.

B. Argumentos para un tratamiento diferente

En mi opinión, la restricción de la autonomía de las partes establecida en el artículo 8 del Reglamento Roma I no debería aplicar a trabajadores con alto poder de negociación por tres razones. Primero, aplicar tal restricción no es coherente con el principal objetivo del artículo 8 que justifica limitar la libertad de elección del Derecho aplicable: la protección del débil jurídico. Segundo, la restricción a la autonomía de las partes podría darles ventajas injustas a los trabajadores con alto poder de negociación, basadas en una supuesta posición débil que realmente no tienen. Tercero, sería mejor en la práctica que este tipo de trabajadores y sus patronos pudiesen escoger el Derecho aplicable al contrato de trabajo sin la restricción del artículo 8, para así contar con mayor seguridad jurídica.

Con respecto al primer argumento, el artículo 8 del Reglamento Roma I busca proteger a los trabajadores bajo la premisa de que están en una posición más débil. En este sentido, el artículo 8 restringe la autonomía de las partes para contrabalancear el excesivo poder de negociación del patrono[33]. Sin embargo, esta protección es innecesaria para trabajadores con elevado poder de negociación, debido a que ellos no son débiles jurídicos y no existe desequilibrio entre las partes del contrato[34]. Por tanto, es incoherente con el objetivo principal del artículo 8 del Reglamento Roma I que, a pesar de que los trabajadores con elevado poder de negociación no son débiles jurídicos, ellos reciban la misma protección que los trabajadores efectivamente en una posición débil. Como expliqué en la sección II.B, la restricción de la autonomía de las partes prevista en el artículo 8 conlleva una compleja

[33] Sobre el método del Derecho internacional privado para proteger al débil jurídico, ver Pocar, La protection de la partie faible..., ob. cit., p. 362.

[34] Similar ver en Batiffol, Observations des membres..., ob. cit., p. 394; Morgenstern, Felice, *International conflicts of labour law: a survey of the law applicable to the international employment relation*, Geneva, International Labour Office, 1984, p. 19; Pommier, *Principe d'autonomie et Loi du Contrat...*, ob. cit., pp. 165-166.

comparación entre dos Derechos para determinar cuál es el más favorable. Tal análisis legal complejo es injustificado cuando no hay necesidad de proteger al trabajador, ya que este cuenta con un alto poder de negociación frente al patrono.

El segundo argumento apunta a lo injusto de que los trabajadores, a pesar de no ser realmente la parte débil, obtengan ventajas por no cumplir con la cláusula de elección de Derecho aplicable del contrato que ellos mismos acordaron en su momento. Si las partes de un contrato de trabajo con igual poder de negociación acuerdan una cláusula de elección de Derecho aplicable, ellos deberían respetar y cumplir tal compromiso contractual salvo que exista una causa justificada. Si el trabajador no está en una posición débil, no existe una causa que justifique la desaplicación de la cláusula contractual de selección del Derecho a favor de un Derecho no escogido por las partes. La injusta ventaja se hace evidente cuando el trabajador con elevado poder de negociación recibe una compensación adicional y no prevista en el contrato con base a un Derecho diferente de aquel que habían elegido las partes. Más aún, esta ventaja injusta podría significar importantes costos no previstos para los patronos. En efecto, los reclamos monetarios de este tipo de trabajadores están basados en su paquete remunerativo, que suele ser alto (*e.g.*, en el caso *Chunilal* comentado en la sección III. A la demanda fue por varios millones Dólares de los Estados Unidos de América, basado en la alta remuneración que recibía el trabajador). Un resultado contrario a la parte que cumplió con los términos contractuales (*i.e.* el patrono) no parece justo en este tipo de casos.

El tercer argumento se basa en otro objetivo perseguido por el artículo 8.1 del Reglamento Roma I: seguridad jurídica. En efecto, muchas de las situaciones de movilidad de trabajadores de un país a otro involucran a trabajadores con elevado poder de negociación[35]. Tanto los patronos como los trabajadores tienen una necesidad razonable de certeza en cuanto a sus derechos y obligaciones durante toda la relación

---

[35] Morgenstern, *International conflicts of labour Law…*, ob. cit., p. 28; Palao, Guillermo, Multinational groups of companies and individual employment contracts in Spanish and European Private International Law, en: *Yearbook of Private International Law*, 2002, Vol. 4, pp. 303 ss., especialmente pp. 326 y 330.

de trabajo, independientemente de los países a los cuales los trabajadores son transferidos o desplazados temporalmente. Este interés común de ambas partes ha generado una práctica en algunas empresas de estandarizar los beneficios que reciben en cualquier país los trabajadores con elevado poder de negociación.[36] Usualmente estos beneficios contractuales son más favorables para los trabajadores, compensándoles cualquier desventaja asociada al hecho de tener que vivir y trabajar en más de un país durante la relación de trabajo. En estos casos, la mejor manera de garantizar certeza a ambas partes sobre el Derecho aplicable sería mediante una cláusula de selección de Derecho aplicable sin la restricción del artículo 8.1 del Reglamento Roma I, debido a que esta restricción afecta negativamente la seguridad jurídica como se explica en la sección II.B.

Considero que los tres argumentos mencionados son razones válidas para sostener un tratamiento diferente a los trabajadores con elevado poder de negociación. Dos de los argumentos están basados en los objetivos perseguidos por el artículo 8.1 del Reglamento Roma I (*i.e.* protección del débil jurídico y seguridad jurídica). El planteamiento es que para este tipo de trabajadores, las partes del contrato de trabajo internacional deberían poder elegir el Derecho aplicable sin la restricción del artículo 8.1. En la próxima sección se explican dos ejemplos de tratamiento diferente dado a este tipo de trabajadores.

C. Ejemplos de un tratamiento diferente

1. El proyecto de Reglamento de la Comunidad Económica Europea de 1972 sobre conflicto de leyes para relaciones de trabajo

En 1972 la Comunidad Económica Europea propuso un proyecto de reglamento sobre conflicto de leyes para relaciones de trabajo ("Proyecto de Reglamento de 1972").[37] El Proyecto de Reglamento de 1972 tenía una regulación específica para trabajadores con elevado poder de

[36] Similar ver en Palao, Multinational groups of companies..., ob. cit., p. 332.
[37] *Official Journal*, C 49/26, 1972.

negociación, que considero en sintonía con los argumentos explicados en la sección anterior. La solución general del Proyecto de Reglamento de 1972 era prohibir la autonomía de las partes en los contratos de trabajo internacionales salvo tres excepciones. El artículo 7 del Proyecto de Reglamento de 1972 preveía una de las excepciones, conforme a la cual las partes podían elegir libremente el Derecho aplicable al contrato en caso de trabajadores que realizaran funciones gerenciales o de asesoría o que llevaran a cabo de actividades que requieren un alto grado de especialización. El tratamiento diferente para este tipo de trabajadores se justificaba en la especial posición del trabajador dentro de la empresa o la naturaleza especial de sus servicios[38]. El memorándum explicativo del Proyecto de Reglamento de 1972 dio los siguientes ejemplos para esta excepción: superintendentes, asesores legales, planificadores económicos, personal ejecutivo gerencial y personal altamente calificado[39].

El memorándum explicativo establecía que este tipo de trabajadores no requiere la rigurosa protección social que se les brinda a los trabajadores normales[40]. Se ha entendido que esta afirmación se basa en la presunción de que existe menos desequilibrio en el poder de negociación entre los patronos y los trabajadores referidos en el artículo 7 del Proyecto de Reglamento de 1972[41]. En este sentido, el memorándum explicativo expresaba que debía verificarse el equilibrio en el poder de negociación entre las partes antes de reconocerle efectos a la cláusula contractual de selección del Derecho aplicable[42].

De este modo, el artículo 7 del Proyecto de Reglamento de 1972 es un ejemplo de tratamiento diferente a los trabajadores con elevado de poder de negociación, el cual difiere al tratamiento brindado a los trabajadores realmente en una débil posición. Ahora bien, el Proyecto de Reglamento de 1972 fue retirado en 1981[43].

---

[38] Morse, Contracts of employment..., ob. cit., p. 170.

[39] Hepple, Bob, Conflict of Laws on employment relationships within the EEC, en: K. Lipstein (ed.), *Harmonization of Private International Law by the E.E.C.*, London, Institute of Advanced Legal Studies, 1978, p. 42.

[40] Hepple, Conflict of Laws on employment..., ob. cit., p. 42.

[41] Morse, Contracts of employment..., ob. cit., p. 170.

[42] Hepple, Conflict of Laws on employment..., ob. cit., pp. 42-43.

[43] *Official Journal*, C 307/3, 1981.

2. Derecho venezolano

El Derecho del Trabajo venezolano también brinda un ejemplo de un tratamiento diferente a trabajadores con elevado poder de negociación; se trata de los trabajadores de dirección y son considerados como una categoría específica para ciertos aspectos. De conformidad con el artículo 37 de la Ley Orgánica del Trabajo, los Trabajadores y las Trabajadoras (LOTTT), los trabajadores de dirección son aquellos que participan en la toma de decisiones de la empresa así como los que representan al patrono frente a otros trabajadores o terceros. Básicamente, los trabajadores de dirección no tienen los mismos beneficios y prerrogativas que los demás trabajadores en los siguientes aspectos: 1) no tienen derecho a reenganche y pago de salarios caídos en caso de despido injustificado; 2) el límite de su jornada de trabajo es más flexible; y 3) pueden ser excluidos del ámbito subjetivo de los contratos colectivos de trabajo[44].

En el contexto del problema de determinar el Derecho aplicable, la solución general del Derecho venezolano a los contratos de trabajo es la siguiente: 1) el Derecho venezolano aplica si los servicios son prestados en Venezuela o si el contrato fue celebrado en Venezuela[45]; 2) si los servicios se prestan fuera de Venezuela con base a un contrato celebrado también fuera de Venezuela, el Derecho aplicable es el elegido por las partes (autonomía de las partes). Si las partes no escogieron el Derecho aplicable, el contrato se rige por el Derecho más directamente vinculado (principio de proximidad)[46]. Esta solución general aplica para cualquier tipo de trabajadores; no existen normas de conflicto que

---

[44] Arts. 87, 175.1 y 432 LOTTT.

[45] Art. 3 LOTTT.

[46] Arts. 29 y 30 de la Ley venezolana de Derecho Internacional Privado. Sobre la solución general en Venezuela para el problema del Derecho aplicable a los contratos de trabajo, ver: Pró-Rísquez, Juan Carlos, *Trabajadores internacionales: jurisdicción y Derecho aplicable* (Tesis Doctoral presentada y aprobada para optar al Título de Doctor de la Facultad de Ciencias Jurídicas y Políticas de la Universidad Central de Venezuela), Caracas, 2008, pp. 141 ss.; Carrasquero, Andrés, Relaciones de trabajo internacionales: problemas resueltos y por resolver, en: C. Madrid (ed.), *La empresa y sus negocios de carácter internacional*, Caracas, Academia de Ciencias Políticas y Sociales, 2011, pp. 57 ss., especialmente pp. 70 ss.

proporcionen una solución para determinar el Derecho aplicable a los contratos con trabajadores de elevado poder de negociación.

Sin embargo, la jurisprudencia venezolana ha dado un tratamiento diferente a los trabajadores de dirección en un asunto particular: transacciones en casos vinculados con dos o más ordenamientos jurídicos (*i.e.* transacciones en casos de Derecho Internacional Privado). Según el artículo 19 de la Ley Orgánica del Trabajo, los Trabajadores y las Trabajadoras, las transacciones laborales deben cumplir con ciertos requisitos formales y deben ser homologadas por un Inspector del Trabajo o un Juez del Trabajo; en caso contrario, no tienen validez como transacción. Sin embargo, el Tribunal Supremo de Justicia le ha reconocido eficacia a transacciones celebradas por trabajadores de dirección en el contexto de trabajo prestado en más de un país (*i.e.* expatriados), a pesar que las transacciones no cumplían con los requisitos formales del Derecho venezolano. En el caso *Sánchez v Universal Music*[47], se aplicó una interpretación teleológica del artículo 3 de la Ley Orgánica del Trabajo de 1997 (equivalente al art. 19 LOTTT) y se entendió que los requisitos formales exigidos tienen por finalidad proteger el trabajador como débil jurídico. En el caso decidido, se concluyó que el trabajador de dirección no era un débil jurídico, por lo que no requería la protección perseguida por los requisitos formales del artículo 3 de la Ley Orgánica del Trabajo de 1997. La decisión tomó en cuenta el alto nivel del trabajador dentro de la empresa (*i.e. CEO* de una de las compañías del grupo), su elevada remuneración y su extensa experiencia profesional.

Ahora bien, el tratamiento diferente propuesto a los trabajadores con elevado poder de negociación conlleva un problema: cómo se puede identificar claramente a este tipo de trabajadores.

D. Problema: cómo identificar a un trabajador con elevado poder de negociación

Como lo menciona el memorándum explicativo del Proyecto de Reglamento de 1972, un tratamiento diferente a los trabajadores con

[47] Tribunal Supremo de Justicia / Sala de Casación Social, sentencia No. 192, 17 de marzo de 2005 (Carlos Sánchez v Universal Music Venezuela, S.A.), en: http://historico.tsj.gob.ve/decisiones/scs/marzo/0192-170305-04942.HTM

elevado poder de negociación requiere que los jueces verifiquen dicho poder de negociación en cada caso concreto. En contra de este planteamiento se puede argumentar que es muy difícil e incierto identificar a trabajadores con elevado poder de negociación. Sin embargo, considero que estos argumentos no son lo suficientemente fuertes para rechazar la posibilidad de un tratamiento diferente a este tipo de trabajadores.

En primer lugar, la dificultad es relativa. Como en cualquier asunto jurídico, puede haber casos difíciles y casos fáciles. Por ejemplo, en el caso *Chunilal* los hechos apuntan de manera fácil a que se trataba de un trabajador con elevado poder de negociación. El alto nivel de sus funciones, su experiencia profesional y su importante remuneración, llevan fácilmente a concluir que el Sr. Chunilal era un trabajador con elevado poder de negociación. Un trabajador que gana anualmente varios millones de Dólares de los Estados Unidos de América sin duda no es un débil jurídico. Por tanto, la dificultad es relativa, ya que dependerá de las circunstancias de cada caso. Además, la posibilidad de que existan casos difíciles no es un argumento fuerte en contra de un tratamiento diferente para este tipo de trabajadores. En Venezuela, por ejemplo, puede haber casos donde es difícil para el juez determinar si se trata de un trabajador de dirección o un trabajador normal; esta dificultad en algunos casos no justificaría eliminar la categoría de trabajadores de dirección.

En segundo lugar, la objeción basada en la falta de certeza también puede ser rebatida en el contexto de la regla que restringe la autonomía de las partes en el artículo 8 del Reglamento Roma I. Como se explica en la sección II.B, esta regla implica un análisis comparativo complejo que ya de por sí genera falta de certeza. Por tanto, en vez de añadir un nuevo elemento de complejidad y falta de certeza al artículo 8 del Reglamento Roma I, considero que un tratamiento diferente a los trabajadores con elevado poder de negociación podría generar más certeza y seguridad jurídica. En efecto, para este tipo de trabajadores se evitaría el complejo razonamiento legal de comparar dos ordenamientos jurídicos para determinar el más favorable al trabajador.

En todo caso, la jurisprudencia podría reducir la falta de certeza en la identificación de los trabajadores con elevado poder de negociación a través de guías (de manera similar a como lo ha hecho la jurisprudencia venezolana con el test de laboralidad para identificar trabajadores dependientes en casos donde se discute la existencia o no de una relación de trabajo). Estas guías podrían consistir en presunciones de elevado poder de negociación, tales como: funciones gerenciales y de toma de decisiones, alto grado de especialización, extensa experiencia profesional, elevada remuneración, destrezas especiales.

CONCLUSIONES

Existen situaciones en las cuales los trabajadores cuentan con elevado poder de negociación frente a sus patronos, debido a su especial situación dentro de la empresa o por poseer destrezas o habilidades especiales. Ejemplos de trabajadores con elevador poder de negociación pueden ser: deportistas profesionales famosos, gerentes de alto nivel, personal directivo, empleados altamente calificados. Estos trabajadores usualmente tienen funciones gerenciales, de toma de decisiones de la empresa o de asesoría, o tienen un alto grado de experticia o destrezas. También suelen recibir una elevada remuneración por sus servicios.

En el caso de estos trabajadores con elevado poder de negociación, la restricción a la autonomía de las partes para elegir el Derecho aplicable al contrato de trabajo no parece justificable, tomando en cuenta que no están en una posición débil. La principal razón para restringir la autonomía de las partes en los contratos de trabajo es la condición de débil jurídico del trabajador –condición que no se presenta en este tipo de trabajadores.

En relación al artículo 8 del Reglamento Roma I, la restricción a la autonomía de las partes establecida en esta norma no debería aplicar a trabajadores con alto poder de negociación por tres razones. Primero, aplicar tal restricción no es coherente con el principal objetivo del artículo 8 que justifica limitar la libertad de elección del Derecho aplicable: la protección del débil jurídico. Segundo, la restricción a la autonomía de las partes podría darles ventajas injustas a los trabajadores con alto poder de negociación, basadas en una supuesta posición débil que realmente no tienen. Tercero, sería mejor en la práctica que este tipo de trabajadores y sus patronos pudiesen escoger el Derecho aplicable al contrato de trabajo sin la restricción del artículo 8, para así contar con mayor seguridad jurídica.

Para identificar a trabajadores con elevado poder de negociación se tomarían en cuenta las circunstancias de cada caso con el fin de determinar si efectivamente contaban con tal poder. Como en cualquier asunto jurídico, puede haber casos difíciles y casos fáciles para identificar a este tipo de trabajadores. En todo caso, se podrían utilizar como guías diferentes presunciones de elevado poder de negociación, tales como: funciones gerenciales y de toma de decisiones, alto grado de especialización, extensa experiencia profesional, elevada remuneración o destrezas especiales.

LA NORMA DE CONFLICTO. NOTAS SOBRE EL MÉTODO EN EL DERECHO INTERNACIONAL PRIVADO Y EN EL DERECHO INTERNACIONAL TRIBUTARIO

CARLOS E. WEFFE H.*

Resumen: La regulación de situaciones jurídicas con elementos de extranjería relevantes es objeto común del Derecho internacional privado y del Derecho internacional tributario. En su concepción restringida, el Derecho internacional privado se ha construido sobre la base del método conflictual: esto es, la determinación normativa del derecho aplicable. Por su parte, el Derecho internacional tributario se ha estructurado sobre la base de la limitación del poder tributario de los Estados cuyos ordenamientos son aplicables a un mismo hecho imponible. Bajo estas premisas, el artículo analiza la relación entre las normas "de conflicto", propias del Derecho internacional privado, y las normas "distributivas" del Derecho internacional tributario.

***Abstract:** The regulation of legal situations with relevant foreign elements is a common object of both international tax law and private international law. On one hand, in a minimalist approach, private international law has been built based on the choice of law rule; namely, determination of the applicable law to a given situation. On the other hand, international tax law bases itself on the limitation of the taxing powers of the States whose laws are applicable to a given taxable event. Under these premises, the article analyses the relationship between "conflict" rules, typical of private international law, and "distributive" rules of international tax law.*

Sumario. I. Planteamiento del problema. II. El reenvío como técnica de regulación indirecta. Caracterización según la teoría general del Derecho (o más bien, la del Derecho internacional privado). III. Las normas de distribución, como técnica de limitación convencional del poder tributario. Caracterización y diferencias con las normas de conflicto del Derecho internacional privado. IV. Las normas distributivas tributarias como normas de conflicto. V. Epílogo. Las razones de (nuestro) homenaje.

* *Senior Research Associate*, International Bureau of Fiscal Documentation (IBFD – Países Bajos). Profesor Asociado de "Finanzas Públicas", Universidad Central de Venezuela. Profesor de "Problemas Federales y Municipales", Universidad Monteávila. Abogado (Universidad Católica Andrés Bello). Especialista en Derecho Tributario y Doctor en Derecho (Universidad Central de Venezuela).

I. PLANTEAMIENTO DEL PROBLEMA

Uno de los efectos más importantes de la globalización ha sido la multiplicación de los supuestos de hecho con elementos de extranjería jurídicamente relevantes. *Prima facie*, la presencia de factores de conexión con múltiples ordenamientos exige del operador jurídico la determinación del Derecho aplicable, a partir de los criterios fijados normativamente para ello[1]. En el Derecho Internacional Privado, esta función de adjudicación está tradicionalmente reservada a la norma "de conflicto", "de atribución" o "indicadora"[2], cuya naturaleza es, básicamente, la de la remisión general a uno de los ordenamientos involucrados, que contiene una regla "complementaria" que determina la solución material del caso, con exclusión –en principio– de los restantes ordenamientos envueltos en la disputa[3].

Otro tanto ocurre con el Derecho internacional tributario. La realización de hechos con elementos de extranjería fiscalmente relevantes, sean éstos de naturaleza objetiva (lugar de realización del hecho

---

1 Sin perjuicio de otros elementos, que –en su conjunto– componen la disciplina del Derecho internacional privado: determinación de la jurisdicción competente, procesos con elementos de extranjería relevantes, reconocimiento de actos y sentencias extranjeras, Derecho de la nacionalidad y Derecho de la extranjería. Véase Madrid Martínez, Claudia, *La norma de Derecho internacional privado*, Caracas, Facultad de Ciencias Jurídicas y Políticas, Universidad Central de Venezuela, 2004, Serie Trabajos de Grado No. 2, pp. 244, especialmente p. 11.

2 Según enseña Madrid Martínez, la norma de conflicto "ha sido el paradigma de regulación del Derecho internacional privado durante cinco siglos y a partir de ella, y de las críticas de que ha sido objeto, se han desarrollado los demás tipos normativos así como, por supuesto, las nuevas formas que ha adoptado la propia norma de atribución o indicadora". Madrid Martínez, *La norma...*, ob. cit., pp. 11 y 13.

3 No siempre es así. Durante la temprana Edad Media y en plena vigencia de la ley personal como Derecho aplicable a todos los supuestos, la metodología de solución de los casos con elementos de extranjería relevantes permitía la aplicación acumulativa de todos los ordenamientos en juego. Esta situación también se reproduce en el DIP contemporáneo. Por ejemplo, el artículo 83 del Código Bustamante dispone que "a las incapacidades y excusas para la tutela, curatela y protutela, deben aplicarse simultáneamente las leyes personales del tutor, curador o protutor y la del menor o incapacitado". En ese caso, dice Madrid Martínez, "deben aplicarse simultáneamente, con las dificultades que ello comporta, todos los Derechos indicados por la norma de conflicto". Eso es lo que pasa, bajo otras premisas y como veremos enseguida, en algunos supuestos transfronterizos fiscalmente relevantes. Madrid Martínez, *La norma...*, ob. cit., pp. 42, 92.

imponible o "fuente") o subjetiva (domicilio, residencia o nacionalidad del contribuyente), hecho económico que –como tal– manifiesta la capacidad contributiva de su realizador en la forma descrita en las leyes tributarias de los Estados involucrados como hecho generador de obligaciones tributarias[4], supone la aplicación de múltiples ordenamientos al mismo supuesto, con el resultado –indeseado– de la llamada doble imposición.

Ello exige del operador jurídico la determinación del Derecho aplicable al hecho imponible transfronterizo en términos congruentes con el derecho fundamental a la tributación conforme con la capacidad contributiva[5]: esto es, evitando la doble imposición sin generar oportunidades para la no imposición a través de la evasión o la elusión tributaria, y en especial a través del abuso de convenio (*treaty shopping*), en la medida en que así lo permita un convenio tributario que discipline la relación entre los distintos ordenamientos involucrados en la situación[6]. Dada la naturaleza pública de la relación cuyo régimen pretende determinarse[7], la solución jurídica de las situaciones transfronterizas fiscalmente relevantes en estos términos implica la renuncia –parcial o total–[8] de alguna –o de todas– las jurisdicciones al ejercicio de su poder tributario, lo que

---

4 Véase Holmes, Kevin J., *International tax policy and Double Tax Treaties – An introduction to principles and application*, Amsterdam, IBFD, 2ª ed., 2014, en: https://online.ibfd.org/kbase/#topic=doc&url=/document/itpd2014_head.

5 Véase Weffe H., Carlos E., Principios de la imposición vs. Temporalidad del hecho imponible en el impuesto sobre la renta, Notas sobre el (nuevo) régimen de disponibilidad de ingresos, costos y gastos, en: *Revista de la Facultad de Derecho, Universidad Católica Andrés Bello*, 2016-2017, No. 71, pp. 151 ss., especialmente pp. 168-172.

6 Véase el Preámbulo del Modelo de Convenio Tributario sobre la Renta y sobre el Patrimonio de la Organización para la Cooperación y el Desarrollo Económico (Modelo OCDE). OCDE, *Model Tax Convention on Income and on Capital*, Condensed Version, OECD Publishing, 2017, en: http://dx.doi.org/10.1787/mtc_cond-2017-en. Véase también OCDE, *Nota explicativa*, Proyecto OCDE/G20 de Erosión de Bases Imponibles y Traslado de Beneficios, 2015, en: www.oecd.org/ctp/beps-2015-nota-explicativa.pdf; y Weffe H., Carlos E., Actividad de la empresa y planificación fiscal, en: P. All et al. (eds.), *La actividad internacional de la empresa*, Bogotá, Ibáñez, ASADIP, 2017, pp. 217 ss.

7 La relación jurídico-tributaria. Al respecto, véase Weffe H., Carlos E., De la naturaleza del acto determinativo tributario: "nuevas" reflexiones sobre viejos problemas, en: *Revista Mexicana de Derecho Financiero y Tributario*, 2015, Vol. 1, No. 3, pp. 133 ss., especialmente pp. 143-144.

8 A través de los métodos de exención y de imputación, respectivamente, según los artículos 23 (A) y (B) de los Modelos de la OCDE y de la ONU, cit.

a contrario comporta la posibilidad de concurrencia de ordenamientos para la solución del problema[9].

Ante la semejanza entre estos dos sectores del ordenamiento en su objeto –las situaciones jurídicas con elementos de extranjería relevantes–[10] cabe inquirir, desde el punto de vista de la técnica aplicable al remedio de las cuestiones de derecho aplicable en esos supuestos, si las normas "distributivas", "atributivas" o "limitativas"[11] del poder tributario de los Estados partes de los convenios tributarios son asimilables en su naturaleza a las normas "de conflicto", "de atribución" o "indicadoras", propias del método conflictual que es característico del Derecho internacional privado.

La cuestión no es baladí. Sobre este cimiento, podrían sentarse bases comunes entre ambas disciplinas para la solución de los problemas jurídicos con elementos de extranjería relevantes, desde la especial esfera dogmática de cada una y con las diferencias propias de la distinta naturaleza de las relaciones jurídicas que son objeto de estas materias, en cuestiones fundamentales para su aplicación práctica. Ese es el objeto de estas modestas reflexiones en homenaje a Eugenio Hernández-Bretón, uno de los juristas académicos más importantes de la historia contemporánea de Venezuela[12].

---

9 Es el caso, típico en el ámbito de los convenios tributarios, del régimen de las llamadas "rentas pasivas": dividendos e intereses, *ex* artículos 10 y 11 del Modelo OCDE, y de las regalías, *ex* artículo 12 del Modelo de Convenio de Doble Imposición entre países desarrollados y países en vías de desarrollo de las Naciones Unidas (Modelo ONU). Véase OCDE, *Model Tax Convention...*, ob. cit.; y ONU, *Model Double Taxation Convention between Developed and Developing Countries*, New York, 2017, en: http://www.un.org/esa/ffd/wp-content/uploads/2018/05/MDT_2017.pdf.

10 Se ha calificado como "notable" la semejanza de las dos disciplinas respecto de buena parte de sus respectivos problemas. Udina, Manlio, Il diritto internazionale tributario, en: P. Fedozzi / S. Romano (eds.), *Trattato di Diritto Internazionale*, Padova, CEDAM, 1949, Vol. 10, p. 35.

11 Siguiendo a la mayoría de la doctrina, nos referiremos en lo sucesivo a estas normas como normas "distributivas". Véase Vogel, Klaus / Alexander Rust, Legal framework of Double Tax Treaties, en: E. Reimer / A. Rust (eds.), *Klaus Vogel on Double Taxation Conventions*, Alphen aan den Rijn, Wolters Kluwer, 2015, p. 29. En el mismo sentido, véase Xavier, Alberto, *Direito tributário internacional do Brasil*, Río do Janeiro, Editora Forense, 1998, 5ª edición, p. 53.

12 Hacemos nuestra la caracterización del homenajeado que, con justicia, ha hecho Pérez Perdomo, Rogelio, *Los juristas académicos de Venezuela: historia institucional y biografía colectiva*, Caracas, Universidad Metropolitana, 2013, pp. 160, 164, 166, 173 y 223.

II. EL REENVÍO[13] COMO TÉCNICA DE REGULACIÓN INDIRECTA. CARACTERIZACIÓN SEGÚN LA TEORÍA GENERAL DEL DERECHO (O MÁS BIEN, LA DEL DERECHO INTERNACIONAL PRIVADO)

Sin perjuicio de otras clasificaciones[14], el ordenamiento puede responder normativamente de dos maneras a una situación dada: a través de (i) normas "reguladoras", que disciplinan directamente una relación jurídica indicando, en forma llana, la consecuencia jurídica de la conducta bajo regulación; o de (ii) normas "de aplicación" o "de reenvío", que se limitan a señalar otras normas para la ordenación del caso, sean del mismo o de otro ordenamiento[15].

Así, en términos generales, el reenvío es una técnica de integración normativa que permite llenar las lagunas del ordenamiento, a través de la reconducción del régimen jurídico aplicable a uno –o varios– supuestos de hecho a una –o varias– reglas de complemento[16]. Las normas de

[13] El término "reenvío" es utilizado en el texto en su acepción más general: la remisión, contenida en la llamada norma "de atribución" o "indicadora", a otra –u otras– normas que regularán el supuesto de hecho, con independencia de si las normas a que ha sido remitida la normación del caso lo disciplinarán materialmente o no. El vocablo no tiene aquí el significado, más restringido, que le da la teoría general del Derecho internacional privado: el conflicto negativo de leyes, que surge cuando el derecho extranjero al que ha sido remitida de forma general la regulación del caso con elementos de extranjería según la norma conflictual del foro, "reenvía" al ordenamiento del foro (reenvío circular o de primer grado) o al derecho de un tercer estado (reenvío ulterior o de segundo grado) la regulación material del caso, en razón de la diferencia entre los factores de conexión utilizados por las distintas normas de conflicto involucradas. Véase Hernández-Bretón, Eugenio, En materia de calificaciones, reenvío y otros asuntos de derecho internacional privado, en: *Cuadernos Unimetanos*, 2007, No. 11, pp. 227 ss, especialmente pp. 236-238.

[14] Véase Agüero-San Juan, Sebastián, Las antinomias y sus condiciones de surgimiento: Una propuesta para los enunciados normativos, en: *Revista de Derecho (Valdivia)*, 2015, Vol. 28, No. 2, pp. 31 ss., especialmente p. 33.

[15] Alessandri R., Arturo / Manuel Somarriva / Antonio Vodanovic H., *Tratado de Derecho civil, partes preliminar y general*, Santiago de Chile, Editorial Jurídica de Chile, 1998, Tomo primero, p. 48.

[16] Como dice Guastini, Riccardo, una norma es de reenvío "siempre que no disciplina directamente el caso al que se refiere sino que indica a los órganos aplicadores en qué otra disposición (o fuente) debe buscarse esa regulación". Cuando el reenvío tiene por objeto un tipo de fuente –como ocurre en Derecho internacional privado–, se le llama "móvil" o "formal". Guastini, Riccardo, *Distinguiendo. Estudios de teoría y metateoría del Derecho*, Barcelona, Gedisa, 1999, p. 107.

reenvío son, así, normas cuyo objeto son otras normas: las destinadas a regular materialmente su supuesto de hecho[17]. En ello radica su diferencia con las normas "en blanco" o "abiertas"[18]: mientras las primeras integran la regla aplicable al supuesto de hecho definido en ellas con las consecuencias jurídicas previstas en otra regla, las últimas definen por sí mismas la conducta regulada y las consecuencias jurídicas aplicables al supuesto de hecho, refiriendo la enunciación de las modalidades deónticamente relevantes –tiempo, modo, condiciones– de la conducta a una norma distinta, "complementaria"[19].

A pesar de lo difundido de su uso[20], el reenvío no ha sido objeto de mayor sistematización conceptual por parte de la Teoría General del Derecho[21], razón por la que la doctrina del Derecho internacional

---

[17] Guastini, *Distinguiendo*..., ob. cit., p. 98.

[18] En todo caso, conviene acotar que ambos tipos normativos pertenecen a la misma categoría: las normas "indirectas". Dentro de éstas, la relación entre normas de reenvío y normas "en blanco" o "abiertas" es de género a especie.

[19] Alessandri R. / Somarriva / Vodanovic, *Tratado*..., ob. cit., p. 49.

[20] Como señala Silva, "la norma de conflicto no es un objeto exclusivo de estudio del DIPr, como algunos suelen creer". Silva, Jorge Alberto, La norma de conflicto en el Derecho internacional privado. Una explicación breve desde un enfoque lingüístico, en: *Jurídica: Anuario del Departamento de Derecho de la Universidad Iberoamericana*, 2006, No. 36, pp. 143 ss., especialmente p. 164. En efecto, es posible afirmar que todos los ordenamientos tienen normas de reenvío, en varias materias. Por citar dos ejemplos distintos de los que se analizan en el texto principal, en el Derecho constitucional contemporáneo se ha ido difundiendo el empleo de cláusulas de reenvío a la legislación convencional en materia de derechos humanos sobre la base del concepto de bloque de la constitucionalidad. Véase Reina García, Óscar M., Las cláusulas de apertura o reenvío hacia fuentes externas previstas en la Constitución colombiana, como criterio para delimitar el contenido del bloque de constitucionalidad, en: *Revista Derecho del Estado* No. 29, Bogotá, 2012, pp. 175-214, especialmente p. 177. Por su parte, es típico el uso del reenvío en el Derecho penal para la regulación de las modalidades deónticas de la conducta punible en el caso de la tipificación asociada a la protección del orden económico, bajo la forma específica de las normas "en blanco". Véase Weffe H., Carlos E, Leyes penales en blanco en el Derecho penal tributario venezolano, en: J. Carmona Borjas (ed.), *VI Jornadas Venezolanas de Derecho Tributario*, Caracas, Asociación Venezolana de Derecho Tributario, 2002, pp. 333 ss., especialmente pp. 358-369, y Reyna Alfaro, Luis Miguel, Derecho penal y la ley en blanco. Algunos apuntes sobre la problemática de la técnica del reenvío en las legislaciones penales europeas a propósito de la normativa comunitaria, en: *Themis Revista de Derecho*, 2000, No. 4, pp. 325 ss.

[21] Véase García Máynez, Eduardo, *Introducción al Estudio del Derecho*, México, Editorial Porrúa, 2002, 53ª ed., pp. 403 ss., y Martínez Bretones, Virginia, Conflictos de leyes en el espacio. Contribución a su estudio desde la perspectiva de la Teoría General del Derecho, en: *Persona y Derecho. Revista de fundamentación de las Instituciones Jurídicas y de Derechos Humanos*, 1994, No. 30, pp. 187 ss., especialmente p. 189.

privado es la que ha debido ocuparse de esa tarea[22]. Seguramente, a ello ha contribuido la necesidad del reenvío como forma de vigencia o eficacia extraterritorial de un determinado ordenamiento, ínsita a la disciplina internacional privatista: en efecto, por causa de la territorialidad propia de todo ordenamiento jurídico, "para que una norma de un ordenamiento jurídico produzca efectos en otro es necesaria una norma de éste que reenvíe al Derecho extranjero o acuerde la recepción de los efectos de éste en el propio ordenamiento"[23].

En este orden de ideas el Derecho internacional privado, como señala Hernández-Bretón[24], "utiliza ordinariamente normas de remisión a determinados ordenamientos jurídicos", para lo cual "se vale de la vinculación establecida entre ese ordenamiento y una situación de hecho mediante un elemento denominado –hace más de un siglo por Franz Kahn– como 'punto o factor de conexión'", admitiéndose, como hipótesis general, la posibilidad de remisión al ordenamiento jurídico nacional *–lex fori–* o bien a un ordenamiento jurídico extranjero *–lex causæ*. En este orden de ideas, en Derecho internacional privado se ha destacado el carácter vinculatorio, instrumental, de la regla de reenvío: ésta no regula el fondo de las situaciones jurídicas que constituyen su objeto, sino que se limita "a proporcionar un medio técnico para alcanzar su objetivo mediante la indicación de la ley material que debe ser tomada en consideración para tal efecto"[25].

La norma de reenvío cumple esa tarea a través de una estructura de tres elementos, que sigue el esquema general de formulación de cualquier norma jurídica. El primero es el supuesto de hecho o "prótasis"[26]: la circunstancia, situación, acto o conjunto de ellos, o sus efectos[27],

---

22 Silva, *La norma…*, ob. cit., p. 143.

23 López Espadafor, Carlos M., *Fiscalidad internacional y territorialidad del tributo*, Madrid, McGraw Hill, 1996, p. 177.

24 Hernández-Bretón, Eugenio, Algunas cuestiones de Derecho procesal civil en la Ley de Derecho Internacional Privado, en: *Revista de la Facultad de Ciencias Jurídicas y Políticas, Universidad Central de Venezuela*, 2000, No. 117, p. 84.

25 Véase Vitta, Edoardo, La regla de conflicto, en: *Jurídica: Anuario del Departamento de Derecho de la Universidad Iberoamericana*, 1972, No. 15, pp. 479 ss., especialmente p. 481, y Martínez Bretones, Conflictos…, ob. cit., pp. 195-197.

26 Guastini, *Distinguiendo…*, ob. cit., p. 106.

27 Madrid Martínez, *La norma…*, ob. cit., p. 74.

respecto de la que debe determinarse el régimen jurídico aplicable. El segundo es el factor de conexión: el elemento de extranjería que determina, en la ponderación del legislador del foro, cuál es el Derecho más afín con la relación jurídica objeto de regulación y lo integra a la respuesta del caso[28]. Tercero, la consecuencia jurídica o "apódosis"[29]: la indicación del ordenamiento aplicable a la solución de la controversia, sea la *lex fori* o la *lex causæ*[30].

Así, por un lado las normas de reenvío se conformarían como reglas de "reconocimiento" en el sentido que al término da Hart[31], porque especifican las condiciones y características que permiten identificar a una regla –en este caso, la llamada a definir la consecuencia jurídica– como parte del sistema jurídico. Por otro lado, la norma de conflicto es –también– parte[32] de una norma primaria en el sentido de Hart[33], pues ella completa la norma que regula deónticamente el supuesto extranjero a partir de su integración final con la regla material de solución de la controversia a la que ella remite. Esta última caracterización pareciera ser notable en el caso de la llamada "materialización" de la norma de conflicto, en razón de las limitaciones que a la remisión global al ordenamiento extranjero imponen la evaluación de las consecuencias de su aplicación al supuesto extranjero en razón del objetivo de las normas de conflicto del foro[34].

---

28 O en las palabras de Savigny, citado por Madrid Martínez, "el dominio del derecho más conforme con la naturaleza propia y esencial de esta relación". Madrid Martínez, *La norma...*, ob. cit., p. 78.

29 Guastini, *Distinguiendo...*, ob. cit., p. 106.

30 Madrid Martínez, *La norma...*, ob. cit., p. 77, y Martínez Bretones, Conflictos..., ob. cit., pp. 198-200.

31 Silva, *La norma...*, ob. cit., p. 147, y Hart, Herbert L. A., *El concepto de Derecho*, Buenos Aires, Abeledo-Perrot, 1998, pp. 117-118.

32 Guastini, *Distinguiendo...*, ob. cit., p. 98.

33 Hart, *El concepto...*, ob. cit., p. 101.

34 Madrid Martínez, *La norma...*, ob. cit., p. 83, Silva, *La norma...*, ob. cit., pp. 147-148, y Hernández-Bretón, Eugenio, Los objetivos de las normas venezolanas de conflicto, en: J. Kleinheisterkamp / G. Lorenzo Idiarte (eds.), *Avances del Derecho Internacional Privado en América Latina. Liber Amicorum Jürgen Samtleben*, Montevideo, Max Planck Institut für Ausländisches und Internationaler Privatrecht y Fundación de Cultura Universitaria, 2002, pp. 169 ss.

III. LAS NORMAS DE DISTRIBUCIÓN, COMO TÉCNICA DE LIMITACIÓN CONVENCIONAL DEL PODER TRIBUTARIO. CARACTERIZACIÓN Y DIFERENCIAS CON LAS NORMAS DE CONFLICTO DEL DERECHO INTERNACIONAL PRIVADO

En el ámbito de los convenios tributarios, los problemas jurídicos con elementos de extranjería fiscalmente relevantes son regulados cedularmente[35] a través de la categorización de distintas manifestaciones de riqueza, tanto de renta[36] como de capital[37], y la posterior distribución del poder tributario potencialmente[38] ejercible por los Estados involucrados en esos supuestos. Esta categorización y posterior reparto de poder tributario se realiza a través de normas que, gráficamente, han sido llamadas "distributivas", "atributivas" o "limitativas".

---

[35] El sistema cedular de imposición a la renta es aquel que divide a la base imponible en varios compartimentos estancos (cédulas), y el tributo resultante equivale a la suma algebraica de los distintos tipos de enriquecimientos obtenidos por el sujeto pasivo. A este efecto, todos los elementos de cuantificación del tributo (ingresos, costos y deducciones en general) son clasificados en cada una de estas categorías, de modo que no es posible que una deducción o una pérdida atribuible a una clase de renta sea rebajada del ingreso gravable obtenido en otra cédula de enriquecimientos. Respecto del carácter "cedular" de las reglas distributivas, véase Vogel / Rust, Legal..., ob. cit., p. 32.

[36] El Capítulo III del Modelo OCDE regula varios de percepción de enriquecimientos potencialmente susceptibles de doble imposición, en las siguientes cédulas: rentas inmobiliarias (art. 6), beneficios empresariales (art. 7), transporte internacional (art. 8), dividendos (art. 10), intereses (art. 11), regalías (art. 12), ganancias de capital (art. 13), servicios personales dependientes (art. 15), remuneración de directores (art. 16), rentas de artistas y deportistas (art. 17), pensiones (art. 18), servicios gubernamentales (art. 19), estudiantes (art. 20), y un tipo residual, comprensivo de las demás rentas (art. 21). El Modelo ONU sigue idéntica estructura, con una única adición: servicios personales independientes (art. 14). Véase OCDE, *Model Tax Convention...*, ob. cit.; y ONU, *Model Double Taxation Convention...*, ob. cit.

[37] Tanto el Modelo OCDE como el Modelo ONU regulan la distribución de poder tributario sobre el patrimonio a través de una única regla: el artículo 22 de ambos modelos. Véase OCDE, *Model Tax Convention...*, ob. cit.; y ONU, *Model Double Taxation Convention...*, ob. cit.

[38] Así, los convenios tributarios no solo regulan supuestos de doble imposición existente, sino también potencial. Ello es particularmente relevante para los supuestos de modificación de la ley doméstica luego de la celebración del convenio tributario. Vogel / Rust, Legal..., ob. cit., p. 30.

En lo fundamental, su estructura "arquetípica"[39] contendría varios requisitos, categorizables en tres órdenes[40]. Los primeros comprenden los "requisitos de aplicación" del convenio tributario, resumidos en la constatación de los efectos vinculantes del convenio tributario para el sujeto activo de la obligación tributaria, y la subsunción de la situación con elementos de extranjería fiscalmente relevantes en el ámbito de aplicación del convenio tributario, tanto objetivamente (tributos comprendidos) como subjetivamente (residencia, principalmente)[41].

El segundo orden abarca, bajo el cognomento de "requisitos sustantivos", una serie de elementos. En primer lugar, es necesaria la tipificación del supuesto de hecho o "prótasis", tanto en sentido objetivo (la materia imponible, renta o capital), como en sentido material: las condiciones cedulares de modo, tiempo y lugar del hecho generador relevantes para la causación y la determinación de la cuantía de la obligación tributaria[42]. Seguidamente, se determinan los factores de conexión de la hipótesis fáctica así definida con los sujetos de la relación jurídico-tributaria: con el contribuyente (en tanto comprendido en el ámbito de aplicación subjetiva del convenio tributario) y con el Estado llamado a ejercer su poder tributario sobre tal forma de manifestación de riqueza, tanto subjetivamente (el contribuyente reside en su territorio) como objetivamente (el lugar de realización de la actividad o de ubicación de los bienes cuya ejecución, tenencia o aprovechamiento, respectivamente, constituyen el hecho imponible).

Finalmente, se establece la consecuencia jurídica[43] o "apódosis", que para cumplir acabadamente su objetivo fundamental de evitar la doble imposición se desdobla en dos posibilidades. En el primer caso,

---

[39] Vogel y Rust sostienen que una norma distributiva paradigmática consistiría de varios elementos, que se enumeran enseguida, y que a su juicio están regados en varias disposiciones, en la práctica contemporánea del Derecho internacional tributario. Véase Vogel / Rust, Legal..., ob. cit., p. 30.

[40] Vogel / Rust, Legal..., ob. cit., p. 31.

[41] Véanse los artículos 2 y 4 del Modelo OCDE y del Modelo ONU. OCDE, *Model Tax Convention...*, ob. cit.; y ONU, *Model Double Taxation Convention...*, ob. cit.

[42] Vogel y Rust llaman a esta calificación material del supuesto de hecho con elementos de extranjería fiscalmente relevantes *Metatatbestand*, o "meta-supuesto de hecho". Vogel / Rust, Legal..., ob. cit., p. 31.

[43] Vogel y Rust no pueden evitar llamar así al último de los elementos de su peculiar concepción de la norma distributiva. Vogel / Rust, Legal..., ob. cit., p. 31.

se declara el pleno imperio de la ley tributaria de uno de los Estados partes del convenio tributario para regular material e ilimitadamente la situación con elementos de extranjería fiscalmente relevantes y, al tiempo, el otro Estado se obliga a no gravar (exención)[44] dicha hipótesis. En el segundo caso se establece la aplicación concurrente de ambos ordenamientos para la eliminación o reducción de la doble imposición internacional, sobre la base de dos posibilidades. Una, mientras que la ley tributaria de uno de los Estados partes del convenio tributario se mantiene plenamente aplicable, al igual que en el supuesto anterior, el otro Estado limita parcialmente su poder tributario, al obligarse a restar, sea de la deuda tributaria (acreditación) o de la base imponible (deducción), una suma equivalente a la que el contribuyente debió pagar al primero de los Estados. Y en la otra, las leyes tributarias de ambos Estados partes del convenio tributario concurren a la regulación jurídica del supuesto extranjero, eliminando o reduciendo la doble imposición a través de limitaciones recíprocas de su poder tributario, normalmente a través de alícuotas reducidas y de acreditación de impuestos, respectivamente.

Como se señaló previamente[45], en la práctica contemporánea de los convenios tributarios este último es el caso de las llamadas "rentas pasivas" –dividendos, intereses y regalías– en las que uno de los Estados, el de la residencia, conserva su poder tributario en los términos definidos por su ley doméstica y –al mismo tiempo– se obliga a reconocer el tributo pagado simultáneamente en el otro Estado como elemento minorador de la obligación tributaria, mientras que el otro Estado –el de la fuente– conserva la posibilidad convencionalmente limitada de ejercicio de su poder tributario respecto del supuesto extranjero, verificándose así la concurrencia de ordenamientos jurídicos finalmente aplicables para la solución del problema.

Como puede verse, el carácter público de la relación jurídico-tributaria, es decir, por el *imperium* estatal envuelto en la creación, gestión y recaudación del tributo, condiciona fuertemente el análisis de las

---

[44] Xavier señala, en opinión que compartimos, que la exclusión del poder tributario del segundo Estado en este caso, más que una exención, configura un caso de auténtica inmunidad. Xavier, *Direito...*, ob. cit., p. 55.

[45] Véase nota 9.

normas distributivas de Derecho internacional tributario. Ello ha servido de base para negar a aquéllas la naturaleza de normas de reenvío, sobre la base de un conjunto de razones que, antes que propiamente en brindar una tipología de estas normas, se esfuerzan en separarlas de las normas de conflicto del Derecho internacional privado.

La primera de ellas es su "estricta territorialidad"[46], o lo que es lo mismo, su carácter de orden público. El poder tributario, cuya repartición se hace a través de las reglas distributivas en los supuestos de hecho con elementos de extranjería fiscalmente relevantes, es un atributo de la soberanía: el máximo poder institucionalmente organizado en un territorio determinado con exclusión de cualquier otro poder[47], sustentado sobre la base del consenso de los gobernados bajo las formas de la representación política, para garantizar a la estructura resultante –el Estado– la posibilidad de organizar la vida social y prestar los servicios necesarios para la vida colectiva, en condiciones de libertad y dignidad para cada uno de sus individuos[48]. Como es evidente, el poder tributario constituye una de las manifestaciones más antiguas y claras del concepto[49], en razón de su territorialidad, su imperatividad y su instrumentalidad al servicio del logro de los objetivos estatales: se insiste, con exclusión de cualquier otro poder. De ello se seguiría la imposibilidad de integrar al Derecho extranjero para la constitución y regulación de una relación jurídica, la tributaria, que por su propia naturaleza tiene su

[46] López Espadafor, *Fiscalidad...*, ob. cit., p. 184. En el mismo sentido, véase Cacheaux Aguilar, René, Notas en torno a la problemática tributaria en los ámbitos internacional e interestadual, en: *Octavo Seminario Nacional de Derecho Internacional Privado*, México, Universidad Nacional Autónoma de México, 1989, p. 103-104, y Micheli, Gian Antonio, *Corso di Diritto Tributario*, Torino, Unione Tipografico-Editrice Torinese, 6ª ed. corregida y actualizada, 1981, p. 70.

[47] Donís, Manuel, Soberanía y fronteras marítimas de Venezuela, en: J.C. Pérez Toribio / T. Straka (comp.), *El problema de la soberanía: su historia ante el Siglo XXI. II Coloquio de Historia y Sociedad*, Caracas, Universidad Católica Andrés Bello, 2006, pp. 98-99.

[48] Tomamos aquí, con ligeras modificaciones, los desarrollos de Yoris, Corina, Soberanía: aproximación histórica a un concepto medieval, en: J.C. Pérez Toribio / T. Straka (comp.), *El problema de la soberanía: su historia ante el Siglo XXI. II Coloquio de Historia y Sociedad*, Caracas, Universidad Católica Andrés Bello, 2006, pp. 10-11.

[49] Cacheaux Aguilar, *Notas...*, ob. cit., p. 104. Ya Bodino anota al poder tributario como uno de las notas inherentes a la soberanía, que en su concepto se resume en el poder absoluto y perpetuo de una república. Al respecto, véase Yoris, *Soberanía...*, ob. cit., p. 14.

fuente en la ley doméstica, expresión formal de la voluntad general –y soberana– asociada –siempre– a un territorio determinado[50].

En ese orden de ideas, se ha dicho que la exclusividad de la ley territorial para la regulación del tributo derivada de la naturaleza imperativa de la relación jurídica subyacente[51] impediría la existencia de normas domésticas de conflicto unilaterales[52], que disciplinen la extensión de la ley tributaria nacional respecto de hechos y circunstancias con elementos de extranjería fiscalmente relevantes. Tal circunstancia impediría, con mayor razón, el reenvío al Derecho extranjero para la disciplina del tributo[53]. Sin embargo, se reconoce que en la práctica "en todos los ordenamientos estatales existen normas internas que delimitan el poder tributario de su Estado y que tales normas son similares a las que los Estados crean para delimitar el poder jurisdiccional"[54], lo que asemeja a las normas distributivas tributarias –al menos de fuente interna– con las reglas atributivas de jurisdicción, propias del Derecho procesal internacional[55].

Las reglas atributivas de jurisdicción –o mejor, en las palabras de Hernández-Bretón[56], de competencia procesal internacional directa–

---

[50] Excepcionalmente se permite, bajo condición de reciprocidad, la posibilidad de los Estados de imponer y recaudar tributos vinculados –tasas– por la prestación de servicios consulares en el territorio de otro Estado. Así lo regula el artículo 39 de la Convención de Viena sobre las Relaciones Consulares, el cual –además– exime de tributos en el Estado de la fuente los montos pagados a la sede consular por este concepto. Véase Micheli, *Corso...*, ob. cit., p. 72, y Convención de Viena sobre las Relaciones Consulares, en: https://www.oas.org/legal/spanish/documentos/convvienaconsulares.htm.

[51] Micheli, *Corso...*, ob. cit., p. 73.

[52] Las normas de conflicto unilaterales o incompletas del Derecho internacional privado son normas de reenvío, en el sentido aquí desarrollado. En su concepción clásica, la consecuencia jurídica de la norma unilateral –en un esquema binario– se reduce a indicar si el ordenamiento del foro es o no competente para regular el fondo del asunto, sin indicación de la ley que ha de regular los supuestos en que no sea competente ese Derecho material. Ese es el sentido que le atribuye la posición doctrinal comentada en el texto principal. Sin embargo, en la actualidad la doctrina del DIPr entiende que las normas unilaterales pueden indicar el ámbito de aplicación del Derecho extranjero, como por ejemplo es el caso del artículo 11 del Código Civil de Venezuela. Éste indica al Derecho del lugar de realización del acto como el que norma su forma y solemnidades. Al respecto, véase Madrid Martínez, *La norma...*, ob. cit., p. 96.

[53] Véase Micheli, *Corso...*, ob. cit., p. 72.

[54] Micheli, *Corso...*, ob. cit., p. 72, y López Espadafor, *Fiscalidad...*, ob. cit., p. 186.

[55] Micheli, *Corso...*, ob. cit., p. 72.

[56] Hernández-Bretón, Eugenio, Avances latinoamericanos en materia de autonomía conflictual, en: *Derecho y Sociedad*, 2005, No. 6, pp. 11 ss., especialmente p. 21.

son de las llamadas por la doctrina del Derecho internacional privado "normas de extensión"[57]. Su función es la de delimitar unilateralmente el ámbito de aplicación del Derecho del foro: en este caso, de la competencia del juez para conocer de una determinada causa con elementos de extranjería relevantes, sin indicación alguna respecto de la posibilidad de que los tribunales de otro Estado puedan reclamar para sí el conocimiento del mismo caso[58]. Eso hace de las normas atributivas de competencia procesal internacional directa un producto eminentemente doméstico[59]. De tal modo, las normas de extensión se diferencian así de las normas de conflicto solo funcionalmente, pues mientras las normas unilaterales son susceptibles de bilateralización, las reglas de extensión no lo son[60]. Sin embargo, a pesar de que ello no parece suficiente para descartar la posibilidad de que las normas distributivas del Derecho internacional tributario sean, en efecto, reglas semejantes a las reglas atributivas de competencia procesal internacional directa, se ha rechazado *in limine* esta posibilidad, calificándola –pura y simplemente– como obsoleta[61].

Bajo esta óptica, y en tanto tales, las normas distributivas se circunscribirían a regular el tratamiento tributario de los hechos imponibles vinculados objetiva o subjetivamente al Estado impositor, sin que en modo alguno pueda atribuirse o autorizarse el ejercicio del poder tributario a través de ellas[62], ni tampoco verificarse un reenvío al

[57] Madrid Martínez, *La norma…*, ob. cit., p. 102.

[58] Como enseña Hernández-Bretón, como regla general el Derecho procesal civil internacional "determina la aplicación del propio derecho nacional –*lex fori*–, es decir de reglas procesales nacionales reguladoras de procedimientos en los que están presentes elementos de extranjería relevantes. Se trata de derecho nacional que (…) está dirigido exclusivamente a las autoridades públicas nacionales y a las partes en procesos pendientes ante dichas autoridades". Hernández-Bretón, Algunas cuestiones…, ob. cit., p. 84.

[59] Véase Hernández-Bretón, Eugenio, Modificación de la competencia procesal internacional directa por razón de conexión (especial referencia a los litisconsorcios pasivos), en: *Revista de la Facultad de Derecho, Universidad Católica Andrés Bello*, 1991, No. 43, pp. 215 ss., especialmente nota al pie 7, p. 220.

[60] Madrid Martínez, *La norma…*, ob. cit., p. 101.

[61] Vogel / Rust, Legal…, ob. cit., p. 28.

[62] "*Furthermore, treaty rules neither authorize nor 'allocate' jurisdiction to tax to the Contracting States. (…) And even less do they attribute 'the right to tax' as some earlier DTCs appear to indicate. States have original jurisdiction to tax, as is recognized by both constitutional laws and public international law*". Vogel / Rust, Legal…, ob. cit., p. 28.

Derecho extranjero para la regulación de tales hechos. Así las cosas, las normas distributivas de los convenios tributarios no tienen como función la determinación del Derecho aplicable, en tanto el operador jurídico no aplicará el Derecho extranjero, sino que siempre empleará el propio ordenamiento.

En este sentido, la norma distributiva se circunscribirá a limitar –de allí su nombre de *rules of limitation of law* o *Grenznormen* en Derecho comparado– el ámbito espacial de incidencia de los ordenamientos involucrados, asignando su gravamen a uno o varios de ellos bajo alguna de las tres posibilidades analizadas anteriormente. Esta función distributiva se complementa con reglas "de origen", de naturaleza material, que determinan la ubicación espacial del hecho imponible[63]. Lejos de autorizar, alocar o atribuir poder tributario a los Estados, en tanto atributo del *imperium* estatal, las normas distributivas sirven como mecanismos de limitación convencional del poder tributario en los supuestos de solapamiento en su ejercicio simultáneo por ambos Estados, sea que tal superposición es efectiva o meramente potencial[64].

Por otra parte, existe la tesis de acuerdo con la cual las reglas distributivas contenidas en los convenios tributarios son auténticas normas de reenvío, sustancialmente idénticas a las normas de conflicto del Derecho internacional privado[65].

Bajo esta hipótesis, la configuración de las normas distributivas replica la expuesta precedentemente[66]: es decir, estas reglas se componen de tres elementos. El primero, el supuesto de hecho o "concepto-cuadro"[67], comprende el hecho, estado de hecho o conjunto de hechos con elementos de extranjería, cuya exteriorización manifiesta capacidad contributiva y son, en consecuencia, fiscalmente relevantes: éste es el objeto de la definición del ámbito de incidencia espacial de los ordenamientos involucrados a través de la norma distributiva. En segundo lugar, el factor de conexión: una vez más, consistente en el elemento de extranjería que determina, en la ponderación del productor de la norma,

[63] Vogel / Rust, Legal..., ob. cit., pp. 28-29 y Xavier, Direito..., ob. cit., p. 62.
[64] Vogel, / Rust, Legal..., ob. cit., pp. 28-29.
[65] Xavier, *Direito...*, ob. cit., p. 48-49.
[66] Sección II.
[67] Xavier, *Direito...*, ob. cit., p. 50.

cuál es el Derecho más afín con la relación jurídica objeto de regulación y lo integra a la respuesta del caso. Tercero, la consecuencia jurídica o "apódosis", esto es, la determinación de los límites del poder tributario ejercible sobre los supuestos con elementos de extranjería fiscalmente relevantes[68], en los términos definidos en la "prótasis", para reducir los efectos del concurso real acumulativo o de pretensiones que se verifica por la coexistencia de los referidos poderes tributarios de los Estados: en otras palabras, para eliminar o mitigar los efectos de la doble imposición[69]. Como es evidente, la determinación hecha por la norma tributaria distributiva –en tanto indirecta, "de conflicto"– no es una regulación material del supuesto de hecho[70].

Así las cosas, sobre la base de la formulación y amplitud del enunciado jurídico respectivo, es posible establecer una tipología de las normas de Derecho internacional tributario resumible en el esquema del profesor portugués Alberto Xavier[71]:

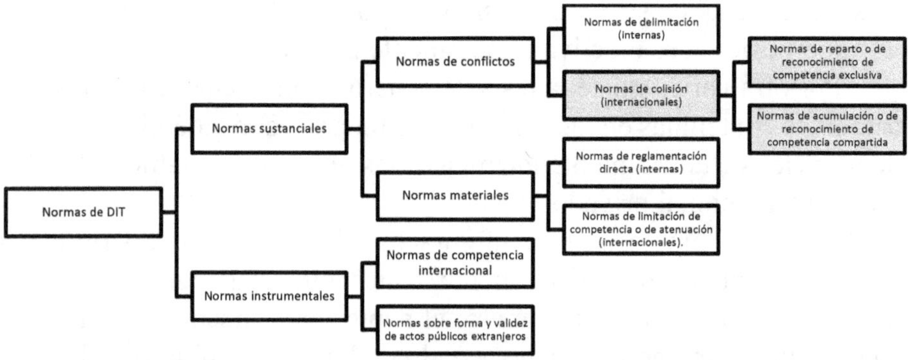

De este modo, las normas distributivas objeto de nuestro análisis –marcadas en gris en el esquema– serían normas de reenvío típicamente internacionales, tanto por su objeto como por su fuente, los convenios tributarios. Ellas se configurarían, así, como normas de conflicto unilaterales –o mejor, como normas "de extensión" en el sentido indicado

[68] Xavier, *Direito…*, ob. cit., p. 49.

[69] Xavier, *Direito…*, ob. cit., p. 43.

[70] Sin que ello excluya la posibilidad de supuestos de materialización. Véase nota 34 y Xavier, *Direito…*, ob. cit., p. 50.

[71] Para mayor claridad, la tipología normativa objeto de nuestro análisis es la marcada en gris en el cuadro. Xavier, *Direito…*, ob. cit., p. 57.

previamente[72]– que tienen por objeto la solución de los problemas de doble imposición a través, alternativamente, de la delimitación del ámbito espacial del ordenamiento interno (normas "de delimitación"), o bien a través del reparto de poder tributario ejercible por los Estados, individual o conjuntamente, en los supuestos con elementos de extranjería fiscalmente relevantes que involucren la concurrencia acumulativa de ordenamientos sobre estos mismos supuestos[73], lo que supone en todos los casos –ya se ha dicho– una limitación convencional al poder tributario de los Estados involucrados, en los términos previamente señalados.

IV. LAS NORMAS DISTRIBUTIVAS TRIBUTARIAS COMO NORMAS DE CONFLICTO

Analizado serenamente, las similitudes entre ambos tipos normativos son notables: en efecto, la composición de ambos tipos normativos es fundamentalmente idéntica.

Como ya hemos visto[74], la norma de conflicto del Derecho internacional privado tiene una estructura compuesta por tres elementos: el supuesto de hecho, el factor de conexión y la consecuencia jurídica. En el primero de ellos es de notar su internacionalidad, o lo que es lo mismo, la presencia de elementos de extranjería relevantes al problema. La función básica del segundo es la indicación del elemento de extranjería que determina el que, tomando en cuenta las características de la situación jurídica descrita en el supuesto de hecho, es en la valoración del legislador el derecho aplicable que de "mejor" manera da respuesta a las necesidades de regulación de la hipótesis fáctica de la norma. Finalmente, la consecuencia jurídica manifiesta esa elección a través de la declaración, en lenguaje performativo[75], del Derecho a aplicarse por

[72] Sección II.

[73] En este sentido Xavier, *Direito…*, ob. cit., pp. 53-54.

[74] Sección II.

[75] Las locuciones performativas, características del Derecho, transforman la realidad externa en los términos de su propia enunciación. En este sentido, las reglas sobre reglas –*Recht über Recht*- como las normas de conflicto, son típicas locuciones performativas. Véase López Hernández, José, Clasificación de las normas jurídicas como enunciados de actos ilocutivos, en: *Anuario de Derechos Humanos*, 2005, Vol. 6, pp. 455 ss, especialmente p. 500.

el encargado del análisis y solución del caso regido por la norma conflictual, sea éste el Derecho del propio operador jurídico (*lex fori*), el Derecho de la causa del negocio jurídico objeto de regulación o el de un tercer Estado (*lex causæ*)[76]. Ello puede ser representado gráficamente: a grandes rasgos, la norma de conflicto del Derecho internacional privado tiene la siguiente estructura:

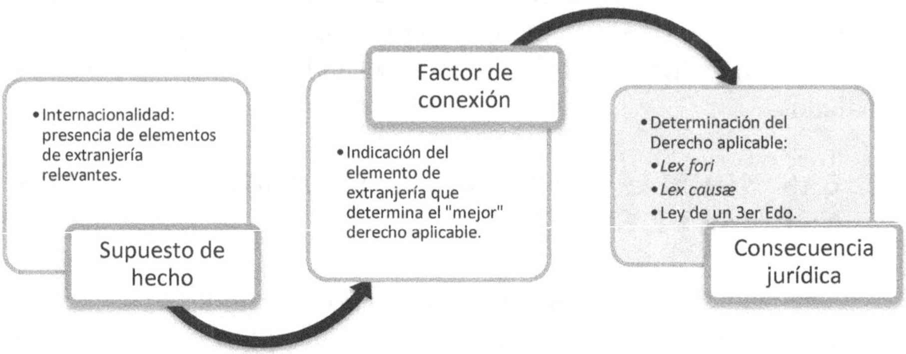

Análoga conformación tiene la norma distributiva de Derecho internacional tributario, contenida en los convenios tributarios. En efecto, bajo la etiqueta doctrinal de "requisitos sustantivos" y "doble consecuencia jurídica"[77], no se hace otra cosa que reiterar la presencia exclusiva de los elementos previamente indicados en esta tipología normativa[78].

---

76 En los supuestos de reenvío en sentido estricto. Véase nota 13.

77 Vogel / Rust, Legal…, ob. cit., p. 31.

78 Respetuosamente disentimos de la opinión de Vogel y Rust, en el sentido de extender el concepto de norma distributiva al enunciado que exprese performativamente la totalidad del proceso de interpretación-aplicación de un convenio tributario, en un sentido similar al de las normas "completas" de Kelsen. En efecto, los que los profesores alemanes identifican como "requisitos de aplicación" no son otra cosa que las cualidades de validez y aplicabilidad de las reglas de convenio tributario a las situaciones con elementos de extranjería fiscalmente relevantes, lo que si bien es –evidentemente– necesario para su imperatividad, son cualidades de la norma, no elementos lógicos estructurales de ésta. Los demás elementos de la norma distributiva según Vogel y Rust, es decir, los "requisitos sustantivos" y la "doble consecuencia jurídica", son los mismos analizados en el texto principal. Vogel / Rust, Legal…, ob. cit., p. 31. Sobre los enunciados jurídicos que integran en una única proposición todo el proceso de creación, interpretación y aplicación del Derecho, véase Nino, Carlos Santiago, *Introducción al análisis del derecho*, Buenos Aires, Editorial Astrea de Alfredo y Ricardo Depalma, 2003, p. 86.

En primer lugar, en las normas distributivas el supuesto de hecho tipifica la hipótesis con elementos de extranjería fiscalmente relevantes, se insiste, tanto en sentido objetivo (materia imponible, renta o capital) como en sentido material: las condiciones de modo, tiempo y lugar del hecho generador relevantes para la causación y determinación de la cuantía de las obligaciones tributarias que posiblemente se deriven de su realización, en función de las leyes tributarias domésticas de cada uno de los Estados involucrados. El factor de conexión será, también en este caso, la identificación de aquel de los elementos de extranjería fiscalmente relevantes que resulte –en la valoración convencional– el "mejor" derecho aplicable, en tanto su presencia indique una "mayor" vinculación, cualitativa o cuantitativamente, de la riqueza objeto de gravamen con el Estado cuyo poder tributario pretende ejercerse. En definitiva, la consecuencia jurídica de las normas distributivas limita el poder tributario de los Estados involucrados en la regulación jurídica de la situación con elementos de extranjería fiscalmente relevantes, sea unilateral (casos de tributación exclusiva o de "reparto") o bilateralmente (supuestos de tributación compartida o de "acumulación"), en los términos ya expuestos precedentemente[79].

Bajo el mismo esquema gráfico, la norma distributiva de Derecho internacional tributario puede ser representada del siguiente modo:

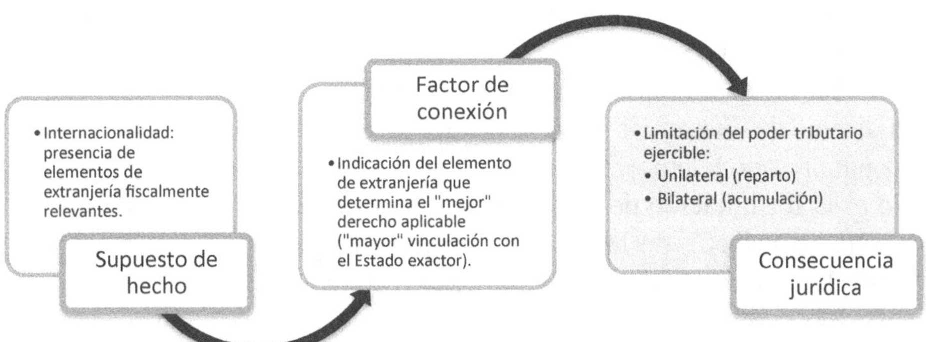

En el mismo orden de ideas, tanto las normas de conflicto de Derecho internacional privado como las normas distributivas de Derecho internacional tributario son susceptibles de calificarse como reglas de

[79] Véase Sección III.

"reconocimiento" en el sentido de Hart[80]. Ambos tipos normativos especifican las condiciones y características que permiten determinar la aplicabilidad de una regla material al caso concreto: en consecuencia, ellas permiten determinar su ámbito de validez para el caso, sea integrándola (a través de la remisión, en Derecho internacional privado) o excluyéndola, total o parcialmente (por medio de la limitación a la aplicabilidad general que, en principio, tiene la ley tributaria doméstica en Derecho internacional tributario).

Igualmente, ambos tipos normativos integran la norma secundaria –en el sentido de Kelsen[81]– que tipifica el régimen jurídico aplicable al supuesto extranjero, en una forma sustancialmente idéntica. En Derecho internacional privado, la norma de conflicto realiza esa función a partir de su integración con el ordenamiento que contiene la norma material que, en la elección del legislador, es más afín con la situación jurídica bajo análisis y, en consecuencia, ofrece una mejor solución al caso. En Derecho internacional tributario, la norma distributiva cumple esa tarea a través de la integración con las normas domésticas de ejercicio del poder tributario respectivas: esto es, las reglas tipificadora del hecho imponible y de su dimensión económica en los ordenamientos llamados por la regla distributiva a regular la situación transfronteriza[82]. De este modo, la regla distributiva define la posibilidad, extensión y modos válidos de ejercicio de los poderes tributarios involucrados en la situación con elementos de extranjería fiscalmente relevantes.

Así las cosas, parece deducirse que la única razón para proclamar la diferencia de esencia entre la norma de conflicto de Derecho internacional privado y la norma distributiva de Derecho internacional tributario es la formulación de la consecuencia jurídica, en tanto la naturaleza pública o privada de la relación jurídica subyacente condicionaría la posibilidad o no de reenvío en un caso o en el otro.

---

80 Véase Sección II.

81 Esto es, la regla que prescribe la conducta cuya valoración jurídica es objeto de la norma "primaria", la que establece la sanción. En el esquema en comentario, la norma de conflicto integra la norma secundaria, mientras que la consecuencia jurídica de la regla material que resuelve el problema con elementos de extranjería relevantes conforma, finalmente, la norma primaria. Kelsen, Hans, *Teoría pura del Derecho*. Buenos Aires, Editorial Universitaria de Buenos Aires, 4ª ed., 2009, p. 61.

82 En un sentido similar, véase López Espadafor, *Fiscalidad...*, ob. cit., p. 189.

Por una parte, en el caso del Derecho internacional privado, donde clásicamente se ha rechazado el *legeforismo* y se habla de favorecer la previsibilidad y la armonía internacional de soluciones[83], la integración –vía remisión– del Derecho extranjero en el propio ordenamiento para la solución de los supuestos con elementos de extranjería relevantes es –más que admitida– procurada en función de la búsqueda de soluciones justas y uniformes[84]. En resumen, la norma de conflicto del Derecho internacional privado puede ordenar al juez la aplicación global del Derecho extranjero.

Por la otra parte, en el Derecho internacional tributario el elemento de soberanía involucrado en la relación jurídica tributaria impediría la integración del Derecho extranjero para la determinación del régimen jurídico del tributo en un Estado dado, lo que impone un tope a los medios de los que puede servirse la técnica normativa para la regulación de estos supuestos: la limitación de las "soberanías impositivas"[85] vinculadas con el hecho económico en condiciones relevantes para su ejercicio. En síntesis, la norma de distribución del Derecho internacional tributario solo puede ordenar al juez la aplicación de su propio Derecho, no puede ordenarle la aplicación del Derecho extranjero, lo que hipotéticamente excluiría que la norma de distribución sea una norma de conflicto.

Plantear el problema en estos términos –o más bien, sus consecuencias– es, en cierto modo, engañoso. A nuestro juicio, la cuestión aquí radica en determinar qué se entiende por "reenvío" y por "derecho aplicable" en el contexto de la técnica normativa. El primer concepto, ya lo señalábamos, indica la fuente en la que debe buscarse la respuesta jurídica al supuesto de hecho, en razón de uno –o varios– criterios de atribución[86], una –o varias– reglas de complemento.[87] En el segundo, el término denota precisamente a lo indicado, al objeto de la referencia: las reglas de complemento, las cuales tendrán a su cargo la regulación

[83] Véase Madrid Martínez, *La norma*..., ob. cit., p. 100.

[84] Véase Hernández-Bretón, Avances latinoamericanos..., ob. cit., p. 20.

[85] Particularmente la legislativa. Kruse, Heinrich Wilhelm, *Derecho tributario parte general*, Madrid, Editoriales de Derecho Reunidas, 1973, p. 123.

[86] Guastini, *Distinguiendo*..., ob. cit., p. 107.

[87] Véase Sección II.

del supuesto de hecho con independencia de su número, y particularmente con prescindencia –a los efectos de la caracterización del reenvío como técnica– de su fuente o de la identidad y cualidad de su aplicador.

Estas características se presentan por igual en los dos tipos normativos bajo estudio. En efecto, es sencillo identificarlos en la estructura de la norma distributiva de Derecho internacional tributario. Por un lado, el factor de conexión de la norma distributiva *indica* el elemento de extranjería que determina el "mejor" derecho aplicable, en función de la mayor vinculación que el hecho imponible descrito en el supuesto de hecho manifiesta, cualitativa y cuantitativamente, con los Estados involucrados en la situación con elementos transfronterizos fiscalmente relevantes. En principio, esta es una cuestión que nadie discute. Por otro lado, la consecuencia jurídica de la norma distributiva denota –al igual que su par en la norma de conflicto del Derecho internacional privado– lo indicado: las reglas de Derecho que resultan aplicables a la determinación de las posibles obligaciones tributarias a cargo del realizador del hecho imponible transfronterizo, sean de un Estado, del otro o de ambos, con independencia, se insiste, de cuántas o cuáles son estas reglas o –más importante– de quién sea su aplicador.

Así, el reenvío, como técnica normativa indirecta, parece igualmente aplicable a los problemas jurídicos con elementos de extranjería relevantes de Derecho internacional privado y de Derecho internacional tributario[88]. Ambas reglas tienen por objeto indicar al operador jurídico cuál es el Derecho aplicable a la situación jurídica subyacente[89].

---

[88] De este modo, respetuosamente disentimos de la opinión de un sector doctrinal importante del Derecho tributario. Véase Vogel / Rust, Legal…, ob. cit., pp. 28-31, López Espadafor, *Fiscalidad…*, ob. cit., pp. 191-192, Udina, *Il diritto…*, ob. cit., pp. 37-38, y Bühler, Ottmar, *Internationales Steuerrecht (IStR) und Internationales Privatrecht (IPR). Ein systematischer versuch*, Amsterdam, IBFD, 1960, pp. 49 ss.

[89] En este sentido véase el magnífico desarrollo de Xavier, *Direito…*, ob. cit., pp. 47 ss. Igualmente, véase Feuillade, Milton C., Concepción normológica de la problemática científica del Derecho tributario internacional, en *Investigación y Docencia*, 2013, No. 45, pp. 181 ss., especialmente pp. 194-196, Tondini, Bruno M., La relación entre el Derecho internacional privado y el Derecho fiscal internacional. La doctrina de la Corte Suprema de la Nación, en: *Anuario Argentino de Derecho Internacional*, 2009, No. XVIII, pp. 77 ss., especialmente pp. 83-84, y Rodríguez Carrera, Luis Ernesto, La doble tributación internacional, las conexiones internacionales y su irracionalidad, en: *Revista de Derecho Tributario,* 2009, No. 109, pp. 109 ss., especialmente p. 113.

De este modo, el problema del ámbito de incidencia y del ámbito de eficacia de las leyes se presenta como uno y el mismo, en Derecho público o privado[90]. Esa es su esencia, con independencia de que la naturaleza de su supuesto de hecho circunscriba las posibilidades de elección de la norma para hacer la remisión, o de quién deba aplicarla: esas son cuestiones totalmente distintas.

En efecto, una cosa distinta a la de la naturaleza de la norma de reenvío es la forma en la que esa indicación se concreta, es decir, los límites que –ahora sí– tiene la norma para efectuar el reenvío por la naturaleza de las relaciones jurídicas que son su objeto. En el caso de las normas de conflicto de Derecho internacional privado, la capacidad de remisión de la norma conflictual, tomando en cuenta la naturaleza privada de su hipótesis fáctica, es amplísima, con las obvias limitaciones que imponen las normas materiales del foro que disciplinan los supuestos transfronterizos: el Derecho material unificado[91], el Derecho comunitario[92], las normas de aplicación inmediata o necesaria[93], las normas materiales en sentido estricto[94] e, *in extremis*, la excepción de orden público[95].

---

[90] Xavier, *Direito...*, ob. cit., p. 9.

[91] Éste es de fuente esencialmente convencional en el DIPr, dado su carácter unificador del ordenamiento que excluye la pluralidad de ordenamientos necesaria para la acción de la norma de conflicto. Madrid Martínez, *La norma...*, ob. cit., pp. 155-156.

[92] Forma especial de Derecho unificado, que –en consecuencia- tiene sus mismas características esenciales. Madrid Martínez, *La norma...*, p. 175.

[93] Las normas de aplicación inmediata o necesaria impiden la actuación de la norma de conflicto, a través de la "domesticación" del supuesto de hecho con prescindencia de sus elementos de extranjería, en razón de intereses que, en un momento dado, el Estado decide proteger preferentemente. Madrid Martínez, *La norma...*, ob. cit., p. 38.

[94] Las normas materiales *stricto sensu* también "domestican" al supuesto transfronterizo, sin tener por ello la importancia de las normas de aplicación inmediata o necesaria. Madrid Martínez, *La norma...*, ob. cit., pp. 38-39.

[95] El orden público es una excepción al respeto debido a la normal aplicación del Derecho extranjero declarado aplicable por las normas de conflicto del foro. Es un concepto jurídico indeterminado, de aquellos cuya definición es más difícil. El profesor Erik Jayme lo entiende como el conjunto de los principios esenciales de cada sistema jurídico. El orden público "tutela resultados, no normas jurídicas abstractas; corrige soluciones en atención a los más esenciales patrones de justicia del foro. En consecuencia no puede hablarse de normas de orden público, solo de reglas cuya aplicación conduciría a resultados contrarios al orden público". Jayme, Erik, Métodos para la concretización del orden público en el Derecho Internacional Privado, en: *Revista de la Facultad de Ciencias Jurídicas y Políticas, Universidad Central de Venezuela*, 1991, No. 82, pp. 215 ss., especialmente p. 216.

Por su parte, las normas distributivas de Derecho internacional tributario están mucho más limitadas en su capacidad de indicación del Derecho aplicable, por razón de la medida de *imperium* que supone el ejercicio del poder tributario que es, en definitiva, su objeto. La naturaleza pública de la relación jurídica tributaria supone –así– importantes límites a las posibilidades de reenvío de la norma distributiva, que no alteran su esencia. El más importante es el de la imposibilidad de acudir al ordenamiento extranjero para regular materialmente la obligación tributaria, como consecuencia de la reserva legal propia del tributo, sin que ello impida –sin embargo– verificar al Derecho extranjero como una cuestión de hecho, integrada a la norma distributiva por vía de materialización: ese es el caso, por ejemplo, de las reglas de condicionamiento de la limitación del poder tributario del Estado de la fuente a la tributación efectiva del enriquecimiento en el Estado de la residencia (*subject to tax rules*)[96].

Incluso, la afirmación de que el aplicador de un convenio tributario nunca acude al Derecho extranjero al utilizar la norma distributiva, es –cuando menos– discutible[97]. Es posible identificar casos de aplicación –por supuesto limitada– del Derecho extranjero en el ámbito convencional tributario. Por ejemplo, en el caso de las *tax sparing clauses*[98], el aplicador del convenio tributario en el país de la residencia debe integrar a su análisis las normas tributarias del país de la fuente que eximen la renta de que se trate de impuesto, así como las reglas de

[96] Las cláusulas de tributación efectiva (*subject to tax rules*) pretenden evitar la doble no imposición obtenida a través de formas elusivas. Para ello, la cláusula condiciona el beneficio concedido por el Estado de la fuente a la tributación efectiva del enriquecimiento en el Estado de la residencia. Véase van Weeghel, Stef, *The improper use of Tax Treaties: with particular reference to the Netherlands and the United States*, Den Haag, Kluwer Law International, 1998, pp. 214 ss.

[97] Como dice Xavier Alberto, en términos radicales, el dogma de que el Derecho internacional tributario nunca aplica las leyes tributarias extranjeras no resiste la constatación de la necesidad, para la aplicación de los convenios tributarios, de aplicar leyes extranjeras para verificar su aplicabilidad. Xavier, *Direito...*, ob. cit., p. 10.

[98] La *tax sparing clause* crea una ficción, a través de la cual se reconoce en el Estado de la residencia un crédito fiscal por los tributos "pagados" en el Estado de la fuente, cuando en este último Estado el enriquecimiento de que se trata se encuentra exento. La medida protege, así, la política fiscal del Estado de la fuente de los efectos erosivos de la tributación del Estado de la residencia sobre el beneficio. Véase OECD, *Tax Sparing. A reconsideration,* Paris, OECD, 1998, pp. 10-11.

determinación que permiten cuantificar el crédito fiscal que se otorgará en el Estado de la residencia para la aplicación efectiva de la norma conflictual tributaria. Otro caso es el de las *switch-over clauses*, en las que –para evitar la doble no imposición resultado de elusión– es necesario integrar a la norma distributiva las reglas del Estado de la fuente que eximen de impuesto al enriquecimiento para aplicar o no el cambio de indicación del reenvío, invirtiendo el método para evitar la doble imposición indicado originalmente por la norma distributiva[99]. Eso, se añade, sin contar las remisiones domésticas al Derecho extranjero para la configuración de alguno de los elementos del hecho imponible, o lo que es peor, el reenvío al llamado *soft law*[100], cuya más que dudosa constitucionalidad no ha impedido la integración de la norma tributaria, doméstica o internacional, con estas categorías de enunciados.

Otro tanto debe decirse de la objeción según la cual las normas distributivas no son normas de conflicto, por cuanto éstas –las normas de Derecho internacional privado– indican un único Derecho aplicable con exclusión de los demás ordenamientos, mientras que la norma distributiva de Derecho internacional tributario permite la concurrencia de múltiples ordenamientos para la solución de los problemas. Ya mencionamos previamente[101] que la concurrencia de ordenamientos para la regulación de un problema con elementos de extranjería es una de las posibles consecuencias de la aplicación de la norma de conflicto de Derecho internacional privado, tanto histórica como contemporáneamente. A este respecto, baste recordar el ejemplo del artículo 83 del

99 Este último es el caso del artículo 23-A.2 del Modelo OCDE, respecto de las rentas provenientes de dividendos e intereses. Al respecto, véase la norma en OCDE, *Model Tax Convention...*, ob. cit.; y Molina Pérez de Castro, Francisco Javier, DTCs and double non taxation, en: D.W. Blum / M. Seiler (eds.), *Preventing Treaty Abuse*, Wien, Series on International Tax Law, Wirtschaftsuniversität Wien, Linde, Vol. 101, pp. 69 ss.

100 Ese es el caso de la remisión que hace el artículo 113 de la Ley de Impuesto sobre la Renta (Gaceta Oficial No. 6.210 Extraordinario, de 30 de diciembre de 2015) a las Guías sobre Precios de Transferencia para las Empresas Multinacionales y las Administraciones Fiscales, emitido por la OCDE en 1995, o las que las sustituyan, en la medida de su congruencia con la Ley de Impuesto sobre la Renta y los tratados celebrados por Venezuela. Sobre la influencia del *soft law* en el Derecho internacional tributario, véase West, Craig, References to the OECD Commentaries in Tax Treaties: A Steady March from "Soft" Law to "Hard" Law?, en: *World Tax Journal*, 2017, No. 9, pp. 117 ss.

101 Véase nota 3.

Código Bustamante, de acuerdo con el cual las leyes personales del tutor, curador o protutor y la del menor emancipado deben concurrir a la regulación de las incapacidades y excusas para la tutela, curatela y protutela[102]. Es también el caso del *depeçage*, donde varios ordenamientos acuden a la regulación del mismo supuesto, en un remedio característico del sistema de Derecho internacional privado anglosajón que los sistemas continentales han incorporado progresivamente a sus soluciones[103].

Como puede verse, el mayor o menor alcance de la remisión no desnaturaliza a la norma de reenvío: la regla es tal en la medida en la que ella indica cuál es el conjunto normativo que regulará su supuesto de hecho. Es esa, no otra, la función de la norma distributiva del Derecho internacional tributario; no se trata de una técnica distinta. Es necesario insistir: el hecho de que la naturaleza de la relación subyacente imponga límites a la forma, alcance y modos de la remisión no desnaturaliza al reenvío como proceso, como técnica: la norma está indicando –reenviando– al Derecho tributario doméstico que se va a aplicar a la solución del caso con elementos de extranjería fiscalmente relevantes.

Ese es, también, el caso de la norma de Derecho procesal internacional. Ésta indica la competencia o no de los tribunales del foro respecto del conocimiento de la causa con elementos de extranjería relevantes, delimitando así el ámbito de la jurisdicción nacional[104]. Así, si bien resuelven un problema distinto, la atribución de competencia procesal internacional directa, las normas de Derecho procesal internacional utilizan una estructura idéntica –el reenvío unilateral– para regular un objeto similar: poder público, procesal en un caso, tributario en el otro. Desde esta perspectiva –limitada, si se quiere– es válida,

---

102 Madrid Martínez, *La norma...*, ob. cit., pp. 42, 92.

103 Madrid Martínez, *La norma...*, ob. cit., pp. 78, 225.

104 En palabras de Hernández-Bretón, "el Derecho Procesal Civil Internacional determina la aplicación del propio derecho nacional –*lex fori*–, es decir de reglas procesales nacionales reguladoras de procedimientos en los que están presentes elementos de extranjería relevantes. Se trata de derecho nacional que (...) está dirigido exclusivamente a las autoridades públicas nacionales y a las partes en procesos pendientes ante dichas autoridades. De lo anterior se afirma la validez –universal– del principio forum regit processum, de difícil fundmaentación dogmática, pero fácilmente justificable desde el punto de vista pragmático". Hernández-Bretón, Algunas..., ob. cit., p. 84.

en nuestra modesta opinión, la asimilación de la norma distributiva a este tipo de normas (es decir, como normas unilaterales de conflicto), planteado por un sector de la doctrina tributarista[105]. Por esa misma causa, respetuosamente disentimos del criterio contrario manifestada por otro importante sector doctrinal[106], de acuerdo con la cual este parecer es "obsoleto": ello no es más que una forma falaz de argumento *ad novitatem*[107].

Así las cosas, las normas distributivas de Derecho internacional tributario se configurarían como auténticas normas unilaterales de conflicto, que van a indicar binariamente al operador jurídico si el Derecho tributario del foro es aplicable o no, y en qué medida[108]. En otras palabras, se trata de normas que definen el ámbito de incidencia de las leyes tributarias internas de los Estados[109], delimitando la ley aplicable a la determinación del modo cómo una situación transfronteriza estará sujeta a tributación, sin determinarlo por sí mismas[110].

Inclusive, parece posible hablar de "materialización"[111] de las reglas distributivas del Derecho internacional tributario, al igual que ocurre en el Derecho internacional privado[112]. Ello es consecuencia del cambio de paradigma operado en la tributación internacional desde 2013[113], bajo el impulso del Proyecto OCDE/G20 sobre la Erosión de

---

[105] Micheli, *Corso...*, ob. cit., p. 72. Véase también López Espadafor, *Fiscalidad...*, ob. cit., pp. 186-188

[106] Vogel / Rust, Legal..., ob. cit., p. 28.

[107] La falacia ad *novitatem* es una forma de error argumentativo psicológicamente convincente, de acuerdo con el cual se afirma algo que se considera mejor que todo lo demás por el simple hecho de su novedad. Así, cuando se descalifica un argumento con única base en su "obsolescencia" no se hace otra cosa que argumentar falazmente *a contrario* a favor de la "novedad", sin que realmente se aporten razones que abonen a favor de esta última posibilidad. Véase Anolli, Luigi, *Iniciación a la psicología de la comunicación. Significado y función de los procesos comunicativos*, Barcelona, Universitat de Barcelona, 2010, p. 132; y Duthel, Heinz, *Epistemología - Erkenntnistheorie: Wissenschaftslehre*, Books on Demand, 2015, *passim*.

[108] En contra, véase López Espadafor, *Fiscalidad...*, ob. cit., p. 191-192.

[109] Que en sí mismas serían normas de aplicación inmediata o necesaria. Véase Rodríguez Carrera, La doble..., ob. cit., pp. 111-112.

[110] Xavier, *Direito...*, ob. cit., p. 48.

[111] Madrid Martínez, *La norma...*, ob. cit., p. 83, y Silva, *La norma...*, ob. cit., pp. 147-148.

[112] Véase nota 34, y en especial Hernández-Bretón, Los objetivos..., ob. cit.

[113] Al respecto, véase Weffe, Actividad..., ob. cit.

la Base Imponible y el Traslado de Beneficios[114], concretado a través del Convenio Multilateral de la OCDE para implementar medidas relativas a los tratados tributarios para prevenir la erosión de base y el traslado de beneficios[115]. En este sentido, habría "materialización" de la reglas convencionales de conflictos tributarias en los casos de reglas de tributación efectiva (*subject-to tax rules*)[116], el denominado "principio" de imposición única, (*single taxation principle*)[117], la cláusula de salvataje (*saving clause*)[118], y, en general, las cláusulas antielusivas, generales o especiales, de los convenios tributarios, a saber: el examen del propósito principal de negocios (*principal purpose test*, o PPT), las cláusulas de limitación de beneficios (*limitation on benefits*, o LOB) y de legitimación activa para obtener los beneficios del convenio tributario (*entitlement to benefits*)[119].

Por su parte, el carácter público de la relación jurídica subyacente a la norma distributiva de Derecho internacional tributario resuelve implícitamente el problema de la jurisdicción, o –dicho en los términos de Hernández-Bretón– de la "competencia procesal internacional

---

114 O Plan BEPS, por sus siglas en inglés. Véase OCDE, *Nota explicativa…*, ob. cit., en: www.oecd.org/ctp/beps-2015-nota-explicativa.pdf.

115 OCDE, *Multilateral Convention to implement Tax Treaty related measures to prevent Base Erosion and Profit Shifting*, en: http://www.oecd.org/tax/treaties/multilateral-convention-to-implement-tax-treaty-related-measures-to-prevent-BEPS.pdf.

116 Véase nota 96.

117 El *single tax principle* preconiza la necesidad de gravar los enriquecimientos producto de operaciones transfronterizas una vez, ni más ni menos. La existencia, e incluso su calificación como tal principio, es hoy harto discutida. Véase Avi-Yonah, Reuven S., *International Tax as International Law. An Analysis of the International Tax Regime*, New York, Cambridge Tax Law Series, Cambridge University Press, 2007, pp. 8 ss.

118 El *saving clause* es una cláusula que permite al Estado que se beneficia de ella –el de la residencia, en el Modelo OCDE– gravar a sus nacionales en determinados supuestos, como si el convenio tributario no hubiera entrado en vigor. Así, aun cuando la cláusula aplicable del convenio tributario sea una de "reparto", en el sentido de Xavier, a favor del Estado de la fuente, la operación de la *saving clause* permitiría al Estado de la residencia negar el beneficio. Véase el artículo 1.3 del Modelo OCDE, OCDE, *Model Tax Convention…*, ob. cit.; y McDaniel, Paul R. / Hugh J. Ault / James R. Repetti, *Introduction to United States International Taxation*, Den Haag, Kluwer Law International, 5ª ed., 2005, p. 181.

119 Véanse los artículos 7 del Convenio Multilateral de la OCDE para implementar medidas relativas a la prevención de la erosión de base y traslado de beneficios en tratados tributarios y 29 del Modelo OCDE. OCDE, *Multilateral Convention…*, ob. cit, y OCDE, *Model Tax Convention…*, ob. cit.

directa". En la medida en la que el operador jurídico solo podrá aplicar el Derecho tributario del foro para la determinación tributaria, aquel será, naturalmente, el operador jurídico del foro.

No debe confundirse, como respetuosamente consideramos que lo hace un sector de la doctrina tributarista[120], el problema de la jurisdicción –que queda resuelto *prima facie* en materia de Derecho internacional tributario[121] de este modo– con el de la determinación del Derecho aplicable[122], función privativa de la norma de conflicto tributaria[123]. La designación del ordenamiento aplicable es un problema diferente del de la identificación del aplicador de ese Derecho. El hecho de que la actividad del operador jurídico respectivo esté limitada a la aplicación del ordenamiento de su foro no implica que la norma que –precisamente– le ordena aplicar o no[124] su Derecho al supuesto con elementos de extranjería fiscalmente relevantes sea una norma de reenvío o no. Es justamente por esa indicación que la norma distributiva debe tenerse, según lo expuesto, como una de reenvío, del tipo de las normas de conflicto del Derecho internacional privado. Como puede verse, determinar cuál es la norma a aplicarse es una cosa, e identificar a su aplicador es otra distinta.

---

120 Véase nota 88.

121 Bajo la figura de la coincidencia *forum-ius*, resumida por Rodríguez Carrera en los siguientes términos: "siempre que un Estado tenga jurisdicción fiscal, entonces aplicará su propio Derecho para resolver el asunto". Rodríguez Carrera, La doble…, ob. cit., p. 111.

122 Hernández-Bretón lo explica con diafanidad: "Toda situación jurídicamente internacionalizada presenta dos aspectos netamente diferenciados, a saber: la cuestión procesal, fundamentalmente la de la jurisdicción de los tribunales nacionales y, por la otra, la cuestión del derecho aplicable. Generalmente, dichos problemas deben resolverse en idéntica sucesión, es decir, el examen y solución de la cuestión procesal de la jurisdicción precede al examen y determinación del problema relativo al derecho aplicable a la situación de hecho que presenta elementos de extranjería relevantes". Hernández-Bretón, Algunas…, ob. cit., p. 82.

123 Aunque en otro contexto, el de diferenciar las normas distributivas de las normas atributivas de competencia procesal internacional directa, López Espadafor indica a este respecto que "mientras las normas de Derecho tributario internacional delimitan, principalmente, una obligación material, las mencionadas normas de Derecho procesal internacional se refieren a la jurisdicción o competencia de los órganos jurisdiccionales". López Espadafor, Fiscalidad..., ob. cit., p. 188.

124 En los casos en los que se emplea la exención como método para evitar la doble imposición. Véase el artículo 23-A del Modelo OCDE y del Modelo ONU. OCDE, *Model Tax Convention…*, ob. cit.; y ONU, *Model Double Taxation Convention…*, ob. cit.

En conclusión, si bien con un sentido ligeramente diferente al expresado por el profesor italiano, es necesario concordar con Udina[125]: existe una afinidad fundamental en los problemas regulados por el Derecho internacional tributario y el Derecho internacional privado, que no excluye –demanda, incluso– la necesidad para los tributaristas del conocimiento de la apasionante rama del Derecho a la que Hernández-Bretón ha dedicado la mayor parte de sus esfuerzos intelectuales[126], y sobre todo de las teorías generales sobre la naturaleza y función de sus normas, la calificación de las relaciones jurídicas, los criterios de conexión, etc., en la medida en la que estas herramientas son parte inescindible del arsenal conceptual y operativo del estudioso de los hechos que presentan elementos de extranjería fiscalmente relevantes. Esperamos que estas líneas, además de un sentido homenaje a nuestro admirado profesor y amigo, colaboren con el amable lector en el logro de ese propósito.

V. EPÍLOGO. LAS RAZONES DE (NUESTRO) HOMENAJE

Eugenio Hernández-Bretón es uno de los juristas más importantes de la historia contemporánea de Venezuela, ya eso se ha dicho[127]. Se trata de uno de los más grandes cultores del Derecho internacional privado en el país, continuador de la obra de auténticos gigantes como Lorenzo Herrera Mendoza, Joaquín Sánchez-Covisa, Gonzalo Parra Aranguren y Tatiana B. de Maekelt[128].

---

125 Udina, *Il diritto…*, ob. cit., p. 38.

126 Además del Derecho internacional privado y el Derecho comparado, Hernández-Bretón ha hecho valiosos aportes en los campos del Derecho constitucional, Derecho administrativo, Derecho procesal (y dentro de éste, el Arbitraje internacional de inversión), Pedagogía del Derecho e Historia del Derecho, en tres libros y más de 100 artículos en publicaciones jurídicas nacionales e internacionales de primer nivel. A título referencial, véase la entrada de "Ulpiano", la base de datos digital de la Bibioteca Andrés Aguilar Mawdsley a la lista, incompleta, de sus publicaciones. En: http://www.ulpiano.org.ve/revistas/php/buscar.php?&base=artic&cipar=artic.par&epilogo=&Formato=a&Opcion=detalle&Expresion=HERNANDEZ-BRETON,+Eugenio.

127 Véase nota 12.

128 A quienes el propio Hernández-Bretón ha reconocido como "fuente de inspiración docente y académica". García Soto, Carlos, Entrevista del Director de la Revista al profesor Eugenio Hernández-Bretón, en: *Derecho y Sociedad*, 2017, No. 13, pp. 29 ss., especialmente pp. 35-36.

Ello es razón suficiente –no única– para concurrir[129] a la apología de este insigne venezolano.

Hernández-Bretón es un ciudadano, un abogado, un jurista, un profesor universitario y, sobre todo, un ser humano ejemplar. El hoy homenajeado ha sido útil a sus semejantes y al país[130], haciendo suyas en los hechos las palabras, una vez citadas por él mismo[131], de Cecilio Acosta: "Sostenemos, no hechos que pasan, sino principios que no mueren y tenemos por escudo las leyes, por luz la verdad, por conciencia la buena fe". De Hernández-Bretón aprendimos que:

> No hace falta ser viejo para saber de lo que uno hace, sino que lo que hay que proponerse desde temprano es ser mejor de lo que se puede ser. Que no hay límite al conocimiento y que no hay que desaprovechar el tiempo. Que el tiempo es un recurso no renovable. Pero también me di cuenta que también hay vida más allá del Derecho, que el Derecho es interesante y útil, pero que el Derecho no es toda la vida. Que siempre debe haber tiempo para las cosas más bellas de la vida[132].

Hernández-Bretón nos ha enseñado la verdad de estos consejos "con su palabra y con su ejemplo, con su inteligencia y con su conocimiento de las cosas"[133]. Así, el hoy homenajeado ha inspirado en muchos –entre quienes nos contamos– la aspiración de emularlo, con la conciencia de la extrema dificultad del cometido.

Emular, ya lo dijo Hernández-Bretón en señalada ocasión, es un hermoso sustantivo que describe "la pasión del alma, que excita a imitar

---

[129] Además de la honrosa invitación de los profesores James Otis Rodner, Ramón Escovar León, Julio Rodríguez Berrizbeitia y Claudia Madrid Martínez, miembros de la Comisión Coordinadora de esta publicación.

[130] Cumpliendo así con la vocación que lo hizo profesor universitario en Derecho. García Soto, Entrevista…, ob. cit., p. 39.

[131] Hernández-Bretón, Eugenio, *Palabras pronunciadas por el Dr. Eugenio Hernández-Bretón en la apertura de la sesión solemne celebrada en el Paraninfo del Palacio de las Academias, con ocasión de la conmemoración del centenario de la creación de la Academia de Ciencias Políticas y Sociales, el 16 de junio de 2015*, p. 5, en: http://acienpol.org.ve/cmacienpol/Resources/Noticias/DISCURSOS-CENTENARIO-1.pdf

[132] García Soto, Entrevista…, ob. cit., p. 39-40.

[133] García Soto, Entrevista…, ob. cit., p. 38.

y aun a superar las acciones ajenas"[134]. Con la generosidad de las almas grandes, Hernández-Bretón nos ha provisto de las herramientas para estimular esa pasión del alma que mueve a seguir sus pasos: "Trabajo, trabajo y más trabajo; estudio, estudio y más estudio. Y tal vez, muchísima curiosidad, paciencia y honestidad intelectual", que como tal no es negociable[135].

Hernández-Bretón sigue y transmite así, caballerosamente, "sin pretensión de originalidad"[136], el consejo de Lorenzo Herrera Mendoza: "¡Trabajar, trabajar, trabajar mucho! ¡Estudiar, estudiar, estudiar mucho! ¡Pensar, pensar, pensar mucho!",[137] pues, en las palabras –una vez más– del homenajeado, "nunca el conocimiento acumulado es suficiente, siempre hay más por estudiar y más por aprender. Nunca el trabajo hecho dispensa del que está por hacerse"[138].

Con esas guías, con la gratitud por las –muchas– enseñanzas recibidas y con el difícil encargo de emular al admirado profesor y amigo, seguimos adelante.

---

[134] Hernández-Bretón, *Palabras*..., ob. cit., p. 6.

[135] García Soto, Entrevista..., ob. cit., pp. 38, 42.

[136] García Soto, Entrevista..., ob. cit., p. 38.

[137] De Sola, René, *Discurso de orden pronunciado por el Individuo de Número Dr. René De Sola, el 16 de junio de 2015, en el Paraninfo de las Academias*, p. 24, en: http://acienpol.org.ve/cmacienpol/Resources/Noticias/DISCURSOS-CENTENARIO-1.pdf.

[138] Hernández-Bretón, Eugenio, El profesor Alfredo Morles Hernández, en: *Derecho y Sociedad*, 2011, No. 10, pp. 131 ss., especialmente p. 132.

ACCESO AL DERECHO EXTRANJERO EN MATERIA CIVIL Y COMERCIAL: COOPERACIÓN JUDICIAL Y NO JUDICIAL

CECILIA FRESNEDO DE AGUIRRE*

Resumen: Este trabajo en homenaje al colega y amigo venezolano Prof. Eugenio Hernández-Bretón aborda un tema antiguo que conserva plena vigencia, cual es el acceso al derecho extranjero. Ya los Protocolos Adicionales a los Tratados de Montevideo de 1889 y de 1940 imponían a los jueces la obligación de aplicar de oficio el derecho extranjero, sin perjuicio de la facultad de las partes de alegar y probar el contenido de la ley invocada. Siguiendo los mismos lineamientos generales, el tema ha sido abordado, entre otros, en la Convención Interamericana sobre Prueba e Información acerca del Derecho Extranjero, 1979 y en el Protocolo de Las Leñas de Cooperación y Asistencia Jurídica en Materia Civil, Comercial, Laboral y Administrativa de 1992.

Abstract: *This article in homage to the Venezuelan colleague and friend Prof. Eugenio Hernández-Bretón addresses an old issue that remains fully valid, which is the access to foreign law. The additional Protocols to the 1889 and 1940 Montevideo Treaties already imposed on judges the obligation to apply ex officio foreign law, without prejudice to the power of the parties to plead and prove the content of the law invoked. Following the same general guidelines, the issue has been addressed, among others, in the Inter-American Convention on Proof of and Information on Foreign Law (1979) and in the Protocol of Las Leñas on Legal Cooperation and Assistance in Civil, Commercial, Labour and Administrative Matters (1992).*

Sumario. I. Vigencia y relevancia del tema. II. Aplicación preceptiva y de oficio del derecho extranjero. A. Protocolo de Montevideo de 1889. B. Protocolo de Montevideo de 1940. C. Convención sobre Normas Generales de Derecho Internacional Privado, CIDIP II, Montevideo, 1979. D. Convenio Bilateral Uruguayo-Argentino sobre Aplicación e Información del Derecho Extranjero de 1980.

* Profesora de Derecho Internacional Privado en la Facultad de Derecho de la Universidad de la República, Uruguay. Ha dictado cursos en la Academia de La Haya de Derecho Internacional y en diversas universidades e instituciones nacionales y extranjeras. Ha publicado más de 20 libros y 160 artículos. Ex becaria Fulbright y en UNIDROIT.

E. Otros instrumentos bilaterales y multilaterales. F. Normas de fuente nacional: el Código General del Proceso. G. Constitución de la República. III. Prueba e información del Derecho extranjero. A. Protocolos Adicionales a los Tratados de Montevideo de 1889 y de 1940. B. Convención Interamericana sobre Prueba e Información del Derecho Extranjero, CIDIP-II, 1979. C. Convenio Uruguayo-Argentino sobre Aplicación e Información del Derecho Extranjero. D. Protocolo de las Leñas de Cooperación y Asistencia Jurídica en Materia Civil, Comercial, Laboral y Administrativa de 1992. E. Código General del Proceso. IV. Interpretación del Derecho Extranjero. V. ¿"Ley" o "Derecho" extranjero? VI. ¿Qué ocurre cuando no existe o no es posible obtener prueba del derecho extranjero aplicable? VII. ¿Cuál sería la consecuencia en nuestro Derecho de la falta de pruebas en el Derecho extranjero por las partes? VIII. Recursos. IX. Acceso al Derecho extranjero por autoridades no-judiciales. X. Jurisprudencia Uruguaya: El caso del buque "Xiang-Cheng". A. Identificación del derecho material aplicable. B. ¿Cómo debe interpretarse el derecho extranjero aplicable? C. La posición de los tribunales uruguayos. D. Valor de la jurisprudencia china respecto a la Convención de Bruselas de 1924. E. Valor de los documentos que se agregan sobre la interpretación del derecho extranjero. F. "Libertad del juzgador". G. La justicia en el caso concreto. Conclusiones.

I. VIGENCIA Y RELEVANCIA DEL TEMA

El acceso al derecho extranjero es una necesidad de todo aquel que opere en el ámbito del Derecho Internacional Privado, por lo que los especialistas en esta rama del Derecho vienen ocupándose del tema desde hace mucho. La vigencia del tema se ve demostrada por los intentos de mejorar su regulación que se siguen viendo hasta hoy. A vía de ejemplo cabe mencionar la Conferencia sobre el acceso al derecho extranjero en materia civil y comercial organizada en forma conjunta por la Comisión Europea y la Conferencia de La Haya de Derecho Internacional Privado, celebrada en Bruselas en febrero de 2012[1], así como el XIX Congreso Internacional de Derecho Comparado celebrado en Viena en 2014[2], incluyeron en sus agendas el tema del acceso, la prueba e

---

1 https://www.hcch.net/en/publications-and-studies/studies/access-to-foreign-law1 ; https://assets.hcch.net/docs/b093f152-a4b3-4530-949e-65c1bfc9cda1.pdf ; https://assets.hcch.net/docs/1469a7ab-5b31-4d86-a912-48758211fec3.pdf El tema no está siendo objeto de tratamiento.

2 Ver información sobre el libro que contiene el reporte nacional y los reportes nacionales sobre el tema en: Y. Nishitani (ed.), *Treatment of Foreign Law – Dynamics towards Convergence?*, Cham, Springer, 2017.

información acerca del derecho extranjero. Ello demuestra que el tema tiene plena vigencia y reviste importancia técnica y práctica en pleno siglo XXI. Lo anterior se infiere también de las manifestaciones del director del Departamento de Asuntos Económicos y Sociales de Naciones Unidas, Gherardo Casini, quien destaca, con un alcance más amplio, el derecho de acceso a la información, incluyendo la información jurídica, especialmente a la luz de las potencialidades de las modernas Tecnologías de la Información y las Comunicaciones (*Information and Communication Technologies –ICT*)[3].

En la referida Conferencia de Bruselas se observó una clara tendencia a reconocer que debido a la globalización, la migración y el incremento del comercio transfronterizo existe una necesidad creciente de acceder al derecho extranjero, lo que constituye un elemento fundamental para una adecuada administración de justicia. Para ello se necesitan mecanismos globales de cooperación, respecto de los cuales cobran especial relevancia las Tecnologías de la Información y las Comunicaciones[4]. No obstante, los trabajos de la Conferencia de La Haya de Derecho internacional privado se encuentran detenidos por ahora debido a las dificultades para la armonización de los diferentes enfoques relativos al acceso al derecho extranjero[5].

Nuestra subregión, por su parte, cuenta con soluciones convencionales de avanzada desde el siglo XIX, que se fueron desarrollando, perfeccionando y complementando a lo largo del tiempo.

II. APLICACIÓN PRECEPTIVA Y DE OFICIO DEL DERECHO EXTRANJERO

A. Protocolo de Montevideo de 1889

Desde 1889 (art. 2 del Protocolo Adicional de los Tratados de Montevideo de 1889) nuestras normas imponen a los jueces la obligación

[3] Meeting Report, Access to Foreign Law in Civil and Commercial Matters, p. 4, www.hcch.net

[4] Meeting Report, Access to Foreign Law in Civil and Commercial Matters, p. 1 www.hcch.net

[5] https://link.springer.com/chapter/10.1007/978-3-319-56574-3_31#Fn71

de aplicar de oficio el derecho extranjero, independientemente de cuál sea la actitud de las partes al respecto. Se adoptó así en el Primer Congreso de Montevideo, la solución que proponía Gonzalo Ramírez en el artículo 94 de su Proyecto de Código de Derecho internacional privado[6], que establecía:

> La aplicación de las leyes de un país por los Tribunales de otro, en los casos en que este tratado lo autorice, es de riguroso precepto, aún cuando la parte interesada no haya producido prueba sobre la existencia de dichas leyes.

El texto del artículo 2 del Protocolo de 1889 finalmente aprobado dice: "Su aplicación será hecha de oficio por el juez de la causa sin perjuicio de que las partes puedan alegar o probar la existencia y contenido de la ley invocada".

Las partes pueden "alegar y probar el contenido de la ley invocada" pero no están obligadas a ello. Si lo hacen, obviamente le van a facilitar la tarea al juez, pero en caso contrario éste deberá realizar las averiguaciones necesarias para cumplir con su deber de aplicar de oficio el derecho extranjero, recurriendo a los mecanismos que su sistema jurídico le proporciona para ello. Téngase presente que aún cuando las partes aleguen y prueben el derecho extranjero, el juez no se limitará a esa información, sino que la corroborará por los medios de que dispone.

B. Protocolo de Montevideo de 1940

En 1940 se ratifica la solución del 89, sin modificarse el texto del artículo 2 del Protocolo respectivo. Esta ha sido una solución muy inteligente, que parte de la base de que el juez no puede conocer todos los derechos extranjeros, y por eso deja en libertad a las partes para que colaboren con él. Además, si bien la solución adoptada implica una previa toma de posición respecto a la naturaleza del derecho extranjero (a favor de la teoría del derecho), los delegados a los Congresos de Montevideo de 1889 y de 1940 no incursionan directamente en el

---

6 Ramírez, Gonzalo, *Proyecto de Código de Derecho Internacional Privado y su Comentario*, Buenos Aires, Ed. Félix Lajouane, 1888.

polémico tema de la determinación de la naturaleza jurídica del derecho extranjero, sino que simplemente establecen normativamente una solución pragmática: que el derecho extranjero se aplica de oficio.

C. Convención sobre Normas Generales de Derecho Internacional Privado, CIDIP II, Montevideo, 1979

En 1979, dentro del proceso codificador de las Conferencias Especializadas Interamericanas sobre Derecho Internacional Privado, se mantiene básicamente el mismo principio de la aplicación de oficio del derecho extranjero, independientemente de la facultad de las partes de alegar y probar su existencia y contenido (art. 2 Convención Interamericana sobre Normas Generales de Derecho internacional privado, CNG). Pero se incorpora además un mandato de fundamental importancia: "los jueces y autoridades de los Estados parte estarán obligados a aplicar el derecho extranjero tal como lo harían los jueces del Estado cuyo derecho resulte aplicable..." (art. 2, CNG).

Este agregado no es casual, sino que se introdujo con una finalidad muy precisa, y es que el juez no cambie ese derecho extranjero remitido por la norma de conflicto, sino que lo aplique tal como lo haría el juez del Estado al que esa norma remitida pertenece. Si bien esta solución reduce el margen de maniobra del juez, que parecería a primera vista estar obligado a limitarse a imitar lo que se hace en el Estado al que pertenece la norma aplicable, sin apartarse de los informes que de allí recibe acerca del contenido, vigencia, alcance e interpretación de esa norma, esto no es inflexiblemente así: esta norma no convierte al juez en un autómata que deba aplicar el derecho extranjero en forma mecánica. La independencia del juez ha sido salvaguardada por el artículo 6, inc. 3 de la Convención Interamericana sobre Prueba e Información acerca del Derecho Extranjero, CIDIP II, Montevideo, 1979, que dice: "El Estado que recibe los informes a que alude el artículo 3 (c) no estará obligado a aplicar o hacer aplicar el derecho según el contenido de la respuesta recibida".

La fórmula consagrada en el artículo 2 de la Convención de Normas Generales ("aplicar el derecho extranjero tal como lo harían los jueces del Estado cuyo derecho resulte aplicable") no implica, como a veces se ha sostenido[7], la consagración del reenvío. Por el contrario, surge claramente no solo del sentido literal corriente del texto aprobado sino también de los antecedentes del mismo, que se dejó de lado la regulación del instituto del reenvío, dada la disparidad de criterios evidenciada en la Segunda Conferencia en relación a este tema[8]. El reenvío no fue regulado expresamente en la Convención de Normas Generales porque no hubo acuerdo acerca de su prohibición o admisión genérica, por lo cual el punto queda librado a la interpretación de los jueces en cada caso, la cual deberá enmarcarse en los parámetros del artículo 9 de la propia Convención.

D. Convenio Bilateral Uruguayo-Argentino sobre Aplicación e Información del Derecho Extranjero de 1980

La misma solución del artículo 2 de la Convención Interamericana fue recogida en el artículo 1 del Convenio Bilateral Uruguayo-Argentino sobre Aplicación e Información del Derecho Extranjero, del 20 de noviembre de 1980, ratificado por Uruguay por ley No. 15.109 de 1981. Este Convenio ha sido, en principio, sustituido por el Protocolo de Las Leñas. Esta solución se basa en la "teoría del uso jurídico" de Goldschmidt[9], la cual parte de la necesidad de tratar con respeto al caso con uno o más elementos jurídicos extranjeros. Ese respeto consiste en

---

7 Parra Aranguren ha sostenido que el art. 2 de la CNG "por vía de consecuencia, acepta el reenvío desde una perspectiva sociológica, es decir, cuando se encuentre encapsulado en la solución fáctica extranjera que debe tratarse de reproducir", en: Parra Aranguren, Gonzalo, La Convención Interamericana sobre Normas Generales de Derecho internacional privado (Montevideo, 1979), en: Anuario *Jurídico Interamericano* (Washington, OEA Consultoría Jurídica), 1979, pp. 157 ss., especialmente p. 172. En el mismo sentido se pronuncia Goldschmidt, Werner, Normas Generales de la CIDIP-II. Hacia una teoría general del derecho internacional privado interamericano, en: *Anuario Jurídico Interamericano* (Washington, OEA Consultoría Jurídica), 1979, pp. 141 ss., especialmente p. 151.

8 Ver sobre este tema: arts. 31 y 32 de la Convención de Viena sobre Derecho de los Tratados; Informe del Relator de la Comisión II de la CIDIP-II, Dr. Didier Opertti Badán, en: *Actas y Documentos, Segunda Conferencia Especializada Interamericana sobre Derecho internacional privado*, Vol. II, p. 290; y Tellechea Bergman, Eduardo, Aplicación, tratamiento e información del derecho extranjero y su regulación en nuestro derecho internacional privado de fuente convencional y nacional, en: *Derecho Internacional Privado y Derecho Procesal Internacional*, Montevideo, Ed. Amalio M. Fernández, 1982, pp. 42-44.

9 Goldschmidt, Werner, *Derecho internacional privado (Derecho de la tolerancia)*, Buenos Aires, Depalma, 5ª ed., 1985, p. 16, No. 17.

"hacer con el caso lo que presumiblemente con él harían en el país al que pertenece"[10]. Y agrega Goldschmidt más adelante:

> Si se declara aplicable a una controversia un derecho extranjero, hay que darle el mismo tratamiento que con el máximo grado asequible de probabilidad le daría el juez del país cuyo Derecho ha sido declarado aplicable; como punto de referencia, es preciso tomar al juez ante quien la controversia podría haberse radicado si realmente se hubiese planteado en aquel país[11].

Esta idea está en la base de la fórmula del artículo 2 de la Convención de Normas Generales, así como en la del artículo 1 del Convenio uruguayo-argentino, e implica que el juez aplique el derecho extranjero tal como lo harían los jueces del Estado cuyo derecho resulte aplicable.

E. Otros instrumentos bilaterales y multilaterales

El artículo 25 del Convenio bilateral Uruguay-Francia[12] establece:

> Las Autoridades Centrales, previa solicitud, comunicarán toda la información sobre la legislación y jurisprudencia en vigor en el correspondiente Estado Parte, así como las copias debidamente certificadas de las decisiones judiciales emitidas por los tribunales del mismo.

El artículo 27 del Convenio bilateral Uruguay-España[13] establece:

> 1. La Secretaría General Técnica del Ministerio de Justicia del Reino de España en calidad de Autoridad Central y la Autoridad Central de Cooperación Jurídica Internacional del Ministerio de Educación y Cultura de la República Oriental del Uruguay en la misma calidad, podrán solicitarse información y documentación sobre aspectos generales de sus respectivos ordenamientos jurídicos. Los Estados Partes se comprometen a comunicarse por vía diplomática cualquier cambio de Autoridad Central. 2. Los órganos jurisdiccionales, de cualquier grado y orden y el Ministerio Fiscal, podrán

[10] Goldschmidt, *Derecho internacional privado...*, ob. cit., p. 15, No. 17.
[11] Goldschmidt, *Derecho internacional privado...*, ob. cit., p. 137.
[12] Aprobado por Ley No. 17.110 del 12 de mayo de 1999.
[13] Aprobado por Ley No. 16.864 del 10 de septiembre de 1997.

solicitar a través de las Autoridades Centrales, información sobre aspectos jurídicos precisos, en relación a procesos existentes. La solicitud irá acompañada de una relación de hechos relevantes y de preguntas precisas.

En el ámbito del MERCOSUR, el Protocolo de Las Leñas de Cooperación y Asistencia Jurídica en Materia Civil, Comercial, Laboral y Administrativa de 1992 no regula la forma en que el juez debe aplicar el derecho extranjero por no estar este punto comprendido en su ámbito material de aplicación. Sus soluciones refieren específicamente a la "información del derecho extranjero".

F. Normas de fuente nacional: el Código General del Proceso

En cuanto a las normas de fuente nacional uruguaya[14], el artículo 525.3 del Código General del Proceso (Ley 15.982)[15], recoge básicamente la misma solución de la Convención de Normas Generales, aunque con una formulación más precisa y completa, estableciendo así soluciones armónicas en la regulación de fuente nacional e internacional de nuestro orden jurídico respecto a un punto de tal importancia.

G. Constitución de la República

La Constitución de la República, que en su artículo 23 establece que los jueces "son responsables ante la ley... por separarse del orden de proceder que en ella se establezca". Por tanto los jueces deben cumplir con lo que establece la norma de conflicto, incurriendo en responsabilidad constitucional si se apartaran "del orden de proceder que en ella se establezca"[16].

---

[14] En cuanto a la situación imperante con anterioridad a la entrada en vigencia del Código General del Proceso, ver Alfonsín, Quintín, *Teoría del Derecho privado internacional*, Montevideo, Idea, 1982, p. 532 ss., No. 352.

[15] Art. 525.3. "Los tribunales deberán aplicar de oficio el derecho extranjero e interpretarlo tal como lo harían los tribunales del Estado a cuyo orden jurídico pertenezca la norma respectiva. Sin perjuicio de la aplicación de oficio, las partes podrán acreditar la existencia, vigencia y contenido de la ley extranjera".

[16] Cfr. Tellechea Bergman, Aplicación, tratamiento e información..., ob. cit., p. 65.

III. PRUEBA E INFORMACIÓN DEL DERECHO EXTRANJERO

En nuestra región contamos con normas convencionales –y también de fuente nacional en algunos de nuestros países– que proporcionan al juez los mecanismos para cumplir con el mandato de los artículos 2 de los Protocolos Adicionales a los Tratados de Montevideo de 1889 y de 1940, artículo 2 de la Convención de Normas Generales de 1979, artículo 1 del Convenio Argentino-Uruguayo de 1980 y en Uruguay del artículo 525.3 del Código General del Proceso.

En términos generales, cabe señalar que rige el principio *iura novit curia*, aunque con un alcance parcial y a posteriori del caso, a diferencia de lo que ocurre respecto del derecho interno del juez.

A. Protocolos Adicionales a los Tratados de Montevideo de 1889 y de 1940

Los Protocolos Adicionales a los Tratados de Montevideo de 1889 y de 1940, arts. 5 y 6 respectivamente, consagran la obligación de los gobiernos de los Estados parte de "transmitirse recíprocamente dos ejemplares auténticos de las leyes vigentes y de las que posteriormente se sancionen en sus respectivos países". No obstante, esta fórmula ha resultado inoperante en la práctica por carecerse del imprescindible apoyo de órganos a cargo de la remisión y sistematización de esas informaciones[17].

B. Convención Interamericana sobre Prueba e Información acerca del Derecho Extranjero, CIDIP-II, 1979

La Convención Interamericana sobre Prueba[18] e Información acerca del Derecho Extranjero, CIDIP-II, 1979, establece en su artículo 2

[17] Tellechea Bergman, Aplicación, tratamiento e información..., ob. cit., p. 28.

[18] Como bien señalan Tellechea, Aplicación, tratamiento e información..., ob. cit., p. 47, con cita de Parra Aranguren (CIDIP II/82, p. 4), el término "prueba" no es adecuado ni se corresponde con la concepción seguida por esta Convención y por la CNG de atribuirle naturaleza jurídica y no fáctica al derecho extranjero.

la obligación de las autoridades de cada uno de los Estados parte de proporcionar a las autoridades de los demás que lo solicitaren, "los elementos de prueba e informes sobre el texto, vigencia, sentido y alcance legal de su derecho". Obviamente la información no puede limitarse al texto de las normas y a su vigencia, pues para poder el juez cumplir con el mandato del artículo 2 de la Convención de Normas Generales y textos análogos, de aplicar el derecho extranjero "tal como lo harían los jueces del Estado cuyo derecho resulte aplicable", deberá conocer las distintas interpretaciones que la doctrina y la jurisprudencia de ese Estado dan a ese derecho extranjero aplicable.

La Convención adopta un criterio amplio en cuanto a los medios de prueba admitidos: "cualquiera de los medios de prueba idóneos previstos, tanto por la ley del Estado requirente como del Estado requerido" (art. 3). A continuación, el mismo artículo enumera de manera no taxativa los medios idóneos a los efectos de la Convención: la prueba documental, la prueba pericial y los informes del Estado requerido, sin atribuirles apriorísticamente mayor o menor importancia según el tipo de prueba de que se trate. Esta solución coincide con la recomendación de Zajtay[19], quien sostiene que sería erróneo atribuir una prioridad absoluta a uno u otro de los diferentes medios de prueba empleados en materia de derecho extranjero, ya que su valor es relativo y depende de las circunstancias en las cuales esos medios sean aplicados.

Con respecto a la prueba pericial, resulta compartible la apreciación de Fernández Rozas y Sánchez Lorenzo[20], quienes afirman que

> no cabe duda de que la prueba pericial debe ser objeto de mayor sospecha que la prueba documental, por la eventual "imparcialidad" de uno de los peritos cuyo concurso solicita, pero también remunera, la parte interesada. De ahí que deba extremarse el control de la capacidad e independencia del perito, e incluso deba tenderse al nombramiento libre del perito por el juez, teniendo en cuenta las garantías de capacidad e independencia que ofrece.

[19] Zajtay, Imre, Le traitement du droit étranger dans le procès civil. *Étude de droit comparé*, en: *Rivista di diritto internazionale privato e processuale*, 1968, No. 2, p. 252, No. 16.

[20] Fernández Rozas, José Carlos / Sixto Sánchez Lorenzo, *Curso de Derecho internacional privado*, Madrid, Civitas, 1991, p. 529.

El artículo 4 establece que son las autoridades jurisdiccionales las que pueden solicitar los informes a que refiere el artículo 3, inciso c. O sea que los pedidos de informes cursados al Estado requerido sobre el texto, vigencia, sentido y alcance legal de determinados aspectos de su derecho, corresponde en principio solamente a las autoridades jurisdiccionales del Estado requirente, no a los particulares. Estos tienen sí la posibilidad de utilizar los medios previstos en los incisos a y b del artículo 3 (prueba documental y pericial) y también de solicitar información indirectamente a la Autoridad Central pidiéndole a los jueces que así lo hagan. Claro que esta última vía solo procede en la esfera judicial. Nótese que la referencia a "autoridades jurisdiccionales" es más amplia que "autoridades judiciales", ya que incluye a cualquiera que desarrolle una actividad jurisdiccional, lo cual implica que se trata de órganos independientes y con potestad de fallar con autoridad de cosa juzgada[21]; en palabras de Opertti, "toda autoridad que actúe como verdadero tribunal de justicia"[22].

El inciso 2 del artículo 4 autoriza a los Estados partes a "extender la aplicación de esta Convención a la petición de informes de otras autoridades". Señala Tellechea[23] que esta es una "solución flexible, que permite beneficiar a todos los aplicadores de la ley extranjera con el más eficaz de los procedimientos previstos de cooperación informativa".

El artículo 5 establece los requisitos que preceptivamente deberán contener las solicitudes de informes. El inciso a) exige que se indique cuál es la autoridad de la que proviene la solicitud; lo cual tiene su explicación en lo establecido en el artículo 4, que establece que solo las autoridades jurisdiccionales podrán solicitar los informes a los que refiere el artículo 3, inciso c)[24]. Tellechea[25] entiende que el inciso c) del artículo 5 "excluye en su parte final toda posibilidad de calificar *lex fori*,

---

21 Tellechea Bergman, Aplicación, tratamiento e información..., ob. cit., p. 50.

22 Opertti Badán, Didier, *Exhortos y embargos de bienes en el extranjero. Medios de Cooperación Judicial Internacional*, Montevideo, Ed. Amalio M. Fernández, 1976, p. 181.

23 Tellechea Bergman, Aplicación, tratamiento e información..., ob. cit., p. 50.

24 Tellechea Bergman, Aplicación, tratamiento e información..., ob. cit., p. 50-51.

25 El art. 5 exige, entre otras cosas, que la solicitud esté acompañada "de una exposición de los hechos pertinentes para su debida comprensión". Ver al respecto, Tellechea Bergman, Aplicación, tratamiento e información..., ob. cit., p. 51.

debiéndose en cambio determinar la solución aplicable por la calificación que realice el Estado requerido".

Respecto a este punto, Alfonsín[26] sostiene:

> Si todas las normas indirectas de derecho privado internacional señalaran con precisión la norma extranjera de derecho privado que se debe aplicar, bastaría una sola calificación de la relación extranacional para descubrir a la vez cuál norma del derecho privado internacional y cuál norma del derecho privado extranjero son las aplicables a la relación.
>
> Pero como las normas indirectas suelen señalar tal o cual derecho extranjero sin otra especificación, prácticamente serán necesarias dos calificaciones sucesivas de la relación para descubrir cuál es la norma extranjera de derecho privado que debemos aplicarle.

La primera calificación de la relación extranacional debe ser efectuada conforme la técnica del derecho privado internacional aplicable, para determinar cuál norma de ese derecho debe aplicarse; la segunda debe realizarse una vez concluida la primera y por consiguiente cuando ya se ha determinado cuál es el derecho privado nacional aplicable. Esta segunda calificación, que tiene por finalidad determinar qué norma específica de ese orden jurídico remitido por la norma de conflicto debe regular en definitiva la relación, debe realizarse conforme la técnica de ese orden jurídico remitido[27]. O sea que la calificación siempre debe ser *in ordine*.

El artículo 6 establece por un lado la obligación de los Estados de responder a las consultas formuladas por los demás Estados parte; pero por otro, el carácter de no vinculante de la respuesta. Esta solicitud tiene como finalidad facilitar la cooperación en esta materia, ya que al no quedar obligado el Estado que brinda la información a aplicar el derecho según el contenido de la respuesta proporcionada, el Estado requerido estará mejor dispuesto a brindar la información que se le solicite[28]. Por su parte la autoridad jurisdiccional que solicitó la información, no

---

26 Alfonsín, *Teoría del Derecho privado internacional...*, ob. cit., p. 549, No. 362.

27 Alfonsín, *Teoría del Derecho privado internacional...*, ob. cit., p. 546, No. 361.

28 Tellechea Bergman, Aplicación, tratamiento e información..., ob. cit., p. 55.

estará obligada "a aplicar o hacer aplicar el derecho según el contenido de la respuesta recibida" (art. 6, inc. 3), salvaguardándose así la independencia de los jueces.

Las solicitudes de informes solo podrán ser diligenciadas de dos formas, previstas por el artículo 7: 1) "directamente por las autoridades jurisdiccionales" o 2) "a través de la autoridad central del Estado requirente, a la correspondiente autoridad central del Estado requerido".

El artículo 10 establece dos excepciones a la obligación de los Estados parte de responder a las consultas que les formularen otros Estados parte: 1. que los interesados del Estado requerido estuvieren afectados por la cuestión que diere origen a la petición de información; 2. que la respuesta pudiere afectar su seguridad o soberanía.

El artículo 9 dispone que cada Estado parte deberá crear una Autoridad Central. Uruguay, en cumplimiento de la obligación contraída, designó al Ministerio de Justicia en calidad de Autoridad Central por Decreto 419/80, creándose la División Autoridad Central por Decreto 68/81. En 1985, ante la eliminación del Ministerio de Justicia (Ley 15.751, de 24/6/85), se entendió adecuado que la Autoridad Central pasase a la órbita del Ministerio de Educación y Cultura, y no a la del Poder Judicial. La finalidad perseguida fue la de salvaguardar la independencia de los jueces, establecida en las normas ya citadas. Fue así que el Decreto 407/85, de 31/7/85, creó como dependencia del Ministerio de Educación y Cultura la "Asesoría Autoridad Central de Cooperación Jurídica Internacional".

C. Convenio Uruguayo-Argentino sobre aplicación e información del Derecho extranjero

Como ya vimos, el Convenio Uruguayo-Argentino sobre aplicación e información del Derecho Extranjero, ratificado por Uruguay por ley 15.109 del 17/3/81 y por Argentina por ley 22.411 del 27/2/81, que entró en vigencia el 12/5/81, sintetiza en pocos artículos la doctrina consagrada en los textos de las Convenciones Interamericanas de Montevideo de 1979[29] ya analizadas.

---

[29] Tellechea Bergman, Aplicación, tratamiento e información..., ob. cit., p. 57-64.

El artículo 3 establece que

> A los efectos del conocimiento del derecho de una Parte aplicable en otra, sin perjuicio de otros medios de información admitidos por la ley del foro, cada Parte por intermedio de su Ministerio de Justicia remitirá directamente a pedido del otro, la información que sea necesaria para lograr la correcta aplicación de las leyes vigentes de su país, por los órganos competentes del requirente.

Aunque con otra redacción, el artículo 4 es equivalente al artículo 5 de la Convención Interamericana sobre Prueba e Información acerca del Derecho Extranjero[30]. El artículo 5 establece, de manera más específica y detallada que la Convención Interamericana, que

> El Ministerio de Justicia requerido responderá a la brevedad sobre los siguientes aspectos que se le soliciten relativos al asunto sometido a consulta, siempre que con ello no se afecte la seguridad o el interés del Estado que integra: a) Legislación vigente aplicable; b) Reseña de los fallos de los Tribunales de Justicia o de órganos administrativos con funciones jurisdiccionales; c) Usos y costumbres del lugar, cuando constituyen fuente o elemento de derecho;
> d) Reseña de doctrina nacional. El informe podrá contener, además, la opinión fundada de oficinas técnicas o de asesores "*ad hoc*" acerca de la interpretación del derecho aplicable al asunto en cuestión.

En cuanto al principio de la cooperación no vinculante, el artículo 6 de este Convenio sigue la solución de la Convención Interamericana respectiva. El artículo 7 establece la gratuidad de esta cooperación, y la exoneración del requisito de la legalización. Asimismo, prevé para el caso de urgencia que los pedidos de informes se formulen y sean respondidos por servicios telegráficos, télex u otros medios igualmente idóneos, por lo que hoy día pueden considerarse incluidos los medios informáticos.

---

[30] Art. 4: "El pedido de informes deberá indicar con precisión los elementos que se soliciten, así como la naturaleza del asunto sometido a decisión, debiendo ser acompañado de una exposición de los hechos pertinentes que permita su comprensión, cuando fuere necesario o conveniente para su correcta calificación".

D. Protocolo de Las Leñas de Cooperación y Asistencia Jurídica en Materia Civil, Comercial, Laboral y Administrativa de 1992

El Protocolo sigue la línea de las soluciones anteriores, estableciendo la obligación de las Autoridades Centrales de los Estados partes de suministrarse informes, en concepto de cooperación judicial, en materia civil, comercial, laboral, administrativa y de derecho internacional privado, dejando a salvo el orden público. Extiende al ámbito del Mercosur la gratuidad acordada en el Convenio bilateral argentino-uruguayo (art. 28). El artículo 29 prevé el suministro de información por las autoridades diplomáticas o consulares del Estado parte de cuyo derecho se trate. El artículo 30 mantiene el criterio de la cooperación no vinculante establecido en textos anteriores.

E. Código General del Proceso

El Código General del Proceso establece en su artículo 143: "El Derecho a aplicar, sea nacional o extranjero, no requiere prueba y el tribunal y las partes podrán acudir a todo procedimiento legítimo para acreditarlo". Esta solución amplia en materia de mecanismos de información acerca del derecho extranjero parece sumamente adecuada, no solo desde el punto de vista teórico –por recoger en una fórmula clara y sintética la doctrina más recibida y las soluciones interamericanas vigentes– sino también práctico, ya que le permite al juez un amplio margen de maniobra frente a situaciones concretas para utilizar todos los medios a su alcance a efectos de cumplir su cometido de aplicar el derecho extranjero tal como lo haría el juez del Estado al que pertenece la norma, pero sin perder su independencia como decisor.

IV. INTERPRETACIÓN DEL DERECHO EXTRANJERO

Tanto el artículo 2 de la Convención de Normas Generales, como el artículo 525.3 del Código General del Proceso y el artículo 1 del Convenio Argentino-Uruguayo, implican la obligación del juez de tener en cuenta no solo el texto de la norma extranjera (para lo cual sería suficiente que el juez obtuviera una fotocopia del texto), sino también la aplicación que de él hace la jurisprudencia del Estado al que pertenece. O sea que el juez debe interpretar la norma extranjera conforme a los principios del sistema jurídico al que ella pertenece[31], y no a los del foro[32], como ocurriría conforme los postulados de la teoría del derecho propio, en sus dos variantes, de la incorporación y de la recreación. Téngase presente, como señala Aguilar Navarro[33], que debe distinguirse entre la interpretación de la norma de conflicto del foro, cuya interpretación debe hacerse conforme a los criterios interpretativos del foro, y las normas materiales extranjeras remitidas por dicha norma de conflicto, las cuales a su vez deben interpretarse conforme a los criterios del ordenamiento jurídico a que ellas pertenecen.

En el mismo sentido, Zajtay[34] afirma que

> ...cuando la regla de conflicto ordena la aplicación de derecho extranjero, ella exige evidentemente que esa aplicación sea exacta, es decir que la regla extranjera sea aplicada tal como está vigente en su país de origen. Esto significa antes que nada que el juez debe tener en cuenta no solo los textos sino también la aplicación que de ellos hace la jurisprudencia del país extranjero. Eso significa también que el juez del foro que aplica el derecho extranjero, de alguna manera, se pone en el lugar del juez del país extranjero y debe interpretar la regla extranjera aplicable conforme a los principios del sistema jurídico en cuestión.

No obstante, esta regla de interpretación no es absoluta, ya que, por ejemplo, en los casos en que haya más de una posición jurisprudencial –lo cual es frecuente– el juez podrá optar por la que considere más

[31] Rigaux, François, *Derecho internacional privado, Parte general*, Madrid, Civitas, 1985, p. 336, No. 400. En el mismo sentido, Aguilar Navarro, Mariano, *Derecho internacional privado*, Madrid, Universidad de Madrid, 2ª reimp. de la 3ª ed., 1982, Vol. I, Tomo II, Parte Segunda, p. 247, quien afirma: "todo nos conduce a postular como criterio general la necesidad de que el Foro interprete y conciba las categorías jurídicas de que se sirve la norma material extranjera de acuerdo al lenguaje jurídico del ordenamiento extranjero reclamado". Y Alfonsín, *Teoría del Derecho privado internacional...*, ob. cit., p. 496-497, No. 318.

[32] Ver sobre este punto: Tellechea Bergman, Aplicación, tratamiento e información..., ob. cit., p. 38-9.

[33] Aguilar Navarro, *Derecho internacional privado...*, ob. cit., p. 249.

[34] Zajtay, *Le traitement...*, ob. cit., p. 271, No. 23.

adecuada según su propio criterio. Señala Alfonsín[35] que cuando haya errores evidentes en la jurisprudencia extranjera, el juez podría "arriesgar una interpretación verdaderamente personal".

En este sentido, Aguilar Navarro[36] sostiene que "el foro tiene que poseer una libertad de apreciación en función de su misión relevante en el Derecho internacional privado". Asimismo, Ortiz de la Torre[37] afirma que cuando la jurisprudencia de los tribunales inferiores del Estado extranjero al que pertenece la norma aplicable sea discrepante y el Tribunal Supremo de dicho Estado no se ha pronunciado nunca sobre el punto debatido (ya que entre la jurisprudencia del Tribunal Superior y la de los inferiores, debe prevalecer la primera), el juez tiene dos opciones: o bien no tener en cuenta dicha jurisprudencia contradictoria, e interpretar el derecho con toda libertad, o bien "inclinarse por el sector jurisprudencial más afín al criterio interpretativo personal del juzgador". Podría ocurrir que la decisión del Tribunal Supremo extranjero que se invoca como jurisprudencia fuera tan antigua que no correspondiera a la realidad social del momento en que debe ser tenida en cuenta, en cuyo caso el juez deberá tener en cuenta la aplicación que de tal norma realizan los tribunales extranjeros en la actualidad[38].

V. ¿"LEY" O "DERECHO" EXTRANJERO?

En los Protocolos Adicionales de 1889 y 1940 se utiliza el término "ley", mientras que en la Convención Interamericana, el Convenio Argentino-Uruguayo y en el Código General del Proceso se hace referencia al "Derecho" extranjero, siendo esta última expresión más amplia, ya que incluye a todas las fuentes de derecho[39], lo cual es más correcto técnicamente, ya que como sostiene Alfonsín[40], el derecho privado

---

[35] Alfonsín, *Teoría del Derecho privado internacional…*, ob. cit., p. 499, No. 318.

[36] Aguilar Navarro, *Derecho internacional privado…*, ob. cit., p. 549-50.

[37] Ortiz de la Torre, José Antonio Tomás, *Derecho internacional privado, Parte general*, Madrid, Servicio de Publicaciones Facultad de Derecho, Universidad Complutense de Madrid, 2ª ed., 1990, Vol. II, Técnica Aplicativa de la Regla de Conflicto, pp. 227-228.

[38] Ortiz de la Torre, *Derecho internacional privado…*, ob. cit., p. 228.

[39] Informe del Relator de la Comisión II, CIDIP-II, y Tellechea Bergman, Aplicación, tratamiento e información…, ob. cit., p. 34.

[40] Alfonsín, *Teoría del Derecho privado internacional…*, ob. cit., p. 493, No 315.

aplicable a la relación comprende normas escritas (leyes, decretos...), consuetudinarias (costumbres, usos...) y jurisprudenciales. Esta diferencia terminológica no podría conducir a interpretar que la expresión "ley" en los Protocolos excluye las otras fuentes de derecho (costumbre y jurisprudencia), ya que esta locución es sinónima de derecho aplicable e incluye las normas consuetudinarias y jurisprudenciales[41]. Ello está establecido a texto expreso en el artículo 5 del Convenio bilateral argentino-uruguayo, ya comentado.

VI. ¿QUÉ OCURRE CUANDO NO EXISTE O NO ES POSIBLE OBTENER PRUEBA DEL DERECHO EXTRANJERO APLICABLE?

El problema que se le plantea al juez en estos casos, que aunque excepcionales, existen, es particularmente grave, si tenemos en cuenta el mandato del artículo 15 de nuestro Código Civil: "Los Jueces no pueden dejar de fallar en materia civil, a pretexto de silencio, oscuridad o insuficiencia de las leyes". La doctrina ha planteado distintas soluciones: la más frecuente de ellas –aunque no por eso adecuada– es la aplicación de la *lex fori*[42]. Zajtay sostiene que sin ser perfecta, la aplicación subsidiaria de la *lex fori* es la solución más práctica, y que su principal ventaja es asegurar un procedimiento uniforme y previsible para los casos en que el derecho extranjero competente no puede ser establecido. A su vez el defecto es que no tiene en cuenta el mandato de la norma de conflicto; este defecto no obstante es común a todas las demás alternativas que se verán a continuación[43].

Otras soluciones utilizadas en el derecho comparado son: (i) el rechazo de la demanda por falta de prueba del derecho extranjero aplicable, lo cual es criticable porque constituye una denegación de justicia[44]; (ii) la aplicación de otro derecho extranjero, considerado como

---

41 Alfonsín, *Teoría del Derecho privado internacional...*, ob. cit., p. 493, No 315.

42 Ver a este respecto, entre otros: Ortiz de la Torre, *Derecho internacional privado...*, ob. cit., pp. 259 ss. ; Pérez Vera, Elisa, *Derecho internacional privado*, Madrid, Universidad Nacional de Educación a Distancia, 4ª ed. revisada, 1993, Vol. 1, pp. 150-151; Tellechea Bergman, Aplicación, tratamiento e información..., ob. cit., pp. 35 ss.

43 Zajtay, *Le traitement...*, ob. cit., p. 270.

44 Zajtay, *Le traitement...*, ob. cit., p. 269.

semejante al derecho extranjero aplicable tampoco constituye una solución satisfactoria, porque corre el riesgo de ser arbitraria; además, aunque parecidos, es difícil que se trate de derechos idénticos[45]; (iii) recurrir a "los principios jurídicos comunes a los pueblos civilizados"; si bien estos pueden constituir una guía para el juez en cuestiones generales, no serán de gran ayuda frente a cuestiones de detalle[46].

VII. ¿CUÁL SERÍA LA CONSECUENCIA EN NUESTRO DERECHO DE LA FALTA DE PRUEBAS EN EL DERECHO EXTRANJERO POR LAS PARTES?

Conforme a nuestro derecho positivo, la colaboración de las partes con el juez a efectos de proporcionarle información acerca del derecho extranjero aplicable es una mera facultad, y no una obligación. En consecuencia, la falta de colaboración de las partes es jurídicamente irrelevante, ya que no exime al juez de su obligación de aplicar preceptivamente el derecho extranjero que resulte competente en virtud de la norma de conflicto. Desde el punto de vista práctico, se le podría dificultar un poco la tarea al juez pero no de manera significativa, ya que éste deberá siempre corroborar la información que le presenten las partes[47]. Es habitual que cada una de las partes trate de demostrar que el texto, vigencia, interpretación, contenido, alcance y demás del derecho extranjero aplicable es la que más conviene a sus intereses, por lo cual el juez, en la diaria realidad, no se libera de su tarea de averiguar por sí mismo y recurriendo a los medios que el sistema jurídico pone a su alcance, cuál es el contenido de ese derecho extranjero.

En el derecho comparado y en aquellos sistemas en que el juez no está obligado a aplicar de oficio el derecho extranjero, si las partes no lo alegan y prueban, se han dado, distintas soluciones para el caso de defecto de prueba del derecho extranjero[48], de las cuales la más habitual y práctica es la aplicación de la *lex fori* en forma subsidiaria. La más criticable es el rechazo de la demanda, pues equivale a una denegación de

---

[45] Zajtay, *Le traitement...*, ob. cit., p. 270.
[46] Zajtay, *Le traitement...*, ob. cit., p. 70.
[47] Ver al respecto, Alfonsín, *Teoría del Derecho privado internacional...*, ob. cit., pp. 543-544, No. 358.
[48] Zajtay, *Le traitement...*, ob. cit., p. 269-271, No. 22.

justicia; implica asimilar la prueba del derecho extranjero a la prueba de los hechos. Esta solución ha sido adoptada en Estados Unidos, con el argumento de que el actor ha fracasado en la tarea de probar una parte esencial de su caso[49].

VIII. RECURSOS

En cuanto a los recursos, el artículo 3 de ambos Protocolos de los Tratados de Montevideo, el artículo 4 de la Convención de Normas Generales, el artículo 525.4 del Código General del Proceso y el artículo 2 del Convenio Argentino-Uruguayo establecen la admisibilidad de todos los recursos otorgados por la ley procesal del foro contra la mala aplicación o interpretación del derecho, ya sea que se haya aplicado el del foro o el de cualquier otro Estado. En otras palabras, si la parte considera que el juez ha interpretado o aplicado incorrectamente el derecho material que resultó aplicable en virtud de la norma de conflicto, tiene a su alcance todos los recursos previstos por el derecho procesal del Estado del foro, incluyendo el de casación, ya que este ha sido "establecido por la norma procesal nacional en forma genérica –sin limitarlo a las infracciones de la *lex fori*–"[50].

Cabe destacar que, como señala la doctrina,

> ...atento a la finalidad perseguida por la casación –uniformizar y asegurar la correcta aplicación del derecho– su interposición no puede quedar limitada al estrecho recinto de la ley foral, sino que debe alcanzar a todas las normas jurídicas, inclusive a las extranjeras, que no solo deben ser aplicadas, sino que además deben serlo en forma correcta[51].

---

[49] Cfr. Leflar, Robert / Luther McDougal / Robert Felix, *American Conflicts Law*, Virginia, The Michie Company Publishers, 4th ed., 1986, p. 356, No. 130. Ver en este sentido, Restatement of the Law Second, Conflict of Laws 2d., Sec. 136, y Scoles, Eugene / Peter Hay, *Conflict of Laws*, St. Paul, Minn., West Publishing Co., 1982, que citan los siguientes ejs.: Walton v. Arabian Am. Oil Co., 233 F.2d 541 (2d Cir.), cert. denied, 352 U.S. 872 (1956), en que un actor de Arkansas sufrió heridas en Arabia Saudita; como no probó el derecho de dicho país, la demanda fue rechazada. Riley V. Pierce Oil Corp., 245 N.Y. 152, 156 N.E. 647 (1927), en que ocurrió lo mismo por no haberse probado el derecho mexicano.

[50] Tellechea Bergman, Aplicación, tratamiento e información..., ob. cit., p. 46.

[51] Tellechea Bergman, Aplicación, tratamiento e información..., ob. cit., p. 46, con cita de Goldschmidt y Opertti, CIDIP II/62, p. 15.

En este mismo sentido Parra Aranguren[52] sostiene que

> ...parece indiscutible que el precepto no pretende abandonar al ordenamiento jurídico de cada uno de los Estados partes la admisibilidad del recurso de casación por infracción de la ley extranjera; y de acuerdo con sus propios términos equipara el derecho foráneo con las normas nacionales en los diversos aspectos relativos al funcionamiento del mencionado instituto; por tanto no sería aceptable que existieran regímenes distintos, establecidos *ad libitum* en cada uno de los países vinculados por la Convención.

Goldschmidt[53] en cambio sostiene que en última instancia la aplicabilidad o no del recurso de casación en caso de aplicación de derecho extranjero, dependerá de lo que establezca cada ley nacional con relación a dicho recurso.

IX. ACCESO AL DERECHO EXTRANJERO POR AUTORIDADES NO-JUDICIALES

No solo los jueces están obligados a aplicar derecho extranjero cuando así lo establecen las normas de Derecho internacional privado; también lo están otras autoridades públicas no judiciales. El artículo 1 del Convenio bilateral argentino-uruguayo sobre aplicación e información del derecho extranjero, refiere expresamente a la obligación de "los jueces y autoridades". Esas otras autoridades pueden ser, por ejemplo, los registradores del Registro de Estado Civil, cuando deben controlar cuestiones que exigen acceder al derecho extranjero, como ser que una sentencia extranjera de divorcio cumple con todos los requisitos legales necesarios para surtir efectos en el país y así habilitar el nuevo matrimonio de uno de los ex cónyuges. También el Banco Hipotecario del Uruguay, cuando frente a una solicitud de préstamo por parte de un matrimonio con primer domicilio matrimonial en el extranjero, debe obtener y analizar ese derecho extranjero aplicable. Dichas autoridades están habilitadas para solicitar información a la Autoridad Central y así lo han establecido las normas convencionales (art. 4.2 de

[52] Parra Aranguren, La Convención Interamericana sobre..., ob. cit., pp. 157-186

[53] Goldschmidt, *Derecho internacional privado*..., ob. cit., pp. 141-155

la Convención Interamericana sobre Prueba e Información del Derecho Extranjero) y nacionales (Decreto No. 95-96/1996, modificativo del Decreto No. 407/1985).

Los notarios públicos, al igual que los abogados y otros actores interesados (los árbitros, por ejemplo), deben acceder a la información sobre derecho extranjero por los medios privados a su alcance, con la excepción hecha de los casos en que actúan en la esfera judicial y pueden acceder a la Autoridad Central a través de los jueces.

X. JURISPRUDENCIA URUGUAYA: EL CASO DEL BUQUE "XIANG-CHENG"[54]

Con respecto a la aplicación del derecho extranjero por nuestra jurisprudencia, cabe mencionar los siguientes casos, simplemente a vía de ejemplo y no pretendiendo constituir un relevamiento exhaustivo al respecto.

Los derechos extranjeros que se aplican con mayor frecuencia en Uruguay son los de Alemania, Argentina, Bolivia, Brasil, Canadá, Chile, China, España, Estados Unidos, Francia, Italia, Paraguay, Perú, México, Suiza. Excepcionalmente se han aplicado los de India, Turquía y Namibia.

A. Identificación del derecho material aplicable

El caso refiere a un contrato de transporte marítimo en una exportación de Uruguay a China. El transportador demandado recibió 109

[54] Ver las sentencias No. 2/94 del Juzgado Letrado de Primera Instancia en lo Civil de 17 Turno y No. 8/96 del Tribunal de Apelaciones en lo Civil de 3er. Turno; Consulta del Prof. Dr. Didier Opertti Badán, "Ley aplicable y pautas para la aplicación de un derecho extranjero"; y Nota de jurisprudencia de la Prof. Dra. Cecilia Fresnedo de Aguirre, Aplicación de derecho extranjero: sentido y alcance del art. 525.3 CGP, en la *Revista de Transporte y Seguros*, 1997, No. 10, pp. 99 ss., especialmente pp. 100-110, 116-124 respectivamente. También puede verse el caso *"La Mannheim v. Uniglory Marine Corp."* (buque Uniforward), Juzgado Letrado de Primera Instancia en lo Civil 1°, sentencia No. 8, 4/04/97 (Simón), revocada por el Tribunal de Apelaciones Civil 3°, sent. N° 171, 15/09/99 (Minvielle, Klett, Chalar), *Revista de Transporte y Seguros*, 1999, No. 13, caso 257. Como jurisprudencia más antigua, puede verse el conocido caso "Corrit", en la *Revista Uruguaya de Derecho Iinternacional*, 1975-1976, No. 4, dedicada íntegramente al mismo, que por su extensión resulta imposible analizar aquí.

bultos con lana y nunca los entregó en destino, por lo que se le reclamó la indemnización correspondiente.

Siendo el lugar de cumplimiento la República Popular China, el artículo 2399 Código Civil uruguayo nos remitía al derecho chino, por lo que se agregaron los textos legales chinos autenticados además de profusa documentación y opiniones periciales.

Ambas partes coincidieron en que, de acuerdo con el artículo 525.3 del Código General del Proceso, la ley extranjera debía aplicarse como lo harían "los tribunales del Estado a cuyo derecho pertenezca la norma respectiva".

En consecuencia, ante un tribunal chino habría sido válida la remisión del conocimiento de embarque a la Convención de Bruselas de 1924, siendo por tanto ésta el derecho aplicable (material supranacional), y no el derecho interno chino. Tal remisión es válida, en nuestro derecho, en función de la autorización dada por la parte final del artículo 2403 que permite actuar a la voluntad de las partes "dentro del margen que le confiere la ley competente" (en este caso, la ley China).

B. ¿Cómo debe interpretarse el derecho extranjero aplicable?

El demandado sostuvo que, a pesar de que no fuera aplicable el derecho interno chino, debía darse preeminencia a la interpretación de los jueces chinos respecto a la mencionada Convención, sin importar que la misma contradijera la interpretación generalmente admitida por la jurisprudencia internacional dominante, compartida por la jurisprudencia uruguaya.

El actor sostuvo que si aplicar el derecho chino tal como lo harían los jueces de ese país nos llevó a un sistema jurídico que no es el chino (la Convención de Bruselas de 1924), debía darse preeminencia a la interpretación internacional dominante sobre dicha convención.

Opertti sostuvo en la consulta citada: que el sistema legal chino es de tipo continental y la jurisprudencia no es obligatoria para los propios jueces chinos; que el juez uruguayo no estaría obligado por los precedentes más de lo que estaría el propio juez chino; que

> ...el juez uruguayo no está obligado a desconocer una norma precisa y clara como el artículo 9 de la Convención de Bruselas, porque

ciertos fallos chinos lo hubieren hecho, pues esto sería tanto como convalidar el error o, simplemente, adoptar un criterio que iría contra la letra de la convención, y por cierto contrariaría la propia jurisprudencia nacional e internacional, sin razones jurídicas que lo justificaran.

C. La posición de los tribunales uruguayos

Los magistrados actuantes en primera[55] y segunda[56] instancia sostuvieron, sintéticamente: que el derecho aplicable inicialmente era el derecho chino, en virtud de la remisión que a la ley del lugar de cumplimiento hace la norma de conflicto aplicable (art. 2399 CCiv.); que el derecho chino admite la autonomía de la voluntad, facultando por tanto a las partes a designar en el contrato el derecho que ellas eligen para regular al mismo; que esta elección fue plasmada en la cláusula 3 del conocimiento de embarque de COSCO[57], que se remite a la Convención de Bruselas de 1924 para la Unificación de Ciertas Reglas en Materia de Conocimientos de Embarque; que si el derecho material aplicable fuera derecho material chino de fuente interna, deberíamos aplicarlo como lo harían los jueces chinos. Respecto al derecho chino de fuente interna, los jueces chinos son "los tribunales del Estado a cuyo derecho pertenece la norma respectiva".

Pero habiéndose acreditado que el derecho aplicable admitía la autonomía de la voluntad (y esta resulta válida de acuerdo a la expresión final del art. 2403 "dentro del margen que le confiere la ley competente"), el punto de conexión pasa a ser la voluntad de las partes. Y esta no nos remite al derecho chino sino a una norma material supranacional (la Convención de Bruselas de 1924) que China ni siquiera ratificó. Entonces lo que importa es la jurisprudencia de "los tribunales del Estado (de los Estados) a cuyo derecho pertenece la norma respectiva". Y estos son los tribunales de los países ratificantes de la norma, a la que sin duda quisieron remitirse las partes cuando eligieron esa norma material no china para regular su relación contractual. En consecuencia, en este

---

55 Dr. Tabaré Sosa Aguirre

56 Dr. Oscar Darío Peri Valdez, Dr. Julio César Chalar y Dr. Jorge Ruibal Pino.

57 China Ocean Shipping Company (COSCO) era la empresa demandada.

caso no tiene sentido plantearse cómo interpretarían los jueces chinos a esa norma material que no pertenece al derecho positivo chino.

D. Valor de la jurisprudencia china respecto a la Convención de Bruselas de 1924

El demandado sostuvo que la jurisprudencia china habría aplicado un límite de responsabilidad fijado en una suma mínima en moneda china y no las 100 libras oro de la Convención de Bruselas.

El centro de la alegación del demandado refirió al artículo 2 de la Convención de Normas Generales, que dice que el derecho extranjero debe aplicarse "tal como lo harían los jueces del Estado cuyo derecho resulte aplicable", cuando la referencia correcta debió hacerse al artículo 525.3 del Código General del Proceso, que es la norma de derecho positivo (nacional de fuente interna) vigente que obligaba a los jueces en el caso, ya que China no es parte de la Convención Interamericana referida.

El artículo 525.3 del Código General del Proceso nos remite "los tribunales del Estado a cuyo derecho pertenece la norma respectiva". Parece evidente que la "norma respectiva" (art. 9 de la Convención de Bruselas) en el caso, no pertenece al derecho chino.

En cambio, el artículo 2 de la Convención de Normas Generales usa una expresión ("tal como lo harían los jueces del Estado cuyo derecho resulte aplicable") que puede mover a confusión: podría entenderse (erróneamente) que el "Derecho (que) resulte aplicable" fuera el derecho referido en la remisión original del artículo 2399 del Código Civil (el derecho Chino); o podría entenderse que el texto se refiere al derecho aplicable por la elección de las partes, vía autonomía de la voluntad permitida por el derecho chino e indirectamente por la parte final del artículo 2403 del Código Civil.

Parece evidente que, como lo entendió nuestra jurisprudencia, la opción correcta es la segunda. El artículo 525.3 del Código General del Proceso usa una expresión con la que no hay confusión posible: "los tribunales del Estado a cuyo derecho pertenece la norma respectiva". Si las partes hubieran elegido el derecho inglés, sin duda la remisión obligaría a aplicarlo como lo hacen los tribunales ingleses. Sería abiertamente contrario al texto legal, pretender que la remisión fuera al derecho inglés pero a la interpretación de los jueces chinos sobre el derecho inglés. Mientras la expresión de la CIDIP al referirse al "Estado cuyo derecho resulte aplicable" podría mover a error y hacernos pensar que pudiera estar refiriéndose (en este caso) al derecho chino, la expresión del artículo 525.3 del Código General del Proceso no deja ninguna duda.

Ahora bien, entendemos que no hay dos normas con diverso sentido y que el Código General del Proceso solo intentó incorporar a nuestro derecho positivo –y no modificar– los principios recogidos en la Convención de Normas Generales de la CIDIP y la exposición de motivos del Código General del Proceso lo confirma expresamente.

E. Valor de los documentos que se agregan sobre la interpretación del derecho extranjero

Aguilar Navarro[58] dice que los certificados,

> ...que pueden ser de expertos, de autoridades o de cónsules..., en ningún caso se imponen imperativamente al Juez y siempre el carácter contradictorio del proceso (nota esencial en muchos sistemas como señala Rigaux) permite a las partes criticarlos, impugnarlos, etc., de lo cual se deducen aportaciones muy sustanciosas para el mejor conocimiento que corresponde al Juez.

En el caso que se comenta, no se demostró que los tribunales chinos hubieran interpretado la Convención de Bruselas de la forma pretendida por el demandado; pero aunque se hubiera acreditado semejante posición jurisprudencial en China, ésta no sería obligatoria para el Juez del foro.

Primero, porque la norma del artículo 525.3 del Código General del Proceso nos remite a la interpretación de los tribunales de los Estados ratificantes, que son aquellos a los que la norma a aplicar pertenece.

Y segundo, porque aún si nos remitiéramos a la interpretación de los tribunales chinos, ello podría valer respecto a puntos discutibles, pero no respecto a un punto claro, en el que los tribunales chinos se negaran a aplicar la norma.

---

[58] Aguilar Navarro, *Derecho internacional privado...*, ob. cit., p. 266.

F. "Libertad del juzgador"

Debe anotarse además que aún dando por supuesto que debiéramos remitirnos en el caso, a la jurisprudencia china y no a la jurisprudencia de los países ratificantes de la Convención de Bruselas (Estados a cuyo derecho pertenece la norma), tal jurisprudencia –y su supuesta negativa a aplicar una norma clara– no sería obligatoria en forma absoluta.

Debe tenerse presente que estos criterios, como aclara Ortiz de la Torre[59], "...no excluyen totalmente la libertad del juzgador en la interpretación de las normas extranjeras". Y agrega:

> ...el problema de la ley extranjera presenta una serie de facetas que es preciso señalar. Es posible que el Tribunal Supremo extranjero no se haya pronunciado nunca sobre el caso debatido, y exista jurisprudencia de tribunales de inferior grado, y en este caso que esta jurisprudencia sea discrepante. Aquí surge el primer problema para el Juez; dos soluciones serían posibles, o bien no tener en cuenta dicha jurisprudencia contradictoria y pasar a interpretar el Derecho extranjero con toda libertad, o bien, inclinarse por el sector jurisprudencial más afín al criterio interpretativo personal del juzgador.

También puede pasar que el sistema jurídico del país a cuyo derecho nos estamos remitiendo, sea de no obligatoriedad de los precedentes jurisprudenciales. Como lo señala Opertti en la consulta citada, "los propios jueces chinos no están obligados entre sí por el sistema jurídico de precedentes...". En esta hipótesis la fuerza de los precedentes (más cuando son confusos, y no tratan más que lateralmente el tema en cuestión) es relativa y no obligatoria. Agrega Opertti: "El juez uruguayo dispone, de suyo, de por lo menos igual libertad para fallar que el juez chino, pero en ningún caso menor a la de este".

En el mismo sentido Zajtay[60] afirma que aún en los casos en que la interpretación de la norma aplicable no es controvertida en su país de

---

[59] Ortiz de la Torre, *Derecho internacional privado...*, ob. cit., p. 227.

[60] Zajtay, *Le traitement...*, ob. cit. p. 275, sostiene textualmente: "*...même dans les cas où l'interprétation de la règle applicable n'est pas controversée dans son pays d'origine, l'obligation pour le judge du for de la suivre n'est pas absolue*". Y agrega: "*Les exceptions qui viennent d'être évoquées confirment qui l'application du droit étranger n'est pas une*

origen, la obligación para el juez del foro no es absoluta. Sostiene que la aplicación del derecho extranjero no es una función judicial diferente a la de la aplicación de la *lex fori*: no es un procedimiento mecánico donde no tiene lugar la interpretación de la norma extranjera aplicable por el juez del foro y no implica una adopción incondicional de las soluciones de los tribunales extranjeros.

Reconoce Zajtay que el juez del foro no debe apartarse sin motivo grave de la práctica extranjera, pero considera que debe permanecer consciente de su responsabilidad. El mismo razonamiento es desarrollado por Aguilar Navarro[61], quien luego de sostener el criterio compartido por ambas partes en este juicio de que "hay que aplicar la norma extranjera tal como se aplicaría por sus propios tribunales", afirma:

> La firmeza de este criterio no significa la exclusión de dificultades. Por consideraciones muy complejas no puede encadenarse al foro dentro de este principio. El foro tiene que poseer una libertad de apreciación en función de su misión relevante en el Derecho internacional privado.
>
> Tampoco puede tomarse al pie de la letra la reiterada afirmación de que la norma extranjera debe aplicarse como lo sería si fueran los tribunales del ordenamiento reclamado los que procedieran a semejante aplicación.
>
> Toda norma material extranjera, al aplicarse fuera de su propio ámbito competencial, sufre una relativa transformación, se colorea, hasta cierto punto, según los rasgos dominantes en el ordenamiento de foro. Solo en casos de extremada pureza y simplicidad puede

---

fonction judiciaire different de celle de l'application de la lex fori: elle n'est pas, notamment, un procédé mécanique où il n'y aurait plus de place à l'interprétation de la règle étrangère applicable par le judge du for, et elle ne comporte pas une adoption inconditionnelle des solutions des tribunaux étrangers. Cetes, le judge du for ne doit pas s'écarter sans raison grave de la pratique étrangère, mais il n'en est pas moins certain qu'il doit rester conscient de sa responsabilité. Pillet écrit à ce sujet en 1892: 'Le judge, lorsqu'il applique la loi étrangère, rend la justice; el la rend sous sa propre responsabilité et à l'aide de ses propres lumières. La loi étrangère devient sa propre loi lorsqu'il se voit obligé de l'appliquer, et dès lors il manquerait au premier de ses devoirs s'il consacrait de son autorité une interprétation, si répandue soit-elle, qu'il juge contraire à la verité et incompatible avec la justice'. (Pillet, Clunet, 1894, 164)".

[61] Aguilar Navarro, *Derecho internacional privado…*, ob. cit., p. 249.

decirse con total exactitud que la norma extranjera ha sido aplicada de idéntica forma y con semejantes procedimientos e igual resultado que en el caso de ser aplicada por sus tribunales.

Como muy bien sostiene el Prof. Dr. Opertti en la consulta agregada:

> El Juez uruguayo no está obligado a desconocer una norma precisa y clara como el artículo 9 de la Convención de Bruselas, porque ciertos fallos chinos lo hubieren hecho, puesto esto sería tanto como convalidar el error o, simplemente, adoptar un criterio que iría contra la letra de la Convención y por cierto contrariaría la propia jurisprudencia nacional e internacional, sin razones jurídicas que lo justificaran.

Una cosa es el atender a variaciones interpretativas sutiles, en problemas discutibles que pueden ser opinables y en los que la posición de los jueces del país cuya ley sea aplicable es relevante. Y otra cosa es que se pueda desconocer un texto claro de la Convención que resulta aplicable porque se alegue que en algunas sentencias del país remitido los jueces se niegan a aplicarlo. Si la ley es clara, el juez debe aplicarla según su tenor literal y no puede desatenderlo para consultar su espíritu o con la excusa de que los jueces de otro país no la obedecen.

G. La justicia en el caso concreto

La Sentencia comentada además tiene la virtud de realizar el valor "justicia en el caso concreto", que ha adquirido una importancia radical en las más modernas corrientes jusprivatistas. Resulta compartible la afirmación de Aguilar Navarro[62]: "El Derecho internacional privado no es indiferente, ni tampoco marginal con respecto al resultado material, la justicia sustantiva". Y en el mismo sentido afirma Zajtay[63]: "La aplicación de la *lex fori* o del derecho extranjero es un medio y no un fin; el fin es la solución del litigio conforme a ciertos principios de derecho".

[62] Aguilar Navarro, *Derecho internacional privado…*, ob. cit., p. 252.
[63] Zajtay, *Le traitement…*, ob. cit., p. 272.

Esta tendencia a flexibilizar la aplicación mecánica del sistema de conflicto, ha culminado en la formulación del artículo 9 de la Convención de Normas Generales, que obliga al juez a aplicar en forma armónica las diversas leyes que pueden ser competentes para regular los diferentes aspectos de una misma relación jurídica. Para ello le indica dos criterios o caminos a seguir:

1. en primer lugar, el juez deberá tratar "de realizar las finalidades perseguidas por cada una de dichas legislaciones". Se percibe aquí claramente la influencia de Currie, quien hace hincapié en el hecho de que cada Estado tiene interés en que las políticas que subyacen a sus normas se hagan efectivas[64]. Si vamos a la finalidad perseguida por la ley material interna china vigente en la fecha de ejecución del contrato de autos (en la especie, la Ley de Contratos Económicos, de 1982, art. 41), la misma no establece límites legales de responsabilidad para los transportistas (posteriormente el Código Marítimo Chino de 1993 varió esta solución). En ello el derecho chino vigente en el momento del contrato era idéntico al uruguayo (Código de Comercio) que tampoco establece ninguna limitación legal.

Por su parte la finalidad perseguida por la Convención de Bruselas fue prohibir los abusos cometidos en los formularios de conocimiento de embarque en boga en la época, en los que se establecía la irresponsabilidad del armador ya sea directamente o por la vía de fijar límites irrisorios. Así que difícilmente se podría fundar una interpretación que concluyera en la irresponsabilidad virtual (vía admisión de una responsabilidad limitada a sumas irrisorias) en la invocación de las finalidades buscadas por los sistemas jurídicos y derecho positivos en juego.

2. En segundo lugar, el artículo 9, inciso 2 de la Convención sobre Normas Generales establece que "Las posibles dificultades por su aplicación simultánea se resolverán tratando de realizar las exigencias impuestas por la equidad en el caso concreto". Esta solución, que forma parte desde 1979 de nuestro sistema jurídico vigente, evidencia la influencia de Cavers, quien criticaba la aplicación mecánica y ciega del sistema de conflicto, propugnando la necesidad de evaluar los resultados a que conduciría esa aplicación, "desde el punto de vista de

[64] Scoles / Hay, *Conflict of Laws...*, ob. cit., p. 17.

la justicia entre los litigantes o… de consideraciones más amplias de política social"[65].

Es de toda evidencia que no sería justo que quien debe no pague, amparándose en una cláusula unilateralmente impuesta por él mismo, fijando límites irrisorios de responsabilidad. En el caso que se comenta, la pretensión de pagar una suma irrisoria era inaceptable desde el punto de vista lógico y contraria a derecho (contraria al tenor literal claro del art. 9 de la Convención y a la nulidad expresamente sancionada por la el art. 3 inc. 8). Pero también colidía abiertamente con la justicia sustantiva en el caso concreto. Parece evidente que esta consideración, aunque no está explícita, debe haber pesado en el ánimo de los redactores de los fallos comentados.

CONCLUSIONES

Desde por lo menos 1889 a la fecha se ha venido avanzando con relación a los mecanismos que permitan a los jueces y demás operadores jurídicos acceder al derecho extranjero. No obstante, todavía hay campo para mejorar y mucho en esta materia.

Para lograr el objetivo de facilitar el acceso al derecho extranjero no solo a los jueces sino a los abogados, escribanos y demás operadores del Derecho, el recurso a los medios que ofrece la tecnología, la cual avanza de manera vertiginosa, resulta insoslayable.

La Convención Interamericana sobre Prueba e Información acerca del Derecho Extranjero, CIDIP-II, 1979, significó un gran avance en cuanto a las vías de acceso al derecho extranjero que ofrece a las autoridades jurisdiccionales y eventualmente a otras autoridades. No obstante, los demás profesionales del Derecho no quedan comprendidos en dichos mecanismos convencionales ni cuentan con ningún otro institucional. Quedan librados básicamente a los que ofrecen internet, las bibliotecas jurídicas y los informes de expertos que puedan contratar. La información disponible *on line* no siempre es suficiente y adecuada, y mucho menos de fácil acceso.

---

[65] Scoles / Hay, *Conflict of Laws…*, ob. cit., p. 28.

Para que los jueces y otros juristas puedan cumplir adecuadamente con el mandato de aplicar el derecho extranjero tal como lo harían los jueces del Estado al que pertenecen, resulta imprescindible que puedan acceder a una información segura y completa, que incluya no solo el texto legal sino también su vigencia, sentido y alcance, es decir, doctrina y jurisprudencia relativa a ese derecho extranjero que resulta aplicable en el caso.

EL ROL DE LAS NORMAS IMPERATIVAS EN LA CONTRATACIÓN INTERNACIONAL CONTEMPORÁNEA

CLAUDIA MADRID MARTÍNEZ*

Resumen: El objetivo fundamental de este breve estudio es el análisis del rol que las normas internacionalmente imperativas desempeñan en la contratación internacional contemporánea, con especial énfasis en el impacto que las mismas producen en la autonomía conflictual de las partes. Para ello es necesario examinar este fenómeno desde el Derecho interno, pues entendemos que la limitación que las normas imperativas producen sobre la autonomía conflictual no es más que un reflejo del impacto de las mismas sobre la autonomía material. En ambos casos el origen parece ser el mismo: la intervención del Estado en las relaciones privadas.

Abstract: *The focus of this paper is the analysis of the role that the mandatory rules play in contemporary international contracting, with special emphasis on the impact that they produce in the conflictual autonomy. For this it is necessary to examine this phenomenon from the point of view of domestic Law, since we understand that the limitation that the mandatory rules produce on conflictual autonomy is not more than a reflection of the impact of the same ones on the material autonomy. In both cases the origin seems to be the same: State intervention in private relations.*

Sumario: Introducción. I. El resquebrajamiento de la autonomía de la voluntad. A. Pérdida de autonomía material. B. Pérdida de autonomía conflictual. II. Normas internacionalmente imperativas. A. Nociones generales. B. Las normas internacionalmente imperativas en la codificación. C. Las normas internacionalmente imperativas en la doctrina. D. Funcionamiento de las normas de aplicación necesaria. E. Normas internacionalmente imperativas, Lex Mercatoria y arbitraje. A manera de conclusión.

* Doctora en Ciencias Mención Derecho, *Magister Scientiarum* en Derecho Internacional Privado y Comparado y Abogado de la Universidad Central de Venezuela (UCV). Profesora Titular en la UCV y en la Universidad Católica Andrés Bello (UCAB). *Postdoctoral researcher* becada por la Fundación Alexander von Humboldt en la Universidad de Colonia (2012-2014). Profesora en la Universidad Autónoma Latinoamericana.

INTRODUCCIÓN

Existe en cada sistema cierto tipo de normas que

> *...are considered to be so important and sensitive from the viewpoint of public policy that they are intended to be applied, always or at least when the situation is closely connected with the forum country, regardless of whether the issue as such is governed by foreign law and regardless of the contents of that foreign law*[1],

"...normas que deben aplicarse 'inexorablemente' a los supuestos de hecho jurídicamente internacionalizados, con prescindencia de lo dispuesto en las normas de conflicto del foro"[2].

Se trata, en definitiva, de las llamadas normas internacionalmente imperativas o normas de aplicación necesaria o inmediata[3], y entre otras materias sensibles, a través de ellas se organiza la injerencia del poder público en la economía y, particularmente, en la ordenación del mercado y de las relaciones entre sus participantes[4]. De allí su importancia para la contratación internacional.

Lejos ha quedado la idea savignyana de que estas normas –las normas de naturaleza positiva rigurosamente obligatoria– serían anomalías que, debido al desarrollo normal en los diferentes pueblos, irían progresivamente disminuyendo, y tenderían a desaparecer[5]. Al contrario,

---

1 Bogdan, Michael, Private International Law as a component of the law of the forum: General course on Private International Law, en: *Recueil des Cours*, 2011, Vol. 348, pp. 9 ss., especialmente p. 182.

2 Hernández-Bretón, Eugenio, *Mestizaje cultural en el Derecho internacional privado de los países de la América Latina* (Trabajo de incorporación a la Academia de Ciencias Políticas y Sociales, 15 de mayo de 2007), Caracas, Academia de Ciencias Políticas y Sociales, 2007, p. 93.

3 Su propia denominación supone un problema para la doctrina, que aún se debate entre la clásica *lois de police*, la expresión normas imperativas, que no contribuye a su distinción con las presentes en el Derecho interno entre otras. El propio autor Francescakis, luego de haber acuñado la expresión *lois d'application immédiate*, prefirió volver a las *lois de police*, pues en su opinión, ley de aplicación inmediata evoca el Derecho transitorio, al tener en su propia esencia un elemento temporal. Ver: Francescakis, Phoción, Conflits de lois (principes généraux), en: *Encyclopédie Juridique, Répertoire de Droit International*, pp. 470 ss., especialmente p. 480, No. 136.

4 De Miguel Asensio, Pedro, Capítulo 4. Contratación comercial internacional, en: J.C. Fernández Rozas / R. Arenas García / P. de Miguel Asensio (eds.), *Derecho de los negocios internacionales*, Madrid, Iustel, 2007, pp. 245 ss., especialmente p. 320.

5 Savigny, Federico Carlos, *Sistema de Derecho romano actual*, (Trad. J. Mesía y M. Poley), Madrid, F. Góngora y Cía., 2ª ed., 1879, T. 8° de la ed. alemana, 6° de la española, p. 141.

el tránsito del Estado de Derecho al Estado social de Derecho y el intervencionismo en las relaciones privadas que este último supone han hecho que, lejos de desaparecer, estas normas hayan aumentado. Sin embargo, tal como reconoce Juenger, su importancia "...no es meramente cuantitativa; tales leyes reguladoras se refieren a cuestiones de gran importancia social", se trata de normas "pergeñadas para promover el bien común"[6].

Así, convertidas en un instrumento del Estado para recomponer el equilibrio perdido en algunas relaciones, o simplemente para regular –o incluso controlar– ámbitos en los cuales tenga un particular interés, las normas internacionalmente imperativas tienen un impacto significativo en un terreno que se suponía dejado a la libre voluntad de las partes y que hoy resulta uno de los más cercados por la injerencia estatal: la contratación. En efecto, como un reflejo de lo que ha ocurrido con la autonomía material en el Derecho interno, la autonomía conflictual ha sido limitada por la intervención del Estado.

Es justamente este enfrentamiento entre la fuerza de la voluntad y la fuerza del Estado, en el marco de la contratación internacional, el tema sobre el cual me propongo reflexionar, para celebrar la vida y obra de quien fue mi profesor en la Maestría en Derecho Internacional Privado y Comparado de la Universidad Central de Venezuela, jurado en muchos de mis retos académicos, compañero en la cátedra de Derecho internacional privado y en la propia Maestría, y a quien, con mucho orgullo, hoy puedo llamar amigo, Eugenio Hernández-Bretón.

I. EL RESQUEBRAJAMIENTO DE LA AUTONOMÍA DE LA VOLUNTAD[7]

A. Pérdida de autonomía material

A partir de la segunda mitad del siglo XIX, el rol de la autonomía de la voluntad como fundamento de la fuerza vinculante del contrato ha

---

6 Juenger, Friedrich K., *Derecho internacional privado y justicia material* (Trad. D. Fernández Arroyo / C. Fresnedo de Aguirre), México, Editorial Porrúa, Universidad Iberoamericana, 2006, p. 90.

7 Esta parte del trabajo se inserta en una línea de investigación que hemos venido desarrollando desde hace algunos años y que puede verse, entre otros, en los siguientes trabajos:

ido decreciendo. La aceleración de los ciclos económicos de producción y, como consecuencia de ello, la creciente contratación colectiva en detrimento de la contratación individual, y la aparición de cláusulas generales de contratación que vienen a determinar el contenido de la relación contractual[8], han marcado un nuevo rumbo al contrato. Los Códigos han perdido protagonismo y han aparecido nuevas leyes sociales que nos llaman a entender que el contrato no es solo la realización de la libertad, sino que también hemos de considerar su función social[9].

Paralelamente, el siglo XX experimentó el tránsito del Estado de Derecho al Estado social de Derecho y la intervención en las relaciones privadas que este último supone. Entre otras cosas, el Estado se convirtió en otro jugador de la dinámica contractual y ello, desde luego, se reflejó en la estructura y contenido del contrato. Se habla entonces de "socialización", como causa y efecto de la creciente intervención de los poderes públicos en sectores privados y, a la vez, como fruto y expresión de una tendencia natural del hombre a asociarse, para la consecución de objetivos que superan la capacidad y medios de que pueden disponer los individuos aisladamente[10].

Madrid Martínez, Claudia, La libertad contractual: su lugar en el derecho venezolano de nuestro tiempo, en: C. Madrid Martínez (ed.), *Derecho de las Obligaciones. Homenaje a José Mélich Orsini*, Caracas, Academia de Ciencias Políticas y Sociales, 2012, pp. 105 ss.; y Los contratos no bilateralmente negociados: más allá del consumidor, en: (D. Fernández Arroyo / J.A. Moreno Rodríguez (dirs.), *Contratos internacionales*, Buenos Aires, ASADIP, Departamento de Derecho Internacional de la Secretaría de Asuntos Jurídicos de la OEA, 2016, pp. 437 ss.

8 Lalaguna Domínguez, Enrique, *Estudios de Derecho civil. Obligaciones y contratos*, Valencia, Tirant lo Blanch, 2ª ed., 1993, pp. 54-55.

9 El contrato –afirma la autora haciéndose eco de la opinión de Volpe– constituye una relación obligatoria compleja que va más allá de las meras contraprestaciones entre las partes, y "... expresa una ética contractual material que exime al deudor de su obligación en caso de excesiva onerosidad, que busca restablecer el equilibrio material entre las prestaciones y que considera inadmisible el ejercicio abusivo o antisocial de los derechos". Ver: Caro Gándara, Rocío, En la secular búsqueda europea de un paradigma de justicia contractual: el enfoque de justicia relacional, en: S. Sánchez Lorenzo (ed.), *Derecho contractual comparado. Una perspectiva europea y transnacional*, España, Universidad de Granada, Civitas, Thomson Reuters, 2ª ed., 2013, pp. 53 ss., especialmente p. 75. La autora cita a Volpe, Fabrizio, *La giustizia contrattuale tra autonomia e mercato*, Roma Napoli, Edizioni Scientifiche Italiane, 2004, pp. 23 ss.

10 Ver: Legaz y Lacambra, Luis, *Socialización*, Madrid, Civitas, 1964, pp. 10-11.

Consideremos que tradicionalmente la relatividad de la voluntad en materia contractual se manifestó a través de límites –derivados de la intrínseca significación del propio contrato– y limitaciones –vinculadas a circunstancias políticas, económicas o sociales[11]. Los límites encontraron su principal fuente en las normas imperativas y en la noción de orden público, figuras dirigidas a impedir toda clase de actos y negocios jurídicos que pudieran implicar renuncias, derogatorias o relajamientos de ciertos principios considerados como la base de nuestra organización política, social, económica o moral[12].

Conviene tener presente que orden público y normas imperativas son figuras diferentes. Así lo reconoce Mélich-Orsini, quien entiende que mientras las normas imperativas hacen referencia a límites explícitos impuestos a la autonomía privada, el orden público alude a un sistema unitario de valores y principios[13]. El carácter positivo constituye entonces la línea divisoria entre una y otra institución jurídica, de lo cual se deriva que, en principio, es al legislador a quien corresponde calificar la norma como imperativa y el juez es el encargado de concretizar el orden público. En todo caso, ambas instituciones protegerían intereses fundamentales del Estado, contra la injerencia de la voluntad privada de los individuos. Esta diferencia es también discutida en Derecho internacional privado.

No obstante esta clara diferenciación, en la actualidad, cuando el legislador califica una norma como imperativa, lo hace señalando que se trata de una norma de orden público. Se trata de una especie de positivación del orden público[14]. Así entendido, ese orden público está llamado a desempeñar una nueva función, en el marco de una política

---

[11] Distinción tomada en Lalaguna Domínguez, *Estudios de Derecho civil*..., ob. cit., p. 48.

[12] Mélich-Orsini, José, *Doctrina general del contrato*, Caracas, Academia de Ciencias Políticas y Sociales, 4ª ed. corregida y ampliada, 2006, Serie Estudios No. 61, p. 22.

[13] Mélich-Orsini, José, *Doctrina general del contrato*..., ob. cit., pp. 231-232.

[14] Es el llamado orden público textual referido por Carbonnier y que, a diferencia del orden público virtual, se refiere a los casos en los que la propia ley se declara a sí misma como imperativa. Ver: Carbonnier, Jean, *Droit civil*, Paris, Presses Universitaires de France, Collection Themis, 9e ed. T. 4, Les Obligations, 1976, p. 117. Ver también: Terré, François, Philippe Simler et Yves Lequette, *Droit civil, Les obligations*, Paris Précis Dalloz, 7e ed., 1999, p. 347. "...*la source normale de l'ordre public est en France la loi impérative*". Ver: Malaurie, Philippe, *L'ordre public et le contrat (Etude de Droit civil comparé France, Angleterre, U.R.S.S.)*, Reims, Éditions Matot-Braine, 1953, T. I, p. 14

social que ha desechado el individualismo para avocarse a la protección de los débiles jurídicos, categoría especialmente dirigida a designar a los trabajadores, los inquilinos y los consumidores y usuarios, entre otros[15]. Aparece así el llamado orden público de protección, para garantizar los derechos de los más débiles, al lado del orden público de dirección, que ordena el sistema económico.

Lo cierto es que con el nuevo orden público, la intervención estatal no parece obedecer a los elementos propios del contrato, sino a causas externas a él, que dependen de la experiencia histórica, con lo cual deja de ser un límite, para convertirse en una limitación. A través del orden público se corrige el desequilibrio del contrato que, como una injusta desigualdad entre las partes contratantes, provoca el reconocimiento de una libertad contractual sin límites[16]. El contrato ya no es entonces el instrumento a través del cual los particulares expresan su fuerza contractual entre ellos. Ahora su regulación no nace dentro de él, sino que viene dispuesta desde el exterior, limitando la libertad y la igualdad que antes lo caracterizaron[17].

Hoy, para entender el contrato, es necesario hacer una síntesis de la concepción propiamente jurídica que hace del acuerdo de voluntades su elemento subjetivo esencial, y de la concepción, a la vez ética y económica, que hace de lo útil y lo justo sus finalidades objetivas. Así, el contrato representa un equilibrio entre libertad, seguridad y justicia. La voluntad, aunque necesaria para el nacimiento del contrato, se ve desplazada como fundamento de su fuerza vinculante. El contrato es obligatorio porque es útil y es justo[18] pues, por una parte, el ordenamiento solo protege operaciones socialmente útiles y, por la otra, cada una de las partes ha de recibir el equivalente de lo que ha aportado.

Así, hemos de considerar que si bien el consentimiento sigue siendo el punto de partida de la relación contractual –aunque sea para

[15] Así lo reconoce Albaladejo, Manuel, *Compendio de Derecho civil*, Barcelona, Bosch, 10ª ed., 1997, p. 196.

[16] Lalaguna Domínguez, *Estudios de Derecho civil...*, ob. cit.p. 52.

[17] El contrato es solo un momento del proceso productivo. Ver: Scannicchio citado por Lacruz Berdejo, José Luis, *Manual de Derecho civil*, Barcelona, Librería Bosch, 2ª ed., 1984, p. 610.

[18] Ghestin, Jacques, Le contrat en tant qu'échange économique, en: *Revue d'economie industrielle*, 2000, No. 92, 1, pp. 81 ss., especialmente pp. 84 y 91.

expresar la aceptación de un clausulado predispuesto por una de las partes o por el Estado–, la verificación de la existencia de un contrato no se limita a la determinación de si hubo o no consentimiento, sino que debe también determinarse si hay un equilibrio entre los intereses contrapuestos de las partes[19]. De hecho, el margen de juego que pueda tener la autonomía de la voluntad dependerá del grado de equilibrio de que gocen las partes en la relación concreta. Y es justamente aquí donde confluye la nueva concepción del contrato con el intervencionismo estatal: el Estado interviene para restablecer el equilibrio entre las partes.

Con semejante panorama, difícilmente pueda seguirse hablando del "dogma de la voluntad" en los términos de la doctrina clásica. Por un lado, el Derecho ha estructurado medios para facultar al juez a intervenir la voluntad de las partes e, incluso, para suplirla, a través de reglas de integración de lagunas que le permiten recurrir a la Ley, al uso o al indeterminado concepto de equidad. Su intervención se fundamenta, justamente, en el restablecimiento de un equilibrio contractual inexistente –rescisión por lesión– o perdido –imprevisión. Además, el Estado interviene en las diversas fases de la relación contractual y a través de las diversas ramas del poder público. Así, interviene con el poder legislativo antes de la celebración del contrato –intervención *a priori*–, haciendo uso de normas que predisponen el contenido del contrato, sea a través del poder judicial, una vez nacido el contrato –intervención *a posteriori*– para proteger a la parte débil de la relación contractual[20].

B. Pérdida de autonomía conflictual

La restricción que ha sufrido la autonomía material se proyecta, de alguna manera, sobre la autonomía conflictual. De manera que tal como

---

[19] Scannicchio, Nicola, Il perfezionamento del contratto nel Diritto privato europeo, en: N. Lipardi (cur.), *Trattato di Diritto privato europeo*, Padova, 2ª ed., 2003, Vol. III, pp. 134 ss., especialmente p. 135.

[20] Ejemplo de este tipo de intervención es la célebre sentencia dictada en el caso de los crédito indexados. Ver: Tribunal Supremo de Justicia en Sala Constitucional, sentencia No. 85, 24 de enero de 2002, Asociación Civil de Deudores Hipotecarios de Vivienda Principal (ASODEVIPRILARA) y otros c. Superintendencia de Bancos y otras Instituciones Financieras (SUDEBAN) y Consejo Directivo del Instituto para la Defensa y Educación del Consumidor y el Usuario (INDECU), en: http://historico.tsj.gob.ve/decisiones/scon/Julio/1419-100707-04-0204.htm_

las normas materiales protectoras de débiles jurídicos en general, excluyen toda capacidad negociadora de las partes, el Derecho internacional privado haría lo propio con la autonomía conflictual en caso de contratos internacionales no bilateralmente negociados[21]. Neuhaus pone de manifiesto ese paralelismo al afirmar que si las partes tienen autonomía material, puede haber autonomía en Derecho internacional privado; mas si las partes no tienen autonomía material porque una de ellas es estructuralmente más fuerte y otra más débil, entonces la autonomía de las partes pierde su sentido como factor de conexión principal. En estos casos no hay verdadera libertad material y no puede haberla desde el punto de vista conflictual[22].

Basedow anota también una razón económica para limitar la autonomía conflictual en estos casos: los costos prohibitivos generados por la información y comprensión de los distintos ordenamientos jurídicos vinculados al caso. Si bien estos costos podrían justificarse desde el punto de vista de la parte fuerte, para quien, generalmente, la estandarización de sus relaciones lleva a considerar su efecto masivo a la hora de determinar el Derecho aplicable, esta característica no se materializa del lado del débil. En efecto, para estos suele tratarse de una relación aislada, no equiparable a transacciones análogas, con lo cual serían impagables los costos de información y consejo legal, con relación a cada una de ellas[23].

Ahora bien, tal como hemos adelantado, la principal manera de restringir la voluntad conflictual se materializa con las normas internacionalmente imperativas. A través de ellas, el Estado define el contenido de las relaciones, con lo cual, la elección del Derecho aplicable al contrato internacional por las partes se enfrenta con un espacio muy limitado que enfrenta al juez a un *dépeçage* bien particular y lo obliga a aplicar, armónicamente, normas pensadas en interés de las partes y otras

---

[21] En este sentido: Lando, Ole, The EC draft convention on the Law applicable to contractual and non contractual obligations, en: *RabelsZ*, 1974, pp. 6 ss., especialmente p. 15.

[22] Neuhaus, Paul Heinrich, *Die Grundbegriffe des internationalen Privatrechts*, Tübingen, J.C.B. Mohr (Paul Siebeck), 2. Auflage, 1976, p. 257.

[23] Basedow, Jürgen, *Lex mercatoria* and the Private International Law of the contracts in economic perspective, en: J. Basedow / T. Kono (eds.), *An economic analysis of Private International Law*, Tübingen, Mohr Siebeck, 2006, pp. 57 ss., especialmente p. 68.

que buscan restringir ese interés. Veamos con algo más detalle, la naturaleza y aplicabilidad de las normas internacionalmente imperativas.

II. NORMAS INTERNACIONALMENTE IMPERATIVAS

A. Nociones generales

Partiendo de la clásica denominación de Francescakis[24], estas normas se han calificado como de aplicación inmediata, puesto que a través de ellas se consigue una aplicación directa, inmediata del Derecho material del foro, sin necesidad de las complicaciones de funcionamiento propias de la norma de conflicto, de hecho, la norma indirecta ni siquiera llega a aplicarse y, como consecuencia de su exclusión, se entiende excluida de antemano toda invocación del Derecho extranjero[25]. Por tal razón, puede afirmarse que las normas imperativas asimilan la relación con elementos de extranjería a una relación interna pues, debido a su finalidad, la Ley del foro debe aplicarse a una y otra sin ninguna distinción[26].

Así, las normas internacionalmente imperativas se caracterizan[27], en primer lugar, porque su aplicación no se produce como consecuencia de la norma de conflicto, al contrario, limitan su aplicación. Son las primeras normas a las que habrá de recurrir el juez al analizar un caso de Derecho internacional privado y solo al constatar su inexistencia podrá buscar otras alternativas. En segundo término, el ámbito de aplicación de las normas de aplicación necesaria, que puede ser personal o territorial, deberá ser determinado unilateralmente por el legislador estatal debido a su propia naturaleza y a los intereses que ellas protegen. Sin embargo, esto no es lo común, con lo cual la tarea de identificar estas normas queda en manos del juez, cuya única directriz será la

---

[24] Francescakis, Phoción, Quelques précisions sur les "lois d´application immédiate "et leurs rapports avec les règles de conflit de lois, en: *Revue Critique de Droit International Privé*, 1966, No. 55, pp. 1 ss.

[25] Aguilar Navarro, Mariano, *Derecho internacional privado*, Madrid, Sección de Publicaciones, Facultad de Derecho de la Universidad Complutense de Madrid, reimp. de la 3ª ed., 1979, Vol. I, T. II, Parte Primera, p. 97.

[26] Marín López, Antonio, Las normas de aplicación necesaria en Derecho internacional privado, en: *Revista Española de Derecho Internacional*, 1970 I, Vol. XXIII, pp. 17 ss., especialmente p. 23.

[27] Seguiremos en este punto a: Francescakis, Quelques précisions sur les "lois d´application immédiate "..., ob. cit, pp. 12-13.

protección de los intereses económicos y sociales del Estado. Finalmente, tal como las concibe Francescakis, la intervención de estas normas es excepcional cuando se trata de instituciones tradicionales del Derecho privado, pero son, en cambio, una regla cuando se trata de instituciones o reglamentaciones en las cuales sea necesario proteger intereses fundamentales del Estado.

No obstante esta última afirmación, tal como hemos adelantado, la intervención de este tipo de normas se hace cada vez mayor, precisamente, en el ámbito de las relaciones contractuales. En efecto, el legislador internacionalprivatista se ha ocupado de la regulación de estas normas especialmente en materia contractual, debido, tal como ya hemos afirmado, al creciente intervencionismo estatal en materia contractual. De hecho, según veremos, los dos grandes exponentes de la regulación conflictual de los contratos, en Europa y en América, se refieren expresamente estas normas, de manera independiente de la institución del orden público.

Esta diferente regulación del orden público en el Derecho internacional privado y las normas internacionalmente imperativas se corresponde, de alguna manera, con el afán de la doctrina de establecer diferencias contundentes entre ambas instituciones. En tal sentido, Basedow[28] sistematiza los diversos criterios de distinción que se han propuesto. En primer término, el autor se refiere a la materia regulada, afirmando que las normas imperativas solo podrían ser encontradas en instrumentos de Derecho comercial, particularmente en materia de contratos y garantías. Lo relativo al estatuto personal aparece, en cambio, dentro del dominio de la reserva de orden público. Basedow llama la atención sobre la regulación expresa del orden público en las convenciones de La Haya en materia de Derecho de familia o de sucesiones y en el propio Reglamento (UE) No. 1259/2010 del Consejo de 20 de diciembre de 2010 por el que se establece una cooperación reforzada en el ámbito de la ley aplicable al divorcio y a la separación judicial (Reglamento Roma III)[29], mientras todos estos instrumentos son silentes

---

[28] Basedow, Jürgen, The Law of open societies: private ordering and public regulation of international relations: General course on Private International Law, en: *Recueil des Cours*, 2014, Vol. 360, pp. 9 ss., especialmente pp. 432-437.

[29] http://eur-lex.europa.eu/LexUriServ/LexUriServ.do?uri=OJ:L:2010:343:0010:0016:es:PDF

respecto de las normas internacionalmente imperativas. Sin embargo, el propio autor destaca que en las codificaciones internas de Derecho internacional privado la aplicación de las normas imperativas suele ordenarse de manera general, sin hacer referencia a un ámbito específico del Derecho. Además, debemos añadir que uno de los reconocimientos jurisprudenciales más importantes de estas normas –el caso Boll resuelto en 1958 por la Corte Internacional de Justicia[30]– se refirió, justamente, al Derecho de familia.

En tal sentido, si bien no fundamentado en la materia, sino sobre la base de los intereses protegidos, el Comité Jurídico Interamericano de alguna manera acepta esta distinción. Según este organismo, las normas imperativas y el orden público son variables en el tiempo y en el espacio, pero el orden público incide en los valores de más alta jerarquía jurídico-política de un Estado, y tal reserva se invoca en prácticamente todas las convenciones para eludir la aplicación de un Derecho que de otra forma sería aplicable. Las normas imperativas, en cambio, son atinentes a políticas económicas y monetarias, controles de cambio, regulación de la transferencia de tecnología, normas de protección al consumidor y otras. Estas normas afectan directamente a la *Lex fori*[31].

El segundo criterio referido por Basedow es el estilo general o específico de la regulación. Así, se entiende al orden público como un área general del Estado, la sociedad o una rama del Derecho, mientras que la referencia legislativa a las normas imperativas sugiere que solo reglas específicas tendrían prioridad sobre la norma de conflicto general. Esta proposición no es cierta en todos los casos y Basedow lo prueba analizando la regulación alemana sobre restricciones a la competencia, materia que ha sido tradicionalmente vinculada a las normas imperativas y que, no obstante, tiene carácter general. El orden público, por su parte, tiende a desintegrarse, en las diversas codificaciones de Derecho internacional privado, en regulaciones específicas que buscan asegurar ciertos derechos particulares, como ocurre, por ejemplo, con el derecho al divorcio.

---

[30] Corte Internacional de Justicia, sentencia 28 de noviembre de 1958, en: *Revue Critique de Droit International Privé*, 1958, Vol. 47, No. 1, pp. 713 ss.

[31] Proyecto de Convención Interamericana sobre Ley Aplicable en Materia de Contratación Internacional, Comité Jurídico Interamericano, OEA/Ser. Q CJI/RES. 11-6/91, 31/07/1991.

En tercer lugar, está el criterio referido al ámbito de aplicación, el cual estaría expresamente establecido en el caso de las normas imperativas y faltaría en materia de orden público. Esta diferencia podría vincularse con las ya mencionadas características planteadas por Francescakis –el ámbito de aplicación de las normas imperativas es fijado unilateralmente por el legislador. Sin embargo, si algún problema plantean hoy las normas imperativas es, precisamente, su determinación. Salvo que el legislador utilice una norma de extensión[32], la tarea de la determinación del carácter internacionalmente imperativo de una norma queda en manos del juez.

Finalmente, Basedow se refiere al hecho de si tienen o no naturaleza escrita, de manera que "*...the* ordre public *might encompass, alongside the written precepts laid down in statutes and case law, also unwritten principles of a foundational importance for the respective legal system*". Así, mientras en un principio se admitía que las normas imperativas eran normas positivas y el orden público se limitaba a la protección de principios, el propio autor reconoce que en la actualidad, en muchos sistemas legales es difícil encontrar principios que no hayan sido codificados, sea en una ley o incluso en la decisión de un tribunal. Así, "*...in the sophisticated legal orders of the present, the public policy reservation, where referring to unwritten principles, is often rather a pretext for a court that does not wish to apply to foreign law designated by the pertinent conflict rule*", con lo cual, este criterio de distinción también se hace dudoso, sobre todo considerando que tanto el orden público como las normas imperativas sirven al mismo fin: garantizar la aplicación unilateral de ciertos principios y valores del Estado del foro.

Santos Belandro añade otro criterio de distinción difícil de rebatir, pues se fundamenta en el propio funcionamiento metodológico del Derecho internacional privado. El criterio en cuestión está referido al momento en que funcionan las normas imperativas y el orden público.

[32] Se trata de normas que operan como excepción a la norma de conflicto, delimitando el ámbito espacial de aplicación de modo externo o formalmente independiente de la regla material a la que se refieren, por lo que son consideradas incompletas, debido a que su consecuencia jurídica solo cristaliza en necesaria combinación con otras normas del mismo ordenamiento. (Pérez Vera, Elisa et al., *Derecho internacional privado*, Madrid, Universidad Nacional de Educación a Distancia, 2ª ed., 2000, Vol. I, pp. 83-84).

Según señala el autor –coincidiendo con el planteamiento original de Francescakis– las normas imperativas actúan antes que la norma de conflicto, mientras que el orden público es consecuencia del funcionamiento de la norma indirecta, actuando como un correctivo de los resultados que la misma puede producir, particularmente, cuando ordena la aplicación de un Derecho extranjero[33].

Ahora bien, a pesar de esta esquiva diferenciación entre el orden público en el Derecho internacional privado y las normas internacionalmente imperativas, la mayoría de los instrumentos normativos, tanto a nivel convencional como estatal, dedican normas independientes a una y otra figura. Algo diferente ocurre, no obstante, en cada Estado con la positivación de los principios esenciales y el muy limitado espacio que se deja, retomando la opinión de Basedow, a la existencia de principios no codificados, cuya protección quedaría en manos del orden público.

B. Las normas internacionalmente imperativas en la codificación

En el ámbito europeo, a diferencia de su antecesor –el Convenio de Roma–, el Reglamento (CE) No. 593/2008 del Parlamento Europeo y del Consejo de 17 de junio de 2008 sobre la Ley aplicable a las obligaciones contractuales (Roma I)[34] comienza por incluir una definición de "Leyes de policía" que, en opinión de Leible, "...se basa en una formulación de Savigny, modificada por Francescakis y adoptada por el TJCE..."[35]. Así, su artículo 9,1, el Reglamento Roma I establece que se trata de disposiciones "...cuya observancia un país considera esencial para la salvaguardia de sus intereses públicos, tales como su organización política, social o económica, hasta el punto de exigir

[33] Santos Belandro, Rubén, Imperatividad y libertad en el Derecho internacional privado de los contratos, en: *Liber Amicorum. Homenaje a la Obra Científica y Académica de la profesora Tatiana B. de Maekelt*, Caracas, Facultad de Ciencias Jurídicas y Políticas, Universidad Central de Venezuela, 2001, Tomo I, pp. 333 ss., especialmente p. 360.

[34] http://eur-lex.europa.eu/LexUriServ/LexUriServ.do?uri=OJ:L:2008:177:0006:0016:ES:PDF.

[35] Ver: Leible, Stefan, La importancia de la autonomía conflictual para el futuro del Derecho de los contratos internacionales, en: *Cuadernos de Derecho Transnacional*, 2011, Vol. 3, No. 1, pp. 214 ss., especialmente p. 229.

su aplicación a toda situación comprendida dentro de su ámbito de aplicación, cualquiera que fuese la ley aplicable al contrato según el presente Reglamento".

Aunque en opinión de Bogdan, esta definición no tuvo en cuenta todas las disposiciones imperativas del Derecho del foro, sino que solo se refiere a "*...those mandatory rules that are intended to override the usual conflict rules of the forum country...*"[36], Spickhoff[37] reconoce que el concepto contenido en la disposición antes citada describe detalladamente los requisitos de actuación de las normas imperativas. Así, en primer lugar es necesario, aunque no suficiente, que se trate de normas de *ius cogens*; en segundo lugar, estas normas internacionalmente imperativas –*international zwingende Normen*– deben organizar explícitamente su propio ámbito de aplicación[38], mas como esto no ocurre con frecuencia, deben analizarse su sentido y finalidad con el objeto de determinar si las mismas son de aplicación a contratos regidos por un Derecho extranjero. Tal pretensión de validez internacional parece obvia en lo que respecta a las normas relativas a importaciones y exportaciones, al tipo de cambio y, posiblemente, en el caso de las regulaciones monetarias.

El objetivo principal de estas normas es –continúa Spickhoff– la protección de intereses públicos, lo cual es reconocido expresamente por la propia disposición del Reglamento Roma I, y trae como consecuencia que los intereses privados sean dejados de lado[39]. Sin embargo,

---

[36] Bogdan, Private International Law as a component of the law of the forum..., ob. cit., p. 183.

[37] Spickhoff, Andreas, VO (EG) 593/2008 Art. 9 Eingriffsnormen, en: Bamberger, Hans Georg und Herbert Roth *Beck'scher Online-Kommentar zum Bürgerlichen Gesetzbuch*, München, C.H. Beck, 27. Auflage, 2013, Rn 1-37.

[38] Spickhoff ejemplifica este caso con el § 1 de la *Gesetz über zwingende Arbeitsbedingungen für grenzüberschreitend entsandte und für regelmäßig im Inland beschäftigte Arbeitnehmer und Arbeitnehmerinnen (Arbeitnehmerentsendegesetz)*, referido a las condiciones mínimas de trabajo para los trabajadores internationales y que de alguna manera se corresponde con el artículo 3 de la Ley Orgánica del Trabajo, los Trabajadores y las Trabajadoras de Venezuela (Gaceta Oficial No. 6.076 Extraordinario, 7/05/2012). Estas normas delimitan unilateralmente los casos de aplicación de sus respectivos sistemas laborales.

[39] El autor cita como ejemplo una decisión del *Bundesgerichtshof* en la cual se declara que el crédito al consumo es un derecho privado que no generaría la intervención de este tipo de normas. Decisión XI ZR 82/05 de 13.12.2005, en: *Neue Juristische Wochenschrift*, 2006, Heft 11, pp. 762 ss.

el propio autor reconoce que podrían plantearse problemas cuando concurren intereses públicos y privados en una misma norma. En tal caso debe establecerse una diferenciación y, si es necesario crear una norma unilateral especial que pueda incluirse en el contexto del artículo 9 del Reglamento Roma I.

Es lo que hizo el Tribunal de Justicia de la Unión Europea, en el caso Ingmar, al dar prioridad al interés público protegido en la Directiva 86/653/CEE del Consejo, de 18 de diciembre de 1986, relativa a la coordinación de los derechos de los Estados miembros en lo referente a los agentes comerciales independientes[40], calificándolo como de aplicación imperativa, incluso en los casos en que el agente tuviese su domicilio en un Estado ajeno a la Unión Europea[41].

Ahora bien, los Principios de La Haya sobre la elección del Derecho aplicable en materia de contratos comerciales internacionales[42], tal como lo hace el Reglamento Roma I, vuelve a la denominación "Leyes de policía", pero a diferencia de éste, los Principios, en su artículo 11, no definen a este particular tipo de normas. Los comentarios oficiales se limitan a reconocer que este término "alude a las disposiciones legales… que deben, en sentido estricto, aplicarse a la resolución de conflictos entre las partes contratantes al margen del Derecho elegido para regular el contrato. Se trata de disposiciones imperativas en el sentido de que las partes no tienen libertad para eximirse de su cumplimiento en virtud de las cláusulas del contrato o de otro modo. Además, prevalecen por cuanto los tribunales deben aplicarlas aunque ellas hayan decidido someter la relación contractual a otro Derecho distinto al del foro. La presencia de estas dos características contribuye a recalcar la importancia de la disposición en el ordenamiento jurídico correspondiente y reducir la categoría de disposiciones a las que se aplican los Principios.

[40] http://eur-lex.europa.eu/legal-content/ES/TXT/PDF/?uri=CELEX:31986L0653&from=ES

[41] "…es forzoso reconocer que resulta esencial para el ordenamiento jurídico comunitario que un empresario establecido en un país tercero, cuyo agente comercial ejerce su actividad dentro de la Comunidad, no pueda eludir las citadas disposiciones mediante el simple juego de una cláusula de elección de la ley aplicable". Asunto C-381/98 de 9 de noviembre de 2011 (Ingmar GB Ltd y Eaton Leonard Technologies Inc.), en: http://curia.europa.eu/juris/showPdf.jsf?text=&docid=45788&pageIndex=0&doclang=ES&mode=lst&dir=&occ=first&part=1&cid=132336.

[42] https://assets.hcch.net/docs/21356f80-f371-4769-af20-a5e70646554b.pdf

Por lo general, las leyes de policía suelen limitarse a las que se consideran importantes para salvaguardar los intereses públicos del foro"[43].

Por su parte, la Convención Interamericana sobre Derecho aplicable a los Contratos Internacionales[44] tampoco contiene una definición semejante a la Reglamento Roma I, limitándose a establecer, en su artículo 11, que estas disposiciones deben tener "...carácter imperativo...". Esta expresión resulta –tal como lo destaca Parra Aranguren– "...muy poco satisfactoria...", pues admite múltiples interpretaciones. Por ello, es necesario entenderlas "...en el sentido de incluir solamente las normas que deben aplicarse inexorablemente a los casos conectados con varias legislaciones sin tomar en cuenta el mandato de las normas de conflicto"[45].

Es probable que haya sido esta concepción de Parra Aranguren la que prevaleció al momento de redactar el artículo 10 de la Ley de Derecho Internacional Privado[46] venezolana, norma referida a "...disposiciones imperativas... que hayan sido dictadas para regular los supuestos de hecho conectados con varios ordenamientos jurídicos". Pero tal redacción tampoco disipa las dudas en torno a la conceptualización de estas normas. De hecho, a partir de esta expresión, podría pensarse que la noción estaría limitada a aquellas disposiciones imperativas que regulan expresamente casos de Derecho internacional privado. Nosotros no compartimos esta interpretación pues, tal como hemos sostenido en otras oportunidades, la intención de esta disposición parece ser más bien establecer una diferenciación entre normas imperativas en general y las normas internacionalmente imperativas en particular[47]. En la propia Exposición de Motivos de la Ley se admite que esta

---

[43] Conferencia de La Haya de Derecho Internacional Privado, *Los Principios de La Haya sobre la elección del Derecho aplicable en materia de contratos comerciales internacionales*, La Haya, 2016, p. 76.

[44] Gaceta Oficial No. 4.974 Extraordinario, 22 de septiembre de 1995.

[45] Parra Aranguren, Gonzalo, La Quinta Conferencia Especializada Interamericana sobre Derecho Internacional Privado (CIDIP V, México 1995), en: *Boletín de la Academia de Ciencias Políticas y Sociales*, 1995, Tomo 72, No. 130, pp. 97, especialmente p. 147.

[46] Gaceta Oficial No. 36.511 de 6 de agosto de 1998.

[47] Madrid Martínez, Claudia, Instituciones generales en la Ley de Derecho internacional privado venezolana, en: *Revista de la Facultad de Ciencias Jurídicas y Políticas, Universidad Central de Venezuela*, 2000, No. 117, pp. 107 ss., especialmente pp. 118-119.

expresión estaría referida a normas imperativas, que protegen "...aquellas actividades en las cuales existe especial interés del Estado con fines a protegerlas"[48].

Una definición más precisa –y que de alguna manera se acerca al Reglamento Roma I– fue propuesta por el propio Parra Aranguren en el borrador de artículo que presentó para ser incluido en la Convención Interamericana sobre Normas Generales de Derecho Internacional Privado. En él refería que "Las normas que expresan principios fundamentales de la legislación de cada Estado Parte se aplicarán con preferencia a las reglas sobre elección de la ley aplicable". Ante las críticas expuestas por algunos de los delegados asistentes a las discusiones de la Convención[49], Parra Aranguren aclaró que el objetivo de su propuesta buscaba dar reconocimiento a la existencia de ciertas áreas jurídicas en las cuales no pueden intervenir ni las normas de conflicto ni el Derecho extranjero, pues el legislador estatal las ha regulado expresamente a través de normas que manifiestan principios fundamentales de su ordenamiento jurídico, calificándolas como ejemplos de orden público *a priori*. La norma, sin embargo, no fue incluida en la Convención.

Tal como hemos afirmado *supra*, a pesar de la conveniencia de establecer claramente cuáles son las normas internacionalmente imperativas, generalmente el legislador no hace semejante declaración, por lo que corresponde al juez determinar si una norma concreta puede ser calificada como tal, con todas las consecuencia que de semejante calificación se derivan. De allí la importancia de la delimitación hecha por el artículo 9,1 del Reglamento Roma I que, de alguna manera, recoge lo que ha sido la jurisprudencia del Tribunal de Justicia europeo[50].

---

[48] Exposición de Motivos, en: Maekelt, Tatiana y otros, *Ley de Derecho internacional privado. Derogatorias y concordancias*, Caracas, Academia de Ciencias Políticas y Sociales, 7ª ed. aumentada y corregida, 2015, p. 79.

[49] "Todos los participantes estuvieron de acuerdo con la solución, pero gran parte ellos consideró innecesario el precepto porque el mismo resultado podía lograrse a través de la excepción de orden público, ya admitida por la Convención, ya admitida por la Convención. Por tanto, el rechazo de la propuesta se fundamentó en razones formales". Ver: Parra Aranguren, Gonzalo, *Curso general de Derecho internacional privado. Problemas selectos y otros estudios*, Caracas, Facultad de Ciencias Jurídicas y Políticas, Universidad Central de Venezuela, 3ª ed. revisada, 1998, p. 182.

[50] Destaca una decisión en la cual el Tribunal afirmó que la expresión leyes de policía, "... se refiere a las disposiciones nacionales cuya observancia se ha considerado crucial para

C. Las normas internacionalmente imperativas en la doctrina

No obstante el frecuente silencio del legislador, con lo cual la determinación definitiva de estas normas estaría en manos del juez, la doctrina suele identificar este tipo de normas con prácticas restrictivas de competencia, protección al consumidor, importación y exportación de bienes, control de cambio, y algunas normas en materia de transporte, relaciones laborales y seguridad social, entre otras[51].

En función de esta diversidad de materias reguladas a través de normas internacionalmente imperativas, Vaquero López, ha llegado a entender –aplicando las ya mencionadas concepciones de orden público de protección y orden público de dirección– que, además de la protección de los débiles jurídicos –consumidores, trabajadores, etc.–, estas normas buscarían garantizar los intereses económicos y sociales del Estado –control de cambios, libre competencia–, con lo cual la autora admite la distinción entre normas de protección, dirigidas a restablecer el equilibrio entre los contratantes, y normas de dirección, a través de las cuales se organiza la injerencia del poder público en la economía, particularmente, en la organización del mercado y de las relaciones entre sus participantes[52].

---

la salvaguardia de la organización política, social o económica del Estado miembro de que se trate, hasta el punto de hacerlas obligatorias para toda persona que se encuentre en el territorio nacional de ese Estado miembro o con respecto a toda relación jurídica localizada en él". Ver: TJCE, asuntos acumulados C-369/96 y C-376/96, de 23 de noviembre de 1999, caso Jean-Claude Arblade, Arblade & Fils SARL y Bernard Leloup, Serge Leloup, Sofrage SARL, en: http://curia.europa.eu/juris/showPdf.jsf?text=&docid=44859&pageIndex=0&doclang=ES&mode=lst&dir=&occ=first&part=1&cid=196459

51 Hernández-Bretón, *Mestizaje cultural en el Derecho internacional privado...*, ob. cit., p. 94. Ver también: Giuliano, Mario y Paul Lagarde, Informe relativo al Convenio sobre la Ley Aplicable a las Obligaciones Contractuales, en: *DOCE* C 327, de 11 de diciembre de 1992, p. 18. Bogdan ha afirmado que "*Most overriding mandatory rules of private-law nature are provisions favouring the party considered worthy of special protection, such as children, women, employees or consumers, but more general protective rules are also conceivable*". Ver: Bogdan, Private International Law as component of the Law of the forum..., ob. cit., p. 183.

52 Vaquero López, Carmen, Autonomía de la voluntad y normas imperativas, en: S. Sánchez Lorenzo (ed.), *Derecho contractual comparado. Una perspectiva europea y transnacional*, Granada, Universidad de Granada, Civitas, Thomson Reuters, 2ª ed., 2013, pp. 893 ss., especialmente p. 910.

Hay un elemento, no obstante, que conviene tener en cuenta respecto de esta clasificación, sea que la misma se aplique a las normas imperativas o al orden público. Tal como reconoce Basedow es complicado distinguir exactamente cuándo se actúa en protección del débil y cuándo se actúa por interés general o para alcanzar el bien común, pues entre ambos conceptos existe una especie de amalgama. En efecto, es difícil separar el componente del bien común de la protección de la parte débil y la explicación de esta especie de fusión se encuentra, al menos en el caso de la Unión Europea, en el "modelo social" del Estado y la sociedad post industriales: "*...institutions serving the collective or public good and appropiate State regulation for the protection of the vulnerable*". El propio Basedow reconoce que la relativa participación de las normas imperativas y el orden público en las políticas subyacentes de las diferentes legislaciones estatales puede diferir, "*[but] even where no collective goods can be claimed to be furthered and the protection of the weaker party clearly dominates, the provision in question may still override private arrangements and bilateral conflict rules*"[53].

Santos Belandro destaca en estas normas cierto carácter coyuntural y efímero, remarcando con ello su carácter unilateral y vinculado inexorablemente a un solo Estado. El autor afirma que habitualmente estas normas están referidas a los movimientos de capital y mercaderías; control de cambio; prohibición de exportaciones o importaciones; reglamentación de las condiciones de trabajo; cláusulas relativas a la competencia; prohibición de cláusulas oro, forma de los actos relativos a bienes inmuebles; protección de los intereses de los usuarios, etc. Santos Belandro considera, además, que el reconocimiento de estas normas "...marca un intento de revalorización del principio de la territorialidad de las leyes, aunque esta vez sin que su actuación se obtenga a través de criterios de reparto universales"[54].

Debemos destacar que el desarrollo y la forma de entender estas normas, tal como hemos adelantado, tiene mucho que ver con lo que

[53] Basedow, The Law of open societies... ob. cit., p. 420.

[54] Santos Belandro, Rubén, *El Derecho aplicable a los contratos internacionales. Con especial referencia al contrato de transferencia de tecnología*, Rosario, Fundación de Cultura Universitaria, 2ª ed., 1998, p. 153.

ha sido el desarrollo de las normas imperativas y el orden público en el Derecho interno. Así, al lado de la pura voluntad de las partes, aparece la necesidad de mantener el equilibrio contractual, tanto desde el punto de vista subjetivo, procurando la protección del débil en su minusvalía frente al fuerte, como desde una perspectiva objetiva, garantizando la armonía del contenido contractual con el ambiente económico y social del lugar donde el contrato despliega sus efectos. He allí la justificación para la intervención estatal.

D. Funcionamiento de las normas de aplicación necesaria

La aplicación de estas normas es imperativa cuando ellas pertenecen al ordenamiento jurídico del juez. Así se ha admitido tradicionalmente[55] y en tal sentido se pronuncian el Reglamento Roma I[56], los Principios de La Haya[57], la Convención de México[58] y la Ley venezolana de Derecho internacional privado[59]. A pesar de ser criticado por algunos autores, debido a que animaría a los Estados contratantes a dictar unilateralmente este tipo de disposiciones[60], este supuesto no parece plantear muchos problemas en la práctica, debido a que es natural que

---

55 Convención de La Haya sobre Ley aplicable al trust y a su reconocimiento (1985), Art. 16: "La Convención no atenta contra las disposiciones de la ley del foro cuya aplicación se imponga incluso en situaciones internacionales, cualquiera que sea la ley designada por las reglas de conflicto de leyes"; Convención de La Haya sobre Ley aplicable a los contratos de compraventa internacional de mercaderías (1986), Art. 17, "La Convención no se opone a las disposiciones de la ley del foro que se impongan, cualquiera que sea la ley aplicable al contrato"; Reglamento Roma II, Art. 16: "Las disposiciones del presente Reglamento no afectarán a la aplicación de las disposiciones de la ley del foro en aquellas situaciones en que tengan carácter imperativo, cualquiera que sea la ley aplicable a la obligación extracontractual".

56 Art. 9,2: "Las disposiciones del presente Reglamento no restringirán la aplicación de las leyes de policía de la ley del foro".

57 Art. 11,1: "Estos Principios no impiden a un tribunal judicial aplicar las leyes de policía del foro al que se ha acudido, independientemente del Derecho elegido por las partes".

58 Art. 11, encabezamiento: "No obstante lo previsto en los artículos anteriores, se aplicarán necesariamente las disposiciones del derecho del foro cuando tengan carácter imperativo".

59 Art. 10: "No obstante lo previsto en esta Ley, se aplicarán necesariamente las disposiciones imperativas del Derecho venezolano que hayan sido dictadas para regular los supuestos de hecho conectados con varios ordenamientos jurídicos".

60 Lagarde, Paul, Le nouveau Droit international privé des contrats après l'entrée en vigueur de la Convention de Rome du 19 juin 1980, en: *Revue Critique de Droit International Privé*, 1991, Vol. 80, 1991, pp. 287 ss., especialmente p. 325.

cada Estado proteja, a través de estas normas, ciertos principios de su propio sistema, que en un momento determinado considera esenciales[61].

En los casos de aplicación de las normas internacionalmente imperativas del foro, según afirma Vaquero López,

> [e]l contenido de la prohibición resultante de la norma y su alcance sobre la eficacia del negocio jurídico se determinarán conforme a la propia ley del foro, y las ulteriores consecuencias de la ineficacia negocial sobre la relación entre los contratantes serán determinadas conforme a la *lex contractus*[62].

Tampoco genera mayor inconveniente la aplicación de las normas imperativas del ordenamiento jurídico competente para regir la relación de que se trate, es decir, las pertenecientes a la *Lex contractus*, pues tal consideración forma parte de la concepción que se tenga sobre la aplicación del Derecho extranjero. En efecto, si se asume que el Derecho extranjero ha de aplicarse conforme a sus propios principios y concepciones –como ocurre en el sistema venezolano[63]–, esto incluye el respeto por sus normas internacionalmente imperativas. Se trata, en definitiva, del carácter global de la remisión hecha por la norma de conflicto[64].

Los mayores problemas se generan, en cambio, cuando las normas imperativas pertenecen al ordenamiento jurídico de un tercer Estado. Por ello, con respecto a éstas no suele hablarse de aplicación imperativa, sino más bien de una consideración o toma en cuenta que, en

---

61 En el ámbito europeo, sin embargo, debe considerarse que "La pertenencia de las normas nacionales a la categoría de leyes de policía y de seguridad no las exime del respeto a las disposiciones del Tratado, so pena de vulnerar la primacía y la aplicación uniforme del Derecho comunitario. Éste sólo puede tomar en consideración los motivos en que se sustentan dichas legislaciones nacionales a la luz de las excepciones a las libertades comunitarias expresamente previstas por el Tratado y, en su caso, como razones imperativas de interés general". Ver: TJCE, asuntos acumulados C-369/96 y C-376/96, citados en nota 50.

62 Vaquero López, Autonomía de la voluntad y normas imperativas..., ob. cit., p. 913.

63 En Venezuela, de conformidad con el artículo 2 la Ley de Derecho internacional privado, "El Derecho extranjero que resulte competente se aplicará de acuerdo con los principios que rijan en el país extranjero respectivo, y de manera que se realicen los objetivos perseguidos por las normas venezolanas de conflicto".

64 En este sentido: Vaquero López, Autonomía de la voluntad y normas imperativas..., ob. cit., p. 913.

todo caso, es de carácter facultativo. Así se reconoce en la codificación convencional[65] y es lo que hace, por ejemplo, el artículo 9,3 del Reglamento Roma I, al disponer que

> También **podrá darse efecto** a las leyes de policía del país en que las obligaciones derivadas del contrato tienen que ejecutarse o han sido ejecutadas en la medida en que dichas leyes de policía hagan la ejecución del contrato ilegal. Para decidir si debe darse efecto a estas disposiciones imperativas, se tendrá en cuenta su naturaleza y su objeto, así como las consecuencias que se derivarían de su aplicación o de su inaplicación (negritas nuestras).

Esta norma, tal como hemos adelantado, utiliza la expresión "...podrá darse efecto...", la cual resulta también problemática, pues da al juez un margen de discrecionalidad muy amplio –al exigirle considerar la naturaleza y finalidad de la norma en cuestión– y al mismo tiempo le asigna un trabajo delicado y nada fácil, pues dar eficacia a las normas de aplicación necesaria del Estado de la ejecución del contrato implica combinarlas con el Derecho que, de acuerdo con el propio Reglamento, es competente para regular el mismo[66].

Lo cierto, en definitiva, es que la aplicación de normas imperativas extranjeras no es pacíficamente aceptada[67], pues no está claro el rol del "...foro en la tutela de intereses generales basados en razones económico-sociales expresados en normas dictadas por terceros Estados"[68].

Así, a pesar de haberse inspirado en el entonces vigente Convenio de Roma, el legislador alemán rechazó la posibilidad de aplicar normas

---

65 Ver, por ejmplo, Convenios de La Haya sobre contratos de intermediarios y representación (art. 16); sobre Ley aplicable a la agencia (art. 16); sobre Ley aplicable al trust y a su reconocimiento (art. 16). Ver también el tratado Benelux sobre Reglas Uniformes de Derecho Internacional Privado (art. 13).

66 Mosconi, Franco e Cristina Campiglio, *Diritto internazionale privato e processuale. Parte generale e obbligazioni*, Roma, Wolters Kluwer Italia, 5ª ed., 2012, Vol. I, p. 404.

67 "*...une loi d'application nécessaire n'a ce caractère que dans son ordre juridique d'origine...*". Ver: Sperduti, Giuseppe, Les lois d'application nécessaire en tant que lois d'ordre public, en: *Revue Critique de Droit International Privé*, 1977, pp. 257 ss., especialmente p. 265.

68 Ver: Hernández-Bretón, *Mestizaje cultural en el Derecho internacional privado...*, ob. cit., p. 93.

imperativas de terceros Estados[69], por considerar que tal situación produce gran inseguridad jurídica al conferirse tanto poder a los jueces, a quienes se les impone la compleja tarea de investigar las normas de todo ordenamiento jurídico que pudiere tener vínculos con el caso, además de involucrar el delicado tema de la protección del orden público extranjero[70]. La doctrina alemana ha admitido que si llegara a darse un caso de aplicación de una norma extranjera, sería por efecto de la protección de un principio propio[71].

Por otro lado, la norma contenida en el artículo 9,3 del Reglamento Roma I hace una referencia directa al Derecho del Estado de la ejecución del contrato, pues es justamente en fase de ejecución que suelen plantearse los problemas relativos a las normas imperativas de un tercer Estado. Recordemos el emblemático caso Regazzoni c. Sethia, Ltd., en el cual un tribunal inglés consideró, en su decisión, una normativa del Derecho indio –Derecho del lugar de ejecución del contrato– calificada como imperativa, siendo que el contrato estaba sometido al Derecho inglés[72].

---

69 Junto a Alemania, Irlanda, Letonia, Luxemburgo, Portugal, Eslovenia y el Reino Unido hicieron expresa reserva del artículo 7,1 del Convenio de Roma, tal como lo permitía el artículo 22,1,a de ese instrumento.

70 Spickhoff, VO (EG) 593/2008 Art. 9 Eingriffsnormen..., ob. cit., Rn 28.

71 Kegel, Gerhard / Klaus Schurig, *Internationales Privatrecht*, München, Verlag C.H. Beck, 9. Auflage, 2004, p. 540.

72 En este caso, se trataba de un contrato concluido entre dos partes en Suiza, para cuya regulación éstas eligieron el Derecho inglés. A través de tal acuerdo, la parte que sería más adelante demandada, se obligaba a vender y entregar una cantidad de yute en Génova. El lugar de procedencia de la indicada mercadería era la India y su destino Sudáfrica. El contrato fue concluido, no obstante el conocimiento, por ambas partes, de la existencia de una norma hindú, que prohibía la exportación de yute con destino a Sudáfrica, so pena de la confiscación del cargamento y la imposición de una multa hasta por tres veces el valor del mismo. Como era de esperarse, el vendedor no pudo cumplir y fue demandado por los daños y perjuicios derivados del incumplimiento. El tribunal inglés consideró que, por orden de la normativa hindú, la cual estaba dotada de cierto carácter político, era ilegal realizar la transacción estipulada en el contrato, por lo cual éste se hacía inejecutable y, en consecuencia, era imposible intentar una acción por daños y perjuicios contractuales. De esta manera, se aplicó en un tribunal inglés, a un contrato regido por el Derecho inglés, una norma imperativa del Derecho hindú (1956) 2 Q.B. 490; (1956) 2 All E.R. 487; (1956) I Lloyd's Rep. 435; 100 Sol. Jo. 417, C.A.; on appeal; (1958) A.C. 301; (1957) 3 All E.R. 286; (1957) 3 W.L.R. 752; 101 Sol. Jo. 848 H.L.

Sin embargo, tal referencia hecha por la norma ha sido calificada por Mankowski como un retroceso a la edad de piedra del Derecho internacional privado[73], que luce –en opinión de Leible– como una síntesis entre las tesis de Wengler y Zweigert, el primero a favor de una conexión especial para las normas imperativas, y el segundo partidario de tenerlas únicamente en cuenta en el plano material como impedimentos para el cumplimiento[74]. Se trata de la llamada *Sonderanknüpfung* del Derecho suizo[75].

El propio Leible reconoce, no obstante, que con esta norma hay sin duda una ganancia en seguridad jurídica, pues las partes ya no tendrán que pensar en la posibilidad de aplicación de normas imperativas de cualquier Estado con el que a juicio del tribunal el caso presente un vínculo estrecho y que requiera la aplicación de su Derecho, sino que se pueden concentrar en las normas imperativas del Estado en el que tiene o tendrá lugar el cumplimiento[76].

Esa es, justamente, la situación que plantea el aparte único del artículo 11 de la Convención de México, norma de conformidad con la cual "...**Será discreción del foro, cuando lo considere pertinente**, aplicar las disposiciones imperativas del derecho **de otro Estado con el cual el contrato tenga vínculos estrechos**" (resaltado nuestro). Ya en otras oportunidades hemos afirmado –y lo ratificamos ahora– que aplicar las normas imperativas que tengan relaciones estrechas con el contrato, contribuiría a facilitar el reconocimiento del propio contrato en el extranjero. Sin embargo, no se trata de buscar todas las normas que podrían invalidar o impedir la ejecución del contrato, pues ello contribuiría, sin duda, a entorpecer el curso del comercio internacional.

---

73 "*Das gewählte Anknüpfungskriterium Erfüllungsort entstammt einer englischen Entscheidung und ist ein Rückschritt gleichsam in die Steinzeit des IPR...*". Ver: Mankowski, Peter, Die Rom-I Verordnung – Änderungen im europäischen IPR für Schuldverträge, en: *Internationales Handelsrecht*, 4/2008, pp. 133 ss., especialmente p. 148.

74 Leible, La importancia de la autonomía conflictual..., ob. cit., p. 231.

75 Art. 19,1 de la Ley federal suiza de Derecho internacional privado: "Cuando intereses legítimos y manifiestamente preponderantes a la vista de la concepción suiza del Derecho lo exijan, una disposición imperativa de un Derecho distinto de aquel designado por la presente ley puede ser tomada en consideración, si la situación señalada presenta un vínculo estrecho con ese Derecho".

76 Leible, La importancia de la autonomía conflictual..., ob. cit., p. 231.

Al contrario, la búsqueda debe orientarse dentro de ciertos límites que aseguren el difícil equilibrio entre la unidad del contrato y la armonización de las relaciones internacionales[77].

A pesar de la aceptación de esta posibilidad de aplicación de normas imperativas extranjeras, a través de la Convención, la Ley de Derecho Internacional Privado es silente al respecto y ese silencio se debe justamente –en opinión de Maekelt– a una preocupación por la seguridad jurídica, que podría verse en peligro al consagrarse tal posibilidad[78]. Mas la ausencia de un rechazo expreso permite afirmar, fuera del ámbito de aplicación de la Convención Interamericana, que tal solución podría aceptarse como un principio de Derecho internacional privado generalmente aceptado, de conformidad con el artículo 1 de la propia Ley, pues es innegable la importancia de la aplicación de estas normas en orden a la solución del caso concreto.

En cambio, el Proyecto de Ley de Normas de Derecho Internacional Privado (1963-1965), antecesor de la Ley vigente, sí establecía la consideración de las normas imperativas de terceros Estados, de manera semejante a como lo hace el Reglamento Roma I, al ordenar al operador jurídico que, en materia contractual, aplicase "...en todo caso, las disposiciones de la ley del lugar donde se realice la prestación que regule su contenido por razones económico sociales de interés general" (art. 32).

Los Principios de La Haya, por su parte, disponen en su artículo 11,2 que "El Derecho del foro determina los casos en que un tribunal judicial puede o debe aplicar o tener en cuenta las leyes de policía de otro Derecho". De acuerdo con los comentarios oficiales, esta norma –que deja en manos del Derecho del juez la forma imperativa o facultativa en que serán aplicadas o consideradas estas normas–

> ...no limita las relaciones que pueden trazarse para determinar las leyes de policía de qué Estado se aplicarán o podrán aplicarse. Por

77 Madrid Martínez, Claudia, *La norma de Derecho internacional privado*, Caracas, Facultad de Ciencias Jurídicas y Políticas, Universidad Central de Venezuela, 2004, Serie Trabajos de Grado No. 2, p. 137.

78 Ver: Maekelt, Tatiana, *Teoría general del Derecho internacional privado*, Caracas, Academia de Ciencias Políticas y Sociales, 2ª ed. actualizada, 2010, Edición Estudios No. 87, p. 275.

consiguiente, dicho Estado podrá ser aquél cuyo Derecho habría sido aplicable en ausencia de acuerdo, o un Estado con otros vínculos con el contrato[79], con lo cual se aleja del Reglamento Roma I y se acerca a la codificación interamericana.

E. Normas internacionalmente imperativas, *Lex Mercatoria* y arbitraje

Más allá de la opinión de Goldman, quien luego de definir a la *Lex mercatoria* como un conjunto de reglas materiales de fuente no estatal y de formación consuetudinaria, que permite librar al comercio internacional de los defectos del método conflictual heredado de Savigny, compara su funcionamiento con el de las normas internacionalmente imperativas, pero solo en materia de comercio internacional[80], hemos de destacar que incluso muchos de los componentes de la *Lex mercatoria* reconocen la aplicación preferente de las normas imperativas.

Así, los Principios UNIDROIT sobre Contratos Comerciales Internacionales[81] disponen en su artículo 1.4 que "Estos Principios no restringen la aplicación de normas de carácter imperativo, sean de origen nacional, internacional o supranacional, que resulten aplicables conforme a las normas pertinentes de derecho internacional privado". En los comentarios a este artículo puede leerse que,

> *Mandatory rules of national origin are those enacted by States autonomously (e.g. particular form requirements for specific types of contracts; invalidity of penalty clauses; licensing requirements; environmental regulations; etc.), while mandatory rules of international or supranational origin are those derived from international conventions or general public international law (e.g. Hague-Visby Rules; UNIDROIT Convention on Stolen or Illegally Exported*

---

[79] Conferencia de La Haya de Derecho Internacional Privado, *Los Principios de La Haya sobre la elección del Derecho aplicable…*, ob. cit., p.77.

[80] Goldman, Berthold, Une bataille judiciaire autour de la *Lex mercatoria*. L'affaire Norsolor, en: *Revue de l'arbitrage*, 1983, No. 4, pp. 407 ss.; y del mismo autor: *La Lex mercatoria dans les contrats* et l'árbitrage internationaux: realities et perpectives, en: *Journal Clunet*, 1979, No. 106, pp. 475 ss., especialmente pp. 498-499.

[81] https://www.unidroit.org/unidroit-principles-2016/unidroit-principles-2016-overview/spanish-black-letter

> *Cultural Objects; United Nations Convention against Corruption; United Nations Universal Declaration of Human Rights, etc.) or adopted by supranational organisations (e.g. European Union competition law, etc.)*[82].

En todo caso, debe considerarse que los efectos de las normas imperativas sobre un contrato al cual le sean aplicables los Principios UNIDROIT, dependerá de la forma de tal aplicación. Si los Principios han de aplicarse por la incorporación que han hecho de ellos las partes en su contrato, estos se verán limitados por las normas imperativas del Derecho interno, es decir, aquellas pensadas como un límite a la voluntad material de las partes. Si, por el contrario, los mismos han de ser aplicados como el ordenamiento jurídico llamado a regir el contrato –vía autonomía conflictual–, el límite vendrá impuesto, más bien, por las normas internacionalmente imperativas, pues son éstas las que constituirán un obstáculo a la aplicación del Derecho competente[83].

Por su parte, los Principios de Derecho Europeo de los Contratos[84], contienen una disposición semejante a la contenida en los Principios UNIDROIT, pero añadiendo otra posibilidad. Así, el artículo 1:103 de los Principios Europeos establece:

> (1) Cuando el Derecho en otro caso aplicable lo permita, las partes pueden optar por regir su contrato conforme a los presentes principios, excluyendo así la aplicación del Derecho imperativo nacional.
> (2) No obstante, deberán respetarse las normas imperativas del Derecho nacional, supranacional o internacional que sean aplicables según las normas de Derecho internacional privado, con independencia de la normativa que rija el contrato.

Comentando esta norma, Diez Picazo, Roca Trias y Morales admiten que tal inaplicabilidad se debe a que los Principios sustituirían a las normas del foro, no teniendo tal fuerza, en cambio, para descartar

[82] UNIDROIT, *UNIDROIT Principles of international commercial contracts 2016*, Rome, UNIDROIT, 2016, p. 11.

[83] Así se acepta en los propios comentarios a los Principios. Ver: UNIDROIT, *UNIDROIT Principles* ..., ob. cit., pp. 12-13.

[84] http://campus.usal.es/~derinfo/Material/LegOblContr/PECL%20I+II.pdf

normas imperativas extranjeras[85]. Tengamos en cuenta que los propios Principios disponen que su texto contiene normas imperativas. En efecto, de conformidad con el artículo 1:102, "(1) Las partes son libres para celebrar un contrato y establecer su contenido, dentro del respeto de la buena fe y de las **normas imperativas dispuestas por los presentes principios**" (resaltado nuestro). Vaquero López cita como ejemplo los artículos 4:118 [Exclusión o restricción de las acciones previstas en caso de dolo, intimidación, beneficio excesivo o ventaja injusta, ni el derecho de anular una cláusula abusiva que no se haya negociado de manera individual]; 6:105 [determinación unilateral del precio o de cualquier otro elemento del contrato]; y 8:109 [Cláusulas de exclusión o de limitación de los medios de tutela]) de los Principios europeos[86].

Una disposición semejante se encuentra en el artículo 1.1 de los Principios UNIDROIT, en cuyo texto se reconoce que "Las partes son libres para celebrar un contrato y para determinar su contenido". Tal libertad se vería limitada, justamente, por el carácter imperativo de algunos de los principios. Así "Las partes pueden excluir la aplicación de estos Principios, así como derogar o modificar el efecto de cualquiera de sus disposiciones, salvo que en ellos se disponga algo diferente" (art. 1,5).

En los Comentarios oficiales se reconoce que, por regla general, los Principios tienen carácter dispositivo, salvo que su propio texto indique expresamente lo contrario.

> *This is the case with Article 1.7 on good faith and fair dealing, with the provisions of Chapter 3 on substantive validity, except in so far as they relate or apply to mistake and to initial impossibility (see Article 3.1.4), with Article 5.1.7(2) on price determination, with Article 7.4.13(2) on agreed payment for nonperformance and Article 10.3(2) on limitation periods. Exceptionally, the mandatory character of a provision is only implicit and follows from the content and purpose of the provision itself (see, e.g., Articles 1.8 and 7.1.6)*[87].

---

[85] Díez-Picazo, Luis / Encarna Roca Trías / Antonio Manuel Morales, *Los principios del Derecho europeo de los contratos*, Madrid, Civitas, 2002, p. 148.

[86] Vaquero López, Autonomía de la voluntad y normas imperativas..., ob. cit., p. 927.

[87] UNIDROIT, *UNIDROIT Principles...*, ob. cit., p. 14.

Por su parte, los Principios Latinoamericanos sobre Derecho de los Contratos[88] establecen, en su artículo 3, que "Estos Principios no restringen la aplicación de normas imperativas ni de principios de orden público, nacional, internacional o supranacional, conforme a las normas de Derecho internacional privado". Una disposición prácticamente idéntica puede verse en el punto III del Preámbulo a los Principios OHADAC sobre los contratos comerciales internacionales[89], al disponer que "Los presentes Principios no impiden la aplicación de normas imperativas o de orden público internacional, tanto de origen estatal como internacional, que resulten de aplicación conforme a las normas de Derecho internacional privado".

Ahora bien, estos instrumentos podrían ser calificados como formando parte del Derecho espontáneo o *Lex mercatoria*, reglas consideradas especialmente afines al arbitraje, mecanismo en el cual se considera mucho más sencillo justificar la aplicación de la *Lex mercatoria* como Derecho aplicable, pues ante el juez –aunque de ello escaparía el sistema venezolano[90]– una elección de *Lex mercatoria* devendría normalmente ineficaz, debido al "*sentimiento*" a favor de que las partes únicamente puedan elegir un Derecho estatal[91].

En todo caso, la voluntad de las partes y la obligación del árbitro de apegarse a ella justificaría la aplicación de la *Lex mercatoria*[92], a lo

---

[88] http://pldc.uexternado.edu.co/

[89] http://www.ohadac.com/textes/2/35/preambulo.html

[90] Nuestro sistema es favorable desde hace más de 20 años a la aplicación de la *Lex mercatoria* por parte del juez. Ver: Madrid Martínez, Claudia, Notas sobre la *Lex mercatoria*: entre el silencio del legislador europeo y el silencio de los Estados americanos, en: J. Moreno Rodríguez / D. Fernández Arroyo (coords.), *Libro Homenaje a Roberto Díaz Labrano*, Asunción, CEDEP, ASADIP, 2013, pp. 333 ss.; y Madrid Martínez, Claudia, Un contrato internacional sometido al Derecho venezolano y la *Lex mercatoria*, en: C. Madrid Martínez (ed.), *Derecho de las Obligaciones. Homenaje a José Mélich Orsini*, Caracas, Academia de Ciencias Políticas y Sociales, 2012, pp. 333 ss.

[91] Fernández Rozas, José Carlos, *Lex mercatoria* y autonomía conflictual en la contratación internacional, en: *Anuario Español de Derecho internacional privado*, 2004, Tomo IV, pp. 35 ss., especialmente p. 36.

[92] La práctica de la Cámara de Comercio Internacional confirma la importancia de la *Lex mercatoria* en sede arbitral. Así, Grigera Naón reporta que en el 52% de los casos resueltos en la Cámara de Comercio entre 1988 y 1998 se aplicó *Lex mercatoria*. Ver: Grigera Naón, Horacio, Choice of Law problems in international commercial arbitration, en: *Recueil des Cours*, 2001, Vol. 289, pp. 9 ss., especialmente p. 191. En materia de créditos documentarios,

cual se suma la llamada deslocalización geográfica del arbitraje, elemento que le da mucha más libertad al árbitro a la hora de determinar el Derecho aplicable[93], incluso ante la ausencia de elección del Derecho aplicable por las partes[94].

Con este panorama, nos preguntamos por la posibilidad de aplicación de las normas internacionalmente imperativas por parte del árbitro. En tal sentido, Sánchez Lorenzo[95] comienza distinguir la procedencia de tales normas, antes de pronunciarse sobre su aplicabilidad. Así, el autor descarta la conveniencia de aplicación de las normas imperativas del Derecho aplicable al fondo de la controversia, cuando éstas resulten incompatibles con las acuerdos de las partes.

> Aunque sea un lugar común afirmar dicha aplicación, en realidad una interpretación más respetuosa con el principio de la autonomía

el profesor Rodner estima que "En el arbitraje, se prefiere la costumbre mercantil y las prácticas internacionales, aplicándose éstas en muchos casos, inclusive en sustitución de una disposición de uno o varios de los sistemas de Derecho interno que de otra forma, pudieran haber sido aplicables a la relación concreta". Ver: Rodner, James Otis, *El crédito documentario*, Caracas, Editorial Arte, 2ª ed., 1999, p. 614. Ver también: Sánquiz Palencia, Shirley, *El Derecho aplicable al arbitraje comercial internacional en el Derecho venezolano*, Caracas, Fundación Roberto Goldschmidt, Universidad Católica Andrés Bello, 2005, pp. 82-96.

93 Maekelt, Tatiana, Fuentes del Derecho internacional privado: la costumbre internacional y la nueva *Lex mercatoria*, en: *VII Curso de Derecho Internacional*, Washington, D.C., Comité Jurídico Interamericano, Secretaría General de la OEA, agosto de 1980, pp. 439 ss., especialmente p. 446. En efecto, "En el arbitraje, se prefiere la costumbre mercantil y las prácticas internacionales, aplicándose éstas en muchos casos, inclusive en sustitución de una disposición de uno o varios de los sistemas de derecho interno que de otra forma, pudieran haber sido aplicables a la relación concreta". Ver: Rodner, *El crédito documentario*..., ob. cit., p. 614.

94 Ejemplo de la libertad del árbitro podemos encontrarlo en los Reglamentos de los principales centros venezolanos de arbitraje. Así, el Reglamento General del Centro de Arbitraje de la Cámara de Caracas dispone: "A falta de acuerdo de las partes, el Tribunal Arbitral aplicará las normas jurídicas que considere apropiadas" (art. 47), y el Reglamento del Centro Empresarial de Conciliación y Arbitraje dispone: "Si las partes no convinieren en el derecho aplicable, el Tribunal Arbitral aplicará el derecho que juzgue apropiado" (art. 31,1). Lo previsto en los precitados reglamentos de arbitraje parece tomado del Reglamento de Arbitraje de la Cámara de Comercio Internacional, cuyo artículo 17.1 dispone que a falta de acuerdo de las partes, el tribunal arbitral aplicará las normas jurídicas que considere apropiadas.

95 Sánchez Lorenzo, Sixto, Elección de la Ley aplicable y normas imperativas en el arbitraje comercial internacional, en: *Derecho internacional privado –Derecho de la libertad y el respeto mutuo– Ensayos a la memoria de Tatiana B. de Maekelt*, Asunción, CEDEP, ASADIP, 2010, pp. 593 ss., especialmente pp. 606-608.

de la voluntad –como principio no solo del régimen contractual, sino también del arbitraje lleva a la conclusión contraria. Si las partes no lo han expresado, lo lógico es interpretar que la sujeción a una determinada ley rectora del fondo no debe implicar restricciones a lo pactado por las partes que, seguramente, no han contemplado.

Por lo que respecta a la aplicación de las normas imperativas de la *Lex arbitri* –considerada por el autor como un trasunto de la *Lex fori*–, Sánchez Lorenzo estima que también estaría descartada. "El papel de la *Lex arbitri*... resulta fundamental en el ámbito del procedimiento arbitral, donde despliega con normalidad tanto una función completiva como restrictiva. Pero este papel no debería extenderse al fondo de la controversia".

Llama la atención, frente a estos planteamientos, que el artículo 11 de los Principios de La Haya, en su párrafo 5, dé por sentada la aplicación de las normas imperativas del Derecho que rige el contrato y dejen en manos del árbitro la aplicación, o toma en consideración, de las demás. Así, la norma citada dispone que

> Estos Principios no impedirán a un tribunal arbitral aplicar o tomar en consideración el orden público o las leyes de policía de un Derecho distinto al elegido por las partes, si el tribunal arbitral tiene la obligación o el derecho de hacerlo.

En todo caso, Sánchez Lorenzo no descarta por completo la posibilidad de que el árbitro aplique normas internacionalmente imperativas, pero admite que su justificación no tiene que ver con su pertenencia a la *Lex fori* o a la *Lex causae*, sino que ha de tratarse de normas de un sistema estrechamente vinculado con el contrato, cuya aplicación pueda haber sido prevista por las partes, "...justificada en sus legítimas expectativas y al mismo tiempo en el contenido legítimo de una medida legal que es exportable o asumible en el marco de los principios generales que rigen el comercio mundial". se trataría de una aplicación, *mutatis mutandi*, del artículo 9,3 del Reglamento Roma I[96].

[96] Sánchez Lorenzo, Elección de la Ley aplicable y normas imperativas en el arbitraje comercial internacional..., ob. cit., pp. 607 y 609.

Sin embargo, los árbitros no parecen ser favorables a la aplicación de las normas internacionalmente imperativas. Así lo demuestran algunos laudos del Centro de Arbitraje de la Cámara de Comercio Internacional, en los cuales se desatendió el mandato de estas normas y se obedeció, en cambio, a la autonomía de las partes en la selección del Derecho aplicable.

Puede citarse, por ejemplo, el laudo dictado en el asunto 1512/1971[97], en el cual se afirmó que no se reconocería el carácter de fuerza mayor de las decisiones emanadas de las autoridades cambiarias, por lo que sus normas no resultaban imperativas para el árbitro. Igualmente, en el asunto 2216/1974[98] se afirmó que estas normas carecían de imprevisibilidad e irresistibilidad. También resulta de interés el laudo dictado en el asunto ICC 6379 de 1990, en el cual el tribunal arbitral negó la aplicación de una norma imperativa belga, referida a la terminación unilateral de los contratos de venta exclusiva con duración indeterminada, la cual era contraria a la Ley italiana elegida por las partes. En este caso, el tribunal afirmó que "*Dans un arbitrage international, le tribunal arbitral ne constitue pas une institution d'un système étatique…*"[99].

Sin embargo, paulatinamente se ha ido admitiendo que hay casos de aplicación incontrovertida de las normas internacionalmente imperativas: supuestos de orden público transnacional; el caso de las normas imperativas de la *Lex contractus* (lo cual ha sido reconocido por los Principios de La Haya); las normas imperativas de la *Lex arbitri* (supuesto que resulta discutible, pues se asemeja a una especie de *Lex fori* difícil de aceptar en arbitraje); y en casos de fuerza mayor[100].

---

[97] http://www.trans-lex.org/201512 (18.09.2015).

[98] *Journal de Droit International*, 1975, pp. 917 ss. Este laudo y el anterior fueron citados en: van Houtte, Hans, Changed Circumstances and *Pacta Sunt Servanda*, en: Gaillard (ed.), *Transnational Rules in International Commercial Arbitration*, Paris, ICC Publ. Nr. 480,4, 1993, pp. 105 ss.

[99] En: *International Council of Commercial Arbitration Year Book*, 1992, Vol. XVII, pp. 212 ss.

[100] Barraclough, Andrew and Jeff Waincymer, Mandatory rules of Law in international commercial arbitration, en: *Melbourne Journal of International Law*, 2005, Vol. 6., pp. 205, especialmente pp. 217-224.

En todo caso, no se olvide que, es posible que el laudo deba ser ejecutado en un Estado determinado, cuyos jueces, usualmente, ejercen un control sobre, por un lado, la arbitrabilidad del litigio y, por otro, el orden público[101]. Esto podría hacernos pensar que, aunque el árbitro no esté formalmente obligado a atender las normas imperativas de un Derecho estatal pueda, pensando en evitar un recurso de nulidad o un desconocimiento del laudo, considerar este tipo de normas en su decisión. En este sentido, Racine estima que el árbitro debe normalmente respetar las normas imperativas de los Estados, pues su decisión será objeto de control estatal. El árbitro se encuentra, en su opinión, en una situación de *liberté sous contrôle* que lo conduce a respetar un orden público estatal[102].

A pesar de esta actitud con las normas imperativas estatales, Gaillard ha afirmado que el árbitro tiende más bien a hacer prevalecer las exigencias del orden público *réellement international.* Para el árbitro no es suficiente que un Estado declare tener una fuerte voluntad de aplicar una norma determinada, para él es necesario que esa disposición coincida con "*...des valeurs très généralement partagées dans la communauté internationale pour que l'arbitre se sente tenu d'en assurer le respect*". El árbitro entiende que sus poderes derivan de la comunidad internacional, más que de un Estado determinado[103].

A MANERA DE CONCLUSIÓN

El reconocimiento de las normas internacionalmente imperativas en la dinámica de la relación contractual internacional implica, en

[101] En efecto, los artículos 5,2 de las Convenciones de Nueva York sobre reconocimiento y ejecución de laudos arbitrales extranjeros y de Panamá sobre arbitraje comercial internacional disponen, con una casi idéntica redacción, que también se podrá denegar el reconocimiento y la ejecución de una sentencia arbitral si la autoridad competente del país en que se pide el reconocimiento y la ejecución, comprueba: a) que, según la Ley de ese país, el objeto de la diferencia no es susceptible de solución por vía de arbitraje; o b) que el reconocimiento o la ejecución de la sentencia serían contrarios al orden público de ese país.

[102] Racine, Jean-Baptiste, *L'arbitrage commercial international et l'ordre public*, Paris, LGDJ, Bibliothèque de Droit Privé, Tomo 309, 1999, p. 233.

[103] Gaillard, Emmanuel, L'ordre juridique arbitral : réalité, utilité et spécificité, en: *McGill Law Journal*, 2010, No. 55, pp. 891 ss., especialmente p. 902.

definitiva, reconocer que el poder intervencionista del Estado en las relaciones privadas trasciende sus propias fronteras. Su importancia está directamente vinculada con el nivel de injerencia del Estado. Esta misma ecuación puede verse en el Derecho interno. De hecho podemos considerar que ha sido la situación del Derecho interno la que se ha proyectado en el Derecho internacional privado.

La evolución del Estado –que ha dejado de ser un testigo inerte para convertirse en un actor principal– ha sido sin duda determinante en este especie de "inflación" de normas imperativas, cuyo poder no solo obstaculiza la autonomía material, sino que alcanza a convertirse en un verdadero cerco para la autonomía conflictual. La determinación del Derecho aplicable por las partes ha de estar precedida, necesariamente, de un análisis que involucre las potenciales normas imperativas aplicables, las del foro, las de la *Lex causae*, las de un Derecho estrechamente vinculado al contrato. El Estado parece haber llegado con la intención de instalarse en medio del edificio de las relaciones privadas y su presencia ha de ser necesariamente considerada por todos los operadores jurídicos.

REFLEXIONES SOBRE GOBERNABILIDAD Y DERECHO INTERNACIONAL PRIVADO

DIDIER OPERTTI BADÁN*

Resumen: Este trabajo constituye una reflexión sobre el papel actual del Derecho internacional privado y su responsabilidad de contribuir a la gobernabilidad de la comunidad internacional.

Abstract: *This paper constitutes a reflection on the current role of private international law and its responsibility to contribute to the governance of the international community.*

PALABRAS INICIALES – MI AGRADECIMIENTO

i.- Cuando recibí la invitación a participar en un libro de homenaje al Profesor Eugenio Hernández Bretón sentí *ab initio*, como solemos decir quienes hacemos del Derecho "profesión habitual", una gran alegría pues ello suponía que formaba parte de un grupo de colegas "escogidos" y que por lo tanto debía pensar cómo honrar esa distinción no solamente como Profesor de la misma materia, sino como un uruguayo agradecido por siempre a Venezuela por lo que el contacto con sus juristas representó en lo personal y para mi pueblo y país.

Fue en Panamá, enero de 1975, CIDIP I, donde y cuando tuve la fortuna de conocer y tratar a los Profesores venezolanos Dres. Gonzalo

* Profesor Emérito de Derecho internacional privado de la Universidad de la República.

Parra Aranguren y Tatiana Maekelt, junto a otros dos profesores uruguayos, Dres. Edison González Lapeyre (Presidente de la delegación) y Manuel Adolfo Vieira (Asesor Jurídico de la Asociación Latinoamericana de Libre Comercio, ALALC).

Vivíamos entonces en Uruguay –década de los setenta– tiempos difíciles, por lo cual asumí la participación en la CIDIP I –Conferencia Especializada Interamericana de Derecho Internacional Privado– como el cumplimiento de mi compromiso técnico con el Derecho internacional privado en el que había iniciado en 1961 mi carrera docente como modesto auxiliar del Maestro Quintín Alfonsín, fallecido prematuramente, fundador de la que identificamos sin arrogancia sus integrantes –entrecasa– como la "Escuela Uruguaya de Derecho internacional privado".

ii.- El encuentro y la "química" con Gonzalo y Tatiana fue instantáneo y seguido de una permanente búsqueda del diálogo y de los acuerdos necesarios entre los delegados para arribar a las Convenciones de la CIDIP I, junto a otros "pilares" del Derecho internacional privado. como Werner Goldschmidt (Argentina), Haroldo Valladão (Brasil), y José Luis Siqueiros (México), entre otros.

Para mí, aquel acto de "refundación" del Derecho internacional privado que fuera la CIDIP I, significó el primer escenario internacional formal y aparejó efectos no previstos en ese momento. Luego, la historia de la CIDIP es conocida.

De Gonzalo y Tatiana recibí el "espaldarazo" que en ese instante necesitaba y allí nacieron visiones y proyectos que llevarían más tarde a "Doña Tatiana", como la llamaban y continúan llamándola cariñosamente sus discípulos y colegas, a "conminarme" a colaborar con ella en la todavía Consultoría Jurídica de la OEA en Washington D.C. convertida luego gracias a su creatividad y empuje, en Subsecretaría de Asuntos Jurídicos.

Y allí fuimos en 1979 y así comenzó para mi familia y para mí una nueva y decisiva etapa gracias al recíproco aprecio y hermandad de latinos y caribeños, puestos a prueba en diferentes momentos de nuestra historia común y teniendo presente que "la ingratitud es una forma de traición".

El lector a estas alturas podría interrogarse acerca de quién ha identificado como homenajeado el Profesor Opertti, ¿Eugenio o Gonzalo?; ¿Eugenio o Tatiana?. Aquí Eugenio, el continuador; en la memoria sus Maestros.

A ello agregaría que soy uno más en la columna de homenaje a Eugenio Hernández Bretón en el que identifico –sin mengua de otros respetados y valiosos colegas– a uno de los académicos más refulgentes del pensamiento venezolano contemporáneo.

Y de ahí un "contínuo" en el que tengo el privilegio de participar junto a muy distinguidos autores; además, estoy seguro que Eugenio interpretará este prólogo como el brote de aquellas hondas raíces que siguen dándonos juristas y personas como él.

I. EL PORQUÉ DEL TEMA ELEGIDO

El introito –acaso extenso– pero justificado, nos legitima para afirmar que ha llegado el momento de concentrarnos en el tema central: Gobernabilidad y Derecho internacional privado.

1. Posiblemente habría sido más sencillo para mí escribir sobre alguno de los muchos asuntos específicos y propios del Derecho internacional privado que hemos cultivado tanto el Profesor Hernández Bretón como yo, lo que seguimos haciendo como en el primer día. He preferido –en una opción un tanto diferente– detenerme en un concepto que juzgo central a la hora de definir el papel actual del Derecho internacional privado y la responsabilidad de contribuir a la gobernabilidad de la comunidad internacional, desde la materia en primer lugar y como efecto derivado la de quienes nos dedicamos a ella, tal como trataré de fundamentar apoyándome en la realidad, sin la seducción, en la feliz expresión de Fernando Savater, de "la imaginación indisciplinada y "caprichosa"[1].

---

[1] Vatimmo, Gianni et al., *En torno a la posmodernidad*, Barcelona, Anthropos, 1994. Se trata de una obra colectiva, coordinada por Gianni Vatimmo otrora líder de la acción católica italiana en la que sustituyera a Umberto Eco. Su contribución se titula "Posmodernidad: ¿una sociedad transparente?" (pp. 9-19), en el capítulo escrito por Fernando Savater, que se titula "El pesimismo ilustrado" (pp. 111-130), señala: "El privilegio y sostén del hombre es la facultad racional que posee, no el recurso a la revelación religiosa o a la autoridad tradicional, ni por supuesto la imaginación indisciplinada y caprichosa" (p. 112).

Los juristas, al igual que todos los seres humanos vivimos dentro de un cuadro organizado de valores –propio o asumido– que nos permite desarrollar, interpretar y aplicar en su medida el Derecho en las distintas áreas y especializaciones, con los resultados posibles. Todas las personas forman parte de ese espacio común y viven su propia existencia, en la gran mayoría de los casos sin una plena conciencia de su pertenencia a la comunidad internacional y hasta en muchos de ellos son totalmente ajenos a ésta. Y, dato no menor, son miles de millones de seres humanos en esa condición.

2. Asumo el optimismo constructivo como el padrón de este homenaje y desde él reconozco el "metro cuadrado" de cada uno (tomo aquí la acertada expresión del Maestro E.J. Couture)[2] como límite cuasi biológico, sin "cerrazón" ni nihilismo paralizante o pretensiones didácticas, aunque en nuestro caso sin declinar de una identificación dentro del género de los juristas, la que nos caracteriza como una "especie" familiarizada con el escenario "transfronterizo", en el amplio espacio de las relaciones privadas internacionales. Y por tanto, internacionalistas, sin adjetivos limitativos –público y privado– que el estado actual del Derecho Internacional se resiste a adoptar.

Este es el punto de partida de lo que sigue.

II. UNA PREGUNTA PRELIMINAR Y ADELANTO DE RESPUESTA

3. Resulta necesario reforzar los anclajes reales de nuestra disciplina y desde esta construcción interrogarnos si el Derecho internacional privado puede contribuir efectivamente a mejorar las condiciones de la convivencia interna e internacional o, por lo contrario, asumir una "olímpica neutralidad" como si esta fuese sinónimo de pensamiento científico o al menos tecnicismo depurado, ninguno desdeñable, por cierto; en todo caso, contribución al orden internacional.

De ese cometido, se aduce, se ocuparía solamente "la política" en su sentido estricto.

[2] Couture, Eduardo J., *La comarca y el mundo*, Buenos Aires, Ediciones de Palma, 1965.

No deberían inquietarse los publicistas, politólogos y analistas por este avance en el terreno otrora asignado a su cuasi monopólica competencia de ciertos temas clásicos, entre ellos la "gobernabilidad", tan cercana y hasta "propia", se subraya, de la "calidad de las instituciones públicas" y no de las privadas. Contrariamente, las segundas para ellos solo merecerían en el decretero judicial, a lo sumo, el modesto "téngasele presente".

4. Como medida de arraigo del ser humano a su "terruño" y cultura, se constata –sirve como ejemplo– el uso en el Derecho internacional privado de la "residencia habitual" como "asiento de vida de las personas físicas" y en especial de los menores, la que preserva la conexión con la sociedad más cercana u orden jurídico "con el que presenta los vínculos más estrechos". Y *mutatis mutandi* similar función cumple la "sede" en materia de personas jurídicas o sociedades comerciales, sin excluir la apertura del factor de conexión o la sustitución del mismo en la selección de la ley aplicable por ser la más adecuada, sin desconocer la incidencia de los lugares de constitución y actuación sobre ley aplicable y jurisdicción competente.

En tal sentido –vale precisarlo–, asumo el método clásico de solución del conflicto de leyes como un dato dominante de la realidad, sin restar importancia a las soluciones sustancialistas o materiales o directas, del tipo de la Convención de Viena de 1980 en materia de venta internacional de mercaderías, concibiéndolas a ambas en su convergencia y no como términos de un dilema entre métodos excluyentes. Así lo hemos propuesto en la Academia de Derecho Internacional de La Haya[3].

5. Procede anotar, que si la gobernabilidad es "convergir" o ir "hacia el mismo punto", ello es válido tanto en el ámbito público como privado y esto que es parte esencial de la "acción o efecto de gobernar". Esto incluye el debate entre quienes discurren acerca del ámbito propio de los derechos público y privado "hoy amenazado por la invasión de los derechos fundamentales"[4].

---

3 Opertti, Didier, Conflict de lois et Droit uniforme dans le Droit international privé contemporain: dilemme ou counvergence? Conférence inaugurale, session de Droit international privé, en: *Recueil des Cours*, 2013, Vol. 359. Ver: Conclusions, pp. 83-86.

4 Camus, Clotilde, *La distinction du Droit public et du Droit privé et le conflict de lois*, Paris, LGDJ, 2015, pp. 2 y 187-189.

Empero, se insiste en adjudicar al Derecho público un diferente sentido y "una mayor intensidad", lo que sería "una ilustración más de la amenaza secular de la subordinación de la ciencia a la política". A impulso del Derecho comunitario, esa distinción pierde con la Unión Europea la mayor parte de su sentido, sin mengua de lo que la doctrina llama "vocación universal del derecho privado"[5] y con esta una extensión mayor que la del Derecho público normalmente referido a un espacio más obediente a la soberanía, sea la clásica o la actual.

6. Un punto sobre el que se advierte un creciente acuerdo conceptual es el de la "privatización" del Derecho público con el incremento de las fuentes no etáticas, por una parte, y la "aplicación directa y horizontal de los derechos humanos", esta última en el marco de un neoconstitucionalismo que acrece sin una demarcación previsible la que, no obstante, actúa junto a las normas de conflicto de leyes.

A lo anterior se agrega lo que Horatia Muir Watt ha llamado "sacudidas epistemológicas que acompañan la arquitectura del orden internacional como efecto del fenómeno de la globalización"[6].

7. El Derecho comparado juega también su rol, muy bien revelado por Diego Fernández Arroyo[7], donde el precitado autor encara este tema a lo que se suma, en mi criterio, una indudable relación entre globalización y codificación del Derecho internacional privado, así como el juego de la supranacionalidad comunitaria.

---

[5] Camus, *La distinction du Droit public et du Droit privé…*, ob. cit., p. 2 y p. 79, párrafo 117. Comparto la opinión que favorece la vocación universal del Derecho internacional privado.

[6] Horatia Muir Watt en: *Derecho internacional privado. Derecho de la libertad y el respeto mutuo. Ensayos a la memoria de Tatiana B. De Maekelt*, Asunción, CEDEP, ASADIP, 2010, p. 39. Id., Aspects économiques du droit international privé (Reflexions sur l'impact de la globalisations économique sur les fondemets des conflicts de lois et de jurisdictions, en: *Recueil des Cours*, 4004, Vol. 307, pp. 25-384. Ver: Opertti, Didier, El Derecho internacional privado en tiempos de globalización, en: *Revista Uruguaya de Derecho internacional privado*, 2005, Año 6 No. 6, pp. 15 a 40, especialmentep. 26, en la que sugiero la consulta "de un provocador estudio de H. Muir Watt titulado "Globalisation des marchés économie politique de droit international privé", publicado en Archives de philosophie du droit, Dalloz, 2003, Tome 47, en el que la autora examina la conmoción que entraña la "maraña" de las economías y el papel político que puede jugar el conflicto de leyes en el tema".

[7] Fernández Arroyo, Diego, Private International Law and Comparative Law: A relationship, en: *Yearbook of Private International Law*, 2009, Vol XI. Destaco el apartado V titulado: "Teaching and learning PIL on a Comparative Basis", en cuanto expresa: "*In a world that is so interconnected, teaching law on a comparative basis should be the general rule*".

Rescatamos aquí la creciente incumbencia de las organizaciones internacionales y para nosotros el ejemplo de las Conferencias Interamericanas Especializadas de Derecho Internacional Privado, de la Organización de Estados Americanos en el sistema interamericano resulta categórico, prueba inequívoca de la vigencia del multilateralismo confirmado en la Conferencia de La Haya y en la Comisión de las Naciones Unidas para el Derecho Mercantil Internacional, en procesos válidos e ineludibles de la proyección de soluciones de vocación universalista no dotadas de supranacionalidad plena.

Volvamos al epicentro de nuestro análisis.

III. LA GOBERNABILIDAD PRESUPONE EL "GOBIERNO" Y POR TANTO LA REGULACIÓN DE LAS RELACIONES PRIVADAS FORMA PARTE DE ELLA

8. *A fortiori*, la "localización" de las relaciones jurídicas –ineludible para el funcionamiento del Derecho internacional privado– en cualquiera de sus métodos, fuentes y regulación, estará sujeta a una cierta "política legislativa" que contemple y "equilibre" los distintos intereses y derechos en juego –de los Estados y de los particulares–, con una inevitable presencia de la soberanía, inspiradora o barrera –a veces invisible– en las fórmulas internacionales. En cualquier caso, la dicotomía Derecho internacional público / Derecho internacional privado, sin mengua del "encuentro necesario"[8], sigue siendo válida a la hora de identificar el objeto y el ámbito, así como orientar la especialización. El binomio afluye y flexibiliza su interpretación estricta al punto de jugar asociados en el común empeño de alcanzar la "gobernanza" a la que reconocemos en rigor como una licencia de lenguaje propia de la síntesis de la tecnocracia, sin un contenido de recibo universal más allá de su definición académica como sinónimo primario de gobierno.

En cualquier caso, la gobernanza registra un menor parentesco –aunque sin resignarlo– con los "paradigmas políticos" y actúa en la

[8] AA.VV., *Derecho internacional privado y Derecho internacional público: un encuentro necesario*, Asunción, CEDEP, ASADIP, 2011. Ver especialmente del autor, pp. 430- 439 y 446.

esfera internacional como un eventual sucedáneo de la gobernabilidad, nivel al que no pretende reemplazar sino "bocetar", por medio de un rol augural y con cierta dosis de condescendencia en su visión realista y a la vez inspiradora para describir el estado incipiente o inconcluso del "gobierno" de las relaciones internacionales.

Otro rasgo diferenciado de la gobernabilidad[9] es que esta se presenta como un proceso en constante edificación en una suerte de "tensión" en el sentido "kelseniano", entre realidad y regulaciones y de ahí la necesaria participación igualitaria y garantista de todos los que forman parte de la población concernida.

Esta visión nos lleva a la "gobernabilidad", término de indiscutible "brillo político", que en el uso corriente designa el tipo de sinergia que se genera, básicamente, al interior de cada país y envuelve los vínculos entre autoridades y población. En este tipo de conexión se evalúa la gobernabilidad y, por su acento político, donde podría reconocerse el origen de la negativa al reconocimiento del Derecho internacional privado como un verdadero factor influyente en el pacto de solidaridad indispensable de "gobernantes y gobernados".

Debemos pues, partir de un rechazo o al menos reconocer la desconfianza o escepticismo respecto de la proposición de extensión que adoptáramos como título de este apartado.

9. Afirmamos con base doctrinaria y de modo preliminar que las cuestiones de Derecho internacional privado también son parte de la agenda política de los Estados y Organizaciones Internacionales. Naturalmente, el lector reconocerá cierta singularidad en esta afirmación y para su mayor perplejidad la vecindad del concepto a la "política" puede llevarle a preguntar ¿no es acaso el Derecho internacional privado un Derecho diferente al Derecho internacional público. al no ser por definición y *stricto sensu* "político"?; ¿ No es esto lo que se ha afirmado

---

[9] *Derecho internacional privado. Derecho de la libertad y el respeto mutuo. Ensayos a la memoria de Tatiana B. De Maekelt*, Asunción, CEDEP, ASADIP, 2010. Ver del autor "Reflexiones sobre las relaciones entre globalización y el Derecho internacional privado", p. 37. "En cuanto a los efectos institucionales, cabría distinguir entre los que dicen relación directa con la globalización (como la cuestión de su gobernanza, concepto diferenciado de gobernabilidad), y los que ella misma produce sobre categorías jurídicas preexistentes, tanto de derecho público como privado".

y enseñado siempre desde el inicio de los estudios de nuestras Facultades de Derecho? Y esto más allá del dictado conjunto de ambas ramas jurídicas en algunas universidades.

Sin mengua de la pertinencia de ese cuestionamiento en su sentido más difundido, estimo que se distancia del concepto básico del bien común para cuyo logro entra a actuar un objetivo superior: el del balance de intereses de los unos y los otros dentro de una sociedad organizada, que incluye al gobierno y su funcionamiento acorde a derecho y por supuesto a las personas. El Derecho internacional privado juega su rol en este equilibrio en cuanto toma a su cargo un gran sector de las relaciones interpersonales fuera de las que regula solo el Derecho público y libera o complementa a este en dicho cometido.

A lo anterior añadimos: si la política en su sentido más genuino es una verdadera "guía de navegación" de alcance general y funciona como un instrumento que nos permite acceder al tratamiento de los temas socio-económicos, el Derecho internacional privado no puede estar ajeno a su regulación en el creciente dominio de las relaciones privadas de extranjería o transfronterizas o, en puridad, internacionales. Este es el ámbito en el que el Derecho internacional privado coopera con sus reglas y métodos jurídicos a la gobernabilidad de la sociedad, sin desconocer que el actor principal sigue siendo el Estado a la hora de la coercibilidad y, en lo pertinente, las organizaciones internacionales en cuyo seno se adoptan las resoluciones obligatorias.

Así mismo es forzoso admitir que en general los temas del Derecho internacional privado como tales e *in totum* no hacen parte de las propuestas de políticas públicas sino que se les reserva un espacio propio al diseñar el derecho en materia de inversiones o de contratación internacional o de restitución de menores, que nos sirven para ejemplificar aunque puedan no ser suficientes para demostrar la tesis preliminar. Podría agregar aquí una clara expresión del vínculo Estado-Derecho internacional privado al adoptar –como lo hizo Venezuela– una Ley General, acorde a un criterio regulador que pareciera extenderse más allá del modelo político económico social del respectivo Estado.

10. Desde mediados del Siglo XX, la persona individual actúa en un espacio vertebrado por el Derecho público, constitucional e internacional, con el Derecho de los tratados como telón de fondo (Convención

de Viena de 1969). Este punto de vista, avalado por prestigiosa doctrina contemporánea coloca su atención en las llamadas "dos dimensiones del Derecho internacional", caracterizadas *ab initio* por el énfasis en los Estados desde la Paz de Westfalia –al menos convencionalmente– con las fronteras y competencias de los Estados como el sujeto exclusivo del relacionamiento externo. Empero y aunque sea *déjà vu*, vale reiterar que la dinámica y cambios producidos por los conflictos armados, en especial las dos Grandes Guerras, aparejó cambios en el sistema jurídico internacional y en los mapas político-económicos europeos no obstante lo cual se mantuvo la influencia de la llamada familia del derecho romano europeo continental, preservándose el espacio de la familia jurídica del *Common Law* y en ese tiempo la del socialismo.

Hoy la realidad es totalmente diferente y en especial en el Derecho internacional privado, donde el espacio de los Estados, sin ser abrogado, convive en el espacio global con una dinámica desbordante de la tecnología y con esta, de las "avenidas del conocimiento", al punto de hablarse hoy día de "Justicia digital"[10], desarrollada sobre la base de la teoría del filósofo Ernst Cassirer.

11. El tema de las fuentes no etáticas o extra-etáticas es parte de este enfoque y merecería una consideración específica desde que da cuenta de tiempos en que los sujetos privados prescinden (como ya sucediera siglos antes), de la intermediación del representante del interés general sin que esto prejuzgue sobre la bondad o demérito de la solución concreta.

Por su parte, la autonomía de la voluntad contractual internacional y el arbitraje van introduciendo al sujeto privado en la agenda pública, progresiva e "inexorablemente" en los temas esenciales del Estado: el Derecho aplicable y la Justicia.

Para mayor claridad: aquí se considera la política desde el espacio del ser humano "internacionalista", dentro de una sociedad organizada y dotada de las instituciones necesarias para asegurar su funcionamiento regular al servicio del tejido social, conforme a los superiores fines sostenidos por la comunidad internacional.

---

[10] Garapon, Antoine / Jean Lassègue, *Justicie digitale*, Paris, PUF, 2018. Ver p. 230 sobre las interrogantes epistemológicas, y p. 351 sobre la "resonancia antropológica".

Así mismo, no podría desconocer que las relaciones de la gobernabilidad con la política, habitualmente se plantean desde el análisis y valoración del sistema institucional y gobierno que cada Estado nacional adopta como ámbito propio y soberano. En este sentido, la gobernabilidad configura lo que en el Derecho internacional privado llamaríamos, no sin cierto abuso del lenguaje técnico, "cuestión previa" o "cuestión preliminar". Más sencillamente, se trata de un supuesto o condición ineludible que nos marca una agenda y objetivo del presente y del futuro, más allá de definiciones únicas y de la diversidad de los signos ideológicos que la caractericen.

Empero, cuando ahondamos en la idea –no llegaría a hipótesis sin previa demostración–, de la contribución del Derecho internacional privado a la gobernabilidad (o apenas "gobernanza"), la asumimos como una cualidad esencial de toda construcción política colectiva por cada población acorde a normas libremente adoptadas o admitidas –según se trate del respectivo Estado– y, en todo caso, compatibles con el sistema internacional en vigor.

12. En definitiva, el Derecho internacional privado se apoya en la regulación previsible de la relación privada internacional y ese es su aporte específico a la convivencia y por ende a la gobernabilidad en su más amplio significado. Esto funciona de tal modo que para ciertas relaciones de tipo "autonomista", son las propias partes privadas las que generan y acuerdan su regulación sin perjuicio de ciertos principios institucionales (*v.gr.*, La Haya, UNIDROIT) de difundida aceptación.

Se ha dicho que "la política es lo que está en el medio, entre el sistema y el individuo"[11].

Lo anterior determina que la política sea considerada como una actividad que podría llegar al grado de una profesión, dicho esto sin desdoro alguno, y de esto colegir no sin cierta ironía que "la política es de los políticos". Ante esta rotunda y excluyente afirmación agregamos que para los internacionalistas es muy importante conocer y trabajar en la formulación de reglas que van, por ejemplo, desde la protección de la familia y el menor en el "espacio jurídico global", hasta lo relativo –en

[11] Lapuente Giné, Víctor, Sociedades enfadadas, en: *El País Madrid*, reproducido en Economía Mercado de El País, de 24 de julio 2017.

otra categoría de relaciones privadas– a las normas de la contratación comercial internacional y a la protección y garantía de inversiones, área de concurrencia de Derecho público y privado, o con la adopción del arbitraje como instrumento para la solución de las controversias privadas o privado-públicas, etc.

En todos estos casos y en otros muchos afines, los internacionalistas reivindicamos nuestra legítima expectativa de participación responsable en la gestación de las regulaciones como corresponde en una "sociedad abierta"[12].

Los procesos de integración económica aportan lo propio en cuanto a espacios comunes de regulación jurídica (el paradigma es sin duda la Unión Europea) y generan acuerdos de naturaleza económico-política con una notoria influencia sobre el Derecho internacional privado, al punto de "soldarlo" al Derecho comunitario por medio de las respectivas Directivas.

IV. GOBERNABILIDAD Y "GOBERNANZA" – OTRAS PRECISIONES

13. Es preciso insistir en la fundamentación precedente y es con ese propósito que formularé las siguientes precisiones:

a. Aun cuando pueda ser posible y hasta conveniente distinguir entre "gobernabilidad" y "gobernanza", decimos que ambas expresiones no deberían ser utilizadas en el ámbito internacional de modo fungible o intercambiable por lo que paso a señalar;
b. la primera es una categoría de origen y carácter político que indica la indispensable dosis de "empatía" entre gobernantes y gobernados como nos enseñaba el gran publicista francés León Duguit y concierne al interior de cada uno de los Estados y sus gobiernos;

[12] Basedow, Jürgen, El Derecho de las sociedades abiertas (Trad. T. Pug Stoltenberg), Bogotá, Legis, 2017. Ver especialmente pp. 23-28, en las que se identifica la obra del filósofo Karl Raimund Popper (1902-1994) con su obra "La sociedad abierta y sus enemigos" (1945), como el fundamento filosófico que pone fin al tribalismo y a las sociedades cerradas (p. 24); y reafirma "la globalización como fuerza motora de la sociedad abierta" (pp. 25 ss.).

c. la segunda expresión es utilizada con frecuencia para identificar una regulación de baja intensidad y refiere en rigor a ciertos entendimientos mínimos en la esfera internacional que no llega a constituir una sujeción estrictamente vinculante, más allá de su contribución positiva en temas en los que aun los Estados no se han comprometido en ese nivel;
d. en cierto modo la "gobernanza" es aún una expresión un tanto descriptiva e imprecisa que por su ámbito y cualidades no es idéntica a "gobernabilidad" y no contamos con una definición de ella, unívoca o de general aceptación;
e. elevar la gobernanza al nivel de gobernabilidad de los Estados ya sea dentro de ellos o entre sí y en este último caso posicionarse en el plano internacional sobre la base de las Naciones Unidas y así cimentar un código de conducta universal capaz de asegurar la convivencia pacífica, debiera constituir parte del imaginario –no de la utopía– de quienes habitamos el planeta Tierra;
f. en tal sentido podríamos concluir que el Derecho internacional privado ofrece condiciones y experiencia que lo habilitan para contribuir desde su "metro cuadrado" a resolver problemas de indudable relieve, como, a título de simple ejemplo, se verifica en las soluciones al "Conflicto de culturas"[13] como alternativa al llamado "Conflicto de Civilizaciones"[14], tan debatible. Y por cierto así lo hace al proveer fórmulas de adaptación entre el Derecho musulmán y el Derecho occidental de raíz románica.

14. Trátese de uno u otro término, es notoria la diferencia resultante del "ejercicio del poder o la autoridad", desde que este último abarca el cuerpo social y sus diferentes protagonistas y atañe a la organización política de cada Estado así como a la orientación o ideología en el Gobierno que al ser diversa puede ser también diversa en su tipificación y

[13] Gannagé, Léna, Les méthodes du droit international privé à l'épreuve des conflits de cultures, en: *Recueil des Cours*, 2013, Vol. 357, especialmente parágrafo 3 p. 32: Culture et Droit international privé.

[14] Huntington, Samuel P, *El choque de civilizaciones y la reconfiguración del orden mundial*, Buenos Aires, Paidós, 1997. Ver especialmente capítulo 2: Las civilizaciones en la historia y en la actualidad, pp. 45-63.

valoración: positiva o negativa, en el terreno de los valores superiores como definición del bien común.

Más sencillamente dicho: la gobernabilidad puede alcanzarse por caminos y procedimientos diferentes. Su relevancia es dada por los valores que la inspiran y gobiernan, así como su contribución al individuo y a la sociedad.

V. LA CONTRIBUCIÓN DEL DERECHO INTERNACIONAL PRIVADO A LA GOBERNABILIDAD

15. Asumo que muchos de nosotros conocemos el pensamiento de los demás, por lo cual aquí solo pretendo trasmitirlo a eventuales nuevos lectores entre los muchos convocados por el valor de este merecido homenaje colectivo al Prof. Hernández Bretón y no por mis recatadas reflexiones.

Reconocida la naturaleza política de la cuestión –en el más amplio y generoso sentido del vocablo–, acepto de antemano que no existe un sólido consenso acerca del fundamento filosófico y menos todavía una valoración unívoca del aporte de las leyes humanas.

Esas "leyes humanas" tienen en el Derecho una de sus expresiones más extendidas. Y esto incluye a Platón en la Filosofía Clásica, al pensamiento de la Revolución Americana y la Revolución Francesa del siglo XVIII, Carlos Marx y su interpretación de la Revolución Industrial del siglo XIX, para llegar de modo secuencial a Karl Popper (1902-1994) y su libro "La sociedad abierta y sus enemigos"(1944 tras dos Grandes Guerras)[15].

He incluido por lo antedicho, al internacionalista contemporáneo Jürgen Basedow con su reciente obra "El Derecho de las sociedades abiertas. Ordenación privada y regulación pública en el conflicto de leyes" (2017) que tomara de modo expreso la expresión y concepto de Popper, al tiempo que reconoce que fue el Premio Nobel Henri Bergson quien utilizara por primera vez (1932) la expresión "sociedad abierta".

Con diferentes enfoques se revisa el concepto de "sociedad cerrada" o "tribal", con sus expresiones mágicas y hasta liberticidas, para

[15] Popper, Karl, *La sociedad abierta y sus enemigos*, 1945.

arribar a un pluralismo que se aleja de los tabúes y en múltiples sociedades adopta como objetivo mejorar las condiciones de la vida de las personas y de la comunidad en su conjunto.

El modelo de "sociedad abierta" guarda coherencia con la clásica propuesta del Maestro Werner Goldschmidt al calificar al Derecho internacional privado como "Derecho de la tolerancia"[16].

La gran cuestión sigue siendo cómo garantizar una participación responsable del tejido social, ya en forma directa prohijada por Rousseau al admitir que la soberanía no puede ser representada, o expresarse a través de sus representantes como tempranamente ejemplificaba la democracia ateniense con su apelación al ágora ciudadana. Asumiendo que el tema es, en rigor, de tipo político, aludimos al mismo desde la posición del jurista uruguayo que homenajea a su apreciado colega jurista venezolano, con plena conciencia que no pondré el foco en la evaluación de ninguna de las diferentes fórmulas políticas sin desconocer su evolución y natural influencia sobre el Derecho, mi medio habitual de expresión.

Si bien hay autores contemporáneos que enfocan la política desde una visión crítica, pensamos como hombres de Derecho que ella es consustancial al ejercicio ordenado del poder. Cabe señalar que a los especialistas de Derecho internacional privado desde la visión de los internacionalistas generales, se intenta caracterizarnos como una elite de iniciados, lo cual recortaría las posibilidades de proposición en los sistemas jurídicos en pro de una gobernabilidad que no sabe de exclusiones.

16. Mi visión no calca esa mirada crítica pero no está exenta de una concepción en la que la formación jurídica y la propia experiencia personal me aproximan a una calificación más modulada de la política, que apela a la raíz aristotélica de la universalidad del ser político como el ser humano mismo y de consiguiente la aleja de toda forma de exclusión o elitismo. Y a esto sumo al rol civilizador de Derecho internacional privado a través de una política legislativa que así lo reconozca y aun sin este sello oficial, pueda seguir contribuyendo a la solución de los conflictos privados.

---

[16] Goldschmidt, Werner, *Derecho internacional privado. Derecho de la tolerancia*, Buenos Aires, Depalma, 5a ed., 1985.

Considero útil recurrir aquí a una de las muchas definiciones de la política para ir luego a otros estadios. Así se dice: "La política es un conjunto de ideas, proposiciones, iniciativas y gestión mediante las cuales se aspira a ejercer el poder".

El Derecho internacional privado, a mi juicio, tiene cabida en esa definición pues "ideas, proposiciones, iniciativas" no faltan en nuestra disciplina y por tanto somos parte de esa "representatividad", acuñada en el campo técnico político, aunque no protagonistas desde él en la lucha por el poder.

Intentaré demostrarlo a través de algunos ejemplos históricos.

VI. CIERTAS CONTRIBUCIONES HISTÓRICAS DEL DERECHO INTERNACIONAL PRIVADO

17. He escogido entre muchos sólo algunos ejemplos concretos en los que el papel cumplido por el Derecho internacional privado tuvo y mantiene una influencia directa en nuestra región en la construcción de lo que hoy se denomina "gobernabilidad", asumiendo que al igual de otras selecciones no estará libre de cierta discrecionalidad ordenada por el espacio y la ocasión, para la que pido indulgencia.

Me permito agregar que se trata de una simple enumeración subjetiva y sumaria que se limita a relevar ciertos acuerdos fundacionales y personalidades relevantes, sin adentrarse en los contenidos. Con esto trato de confirmar que el Derecho internacional privado ha sido y es un capítulo de la gobernabilidad.

He optado por una simple enumeración parcial seguida de un aporte que he juzgado esencial y coadyuvante a mi proposición.

A. El Derecho internacional privado en América

a. Los Tratados de Lima (1878), Montevideo (1889-1940), Código Bustamante (1928) – Vigor y actualidad de sus soluciones
b. Las CIDIPs (siete Conferencias) – Multilateralismo, organización internacional regional (OEA) y Derecho internacional privado – La Conferencia Especializada.

c. Una contribución central: La Convención sobre Normas Generales para la aplicación del Derecho internacional privado (CIDIP II, Montevideo, 1979).

B. Los Maestros y sus más relevantes aportes

a. Savigny – Se incluye aquí por su influencia determinante en América Latina, con la fórmula original de soluciones al conflicto de Leyes entre las pequeñas monarquías germánicas;
b. T. Asser – Su aporte fundamental al método de conflicto de leyes que puede verse plasmado en su obra: Éléments de Droit International Privé ou du Conflit des Lois
c. W. Goldschmidt – El Derecho internacional privado como Derecho tridimensional de la tolerancia; su aporte a la Convención Interamericana de Normas Generales.
d. G. Parra Aranguren – La Ley General de Derecho internacional privado de Venezuela y su influencia como modelo de Derecho internacional privado de fuente interna y su indiscutible paternidad de varias de las soluciones de la Convención Interamericana de Normas Generales; inspirador de la escuela venezolana actual (la que integra dignamente el homenajeado).
e. Quintín Alfonsín – Derecho internacional privado, las relaciones privadas internacionales y el Derecho privado internacional; el papel del "comercio internacional".
f. H. Valladão – La visión comparatista (hoy profundizada por Diego Fernández Arroyo) y enciclopédica en el Derecho internacional privado de América Latina y su reflejo en las CIDIPs; a ello se suma el aporte doctrinario de Eugenio Hernández Bretón en su "Trabajo de incorporación a la Academia de Ciencias Políticas y Sociales" de 2007.
g. J.L. Siqueiros – La autonomía de la voluntad en los contratos internacionales y contribución a la respectiva Convención Interamericana sobre Derecho aplicable a los Contratos Internacionales (CIDIP V, México 1994).
h. M.A. Vieira – Aportes al Derecho de la integración y al Derecho penal internacional.

Los aquí no citados también reúnen título suficiente para ello, y su identificación, que desde ya agradezco, hace parte de los referentes jurídicos del lector.

CONCLUSIONES

Reitero aquí ciertas ideas que integran mi ADN internacionalista, por ejemplo las expuestas en la reunión de ASADIP de Isla Margarita los días 12 y 13 de noviembre de 2009 y publicadas en obra colectiva, Derecho internacional privado. Derecho de la libertad y el respeto mutuo. Ensayos a la memoria de Tatiana B. Maekelt, Octubre 2010.

1. "El Derecho Internacional Privado, fiel a su función y objeto, es la rama jurídica que más ha ahondado en el estudio de las relaciones jurídicas privadas en el campo internacional";
2. "El recurso a la globalización como una explicación tan amplia como huidiza y aun imprecisa, de fenómenos como este, en pleno proceso de caracterización, tendría una legitimidad, al menos pragmática, y ayudaría a despejar grandes dudas acerca del papel que le toca al Derecho en la sociedad contemporánea".
3. "La formulación y la aplicación del Derecho –en general y no solo del Derecho internacional privado–, se vinculan, básicamente, al sistema de creencias que le da origen: el poder o el consentimiento".

REGULACIÓN DEL INTERNET Y EL DERECHO A LA PROTECCIÓN DE DATOS PERSONALES EN EL ÁMBITO INTERNACIONAL

FRED AARONS P.*

Resumen: Este artículo analiza los distintos métodos para la regulación del internet en relación con el derecho a la protección de datos personales en el ámbito internacional. Se hace especial referencia a la reciente regulación

Abstract: *This article analyzes the different methods for the regulation of the internet in relation to the right to the protection of personal data in the international sphere. Special reference is made to the recent regulation.*

* Doctor en Ciencias, Mención Derecho, por la Universidad Central de Venezuela; Magister en Banca de Desarrollo, Concentración en Finanzas, por American University; Magister en Estudios Legales Internacionales, Concentración en Comercio Internacional y Banca, por American University Washington College of Law; y Abogado por la Universidad Católica Andrés Bello. Profesor del curso de Derecho, Economía y Regulación Financiera a nivel de Doctorado en la Facultad de Ciencias Jurídicas y Políticas de la Universidad Central de Venezuela y profesor de las cátedras de Mercados de Capitales Internacionales y Legislación Financiera venezolana a nivel de postgrado en la Maestría de Monedas e Instituciones Financieras de la Facultad de Ciencias Económicas y Sociales de la Universidad Central de Venezuela. Consultor Internacional en asuntos regulatorios, transacciones internacionales y desarrollo institucional. Árbitro y Conciliador del Centro Empresarial de Conciliación y Arbitraje (CEDCA) y del Centro de Arbitraje de la Cámara de Caracas.

Dedicamos este artículo a nuestro profesor y amigo, Eugenio Hernández Bretón, con ocasión de la publicación por la Academia de Ciencias Políticas y Sociales de Venezuela de un libro en homenaje a su obra y pensamiento jurídico, los cuales han contribuido a promover el conocimiento, la curiosidad intelectual y el don de gentes en el foro jurídico y la academia, no solo en Venezuela, sino más allá de sus límites territoriales.

I. SINOPSIS

En la búsqueda de la armonización de las leyes y sus regulaciones en el ámbito internacional, la ocasión es propicia para analizar un tema de particular y creciente relevancia en el mundo de las relaciones jurídicas y económicas, como es el relativo a la regulación del internet en lo concerniente al derecho de protección de datos personales. Ante el crecimiento de la economía digital basada en la red de internet, algunos hemos sido protagonistas y otros testigos del amplio arraigo que tienen las redes de internet y el profundo impacto que puede tener la información disponible en el quehacer diario de los particulares, para todo tipo de propósitos individuales, sociales, profesionales, comerciales, entre otros. Toda la información disponible en las redes de internet confluye con los datos personales de los individuos que participan activa (directa o indirectamente), o inclusive pasivamente, en la red digital con su nombre, perfil y preferencias. Tal confluencia y su relevancia han hecho necesario atender desde una perspectiva internacional los aspectos regulatorios vinculados con el derecho de protección de datos personales. Es por ello que nuestro análisis, partiendo de una visión internacional del derecho privado, propone mecanismos para hacer eficiente la protección de los datos personales disponibles en la red del internet, con ocasión de la participación de los individuos en ella, mediante el acceso a procedimientos de supresión efectiva de datos personales que hayan sido obtenidos sin autorización, no sean veraces, sean inexactos o extemporáneos, entre otras circunstancias aplicables. Todo ello sin distinción de la nacionalidad y lugar de residencia de los afectados, puesto que la red de internet, su plataforma y sus servicios no tienen fronteras que las delimiten como instrumentos de la economía digital.

Con el fin de desarrollar nuestro objetivo, hemos configurado este trabajo en cinco secciones principales en las que, primeramente, intentamos establecer un marco de referencia de la operatoria de la red de internet y sus efectos globalizadores sobre los actos jurídicos de los particulares, con el fin de establecer las pautas de armonización necesaria que debería adoptar el Derecho para dar soluciones a los problemas planteados. Segundo, destacamos los aspectos propios de la gobernabilidad de la red de internet. Tercero, establecemos una base referencial en cuanto al objeto y alcance de los derechos de protección de datos personales para su adecuada delimitación y tratamiento. Cuarto, formulamos ciertas consideraciones acerca de los aspectos regulatorios de la economía tradicional, en comparación con las propuestas regulatorias aplicables a la economía digital, principalmente en Europa, para la protección de los datos personales como derechos individuales. Finalmente, hacemos planteamientos acerca de las perspectivas aplicables y los desafíos que enfrentamos en materia del derecho de protección de datos personales en las plataformas de internet, con el fin de procurar la aplicación de un derecho internacional más justo, equilibrado y con mayor seguridad jurídica para los afectados.

II. EL DERECHO INTERNACIONAL PRIVADO Y EL INTERNET

Cuando el norteamericano Joseph Story otorgó a la disciplina del derecho internacional privado el nombre con el cual se le designa, en un principio se concebía como el estudio de las reglas integradas en el Derecho Interno de cada país.

Otros juristas admitieron la existencia de reglas internacionales para la regulación de los problemas que entendían formaban parte del Derecho Internacional Privado, todo ello sin sustraerse a la necesidad de exponer también las normas positivas de su legislación patria sobre tales problemas. Lo cierto es que, independientemente de que sea el método aplicado, el aspecto central pareciera residir en el conflicto de leyes.

La mayor parte de las relaciones de la vida privada, cuando se producen en un mismo territorio, no ofrece dudas cuanto a la ley que debe regirlas. Sin embargo, cuando por lo menos uno de los elementos personales, reales o formales de esa relación aparece vinculado con otro país, no siempre es tan claro cuál sería la legislación aplicable, ante el eventual conflicto de leyes que podría surgir dentro del contexto del Derecho Internacional Privado.

La división de la comunidad internacional en Estados, que dictan a su vez su propia legislación, se constituye en el supuesto esencial del Derecho Internacional Privado, todo ello exacerbado por la creciente globalización de la economía y el consecuente proceso de transculturización de las sociedades que a su vez provocan relaciones jurídicas y consecuencias más allá de las fronteras de su propio país. Estos conflictos no se circunscriben al ámbito de un país exclusivamente, puesto que podrían presentarse conflictos de leyes, cuando en el interior de un mismo Estado coexisten diferentes legislaciones, tal como ocurre analógicamente en los eventuales conflictos en algunos Estados federales, por ejemplo, en los Estados Unidos de América ante la diversidad de leyes entre los diferentes Estados de la unión.

La posibilidad de conflictos dentro de un mismo país, derivada de la coexistencia de varias legislaciones, se ha dado también en los países que han logrado su unidad, liberando su territorio repartido en varias denominaciones extranjeras, como fue el caso de Polonia, al recuperar su independencia al fin de la primera guerra mundial. En dichos casos, se podría hacer una aproximación analógica en virtud de la posibilidad de aplicar las mismas soluciones respecto a los conflictos internacionales. No obstante, cuando se trata de cuestiones entre provincias o regiones regidas por una autoridad central, la presencia de dicha autoridad, ya sea en un Estado unitario o federal, permite imponer unas reglas de conflicto comunes a los Estados federados, regiones o provincias, con lo que se conforma una uniformidad de soluciones dentro del Estado. En los conflictos internacionales, por argumento en contrario, aun admitida la existencia de normas precedentes de fuente internacional, habría otras reglas que cada Estado promueve de forma independiente y que sus respectivos tribunales tienden a aplicar. De allí que, ante relaciones jurídicas con elementos vinculados a diferentes legislaciones estatales, el asunto tenderá a ser resuelto por un sistema conflictual diferente, según la nacionalidad de tribunal que tendría que pronunciarse válidamente, lo cual provocaría que del juego de estas normas de conflicto no coincidente podría resultar la aplicación de diferentes leyes para cada uno de los tribunales a los problemas de fondo objeto de litigio[1].

Niboyet, en su obra *Traité de droit international privé français*, además de los conflictos legislativos y jurisdiccionales, incorpora una tercera categoría que identifica como "conflictos de autoridades". Su planteamiento consiste en dar sustantividad al problema de la competencia internacional de un funcionario administrativo para el otorgamiento de un determinado acto. Para los negocios jurídicos de carácter privado existe una regla generalmente admitida según la cual las formas y solemnidades se rigen por la ley del lugar de su celebración, es decir, *locus regit actum.* El conflicto de autoridades debe atender dos aspectos relativos, por una parte, a la competencia de un funcionario para autorizar un acto público en el que está presente algún elemento extranjero; y por la otra, la eficacia dentro de un país de los actos jurídicos de carácter público celebrados en otro[2].

Según indicamos, el planteamiento central del Derecho Internacional Privado reside en que surge en una relación individual o colectiva algún elemento conectado con un país distinto a aquel donde se trata de dar forma jurídica a aquella relación o reconocer sus efectos, pudiendo aparecer en contacto con aquella legislación de otro país los sujetos de la relación, su objeto y también –si la relación fue ya constituida– el lugar de su formación[3]. Es decir, siempre que un solo elemento sea extranjero, uno de los sujetos por su nacionalidad o domicilio, un bien por su situación, o ya sea un acto por el lugar de su conclusión o ejecución.

La solución viene dada por las normas que las legislaciones nacionales o las convenciones internacionales asignan a la regulación de esos supuestos de vinculación externa. Más allá de identificar el conflicto de leyes, lo pertinente es encauzar la armonización de las soluciones de los derechos en el medio internacional, independientemente del país

---

1 Miaja de la Muela, Adolfo, *Derecho internacional privado,* Madrid, Estades, 1954, Vol. I, pp. 13-14.

2 Niboyet, Jean Paul, *Traité de droit international privé français*, Paris, Recueil Sirey, 1949, Tomo VI, pp. 1-250.

3 Miaja de la Muela, *Derecho internacional privado…*, ob. cit., p. 225.

en que se encuentren las personas y el lugar en que se verifican los actos jurídicos y sus consecuencias.

El orden interno y el orden internacional concurren a la realización del objetivo de atribución de competencia encomendado al Derecho internacional privado. Si consideramos que la regulación de los supuestos conectados a diversas leyes, o ante vacíos de éstas, requiere de instrumentos de proyección internacional, en la composición de los sistemas nacionales no debe prescindirse de los aspectos internacionales que otorgan acceso a los principios universales que deben tenerse en cuenta en la tramitación y solución de los casos de conflicto derivados de la vida privada internacionalizada, con el fin de procurar una solución justa, equilibrada y que otorgue seguridad jurídica[4]. Las anteriores consideraciones conceptuales en relación con el Derecho internacional privado y sus formas de contribuir en la solución de controversias con implicación internacional, tienden a tener relevancia ante las operaciones de diversa índole efectuadas de manera combinada bajo el manto transnacional de las redes de internet, las cuales requieren acciones decisivas y armonizadas para promover de manera equilibrada la innovación tecnológica y el desarrollo económico, tomando muy en cuenta el derecho de protección de datos de los particulares.

La red de internet permite la confluencia de los más disímiles aspectos de una economía globalizada, donde se producen múltiples relaciones jurídicas que involucran sujetos de diversas nacionalidades y domicilios en diferentes jurisdicciones internacionales, rigiéndose en consecuencia por diversas legislaciones, fueros jurisdiccionales y autoridades administrativas con *autoritas* en diferentes territorios.

La economía digital representa toda actividad económica vinculada con el internet o la "web", que cada día tiene mayor injerencia en la economía tradicional. Google, Facebook, Amazon, Ebay, Apple, Microsoft y Alibaba, entre otras, son empresas que mantienen un liderazgo importante no solo en la red de internet, sino en la actividad económica mundial con el alto impacto que tienen en el día a día de los consumidores, en virtud de la amplia variedad de productos disponibles en la red

---

[4] Bonnemaison W., José Luis, *Curso de Derecho internacional privado*, Caracas, Vadell hermanos Editores, 2009, p. 23.

informática. Su capacidad de influenciar los gustos, así como las preferencias y conductas, de los consumidores ha sido determinante no solo para dejar de referirnos a la actividad que desarrollan como parte de la economía, sino denominarla como la esencia de la economía digital.

Esta nueva dinámica de la economía ha motivado y, en cierta forma, obligado a las empresas tradicionales a ajustar sus estrategias al contexto actual. Corporaciones, entidades bancarias y entes gubernamentales han comprendido el impacto de la economía digital y no solo han hecho cambios inmediatos para actualizarse, sino que ya se plantean objetivos a mediano y largo plazo para innovar y mantener su negocio vigente[5].

El internet se ha constituido en una vía multidireccional de acceso a bienes y servicios de manera inmediata, a través de canales de interconexión directo s y descentralizados. El Internet permite la participación de muchas empresas pequeñas en el comercio mundial, asimismo, apoya a que el capital existente sea más productivo, lo que aumenta la eficiencia y, al alentar la competencia, fomenta la innovación. El Internet, al igual que la energía o el transporte, se ha convertido en una parte esencial de la infraestructura de los países, y su red de servicios en un factor de producción en casi cualquier actividad de toda economía moderna[6].

El internet impulsa la economía mediante la expansión del comercio, la mejora de la utilización del capital, la promoción de la competencia y facilidades de ingreso en el mercado, independientemente del perfil del proveedor de bienes y servicios.

Las plataformas en línea establecen mecanismos de conectividad e intercambio de información que tienden a superar problemas de confianza mediante mecanismos de garantía y la resolución de disputas. No solo se dinamiza a través del internet la comercialización de bienes, sino también mediante la prestación de servicios, lo cual promueve la desagregación de los procesos productivos. La reducción de costos ha sido uno de los factores determinantes en el crecimiento del internet, lo cual ha generado un aumento de la eficiencia y la productividad en todos los sectores de la economía. La necesidad de proporcionar

[5] https://iiemd.com/economia-digital/que-es-economia-digital_

[6] https://www.forbes.com.mx/manera-internet-impulsa-la-economia/

confianza a los usuarios de internet ha promovido un mayor flujo de información por parte de los proveedores de bienes y servicios, lo cual ha incidido en la reducción en los niveles de asimetría de la información entre proveedores y consumidores. Esta reducción ha permitido la preservación de un mejor nivel de equilibrio económico en la ejecución de contratos en las plataformas en línea. Todas estas circunstancias han incidido en la optimización de la gestión del inventario y de la cadena de suministro, reduciendo así la inactividad de los bienes de capital y los niveles de riesgo.

La comercialización de bienes y servicios mediante las plataformas en línea ha sido apoyada inicialmente por la configuración de contratos estándar disponibles en línea. En la medida que dicha comercialización sea totalmente automatizada, los costos marginales de transacción tenderían a cero. Según el teorema de Coase, las partes racionales elaborarán un contrato perfecto cuando los costos de transacción sean nulos. Los costos de transacción son aquellos costos asociados con las transferencias, la captura y la protección de derechos, lo que implica que cuando haya costos de transacción cero, habrá derechos de propiedad completos[7]. Cuando ello ocurra, el contrato es un instrumento perfecto para el intercambio, puesto que se anticipa cualquier eventualidad, por lo que todos los riesgos se internalizan, toda la información pertinente se comunica, no quedan lagunas que los tribunales deban subsanar, nadie necesita la protección del tribunal contra el engaño o las cláusulas abusivas[8]. En otras palabras, ante contratos perfectos en los que todos los riesgos habrían sido anticipados, no sería necesario el Derecho, como medio para asegurar el cumplimiento forzoso de las obligaciones asumidas entre las partes contratantes.

Cabe destacar que los términos de contratación en las plataformas en línea tienden a establecer decisiones en función de los datos personales disponibles, o historial de búsquedas, la ubicación geográfica o cualquier información recabada de los consumidores, lo cual puede incidir en prácticas de discriminación de precios. Aun cuando pareciera que

---

7 Sola, Juan Vicente, Fundamentos del análisis económico. El Teorema de Coase, en: *Tratado de Derecho y Economía*, Buenos Aires, La Ley, 2013, Tomo III, p. 854.

8 Cooter, Robert D. / Thomas Ulen, *Derecho y economía*, México, Fondo de Cultura Económica, 2016, p. 397.

las negociaciones efectuadas en el internet no alteran los términos del comercio tradicional, lo cierto es que las empresas de internet compiten directamente con aquellas empresas que no utilizan la red como medio de intercambio comercial. A partir de tal hecho, los medios sociales compiten en la obtención de ingresos con empresas de publicidad, mediante la colocación de avisos publicitarios en la red, los bancos tradicionales enfrentan la competencia de las redes de dinero móvil y, en general, las empresas de comercio electrónico compiten con empresas de comercio tradicional. Más aún, estas empresas con presencia física tradicional han tendido a ofrecer adicionalmente sus bienes y servicios a través de la plataforma de internet, con el fin de atender a un segmento de mercado proclive a tomar ventaja de los beneficios del comercio electrónico.

El crecimiento de la plataforma de internet ha promovido mayor eficiencia y crecimiento económico e interconectividad entre sus usuarios y proveedores de bienes y servicios. Tal crecimiento ha generado igualmente la necesidad de preservar los derechos relacionados con los datos personales de todos aquellos que tienen acceso a la plataforma de internet, mediante la protección de sus datos personales. Dicha protección está determinada por un adecuado control de los datos personales de los usuarios, así como su uso legítimo por parte de los proveedores de bienes y servicios en la plataforma de internet, manteniendo el necesario equilibrio entre la libertad de expresión y la protección de los derechos de los usuarios. Las plataformas de internet se han transformado en fuentes permanentes de información acerca de personalidades públicas y particulares dedicados a actividades esencialmente privadas, por lo que la veracidad de la información disponible acerca de ellos requiere ser el producto del necesario equilibrio entre la libertad de expresión y el derecho de protección de los datos personales de dichos particulares.

Con base en estas premisas, la regulación de las actividades desarrolladas en la plataforma de internet requiere promover productividad tomando a su vez en consideración los derechos de protección de datos personales. En tal sentido, el objeto de nuestro análisis es ponderar el alcance de la regulación requerida y sus modalidades para preservar las beneficios económicos, tecnológicos y sociales de la plataforma de internet, mientras se preservan los derechos de protección de datos personales de sus usuarios, en medio de las complejidades legales que surgen por los diferentes conflictos de legislación, fueros jurisdiccionales y autoridades administrativas para el uso masivo y globalizado del internet. Analizaremos en específico las propuestas regulatorias que surgen para proteger los datos personales de los usuarios del internet, así como los esfuerzos desplegados para evitar supuestos de difamación del buen carácter de particulares, quienes pudieran en consecuencia haber sido afectados en sus derechos individuales, como consecuencia de actos informativos promovidos en algunos casos por la tendencia de propagar noticias de alto impacto, aunque las mismas no hayan sido debidamente verificadas o que no sean producto de un fuente cierta, como ocurre con las llamadas noticias falsas o *fake news.*

La creciente necesidad de atender el derecho de protección de datos personales de los usuarios de las plataformas de internet ha generado un movimiento masivo en la industria informática dirigido a promover esquemas de auto regulación adoptados por las grandes empresas tecnológicas, como Google y Facebook, y promovidos de igual manera por organizaciones no gubernamentales que promueven la libertad de expresión y la defensa de los derechos de privacidad de los individuos. A propósito, las entidades gubernamentales han mostrado un creciente interés en regular formalmente la estructura de funcionamiento de la plataforma de internet, como se ha evidenciado decididamente en la Unión Europea y más recientemente en el Estado de California en los Estados Unidos de América, por solo mencionar dos ejemplos de repercusión en la industria de las telecomunicaciones digitales.

La interconexión mundial de las redes digitales genera la globalización de la información, propiciando que las plataformas de internet configuren un medio ansiado para la circulación transfronteriza de información, lo cual contribuye a generar riesgos en el manejo de datos personales que tienen diferentes niveles de atención a nivel comparado, en medio de divergencias significativas en lo que concierne a la protección jurídica de los datos personales entre los diversos ordenamientos.

III. EL INTERNET Y SU GOBERNABILIDAD

La red de internet se ha constituido en una referencia obligada en la llamada sociedad de la información, facilitando servicios electrónicos interactivos y el intercambio de muy variada información. Su origen se remonta al año 69 del siglo pasado a través del establecimiento de una red experimental denominada ARPANET diseñada en investigaciones desarrolladas por el Departamento de Defensa de los Estados Unidos, con el propósito inicial de establecer una red informática de comunicación restringida para canalizar la información. Progresivamente, universidades, centros de investigación, particulares y empresas fueron estableciendo redes de comunicación entre sí hasta establecer lo que hoy por hoy conocemos como el internet, basado inicialmente en la cooperación y el intercambio libre de información.

El internet se caracteriza por tener una operatoria descentralizada y por consiguiente no está sometido a un organismo único de dirección y gestión. La actualización del ordenamiento jurídico aplicable al internet y los servicios relacionados de almacenamiento de datos personales y difusión de información ha estado limitada debido a la reiterada transformación que se ha verificado en las redes digitales. El uso del internet se ha ampliado de tal forma que gracias a la amplitud de la capacidad de transmisión de datos y el aumento del ancho de banda los servicios de internet han sido ampliados para permitir la transmisión de archivos con contenidos audiovisuales, incluyendo *webcasting y streaming*, para la emisión en línea de programas televisivos y radiofónicos.

La amplitud y el crecimiento de las redes de comunicación establecidas por intermedio del internet ha generado la necesidad de asegurar la neutralidad del servicio prestado a través del internet, como red abierta a la que cualquier interesado puede acceder sin que los operadores bloqueen o restrinjan los usos lícitos que se producen a través de dicha plataforma. La neutralidad trata de la ausencia de discriminación por parte de los proveedores de acceso entre los paquetes de datos personales que circulan por las redes, evitando tratos privilegiados a favor de ciertos proveedores de contenido. En los Estados Unidos de América la noción de neutralidad de la red ha sido objeto de controversia desde la década de los años noventa del siglo XX. La Comisión Federal de Comunicaciones (FCC, según sus siglas en inglés) estableció por vía administrativa en el año 2005 la neutralidad de la red de internet, posición que se mantuvo inalterada hasta diciembre de 2017[9], cuando la misma institución bajo la administración Trump determinó la no neutralidad de la red de internet, permitiendo así a los proveedores la segmentación de servicios de internet y la consecuente diferenciación de precios, según el segmento de que se trate, la modalidad y velocidad del servicio disponible. No obstante, el Gobernador del Estado de California promulgó el 30 de septiembre de 2018 una ley que establece la total neutralidad en la red de internet. Los legisladores estatales de California aprobaron en agosto las disposiciones de neutralidad de red más fuertes de la nación. La ley prohíbe a los proveedores de servicios de Internet bloquear sitios web, ralentizar intencionalmente un sitio web o aplicación o aceptar pagos para hacer que los servicios en línea sean más rápidos. Las regulaciones de la medida se asemejan a las adoptadas por la Comisión Federal de Comunicaciones en 2015. El Departamento de Justicia de los Estados Unidos de América optó por solicitar inmediatamente la nulidad de la referida ley, argumentando que el Estado de California se atribuyó facultades en relación con la neutralidad del internet que solo competen al gobierno federal de esa nación y que están delegadas al Comisión Federal de Comunicaciones [10].

En medio de estas disímiles decisiones en relación con la neutralidad en la red de internet, el Congreso de los Estados Unidos no

[9] En fecha 14 de enero de 2014 la Corte de Apelaciones del Distrito de Columbia estableció que la Comisión Federal de Comunicaciones no tenía competencia para regular la actividad de los proveedores de acceso a internet por tratarse de "servicios de información", en lugar de "transportistas comunes o servicios de telecomunicaciones". Como consecuencia de tal decisión, la Comisión Federal de Comunicaciones dictó una regulación modificada en favor de la neutralidad de la red de internet mediante la cual prohibía (i) el bloqueo de contenidos, servicios, dispositivos y aplicaciones legales; (ii) la priorización de ciertos tráficos de datos sobre otros a cambio de compensaciones y (iii) la ralentización u obstrucción de tráfico en función de contenidos, servicios, dispositivos y aplicaciones. (Preserving the Internet Open, 25 FCC Rcd 17905 (2010), 76 Fed. Reg. 59192 Sept. 2011.)

[10] Lazo, Alejandro / John D. McKinnon, Trump Administration Sues Over California Net-Neutrality Law. En: *The Wall Street Journal*, 30 de septiembre de 2018. https://www.wsj.com/articles/california-enacts-net-neutrality-in-defiance-of-trump-administration-1538355513?mod=hp_listc_pos3

ha alcanzado consenso sobre los términos aplicables a la neutralidad en la red de internet, lo cual ha incidido en la ausencia de una disposición legislativa a nivel federal acerca de los términos y alcance de dicha noción. Considerando el alto impacto que el internet tiene entre los proveedores de servicios y los consumidores, es muy probable que la Corte Suprema de Justicia considere próximamente las objeciones presentadas por diversos estados de la unión americana acerca de la reciente posición formulada por la Comisión Federal de Comunicaciones en relación con la posible segmentación de servicios y precios en el internet. La reciente solicitud de nulidad contra la ley del Estado de California relativa a la neutralidad en la red de internet hará más inminente la intervención de la Corte Suprema de Justicia de los Estados Unidos.

En el ámbito de la Unión Europea, la neutralidad de la red de internet ha sido defendida de manera mayoritaria al promoverla como un aspecto fundamental de la regulación electrónica desde el año 2002. Con semejante aproximación se ha promovido en medio de restricciones razonables, la no limitación de volúmenes de datos personales y la no restricción a la velocidad para acceder a los servicios de acceso de internet, impidiéndose los bloqueos, la ralentización, la degradación o la discriminación de los contenidos, las aplicaciones y los servicios electrónicos.

La gobernabilidad del internet ha estado determinada principalmente por aquellos que conforman la comunidad electrónica, dejando a un lado los esfuerzos de los Estados de establecer regulaciones producto del consenso de las naciones. A la fecha no se ha alcanzado el consenso necesario en el ámbito multilateral para establecer criterios firmes sobre el internet y su uso, con particular énfasis en aspectos relativos a su seguridad, los alcances de los derechos a la información, las pautas aplicables a la libertad de expresión, la protección de los derechos a la intimidad y la protección de datos personales, entre otros relevantes. Solo como parte de los esfuerzos motorizados entre los años 2003 y 2005, con ocasión de la Cumbre de las Naciones Unidas sobre la Sociedad de la Información se establecieron principios, reglas y mecanismos acerca del funcionamiento y desarrollo del internet y sus servicios[11].

[11] https://www.itu.int/net/wsis/index-es.html

En términos generales, la Resolución sobre "Promoción, protección y disfrute de los derechos humanos en internet" adoptada por el Consejo de Derechos Humanos de las Naciones Unidas en junio de 2012 ha reconocido la relevancia mundial del internet y su carácter abierto, afirmando que los derechos de las personas también deben estar protegidos en Internet, en particular la libertad de expresión, que es aplicable sin consideración de fronteras y por cualquier procedimiento que se elija, de conformidad con el artículo 19 de la Declaración Universal de Derechos Humanos y del Pacto Internacional de Derechos Civiles y Políticos, e incitando a los Estados a promover y facilitar el acceso a internet y la cooperación internacional dirigida a desarrollar los medios de comunicación y los servicios de información en todas las naciones[12]. El artículo 19 de la referida Declaración de Derechos Humanos establece que todo individuo tiene derecho a la libertad de opinión y expresión; este derecho incluye el no ser molestado a causa de sus opiniones, el de investigar y recibir informaciones y opiniones, y el de difundirlas, sin limitación de fronteras por cualquier medio de expresión.

La necesidad de establecer estándares de funcionamiento de internet y la ausencia de organizaciones multilaterales han provocado la prevalencia de la Organización Mundial de Propiedad Intelectual (OMPI) en coordinación con la Corporación para la Asignación de Números y Nombres en Internet (ICANN), entidad no lucrativa responsable del ordenamiento relativo al sistema de nombres de dominio y la protección de signos distintivos. Nótese, si bien ICANN no es una organización internacional gubernamental, puesto que se trata de una organización privada en la que los Estados tienen una participación consultiva mediante el Comité Asesor Gubernamental en el que participan representantes de los Estados, sus decisiones hacen las veces de estas organizaciones internacionales gubernamentales en materia del uso de dominios en internet[13].

Los organismos vinculados con la limitada esfera de reglas aplicables al funcionamiento del internet tienen mayor relevancia en asuntos

---

12 https://www.scribd.com/doc/99337649/ONU-Consejo-de-Derechos-Humanos-Resolucion-sobre-Libertad-Expresion-en-Internet

13 https://www.icann.org/

relativos a estándares tecnológicos y a la ordenación de aspectos técnicos requeridos para el adecuado funcionamiento de la red de internet. En consecuencia, dichas reglas si bien condicionan los modelos de negocio susceptibles de organizarse en la red, no prestan particular atención a las relaciones jurídico-privadas que surgen entre los participantes en internet. De allí que no se ha prestado la atención necesaria a aspectos fundamentales como el derecho a la libertad de información y expresión en internet, el secreto de las comunicaciones en internet, la protección de datos personales en internet y la protección de los derechos de privacidad e intimidad en internet.

Nuestro objetivo en esta oportunidad es enfocar nuestra atención en la protección de los derechos de datos personales que la red de internet ha soslayado en favor del desarrollo de este influyente canal de información y comunicación a nivel mundial, en detrimento de derechos fundamentales de los individuos que intervienen de alguna manera en la red de internet. Con tal propósito, analizaremos diferentes aspectos jurídicos que surgen como consecuencia de las interacciones entre los participantes en internet. Nuestro enfoque permitirá discutir las alternativas regulatorias disponibles en el marco de las actividades que se desarrollan en la red de internet, así como el alcance de las referidas alternativas como instrumento de protección de derechos fundamentales de los individuos participantes en la red de internet.

La prestación de servicios en la red de internet tiende en forma general a producirse mediante operadores globales conforme a reglas uniformes y con sometimiento en principio a los tribunales de un mismo país, todo ello basado en un principio de racionalidad económica de control de riesgos legales y reducción de costos asociados a tales riesgos. Sin embargo, es importante tomar en consideración para nuestro análisis que la contratación y prestación de servicios en la red de internet puede configurar una conectividad cercana con la jurisdicción del país en el cual los usuarios destinatarios de los servicios se encuentran, pudiendo generar el interés de tales países de pretender regular legítimamente ciertos aspectos de las transacciones o actividades ejecutadas en la red de internet. En tal sentido, la Unión Europea se ha destacado por establecer protecciones regulatorias en relación con el tratamiento de datos personales de los usuarios, en el contexto de la prestación de servicios en línea a través de la red de internet. Tal tendencia se contrapone con la práctica judicial aplicada en los Estados Unidos, donde se ha privilegiado el empleo de condiciones contractuales uniformes para todos los mercados y la protección de los derechos de información, en menoscabo de los derechos de privacidad e intimidad de los individuos objeto de la información.

IV. ALCANCE DE LA PROTECCIÓN DE DATOS PERSONALES EN EL INTERNET

La necesidad de protección de datos personales estaría en función del nivel de sofisticación de los servicios disponibles en las plataformas de internet y de la naturaleza del contenido de la información que los proveedores de herramientas o motores de búsqueda en internet colocan indiscriminadamente, amparados en una irrestricta libertad de expresión a disposición del público. En la medida que no exista uso adecuado y autorizado de la información, en tal medida se verificarán riesgos para los derechos de protección de datos personales en el internet.

A. Los servicios disponibles y el manejo de los datos personales

Los servicios disponibles en la red de internet facilitan el acceso y operación por terceros a datos personales de los usuarios, sin que necesariamente éstos hayan tenido conocimiento u otorgado su consentimiento. El carácter globalizado de la interconexión que se produce en las plataformas de internet incide de manera determinante para que se produzca la circulación transfronteriza de información, con la consiguiente transmisión de datos de carácter personal. Ello hace que la red global del internet no disponga de controles legales eficaces para delimitar la captación y el tratamiento de datos personales de los usuarios. El uso de la red de internet conlleva riesgos para la protección de datos personales, resultantes de (i) la conexión con el proveedor de servicios, (ii) las conexiones consultadas, (iii) el operador de las telecomunicaciones, (iv) los proveedores de acceso y de servicios de internet;

(v) las páginas consultadas; (vi) el servidor *proxy;* (vii) los enrutadores; (viii) las direcciones IP visitadas; (ix) los datos producto de las sesiones de navegación; y (x) los sitios de red, entre otros aspectos relevantes. Tales interacciones en la red de internet permiten la elaboración de perfiles de los usuarios y la recopilación cada vez más sofisticada de datos sobre las preferencias de los usuarios y las características de las transacciones efectuadas en la red de internet. Así mismo, el uso del correo electrónico permite la recogida sin consentimiento de los afectados de datos de tráfico que acompañan al mensaje mismo, lo cual podría atentar contra el derecho fundamental al secreto de las comunicaciones, usualmente establecido en las constituciones de los países y en las convenciones universales suscritas por estos[14].

En buena medida, los riesgos asociados a la protección de datos personales disponibles en las plataformas de internet están en función de la avanzada capacidad tecnológica que permite extrapolar data suficiente para determinar los gustos, las preferencias y los hábitos de los usuarios, con lo cual se puede configurar perfiles de los usuarios, y así ofrecer, de manera subsiguiente, servicios publicitarios de productos segmentados en función del comportamiento previo de los usuarios. Por otra parte, la disponibilidad de servicios gratuitos permite acceder información personal de los usuarios, la cual es cedida a compañías de publicidad o de productos específicos en virtud del valor adicional que tiene como fuente de ingresos.

Los riesgos de manipulación no autorizada de los datos personales de los usuarios también se verifica ante la amplitud de proveedores adicionales de servicios en línea, los cuales podrían estar desarrollando actividades como creadores de aplicaciones; fabricantes de dispositivos móviles; tiendas electrónicas que comercializan aplicaciones; por intermedio de dispositivos conectados a internet para comunicar y compartir información personal sin necesidad de que el afectado inicie el proceso de transmisión o ejerza control sobre los datos comunicados en la red de internet, entre otras funciones de tecnología digital.

---

[14] De Miguel Asensio, Pedro Alberto, *Derecho privado de Internet*, Madrid, Civitas, Thomson Reuters, 5ª ed., 2015 p. 293.

B. Buscadores de red y el llamado derecho al olvido

Los datos personales también están afectados por las actividades de los proveedores de herramientas o motores de búsqueda en internet, mediante los riesgos vinculados con (i) el acceso y la búsqueda de cierta información, incluso cuando no se trata de usuarios que previamente se hayan registrado en el sitio correspondiente, y (ii) la posición de los buscadores como intermediarios y eventualmente como proveedores de contenidos, en la medida en que los buscadores de internet son en la actualidad una de las principales fuentes de información difundida a través de las plataformas de internet.

El derecho al olvido o derecho a ser olvidado, o también llamado derecho de supresión de datos consiste, según De Terwangne, en el derecho de las personas físicas a hacer que se borre la información sobre ellas después de un período de tiempo[15]. La aplicación del derecho al olvido implica un ejercicio de ponderación en función de un caso concreto entre, por un lado, el interés particular afectado y su derecho a la intimidad y, por el otro, el interés del buscador y de la colectividad en su derecho a la información. Todo ello tomando en consideración que, en general, el tratamiento de datos personales efectuado por el gestor de un motor de búsqueda, ofreciendo una lista de resultados a partir de la búsqueda realizada con el nombre de una persona física puede afectar significativamente los derechos fundamentales de respeto de la vida privada y de protección de datos personales, todo ello tomando en consideración el papel destacado que desempeñan internet y los motores de búsqueda en la sociedad moderna, especialmente ante el interés de promover el ejercicio de las libertades de expresión e información.

Al referirnos al derecho al olvido debemos plantearnos las posiciones que surgen en relación con la responsabilidad de los buscadores de la red de internet sobre el tratamiento de los datos personales disponibles en ésta. Al respecto, algunos tradicionalistas han aseverado que la neutralidad del servicio de búsqueda constituye uno de los principales asideros sobre los que los buscadores de internet justifican su falta

[15] De Terwangne, Cécile, Privacidad en Internet y el derecho a ser olvidado/derecho al olvido, en: *Revista d'Internet, Dret i Política*, 2012, No. 13, pp. 53 ss, especialmente p. 54.

de responsabilidad sobre el tratamiento de datos[16]. Sin embargo, otros plantean que la capacidad del *webmaster* de decidir sobre la indexación de los contenidos de su red le convertiría en responsable directo y, en consecuencia, por ello debería garantizar el cumplimiento de la normativa sobre protección de datos personales[17].

La sentencia del Tribunal de Justicia de la Unión Europea en el asunto *Google Spain* relativa al derecho al olvido[18], de fecha 29 de diciembre de 2014, representa un esfuerzo importante para fijar ciertos criterios de actuación a los buscadores de la red de internet y establecer criterios comunes para atender a las peticiones de supresión de enlaces en los resultados de búsqueda a partir de sus datos personales. La sentencia establece en relación con el ejercicio del llamado derecho al olvido que los derechos que reconocen al interesado los artículo 7, respecto de la vida privada y familiar, y artículo 8, respecto de la protección de datos de carácter personal, de la Carta de los derechos fundamentales de la Unión Europea, en virtud de los cuales puede solicitar que la información de que se trate no figure en la lista de resultados del buscador, prevaleciendo los derechos de protección de datos personales, no sólo sobre el interés económico del gestor del motor de búsqueda, sino también sobre el interés del público en acceder a la información en una búsqueda sobre el nombre de esa persona.

Con base en el criterio establecido en la referida sentencia, se reconoce el derecho de los afectados a dirigirse en todo caso a la filial del buscador en su correspondiente Estado miembro en Europa, sin perjuicio de que el buscador pueda facilitar mecanismos específicos de reclamación de alcance internacional[19].

---

16 Rallo Lombarte, Artemi, *El derecho al olvido en internet. Google versus España*, Madrid, Centro de Estudios Políticos y Constitucionales, 2014, p. 140.

17 Berrocal Lanzarot, Ana Isabel, *Derecho de supresión de datos o derecho al olvido*, Madrid, Editorial Reus, Colección Jurídica General, Monografías, 2017, pp. 119 ss.

18 En el planteamiento del caso se pretende determinar cuáles son las obligaciones que tienen los gestores de motores de búsqueda en la protección de datos personales de aquellos interesados que no desean que determinada información, publicada en páginas de la red de internet de terceros, que contiene sus datos personales y permite relacionarles con la misma, sea localizada, indexada y sea puesta a disposición de los internautas de forma indefinida, evitando su divulgación indiscriminada, permanente y lesiva.

19 De Miguel Asensio, *Derecho privado*..., ob. cit., p. 345.

Cabe destacar que cuando los datos personales en cuestión pertenezcan a ciertos grupos, ello favorece que sean objeto de especial protección, lo que hace más probable que los datos sean suprimidos, como puede ocurrir en el caso relativo a menores de edad, así como en los casos relativos a discriminaciones basadas en origen racional, étnico, convicciones religiosas, salud, datos relativos a la vida personal (no laboral), datos cuyo tratamiento pueda perjudicar al afectado, datos respecto a los cuales la base para su difusión en la red de internet es el consentimiento del afectado que reclama su supresión, datos cuya difusión pueda suponer un riesgo para el afectado, los datos son incorrectos, o la información es obsoleta.

Otro factor a tener en cuenta, como en el caso *Google Spain*, en una revisión caso por caso, es si el afectado desempeña un papel en la vida pública, que favorece la apreciación de que la injerencia en sus derechos fundamentales puede ser justificada por el interés preponderante del público en acceder a la información, lo que podría condicionar que el enlace deba o no ser retirado. En tal sentido, se entenderá como personajes públicos a las personas que debido a sus funciones o actividades tienen una exposición a los medios. Así mismo, habría que determinar si la información objeto del enlace se presenta como una opinión personal o como un hecho objetivo, considerando que será más frecuente que deba ser suprimido un enlace cuando éste dirige a información que se presenta como un hecho objetivo si su contenido resulta incorrecto.

La sentencia *Google Spain* ha tenido como resultado la introducción por los principales buscadores disponibles en las plataformas de internet de mecanismos específicos para la presentación de reclamos por parte de aquellos afectados en la protección de los derechos de sus datos. La aproximación adoptada en la sentencia en cuestión conduce a un análisis casuístico basado en la ponderación de derechos fundamentales por parte de los motores de búsqueda responsables del tratamiento de datos personales, independientemente del control posterior que se verifique por las autoridades competentes. Sin embargo, aún no se dispone de los mecanismos idóneos y uniformes para atender las solicitudes de supresión de datos personales a nivel internacional.

La sentencia en cuestión ha abierto un amplio conducto para promover el respeto de los derechos de protección de datos personales, mediante el derecho al olvido, cuya aplicación se ha consolidado con ocasión de la entrada en vigencia del Reglamento General sobre Protección de Datos de la Unión Europea en mayo del año 2018, como mecanismo dirigido a favorecer la seguridad jurídica y la concreción del llamado derecho al olvido.

V. LA REGULACIÓN EN MATERIA DE PROTECCIÓN DE DATOS PERSONALES APLICABLE A LAS PLATAFORMAS DE INTERNET

La operatividad de la red de internet está basada en la independencia de su funcionamiento y la amplitud territorial de su plataforma, en función de las comunidades que las operan de forma descentralizada, imponiendo sus propias reglas de funcionamiento. Ante estas características, ha surgido una circunstancia sobrevenida consistente en la incapacidad de los ordenamientos jurídicos de los Estados para regular los flujos de información transfronterizos propios de la red de internet. Tales características han incidido en la limitada regulación a las actividades ejecutadas en la red de internet, algunas veces en perjuicio del respeto de derechos fundamentales individuales. Un factor que incide en la verificación de tal limitante es la tendencia a existir distancia geográfica entre las partes intervinientes en una relación o situación jurídica-privada, lo cual contribuye a reducir las posibilidades de garantizar el cumplimiento de la ley y la efectividad de sanciones en caso de producirse infracciones como resultado de su ejecutoria. Aunado a ello, las instituciones que establecen pautas de funcionamiento de la red de internet suelen adoptar decisiones que no están subordinadas en la práctica a la aprobación de las autoridades estatales, mientras enfocan su actividad en los aspectos técnicos de funcionamiento de la red de internet, los cuales tienen una incidencia limitada con respecto al ordenamiento de las actividades desarrolladas a través de dicha red.

Es fundamental comprender que la red de internet al funcionar en un espacio no presencial y en un entorno global, ha configurado una realidad social que requiere la alteración de ciertos paradigmas tradicionales, incluido el derecho y su aplicación de acuerdo a criterios propios de la era de tecnológica. Particulares retos surgen en relación, no solo con la protección de derechos fundamentales individuales, sino también con la contratación electrónica, la responsabilidad extracontractual por actividades en la red de internet, así como la protección de derechos inmateriales en plataformas electrónicas. Como punto de partida, debemos considerar situaciones análogas reguladas fuera del contexto de la red de internet para configurar un marco regulatorio con base en los ordenamientos jurídicos estatales. En tal sentido, serán aplicables los esquemas de tutela de protección de los consumidores, propiedad intelectual, condiciones contractuales abusivas, entre otros relevantes. Todos estos asuntos atendidos en las legislaciones estatales son en principio aplicables a las actividades desarrolladas en la red de internet. Sin embargo, se requiere cierta adaptabilidad regulatoria en función de las características de medio electrónico propio de la tecnología de la red de internet, tomando en consideración la desmaterialización de las actividades desarrolladas en ésta, así como su tratamiento probatorio. De allí surge la necesidad de transformar el Derecho y proporcionarle la dimensión necesaria para incorporar plenamente la totalidad de actividades y circunstancias vinculadas con la operatoria de la red de internet.

La noción de seguridad jurídica es esencial en virtud del carácter multinacional de las actividades desarrolladas en la red de internet, especialmente ante la necesidad de otorgar certeza a las medidas de control en un Estado por actividades procedentes en otros Estados. La noción homogénea del principio de la autonomía de la voluntad de las partes y el respeto de los derechos fundamentales de los individuos constituyen referencias determinantes para harmonizar los criterios reguladores entre los Estados, con motivo de las actividades realizadas en la red de internet.

Internet exige la adaptación de ciertos planteamientos tradicionales en lo que concierne al ordenamiento jurídico aplicable y la identificación de la jurisdicción estatal competente, lo cual requiere adecuada coordinación internacional para superar cualquier evento de inseguridad jurídica que pudiera surgir con motivo de las actividades ejecutadas en la red de internet. Una variable crítica en el proceso de regulación de la red de internet es la dirección IP de todo usuario, puesto que se constituye en un mecanismo de geolocalización que determina las legislaciones aplicables para las actividades ejecutadas a través de internet, las eventuales infracciones determinadas y la jurisdicción competente. En principio, la competencia es atribuida usualmente en función del territorio en el que son celebrados los actos, contratos, o producidos los daños. En tal sentido, los criterios aplicables según las reglas del Derecho Internacional Privado sirven de referencia para establecer pautas que resuelvan oportuna y debidamente las controversias surgidas como consecuencia de la ejecución de las actividades en la red de internet. Para ello los mecanismos de geolocalización pueden constituirse en instrumentos aptos para delimitar el alcance territorial de dichas actividades en la red de internet. Por tal razón, debemos contemplar una perspectiva flexible en relación con los puntos de contacto existentes entre las diferentes jurisdicciones vinculadas en la operatoria tecnológica sobre la que funciona la red de internet. De allí que resulta beneficiosa la progresiva armonización de criterios de derecho sustantivo y procesal entre las diferentes jurisdicciones en las que la red de internet desarrolla sus actividades.

A. Fundamentos tradicionales de regulación y el internet

Si consideramos la relación Estado-sociedad, es responsabilidad de los poderes públicos atender los intereses generales y las necesidades de los ciudadanos. Esta responsabilidad se ve reflejada en la actividad económica a través de la actividad de policía desarrollada por el Estado, mediante la cual emite ordenes, que impone coactivamente para delimitar la actividad privada y evitar que ésta atente contra el orden público económico o afecte a los intereses generales. La globalización de las economías y la progresiva apertura a nivel mundial de la actividad económica en manos del sector privado recondujo la función del Estado de prestador de servicios a garante del funcionamiento y la calidad de los servicios, circunstancia que propulsó la función reguladora del Estado,

> entendida no como el poder de dictar normas, sino de utilizar todos los instrumentos, normativos y ejecutivos, precisos para orientar el funcionamiento de los mercados hacia la competencia e imponer obligaciones de servicio público a los operadores para que su natural afán de beneficio fuera compatible con las exigencias del interés

general. Si el cambio de posición de Estado en relación con la economía se hizo de todo punto evidente, también lo fue la necesidad de ajustar los viejos paradigmas de intervención. Ese cambio es el que se expresa y concreta en la función pública de regulación[20].

A partir de esta noción regulatoria el Estado hace las veces de garante del adecuado funcionamiento y buena calidad de los servicios, requiriendo que las empresas prestadoras de bienes y servicios dispongan de las condiciones necesarias para ser eficientes en su gestión con el fin de maximizar su utilidad y proporcionar satisfacción a los consumidores y usuarios. La regulación debe ir orientada, en consecuencia, a establecer pautas de funcionamiento que denoten flexibilidad en la operación empresarial, mientras se mantenga la vigilancia debida para intervenir según sea necesario para corregir los fallos de los mercados y procurar que se satisfagan principalmente a través de los mercados las necesidades públicas. No debe asumirse que la regulación se manifiesta necesariamente en un marco de competencia plena. Suficientes evidencias hay en economías desarrolladas, como la de los Estados Unidos, según las cuales la regulación ha permitido el mantenimiento de monopolios naturales, que han impedido la entrada de nuevos operadores, en tanto se promovía el establecimiento de grupos empresariales que prestaban una amplia gama de servicios. Tal es el caso de la plataforma de internet, donde un grupo reducido de empresas con alcance global ha logrado consolidarse en el estamento de la infraestructura de redes, logrando alcanzar un control superlativo de las diferentes modalidades de servicios disponibles en la red, así como ser capaces de limitar la capacidad de competencia de sus competidores. Tal limitación ha alcanzado a los usuarios de tales servicios, quienes han encontrado que los derechos de protección de los datos personales están siendo afectados en buena medida por la falta de límites apropiados en el uso de la información disponible en la red de internet y de aquella información privada producida con ocasión de su uso particular. El *quid* del asunto

---

[20] Muñoz Machado, Santiago, Fundamentos e instrumentos jurídicos de la regulación económica, en: S. Muñoz Machado (ed.), *Derecho de la Regulación Económica*, Madrid, Fundación Instituto Universitario de Investigación José Ortega y Gasset, IUSTEL, 2010, Vol. I (Fundamentos e instituciones de la regulación), p. 18.

regulatorio pasa entonces por alcanzar un balance entre los derechos de protección de los datos personales, sin desincentivar la innovación y el desarrollo.

La concepción regulatoria del Estado tiene su origen en el proceso de intervención del Estado en la actividad económica para la prestación de servicios públicos necesarios para la colectividad. Posteriormente, los esfuerzos regulatorios estuvieron caracterizados por el interés del Estado en permitir la tutela indirecta de tales servicios por medio de la prestación controlada a través de empresas privadas, mediante esquemas de concesión otorgados por el Estado en favor de empresas del sector privado que operaban según los lineamientos establecidos en el régimen de concesión determinado al efecto. Luego, ante el proceso de globalización de la economía mundial ha habido una tendencia hacia los procesos de privatización que han adjudicado a las empresas del sector privado la propiedad y operación de las actividades antes conducidas por el Estado, lo cual requirió que el Estado estableciera mecanismos de control y supervisión en las actividades económicas, sin alcanzar a intervenir en la gestión operativa o de dirección de tales empresas.

Esta tendencia ha estado matizada en algunas economías subdesarrolladas por la reiterada e ineficiente expansión del Estado empresario, que compite con las empresas del sector privado como un participante privilegiado del mercado, al intervenir administrativamente en paralelo en la gestión de dichas empresas, según ocurre en países como Venezuela en pleno siglo XXI, hasta coartar de forma definitiva su capacidad de gestión autónoma, alcanzando o intentando alcanzar todas las formas de producción, transformación, transporte y prestación de servicios de cualquier clase. Semejante aproximación ha permitido configurar "empresas destinadas a la defensa nacional" bajo la directriz directa del Estado intervencionista. Tal accionar regulatorio representa un retroceso importante en el proceso de desarrollo económico de las naciones que lo intentan con los consecuentes resultados adversos para la sociedad intervenida por las condiciones de producción, rendimiento y precios impuestas por el Estado.

El retroceso regulatorio que intentamos describir en el ejemplo anterior contrasta de forma determinante con las tendencias globales de apertura económica prevalecientes en países con economías dinámicas.

El cambio de paradigma registrado al dejar a un lado la estatización para dirigir la actividad económica hacia un proceso de mayor liberación según el cual los consensos en materia regulatoria son determinantes para alcanzar y mantener el adecuado equilibrio entre la gestión empresarial con rasgos innovadores y la preservación del interés general de la sociedad conformada por consumidores de bienes y usuarios de servicios proporcionados por las empresas del sector privado al amparo de las directrices regulatorias establecidas por el Estado.

Pareciera que la meta en el asunto regulatorio y funcionamiento del mercado es promover la concurrencia de empresas públicas y privadas, según sea efectivamente necesario, en cualquier sector económico, siempre y cuando actúen en el marco de la economía de mercado. La historia ha evidenciado que las formas de regulación por parte del Estado pueden llegar a ser imprevisibles y matizadas por la inclinación de sesgos políticos aplicados por el Estado. Ante tal situación, la regulación debe caracterizarse como una herramienta de políticas públicas que promuevan innovación empresarial, aplicando mecanismos de corrección de los fallos del mercado con el fin de garantizar los intereses generales, mediante el impulso de instrumentos de cooperación entre reguladores, tal como ocurre en el seno de la Unión Europea, a fin de generar una armonizada centralización de las políticas de supervisión de los mercados.

El sector de las telecomunicaciones en la Unión Europea, los Estados Unidos y otras economías desarrolladas se ha caracterizado por una abierta liberación de competencia dirigida a promover una revolución tecnológica fundamental que permitiera afrontar la organización de las comunicaciones como conjunto y abrir los mercados a nuevos operadores y servicios, considerando que la amplitud de servicios disponibles en el sector de telecomunicaciones tiene un potencial económico extraordinario, no solo por su incidencia en las tecnologías de comunicación, sino por su influencia en otros sectores económicos, tales como el financiero, de transporte y turismo, así como el intercambio de bienes y servicios en la economía digital. Sobre el particular, es pertinente recordar que con ocasión de la construcción del mercado libre de las telecomunicaciones, en las Directivas de la Comisión Europea 90/387 y 90/388, de fecha 28 de junio de 1990, se afirmó que

> ...la protección de los consumidores no justifica restricciones a la libre prestación de servicios, ya que puede alcanzarse también en un régimen de libre competencia, y se señala que las únicas excepciones que pueden establecerse a aquella libre prestación son la integridad de la red pública de telecomunicaciones, la seguridad de su funcionamiento, la interoperabilidad y la protección de los datos[21] [22].

Con base en lo anterior, podemos concluir que se produjo entonces una liberalización integral del sector de las telecomunicaciones que apoyó de manera fundamental la expansión de la plataforma de internet y de los servicios disponibles en ésta.

Transcurridos cerca de treinta años de haberse generado esa apertura regulatoria, la dinámica de la economía digital y la necesidad de aplicar ajustes ante las distorsiones que atentan contra los derechos de protección de datos personales, ha generado movimientos de autorregulación originados a partir de las iniciativas adoptadas por las propias empresas que lideran las actividades en la plataforma del internet. De hecho, considerando la necesidad de consolidar el marco de libre competencia aplicable al sector de las telecomunicaciones electrónicas, progresivamente se han introducido modificaciones regulatorias que tienden a garantizar la protección de los derechos de los usuarios y la defensa de la competencia.

B. La autorregulación

La autorregulación es un fenómeno vinculado al proceso de globalización, puesto que la misma es primordialmente aplicable en los mercados que desarrollan su actividad en sectores fuertemente

[21] Muñoz Machado, Fundamentos e instrumentos jurídicos..., ob. cit., pp. 88-89.

[22] La Directiva 90/387, antes citada, se refiere al establecimiento del Mercado interior de los servicios de telecomunicaciones mediante la realización de la Oferta de una Red Abierta de telecomunicaciones. Es una directiva marco cuyo objeto era la armonización de las condiciones de acceso y de utilización abiertas y eficaces de las redes públicas de telecomunicaciones y, en su caso, de servicios públicos de telecomunicaciones. Lo que se trató de alcanzar es que los servicios públicos de telecomunicaciones se ofrecieran a los usuarios en condiciones objetivas, garantizándose la igualdad de acceso.

internacionalizados. Frente a la capacidad de autorregulación del mercado planteada por los economistas liberales, que postulaban la teoría de la "mano invisible" como mecanismo natural de autorregulación de los mercados, surge posteriormente la doctrina keynesiana, según la cual ciertos fallos estructurales de mercado deben ser corregidos mediante la acción reguladora del Estado. En tal sentido, el Libro Blanco sobre la Gobernanza Europea se refiere a la necesidad de fomentar la autorregulación[23].

En la actualidad, la autorregulación es concebida como la articulación de nuevas estrategias reguladoras por parte de los poderes públicos para mejorar la participación y la responsabilidad de los particulares en el cumplimiento de ciertos objetivos de carácter público, preservando la eficiencia de la regulación estatal[24].

La coexistencia de normas formales con otros instrumentos no formales hace que la autorregulación sea voluntaria y se sustente en la cooperación de todas las partes interesadas, sin las restricciones territoriales que afectan a los poderes públicos en comparación con el alcance globalizado que disfrutan los operadores económicos. Según entendemos, la autorregulación se configura como una estrategia estatal de regulación bajo diversas fórmulas de articulación jurídica. Como tal, la autorregulación consiste en la tendencia de los subsistemas de auto organizarse, a establecer su propio lenguaje, sus propios valores, sus códigos internos, sus procedimientos y sus protocolos de actuación, todo ello generando un encapsulamiento de los subsistemas; es decir, de la industria, de los mercados o de un específico sector profesional, por medio de la adopción de un "Derecho reflexivo, como instrumento capaz de comprender a la sociedad y sus dinámicas"[25].

---

[23] Darnaculleta Gardella, María Mercé, La autorregulación y sus fórmulas como instrumentos de regulación, en: S. Muñoz Machado (ed.), *Derecho de la Regulación Económica*, Madrid, Fundación Instituto Universitario de Investigación José Ortega y Sasset, IUSTEL, Vol. I (Fundamentos e instituciones de la regulación)2010, p. 636.

[24] *Recommendation of the Council of the OECD on improving the Quality of Government Regulation*, 9 de marzo de 1995 y OECD *Guiding Principles for Regulatory Quality and Performance*, abril 2005.

[25] Bourdieu, Pierre / Gunther Teubner, *La fuerza del Derecho*, Bogotá-Madrid, Siglo del Hombre Editores, Facultad de Derecho de la Universidad de los Andes, 2000, pp. 105-106.

De allí surge la noción de "gobernanza", entendida como un estilo novedoso de gobierno, distinto del modelo que apunta al control jerárquico y caracterizado por un mayor grado de cooperación y por la interacción entre lo público y lo privado[26].

En los Estados Unidos, la autorregulación de las plataformas de internet y sus servicios se ha configurado como un esquema que responde a los estímulos, positivos o negativos, del Estado para promover la adopción de códigos de conducta o sistemas de autocontrol, cuando se pretende evitar la aprobación de una regulación pública más rigurosa en un determinado sector de actividad. El Derecho comunitario Europeo, por su parte, introduce y fomenta múltiples técnicas de autorregulación regulada sin recurrir al término autorregulación, sino más bien atiende a los organismos privados de autorregulación, la autorregulación profesional, las normas y los códigos de autorregulación, los acuerdos de autorregulación y la corregulación.

Como parte del esfuerzo de sistematizar el concepto de autorregulación en un contexto jurídico, en función de los eventuales términos de relacionamiento que pudieran surgir entre la autoridad gubernamental y la autorregulación, podemos identificar los siguientes esquemas relativos a:

- Autorregulación asignada o *mandated self-regulation*, aplicable a aquellos casos en los que la autoridad gubernamental asigna a una organización determinada funciones de autorregulación.
- Autorregulación sancionada o *sanctioned self-regulation*, aplicable cuando una colectividad o un grupo se autorregula y el contenido de la regulación está sujeto a la aprobación posterior de la autoridad gubernamental.
- Autorregulación forzada o *coerced self-regulation,* aplicable a las empresas que formulan y se imponen a sí mismas determinadas normas, como respuesta a determinados estímulos o amenazas de la autoridad gubernamental.

---

[26] Maynitz, Renate, Nuevos desafíos de la Teoría de la Governance, en: *Instituciones y Desarrollo*, 2000, No. 7, pp. 35 ss.

- Autorregulación voluntaria o *voluntary self-regulation,* aplicable a los supuestos en los que la promoción o mandato de autorregulación no está vinculada a una gestión de la autoridad gubernamental[27].

Así entendida, la autorregulación no es una alternativa al Derecho, sino un complemento necesario, que adquiere relevancia en ciertas fases funcionales del procedimiento de producción, implantación y control de las normas[28].

Muchos de estos instrumentos se vinculan con las fórmulas propias del denominado "derecho blando" o *soft law* propio de los sistemas jurídicos anglosajones. De hecho, la disposición armonizadora de normas ha suscitado la creciente complementariedad o sustitución de las leyes y reglamentos de origen estatal por normas técnicas, códigos de conducta y normas que reflejan buenas prácticas, elaboradas por operadores de un determinado sector económico o profesional. La aceptación de tales aportes técnicos contribuye en buena medida a otorgarle efectos jurídicos vinculantes a los instrumentos normativos de autorregulación.

Sin perjuicio de las ventajas evidentes que reportan los esquemas de autorregulación, desde la perspectiva jurídica, es necesario considerar los eventuales problemas de legitimidad de la autorregulación, así como el potencial riesgo de que se produzca una disolución de responsabilidades entre los poderes públicos y los particulares, que conlleve a producir situaciones de indefensión de los ciudadanos y la falta de separación adecuada entre el regulador y el sujeto regulado en la formulación de normas tendentes a encubrir prácticas anticompetitivas.

En virtud de los planteamientos anteriores, la autorregulación tendrá efectiva cabida en la medida que se configure como un instrumento eficaz y objetivo capaz de generar la confianza y el reconocimiento de los poderes públicos y los ciudadanos.

En medio de las controversias suscitadas por el inadecuado uso por parte de empresas de tecnología digital de la información personal

[27] Black, Julia, Constitutionalising Self-Regulation, en: *The Modern Law Review*, 1996, Vol. 59, No. 1, p. 27.

[28] Porter, Tony / Karsten Ronit, Self-regulation as policy process: the multiple and criss-crossing stages of private rule making, en: *Policy Sciences*, 2006, Vol. 39, No. 1, pp. 41 ss.

de los usuarios de plataformas de internet y sus servicios accesorios, la autorregulación ha surgido como una alternativa para establecer un balance de forma consensuada entre la capacidad de generar innovación y nuevos negocios para las empresas del sector tecnológico en medio de amplias condiciones de competencia, por una parte, y, por la otra, la protección de los derechos individuales relativos a privacidad, protección de data y preservación del buen carácter de los usuarios de servicios en plataformas de internet.

En el ámbito de los Estados Unidos, la autorregulación en la industria de las plataformas de internet ha sido considerada como una solución preventiva ante la inminente imposición de regulación formal por parte de las autoridades gubernamentales en el sector tecnológico electrónico. La disyuntiva generada entre la protección del derecho de libertad de expresión, por una parte, y la protección de los derechos individuales de privacidad, intimidad, protección de datos personales, por la otra, ha colocado a las empresas líderes en la operatoria de las plataformas de internet en la necesidad de adoptar medidas proactivas dirigidas a delimitar más asertivamente el contenido de la información contenida en las plataformas de internet y evitar el uso indiscriminado de la información personal de los usuarios de dichos servicios tecnológicos. Sobre el particular, las empresas líderes en las plataformas de internet han comenzado, en algunas circunstancias, a adoptar posiciones que pudieran ser percibidas como reguladoras de ciertos contenidos disponibles para el público en las plataformas de internet, al remover información por ser ésta considerada inapropiada. Tales acciones han llegado a ser consideradas por los defensores de la libertad de expresión consagrada en la Primera Enmienda de la Constitución de los Estados Unidos como un proceso poco transparente de censura impuesto por empresas con un poder de publicidad consolidado que tienen la obligación de ser transparentes ante el público. Ante semejantes circunstancias, algunos críticos han advertido acerca de la necesidad de establecer políticas de "moderación de contenidos" disponibles en la plataforma de internet, mediante procedimientos transparentes que involucren a diferentes interesados, tales como organizaciones no gubernamentales, usuarios, empresas, y demás integrantes de la sociedad civil en general, con el fin de promover las mejores prácticas posibles, dirimir las controversias suscitadas y contradecir posiciones restrictivas de información asumidas por dichas empresas. Estas iniciativas identificadas como "*content congress*", constituyen alternativas de autorregulación basadas en la multiplicidad de interesados, cuyos intereses convergen de una manera no vinculante, pero coordinada, transparente, con representación pública y relacionamiento con una industria dominada por algoritmos y máquinas. De tal manera, los proponentes de esta modalidad de autorregulación consideran que se establecería un conducto abierto de retroalimentación informativa para las empresas que integran la industria de plataformas de internet, mientras facilitan que los usuarios de las redes sociales dispongan de la debida atención de sus derechos de protección de datos[29]. El ICANN y su rol coordinador para la asignación y funcionamiento del sistema de dominios electrónicos constituyen un antecedente para la propuesta de autorregulación de la información contenida en las redes sociales según los términos descritos brevemente. Similar aproximación fue adoptada en la industria financiera de los Estados Unidos de América para coordinar las medidas necesarias con el fin de reducir el riesgo sistémico resultante de la alta volatilidad vinculada con la alta frecuencia de negociación de títulos valores, mediante la participación concertada de la autoridad regulatoria de la industria financiera (FINRA, por sus siglas en inglés) y las empresas y usuarios vinculadas con las actividades bursátiles en los Estados Unidos.

C. Regulaciones de internet para la protección de datos personales en los Estados Unidos de América

Sin perjuicio de las ventajas aparentes de los procesos autorregulatorios, algunos críticos no han cesado de cuestionar los potenciales conflictos de interés en que pudieran incurrir las empresas que proporcionan acceso a las plataformas de internet y su contenido, al restringir o censurar la información disponible en la red. Algunos en los Estados

[29] Tomson, Danielle / David Morar, A better way to regulate social media, en: *The Wall Street Journal*, 19 de agosto de 2018. En: https://www.wsj.com/articles/a-better-way-to-regulate-social-media-1534707906?mod=searchresults&page=1&pos=3

Unidos argumentan que ninguno de los potenciales conflictos legales en relación con la eventual censura de información surgiría, si los proveedores de plataformas electrónicas en el internet fueran considerados editores, puesto que una de las obligaciones esenciales de un editor es decidir qué información sería objeto de publicación y cual no lo sería. Al respecto, cabe mencionar que la Corte Suprema de Justicia de los Estados Unidos sostuvo en la oportunidad de dictar sentencia en el caso *Miami Herald v. Tornillo* (1974) que la ley no puede imponer a los periódicos la obligación de imprimir las respuestas a los artículos publicados porque ello interferiría con su opción de seleccionar el contenido objeto de publicación. Sin embargo, las empresas que operan las plataformas de internet no desean ser tratadas como editores, en virtud de las obligaciones legales que asumirían, particularmente aquellas originadas de publicar una información difamatoria, o de violar un derecho de autor, en cuyo caso pudiera ser demandada, puesto que cualquier material que optara por publicar o no tendría efectos en su reputación.

Las empresas de plataforma de internet, en lugar de editores, son consideradas como conductos o instrumentos utilizados por terceros para diseminar sus ideas. Este es el fundamento de la salvaguarda o "*safe harbor provision*" establecida en la 1996 *Communications Decency Act*, norma de referencia obligada en asuntos relacionados con la regulación de las plataformas de internet en los Estados Unidos de América, la cual consagra que las empresas proveedoras de plataformas de internet no son legalmente responsables de lo que otras personas publiquen en sus medios electrónicos. Dicha ley tenía como propósito inicial proteger secciones específicas de periódicos, pero su alcance se ha ampliado de una manera desproporcionada, que otorga protección acerca de cualquier información disponible en las redes sociales de las plataformas de internet. Esta situación plantea un problema de índole regulatorio, que se suscita ante la posibilidad de que las plataformas de internet en los Estados Unidos, según el caso de referencia antes aludido, pretendan beneficiarse de la exclusión de responsabilidad que recae usualmente sobre los editores, por la información difamatoria, inapropiada por ser privada, falsa o ilegalmente disponible en las plataformas de internet que atienden. Esta evidente dualidad es lo que ha generado movimientos promotores de regulación formal de las actividades en las plataformas de internet, con el fin primordial de establecer un balance entre innovación empresarial y tecnológica, por una parte, y por la otra, los derechos de protección de datos personales[30].

Las empresas que sirven las plataformas de internet han desarrollado por años una estrategia de protección de sus intereses basada en evitar regulaciones federales o estatales en asuntos relacionados con la protección de los derechos de privacidad de los usuarios de las redes sociales. En tal sentido la *Information Technology Industry Council* –actuando en representación de empresas líderes en las plataformas de internet como Facebook, Amazon, Google, entre otras– ha mantenido a raya cualquier intento de acción sobre el particular por parte del gobierno federal de los Estados Unidos. Sin embargo, habiéndose transformado las plataformas de internet en conglomerados económicos con enorme capacidad para limitar la competencia en la industria de las telecomunicaciones digitales, se ha hecho inminente la posibilidad de que nueva regulación federal se dicte para establecer límites y un marco de referencia más adecuado a los términos de los derechos de protección de datos personales en las plataformas de internet, lo cual incluye protección de datos personales, controles acerca de información personal y prevención de prácticas discriminatorias o difamatorias, entre otras medidas relevantes. Las posibilidades de que la Comisión Federal de Comunicaciones opte, con base en un mandato legal que le otorgue el Congreso, por adoptar medidas regulatorias a nivel federal para preservar los derechos de protección de datos de los usuarios son cada vez más inminentes. Tal medida, si bien incrementaría los costos de transacción en el sector de las telecomunicaciones digitales, protegería irónicamente a las empresas proveedoras de plataformas de internet de tener que atender regulaciones aisladas que se dicten a nivel de los estados de la unión americana, las cuales ocasionarían ciertamente mayores costos regulatorios en virtud del interés de los estados de proteger en forma particular los intereses de sus respectivos ciudadanos[31].

---

[30] Reynolds, Glenn Harlan, When digital platforms become censors, en: *The Wall Street Journal* 18 de agosto de 2018. En: https://www.wsj.com/articles/when-digital-platforms-become-censors-1534514122?mod=searchresults&page=1&pos=4

[31] McKinnon, John D. / Marc Vartabedian, Tech Firms, Embattled Over Privacy, Warm to Federal Regulation, en: *The Wall Street Journal*, 6 de agosto de 2018. En: https://www.wsj.com/

A nivel estadal en los Estados Unidos, California ha llevado la iniciativa regulatoria para promover la protección de los derechos de datos personales en las plataformas de internet. En junio de 2018 fue promulgada la ley de protección de datos personales en plataformas de internet, *California Consumer Protection Act* ("CCPA", por sus siglas en inglés), otorgando protecciones sin precedentes a favor de los usuarios y su información personal. La referida ley pudiera configurarse como un modelo de protección de privacidad, susceptible de extenderse a lo largo y ancho de los Estados Unidos[32]. La ley en cuestión, modelada según el Reglamento General de Protección de Datos de la Unión Europea, entrará en vigencia en enero del año 2020[33]; sin embargo, se constituye a partir de su promulgación en una referencia obligada sobre los derechos de protección de datos personales en la plataforma de internet, puesto que amplía el alcance del concepto de información personal y su protección, otorga el derecho a los consumidores residentes en el Estado de California de prohibir la venta a terceros de su información personal, así como optar por impedir la disponibilidad de dicha información personal a favor de terceros. El conjunto de normas

articles/tech-firms-embattled-over-privacy-warm-to-federal-regulation-1533547800?mod=searchresults&page=1&pos=15

32 Vartabedian, Marc, California Passes Sweeping Data-Privacy Bill, en: *The Wall Street Journal*, 28 de junio de 2018. En: https://www.wsj.com/articles/california-rushes-to-tighten-data-privacy-restrictions-1530190800?mod=searchresults&page=4&pos=6

33 Conforme a la ley de California, los ciudadanos pueden proponer nuevas leyes y enmiendas constitucionales, y pueden obtener un voto a nivel estatal sobre sus iniciativas si obtienen suficientes firmas en una petición que defienda que la ley propuesta aparezca en una papeleta futura. Los proponentes de una iniciativa comienzan circulando una petición, y una vez que el Secretario de Estado califica el número requerido de firmas, la iniciativa se aprueba para aparecer en la próxima votación. Si los votantes de California lo aprueban, la iniciativa se convierte en ley estatal, pero una vez promulgada, no puede ser enmendada por la legislatura estatal. En cambio, cualquier enmienda generalmente debe hacerse a través de otras iniciativas. La Legislatura de California estaba ansiosa por aprobar la ley en cuestión porque al hacerlo evitaría que los californianos votaran sobre una iniciativa similar que estaba programada para aparecer en la boleta en las elecciones generales de noviembre de 2018. La iniciativa para implementar la medida electoral recolectó unas 629,000 firmas verificadas y estaba programada para aparecer en la boleta en noviembre junto con otras iniciativas. La ley es considerada por algunos como preferible a la iniciativa electoral porque proporciona mecanismos para refinar sus requisitos relacionados con la privacidad en el futuro, lo que facilita la enmienda de la ley en lugar de una medida aprobada mediante el proceso de iniciativa.

aplica a todas las empresas proveedoras de plataformas de internet y sus servicios, así como a empresas que recolectan datos personales de usuarios en el Estado de California, y sus beneficiarios serán los usuarios de las plataformas de internet que sean residentes en dicha localidad. Como consecuencia de la aprobación de la referida ley, las empresas de tecnología digital ajustarán sus políticas y prácticas de negocio en aspectos relevantes de la industria del internet.

A los efectos de la ley, la "información personal" se define como "la información que identifica, se relaciona, describe, es capaz de estar asociada, o puede estar razonablemente relacionada, directa o indirectamente, con un consumidor u hogar en particular". Si bien varias leyes del Estado de California definen la "información personal" de diferentes maneras, generalmente reconocen que la "información personal" es información que se puede utilizar para identificar a un individuo en particular. La definición de la ley está redactada de manera más amplia e incluye información que es identificable para un hogar, no necesariamente para un consumidor.

La ley otorga a los "consumidores", definidos como personas físicas que son residentes del Estado de California, cuatro derechos básicos en relación con su información personal:

- el derecho a saber, a través de una política de privacidad general y con más detalles disponibles a petición, qué información personal ha recopilado una empresa sobre ellos, de dónde proviene, para qué se utiliza, si se divulga o se vende, y a quien se divulga o se vende;
- el derecho a "optar por no permitir" que una empresa venda su información personal a terceros, o para consumidores menores de 16 años, el derecho a no vender su información personal en ausencia de la opción de suscripción de sus padres o la de sus padres;
- el derecho de requerir a una empresa eliminar su información personal, con algunas excepciones; y
- el derecho a recibir servicios y precios iguales por parte de una empresa, incluso si ejercen sus derechos de privacidad según la ley.

La ley requiere que las protecciones mencionadas anteriormente estén disponibles para los "consumidores", que se definen como residentes del Estado de California para fines impositivos. Sin embargo, la gran presencia poblacional y económica del Estado de California significa que muchas, si no la mayoría, de las empresas atienden a los consumidores del Estado de California, incluso si esas empresas no tienen presencia física en el dicho estado. Además, es probable que pocas compañías agrupen todos los requisitos de la ley para los residentes del Estado de California, ya que es difícil ofrecer un trato diferente en el sitio web a los residentes de un estado específico.

Como consecuencia de la entrada en vigencia de la ley, las empresas tendrán que hacer ciertas divulgaciones a los consumidores a través de sus políticas de privacidad, o de lo contrario en el momento en que se recopilan los datos personales. Por ejemplo, las empresas deben divulgar proactivamente la existencia y naturaleza de los derechos de los consumidores según la ley, las categorías de información personal que recopilan, los fines para los que se recopila esa información personal y las categorías de información personal que vendió o divulgó en los 12 meses anteriores. En términos de cumplimiento, estas disposiciones requerirán que las compañías determinen qué datos personales están recabando de particulares y con qué fines, y que actualicen sus políticas de privacidad cada 12 meses para hacer las divulgaciones que requiere la ley.

Las compañías que venden datos personales de consumidores a terceros deberán divulgar esa práctica y dar a los consumidores la posibilidad de optar por no participar de la venta mediante el suministro de un enlace titulado "No vender mi información personal" en la página principal de la empresa. Esto se conoce como el derecho a "optar por no participar". Las empresas deberán determinar cómo pueden controlar sus prácticas de intercambio de datos personales y organizar la información solicitada en un breve período de tiempo de acuerdo con la solicitud de un interesado.

La ley también prohíbe a las empresas "discriminar" a los consumidores por ejercer sus derechos de privacidad en virtud de la ley. Por lo tanto, las empresas no pueden negar bienes o servicios, cobrar precios diferentes por bienes o servicios, o proporcionar una calidad diferente de bienes o servicios a aquellos consumidores que ejercen sus derechos de privacidad. Sin embargo, la ley sí permite a las empresas cobrar un precio diferente o proporcionar un nivel diferente de servicio a un cliente "si esa diferencia está razonablemente relacionada con el valor proporcionado al consumidor por los datos personales del consumidor". Así mismo, las empresas pueden ofrecer incentivos financieros a los consumidores para la recopilación, venta o eliminación de información personal, sujeto a condiciones específicas y requisitos de notificación.

La ley se aplicará a empresas con fines de lucro que recopilan y controlan información personal de residentes del Estado de California, aquellos que hacen negocios en el Estado de California y (i) los que tienen ingresos brutos anuales superiores a $ 25 millones; o (ii) reciban o divulguen la información personal de 50,000 o más residentes, hogares o dispositivos del Estado de California, anualmente; o (iii) obtienen 50 por ciento o más de sus ingresos anuales de la venta de información personal de los residentes del Estado de California. La ley también atrae a afiliados corporativos de tales negocios que comparten su marca. Esto significa que las organizaciones sin fines de lucro, pequeñas empresas y/o aquellas que no trafican con grandes cantidades de información personal y que no comparten una marca con un afiliado que esté cubierto por la ley, no tendrán que cumplir con ésta. Una empresa también estará exenta de sus obligaciones de cumplimiento en virtud de la ley "si cada aspecto de la conducta comercial tiene lugar totalmente fuera del Estado de California".

La ley también proporciona un derecho de acción privado que permite a los consumidores solicitar, ya sea individualmente o como clase, daños legales o reales y medidas cautelares u otro tipo de reparación, si su información personal confidencial es objeto de acceso no autorizado, robo o divulgación como resultado de la falla de una empresa para implementar y mantener los procedimientos de seguridad razonables requeridos. Los daños legales pueden ser de entre $ 100 y $ 750 por residente del Estado de California por incidente o daños reales, cualquiera que sea mayor.

La *California Consumer Protection Act* surge como potencial instrumento para modificar el panorama de la ley de privacidad en los

Estados Unidos de América, no solo en el Estado de California. Como se describió anteriormente, la protección de la ley de los "consumidores" radicados en California significa que muchas empresas, incluso las que se encuentran fuera del Estado de California e incluso fuera de los Estados Unidos de América, estarán sujetas a sus requisitos. Las empresas incurrirán en costos de cumplimiento significativos para actualizar los procedimientos, las políticas y los sitios de red digital de acuerdo con la nueva ley[34].

D. Regulaciones de internet para los derechos de protección de datos personales en la Unión Europea

Previo a la entrada en vigencia del Reglamento General de Protección de datos (RGPD) de la Unión Europea en mayo de 2018, la Directiva 95/46/CE del Parlamento Europeo y del Consejo del 24 de octubre de 1995 constituía la principal referencia regulatoria en materia de los derechos de protección de datos personales. Bajo su implementación y cumplimiento, los Estados miembros de la Unión Europea han ido hilvanando acciones, en paralelo al establecimiento de regulaciones de carácter nacional, para la protección de los derechos relacionados con los datos personales. Tales gestiones no han sido el resultado de un accionar aislado, sino más bien cohesionado en el tiempo para alcanzar el ansiado equilibrio entre la promoción de la innovación tecnológica, competencia y desarrollo económico, por un lado, y por el otro, la implementación apropiada de los derechos de protección de datos personales en la red de internet. Aunque los objetivos y principios de la Directiva 95/46/CE siguen siendo válidos, ello no ha impedido que la protección de los datos en el territorio de la Unión se aplique de manera fragmentada, ni la inseguridad jurídica ni una percepción generalizada entre la opinión pública de que existen riesgos importantes para la protección de las personas físicas, en particular en relación con las actividades en línea.

---

[34] Mathews, Kristen J. / Courtney M. Bowman, The California Consumer Privacy Act of 2018, en: *Proskauer Privacy Law Blog*, 13 de julio de 2018. En: https://privacylaw.proskauer.com/2018/07/articles/data-privacy-laws/the-california-consumer-privacy-act-of-2018/

El RGPD de 27 de abril de 2016[35] representa un avance regulatorio denotado en favor del desarrollo de la actividad económica digital y los derechos de los particulares para y por quien esta actividad económica es desarrollada.

Entre los principales aspectos regulatorios del RGPD en materia de los derechos de protección de datos personales en la red de internet, podemos resaltar los siguientes:

- El buen funcionamiento del mercado interior exige que la libre circulación de los datos personales en la Unión Europea no sea restringida ni prohibida por motivos relacionados con la protección de las personas físicas en lo que respecta al tratamiento de datos personales.
- La protección otorgada por el RGPD debe aplicarse a las personas físicas, independientemente de su nacionalidad o de su lugar de residencia, en relación con el tratamiento de sus datos personales.
- No se excluye el Derecho de los Estados miembros que determina las circunstancias relativas a situaciones específicas de tratamiento, incluida la indicación pormenorizada de las condiciones en las que el tratamiento de datos personales es lícito.
- Las autoridades públicas a las que se comunican datos personales en virtud de una obligación legal para el ejercicio de su misión oficial, como las autoridades fiscales y aduaneras, las unidades de investigación financiera, las autoridades administrativas independientes o los organismos de supervisión de los mercados financieros encargados de la reglamentación y supervisión de los mercados de valores, no deben considerarse destinatarios de datos si reciben datos personales que son necesarios para llevar a cabo una investigación concreta de interés general, de conformidad con el Derecho de la Unión Europea o de los Estados miembros.
- El consentimiento debe darse mediante un acto afirmativo claro que refleje una manifestación de voluntad libre, específica,

[35] El Reglamento General de Protección de Datos entró en vigencia a partir del 25 de mayo de 2018 y deroga la Directiva 95/46/CE.

informada, e inequívoca del interesado de aceptar el tratamiento de datos de carácter personal que le conciernen, como una declaración por escrito, inclusive por medios electrónicos, o una declaración verbal. Por tanto, el silencio, las casillas ya marcadas o la inacción no deben constituir consentimiento.

- Cuando el tratamiento se lleva a cabo con el consentimiento del interesado, el responsable del tratamiento debe ser capaz de demostrar que aquel ha dado su consentimiento a la operación de tratamiento. En particular en el contexto de una declaración por escrito efectuada sobre otro asunto, debe haber garantías de que el interesado es consciente del hecho de que da su consentimiento y de la medida en que lo hace.
- La protección efectiva de los datos personales en la Unión Europea exige que se refuercen y especifiquen los derechos de los interesados y las obligaciones de quienes tratan y determinan el tratamiento de los datos de carácter personal, y que en los Estados miembros se reconozcan poderes equivalentes para supervisar y garantizar el cumplimiento de las normas relativas a la protección de los datos de carácter personal y las infracciones se castiguen con sanciones equivalentes.
- A fin de reforzar el "derecho al olvido" en el entorno en línea, el derecho de supresión debe ampliarse de tal forma que el responsable del tratamiento que haya hecho públicos datos personales esté obligado a indicar a los responsables del tratamiento que estén tratando tales datos personales que supriman todo enlace a ellos, o las copias o réplicas de tales datos. Al proceder así, dicho responsable debe tomar medidas razonables, teniendo en cuenta la tecnología y los medios a su disposición, incluidas las medidas técnicas, para informar de la solicitud del interesado a los responsables que estén tratando los datos personales.
- Los flujos transfronterizos de datos personales a, y desde, países no pertenecientes a la Unión Europea y organizaciones internacionales son necesarios para la expansión del comercio y la cooperación internacionales. El aumento de estos flujos plantea nuevos retos e inquietudes en lo que respecta a la protección de los datos de carácter personal. No obstante, si los datos

personales se transfieren de la Unión Europea a responsables, encargados u otros destinatarios en terceros países o a organizaciones internacionales, esto no debe menoscabar el nivel de protección de las personas físicas garantizado en la Unión Europea por el presente Reglamento, ni siquiera en las transferencias ulteriores de datos personales desde el tercer país u organización internacional a responsables y encargados en el mismo u otro tercer país u organización internacional.

- La Comisión puede decidir, con efectos para toda la Unión Europea, que un tercer país, un territorio o un sector específico de un tercer país, o una organización internacional ofrece un nivel de protección de datos adecuado, aportando de esta forma en toda la Unión Europea seguridad y uniformidad jurídicas en lo que se refiere al tercer país u organización internacional que se considera ofrece tal nivel de protección. En consonancia con los valores fundamentales en los que se basa la Unión Europea, en particular la protección de los derechos humanos, la Comisión, en su evaluación del tercer país, o de un territorio o un sector específico de un tercer país, debe tener en cuenta de qué manera respeta un determinado tercer país respeta el Estado de Derecho, el acceso a la justicia y las normas y criterios internacionales en materia de derechos humanos y su Derecho general y sectorial, incluida la legislación relativa a la seguridad pública, la defensa y la seguridad nacional, así como el orden público y el Derecho penal.
- Algunos países adoptan leyes, reglamentaciones y otros actos jurídicos con los que se pretende regular directamente las actividades de tratamiento de personas físicas y jurídicas bajo jurisdicción de los Estados miembros. Esto puede incluir sentencias de órganos jurisdiccionales o decisiones de autoridades administrativas de terceros países que obliguen a un responsable o un encargado del tratamiento a transferir o comunicar datos personales, y que no se basen en un acuerdo internacional, como un tratado de asistencia judicial mutua, en vigor entre el tercer país requirente y la Unión Europea o un Estado miembro. La aplicación extraterritorial de dichas leyes, reglamentaciones y otros

actos jurídicos puede ser contraria al Derecho internacional e impedir la protección de las personas físicas garantizada en la Unión Europea en virtud del presente Reglamento. Las transferencias solo deben autorizarse cuando se cumplan las condiciones del presente Reglamento relativas a las transferencias a terceros países. Tal puede ser el caso, entre otros, cuando la comunicación sea necesaria por una razón importante de interés público reconocida por el Derecho de la Unión Europea o de los Estados miembros aplicable al responsable del tratamiento.

- El RGPD establece expresamente el derecho de todo interesado a solicitar una indemnización por los daños y perjuicios materiales e inmateriales que hubiese sufrido como consecuencia de una infracción por parte del responsable o el encargado.

E. Regulaciones diversas en América Latina para los derechos de protección de datos personales en internet

Con el auge de la economía digital cabe destacar los cambios verificados en las prácticas que desarrollaron los propios individuos, ya que cada vez más personas realizan transacciones comerciales en línea.

La legislación sobre protección de datos personales y su posterior expansión, cobra particular importancia, no solo en los Estados Unidos y en la Unión Europea, sino en los demás países impactados por la presencia globalizada del internet, producto del desarrollo tecnológico y la aparición de prácticas comerciales que colocan al manejo de datos personales en el centro del modelo de negocios de numerosas empresas.

Las constituciones en América Latina reconocen de forma general el derecho a la privacidad, pero también incluyen el llamado recurso de hábeas data, que es el derecho a la protección de los datos personales, tal como ocurre en las constituciones de Argentina, Brasil, Colombia, México, Perú y Venezuela.

Las legislaciones latinoamericanas se han desarrollado mayormente siguiendo la inspiración del sistema continental europeo; puesto que los países de la región han privilegiado la distinción entre derecho a la privacidad y el derecho a la autodeterminación informativa, como figuras legales diferenciadas. El sistema europeo de protección de datos personales tiene vocación armonizadora y contiene marcadas referencias a la protección de otros derechos humanos, la ponderación entre los mismos, y el libre flujo de datos tendiente a posibilitar el desarrollo de la economía digital, razón por la cual varios países latinoamericanos han adoptado sistemas de protección inspirados en la normativa europea, con particular énfasis en las disposiciones normativas de España.

La tendencia legislativa en materia de protección de datos personales, lo cual no ha sido excepción en los países de América Latina que han adoptado legislaciones de protección de datos personales, toma como referencia relevante el respeto de derechos básicos que incluyen la posibilidad de (i) exigir al responsable de una base de datos información sobre los datos relativos a su persona que se encuentran en dicha base, como por ejemplo su procedencia y destinatario, propósito del almacenamiento, individualización de quiénes reciben los datos; (ii) solicitar al responsable de una base de datos que corrija, actualice o modifique los datos si así correspondiese, por ser inexactos, erróneos, equívocos o incompletos; (iii) solicitar la eliminación del dato cuando el almacenamiento carezca del fundamento legal o el dato estuviere caduco; y (iv) solicitar la eliminación o bloqueo cuando se haya proporcionado un dato en forma voluntaria, o se usen para comunicaciones comerciales y no se desee seguir figurando en dicha base.

Los sistemas de protección de datos personales de Argentina y Uruguay ya se encuentran alineados con los estándares europeos previstos inicialmente por la anterior Directiva 95/46/CE, habiendo Uruguay formalizado su adhesión al Convenio 108 del Consejo de Europa para la Protección de las Personas con respecto al tratamiento automatizado de datos de carácter personal en agosto de 2013.

Cabe resaltar que la legislación de Chile incluye al menos tres de los principios de protección de datos personales contemplados en el RGPD, correspondiendo estos al principio de finalidad, el principio de calidad de los datos y el principio de licitud. Por su parte, la legislación mexicana consagra los principios de licitud y lealtad, consentimiento, finalidad, proporcionalidad, calidad, responsabilidad e información. En lo que concierne a la legislación del Brasil, se establece cuatro principios para el tratamiento de datos, entre los que se encuentran los principios de transparencia, de minimización, de limitación en el plazo de conservación y de finalidad, mientras que la legislación argentina reconoce los principios de licitud, transparencia, finalidad, exactitud, necesidad, confidencialidad y limitación del plazo de conservación.

En relación con el consentimiento, el consentimiento tiende a establecerse en las disposiciones legislativas de varios países de la región latinoamericana como la regla general para la licitud de todo tratamiento de datos personales y los casos en los que no se necesita dicho consentimiento están configurados como excepciones a dicha regla.

Por último, en cuanto concierne a la eventual indemnización por daños y perjuicios causados por el indebido uso de los datos personales de los individuos afectados, las disposiciones normativas tienden en general a establecer la compensación de daños y perjuicios, ya sea mediante previsiones específicas al respecto o por remisiones generales a la ley civil.

Aun cuando varios países en América Latina, principalmente Argentina, Uruguay, Chile, México y Brasil, han sido particularmente proactivos en la implementación de disposiciones legislativas dirigidas a proteger los datos personales de los múltiples usuarios en la red de internet, resta mucho por incorporar a todos los países del continente en la tendencia liderada por la Unión Europea. Mientras ello no ocurra, las posibilidades de otorgar una protección armonizada y eficiente seguirá siendo limitada o insuficiente, ocasionando perjuicios importantes a una población que está cada día más inmersa en la economía digital y sus plataformas de servicios[36].

VI. PERSPECTIVAS Y DESAFÍOS ACERCA DEL DERECHO DE PROTECCIÓN DE DATOS PERSONALES EN LAS PLATAFORMAS DE INTERNET

El caso de Edward Snowden y las revelaciones surgidas en el año 2013, acerca de la existencia de programas de vigilancia de internet por los poderes públicos en diferentes naciones, ha resaltado la supervisión

[36] El sistema de protección de datos personales en América Latina: Oportunidades y desafíos para los derechos humanos. En: https://adcdigital.org.ar/wp-content/uploads/2017/06/Sistema-proteccion-datos-personales-LatAm.pdf

continuada de la información y datos personales disponibles en las plataformas de internet. Así mismo, el uso indebido por parte de la empresa *Cambridge Analytica* de aproximadamente 87 millones de cuentas y los datos personales de usuarios de Facebook con ocasión de las elecciones presidenciales del año 2016 en los Estados Unidos, ha causado una enorme preocupación en la comunidad digital, sus usuarios y las entidades regulatorias acerca de la falta de eficacia en las medidas de protección de datos personales aplicadas por la empresas que disponen de plataformas digitales en la red de internet.[37] Estas circunstancias, por citar solo dos casos emblemáticos, no han afectado únicamente a ciudadanos de la Unión europea y de los Estados Unidos de América, puesto que se ha evidenciado el sistemático menoscabo del derecho a la protección de datos personales y otros derechos fundamentales en otras latitudes geográficas. El reto planteado por lo tanto es establecer un adecuado equilibrio entre la protección adecuada de los datos personales en internet y la preservación de la capacidad innovadora de las empresas que desarrollan su actividad empresarial en la red de internet.

La legislación de la Unión Europea, en general, y el RGPD, en particular, proporcionan ciertos principios referenciales en lo relativo a la protección de los datos personales. El RGPD contiene una serie de principios que deberán observarse en todo tratamiento de datos, debiendo éstos ser tratados de manera lícita (de acuerdo a lo previsto en la ley), leal (con base en la buena fe) y transparente (con claridad de propósito de recolección) en relación con el interesado. Por ello los datos deberán ser recogidos con fines determinados, explícitos y legítimos, y no serán tratados ulteriormente de manera incompatible con dichos fines; los datos deberán ser exactos y, si fuera necesario, actualizados; se deberá adoptar todas las medidas razonables para que se supriman o rectifiquen sin dilación los datos personales que sean inexactos con respecto a los fines para los que se tratan; los datos deberán ser mantenidos de forma que se permita la identificación de los interesados durante no más

[37] Schechner, Sam / Nick Kostov, Facebook's Next Privacy Challenge: Less Data to Target Ads. Advertisers warn of impact from closure of Facebook ad tool that integrates personal data from outside brokers, en: *The Wall Street Journal*, 30 de julio de 2018. En: https://www.wsj.com/articles/facebooks-next-privacy-challenge-less-data-to-target-ads-1532943001?mod=searchresults&page=1&pos=20

tiempo del necesario para los fines del tratamiento de los datos personales; los datos personales podrán conservarse durante períodos más largos siempre que se traten exclusivamente con fines de archivo en interés público, fines de investigación científica o histórica o fines estadísticos; los datos deberán ser tratados de tal manera que se garantice una seguridad adecuada de los datos personales, incluida la protección contra el tratamiento no autorizado o ilícito y contra su pérdida, destrucción o daño accidental, mediante la aplicación de medidas técnicas u organizativas apropiadas; los datos deberán ser adecuados, pertinentes y limitados a lo necesario en relación con los fines para los que son tratados.

A. Perspectivas

La rápida evolución tecnológica y la globalización han planteado nuevos retos para la protección de los datos personales. La magnitud de la obtención y del intercambio de datos personales ha aumentado de manera significativa. La tecnología permite que tanto las empresas privadas como las autoridades públicas utilicen datos personales en una escala sin precedentes a la hora de realizar sus actividades, por lo que si bien el derecho a la protección de los datos personales no es un derecho absoluto si debe considerarse en relación con su función en la sociedad y promoverse el equilibrio con otros derechos fundamentales, con arreglo al principio de proporcionalidad.

Estos avances requieren un marco más sólido y coherente para la protección de datos a nivel internacional, respaldado por una ejecución estricta, dada la importancia de generar la confianza que permita a la economía digital desarrollarse. Las personas físicas deben tener el control de sus propios datos personales, por lo que debe garantizarse a nivel internacional que la aplicación de las normas de protección de los derechos y libertades fundamentales de las personas físicas en relación con el tratamiento de datos de carácter personal sea eficiente, coherente y homogénea. Así mismo, si bien la plataforma de la red de internet debe promover la libertad de expresión, la información personal disponible en las redes debe ser fidedigna y veraz, con el fin de evitar ocasionar daños irreparables a las personas. De ahí radica la importancia de disponer de mecanismos efectivos para suprimir información disponible en la red de internet según los criterios establecidos en el llamado "derecho al olvido" o de supresión de datos que satisfagan requisitos mínimos de protección establecidos, por ejemplo, en el RGPD de la Unión Europea.

En Europa, el derecho a la protección de los datos personales tiene reconocimiento legal como derecho distinto al derecho a la privacidad. La protección de las personas físicas en relación con el tratamiento de datos personales es un derecho fundamental. El artículo 8, apartado 1, de la Carta de los Derechos Fundamentales de la Unión Europea y el artículo 16, apartado 1, del Tratado de Funcionamiento de la Unión Europea establecen que **toda persona** tiene derecho a la protección de los datos de carácter personal que le conciernan[38].

Los principios y normas relativos a la protección de las personas físicas en lo que respecta al tratamiento de sus datos de carácter personal deben, cualquiera que sea su nacionalidad o residencia, respetar sus libertades y derechos fundamentales, en particular el derecho a la protección de los datos de carácter personal.

La Directiva 95/46/CE del Parlamento Europeo y del Consejo trata de armonizar la protección de los derechos y las libertades fundamentales de las personas físicas en relación con las actividades de tratamiento de datos de carácter personal y garantizar la libre circulación de estos datos entre los Estados miembros.

Cabe resaltar que si bien las legislaciones en materia de protección de datos personales en la red de internet tienden a tener criterios de protección similares a los establecidos en las legislaciones de la Unión Europea y de España, tal tendencia no se ha producido aún de manera sistemática en relación con el derecho de supresión de datos, en parte, porque el derecho al olvido fue reconocido recientemente en la antes aludida sentencia *Google Spain* y su contenido refrendado en el RGPD de la Unión Europea vigente a partir de mayo del año 2018. La adopción del derecho de supresión de datos personales es de importancia

[38] La Carta de los Derechos Fundamentales de la Unión Europea, adoptada el 7 de diciembre de 2000, establece una clara distinción entre uno y otro derecho. Mientras que el artículo siete consagra el derecho la vida privada y familiar, el artículo ocho reconoce que toda persona tiene derecho a la protección de los datos personales que le conciernan.

determinante para garantizar la preservación y ejecutoriedad de los derechos de protección de datos personales ante el creciente desarrollo de las plataformas de las redes de internet a nivel mundial.

A pesar de los enormes avances alcanzados en materia de protección de datos personales, se requiere ampliar el alcance de aplicación de los derechos consagrados en las diferentes legislaciones que atienden estos asuntos, mediante una aplicación regulatoria armoniosa y homogénea que no establezca discriminaciones con base en la nacionalidad o el lugar de residencia de los afectados, reconociendo así el amplio espectro de la red de internet y de las actividades económicas desplegadas a través de ésta. Sobre el particular, cabe acotar que sería inadecuado que un individuo no tuviera cualidad para solicitar el ejercicio del derecho de supresión de datos al amparo del RGPD por el hecho de no ser ciudadano o residente de un estado miembro de la Unión Europea, a pesar de que la circunstancia que pudo haber dado origen a la publicación indebida en la red de internet estuviere primordialmente relacionada con, por ejemplo, la adquisición de bienes o la prestación de servicios localizados en dicho estado de la Unión Europea. Con ello estamos abogando por el levantamiento de restricciones discriminatorias contra individuos por no ser ciudadanos o residentes de algún estado de la Unión Europea en el ejercicio del derecho al olvido o de supresión de datos. Más que la residencia o ciudadanía, pareciera que lo determinante por verificar fehacientemente y de modo amplio es la cualidad para ejercer el derecho de supresión de datos mediante la determinación de los puntos de contacto que pudiera haber tenido el solicitante con ocasión de la circunstancia que habría dado origen a la publicación de información o de datos personales objeto de la solicitud de supresión.

B. Desafíos

Considerando las perspectivas planteadas surgen desafíos importantes para asegurar la Internacionalización y armonización de las medidas de protección de derechos de datos en las plataformas de internet, incluyendo el ejercicio efectivo del derecho al olvido digital o de supresión de datos en la red a nivel internacional. De allí la relevancia de profundizar en los eventuales aportes que pudiera otorgar el Derecho Internacional Privado ante el efecto del internet en los derechos de protección de datos personales.

De manera específica, se requiere priorizar la atención en el fortalecimiento de los estándares de protección de los datos personales y sus mecanismos de ejecución a nivel transfronterizo, asegurando el mejor tratamiento posible de los datos personales Especial atención requiere la generación de vías más efectivas de información para el individuo, que sea clara, concisa y pertinente y le posibilite la comprensión adecuada del uso de sus datos personales.

Es necesario generar mecanismos dinámicos y de amplia y diversificada participación que permitan identificar y contener los riesgos generados por los avances tecnológicos para proporcionar la adecuada relevancia a la noción de consentimiento, con participación de los diversos sectores involucrados, entre los que se encuentran funcionarios de protección de datos, el sector privado y técnico, la academia y la sociedad civil, entre otros, para promover la adecuada identificación, comprensión, contención y conciliación de estas situaciones, y así procurar la generación de alternativas coherentes con el derecho de autodeterminación informativa, como parte integrante de los derechos humanos de los individuos.

Por último, un aspecto sobre el cual no podemos dejar de hacer énfasis reside en el desafío que representa la necesidad de propiciar la armonización legislativa para promover la protección de los datos personales, con una visión amplia, cónsona con el alcance que caracteriza a la red de internet, que tome en consideración los niveles de innovación de la economía digital, así como las necesidades de los diversos sectores que requieren el uso de datos personales para desarrollar una multiplicidad de actividades.

INTERPRETACIÓN DEL CONTRATO: ESTUDIO COMPARATIVO ENTRE LOS PRINCIPIOS PARA LOS CONTRATOS COMERCIALES INTERNACIONALES DEL UNIDROIT Y EL DERECHO VENEZOLANO

GERARDO JAVIER ULLOA BELLORIN*

Resumen: La legislación venezolana en materia de contratos no cuenta con una regulación estructurada de la Interpretación del contrato. La comparación con los Principios UNIDROIT se presenta como interesante y necesaria. La comparación entre ambos modelos revela muchas similitudes y pocas diferencias. Una valoración relativa a la comparación determina la conveniencia de la aplicación de los Principios UNIDROIT, tanto en el derecho internacional como en el derecho interno, al considerarse que los Principios creados por el UNIDROIT son compatibles con el derecho venezolano.

Abstract: *The Venezuelan legislation on contracts does not have a structured regulation for the interpretation of the contract. The comparison with the UNIDROIT Principles is presented as interesting and necessary. The comparison between both models reveals many similarities and few differences. An assessment regarding the comparison determines the appropriateness of the application of the UNIDROIT Principles, in international law and in national law, considering that the Principles created by UNIDROIT are compatible with Venezuelan law.*

Sumario: I. Consideraciones preliminares. II. La interpretación del contrato en general. III. La interpretación del contrato en el derecho venezolano: legislación, doctrina y jurisprudencia. IV. El sistema propuesto por los Principios UNIDROIT para la interpretación del contrato. V. Conclusiones.

* Profesor de la Escuela de Derecho de la Universidad del Zulia. Investigador adscrito al Centro de Investigaciones de Derecho Privado (CIDEP) de la Universidad del Zulia. Doctorando del Programa en *Legal and Social Sciences: Civil law and Constitutional legality* de la Universidad de Camerino (Italia). Becario de la Universidad de Camerino.

I. CONSIDERACIONES PRELIMINARES

El proyecto de economía a escala mundial que se ha venido desarrollando en la sociedad actual, vislumbra en el factor jurídico, un elemento de gran interés en la valoración del desarrollo del comercio en el ámbito internacional. Por ello, el derecho internacional privado ha trabajado constantemente en la creación de métodos para la armonización o racionalización del derecho comercial internacional. Estos métodos (convenciones, tratados, leyes modelos, instrumentos de *soft law*, etc.) buscan disminuir en lo posible el factor de riesgo del elemento jurídico propio de una relación internacional. En este sentido, se hace necesario el estudio específico de estos métodos, sea para profundizar su conocimiento, sea para valorr su adaptabilidad.

Dentro de estos instrumentos encontramos los Principios UNIDROIT, los cuales se han caracterizado por eliminar las incertezas relacionadas al derecho aplicable a los contratos comerciales internacionales. Su naturaleza especial hace posible que se presenten como ideal parámetro de comparación, por cuanto estos son iguales a ellos mismos, en cada espacio y tiempo, diferenciándose de los modelos tradicionales. Como indica la Doctrina esta aplicación podría ayudar a evidenciar que existen diversos modos de afrontar problemas idénticos, y que la orientación adoptada por un respectivo derecho nacional no es la más conveniente[1].

Otra función que pueden tener los Principios es la expresada en el coma 6° del Preámbulo que indica que los Principios UNIDROIT "pueden ser utilizados para la interpretación e integración del derecho nacional aplicable", esta es una de las funciones de los Principios que se encuentra en expansión, ya sea porque vienen elegidos con más frecuencia por las partes o porque son aplicables en virtud de las normas de conflicto del foro[2]. La aplicación de los Principios, de esta manera,

---

1 Bonell, Michael Joachim, *Un "Codice" Internazionale del Diritto dei Contratti. I Principi UNIDROIT dei Contratti Commerciali Internazionali*, Milano, Giuffrè Editore, 2006, 2ª ed., pp. 275-276.

2 Bonell, *Un "Codice" Internazionale del Diritto dei Contratti...*, ob. cit., p. 249.

puede ayudar a la corrección del derecho nacional con el fin de adecuarlo a las necesidades del tráfico comercial internacional[3].

Esta función viene particularmente practicada en los países en fase de transición de una economía planificada a una de mercado, o en aquellas de poca experiencia en la regulación normativa de las relaciones comerciales internacionales. De igual forma, esta función puede ser útil en países que cuentan con sistemas jurídicos sofisticados en los cuales, en raros casos, no se brinde una solución clara y cierta a especificas cuestiones en materia de contratos comerciales internacionales. En ambos casos, los Principios UNIDROIT pueden ser utilizados como parámetro para asegurar una interpretación e integración del derecho nacional conforme a los estándares internacionalmente aceptados y/o a las necesidades específicas de las relaciones comerciales transfronterizas[4].

Estas son algunas de las tantas formas de empleo de los Principios UNIDROIT, en la práctica su posibilidad de aplicación recae exclusivamente en la capacidad de persuasión que ofrecen, lo que lleva a que existan diversas aplicaciones de éstos; las formas de empleo más importantes vienen señaladas por el mismo Preámbulo de los Principios, otras formas registradas en la práctica son propuestas en los Comentarios a los Principios.

La comparación entre los Principios UNIDROIT y el Derecho venezolano viene a ser de gran interés vista la larga data de la legislación nacional en materia comercial, pero también por el valor que los Principios UNIDROIT podrían asumir al interno del Derecho venezolano. En materias como la interpretación del contrato donde la normativa nacional podría ser catalogada de insuficiente los Principios podrían brindar mayor seguridad sobre los parámetros que el intérprete debe seguir para establecer la existencia del contrato, especificar su naturaleza, y determinar su sustancia y medida.

---

[3] Boggiano, Antonio, La solución de controversias: los Principios de UNIDROIT como normativa aplicable a los contratos comerciales internacionales por los jueces nacionales y por los árbitros, en: M.J. Bonell (Dir.), *The UNIDROIT Principles: a common law of contracts for the Americas?. Acts of the Inter-American Congress, 6-9 November 1996 in Valencia (Venezuela)*, Roma, UNIDROIT, 1998, p. 173.

[4] Bonell, *Un "Codice" Internazionale del Diritto dei Contratti…*, ob. cit., pp. 258-261.

II. LA INTERPRETACIÓN DEL CONTRATO EN GENERAL

Poder determinar el contenido y la estructura del contrato es una condición indispensable para su viabilidad. En ese sentido, se dice que, si el contrato es determinado perfectamente, no existirá ningún problema en su interpretación, pudiendo discutirse solo cuestiones sobre su cumplimiento o incumplimiento; pero en numerosos supuestos, las cláusulas contractuales no se presentan con la claridad deseada y en estos casos entra en juego el mecanismo de la interpretación para dar al vínculo la precisión y firmeza necesaria. Este recurso viene a ser de extraordinaria importancia[5].

La interpretación es la acción que tiende a fijar el sentido y el significado de las manifestaciones de la voluntad, especialmente de las palabras. Así, quien quiera manifestar al exterior su voluntad interna debe hacer uso de signos que el mundo exterior pueda percibir; para declarar su voluntad[6].

A la interpretación precede la actividad de "calificación". El proceso de calificación permite precisar la naturaleza del contrato, y de ubicarlo en una categoría jurídica determinada y de darle la cualidad que la ley da a la específica categoría[7]. Solo luego, se puede pasar a determinar la existencia y el contenido de las obligaciones acordadas por las partes[8].

El tribunal al ser el órgano encargado de efectuar la interpretación del contrato se tiene como sujeto habilitado en los casos en los que el mismo presente partes oscuras o ambiguas, circunstancias que pueden originarse por diversas razones[9], algunas de estas son: el uso de una palabra inapropiada, la mala redacción de las cláusulas, las contradicciones del texto, los casos en que éste conduce a una conclusión no razonable que se puede considerar no querida por las partes, un evento

---

[5] Pellise Prats, Buenaventura, *Nueva enciclopedia jurídica. Interpretación de los contratos*, Barcelona, Francisco Seix, 1985, p. 337.

[6] Danz, Erich, *La interpretación de los negocios jurídicos*, Pamplona, Analecta, Ediciones y Libros, 2006, p. 15.

[7] Gendron, François, *Interprétation des contrats,* Montréal, Wilson & Lafleur, 2002, p. 18.

[8] Ghestin, Jacques, *Traité de Droit Civil. Les effets du contrat*, Paris, LGDJ, 2001, 3ª ed., p. 16.

[9] Gendron, *Interprétation des contrats*..., ob. cit., pp. 24-26.

previsto en el contrato, las contradicciones entre las cláusulas, los datos del anterior contrato que no se adaptan a la actualidad, la falta de determinación por escrito de un elemento del contrato, entre otros[10].

Si en cambio, los términos de los contratos son claros y precisos, se asegura que no le es permitido al juez desnaturalizar las obligaciones y modificar las estipulaciones a las cuales hacen referencia[11]. Surge el problema de plantearse la nulidad de una cláusula, clara y precisa, que parezca ser el resultado de un error manifiesto y contradictorio de la intención común[12], en ese sentido, la doctrina más connotada afirma que la interpretación debe ser siempre aplicada y tendrá lugar aun cuando la claridad de los términos de un contrato no sea susceptible de conciliarse con la naturaleza del contrato y la intención evidente de las partes[13].

Estas consideraciones varían notablemente en los sistemas de *common law*, por cuanto en estos, el contratante se vincula al resultado de la promesa garantizada, y la interpretación que debe realizarse suele ser netamente objetiva, debido a que el intérprete no deberá buscar la intención común de las partes, sino determinar la extensión de las obligaciones acordadas en el contenido del contrato. Configurándose dentro de un sistema de derecho de origen jurisprudencial, que emplea para la interpretación de los contratos los criterios que la tradición ha consolidado, es la jurisprudencia quien sostiene que el intérprete no debe descubrir la voluntad común de las partes, sino el significado que según los parámetros objetivos de un *reasonable man* atribuye a las expresiones usadas en esa situación y en esa circunstancia. Los principios generales que en última instancia regulan la interpretación del contrato en los ordenamientos de *common law* son: el principio de respeto de la buena fe, el principio de conservación del contrato y el principio de la consideración completa del contrato[14].

Por lo tanto, la interpretación "objetiva" es concebida como la cristalización de una voluntad declarada en consideración de las

---

[10] Gendron, *Interprétation des contrats…*, ob. cit., p.27

[11] Gendron, *Interprétation des contrats…*, ob. cit., p. 28

[12] Gendron, *Interprétation des contrats…*, ob. cit., p. 31.

[13] Gendron, *Interprétation des contrats…*, ob. cit., p. 32.

[14] Serrano Fernández, María, *Estudio de Derecho comparado sobre la interpretación de los contratos*, Valencia, Tirant lo Blanch, 2005, p. 343.

circunstancias de su manifestación (lugar, tiempo, palabras, comportamientos), valorada en la dimensión social y no individual, considerando el significado que una persona razonable habría establecido[15].

Tradicionalmente se considera que el Código Civil francés, producto de concesiones individualistas, ha seguido el camino de la voluntad interna y que, en este modo, en la interpretación de un contrato, el juez deberá buscar siempre la voluntad real de las partes. Sin embargo, han sido formuladas objeciones a un sistema de este tipo. En primer lugar, se ha criticado la dificultad de la investigación psicológica, en efecto, es muy difícil analizar y determinar el verdadero contenido de un acto de voluntad interna. En segundo lugar, se ha criticado que la búsqueda de la voluntad real implica una gran inseguridad en las relaciones contractuales, ciertamente no se tiene la seguridad que el contrato se ejecutará cuando éste puede ser anulado por motivos que recaigan en la consciencia. Así se afirma que, es mejor hacer valer la voluntad declarada, lo cual quiere decir la repercusión social de una manifestación de voluntad.

El Código Civil italiano, por su parte, establece dos series de reglas concernientes a la interpretación del contrato, la primera (1.362-1.365) que tiene por objetivo la búsqueda de la voluntad en concreto de los declarantes (interpretación subjetiva) y una segunda, que presupone que la primera no haya dado resultado positivo y persista todavía la duda sobre el significado de la declaración, este segundo momento de la interpretación (1.367-1.371) puede ser llamado de interpretación objetiva[16].

Sobre la interpretación del contrato también ha sido afirmado que las reglas de interpretación de los contratos no constituyen un bloque monolítico al interno de la materia general de los contratos, pero que según la visión sistemático-axiológica deban ser coordinadas, en la complejidad y la unión del ordenamiento jurídico, con otras reglas y principios pertenecientes a los códigos y fuera de ellos[17].

La naturaleza de las normas sobre la interpretación es discutida por la doctrina y por la jurisprudencia, en Francia se dice generalmente que

[15] Jacques, Philippe, *Regards sur l'article 1135 du Code civil*, Paris, Dalloz, 2005, p. 288.

[16] Alpa, Guido, *L'interpretazione del contratto*, Milano, Giuffrè, 2001, p. 118.

[17] Pennasilico, Mauro, L'interpretazione del contratto tra relativismo e assiologia*,* en: *Rassegna di diritto civile*, 2005, No. 2, , pp. 728-735.

estas normas no contienen reglas de derecho cuya inobservancia daría causa a la casación. Pero contienen directrices imperativas, es decir de consejos dado a los jueces por el legislador para la interpretación de los contratos. Dicho de otra forma, los jueces pueden inspirarse por medio de estas, pero no se encuentran constreñidos a conformarse solo con estas. Tienen un carácter facultativo, y por lo tanto, se clasifican como "extraordinarias"[18].

En Italia se afirma que el problema de la naturaleza de las normas sobre la interpretación del contrato que en pasado dividió la doctrina y la jurisprudencia se encuentra actualmente resuelto, con unanimidad de criterios, reconociendo a éstas un carácter de verdaderos y propios preceptos jurídicos y no de simples consejos, axiomas de lógica o máximas directivas dirigidas al criterio prudente del juez[19].

III. LA INTERPRETACIÓN DEL CONTRATO EN EL DERECHO VENEZOLANO: LEGISLACIÓN, DOCTRINA Y JURISPRUDENCIA

De conformidad con el artículo 1.159 del Código Civil venezolano los contratos tienen fuerza de ley entre las partes, por ello, la doctrina precisa que desde el momento en el cual se presenta la prueba de la existencia de un contrato, el juez no puede negar la aplicación de dicho contrato por incertidumbre, ambigüedad o insuficiencia, y si lo hace se configuraría una denegación de justicia, según lo establecido por el artículo 19 de Código de Procedimiento Civil. En este caso, el juez deberá buscar el verdadero contenido jurídicamente relevante del contrato, según el propósito y la intención de las partes, además deberá precisar los efectos que esto pueda tener, y decidir sobre el caso específico. Esta actividad del juez (o en general, de quien procura estabilizar el significado del acuerdo de las voluntades de las manifestaciones exteriores) deberá tener en cuenta las exigencias de la ley, de la verdad y de la buena fe (art. 12 CPC). En forma general es en este modo que se verifica la interpretación del contrato en Venezuela.

---

[18] Gendron, *Interprétation des contrats…*, ob. cit., p. 38.

[19] Rizzo, Vito, *Fonti del diritto, interpretazione ed applicazione della legge, interpretazione ed integrazione del contratto*, Camerino, Unicam, 1991, p. 171.

Generalmente en otras legislaciones el Código Civil establece normas dirigidas a regular la actividad interpretativa de los contratos, y de los actos jurídicos en general, el ordenamiento jurídico venezolano, en cambio, se ocupa poco de esta materia, al contar solo de forma precisa con el artículo 12 del Código de Procedimiento Civil.

El artículo 12 del Código de Procedimiento Civil contiene según la doctrina una norma jurídica que regula el modo en el cual se debe determinar y valorar los hechos que se han presentado como prueba durante el proceso, norma que se considera podría ser violada, falsamente interpretada o no aplicada por el juez de mérito, quien incurriría en una infracción susceptible de casación de conformidad con los artículos 312 numeral 2 y 320 del Código de Procedimiento Civil[20].

La doctrina manifiesta que el artículo 12 del Código de Procedimiento Civil, no da libertad al interprete para fijar el significado del contrato, sino que se subordina a la tarea de determinar el efectivo propósito e intención de las partes, para insertar la intención hipotética común en un ambiente normativo, lógico y ético[21]. El artículo 12 *ejusdem* constriñe a los tribunales a adecuarse en relación a la interpretación de los contratos y de los actos jurídicos en general "al propósito y a la intención de las partes", llamada en otros ordenamientos "la común intención de las partes".

La referencia que hace el artículo 12 del Código de Procedimiento Civil "a la intención de las partes" lleva a la doctrina venezolana a comparar esta norma con el artículo 4 del Código Civil, que se refiere a la intención del legislador. En ambos casos se trata de la reproducción de un pensamiento y de una voluntad que determinan un imperativo de conducta, solo que en el caso de la ley el precepto es abstracto, general y heterónomo, y en el caso del contrato es concreto y producido por la autonomía privada. Se afirma que la diferencia en el objeto de la investigación debe reproducirse necesariamente en la metodología a implementar en uno y otro caso[22].

---

[20] Mélich-Orsini, José, *Doctrina general del Contrato*, Caracas, Editorial Jurídica Venezolana, 1993, 2ª ed., p. 347 y Maduro Luyando, Eloy / Emilio Pittier Sucre, *Curso de obligaciones: Derecho civil III*, Caracas, Universidad Católica Andrés Bello, 12ª ed., 2003, Tomo II, p. 802.

[21] Mélich-Orsini, *Doctrina general del Contrato*..., ob. cit., p. 347.

[22] Mélich-Orsini, *Doctrina general del Contrato*..., ob. cit., p. 352.

El ordenamiento positivo venezolano ofrece un criterio cierto cuando se trata de la interpretación de un precepto derivado de la ley, el anteriormente citado artículo 4 del Código Civil, el cual señala que debe aplicarse en primer lugar el método gramatical junto a la intención del legislador, en segundo lugar, la analogía, y por último los principios generales del derecho. Según parte de la doctrina venezolana el sistema definido por el artículo 4 debe ser aplicado para la Interpretación del contrato, por cuanto consideran que cuando el artículo 1.159 del Código Civil establece que "los contratos tienen fuerza de **ley** entre las partes (…)" (negritas nuestras) se hace indirectamente referencia al sistema de la interpretación legal[23].

La doctrina más respetada determina que la interpretación del contrato inicia por la concreta o efectiva "común intensión" de las partes, y busca alcanzar una visión de aquello que "han querido o pensado" cada uno de los contratantes en la formación del contrato controvertido. En este sentido se percibe la importancia que tiene el elemento histórico en la búsqueda del espíritu del contrato, entendido este como la manifestación de la autonomía reconocida de la ley a la voluntad privada para crear una regulación particular de los intereses en un lugar y momento específico. Así, en la investigación histórica de las circunstancias psicológicas y sociales que han llevado a producir el acuerdo de las partes, no interesan los solos motivos individuales de cada contratante, pero interesan los que han sido asumidos entre las partes según las circunstancias en los cuales se ha realizado el contrato, son estos motivos los que indican el intento práctico querido por las partes a través del contrato. El intérprete deberá trabajar sobre estos "intentos prácticos queridos por las partes" sin deformar el significado real que han atribuido los autores, sobreponiendo un juicio objetivo y abstracto. Se sostiene que con más razón en materia de interpretación del contrato donde se debe tener cuidado en primer lugar a la "común intención" de las partes, se deberá indagar el significado de las palabras más que en el simple valor gramatical en la forma y contexto usado por las partes[24].

[23] Según Morles Hernández el método interpretativo que debe aplicarse para el contrato es el del art. 4 del Código Civil. Sobre el punto véase: Morles Hernández, Alfredo, *Curso de Derecho mercantil*, Caracas, Universidad Católica Andrés Bello, 9 ed., 2007, Tomo 4, pp. 2262-2265.

[24] Mélich-Orsini, *Doctrina general del Contrato…*, ob. cit., p. 353.

A falta de un sistema predeterminado que pueda regular la interpretación contractual, la Doctrina sostiene el deber del intérprete de aplicar el conjunto de "principios" que se presenta en la práctica, y que otros ordenamientos han codificado como características del ejercicio de una buena actividad lógica en la materia[25]. Estos principios son: 1.- Considerar no solo la partes oscura o ambigua que se quiere interpretar sino todo el conjunto del contrato en su complejo, se debe ser igualmente atento a las circunstancias que han acompañado la celebración del contrato y en especial a la personalidad de los contratantes, a la manera como fue ejecutado el contrato en la práctica, y a los usos del lugar donde tienen residencia los contratantes. 2.- Preferir la interpretación que se ajusta más a la naturaleza y al objeto del contrato. 3.- Preferir la interpretación que satisfaga el principio de la conservación del contrato. 4.- Preferir en caso de duda lo que favorece la libertad del deudor. 5.- Decidir contra la parte que ha redactado el contrato.

Sin embargo, no se puede atribuir a ninguno de estos "principios" un carácter de regla legal, y ni siquiera una jerarquía entre ellos, su aplicación dependerá de la adaptabilidad de estos al caso en concreto y su concordancia con los otros 2 principios rectores: la ley y la buena fe. Se afirma que ignorar estos principios podría dar origen a la violación del artículo 12 del Código de Procedimiento Civil[26].

En este sentido, la doctrina determina que el artículo 12 del Código de Procedimiento Civil al establecer que la interpretación debe tomar en consideración "las exigencias de la ley" quiere hacer referencia a dos deberes al mismo tiempo: el respeto de las reglas de interpretación y la interpretación en conciliación con el ordenamiento jurídico. Este último deber viene llamado como la Interpretación Integradora del Contrato, que no debe ser confundida con la integración del contrato *stricto sensu.* Esta no opera como la integración porque no colma las lagunas del contrato, y queda en los límites de la búsqueda del significado objetivo del contenido del acuerdo de voluntades. Se indica que ciertamente resulta difícil diferenciar ambos conceptos, pero que cuando el intérprete

[25] Maduro Luyando llama a estos "principios" reglas de la lógica. Sobre el punto véase, Maduro Luyando / Pittier Sucre, *Curso de obligaciones…*, ob. cit., p. 80.

[26] Mélich-Orsini, *Doctrina general del contrato…*, ob. cit., p. 355.

se limita a poner en evidencia contenidos que deben ser atribuidos a la voluntad tacita de las partes y completan o corrigen las declaraciones de estas, se podría decir que se queda en el ámbito de la interpretación. En virtud de esta interpretación integradora, el intérprete corrige, pero sin atribuir nada que no fue dicho por las partes, y desarrolla de forma lógica el contenido del contrato.

Con referencia a la buena fe se ha determinado que el artículo 1.160 del Código Civil dispone que: "los contratos deben ejecutarse en buena fe". La doctrina contemporánea en Venezuela ha dado una mayor extensión al principio de la buena fe en la contratación. De hecho, se considera que este principio no solo regula el contrato desde la ejecución del contrato, sino desde su formación.

El intérprete según afirma la doctrina debe tomar en consideración la buena fe en la interpretación del contrato; es decir, debe atribuir a las partes un comportamiento ético en la formación del contrato, que comprende la obligación de informar a la otra parte de los elementos determinantes de su voluntad, no esconder los vicios de la cosa y en general mantener un comportamiento leal hacia la otra parte: el vendedor de una aparato peligroso deberá informar al comprador los riesgos en los cuales incurre; el medico deberá informar al paciente las consecuencias de una intervención quirúrgica; el abogado debe indicar las consecuencias de accionar una causa infundada. Las cláusulas del contrato deberán interpretarse de forma que tales deberes de información y lealtad no sean excluidos con frases generales que quisieran hacerlo[27].

La jurisprudencia, por su parte, se ha encargado de afianzar la interpretación del contrato como materia reservada a los jueces de instancia, y de ratificar el carácter subjetivo de la actividad interpretativa, así la Sala Político Administrativa, de la entonces Corte Suprema de Justicia, en sentencia No. 569, de 29 de noviembre de 1985 (Universidad Central de Venezuela contra el Banco Provincial de Venezuela, C.A.) estableció que "Si el establecimiento de los hechos por el Juez es compatible con la expresión de la voluntad de las partes, estamos en la esfera de la interpretación; si, por el contrario, la conclusión del sentenciador no es compatible con el texto, estaríamos en presencia

[27] Maduro Luyando / Pittier Sucre, *Curso de obligaciones…*, ob. cit., p. 805

de una desnaturalización del contrato" (…), criterio corroborado en innumerables veces por la Sala de Casación Civil del Tribunal Supremo de Justicia.

IV. EL SISTEMA PROPUESTO POR LOS PRINCIPIOS UNIDROIT PARA LA INTERPRETACIÓN DEL CONTRATO

La interpretación del Contrato fue uno de los primeros puntos abordados por los creadores de los Principios UNIDROIT, en septiembre de 1980 el Grupo de Trabajo bajo la dirección del Prof. René David examinó dos borradores realizados por la *Steering Committee*, el primero relativo a la Formación del contrato y el segundo a la interpretación del contrato en general[28]. La interpretación del contrato en los Principios viene agrupada en un capítulo, el Capítulo IV, posición dentro de la estructura de los Principios que tuvo tanto en la edición de 1994, como en la más reciente del 2016.

El articulado del Capítulo IV (*La Interpretación del Contrato*) inicia estableciendo la "Prevalencia de la común intención de las partes" como elemento fundamental en la interpretación de las cláusulas contractuales (art. 4.1. parágrafo 1°), en este sentido, la concepción común de ambas partes sobre el contenido de contrato, al momento de la celebración del contrato, prevalece en la atribución de un determinado significado a una cláusula que difiere sea del sentido literal, sea del significado que a ella sería atribuido por una "persona razonable". Sobre este Principio se presentan dos consideraciones prácticas, la primera relativa a la improbabilidad de que las partes, en contratos comerciales internacionales, utilicen términos en un sentido completamente diverso a lo que regularmente viene atribuido y, la segunda, relativa a la dificultad de probar, en caso de litigio, el significado particular que quiso ser dado[29].

Desde los primeros artículos del Capítulo IV se puede concluir que para los Principios UNIDROIT "un contrato debe ser interpretado

[28] Parra-Aranguren, Gonzalo, Conflict of law aspects of the UNIDROIT Principles of international commercial contracts, en: *Tulane Law Revue*, 1995, No. 5, Vol. 69, p. 1241.

[29] *Principi UNIDROIT dei contratti commerciali internazionali 2016*, Roma, Unidroit, 2016.

según la común intención de las partes"[30], que debería fungir como criterio-guía por quien es llamado a definir el significado y el alcance de un acuerdo privado. En otros términos, el primer parágrafo del artículo 4.1 establece el principio según el cual el sentido en que las partes han entendido las expresiones contractuales debe prevalecer sobre el significado objetivo de estas. En este sentido, el intérprete deberá preguntarse no si tal declaración será "clara", sino más bien cual sea su significado según el código adoptado por las partes[31].

El funcionamiento del criterio de interpretación subjetiva presente en los Principios se encuentra subordinado al requisito de la determinabilidad de la intención común de las partes. Esa condición se cumple, o por el hecho de que lo declarado corresponda exactamente con lo deseado por las partes, o por el hecho de que una de las partes pueda demostrar que el significado de la declaración fuese conocido o no pudiese ser desconocido por la otra parte[32].

Además, se puede decir que el presupuesto para la aplicación del segundo párrafo del artículo 4.1 y su correspondiente del artículo 4.2,

---

30 Afirma Francesca Caroccia que "... según los Principios, la intención de las partes destinada a prevalecer es que es común, la exteriorizada como hemos dicho. Esta debe ser reconstruida no mediante una investigación psicológica innecesaria pero imposible, sino a través de una serie de indicaciones que pueden ser externas y, en este sentido, objetivas. Incluso donde, como en el art. 4.2, se hace referencia a la intención de una de las partes, a la luz de la cual interpretar las conductas y las declaraciones unilaterales, no se debe olvidar que esta regla, sin embargo, sirve para aclarar el alcance (la existencia) de un acuerdo entre las partes. Y, de hecho, se establece en el mismo párrafo que, entre los posibles significados será privilegiado lo que el otro contrayente sabía o no podía saber, en una perspectiva que enfatiza el enfoque subjetivo, de acuerdo con una "orientación opuesta a la elegida por el legislador italiano", pero que también se preocupa por proteger la tutela del destinatario de la declaración. No solo el comentario oficial sobre el art. 4.1 establece que, si bien es cierto que algunas expresiones pueden tener un significado diferente del literal y de lo que *a reasonable person would attach to it*, es, sin embargo, infrecuente que esto ocurra, especialmente en el contexto de las transacciones comerciales. Además, incluso si el caso ocurriera, sería extremadamente difícil, en el curso de un proceso, poder demostrar lo que ambas partes deseaban realmente y que se considera sea diferente de lo que comúnmente se entiende en el momento de la celebración del contrato" en Caroccia, Francesca, *L'interpretazione del contratto. Il modello dei Principi UNIDROIT per i contratti commerciali internazionali nel confronto con le esperienze nazionali*, Napoli, Edizioni ESI, Quaderni della Rassegna di diritto civile, 2006, pp. 90-91.

31 Caroccia, *L'interpretazione del contratto...*, ob. cit., pp. 76-77.

32 Caroccia, *L'interpretazione del contratto...*, ob. cit., p. 98.

es la existencia de una voluntad "imperfectamente manifestada", en sí misma ambigua y no probada[33].

Se puede establecer que cualquiera sea la reconstrucción que se considere válida, el segundo párrafo del artículo 4.1 propone emplear el significado actual de las palabras, pero aclara que la expresión "sentido común de las palabras" indica, en este caso, "el significado que las personas razonables con iguales características que las partes le habrían atribuido en las mismas circunstancias"[34].

La tarea de la razonabilidad es introducir una cierta flexibilidad entre los elementos fijos, definir lo desconocido y establecer lo inesperado, a fin de mantener la "justicia" y la "equidad", por lo tanto, se puede hablar de dos funciones: protección del contrato y la protección del contrayente[35]. El criterio de razonabilidad se inserta en los Principios gracias a la autonomía adquirida para su uso en el comercio internacional[36].

Los Principios especifican que para determinar los parámetros "subjetivos" y "razonables" para llegar a la interpretación "se deben tener en cuenta todas las circunstancias relevantes del caso" (art. 4.3). Los Principios enumeran una serie de circunstancias "más significativas" para tener en cuenta, sin llegar a ser una lista exhaustiva. La lista incluye seis circunstancias: las negociaciones entre las partes; las prácticas establecidas entre las partes; el comportamiento de las partes luego de la celebración del contrato; el significado comúnmente atribuido a los términos y expresiones en el sector comercial considerado y; los usos[37].

[33] Caroccia, *L'interpretazione del contratto...*, ob. cit., p. 100.

[34] Caroccia, *L'interpretazione del contratto...*, ob. cit., p. 102.

[35] Caroccia, *L'interpretazione del contratto...*, ob. cit., pp. 105-106.

[36] Caroccia, *L'interpretazione del contratto...*, ob. cit., p. 104.

[37] Francesca Caroccia indica que: "...se hace ya referencia a los usos en la Parte General de los Principios, inmediatamente después de la norma de buena fe, en el art. 1.8, donde se hace la distinción entre los párrafos I y II, entre los usos que las partes han aceptado y establecido entre ellas y aquellos generalmente conocidos y regularmente observados en el comercio internacional (...) La mayoría de las herramientas de formación de las relaciones internacionales da un amplio espacio a los usos, dada la actitud de estos de hacer que las reglas del comercio internacional se adapten fácilmente a las circunstancias cambiantes del caso concreto. Los Principios de UNIDROIT no abandonan esta tradición y la convierten, de hecho, en un rasgo característico", en Caroccia, Francesca, *L'interpretazione del contratto...*, ob. cit., pp. 138-139.

De la lista se puede establecer que las tres primeras circunstancias son las más relevantes para el parámetro "subjetivo", ya que se refieren a la relación particular entre las partes involucradas. Las otras tres, en cambio, no son exclusivas del parámetro de la "razonabilidad".

Para la interpretación de las cláusulas estándares, la fórmula propuesta para el contrato en general viene modificada, según indica el Comentario al artículo 4.1, en este caso, las cláusulas estándares deben ser interpretadas en primer lugar según las expectativas razonables de los usuarios promedio, independientemente de los parámetros "subjetivos" o de "racionalidad".

Los Principios determinan que en la interpretación de los actos unilaterales (4.2) se tendrá como fórmula de interpretación la expresada por el artículo 4.1 (parámetros "subjetivos" primero, y subsidiariamente los parámetros de "racionalidad"), siempre que la otra conociera (o no pudiese ignorar) tales intenciones, en caso contrario se aplicarían los parámetros de "racionalidad"[38].

El artículo 4.3 refuerza y aclara las indicaciones dadas al intérprete por las dos reglas fundamentales dictadas por el artículo 4.1, al aclarar que el material hermenéutico disponible para la interpretación no es solo la declaración, sino que deben considerarse todos los factores que contribuyen a definir la identidad del contrato individual. Esta es una aclaración importante, que pone fin a la incertidumbre que aún prevalece en el caso de algunos países de *civil law*, y al mismo tiempo constituye una posición clara con respecto a las jurisdicciones de *common law*, donde las reglas estrictas impiden a los tribunales de ir más allá de la letra del contrato[39].

[38] Los comentarios a los principios indican que: "En la práctica, el principal campo de aplicación de esta disposición, que corresponde casi literalmente al artículo 8(1) y (2) de la CISG, es la formación de contratos en el cual las partes hacen declaraciones y tengan comportamientos de los cuales sea necesario establecer el significado legal exacto para determinar si un contrato ha sido realmente celebrado o no. Sin embargo, incluso los actos unilaterales llevados a cabo después de la celebración del contrato pueden dar lugar a problemas de interpretación, por ejemplo, un aviso de defectos de la mercancía, un aviso de cancelación o rescisión del contrato, etc." Sobre el punto ver: Principios UNIDROIT de los contratos comerciales internacionales 2004, Roma, 2004

[39] Caroccia, *L'interpretazione del contratto...*, ob. cit., p. 135.

Con respecto a las cláusulas de "integridad"[40], se remite al artículo 2.1.17, el cual establece la imposibilidad de contradecir o completar tales cláusulas con declaraciones, complementos o acuerdos previos, que en todo caso pueden ser utilizados para su interpretación.

Los Principios UNIDROIT optan por la interpretación integral del contrato[41], esto conlleva a que la interpretación se realice a la luz de todo el contrato y con ausencia de una jerarquía entre las cláusulas que lo integran[42]. En este sentido, debe entenderse que las cláusulas y expresiones utilizadas por una o ambas partes son parte integrante del contexto general, todas con la misma importancia y con la misma obligación de ser interpretadas a la luz de todo el contrato o de la declaración donde se encuentren insertar, sin ningún rango jerárquico[43].

Este principio busca ampliar el contexto en el que se interpretan las cláusulas: no solo el contrato en el que se inserta, sino en todas las operación que forman parte del contrato; delimitando así la estructura de intereses definida por las partes de forma más clara, de esta forma la interpretación no se limita al solo "sinalagma", esta se extiende al equilibrio unitario de la operación, evaluando "toda la operación económica" de la que es parte[44].

40 Cláusula a partir de la cual se determina que el documento incluye todas las condiciones contractuales sobre las cuales las partes han llegado a un acuerdo. Sobre este punto, véanse los Comentarios a los Principios de UNIDROIT de los Artículos 4.3 (Circunstancias Relevantes) y 2.1.17 (Cláusulas de Integración) en los Principios UNIDROIT de Contratos Comerciales Internacionales 2004, Roma, 2004.

41 "La norma está expresamente codificada al menos en los ordenamientos francés, español e italiano, donde ha sido objeto de reflexión por doctrina autorizada", en Caroccia, *L'interpretazione del contratto...*, ob. cit., p. 142.

42 Sin embargo, hay excepciones a esta regla. En primer lugar, las declaraciones de intenciones hechas en el preámbulo pueden ser menos relevante para la interpretación de las disposiciones operativas del contrato. En segundo lugar, por supuesto, en caso de conflicto, las disposiciones que sean de carácter específico tienen prioridad sobre aquellas que, por el contrario, establecen normas más generales. Por último, las partes pueden establecer expresamente una jerarquía entre las diferentes disposiciones o partes del contrato. Esto es con frecuencia el caso de acuerdos complejos compuestos de diferentes documentos relacionados con los aspectos legales, económicos y técnicos del contrato. Sobre el punto véase: UNIDROIT *Principios de los contratos comerciales internacionales de 2004*, p. 133

43 *Principi UNIDROIT dei contratti commerciali internazionali 2004...*, ob. cit., pp. 132-133.

44 Caroccia, *L'interpretazione del contratto...*, ob. cit., p. 143.

El artículo 4.5 de los Principios establece la obligación de atribuir efectividad a las cláusulas oscuras del contrato, para no restarle a ésta su propósito dentro del contrato (Conservación de las cláusulas). Esta es una regla residual, que solo puede aplicarse cuando el intérprete ha agotado los instrumentos indicados en los artículos 4.1 y 4.3 y que se basa en la consideración de que, si las partes han incluido cláusulas en el contrato, no lo hicieron innecesariamente, sino con el fin de perseguir un determinado propósito[45].

El artículo 4.6 determina el principio de "interpretación contra el autor de la cláusula" (*interpretatio contra proferentem*), según el cual, si los términos del contrato suministrados por una de las partes no son claras, debería preferiblemente ser interpretado en contra de esta misma parte. Este principio a menudo se considera una derivación directa del principio de buena fe[46].

En los casos de la redacción de contratos en dos o más idiomas, los Principios se limitan a establecer que debe darse preferencia a la versión en la que el contrato fue redactado originalmente o, si fue redactado en más de una versión lingüística original, a una de estas versiones (4.7). Sobre este punto, los Comentarios se refieren a la posibilidad de resolver este obstáculo para la interpretación, si las partes han hecho referencia a instrumentos internacionales generalmente conocidos, como los INCOTERMS o como las "Reglas y usos uniformes relativos a los créditos documentales". Prevén también la posibilidad de utilizar la versión del contrato que sea más clara[47].

El último artículo del Capítulo IV, artículo 4.8, no se refiere directamente a la interpretación del contrato, sino más bien, a la integración

---

45 Caroccia, *L'interpretazione del contratto…*, ob. cit., p. 144.

46 Caroccia, *L'interpretazione del contratto…*, ob. cit., p. 145.

47 Francesca Caroccia considera que "... sobre el tema de "discrepancias lingüísticas", del cual no existen precedentes en la legislación nacional, a pesar de que el tema se ha presentado, especialmente en los países donde las personas hablan diferentes idiomas. (...) La norma regula los casos, muy recurrentes en la práctica, en los que el contrato viene redactado en varios idiomas. Generalmente son las mismas partes para indicar cuál de estas versiones diferentes deba ser considerado como predominante, en caso de discrepancia entre los significados. Sin embargo, cuando esto no ocurre, los Principios sugieren (pero es una mera indicación, que se puede no considerar) conceder preferencia al texto original" en Caroccia *L'interpretazione del contratto…*, ob. cit., p. 149.

del contrato con respecto a eventuales lagunas[48]. El referido artículo establece la posibilidad de "inserción" de una cláusula, en el caso que se considere que ésta falta en el contrato, la "cláusula" debe ser apropiada a las circunstancias del caso específico. La adecuación de la cláusula debe considerar la intención de las partes, deducida ya sea de las cláusulas expresamente establecidas en el contrato, o de las negociaciones preliminares o cualquier otro comportamiento llevado a cabo después de la celebración del contrato. Además, establece el artículo que se debe considerar la naturaleza o el propósito del contrato, la buena fe y la racionalidad.

Se considera que la intención de establecer este artículo fue proporcionar un instrumento que, en lugar de aclarar el significado jurídico de las expresiones contractuales, garantice la integridad y, por lo tanto, la supervivencia del contrato: no es casualidad que se ubique al final del Capítulo IV como cierre del procedimiento hermenéutico[49].

V. CONCLUSIONES

Los Principios UNIDROIT adoptan conceptos que se encuentran en una pluralidad de sistemas jurídicos e incluyen preceptos contenidos en convenciones internacionales como es el caso de la Convención de las Naciones Unidas sobre la Compraventa internacional de mercancías, que consagra preceptos universalmente aceptados[50]. En base a lo cual se afirma que los Principios UNIDROIT no pertenecen a un país específico, no son derecho interno o derecho internacional, son

---

[48] Los comentarios especifican que: "En muchos casos de cláusulas faltantes o lagunas en el contrato serán los Principios proveerán las soluciones al asunto. Véase, por ejemplo, los artículos 5.1.6 (Determinación de la calidad de la prestación), 5.1.7 (Determinación del precio), 6.1.1 (Tiempo del cumplimiento), 6.1.4 (Secuencia de los distintos cumplimientos), 6.1. 6 (Lugar de cumplimiento) y 6.1.10 (moneda no especificada)". Sobre el punto véase: Comentario 2° del artículo 4.8, en Principios UNIDROIT sobre los contratos comerciales internacionales de 2004, cit., p. 137.

[49] Caroccia, *L'interpretazione del contratto...*, ob. cit., p. 118.

[50] Borjas Hernández, Leopoldo. Los Principios de UNIDROIT: ¿Un modelo posible con miras a la armonización del derecho de los contratos comerciales internacionales en el contexto de la integración regional en las Américas?, en M.J. Bonell (Dir.), *The UNIDROIT Principles: a common law of contracts for the Americas?. Acts of the Inter-American Congress, 6-9 November 1996 in Valencia (Venezuela)*, Roma, UNIDROIT, 1998, p. 143.

Principios[51]. Es por esta característica que se consideran como neutrales y respetuosos de la legislación nacional de los países[52].

Comparando los dos modelos observamos diferentes similitudes. De acuerdo con lo expresado en el estudio de la interpretación del contrato en Venezuela, el método adoptado es la interpretación subjetiva, el cual se perfecciona con un conjunto de "principios" reconocidos por la doctrina, estos principios son: la interpretación integral de las cláusulas, la interpretación en contra el autor de la cláusula y la conservación del contrato.

La doctrina venezolana también indica una serie de circunstancias relevantes para la interpretación: la naturaleza del contrato, las circunstancias que acompañaron la celebración del contrato, la ejecución del contrato y los usos. Se señala igualmente la existencia del deber de una atención especial de la personalidad de los contrayentes y del principio de buena fe.

Para la interpretación del contrato en los Principios UNIDROIT se ha dicho que el intérprete deberá hacer referencia a la intención de las partes, a la naturaleza y al propósito del contrato, a la buena fe y finalmente a la racionalidad[53].

A este punto, se puede afirmar que en ambos modelos acogen como criterio de interpretación a "la intención de las partes", además reconocen los mismos principios y las mismas circunstancias a ser consideradas por el intérprete del contrato. El elemento de racionalidad, aun cuando se encuentra de forma más específica en los Principios UNIDROIT, tiene una aplicación subsidiaria en la interpretación del contrato en Venezuela, cuando se afirma que el intérprete tiene la obligación de realizar una atención especial a la personalidad de los

---

[51] Leon Steffens, Avelino, Principios para contratos comerciales internacionales: algunas consideraciones de derecho internacional privado en torno al proyecto de UNIDROIT, en: M.J. Bonell / S. Schipani (dir.), *"Principi per i contratti commerciali internazionali" e il sistema giuridico latinoamericano*, Padova, Cedam, 1996, p. 48.

[52] Olavo Baptista, Luiz, The UNIDROIT Principles – A possible model for the harmonization of international contract law in the context of the regional integration of the Americas, with special reference to Mercosur, en: M.J. Bonell (Dir.), *The UNIDROIT Principles: a common law of contracts for the Americas?. Acts of the Inter-American Congress, 6-9 November 1996 in Valencia (Venezuela)*, Roma, UNIDROIT, 1998, pp. 134-135.

[53] Caroccia, *L'interpretazione del contratto…*, ob. cit., p. 119.

contratistas; un elemento que, al fijar el significado del contrato incierto, puede desempeñar un papel fundamental para establecer una intención común e hipotética en un entorno normativo lógico y ético[54].

La gran diferencia que se pueden encontrar entre los dos modelos reside principalmente en el plano estructural, los Principios UNIDROIT establecen un orden "lógico" que permite fácilmente establecer el marco jurídico dentro del cual se debe llevar a cabo el trabajo de interpretación. El Derecho venezolano, por su parte, se presenta complicado y dispersivo, si bien es cierto que se reconoce un valor jurídico a los Principios generales del derecho y residualmente a la doctrina.

Otra diferencia más específica que puede destacarse es la falta de reconocimiento al Principio de Conservación de las cláusulas (art. 4.5 Principios UNIDROIT) y al Principio sobre discrepancias lingüísticas (art. 4.7 *ejusdem*).

Siguiendo las fases del método comparativo[55] se pueden observar distintas causas para las relaciones anteriormente esbozadas, causas de naturaleza política, de insuficiencia de la disciplina legal o simplemente de la voluntad del legislador.

En el caso del derecho venezolano se observa que en los últimos años la visión política ha sido la de actualizar las leyes en materias de derecho público y de interés social, mientras que en el caso de los Principio UNIDROIT, estos se encuentran diseñados para una economía a escala mundial y en un contexto político-económico plural.

Sin duda, la razón que se encuentra al centro de las diferencias entre los dos modelos es la estructura de la disciplina legal, ya que la interpretación del contrato es, por así decirlo, olvidada por el legislador al crear Código Civil venezolano y es solo el Código de Procedimiento civil que viene a "colmar" la institución junto con los Principios generales del derecho. Las razones que han interferido con esta falta de interés no han sido definidas por la doctrina nacional. No se puede pensar que es la simple voluntad del legislador no querer establecer las

[54] Mélich-Orsini, *Doctrina general del contrato…*, ob. cit., p. 347

[55] Sobre este punto ver. Constantinesco, Léotin-Jean., *Il metodo comparativo*, Torino, Giappichelli Editore, 2000.

reglas definidas para la interpretación del contrato. Si puede ser afirmado que fue la voluntad del legislador la de brindar al derecho venezolano un sistema que le permitiese colmar "sus lagunas" por medio de los Principios generales del derecho.

En relación con las diferencias más específicas como la falta en el derecho venezolano del Principio de conservación de las cláusulas, se puede decir que la misma se crea por la insuficiencia de la disciplina en la regulación de la Interpretación del contrato. Con respecto al principio de discrepancias lingüísticas, se puede considerar que este es un principio de amplio uso en el ámbito internacional para el cual fueron creados los Principios UNIDROIT, en el caso de la legislación venezolana podría decirse que, aun cuando han sido reconocidas las lenguas de las tribus indígenas autóctonas, el mundo jurídico se desenvuelve completamente en un solo idioma; cabe también mencionar que el reconocimiento a las referidas lenguas no ocurre sino con la Constitución de 1999, fecha posterior a la de los códigos y leyes que rigen la materia de contratos.

En virtud del análisis realizado se puede afirmar que los principios en los que se basa el derecho venezolano para establecer la normativa aplicable a la interpretación del contrato no tienen una jerarquía establecida entre ellos, y su reconocimiento legal es en algunos casos poco preciso, por lo que su aplicación dependerá de la adaptabilidad que el juez pueda considerar de estos al caso en concreto en concordancia con la ley y la buena fe[56]. Factor que puede ser clasificado de inestable y poco seguro para los agentes del comercio.

Si se cataloga como incierto para el comercio internacional se debería tener la misma percepción en relación con el comercio interno, en este sentido se estima pertinente presentar algunas consideraciones relativas a la aplicabilidad de los Principios UNIDROIT en el derecho venezolano por medio de una interpretación sistemática y axiológica, por cuanto su aplicación se considera como oportuna y conciliable con el derecho venezolano.

El Profesor Perlingieri señala que "la teoría de la interpretación, más que una técnica dirigida a aclarar los significados de especificas

[56] Mélich-Orsini, *Doctrina general del contrato…*, ob. cit., p. 355.

normas, asume, en un ordenamiento complejo y abierto, la más delicada función de individualizar la normativa aplicable al caso concreto, combinando y conectado disposiciones, ya sean distintas en su rango o proveniencia, para lograr obtener del caos legislativo la solución más congruente, en el respeto de los valores y de los interés considerados normativamente prevalente así como de los principios de equidad, proporcionalidad y racionalidad"[57]

Se afirma que no existen reglas que no presupongan el sistema y que al mismo tiempo no contribuyan a formarlo; por lo tanto, no hay reglas que sean inteligibles, en su alcance efectivo, si no se incluyen como partes integrantes de un todo formal (sistema legislativo) y sustancial (sistema social). En este sentido, cuando el juez aplica la norma más adecuada al caso concreto: debe llevar a cabo la búsqueda de la normativa más adecuada en todo el sistema jurídico[58].

Si se determina que los Principios generales del derecho complementan el sistema jurídico venezolano y que los Principios de UNIDROIT se consideran Principios generales del derecho, aun cuando en materia de comercio internacional, el uso de la Teoría de la interpretación conduciría al juez, también en relación con el derecho privado interno, a considerar los Principios UNIDROIT en la individualización de la normativa aplicable al caso concreto.

Esta aplicación se considera oportuna, en el primer lugar para "actualizar", como se señalaba Emilio Betti, la legislación venezolana que en materia de contratos es de larga data, y en segundo lugar para dar una estabilidad y coherencia estructural a la normativa aplicable. Si tenemos en cuenta los principios en los que fundamenta el ordenamiento venezolano, en relación con el contrato, sólo para ser más específicos, y los Principios de UNIDROIT, se puede apreciar como los Principios UNIDROIT son conciliables con el derecho venezolano, y que su aplicación por medio de los Principios generales del derecho no crearía ninguna incompatibilidad.

---

[57] Perlingieri, Pietro, *Il diritto civile nella legalità costituzionale secondo il sistema italo-comunitario delle fonti*, Napoli, Edizioni Scientifiche Italiane, 3ª ed., 2006, p. 209.

[58] Perlingieri, *Il diritto civile nella legalità costituzionale...*, ob. cit., pp.160-287.

EL RECURSO DE CASACIÓN EN LAS DIVERSAS FUENTES DEL DERECHO INTERNACIONAL PRIVADO PANAMEÑO

GILBERTO BOUTIN I.*

Resumen: Nuestra comunicación –*report*– relativo al recurso de casación en las fuentes del derecho internacional privado panameño, centra su atención a la importancia de la valoración de la prueba del derecho extranjero o prueba de iure, que obliga a los jueces a dos obligaciones básica: 1. A la búsqueda de oficio del derecho extranjero frente a una litis de naturaleza internacional, y 2. Que el código de derecho internacional, el código judicial y la convención Bustamante permite invocar las 5 causales para impugnar una sentencia que incurra en violación a la norma extranjera e internacional, asegurando así una justicia privada internacional en cada causa.

Abstract: *The report on the course regarding the legal mechanism known as "cassation" and its sources on international private law focuses on the assessment of evidence on foreign law. On the assessment of foreign evidence, the judge has two basic obligations: 1. The search of foreign law on international cases, 2. To check legal instruments such as the international private law code, the judicial code, and the Bustamante convention, in order to summon the 5 prongs to challenge a foreign award. Once this has been fulfilled it can be considered that justice over a determined matter can be achieved.*

Sumario: Introducción. A. La razón práctica del recurso de casación. II. Sobre la aplicabilidad de la ley extranjera en las fuentes de derecho internacional privado del foro. A. La ley extranjera frente al método conflictual o conflictualista. 1. Doctrina de the vested right. 2. Doctrina de la recepción formal del derecho extranjero. 3. Del pragmatismo de la Escuela Francesa. 4. La Escuela Latinoamericana devant la ley extranjera. 5. Sobre la apreciación de la ley extranjera por el Derecho internacional privado panameño. B. Sobre la aplicación del derecho extranjero en el derecho positivo panameño. 1. Constitución y

* Catedrático de Derecho Internacional Privado de la Facultad de Derecho y Ciencias Políticas de la Universidad de Panamá. Redactor de la Ley 7 de 8 de mayo de 2014 que adopta el Código de Derecho Internacional Privado de la República de Panamá (Ley No. 61 de 7 de octubre de 2015).

Derecho internacional privado. 2. Codificación nacional. 3. Código de Derecho internacional privado panameño. II. Del control del recurso de casación sobre la norma extranjera e internacional. A. De los mecanismos de aplicación de la norma extranjera e internacional en el Derecho internacional privado judicial. 1. Regla de conflicto y medio de impugnación. 2. Del recurso extraordinario de casación frente a una norma extranjera e internacional conculcada. 3. Sobre las causales de fondo por violación directa de una ley extranjera. 4. En torno a las causales de casación en la forma. a. Primera hipótesis: causal en la forma de incompetencia. b. Segunda hipótesis: causal en la forma afectada la composición del tribunal. c. Tercera hipótesis: causal en la forma del principio de congruencia procesal viciado. d. Cuarta hipótesis: causal en la forma excepción de cosa juzgada 5. Breve análisis comparativo entre las causales de casación y las causales de impugnación arbitral en las Convenciones de Panamá y New York.

INTRODUCCIÓN

Me complace el poder consagrar y esbozar un tema de derecho internacional privado comparado, en homenaje y reconocimiento al preclaro profesor, amigo, y gran ciudadano venezolano, Eugenio Hernández-Bretón, y que hemos estado unidos por varias décadas de trabajo en la ciencia de los conflictos de leyes destacándose con su rigor intelectual y solidaridad hemisférica propio de los grandes espíritus del derecho.

El recurso de casación en el marco del derecho internacional privado, hace parte de nuestra cultura conflictualista, pues ella sintetiza la forma de valoración del derecho extranjero, partiendo del análisis del objeto esencial del recurso extraordinario que se agota en la ley extranjera y en su aplicación leal a su sentido originario.

La casación, como recurso impugnador de toda sentencia judicial, le concede un vasto espacio en su estructura causalística, –forma y fondo– al casacionista, el de poder adentrarse al análisis de la norma aplicable en conjunción a los métodos que concurren dentro de una decisión afín de censurar el razonamiento tanto del juez *a quo*, como del juez *ad quem*; fenómeno judicial relevante en nuestra cultura codificada; no siendo así, el criterio de *ultima ratio,* del recurso *certiorari* del derecho anglo americano, cuyo control es monárquicamente selectivo. Este último, opera bajo el mérito que el objeto de la litis, recaiga sobre temas trascendentes o de sustancialidad[1]. La semejanza con la revisión alemana *–Sprungrevision–* y la Casación latina, es oblicua, en lo que respecta a la impugnación de una resolución que consigna un derecho definitivo o en virtud de un determinado monto o cuantía[2], pero su visión es a su vez restrictiva en el espacio conflictual tradicional del derecho internacional privado.

A. La razón práctica del recurso de casación.

El recurso extraordinario de casación dentro del sistema judicial positivo panameño, goza de una doble función: tiene una función profiláctica, como medio de impugnación de las sentencias de primer grado y en contra de los fallos de segundo grado del juez *ad quem*[3].

Surge una segunda función, el recurso extraordinario de casación opera como mecanismo de *uniformizar* la jurisprudencia panameña, generando por su constancia la denominada doctrina probable, es decir, tres fallos sobre la misma causa pronunciados por la Sala de Casación generan una doctrina vinculante[4]. En suma, medio de impugnación y medio de unificación del derecho es lo que caracteriza al recurso de casación panameño.

Hay que poner en relieve de manera preliminar que, el tema del recurso de Casación retoma la tradicional antinomia entre derecho y hecho que se traduce en el vocablo jurisdiccional en *error in iudicando* y el *error in procedendo,* cuya contradicciones procesales guarda una gran correlación con nuestro tema entre derecho extranjero y derecho del foro, formalizando el debate de saber si el derecho extranjero es un hecho o un derecho.

La casación como recurso extraordinario judicial panameño, que se interpone ante la Sala Primera Civil de la Corte Suprema, no es una *instancia,* pues en dicho resorte jurisdiccional, solo se discute el

---

1 Morello, Augusto, *La nueva etapa del recurso extraordinario "el certiorari"*, Buenos Aires, Abeledo-Perrot, 1990, p. 44.

2 Ferrand, Frédérique, *Cassation française et révision allemande*, Paris, Presses universitaires de France, 1993, p. 22.

3 Fábrega, Jorge, *Casación civil*, Panamá, Editora Jurídica Panameña, 1985, p. 7.

4 Fábrega, *Casación civil*..., ob. cit., p. 23.

derecho y no los hechos, como en efecto si ocurre en los niveles inferiores de la función jurisdiccional ordinaria.

Pero nuestra comunicación aferente al recurso de casación en el derecho internacional privado, se ocupa de manera puntual sobre el fenómeno y categoría de la infracción o violación al derecho extranjero y a la norma internacional.

En el plano del derecho procesal civil internacional como convencional, la ley extranjera es examinada como ley aplicable y como medio probatorio en función de la adecuación del pleito y la censura que se observe si es como derecho aplicable como medio probatorio admisible. Y realmente, en las causales de impugnación del razonamiento del fallo el esquema silogístico es un medio indagatorio y analítico de la verdad judicial internacional.

Cuando nos referimos a la norma internacional no solo nos referimos a las normas producidas por actores internacionales que generan unas reglas de prescripción supranacional o normas regionales y que, para algunos países, esas normas se dividen en internacionales y comunitarias[5]. En lo que respecta a nuestra postura, la norma internacional propiamente hablando, puede ser convencional y norma *anacional* vinculante como los usos generales o costumbres del comercio mundial aplicable a un negocio jurídico de carácter internacional[6].

Se trata luego entonces de un estudio que rebasa el límite de la impugnación territorial de la *lex fori*.

La problemática que presenta nuestro tema, es sobre el acceso y control de la Corte de Casación en el contexto del derecho internacional privado y en la subespecialidad del derecho procesal civil internacional[7], el cual consiste en explicar y censurar un razonamiento judicial proferido por un juez del foro de forma errónea en franca violación a una norma extranjera o de índole internacional *tout court*.

[5] Conseil d'État, *La norme internationale en droit français*, Paris, La documentation française, 2000, p. 21.

[6] Boutin, Gilberto, *Del reconocimiento de la lex mercatoria en la jurisprudencia panameña*, Panamá, Editions Maître Boutin, 2001, p. 117.

[7] Boutin, Gilberto, Del acceso a la justicia en el Derecho internacional privado y comparado, en: *El acceso a la justicia en el derecho internacional privado. Jornadas de la ASADIP 2015*, Asunción, CEDEP, ASADIP, Mizrachi & Pujol, 2015, p. 175.

Esto implica desarrollar el valor y lugar de la ley extranjera, dentro del derecho judicial internacional panameño, que comporta el análisis sobre la naturaleza y fundamento en el derecho internacional privado judicial. En otras palabras, si el derecho extranjero se analiza en pie de igualdad como una norma de la jurisdicción del foro o bien como un *dato factico* no vinculante.

Por otro lado, cabe el examinar la importancia del instituto de la Casación como medio científico de armonizar y localizar la justicia privada internacional a través de las causales que taxativamente enuncian, las razones por las cuales puede impugnar el razonamiento de los fallos inferiores por violación de un derecho extranjero o norma reconocida como internacional; y si en efecto, puede darse un criterio armonizador a la soluciones conflictuales del derecho internacional privado de manera uniforme en cuanto a la utilización de su técnica.

Este esbozo puede abrir un marco de discusión a este respecto cuando descubrimos en esta segunda parte que las causales de casación en el derecho internacional privado interno como convencional constituye un mecanismo verificador de las reglas de conflicto aplicables incluyendo la propia regla de la autonomía de la voluntad de las partes, junto a las reglas orientadoras de los conflictos de competencia judicial internacional.

Queremos demostrar que existe dentro del sistema de control de la casación una correspondencia lógica entre regla de conflicto y le aplicable que permite descubrir que dichas causales cumplen una función de asegurar la recta aplicación de reglas conflictuales, procésales y materiales que son compatible con el derecho judicial interno y el derecho internacional privado: siendo así que las causales propuesta tanto en la ley especial de casación[8] y la convención de Bustamante[9] pueden perfectamente ser extrapolable al mundo de las causales de impugnación de los laudos arbítrales.

---

[8] Ley No. 86 de 1941, régimen de la casación.

[9] Art. 412 Código de Bustamante: "En todo Estado contratante donde exista el recurso de casación o la institución correspondiente, podrá interponerse por infracción, interpretación errónea o aplicación indebida de una ley de otro Estado contratante, en las mismas condiciones y casos que respecto del derecho nacional".

I. SOBRE LA APLICABILIDAD DE LA LEY EXTRANJERA EN LAS FUENTES DE DERECHO INTERNACIONAL PRIVADO DEL FORO

La aplicabilidad y justificación de la ley extranjera no es tan solo un tema de la prueba de *iure*, sino que implica una atenuación por no llamarla excepción al principio *iura novit curia*. El conocimiento del juez que inerme en cuanto a la valoración de dicho derecho, pues su conocimiento se agota en su norma positiva local. Esto presenta un tema político y filosófico para el derecho de los conflictos de leyes.

Dicho lo anterior, la cuestión que se presente en el derecho internacional privado ante el juez del foro, consiste el de saber si la ley extranjera constituye un derecho o un hecho. Y esta reflexión se desprende por el solo análisis de poder establecer hasta donde el juez del foro está supeditado o subordinado al mandato de una norma extranjera o internacional cuando dicho precepto no ha sido producto de un órgano soberano del Estado por el cual el opera como servidor público de la administración de justicia.

De ahí, la necesidad de explicar en el plano *ius* comparativo la naturaleza de la ley extranjera ante el juez panameño como juez el foro o juez de la causa a ventilarse dentro de su sistema.

A. La ley extranjera frente al método conflictual o conflictualista

El criterio de equiparar la ley extranjera como ley del foro, no es un criterio unánime, pues hay diferencias para apreciar la categoría de la ley extranjera dentro de un litigio internacional.

En doctrina, observamos distintas posturas sobre la naturaleza y explicación de la ley extranjera así: encontramos en la doctrina británica la teoría de *the vested right*, en segundo lugar, la doctrina italiana de la recepción de la ley extranjera, en tercer lugar, postura del realismo de la *école française* relativo a la ley extranjera y finalmente la concepción universalista panameña y latinoamericana concerniente a la ley extranjera.

1. Doctrina de *the vested right*

La posición del derecho inglés sostiene que el juez y la jurisdicción inglesa solo se ocupa y se preocupa de los hechos consumados o perfeccionados sobre el territorio de la Gran Bretaña, pues solo le compete al juzgador los hechos generados en su territorio. Sin embargo, sostiene la referida doctrina que los hechos o actos perfeccionados legalmente en el extranjero para su demostración probatoria se someten al amparo del derecho que lo vio nacer.

Así entonces, un matrimonio celebrado en París, entre una inglesa y un italiano en donde concluyen un régimen de capitulaciones según la ley del lugar de la celebración se rige en efecto por la ley que perfecciona el régimen económico matrimonial.

Pero, posterior a la celebración del matrimonio la pareja decide fijar su domicilio conyugal en Londres y diez años más tarde deciden divorciarse. De conformidad al sistema conflictual británico la ley aplicable por antonomasia a la disolución del vínculo matrimonial es la ley inglesa, pues es la ley del domicilio. No obstante, dentro del desenvolvimiento del derecho de familia, la cónyuge invoca la liquidación del régimen patrimonial de capitulación, régimen que no es gobernado por la ley del último domicilio. En tales circunstancias quien invoca el hecho e invoca el derecho al cual debe someterse el régimen de liquidación, no habiéndose perfeccionado el régimen de capitulaciones en Inglaterra el mismo se somete al derecho de su constitución en tal hipótesis al derecho francés competente.

En este sentido, el juez del foro siendo el juez británico debe asimilar el derecho extranjero y aplicarlo como prueba del derecho adquirido extranjero, pues habiéndose perfeccionado en el extranjero, dicho acto no nació bajo el amparo del derecho de familia británico.

En otros términos, el derecho extranjero solo se aplica en función de una situación perfeccionada fuera de la jurisdicción inglesa como justificación de vinculación de la litis de carácter internacional.

2. Doctrina de la recepción formal del derecho extranjero

Se trata de la doctrina italiana de la recepción de la ley extranjera como mecanismo de asimilación al derecho del foro que vendremos a explicar someramente[10].

La justificación del derecho extranjero por parte del juez italiano para justificar la aplicación de la ley extranjera como juez del foro, opera mediante una ficción jurídica que se denomina la nacionalización de la ley extranjera dentro del dossier de la causa. El razonamiento consiste en un proceso de nacionalización de la ley extranjera que tiene por finalidad hacer suya la norma positiva foránea mediante la reproducción de una norma similar e incorporarla al dossier en su aplicación al negocio jurídico de naturaleza internacional como si fuera una norma del sistema italiano, es lo que se denomina la recepción material de la ley extranjera.

Roberto Ago, líder de la doctrina del siglo pasado italiana y crítico de dicha corriente, apunta ciertas críticas a dicho razonamiento justificativo de la aplicación del derecho extranjero por parte del juez italiano al esbozar que, el proceso de nacionalización es viable teóricamente más sin embargo, el juez integra el derecho extranjero al negocio jurídico que se ventila en la justicia *ius* privatista internacional italiana pero, la ley conserva su origen de norma extranjera aplicada en pie de igualdad; la nacionalización solo debe ser entendida como proceso de integración sin descalificar su naturaleza foránea so pena de incurrir el juez de la causa en el vicio de desnaturalización de la norma internacional.

3. Del pragmatismo de la Escuela Francesa

El pensamiento francés es menos florido que el pensamiento italiano para comprender y justificar la aplicación de la ley extranjera por el juez francés. Parte sobre la base que el juez francés, aplica la norma extranjera no como una obligación impuesta por la ley francesa. Dentro de su desarrollo la norma extranjera siendo un hecho el juez francés

[10] Monaco, Ricardo, *L'efficacia della legge nello spazio*, Torino, Editrice Torinese, 2ª ed., 1964, p. 4.

es soberano de analizarla libremente como un *véritable fait*[11]. El viejo adagio latino de *jus allegatur non probatur*, esta alocución de esbozar que el derecho por regla general no se prueba si no que se invoca, frente a la aplicación del derecho extranjero no basta demostrar su existencia si no probar su carácter vinculante[12]. Esta fórmula era ya recogida en el régimen probatorio internacional de la Convención de Lima, ya antes señalado[13]. Corresponde a que invoca una ley extranjera y pide su aplicación conforme a los títulos precedentes, probar la existencia de dicha ley.

En primer término, la doctrina gala sostiene que el derecho extranjero es un mero hecho y, por ende, no es vinculante ante el juzgador francés. Esta concepción es asentada y explicada por la *Cour* de Casación cuando ella misma expresa que no sanciona indistintamente el respeto a la norma jurídica, ella modula al contrario lo que según ella tiene valor de norma jurídica excluyendo de su control la interpretación de los usos generales de comercio, como la norma y fuentes extranjeras.

Solo puede ser aplicada la ley extranjera dentro de una litis internacional privado cuando dentro de la causa la parte afectada invoca como ley competente la norma extranjera o internacional. En otros términos, el juez francés no está obligado por ello aplicar la ley extranjera de pleno derecho.

En torno a la viabilidad que el juez en su fallo de primera instancia y de segunda instancia viole una ley extranjera; nos preguntamos, si la norma foránea vista como un simple hecho[14], ¿la parte afectada podría recurrir ante la *Chambre Civile* de *Cassation* francesa[15]?.

El juez francés es libre de valorar los hechos y no es atacable su valoración si incurre en error de hecho sobre la norma extranjera. No obstante, lo anterior, lo que sostiene la doctrina casacionista francesa, considera que tratándose de una interpretación judicial abusiva que

---

11 Faye, Ernest, *La Cour de Cassation 1903*, Paris, Editons La Memoire du Droit, 1999, p. 121.

12 David, Cyrille, *La Loi etrangère devant le juge du fond*, Paris, Dalloz, 1965, p. 23.

13 Art. 55 Convención de Lima: "Corresponde a que invoca una ley extranjera y pide su aplicación conforme a los títulos precedentes, probar la existencia de dicha ley".

14 *Affaire Lizardi*, 16 de enero 1861, en: Ancel, Bertrand / Yves Lequette, *Les grands arrêts de la jurisprudence française de droit international privé*, París, Dalloz, 4e éd., 2001, pp. 40-48.

15 Boré, Jacques, *La Cassation Civile en matière civile*, Paris, Sirey, 1988, p. 368.

lleve a desnaturalizar la ley extranjera, a tal extremo la parte afectada puede recurrir en casación, en virtud de la causal por desnaturalización del derecho extranjero[16].

La cuestión es de saber cómo se caracteriza el grado de abuso judicial o *méconnaissance du droit*, sin ir más allá de un dolo judicial. Y de igual manera como se equipará dicha causal dentro de la estructuración de las causales en las legislación panameña y latinoamericanas.

Las observaciones de Loussouarn tienen lugar a la causa de la desnaturalización cuando contractualmente el juez desconoce la voluntad contractual. Pero la postura del insigne autor francés va más allá; si subsiste la idea de una desnaturalización de la *lex contractus* imputable al juzgador, nada impide que la causal de interpretación errónea del derecho extranjero pueda ser analizada por el juez de casación francesa[17].

La postura de los derechos europeos en particular francés y británico de calificar un derecho extranjero como un hecho, hoy en día en un desarrollo del derecho comparado, así como de la técnica de la cooperación jurídica y la mundialización de los mercados, mantener la postura de analizar la norma extranjera como un simple hecho es desconocer que el orden judicial internacional es un mundo interdependiente.

4. La Escuela Latinoamericana *devant* la ley extranjera

Entre los aportes de la Convención de Lima de 1877-1878 introduce el principio de igualdad de tratamiento entre nacionales y extranjeros ante la ley del foro. Lima se inclina por la influencia francesa por el criterio que el derecho extranjero no se aplica de pleno derecho, sino que la parte debe invocarlo[18]. Pese a que el espíritu de igualdad entre nacionales y extranjero ha sido una constante en nuestro hemisferio que surge con el Congreso Anfictiónico de Panamá de 1826, sin duda, viene hacer con los Tratado de Montevideo de 1889-1890 y de 1939-1940, que se perfila el principio de la igualdad de la ley extranjera y la ley del foro.

---

[16] Loussouarn, Yvon, Le contrôle par la Cour de Cassation de l'application des lois étrangères, en: *Travaux du Comité français de droit international privé*, 1965, Nos. 23-25, p. 133.

[17] Loussouarn, Le contrôle par la Cour de Cassation…, ob. cit., p. 147.

[18] Art. 55 Convención de Lima: "Corresponde a que invoca una ley extranjera y pide su aplicación conforme a los títulos precedentes, probar la existencia de dicha ley".

Bustamante, que preside la Sexta Conferencia Panamericano, desarrolla ampliamente, el principio de igualdad entre la ley del foro y la ley extranjera. Precisamente es con el artículo 408 del Código Bustamante observa que el juez convencional, es decir, los jueces vinculados por la convención bustamantina pueden aplicar de oficio el derecho extranjero cuando de su naturaleza se desprenda la aplicación y competencia de una ley extranjera[19].

En lo que se refiere a dicha norma su argumentación es única pues introduce como regla de conducta del juez, la aplicación *ex oficio* del juez latinoamericano. Es decir, le impone un fardo de buscar la ley internacional aplicable al negocio hipótesis que no encontramos en ninguna otra convención regional ni mucho menos extraregional de derecho internacional privado.

5. Sobre la apreciación de la ley extranjera por el Derecho internacional privado panameño

El Derecho internacional privado incuestionablemente es tributario de la tradición hispano americana de concebir en pie de igualdad al derecho extranjero y al derecho del foro en su aplicación en el domino de los conflictos de leyes. Y ello tiene una doble razón de ser, por haber adoptado la ley 15 de 1928 que promulga el código de derecho internacional privado convencional junto al código judicial de 1986. Es por esta razón que en la sección de fundamento de la aplicación del derecho extranjero abordaremos de manera más profusa y precisa la justificación positivista del tema, y en un segundo lugar el control de la ley extranjera por la corte de casación, sala 1ª del ramo civil del órgano judicial panameño.

B. Sobre la aplicación del derecho extranjero en el derecho positivo panameño

Podemos observar más que la tolerancia a la aplicación del derecho extranjero la asimilación del derecho del foro en sus diversas

[19] Art. 408 Código Bustamante: "Los jueces y tribunales de cada Estado contratante aplicarán de oficio, cuando proceda, las leyes de los demás sin perjuicio de los medios probatorios a que este capítulo se refiere".

jerarquías normativa en primer lugar, en la norma primaria del país y luego en las fuentes codificadas que abordaremos.

1. Constitución y Derecho internacional privado

Teniendo Panamá una vocación transitista más acentuada que cualquier otro país hispanoamericano, nuestra Constitución de la República de 1904, introduce el principio de igualdad entre nacionales y extranjeros. Esto era lógico, pues la mano de obra tanto antillana que importaron los americanos como los europeos que permanecieron después de 1890 obligaba asimilar dicha migración.

En el período Torrijista emulador del peronismo argentino en dicha Constitución inserto el artículo 4 de nuestra carta magna que dispone que: Panamá acata el Derecho internacional, donde la ley no distingue no le es lícito al hombre distinguir, si se trata del derecho internacional económico o privado o bien público es una visión constitucional amplia. En este sentido el juzgador recoge desde su fuente normativa el de coexistir con la aplicabilidad de convenciones de derecho privado o pública en fin no es ajeno a la vida judicial la incidencia del derecho extranjero dentro de las distintas formas de litigiosidad en el istmo de Panamá.

2. Codificación nacional

Dentro de la diversidad normativa de todo el engranaje del sistema panameño queda evidenciada la importancia capital del derecho extranjero frente al desarrollo de cualquier litigio de carácter internacional en las fuentes de derecho judicial, marítimo y en el código de derecho internacional privado de Panamá vigentes.

La excerta legal 800 del código judicial recoge la concepción bustamantina de la prueba del derecho extranjero mediante dos abogados idóneos extranjero reproduciendo el artículo 409 del derecho convencional panamericano aunado a la obligación de investigar directamente el derecho extranjero en su inciso final de la norma judicial en comento.

El surgimiento del derecho internacional privado marítimo tiene lugar en 1982 que incorpora figuras de la jurisdicción angloamericana que no vienen al caso pero que lo caracterizan por su dinamismo como el principio *de oralidad* y los *affidavits*.

En cuanto al derecho extranjero, la legislación originaria en disposición 218 observa que, el derecho extranjero se podrá probar mediante copia autentica de las normas pertinentes, decisiones de los tribunales, estudios doctrinales y dictámenes rendidos por abogados, sin perjuicio que el juez pueda investigar y aportar de oficio la prueba de la ley extranjera en el juicio.

Hay toda una ideología *ius* privatista en asimilar la norma extranjera a la norma del foro.

3. Código de Derecho internacional privado panameño

En efecto, el código de derecho internacional privado recoge y representa *in toto*, la estructura conflictual y procesal de nuestro sistema probatorio internacional en dicho cuerpo legal que orienta la prueba de derecho extranjero[20] y la prueba de hecho[21], recoge la preocupación probatoria de la ley extranjera, pero también de la *lex contractus* como regla fundada en la autonomía de la voluntad de los contratantes.

El régimen de la prueba de *iure y de facto* es vasto tanto en el marco del derecho material como de la prueba generada y conducida por la regla de conflicto del juez del foro.

II. DEL CONTROL DEL RECURSO DE CASACIÓN SOBRE LA NORMA EXTRANJERA E INTERNACIONAL

Realmente hemos notado el criterio homogéneo del derecho internacional privado panameño y latinoamericano sobre la validez y vigencia de la ley frente a los sistemas nacionales conflictuales de la región.

[20] Art. 144 Código de Derecho Internacional Privado de Panamá: "Los jueces y tribunales panameños podrán aplicar de oficio, cuando proceda, las leyes de los demás Estados, sin perjuicio de los medios probatorios a que este Capítulo se refiere".

[21] Art. 147 Código de Derecho Internacional Privado de Panamá: "La forma en que se practicará toda prueba se regula por la ley vigente en el lugar en que se efectúe. El juez panameño aplicará el derecho extranjero de conformidad con su sentido y alcance, pero podrá rechazar la aplicación de un derecho extranjero cuando viole el orden público internacional privado".

Ahora nos corresponde examinar de cerca como opera el control de casación por parte de la Corte Suprema, frente a una impugnación de una norma extranjera e internacional[22] producida por la aplicación del método conflictual o bien por el método del derecho material o convencional.

A. De los mecanismos de aplicación de la norma extranjera e internacional en el Derecho internacional privado judicial

1. Regla de conflicto y medio de impugnación

Solamente podemos pretender el estudio de la ley extranjera y norma internacional susceptible de ser objeto de control de nuestra corte de casación por vía del rejuego de la regla de conflicto preservada en nuestro código judicial, así como por vía del actual código de derecho internacional privado.

La bilateralidad de la regla de conflicto, permite que el juez panameño, pueda consultar su propia regla del foro permitiéndole aplicar la ley extranjera en función de un punto de conexión.

Hemos de ser claros en lo sensible de la aplicación y, por ende, de la asimilación de una norma No panameña dentro de un contencioso ante los tribunales panameños.

Con ocasión de este estudio es propicio señalar que las normas extranjera e internacional pueden ser producidas por fuentes de diferente naturaleza así puede tratarse: 1. Ley extranjera proferida por un órgano parlamentario extranjera; 2. Norma extranjera de derecho público; 3. Norma convencional ratificada o no ratificada con valor de *ratio scripta;* y 4. Finalmente puede tratarse de una norma supranacional apátrida no positiva de naturaleza sustantiva.

A nuestro juicio, la viabilidad de poder aplicar una norma extranjera estadual en Panamá, se puede fundar a modo de ejemplo, en un fideicomiso - testamentario[23] constituido en Nebraska, cuyos bienes

---

[22] Morelli, Gaetano, *Nozioni di Diritto internationzionale*, Padova, Cedam, 1967, pp. 54 ss.

[23] Boutin, Gilberto, El Fideicomiso-testamentario en el Derecho internacional privado panameño y comparado, en: *Anuario Español de Derecho Internacional Privado*, 2010, Tomo X, p. 531.

están situados en Panamá y el derecho de liquidación de bienes sea el derecho norteamericano con base a la libertad de testar, cónsono con el derecho de dicho país. Como quiera que la concepción del derecho de sucesión en el derecho anglo-americano y panameño convergen en considerar que la sucesión es un tema de liquidación patrimonial y no de sustitución del de *cujus* por los herederos legítimos, es perfectamente viable que los tribunales panameños reconozcan y apliquen las disposiciones testamentarias fundadas en la legislación sucesoral de dicho Estado de la Unión Americana. En suma, es el binomio libertad de testar-derecho anglo-americano.

La aplicación del derecho público por parte del juez panameño amerita cierta reflexión. Es decir, si la *suma divisio* heredada de la cultura romanista, en dividir el derecho: público y privado, habría que examinar si tal división afectaría en un momento dado la ciencia de los conflictos de leyes. En este sentido, para poder entrar a razonar hay decir que el derecho es un todo, cualquier distinción es inadecuada frente a los fenómenos internacionales de entrelazar zonas propias de los conflictos de leyes como puede suceder en materia penal, en el régimen cambiario o monetario, actos públicos con efecto en el extranjero, como el propio derecho de la competencia y práctica desleal, el típico procedimiento del exequátur no es más que un reconocimiento a un proceso extranjero que el tribunal de la causa reconoce y ejecuta en un dominio eminentemente público[24]. La propia aplicación del derecho administrativo internacional contemplado en el Código Bustamante[25], nos permite concluir en una concepción *laxa* del derecho internacional privado en el nuevo

24 Lalive, Pierre, L'application du droit public étranger, en: *Institut de Droit International. Vingtième Commission*, Genève, 1975, Institut de Droit International, p. 161.

25 Art. 423 Código Bustamante: "Toda sentencia civil o contencioso-administrativa dictada en uno de los Estados contratantes, tendrá fuerza y podrá ejecutarse en los demás si reúne las siguientes condiciones: (1). Que tenga competencia para conocer del asunto y juzgarlo, de acuerdo con las reglas de este Código, el juez o tribunal que la haya dictado; (2). Que las partes hayan sido citadas personalmente o por su representante legal, para el juicio; (3). Que el fallo no contravenga el orden público o el derecho público del país en que quiere ejecutarse; (4). Que sea ejecutorio en el Estado en que se dicte; (5). Que se traduzca autorizadamente por un funcionario o intérprete oficial del Estado en que ha de ejecutarse, si allí fuere distinto el idioma empleado; (6). Que el documento en que conste reúna los requisitos necesarios para ser considerado como auténtico en el Estado de que proceda, y los que requiera para que haga fe la legislación del Estado en que se aspira a cumplir la sentencia".

código de derecho internacional permitiendo la aplicación del derecho público normalmente competente en sus diferentes manifestaciones.

Pero dentro de la focalización de normas extranjeras internacionales cuadra la convención de derecho internacional privado como lo es la convención de Ottawa de 1988 sobre el Convenio de Leasing Internacional auspiciado bajo el gran organismo internacional de UNIDROIT. Así, el juez panameño en el contrato de ampliación internacional del Canal de Panamá, en el caso hipotético de la maquinaria del dragado celebra la Administración del Canal un contrato con una sociedad de ingeniería un contrato de leasing internacional fundada en la convención de Ottawa de 1988, convenio uniforme que es aplicable por el juez panameño por ser ley de la República, y cuyo foro competente es la República de Panamá. En esta hipótesis el proceso de aplicación por los tribunales de Panamá un convenio internacional como el de leasing está sujeto a interpretación y discusión en los resortes naturales de la justicia ordinaria.

El Istmo de Panamá sufre de una gran extravagancia en la década de los 60, Panamá no ratificaba tratados internacionales como el de la Convención de Varsovia de 1929, si no que reproducía dicha convención en ley de la República, comportamiento inadmisible a mi modo de ver.

Vemos diariamente como en la jurisdicción marítima internacional panameña en donde el presente código es fuente supletoria, el juez de esta jurisdicción aplica en los conflictos de transporte marítimo que regula la convención de Bruselas sobre conocimiento de embarque dicha convención que nuestro país jamás ha ratificado. Este procedimiento no es más que la disociación entre el instrumento diplomático como soporte convencional y el reconocimiento transnacional de la autonomía de la voluntad de las partes.

Finalmente, en el dominio de aplicación de normas supranacionales apátridas mejor conocidas como reglas *mercaticas o lex mercatoria*, el tribunal panameño acoge dichos usos genéricos reiterativos vinculantes, como norma internacional susceptible de ser aplicadas en pie de igualdad de la norma clásica positiva. Vemos el caso de Banco Exterior de los Andes vs Banco Cafetero de Panamá. Así el fallo de 27 de febrero de 1996, proferido por la Sala Primera del Ramo Civil, la Corte Suprema, en el negocio jurídico antes precitado reconoce que los usos y prácticas de comercio como reglas internacionales y neutras son susceptible de ser protegidas mediante el recurso de casación por violación directa a dicho uso de comercio general rector de la plaza de comercio bancario[26].

2. Del recurso extraordinario de casación frente a una norma extranjera e internacional conculcada

Hay que detenernos en las causales que constituyen la base de la casación en el derecho internacional privado panameño y convencional.

Si bien es cierto la casación judicial es un instituto que tiene por finalidad lograr la unidad del derecho aplicable en tanto que sistema y que dicho principio de unidad trae como consecuencia el de garantizar el principio de igualdad entre los litigantes, así como la regla al acceso a la realización de justicia y reafirma en el tiempo y en el espacio la vigencia del principio de la seguridad jurídica en los fallos de la Corte Suprema.

Debemos sustentar que existe dentro del derecho judicial convencional alrededor de la figura de la Casación un criterio unitario sobre la función unificadora del derecho material y objetivo.

Si bien es cierto existe una correspondencia conceptual entre el derecho judicial internacional privado y código Bustamante un ente dominio. La casación en el derecho procesal civil internacional se descompone en: Casación de fondo y Casación de forma.

Podemos esgrimir que en lo que respecta a la casación de fondo y sus causales observamos que tanto el derecho judicial *ius* privatista panameño como el Código Bustamante coinciden prácticamente en la visión de regular la violación al derecho sustantivo o de fondo en el rango de causales de fondo.

Pero en lo atinente a la Casación en la forma que se presume que se trata de causales de forma incluye aquellas reglas adjetivas o instrumentales, el derecho convencional judicial guarda silencio a este respecto.

Veamos entonces que el libro segundo del código judicial panameño, permite que la parte afectada por una violación de una norma

[26] Boutin, *Del reconocimiento de la lex mercatoria…*, ob. cit., p. 126.

extranjera e internacional pueda formular el recurso extraordinario de casación.

Nuestra afirmación cobra sustente en el principio consignado en la disposición 1127 del Código Judicial, que dispone:

> Todos los recursos concedidos en este Código serán admitidos para los casos en que se decida aplicar las leyes de las extranjeras, por remisión de la ley nacional.

La excerta legal 1127 permite que el ataque que interponga el recurrente por violación a una ley extranjera permita invocar las mismas causales como si se tratara de una violación a ley panameña.

Extrapolemos dichas causales a la esfera del derecho internacional privado.

3. Sobre las causales de fondo por violación directa de una ley extranjera

En el derecho procesal civil internacional, de igual suerte que en el derecho procesal interno, militan cinco causales en el dominio de la Casación en el fondo: desde la promulgación de la Ley 86 de 1941, el artículo 9 enuncia cinco causales por violación a ley extranjera en el contexto conflictualista a enunciar: 1. Causal de violación directa de la ley sustantiva; 2. Violación de la ley sustantiva por indebida aplicación; 3. Violación a la ley sustantiva por interpretación errónea; 4. Violación por error de hecho en cuanto a la existencia de la prueba; y 5. Violación por error de derecho en la apreciación de la prueba. La Corte considera que se trata de cinco causales, pero que todas desembocan en la violación de una manera o de otra a una violación directa.

Pareciera que las causales de Casación en el fondo convergen con el análisis conflictual que sustenta dicho recurso extraordinario.

Observemos la invocación por violación directa de una ley extranjera acarrea un ataque del casacionista o recurrente al razonamiento conflictual que trae como colofón una determinada sentencia viciada en su razonamiento, es decir, en aplicación del método conflictualista que da pie a poder invocar el vicio del fallo. No podemos dejar de lado que la casación es una confrontación en contra de la sentencia.

En el evento de la primera causal por violación directa, se trata del ejemplo vivido del juez en un contrato mercantil de régimen de capitulaciones entre un argentino y una japonesa celebrado en Tokio, cuyo domicilio final es en Panamá. En este caso el juez aplica el derecho panameño cuando la regla de conflicto designa al derecho japonés como ley competente a gobernar la validez y el régimen de capitulación optando por el derecho panameño. Pero la violación directa puede ser total o parcial como lo vimos en la hipótesis precedente. Parcial pues, en la sentencia aferente al régimen de capitulaciones aplica el derecho japonés para regir la validez de los derechos económicos, pero desconoce el criterio del cálculo de liquidación patrimonial que comporta el derecho material nipón.

En medio de las dificultades puede configurarse la segunda causal por interpretación errónea; cuando el juez del foro, puede aplicar el derecho japonés como derecho económico, pero la interpreta erróneamente en función de las reglas de liquidación de derecho sucesoral material que lo conducen a un resultado no deseado por la norma natural de liquidación.

La hipótesis de la tercera causal de indebida aplicación. Tiene lugar cuando el juez de la causa jurídica aplica una norma extranjera sobre una hipótesis que no corresponde. Sería el caso de aplicar las reglas de donación internacional sobre un negocio de fideicomiso-testamentario constituido en Suiza y administrado en Panamá. La indebida aplicación consiste en el vicio de la sentencia judicial que aplicará una ley a una hipótesis a la cual no le corresponde tal normativa. Sería el caso que, en el proceso de ampliación del Canal de Panamá, el juez reconociera un *leasing* internacional de dragado sujeto a la Convención de Ottawa y aplicara la ley especial de leasing de derecho internacional privado interno panameño.

La cuarta causal, error de hecho en la apreciación de la prueba. Tiene su aplicación como vicio atacable dentro del recurso de Casación en cuanto a la existencia de la prueba está relacionado directamente con el elemento probatorio.

Al error de hecho algunas veces se le califica como afirmativo o negativo; se produce cuando se toma en cuenta una prueba que no existe en los autos o cuando se deja de tomar en cuenta prueba que existe en autos[27].

Tal sería el caso en donde el tribunal, se pronuncia sobre la prescripción extintiva que no ha sido alegada ni probada y se pronuncia sobre ella en detrimento de una de las partes. Dentro de esta misma causal seria la valoración y calificación positiva de la existencia de la prueba que consta en autos no apreciada como seria la prueba que arroja una acción exhibitoria sobre los libros de comercio del demandante que produce la no existencia de la obligación dentro de las constancias procésales y el juez no entra a valorarla.

Finalmente, converge entre las causales de fondo el error de derecho sobre la apreciación de la prueba (quinta causal). En nuestro ordenamiento, se produce cuando el elemento probatorio se examina, se toma en cuenta, pero no se le atribuye el valor, la eficacia probatoria que la ley le asigna. Se desconoce una norma valorativa. Sería el caso de una prenda agraria inscrita en el Registro Público y no es considerada como gravamen, pues el certificado del Registro Público no se equipara a la escritura misma; a sabiendas que nuestro sistema registral en ese dominio es de carácter constitutivo y el acta de certificación registral hace plena prueba. Error en la valoración de la prueba. En el plano del derecho accionario un acta de sesión de acciones debidamente celebrada sobre una sociedad panameña en Suiza no es tomada en cuenta, bajo la excusa pues, que la misma, no ha sido inscrita en el Registro Público; a sabiendas que las actas entre accionistas están liberadas de todo control registral.

4. En torno a las causales de casación en la forma

El régimen de casación en la forma[28]. Introduce una serie de hipótesis como causales de errores *in procedendo* para fundamentar la

[27] Fábrega, *Casación civil…*, ob. cit., p. 350.

[28] Art. 13 Código Bustamante: "A las naturalizaciones colectivas en el caso de independencia de un Estado se aplicará la ley del Estado nuevo, si ha sido reconocido por el Estado juzgador, y en su defecto la del antiguo, todo sin perjuicio de las estipulaciones contractuales entre los dos Estados interesados, que serán siempre preferentes".

interposición de recurso de casación en la forma; entendiendo por casación en la forma aquellos vicios en contra de una norma adjetiva imperativa desconocida por el juzgador.

Entre las causales de forma reglamentada por la ley 86 de 1941, podemos reducir a: 1. Razones de incompetencia del juzgador e imposibilidad de prórroga de competencia judicial; 2. Razones de congruencia judicial al fallar *ultra petita* o carente de consonancia; y 3. Razón de cosa juzgada alegada y no retenida por el juzgador.

a. Primera hipótesis: causal en la forma de incompetencia

Causal en la forma en el dominio del régimen *ius privatista internacional*; tal sería el caso, de una sentencia judicial extranjera, fundada en una prórroga de competencia judicial improrrogable. El caso patente de una disolución del vínculo matrimonial cuyo tribunal en sede es de Santo Domingo, República Dominicana, él se pronuncia sobre un divorcio de dos panameños cuyo domicilio conyugal es en la ciudad de Colón, Panamá.

Las reglas procésales de competencia civil señalan: que materia de divorcio la competencia de los tribunales de familia es improrrogable entre ellas se encuentra el régimen de disolución del matrimonio por virtud de su carácter tuitivo y de carácter de orden público. Se trata de una causal basada en una regla procesal y norma imperativa de orden público.

b. Segunda hipótesis: causal en la forma afectada la composición del tribunal

Esta es una causal contenida en los numerales 2, 3 y 6 de la excerta 13 de la ley 86 de 1941 que hace referencia a vicios del tribunal tanto en su constitución como en las causales de impugnación de los miembros del tribunal –recusación–. Ello revela un fundamento vital para un pronunciamiento conforme a la ley y al principio de independencia del juzgador el cual es atacado por uno de los vicios imputables en la administración de justicia. Se trata de vicios consumados, es decir, un fallo viciado por un número incompleto de magistrados o el de haber fallado a pesar de la recusación interpretada deviene una causal de casación con miras anular dicho dictamen jurisdiccional.

Pese a todo, la ley recoge el vicio de fallar en violación a la prescripción de la acción. Se trata de un tema marginal, pues la prescripción sobre el fondo es una noción sustantiva tal como lo prevé nuestro código de derecho internacional privado siempre y cuando tenga por finalidad la extinción de una obligación sustantiva, en contraste con la prescripción de la acción que es un medio de defensa procesal y que pese a que la ley no distingue el tipo de prescripción hacemos la salvedad de dicha diferencia en este escrito.

c. Tercera hipótesis: causal en la forma del principio de congruencia procesal viciado

La hipótesis en examen se orienta hacia los fallos *ultra petita* y *extra petita* que son las expresiones más grotescas de decisiones no solo en el ámbito de la justicia ordinaria o común y en la justicia privada *ad hoc* de carácter transnacional.

La noción de *ultra petita* significa que la sentencia decide o provee sobre mas allá de lo pedido; cuando por exceso de poder del juzgador rebasa los límites de la litis consorcio.

Mientras que *extra petita* es cuando la sentencia se pronuncia sobre pretensiones no formuladas por el demandante en su demanda, ni en su oportunidad posterior; o sobre excepciones que debiendo ser alegadas no fueron propuestas; pudiendo darse en igual sentido la figura de *minima petita* denominada también *citra petita*, cuando el juez incurre en omitir sobre alguna pretensión o excepciones invocadas fallando de manera viciosa.

Estos vicios se fundamentan en la falta de congruencia o inconsonancia de la resolución objeto del recurso de casación. El principio de congruencia consiste en que dicho fallo se contrae a la necesidad de las pretensiones invocadas por el demandante o en las demás oportunidades que la ley le ofrece[29].

---

[29] Murcia Ballen, Humberto, *Recurso de casación civil*, Bogotá, Ediciones Jurídicas Gustavo Ibáñez, 4ª ed., 1996, pp. 466.

d. Cuarta hipótesis: causal en la forma excepción de cosa juzgada

A nuestro juicio es una causal de corte procesal. Nos hemos permitido referirnos a ella de manera individual pues el código de derecho internacional privado advierte que la sentencia en el derecho procesal civil internacional puede ser un medio probatorio, puede ser un medio de fuerza ejecutiva o un medio de excepción de cosa juzgada.

La cuestión de cosa juzgada como excepción provoca la imposibilidad de pronunciarse el tribunal sobre un juzgamiento ya hecho. Además, es violatorio del debido proceso y sobre todo violatorio del principio constitucional que ningún individuo puede ser juzgado dos veces sobre la misma causa, lo cual es un principio pilar del Estado de derecho que huelga ahondar en este pequeño segmento al respecto.

Consideramos que luego de haber examinado el ámbito de las causales de fondo y de forma dentro del derecho internacional privado judicial en torno al instituto del recurso de casación, consideramos que existe cierto parentesco o corresponsalía entre las causales que vician un laudo arbitral extranjero, con la casación que controla el derecho extranjero o norma jurídica internacional, pudiendo considerar que dichas causales son de mayor rigor y precisión que las esgrimidas en la convención de Panamá de 1975 y la convención de New York de 1959 sendas convenciones regulan los medios de impugnación internacional de las decisiones arbítrales.

5. Breve análisis comparativo entre las causales de casación y las causales de impugnación arbitral en las Convenciones de Panamá y New York

De manera simplista Marcel Planiol resumía que las fuentes de las obligaciones se resumían a la Ley y el contrato. Quiero realizar un parango nunca antes analizado que en el fondo tanto las causales de control de validez de los laudos extranjeros como de las causales sobre las sentencias pronunciadas sobre un derecho extranjero o normas internacionales descansan sus controles en el mismo *sustratum* de legalidad y seguridad jurídica; pudiendo aseverar que los criterios de control generados por las causales de casación tanto en los errores indican como *in procedendo* son más fieles a la certeza y veracidad jurisdiccional que las causales de impugnación que militan en la Convenciones de Panamá y New York[30].

Dicho lo anterior la clasificación de las causales de casación se pueden resumir a: 1. Violación de la ley; 2. La incompetencia y exceso de poder; 3. Inobservancia de formas exigidas para el proceso desemboque en una sentencia; y 4. El principio de contrariedad o congruencia.

En el dominio arbitral el principio de la legalidad e infracción a la ley pactada lo observamos en los literales: (a) Del artículo V de la Convención de New York. El principio de consonancia o de abuso de poder se refleja en el literal (c) de la misma disposición V del Convenio de Nueva York. Observamos causales procésales o *in procedendo* perfectamente correlativas al sistema judicial en los literales (b), (d) y (e) que corresponde a la inobservancia de formas exigidas en los procesos para la producción de una sentencia del Artículo V, y finalmente, la impugnación del laudo cuando la materia no es arbitrable en el numeral 2 del artículo V se traduce en el principio de incompetencia judicial. En lo que respecta a que el laudo sea contrario al orden público es exactamente a la violación directa de una norma de interés general de carácter imperativo.

Lamentablemente, la civilización francesa no tuvo los hombres capaces para defender los principios judiciales de la gran civilización gala, que pudiese mantener la continuidad de las instituciones más preclaras del sistema continental del cual soy racional y culturalmente tributaria de ellas. Les corresponderá a otras instancias como las conferencias de La Haya, que tradicionalmente han mantenido la tradición continental como ha sido el caso de los Convenios de La Haya de 1954 derecho procesal civil[31] y otras fuentes más recientes, en poder rescatar el gran derecho procesal continental europeo y realizar el balance que la justicia y la historia sean los jueces que dicte su veredicto moral sobre su vigencia.

---

30 Boutin, Gilberto, *Convenios de Panamá de Derecho internacional privado*, Panamá, Editorial Portobello, 2000, p.135.

31 Ponsard, Andre, La Convention de La Haye du 1er mars 1954 relative à la procédure civile, en: *Travaux du Comité de travaux de droit international privé*, 1960-62, 21-23e année, p. 40.

LA COMPETENCIA JUDICIAL INTERNACIONAL EN LA NUEVA REGULACIÓN EUROPEA EN MATERIA DE RÉGIMEN ECONÓMICO MATRIMONIAL Y DE EFECTOS PATRIMONIALES DE LAS UNIONES REGISTRADAS

GUILLERMO PALAO MORENO*

Resumen: Desde el 29 de enero de 2019, resultarán aplicables dos nuevos instrumentos europeos relativos al régimen económico matrimonial y a los efectos patrimoniales de las uniones registradas con repercusión trasfronteriza: los Reglamentos 2016/1103 y 2016/1104. Estos Reglamentos se enfrentan a todos los sectores propios del Derecho Internacional privado. Este trabajo analiza las normas de competencia judicial internacional de estos instrumentos europeos, destacando las novedades que incorporan y su relación con el resto de Reglamentos en materia de Cooperación judicial europea en materia civil (principalmente en materia de Derecho de familia y sucesiones).

Abstract: *From January 29th 2019, two new European legal instruments will be of application in matters of matrimonial property regimes and of property consequences of registered partnerships having cross-border implications: Regulations 2016/1103 and 2016/1104. These Regulations face all traditional sectors of Private International Law. This study analyses, in particular, the jurisdiction rules of these European Instruments, highlighting the novelties which they offer, as well as their relationship with other Regulations in the field of European Judicial Cooperation in Civil Matters (mainly those devoted to Family and Successions Law).*

* Catedrático de Derecho Internacional privado, Universitat de València (España). Correo electrónico: Guillermo.palao@uv.es

En sincero y sentido homenaje al profesor Eugenio Hernández-Bretón, como testimonio de mi estima personal y profunda admiración.

I. ASPECTOS INTRODUCTORIOS

1. El Derecho Internacional privado de la Unión Europea –y el propio de sus Estados miembros, por tanto– va a quedar profundamente modificado, a partir del 29 de enero de 2019, fecha en que resultarán plenamente aplicables –en virtud de lo dispuesto en su artículo 70– los Reglamentos (UE) 2016/1103 del Consejo, de 24 de junio de 2016, por el que se establece una cooperación reforzada en el ámbito de la competencia, la ley aplicable, el reconocimiento y la ejecución de resoluciones en materia de regímenes económicos matrimoniales y 2016/1104 del Consejo (de la misma fecha), por el que se establece una cooperación reforzada en el ámbito de la competencia, la ley aplicable, el reconocimiento y la ejecución de resoluciones en materia de efectos patrimoniales de las uniones registradas[1]. Una materia que, a pesar de su innegable interés práctico en la actualidad –en un panorama regional y global de creciente movilidad internacional de las parejas–, había despertado tradicionalmente un interés muy escaso a los legisladores tanto europeo como convencional.

Por ello, teniendo en consideración su novedad y sus profundas implicaciones, resulta de interés presentar su contenido, al igual que los elementos esenciales que incorporan estos instrumentos europeos. Un ejercicio que, debido a su extensión y las características de este trabajo (y sin desmerecer la importancia del resto de cuestiones de las que se ocupan), se centrará principalmente, en el caso que nos ocupa, en ofrecer una aproximación a las disposiciones que consagran a determinar la competencia judicial internacional, contenidas en su Capítulo II (arts. 4 a 19). Algo que no evita, empero, y con el fin de situar tales preceptos en su contexto, el que se haya de realizar una referencia previa –aunque

---

[1] Ambos instrumentos europeos se encuentran publicados en el *Diario Oficial* L 183, de 8.7.2016.

deba ser necesariamente concisa– a los objetivos que persiguen estos Reglamentos, así como –también brevemente– a la delimitación de sus respectivos ámbitos de aplicación.

2. A este respecto, y antes de comenzar con su análisis, hay que llamar la atención sobre el hecho de que ambos instrumentos europeos prevén, para los casos que cubren, soluciones uniformes muy similares entre sí –e incluso idénticas–, al respecto de un gran número de supuestos[2]. Y ello, de un lado, debido a que se encuentran estrechamente vinculados desde un inicio de su tramitación y por haber sido negociados de forma paralela. Al igual que, por otro lado, por el hecho de haber sido aprobados en el marco de un procedimiento de cooperación reforzada y, por lo tanto, resultan aplicables a los mismos Estados miembros. De ahí que no puede extrañar el hecho de que la determinación de su ámbito de aplicación y su estructura, así como su numeración e incluso las soluciones previstas en sus respectivos preceptos, coincidan (en gran medida) al respecto de ambos Reglamentos. Claro está, con las necesarias adaptaciones y los ajustes que se requieran, en atención a las diferentes relaciones personales que ordenan.

Una distinción normativa entre tales instrumentos europeos que, a modo de ejemplo y en la mayor parte de los supuestos, se cifra en la mera sustitución formal de los términos "régimen económico matrimonial" por el de "efectos patrimoniales de las uniones registradas"; o el de "cónyuges" por el de "miembros de la unión registrada". Aunque, a su vez, se aprecia en la necesidad puntual de adaptar o ajustar, ya desde una perspectiva sustantiva y no meramente formal, algunas de las soluciones previstas en los Reglamento 2016/1103 y 2016/1004 a la distinta realidad sustantiva que regulan[3]. En consecuencia, y a meros

2 En el mismo sentido, Barrière Brousse, Isabelle, Le patrimonie des couples internationaux dans léspace judiciarie européen, en: *Journal de droit international,* 2017, No. 2, 2017, pp. 485 ss., especialmente pp. 492-493.

3 A modo de ejemplo, y desde la perspectiva de la competencia judicial, en el supuesto de encontrarnos ante una "unión registrada" no se podría hablar nunca de un divorcio o de una separación, sino de su disolución –pero sí de su nulidad–; afectando ello, entre otros, a la imposibilidad de acudir al foro de conexión en materia de divorcio o separación que ofrece el Reglamento 2201/2003 (como se aprecia en su artículo 5). Además, la falta de ordenación de este tipo de uniones en algunos Estados parte, podrá suponer la inhibición de su jurisdicción (como prevé el su artículo 9).

efectos expositivos, se tomará el primero de ellos como texto sobre el que se centrará nuestro análisis –el régimen económico matrimonial–; señalando aquellos cambios que se manifiesten en relación con la ordenación de los efectos patrimoniales de las uniones registradas, cuando ello tuviera lugar.

A. ORIGEN Y OBJETIVOS DE LA NUEVA REGULACIÓN EUROPEA

3. Como punto de partida, hay que dejar constancia no sólo del interés que las instituciones europeas mostraron en las materias cubiertas por los mencionados Reglamentos desde finales del siglo XX y comienzos del año 2000 (por razón de la creciente movilidad internacional de las parejas en el interior de la región)[4], sino también de las complejidades que rodearon –desde su inicio–, el proceso de elaboración de estos instrumentos europeos. Un hecho, este último, que se fundamentaba en el elevado nivel de particularismo y las notables diferencias presentes en los ordenamientos europeos al regular estas relaciones[5]. Algo que, en definitiva, dificultó la existencia de una unanimidad entre los Estados miembros de la Unión Europea para su aprobación[6]; y que, en último extremo, desembocó, entre otros, en que la tramitación de los instrumentos por medio de los se tuvieran que regular los efectos patrimoniales del matrimonio (o de las uniones registradas), se llevara a cabo, no por medio del procedimiento especial previsto en tal precepto, sino en el propio de la cooperación reforzada[7].

---

4 Una de las primeras y más significativas referencias a esta voluntad (centrada en aquel momento en el ámbito del régimen económico matrimonial), se puede localizar en el Programa de medidas elaborado a finales de 2000, para la aplicación del principio de reconocimiento mutuo de resoluciones en materia civil y mercantil (*DO* C 12, de 15.1.2001). Con posterioridad, han sido numerosos los Programas e Informes que han recogido la conveniencia de su ordenación desde instancias de la Unión Europea, los cuales se encuentran debidamente citados en los Considerandos iniciales de los Reglamentos analizados.

5 Téngase en cuenta el *Etude sur les regimes matrimoniaux des couples maries et sur le patrimoine des couples non maries dans le droit international prive et le droit interne des etats membres de l'union europeenne*, p. 112 (accesible en: http://ec.europa.eu/civiljustice/publications/docs/regimes/report_regimes_030703_fr.pdf).

6 Tal y como exige el artículo 81.3 del Tratado de Funcionamiento de la Unión Europa.

7 Regulado en los artículos 326 y siguientes del Tratado de Funcionamiento de la Unión Europea.

Ahora bien, a pesar de este inicial interés, este proceso normativo dio inicio de forma efectiva en 2006, con la publicación del "Libro Verde sobre el conflicto de leyes en materia de regímenes económicos matrimoniales, con especial referencia a las cuestiones de competencia y reconocimiento mutuo"[8], y cuyo paso previo a la publicación de tales Reglamentos, se sitúa en la presentación en 2011 de sendas propuestas de Reglamento del Consejo[9]. En esta línea, ya el largo lapso de tiempo transcurrido entre la publicación del Libro Verde y de los Reglamentos resultantes, pone de manifiesto las grandes dificultades que implicó su tramitación y el desencuentro político que suscitó su negociación entre los Estados miembros.

4. A este respecto, cabe subrayar como –con un fundamento jurídico en el antes señalado artículo 81 del Tratado de Funcionamiento de la Unión Europea–, los Reglamentos analizados cuentan entre sus objetivos: mantener y desarrollar un espacio de libertad, seguridad y justicia en el que se garantice la libre circulación de las personas[10], favorecer

---

8 COM (20906) 400 final, de 17 de julio de 2006. Sin embargo, las autoridades europeas ya habían fijado su atención en su programa de medidas de 2000 (*Diario Oficial* C 12, de 15 de enero de 2001).

9 Respectivamente en COM (2011) 126 final y COM (2011) 127 final, de 16.3.2011. Sobre estas propuestas de Reglamento, en la doctrina española, Campuzano Díaz, Beatriz, The coordination of the EU Regulations on divorce and legal separation with the proposal on matrimony property regimes, en: *Yearbook of Private International Law*, 2011, Vol. 13, pp. 233 ss.; Carrión García de Parada, Pedro, El proyecto de Reglamento Europeo sobre regímenes matrimoniales, en: *Academia Matritense del Notariado*, 2013, Tomo LIV, pp. 77 ss.; Fontanellas Morell, Josep María, Una primera lectura de las Propuestas de Reglamento comunitario en materia de regímenes económico matrimoniales y de efectos patrimoniales de las uniones registradas, en: C. Parra (dir.), *Nuevos Reglamentos comunitarios y su impacto en el derecho catalán*, Barcelona, Bosch, 2013, pp. 257 ss.; Quinzá Redondo, Pablo, *Régimen económico matrimonial. Aspectos sustantivos y conflictuales*, Valencia, Tirant lo Blanch, 2016, pp. 316-337; Quinzá Redondo, Pablo / Jacqueline Gray, La (des) coordinación entre la propuesta de Reglamento de régimen económico matrimonial y los Reglamentos en materia de divorcio y sucesiones, en: *Anuario Español de Derecho Internacional Privado*, 2013, Tomo XIII, pp. 523 ss.; Rodríguez Benot, Andrés, La armonización del régimen económico matrimonial en la Unión Europea: la propuesta de Reglamento de marzo de 2011, en: C. Esplugues Mota / G. Palao Moreno (eds.), *Nuevas fronteras del Derecho de la Unión Europea. Liber amicorum José Luis Iglesias Buhigues*, Valencia, Tirant lo Blanch, 2012, pp. 555 ss.; id., Los reglamentos de la Unión Europea en materia de sucesión por causa de muerte y de régimen económico matrimonial: justificación y caracteres comunes, en: E.M. Vázquez Gómez et al. (Coords.), *El arreglo pacífico de controversias internacionales*, Valencia, Tirant lo Blanch, 2013, pp. 583-591.

10 Considerando 1.

el acceso y la buena administración de justicia, al igual que garantizar la seguridad jurídica de las parejas casadas y miembros de una unión registrada donde se les ofrezca un cierto nivel de previsibilidad[11]. Con la finalidad de cumplir con tales propósitos, los citados instrumentos europeos cubren todos los sectores que le son propios al Derecho Internacional privado y, en este sentido, incorporan normas de competencia judicial internacional (Capítulo II), determinación de la ley aplicable (Capítulo III), así como relativas a la aceptación, fuerza ejecutiva y ejecución de resoluciones (Capítulo IV), al igual que sobre la circulación de documentos públicos y transacciones judiciales (Capítulo V).

Junto a lo expuesto, de su estructura y soluciones previstas se advierte como los Reglamentos 2016/1103 y 2016/1104 resultan tributarios y se ven claramente influenciados por otros instrumentos elaborados igualmente en el ámbito de la política de Cooperación judicial en materia civil de la Unión Europea. Unos textos con los que ha de coordinarse al formar parte del mismo "sistema" normativo europeo. En este sentido, de un lado, se aprecian el paralelismo y la influencia que ejerce en ellos el transcendental Reglamento Bruselas I bis[12] y, sobre todo, el más reciente y completo Reglamento europeo de sucesiones[13], aunque igualmente se encuentra estrechamente relacionado con los conocidos como los Reglamentos Bruselas II bis[14], de alimentos[15] o Roma III[16].

---

[11] Considerando 15.

[12] Reglamento (UE) 1215/2012 del Parlamento Europeo y del Consejo, relativo a la competencia judicial, el reconocimiento y la ejecución de resoluciones judiciales en materia civil y mercantil (*Diario Oficial* L 351, de 20 de diciembre de 2012).

[13] Reglamento (UE) 650/2012 del Parlamento Europeo y del Consejo, relativo a la competencia, la ley aplicable, el reconocimiento y la ejecución de las resoluciones, a la aceptación y la ejecución de los documentos públicos en materia de sucesiones *mortis causa* y a la creación de un certificado sucesorio europeo (*Diario Oficial* L 201, de 27 de julio de 2012).

[14] Reglamento 2201/2003 del Consejo, relativo a la competencia, el reconocimiento y la ejecución de resoluciones judiciales en materia matrimonial y de responsabilidad parental (*Diario Oficial* L 338, de 23 de diciembre de 2003, corrección de errores *Diario Oficial* L 82, de 22 de marzo de 2013).

[15] Reglamento (CE) 4/2009, relativo a la competencia, la ley aplicable, el reconocimiento y la ejecución de resoluciones y la cooperación en materia de alimentos (*Diario Oficial* L 7, de 10 de enero de 2009, corrección de errores *Diario Oficial* L 131 de 18 de mayo de 2011).

[16] Reglamento (UE) 1259/2010 del Consejo, por el que se establece una cooperación reforzada en el ámbito de la ley aplicable al divorcio y a la separación judicial (*Diario Oficial* L 343, de 29 de diciembre de 2010).

Una interacción con la que ya contaba el legislador europeo al elaborar sus respuestas normativas y en la que se aprecia la paulatina creación de un "sistema" de Derecho Internacional privado de origen institucional europeo (también denominado como "sistema de Bruselas"). Y ello, por lo que respecta a sus resultados directos, tanto desde una perspectiva más general –con el fin de favorecer la libre circulación de las decisiones y la cooperación judicial, centrada principalmente en el Derecho patrimonial, desde un inicio–, como en la actualidad también –y de forma ampliada con la aprobación de los nuevos Reglamentos 2016/1103 y 2016/1104– de manera específica en el ámbito del Derecho de familia y sucesiones[17]. Un "sistema" que, sin embargo, se va a ver resentido (por lo que hace a su coordinación) por el hecho de que, a diferencia de los instrumentos señalados, los nuevos Reglamentos se han visto tramitados por medio del procedimiento de la cooperación reforzada, contando con un juego más limitado que se pone de manifiesto en el número de Estados miembros participantes.

B. Ámbito de aplicación de los instrumentos europeos

5. Por lo que respecta a la delimitación del ámbito de aplicación de estos instrumentos, europeos, y comenzando con la concreción de su ámbito de aplicación material, el artículo 1 se refiere, de un lado, tanto a las materias incluidas –las cuales se encuentran vinculadas directamente con las relaciones patrimoniales existentes entre los cónyuges (o de los miembros de la unión registrada, en su caso) y con respecto a terceros–, como a aquellas excluidas (siguiendo el mismo modelo presente en el resto de Reglamentos en materia de Cooperación judicial europea en materia civil)[18].

De otro lado, el artículo 3 incorpora una serie de definiciones uniformes de un gran interés práctico –en vistas a garantizar la certeza

[17] En esta línea, Moura Ramos, Rui M. / Andrés Rodríguez Benot, *Evolución reciente del Derecho Internacional privado de familia de los Estados miembros de la Unión Europea*, Madrid, Fundación Coloquio Jurídico Europeo, 2016, pp. 105 ss.

[18] Esto es, por lo que hace a su delimitación negativa, excluyendo las cuestiones fiscales, aduaneras y administrativas (apartado 1), así como (apartado 2) otras materias afines que cuentan con regulación propia y diferenciada (como la capacidad, la sucesoria, los alimentos, o los derechos reales y su inscripción).

legal y su aplicación idéntica por parte de los tribunales de los Estados miembros–, destacando tanto las propias a esta singular materia, como serían la relativa al "régimen económico matrimonial" o los "efectos patrimoniales de las uniones registradas", al igual que de lo que ha entenderse por las "capitulaciones matrimoniales" (o de la unión registrada) –incluyendo el concepto de esta última relación, a efectos del Reglamentos, al tratarse de una realidad desigualmente recogida en las normativas estatales[19]–; junto a otros conceptos uniformes más generales –como serían el de "documento público", "resolución", "transacción judicial" o los Estados miembros de origen o de ejecución de tales documentos y resoluciones–. Eso sí, a estos dos preceptos habría que unir igualmente el artículo 27, donde se establece el ámbito de la *lex causae* y, en consecuencia, concreta las materias que de forma particular regulan ambos instrumentos europeos[20].

6. Desde una perspectiva personal-espacial, y por lo que respecta a las normas de competencia judicial internacional, los foros que establecen estos instrumentos serán de aplicación imperativa y universal,

---

19 Con carácter general, González Beilfuss, Cristina, *Parejas de hecho y matrimonios del mismo sexo en la UE*, Barcelona, Marcial Pons, 2004; Milles, Joanna, Unmarried cohabitation in a European perspective, en: *European Family Law* (Scherpe, Jens M., ed.), 2014, Vol. III, pp. 82 ss. Sin embargo, la existencia de una definición uniforme de este tipo de uniones no va a eliminar las dificultades que su juego puede generar en relación con los ordenamientos de Estados miembros como España, tal y como han puesto de manifiesto, Moya Soto, Mercedes, El Reglamento (UE) 2016/1104 sobre régimen patrimonial de las parejas registradas: algunas cuestiones controvertidas de su puesta en funcionamiento en el sistema español de Derecho Internacional privado, en: *Revista Electrónica de Estudios Internacionales*, 2018, pp. 1 ss., especialmente pp. 8-22 (disponible en: www.reei.org); Quiñones Escámez, Ana, Nuevos tipos de uniones y nueva regulación de sus efectos, en: M. Guzmán Zapater / C. Esplugues Mota (dirs.), *Persona y familia en el nuevo modelo español de Derecho Internacional privado*, Valencia, Tirant lo Blanch, 2017, pp. 169 ss.

20 En este sentido, los citados preceptos se refieren a las siguientes cuestiones (no debiendo entender este listado como un *numerus clausus*): la clasificación de los bienes de uno o ambos cónyuges en diferentes categorías durante la vigencia y después del matrimonio; la transferencia de bienes de una categoría a otra; la responsabilidad de uno de los cónyuges por las obligaciones y deudas del otro cónyuge; las facultades (poderes, para las uniones registradas), derechos y obligaciones de cualquiera de los cónyuges o de ambos con respecto al patrimonio; la disolución del régimen económico matrimonial y el reparto, la distribución o la liquidación del patrimonio; los efectos patrimoniales del régimen económico matrimonial sobre la relación jurídica entre uno de los cónyuges y un tercero, y validez material de las capitulaciones matrimoniales (en todos los casos, sustituyendo los términos matrimonio y cónyuges, por unión registrada y miembros de la misma).

en virtud de lo establecido en su artículo 15[21]. Por lo que el órgano jurisdiccional del Estado parte implicado en el litigio deberá comprobar de oficio su competencia judicial internacional, según los foros que los instrumentos europeos contemplan. De tal modo que, en atención al señalado precepto y siempre que nos encontremos dentro del ámbito de aplicación de los Reglamentos, no cabrá acudir a las soluciones previstas en los sistemas autónomos estatales (a las que desplaza), siempre que resulten competentes los tribunales de un Estado parte por razón de los foros que incorporan estos Reglamentos[22].

También desde una óptica territorial, y como se ha señalado con anterioridad, hay que destacar que estos instrumentos se han visto aprobados por medio de cooperación reforzada, resultando únicamente obligatorios por tanto a los siguientes Estados miembros de forma exclusiva: Alemania, Austria, Bélgica, Bulgaria, Chipre, Croacia, Eslovenia, España, Finlandia, Francia, Grecia, Italia, Luxemburgo, Malta, Países Bajos, Portugal, República Checa y Suecia[23]. En este sentido, la unificación que proporciona se ve limitada a tales países, afectando ello también a su interacción y coordinación con el resto de instrumentos, y directamente al juego de sus normas de competencia judicial internacional (como se verá)[24]. También desde una óptica espacial, tales Reglamentos no afectarán a la vigencia de los convenios internacionales

---

21 Fontanellas Morell, Una primera lectura…, ob. cit., pp. 263-264.

22 Vinculado a ello, hay que recordar que, desde la perspectiva de la determinación de la ley aplicable, su artículo 20 establece su carácter universal o *erga omnes*, excluyendo igualmente el juego de las normas estatales, aunque cuando el supuesto guardara relación con Estados terceros. A su vez, únicamente permanecerán vigentes las reglas en el sector del reconocimiento frente a las resoluciones o documentos provenientes de terceros países, al operar los Reglamentos exclusivamente entre Estados miembros.

23 De esta forma, toda referencia realizada a un Estado miembro se entenderá, por lo que respecta a estos Reglamentos, únicamente a aquellos que participen en el procedimiento de cooperación reforzada que ha conducido a su aprobación.

24 En el mismo sentido, Adam Muñoz, María Dolores, La competencia judicial internacional en el Reglamento (UE) 2016/1103 del Consejo de 24 de junio de 2016 por el que se establece una cooperación reforzada en el ámbito de la competencia, la ley aplicable, el reconocimiento y la ejecución de resoluciones en materia de regímenes económicos matrimoniales, en: M. Guzmán Zapater / C. Esplugues Mota (dirs.), *Persona y familia en el nuevo modelo español de Derecho Internacional privado*, Valencia, Tirant lo Blanch, 2017, pp. 77 ss., especialmente p. 79.

vigentes en los que también intervengan Estados miembros[25], salvo aquellos firmados únicamente entre Estados miembros –prevaleciendo sobre los mismos–[26]. Por último y como ya se ha indicado, desde una perspectiva temporal, el Reglamento serán plenamente aplicable a partir del 29 de enero de 2019[27].

II. NORMAS DE COMPETENCIA JUDICIAL INTERNACIONAL

7. Para la determinación de los supuestos relativos a un litigio vinculado a los efectos económicos del matrimonio o de las uniones registradas, en los que los tribunales de los Estados miembros que participan en la cooperación reforzada pueden resultar internacionalmente competentes, se deberá tener en cuenta lo dispuesto en el Capítulo II los Reglamentos (UE) 2016/1103 y 2016/1104 –artículos 4 a 19–. En este sentido, tal y como se ha expuesto, los Reglamento analizados persiguen en este ámbito facilitar el acceso y la buena administración de justicia, así como garantizar la previsibilidad y certeza legal al respecto de la jurisdicción internacionalmente competente para los cónyuges (o miembros de una unión registrada). Por lo que, para cumplir con tales objetivos, establece una serie de foros de competencia judicial internacional uniformes por medio de los que, a su vez, se garantiza la proximidad entre los litigios y tribunales competentes[28].

---

[25] Tal y como sucede con el Convenio de La Haya de 1978, sobre Ley Aplicable a los Regímenes Matrimoniales. El cual obliga (en el ámbito que se produce la cooperación reforzada) a Estados miembros como Francia, Luxemburgo y a los Países Bajos. Vid. Dutta, Anatol, Das neue internationale Güterrecht der Europäischn Union –ein Abriss der europäischen Güterrectsverordungen, en: *IPrax*, 2016, No. 23, pp. 1973 ss., especialmente p. 1985.

[26] Tal como se dispone en el artículo 62.

[27] Como reza su artículo 70.

[28] Un recurso a la jurisdicción estatal para resolver los eventuales litigios que no elimina, empero, la posibilidad que tienen las partes de resolver amistosa y extrajudicialmente la controversia. Así, el Considerando 39 y 38, para cada caso. No obstante, crítico con la aproximación llevada a cabo por los Reglamentos en este ámbito, Pérez Martín, Lucas Andrés, Nuevos reglamentos europeos sobre regímenes económicos matrimoniales y uniones registradas, una oportunidad perdida para la medicación, en: M. Guzmán Zapater / C. Esplugues Mota (dirs.), *Persona y familia en el nuevo modelo español de Derecho Internacional privado*, Valencia, Tirant lo Blanch, 2017, pp. 285 ss.

Pues bien, estos objetivos inciden directamente en la configuración de los foros diseñados por el legislador europeo y, de modo particular, la toma en consideración del resto de Reglamentos con los que se relacionan. En este sentido, si pasamos a exponer las normas de competencia judicial internacional que incorporan los Reglamentos 2016/1103 2016/1104, se advierte que hay que diferenciar *ab initio* entre aquellos supuestos en los que exista una conexión con otros procedimientos en relación con ámbitos ya ordenados por otros Reglamentos (a los que supeditaría, para que su puedan sustanciar todos los litigios ante los órganos jurisdiccionales de un mismo Estado miembro), de aquellos casos en los que no se produjera tal conexión. Y ello, al margen de los foros que, aplicables en todo caso, establecen para atender a determinadas situaciones problemáticas singulares y con un carácter mayoritariamente excepcional. Una distinción que, sin lugar a dudas, resulta novedosa para este ámbito del Derecho de la Unión Europea, al someter los foros que establece al de otros Reglamentos elaborados previamente[29].

A. Foros en supuestos de conexión con otras materias

8. Para empezar, el legislador europeo, es plenamente consciente de que los litigios en materia de efectos patrimoniales del matrimonio (o de las uniones registradas) surgen, en la práctica y en un gran número de ocasiones, vinculadas a otras disputas –principalmente en materia de disolución o nulidad de la relación, al igual que en materia sucesoria–. En esta línea, los Reglamentos inician su Capítulo II incorporando dos preceptos –artículos 4 y 5– en los que se supeditan las soluciones jurisdiccionales a las existentes para tales casos, en los instrumentos europeos previstos para tales supuestos. Y ello, en una suerte de coordinación y racionalización de los foros disponibles, con el objetivo de agrupar y concentrar la competencia judicial internacional ante los tribunales de un único Estado miembro y, de esta manera, servir a los objetivos que se han señalado con anterioridad[30].

[29] Marino, Silvia, Strengthening the European Civil judicial Cooperation: the Patrimonial effects of Family Relationships, en: *Cuadernos de Derecho Transnacional*, 2017, Vol. 9, No. 1, pp. 265 ss., especialmente p. 270 (disponible en: www.uc3m.es/cdt).

[30] Considerando 32. Barrière Brousse, Le patrimoine des couples…, ob. cit., p. 507; Lagarde, Paul, Règlements 2016/1103 et 1104 du 24 juin 2016 sur les regimes matrimoniaux et sur le

En consecuencia, y por lo que hace a los casos en los que se presente tal conexión, la competencia de los órganos jurisdiccionales de un Estado miembro –en relación con los litigios en materia de régimen económico matrimonial (o de efectos patrimoniales de una unión registrada)– se vincula, o bien a la relativa en materia de sucesiones (esto es, el Reglamento 650/2012); o bien a la relativa a litigios pendientes en materia de divorcio, separación judicial o anulación del matrimonio (Reglamento 2201/2003). Una vinculación que, sin embargo, no se realiza de la misma manera y, de este modo, es susceptible de generar problemas de descoordinación entre los mencionados instrumentos europeos[31].

9. En el primer caso, el artículo 4 establece que cuando el tribunal de un Estado miembro conozca de la sucesión de uno de los cónyuges (o miembro de una unión registrada) en virtud de lo previsto en el Reglamento europeo de sucesiones, tales órganos jurisdiccionales resultarán competentes igualmente para resolver el litigio conectado con esa sucesión en materia de efectos patrimoniales del matrimonio (o unión registrada)[32]. Se produce, de este modo, una remisión directa al Reglamento correspondiente y, por lo tanto, una positiva concentración automática de tales foros (quedando supeditados a los establecidos en

---

regime patrimonial des partenaires enregistres, en: *Rivista di diritto internazionale privato e processuale,* 2016, No. 3, pp. 676 ss., especialmente p. 678; Fernández Rozas, José Carlos, Un hito más en la comunitarización del Derecho internacional privado: regímenes económicos matrimoniales y efectos patrimoniales de las uniones registradas, en: *La Ley Unión Europea*, 30 de septiembre de 2016, No. 40, pp. 1 ss., especialmente p. 11; Fontanellas Morell, Una primera lectura..., ob. cit., p. 265.

[31] En otro orden de ideas, tampoco se explica el motivo por el que dicha vinculación y coordinación no se realiza a otro Reglamento igualmente vinculado, como es el Reglamento 4/2009, o para una materia regulada por el Reglamento 2201/2003, como es la responsabilidad parental. Vargas Gómez-Urrutia, Marina, El puzle se complica. Efectos patrimoniales de las uniones registradas y el reglamento (UE) 2016/1104. Problemas de calificación y coordinación entre los instrumentos europeos conexos, en: M. Guzmán Zapater / C. Esplugues Mota (dirs.), *Persona y familia en el nuevo modelo español de Derecho Internacional privado*, Valencia, Tirant lo Blanch, 2017, pp. 313 ss., especialmente p. 326.

[32] Las estrechas relaciones existentes entre las materias sucesoria y la relativa al régimen económico matrimonial, desde la perspectiva de la aplicación del Reglamento 650/2010, se han puesto de manifiesto recientemente en la Sentencia del Tribunal de Justicia de la Unión Europea (Sala Segunda), de 1 de marzo de 2018, en el asunto C558/16, *Mahnkopf* (ECLI:EU:C:2018:138), en: http://curia.europa.eu/juris/liste.jsf?language=es&td=ALL&num=C-558/16.

materia sucesoria), sirviendo así a los intereses que subyacen en los Reglamentos analizados[33].

A este respecto, cabe destacar que el Reglamento 650/2012 establece una serie de foros –con los que se busca tanto la unidad entre el tribunal y la ley aplicable, como la proximidad entre el litigio y los tribunales competentes–[34], que en supuestos de conexión resultarán aplicable a los litigios relativos a los efectos patrimoniales de la pareja[35]. En este sentido y con carácter general, serán competentes los tribunales del Estado donde el causante tuviera su residencia habitual en el momento del fallecimiento, afectando la misma a la totalidad de la misma –de conformidad con los principios de unidad y universalidad de la sucesión, que se consagran en su artículo 4–.

No obstante, esta regla general contará con una serie de excepciones –con el objetivo de alinear el tribunal competente y ley aplicable–, en aquellos supuestos en los que las normas de conflicto de leyes hubieran contemplado variaciones sobre el principio de la aplicación de la ley de la residencia habitual, principalmente por motivo de la elección de ley por parte del causante. Y ello, ya fuera en supuestos de sumisión expresa al tribunal que coincida con la ley nacional que hubiera elegido el causante –artículos 5 y 7, b)–, o en situaciones de sumisión tácita o por comparecencia –artículo 9–, al igual que en virtud de una suerte de

---

[33] Quinzá redondo, Pablo, La unificación –fragmentada– del Derecho internacional privado de la Unión Europea en materia de régimen económico matrimonial, en: *Revista General de Derecho Europeo*, 2017, No. 41, pp. 180 ss., especialmente p. 192; Fontanellas Morell, Una primera lectura…, ob. cit., p. 266. Sin embargo, destaca los problemas que podría eventualmente generar esta supeditación para el cónyuge supérstite, Marino, Strengthening the European…, ob. cit., p. 271.

[34] Un estudio más amplio de los foros que establece este instrumento europeo en, J.L. Iglesias Buhígues / G. Palao Moreno (dirs.), *Sucesiones Internacionales. Comentarios al Reglamento (UE) 650/2012*, Valencia, Tirant lo Blanch, 2015, pp. 63-134.

[35] Para un análisis de interpretación que habrá de realizarse al respecto de tales preceptos, Adam Muñoz, La competencia judicial internacional…, ob. cit., pp. 82-83; Bonomi, Andrea, The interaction among the future EU instruments on matrimonial property, registered partnerships and successions, en: *Yearbook of Private International Law*, 2012, Vol. 13, pp. 217 ss., especialmente pp. 221-227; Peiteado Mariscal, Pilar, Competencia internacional por conexión en materia de régimen económico matrimonial y de efectos patrimoniales de uniones registradas. Relación entre los Reglamentos UE 2201/2003, 650/2012, 1103/2016 y 1104/2016, en: *Cuadernos de Derecho Transnacional*, 2017, Vol. 9, No. 1, pp. 300 ss., especialmente pp. 312-318 (disponible en: www.uc3m.es/cdt).

forun non conveniens –artículos 6 y 7, a)–, o por la resolución extrajudicial del conflicto (art. 8). Asimismo, se establece la posibilidad de acudir a un tribunal de un Estado miembro, a pesar de que el causante tuviera su residencia habitual en un tercer Estado, si –competencia subsidiaria– el causante tuviera su nacionalidad o hubiera residido allí con anterioridad a los cinco años previos, o para pronunciarse sobre los bienes de la herencia allí donde se encuentren –artículo 10–, previéndose igualmente la posibilidad de acudir a la figura del *forum necessitatis* –artículo 11–.

10. Sin embargo, vinculado igualmente a la solución prevista en el artículo 4 en relación con los supuestos de conexión a un litigio sucesorio, hay que tener presente que, en virtud de lo establecido en el artículo 13, cuando existe una conexión entre el litigio en materia de efectos patrimoniales del matrimonio (o unión registrada), con un procedimiento sucesorio, se podrá optar por limitar el procedimiento (a instancia de una de las partes) y no resolver sobre unos determinados bienes, cuando se dude de la posibilidad de que la decisión que afectara a los mismos no se reconociera o ejecutara en un país tercero (apartado 1)[36]. Una posibilidad que no afectará, sin embargo, a la posibilidad de limitación del alcance del procedimiento que contemple la *lex fori* (apartado 2).

11. En el segundo caso –estos es, los supuestos de conexión con un proceso de disolución o nulidad de la relación–, en el artículo 5 se prevé igualmente una remisión directa a los foros que se establecen en el Reglamento 2201/2003 (apartado 1)[37], aunque siempre que no existiera un acuerdo de sumisión entre los cónyuges para la extensión de la competencia que se establece en dicho Reglamento (apartados 2 y 3)[38]. Por lo que, en este caso, habrá que comprobar previamente

[36] Dutta, Das neue internationale…, ob cit., p. 1981.

[37] A favor de esta concentración y unidad de foros, por la previsibilidad que supone para las partes y la proximidad con el litigio, Arenas García, Rafael, Principios inspiradores del sistema actual de competencia judicial internacional en materia de persona y familia, en: *Persona y familia …*, ob. cit., pp. 21-50, especialmente 34; Quinzá Redondo, La unificación –fragmentada–…, ob. cit., p. 193. Para un análisis de los foros de competencia de este instrumento europeo: Palao Moreno, Guillermo, Las normas de competencia judicial internacional del nuevo reglamento comunitario en materia de matrimonial y de responsabilidad parental sobre hijos comunes, en: F. Parra Aranguren (ed.), *Libro Homenaje a Gonzalo Parra-Aranguren*, Caracas, Tribunal Supremo de Justicia, 2002, pp. 309 ss.

si las partes hubieran alcanzado un acuerdo de sumisión expreso (una posibilidad de sumisión que no se encuentra, empero, contemplada en el Reglamento 2201/2003[39]), para en ausencia de tal pacto se pudiera acudir directamente a los foros que prevé el mencionado Reglamento en materia de disolución y nulidad –esto es, sus artículos 3 a 7–[40].

Nos encontramos, por lo tanto, ante una incorporación de la autonomía de la voluntad en materia jurisdiccional que, a pesar de plantearse como una excepción a la concentración de la competencia[41], entendemos que resulta del todo apropiada en materia de efectos patrimoniales del matrimonio (o unión registrada); aunque resulte favorecedora de una descoordinación de las respuestas jurisdiccionales –esto es, las presentes en los Reglamentos sobre disolución nulidad y las propias de los instrumentos europeos sobre efectos patrimoniales de la pareja–. Y ello, no sólo porque permite escapar de los foros del Reglamento Bruselas II bis que pudieran generan desequilibrios entre las partes (donde, como se ha dicho tal posibilidad de *prorrogatio fori* se encuentra vetada), sino porque además esta opción favorece la previsibilidad y la certeza legal para las partes[42].

Así las cosas, este pacto de sumisión prevalecerá en todo caso, aunque igualmente es cierto que esta posibilidad de acuerdo se contempla de forma limitada o condicionada. En este sentido, por un lado, cuando se acuerde tal extensión habrá llevarse a cabo dicha elección únicamente a favor de los foros empleados en los artículos 3.1, a) –quinto y sexto guión–, 5 o 7 del mencionado Reglamento Bruselas II bis[43].

---

38 Quinzá Redondo, La unificación –fragmentada–..., ob. cit., pp. 193-196; Marino, Strengthening the European..., ob. cit., p. 272.

39 Vid. Palao Moreno, Guillermo, Crisis matrimoniales internacionales y autonomía de la voluntad, en: *Cursos de Derecho Internacional y Relaciones Internacionales de Vitoria-Gasteiz 2013*, Cizur Menor, Aranzadi Thomson Reuters, 2014, pp. 451 ss., (disponible en: http://www.ehu.eus/cursosderechointernacionalvitoria/infor/informacion.htm). pp. 465-476. Crítica con la situación, Barrière Brousse, Le patrimoine des couples..., ob. cit., p. 506.

40 A favor de la previsibilidad que esta posibilidad genera, Quinzá Redondo, La unificación –fragmentada–..., ob. cit., p. 193.

41 Considerando 34.

42 Lagarde, Règlements 2016/1103 et 1104..., ob. cit., p. 679; Quinzá Redondo, La unificación –fragmentada–..., ob. cit., p. 195; Vinaixa Miquel, La autonomía de la voluntad..., ob. cit., p. 296.

43 Esto es, la residencia habitual del demandante si ha residido allí durante al menos un año inmediatamente antes de la presentación de la demanda; la residencia habitual del

Una remisión que, a pesar de los que pudiera parecer a primera vista, es susceptible de generar problemas de descoordinación entre ambos instrumentos, pero con la que se persigue garantizar una conexión real entre el tribunal competente y el litigio[44]. Junto a ello, de otro lado, se contempla en el apartado 3 que, a la hora celebrar el pacto de sumisión –que podría ser tanto expreso, como tácito– se habrán de tomar en consideración las condiciones fórmales que establece el artículo 7.2 (que será objeto de análisis en el próximo apartado)[45].

Sin embargo, y junto a lo expuesto, hay que dejar constancia igualmente de que, en el caso de los litigios relativos a los efectos patrimoniales de las uniones registradas, tal referencia al Reglamento Bruselas II bis no es dable (por abordar distintas situaciones desde una perspectiva legal), por lo que en tales casos se parte de autorizar el acuerdo de sumisión de las partes a favor del órgano jurisdiccional del Estado miembro donde se plantee su disolución o anulación, con el que mantenga una conexión la pareja registrada[46]. Una sumisión que, caso de celebrar con anterioridad de que se plantee tal régimen patrimonial, se formalizará de conformidad al artículo 7 (que se verá en el próximo apartado).

B. Foros para casos de ausencia de conexión

12. Para el resto de los supuestos no cubiertos los artículos 4 y 5 –es decir, cuando no se diera tal conexión–, los artículos 6 a 12 de los Reglamentos 2016/1103 y 2016/1104, establecen una serie de fueros de competencia judicial con los que se persigue cumplir para tales casos, con los objetivos de garantizar tanto la previsibilidad y la seguridad jurídica, como la proximidad del litigio con los tribunales de un

---

demandante en caso de que haya residido allí al menos los seis meses inmediatamente anteriores a la presentación de la demanda y de que sea nacional del Estado miembro en cuestión; la posibilidad de conversión de la separación judicial en divorcio; o la competencia residual que pudiera derivar en el juego de las normas de origen estatal.

[44] Peiteado Mariscal, Competencia internacional por conexión…, ob. cit., pp. 320-321.

[45] Vid. Quinzá Redondo, La unificación –fragmentada–…, ob. cit., p. 196.

[46] Barrière Brousse, Le patrimoine des couples…, ob. cit., p. 507; Peiteado Mariscal, Competencia internacional por conexión…, ob. cit., pp. 322-323.

determinado Estado parte[47]. A este respecto, hay que tener en cuenta que, aun cuando en la mayor parte de los casos va a existir esta conexión, igualmente es cierto en el que la controversia relativa a los efectos patrimoniales de la pareja se ve a manifestar a título principal y sin conexión a su disolución o nulidad, o a un procedimiento sucesorio[48]. En este sentido, y de forma resumida, frente a tales litigios las partes podrán: –artículo 7– someterse de forma expresa a determinados tribunales; –artículo 8– recurrir a la sumisión tácita (o por comparecencia del demandado, siempre que no pretendiera impugnar la competencia) en los mismos supuestos de aplicabilidad de ley; resultando competente, de otro lado y en defecto de tal sumisión, el tribunal del Estado miembro previsto en el artículo 6.

13. No obstante, en lugar de exponer el juego de estos foros tal y como se daría en la práctica, seguidamente se utilizará el orden en el que están expuestos en los Reglamentos estudiados. En esta línea, hay que comenzar por referirse al artículo 6. Un precepto inspirado en el artículo 3.1 a) y b) del Reglamento Bruselas II bis –aunque con una estructura jerarquizada y no alternativa, como sucede en el precedente[49]–, en virtud del cual, en ausencia de conexión y cuando no se hubiera producido una sumisión a unos determinados tribunales de un Estado miembro, se habrá de presentar la correspondiente demanda ante los siguientes tribunales de uno de los Estados miembros, de forma jerarquizada:

Para empezar, se podrá presentar la reclamación ante los tribunales del Estado miembro donde se encuentre la residencia habitual de los cónyuges (o miembros de la unión registrada) en el momento de presentación de la demanda. En segundo lugar, en defecto del anterior criterio de atribución, se interpondrá la demanda ante el órgano jurisdiccional del Estado miembro donde se sitúe su última residencia y

47 También, Fernández Rozas, Un hito más…, ob. cit., p. 11.

48 En este sentido, Quinzá Redondo se refiere a supuestos como los de: la clasificación de un bien como privativo o no, la transferencia de un bien de una a otra categoría, la eventual responsabilidad de una de las partes al respecto de las deudas contraídas por la otra, e incluso los poderes, derechos y obligaciones que pudieran derivarse para cada uno en relación con el patrimonio. Quinzá Redondo, *Régimen económico matrimonial* ..., ob. cit., p. 337.

49 Quinzá redondo, La unificación –fragmentada–…, ob. cit., p. 198.

todavía uno de ellos lo haga –igualmente en el momento antes señalado. En tercer lugar y en ausencia de los foros previos, resultarán competentes los tribunales del Estado miembro donde resida habitualmente el demandado –también fijado temporalmente en el momento de presentación de la demanda. Por último, y a falta de los anteriores, resultarán competentes los órganos jurisdiccionales del Estado miembro de la nacionalidad común de los cónyuges (o miembros de la unión registrada, en su caso), con la misma fijación temporal. Eso sí, se sumaría a estos foros (también en defecto de los previos), y solamente para el caso de las uniones registradas (letra e), el de los tribunales del Estado miembro al amparo de cuya ley se hubiera creado la misma.

Nos encontramos, por consiguiente, ante un precepto que establece una serie foros de competencia judicial internacional jerarquizados –o, en cascada–, que pivotan principalmente en torno al criterio de la residencia habitual –ya sea de las dos partes o de uno de ellos–, otorgando un valor secundario a la nacionalidad (una primacía de la residencia habitual, frente a la nacionalidad que resulta ya habitual en los instrumentos europeos elaborados en materia de Cooperación judicial en materia civil)[50]. Unos criterios –claramente inspirados en el artículo 3.1 del Reglamento 2201/2003, aunque en ese caso tuvieran un carácter alternativo y no jerarquizado, dificultando su concurrencia o unidad[51]– con los que se persigue, en todos los casos, situar el litigio ante un tribunal estatal vinculado con el litigio, favoreciendo la certeza y la previsibilidad[52]. Y ello, en el caso de la residencia habitual, porque ésta fuera común a los cónyuges (o miembros de la unión registrada), incluso cuando el demandante todavía residiera allí, o fuera la del demandado (siguiendo el tradicional *actor sequitur forum rei*). Mientras que,

[50] Así, Marino, Strengthening the European…, ob. cit., p. 270. No hay que olvidar, sin embargo, los problemas que ha suscitado la determinación de la residencia habitual en relación al Reglamento 2201/2003 y que igualmente es susceptible de afectar a los instrumentos europeos examinados, como subraya Dutta, Das neue internationale…, ob. cit., p. 1977. Sobre su empleo por parte de los tribunales de los Estados miembros, puede consultarse la base de datos jurisprudencial elaborada en el marco del proyecto europeo EU "EUFAM´S" JUST/2014/JCOO/AG/ CIVI/7729: http://www.eufams.unimi.it/2017/09/26/eufams-database-26-09-17/

[51] Arenas García, Principios inspiradores…, ob. cit., p. 37; Barrière Brousse, Le patrimoine des couples…, ob. cit., p. 508.

[52] Marino, Strengthening the European…, ob. cit., p. 274.

en el caso de la nacionalidad, con el objeto de garantizar a las parejas nacionales de un Estado miembro pero que residan en terceros Estados, a poder someter su controversia ante los tribunales de su país de nacionalidad. Asimismo, la finalidad de servir a la certeza legal se vería reforzada con la concreción del momento de la conexión, en aquel de la presentación de la demanda.

En otro orden de ideas, destaca la incorporación un nuevo foro de cierre para el caso de las uniones registradas, por medio del que se atribuye la competencia a los tribunales del Estado miembro donde se creó la unión registrada. Una respuesta que, aun cuando a primera vista permitiera acudir a un foro fortuito o escasamente conectado en determinados supuestos, sin embargo, está llamado a garantizar la posibilidad de que tal reclamación pueda resultar efectiva[53]. Pensemos, en este sentido, en la posibilidad de inhibición que contempla el artículo 9 (que se examinará más adelante), en los casos en los que el sistema de Derecho internacional privado de los jueces competentes (según lo contemplado en los foros precedentes), no reconocieran tal unión registrada. De este modo, con esta inclusión se limitarán las posibilidades de acudir a foros como el de la competencia subsidiaria y el *fórum necessitatis* (arts. 19 y 11, respectivamente) que serán objeto de análisis en el próximo apartado[54].

14. El artículo 7 incorpora un foro de sumisión expresa, permitiendo a los cónyuges (o miembros de una unión registrada, en su caso) la posibilidad de acordar la competencia judicial de los tribunales de un determinado Estado miembro, con el objetivo de que los mismos puedan conocer (con carácter exclusivo), de los litigios que se susciten entre los mismos en materia de régimen económico matrimonial (o los efectos patrimoniales de la unión registrada). De tal forma que, en virtud de este precepto se da entrada al juego de la autonomía de la voluntad para determinar los tribunales internacionalmente competentes (también para supuestos de ausencia de conexión), sirviendo a los objetivos que inspiran a los Reglamentos de favorecer la seguridad jurídica, el acceso a la justicia y su buena administración, así como la

[53] En la misma línea, Lagarde, Règlements 2016/1103 et 1104..., ob. cit., p. 680.

[54] Marino, Strengthening the European..., ob. cit., p. 275.

previsibilidad para las partes[55]. No obstante, resulta de interés destacar como la libertad de elección de los tribunales internacionalmente competentes cuenta con ciertas limitaciones en la práctica[56]. En esta línea, y de la literalidad de su apartado 1° se deriva que esta posibilidad de sumisión expresa se encuentra materialmente limitada (al actuar únicamente para determinados tipos de litigios), así como condicionada (al exigirse un cierto nivel de conexión con el litigio).

Por lo que respecta a la limitación material de este precepto, la elección de un determinado tribunal estatal competente, únicamente se reconoce para aquellos litigios relacionados con el ámbito material de los Reglamentos, pero en relación con los supuestos que surjan sin conexión alguna a otras materias[57]. En este sentido, y si se pone en relación con el artículo 6, este precepto jugará únicamente en relación con aquellos casos en los que no exista una conexión entre tales litigios y aquellos relativos a materias como la sucesoria o las relativas a la disolución o anulación del matrimonio (o de la pareja registrada). Por lo que no estará disponible, en línea de principio y *a sensu contrario*, para aquellos casos que se encuentran previstos en los artículos 4 y 5, en virtud de los cuales se obligan a acudir a los foros previsto para tales materias[58]. A pesar de las ventajas que este foro aporta, lo cierto es que esta condición únicamente podrá comprobarse cuando se suscite el litigio y, en consecuencia, no promueve plenamente el objetivo de la previsibilidad para las partes[59].

15. A su vez y en relación con las condiciones de vinculación que se exige al acuerdo de sumisión efectivo, estos se ven restringidos a la existencia de determinados elementos que garantice la conexión entre el pacto y el litigio en cuestión –aunque, eso sí, unas condiciones que se presentan de forma distinta a como se formulan al respecto del acuerdo al que se refiere el artículo 5 antes analizado–. En este sentido, el

---

55 Considerandos 36 en el Reglamento 2016/1103 y 37 en el Reglamento 2016/1104. En esta línea, Arenas García, Principios inspiradores…, ob. cit., p. 45.

56 Marino, Strengthening the European…, ob. cit., p. 273; Quinzá Redondo, La unificación –fragmentada–…, ob. cit., pp. 197-198.

57 También, Fontanellas Morell, Una primera lectura…, ob. cit., p. 267.

58 Barrière Brousse, Le patrimoine des couples…, ob. cit., p. 508.

59 Barrière Brousse, Le patrimoine des couples…, ob. cit., p. 508; Marino, Strengthening the European…, ob. cit., p. 272.

precepto contempla tres supuestos en los que se prevé tal posibilidad de elección.

De un lado, se permite a las partes acordar la posibilidad de acudir a los tribunales del Estado miembro cuya ley resulte aplicable a partir de lo previsto en los artículos 22 o 26.1 (letras a) o b), cuando se trate de un litigio en materia de régimen económico matrimonial)[60]. Esto es, si se trata de un matrimonio, si resultara aplicable la ley de la residencia habitual común tras la celebración del matrimonio o de su nacionalidad común en el momento de su celebración; mientras que, si se tratara de una unión registrada, si regulara el litigio la ley de conformidad a la cual se hubiera creado dicha unión. En definitiva, el artículo 7 admite la elección de tribunal competente, siempre y cuando coincida con la ley rectora al fondo del litigio, promoviendo así el *forum legis* en la materia[61]. Con ello, se persigue garantizar la conexión entre *prorrogatio fori* y los tribunales seleccionados por las partes, promoviendo los objetivos de los Reglamentos y la coincidencia entre el tribunal competente y la ley aplicable[62].

Junto a ello, se permitirá el acuerdo de sumisión a favor de los tribunales del Estado donde se hubiera celebrado el matrimonio (o, en el supuesto de una unión registrada donde ésta se hubiera creado). En este caso, por lo tanto, la conexión entre el acuerdo de sumisión expresa y los tribunales competentes no se vincularía con la conexión del litigio con la ley aplicable al mismo[63]. A este respecto, el *forum celebrationis* garantizaría igualmente la elección de un tribunal conectado con el litigio[64], permitiendo a las partes someter a dicho órgano jurisdiccional todas las situaciones litigiosas posibles cuando no se produjera esa conexión o correlación entre el *forum* y el *ius*[65]. Por lo que, como en el

---

[60] Al respecto, Quinzá Redondo, *Régimen económico matrimonial ...*, ob. cit., pp. 333-336.

[61] Lagarde, Règlements 2016/1103..., ob. cit., p. 680.

[62] Adam Muñoz, La competencia judicial internacional..., ob. cit., p. 84; Vinaixa Miquel, La autonomía de la voluntad..., ob. cit., p. 297; Barrière Brousse, Le patrimoine des couples..., ob. cit., p. 508. La coherencia entre ambos sectores ya fue promovida desde un inicio, en el propio *Libro Verde sobre conflicto de leyes en materia de régimen matrimonial, con especial referencia a las cuestiones de competencia jurisdiccional y reconocimiento mutuo*, Bruselas, 17 de julio de 2006, COM(2006) 400 final, p. 7.

[63] Marino, Strengthening the European..., ob. cit., p. 272.

[64] No obstante, Barrière Brousse, Le patrimoine des couples..., *ob. cit.,* p. 508.

[65] Considerando 37 del Reglamento 2016/1103.

caso anterior, también se atenderían los objetivos de seguridad jurídica, previsibilidad y buena administración de justicia. Sin embargo, esta opción es susceptible a críticas[66], ya que la vinculación que existiría entre los tribunales del lugar de celebración del matrimonio o de creación de la unión registrada el litigio (que incluso puede resultar fortuito), no siempre sería tan estrecha como la que podría existir con la *lex causae*.

Asimismo, el artículo 7.2, contempla las condiciones formales que ha de respetar el acuerdo de elección a favor de los órganos jurisdiccionales de un Estado miembro, con la finalidad de garantizar su validez, la protección de los intereses de los cónyuges (o miembros de la unión registrada), así como garantizar que se respete su consentimiento, la seguridad jurídica y el acceso a la justicia[67]. En esta línea, este precepto exige que el mismo se formalice por escrito, así como que esté firmado por las partes y fechado[68]. Además, como resulta habitual en este tipo de instrumentos europeos, el mencionado artículo establece que se entenderá equivalente a la forma escrita, toda comunicación efectuada por medios electrónicos que proporcione un registro duradero del acuerdo.

16. El artículo 8, por su parte, contempla la posibilidad de que nos encontremos ante un supuesto de sumisión tácita (o por comparecencia del demandado) a favor de los órganos jurisdiccionales de un Estado miembro. Una posibilidad que, tal y como se explicita en el propio precepto, contará con una naturaleza concurrente y no exclusiva, al jugar "Aparte de la competencia derivada de otras disposiciones" incluidas en los Reglamentos (UE) No. 2016/1103 y No. 2016/114. Eso sí, al igual que sucedía con el precepto anterior, esta posibilidad también se

---

66 En un sentido similar, Marino, Strengthening the European..., ob. cit., pp. 272-273.

67 A este respecto, los Considerandos 47 del Reglamento 2016/1103 y 46 del Reglamento 2016/1104.

68 Sobre esta cuestión, Barrière Brousse, Le patrimoine des couples..., ob. cit., p. 508. Sin embargo, el precepto no incluye ninguna referencia al momento de formalización del acuerdo, a diferencia del artículo 5.2 II de la propuesta de Reglamento de 2011, donde se hacía mención a que el mismo podría celebrarse "en todo momento, incluso durante el procedimiento". Así, Carrión García de Parada, El proyecto de Reglamento..., ob. cit., p. 105; Quinzá Redondo, *Régimen económico matrimonial...*, ob. cit., p. 333. El silencio que guarda el artículo en la actualidad permite pensar en que el acuerdo no se condiciona tampoco a ninguna exigencia de naturaleza temporal, aunque tampoco permite aclarar si se admitiría de alcanzar un acuerdo de esta naturaleza *ex ante* la aparición del litigio, como destaca Viarengo, Ilaria, The EU Proposal on matrimonial property regimes. Some general remarks, *Yearbook of Private International Law*, 2011, Vol. 13, pp. 199 ss., especialmente p. 208.

encuentra condicionada a la existencia de determinadas circunstancias, así como se ve limitada desde una perspectiva material[69].

Por una parte y por lo que respecta a su condicionamiento, únicamente podrán resultar internacionalmente competentes por esta vía los tribunales del Estado miembro cuya ley resulte aplicable –en virtud de lo previsto en los artículos 22 ó 26, en su apartado 1 letras a) y b) en los casos cubiertos por el Reglamento (UE) No. 2016/1103 de los Reglamentos–[70]. Por lo que se condiciona la validez de este acuerdo tácito a que exista una correlación entre *forum* y *ius* –en una suerte de *forum legis*–, con la que se pretende favorecer la seguridad jurídica, la previsibilidad y el acceso a la justicia, en relación a aquellos litigios que se encuentren conectados a unos determinados tribunales estatales. Por otra parte, y por lo que respecta a su limitación, hay que hacer mención a dos tipos de salvedades. En este sentido, no sólo no podrá acudirse a esta posibilidad en aquellos supuestos en los que la comparecencia del demandado tuviera por objeto impugnar la competencia, sino que tampoco podrá recurrir a este foro, cuando nos encontremos ante supuesto litigios por conexión –a litigios en materia sucesoria o aquellos de disolución o nulidad matrimonial o de la unión– cubiertos por lo previsto en el artículo 4 de los Reglamentos –así como el artículo 5.1 también, para los litigios cubiertos por el Reglamento (UE) No. 2016/1103–[71].

Junto a lo expuesto, en el artículo 8.2 se incorpora una nueva condición, orientada al objetivo de garantizar el consentimiento informado del demandado, sobre las implicaciones y las consecuencias que se derivarían de un sometimiento por comparecía, aunque sin exigir formalidad alguna, e incluso resultando eficaz una vez declara la existencia de la sumisión[72]. En esta línea, el tribunal del Estado miembro ante el que se presente la demanda deberá comprobar y asegurarse de que el demandado se encuentra plenamente informado de las consecuencias

[69] Vid. Quinzá Redondo, La unificación –fragmentada– …, ob. cit., pp. 197-198.

[70] Aunque se diferencia del anterior precepto en que, en éste, no se prevé la vinculación de la sumisión con el lugar donde se celebró el matrimonio o se creó la unión registrada. Así, Marino, Strengthening the European…, ob. cit., p. p. 273.

[71] Vid. Adam Muñoz, La competencia judicial internacional…, ob. cit., pp. 84-85; Barrière Brousse, Le patrimoine des couples…, ob. cit., pp. 508-509.

[72] Marino, Strengthening the European…, ob. cit., p. p. 273.

que se derivan de su comparecencia y de la posibilidad que le asiste a este sujeto de impugnar la competencia de los tribunales del Estado miembro en cuestión –y el resultado al que conduciría este acto procesal–. Por lo que, con esta previsión, se atendería a los objetivos de previsibilidad y de seguridad jurídica a favor del demandado, resultando planamente coherente con el principio de tutela judicial efectiva y favorecer el acceso a la justicia.

C. Otros foros disponibles en todo caso

17. Además de lo expuesto y al respecto de todos los casos analizados –ya sea cuando existiera conexión con otras materias o cuando los litigios en materia de efectos patrimoniales de la pareja se presentasen sin que se diera tal vinculación–, los Reglamentos analizados contemplan situaciones particulares –y excepcionales, en la mayoría de los casos– a la hora de determinar la competencia de forma complementaria a los foros expuesto. De este modo, para empezar, el artículo 9 establece la posibilidad de inhibición por parte del tribunal de un Estado miembro que sea internacionalmente competente, para los supuestos en los que (según su sistema de Derecho Internacional privado), no se reconozca el matrimonio (o la institución de la unión registrada) en cuestión. Claro está, a efectos de los litigios que cubren tales instrumentos europeos. No obstante, con el objetivo de salvaguardar los legítimos intereses de las partes, la posibilidad de inhibición se encuentra supeditada al cumplimiento de una serie de condiciones y de limitaciones para su juego efectivo, derivándose de su empleo una serie de consecuencias desde la perspectiva de la previsibilidad y acceso a la justicia, como se analizará a continuación.

Así, en el artículo 9, apartado 1° se condiciona este resultado a que el sistema de Derecho Internacional privado del órgano jurisdiccional competente no se reconozca el matrimonio (o la unión registrada) en relación al cual se suscita el litigio en materia de régimen económico (aunque sin realizar aclaración, al respecto de los aspectos patrimoniales de la unión registrada)[73]. Algo que enlaza directamente,

---

[73] Al plantearse como una suerte de "cuestión previa", como justifica Adam Muñoz, La competencia judicial internacional..., ob. cit., p. 86.

en la mayor parte a los supuestos, con el reconocimiento de las relaciones entre personas del mismo sexo (ya se trate de matrimoniales o formalizadas como una unión registrada). Una cuestión sobre la que existe una gran disparidad normativa, desde una perspectiva comparada europea en nuestros días, afectado directamente a su reconocimiento y movilidad internacional[74]. Así las cosas, este apartado actuaría como una cláusula de salvaguardia o de orden público disponible para el juez inicialmente competente (quien se inhibiría), siendo que su incorporación vendría a ser resultado directo del proceso de negociación política de los instrumentos analizados y, de esta manera, trataría de salvar las diferencias que existen entre los Estados a los que les obligan los Reglamentos (con el claro objetivo en mente, de intentar alcanzar el mayor número posible de adhesiones a estos instrumentos europeos)[75]. Junto e ello, la eventual inhibición se podrá plantear para los supuestos en los que dicho órgano jurisdiccional resultase internacionalmente competente, en virtud de los foros de competencia judicial contemplados en los artículos 4, 5, 6, 7 u 8 (en los cubiertos por el Reglamento (UE) No. 2016/114, artículos 4, 5 y 6, letras a) a d).

18. Sin embargo, el juez estatal contaría con una serie de limitaciones en su aplicación, como una suerte de primera contrapartida a la posibilidad de inhibición que se otorga a los órganos jurisdiccionales de los Estados miembros. Así, en línea de principio, hay que subrayar que esta eventualidad se ve caracterizada por su excepcionalidad. Junto a ello, esta medida se vería acompañada de otras complementarias, diseñadas para evitar que se presenten supuestos de denegación de justicia y así garantizar el acceso a la justicia a los cónyuges (o miembros de la unión registrada) –e incluso su derecho a una vida familiar–; al igual que, desde una perspectiva más general, promover los objetivos de previsibilidad, seguridad jurídica y de buena administración de justicia en los que se fundamenta estos instrumentos europeos[76]. Asimismo, y junto a lo establecido en los apartados 2 y 3 (que se analizarán seguidamente),

[74] En el mismo sentido, Barrière Brousse, Le patrimoine des couples..., ob. cit., pp. 485-514, p. 509; Lagarde, Règlements 2016/1103 et 1104..., ob. cit., p. 680.

[75] En el mismo sentido, Quinzá Redondo, La unificación –fragmentada-..., ob. cit., pp. 199-200.

[76] En el mismo sentido, Marino, Strengthening the European..., ob. cit., p. 276.

la posibilidad de inhibición por parte del tribunal estatal internacionalmente competente, habrá de llevarse a cabo sin dilación indebida. De esta manera, debido a su excepcionalidad y la posibilidad de que genere perjuicios a las partes (en términos de dilaciones en el proceso, la imprevisibilidad que genera, o por poder afectar a su derecho de acceso a la justicia), resulta razonable el que se imponga un comportamiento diligente, expeditivo y con la máxima celeridad posible, al órgano jurisdiccional que hubiera resultado competente y pretenda inhibirse[77].

Al respecto de las consecuencias que se derivarían de la inhibición, en el artículo 9.2 se diferencia entre dos situaciones diferentes, con el objeto de ofrecer a las partes acudir a un tribunal alternativo donde poder interponer su demanda con éxito[78]. De un lado, como establece su párrafo I, cuando el tribunal de un Estado miembro resultara competente –según lo previsto en los artículos 4 o 6–, se autorizará a los cónyuges (o a los miembros de la unión registrada, en su caso) a someter su litigio de forma expresa, a los tribunales del Estado miembro que seleccionen, en atención a lo previsto en el artículo 7. De otra para, y para el resto de situaciones no previstas en el párrafo anterior, el párrafo II prevé que puedan resultar internacionalmente competentes los tribunales del Estado miembro competente según lo establecido en los artículos 6 u 8[79] o, de forma alternativa –aunque únicamente para los supuestos de litigios en materia de régimen económico matrimonial–, aquellos órganos jurisdiccionales del Estado miembro donde se hubiera celebrado el matrimonio (en este caso, no previsto para las uniones registradas)[80].

Consecuentemente, el artículo 9.2 prevé las opciones jurisdiccionales de naturaleza alternativa, para que las partes no se encuentren ante una situación perjudicial para sus intereses –como sería, la denegación de acceso a la justicia– y, en consecuencia, para que puedan interponer

[77] Aun cuando no se haya fijado un plazo determinado para llevar a cabo la inhibición, como acertadamente critica Quinzá Redondo, La unificación –fragmentada–..., ob. cit., p. 201.

[78] Como se ha expresado por ciertos autores, ofreciendo una "competencia de sustitución". Así, Barrière Brousse, Le patrimoine des couples..., ob. cit., p. 509.

[79] La referencia que se realiza al artículo 8 ha sido criticada por Quinzá Redondo, La unificación –fragmentada–..., ob. cit., pp. 200-201.

[80] Sobre las consecuencias de esta dispar redacción, Barrière Brousse, Le patrimoine des couples..., ob. cit., p. 509.

nuevamente su demanda, ante los tribunales de un Estado miembro que cuente con vinculación al litigio[81]. Claro está, siempre que no se produzca un conflicto negativo de jurisdicciones y los nuevos tribunales estatales seleccionados no se inhiban también[82]. Algo que, para evitar una nueva denegación de justicia, obligaría en último extremo a acudir a lo establecido en los artículos 10 –"competencia subsidiaria"– o incluso el 11 –"*forum necessitais*"–[83]. Nos encontraríamos así ante resultado perjudicial para los intereses de las partes, que no se daría en el caso de acudir a los tribunales del Estado miembro donde se hubiera constituido la relación –donde con casi total seguridad se seguiría reconociendo tal relación, salvo cambio legislativo en contra–, pero sí al respecto de las otras alternativas existentes.

No obstante lo expuesto, el artículo 9.3 establece que la posibilidad inhibición no jugará en relación con aquellos supuestos en los que las partes hubieran obtenido una resolución de separación judicial, de divorcio o de nulidad del matrimonio (o la disolución o nulidad de la unión registrada), siempre y cuando ésta fuera susceptible de reconocimiento en el Estado miembro del foro[84]. En este sentido, la inhibición sólo será posible cuando el órgano jurisdiccional estatal deba entrar a conocer del fondo del litigio, pero no puede impedir que se reconozca una decisión de otro Estado miembro en la materia y que afecte a un matrimonio (o a una unión registrada) no reconocida según su sistema de normas de conflicto de leyes. Esto es, las consecuencias del no reconocimiento de esta relación según el sistema estatal de Derecho Internacional privado, podrían operar desde la perspectiva jurisdiccional, pero no serían efectivas para el sector del reconocimiento y ejecución[85].

---

81 Tal y como se subraya en los Considerandos 38 del Reglamento 2016/1103 y 36 del Reglamento 2016/1104. En el mismo sentido, Marino, Strengthening the European..., ob. cit., p. 276.

82 Una posibilidad que es contemplada en los Considerando 38 del Reglamento 2016/1103 y 36 del Reglamento 2016/1104.

83 Dutta, Das neue internationale..., ob. cit., p. 1980; Lagarde, Règlements 2016/1103 et 1104..., ob. cit., p. 680.

84 Al respecto, Marino, Strengthening the European..., ob. cit., p. 276. Se entiende que, con independencia del origen de esta resolución, como destaca Quinzá Redondo, La unificación –fragmentada–..., ob. cit., p. 201.

85 Hay que tener presente que, de conformidad a lo establecido en su artículo 36, estos Reglamentos se basan en un modelo de reconocimiento mutuo que impediría, a los órganos

19. Junto a lo expuesto y con el fin de garantizar los objetivos que inspiran a los Reglamentos, el artículo 10 contempla la posibilidad excepcional de acudir al foro de competencia judicial internacional del país de situación de un bien inmueble –ya pertenezca éste a uno o a ambos cónyuges (o, en su caso, miembros de la unión registrada)–, de manera subsidiaria[86], en atención a la tradicional *vis* atractiva que cuenta la ordenación de los derechos reales sobre bienes inmuebles[87]. La posibilidad de acudir al *fórum rei sitae* jugará de forma supletoria a todos los foros establecidos en los Reglamentos[88], contando así con una naturaleza subsidiaria (esto es, para aquellos supuestos en los que ningún órgano jurisdiccional de ningún Estado miembro resulte internacionalmente competente)[89], afectando por tanto a un tribunal de un Estado tercero.

Esto tendrá lugar, según se dispone en los artículos 4 a 8 (ó incluso el 10, para los litigios en materia de régimen económico matrimonial), siempre que se hubiera producido una inhibición en todos los tribunales ante los que se sometió la demanda en virtud de lo contemplado en el artículo 9, y se diera la coincidencia de que ningún órgano jurisdiccional –a partir de lo establecido en los artículos 9.2 o 10 (arts. 6, letra e), 7 y 8, para los supuestos cubiertos por el Reglamento (UE) No. 2016/1104)– resultara competente el *forum rei sitae*. Así, esta

---

jurisdiccionales de un Estado miembro, el no reconocer aquellas resoluciones judiciales dictadas en otro Estado miembro en tales casos, incluso cuando las mismas versen sobre los aspectos relativos al régimen económico (o los efectos patrimoniales), cuando se vieran fundamentadas en relaciones no reconocidas según el sistema de Derecho Internacional privado del Estado de destino de la resolución.

86 Vid. Quinzá Redondo, *Régimen económico matrimonial...,* ob. cit., pp. 325-326; Rodríguez Benot, La armonización…, ob. cit., p. 565.

87 Sobre esta cuestión, Adam Muñoz, La competencia judicial internacional…, ob. cit., pp. 86-87; Barrière Brousse, Le patrimoine des couples…, ob. cit., p. 510; Lagarde, Règlements 2016/1103 et 1104…, ob. cit., p. 680; Quinzá Redondo, La unificación –fragmentada–…, ob. cit., p. 199. Con ello se sigue el modelo que ya se encontraba previsto en el artículo 10.2 del Reglamento 650/2012. En concreto, en su artículo 10.2. Vid. el comentario al precepto de Iglesias Buhigues, José Luis, en: *Sucesiones internacionales...,* ob. cit., pp. 93-98.

88 La opción por el tribunal del país de situación del inmueble se presenta como una solución presente en numerosos Estados miembros, en relación con este tipo de litigios, tal y como se destaca en el *Etude sur les regimes matrimoniaux des couples maries...*, ob. cit., p. 112.

89 Claro está, entendiendo por "Estado parte", aquel que participe en la cooperación reforzada, como destaca Quinzá Redondo, La unificación –fragmentada–…, ob. cit., p. 199.

posibilidad no sólo se presentaría por la imposibilidad de acudir a los foros preestablecidos en los Reglamentos, sino que igualmente serviría al objetivo de buscar un tribunal directamente conectado con el litigio, garantizando a las partes la previsibilidad, el acceso a la justicia y la buena administración de la misma[90].

En otro orden de ideas, dado su carácter subsidiario y excepcional, la competencia del órgano jurisdiccional que finalmente conozca del litigio por razón de la situación del bien inmueble, quedará materialmente circunscrita a la demanda sobre el bien inmueble en cuestión, sin extender su competencia a otras cuestiones relativas al litigio en materia de régimen económico matrimonial (o, en su caso, sobre los efectos patrimoniales de la unión registrada). Por lo que, a pesar de las ventajas que presenta[91], también puedan criticarse las consecuencias nocivas que se derivan de la aplicación práctica de este foro subsidiario. Unas críticas que harían referencia, a modo de ejemplo, a la fragmentación de la competencia judicial que implica, la necesidad de coordinación entre los tribunales competentes en relación con este tipo de litigios que exige, al igual que los riesgos en el reconocimiento de las decisiones judiciales que pudieran dictarse[92].

20. También para todos los supuestos previstos, el legislador prevé en los artículos 11 y 12, la posibilidad de acudir al *forum necessitatis* y a la reconvención. Así, por un lado y para evitar situaciones de denegación de justicia, el artículo 11 de los Reglamentos permite acudir a los órganos jurisdiccionales de un Estado miembro –aunque de forma excepcional–, para los casos en los que no resulte competente ningún tribunal de un Estado miembros, o bien en función de lo contemplado en los artículos 4 a 8, o bien se todos ellos se hubieran inhibido a partir del artículo 9 y no existiera órgano jurisdiccional con competencia según lo dispuesto en su apartado 2 o el artículo 10. Pues bien, para tales

---

[90] También, Barrière Brousse, Le patrimoine des couples..., ob. cit., p. 510; Marino, Strengthening the European..., ob. cit., p. 275; Viarengo, The EU Proposal..., ob. cit., pp. 208-209.

[91] Tal y como serían su efectividad o las facilidades que ofrece para al reconocimiento y ejecución de la resolución que se dictara. Así, Adam Muñoz, La competencia judicial internacional..., ob. cit., p. 87.

[92] Dutta, Das neue internationale..., ob cit., p. 1980; Marino, Strengthening the European..., ob. cit., pp. 274-275.

casos y con un carácter excepcional, los tribunales de un determinado Estado miembro podrán estimarse internacionalmente competentes, al respecto de litigios conectados con un tercer Estados cuando ni pudiera iniciarse o desarrollarse de forma razonable, ni ello fuera posible; siempre y cuando el caso mantuviera una conexión suficiente con el estado miembro cuyos tribunales vaya a conocer[93].

En esta línea, la posibilidad de acudir al *forum necessitatis* constituye ya una constante en los últimos Reglamentos europeos[94], con el que se busca eliminar los supuestos de denegación de justicia, permitiendo el acceso a la justica para aquellos supuestos en los que existiera una conexión con los órganos jurisdiccionales de un Estado miembro[95]. Con lo que se permitiría, a modo de ejemplo y como hemos señalado con anterioridad, superar os problemas de falta de reconocimiento de determinadas relaciones (como las formalizadas entre personas del mismo sexo)[96]. Una vinculación que, por otra parte –según la propia literalidad de precepto–, no se precisa que sea estrecha, sino únicamente suficiente, dando entrada a un cierto nivel de flexibilidad, para cumplir con los objetivos que se han señalado. Aunque, debido a su carácter excepcional y generar un nuevo foro disponible, debería obligar al juez competente a examinar este nivel de proximidad con cuidado, garantizando la proximidad y razonabilidad con el litigio (evitando foros exorbitantes, como resultaría del empleo del criterio de atribución de la nacionalidad en exclusiva)[97].

---

93 La referencia a un "tercer Estado" hay que entenderla realizada igualmente a los Estados miembros de la Unión Europea, pero que no participan en la cooperación reforzada. En este sentido, Quinzá Redondo, La unificación –fragmentada–..., ob. cit., p. 199.

94 Así, el artículo 11 del Reglamento 650/2012. Vid. el comentario elaborado a este precepto, por Iglesias Buhigues, José Luis / Felipe Garín Alemany en: *Sucesiones internacionales...*, ob. cit., pp. 99-100.

95 Considerandos 41 y 40, de forma respectiva. En concreto, tales Considerandos hacen referencia a situaciones como serían la existencia de una guerra civil o cuando quepa razonablemente esperar que uno de los cónyuges (o miembro de la unión registrada) presentar una demanda en un país tercero.

96 En esta línea, Lagarde, Règlements 2016/1103 et 1104..., ob. cit., p. 680.

97 En este sentido, también, Viarengo, The EU Proposal..., ob. cit., p. 209; Barrière Brousse, Le patrimoine des couples..., ob. cit., p. 510; Marino, Strengthening the European..., ob. cit., p. 275. Sin embargo, Adam Muñoz, La competencia judicial internacional..., ob. cit., pp. 87.

Por otro lado, el artículo 12 de los Reglamentos estudiados igualmente permiten resolver en virtud de una reconvención, en virtud de lo dispuesto en los artículos 4 a 11, siempre que el asunto entre dentro del ámbito de aplicación de tales instrumentos. Una posibilidad que, como en el caso anterior, trata de cumplir con los objetivos de certeza, previsibilidad y buena administración de la justicia.

III. NORMAS DE APLICACIÓN DEL SISTEMA

21. Para finalizar, con el objeto de cumplir con los objetivos señalados desde un inicio –principalmente el de garantiza la seguridad jurídica y el buen funcionamiento de la justicia, así como evitar la existencia de resoluciones inconciliables[98]–, y como viene siendo habitual en los instrumentos que establecen normas de competencia judicial en el ámbito de la Cooperación judicial europea en materia civil (e incluso tradicional, tomando como modelo, de modo más significativo las soluciones previstas en el Reglamento Bruselas I bis)[99], los Reglamentos 2016/1103 y 2016/1104 incorporan una seria de normas de aplicación del sistema de competencia judicial internacional.

De este modo, este conjunto de preceptos se presenta con una redacción idéntica para ambos Reglamentos y se pronuncian al respecto de cuestiones gran importancia como son: el momento de sustanciación del asunto (art. 14), la verificación de la competencia (art. 15), la verificación de la admisibilidad (art. 16), la litispendencia (art. 17) y conexidad (art. 18) o la adopción de medidas provisionales y cautelares (art. 19). A este respecto hay que destacar como los mismos no ofrecen soluciones originales y, como se ha subrayado, únicamente siguen el modelo incorporado en el resto de instrumentos europeos. Por lo que tan sólo se expondrán brevemente las respuestas que éstos contienen.

22. Así, para empezar, el artículo 14 responde al objetivo de seguridad jurídica al establecer de forma uniforme el momento a partir del cual se puede entender que un tribunal conoce de un asunto, partiendo de

[98] Considerandos 42 y 41, respectivamente.

[99] En este mismo sentido, Fernández Rozas, Un hito más…, ob. cit., p. 11; Fontanellas Morell, Una primera lectura…, ob. cit., p. 268.

aquel en que se presente el escrito de demanda (o equivalente), siempre que se tomen las medidas para su notificación al demandado; así como estableciendo respuestas alternativas para los supuestos de notificación antes de presentación ante el tribunal, o cuando éste se encuentre incoado de oficio. Junto a ello, de conformidad con la finalidad de atender a la tutela judicial efectiva y defensa de los derechos de defensa, mientras el artículo 15 se refiere a la obligación del órgano jurisdiccional incoado de declararse de oficio incompetente, cuando no resulte competente según lo dispuesto en el Reglamento; el artículo 16 establece que este órgano habrá de suspender el procedimiento hasta que no compruebe que el demandado hubiera resultado notificado debidamente, en los casos de que el demandado no compareciente residiera en un Estado miembro distinto de donde se hubiera interpuesto la demanda[100].

Por su parte, los artículos 17 y 18 se enfrentan a las situaciones de litispendencia y de conexidad, en vistas a evitar que se produzcan decisiones judiciales inconciliables. Así, de un lado, el primero de estos preceptos impone al juez de un Estado miembro suspender de oficio el procedimiento mientras no se declare incompetente aquel de otro Estado miembro ante el que se interpuso la demanda en primer lugar, en situaciones de demandas idénticas; incorporando igualmente la obligación de informar al segundo, así como de inhibirse si finalmente asumiera la competencia el primero. De otro lado, el artículo 18 establece la posibilidad (que no obligación[101]) que se opere de igual modo a como está obligado el juez en supuestos de litispendencia, para los casos de demandas no idénticas, pero que se encuentre relacionadas de forma tan estrecha que resultara conveniente tramitarlas y juzgarla conjuntamente (esto es, conexas).

[100] La constatación de la correcta notificación se llevará a cabo de acuerdo con las disposiciones del Reglamento (CE) 1393/2007, del Parlamento Europeo y del Consejo, de 13 de diciembre de 2007, relativo a la notificación y al traslado en los Estados miembros de documentos judiciales y extrajudiciales en materia civil o mercantil (*Diario Oficial* L 324, de 10 de diciembre de 2007) o, caso de no resultar aplicable, lo establecido en el Convenio de La Haya de 1965, relativo a la notificación o traslado en el extranjero de documentos judiciales y extrajudiciales en materia civil o comercial.

[101] Sobre las consecuencias que de ello se pudieran derivar, en término de poder darse procedimientos paralelos conectados en este ámbito, Adam Muñoz, La competencia judicial internacional…, ob. cit., p. 88.

Por último, el artículo 19 prevé la posibilidad de que los tribunales de los Estados miembros –incluso aquellos distintos a los del Estado miembro que conociera del fondo del litigio– puedan adoptar las medidas provisionales y cautelares que se encuentren disponible en la *lex fori*, con el objeto de garantizar la buena administración de justicia y la tutela judicial efectiva.

IV. A MODO DE CONCLUSIÓN

23. El legislador europeo ha dado un importante paso en su objetivo de elaborar un marco jurídico uniforme regulador de las relaciones de familia y sucesiones con repercusión transfronteriza, con la publicación de los Reglamentos 2016/1103 y 2016/1104. Unos instrumentos que se encuentran consagrados a la ordenación de los efectos patrimoniales relativos al matrimonio y las uniones registradas con una naturaleza internacional, con los que pretende atender a la libertad de circulación de las personas en el interior del mercado interior, a la par que garantizar la certeza legal, previsibilidad y buena administración de la justicia en este singular ámbito. Una acción normativa que, al abordar un sector de tal transcendencia practica y casi huérfano de soluciones internacionales, ha de recibir una buena acogida y una primera valoración positiva. Y ello, para empezar, a pesar de que únicamente afecten a los Estados participantes en la cooperación reforzada, debido a las diferencias existentes en el seno de la Unión Europea en nuestros días.

En este sentido, aun cuando tales Reglamentos establezcan soluciones uniformes para todos los sectores tradicionales del Derecho Internacional privado –competencia judicial, ley aplicable y circulación transfronteriza de decisiones–, en este estudio nos henos centrado principalmente en el sector de la jurisdicción competente. Así, tras un detallado análisis de los preceptos que componen su Capítulo II (los artículos 4 a 19), se aprecia la voluntad del legislador europeo de dotar de un marco previsible para las partes y respetuoso con su derecho de acceso a la justicia, siguiendo el modelo que ofrecen otros Reglamentos precedentes elaborados en el marco de la política de Cooperación judicial en materia civil, con los que interactúa directamente. En este sentido, el resultado alcanzado para el sector de la jurisdicción destaca primeramente por su carácter completo, pero también por resultar extremadamente complejo, al igual que caracterizarse por ofrecer una respuesta que pone en riesgo un correcto engarce y coordinación con el resto de Reglamentos con lo que necesariamente ha de coexistir.

Y ello, en primer lugar, al diferenciar entre los litigios que mantuvieran una conexión previa con otros ámbitos –ya sea con los supuestos de disolución o de nulidad de la relación, o con los procedimientos sucesorios (ya ordenados por instrumentos europeos, con los que se han de coordinar, para concentrar los pleitos ante un único órgano jurisdiccional de un Estado miembro)–; de aquellos supuestos en los que no se produjera tal conexión. Así como, en segundo lugar, al establecer una serie de foros comunes a todo tipo de litigios, con los que se persigue igualmente favorecer acceso a la justicia y su buena administración, aunque a riesgo de atomizar la competencia judicial internacional. Una serie de foros de competencia que, por último y como ya viene siendo tradicional en este sector del derecho de la Unión Europea, se acompañan de una serie de normas de aplicación, con las que se busca garantizar la eficacia de las anteriores, la buena administración de justicia, así como la inexistencia de decisiones inconciliables.

24. En este sentido, y a pesar de sus innegables beneficios que ofrecen, la complejidad del marco normativo que ofrecen los novedosos Reglamentos que han sido analizados, pone de manifiesto las dificultades que presenta la materia y –de forma principal– del espinoso compromiso político que tuvieron de alcanzar los Estados miembros que participaron en el procedimiento de cooperación reforzada, Así como, estrechamente vinculado con ello, la ardua tarea que ha comportado para el legislador europeo la necesidad de ensamblar estos instrumentos europeos en un, cada vez más, laberíntico "sistema" europeo de Cooperación judicial en materia civil.

De ahí que, en lugar de continuar ordenando cada materia por separado y procurar articular de forma armoniosa las piezas del puzle *a posteriori* (como sucede con la problemática que se he analizado), resultaría conveniente que el legislador europeo se plantease coordinar este ámbito *ab initio* por medio de un instrumento europeo (con forma

de Reglamento) que sustituya a los anteriores (al menos, desde el ámbito del Derecho de familia y sucesiones). Y ello, entre otros motivos, para evitar la confusión que está llamada a generar la aplicación práctica de tales Reglamentos. En efecto, estimamos que resulta altamente ilusorio que tenga lugar esta acción normativa coordinadora, al menos en estos momentos. De ahí que, en resumidas cuentas, con este trabajo se haya pretendido arrojar algo de luz sobre los problemas que las normas de competencia judicial plantean a la hora de su entrada en aplicación, proponiendo elementos de interpretación y aplicación práctica, con el fin de paliar los defectos apuntados.

DERECHO INTERNACIONAL DEL TRABAJO

HÉCTOR ARMANDO JAIME MARTÍNEZ*

Resumen: Desde sus inicios, el Derecho del Trabajo manifestó su vocación internacional, no obstante, habría que esperar el breve período de paz, entre las dos grandes guerras, para que se concretaran, tanto las primeras normas en materia de trabajo, como un organismo internacional encargado de coordinar una acción supranacional en materia de trabajo. Otros factores han contribuido a la gestación de un Derecho Internacional del Trabajo: el incesante desarrollo de las empresas multinacionales, los sistemas de integración regionales y la internacionalización de la economía. La importancia que en la regulación del trabajo, han adquirido las normas internacionales, permiten afirmar la existencia de un Derecho Internacional del Trabajo.

Abstract: *The Labor Law showed early its international vocation, however, it would be necessary to wait for the brief period of peace, between the two great wars, so for the first norms in matter of work, as well as an international organization in charge to coordinate a supranational action in the matter of work. Other factors have contributed to the creation of an International Labor Law: the incessant development of multinational corporations, regional integration systems and the globalization of the economy. The importance that international standards have acquired in the regulation of work, allows us to affirm the existence of an International Labor Law.*

* Doctor en Ciencias Sociales Mención Derecho. Profesor de Derecho del Trabajo de la Universidad Católica del Táchira. Profesor de Postgrado de Teoría General del Derecho del Trabajo UCAT. Profesor invitado en postgrados de Derecho del Trabajo en varias Universidades del País. Asesor externo de la OIT. Individuo de Número de la Academia Iberoamericana de Derecho del Trabajo y de la Seguridad Social y del Instituto Venezolano de Derecho Social.

INTRODUCCIÓN

Para el autor, resulta especialmente grato, al tiempo que constituye un honor, participar en este Libro Homenaje al Dr. Eugenio Hernández-Bretón, académico de larga data, pues fue muy preciado haberlo tenido como jurado de la tesis doctoral y haber recibido de su parte, valiosas consideraciones sobre el contenido de la misma.

Tan antiguo como la humanidad, el trabajo solo se manifestó como elemento fáctico de regulación por el Derecho actual a partir de la revolución industrial. De allí, la innegable estrecha relación entre las normas reguladoras del trabajo y la economía. Si bien, esta relación se ha hecho más evidente en tiempos de globalización, no obstante se puso de manifiesto, con la aparición las primeras y rudimentarias normas reguladoras del mismo. Ejemplo de ello lo constituyen las ideas expresadas por Jacques Necker, Ministro de Finanzas de Luis XVI, quien a propósito del descanso dominical sostuvo que el país que aboliese el descanso dominical tendría ventajas comerciales sobre otros países siempre que estos no actuasen de la misma forma[1].

Durante la segunda mitad del siglo XIX hacen aparición las primeras disposiciones que tímidamente regulaban el trabajo, lo que implicaba una limitación a la autonomía de la voluntad, principio que regía todas las relaciones *inter privatos*; si bien, se centró la regulación en el ámbito interno de cada Estado, el pensamiento de Necker estuvo presente, especialmente, entre los empresarios quienes consideraban la posibilidad de una regulación del trabajo en el ámbito internacional, con el fin de evitar la competencia desleal entre países, puesto que, regulaciones más exigentes en materia de trabajo, implicaban mayores costos de producción, en tanto que los países que carecían de una regulación laboral, o poseían una menos protectora, tenían la ventaja que les proporcionaban costos de producción más bajos.

---

1 Valticos, Nicolas, Droit international du travail, en: G.H. Camerlymck, *Droit du travail*, Paris, Dalloz, 1983, T. 8, p. 3. El texto original es del tenor siguiente: *Le royaume qui, dans sa barbare ambition, abolirait le jour de repos établi par les lois de la religion, se procurerait probablement un degré de supériorité si seul il adoptait un pareil changement ; mais au moment pu tous les souverains suivraient cet exemple, les proportions anciennes qui fixent aujourd'hui les avantages respectifs des divers nations commerçantes, ne seraient point altérées.*

Los trabajadores no fueron ajenos a la necesidad de una regulación que trascendiera las fronteras nacionales e impulsaron la celebración de congresos y conferencias internacionales que, poco a poco, fueron creando conciencia acerca de la necesidad de una normativa supranacional en materia de trabajo. No obstante, los conflictos bélicos que se desarrollaron en el espacio europeo, desde la segunda mitad del siglo XIX hasta 1918, no permitieron que tales proyectos lograsen concretarse, pese al interés demostrado tanto por los empleadores como los trabajadores, aun cuando persiguiesen propósitos distintos.

El final de la Primera Guerra Mundial, trajo consigo el nacimiento de la Organización Internacional del Trabajo (OIT) (Parte XIII del Tratado de Versalles) organismo supranacional que vendrá a generar normas en materia de trabajo aplicables al concierto de Estados Miembros de dicha organización; en efecto, desde el mismo momento de su fundación, la OIT adopta los primeros convenios, sobre todo, en un tema fundamental como es el del tiempo de trabajo[2]. Es el momento cuando surge el Derecho Internacional del Trabajo.

La compleja situación política europea de los años subsiguientes y el estallido del segundo conflicto mundial, constituyeron un obstáculo para el desarrollo efectivo de las normas internacionales y la propia actividad de la OIT.

Por otra parte, en la década de los cincuenta en el Siglo XX, el mundo contempla con asombro el vertiginoso desarrollo de las empresas multinacionales. Charles Levinson al respecto afirma: Quizás el cambio más dinámico y más radical del capitalismo, sea el desarrollo prodigioso de las sociedades multinacionales[3].

La fecunda actividad de la OIT a lo largo de casi un siglo ha conformado un importante sistema de normas internacionales de trabajo, pero no es el único, ya que, luego de experiencia bélica, se comienza a trabajar sobre los sistemas de integración de países con carácter permanente, en oposición al sistema de circunstanciales alianzas, fundamentalmente militares, practicadas en el pasado y, si bien, inicialmente

---

[2] Los primeros seis convenios fueron adoptados en 1919, entre ellos el Convenio No. 1 sobre las horas de trabajo (Industria). Ratificado por Venezuela el 4 de enero de 1945.

[3] Charles Levinson citado en: Ermida Uriarte, Óscar, *Empresas multinacionales y Derecho laboral*, Montevideo, Amalio Fernández, 1981, p. 17.

tuvieron una vocación netamente económica, se ha ido haciendo patente la necesidad de una legislación social común.

Por otra parte, el fenómeno de la movilidad de los trabajadores ha originado movimientos migratorios entre países limítrofes o no, que requieren de una regulación en común por parte del país de origen y el receptor de la mano de obra.

Bronstein identifica varias estrategias destinadas a conformar un Derecho Internacional del Trabajo: la primera es la vía tradicional seguida por la OIT en el sentido de elaborar normas internacionales que los países deben ratificar. La segunda es la creación de un Derecho Supranacional por parte de una autoridad igualmente supranacional, el autor citado sólo la considera posible en los sistemas de integración, sobre todo, en el caso de la Unión Europea. Una tercera estrategia vendría a ser la armonización de las legislaciones laborales nacionales de la cual existen algunas experiencias sin mayores resultados concretos. Una cuarta estrategia sería la inclusión de cláusulas sociales en los tratados internacionales de comercio, estrategia que ha experimentado ciertas dificultades recientemente[4].

I. LA GESTACIÓN DEL DERECHO INTERNACIONAL DEL TRABAJO

El nacimiento del Derecho internacional del trabajo obedece a diferentes causas a las que se hizo alusión en la introducción: la aparición de la Organización Internacional del Trabajo, el desarrollo de las empresas multinacionales, los sistemas de integración y la consecuente globalización o internacionalización de la economía.

A. La Organización Internacional del Trabajo y la legislación internacional

La idea de una legislación internacional de trabajo comenzó a gestarse al comienzo del siglo XIX, generalmente se considera como pro-

[4] Bronstein, Arturo, *Derecho internacional y comparado del trabajo*, México, Plaza y Valdés, 2010, pp. 109-114.

motores de la misma a dos empresarios industriales: el galés Roberto Owen y el alsaciano Daniel Le Grand quienes abogaban ante los gobiernos europeos por la adopción de una Ley Internacional del Trabajo[5].

En la segunda mitad del siglo XIX, se suceden congresos internacionales de trabajadores (Bruselas 1856, Frankfurt 1857, Londres, 1864, Lausana, 1867, entre otros) que plantean, sobre todo, la regulación de la jornada de trabajo.

A finales de la década de los 80 del siglo XIX, la idea de una legislación internacional del trabajo comienza a ser el tema de conferencias en las que participan oficialmente los Estados. La tensa situación política reinante en Europa no fue propicia para que se tomara una decisión en concreto, no obstante contribuyeron a la adopción de leyes de trabajo por algunos países[6].

Organizaciones de trabajadores (Congreso Obrero Zúrich 1897), y organizaciones científicas (Congreso Internacional de Legislación del Trabajo. Bruselas 1897), continuaron insistiendo en la necesidad de adoptar legislaciones supranacionales llegando a proponer la adopción de dos convenios[7].

Todos los esfuerzos se vieron interrumpidos por la Primera Guerra Mundial, No obstante, la semilla de una legislación internacional del trabajo permaneció viva a pesar del prolongado invierno bélico.

Durante la guerra, las organizaciones de trabajadores de los países aliados, a los dos lados del Atlántico, continuaron desarrollando esfuerzos en pro de una legislación internacional y de la inclusión de sus reivindicaciones en el tratado de paz a firmar. Era imposible no reconocer los sacrificios asumidos por la clase obrera durante el conflicto bélico, lo que permitió que las organizaciones obreras se presentasen con un mayor poder; es así como la parte XIII del Tratado de Versalles fue dedicada a los problemas de trabajo y a la creación de un organismo internacional de trabajo, existiendo consenso para ello, tanto en los gobiernos de los países vencedores, como en el propio Parlamento de la vencida Alemania.

---

5 Valticos, Droit international du travail…, op. cit., pp. 5-9.

6 Valticos, Droit international du travail…, op. cit., pp. 19-22.

7 Valticos, Droit international du travail…, op. cit., pp. 24-25.

La Conferencia de Paz en su sesión del 11 de abril de 1919, aprobó la creación de la Organización Internacional de Trabajo. Se incorpora en el proyecto de Tratado de Paz como parte XIII (artículos 387 al 427 y anexo), Tratado que fue firmado el 28 de junio de 1919. Venezuela, si bien no fue signataria del Tratado de Versalles, fue invitada a ratificar el mismo en 1919, por lo que se convirtió en miembro fundador tanto de la Sociedad de Naciones, como de la OIT.

Previamente se había aprobado el Preámbulo que contiene el fundamento de una legislación internacional de trabajo y un programa de acción de la futura organización, igualmente, se aprobó la composición tripartita de la conferencia con dos delegados gubernamentales y sólo uno por cada parte: empleadores y trabajadores, por cada Estado. En cuanto a los instrumentos legislativos, se aprobó la adopción de dos tipos de instrumentos: los convenios, que deberían ser sometidos a ratificación por parte de los Estados miembros y las recomendaciones. Se contemplaron mecanismos de control para el cumplimiento de las convenciones, la composición del Consejo de Administración y se fijó que la primera conferencia tendría lugar durante el mes de octubre de 1919 en Washington. La presión de las organizaciones de trabajadores hizo que dentro del texto se incluyeran ciertos principios, declaraciones y garantías fundamentales en materia de trabajo[8].

En cumplimiento de lo acordado se reunió la primera conferencia en Washington entre el 29 de octubre y el 29 de noviembre de 1919.

Si bien la OIT nació como una organización dependiente de la Sociedad de Naciones, desde un principio mostró su tendencia a la acción independiente, así decidió establecer su sede en Ginebra (Suiza).

La Parte XIII del Tratado de Versalles es considerada la Constitución de la OIT, pero ha sufrido varias enmiendas. La más importante la constituye la llamada Declaración de Filadelfia que se llevó a cabo el 10 de mayo de 1944 en plena Guerra Mundial.

Como bien lo señala Bronstein[9], luego de terminada la Segunda Guerra Mundial y de reinstalada de nuevo en Ginebra en 1947, el

---

[8] Valticos, Droit international du travail..., op. cit., pp. 43-57.

[9] Bronstein, Arturo, *Derecho internacional del trabajo*, Buenos Aires, Astrea, 2013, pp. 18-28.

mundo experimentó profundos cambios que afectaron la vida de la OIT. En primer lugar el fenómeno de la descolonización que permitió la incorporación de un crecido número de Estados miembros africanos, asiáticos y caribeños; en segundo término, el cambio producido por el nuevo rol asumido por los Estados al convertirse en un importante empleador; otro factor de cambio a destacar es el producido por el desarrollo de los sistemas de integración regional, en especial, el de la Comunidad Económica Europea que luego devino en la Unión Europea.

Más recientemente han surgido nuevos retos a la organización tales como los cambios tecnológicos y organizativos en los sistemas de producción que desplazaron el modelo fordista-taylorista, los cambios políticos provocados por la desaparición del bloque de países comunistas; y, sobre todo, la globalización de la economía que, como señala Bronstein, plantea el dilema de situar a la OIT en el contexto de un mundo que tiene poco en común con el que existía cuando se creó en 1919, excepto lo más importante: el trabajo humano sigue existiendo, los trabajadores siguen siendo vulnerables y continúan teniendo necesidad de protección[10]. La globalización de la economía ha traído consigo el resurgimiento del cuestionamiento del papel del Estado en la reglamentación del trabajo, pretendiendo desplazarlo por un sistema de autorregulación por el mercado[11].

1. La explosión de las empresas multinacionales

Ermida Uriarte afirma: la economía moderna es, en gran medida, la economía de las multinacionales, por la sencilla razón de que la concentración económica es el signo actual de la economía[12].

Las multinacionales se caracterizan por la concentración de capital, la pluralidad de componentes y su vinculación entre ellos, la unidad subyacente del grupo y sobre todo, por la actividad en dos o más estados[13].

---

[10] Bronstein, *Derecho internacional del trabajo…*, op. cit., p. 29.
[11] Bronstein, *Derecho internacional del trabajo…*, op. cit., p. 30.
[12] Ermida Uriarte, *Empresas multinacionales…*, op. cit., p. 20.
[13] Ermida Uriarte, *Empresas multinacionales…*, op. cit., p. 77.

Las empresas multinacionales hacen su aparición en 1987 cuando se instala en Escocia la primera fábrica de la empresa norteamericana Singer. No obstante, luego de un período de receso, a partir de 1950 el desarrollo de las multinacionales norteamericanas se produce de manera asombrosa. Una década más tarde seguirían ese camino las empresas europeas y japonesas[14].

En el desarrollo de las empresas multinacionales han intervenido diferentes factores, entre otros, la internacionalización de la economía, los avances tecnológicos y el monopolio de los conocimientos científicos por parte de ellas, los adelantos en materia de transporte y de comunicaciones y la existencia de sistemas de integración regionales eficientes.

Para el Derecho del Trabajo, las multinacionales plantean importantes desafíos ante la indefensión de los Estados soberanos, debido a que la organización flexible y reticular que las caracteriza, les facilita eludir controles nacionales. Las organizaciones gremiales muestran su debilidad frente a estas organizaciones en las cuales resulta muy difícil acceder a información, debido a que los centros de decisión generalmente se encuentran fuera de las fronteras de los Estados en los que los sindicatos actúan. Todo ello conduce a la necesidad de una legislación supranacional que regule la actividad de las empresas multinacionales, lo cual no resulta fácil.

2. Los sistemas de integración regional

Culminada la Segunda Guerra Mundial, con la internacionalización de la economía, hacen su aparición los procesos de integración regional, si bien la idea de una integración de naciones no es de reciente data[15]. Estos procesos surgieron con una finalidad netamente económica: la constitución de un mercado común. Ni lo social, ni lo político, ocuparon en principio la atención de los promotores de estos procesos.

[14] Rubio García, Leandro. Un gran tema de actualidad: las empresas transnacionales, en: *Revista de Política Internacional*, 1977, No. 151, pp. 113-114.

[15] En 1824 el Libertador Simón Bolívar invitó a los gobiernos de las repúblicas americanas a celebrar un Congreso en Panamá para constituir una confederación.

Las primeras preocupaciones en materia laboral, se dieron en el continente europeo, luego vendrán otros, como la Comunidad Andina de Naciones, el Tratado de Libre Comercio de la América del Norte (TLC o NAFTA) o el MERCOSUR. Se busca garantizar la igualdad de condiciones de trabajo con el fin de evitar que algunos países obtuviesen ventajas comerciales a costa de no reconocer los derechos de los trabajadores o de la carencia de la protección de la seguridad social, lo que se conoce como *dumping social*. Es el caso del artículo 119, el único artículo del Tratado de Roma de 1957, con algún contenido social, incorporado por razones puramente económicas por cuanto, como afirma Bronstein, Francia que había ratificado el Convenio 100 OIT sobre Igualdad de Remuneración, temía la competencia de los demás signatarios del Tratado que no habían ratificado el Convenio[16]. Aparicio Valdez destaca: lo paradójico es que esta dinámica haya devenido en una defensa del cumplimiento de los beneficios laborales de los trabajadores de países pobres por parte de los sectores empresariales de los países ricos[17].

Al analizar los procesos de integración se observa que en ellos se hayan presente los siguientes elementos: Sujetos: los Estados que deciden de manera libre y voluntaria incorporarse al proceso de integración puesto que la pertenencia al sistema implica una enajenación de parte de su soberanía[18]. Objeto: por lo general surgen con una finalidad netamente económica pero a medida que avanza la integración surgen nuevos objetivos, sociales, culturales, políticos, etc. Gradualidad y Complejidad: los procesos son dinámicos por lo que van avanzando a medida que van emergiendo nuevos objetivos y estos se van haciendo más complejos. La nivelación de las condiciones de trabajo, por no hablar de la homogenización, es una de los elementos requeridos para facilitar los procesos de integración.

---

[16] Bronstein, *Derecho internacional y comparado…*, op. cit., p. 104.

[17] Aparicio Valdez, Luis, Integración, comercio internacional y Derecho del trabajo en América, en: *Evolución del pensamiento juslaboralista. Estudios en Homenaje al Profesor Héctor-Hugo Barbagelata*, Montevideo, Fundación de Cultura Universitaria, 1997, p. 59.

[18] Esta enajenación de la soberanía implica la necesidad de consultas a los nacionales de los países que se incorporan a un sistema integrado, como ha ocurrido con la Unión Europea. No así en el MERCOSUR. Venezuela solicitó su incorporación sin realizar ningún tipo de referéndum o consulta popular..

3. La globalización o internacionalización de la economía

Los avances tecnológicos han tenido influencia decisiva en la aparición de este fenómeno que convierte nuestro mundo en una aldea global, como fue llamada por McLuhan. La globalización, en esencia un proceso fundamentalmente económico, afecta de manera radical el mundo del trabajo, pues ha provocado transformaciones en los procesos productivos y distorsiones en el mercado de trabajo y en las economías nacionales, ante las cuales los poderes regulatorios de los Estados nacionales lucen inermes y las posibilidades de acción de las organizaciones gremiales se presentan disminuidas.

En el marco regulatorio, la globalización no tan sólo ha influido en el campo de las relaciones comerciales con la aparición de un nuevo derecho comercial internacional fundado en las prácticas y usos comerciales dando origen a una renovada *lex mercatoria*, sino que tales usos han extendido su influencia al campo de las relaciones de trabajo. Es así como ha provocado de nuevo, el cuestionamiento del papel del Estado en la reglamentación del trabajo, pretendiendo que la misma debe ser producto de una autorregulación del mercado[19]. Para Ermida, la globalización va tornando ineficaces los sistemas nacionales de trabajo para regular fenómenos que se desarrollan o tienen sus causas en otro nivel[20].

Analizados los factores que han influido en el desarrollo de un Derecho Internacional del Trabajo, corresponde ahora estudiar los sistemas de fuentes que integran esta parte del Derecho del Trabajo.

B. Los sistemas de normas en el Derecho internacional del trabajo

Es posible agrupar las fuentes del Derecho Internacional del Trabajo, o fuentes extra estatales, en tres sistemas: a) las normas internacionales de la Organización Internacional del Trabajo, conocidas generalmente como Normas Internacionales de Trabajo (NIT); b) las normas

[19] Bronstein, *Derecho internacional y comparado…*, op. cit., p. 30.

[20] Ermida Uriarte, Óscar, Derechos laborales y comercio internacional, en: W. Sanguinetti Raymond / A. García Lazo, *Globalización económica y relaciones laborales*, Salamanca, Universidad de Salamanca, 2003, p. 122.

laborales de los organismos internacionales; c) las normas producidas en los sistemas regionales de integración; y, d) las normas producto de tratados bilaterales o multilaterales. A estos sistemas debe agregarse un cuarto grupo de fuentes emergentes que también actúan en el plano internacional pero, dado su carácter autónomo, no resulta posible incluirlas en ninguno de los sistemas anteriores.

1. Las normas internacionales de trabajo

El sistema de normas de la OIT, conocido como Normas Internacionales de Trabajo (NIT), constituye el más importante dentro de las fuentes del Derecho Internacional del Trabajo. La labor legislativa está representada por los Convenios y las recomendaciones.

Es reconocida su notable influencia en las legislaciones nacionales, así como su contribución al establecimiento de condiciones de trabajo uniformes que contribuyen a la justicia social, pero además tienen igualmente por objetivos, dotar a la comunidad internacional de reglas que puedan ayudar a establecer políticas sociales coherentes[21], así como a proporcionar una reglamentación técnica precisa[22].

Los convenios OIT han sido considerados, conforme al criterio de Ermida, como tratados internacionales atípicos, por cuanto no siguen un proceso de adopción de tipo contractual, como este, sino una técnica de aprobación cuasi legislativa. La otra diferencia que encuentra Ermida es que no se limitan a crear obligaciones a los Estados sino que procuran la regulación sustantiva de la materia sobre la que tratan[23]. La atipicidad no les resta efectos jurídicos ya que de acuerdo a lo dispuesto en el artículo 5° de la Convención de Viena sobre el Derecho de los Tratados, esta es aplicable a todo tratado adoptado en el ámbito de una organización internacional.

Los Convenios son aprobados por la Conferencia General luego de un complejo proceso que consta de varias etapas: la iniciativa uno

---

[21] Unos de los puntos propuestos para su discusión en la Conferencia General de junio de 2013 fue la posibilidad de adoptar una Recomendación sobre la coherencia entre las políticas económicas, financieras, sociales y de empleo frente al fenómeno globalizador y frente a la crisis financiera que afecta tantos países.

[22] Valticos, *Droit international du travail…*, op. cit., p. 115.

[23] Ermida Uriarte, Derechos laborales…, op. cit., pp. 123-124.

o varios gobiernos o las organizaciones profesionales de trabajadores o empleadores, hacen una proposición al Consejo de Administración; a continuación se hace una doble consulta a los miembros; Culminadas las consultas se elabora el proyecto de convención que se lleva a la Conferencia General y se vota en una plenaria. Para que el convenio sea aprobado se requiere el voto favorable de los dos tercios de los delegados presentes en la Conferencia. En ocasiones, sobre todo en el caso de temas delicados, si no es posible conseguir los votos necesarios, el Consejo de Administración, opta por una recomendación, como ocurrió con el proyecto de Convenio sobre subcontratación, que dio luego lugar a la Recomendación 198 sobre el contrato de trabajo.

Bronstein destaca las siguientes debilidades de la legislación internacional de la OIT: los convenios no obligan sino a los países que los han ratificado, siendo que convenios, aún fundamentales no han sido ratificados por importantes países; en segundo lugar, la efectividad, a nivel nacional, depende de los medios que cada país disponga para garantizar su aplicación; y, por último, el incumplimiento del Estado miembro, generalmente sólo lo expone a sanciones morales, pese a que el artículo 33 de la Constitución de la OIT permite que la Conferencia General tome medidas tendentes a lograr el cumplimiento[24].

Las recomendaciones son textos orientadores que se distinguen de los convenios en cuanto a los efectos jurídicos: las recomendaciones carecen de carácter vinculante y que sirven o como criterios interpretativos o como complemento de los convenios.

Los convenios versan sobre las más variadas materias relativas al trabajo; se los clasifica en cuatro clases de acuerdo a su contenido:

Fundamentales: aquellos que se refieren a derechos fundamentales. La OIT considera 8 convenios como fundamentales[25].

---

[24] Bronstein, *Derecho internacional del trabajo…*, op. cit., pp. 109-110. Bronstein señala que sólo una vez la OIT ha acudido a este procedimiento compulsivo para lograr que el Gobierno de Myanmar diese cumplimiento al Convenio No. 29 sobre Trabajo Forzoso.

[25] OIT. Convenios: 29 sobre el trabajo forzoso; 105 sobre la abolición del trabajo forzoso; 87, sobre la libertad sindical; 98 derecho de sindicación y de negociación colectiva; Convenio 100 sobre igualdad de remuneración; Convenio 111 sobre la discriminación en el empleo; Convenio 138 sobre la edad mínima; y, Convenio 182 sobre las peores formas de trabajo infantil.

De gobernanza: relacionados con la inspección del trabajo, el empleo y las consultas tripartitas.

Técnicos: destacan los que tienen que ver con las condiciones de trabajo, la higiene y la seguridad en el trabajo y ciertas actividades.

Seguridad Social: la OIT los incluye dentro de los técnicos, pero dada la tendencia a considerarla una rama autónoma y por la importancia de su contenido, constituyen un bloque distinto.

Las normas de la OIT han ejercido gran influencia en el derecho del trabajo de los países latinoamericanos, todos ellos miembros de la OIT. La acción de la OIT estuvo presente desde el momento de inicio de la efectiva legislación laboral venezolana con la asesoría brindada para la elaboración de la Ley de 1936.

Los países latinoamericanos han ratificado un gran número de convenios. Uruguay es el país que más convenios ha ratificado: ciento ocho, Honduras, el que menos convenios ha ratificado sólo veinticinco. Venezuela ha ratificado cincuenta y cuatro convenios, entre ellos los ocho convenios fundamentales.

2. Las normas de los organismos internacionales en materia de trabajo

Tanto la Organización de Naciones Unidas (ONU), como la Organización de Estados Americanos (OEA) han elaborado convenios internacionales en materia de Trabajo, además de sendas declaraciones sobre derechos humanos que atañen igualmente al Trabajo como son la Declaración Universal de Derechos Humanos aprobada por la Asamblea General de las naciones Unidas el 10 de diciembre de 1948 y la Declaración Americana de los Derechos y Deberes del Hombre que la Organización de Estados Americanos aprobó en abril del mismo año y que luego fue desarrollada por la Convención Americana sobre Derechos Humanos, aprobada en San José de Costa Rica en noviembre de 1969 y que se conoce como Pacto de San José.

Bronstein clasifica como fuentes específicas aquellas normas internacionales que poseen un contenido exclusivo o preponderantemente laboral y social; en tanto que las inespecíficas son aquellos destinados a garantizar derechos fundamentales pero que también incluyen derechos de naturaleza laboral o que tienen incidencia en el ámbito laboral[26].

La Asamblea General de Naciones Unidas ha aprobado dos pactos de alta transcendencia en la legislación internacional del trabajo: el primero de ellos, el Pacto Internacional de Derechos Civiles y Políticos, que contiene normas importantes y de aplicación directa en el contexto laboral, tales como la prohibición de discriminación (art. 20); el derecho de reunión pacífica (art. 21); y sobre todo, el reconocimiento del derecho de sindicalización (art. 22). El otro instrumento, más directamente relacionado con el Derecho del Trabajo, es el Pacto Internacional de Derechos Económicos, Sociales y Culturales. El artículo 7 reconoce el derecho de toda persona a un trabajo libre y la obligación de los Estados de crear las condiciones para que toda persona pueda lograr una ocupación que le permita vivir dignamente. El artículo 8 garantiza el desarrollo de condiciones de trabajo dignas entre las cuales destacan: un salario equitativo en condiciones de igualdad; la higiene y la seguridad en el trabajo; igualdad de oportunidades; y, la limitación de las jornadas de trabajo, el derecho al descanso y las vacaciones y al pago de los días festivos. El artículo 8 hace referencia a los derechos colectivos y garantiza entre ellos el derecho de huelga. Por último el artículo 9 reconoce el derecho de toda persona a la seguridad social. Ambos instrumentos han sido ratificados por Venezuela.

La Asamblea General de la ONU igualmente aprobó una Convención Internacional sobre la Protección de los Derechos de Todos los Trabajadores Migratorios y de sus Familiares el 18 de diciembre de 1990. Si bien fue suscrito por Venezuela el 4 de octubre de 2011 no aparece aún ratificado.

En el marco de la Organización de Estados Americanos, la misma Conferencia Internacional Americana que llevó a la creación de la OEA y a la Declaración Americana de los Derechos y Deberes del Hombre, celebrada en Bogotá del 30 de marzo al 2 de mayo de 1948, aprobó la Carta Internacional Americana de Garantías Sociales. Hernández considera que la Carta regula con una preocupación por el detalle poco

[26] Bronstein, *Derecho internacional del trabajo...*, op. cit., p. 390.

común en un instrumento internacional, los temas más importantes del Derecho Individual y del Derecho Colectivo del Trabajo[27]. Pese a su importancia técnica, por no tener el carácter vinculante de un Pacto o una Convención, la carta no tuvo mayor trascendencia.

En 1988 la OEA aprobó un Protocolo Adicional a la Convención Americana sobre Derechos Humanos en Materia de Derechos Económicos, Sociales y Culturales, conocido como *Protocolo de San Salvador*. De manera similar a como lo hace el Pacto de la ONU sobre las misma materia, el artículo 6 establece el derecho al trabajo que le permita tener una vida decente; el 7 hace referencia a las garantías de unas condiciones de trabajo satisfactorias; el 8 a los derechos colectivos, y finalmente, el 9 establece el derecho a la seguridad social.

El 7 de junio de 1999 se aprobó la Convención Interamericana para la eliminación de todas las formas de discriminación contra las personas con discapacidad, la cual obliga a los Estados signatarios a adoptar medidas para eliminar cualquier tipo de discriminación en materia laboral. Venezuela ratificó este Instrumento en 2005.

3. Las normas internacionales de trabajo en los sistemas regionales de integración

Como se dijo antes, en los sistemas de integración regional surgidos durante la segunda mitad del Siglo XX, lo social no ocupó, en los primeros momentos, un lugar de importancia, por el contrario, parecía que lo económico, sobre todo, el intercambio comercial, hubiese sido el único objetivo a cumplir. No obstante, pronto se comprendió la importancia de la adopción de normas mínimas y homogéneas en materia de condiciones de trabajo, como un medio para lograr el equilibrio de la competencia en el seno de un mercado integrado. Ejemplo de ello es el Acuerdo de Cooperación Laboral de América (ACLAN) que fue firmado por la presión de las organizaciones sindicales norteamericanas y canadienses ante el temor de la deslocalización de las empresas de sus respectivos países hacia México, atraídas por los salarios más bajos y

[27] Hernández Alvarez, Oscar, Grandes tendances du Droit du travail en Amérique Latine, en : *Bulletin de Droit Comparé du Travail et de la Sécurité Social*, 1987, No. 5, p. 117.

el bajo nivel de cumplimiento de la Ley en dicho país[28]. Dada la limitación de espacio sólo se hará referencia a los sistemas europeo y del continente americano.

a. El Derecho social de la Unión Europea

A partir de la década de los setenta, el desarrollo de las normas sociales de la comunidad europeo se ha acrecentado a punto tal que reviste gran importancia aún en países que aún no forman parte de la misma pero que aspiran a hacerlo.

Dentro del Derecho de la Unión Europea se distinguen dos tipos de normas: el llamado Derecho Originario o Primario y el Derivado.

El Derecho Originario o Primario que posee un rango jerárquico superior a los demás instrumentos legales, está constituido por los Tratados fundacionales, a saber: El Tratado de la Comunidad Europea del Carbón y del Acero, el de la Comunidad Económica Europea, el de la Comunidad Europea de la Energía Atómica, así como por los demás Tratados modificatorios de estos[29] y los Acuerdos de adhesión de los Estados miembros.

El Derecho Derivado está compuesto por el conjunto de disposiciones emanadas de las instituciones comunitarias dotadas de poder normativo. Sólo el Derecho Originario debe ser sometido a ratificación por parte de los Estados miembros, en tanto que el derivado es obligatorio para estos con la sola publicación en el Diario Oficial de la Unión Europea.

Dentro del Derecho Derivado se distinguen los siguientes instrumentos:

a.1. Reglamento: es un acto legislativo vinculante que debe ser aplicado por todos los Estados miembros;

a.2. Directiva: acto legislativo que persigue un objetivo que los países deben cumplir pero deja libertad al país para escoger la forma de hacerlo.

---

[28] Bronstein, *Derecho internacional del trabajo…*, op. cit., p. 123.

[29] Los tratados de Maastricht (1992), Amsterdam, (1997) y Lisboa (2007).

a.3. Decisiones: acto normativo de carácter particular vinculante y directamente aplicable para el país al cual se dirige.

a.4. Recomendaciones y dictámenes: carecen de carácter vinculante.

Las relaciones entre el derecho comunitario y los derechos nacionales de los países miembros se rigen por el principio de la supremacía de aquel sobre estos, pero las normas constitucionales internas no se ven afectadas.

La legislación europea en materia social es abundante. A partir de los años ochenta se pone de manifiesto un cambio de orientación en los objetivos de la Unión por medio del cual se busca conceder a los aspectos sociales la misma importancia que a los aspectos económicos, y que, por tanto, se deben desarrollar de manera equilibrada[30].

En 1989 se adopta la Convención denominada Carta Comunitaria de los Derechos Fundamentales de los Trabajadores, conocida también como Carta Social Europea es un instrumento legal que pretende meter el acento en la dimensión social de la Unión y reafirmar el avance demostrado en este aspecto. Define en el Título I en contenido de los derechos fundamentales de los trabajadores, el Título II se refiere a la aplicación de la Carta y a la garantía de los derechos fundamentales.

Con anterioridad se había aprobado en Estrasburgo el 16 de abril de 1963 la Convención denominada Código Europeo de la Seguridad Social, que se inspira en la Convención 102 OIT[31].

Las principales materias objeto de las directivas y los reglamentos son: libertad de circulación; libertad de establecimiento y de prestación de servicios; formación profesional; contrato de trabajo; tiempo de trabajo; igualdad de trato; seguridad y salud en el trabajo; y, derechos colectivos.

La Jurisprudencia de la Corte de Justicia de la Unión Europea se ha convertido en una importante fuente del Derecho de la Unión a través de los cuatro tipos de recursos procesados: de interpretación; de carencia u omisión; de incumplimiento; y, de anulación.

[30] Cruz Villalón, Jesús / José Manuel Gómez Muñoz, Prólogo, en: *Legislación laboral de la Unión Europea*, Madrid, Tecnos, 1999, p. 19.

[31] Lyon-Caen, Gérard / Jean Pélissier / Alain Supiot, *Droit du travail*, Paris, Dalloz, 2006, p. 65.

b. La Comunidad Andina de Naciones

El más antiguo sistema de integración del Continente Americano, nace el 26 de mayo de 1969, cuando cinco países suramericanos: Bolivia, Colombia, Chile, Ecuador y Perú, firman el Acuerdo de Cartagena, razón por la cual a este proceso de integración se lo conoció inicialmente como Pacto Andino o también como Acuerdo de Cartagena. Venezuela se incorporó en 1973 pero Chile se retiró en octubre de 1976. Posteriormente lo haría Venezuela el 22 de abril de 2006, retiro que se hizo efectivo a partir del 22 de abril de 2011.

En 1997 se introdujeron reformas para adaptarlo a una nueva realidad internacional y se denominó: Comunidad Andina en sustitución de Pacto Andino.

En sus inicios, la CAN no desarrolló una política social. En 1973 los Ministros del Trabajo de los países andinos decidieron instituir una conferencia anual para llegar a acuerdos sobre asuntos sociales. Producto de estas reuniones se pueden encontrar los siguientes instrumentos:

- b.1. Convenio Simón Rodríguez de 1973. Entre sus puntos principales destacan: la armonización de las normas en materia de trabajo y de seguridad social; la no obstaculización de la entrada o salida de los trabajadores migrantes; la determinación de las funciones de la Oficina de Migración Laboral; y los procedimientos para la contratación de trabajadores migrantes. Fue reemplazado en junio de 2001 por un Protocolo Sustitutorio. Ambos instrumentos han carecido de mayores efectos prácticos.
- b.2. Decisión 116 del Acuerdo de Cartagena: Instrumento Andino de Migración Laboral, adoptado el año 1977. Más que un instrumento efectivo constituye un conjunto de buenos propósitos.
- b.3. Decisión 501 sobre Zonas de Integración Fronteriza en la Comunidad Andina, además de estimular el establecimientos de zonas de integración fronteriza, pretende la promoción del libre tránsito de personas, mercancías y vehículos y eliminar los obstáculos que dificultan los procedimientos migratorios. Esta decisión es apoyada por otras decisiones relevantes: las

Decisiones 502 sobre Centros Binacionales de Frontera; 503 sobre Reconocimiento de Documentos de Identidad; 504 sobre Pasaporte Andino; y, 527 sobre modificación de la Tarjeta Andina de Migración.

c. Mercado Común del Sur (MERCOSUR)

Este sistema de integración fue creado el 26 de marzo de 1991 con la firma del Tratado de Asunción; originalmente estuvo conformado por Argentina, Brasil, Paraguay y Uruguay. El 17 de diciembre de 1994 se firmó el Protocolo o Acuerdo Final de Ouro Preto, que viene a modificar y complementar el tratado original. Venezuela, después de un largo proceso, se incorporó definitivamente en Julio de 2012, sin embargo, fue suspendida recientemente.

Pese al carácter económico del sistema, la presión sindical llevó a la creación de un Subgrupo de Trabajo para Asuntos Sociolaborales que generó una cultura de diálogo social. En 1997 se crea el Foro Consultivo Económico Social integrado por representantes de trabajadores, empleadores y de la sociedad civil que comienza a funcionar en 1996.

En 1997 se firma el Acuerdo Multilateral de Seguridad Social del Mercado Común del Sur y al año siguiente la Declaración Sociolaboral del Mercosur.

La Declaración reconoce una serie de derechos fundamentales de los trabajadores y a la vez, una serie de deberes de los Estados, agrupados en: derechos individuales (no discriminación, trabajo forzoso, trabajadores migrantes, trabajo infantil); colectivos; formación profesional; fomento al empleo; salud y seguridad en el trabajo; e, inspección del trabajo.

Otros instrumentos normativos los constituyen las decisiones y las resoluciones. Entre las principales decisiones destacan la relativa a las medidas para evitar el empleo no registrado y la que prevé mecanismos para el ejercicio profesional temporario.

d. El Tratado de Libre Comercio de América del Norte

En noviembre de 1993, en Ciudad de México, Canadá, Estados Unidos y México firmaron un acuerdo regional con el propósito de crear una zona de libre comercio. Es así como surge el Tratado de Libre Comercio de América del Norte (TLCAN) o *North American Free Trade Agreement* (NAFTA).

Entre los organismos creados por el Tratado destaca la Comisión para la Cooperación Laboral compuesta por un Consejo Ministerial, que integran los Ministros del Trabajo, y un Secretariado.

Junto con el Tratado se firmó un Protocolo anexo: el Acuerdo de Cooperación Laboral de América del Norte (ACLAN). La razón que llevó a dicho Acuerdo fue la presión de las organizaciones sindicales de Estados Unidos que temían se produjese una deslocalización de empresas estadounidenses y canadienses hacia México atraídas por los bajos salarios y el bajo nivel de cumplimiento de la ley en dicho país[32].

El Acuerdo tiene entre sus objetivos: mejorar las condiciones de trabajo y niveles de vida; la promoción de ciertos principios laborales, entre los cuales destacan: la libertad de asociación, pero no se consagra la libertad sindical, el derecho a la negociación colectiva y a la huelga, la prohibición de trabajo forzoso, la restricción del trabajo de los menores, el establecimiento de condiciones mínimas de trabajo, eliminación de discriminaciones en el empleo, igualdad de salario, previsión de accidentes y enfermedades ocupacionales así como la indemnización en caso de que se produzcan y la protección a los trabajadores migrantes. No hay ninguna alusión a los convenios de la OIT pero, en cambio, existe el compromiso de promover la observancia de la legislación laboral de cada país (artículo 3) y a tal respecto desarrolla, en los artículos 3 al 7, detalladas medidas destinadas a asegurar el cumplimiento, garantías procesales, y el acceso a la información.

Fuera de los principios laborales el ACLAN no contiene disposiciones concretas en materia laboral. Establece una especie de sistema de quejas o reclamaciones que el Acuerdo denomina comunicaciones públicas. Bronstein contrasta el trato dado a las quejas en materia económica, mucho más estricto y minucioso, con el que se da a las quejas en materia laboral. A tal efecto refiere que los sindicatos canadienses han optado por no presentar más quejas por considerar que el procedimiento es inútil[33].

---

32 Bronstein, *Derecho internacional y comparado...*, op. cit., p. 123.

33 Bronstein, *Derecho internacional y comparado...*, op. cit., pp. 125-126.

4. Los tratados y acuerdos bilaterales o multilaterales

Conforme a lo dispuesto en la Convención de Viena sobre el Derecho de los Tratados de 1969: se entiende por "tratado" un acuerdo internacional celebrado por escrito entre Estados y regido por el derecho internacional, ya conste en un instrumento único o en dos o más instrumentos conexos y cualquiera que sea su denominación particular.

Hernández afirma que los tratados fueron históricamente la primera forma utilizada para dar una dimensión jurídica internacional a los problemas de trabajo, y que ello se hizo al principio de manera accesoria a tratados de paz o de amistad y que a partir de la celebración del Tratado de Trabajo celebrado entre Francia e Italia en 1904, fueron adquiriendo importancia como fuente del Derecho del Trabajo[34].

En Europa se han celebrado numerosos tratados sobre todo en materia de trabajadores fronterizos para resolver problemas relacionados con la Seguridad Social, así como con la interacción de los sistemas tributarios y de la seguridad social para garantizar una igualdad de trato y permitirle las deducciones y desgravámenes fiscales que se le otorgan a los nacionales. Estos tratados han sido reemplazados por la normativa comunitaria europea debido a la libre circulación de trabajadores en la Unión. No obstante subsisten sobre todo con Suiza que no pertenece a la Unión y que acoge un número importante de trabajadores franceses e italianos.

Venezuela ha celebrado tratados bilaterales con algunos países fronterizos, como Brasil, Colombia y Guyana, la mayoría de ellos de contenido fundamentalmente económico.

Los únicos tratados en materia de trabajo los ha celebrado con la República de Colombia, quizá debido a que, desde los primeros años de la colonia[35], ha existido un activo intercambio poblacional entre Venezuela y Colombia.

El 5 de agosto de 1942, los gobiernos de los Estados Unidos de Venezuela y de la República de Colombia suscribieron el Estatuto

---

34 Hernández Álvarez, Grandes tendences..., op. cit., p. 113.

35 Las ciudades de Mérida y San Cristóbal, fueron fundadas en el siglo XV por expediciones que partieron de la señorial Pamplona (Colombia).

de Régimen Fronterizo, que fue aprobado por el Congreso venezolano el 23 de junio de 1943 y ratificado el 14 de octubre de 1943. Consta de 27 artículos en los que se describen los instrumentos para la legalización de tránsito de personas.

El Tratado de Tonchalá es el segundo tratado bilateral suscrito en la ciudad de Cúcuta el 6 de noviembre de 1959. Tuvo por finalidad la de evaluar la situación de la zona fronteriza en lo relativo al tránsito de personas.

Varios países latinoamericanos han celebrado entre sí tratados migratorios (Brasil y Paraguay; Argentina con Bolivia y el Perú). Por otra parte, las obras binacionales emprendidas por algunos países y ejecutadas muchas veces por consorcios extranjeros ha provocado el surgimiento de instrumentos jurídicos interesantes para regular las relaciones de trabajo que se dan en un espacio binacional en el que laboran trabajadores de diversas nacionalidades. Ejemplo de ello es el Tratado celebrado entre Argentina y Uruguay para la construcción del puente binacional Fray Bentos-Puerto Unzué.

CONCLUSIONES

El trabajo, inicialmente regulado dentro de fronteras estatales, demostró pronto la necesidad de una regulación supranacional con el fin de garantizar condiciones mínimas generales, no tanto en sintonía con el propósito fundamental de brindar protección a los trabajadores, sino en función de la competitividad de los países industriales en el ámbito del comercio internacional.

La constitución de la Organización Internacional del Trabajo, finalizada la Primera Guerra Mundial, fue factor decisivo para la gestación y desarrollo de una normativa supranacional en materia de trabajo, sin embargo, luego de concluido el segundo conflicto bélico, otros factores han ido contribuyendo a su desarrollo, tales son los casos de los sistemas regionales de integración, la expansión de las empresas multinacionales y, más recientemente, el fenómeno de la globalización.

Las relaciones comerciales entre países han venido siendo reguladas de manera incesante, tanto por acuerdos internaciones como por prácticas generales que se cumplen estrictamente. De manera similar, se requiere de una reglamentación que determine condiciones mínimas de trabajo, aplicables, de manera universal, a las relaciones de trabajo que se desarrollen en cualquier parte del mundo. Sobre todo, ante el auge de la internacionalización de la economía urge la creación de una autoridad supranacional en materia de trabajo, dotada de poder coactivo suficiente con el fin de garantizar la eficacia de los convenios adoptados.

Las empresas multinacionales provistas de una estructura reticular, evaden fácilmente las regulaciones nacionales, no obstante, movidas, quizá en parte, por una especie de complejo de culpa, y con el fin de garantizar condiciones de competitividad, han venido adoptando, de manera unilateral, instrumentos denominados códigos de conducta los cuales aplican a sus contratistas con el fin de exigirles el cumplimiento de condiciones mínimas de trabajo.

En el ámbito europeo resultan más comunes los acuerdos intersindicales para establecer condiciones mínimas de trabajo.

Salvo el caso de la Unión Europea, los demás sistemas de integración regional, poco han avanzado en la homogenización de las condiciones regulatorias de las relaciones de trabajo.

EL DIÁLOGO DE LAS FUENTES ¿UN APORTE DEL DERECHO INTERNACIONAL PRIVADO A LA TEORÍA GENERAL DEL DERECHO?

JAVIER L. OCHOA MUÑOZ*

Resumen: Desde la doctrina del Derecho internacional privado ha surgido la "teoría del diálogo de las fuentes", como principio de interpretación jurídica que cuestiona la rigidez de los mecanismos tradicionales de solución de antinomias, sugiriendo una orientación más flexible y armonizadora, para la aplicación de fuentes de distinto rango, naturaleza u origen, y al mismo tiempo, realzando los derechos humanos como elemento preponderante. En este artículo comentamos el contenido y el desarrollo de dicha teoría, que ha tenido lugar fundamentalmente en Brasil y Argentina. La teoría se ha expandido a otras ramas del Derecho y muestra señales de extenderse también a otros foros. Tal expansión nos lleva a considerar si se trata de un aporte del Derecho internacional privado a la teoría general del Derecho.

Abstract: *From private international law scholars has emerged the "theory of the dialogue of sources" as a principle of legal interpretation that questions the strictness of the traditional mechanisms of resolution of antinomies, suggesting a more flexible and harmonizing approach for the application of sources from different rank, nature or origin, and at the same time highlighting human rights as a preponderant element. In this article we comment on the content and the development of this theory, which has taken place, primarily, in Brazil and Argentine. The theory has expanded to other branches of law and shows signs of extending to other forums as well. Such expansion leads us to consider if it is a contribution of private international law to the general theory of law.*

* Profesor de Derecho internacional privado en la UCV y la UCAB. Email: javierochoa@hotmail.com

I. INTRODUCCIÓN

La enseñanza que más aprecio de Eugenio Hernández-Bretón es la de "pensar el Derecho", como le escuché decir algunas veces en las clases de la Maestría de Derecho Internacional Privado y Comparado de la Universidad Central de Venezuela.

Pensar el Derecho implica hacerlo desde todos los ángulos que nos sean posibles; reflexionar sobre sus orígenes, sus casusas, sus fuentes; su ámbito público y privado; su contexto local e internacional; su historia, su actualidad y su porvenir; sus debilidades y sus fortalezas; sus fallas y sus aciertos; sus partes, su contenido sistemático; su objeto, sus funciones y sus fines; sus componentes políticos, morales y filosóficos; sus vinculaciones con otras ciencias y áreas del pensamiento; sus valores. En atención a todas esas variables, y otras más que podrían agregarse, el pensamiento jurídico debería apuntar fundamentalmente a hacernos entender cómo realmente es el Derecho y cómo quisiéramos que fuese.

Sobre tal orientación hemos elaborado nuestro aporte para este merecido homenaje a quien, sin duda, constituye un pilar de la doctrina y la docencia del Derecho en Venezuela. Este artículo se refiere a una teoría emergente, formulada a partir de reflexiones como las señaladas, y provocadas por un connotado jurista alemán, Erik Jayme, quien fue tutor de tesis doctoral de Eugenio Hernández-Bretón.

En el plano global, al menos en el mundo occidental, una serie de corrientes de pensamiento, así como fenómenos jurídicos de distinta naturaleza y momentos de origen, tienden a converger sobre el Derecho actual, para hacer de éste un conjunto distinto al que conocíamos tradicionalmente hasta hace poco tiempo.

Entre tales fenómenos y corrientes pueden destacarse: la consolidación del Estado social y democrático de Derecho, el desarrollo del Derecho internacional de los derechos humanos (DIDH), el neoconstitucionalismo, el activismo judicial y la proliferación de las fuentes jurídicas en los ámbitos internos e internacional. Todos ellos se manifiestan hoy en un contexto de globalización que naturalmente va mucho más allá de lo económico, y envuelve con creciente intensidad a la política, la cultura, la educación, la convivencia privada, y por supuesto, el Derecho[1].

El campo de la teoría general del Derecho no se ha mantenido inerme en este contexto, sino que ha participado como causa y como consecuencia de tales acontecimientos. La forma de aplicar e interpretar la norma jurídica se ha transformado de manera significativa. Lo que hoy se denomina "teoría de la argumentación" es una disciplina relativamente joven, la cual, tal como reconoce Atienza, parece tener su origen en una serie de obras y reflexiones jurídicas de los años cincuenta, que tienen como elemento común el rechazo a la lógica formal como única herramienta del análisis jurídico[2]. La interpretación adquiere un rol protagónico en el Derecho, ya desprovista de métodos únicos y convencionales, superando las visiones estructuralistas y formalistas de la teoría pura. Hoy se acepta que la interpretación se nutre de una pluralidad metodológica, con tendencia a rechazar las fórmulas mecánicas y rígidas, para ceñirse a las aproximaciones flexibles, que apuntan a alcanzar los fines del Derecho, atendiendo a su contenido axiológico y a los proyectos políticos que las sociedades se plantean.

Al mismo tiempo, se propugna la conveniencia de una visión jurídica multidisciplinaria, donde no sólo se traten de sintetizar las diversas ramas del Derecho, en su dimensión interna e internacional, sino que además se reconoce la importancia de incorporar los conocimientos de otras ciencias como la sociología, la demografía, la economía, la antropología, la biología, la psicología, etc.

El terreno se hizo fértil para el surgimiento de nuevas fórmulas interpretativas que permitan resolver de manera más satisfactoria las antinomias jurídicas, cuya frecuencia aumenta en la medida en que proliferan las fuentes del Derecho.

Así germinó la "teoría del diálogo de las fuentes", desde el Derecho internacional privado, llamando a aplicar las distintas fuentes jurídicas de manera que sus posibles antinomias no sean resueltas mediante los

---

1 Nos situamos aquí en una perspectiva global, haciendo abstracción de las coyunturas locales, como las que atraviesa Venezuela en los momentos en que redactamos estas líneas.

2 Atienza, Manuel, *Las razones del Derecho-Teorías de la argumentación jurídica*, México, Instituto de Investigaciones Científicas, UNAM, 2003, p. 29.

mecanismos tradicionales resumidos por Bobbio, basados en la eliminación o sustitución de una norma por otra, en función de su jerarquía, especialidad o cronología[3]. En lugar de ello, se propone alcanzar una coordinación armónica entre las normas.

Exponemos algunas consideraciones sobre la referida teoría, partiendo de su surgimiento y de su expansión hacia otras ramas del Derecho. Esa expansión nos lleva a considerar si se trata o no de un aporte del Derecho internacional privado a la teoría general del Derecho.

II. SURGIMIENTO DE LA TEORÍA DEL DIALOGO DE LAS FUENTES

La idea del diálogo de fuentes fue inicialmente sugerida por Erik Jayme, apoyándose en otros autores alemanes como Voir H. Schack y G. Walter. En su curso dictado en la Academia de Derecho Internacional de La Haya, en 1995, Jayme señalaba la creciente multiplicidad de fuentes característica de los sistemas jurídicos actuales, apuntando que estas requieren nuevos métodos de interpretación para resolver las contradicciones que pueden plantearse entre ellas[4].

El profesor de la Universidad de Heidelberg observaba que, en principio, existen dos visiones para resolver tales contradicciones. La primera consiste en conferirle prevalencia a una fuente y descartar la otra, en aplicación de una cierta jerarquía entre ellas, citando como ejemplo una disposición expresa del Código Civil alemán (art. 3), conforme a la cual se establece que las convenciones internacionales derogan el Derecho interno. La segunda vía de solución consiste en buscar la coordinación entre las fuentes. Aunque Jayme no rechaza la utilidad de las fórmulas de solución jerárquicas, manifiesta su preferencia por las que tienden a la coordinación[5]. Es preciso acotar que el cuestionamiento de las soluciones jerárquicas era ya una tendencia que se observaba especialmente en la doctrina internacional privatista

---

3 Bobbio, Norberto, *Teoría general del Derecho*, Bogotá, Temis, 3ª ed., 2007, pp. 194-200.

4 Jayme, Erik, Identité culturelle et intégration: le droit international privé postmoderne, en: *Recueil des Cours*, 1995, Vol. 251, pp. 60.

5 Jayme, Identité culturelle et intégration…, ob. cit., pp. 60-61.

francesa[6], cuya evolución luego abogaba por la coexistencia armoniosa de los diferentes sistemas de solución de conflictos, por medio de una lectura adecuada de las funciones del sistema de jerarquías y de la coordinación del pluralismo de fuentes[7].

Por otra parte, para Jayme, una de las características principales de la cultura posmoderna es la "comunicación intercultural", que más allá de los avances tecnológicos que facilitan y hacen más rápida la comunicación entre las personas, responde a una voluntad humana que surge como una fuerza irresistible. Particularmente, en relación al Derecho internacional privado, recalcó que cuando se piensa en esa comunicación,

> ...el fenómeno más importante es el hecho de que la solución de los conflictos de leyes emerge como el resultado de un "diálogo entre las fuentes" más heterogéneas. Los derechos humanos, las constituciones, las convenciones internacionales, los sistemas nacionales, todas son fuentes que no se excluyen mutuamente; ellas "platican" la una con la otra. Los jueces deben coordinar estas fuentes escuchando lo que ellas dicen[8].

---

6 Recientemente, en sentido crítico, se ha apuntado que los métodos tradicionales del Derecho internacional privado históricamente se han forjado al margen de la jerarquía de las normas, teniendo su origen antes de la construcción doctrinal y positiva de tal jerarquía, al punto de que dichos métodos no siempre son fáciles de conciliar con ésta. Se cuestiona que numerosos autores del Derecho internacional privado parecen encontrar menos recursos teóricos en la jerarquía de las normas propuesta por Kelsen, que en otros trabajos de carácter institucionalista o iusnaturalista. El pensamiento aquí estaría en cierta medida apuntalado en una jerarquía de valores de inspiración tomista, como la defendida de Henry Batiffol. Ese relativo desinterés por la jerarquía tiende a generar buena parte de las divergencias teóricas, pues, bajo este punto de vista, la misma resulta de algún modo inútil e incluso dañina. Inútil porque el sistema de jerarquía está diseñado para actuar dentro de un mismo sistema jurídico, y no respecto de varios sistemas jurídicos. Y dañina, porque tal sistema es acusado de perturbar a los mecanismos tradicionales del Derecho internacional privado. En este sentido, se cita a Lequette, quien incluso se refiere a "los estragos que provoca dentro del Derecho internacional privado la sobrevaluación de la pirámide de normas". Encinas de Munagorri, Rafael, Droit international privé et hiérarchie des normes, en: *Revus*, 2013, Vol, 21, p. 71. Disponible en: http://revus.revues.org/2600

7 Véase Gannagé, Léna, *La hiérarchie des normes et les méthodes du droit international prive- Etude de droit international privé de la famille*, Paris, LGDJ, 2001.

8 Jayme, Identité culturelle et intégration..., ob. cit., p. 259. "*Dès lors que l'on évoque la communication en droit international privé le phénomène le plus important est le fait que la solution des conflits de lois émerge comme résultat d'un dialogue entre les sources les*

Jayme se refería principalmente a los conflictos de leyes en el ámbito del Derecho internacional privado, donde no sólo cada Estado cuenta con una amplia variedad de fuentes, sino que también se plantea la vinculación simultánea de varias legislaciones sobre un mismo supuesto de hecho. El maestro alemán, algún tiempo después, añadía que la necesidad de coordinación, incluyendo las leyes de un mismo ordenamiento jurídico, resurge como exigencia para alcanzar un sistema eficiente y justo[9].

La doctrina de Jayme ha tenido un importante calado en Latinoamérica, especialmente en Brasil y Argentina, donde se ha desarrollado y difundido, extendiéndose más allá del Derecho internacional privado.

Doctrina aplicada a otras áreas, como el Derecho internacional público, Derecho del consumidor, Derecho laboral, Derecho de familia, así como Derecho civil y comercial, en general, han acogido también la teoría ¿Puede entonces decirse que se trata de en un aporte del Derecho internacional privado, desde todo su "*know how*" especializado en los "conflictos de leyes", a la teoría general del Derecho?, ¿O es simplemente un acoplamiento de las tendencias modernas de la teoría general del Derecho y del Derecho constitucional?

Antes de responder estas interrogantes, procuraremos primero exponer algunos datos sobre el desarrollo y evolución del diálogo de las fuentes.

III. RECEPCIÓN DE LA DOCTRINA EN BRASIL

La profesora Lima Marques, también pupila doctoral de Erik Jayme, parece haber sido quien introdujo la teoría del diálogo de las fuentes en Brasil y, probablemente. en Latinoamérica, dando lugar a su desarrollo posterior.

---

plus hétérogènes. Les droits de l'homme, les constitutions, les conventions internationales, les systèmes nationaux : toutes ces sources ne s'excluent pas mutuellement ; elles "parlent" l'une à l'autre. Les juges sont tenus de coordonner ces sources en écoutant ce qu'elles disent".

9 Lima Marques, Claudia, Diálogo entre o Código de Defesa do Consumidor e o novo Código Civil: do "diálogo" das fontes no combate às cláusulas abusivas, en: *Revista de Direito do Consumidor*, 2003, No. 45, pp. 71 ss., especialmente p. 71. La profesora Lima Marques se refiere a palabras proferidas por Jayme en diferentes conferencias dictadas en el año 2002.

En un artículo publicado en 2003 la profesora Claudia Lima Marques transpuso la concepción de Jayme al sistema brasileño, para analizar la relación entre el Código de Defensa del Consumidor de 1990 y el Código Civil que había entrado en vigencia en 2002[10]. Los planteamientos expuestos en ese trabajo y en otras obras colectivas posteriores, hicieron germinar la idea sugerida por el citado profesor alemán[11]. Consideramos oportuno detenernos en la exposición Lima Marques, cuyas reflexiones han sido acogidas por buena parte de la doctrina brasileña y argentina sobre el tema.

Explica la profesora brasileña que la pluralidad o multiplicidad de leyes es el primer reto del operador jurídico contemporáneo. La expresión utilizada tradicionalmente para resolver una pluralidad como la planteada entre el Código de Defensa del Consumidor y el Código Civil del Brasil, fue la del "conflicto de leyes en el tiempo", en el sentido de que habría una colisión o conflicto entre los campos de aplicación de estas leyes. Por ejemplo, una ley anterior, como el Código de Defensa al Consumidor 1990 y una ley posterior, como el nuevo Código Civil brasileño de 2002 estarían en "conflicto", por lo tanto, nace la necesidad de resolver el conflicto por la prevalencia de una ley sobre la otra y la consiguiente exclusión del otro sistema (abrogación, derogación, revocatoria)[12].

En otras palabras, agrega Lima Marques, este punto de vista "perfecto" o "moderno", tendría la "tesis" (la antigua ley), la "antítesis" (nueva ley) y la síntesis resultante (revocatoria), para traer claridad y seguridad al sistema jurídico. Los criterios para resolver los conflictos de leyes de un mismo sistema serían entonces sólo tres: cronología, especialidad y jerarquía; siendo que la prioridad es, según Bobbio, la jerarquía. Añade que la doctrina actualizada, no obstante, está buscando ahora más armonía y coordinación entre las normas del ordenamiento jurídico (concebido como un sistema), que exclusión. Siguiendo la

---

10 Lima Marques, Diálogo entre o Código de Defesa do Consumidor e o novo Código Civil..., ob. cit.

11 C. Lima Marques, (coord.), *Diálogo das Fontes: do conflito à coordenação de normas do direito brasileiro*, São Paulo, Revista dos Tribunais, 2012.

12 Lima Marques, Diálogo entre o Código de Defesa do Consumidor e o novo Código Civil..., ob. cit., p. 71.

expresión de Nathalie Sauphanor, denomina esto como "coherencia derivada o restaurada" ("*dérivée coherencia o restaurée*")[13], que en un momento posterior a la decodificación, a la tópica y a la micro-recodificación, procura una eficacia no sólo jerárquica, sino funcional del sistema plural y complejo de nuestro Derecho contemporáneo, para evitar la "contradicción", la "incompatibilidad" o "incoherencia"[14].

> Erik Jayme nos alerta de los tiempos post-modernos, donde la pluralidad, la complejidad, la imposición de la distinción de los derechos humanos y el *droit à la différence* (derecho a ser diferentes y a ser tratados diferentemente, y sin más necesidad de ser "igual" a los otros) ya no permiten este tipo de claridad o "mono-solución". La solución sistemática postmoderna debe ser más fluida, más flexible, para permitir la mayor movilidad y finura de las distinciones[15].

Lima Marques, citando a Gannagé, observa también que, en estos tiempos, la superación de paradigmas se sustituye por la coexistencia de paradigmas. Y a la postre, se presenta

> ...la coexistencia de leyes con campos de aplicación diferentes, campos a veces convergentes y en general diferentes en un mismo sistema jurídico, que parece ser ahora un sistema (para siempre) plural, fluido, mutable y complejo. No deja de ser una paradoja que el "sistema", el todo construido, sea ahora plural...[16].

La profesora brasileña se refiere fundamentalmente a dos tipos de diálogos sistemáticos en relación al Código Civil y el Código de Defensa del Consumidor: un diálogo de influencias recíprocas entre estas dos leyes, y una adaptación al sistema, con una posible redefinición del campo de aplicación del Código de Defensa del Consumidor, para

---

13 Sauphanor, Nathalie, *L'influence du Droit de la consummation sur le systeme juridique*, Paris, LGDJ, 2000, p. 32.

14 Lima Marques, Diálogo entre o Código de Defesa do Consumidor e o novo Código Civil..., ob. cit., p. 72.

15 Lima Marques, Diálogo entre o Código de Defesa do Consumidor e o novo Código Civil..., ob. cit., p. 72

16 Lima Marques, Diálogo entre o Código de Defesa do Consumidor e o novo Código Civil..., ob. cit., p. 72.

sufrir las influencias funcionales del Código Civil y una posible transposición de las conquistas desarrolladas por los jueces en aplicación del Código de Defensa del Consumidor. La autora cita como ejemplo de este diálogo el respeto a la contratación de buena fe y el combate de las cláusulas abusivas[17].

La solución que propone Erik Jayme, según Lima Marques, viene entonces a funcionar en "convivencia" o "al lado" de la solución tradicional. Se trata de una coordinación de las fuentes.

> Una coordinación flexible y útil (*effet utile*) de las normas en conflicto en el sistema con el fin de establecer su coherencia, es decir, un cambio de paradigma: de la simple exclusión (derogatoria) de una de las normas en conflicto del sistema jurídico (o "monólogo" de una sola norma como capaz de "comunicar" la solución justa), a la convivencia de estas normas, el diálogo normas para alcanzar su razón, su finalidad "narrada" o "comunicada" en ambas.
> La bellísima expresión de Erik Jayme, es el actual y necesario "diálogo de las fuentes" (*dialogue de sources*), para permitir la aplicación simultánea, coherente y coordinada de las múltiples fuentes legislativas convergentes[18].

Para Lima Marques, se utiliza el concepto de diálogo porque hay "influencias recíprocas" y porque hay una aplicación conjunta de ambas normas al mismo tiempo y en el mismo caso, sea complementariamente o subsidiariamente, o sea permitiendo la elección voluntaria de las partes sobre las fuentes en conflicto. Se trata en todo caso de una solución flexible y abierta de interpretación, o incluso de una solución más favorable para el más débil de la relación (diferencia de trato entre diferentes)[19].

La teoría del diálogo de fuentes, también ha sido desarrollada y difundida por el profesor de la Universidad de Sao Paulo, Alberto do Amaral Júnior, quien apunta:

---

[17] Lima Marques, Diálogo entre o Código de Defesa do Consumidor e o novo Código Civil..., ob. cit. p. 73.

[18] Lima Marques, Diálogo entre o Código de Defesa do Consumidor e o novo Código Civil..., ob. cit., p. 73.

[19] Lima Marques, Diálogo entre o Código de Defesa do Consumidor e o novo Código Civil..., ob. cit., p. 73.

> ...las ideas embrionarias del gran maestro de Heidelberg, concebidas en el ámbito del derecho internacional privado, son adecuadas para explicar las interacciones de las reglas que componen un subsistema específico y la totalidad de las normas del derecho internacional público. En los últimos tiempos, tratados en los más distintos dominios se multiplicaron en escala vertiginosa y dieron origen a subsistemas normativos que reclaman coordinación, bajo pena de causarse la fragmentación y la pérdida de unidad del derecho internacional. La pluralidad, la complejidad, la fluidez y el dinamismo se tornaron característicos de las normas internacionales. En este ambiente, el "diálogo" de las fuentes es un instrumento de gran valía porque facilita la comunicación de los subsistemas entre sí y con las reglas generales del derecho internacional.
> La utilidad que proporciona reside en captar el modo de relación entre normas pertenecientes a subsistemas diversos según el principio de coherencia, que, en una era de proliferación normativa, busca conferir armonía al proceso de aplicación del derecho internacional. Consiste en un recurso hermenéutico valioso para comprender la complejidad y el alcance de las relaciones normativas surgidas a partir de la expansión reguladora del derecho internacional en la última mitad del siglo XX y comienzo del siglo XXI[20].

Para do Amaral Júnior

> ...la expresión diálogo de fuentes apunta hacia un nuevo modo de encarar la coexistencia de las normas. La eliminación de la norma incompatible no es abandonada, pero es una vía extrema a ser usada cuando todos los otros recursos fallaren[21].

Este profesor de la Universidad de Sao Paulo, ha señalado un ejemplo bastante ilustrativo para proponer la idea de coordinación de las fuentes. En este sentido advierte que el sistema multilateral de comercio y los tratados en materia ambiental tienen una lógica diferente

[20] do Amaral Júnior, Alberto, El "diálogo" de las fuentes: fragmentación y coherencia en el derecho internacional contemporáneo (Trad. L. Klein Vieira), en: *Revista sobre enseñanza del Derecho*, 2009, Año 7, No. 13, pp. 71 ss., especialmente p. 80. Publicado originalmente en portugués como "O diálogo das fontes: fragmentação e coerência no direito internacional contemporâneo", en: *Anuário Brasileiro de Direito Internacional*, 2008, Vol. 2, pp. 11-33.

[21] do Amaral Júnior, El "diálogo" de las fuentes..., ob. cit., p. 80.

entre sí, lo que aumenta la probabilidad de conflictos entre las reglas y principios de cada uno de estos regímenes[22]. A pesar de los conflictos que pueden plantearse, apunta también que un sistema multilateral de comercio próspero posibilita la asignación y el uso eficiente de recursos, lo cual podría generar los medios adicionales necesarios para el crecimiento económico y para la mejoría de la protección ambiental, y por otro lado, el medio ambiente sano proporcionaría los recursos ecológicos para sostener el crecimiento y apoyar la continua expansión del comercio. Sobre esta idea armonizadora de tales grupos normativos propone el "diálogo de fuentes", para integrar, desde el plano hermenéutico, las reglas del comercio internacional con las del Derecho ambiental, a la luz del concepto de desarrollo sostenible previsto en numerosos tratados y así como en el propio Acuerdo constitutivo de la Organización Mundial del Comercio[23]. El diálogo procuraría la aplicación simultánea, coherente y coordinada de las diversas fuentes del Derecho internacional.

> Más allá de las normas específicas encargadas de la comunicación intersistémica, las reglas y los principios generales transforman elementos dispersos en un todo significativo, regido por la interdependencia entre las partes que lo constituyen[24].

Agrega do Amaral Júnior, que la teoría del diálogo de fuentes tendría sus raíces en el Derecho internacional clásico, con la denominada "presunción contra el conflicto", formulada hace más de medio siglo por Wilfred Jenks. Conforme a esta idea debe asumirse la premisa de que, al participar en gran cantidad de convenciones, los Estados no anhelan establecer relaciones antagónicas, que pongan en riesgo la unidad finalista de la política externa, por lo que debe procurarse una interpretación armonizadora. La presunción contra el conflicto recibió consagración expresa en 1957 por la jurisprudencia de la Corte Internacional

[22] do Amaral Júnior, Alberto, El comercio internacional y la protección del medio ambiente: contradicción o complementariedad, en: *Revista de Derecho Ambiental de la Universidad de Palermo*, 2012, Año I, No. 1, pp. 79 ss., especialmente p. 79.

[23] do Amaral Júnior, El comercio internacional y la protección del medio ambiente..., ob. cit., p. 81.

[24] do Amaral Júnior, El comercio internacional y la protección del medio ambiente..., ob. cit., p. 84.

de Justicia, en el caso del "*Derecho de paso sobre territorio Hindú*" al establecer que:

> Es una regla de interpretación que un texto emanado de un Gobierno debe, en principio, ser interpretado en el sentido de que produce o intenta producir efectos en correspondencia con el Derecho existente y no en violación de éste[25].

Añade do Amaral Júnior que el diálogo de las fuentes,

> ...intenta, por medio de la interpretación, captar la riqueza y la variedad de las relaciones normativas surgidas con la expansión reguladora del derecho internacional. La coordinación flexible de las fuentes restablece la coherencia por medio del descubrimiento de la finalidad que persiguen. Esta es, en realidad, una coherencia "restablecida" o "derivada", condición decisiva para la efectividad del derecho internacional, que abriga normas de los más variados matices. El derecho internacional clásico era, en la visión de la doctrina, un sistema unitario, coherente y completo, organizado para disciplinar las relaciones interestatales. Había principios que los juristas, durante siglos, elaboraron para resolver los raros casos de antinomias. Con la incesante probabilidad de conflicto, que expone el riesgo de fragmentación del derecho internacional, la coherencia deja de ser un dato para tornarse en una construcción hermenéutica; no es un punto de partida, sino el resultado de la labor doctrinaria. Al igual que una red en la cual los hilos son cuidadosamente entrelazados, la construcción de la coherencia requiere trabajo paciente, bajo el impulso del caso concreto, para identificar la convergencia entre normas que pertenecen a subsistemas distintos[26].

El referido autor observa a los sistemas jurídicos, en general, y al sistema jurídico internacional, como una pluralidad de normas articuladas en un todo, irreductible a las partes que lo componen.

---

25 "*It is a rule of interpretation that a text emanating from a Government must, in principle, be interpreted as producing and as intended to produce effects in accordance with existing law and not in violation of it*". Corte Internacional de Justicia, Sentencia del 26 de noviembre de 1957 (*Right of Passage over Indian Territory* / Portugal c. India).

26 do Amaral Júnior, Alberto, El comercio internacional y la protección del medio ambiente..., ob. cit., p. 86

> La teoría clásica de las fuentes del derecho internacional, que aún hoy prevalece, se ocupa, esencialmente, del proceso de creación y de los requisitos de validez de las normas jurídicas. A estos aspectos es necesario sumar una visión prospectiva, en una correlación entre validez y eficacia, de tal modo que el significado de la norma es dado por los hechos que la condicionan y por los valores que la legitiman[27].

do Amaral Júnior observa también cierto espacio para el diálogo de las fuentes en el artículo 31 de la Convención de Viena sobre Derecho de los tratados, que llama a interpretar los tratados teniendo en cuenta su contexto. En este sentido, apunta que la práctica de los diferentes órganos jurisdiccionales internacionales tiende, en efecto, a conciliar las distintas fuentes, empleando interpretaciones sistémicas, procurando la armonía y la coherencia de las reglas internacionales[28].

---

[27] do Amaral Júnior, Alberto, El comercio internacional y la protección del medio ambiente..., ob. cit., p. 88.

[28] do Amaral Júnior, Alberto, El comercio internacional y la protección del medio ambiente..., ob. cit., pp. 95-104. La Convención de Viena sobre derecho de los tratados reza al respecto los siguiente: Art. 31. Regla general de interpretación. I. Un tratado deberá interpretarse de buena fe conforme al sentido corriente que haya de atribuirse a los términos del tratado en el contexto de estos y teniendo en cuenta su objeto y fin.

2. Para los efectos de la interpretación de un tratado el contexto comprenderá, además del texto, incluidos su preámbulo y anexos:
   a) todo acuerdo que se refiera al tratado y haya sido concertado entre todas las partes con motivo de la celebración del tratado:
   b) todo instrumento formulado por una o más partes con motivo de la celebración del tratado y aceptado por las demás como instrumento referente al tratado;
3. Juntamente con el contexto, habrá de tenerse en cuenta:
   a) todo acuerdo ulterior entre las partes acerca de la interpretación del tratado o de la aplicación de sus disposiciones:
   b) toda práctica ulteriormente seguida en la aplicación del tratado por la cual conste el acuerdo de las partes acerca de la interpretación del tratado:
   c) toda forma pertinente de derecho internacional aplicable en las relaciones entre las partes.
4. Se dará a un término un sentido especial si consta que tal fue la intención de las partes.

Art. 32. Medios de interpretación complementarios. Se podrán acudir a medios de interpretación complementarios, en particular a los trabajos preparatorios del tratado y a las circunstancias de su celebración, para confirmar el sentido resultante de la aplicación del artículo 31, o para determinar el sentido cuando la interpretación dada de conformidad con el artículo 31:
   a) deje ambiguo u oscuro el sentido; o
   b) conduzca a un resultado manifiestamente absurdo o irrazonable.

Sin embargo, pensamos que el planteamiento del diálogo y la coordinación formuladas por do Amaral Júnior no es del todo acertada cuando busca aclarar que

> [e]n rigor, sólo existe "diálogo" de las fuentes entre reglas horizontales, situadas en el mismo nivel jerárquico, lo que lo diferencia de la jerarquía introducida en el derecho internacional por medio del reconocimiento del *jus cogens* por la Convención de Viena sobre Derecho de los Tratados. Se configura, en esta hipótesis, un "monólogo" y no un "diálogo": las reglas superiores alejan a las inferiores en razón de la supremacía que las caracteriza[29].

A nuestro modo ver, la existencia de relaciones jerárquicas no excluye el diálogo entre los diferentes niveles, pues, precisamente, la idea central de coordinación flexible o de comunicación entre fuentes, propugna la superación de las fórmulas clásicas de resolución de antinomias, para buscar la realización de los fines normativos y los valores jurídicos superiores. Obviamente, las jerarquías se mantienen, sólo que se comprenden de una forma más elástica y maleable, con el objeto de garantizar la verdadera realización de los valores superiores de dicha jerarquía.

El profesor Renato Rua de Almeida, siguiendo también los planteamientos de Lima Marques, ha expresado que el diálogo de fuentes es un nuevo método de interpretación y aplicación de las leyes, a través del cual, en vez de identificar el conflicto entre las normas, se busca su coordinación. En este sentido, advierte que, así como ha sido formulado en el campo de las relaciones de consumo, es también apropiado para la labor hermenéutica en el ámbito de los derechos fundamentales y del Derecho del trabajo[30]. Lo concibe como una visión "pos-positivista" del Derecho, que busca en última instancia la promoción de la dignidad de la persona de la parte débil del contrato que es el trabajador[31].

---

29 do Amaral Júnior, Alberto, El comercio internacional y la protección del medio ambiente…, ob. cit., p. 87.

30 Rua de Almeida, Renato, *Diálogo das fontes e eficácia dos direitos fundamentais: síntese para uma nova hermenêutica das relações de trabalho*, pp. 1-2. Disponible en: https://revistas.unifacs.br/index.php/redu/article/view/3687/2596

31 Rua de Almeida, *Diálogo das fontes e eficácia dos direitos fundamentais…*, ob. cit., p. 3.

Hay que decir, por lo tanto, que el método del diálogo de las fuentes completa la teoría de la eficacia de los derechos fundamentales, en particular el efecto horizontal de los derechos fundamentales y específicamente el efecto horizontal de los derechos fundamentales en las relaciones laborales[32].

Rua de Almeida plantea diversos ejemplos de diálogo de fuentes en materia laboral del Derecho brasileño, que permiten de algún modo superar lo que él califica como

> ...el fetiche de la ley y la autonomía de la voluntad, a menudo en detrimento del propio trabajador en las relaciones laborales, por lo que se requiere una nueva hermenéutica de las relaciones laborales resultantes de la síntesis del método del diálogo de las fuentes y la eficacia horizontal de los derechos fundamentales en las relaciones laborales, incluyendo las cláusulas generales de nuestro derecho civil constitucionalizado como una nueva etapa de la evolución dialéctica[33].

En un estudio sobre el control de la convencionalidad, Pedro Ribeiro Agustoni Feilke, ha observado el paralelismo que existe entre la idea del diálogo de fuentes del Derecho internacional público, con las ideas ya conocidas en el Derecho constitucional sobre la concordancia práctica o armonización, según el cual los bienes jurídicos constitucionales deben coexistir de manera que no se excluyan unos a otros, sino que cada parte sea aprovechada en mayor o menor medida para conservar la integridad constitucional. De semejante modo, observa, que por la aplicación del principio *pro homine* no se pretende la total prevalencia de un dispositivo o principio sobre el otro, sino un diálogo de fuentes que conducirá a una solución protectora de los derechos humanos, en procura de una optimización de las normas en conflicto.

> Aquí vemos que la única diferencia fundamental entre el principio *pro homine* y el principio constitucional de concordancia prácti-

32 Rua de Almeida, *Diálogo das fontes e eficácia dos direitos fundamentais...*, ob. cit., pp. 2-3.
33 Rua de Almeida, *Diálogo das fontes e eficácia dos direitos fundamentais...*, ob. cit., pp.10-11.

> ca: este tiene como alcance para asegurar el cumplimiento de los derechos constitucionales, mientras que aquel que busca preservar ineludiblemente los intereses de la persona humana.
> Se observa entonces que el principio de primacía de la norma más favorable al ser humano se acopla intrínsecamente a la idea del diálogo de fuentes. Ante una situación de antinomia entre las normas relativas a los derechos humanos, las fuentes normativas deben dialogar para hacer cumplir el contenido que va a proteger de manera más efectiva[34].

Agustoni Feilke aporta otra interesante reflexión sobre la teoría del diálogo de las fuentes, como mecanismo conciliatorio entre las discusiones acerca de la prevalencia del Derecho internacional sobre el nacional. "El acuerdo tiende a recorrer un camino dialógico, en el cual haya una constante conversación entre las dos jurisdicciones"[35]. También advierte que la teoría es, pues, aplicable al Derecho internacional público, ofreciendo una nueva perspectiva acerca de la relación entre las más diversas fuentes que le son inmanentes al Derecho[36].

En el ámbito general de los contratos y el Derecho de obligaciones, el tratadista Flavio Tartuce, también ha acogido y propugnado la idea del diálogo de fuentes, afirmando que la misma

> ...nació para reemplazar y superar los criterios clásicos de la solución de las antinomias jurídicas... y sin duda este será su papel en el futuro, ya que no hay sombra de duda de que esta teoría ha sido aceptada por el ordenamiento jurídico patrio[37].

IV. RECEPCIÓN DE LA DOCTRINA EN ARGENTINA

Por diversas razones la doctrina brasileña y la argentina, mantienen también su "comunicación" particular, y las ideas sobre el diálogo

---

34 Agustoni Feilke, Pedro Ribeiro, O controle de convencionalidade e a jurisprudência do Supremo Tribunal Federal, en: *Direito em Debate – Revista do Departamento de Ciências Jurídicas e Sociais da Unijuí*, 2014, Año XXIII No. 41, pp. 147 ss., especialmente p. 152. Disponible en: https://www.revistas.unijui.edu.br/index.php/revistadireitoemdebate

35 Agustoni Feilke, O controle de convencionalidade..., ob. cit., p. 150.

36 Agustoni Feilke, O controle de convencionalidade..., ob. cit., p. 151.

37 Tartuce, Flávio. *Manual de Direito Civil*, São Paulo, Método, 3ª ed., 2013, p. 66.

de fuentes inicialmente debatidas y difundidas en Brasil, han encontrado especial resonancia en la Argentina. Algunos de los primeros comentarios parecen haber sido adelantados por la profesora de Derecho internacional privado de la Universidad Nacional de Córdova, Cristina Britos. El trabajo se refería puntualmente al manejo de las fuentes del Derecho internacional privado, ante la nueva realidad de globalización y multiplicidad de fuentes normativas.

> Es necesario destacar que los operadores jurídicos deben cumplir un rol fundamental en esta nueva realidad que avanza a pasos vertiginosos e impone diversos desafíos. No es azaroso destacar entre estos, la importancia que adquiere replantearnos la temática de las fuentes de que se nutre el DIPr por una parte y la necesidad de flexibilizar los criterios a la hora de proceder a la aplicación de las mismas. Este es sin duda, el camino que debemos transitar si comulgamos con alcanzar la justicia de la solución en el caso concreto.

Estima Britos que

> ...se debe propiciar una coordinación de fuentes, ya sea a través de una jerarquía, aunque no entendida desde el punto de vista formal sino valorativamente orientada, sea a partir del diálogo jurídico que sostiene Jayme, teniendo en cuenta las circunstancias particulares de los casos multiestatales, para compatibilizar con la mejor solución que refleje los principios inspiradores del sistema[38].

Por su parte, la profesora Adriana Dreyzin de Klor, también de Derecho internacional privado de la Universidad Nacional de Córdoba, llama a recordar que

> ...hay una línea que va vinculando el formalismo al pensamiento rígido en función de la interpretación, por un lado; mientras que por el otro, se pergeña una teoría no formalista en la que se desarrolla el activismo judicial y toma auge la interpretación teleológica[39].

---

[38] Britos, Cristina, De cara a la postmodernidad: la superación del conflicto de fuentes a la luz del camino de la coordinación, en: *elDial.com - DC14CE*, 26 de noviembre de 2010.

[39] Dreyzin de Klor, Adriana, Derechos humanos, Derecho internacional privado y activismo judicial, en: *Revista Agenda Internacional*, 2012, Vol. 19, No. 30, pp. 119 ss., especialmente

En este contexto Dreyzin de Klor alude a la utilidad de conciliar el diálogo de las fuentes respetando la primacía de los tratados universales al hilo de la interpretación teleológica[40].

El momento en que se difunde la teoría en Argentina coincidió con los trabajos de elaboración del nuevo Código Civil y Comercial de la Nación, sancionado en fecha 7 de octubre de 2014 y el cual que entró en vigor el 1 de enero de 2016[41]. En la presentación oficial del proyecto de Código, se hizo explícita referencia a la recepción de la teoría del diálogo de las fuentes, señalándose al respecto lo siguiente:

> En un sistema complejo existe una relación ineludible de la norma codificada con la constitución, tratados internacionales, leyes, jurisprudencia, usos, de modo que **quien aplica la ley o la interpreta establece un diálogo de fuentes** que debe ser razonablemente fundado (artículos 1, 2 y 3). Se trata de directivas para la decisión judicial, que debe comenzar por el método deductivo, someterse al control de los precedentes, verificar la coherencia con el resto del ordenamiento, y dar explicaciones suficientemente razonables[42]. (resaltado nuestro).

Del igual modo, en la exposición oficial de los "Fundamentos del Anteproyecto" se desarrollaban las ideas del diálogo de fuentes. Al explicar la composición y las bases del Título Preliminar, se asentó lo siguiente:

> ...es necesario que los operadores jurídicos tengan guías para decidir en un sistema de fuentes complejo, en el que, frecuentemente,

p. 126. Disponible en: http://revistas.pucp.edu.pe/index.php/agendainternacional/article/view/6265

[40] Dreyzin de Klor, Derechos humanos, Derecho internacional privado y activismo judicial..., ob. cit., pp. 126-127.

[41] El Proyecto fue elaborado por una Comisión de más de cien profesores, juristas y jueces, presidida por Ricardo L. Lorenzetti, Elena Highton de Nolasco y Aída Kemelmajer de Carlucci. Consultar página oficial: http://www.nuevocodigocivil.com/textos-oficiales-2/

[42] Documento denominado "Proyecto de Código Civil y Comercial de La Nación", elaborado por Ricardo Luis Lorenzetti (Presidente de la Comisión redactora) (Decreto 191/2011), Elena Highton de Nolasco y Aída Kemelmajer de Carlucci, p. 3-4. Disponible en: http://www.nuevocodigocivil.com/wp-content/uploads/2015/02/1-Presentacion-del-Dr.-Ricardo-Lorenzetti.pdf

debe recurrirse a un diálogo de fuentes, y a la utilización no sólo de reglas, sino también de principios y valores[43].

El mismo documento, al referirse a los principios generales de protección del consumidor, advierte que:

> En el campo de la interpretación, se establece un "dialogo de fuentes" de manera que el Código recupera una centralidad para iluminar a las demás fuentes.
> El intérprete de una ley especial recurrirá al Código para el lenguaje común de lo no regulado en la ley especial y, además, para determinar los pisos mínimos de tutela conforme con el principio de interpretación más favorable al consumidor.
> De conformidad con esta perspectiva, se produce una integración del sistema legal en una escala de graduación compuesta por: a) los derechos fundamentales reconocidos en la Constitución Nacional; b) los principios y reglas generales de protección mínima y el lenguaje común del Código; c) la reglamentación detallada existente en la legislación especial. Los dos primeros niveles son estables,

---

[43] Documento denominado "Fundamentos del Anteproyecto de Código Civil y Comercial de La Nación", elaborado por Ricardo Luis Lorenzetti (Presidente de la Comisión redactora) (Decreto 191/2011), Elena Highton de Nolasco y Aída Kemelmajer de Carlucci. p. 9. Disponible en: http://www.nuevocodigocivil.com/wp-content/uploads/2015/02/5-Fundamentos-del-Proyecto.pdf. Agrega dicho documento que: "La regulación completa de las fuentes es un tema que hoy se analiza en el derecho constitucional, porque tiene la amplitud necesaria para comprender desde los tratados internacionales hasta la reglamentación administrativa. En el derecho privado, en cambio, se pueden regular las fuentes desde el punto de vista de la decisión del juez, estableciendo, como se dijo, reglas para la decisión judicial.
De modo que, en este plano, la respuesta es positiva y así lo propone el Anteproyecto. Si se introducen reglas respecto de las fuentes y la interpretación, se debe valorar su coordinación con otros microsistemas. Ello es así porque, sea cual fuere el grado de centralidad que se le reconozca al código, una norma de este tipo tiene un efecto expansivo indudable. La Corte Suprema de Justicia de la Nación ha sostenido: "...la regla de interpretación prevista en el artículo 16 (del Código Civil) excede los límites del derecho privado, puesto que los trasciende y se proyecta como un principio general vigente en todo el orden jurídico interno" (Fallos, 312:957).
Por esta razón, cabe distinguir entre el derecho como sistema y la ley, que es una fuente, principal, pero no única. En este sentido, es muy útil mencionar las fuentes del derecho, y fijar algunas reglas mínimas de interpretación, porque se promueve la seguridad jurídica y la apertura del sistema a soluciones más justas que derivan de la armonización de reglas, principios y valores".

mientras que el tercero es flexible y adaptable a las circunstancias cambiantes de los usos y prácticas[44].

Ahora bien, las normas sobre la interpretación del Código no se refieren expresamente al diálogo de fuentes. Sin embargo, sí contiene una instrucción expresa sobre interpretación sistemática y de conformidad con los derechos humanos:

> Artículo 1. Fuentes y aplicación. Los casos que este Código rige deben ser resueltos según las leyes que resulten aplicables, conforme con la Constitución Nacional y los tratados de derechos humanos en los que la República sea parte. A tal efecto, se tendrá en cuenta la finalidad de la norma. Los usos, prácticas y costumbres son vinculantes cuando las leyes o los interesados se refieren a ellos o en situaciones no regladas legalmente, siempre que no sean contrarios a derecho.
> Artículo 2. Interpretación. La ley debe ser interpretada teniendo en cuenta sus palabras, sus finalidades, las leyes análogas, las disposiciones que surgen de los tratados sobre derechos humanos, los principios y los valores jurídicos, de modo coherente con todo el ordenamiento.

Asimismo, en materia de contratos de consumo, se establece lo siguiente:

> Artículo 1094. Interpretación y prelación normativa. Las normas que regulan las relaciones de consumo deben ser aplicadas e interpretadas conforme con el principio de protección del consumidor y el de acceso al consumo sustentable.
> En caso de duda sobre la interpretación de este Código o las leyes especiales, prevalece la más favorable al consumidor.
> Artículo 1095. Interpretación del contrato de consumo. El contrato se interpreta en el sentido más favorable para el consumidor. Cuando existen dudas sobre los alcances de su obligación, se adopta la que sea menos gravosa.

---

[44] "Fundamentos del Anteproyecto de Código Civil y Comercial de La Nación"..., ob. cit., pp. 131-132.

El profesor Gonzalo Sozzo observa que, en efecto, aunque no se menciona expresamente en ningún momento el diálogo de las fuentes, estas reglas organizan un sistema para que el operador jurídico resuelva los conflictos normativos que se compone, por un lado, de órdenes de prelación normativa y, por el otro, de principios de organización del diálogo.[45]

Sozzo ofrece algunas consideraciones que nos resultan muy ilustrativas y contribuyen al desarrollo de la teoría:

> El "diálogo de fuentes" es una teorización alternativa y superadora del dispositivo de resolución de antinomias del derecho moderno basado en la idea de que una regla debe excluir a la otra por razones temporales, de especificidad, o de jerarquía.
> Según la postura del diálogo de fuentes, el sistema es complejo producto de la convivencia de diferentes racionalidades regulatorias; por ello, unas reglas de resolución de conflictos normativos que hicieran prevalecer una por sobre otra cada vez, equivaldría a una pérdida de riqueza por disminución de la diversidad.
> Por esta razón, el objetivo que se propone el diálogo de fuentes y sus reglas derivadas es poner en práctica una labor de integración

---

45 Sozzo, Gonzalo, La resistematización de la regulación del consumo en el Proyecto de Código Civil de 2012 en: *Revista de Derecho Privado*, 2012, Año II, No. 4, Reforma del Código Civil III, Contratos. Disponible en: https://cec.mpba.gov.ar/sites/default/files/150608_Regulacion_del_consumo.pdf, p. 83. Sozzo incluye inicialmente las normas de prelación normativa (arts. 963, 1094 y 1709) dentro de las normas que contemplan el diálogo. Pensamos que esta inclusión no es del todo apropiada, ya que la idea del diálogo, aunque no niega las prevalencias jerárquicas, trata de plantearse como una alternativa metodológica a tales prevalencias. Y, en efecto, el mismo autor luego aclara: "Las reglas de prelación normativa como los arts. 963 y 1709 del Proyecto de Código Civil no son determinantes a la hora de organizar el diálogo de fuente. Pueden ser empleadas como un complemento argumental pero las categorías utilizadas en las mismas no tienen la capacidad explicativa necesaria para fundar una determinada organización de las reglas que deben regir el caso. Esto es particularmente así en el "bloque" de reglas legales derivadas de los diferentes tipos de orden público, todos los cuales forman parte del "orden público constitucional".
...Estos criterios fijados por el legislador son distorsivos del diálogo de fuentes y condicionan al intérprete (vgr. excluyendo el "diálogo de coherencia").
En otras palabras, el diálogo de fuentes para establecer en un caso la regla aplicable debe generarse por medio de las normas que regulan el procedimiento del diálogo de fuentes en general y propio de los contratos de consumo, lo que ratifica la preocupación por mantener un alto nivel de respeto a la relativa autonomía de los microsistemas". (pp. 98-99)

de las diferentes fuentes en las que se hallan cada una de las reglas en conflicto.
Para el derecho privado, que por décadas logró sus mayores avances en el campo de las leyes micro sistémicas, el diálogo de las fuentes –es decir, de los documentos legales que integran la fuente ley, en el derecho privado– es vital[46].

V. LOS PRINCIPIOS ASADIP SOBRE EL ACCESO TRANSNACIONAL A LA JUSTICIA (TRANSJUS)

Los TRANJUS constituyen una iniciativa de *soft law* de la Asociación Americana de Derecho Internacional Privado (ASADIP), en la que hemos participado activamente desde el planteamiento de la idea, hasta su concreción y divulgación[47].

Tal como indica su exposición de motivos, dichos principios establecen estándares mínimos para garantizar el acceso a la justicia, de conformidad con el Derecho internacional de los derechos humanos y los principios consagrados por la generalidad de las constituciones modernas.

En su primer capítulo se establece lo siguiente:

> Artículo 1.2. En los litigios transnacionales, la interpretación jurídica atenderá también a los siguientes principios:
> a. Principio del "diálogo de fuentes" e interpretación conforme a los derechos humanos: Los jueces y demás operadores jurídicos interpretarán las normas substantivas y procesales no solo en función de su texto, sino atendiendo también a sus finalidades, teniendo en cuenta estos Principios y su coherente aplicación con los principios que informan el derecho internacional de los derechos humanos y los valores que inspiran la generalidad de las constituciones modernas. Las antinomias que pueda presentar esta diversidad de fuentes procurarán resolverse mediante una interpretación que las coordine y armonice en la medida de lo posible…

---

[46] Sozzo, La resistematización de la regulación del consumo…, ob. cit., p. 83-84.

[47] El texto final de los TRANSJUS fue aprobado por la Asamblea General de la ASADIP en su sesión de Buenos Aires, el 12 de noviembre de 2016. El mismo se encuentra disponible en: http://www.asadip.org/v2/?page_id=231.

Así, pues, se acoge de manera expresa la teoría del diálogo de las fuentes, con un llamado específico a la observancia de los derechos humanos en la interpretación jurídica. Probablemente, esta expresa recepción de la teoría contribuya a su expansión hacia otras latitudes.

VI. ¿ES UN APORTE DEL DERECHO INTERNACIONAL PRIVADO A LA TEORÍA GENERAL DEL DERECHO?

La teoría del diálogo de las fuentes podría considerarse un aporte del Derecho internacional privado a la teoría general del Derecho. Pero debe advertirse también, que la misma, pareciera ser una suerte de versión sintética de diversas tendencias jurídicas y corrientes de pensamiento que, tal como hemos señalado en la introducción de este artículo, convergen sobre el Derecho actual.

La teoría del diálogo de fuentes, de algún modo, pareciera ser un derivado de la teoría de la argumentación jurídica, del neoconstitucionalismo, del Derecho internacional de los derechos humanos, del activismo judicial, asimilados simultáneamente por una rama del Derecho especializada en el pluralismo de fuentes (el Derecho internacional privado) frente a un contexto de globalización que reclama soluciones jurídicas más adecuadas.

La interpretación y la argumentación jurídica, en efecto, han sido objeto de intensos debates y nuevos planteamientos, ocasionados por una corriente de la teoría o de la filosofía del Derecho que se inicia después de la Segunda Guerra Mundial, con una serie obras que cuestionan la lógica formal, como método único y suficiente para la interpretación y el razonamiento jurídico. Se suelen señalar como obras precursoras principales de la "teoría de la argumentación jurídica", las siguientes: "Tópica y jurisprudencia" de Viehweg (1953), la "Nueva filosofía de la interpretación del Derecho" de Recaséns Siches (1956), "La nueva retórica - Tratado de la argumentación" de Perelman y Olbrecht-Tyteca (1958) y "Los usos del argumento" de Toulmin (1958)[48].

[48] Véase, Atienza, Manuel, *Las Razones del Derecho - Teorías de la argumentación jurídica*, México, UNAM, Instituto de Investigaciones Jurídicas, Serie Doctrina Jurídica No. 134, 2005, p. 29.

Estos planteamientos se entrecruzan luego con el resurgimiento del constitucionalismo (neoconstitucionalismo) y la consolidación del Estado constitucional de Derecho. La concepción normativista o substantivista de la Constitución[49], entraña la adopción de un modelo axiológico, en el que se superpone una escala de fuentes comprendida por los valores, directrices políticas, principios y normas[50], constituyéndose "una suerte de puente entre el discurso jurídico y el moral, por cuanto su interpretación no puede prescindir de valoraciones éticas"[51].

Adicionalmente, esta concepción substantiva y axiológica del orden constitucional trae consigo la "constitucionalización del derecho privado", la cual va de la mano con la incorporación de los derechos humanos, es decir, con la "humanización del derecho privado"[52]. Entre nosotros, el propio Hernández-Bretón advierte que "todo el Derecho se

[49] "La Constitución del constitucionalismo es una constitución en sentido material, como conjunto de normas fundamentales, de organización política y regulación de la democracia, donde rige un Estado Constitucional efectivamente limitado por el Derecho. Los derechos fundamentales o humanos son exigencias éticas universales y necesarias para que el Estado constitucional y el constitucionalismo dejen de ser expresiones más o menos abstractas y entusiastas de un fenómeno jurídico contemporáneo" Meier, Henrique, (Neo)Constitucionalismo e internacionalización de los derechos, en: *Universitas - Revista de Filosofía, Derecho y Política*, 2012, No. 15, pp. 27 ss., especialmente p. 39. Disponible en: http://universitas.idhbc.es/n15/15-03.pdf.

[50] Véase, Dworkin, Ronald, *Los derechos en serio* (Trad. M. Gustavino), Barcelona, Ariel, 2002, pp. 72-83.

[51] Pozzolo, Susana, Neoconstitucionalismo y especificidad de la interpretación constitucional, traducción de Josep M. Vilajosana, en: *Doxa - Cuadernos de Filosofía del Derecho*, 1998, No. 21, p. 346. Disponible en: http://www.cervantesvirtual.com/nd/ark:/59851/bmch4229. Apunta también la profesora de la Universidad de Génova: "Esto lleva a sostener, a distintos niveles, la conexión necesaria entre derecho y moral. La conexión se verifica a nivel interpretativo. Al atribuir significado a los estándares denominados "principios", el operador debe primero atribuir significado a los valores morales subyacentes; es preciso, pues, que ofrezca una lectura moral de los mismos (y no literal). Desde el punto de vista del mero análisis lingüístico, los principios no tendrían nada que decir, perderían su valor prescriptivo; por el contrario, se comprenden a través de su ethos. El producto de la interpretación, al final de varios pasos valorativos requeridos, es una norma que pueda justificar una decisión en cuanto presenta un origen moral. La conexión entre derecho y moral se verifica, pues, también a nivel justificativo, ya que sólo mediante esa vía la decisión jurídica podría justificarse. A partir de ahí, la doctrina del neoconstitucionalismo sostiene la prevalencia del punto de vista interno, del punto de vista del participante, en relación con el del observador desinteresado. Sólo desde la perspectiva del participante es identificable la decisión", p. 343.

[52] Sozzo, La resistematización de la regulación del consumo en el Proyecto de Código Civil 2012, ob. cit., pp. 80-81.

ha constitucionalizado", principalmente por virtud de la irrupción de los derechos humanos[53].

El ordenamiento jurídico en su conjunto (no solo el Derecho privado) pasa a interpretarse en consonancia con la Constitución y con el Derecho internacional de los derechos humanos. Con ello, las dudas acerca de las necesidades particulares de la interpretación constitucional tienden, sino a disolverse, quizás incluso a invertirse. La pregunta ya no puede ser si el Derecho constitucional debe nutrirse de elementos o métodos de interpretación especiales. El planteamiento es ahora si el Derecho, en general, debe adoptar nuevos cánones de hermenéuticos, toda vez que tiene que interpretarse conforme a valores, principios y derechos fundamentales[54]. De modo que tal especificidad interpretativa, no sería una particularidad del Derecho constitucional, sino una del Derecho contemporáneo en general, que viene impuesta por la supremacía normativa del orden constitucional.

Vemos en la teoría del diálogo de fuentes una estrecha conexión con los métodos de interpretación que se han desarrollado en el plano constitucional. A modo de ejemplo, resultan ilustrativas las ideas de Peter Häberle, quien trae a colación los principios de interpretación constitucional que se expusieron en un Congreso de la Asociación de Profesores de Derecho Público en 1961, entre los cuales se contempla:

> El principio de concordancia práctica (K. Hesse) o de "un equilibrio moderado" entre ambas partes (P. Lerche). En caso de colisión, por ejemplo, entre derechos fundamentales y relaciones de sujeción especial, la Ley Fundamental tiene que hacer posible, marcando límites a ambos bienes, una realización optimizada de los valores y principios constitucionales en conflicto[55].

---

53 Hernández-Bretón, Eugenio, La Constitución del 30 de diciembre de 1999 y la Ley de Derecho Internacional Privado del 6 de agosto de 1998, en: AAVV, *Ley de Derecho Internacional Privado de 6 de agosto de 1998-Libro homenaje a Gonzalo Parra-Aranguren*, Caracas, Tribunal Supremo de Justicia, 2001, Vol. II, pp. 11-16, especialmente p. 12.

54 Por lo general, quienes defienden la especificidad de la interpretación constitucional se apoyan fundamentalmente en la idea de que la Constitución está impregnada de normas abiertas, indeterminadas o muy amplias. Cfr. Balaguer Callejón, María Luisa, *Interpretación de la Constitución y ordenamiento jurídico*, Madrid, Tecnos, 1997, pp. 38-39.

55 Balaguer Callejón, *Interpretación de la Constitución…*, ob. cit., pp. 38-39.

Es de advertir, tal como apunta Häberle, que la supremacía constitucional y la idea de interpretación conforme a la constitución, podrían inducirnos a olvidar los límites específicos del Derecho constitucional, con relación a su coexistencia con el Derecho privado y el Derecho penal. Sin embargo,

> El juez constitucional debería reflexionar de manera permanente acerca de esos límites... El derecho penal o el derecho civil tienen sus propias estructuras y contornos. Están vinculados a la Constitución, pero tienen autonomía dentro del respeto a los límites constitucionales. Esa singularidad se ha desarrollado en el Derecho privado desde las grandes aportaciones de la cultura jurídica del Derecho romano. El Derecho constitucional no debería pretender atenuarla desde arriba o desde fuera. El arte jurídico del derecho privado es antiguo, el del Derecho constitucional es relativamente joven y nuevo...El jurista constitucional tiene todos los motivos para respetar el fino tejido del arte jurídico del derecho civil. Naturalmente, la autonomía privada es también un principio del Derecho constitucional, y debe preservarse siempre el complejo equilibrio de los diversos intereses, lo que supone ciertamente un límite[56].

A nuestro modo de ver, la idea del diálogo de fuentes, es un camino apropiado para facilitar ese respeto propugnado por autores como Häberle, acompañando la noción de jerarquía de los valores, principios y derechos constitucionales, con la idea de coordinación entre las fuentes.

En este orden de ideas, tanto la teoría de la interpretación constitucional, como la teoría de la argumentación jurídica, junto a la práctica de los tribunales constitucionales, vienen desde hace algún tiempo cuestionando la suficiencia del procedimiento clásico de subsunción jurídica, para defender la importancia del mecanismo de "ponderación", que no es otra cosa que una conciliación entre fuentes normativas, valores o principios en conflicto. Robert Alexy describe muy bien la distinción entre subsunción y ponderación, haciendo énfasis en que el

[56] Häberle Peter, Métodos y principios de la interpretación constitucional - un catálogo de problemas (Conferencia dictada en la Universidad de Granada en 1999) (Trad. F. Balaguer Callejón), en: *Revue Europeenne de Droit Public*, 2000, Vol. 12, No. 3. En: http://www.ugr.es/~redce/REDCE13/articulos/Haeberle.htm#_ftn20

Derecho no se agota en las deducciones subsuntivas. Cuando estamos ante un conflicto entre normas, es porque, en principio, se ha efectuado una "subsunción de primer nivel", obtenida a través de la lógica clásica. Para Alexy, las reglas clásicas de resolución de antinomias (*lex superior derogat legi inferiori, lex posterior derogat legi priori y lex specislis derogat legi generali*) constituyen "metareglas" y para llegar a una solución a través de ellas debe hacerse una "metasubsunción", pero, al fin y al cabo, cuando se recurre a estas reglas permanecemos en el nivel de la subsunción. Ese nivel de subsunción es siempre necesario, e incluso lo utilizamos de manera previa para llegar a la necesidad de ponderación. Pero la subsunción sola, no solamente es rudimentaria, sino insuficiente en muchos de los casos, sobre todo en los casos difíciles[57].

Alexy sostiene que la ponderación es un proceso racional y ubicuo en el Derecho, aunque hay muchos casos que pueden resolverse simplemente mediante la subsunción. Sin embargo, los casos difíciles se caracterizan porque hay razones de peso a favor y en contra de cualquier decisión que se tome, y muchos de los conflictos entre estas razones se resuelven por medio de la ponderación. Advierte que la ubicuidad de la ponderación en el Derecho se sustenta en la estructura del Estado constitucional, donde las decisiones pueden afectar y limitar los derechos de las personas. Se trata en todo caso de procesos dominantes en la práctica, a pesar de las abundantes críticas y los cuestionamientos que le hacen respetables autores. Estas críticas, que generalmente recaen sobre la supuesta falta racionalidad en la idea de ponderación y sobre el peligro que representa para la certeza jurídica, tendrían razón, según Alexy, si no existiere una estructura racional de argumentación en la que pudiera desarrollarse la ponderación. Pero tal estructura sí existe, y en alto grado de sofisticación[58].

Alexy advierte, además, que la ponderación puede ser vista como una parte de lo que se necesita para llegar a un principio más comprensivo, el principio de proporcionalidad, que aplican constantemente los

---

[57] Alexy, Robert, Sobre la ponderación y la subsunción/Una comparación estructural (Trad. M. León Untiveros), en: *Foro Jurídico-Revista de Derecho*, 2009, No. 9, pp. 40 ss., especialmente pp. 40-41. Disponible en: http://revistas.pucp.edu.pe/index.php/forojuridico/article/view/18513

[58] Alexy, Sobre la ponderación y la subsunción…, ob. cit., p. 96.

tribunales constitucionales[59]. Para autores como Guastini, la ponderación representa una "jerarquía axiológica móvil", en tanto que tiende a manifestarse en distintas maneras según las circunstancias del caso concreto y, en definitiva, implica un balance casuístico de los intereses en juego, para inclinarse en favor de alguno de ellos[60].

Aunque la ponderación y el principio de proporcionalidad han sido formulados sobre la idea de manejar los posibles conflictos entre principios constitucionales o derechos fundamentales[61], lo cierto es que las normas, en general, también tienden a ponderarse en casos de conflictos reales, pues éstas reflejan principios o desarrollan aspectos relativos a los derechos de las personas.

Por otra parte, dentro de los cuestionamientos al pensamiento jurídico formalista, se ha extendido ya la idea del contenido retórico del Derecho, donde la persuasión pasa a formar parte funcional del mismo, llegando a establecerse la noción de que no existen soluciones únicas a los problemas jurídicos, sino soluciones más o menos plausibles, más o menos persuasivas. Se toma conciencia del componente lingüístico, no sólo del Derecho, sino del pensamiento en general[62].

---

59 Alexy, Sobre la ponderación y la subsunción..., ob. cit., p. 97. Entre los ejemplos, cita la sentencia dictada por la Corte Constitucional Federal alemana, en el caso *Titanic*, la cual procedió a efectuar una "ponderación, para el caso específico", entre la libertar de expresión de los editores de la revista Titanic y el derecho general de la persona a la honra, en este caso, de un oficial parapléjico de la reserva. La revista, de contenido satírico, se había referido al oficial como un "asesino nato" y luego como un "tullido". La Corte, sopesó o ponderó los dos derechos en conflicto aplicando un complejo test de proporcionalidad, y llegando a la conclusión de que se justificaba la indemnización en contra de la revista por la intensidad y gravedad de la lesión, pues con el apelativo de "tullido" se constituyó una "vulneración grave del derecho a la honra, del parapléjico" (Sentencia de la Corte Constitucional Federal alemana, 173 [187]) pp. 98-99.

60 Guastini, Ricardo, *Teoría idelógica de la interpretación* (Trad. M. Carbonell / P. Salazar), Madrid, UNAM, Mínima Trotta, 2008, pp. 88-90

61 Para un ilustrativo estudio sobre el principio de proporcionalidad, véase: Díez Gargari, Rodrigo, Principio de proporcionalidad, colisión de principios y el nuevo discurso de la Suprema Corte, en: *Revista Mexicana de Derecho Constitucional*, 2012, No. 26, pp. 65 ss. Disponible: http://biblio.juridicas.unam.mx/revista/pdf/CuestionesConstitucionales/26/ard/ard3.pdf

62 La obra emblemática que dio fuerza inicial a estas ideas fue la de Perelman, Chaïm / Lucie Olbrechts-Tyteca, *Traité de l'argumentation: la nouvelle rhétorique*, Paris, Presses universitaires de France, 1958. Véase, Zerpa, Levis Ignacio, La argumentación jurídica, en: AAVV: *Curso de capacitación sobre razonamiento judicial y argumentación jurídica*,

Así, pues, en la actualidad el Derecho se interpreta de manera distinta a las fórmulas clásicas que se consolidaron en el pensamiento jurídico decimonónico a partir de la Escuela Exegética francesa. Vittorio Frosini, puso de relieve el carácter dialéctico y "demiúrgico" de la interpretación:

> ...la interpretación jurídica es un procedimiento dialéctico, que se origina, se inicia, se desarrolla y termina entre tensiones y contradicciones que requieren una elección por cuanto se trata de un acontecimiento metamórfico, esto es, que consiste en una conversión de resultados, en el sentido anteriormente indicado.
> La interpretación jurídica no es, pues, la aplicación mecánica de un mandato, sino una actividad creadora, en el sentido propio del término. Más exactamente, puede afirmarse que ella es una actividad demiúrgica que, de un conjunto de circunstancias y condiciones simultáneamente presentes en la relación contextual, obtiene como resultado una estructura, mediante la cual se establece entre las partes una relación circular de coherencia, que tiende –como fin– a su realización práctica[63].

Frosini extrae el término para parangonar la actividad interpretativa con la del demiurgo: "aquel dios que, según Platón, transformó la materia prexistente del caos, convirtiéndola en un cosmos ordenado, de conformidad con las ideas"[64]. Adhiere también Frosini la observación de Capograssi, en cuanto a que la experiencia jurídica representa la interpretación de las razones profundas de la vida humana. Agrega que las modernas corrientes en la interpretación jurídica surgen y se afianzan en el contexto más amplio de la reflexión filosófica sobre la hermenéutica, influenciada por recientes orientaciones culturales en el campo de la lógica, la semiología y la retórica[65].

Caracas, Tribunal Supremo de Justicia, Serie Eventos No. 3, 2010, pp. 163 ss., especialmente pp. 169-171.

63 Frosini, Vitorio, *Teoría de la interpretación jurídica* (Trad. J. Restrepo), Bogotá, Temis, 1991, pp. 12-13

64 Frosini, *Teoría de la interpretación jurídica...*, ob. cit., pp. 12-13.

65 Frosini, *Teoría de la interpretación jurídica...*, ob. cit., p. 14.

Dentro de ese prolongado marco reflexivo y, en nuestra opinión, como un producto sintético del mismo, surge la teoría del diálogo de fuentes.

VII. CONCLUSIONES

La teoría del diálogo de fuentes sintetiza un conjunto de planteamientos del Derecho moderno, extensamente aceptados, aunque no exentos de críticas y cuestionamientos.

La teoría busca alejarse más de la rigidez de las reglas tradicionales de solución de antinomias, y advierte la necesidad de un método de interpretación flexible y conciliatorio, entre fuentes de distinto tiempo, rango y naturaleza, en el cual los derechos humanos se alzan como elemento orientador preponderante.

Consideramos, pues, que el diálogo de fuentes puede ser una herramienta clave de interpretación del Derecho en el mundo al que asistimos, cuyo orden jurídico está sujeto un proceso dinámico que se ajusta (y se desajusta) constantemente. Por ello, la interpretación debe ser también dinámica, flexible y moldeable a los cambios. Las fuentes hablarán según su momento de aplicación.

El Derecho internacionAal privado es la rama jurídica que más se ha concentrado en estudiar los conflictos normativos. A partir de ese conocimiento acumulado (*know how)*, la teoría del diálogo de las fuentes representa una enriquecedora contribución a los debates del Derecho contemporáneo.

CONTENIDO DE UN CURSO DE DERECHO INTERNACIONAL REGULATORIO DEL PROCESO

JORGE ALBERTO SILVA*

Resumen: El derecho mexicano no delimita de manera clara en su doctrina el marco regulatorio del proceso dentro del derecho internacional, y además no cuenta con juristas preparados para desarrollar la materia. Esto presenta un problema en el derecho mexicano, pues la internacionalización y globalización del derecho ha permitido el desarrollo del proceso internacional y extranjero. El presente trabajo analiza la competencia del Estado, el marco regulatorio y elementos del proceso internacional, la cooperación internacional en procesos extranjeros, y propone un programa de curso del derecho internacional procesal aportar el conocimiento a la doctrina mexicana.

Abstract: *Mexican law does not clearly define in its doctrine the regulatory framework of legal procedures within international law, and does not have qualified jurists to develop on the matter. This presents a problem in Mexican law, since the internationalization and globalization of the law has allowed further development of the international and foreign procedure. This article analyzes the competence of the State, the regulatory framework and elements of the international legal procedure, the international cooperation in foreign procedures, and proposes a course outline for international procedural law for further development in the Mexican doctrine.*

* Profesor de carrera en áreas de derecho procesal internacional y derecho conflictual, así como en el Seminario de investigación jurídica y derecho comparado. Miembro de número de la Academia Mexicana de Derecho Internacional Privado, de la que fue su presidente, investigador nacional. silvasi@aol.com

D. Tratamiento legal. E. Consideraciones sobre el objeto del curso. 1. Derecho internacional, conflictual y procesal. 2. Otras áreas o disciplinas del derecho que participan. 3. Tesis sintéticas. 4. Autonomía científica. 5. Autonomía didáctica. VII. Denominación de nuestro objeto de conocimiento. VIII. Contenido de este campo de conocimiento. A. Gaetano Morelli. B. Istaván Szászy. C. Víctor Romero del Prado.D. Adolfo Miaja de la Muela. E. Miguel de Angulo. F. Julio González Campos, Rodrigo Recondo Porrúa y Alfonso Luis Calvo Caravaca. G. Valentín Cortés Domínguez. H. Miguel Virgós Soriano y Francisco Garcimartín. I. Werner Goldschmidt. J. Dante Barrios de Angelis. K. Eduardo Vescovi. L. Manuel Rosales Silva. M. Walter Frisch Philipp. N. José Luis Siqueiros. IX. Propuesta de un programa de curso. A. Consideraciones previas. B. Proyecto de un programa del curso.

DEDICATORIA

Con afecto para Eugenio Hernández Bretón, un gran jurista venezolano, a quien conocí, no sé cuántos años atrás, pero seguramente en alguna reunión con la Profesora Tatiana B. de Maekelt, por quien siempre tuve un gran afecto. Tanto ella y él, luchadores por el desarrollo del Derecho Internacional Privado latinoamericano. Lo he encontrado en algunas reuniones internacionales. Sé que Eugenio ha estado interesado en la justicia del proceso y la libertad de sus jueces[1], al igual que el Derecho internacional sobre el proceso, como lo demostró con su famoso documento: "Problemas contemporáneos del derecho procesal civil internacional venezolano" y otros muchos más. Se que lo que aquí presento es un tema que le interesará. Va el presente con mi admiración para Eugenio, en este justo homenaje que se le hace.

I. PREÁMBULO

Hace tiempo que un profesor de Derecho internacional privado me habló diciéndome que lo habían invitado para impartir un curso de derecho procesal civil, familiar y comercial, pero en su contexto internacional. Me pedía una opinión en torno a cuál pudiera ser el contenido de tal curso.

Algo sobre la cuestión ya la había abordado antes. De manera que no me costó mucho trabajo desempolvar lo que yo tenía y proceder a actualizar lo que se me pedía.

---

1 Alocución del doctor Eugenio Hernández-Bretón con ocasión de la instalación de la Subcomisión de Régimen Político y Administración de Justicia de la Asamblea Nacional, el 25 de febrero de 2016.

El presente artículo corresponde a parte de mi opinión. Es necesario tomar como objeto de conocimiento la regulación internacional sobre el proceso, ya que con mayor frecuencia se alude a esa normatividad, sobre todo a partir de la entrada en vigor de diversos tratados internacionales que abordan normas de competencia y de cooperación internacional al proceso, así como diversas reformas y adiciones a la codificación procesal civil y comercial interna.

En realidad, no está muy claro y delimitado en la doctrina mexicana cuál es el contenido de ese campo del conocimiento. Cabe incluir en él al menos las disposiciones jurídicas expedidas por el legislador interno y las derivadas del derecho convencional internacional, que, entre otros aspectos, regulan las relaciones entre los tribunales de un Estado y los órganos que cooperan para resolver un proceso.

Lo importante consiste en precisar el objeto o contenido de un curso de esta naturaleza. En especial, me interesa el diseño de un curso que permita preparar personal, o cuando menos, introducir personal al conocimiento de la normatividad que incide o interactúa directa o indirectamente en el tratamiento de los actos procesales, preprocesales y posprocesales vinculados o aparentemente vinculados a cuando menos dos ordenes jurídico-procesales, o relacionados con el territorio o la población de otro país[2].

Para México esto resulta de gran importancia, no solo por la nueva codificación procesal que se avecina, sino porque realmente carecemos de juristas preparados en estos campos.

Por lo anterior, es necesario fijar el contenido de este importante campo del conocimiento a fin de presentar, dentro de un programa académico, un curso de derecho internacional regulatorio de lo procesal civil, familiar y comercial con un marco teórico firme.

Para elaborar un programa como el propuesto, es necesario definir las áreas o campos procesales sobre los que gravita el derecho internacional, además, que también es importante precisar la ubicación de este campo de conocimiento dentro de la geografía jurídica, así como establecer un concepto de él. Lo anterior tiene el propósito de preparar

---

2 He trabajado durante varios años en la preparación de personal para estos temas. La mayoría han sido jueces del poder judicial de diversas entidades federativas, así como alumnos en diversas universidades, en México, España y Venezuela.

personal que pueda afrontar un proceso que se vincule a dos o más órdenes jurídico-procesales.

Durante varios años he trabajado impartiendo la clase de cooperación judicial internacional, derecho procesal internacional, derecho procesal en las relaciones internacionales y otros nombres, con lo que se bautiza a lo que ahora presento. He trabajado en diversas universidades mexicanas y del extranjero y de todas y cada una he recogido el interés de los alumnos del posgrado por estos temas. Mis alumnos han sido alumnos regulares, jueces y magistrados, de manera que he tenido la oportunidad de revisar con ellos tanto casos prácticos, como teóricos. De estos he derivado el problema central que ha de ser objeto de conocimiento para este curso.

II. DERECHO PROCESAL INTERNACIONAL Y DERECHO INTERNACIONAL PROCESAL

He tenido oportunidad de consultar varios estudios y monografías, y el objeto de conocimiento que me preocupa suele considerarse parte de un estudio mayor, que ha sido clasificado o cuando menos presupone que se ha adoptado una clasificación.

Atendiendo a la regulación procesal vinculada a lo internacional, la dogmática suele diferenciar dos tipos de normatividad procesal: por un lado, la que estructura y regula un proceso internacional, y, por otro, la que, sin estructurar y regular todo un proceso, contiene normas que regulan algún aspecto de un proceso. En el primer caso se comprende la normatividad procesal internacional (derecho procesal internacional). Su objeto de conocimiento está referido a todo un proceso internacional, mientras que, en el segundo, se trata de la normatividad internacional que incide o influye en un proceso interno (derecho internacional procesal). Su objeto de conocimiento son las disposiciones que regulan un apartado de un proceso interno.

En el primero, hablamos de un complejo de normas, todas las cuales regulan o estructuran todo un proceso, desde su inició hasta el final (v.g., un proceso seguido ante un tribunal internacional). En la segunda, la normatividad solo está referida a algún aspecto de un proceso (v.g., el trámite de una carta rogatoria).

Aunque no todos los estudios parten de esta diferencia, o la confunden, es conveniente precisarla, ya que el curso a que se refiere la interrogante que se me ha hecho se centra en la normatividad internacional que regula o incide en el proceso interno y no en un proceso internacional.

Como se dijo, el derecho procesal internacional corresponde a la rama del derecho procesal que se encamina a solucionar litigios a partir de una normatividad procesal o característicamente internacional (supranacional); en cambio, el internacional procesal no comprende un proceso propiamente internacional, sino que solo regula ciertos actos de un proceso que normalmente sigue disposiciones de derecho interno[3].

Las normas del derecho internacional regulatorias del proceso tienen por objeto de conocimiento algunos actos de un proceso interno. Aquí caben las normas internacionales que prescriben que en cada Estado deben existir normas que garanticen el debido proceso legal, el derecho a un recurso efectivo, el derecho a defenderse, etcétera.

En el derecho internacional regulatorio del proceso (derecho internacional sobre el proceso) encontramos normas o disposiciones de dos tipos: por un lado, las normas de jerarquía superior a las internas que uniforman un acto procesal, como las que prescriben el debido proceso legal, el derecho a un recurso efectivo, el derecho a defenderse, etc. Por el otro, las normas procesales que vinculan cuando menos dos órdenes, como en el caso de toda la normatividad de cooperación a un proceso extranjero establecida en leyes internas.

A manera de símil, en la Constitución mexicana encontramos diversas disposiciones que regulan un aspecto procesal, pero de ellas no puede decirse que regulen todo un proceso. Se trata de normas constitucionales que regulan un apartado del proceso, no de un proceso constitucional.

---

[3] Aunque con cierta diferencia, José Ovalle Favela sostiene que "el derecho procesal internacional es la rama especial que estudia el conjunto de normas que regulan el proceso destinado a solucionar los conflictos sobre la interpretación y aplicación de las normas internacionales. Es claro que esta disciplina –apenas en formación– es una rama de las que hemos denominado parte especial del derecho procesal. Pero [...] el derecho procesal internacional se refiere a procesos en los que se interpretan y aplican normas de derecho internacional". Ovalle Favela, José, *Teoría general del proceso*, México, Harla, 1991, p. 87.

No debemos atemorizarnos con la distinción entre derecho procesal internacional y derecho internacional sobre el proceso. En otros campos la distinción ya se ha aceptado[4]. Incluso, los especialistas de esta rama se autodenominan internacional iusprivatistas y no iusprivatistas internacionales. Aprovecho la oportunidad para proponer un nuevo término: internacional iusprocesalista.

III. LITIGIO Y REGULACIÓN PROCESAL INTERNACIONAL

Hay quienes suelen pensar que las normas procesales son internacionales siempre que se trate de un litigio internacional, lo cual es falso. Por ello es necesario diferenciar al litigio internacional de los actos procesales internacionales[5].

La materia o litigio que trata de resolverse en un proceso no define o conduce a la normatividad internacional sobre el proceso. Por ejemplo, si se litiga el incumplimiento de un contrato de compraventa con puntos de conexión en diversos Estados, esto solo indica que la materia o el fondo por resolver podrá ser internacional e, incluso, que se apliquen (incorporen) normas sustantivas de otro Estado, pero no que necesariamente se aplique la normatividad procesal de otro país o convención internacional de contenido procesal. Una cosa es el fondo o negocio por resolver mediante las normas sustanciales, y otra la forma cómo habrá de resolverse. Lo que se hace mediante las normas instrumentales, generalmente procesales.

El litigio (también se le llama *litis*) que es llevado al proceso jurisdiccional para su solución reviste importancia en el objeto de conocimiento del derecho sustantivo internacional, pero no necesariamente en el procesal.

---

[4] Por ejemplo, los estudios aluden al derecho internacional privado del trabajo y no al derecho del trabajo internacional. Correa Meyer Russomano, Gilda Maciel, *Derecho internacional privado del trabajo*, México, UNAM, 1984. Briceño Berrú, José Enrique, Los tratados latinoamericanos de derecho internacional civil y procesal civil: Su valor y vigencia actuales, en; *Rivista di Dirito internazionale privato e processuale*, 1980 (esta última obra no estuvo a mi disposición).

[5] La mayor parte de las obras de teoría general del proceso suelen presentar la diferencia entre litigio y proceso. Por desgracia, en una gran mayoría de abogados se advierte la confusión.

Explicaré un poco más lo que estoy diciendo. Una cosa es el litigio y otra los medios empleados para solucionar ese litigio. El primero está regulado básicamente por normas sustantivas (normas primarias en términos hartianos), mientras que el segundo, por normas procesales (normas secundarias en términos hartianos). El matiz internacional a que me refiero se centra en la actividad procesal, es decir, en los actos a realizarse para solucionar el litigio interpartes.

El litigio no necesariamente tiene que calificarse como internacional o extranjero para que se apliquen normas internacionales sobre el proceso, como tampoco es indispensable incluir normas procesales extranjeras cuando se resuelve un asunto o litigio vinculado a dos o más ordenes jurídicos. El conocimiento de la normatividad internacional centrada en el proceso se refiere a los actos procesales tendentes a la solución de un litigio interpartes, aun cuando ese litigio sea doméstico.

Ejemplo: tratase de un litigio derivado de una compraventa en la que el comprador y el vendedor han pactado en un solo país (en A). Igualmente, la entrega de la mercancía, el lugar de pago y el domicilio de las partes está en el mismo país, incluso el proceso para solucionar ese litigio se tramita ahí. Se trata en este caso de un litigio esencialmente doméstico. En principio no tiene nada de internacional. Pensemos ahora que uno de los testigos que se encontraba inicialmente en ese país (en A) se ha mudado al extranjero (a B), pero resulta necesario escuchar su declaración. Pues bien, los actos que se desarrollan para recabar su declaración son actos procesales regulados por la normatividad internacional procesal, sin importar que ésta sea expedida internamente por cada país, o en el ámbito convencional internacional, o que el litigio sea esencialmente interno. Aquí el litigio sigue siendo interno, mientras que parte de los actos procesales son internacionales.

En consecuencia, debe diferenciarse al litigio internacional del proceso con vínculos internacionales.

IV. ELEMENTOS EXTRANJEROS O INTERNACIONALES EN UN PROCESO

La dogmática (principalmente la internacional ius privatista) suele aludir al proceso con "elementos internacionales", "aspectos extranjeros", "aspectos extraños", o "elementos extranjeros" de un proceso. Con estas expresiones la doctrina toma como objeto de conocimiento los actos procesales vinculados con dos o más ordenes jurídicos, con la población de dos o más Estados, o con el territorio de dos o más Estados. Cuando algún acto de un proceso local está vinculado al extranjero, se dice que posee un elemento extranjero.

Como es sabido, mediante el proceso jurisdiccional se da un tratamiento al litigio interpartes con la finalidad de solucionarlo. Ese tratamiento y solución implica una serie de actos procesales, por ejemplo, notificar una demanda, escuchar un testigo, ejecutar una medida cautelar, etc. El tribunal de un país puede requerir la declaración de un testigo que se encuentra en otro Estado, hacer una notificación en otro país, ejecutar una sentencia en otra nación, etc. El solo hecho de que el acto procesal se realice en otro Estado, regido por otro orden jurídico, vincula el procedimiento de obtención del testimonio, de la notificación o la ejecución de una sentencia, con el o los procedimientos jurídicos de dos o más ordenes jurídicos.

En casos como estos, y aunque se trata de un solo proceso, los actos jurisdiccionales que lo componen *(notio, iuditio* y algunos de *executio*) suelen realizarse de acuerdo con diversos ordenes jurídicos. La participación de un orden jurídico procesal cobra importancia especial en nuestro objeto de conocimiento.

Con lo anterior quiero destacar la posibilidad de que, en ocasiones, un proceso jurisdiccional doméstico requiere alguna actuación complementaria que debe realizarse conforme a otro orden jurídico procesal o en un territorio regido por otro de tales ordenes. Así ocurre en los casos en que es necesario hacer una notificación o una citación, obtener una prueba o ejecutar una resolución en el extranjero. Estos son algunos de los casos a los que alude la doctrina cuando se refiere a un proceso con elementos extranjeros.

A los especialistas del derecho internacional privado lo anterior les resulta familiar, pues supone vincular o contactar un supuesto normativo con dos o más ordenes jurídicos (legales o jurisdiccionales).

V. NORMAS INTERNACIONALES REGULADORAS DEL PROCESO

La alusión a normas de derecho internacional procesal podría sugerir dos sentidos:

1. Aquellas que tomando en cuenta el órgano fuente expedidor de la norma han sido expedidas por un organismo u órgano propiamente internacional o por el acuerdo de dos o más Estados (aspecto formal).
2. Aquellas que toman en cuenta el contenido (aspecto material) de la norma, sin importar si la expidió un órgano interno o internacional.

El significado planteado en la primera hipótesis resulta incorrecto, pues no solo los organismos internacionales pueden expedir normas que regulan un trámite procesal.

Además, aunque se podría pensar que únicamente son normas internacionales procesales las derivadas de convenios o tratados internacionales, esta idea resulta demasiada estrecha, ya que también existen normas internas que tienen como objetivo regular situaciones internacionales. Por ello, el contenido de la norma define su internacionalidad, no el órgano que la crea. El sentido anterior es aceptado por la mayoría de los internacionalistas. De ahí que también suela aludirse a normas internacionales de fuente interna y de fuente internacional.

Ejemplo: El enunciado prescrito en un código de procedimientos civiles establece que el plazo para contestar una demanda, cuando el demandado reside en el extranjero, será de x días. En este caso, la disposición no está expedida por un organismo internacional ni por el acuerdo de dos Estados, sino por un órgano de gobierno interno, pero su contenido no se refiere a un problema de tráfico jurídico interno, sino internacional.

Como se observa, se nos presentan dos tipos de disposiciones internacionales reguladoras del proceso:

1. Las normas establecidas por el tradicional derecho internacional (v.g., las derivadas de convenios internacionales, también

conocidas como normas de derecho convencional internacional). Se trata de las normas de fuente internacional.

2. Las establecidas internamente en cada país y caracterizadas porque el actuar procesal que regulan se vincula con un orden procesal extranjero, con un territorio extraño o con la población de un Estado extranjero. Por ejemplo, las disposiciones internas mexicanas reguladoras de las cartas rogatorias están vinculadas con otros órdenes jurídicos y territorios. Esta normatividad, aun cuando no se asiente en convenios internacionales, es de fuente interna, por lo que también se conoce como normas de derecho procesal interno con vocación internacional. Al estudio de estas normas con vocación internacional o derecho estatal externo o derecho estatal en orden a las relaciones con el exterior, o derecho interno en materia internacional.

En suma, las normas internacionales regulatorias de un proceso pueden provenir de fuentes propiamente internacionales (tratados) o de fuentes internas. En consecuencia, al considerar el contenido de las normas procesales internas podemos subdividirlas en internas (stricto sensu) e internas que regulan un problema de tráfico jurídico internacional, que son las normas que comprende el derecho estatal externo. Estas últimas son las comprendidas en nuestro objeto de conocimiento.

Por consiguiente, lo que nos acerca al objeto de conocimiento es la materia legislada (el aspecto objetivo) y no necesariamente quién la legisló (el aspecto subjetivo)[6].

En fin, no seguiré el criterio formal, es decir, el que solo atiende al órgano de creación normativa para diferenciar el derecho interno del internacional. Según este criterio, si un tribunal internacional es el que conoce, el proceso es internacional, pero si el litigio le compete a un tribunal interno, se trata de un proceso interno. Tal parecer es falso, ya que en multitud de casos los tribunales internos pueden aplicar normatividad internacional o extranjera reguladora del proceso.

---

6 Para un punto de vista del derecho procesal estatal externo, véase Morelli, Gaetano, *Derecho procesal civil internacional*, Buenos Aires, Ediciones Jurídicas Europa-América, 1953, pp. 2 ss.

Una norma internacional de contenido procesal es aquella que, si bien puede considerarse desde diversos ángulos, lo es cuando se atiende su contenido. De esta manera, no es posible definir la normatividad internacional de contenido procesal pensando solo en el legislador que las expidió (interno o internacional), el tribunal que decidirá el litigio (tribunales internos o internacionales) o la materia o litigio por resolver (litigios internos o internacionales).

Por lo anterior (el contenido legislado), el derecho internacional regulador del proceso (derecho internacional procesal) comprende el conocimiento de esa normatividad internacional, ya sea que se trate de normas de derecho convencional internacional o de normas internas que tienen una vocación internacional.

Una norma de derecho procesal interno con vocación internacional es la que aun cuando haya sido expedida por el legislador de un Estado, da por supuesto la existencia de otro u otros Estados en la comunidad internacional, a los que ha de pedir cooperación, que de ellos recibirá una solicitud de cooperación, o que el acto jurídico-procesal por practicar se vincule cuando menos a dos órdenes jurídicos diferentes.

VI. UBICACIÓN DE NUESTRO OBJETO DE CONOCIMIENTO

Varios de los estudios que consultados tratan de encuadrar la dogmática del derecho internacional sobre el proceso (en el sentido amplio a que me he referido) en alguna de las disciplinas de la ciencia del derecho. Al respecto, encontré en la doctrina, la regulación legal y la jurisprudencial varias posiciones que expresan que:

1. Pertenece o es parte del derecho internacional privado.
2. Es parte del derecho procesal.
3. Una parte pertenece al derecho internacional privado y otra parte al derecho procesal o, incluso, que aglutina varias disciplinas del conocimiento jurídico (tesis mixtas, sintéticas o interdisciplinariedad de este estudio).

Debo reiterar que no trato de afirmar una autonomía disciplinar de este campo de conocimiento, lo que me podría llevar a una cuarta posición[7]. Es decir, todavía no se sostiene que el derecho internacional regulador del proceso conforme una disciplina autónoma del derecho. Lo que trato de explicar es determinar si este campo específico del conocimiento puede encuadrarse en alguna de las ramas o disciplinas del derecho conocidas o tradicionales. Al efecto enumeraré algunas ideas expuestas por los más destacados juristas que se han ocupado de esta cuestión.

Es importante resolver la problemática porque de ello podrá conformarse el o los métodos, marcos teóricos y conceptuales que han de observarse en el tratamiento de su objeto de conocimiento.

En gran medida, las tendencias conocidas ubican el derecho internacional sobre el proceso dentro del derecho internacional privado o dentro del derecho procesal, aunque he encontrado varios estudios monográficos que presentan una mixtura de contenidos.

Como ya lo expliqué, varios de los estudios (que adelante explicaré) suelen utilizar la denominación derecho procesal internacional para designar lo que a mi parecer corresponde al derecho internacional sobre el proceso, según el concepto que expliqué anteriormente.

A. Como parte del derecho internacional privado

Comenzaré con un resumen de exposiciones que ubican al estudio de nuestro objeto de conocimiento como una parte del derecho internacional privado.

---

[7] Esto no impide que se elabore un curso sobre el tema, en cuyo caso estaríamos frente a una autonomía didáctica. Prueba de ello es que en lo personal me ha correspondido impartir cursos con el contenido que hoy expongo, o asistir a reuniones de trabajo como las realizadas entre los poderes judiciales de Sonora (México) y Arizona (EUA) a fin de encontrar soluciones prácticas a problemas internacionales sobre el proceso. El alma de estos encuentros fue el profesor Dale Beck Furnish, de la Universidad de Arizona. Se han realizado otras reuniones semejantes entre abogados de Nuevo México (EUA) y Ciudad Juárez (México) en 1995. Participé en discusiones de temas de esta naturaleza fue en mayo de 1996, en Hermosillo, dentro de la mesa "Cooperación judicial internacional", en el "Congreso Trinacional, Dos años del Tratado de Libre Comercio". Así como el que impartí en el año 2000 en la Universidad Central de Venezuela, y luego en el Instituto Tecnológico Autónomo de México, así como otros que he dado en varios diplomados y maestrías en México.
Como cursos, recuerdo el que impartí en el año 2000 en la Universidad Central de Venezuela, y luego en el Instituto Tecnológico Autónomo de México, así como otros que he dado en varios diplomados y maestrías en México.

1. Luis Gestoso y Acosta

Define el derecho procesal internacional diciendo:

> Es aquella parte del derecho internacional privado que trata del conflicto entre las leyes procesales de los diversos países o Estados, y fija las reglas referentes a la competencia y al modo de proceder de los jueces y magistrados, en armonía con los principios fundamentales del derecho sustantivo, con el fin de garantizar a los particulares la conservación de sus derechos adquiridos[8].

2. Víctor Romero del Prado

Este autor afirma que el derecho internacional procesal es

> aquella parte del derecho internacional privado que trata del conflicto entre las leyes procesales de diversos países y fija las reglas referentes a la jurisdicción y competencia, a la tramitación de los juicios, y a la ejecución de las sentencias extranjeras, con el fin de garantizar a los particulares la conservación de sus derechos adquiridos[9].

Es decir, lo incluye dentro del derecho internacional privado.

3. Adolfo Miaja de la Muela

Para este autor, el derecho internacional procesal es "una parte integrante del derecho internacional privado. Si el derecho internacional privado solo estuviera compuesto por reglas conflictuales, sería imposible abordar las normas procesales internacionales, que no son conflictuales, sino materiales"[10].

B. Como parte del derecho procesal

Otro grupo de autores considera nuestro objeto de conocimiento es una parte del derecho procesal.

---

8 Tomado de Romero del Prado, Víctor, *Derecho internacional privado*, Córdoba, Ediciones Assandri, 1961, Tomo III, p. 275.

9 Romero del Prado, *Derecho internacional...*, ob. cit., p. 275.

10 Miaja de la Muela, Adolfo, *Derecho internacional privado*, Madrid, Atlas, 1972, Tomo II, pp. 430-431. Más adelante volveré con este autor que le da un sentido muy amplio al objeto del derecho internacional privado.

1. Gaetano Morelli

Sostiene que nuestro objeto de conocimiento es una parte del derecho procesal. Las normas de un Estado, expone, no solo regulan lo ocurrido en su interior, sino que algunas están relacionadas con los elementos constitutivos de otro Estado (pueblo, territorio, ordenamiento jurídico). Esas normas constituyen lo que se denomina derecho estatal externo. El derecho procesal civil internacional, como lo denomina, es un derecho estatal externo, pero procesal. Únicamente en el momento de determinar la ley aplicable al proceso es cuando el derecho internacional privado las toma como objeto de conocimiento. Pero resulta oportuno –dice– incluir esta temática dentro del derecho procesal civil internacional, dada su conexión[11].

2. Istaván Szászy

Asegura que "el derecho procesal civil internacional regula los aspectos extraños del derecho procesal. Por tanto, el derecho procesal civil internacional constituye una parte del derecho procesal civil, regulando sus aspectos extranjeros; es un procedimiento civil que tiene aspectos extranjeros"[12].

"No obstante que el estudio de la ley aplicable, no forma parte del derecho procesal interno, sino de otra rama, está conectado íntimamente con el derecho procesal civil internacional"[13].

3. Valentín Cortés Domínguez

Sostiene que no podemos afirmar que nuestro objeto de conocimiento sea una parte del derecho internacional privado, porque si tomamos en consideración que éste tiene por objeto el conocimiento de los conflictos de leyes, en el objeto del derecho procesal internacional no se comprenda el conocimiento de los conflictos de leyes. Para empezar –afirma Cortés– porque en el derecho internacional procesal no existe,

[11] Morelli, *Derecho procesal civil…*, ob, cit., pp. 1 y ss.

[12] Szászy, István, *International civil procedure, a comparative study*, Budapest, Sijthoff, 1977, p. 9.

[13] Szászy, *International civil…*, ob. cit., p. 20.

ni puede existir, este tipo de conflictos, pues si consideramos que en la ley española se prescribe que la ley aplicable al proceso es siempre la española, jamás podrá estar en conflicto con otra.

Además –concluye–, la dogmática conceptual española (entiéndase la interpretación de instituciones procesales) se hace conforme a la ley española, no la extranjera. En consecuencia, es una parte del derecho procesal[14].

4. Dante Barrios de Angelis

Afirma que debe diferenciarse el derecho procesal internacional, como le llama, del derecho internacional privado. La pertenencia a lo que denomina derecho procesal es obvia, aunque introduce la idea de que existen normas de doble función, esto es, que pueden contener tanto elementos procesales como sustanciales[15].

C. Como un estudio sintético, mixto o interdisciplinario

Hay quienes suelen sostener la ubicación mixta de nuestro objeto de conocimiento. Margarita Argúas afirma que al ser el derecho procesal una parte del derecho público, pertenece al derecho interno de los Estados, concretamente el derecho procesal. Pero otra parte de nuestra materia no corresponde esencialmente a las normas procesales, sino a las de fondo; como ocurre en todo lo relativo a las pruebas, por estar vinculadas al acto jurídico que se trata de probar, se determina por la ley que rige el acto, la cual puede ser la extranjera; esta otra parte de nuestro estudio depende del derecho internacional privado[16].

El estudio sintético de nuestro objeto de conocimiento ha sido observado por otros especialistas, aunque no siempre se han ocupado de dar una explicación de su pertenencia, pues solo se contentan con la

---

[14] Cortés Domínguez, Valentín, Derecho procesal civil internacional, en: *Revista de Derecho Privado*, 1981, pp. XVII a XIX.

[15] Barrios de Angelis, Dante, *El proceso civil, comercial y penal en América Latina*, Buenos Aires, De Palma, 1989, pp. 95 y 96.

[16] Argúas, Margarita, Derecho internacional privado, en: *Enciclopedia Metódica Larouse*, Tomo IV, México, 1964, p. 315. La afirmación que hace la autora con relación a la ley aplicable a la prueba no es válida para México, ni por la doctrina ni por la ley.

descripción de una vertiente o apartado. Istaván Szászy apunta a Dicey, Morris, Cheshire, Wolff y White, como juristas que sostienen que nuestro objeto de conocimiento pertenece al derecho internacional privado en lo concerniente a los conflictos, mientras que la otra parte del conocimiento pertenece al derecho procesal.

Goldsmidt –afirma Szászy– señaló que el derecho procesal internacional está cubierto por el derecho público sustantivo (extraterritorialidad, competencia extraterritorial), por el derecho de los conflictos (capacidad para demandar y ser demandado, pruebas, derecho de comparecer personalmente a juicio) y por el derecho de extranjería (reconocimiento de decisiones extranjeras)[17].

D. Tratamiento legal

Al revisar las codificaciones existentes, se ha de observar que la regulación de derecho internacional regulatoria del proceso se ha establecido, generalmente, tanto en códigos de derecho internacional privado (códigos suizo, chino, egipcio, húngaro), de procedimientos civiles (códigos alemán o italiano), en leyes de organización judicial (ley austriaca), así como en códigos civiles (código francés). En México, la regulación se encuentra en los códigos de procedimientos civiles, el de comercio, al igual que en varios convenios internacionales. México carece de un código o ley de derecho internacional privado[18].

Un dato importante que ha de considerarse, en especial para quienes sostienen una diferencia entre el derecho internacional privado y el derecho procesal, consiste en percatarse que gran parte de las normas procesales han sido consideradas en las Conferencias Especializadas de Derecho Internacional Privado y que, a la vez, varias de ellas han recibido denominaciones propias del léxico y terminología del derecho internacional privado. Tal es el caso de las relativas a reconocer y ejecutar sentencias extranjeras, recibir u obtener pruebas en el exterior, información del derecho extranjero, etc.

---

[17] Szászy, *International civil...*, ob. cit., p. 16.

[18] La Academia Mexicana de Derecho Internacional Privado y Comparado ha estado trabajando desde hace varios años en la conformación de un proyecto de ley modelo para México. Aún continúa en ese estado. El último proyecto fue el de 2018.

E. Consideraciones sobre el objeto del curso

Los criterios doctrinarios y legales que tratan de identificar la rama del derecho dentro de la que se aglutina el conocimiento de la normatividad internacional reguladora de los actos procesales han sido variados, por lo que me detendré con algunas consideraciones.

1. Derecho internacional, conflictual y procesal

La mayoría de los ius internacional-privatistas, que son los más antiguos estudiosos de los aspectos internacionales que he abordado, sostienen la pertenencia de nuestro objeto de conocimiento a la disciplina del derecho internacional privado, al razonar, principalmente, en el conocimiento de la o las normas de conflicto que pueden aplicarse en un proceso con elementos internacionales. No hay que olvidar que varios iusprivatistas también incluyen el conocimiento de los conflictos de competencias jurisdiccionales dentro del derecho internacional privado. Hay otros ius internacional-privatistas que, en la actualidad, agregan el conocimiento de las normas de derecho internacional procesal uniforme, punto por donde entran o profundizan en el o en los contenidos de las normas procesales.

Los juristas que encuadran nuestro objeto de conocimiento en el derecho procesal (por lo general son procesalistas) se limitan a considerar el conocimiento de los actos meramente procesales (los contenidos de las normas instrumentales), sobre todo el ritual del proceso y prácticamente restan importancia a los aspectos de derecho conflictual procesal, apoyándose en el criterio medieval según el cual, en esencia, el proceso está regulado por normas territoriales[19].

Cabe observar que los juristas que afirman la pertenencia de nuestro objeto de conocimiento al derecho procesal prácticamente no abordan los aspectos de derecho conflictual y, cuando llegan a hacerlo, es a sabiendas (así lo dicen) de que la conflictual no es una parte del derecho internacional procesal. Tal es el caso de Gaetano Morelli. En cuanto a los iusprivatistas, al principio sus estudios estaban más centrados en

[19] Cabe tomar en cuenta que el proceso no está regido en exclusividad por la *lex fori*, ya que admite excepciones, lo que permite la aplicación del derecho procesal extranjero.

temas de derecho conflictual, aunque han revolucionado introduciendo normas de derecho uniforme. Esto es, nuestro objeto de conocimiento ha sido llevado a la elección de la norma aplicable, aunque, como dije, gran parte de los ius internacional-privatistas también han abordado el conocimiento de la competencia jurisdiccional internacional.

A fin de ubicar nuestro objeto de conocimiento, resulta de gran importancia tener presente que el objeto del derecho internacional procesal no está bien claro en todos los iusprivatistas, pues hay quienes solo tratan de estudiar las normas de conflicto e incluso quienes prácticamente desbordan el objeto y, de manera ilimitada, pues pasan por las normas imperativas, materiales y uniformes. En el caso del derecho internacional procesal, el desbordamiento resulta tan grande e incluso sin límites en las afirmaciones de Adolfo Miaja de la Muela.

No es difícil encontrar juristas especializados en el derecho conflictual que incluyen el tema de los conflictos de competencia jurisdiccional, como tampoco lo es hallar otros ius internacional-privatistas que rechazan la temática, como ocurre con los ingleses.

Al sostener la pertenencia del derecho internacional procesal al derecho internacional privado, Adolfo Miaja de la Muela expresó lo siguiente:

Si, por el contrario, estimamos, y esta nos parece la posición más correcta, que el derecho internacional privado es el conjunto de reglas internas e internacionales que regulan el tráfico privado internacional, sería una mutilación de su contenido prescindir en su exposición de las reglas procesales.

Esta afirmación deja prácticamente sin límites al objeto de conocimiento del derecho internacional privado, por lo que absorbe la temática esencialmente procesal. Como ya lo explicaré, no estoy de acuerdo con esta afirmación[20]. En el fondo, no debemos confundir el derecho internacional privado con el derecho de los conflictos, que es una parte del primero, pues solo comprende un grupo de normas del Derecho

---

[20] Miaja de la Muela, *Derecho internacional…*, ob. cit., p. 431. Estas líneas atribuidas a Adolfo Miaja de la Muela son estudiadas por Cortés, Valentín, en: *Derecho procesal civil internacional,* p. XXI. También se analizan en el *Prólogo* a la obra de Miguel de Angulo y redactado por Juan Antonio Carrillo Salcedo, p. 6. De Angulo, Miguel, *Lecciones de derecho procesal internacional*, Granada, Gráficas del Sur, 1974.

internacional privado, punto que ha sido aclarado en el desarrollo del pluralismo metodológico de este último.

2. Otras áreas o disciplinas del derecho que participan

Cabe reflexionar en torno a algunos elementos de la normatividad administrativa necesarios en el estudio del gran campo del conocimiento que trato de explicar. Hay ciertos aspectos que no puedo atribuir de manera exclusiva al derecho procesal ni al conflictual, pero que son reclamados por el derecho administrativo e, incluso, los estudiosos de esta disciplina lo reivindican para sí. Tales aspectos son, por ejemplo, la traducción de documentos, su legalización y apostillamiento, los poderes notariales, ciertas actividades consulares, la designación y funciones de la autoridad central, los medios de transmisión de las cartas rogatorias, etcétera.

Además, el conocimiento de la ejecución de la sentencia extranjera es un tema que en general, los procesalistas, afirman que no forma parte del derecho procesal, con el argumento de que el proceso concluye con la sentencia y que la ejecución, aun en los casos en que una autoridad judicial sea la encargada de ejecutar, ya no es actividad jurisdiccional y, por ende, tampoco proceso, sino, acaso, actividad administrativa en manos del poder judicial[21].

Merece agregar el apartado relativo a la cooperación entre los órganos jurisdiccionales, así como los actos de jurisdicción voluntaria, que para la gran mayoría de procesalistas no tiene la naturaleza jurídica de proceso, dada la ausencia de litigio, pues en el mejor de los casos, como apuntó Niceto Alcalá-Zamora y Castillo, es actividad administrativa, aunque en manos del poder judicial[22].

---

[21] Cipriano Gómez Lara rechaza de manera categórica el tema de la ejecución de sentencia extranjera dentro del derecho procesal, y lo adscribe por completo al derecho internacional privado. Gómez Lara, Cipriano, *Teoría general del proceso*, México, UNAM, Textos Universitarios, 1976, p. 25. En México los estudiosos del derecho procesal penal también excluyen el tema de la ejecución de sentencia del derecho procesal y lo adjudican al administrativo.

[22] Alcalá-Zamora y Castillo, Niceto, Premisas para determinar la índole de la llamada jurisdicción voluntaria, en: *Estudios de teoría general e historia del proceso*, México, UNAM, 1974, así como Eficacia de las providencias de jurisdicción voluntaria, en: *Estudios de teoría general e historia del proceso*, México, UNAM, 1974.

3. Tesis sintéticas

Me refiero enseguida a las tesis mixtas o sintéticas (permítaseme llamarles tesis), esto es, las que tratan de examinar al derecho internacional procesal desde diversas ramas o disciplinas jurídicas.

Nuestro objeto de conocimiento no solo comprende el estudio del derecho conflictual internacional procesal y del derecho internacional procesal uniforme, sino que hay otro tipo de actos, como los que se refieren a los procedimientos que se siguen para auxiliar a la composición de un litigio que trata de resolverse en el extranjero (por ejemplo, los medios preparatorios a juicio que se pretende seguir en el extranjero), los de un litigio que se intenta resolver en el extranjero (un proceso pendiente en otro país), o para dar cumplimiento a resoluciones que se dictaron en el extranjero a fin de dar solución a un litigio interpartes (ejecución de resoluciones); además, hay otra serie de actuaciones reguladas por normas con vocación internacional que no pueden estimarse como normas propias o exclusivas del derecho conflictual ni del derecho procesal.

Hasta ahora, los iusprivatistas han sido quienes prácticamente han predominado en el conocimiento de los diversos temas que comprende el derecho internacional sobre el proceso, lo que se entiende cuando se advierte que en la parte especial del Derecho internacional privado se encuentra la normatividad procesal conflictual. Ya es hora de que los procesalistas también asuman su papel y retomen la temática que les corresponde, si bien es procesal, no es precisamente conflictual[23].

Dante Barrios de Angelis afirma que:

> ...el iusprivatismo, orientado hacia otras preocupaciones, no dispone de una teoría de los actos procesales internacionales; el procesalismo, por su parte, desenvuelve una extensa contribución a tal teoría, en general. Los procesalistas que se han dedicado especialmente a la rama internacional ni son demasiados ni han mostrado una preocupación creadora al respecto. Como es dable esperar, cada

[23] En gran medida es cierto lo que Valentín Cortés afirma: gran parte de la doctrina procesal se encuentra atrasada porque se ha permitido que el proceso administrativo sea estudiado por los administrativistas, el laboral por los laboralistas y el internacional por los internacionalistas. Los procesalistas deben ampliar sus estudios a todo lo procesal.

uno traduce el estado de la técnica que prefiere –adecuada a su espacio y a su tiempo.

El resultado de este estado de cosas, en resumen, es muy similar al que se percibía en el ámbito del objeto y de las situaciones jurídicas: 1. una legislación con terminología ligeramente diversa, aunque con conceptos ciertamente similares, reflejo de la ciencia procesal del siglo xix; 2. un dominio técnico, en consecuencia, desacompasado con los desarrollos actuales; en particular, respecto de los logros de la lógica y la ontología contemporáneas, por una parte, y de la coherencia en el sistema del proceso, por otra[24].

No pienso en el extremo de que el contenido de un curso al vengo refiriéndome corresponda en exclusividad a los procesalistas. Ciertos temas, en especial los conflictuales, competen a los ius internacional-privatistas; los procesales, a los procesalistas, los administrativos a los administrativistas, etc. Estos estudios, en lugar de excluirse unos a otros, deben sumarse, complementarse y sistematizarse en la elaboración de un curso que, a mi parecer, denominarse derecho internacional sobre el proceso o, simplemente, derecho internacional procesal, donde el adjetivo procesal va después del de internacional para especificar a este último.

Si solo examino los temas estrictamente procesales, o los estrictamente conflictuales, nuestro objeto de conocimiento quedaría incompleto; es evidente entonces que las necesidades que dan lugar al diseño de un curso de esta naturaleza también quedarían, en gran medida, sin respuesta.

4. Autonomía científica

Como afirmé líneas arriba, no propongo ni afirmo una autonomía científica del derecho internacional procesal; sencillamente digo que al encontrarnos con la necesidad de conocer diversos temas en el campo internacional, donde el iusprivatista debe conocer derecho procesal y donde el procesalista ha de estudiar derecho conflictual para la resolución de problemas prácticos, ocurre que ambos conocimientos se complementan. Hay incluso varios problemas de frontera.

[24] Barrios de Angelis, *El proceso civil, comercial...*, ob. cit., pp. 225-226.

5. Autonomía didáctica

Si por un lado separamos o atomizamos el conocimiento del derecho conflictual y, por el otro, el del derecho procesal, encontraremos que cada uno tiene su objeto y marcos teóricos para su conocimiento, pero que por razones de conveniencia –es decir, para conocer toda la problemática que englobo dentro de esto que denomino derecho internacional sobre el proceso– es indispensable tomar en cuenta ambos campos de conocimiento.

El conocimiento estratégico de toda la problemática que envuelve el derecho internacional regulador del proceso puede abordarse, cuando menos desde dos puntos de vista:

a. Mediante dos o tres cursos autónomos o multidisciplinarios: uno de derecho conflictual, otro de derecho procesal y acaso un tercero, de derecho administrativo y de extranjería, sin que falten nociones de derecho extranjero y derecho comparado.
b. Mediante un curso interdisciplinario (independientemente del número de módulos que pueda tener), donde se interrelacionen los problemas procesales con los internacionales e, incluso, con algunos administrativos, mezclando todo con derecho extranjero y derecho comparado.

En gran medida, la experiencia habida ha ubicado los estudios en el primer tipo de cursos, pero esta separación no ha producido los frutos que se ha pretendido alcanzar, como sí se han logrado con el segundo tipo de curso, donde se acerca al estudiante a la problemática que se trata de resolver, con un enfoque más interdisciplinario. Así, se ha alcanzado un éxito mayor.

Puedo decir que el primer tipo de curso encuadra más en lo analítico y el segundo en lo sintético, pero por razones prácticas o didácticas resulta más interesante el segundo lo que no quiere decir que niegue, en absoluto, el método analítico. Ambos métodos, el analítico y el sintético, se complementan. Imaginemos, por ejemplo, que tratamos de mostrar a un estudiante un bosque. Podemos hacer dos cosas: llevarlo por carretera al centro del bosque e irle mostrando árbol tras árbol, o llevarlo a sobrevolar el bosque para que conozca la extensión y cómo se presentan los árboles para formar el bosque. En el primer caso, el alumno solo tendrá una visión particularizada o analítica del bosque, pero carecerá de la visión integradora o sintética que ofrece el segundo método.

Para resolver cómo conocer el derecho internacional regulador de lo procesal, me parece que sobrevolar el bosque y ver el conjunto de conocimientos reclamados por diferentes campos (internacionales, procesales, administrativos) debe ser uno de nuestros pasos, porque permite ver de manera integrada e interdisciplinaria toda la problemática. No obstante, no rechazo que el alumno baje y estudie árbol tras árbol, es decir, problema tras problema con los métodos propios que cada rama del conocimiento reclama. Lo que hoy denomino derecho internacional procesal corresponde en gran medida a la visión sintética e interdisciplinaria[25].

Posiblemente todo lo que he expuesto podría alarmar a los procesalistas y a los internacionalistas, quienes podrían pensar que he ensanchado el conocimiento, ya sea del derecho procesal o del derecho internacional privado, según el caso. Los procesalistas tal vez se quejarían porque he "adicionado" al derecho procesal temas de derecho conflictual o, incluso, administrativo. Algo similar podría ocurrir con los iusprivatistas, quienes se lamentarían porque he "adicionado" temas procesales o administrativos al derecho internacional privado. En realidad, ésta no es mi pretensión.

La materia propia del derecho procesal corresponde ser estudiada por el derecho procesal, con sus marcos teóricos y conceptuales propios; la del derecho internacional, con los internacionales; la del

[25] En México, los estudios de licenciatura tienden más a lo analítico y dogmático. La autonomía didáctica del derecho procesal ha aislado su estudio de las normas sustantivas. Algunas nociones sobre el servicio exterior son vistas por el derecho internacional público; los derechos de los extranjeros se estudian en el derecho administrativo, el constitucional o el internacional privado; las cartas rogatorias, en el derecho procesal; la conocida como competencia indirecta, en el derecho internacional privado. En mi opinión esa dispersidad de temas debe aglutinarse, sin que se pierda la unidad científica de cada área del derecho, que no es lo mismo que la unidad didáctica. El plan que pretendo trata de aglutinar en un curso la visión panorámica de diversas áreas que se interconectan. Este curso puede realizarse después de haber concluido la licenciatura, es decir, tras haber concluido el examen analítico, para luego entrar en el sintético, aunque, en lo personal, ya he tenido la oportunidad de exponerlo en licenciatura y en posgrado.

administrativo, con los del administrativo, y lo de extranjería, con los de extranjería. Lo que ahora estoy introduciendo al derecho internacional procesal es una integración de diversos objetos de conocimiento que de manera convencional designaré derecho internacional procesal, la cual es solo una denominación, porque tal vez de momento no he encontrado otra. Como digo, solo se trata de un conjunto de conocimientos integrados interdisciplinariamente, aunque cada uno conserve sus marcos teóricos y conceptuales propios[26].

No obstante, debe reconocerse que aun cuando no ha sido ampliamente conocida la idea de Dante Barrios de Angelis, a mi parecer es el único que se ha preocupado por establecer un mecanismo propio para el derecho procesal internacional, como le llama. Barrios pretende suponer las insuficiencias del método tradicional, al que seguramente los estudios tradicionales se han apegado. El método genético-funcional que propone debe ser estudiado y en su caso implementado[27].

Recuérdese que lo que denomino derecho internacional procesal o sobre el proceso sirve para aglutinar diversas ideas que integrarían un curso, y no que lo ahí contenido, en el sentido científico, sea solo derecho procesal. Esto es, una cosa es el derecho procesal, normado en el ámbito interno o internacional, y otra un curso interdisciplinario que aglutine conocimientos de áreas diversas, todas ellas armonizadas con la idea final de presentar un curso que dé una visión de conjunto de todos los problemas que dan origen a lo que tradicionalmente se ha denominado derecho procesal internacional.

El hecho de abordar el conocimiento del derecho internacional regulador de lo procesal, sin estimarlo una ciencia, nos coloca en una serie de estudios prácticos pero carentes de una metodología única, ya que cada estudio, como perteneciente a diversas disciplinas, tiene sus propios marcos. Éste es el problema: la falta de un punto de partida metodológico. La ausencia de un método único nos sitúa frente a

26 Con relación al punto, Carlos Arellano García expone que "deberá haber actividades interdisciplinarias que hermanen a los juristas procesalistas e iusprivatistas para que se proporcionen el apoyo recíproco en el conocimiento analítico profundo y serio de las nuevas normas jurídicas iusprivatistas y adjetivas". Arellano García, Carlos, Las nuevas reglas conflictuales en el proceso civil, *XII Seminario Nacional de Derecho Internacional Privado*, México, UNAM, 1989, p. 190.

27 Barrios de Angelis, *El proceso civil, comercial…*, ob. cit., pp. 65-91.

problemas relativos a saber cómo tratar nuestro objeto de conocimiento, cuáles son sus marcos conceptuales e incluso qué ha de comprender.

Como se advierte, el curso que propongo vincula y organiza la mayor cantidad de datos y variables que inciden en lo jurídico-procesal relacionado, cuando menos, con dos ordenamientos jurídicos.

VII. DENOMINACIÓN DE NUESTRO OBJETO DE CONOCIMIENTO

Como he dicho, el objeto de conocimiento propuesto comprende enunciados y disposiciones internacionales que regulan actos e instituciones procesales (por ejemplo, actos sobre cooperación internacional a un proceso extranjero).

El programa de estudio no solo comprende elementos procesales. Los trabajos monográficos consultados sobre el tema no se ciñen de manera exclusiva a lo procesal o a lo meramente conflictual. Ya me referí a la posibilidad de comprender algunas notas sobre derecho extranjero y derecho comparado[28].

Istaván Szászy, al repasar las diversas materias o ramas que integran nuestro objeto de conocimiento, recuerda que otros autores están en desacuerdo en denominarle derecho procesal internacional, basándose en que su contenido no es exclusivamente internacional, ni procesal. Las propuestas de denominación son derecho procesal conflictual, derecho de reglas de conexión, derecho de las líneas de división, derecho de la ley aplicable, etcétera[29]. Cabe mencionar que a este curso también se le ha denominado derecho justicial internacional privado en varios de los trabajos de Miguel Ángel Ciuro Caldani[30].

A pesar de esta mixtura, la doctrina, algunos convenios internacionales y algunas leyes internas, de manera indiscriminada, le han denominado derecho procesal internacional, con lo que emplean un sentido más estipulativo que semántico.

---

[28] Junto a la problemática comparativa es necesario conocer algunas instituciones de derecho extranjero, por ejemplo, las competencias exorbitantes, el *forum non conveniens*, las calificaciones, el *pretrial discovery of documents*, etcétera.

[29] Szászy, *International civil...*, ob. cit., p. 19.

[30] Goldschmidt, Werner, *Derecho internacional privado*, Buenos Aires, De Palma, 1985, p. 431.

Como he dicho, me satisface más la denominación derecho internacional sobre el proceso para designar todo este conocimiento interdisciplinario, con la esperanza de que algún día encuentre otro nombre más idóneo.

VIII. CONTENIDO DE ESTE CAMPO DE CONOCIMIENTO

Antes de precisar mi opinión en torno al contenido del derecho internacional sobre el proceso, es conveniente resumir las ideas y experiencias que en torno a este problema han expresado algunos de los especialistas en este campo del saber. El lector debe advertir la oportunidad para considerar que la temática abordada no es exclusivamente procesal ni exclusivamente conflictual. Adviértase, a la vez, que varios estudios comprenden, dentro de la temática, cuestiones propias del derecho procesal internacional (por ejemplo, el proceso arbitral), además de lo internacional procesal.

A. Gaetano Morelli

El profesor Gaetano Morelli, en Italia, consideró dentro de lo que llama derecho procesal civil internacional los temas siguientes:

1. Ley reguladora del proceso o determinación de la ley aplicable al proceso, si bien niega que esta parte sea propia del derecho procesal internacional, aunque sí está conectada con la materia.
2. Posición del juez respecto del derecho extranjero, esto es, el modo como debe comportarse el juez frente a las normas de derecho extranjero.
3. La condición procesal de los extranjeros, específicamente su capacidad para ser parte, la *cautio judicatum solvi*, su admisión al patrocinio gratuito, su posición para las funciones de juez, abogado, procurador, testigo y perito.
4. Los límites de la jurisdicción del Estado respecto a la jurisdicción de Estados extranjeros, especialmente la temática relativa a la competencia territorial, incluido el criterio de la nacionalidad italiana. Agrega algunos aspectos de inmunidad de jurisdicción,

así como problemas de litispendencia e incluso la voluntad de las partes en la determinación de la competencia.

5. La ejecución extraterritorial de actos procesales, ya sea del extranjero dentro del propio territorio, o de actos propios que se realicen en el extranjero.
6. La eficacia (efectos) de los actos procesales extranjeros, en especial de sentencias[31].

B. Istaván Szászy

Según Istaván Szászy, profesor húngaro, el derecho procesal civil internacional comprende en su conocimiento:

1. Determinación de la ley procesal civil que debe aplicarse, no solo en lo general, sino también en cuestiones de capacidad de las partes, legitimación, así como pruebas.
2. Determinación de la competencia del tribunal.
3. Elementos extraños del proceso civil, donde estudia la cautio iudicatum solvi, así como la aplicación de la ley extranjera.
4. Reconocimiento de efectos legales a procedimientos civiles extraños que, además del reconocimiento general, contempla casos de litispendencia, cosa juzgada, ejecución de resoluciones extranjeras y las condiciones específicas requeridas para su ejecución.
5. Aspectos internacionales del arbitraje, que incluyen su regulación, el laudo, reconocimiento y ejecución de éstos.
6. Asistencia legal internacional, que incluye notificaciones y obtención de pruebas.
7. La extensión de la competencia de un Estado al territorio de otro Estado, en la que estudia el caso de los tribunales de un

[31] Morelli, *Derecho procesal civil…*, op, cit. Esta obra fue publicada originalmente en italiano en 1938, aunque también forma parte del *Trattato di diritto internazionale*. Por esta obra Morelli fue el primero al que se otorgó el premio Chiovenda; al respecto, debe destacarse que la Comisión encargada de otorgar el premio estuvo formada por Calamandrei, Carnelutti, Redenti, Segni, así como por el presidente de la Corte de Casación (los más grandes procesalistas); el premio le fue otorgado por unanimidad y a un internacionalista, más que procesalista.

Estado en el extranjero, como las cortes consulares debidas a las capitulaciones[32].

C. Víctor Romero del Prado

El profesor Víctor Romero del Prado apunta que son tres las partes principales que pueden destacarse en lo que denomina derecho procesal internacional. De acuerdo con este profesor, el conocimiento comprende:

1. El conflicto de leyes procesales entre diversos países.
2. Las reglas referentes a la jurisdicción y competencia.
3. La ejecución de las sentencias extranjeras[33].

D. Adolfo Miaja de la Muela

Para este profesor español el contenido del derecho internacional procesal comprende:

1. Conflicto de jurisdicciones.
2. Reconocimiento y ejecución de las sentencias dictadas por tribunales extranjeros.
3. Posición de los extranjeros en el proceso.
4. Colaboración internacional procesal.
5. Omite el conocimiento de las reglas conflictuales procesales, pues afirma que son inexistentes, dada la territorialidad de las leyes procesales[34].

---

32 El profesor Istaván Szászy, cuyo libro fue publicado originalmente en húngaro con el título de *Nemzetkozi polgari eljárásjog,* en 1963, fue traducido posteriormente al inglés con el título *International civil procedure, a comparative study*. Su importancia radica en que prácticamente es la primera obra monográfica de la materia que contempla un trabajo basado en la metodología del derecho comparado, por lo que en ella pueden contemplarse sistemas tanto socialistas como occidentales, incluidos todos los países del continente americano, así como diversos estudiosos de la materia. En mi concepto es la obra más amplia de que tengamos conocimiento. La lista temática que he mencionado de este autor la he tomado de la obra en general. Un poco más concreto puede encontrarse en la p. 15.

33 Romero del Prado, *Derecho internacional...,* ob. cit., p. 275. Aunque fue de uno de los autores más conocidos en el derecho internacional privado, su trabajo no puede considerarse una obra completa ni exclusivamente monográfica en cuanto a nuestro objeto de conocimiento.

34 Miaja de la Muela, *Derecho internacional...,* ob. cit., p. 431.

E. Miguel de Angulo

Para este profesor español, el derecho procesal internacional, como le llama, comprende:

1. Competencia judicial internacional.
2. Desarrollo del proceso con elementos extranjeros, donde incluye capacidad procesal del extranjero, caución de arraigo, beneficio de pobreza, prueba con elementos extranjeros.
3. Condición procesal de la ley extranjera, que incluye la aportación de ley extranjera, su alegación, informes acerca del derecho extranjero e incluso problemas dentro de la casación.
4. Cooperación judicial internacional, refiriéndose a algunos convenios sobre el particular.
5. Reconocimiento y ejecución de decisiones judiciales extranjeras.
6. Arbitraje, incluida la base contractual del arbitraje, el procedimiento arbitral y la eficacia (efectos) extraterritorial de laudos arbitrales.
7. Aspectos penales del derecho procesal internacional, donde incluye competencia, auxilio judicial, extradición, así como la eficacia (efecto) de las sentencias penales extranjeras[35].

F. Julio González Campos, Rodrigo Recondo Porrúa y Alfonso Luis Calvo Caravaca

Para los profesores españoles, el derecho internacional procesal comprende:

1. Competencia judicial, incluida la competencia judicial internacional, competencias exclusivas, normales, exorbitantes, la voluntad de las partes en la determinación de la competencia y el control de ésta.
2. Derecho aplicable al proceso.

[35] De Angulo Rodríguez, Miguel, *Lecciones de derecho procesal internacional*. El libro fue publicado originalmente en 1974, en Granada, con prólogo de Antonio Carrillo Salcedo. Su autor, era por esa época profesor adjunto de Derecho internacional en la Universidad de Granada. Según Miguel de Angulo lleva una finalidad didáctica.

3. Las partes en el proceso, especialmente la capacidad, representación, defensa, asistencia gratuita y caución de arraigo.
4. La prueba, en lo que se refiere a la ley aplicable.
5. Asistencia judicial internacional, incluidas las notificaciones y la obtención de pruebas.
6. Reconocimiento y ejecución de decisiones judiciales extranjeras, que comprende el conocimiento de sus efectos, reconocimiento y ejecución[36].

En otra obra del profesor González Campos en colaboración del también profesor español Alfonso-Luis Calvo Caravaca, el derecho procesal civil internacional comprende:

1. Competencia judicial de los tribunales españoles.
2. Situación procesal del litigante extranjero y el de las actuaciones procesales.
3. Actuaciones procesales realizadas en el extranjero mediante cooperación entre tribunales.
4. Reconocimiento en España de las decisiones judiciales extranjeras[37].

G. Valentín Cortés Domínguez

Este profesor español considera que el derecho internacional procesal abarca en tres aspectos:

1. Determinación de la competencia jurisdiccional de los órganos jurisdiccionales españoles.

---

[36] González Campos, Julio / Rodrigo Recondo Porrúa, *Lecciones de derecho procesal civil internacional,* Bilbao, Publicaciones de la Universidad de Deusto, 1981. El primero, profesor de la Universidad Autónoma de Madrid y el segundo de la Universidad de Deusto. La segunda edición del libro fue publicada en 1981, en Bilbao. Caracteriza al libro estar redactado para servir como libro de un curso escolar.

[37] González Campos, Julio / Alfonso-Luis Calvo Caravaca, Notas al artículo 8.2 del Código civil, Comentarios al Código Civil y compilaciones forales, t. I, vol. 2, en: *Revista de derecho privado*, 1995, pp. 111-112. Igualmente, en una obra de Calvo Caravaca, Alfonso-Luis / Javier Carrascosa González, *Introducción al derecho internacional privado*, Gradada, Comares, 1997, p. 154.

2. La regulación y previa determinación de la medida en que el "proceso nacional se ve mediatizado, transformado o influido por la presencia de alguno de esos elementos extranjeros (ciudadanos, territorio, normas jurídicas)", por ejemplo, la posición de la parte extranjera en el proceso y la regulación procesal de la aplicación de normas materiales extranjeras por el juez nacional en su sentencia.
3. El problema de la eficacia (efecto) procesal, específicamente el reconocimiento de actos y actuaciones extranjeras[38].

En términos generales, esta tripartita división es seguida por José Carlos Fernández Rozas y Sixto Sánchez Lorenzo[39].

H. Miguel Virgós Soriano y Francisco Garcimartín

Para estos profesores españoles la temática es:

1. Competencia de los tribunales, que incluye autonomía de la voluntad, foros especiales y medidas cautelares.
2. Actos intraprocesales, donde examinan ley aplicable al acto, extranjería, capacidad, legitimación, postulación, asistencia jurídica, cooperación judicial y pruebas.
3. Reconocimiento de decisiones judiciales, incluidas las decisiones judiciales y los laudos extranjeros[40].

I. Werner Goldschmidt

Aunque alemán de origen, el profesor Goldschdmidt es sudamericano en sus trabajos. En su obra de derecho internacional privado

[38] Cortés, *Derecho procesal civil...*, ob. cit., pp. XIX-XXI. Su obra data de 1981. Es profesor de derecho procesal en España.

[39] Fernández Rozas, José Carlos / Sixto Sánchez, Lorenzo, *Derecho internacional privado*, Madrid, Civitas, 2000, p. 325.

[40] Virgós Soriano, Miguel / Francisco Garcimartín Alférez, *Derecho procesal civil internacional: litigación internacional*, Madrid, Civitas, 2001.

dedica el capítulo XV a la que denomina derecho internacional procesal y derecho procesal de extranjería. En su contenido enumera los temas siguientes:

1. Los extranjeros en el proceso.
2. Documentos extranjeros en el proceso.
3. Jurisdicción internacional.
4. Auxilio judicial internacional.
5. Reconocimiento y ejecución de sentencias extranjeras.
6. Reválida de títulos profesionales extranjeros.
7. Aplicación del derecho extranjero en el proceso.
8. Procesos especiales (quiebra y concurso)[41].

J. Dante Barrios de Angelis

Este procesalista uruguayo, quien además asistió a algunas conferencias especializadas de derecho internacional privado (CIDIP), al abordar el objeto de conocimiento incluye:

1. Sujetos del proceso: tribunal, partes y auxiliares.
2. Situaciones jurídicas: competencia.
3. Actos del proceso: demandas, contrademandas, excepciones, admisibilidad y fundabilidad de los actos, resoluciones y sentencias.
4. Función del proceso: cooperación (exhortos y recepción de pruebas), medidas cautelares y ejecución internacional.
5. Estructuras del proceso: de la cooperación, concursos, quiebras, liquidaciones, extradición.
6. Procedimientos: comunicaciones, pruebas, diligencias cautelares, extradición, obtención de documentos en el extranjero, jurisdicción voluntaria, arbitraje[42].

---

[41] Goldschmidt, *Derecho internacional...*, ob. cit., pp. 429 y ss.
[42] Barrios de Angelis, *El proceso civil, comercial...*, ob. cit., p. 162.

K. Eduardo Vescovi

El profesor uruguayo Eduardo Vescovi inserta los seis capítulos siguientes:

1. Aspectos generales, incluida la jurisdicción razonable, el acceso a la justicia, la no discriminación del litigante, la cooperación en la solución de litigios y la circulación internacional de los fallos.
2. Competencia internacional.
3. Condición procesal del litigante foráneo.
4. Proceso internacional.
5. Competencia judicial internacional.
6. Eficacia (efectos) de las sentencias extranjeras[43].

L. Manuel Rosales Silva

Este profesor iusprivatista mexicano propuso un programa para una clínica de derecho internacional privado y no precisamente de derecho internacional sobre el proceso. No obstante, en gran medida está centrada en lo procesal debido al enfoque práctico (o de clínica) que propone.

1. Doctrina antigua y contemporánea del derecho procesal mexicano, en la que se incluya el pensamiento de Balduinus en el procedimiento civil, la explicación de sentencias, el territorialismo e internacionalismo en el derecho procesal, el tribunal competente, el derecho extranjero aplicable al proceso.
2. Administración de justicia, jurisdicción y competencia, incluido el conflicto de jurisdicciones, la competencia directa e indirecta, los puntos de conexión en los códigos procesales, el reconocimiento y la ejecución de sentencias y la naturaleza del exequátur[44].

---

[43] Vescovi, Eduardo, *Derecho procesal civil internacional: Uruguay, el Mercosur y América*, Montevideo, Idea, 2000.

[44] Rosales Silva, Manuel, Criterios jurisprudenciales en materia de derecho internacional privado (algunos fundamentos para posible clínica sobre la materia), *IUS, Órgano de difusión de la Escuela de Derecho*, vol. 4, Juárez, Centro Editorial Universitario, 1985, p. 46 y 47.

M. Walter Frisch Philipp

Este profesor austriaco, domiciliado en México desde hace muchos años (ya fallecido), afirma que el derecho procesal internacional, como le llama, comprende dos apartados:

1. Relaciones procesales internacionales, que incluyen temas de competencia de los tribunales, cosa juzgada, litispendencia interrupción de la prescripción negativa y derecho concursal.
2. Cooperación procesal internacional, que incluye los exhortos para pruebas y la ejecución de sentencias[45].

N. José Luis Siqueiros

En uno de sus trabajos, este destacado profesor ius internacional-privatista mexicano abre un apartado denominado contenido del derecho procesal internacional, donde contempla, dentro de la temática, lo siguiente:

1. La capacidad para actuar como actor o como demandado, el arraigo en juicio.
2. El beneficio de pobreza o derecho de defensa gratuita.
3. La competencia judicial directa, así como la exclusiva y la correspondiente para tramitar exhortos.
4. Los exhortos o cartas rogatorias.
5. Los emplazamientos y las citaciones en el extranjero.
6. Las legalizaciones.
7. La obtención de pruebas.
8. La inmunidad de los Estados en su capacidad soberana.
9. Las excepciones procesales, como la litispendencia y la cosa juzgada.

[45] Frisch Philipp, Walter y otros, *Derecho internacional privado y derecho procesal internacional*, México, Porrúa, 1993, p. 266.

10. La intervención de agentes consulares en la diligenciación de pruebas.
11. La eficacia (efecto) extraterritorial de sentencias y otras resoluciones judiciales, así como de laudos arbitrales[46].

IX. PROPUESTA DE UN PROGRAMA DE CURSO

Luego de enumerar las experiencias habidas en otros lugares, debo proponer lo que podría contener un curso para nosotros.

A. Consideraciones previas

Para precisar el objeto de conocimiento de estas lecciones, propias del derecho internacional sobre el proceso, y luego de examinar las experiencias habidas en otros lugares y de varias personas, el curso que propongo pudiera considerarse una copia de lo que ya se ha dicho. No obstante, es preciso tener en cuenta algunas variables, entre ellas, las siguientes:

1. La problemática real del país en que se impartirá. México, por ejemplo, dada su vecindad con la nación con la que mayormente comercia, de la que recibe mayor inversión extranjera y transferencia de tecnología, a la que envía más mano de obra; con la que tiene más de 3000 kilómetros que no solo geográficamente unen los países, sino también humanamente, por lazos familiares y amistosos a ambos lados de la frontera; el turismo, que en todos sus tipos son parte de la vida diaria; el transporte; los medios de comunicación, las ciudades a ambos lados de una frontera que de hecho está conurbada, los problemas de contaminación, las diferencias idiomáticas, etcétera.

[46] Aunque es un prolífico autor en trabajos de la materia, hasta la fecha no conocemos de él una monografía completa que comprenda todos los temas de derecho procesal internacional. Siqueiros, José Luis Siqueiros, "La cooperación procesal internacional. El sistema norteamericano del *discovery*", en F. Smith (coord.), *Derecho constitucional comparado México-Estados Unidos*, México, UNAM, 1990, pp. 4-5.

2. Las grandes diferencias de tradiciones jurídicas entre México y Estados Unidos de América (common law y romano-germánica). Por lo pronto, no es tan grave la problemática que pueda existir con países con tradiciones socialistas o musulmanes.
3. Debe tomarse en cuenta la diversidad de ordenes jurídicos vigentes en México (más de 30 entidades federativas), diferencias que se magnifican al repartirse con los gobiernos estatales en cuando menos tres partidos políticos, con filosofías diferentes; e, incluso, la diversidad de ordenes jurídicos dentro del país del norte (50 entidades federativas), en ocasiones contradictorios.
4. Debe considerarse el destinatario del curso. Considero que debe tratarse de personas que cuando menos hayan concluido la licenciatura en Derecho o que estén a punto de terminarla. El diseño sintético que he trazado supone algunos conocimientos previos.
5. Debo recordar el cambio habido en México en estos temas, que van desde una inexistente a una intensa regulación. Han de considerarse, a la vez, las tendencias posibles que en el mediano o cercano plazo existirán. Por ejemplo, las implicaciones y efectos colaterales que se han producido con motivo de los tratados de libre comercio celebrados, especialmente los relacionados con Estados Unidos de América y con Europa.
6. Ante las necesidades que deben satisfacerse, cabe considerar que el personal conocedor de esta materia en México es insignificante en número; que las fuentes bibliográficas y hemerográficas nacionales son incipientes, que falta mayor intercambio de experiencias entre quienes que conocen el material que forma este curso, que nuestra jurisprudencia es prácticamente bisoña.
7. En fin, un curso, como este, requiere tomar en cuenta las necesidades del destinatario, como del grupo social al que servirá, así como el objetivo terminal que se pretende alcanzar, incluida toda la problemática por la que se va a atravesar en el desarrollo del currículo del curso.

Para el estudioso del derecho, las nuevas tecnologías y disposiciones jurídicas no solo deben ser adicionadas al conocimiento de lo ya aprehendido, sino que todo lo nuevo tiene que sistematizarse en un todo con lo ya existente. Por último, antes de presentar mi proyecto no hay que olvidar que el curso que propongo consiste en preparar personal que afronte los problemas (y los pueda resolver) que se presentan en toda actividad procesal que se vincula a un ordenamiento diferente al mexicano.

B. Proyecto de un programa del curso

Como cualquier conocimiento jurídico contemporáneo, nuestro objeto de conocimiento debe comprender el hecho o problema que le da origen (realidad social), el valor o aspiración que se busca alcanzar (aspecto axiológico) y la normatividad (la propiamente jurídica) que vincula el hecho o problema con la finalidad buscada.

Aunque el conocimiento parte desde una perspectiva de la dogmática internacional, no hay que olvidar la teoría y la práctica internacional.

Se pretende que el destinatario del curso conozca y aplique los instrumentos y las herramientas teóricos y dogmáticos que le permitan vincular cuando menos dos órdenes jurídicos procesales, con la esperanza de que cualquier litigio interpartes pueda ser resuelto con justicia.

Tomando en cuenta estos factores, a mi juicio el curso comprende, como mínimo, los temas siguientes:

1. Introducción, con él énfasis en los marcos teóricos y conceptuales y que incluya notas sensibilizadoras o vivencias sobre la temática, a fin de que el estudiante se percate de la necesidad de estudiarla; además, los elementos sociales, políticos, axiológicos e históricos. Aquí caben los apartados de historia y derecho comparado.
2. Competencia asignada a un Estado, que enseña qué es una norma de competencia legislativa y jurisdiccional, los criterios de atribución de competencia y los procedimientos competenciales.
3. Elementos relativos a la elección del derecho designado por la normatividad procesal.

4. El proceso seguido en México ante autoridad mexicana y al que concurra algún elemento vinculado con el extranjero. Si acaso se tuviera que receptar una norma extranjera, la aplicación correrá a cargo de la autoridad mexicana. En este apartado conviene destacar la igualdad de extranjeros y mexicanos, su participación en el proceso, en especial su capacidad y legitimación. La influencia de la residencia en el extranjero y los documentos redactados en otro idioma, incluida las legalizaciones y apostillamientos.
5. Cooperación internacional al proceso extranjero, que se inicia desde sus marcos teóricos y conceptuales, prosigue con los diversos medios cooperacionales como los mecanismos para conocer y aplicar el derecho extranjero, los exhortos o cartas rogatorias, las comisiones consulares, los procedimientos que ha de realizar quien requiere los datos y especialmente el que los ha de otorgar. No deben olvidarse otros medios de comunicación, por medio del Internet. A diferencia del punto anterior, en éste y en los siguientes, el proceso se sigue en un Estado, pero el acto cooperacional se realiza en otro.
6. Otros medios de cooperación, en especial los que realiza un particular.
7. Reconocimiento y ejecución de sentencias extranjeras.

LA JURISDICCIÓN INDIRECTA EN LA LEY DE DERECHO INTERNACIONAL PRIVADO

JOSÉ ANTONIO BRICEÑO LABORÍ*

Resumen: La incorporación del requisito de jurisdicción indirecta en la Ley de Derecho Internacional Privado venezolana introduce una novedad con respecto al sistema del Código de Procedimiento Civil que imperó desde 1873 hasta 1998: se establece expresamente el criterio bajo el cual deberá ser evaluada la jurisdicción internacional del tribunal extranjero para reconocer y ejecutar la decisión dictada por él. El propósito de este artículo es analizar si la interpretación y aplicación por el Tribunal Supremo de Justicia de la norma doméstica sobre jurisdicción indirecta ha sido fiel a su intención y propósito.

Abstract: *The incorporation of the indirect jurisdiction requirement on the Venezuelan Private International Law Act introduces a novelty with respect to the system of the Civil Procedural Code that prevailed from 1873 to 1998: the criterion under which the international jurisdiction of the foreign court shall be evaluated in order to recognize and enforce the decision rendered by it is expressly established. The purpose of this paper is to analyze whether the interpretation and application of the domestic rule on indirect jurisdiction by the Supreme Tribunal of Justice have been faithful to its intention and purpose.*

INTRODUCCIÓN

La invitación de la Academia de Ciencias Políticas y Sociales a escribir las siguientes líneas merece un doble agradecimiento. En primer

* Universidad Central de Venezuela (UCV), Abogado. UCV, Maestría en Derecho Internacional Privado y Comparado, Tesista. Profesor de Derecho Internacional Privado en la Facultad de Derecho de la Universidad Católica Andrés Bello (UCAB) y la Facultad de Ciencias Jurídicas y Políticas de la UCV. Ejerce el Derecho en ESCG Abogados, S.C. Email: jabricenol@outlook.com

lugar, por el gran prestigio que conlleva participar en una de sus obras, siendo que la Academia es, hoy por hoy, un indiscutible foro de difusión de la buena cultura jurídica y política, los valores democráticos y el estado de derecho. Y, en segundo lugar, por la oportunidad de homenajear al profesor Eugenio Hernández-Bretón, quien se inscribe dentro de esa clase de individuos que permiten decir que, aun en estos tiempos de crisis, no se han perdido totalmente los propósitos de honradez, abnegación, decoro ciudadano y anhelo de trabajar por la patria[1].

Una gran preocupación de nuestro homenajeado, desde la cátedra y el trabajo académico, ha sido resaltar el valor práctico del Derecho Internacional Privado, el Derecho Procesal Civil Internacional y el Derecho Comparado. Además de ello, se ha preocupado por transmitir a sus estudiantes la importancia de entender y aplicar bien las normas y sus soluciones, para realmente satisfacer el fin de brindar una adecuada solución a los problemas derivados de la vida internacional de los individuos.

Partiendo de ese ejemplo, nos hemos propuesto tratar un asunto de indiscutible valor práctico, como lo es el tema de la jurisdicción indirecta en el reconocimiento y ejecución de decisiones extranjeras. Este implica la verificación de la jurisdicción del Estado emisor de la sentencia, por parte del Estado receptor. Se denomina jurisdicción indirecta por cuanto se trata de la apreciación hipotética que realiza el Juez del foro respecto del Juez extranjero en conexión a la jurisdicción para conocer del caso que resultó en la decisión cuyo reconocimiento es solicitado[2]. Su fin teleológico es, como expresa Werner Goldschmidt, asegurar la eficacia de una sentencia firme dictada en el extranjero[3].

Así, el objetivo del presente trabajo reside en dilucidar si la aplicación e interpretación del requisito de jurisdicción indirecta por el

---

1 Paráfrasis de lo expresado por Mijares, Augusto, Lo afirmativo venezolano, en: *Obras Completas*, Caracas, Monteávila Editores Latinoamericana, Comisión Centenario Augusto Mijares, 1998, Tomo IV, p. 26.

2 Sánchez-Covisa, Joaquín, Anotaciones sobre la competencia procesal internacional indirecta, en: *Obra Jurídica de Joaquín Sánchez Covisa*, Caracas, Ediciones de la Contraloría General de la República, 1976, p. 382.

3 Goldschmidt, Werner, Jurisdicción internacional directa e indirecta, en: *Primera Reunión de Expertos en Derecho Internacional Privado*, 9-15 de abril de 1980, Washington, D.C., Secretaría General de la Organización de los Estados Unidos, 1980, p. 106.

Tribunal Supremo de Justicia, ha sido conforme a la intención y propósito de la fórmula utilizada por la Ley de Derecho Internacional Privado.

Para lograr ese fin, nuestras reflexiones se centrarán en la regulación de este requisito de eficacia de sentencias extranjeras en la Ley de Derecho Internacional Privado, para lo cual revisaremos sus antecedentes legislativos, los comentarios de la doctrina y la interpretación del requisito por la jurisprudencia. Finalmente, daremos nuestras propias apreciaciones sobre la forma en que nuestros tribunales de justicia deben evaluar la jurisdicción indirecta de los tribunales extranjeros en sede de reconocimiento.

Cabe destacar que en este artículo no se considerará la forma en la que el requisito de la jurisdicción indirecta está previsto en las fuentes internacionales del Derecho Internacional Privado venezolano, ni su papel en otras instituciones como las excepciones procesales al ejercicio de la jurisdicción de nuestros tribunales. Así mismo, la revisión de la jurisprudencia sobre esta materia se centrará en las decisiones dictadas por el Tribunal Supremo de Justicia.

I. ANTECEDENTES LEGISLATIVOS

En nuestra evolución normativa notamos que el requisito de la jurisdicción internacional del Estado sentenciador se estableció por primera vez en el Código de Procedimiento Civil de 1873. Su artículo 552 preveía como requerimiento para que a una sentencia dictada en el extranjero se le diese fuerza ejecutoria en la República, el que "haya sido pronunciada por una autoridad judicial competente"[4].

Como se evidencia, el Código de Procedimiento Civil de 1873, no establecía expresamente qué tipo de competencia debía evaluarse en el exequátur, ni tampoco cuáles eran los criterios para su revisión. No obstante, al momento de comentar tal norma, Luis Sanojo expresaba, sobre éste último aspecto, que tal competencia debía evaluarse según las leyes del país en que se dictó la sentencia, a menos de que se tratase

[4] Art. 552. "Para que á una sentencia dictada por un Tribunal extranjero pueda dársele fuerza ejecutoria en la República se requiere: (…) 2° Que la sentencia haya sido pronunciada por una autoridad judicial competente". Consultado en: Recopilación de Leyes y Decretos de Venezuela, Tomo V, Segunda Edición Oficial, Caracas, Casa Editorial de "La Opinión Nacional", 1890, p. 776.

de un criterio de jurisdicción exclusiva de los tribunales nacionales[5]. La norma del Código de Procedimiento Civil de 1873 se reprodujo sin alteraciones en el Código de Procedimiento Civil de 1880[6].

Ya en el Código de Procedimiento Civil de 1897 hubo un cambio, debido a que se exigía que "la sentencia haya sido pronunciada por una autoridad competente en la esfera internacional, y que no se arrebate la jurisdicción que le correspondería a Venezuela"[7]. Con ello, se descartó la revisión de la competencia territorial interna del tribunal sentenciador en el procedimiento de exequátur, aun cuando no se establecían todavía los criterios para la evaluación de esa competencia en la esfera internacional. Además de ello, se regulaba conjuntamente a la jurisdicción indirecta con la jurisdicción exclusiva.

Al momento de comentar este Código, Ramón F. Feo aseveró que era generalmente aceptado que la jurisdicción del juez extranjero emisor de la sentencia, sea un requisito para la declaratoria de eficacia. A pesar de ello aclaró que la mayor divergencia residía en cuál ley aplicar para la revisión de tal requerimiento.

Siguiendo las ideas de Pasquale Fiore sobre este punto, el mencionado autor expresó que: (i) la jurisdicción que interesa revisar en sede de reconocimiento es la jurisdicción internacional; (ii) no puede reconocerse una decisión foránea que ha arrebatado la jurisdicción al Estado receptor o a una tercera nación[8]; (iii) que la jurisdicción indirecta

---

5 "702. Segundo Requisito: que la sentencia haya sido pronunciada por una autoridad judicial competente. Esta competencia debe juzgarse, atendiendo a las leyes del país en que se dictó la sentencia, á no ser que por las leyes de la República, solo á sus propios tribunales corresponda el conocimiento del negocio. Es menester que respetemos la soberanía de cada nación, mientras no se ataque la nuestra. Si los tribunales de Venezuela ejecutasen sentencias extranjeras sobre puntos que á ellos solos tocase decidir, según las leyes de la República, se infringiría nuestro derecho público interior y vendría a ejecutarse un acto contrario a este derecho, con infracción del número 4° del artículo 552". Sanojo, Luis, *Exposición del Código de Procedimiento Civil con su Texto*. Caracas, Imprenta Federal, 1876, p. 448. En el mismo sentido, *vid.*: Parra-Aranguren, Gonzalo, El control de la eficacia de los actos de autoridades extranjeras en Venezuela a finales del siglo XIX, en: *Revista de Derecho, Tribunal Supremo de Justicia*, 2005, No. 16, pp. 139-140.

6 Consultado en: *Recopilación de Leyes y Decretos de Venezuela*, Caracas, Casa Editorial de "La Opinión Nacional", 1884, Tomo IX, p. 182.

7 Consultado en: *Recopilación de Leyes y Decretos de Venezuela*, Caracas, Imprenta Oriental, Tomo XX, 186.

8 Feo, Ramón F., *Estudios del Código de Procedimiento Civil Venezolano*, Caracas, Tipografía Guttenberg, 1904, Tomo Tercero, 196.

debería ser juzgada conforme a los criterios establecidos en la Ley venezolana, cuando el caso cayese dentro de su ámbito[9] y, en caso contrario, podría tomarse en consideración los criterios atributivos de jurisdicción del Tratado de Montevideo de 1888, "siempre que el caso esté fuera de las prescripciones de los artículos de nuestros Códigos"[10]; y (iv) cuando los Estados no hubiesen fijado de común acuerdo las reglas de jurisdicción, y no hubiese un criterio claro en la ley interna, la jurisdicción indirecta deberá ser juzgada conforme a los principios del Derecho de Gentes[11].

El ordinal 2 del artículo 714 del Código de Procedimiento Civil de 1897 se reprodujo idénticamente en el Código de Procedimiento Civil de 1904[12], el Proyecto Arcaya de 1926[13] y el Código de Procedimiento Civil de 1916[14].

Al comentar el Código de Procedimiento Civil de 1916, Arminio Borjas expresa que, para revisar la jurisdicción internacional del

---

9 "Si estas reglas [refiriéndose al artículo 26 del Código Civil de 1897 y al artículo 110 del Código de Procedimiento Civil que comenta], que son de jurisdicción y comprenden á nacionales y extranjeros no domiciliados aquí, limitan el poder de nuestra magistratura á los casos que ellas expresan, claro es que con ellas mismas debemos juzgar las sentencias extranjeras que condenen á un venezolano ó á un ciudadano de otra nacionalidad, no domiciliados o residentes, en todos los casos en que sean aplicables, para poder deducir la competencia ó incompetencia del tribunal que falló; porque no podemos tener dos justicias ni contrariar nuestras propias leyes". Feo, *Estudios del Código…*, ob. cit., p. 198.

10 Feo, *Estudios del Código…*, ob. cit., p. 198.

11 El autor igualmente concuerda con las ideas de Fiore sobre lo que hoy denominamos jurisdicción exorbitante, al reproducir esta cita: "Un Estado puede conculcar los principios de derecho internacional, y muchas violaciones se toleran porque son impuestas por la fuerza; más ningún Estado puede con su ley interna modificar los principios del derecho de gentes. Por más que quiera la Francia, contra los principios del derecho común y del derecho natural, atribuir en su artículo 14 de su Código Civil, autoridad a su magistratura de juzgar una causa, solo porque sea interesado un francés, ningún Estado civilizado deberá declarar ejecutoria la sentencia de sus tribunales, si la única razón por la cual se han arrogado la facultad de juzgar haya sido que la jurisdicción les era atribuida por el artículo citado". Feo, *Estudios del Código…*, ob. cit., pp. 198.

12 Específicamente en el ordinal 2 del artículo 723. Consultado en: *Recopilación de Leyes y Decretos de Venezuela*, Caracas, Imprenta Nacional, 1905, Tomo XXVII, Vol. 1, p. 472.

13 Específicamente en el ordinal 2 del artículo 88. Consultado en: F. Parra-Aranguren (ed.), *Ley de Derecho Internacional Privado de 6 de agosto de 1998 (Antecedentes, Comentarios, Jurisprudencia). Libro Homenaje a Gonzalo Parra-Aranguren*, Caracas, Tribunal Supremo de Justicia, 2001, Colección Libros Homenaje No. 1, Vol. I, p. 80.

14 Específicamente en el ordinal 2 del artículo 748. Consultado en: *Recopilación de Leyes y Decretos de Venezuela*, Caracas, Litografía del Comercio, 1922, Tomo XXXIX, p. 463.

Tribunal que emitió la decisión objeto de la solicitud de exequátur, la Corte Federal y de Casación o la Corte Superior respectiva, debía atender a los preceptos del derecho internacional, revisando conforme a las disposiciones de los tratados en los que Venezuela fuese parte, si estaba obligada la República o no a reconocer la jurisdicción del Estado sentenciador. Luego, según el mencionado autor, los Tribunales venezolanos debían revisar si los Tribunales extranjeros sentenciadores, no habían contravenido lo pactado por su país en sus Tratados con cualesquiera otros Estados, ni usurpado la jurisdicción de éstos. Por último, y "a falta de toda especie de convenciones", Borjas expresaba que los Tribunales venezolanos debían atender a "la doctrina del derecho de gentes que sea más conforme con la legislación de Venezuela, o más generalmente admitida entre los pueblos civilizados"[15].

Es interesante además que Borjas deja a las leyes internas del país emisor y del país receptor un papel residual y siempre atado al Derecho Internacional Público. Sobre las leyes de la República incluso limita su actuación a la determinación de si no se ha violado la jurisdicción exclusiva de nuestros tribunales o si no se ha violado el orden público interno[16].

Ahora bien, la primera vez que se estableció un claro estándar para la revisión del requisito de la jurisdicción indirecta para el reconocimiento de una decisión dictada en el extranjero, fue en el Proyecto de Ley de Normas de Derecho Internacional Privado, redactado por Joaquín Sánchez-Covisa, Gonzalo Parra-Aranguren y Roberto Goldschmidt, publicado en 1963 y modificado en 1965. En tal instrumento, se estableció que para que una sentencia foránea tuviese efecto en Venezuela, los Tribunales del Estado sentenciador debían tener competencia para conocer de la causa de acuerdo con los principios generales de

[15] Borjas, Arminio, *Comentarios al Código de Procedimiento Civil venezolano*, Caracas, Imprenta Bolívar, 1924, Tomo VI, pp. 316-320.

[16] "La lei interna de Venezuela, i la del país en que se pronunció el fallo de cuyo pase se trate, no deben tenerse en cuenta sino desde el punto de vista del derecho público exterior, para resolver, conforme a ella i en defecto de toda otra guía preferente, acerca de la jurisdicción internacional del Estado sentenciador; i si es menester tener presente en todo caso la legislación interior de la República, es únicamente para examinar si no se le ha arrebatado a ésta su jurisdicción soberana, i si lo dispositivo del fallo está en oposición con los principios esenciales que la informan". Borjas, *Comentarios al Código...*, ob. cit., nota 17.

competencia procesal internacional consagrados en el capítulo IX de dicho Proyecto de Ley.

Posteriormente, el Código de Procedimiento Civil de 1987 modificó el régimen tradicional y eliminó la mención sobre la competencia procesal internacional del Estado sentenciador, exigiendo tan solo, a través del ordinal 1 del artículo 851: "Que no se haya arrebatado a Venezuela la jurisdicción que le correspondiere para conocer del negocio, según los principios generales de la competencia procesal internacional previstos en este Código". De tal supresión dieron cuenta Gonzalo Parra-Aranguren[17], Tatiana B. de Maekelt[18] y Eugenio Hernández-Bretón[19], quienes además expresaron que tal vacío legal había sido colmado por la jurisprudencia de la Sala Político-Administrativa.

En efecto, la posición de la jurisprudencia era que, a pesar de que el Código de Procedimiento Civil de 1916, el de 1987 no establecía expresamente el requisito de jurisdicción indirecta, el mismo se veía implícitamente incluido en el ordinal 1 del artículo 851, debiéndose revisarse el mismo, a falta de normas expresas, mediante la aplicación analógica de los criterios atributivos de jurisdicción establecidos en el Código[20].

---

[17] Quien calificó tal supresión como "difícil de entender". *Vid.* Parra-Aranguren, Gonzalo, Normas de Derecho procesal civil internacional, en: *Conferencias Sobre el Nuevo Código de Procedimiento Civil*, Caracas, Biblioteca de la Academia de Ciencias Políticas y Sociales, 1986, Serie Eventos No. 4, pp. 166-167.

[18] B. de Maekelt, Tatiana, Las disposiciones de Derecho procesal civil internacional en el Código de Procedimiento Civil venezolano vigente, en: *Libro Homenaje a Werner Goldschmidt*, Caracas, Universidad Central de Venezuela, Facultad de Ciencias Jurídicas y Políticas, Instituto de Derecho Privado, Sección de Derecho Internacional Privado y Comparado, Fundación Roberto Goldschmidt, 1997, pp. 174-175.

[19] Hernández-Bretón, Eugenio, El Derecho Procesal Internacional en el Código de Procedimiento Civil veinte años después, en: *Revista de Derecho, Tribunal Supremo de Justicia*, 2008, No. 26, p. 390.

[20] *Vid.* Corte Suprema de Justicia / Sala Político-Administrativa, Sentencia No. 841, 12 de diciembre de 1996 (caso: *Chantal Marie Ernest Picard*), la cual expresó lo siguiente: "El requisito referente a la jurisdicción consiste en la determinación de la competencia procesal internacional del tribunal sentenciador. El Código de Procedimiento Civil vigente omitió la mención expresa, entre los requisitos para conceder eficacia a los actos de autoridades extranjeras, a la competencia que debe tener el tribunal extranjero en la esfera internacional, requisito al cual aludía expresamente el Código derogado (art. 748, ord. 2°). No obstante, en la práctica, la Corte, se refiere, al otorgar el exequátur, tanto a la competencia internacional

De la evolución narrada se evidencia que, si bien el requisito de la jurisdicción indirecta ha estado previsto en nuestro ordenamiento desde el Código de Procedimiento Civil de 1873, la mayor dificultad para nuestra doctrina y jurisprudencia incidía en establecer el criterio, estándar o ley bajo el cual se debía revisar este requisito[21]. Ciertamente, la Ley de Derecho Internacional Privado sería el primer instrumento normativo en establecer expresamente el parámetro bajo el cual se revisaría el requisito de la jurisdicción indirecta. No obstante ello, están planteadas algunas dudas en cuanto a su aplicación e interpretación por el Tribunal Supremo de Justicia.

---

del tribunal sentenciador como al respeto a la jurisdicción venezolana. Aclaremos uno y otro supuesto. La jurisdicción debe entenderse aquí como la facultad que tienen los tribunales de impartir justicia. La competencia es la medida de la facultad jurisdiccional. Desde el punto de vista internacional, las expresiones jurisdicción y competencia procesal internacional son equivalentes, por cuanto ambas se refieren a la competencia general que corresponde al Estado sentenciador y no a su competencia interna. En consecuencia, el Estado venezolano ejerce control respecto a las sentencias extranjeras únicamente en lo que concierne a la competencia internacional del Estado sentenciador en su conjunto, competencia esta que, a falta de normas expresas, se determina mediante la aplicación analógica de las normas venezolanas que regulan la competencia internacional de los propios tribunales venezolanos (competencia directa). Dichas normas son las contenidas en los artículos 53, 54 y 57 del Código de Procedimiento Civil, con las restricciones previstas en el artículo 2 ejusdem que establece, de manera expresa, un límite convencional a la derogatoria de la jurisdicción venezolana en favor de una jurisdicción extranjera, cuando se trate de bienes inmuebles situados en Venezuela o sobre otras materias que interesen al orden público o las buenas costumbres. Por consiguiente, en aquellos casos en que la sentencia extranjera, cuyo pase se solicita, verse sobre una controversia en materia de bienes inmuebles situados en Venezuela o sobre otras materias que interesen al orden público, se estará arrebatando la jurisdicción a los tribunales venezolanos y no podría tener dicha sentencia eficacia en Venezuela". En sentido similar, *vid.* Corte Suprema de Justicia / Sala Político-Administrativa, sentencia No. 642, 24 de noviembre de 1993 (caso: *Armenia Mesa*); Corte Suprema de Justicia / Sala Político-Administrativa, sentencia No. 140, 23 de marzo de 1994 (caso: *Ibelice Marcano*); Corte Suprema de Justicia / Sala Político-Administrativa, sentencia No. 424, 2 de junio de 1994 (caso: *Francisco Hernández Pérez*); y Corte Suprema de Justicia / Sala Político-Administrativa, sentencia No. 1048, 17 de noviembre de 1994 (caso: *Arlene García Donate*). Todas las decisiones citadas en la presente nota fueron consultadas en el copiador de sentencias que mantiene la Secretaría de la Sala Político-Administrativa del Tribunal Supremo de Justicia.

[21] En un próximo artículo será tratado con mayor profundidad este requisito bajo el régimen del Código de Procedimiento Civil, especialmente en lo que respecta a la consideración del domicilio conyugal, criterio de competencia territorial interna, como un elemento a considerar para la jurisdicción indirecta.

II. LA JURISDICCIÓN INDIRECTA EN LA LEY DE DERECHO INTERNACIONAL PRIVADO

A. La norma

Tal como ha sido anticipado, la Ley de Derecho Internacional Privado ha establecido expresamente el requisito de la jurisdicción indirecta, de la siguiente forma:

> Artículo 53. Las sentencias extranjeras tendrán efecto en Venezuela siempre que reúnan los siguientes requisitos:
> (…)
> 4. Que los tribunales del Estado sentenciador tengan jurisdicción para conocer de la causa de acuerdo con los principios generales de jurisdicción consagrados en el Capítulo IX de esta Ley;
> (…)".

Como vemos, la norma de la Ley de Derecho Internacional Privado es muy similar a la del proyecto original de 1963, modificado en 1965. El único cambio que sufrió en la revisión previa a su ingreso al Congreso Nacional, fue la referencia a la "competencia procesal internacional" que se modificó por aquella de "jurisdicción".

B. Los comentarios de la doctrina

El asunto de la jurisdicción indirecta en la Ley de Derecho Internacional Privado ha sido comentado por la doctrina nacional, tomando especialmente en cuenta que este instrumento normativo, como hemos dicho, reintrodujo de forma expresa el requisito para la eficacia de sentencias foráneas en nuestro territorio, luego del hiato del Código de Procedimiento Civil de 1987. No obstante, poco ha sido dicho en cuanto al estándar de revisión de este requisito y, especialmente, en cuanto a la elección del vocablo "principios" en vez de "normas", a lo que aludiremos más adelante.

En efecto, nuestra doctrina en su mayor parte oscila entre: (i) referirse al requisito de jurisdicción indirecta sin hacer comentario alguno respecto de la forma en que deberán ser evaluados los principios del capítulo IX de la ley[22]; o (ii) dar cuenta de la previsión del requisito de jurisdicción indirecta atando su consideración a las normas atributivas de jurisdicción de nuestro sistema[23].

Mención aparte merecen las consideraciones de Eugenio Hernández-Bretón, dado que al revisar los requisitos de eficacia de las decisiones extranjeras y, especialmente, la jurisdicción indirecta prevista en la Ley de Derecho Internacional Privado, hace una clara crítica a la forma en que ha sido evaluada por el Tribunal Supremo de Justicia, especialmente en los casos en donde se ha afirmado esa jurisdicción

---

22 *Vid.* Bonnemaison W., José Luis, *Instituciones y normas de Derecho Internacional Privado (Comentarios a la Ley de Derecho Internacional Privado de 1998)*, Valencia, Vadell Hermanos-Editores, 2002, p. 135; lo cual repite en: Bonnemaison W., José Luis, *Curso de Derecho Internacional Privado*, Valencia, Vadell Hermanos-Editores, 4ª reimp., 2013, p. 398 y Bonnemaison W., José Luis: Eficacia extraterritorial de sentencias judiciales y laudos arbitrales dictados en el extranjero, en: *Temas de Derecho Internacional Privado. Libro Homenaje a Juan María Rouvier*, Caracas, Tribunal Supremo de Justicia, 2003, Colección Libros Homenaje No. 12, p. 138; Giral Pimentel, José Alfredo, Anotaciones sobre la competencia procesal internacional directa e indirecta y su influencia en la sumisión expresa, en: *Liber Amicorum. Homenaje a la Obra Científica y Académica de la Profesora Tatiana B. de Maekelt*, Caracas, Universidad Central de Venezuela, Facultad de Ciencias Jurídicas y Políticas, 2001, Tomo II, pp. 42-43; y Rouvier, Juan María, Eficacia de las sentencias extranjeras en Venezuela, en: *Liber Amicorum. Homenaje a la Obra Científica y Académica de la Profesora Tatiana B. de Maekelt*, Caracas, Universidad Central de Venezuela, Facultad de Ciencias Jurídicas y Políticas, 2001, Tomo II, p. 220.

23 *Vid.* B. de Maekelt, Tatiana, Eficacia extraterritorial de las sentencias y demás actos de autoridades extranjeras, en: *Addendum 2001. Ley de Derecho Internacional Privado de 6 de agosto de 1998 (Antecedentes, Comentarios y Jurisprudencia). Libro Homenaje a Gonzalo Parra-Aranguren*, Caracas, Tribunal Supremo de Justicia, 2002, Colección Libros Homenaje No. 1, pp. 280-281, lo cual reitera en B. de Maekelt, Tatiana, *Ley de Derecho Internacional Privado. Tres Años de su Vigencia* (Discurso y trabajo de incorporación a la Academia de Ciencias Políticas y Sociales), Caracas, Academia de Ciencias Políticas y Sociales, 2002, pp. 120-121; Delgado Soto, Germán, Requisitos de eficacia. Artículo 53, en: T. B. de Maekelt / I. Esis / C. Resende (coords.), *Ley de Derecho Internacional Privado Comentada*, Caracas, Universidad Central de Venezuela, Facultad de Ciencias Jurídicas y Políticas y Consejo de Desarrollo Científico y Humanístico, 2005, Tomo II, p. 1154; y Pérez Pacheco, Yaritza, *La sentencia extranjera en Venezuela. Requisitos, procedimiento, efectos*, Caracas, Universidad Central de Venezuela, Facultad de Ciencias Jurídicas y Políticas, 2011, Serie Trabajos de Ascenso No. 17, pp. 93-96, quien además considera que se debe seguir el mismo orden de prelación de los criterios, comenzándose por el general del domicilio y pasando luego a los especiales de acciones de contenido patrimonial, acciones sobre universalidad de bienes y acciones sobre estado y capacidad de las personas (pp. 95-96).

de los tribunales extranjeros con base al criterio del paralelismo. En efecto, expresa el mencionado autor que se ha olvidado que la Ley hace referencia a "los principios generales en materia de jurisdicción", por lo que no se deben atar la revisión de la jurisdicción indirecta a las normas venezolanas, incluso a las normas de conflicto, en el caso del paralelismo[24].

La crítica del mencionado autor a la jurisprudencia venezolana es válida ya que, como veremos de seguida, el tratamiento de la jurisdicción indirecta por el Tribunal Supremo de Justicia, en la mayoría de los casos, se ha apartado de la intención de la norma dispuesta en la Ley de Derecho Internacional Privado.

C. La interpretación de la jurisprudencia

Cuando se revisan las decisiones en materia de exequátur del Tribunal Supremo de Justicia en Sala Político-Administrativa, Sala de Casación Social y Sala de Casación Civil[25], se evidencia un tratamiento

[24] "Es decir, lo importante es que será bastante como criterio atributivo de jurisdicción del Estado sentenciador si el mismo ha asumido jurisdicción sobre la base de que su Derecho resulte aplicable al mérito del asunto en juicio. Aquí resulta que la determinación de la aplicación del Derecho del Estado sentenciador no puede ni podría efectuarse según la norma conflictual venezolana, pues ello es tarea que sólo le compete a las normas de Derecho Internacional Privado de ese Estado sentenciador". Hernández-Bretón, Eugenio, Presupuestos de eficacia de las sentencias extranjeras, en: T. B. de Maekelt / H. Barrios / Z. Marín / M. Méndez, *Derecho procesal civil internacional. In Memoriam Tatiana B. de Maekelt*, Caracas, Academia de Ciencias Políticas y Sociales, Consejo de Desarrollo Científico y Humanístico CDCH-UCV, 2010, Serie Estudios No. 88, p. 498.

[25] Actualmente la competencia en materia de exequátur está repartida entre: (i) la Sala Político-Administrativa, según el numeral 23 del artículo 26 de la Ley Orgánica del Tribunal Supremo de Justicia (Gaceta Oficial No. 5.991 Extraordinario del 29 de julio de 2010) y lo establecido en la Sentencia del Tribunal Supremo de Justicia en Sala de Casación Civil No. EXE.000693 del 3 de noviembre de 2016 y la Sentencia del Tribunal Supremo de Justicia en Sala Político-Administrativa No. 00078 del 15 de febrero de 2017, ambas relativas al caso *Carla Papinutto Miglioranzi c. Ministerio del Poder Popular para Relaciones Exteriores de la República Bolivariana de Venezuela* (consultadas en: https://bit.ly/2Q0ZW1x y https://bit.ly/2QQUT4R, respectivamente), en donde se aclaró que la competencia de la Sala Político-Administrativa en materia de exequátur se refiere a aquellas decisiones extranjeras dictadas contra un órgano estatal; (ii) la Sala de Casación Social, de conformidad con la Sentencia del Tribunal Supremo de Justicia en Sala de Casación Social No. 0808 del 8 de octubre de 2013 y la Sentencia del Tribunal Supremo de Justicia en Sala Constitucional No. 51 del 20 febrero de 2014, ambas relativas al caso *Reyna Patricia Sausnavar*

muy similar a la evaluación de la jurisdicción directa de los tribunales venezolanos en sede de regulación o consulta. La verificación de este requisito por las Salas en forma general pasa por aplicar los criterios positivos del capítulo IX de la Ley de Derecho Internacional Privado y sus requisitos, así por ejemplo: (i) cuando se afirma la jurisdicción del Estado sentenciador por el criterio del domicilio del demandado, se utiliza el concepto de domicilio establecido en el artículo 11 de la Ley de Derecho Internacional Privado, para complementar el artículo 39 *ejusdem*[26]; (ii) cuando se afirma la jurisdicción del Estado sentenciador por el criterio del paralelismo, se utilizan las normas de conflicto del Derecho venezolano y se interpretan los factores de conexión conforme a nuestras normas[27]; y (iii) cuando se afirma la jurisdicción del Estado

(consultadas en: https://bit.ly/2zoW9FO y https://bit.ly/2zoWSa0, respectivamente), en las cuales se estableció la competencia de la Sala de Casación Social para conocer de las solicitudes de exequátur de sentencias extranjeras de carácter contencioso que tuviesen incidencia directa sobre en la esfera jurídica de niños, niñas y adolescentes; y (iii) la Sala de Casación Civil, de conformidad con el numeral 2 del artículo 28 de la Ley Orgánica del Tribunal Supremo de Justicia, que mantiene una competencia residual para el reconocimiento y ejecución de decisiones extranjeras en materia contenciosa.

[26] *Vid.*, por ejemplo, Tribunal Supremo de Justicia / Sala Político-Administrativa, sentencia No. 00830, 13 de abril de 2000 (caso: *Lorraine Firth de Zuleta c. Hugo Zuleta García*), en: http://historico.tsj.gob.ve/decisiones/spa/abril/00830-130400-15483.htm; Tribunal Supremo de Justicia / Sala Político-Administrativa, sentencia No. 01021, 11 de agosto de 2004 (caso: *Filomena García Otero*), en: http://historico.tsj.gob.ve/decisiones/spa/agosto/01021-110804-2002-0603.htm; Tribunal Supremo de Justicia / Sala de Casación Civil, sentencia No. EXEQ.000318, 12 de junio de 2013 (caso: *Mohamed Berouayel c. Najia Bel-Haj de Berouayel*), en: http://historico.tsj.gob.ve/decisiones/scc/junio/EXE.000318-12613-2013-12-097.HTML; Tribunal Supremo de Justicia / Sala de Casación Civil, sentencia No. EXEQ.000381, 16 de junio de 2014 (caso: *Daniela Sánchez Olivieri y Edgar Enrique Rodríguez Rodríguez*), en: http://historico.tsj.gob.ve/decisiones/scc/junio/165830-EXE.000381-16614-2014-13-729.HTML; y Tribunal Supremo de Justicia / Sala de Casación Social, sentencia No. 0528, 22 de junio de 2017 (caso: *Waldo de la Caridad Valdés-Valle Rodríguez c. Nelly Carmen Nogueira De Jesús*), en: http://historico.tsj.gob.ve/decisiones/scs/junio/200202-0528-22617-2017-15-641.HTML

[27] Esto es lo que ha ocurrido en la gran mayoría de los casos, dado que un considerable porcentaje de la jurisprudencia en materia de reconocimiento y ejecución de decisiones extranjeras versa sobre el exequátur de sentencias extranjeras de divorcio. Para una muestra *vid*: Tribunal Supremo de Justicia / Sala Político-Administrativa, sentencia No. 00741, 30 de marzo de 2000 (caso: *Florinda Antonia Pérez de Colina c. Wingstón Nicolás Colina*), en: http://historico.tsj.gob.ve/decisiones/spa/marzo/00741%20300300%2016485.htm; Tribunal Supremo de Justicia / Sala Político-Administrativa, sentencia No. 04252, 16 de junio de 2005 (caso: Ángelo Martín Conedera c. Edith Guschelbauer de Martín), en: http://historico.tsj.

sentenciador conforme a la autonomía de la voluntad de las partes en materia de estado de las personas y relaciones familiares, se exige una vinculación efectiva con el territorio emisor de la sentencia objeto de reconocimiento[28].

Como vemos, nuestra jurisprudencia interpreta el numeral 4 del artículo 53 de la Ley de Derecho Internacional Privado como una referencia a los criterios positivos de jurisdicción directa plasmados en el capítulo IX de la mencionada Ley. Así, para las Salas del Tribunal Supremo de Justicia, los principios generales de jurisdicción son el

---

gob.ve/decisiones/spa/junio/04252-160605-2003-0277.htm; Tribunal Supremo de Justicia / Sala de Casación Civil, sentencia No. EXEQ.00368, 30 de mayo de 2006 (caso: *Antonio Tito López Curto c. María del Pilar Cortizo* Gómez), en: http://historico.tsj.gob.ve/decisiones/scc/mayo/EXEQ-00368-300506-05127.HTM; Tribunal Supremo de Justicia / Sala de Casación Civil, sentencia No. EXEQ.00803, 16 de diciembre de 2009 (caso: *Erika Margarita Valcárgel Garrido c. Renzo Ignazio Olazo Van Hemelrijk*), en: http://historico.tsj.gob.ve/decisiones/scc/diciembre/EXEQ.00803-161209-2009-09-201.HTML; Tribunal Supremo de Justicia / Sala de Casación Civil, sentencia No. EXEQ.00610, 27 de septiembre de 2012 (caso: *Claudio José Gregorio Saleta González y Zudella Carolina González Aguilar*), en: http://historico.tsj.gob.ve/decisiones/scc/septiembre/EXEQ.000610-27912-2012-12-203.HTML; Tribunal Supremo de Justicia / Sala de Casación Civil, sentencia No. EXE.000206, 28 de abril de 2015 (caso: *Benedetto Cardillo c. Rosario del Carmen Abreu Fernández*), en: http://historico.tsj.gob.ve/decisiones/scc/abril/176750-EXE.000206-28415-2015-12-101.HTML; Tribunal Supremo de Justicia / Sala de Casación Civil, sentencia No. EXE.000261, 29 de mayo de 2018 (caso: *César Eduardo Acosta c. María Teresa Serrano*), en: http://historico.tsj.gob.ve/decisiones/scc/mayo/211699-EXE.000261-29518-2018-16-388.HTML; y Tribunal Supremo de Justicia / Sala de Casación Social, sentencia No. 1222, 14 de diciembre de 2015 (caso: *Ivonne Genolet Cima c. Osnel Joan Castillo Cárdenas*), en: http://historico.tsj.gob.ve/decisiones/scs/diciembre/183948-1222-141215-2015-14-1165.HTML

[28] *Vid.* Tribunal Supremo de Justicia / Sala Político-Administrativa, sentencia No. 00814, 13 de abril de 2000 (caso: *Héctor Rodríguez Martínez c. Maria Dora Vargas de Rodriguez*), en: http://historico.tsj.gob.ve/decisiones/spa/abril/00814-130400-12251.htm; Tribunal Supremo de Justicia / Sala Político-Administrativa, sentencia No. 02178, 14 de noviembre de 2000 (caso: *María de Jesús Salcedo Cedeño c. Richard Lee McLean*), en: http://historico.tsj.gob.ve/decisiones/spa/noviembre/02178-141100-14613.htm; Tribunal Supremo de Justicia / Sala Político-Administrativa, sentencia No. 01084, 18 de septiembre de 2004 (caso: *Manuel J. Diek c. Elizabeth Pimentel*), en: http://historico.tsj.gob.ve/decisiones/spa/agosto/01084-180904-2003-0389.htm; Tribunal Supremo de Justicia / Sala de Casación Civil, sentencia No. EXEQ.000215, 18 de junio de 2010 (caso: *María Leonor Días-Aidos Vidago c. Orlando Pompeyo Reyes Oropeza*), en: http://historico.tsj.gob.ve/decisiones/scc/junio/EX.000215-18610-2010-09-358.HTML; y Tribunal Supremo de Justicia / Sala de Casación Civil, sentencia No. EXE.000131, 1 de marzo de 2012 (caso: *Carmen Novoa Álvarez y Jaime Pájaro Loret*), en: http://historico.tsj.gob.ve/decisiones/scc/marzo/EXE.000131-1312-2012-11-576.HTML

criterio general del domicilio establecido en el artículo 39 y los criterios especiales plasmados en los artículos 40, 41 y 42, respectivamente.

En nuestra opinión, esto se debe a una extensión del criterio plasmado durante la vigencia del Código de Procedimiento Civil desde 1873 hasta 1998, a pesar de que ninguno de los instrumentos promulgados durante ese período establecía expresamente un parámetro para la evaluación del requisito de la jurisdicción indirecta. Es decir, para la jurisprudencia reinante en la actualidad, se aplica el mismo principio de que la jurisdicción del tribunal extranjero que ha dictado la decisión objeto de reconocimiento debe ser evaluada conforme a los criterios positivos de jurisdicción directa, a pesar de que la ley alude expresamente a los "principios generales en materia de jurisdicción".

No obstante, antes de adentrarnos en nuestra interpretación de la norma cabe preguntarnos: ¿cuál es la opinión de los redactores originales del Proyecto de Ley de Normas de Derecho Internacional Privado?

D. La opinión de los redactores del Proyecto de Ley de Normas de Derecho Internacional Privado 1963-1965

Al momento de evaluar los comentarios de la doctrina venezolana, omitimos intencionalmente la referencia a Joaquín Sánchez-Covisa y Gonzalo Parra-Aranguren, debido a que su opinión merece un tratamiento individual[29].

Ciertamente, los proyectistas originales no establecieron expresamente la forma en la que debería interpretarse, aplicarse y revisarse el requisito de la jurisdicción indirecta. De hecho, la referencia a las normas de reconocimiento y ejecución de decisiones extranjeras, realizada en la exposición de motivos de la Ley, es un muy concisa. No obstante, de la revisión de sus trabajos en materia de reconocimiento y ejecución de decisiones extranjeras puede derivarse, al menos, una tendencia sobre el tema en cuestión.

[29] A pesar del indiscutible aporte de Roberto Goldschmidt en su participación en el Proyecto de Ley de Normas de Derecho Internacional Privado, su trabajo doctrinario no abarcó el tema objeto del presente artículo.

1. Joaquín Sánchez-Covisa

Comencemos por Sánchez-Covisa, de quien nos interesa particularmente su trabajo *Anotaciones sobre la competencia procesal internacional indirecta* de 1957[30]. En este artículo el autor hace una revisión general de los problemas derivados del asunto de la jurisdicción indirecta y de la forma en que, para ese momento, estaba regulado el requisito en el Derecho Comparado y en el Derecho venezolano.

Primeramente expresa el autor que la mejor manera para construir las normas de jurisdicción indirecta es utilizar en forma "paralela y analógica"[31] las normas sobre jurisdicción directa, dado que de ellas se derivan puntos de vinculación razonables y suficientes tanto para admitir la jurisdicción de los tribunales nacionales, como para aceptar la competencia de los tribunales extranjeros en sede de reconocimiento. Sin embargo, se muestra partidario por una evaluación flexible de este requisito, a pesar de que se fundamente en las normas de jurisdicción directa del Estado receptor.

Ello se deriva, en nuestra opinión, de que el autor no expresó en modo alguno que se deban satisfacer en sede de reconocimiento todos los requisitos exigidos por los criterios atributivos de jurisdicción directa. A ello se agrega que Sánchez-Covisa se mostró favorable a que se partiese de los principios contenidos en las normas del Estado receptor, más que a las propias normas positivamente consideradas, para evaluar la jurisdicción indirecta[32].

---

30 Publicado originalmente en: *Studia Jurídica*, 1957, No. 1, pp. 432-466. Reproducido en: *Obra Jurídica de Joaquín Sánchez-Covisa*, Caracas, Ediciones de la Contraloría General de la República, 1976, pp. 377-414.

31 Sánchez-Covisa, Anotaciones…, ob. cit., p. 390.

32 "La segunda tesis es una consecuencia de la concepción unilateral de las normas de competencia procesal directa y ha tenido recientemente su máxima expresión en las voces autorizadas de Niboyet y Batiffol. De acuerdo con ella, las normas de competencia indirecta no son transformables en normas de competencia indirecta, ya que cada Estado sólo dicta y puede dictar normas que regulen la competencia de sus propios Tribunales. En consecuencia, el Juez de un país sólo podrá deducir de sus propias normas de competencia internacional si los Tribunales de su país son o no competentes, y, en el caso de que no lo sean, deberá recurrir a las normas de competencia internacional del Estado extranjero sentenciador, que son las únicas calificadas para decidir si el Tribunal extranjero tiene la correspondiente competencia. Pese a la autoridad científica de sus defensores, el punto de arranque de esta tesis nos parece inexacto. En efecto, al reconocer o consagrar normas de competencia indirecta, el Estado receptor no está determinando si los Tribunales extranjeros pueden o no conocer

Lo anterior se confirma por la opinión del autor de que los jueces no estaban limitados a considerar los criterios atributivos de jurisdicción establecidos en el Código de Procedimiento Civil, para evaluar la jurisdicción indirecta en sede de reconocimiento, sino que eran igualmente aplicable cualquier otro criterio admisible de conformidad con el artículo 8 del Código –norma que establecía el sistema de prelación de fuentes– y el ordinal 2 del artículo 748 –norma que, como ya hemos visto, establece el requisito de la jurisdicción indirecta y el no arrebato de la jurisdicción indirecta de los tribunales venezolanos–. Esta opinión es igualmente válida bajo el régimen de la Ley de Derecho Internacional Privado, según revisaremos *infra.*

Como vemos entonces, a pesar de haber comentado Joaquín Sánchez-Covisa un sistema en el cual se evaluaba la jurisdicción indirecta conforme a los criterios positivos establecidos en el Código de Procedimiento Civil, se mostró más favorable a una revisión de este requisito conforme a los principios que informaban nuestras normas y sin limitar los puntos de contacto entre el foro y el litigio a aquellos expresados como criterios atributivos de jurisdicción en la Ley.

2. Gonzalo Parra-Aranguren

Es una lástima para nuestro foro el que Gonzalo Parra-Aranguren, el único de los proyectistas que participó en la promulgación de la Ley

de una litis, para la cual carece en los cuales ha de reconocer esa competencia a los fines de ejecutar u otorgar eficacia interna a sus decisiones... Sin embargo, la orientación realista de la expresa tesis resulta provechosa para atenuar un traslado demasiado rígido de los principios de la competencia directa a la competencia indirecta. En efecto, existen, de un lado, como hemos observado, principios de competencia directa que se basan estrictamente en razones políticas y que por lo tanto en ningún caso son susceptibles de generalización. De otro lado, la competencia de un Tribunal extranjero que es competente según sus propias normas de competencia internacional sólo debe rechazarse en el caso de que con ellos se violen principios inequívocamente contenidos en las normas de competencia internacional del Estado receptor, pero no cuando ello resulte de una simple diferencia técnica secundaria en la apreciación de los criterios de jurisdicción". Sánchez-Covisa, Anotaciones..., ob. cit., pp. 391-392. Ciertamente, aquí el autor lo que evalúa es una técnica específica para la formación de los criterios de evaluación del requisito de la jurisdicción indirecta, pero en su consideración se muestra abierto a una evaluación más flexible a la que más adelante comenta en su trabajo, dado que durante la vigencia del Código de Procedimiento Civil de 1916 fue que se asentó con fuerza la tesis de evaluar la jurisdicción indirecta según los criterios atributivos de jurisdicción de la Ley venezolana.

de Derecho Internacional Privado de 1998, no haya expresado en sus escritos la intención detrás del numeral 4 del artículo 53 de la Ley. No obstante, dado que el mencionado autor tiene una amplia bibliografía de excepcional nivel en el área del Derecho Procesal Civil Internacional, y en particular sobre el reconocimiento y ejecución de decisiones extranjeras, consideramos viable encontrar algunas referencias sobre el tema objeto de las presentes líneas.

Así, en primer lugar, vemos que en su artículo *El Acuerdo Boliviano sobre Ejecución de Actos Extranjeros (1911) a la luz de la jurisprudencia venezolana*[33], al comentar el literal a) del artículo quinto del tratado en cuestión, norma que establece solo una exigencia genérica de que la sentencia haya sido dictada por un Tribunal competente en la esfera internacional, que "aun cuando esta invocación puede suscitar dudas acerca de su correcta inteligencia, existe consenso en el sentido de resolver el problema conforme a los principios imperantes en el Estado donde se pretende el despliegue de eficacia de la sentencia extranjera"[34].

Luego, expresa el autor que, ante la falta de reglas expresas en materia de jurisdicción indirecta, la doctrina y la jurisprudencia son contestes en evaluar tal requisito en forma paralela y analógica a las normas de competencia directa del Estado en el cual se pretende hacer valer la sentencia extranjera. Por ello, expresa el autor que "de esta manera los criterios válidos para los Tribunales venezolanos serían también útiles respecto de los Magistrados foráneos", haciendo la salvedad de que no se trata de una solución inobjetable y que "constituye tan sólo la respuesta más simple para satisfacer los dictados de la necesidad"[35].

Como vemos, si bien el autor hace cuenta de la tendencia generalizada de evaluar la jurisdicción indirecta conforme a la ley del Estado receptor, se refiere a los principios imperantes en dicha ley y a su utilidad,

---

33 Publicado originalmente en: *Revista de la Facultad de Derecho de la Universidad Católica Andrés Bello*, 1976, No. 22, pp. 9 ss. Reproducido en: *Ensayos de Derecho Procesal Civil Internacional*, Caracas, Biblioteca de la Academia de Ciencias Políticas y Sociales, 1986, Serie Estudios No. 30. pp. 271-394.

34 Parra-Aranguren, El Acuerdo Boliviano..., ob. cit., p. 321.

35 Parra-Aranguren, El Acuerdo Boliviano..., ob. cit., p. 324, específicamente la nota 133.

es decir, no limita la competencia del Estado sentenciador a los criterios positivos y sus requisitos expresados en la Ley venezolana.

Luego, en su artículo *El control de la eficacia de los actos de autoridades extranjeras a finales del siglo XIX*, vemos que Parra-Aranguren, refiere muy sencillamente en una nota de pie de página que las enseñanzas de Ramón F. Feo sobre la jurisdicción, plasmadas en su comentario al Código de Procedimiento Civil de 1897, se hicieron sentir en el numeral 4 del artículo 53 de la Ley de Derecho Internacional Privado[36].

Si revisitamos las ideas de Ramón F. Feo, se evidencia que no restringe el trabajo del Juez de reconocimiento a la revisión de los criterios positivos establecidos en su Ley, dado que entiende que los mismos no abarcan la totalidad de contactos que puede haber entre el litigio y el foro, razón por la cual hizo referencia a los principios del Derecho de Gentes en general y a los criterios de jurisdicción del Tratado de Montevideo en particular.

Por ello, consideramos que la referencia de Parra-Aranguren puede interpretarse en el sentido de que la revisión del requisito de jurisdicción indirecta, bajo el régimen de la Ley de Derecho Internacional Privado, debe realizarse conforme al Derecho venezolano, sin limitarse a los contactos expresados en los criterios positivos de jurisdicción directa.

Ahora, las referencias de Joaquín Sánchez-Covisa y Gonzalo Parra-Aranguren y, en general, lo dicho hasta ahora en este artículo plantea la siguiente interrogante: ¿cómo debemos interpretar la referencia del artículo 53.4 de la Ley de Derecho Internacional Privado a los "principios generales de jurisdicción consagrados en el capítulo IX de esta Ley? A esto dedicaremos las siguientes líneas.

E. Nuestra interpretación

Para responder a la interrogante planteada, debemos comenzar por la exposición de motivos de la Ley de Derecho Internacional Privado.

36 Parra-Aranguren, El control de la eficacia..., ob. cit., p. 141. La nota de pie que citamos es la 215.

En su texto, se asevera que las normas sobre eficacia extraterritorial de las sentencias implican una modernización y racionalización de las disposiciones vigentes, amén de constituir un mejor ajuste a los criterios de técnica y justicia requeridos por este problema del Derecho Internacional Privado[37].

A primera vista, pareciera que esta referencia abarca tan solo la eliminación del requisito de reciprocidad y la eliminación expresa del requisito del orden público, y su implicación en la revisión del fondo de lo decidido por el Estado sentenciador. No obstante, consideramos que también comprende el requisito de la jurisdicción indirecta.

En nuestra opinión, el texto ideado por los proyectistas originales de 1963-1965 y legislado en 1998, tiene la intención de establecer un criterio flexible para la verificación de la jurisdicción del Estado sentenciador en sede de reconocimiento. La racionalización, en éste particular, pasa tanto por establecer un parámetro claro para el juez de reconocimiento en la Ley –por primera vez, como hemos visto antes–, para que no divagase ante la "falta de norma expresa", como por cesar la necesaria equiparación entre los criterios de jurisdicción directa e indirecta.

Además, si evaluamos la norma del numeral 4 del artículo 53 de la Ley de Derecho Internacional Privado, ante la tendencia moderna en la materia, que aboga por criterios flexibles para la evaluación de la jurisdicción extranjera, despegados de la arcaica idea de que solo los supuestos de jurisdicción directa del Estado sentenciador son los únicos parámetros admisibles[38], vemos que su adecuada interpretación puede ayudar a satisfacer los fines de acceso a la justicia representados por el

[37] "Las normas sobre eficacia internacional de la sentencia implican también una modernización y racionalización de las disposiciones vigentes, que se ajusta mejor a los criterios de técnica y justicia requeridos por uno de los problemas de mayor resonancia en la vida jurídica privada internacional". Consultada en: F. Parra-Aranguren (ed.), *Ley de Derecho Internacional Privado…*, op. cit., nota 8, p. 89.

[38] *Vid*, en tal sentido, Fernández Arroyo, Diego P., Compétence exclusive et compétence exorbitant dans les rélations privées internationales, en: *Recueil des Cours*, 2006, Vol. 323, p. 243; Ochoa Muñoz, Javier L. / Claudia Madrid Martínez, Problemas de acceso transnacional a la justicia en el Derecho Internacional Privado. Perspectiva latinoamericana, en: *XLI Curso de Derecho Internacional*, Washington, D.C., Organización de los Estados Americanos, 2014, p. 340.

derecho a la efectividad de la decisión[39] y el control de las jurisdicciones exorbitantes[40]. Esta idea toma aún más fuerza cuando revisamos cuáles son los principios generales de jurisdicción consagrados en el Capítulo IX de la Ley de Derecho Internacional Privado.

La interpretación sistemática de las normas de jurisdicción de la Ley de Derecho Internacional Privado, lleva a la formulación de tres claros principios que debe tomar en consideración el juez venezolano de reconocimiento, al evaluar los contactos entre el foro extranjero y el litigio, siendo estos el principio de concurrencia de jurisdicciones, el principio de la proximidad razonable entre el litigio y el foro y el principio de autonomía de la voluntad como criterio atributivo de jurisdicción.

En materia de conflicto de jurisdicciones, actualmente se admite como principio general la concurrencia de foros. Esto implica que las cortes de varios Estados pueden tener potencialmente jurisdicción sobre un mismo caso de Derecho Internacional Privado, debido a la diversidad de vínculos que pueden existir entre el litigio y los sistemas jurisdiccionales involucrados. Por ello, se afirma con razón que la jurisdicción exclusiva es una excepción al principio de foros concurrentes, que debe ser interpretado de forma restrictiva[41].

Para el juez venezolano de reconocimiento el principio de concurrencia de foros implica que, al revisar el requisito de jurisdicción indirecta, no debe interpretar los criterios atributivos de jurisdicción de nuestro ordenamiento como de jurisdicción exclusiva. Dicho de otra manera, los supuestos que activan el ejercicio de la jurisdicción de los

39 Que en principio interesa solo al demandante del litigio extranjero, pero que, en casos de divorcio, separación de cuerpos y otras instituciones de estado de las personas y relaciones familiares, puede bien interesarle también al demandado del juicio original.

40 Que en la casi totalidad de los casos se traduce en la protección del derecho a la defensa de la parte demandada, quien no debe sufrir los efectos de una jurisdicción exorbitante.

41 Fernández Arroyo, Diego P., Compétence exclusive…, ob. cit., pp. 37 ss.; Fresnedo de Aguirre, Cecilia, Public Policy: Common Principles in American States, en: *Recueil des Cours*, 2016, Vol. 379, pp. 333 ss. Igualmente, nuestra jurisprudencia ha admitido a este como un principio general en material de jurisdicción de nuestro sistema. *Vid.*, Tribunal Supremo de Justicia / Sala Político-Administrativa, Sentencia No. 02699, 26 de noviembre de 2006 (caso: *Russell Morris Dallen Jr. c. Claire Lucía Hodgson*), en: http://historico.tsj.gob.ve/decisiones/spa/noviembre/02699-291106-2003-0152.HTM

tribunales venezolanos no excluyen que otros Estados puedan ejercer su poder jurisdiccional sobre un caso con elementos de extranjería, en vista de sus vínculos con la controversia, dado que "los Estados en forma autónoma y soberana atribuyen a sus tribunales el conocimiento de cierta clase de litigios"[42].

No obstante, la asunción de jurisdicción para conocer un caso, debe ser valorada por el juez de reconocimiento a través del cristal del principio de proximidad razonable. Según éste, la atribución de jurisdicción estará justificada cuando se funde en la existencia de vínculos mínimos y razonables entre el foro y el litigio[43].

En nuestro ordenamiento el principio de proximidad en materia de jurisdicción, puede establecerse a través de una visión de conjunto de los criterios atributivos del capítulo IX de la Ley de Derecho Internacional Privado, dado que ellos se basan en una conexión razonable entre el foro y el litigio, excepción hecha de los criterios del lugar de celebración del contrato y del lugar de citación del demandado, aunque ello puede variar dependiendo del caso en concreto.

Por medio de este principio el juez de reconocimiento puede valorar los vínculos objetivos y subjetivos relevantes de la causa con el foro que decidió el litigio, así como los criterios procesales que permitan evaluar que la parte demandada tuvo una razonable posibilidad de defensa ante el caso planteado contra ella[44] y que el Estado decisor no ejerció una jurisdicción exorbitante sobre el caso planteado ante él. Con ello, el principio de proximidad razonable se presenta como un

---

[42] Pérez Pacheco, Yaritza, *La jurisdicción en el Derecho Internacional Privado*, Caracas, Universidad Central de Venezuela, Facultad de Ciencias Jurídicas y Políticas, 2008, Series de Trabajos de Grado No. 15, p. 63.

[43] Pérez Pacheco, *La jurisdicción...*, ob. cit., p. 63.; Virgós Soriano, Miguel / Francisco J. Garcimartín Alférez, *Derecho procesal civil internacional. Litigación internacional*, Madrid, Civitas, 2000, pp. 55-57, quienes expresan como parámetro de razonabilidad, el que la vinculación entre el litigio y el foro esté fundada en razones sustantivas y no meramente formales; Lagarde, Paul, Le príncipe de proximité dans le droit international privé contemporain: cours général de droit international privé, en: *Recueil des Cours*, 1986, Vol. 196, pp. 171-179.

[44] Para ello Virgós Soriano y Garcimartín Alférez proponen un "test de proximidad" y un "test de razonabilidad". Virgós Soriano / Garcimartín Alférez, *Derecho procesal civil internacional...*, ob. cit., p. 56.

parámetro regulador y valorativo básico para la revisión del requisito de jurisdicción indirecta, para lo cual, en ciertos casos, le será útil al juez de reconocimiento evaluar directamente cómo asumió jurisdicción el Estado decisor[45].

Finalmente, el juez de reconocimiento deberá considerar que nuestro sistema admite el ejercicio de la autonomía de la voluntad en materia de jurisdicción como principio general, lo que conlleva a que nuestras normas de jurisdicción son dispositivas[46]. Esto se evidencia al haberse plasmado expresamente la sumisión voluntaria como criterio atributivo de jurisdicción en materia patrimonial, de estado de las personas y relaciones familiares, y al haberse admitido igualmente que la jurisdicción de los tribunales venezolanos es por regla derogable[47].

Naturalmente, el ejercicio de la autonomía de la voluntad en materia de jurisdicción no es absoluto. El Estado receptor a través del control de la jurisdicción indirecta puede analizar si el ejercicio de la autonomía

---

[45] La jurisprudencia ha concluido en diversos casos que existe una vinculación efectiva entre el foro extranjero y el litigio, aun cuando no siempre aclara el fundamento de tal vinculación. *Vid*, por ejemplo: Sentencia del Tribunal Supremo de Justicia / Sala Político-Administrativa, sentencia No 01531 de 29 de junio de 2000, caso: *Nelly Quintero de Fellner c. Reinhold Norbert Fellner* (consultada en: https://bit.ly/2xRslQc); Sentencia del Tribunal Supremo de Justicia / Sala Político-Administrativa, sentencia No. 00905 del 30 de marzo de 2005, caso: *Pedro Posada* (consultada en: https://bit.ly/2N1sjL2); Sentencia del Tribunal Supremo de Justicia / Sala de Casación Civil, sentencia No. EXEQ.00853 del 10 de diciembre de 2008, caso: *Belky Miguelina Rojas c. Rafael Dionisio Castro González* (consultada en: https://bit.ly/2N4wkhG).

[46] En el sentido de que pueden ser obviadas por las partes para atribuirle jurisdicción a un tribunal extranjero, salvo los casos de jurisdicción inderogable y jurisdicción exclusiva. En tal sentido, Hernández-Bretón, Eugenio: *Problemas contemporáneos del Derecho procesal civil internacional venezolano*, Caracas, Editorial Sherwood, 2004, Colección Cuadernos No. 8, pp. 115-121.

[47] Según una interpretación coherente del artículo 47 de la Ley de Derecho Internacional Privado, el cual expresa: "La jurisdicción que corresponde a los tribunales venezolanos, según las disposiciones anteriores, no podrá ser derogada convencionalmente en favor de tribunales extranjeros, o árbitros que resuelvan en el extranjero, en aquellos casos en que el asunto se refiera a controversias relativas a derechos reales sobre bienes inmuebles situados en el territorio de la República, o se trate de materias respecto de las cuales no cabe transacción o que afecten los principios esenciales del orden público venezolano". En tal sentido, *vid.* Rodríguez, Luis Ernesto, Inderogabilidad Convencional de la Jurisdicción. Artículo 47, en: T. B. de Maekelt / I. Esis / C. Resende (coords.), *Ley de Derecho Internacional Privado Comentada*, Caracas, Universidad Central de Venezuela, Facultad de Ciencias Jurídicas y Políticas y Consejo de Desarrollo Científico y Humanístico, 2005, Tomo II, p. 1071.

fue realizado en fraude o en detrimento de los derechos fundamentales de la parte demandada. No obstante, el juez de reconocimiento debe tener claro los límites al ejercicio de la autonomía y que los mismos solo se activan ante una clara y grave violación de los derechos fundamentales de alguna de las partes o de los principios fundamentales del foro.

CONCLUSIÓN

Lo anterior pone sobre el tapete como el juez venezolano de reconocimiento puede realizar eficaz y eficientemente su labor de revisar el requisito de jurisdicción indirecta, partiendo de la evaluación de los principios generales en materia de jurisdicción, los cuales no solo se desprenden de los criterios atributivos de los artículos 39 al 42 de la Ley de Derecho Internacional Privado, sino de la totalidad de las normas incluidas en ese capítulo IX. Por ello, el juez de reconocimiento no está limitado a los vínculos que se desprenden de las normas de jurisdicción indirecta de la Ley.

En efecto, la forma en la que se ha consagrado el requisito de jurisdicción del Estado sentenciador como requisito de eficacia, se ajusta a las necesidades actuales en materia de reconocimiento y ejecución de decisiones extranjeras. El mismo, siempre que se interprete adecuadamente y se entienda su verdadera finalidad, puede permitir un control flexible del requerimiento de la jurisdicción indirecta, que garantice tanto el derecho a la efectividad de la decisión, como la existencia o no de una jurisdicción razonablemente admitida y ejercida sobre las partes.

Es evidente que el papel del requisito de jurisdicción indirecta es central dentro del sistema de eficacia extraterritorial de sentencias, especialmente en lo que respecta a su finalidad, lo cual no ha sido siempre reflejado por la jurisprudencia de nuestro Tribunal Supremo de Justicia. A pesar de ello, nos parece que claro que quienes nos dedicamos al estudio de esta área del Derecho, debemos seguir aportando desde la cátedra, el estrado y la tinta a que ésta y las demás instituciones consagradas en nuestra Ley de Derecho Internacional Privado, sean debidamente aplicadas e interpretadas, con miras a satisfacer las necesidades de justicia en las relaciones jurídico-privadas de carácter internacional.

Después de todo, "las decisiones de los Tribunales dependen de lo que se estudia en los bufetes y escritorios, de lo que se investiga en las Bibliotecas, de lo que se enseña y aprende en las Universidades, de la manera como se vive y se siente el Derecho en cada lugar y a cada hora"[48].

[48] Palabras de Joaquín Sánchez-Covisa al prologar la obra "De la Comercialidad de las Operaciones Inmobiliarias en el Derecho Venezolano" de René de Sola. Consultado en: *Obra Jurídica de Joaquín Sánchez-Covisa…*, ob. cit., p. 523.

LOS PRINCIPIOS UNIDROIT EN EL DERECHO PARAGUAYO

JOSÉ ANTONIO MORENO RODRÍGUEZ*

Resumen: Este trabajo realiza un recorrido sobre la consideración de los Principios UNIDROIT en la determinación del Derecho aplicable a los contratos internacionales, de conformidad con el sistema paraguayo de Derecho internacional privado, antes y después de la reforma de 2014.

Abstract: *This paper takes a tour on the consideration of the UNIDROIT Principles in the determination of the Law applicable to international contracts, in accordance with the Paraguayan system of private international law, before and after the 2014 reform.*

* LL.M. Harvard, 1993. Miembro del Consejo de Gobierno del UNIDROIT y Presidente de su Grupo de Trabajo de Contratos de Inversiones en Tierras Agrícolas. Miembro del Comité Jurídico Interamericano de la Organización de Estados Americanos. Miembro del Grupo de Trabajo de la Conferencia de la Haya sobre Derecho Internacional Privado en relación a los Principios de la Haya sobre Contratos Internacionales. Ex Miembro de la Corte de Arbitraje de la Cámara de Comercio Internacional. Miembro de Comités de Anulación del Centro Internacional de Arreglo de Diferencias Relativas a Inversiones (CIADI). Anterior Presidente de la Asociación Americana sobre Derecho Internacional Privado. Profesor en varias universidades, entre ellas, Heidelberg y Paris II. www.jmoreno.info

G. Derecho a resolver el contrato. VIII. Otras soluciones de los Principios UNIDROIT invocadas en la jurisprudencia paraguaya. A. Carácter vinculante del contrato. B. Libertad de formas. C. Definición de la oferta. D. Obligación de emplear los mejores esfuerzos. E. Excesiva desproporción (*laesio*). F. Suspensión del cumplimiento. IX. Palabras finales.

En homenaje al eximio jurista y dilecto amigo, Profesor Eugenio Hernández-Bretón. La apertura de un país hacia desarrollos notables del derecho comparado constituye el sueño de todo comparatista de alma, y Eugenio lo es. Sirva esta contribución como tributo a un notable jurista que enaltece su visión cosmopolita con su accionar académico.

I. INTRODUCCIÓN

El Instituto Internacional para la Unificación del Derecho Privado, ampliamente conocido por su acrónimo francés *UNIDROIT*, fue creado en 1926 como organismo intergubernamental con el objetivo del mejoramiento de marcos normativos a lo ancho del orbe, y así ha trabajado a través de los años particularmente en relación a temas de derecho privado y más puntualmente de derecho comercial.

El Paraguay forma parte de la organización desde el año 1940[1]. Solo un instrumento de UNIDROIT ha sido ratificado por el país –el Convenio de UNIDROIT sobre los Bienes Culturales Robados o Exportados Ilícitamente, recibido según Ley 1048/1997–. Sin embargo, la labor de UNIDROIT viene teniendo una influencia creciente en el país con relación a otro instrumento, a saber, los "Principios UNIDROIT sobre los Contratos Comerciales Internacionales", aprobados por la organización en 1994, y luego modificados y ampliado en 2004, 2010 y 2016[2].

Los Principios UNIDROIT sintetizan el derecho comparado contractual en su llamada "parte general", es decir, relativa a formación, efectos, interpretación y terminación de la generalidad de los convenios. Y lo hace de una manera muy peculiar. Adopta la técnica de los

[1] En diciembre del 2013, por primera vez en la historia, un nacional paraguayo, José A. Moreno Rodríguez, fue electo miembro del Consejo Directivo de la institución.

[2] Ver en www.unilex.info.

Restatements norteamericanos, con un breve preámbulo y luego reglas en negrita (*black-letter rules*), parecidas a artículos en los Códigos Civiles, seguidas de comentarios y en muchos casos ejemplos. Los Principios UNIDROIT no constituyen un tratado o una ley modelo, pero bien pueden servir para inspirar reformas normativas, además de varios otros usos, como ser aplicados a casos internacionales o fungir de herramienta interpretativa para jueces y árbitros[3].

Esta contribución se centra en los desarrollos que auguran una importancia creciente de la utilización de los Principios UNIDROIT en el Paraguay, de manera fecunda. Para el efecto, traduce al español[4] y adapta con algunos cambios el reporte nacional presentado a la *International Academy of Comparative Law* en ocasión de su congreso del año 2018 en la ciudad de Fukuoka, Japón[5].

II. LOS PRINCIPIOS UNIDROIT COMO DERECHO APLICABLE A LA CONTRATACIÓN INTERNACIONAL

Este es uno de los usos principales para los que fueron concebidos estos principios, según se ve reflejado ya en su preámbulo de la versión del año 1994.

El Paraguay reconoce expresamente la posibilidad de optar por la aplicación de derecho no estatal en los contratos internacionales. Por la Ley 1879 del 2002, el país adoptó la Ley Modelo de Arbitraje de 1985 de la Comisión de las Naciones Unidas para el Derecho Mercantil Internacional (CNUDMI), reproduciéndola casi en su totalidad, y transcribiendo su artículo 28 (art. 32 Ley paraguaya) que admite la aplicación de *normas de derecho* al fondo del litigio, expresión equiparada al

---

3 De estos principios me he ocupado en varios trabajos, a los que me remito, entre ellos: Moreno Rodríguez, José A., Los Principios Contractuales de UNIDROIT: ¿Un Mero Ejercicio Académico de Juristas Notables?, en: *Revista Foro de Derecho Mercantil*, Bogotá, Legis, 2005; Moreno Rodríguez, José A., *Derecho aplicable y arbitraje*, Madrid, Editorial Thomson, Capítulo V, 2014 (el libro cuenta también con ediciones colombiana –U. del Rosario–; peruana –Thomson–; brasileña –Juruá– y paraguaya –Intercontinental).

4 Con la diligente ayuda de José A. Moreno Bendlin.

5 Para la ocasión se enviaron varios reportes nacionales que sirvieron para la elaboración de un reporte general, a cargo de los Profesores Alejandro Garro (Universidad Columbia de Nueva York) y José A. Moreno Rodríguez. www.aidc-iacl.org/general-congress

derecho no estatal[6]. Los Principios UNIDROIT se encuentran claramente comprendidos dentro de esta noción de normas de derecho (*rules of law* en inglés)[7].

Por lo demás, la Ley paraguaya 5393 de 2015, "Sobre el Derecho Aplicable a los Contratos Internacionales", prácticamente trasiega disposiciones contenidas en dos instrumentos muy prestigiosos, los "Principios" de la Conferencia de La Haya de Derecho Internacional Privado de 2015 y la llamada "Convención de México" de 1994 avanzada por la Organización de Estados Americanos[8].

Pues bien, el artículo 5 de la ley paraguaya de contratos internacionales otorga un status formal al derecho no estatal, convirtiéndose en la primera ley en el mundo que incuestionablemente lo hace de manera abierta en el plano judicial[9]. Sigue así a los Principios de La Haya que no se limitan a aceptar el derecho estatal en el arbitraje, sino van más

6 Ver Comentario Oficial de la CNUDMI al artículo 28. También ver el reporte del Grupo de Trabajo de la CNUDMI, reunión 18, marzo del 1985 (A/CN.9/264, pp. 60-63). Ver en: Moreno Rodríguez, José A., *Derecho aplicable y arbitraje...*, ob. cit., p. 333.

7 Ver, por ejemplo, en: Berger, Klaus Peter, International arbitral practice and the UNIDROIT Principles of International Commercial Contracts, en: *American Journal of Comparative Law*, 1998, pp. 129 ss.; Lew, Julian D.M., The UNIDROIT Principles as *Lex contractus* chosen by the parties and without an explicit choice-of-Law clause: the perspective of Counsel, en: *ICC International Court of Arbitration Bulletin*, 2002, Special Supplement, p. 88; Farnsworth, Allan, The role of the UNIDROIT Principles in international commercial arbitration (2): a US perspective on their aims and application, en: *ICC International Court of Arbitration Bulletin*, 2002, Special Supplement, p. 22; Mayer, Pierre, The role of the UNIDROIT Principles in ICC arbitration practice, en: *ICC International Court of Arbitration Bulletin*, 2002, Special Supplement, p. 105.

8 Los "Principios sobre la elección del Derecho aplicable en materia de contratos comerciales internacionales", de la Conferencia de La Haya de Derecho Internacional Privado, se encuentran en el sitio www. hcch.net; en tanto que a la La Convención Interamericana sobre Derecho Aplicable a los Contratos Internacionales de la OEA se accede en el sitio http://www.oas.org/dil/private_international_law.htm

9 La Ley paraguaya sobre Contratos Internacionales cuenta con 19 artículos. En su primera parte (arts. 1-10, así como arts. 13-14), tratando la elección de derecho aplicable, básicamente reproduce a los Principios de La Haya, con algunas modificaciones menores. Las siguientes disposiciones (arts. 11-12, 15-16) trata mayormente situaciones de ausencia de selección, trasegando casi en su literalidad los artículos 11-12 y 15-16 de la Convención de México, Finalmente, la ley incorpora normas relativas a orden público (art. 17, en línea con los Principios de La Haya), y derogaciones (art. 18). A la ley puede accederse en el sitio www.gacetaoficial.gov.py.

allá del *status quo*[10], con lo que se logra "nivelar el campo de juego"[11] o "estrechar la brecha"[12] entre este medio y la litigación judicial. De tal modo, ya no es necesaria la inclusión de una cláusula arbitral para asegurar que la elección de derecho no estatal será respetada.

En réplica casi literal a su fuente[13], el artículo 5 de la Ley paraguaya dispone lo siguiente: "En esta Ley, la referencia a derecho incluye normas de derecho de origen no estatal, generalmente aceptadas como un conjunto de normas neutrales y equilibradas"[14].

El requisito de neutralidad exige un cuerpo jurídico capaz de contener respuestas a controversias comunes en contratos internacionales, mientras que el prerrequisito de balance fue establecido a fin de resolver el problema de la desigualdad del poder de negociación que lleve a un conjunto de normas injustas o inequitativas. En cambio, la fórmula de conjunto de normas generalmente aceptadas busca disuadir a las partes a elegir categorías ambiguas o inciertas de normas de derecho[15].

Los comentarios oficiales de los Principios de La Haya[16] mencionan como ejemplos de normas que cumplen con estos requisitos para configurar normas de derecho tanto a los Principios UNIDROIT como a

---

[10] Gama Jr., Lauro / Geneviève Saumier, Non-State Law in the (Proposed) Hague Principles on Choice of Law in international contracts, en: *El Derecho internacional Privado en los procesos de integración regional, Jornadas de la ASADIP 2011*, San José, ASADIP, Editorial Jurídica Continental, 2011, pp. 62-63.

[11] Pertegás, Marta / Brooke Adele Marshall, Harmonization Through the Draft Hague Principles on Choice of Law in International Contracts, en: *Brooklyn Journal of International Law*, 2014/3, Vol. 39, p. 979.

[12] Saumier, Geneviève, Designating the UNIDROIT Principles in International Dispute Resolution, en: *Uniform Law Review*, 2012, Vol. 17, pp. 533 ss., especialmente p. 547. Disponible en: SSRN: http://ssrn.com/abstract=2012285

[13] El artículo 3 de los Principios de La Haya.

[14] El artículo 3 de los Principios de La Haya estipula cuanto sigue: "Las partes pueden elegir, como Derecho aplicable al contrato, normas de Derecho generalmente aceptadas a nivel internacional, supranacional o regional como un conjunto de normas neutrales y equilibradas, salvo estipulación en otro sentido del Derecho del foro". La aceptación general a nivel internacional, supranacional o regional fue eliminada como requisito en la ley paraguaya para evitar controversias de qué cuerpos legales los comprenden. La parte final fue suprimida, por supuesto, debido a que solo tienen sentido en un texto de "principios" y no en una Ley.

[15] Escobar, Jorge H., *Derecho comercial*, Asunción, La Ley Paraguaya, 2ª ed., 2014, pp. 997-998.

[16] Comentario al artículo 3 de los Principios de La Haya.

la Convención de las Naciones Unidas sobre Contratos de Compraventa Internacional de Mercaderías, o CISG según sus difundidas siglas en inglés, aunque esta no fuera aplicable bajo sus propios términos o por no encontrarse ratificada[17].

III. FUENTES QUE HABILITAN EL USO DE LOS PRINCIPIOS UNIDROIT PARA INTERPRETAR Y COMPLEMENTAR LA LEGISLACIÓN PARAGUAYA

Una cuestión distinta es la aplicación de los Principios UNIDROIT en el contexto doméstico. Este tema no fue previsto expresamente en el texto original del instrumento de 1994, aunque sí ya aparece en el preámbulo de 2004. Actualmente, la mayoría de los casos referenciados en la base de datos "*Unilex*" –hermanada con UNIDROIT–, se refieren a esta aplicación de los Principios UNIDROIT.

Un interrogante que se plantea aquí es, ¿pueden los mismos ser interpretados en referencia a usos comerciales o principios generales del derecho? Se abordan ambos temas a continuación.

A. Principios Generales del Derecho

El artículo 6 del Código Civil Paraguayo estipula que si una cuestión no puede resolverse por las palabras ni el espíritu de los preceptos del Código ni por analogía, el juzgador puede recurrir a los principios generales del derecho.

Velázquez Argaña trató la cuestión específicamente con relación a los Principios UNIDROIT y su correlación con los "principios generales del derecho" en el Paraguay, concluyendo de manera afirmativa[18]. Esta interpretación abre paso a su aplicación complementaria. Es más, el caso Manzoni[19] resuelto en tribunales paraguayos ace una referencia

[17] La CISG fue ratificada por Paraguay según la Ley 2611 del 2005.

[18] Velázquez Argaña, Ernesto, El Derecho comercial internacional y su influencia en el desarrollo del Derecho de contratos, en: *Código Civil de la República del Paraguay Comentado*, Asunción, Thomson Reuters La Ley, 3ª ed., 2017, pp. 79 ss., especialmente pp. 114-115.

[19] José Luis Andrés Manzoni Wasmosy vs. Indert s. obligación de hacer escritura pública y otros, Acuerdo y Sentencia 95 de 2014, Cámara de Apelaciones en lo Civil y Comercial, Cuarta Sala, accesible en: http://www.unilex.info/case.cfm?pid=2&id=1866&do=case

expresa a el entendimiento de los Principios UNIDROIT como una herramienta de interpretación en los sistemas jurídicos que consideran a los "principios generales del derecho" como una fuente del derecho, tal como hace el artículo 6 del Código Civil[20].

B. Usos, costumbres y prácticas

El artículo 7 del Código Civil menciona que los usos, costumbres o prácticas no pueden generar derechos, salvo los casos en los cuales la ley se refiere a los mismos. A su vez, el artículo 2 de la Ley 1034 del 1983 (que regula mayormente las obligaciones formales de los comerciantes) expresa que el Código Civil es subsidiario, y que los usos comerciales y las costumbres solo pueden ser aplicadas cuando la ley se refiere a ellos con el fin de determinar el sentido de las palabras o las frases técnicas del comercio y para interpretar los actos y convenciones de la misma naturaleza.

Uno puede interpretar estas provisiones de forma literal (en particular al artículo 7 del Código Civil), admitiendo a lo sumo la incorporación por referencia de ciertos usos y prácticas[21]. Sin embargo, un libro importante sobre el derecho mercantil paraguayo va aún más allá[22]. El mismo hace una distinción entre usos interpretativos, usos técnicos y costumbre.

Los usos interpretativos (o prácticas contractuales entre las partes o en el negocio) sirven para interpretar la voluntad declarada de manera defectuosa en los contratos, operando como una condición implícita (cláusula sobreentendida). No se precisa que los mismos sean aceptados de manera extensiva –basta con que sean entendidos como la manera habitual de tratar[23].

---

[20] Menciona que en el Paraguay la doctrina ha apoyado que sean utilizados por los tribunales paraguayos, citando a Moreno Rodríguez, José A., *Derecho aplicable y arbitraje internacional*, Asunción, Intercontinental Editora, 2013, p. 305.

[21] Una interpretación más abierta en consonancia con el dinámico derecho comercial es sugerido en: Moreno Ruffinelli, José A., *Derecho civil, Parte general*, Asunción, Intercontinental Editora, 13ª ed., 2013, p. 102.

[22] Escobar, *Derecho comercial*..., ob. cit.

[23] Escobar, *Derecho comercial*..., ob. cit., p. 58.

En cambio, los usos técnicos constituyen reglas de conducta objetivas observadas en el comercio como normas jurídicas. En ocasiones las partes las adoptan, como cuando se incorporan los Incoterms (usos técnicos adoptados por las partes)[24]. En otros casos, la ley tiene un vacío que permite que se rellene con los usos (usos técnicos invocados por la ley). Por ejemplo, el artículo 2 de la Ley 1284 del 1998 sobre mercados de capitales expresa que los usos y costumbres son de aplicación complementaria a las leyes y regulaciones que gobiernan esta materia[25].

En una tercera categoría se encuentra la costumbre, o usos generalmente aceptados[26]. Qué usos califican como tales es objeto de otra discusión.

Escobar reconoce que la terminología sobre este punto es confusa[27]. En relación al artículo 7 del Código Civil, el autor considera que los usos implícitos (contractuales) e invocados por ley constituyen fuentes jurídicas que prevalecen por encima de provisiones del Código Civil y no son meramente auxiliares de interpretación[28].

Una interpretación amplia en asuntos contractuales ha sido defendida vigorosamente por el autor de esta contribución, invocando a tal efecto varias normas, como por ejemplo al principio de la buena fe consagrado en el artículo 714 del Código Civil, en concordancia con los artículos 715 y 301, como resultado de los cuales los contratos obligan no solo a las consecuencias expresas sino también a las consecuencias virtualmente comprendidas, y también al artículo 6 que deriva a cuestiones de dudosas interpretaciones a "disposiciones que regulan casos o materias análogas", de carácter consuetudinario en asuntos comerciales[29].

---

24 Ver en: www.iccwbo.org/resources-for-business/incoterms-rules

25 Escobar, *Derecho comercial*..., ob. cit., pp. 58-59.

26 Escobar, *Derecho comercial*..., ob. cit., p. 60.

27 Escobar, *Derecho comercial*..., ob. cit., p. 60.

28 Escobar, *Derecho comercial*..., ob. cit., p. 63.

29 Ver en Moreno Rodríguez, José A., *Curso de contratos*, Asunción, Intercontinental Editora, 2ª ed., 2017, capítulos 3 y 8. Adicionalmente, varias provisiones particulares del Código Civil se refieren a usos, como los artículos 786 y 787 en contratos de compraventa, 952 en contratos de corretaje, etc.

C. Jurisprudencia en consonancia con el Derecho uniforme

El caso Ofelia contiene una notable decisión reciente en la cual los jueces invocaron tanto a los Principios UNIDROIT como a la CISG en alusión a usos y prácticas[30]. Las partes habían llegado a un acuerdo verbal de venta comisionada. Un tiempo después, una se retiró del acuerdo, lo que llevó a que la otra la demande por indemnización de daños resultantes del incumplimiento. La Cámara de Apelaciones examinó las obligaciones contractuales, y consideró que, a pesar de que el acuerdo original disponía la recolección de los bienes en el local del vendedor, se venía registrando una práctica distinta, por la cual el vendedor distribuía los bienes de manera directa a los clientes.

Para determinar la relevancia de la práctica establecida entre las partes, la Cámara de Apelaciones se refirió al artículo 9 de la CISG y al artículo 1.9 de los Principios UNIDROIT. Posteriormente, concluyó que existía una obligación implícita de distribuir los bienes a los clientes que debía ser cumplida por el vendedor, así como señala el artículo 5.1.2 (b) de los Principios UNIDROIT, según el cual las prácticas entre las partes son fuentes de obligaciones implícitas. Esta decisión se refiere además, expresamente, al artículo 7 del Código Civil, en el sentido que las prácticas no crean derechos salvo en los casos en que la ley se refiere a las mismas. El fallo también menciona al artículo 715 y a la autonomía de las partes, así como al principio de buena fe, concluyendo que las prácticas surgen precisamente como producto de la conducta voluntariamente aceptada por los contratantes.

A su vez, en el caso Gómez Vaezken[31], la Cámara de Apelaciones respaldó su decisión en los Principios UNIDROIT que refieren a las declaraciones unilaterales de las partes, invocando su artículo 4.3 y su referencia a los usos y prácticas como generadores de obligaciones implícitas.

---

[30] Ofelia Valenzuela Fernández vs. Paraguay Granos y Alimentos S.A. s. indemnización de daños y perjuicios por incumplimiento contractual, Acuerdo y Sentencia 66 del 2016, Cámara de Apelaciones en lo Civil y Comercial de la Ciudad de Asunción, Sexta Sala (http://www.unilex.info/case.cfm?id=2134).

[31] José Carlos Gómez Vaezken vs. LJP S.A.S. reconocimiento de crédito y otros, Acuerdo y Sentencia 90 del 2016, Cámara de Apelaciones en lo Civil y Comercial, Segunda Sala, (http://www.unilex.info/case.cfm?id=2104).

La Corte Suprema de Justicia lidió con dos casos que trataron asuntos similares. En el asunto Haywood[32], los herederos demandaron por daños resultantes de un accidente de tránsito que causó el fallecimiento de su padre. La Corte concluyó que los herederos tenían derecho a reclamar por daños, refiriéndose a los artículos 5.1.1 y 5.1.2 de los Principios UNIDROIT, que tratan sobre las obligaciones expresas e implícitas de las partes (deberes secundarios de conducta, consecuentes de las prácticas, los usos y de la buena fe). En la decisión, la Corte argumentó que, si bien los herederos no formaron parte de la relación contractual entre su padre difunto y la empresa de transporte, la obligación implícita de seguridad (basada también en el principio de la buena fe) les dio un derecho legítimo de reclamar por daños. Aunque finalmente la Corte concluyó que a pesar de que los herederos tenían derecho legítimo a reclamar por daños, no lograron demostrar en el juicio que la empresa de transporte fue responsable del accidente.

Otro precedente de la Corte Suprema también se refirió a las obligaciones expresas e implícitas (Garófalo[33]). En el mencionado caso, una experta de cocina firmó un contrato con un productor a través del cual se comprometió a participar en una serie televisiva. En el transcurso del contrato, la cocinera presentó quejas sobre las condiciones peligrosas del espacio de trabajo, lo que condujo a que la otra parte termine la vinculación. La cocinera entabló una demanda objetando la terminación del contrato, en adición a un reclamo de daños por faltarse a la obligación implícita de proveer seguridad en el espacio de trabajo. En su explicación de por qué falló a favor de la demandante, la Corte Suprema confirmó la existencia de dicha obligación implícita, haciendo mención no solo al principio de buena fe esperado en las relaciones contractuales según el artículo 715 del Código Civil, sino también a los artículos 5.1.1 y 5.1.2 de los Principios UNIDROIT que lidian con las obligaciones implícitas.

[32] Engracia Marina Haywood de Balbuena y otro vs. Empresa de Transporte Nueva Asunción S.A. y otros s. indemnización de daños y perjuicios, Acuerdo y Sentencia 1074, Corte Suprema de Justicia, (http://www.unilex.info/case.cfm?id=2140).

[33] Sara Garófalo Benza vs. Alejandro Mainero Maivolo y Dena S.A s. indemnización de daños y perjuicios, Acuerdo y Sentencia 1478 del 2016, Corte Suprema de Justicia (http://www.unilex.info/case.cfm?id=2030).

IV. EL USO DE LOS PRINCIPIOS UNIDROIT EN EL PARAGUAY

A. Su inserción en el discurso jurídico

Estos principios han sido utilizados en los casos mencionados previamente. Pero el impacto de los mismos es aún mayor. Los Principios UNIDROIT se han incorporado al discurso jurídico profesional y académico en el Paraguay[34]. Un libro de derecho de contratos, que compara a los Principios UNIDROIT con las soluciones previstas en el Código Civil, se utiliza regularmente en cursos de derecho de contratos en principales universidades[35]. La versión 2010 de los Principios fue publicada en Asunción por Intercontinental Editora. Hay una materia específica en la Escuela Judicial que trata sobre la interpretación del derecho contractual con herramientas del derecho comparado, valiéndose principalmente de los Principios UNIDROIT[36]. Equipos conformados por alumnos de las Universidades Nacional y Católica de Asunción han participado en numerosas Competiciones de Arbitraje que involucraron la aplicación de los Principios UNIDROIT, tales como la *Vis* de Viena, el *Moot* Madrid, y el *Moot* organizado de manera conjunta por la Universidad de Buenos Aires y la Rosario de Bogotá. Es más, como ya fue mencionado, los Principios UNIDROIT están siendo utilizados por los tribunales para interpretar y complementar a la legislación nacional sobre contratos[37].

---

34 Al hacer derecho comparado, uno debe ir más allá del derecho positivo y tener en cuenta el componente del discurso local – Sacco se refirió a los mismos como formadores jurídicos (*legal formants*). Ver, por ejemplo, en: Mattei, Ugo, Three patterns of Law: taxonomy and change in the world´s legal system, en: *American Journal of Comparative Law*, 1997, Vol., p. 15.

35 Moreno Rodríguez, *Curso de contratos…*, ob. cit.

36 www.ej.org.py

37 Los siguientes Principios fueron utilizados por tribunales paraguayos: artículo 5.1.3 (Cooperación entre las partes); artículo 2.1.21 (Conflicto entre cláusulas estándar y no-estándar); artículo 4.4 (Interpretación sistemática del contrato); artículo 4.6 (Interpretación *contra proferentem*); artículo 7.1.3 (Suspensión del cumplimiento); artículos 5.1.1, 5.1.2 (Obligaciones expresas e implícitas); artículo 1.2 (Libertad de forma); artículo 7.1.1 (Definición del incumplimiento); artículo 1.9 (Usos y prácticas); artículo 3.2.7 (Excesiva desproporción); artículo 1.8 (Comportamiento contradictorio); artículo 1.7 (Buena fe y lealtad negocial);

B. Aval dado por la Corte Suprema de Justicia a los Principios UNIDROIT

El máximo tribunal paraguayo, que, como se expuso, ya aplicó los Principios UNIDROIT en tres ocasiones, estableció un poderoso precedente en favor de la aplicación de los mismos como herramienta interpretativa en uno de estos asuntos (Etcheverry)[38].

En el caso, la parte recurrente impugnó ante el máximo tribunal que la Cámara de Apelaciones haya invocado los Principios UNIDROIT, sosteniendo que los mismos no tienen fuerza vinculante en el Paraguay, por lo que se violó la legislación paraguaya. La Cámara se había valido del artículo 5.1.3 de estos principios, que hace mención a la cooperación entre las partes, afirmando que esta provisión complementa al principio de buena fe en relaciones contractuales reconocido en la legislación del Paraguay.

Debido a que la Cámara de Apelaciones había utilizado los Principios UNIDROIT como herramienta de interpretación de la legislación nacional, es decir, no con carácter vinculante sino complementario al derecho local, la Corte Suprema consideró que la referencia a los mismos fue acertada. La decisión, no obstante, fue revocada por otros motivos.

Este precedente es emblemático. La Corte Suprema confirmó de tal manera que los Principios UNIDROIT pueden ser usados para complementar provisiones de la ley doméstica paraguaya. Además de este caso, hay otros dos de la Corte Suprema en donde se han aplicado los Principios UNIDROIT[39].

---

artículo 2.1.4 (Revocación de la oferta); artículo 2.1.18 (Modificación en una forma en particular); artículo 2.1.20 (Cláusulas sorpresivas); artículo 2.2.5 (Representante actuando sin poder o excediéndolo); artículo 10.4 (Nuevo período de prescripción por reconocimiento); artículo 2.2.10 (Extinción del poder); artículo 2.1.2 (Definición de la oferta); artículo 4.3 (Circunstancias relevantes); artículo 1.3 (Carácter vinculante de los contratos); y el artículo 5.1.4 (2) (Obligación de emplear los mejores esfuerzos).

[38] Jorge Moisés Etcheverry Alí vs. Rosa María Ramona Etcheverry de Brizuela s. obligación de hacer escritura pública, Acuerdo y Sentencia 62 del 2015, Cámara de Apelaciones en lo Civil y Comercial, Sexta Sala (http://www.unilex.info/case.cfm?id=1971).

[39] Haywood y Garófalo (ver notas 24 y 25).

C. Cómo inició todo

Duarte Torres constituye el precedente pionero en invocar a los Principios UNIDROIT, en el año 2013[40]. En este caso, las partes contrataron la venta de una finca que iba a ser seleccionada por el comprador, dentro de un terreno más grande que pertenecía a los vendedores. La disputa inició cinco meses tras la firma del contrato, cuando el comprador presentó una acción solicitando el cumplimiento del contrato y seguidamente ofreciendo el pago completo del precio de venta. Los vendedores plantearon en su reconvención la terminación del contrato, pues se había vuelto imposible su obligación de concluir el procedimiento administrativo para dividir el terreno dentro de sesenta días, debido a que el comprador no seleccionó la finca que debía ser transferida.

La Cámara de Apelaciones rechazó las pretensiones del comprador y resolvió la terminación del contrato. Esta decisión se respaldó principalmente en el deber de cooperación que incumplió el comprador. Éste tenía el deber de cooperar con el vendedor, que consistía en señalar en un plazo temporal razonable la finca que deseaba comprar. Ello hubiera permitido que el vendedor cumpliera con sus obligaciones de proveer los documentos necesarios para efectuar la transferencia de la finca y lograr completar los procedimientos administrativos para fraccionar la propiedad.

El deber de cooperación no se contempla de manera expresa en la legislación paraguaya. Sin embargo, la Cámara de Apelaciones sostuvo que deriva del deber de buena fe en relaciones contractuales, que sí se consagra de manera expresa en el derecho positivo paraguayo. La Cámara se apoyó además en los Principios UNIDROIT, citando al artículo 5.1.3 y sus notas explicativas.

Otros casos también aplicaron los Principios UNIDROIT y su deber de cooperación. En asunto Etcheverry[41], previamente mencionado, la controversia se originó cuando una parte acusó a la otra de incumplimiento contractual al rehusarse a completar la escritura pública ne-

---

40 Ramón Duarte Torres vs. José Manuel Acevedo Oviedo y otros s. pago por consignación, cumplimiento de contratos y otros, Acuerdo y Sentencia 11, Cámara de Apelaciones en lo Civil y Comercial, Sexta Sala (http://www.unilex.info/case.cfm?id=1692).

41 Ver nota 38.

cesaria para cumplir con las formalidades legales requeridas para la transferencia de la propiedad. La parte demandada objetó la validez del contrato, sosteniendo que no contaba con la firma de todas las partes en cada página, por lo que el contrato era falso y consecuentemente inválido. Sin embargo, de manera seguida, el demandado reconoció la firma en la última página como suya.

La Cámara de Apelaciones notó una clara inconsistencia en el comportamiento de la demandada y señaló que la carga probatoria de la falsedad del contrato recaía sobre ella, debido a que estaba en mejor posición de probar que, si bien la última página del contrato era auténtica, las primeras dos no lo eran, tal como venía alegando. Según la Cámara, esta carga probatoria impuesta sobre la demandada también deviene del deber de cooperación entre las partes, incluido en el artículo 5.1.3 de los Principios UNIDROIT. Con esta argumentación, la Cámara revocó la decisión del Juez de Primera Instancia y concluyó que el contrato presentado es auténtico y por lo tanto válido.

En el caso Ayala Zalazar[42], la controversia surgió de un contrato de compraventa de un inmueble. Se demandó allí el cumplimiento del contrato y que se haga la escritura pública correspondiente para cumplir con las formalidades legales necesarias para la transferencia del terreno.

La Cámara resolvió que el demandado había obrado de mala fe y faltado a su deber de cooperación en el cumplimiento del contrato[43]. La Cámara citó al artículo 5.1.3 de los Principios UNIDROIT y mencionó que si bien la legislación paraguaya no contempla al deber de

[42] Edgar Alberto Ayala Zalazar vs. Carlos Tomas González Figueredo s. cumplimiento de contrato y obligación de hacer escritura pública, Acuerdo y Sentencia 51 del 2016, Cámara de Apelaciones en lo Civil y Comercial, Cuarta Sala (http://www.unilex.info/case.cfm?id=1957).

[43] De hecho, en el momento de la venta, la propiedad contaba con una hipoteca a favor de un tercero (Citibank). Un vendedor previo había vendido la propiedad al actual demandado con la hipoteca, y el demandado se había comprometido a pagar la deuda al Citibank. Sin embargo, el demandado procedió a vender la propiedad sin haber cancelado la deuda, es decir, con la carga de la hipoteca vigente. El demandante no estaba al tanto de esta circunstancia, debido a que en el contrato se señaló de manera específica que el inmueble no tenía ninguna carga o gravamen. Es debido esta circunstancia que la Cámara revocó la resolución del Juez de Primera Instancia y estableció un plazo de noventa días en el cual el demandado debía cancelar la deuda, levantar la hipoteca y completar la Escritura Pública para poder transferir el inmueble al demandante.

cooperación de manera expresa, el mismo se encuentra comprendido dentro del principio de buena fe.

Un voto en disidencia en el caso Compasa[44] también invocó al deber de cooperación del Artículo 5.1.3 de los Principios UNIDROIT. Los detalles del caso serán discutidos más adelante.

V. LOS PRINCIPIOS UNIDROIT COMO REFLEJO DE UN CONSENSO GENERAL EN EL DERECHO COMPARADO CONTRACTUAL

El instrumento ha sido utilizado en este sentido por tribunales paraguayos. En el caso Duarte Torres[45], la Cámara de Apelaciones declaró que los Principios UNIDROIT son "...principios ampliamente aceptados en el Derecho Comercial Internacional que propenden a proponer soluciones uniformes a los problemas jurídicos, y que como tal, fungen como un instrumento que, entre otras funciones, permite interpretar y complementar el Derecho nacional".

En dos casos similares de la Dirección General de Aduanas[46], la misma Cámara de Apelaciones se refirió a la decisión del primer caso Duarte Torres, diciendo que incluso si los Principios UNIDROIT no tienen fuerza vinculante, los mismos son ampliamente aceptados en el derecho comercial internacional con soluciones uniformes a problemas jurídicos similares, y por lo tanto, pueden ser usados para interpretar y complementar a la legislación nacional. Lo mismo fue expresado en los asuntos Manzoni[47] y Nitschke[48].

---

[44] Compañía de Petróleo y Asfalto (Compasa) vs. Petrobras Distribuidora S.A. s. indemnización de daños y perjuicios, Acuerdo y Sentencia 36 del 2016, Cámara de Apelaciones en lo Civil y Comercial, Cuarta Sala (http://www.unilex.info/case.cfm?id=1958).

[45] Ver nota 40.

[46] Dirección General de Aduanas vs. El Comercio Paraguayo S.A. de Seguros Generales s. ejecución de resoluciones administrativas, Acuerdo y Sentencias 17 y 18 del 2013, Cámara de Apelaciones en lo Civil y Comercial, Sexta Sala (http://www.unilex.info/case.cfm?id=1695) (http://www.unilex.info/case.cfm?id=1696).

[47] Ver nota 19.

[48] Amanda Teofila Nitschke De Fayard vs. Jose Domingo Vallena Balbuena, Acuerdo y Sentencia 15 del 2015, Cámara de Apelaciones en lo Civil y Comercial, Sexta Sala (http://www.unilex.info/case.cfm?id=2143).

El caso Ofelia[49] reafirmó que los Principios UNIDROIT, aunque no sean vinculantes, pueden utilizarse para interpretar y complementar la legislación nacional, ya que constituyen un compendio de desarrollos internacionales en la materia reflejando sus principales sistemas legales. En la nota de pie 18 de la decisión Ofelia, la Cámara cita a una resolución de la Corte Suprema de Colombia en este sentido[50]. El asunto Yacyretá también incluyó un razonamiento similar e hizo la misma referencia a la Corte Suprema de Colombia[51].

Otros precedentes reafirman que los Principios UNIDROIT son ampliamente reconocidos (Etcheverry[52]), principios aceptados por la comunidad del derecho comercial internacional (Ayala Zalazar[53]), y normas de carácter no vinculante pero reglas generales de contratos mercantiles internacionales aceptados por una gran parte de los estudiosos del derecho (Ozorio[54]). En el caso Compasa, se mencionó que a pesar de que los Principios UNIDROIT no tienen carácter vinculante, los mismos "han encontrado su aplicación en diversos sistemas jurídicos del mundo como derecho complementario o *soft law*"[55].

---

49 Ver nota 30.

50 Corte Suprema de Justicia de Colombia, Fallo No. 11001-3103-040-2006-00537-01, Rafael Alberto Martínez Luna y María Bernal Cancino vs. Granbanco S.A. (www.unilex.info/case.cfm?id=1709) "los principios, simbolizan el esfuerzo significativo de las naciones para armonizar y unificar disímiles culturas jurídicas, patentizan la aproximación al uniforme entendimiento contemporáneo de las relaciones jurídicas contractual superan las incertidumbres sobre la ley aplicable al contrato, los conflictos, antinomias, incoherencias, insuficiencia, ambigüedad u oscuridad de las normas locales al respecto. Indispensable aclarar que las partes pueden regular el contrato mercantil internacional por sus reglas, en cuyo caso, aplican de preferencia a la ley nazilan31 no imperativa, y el juzgador en su discreta labor hermenéutica de la ley o del acto dispositivo, podrá remire a ellos para interpretar e integrar instrumentos internacionales y preceptos legales internos".

51 El Faro Producciones S.R.L. vs. Entidad Binacional Yacyretá, Acuerdo y Sentencia 48 del 2017, Cámara de Apelaciones en lo Civil y Comercial, Sexta Sala (http://www.unilex.info/case.cfm?id=2141).

52 Ver nota 38.

53 Ver nota 42.

54 Nathalia Elizabeth Ozorio Ruíz Díaz vs. Empresa Automotores Guaraní S.A.E.C. E I. (A.G.S.A.) y otros s. indemnización de daños y perjuicios por responsabilidad extracontractual, Acuerdo y Sentencia 54 del 2017, Cámara de Apelaciones en lo Civil y Comercial, Sexta Sala (http://www.unilex.info/case.cfm?id=2151).

55 Esta declaración fue expresada en la opinión disidente. La decisión mayoritaria no trató con este punto. (Ver nota 44).

En el caso Nestlé[56], ambas partes evocaron los Principios UNIDROIT, y la Cámara de Apelaciones se hizo eco de los mismos, señalando que "no poseen fuerza vinculante en nuestro ordenamiento, salvo caso, claro está, que hayan sido adoptados por las partes como normativas aplicables a su relación contractual. De todos modos, tales principios permiten interpretar y complementar el derecho nacional, pues constituyen un compendio del desarrollo que sobre la materia se ha gestado a nivel internacional, sirviendo así como reflejo de los principales sistemas jurídicos".

VI. LA UTILIZACIÓN DE LOS PRINCIPIOS UNIDROIT EN CONJUNTO CON OTROS INSTRUMENTOS EN LOS TRIBUNALES PARAGUAYOS

En algunos precedentes, las referencias a los Principios UNIDROIT fueron hechas en combinación con otros instrumentos de derecho uniforme.

El caso Ofelia se refiere a los Principios UNIDROIT así como a la CISG en relación a sus usos y prácticas, como ya fue mencionado anteriormente[57]. Adicionalmente, para decidir si existió o no una relación contractual entre las partes, la Cámara se refirió no solo a normativa nacional sobre libertad de formas en materia de formación de contratos, sino también al artículo 1.2 de los Principios UNIDROIT y al artículo 2:101 de los Principios de Derecho Contractual Europeo (PECL). Luego, la decisión también hace referencia al artículo 74 de la CISG, tratando sobre daños previsibles y recuperables, incluyendo el lucro cesante.

Por su parte, al referirse a la excesiva desproporción o lesión (*laesio*), el caso Pavetti[58] hace mención tanto a los Principios UNIDROIT como a los PECL que usan la frase beneficio excesivo o ventaja injusta.

---

[56] "Distribuidora R.G. Yódice S.A. vs. Nestlé Paraguay S.A. s/ indemnización de daños y perjuicios por responsabilidad contractual", Acuerdo y Sentencia 72 del 2 de agosto de 2017 (inédito).

[57] Ver nota 30.

[58] Sindulfo Ruiz Pavetti vs. Maria Esther Recalde de Aliendre y Policarpo Ramón Aliendre, Acuerdo y Sentencia 77 del 2016, Cámara de Apelaciones en lo Civil y Comercial (http://www.unilex.info/case.cfm?id=2105).

VII. CONTRAPARTE DE ALGUNAS NORMAS DE LOS PRINCIPIOS UNIDROIT EN EL DERECHO CONTRACTUAL PARAGUAYO

En general, las disposiciones del derecho contractual paraguayo se encuentran en sintonía con los Principios UNIDROIT. Se hace alusión, seguidamente, a algunas cuestiones puntuales.

A. Negociaciones de mala fe

A ellas alude el artículo 2.1.15 de los Principios UNIDROIT[59].

Un fallo de la Corte Suprema de Justicia del Paraguay se refirió a la buena fe como la "piedra angular del contrato"[60]. La buena fe está contemplada en los artículos 372, 689 y 714 *in fine* y 715 del Código Civil. El artículo 372, además, incluye también como derivación del principio de buena fe a la teoría del abuso de derecho (*abus de droit*), estableciendo que la conducta abusiva no será permitida. Esta es una provisión expresa en contra de las negociaciones de mala fe.

En el caso Ayala Zalazar[61], fue invocado el deber de cooperación de los Principios UNIDROIT. Adicionalmente, la Cámara de Apelaciones determinó que la parte demandada había obrado de mala fe al no cumplir con este deber que debía ser observado en el curso del cumplimiento del contrato.

En un voto disidente en el caso Compasa[62], el deber de cooperación entre las partes también fue considerado, expresándose que Compasa no cumplió con su deber de cooperar y actuó de mala fe.

El caso Etcheverry[63] menciona que la buena fe debe ser observada a lo largo de las relaciones contractuales, desde las etapas de negocia-

---

[59] "Art. 2.1.15 (Negociaciones de mala fe) (1) Las partes tienen plena libertad para negociar los términos de un contrato y no son responsables por el fracaso en alcanzar un acuerdo. (2) Sin embargo, la parte que negocia o interrumpe las negociaciones de mala fe es responsable por los daños y perjuicios causados a la otra parte. (3) En particular, se considera mala fe que una parte entre en o continúe negociaciones cuando al mismo tiempo tiene la intención de no llegar a un acuerdo."

[60] Leandro Sanabria vs. Coterra S.A., Acuerdo y Sentencia 3, Corte Suprema, citado en Moreno Rodríguez, *Derecho aplicable y arbitraje internacional…*, ob. cit., p. 130.

[61] Ver nota 42.

[62] Ver nota 44.

[63] Ver nota 38.

ción hasta la firma y la ejecución, así como también como mecanismo de interpretación de contratos, mencionando de tal manera varios artículos como el 372 (buena fe en el ejercicio de derechos), 689 (buena fe en negociaciones), 715 (buena fe en cumplimiento contractual) y 714 *in fine* (buena fe a la hora de interpretar los contratos) del Código Civil.[64] Se menciona que el deber de cooperación de los Principios UNIDROIT, aunque no expresamente enunciado en el Código Civil, es una derivación del principio de buena fe a lo largo de la relación contractual.

El caso Nitschke[65] nuevamente se refiere al deber de cooperación. No solo no debe obstaculizarse el cumplimiento de la otra parte sino también debe existir una activa colaboración entre las contratantes. Como se ha visto previamente, el caso pionero en invocar a los Principios UNIDROIT (Duarte Torres) también declaró que el deber de cooperación constituye una derivación del principio de buena fe[66].

Venire contra factum propium, otra ramificación del principio de buena fe, no ha sido enunciado como tal en el Código Civil[67]. En el caso Manzoni, se lo ha declarado de manera expresa, invocándose los Principios UNIDROIT[68]. Este precedente involucró una disputa entre un ciudadano paraguayo y el Indert (la institución gubernamental en materia de tierras), sobre el pago de una adjudicación de tierra. El Indert se rehusó a recibir el pago argumentando que había revertido su decisión previa en la cual se había otorgado el terreno al comprador y se había determinado un precio nuevo y más alto para la propiedad en disputa. En su decisión, la Cámara de Apelaciones concluyó que la conducta del Indert de fijar un precio, y luego retractarse, era contraria a la buena fe. Al hacerlo, la Cámara citó al principio *venire contra factum propium*, establecido en el Artículo 1.8 de los Principios UNIDROIT.

---

[64] Este fallo de la Cámara de Apelaciones cita en este punto a J. A. Moreno Rodríguez, "Buena Fe, Equidad y Favor Debitoris en la Interpretación" en Moreno Rodríguez, José A., *Contratos. Obra Colectiva*, Asunción, CEDEP, Intercontinental Editora, 2011, pp. 836-837.

[65] Ver nota 48.

[66] Ver nota 40.

[67] Sin embargo, desde el principio fue considerado como incorporado, como fue mencionado en el simposio organizado en el tiempo en el cual el Código Civil y Comercial fue sancionado. *Documentos del Simposio sobre el Nuevo Código Civil*, Asunción, Edición de la Corte Suprema de Justicia, 1987, p. 32.

[68] Ver nota 19.

B. Cláusulas sorpresivas

En un libro paraguayo expresamente se menciona que el artículo 2.1.20 de los Principios UNIDROIT[69] pueden servir para la tarea interpretativa de evaluar si determinados términos contractuales han sido sorpresivos y por lo tanto abusivos[70].

El artículo 691 del Código Civil regula las cláusulas estándares en los contratos, bajo la terminología de contratos de adhesión, expresando que cuando los acuerdos contengan cláusulas restrictivas de carácter leonino, la parte adherente podrá ser dispensada de cumplirlas, o pedir su modificación por el juez. La misma norma incluye un listado de cláusulas que deben ser valoradas particularmente por el juez, sin excluir otras que, según su discreción, deberían ser consideradas para determinar algún abuso. Estas cláusulas se pueden relacionar a una exclusión o limitación de responsabilidad, a una discreción de modificar o terminar el contrato de manera unilateral, o a seleccionar la jurisdicción de manera unilateral, entre otras.

La Ley 1334 del 1998 (De Defensa del Consumidor y del Usuario) contiene también una regulación en contra de cláusulas leoninas, proveyendo un listado de las mismas. La diferencia radica en que la sanción impuesta en esta ley por una cláusula abusiva conlleva la nulidad de pleno derecho, sin otorgar la discreción al juzgador de decidir de otra manera o de analizar la posibilidad de modificar el contrato (art. 28).

Esta Ley también dice lo siguiente: "Todo contrato de adhesión, presentado en formularios, en serie o mediante cualquier otro procedimiento similar, deberá ser redactado con caracteres legibles a simple vista y en términos claros y comprensibles para el consumidor" (art. 25)[71]. De otra manera, las cláusulas serán interpretadas en favor

[69] "Art. 2.1.20 (Cláusulas sorpresivas) (1) Una cláusula estándar no tiene eficacia si es de tal carácter que la otra parte no hubiera podido preverla razonablemente, salvo que dicha parte la hubiera aceptado expresamente. (2) Para determinar si una cláusula estándar es de tal carácter, se tendrá en cuenta su contenido, lenguaje y presentación".

[70] Moreno Rodríguez, *Curso de contratos…*, ob. cit.

[71] El artículo 14.2 de la Ley 827 de Seguros dice que las pólizas de seguros estarán redactadas en forma clara y fácilmente legible. La Resolución No. 2, Acta 206 del 1997 del Banco Central sobre Fideicomisos y la Resolución No. 6, Acta 18 del 2014 del Banco Central también tiene provisiones que siguen la misma línea.

del consumidor (art. 27). El Código Civil contiene una norma más precisa, que dice que "las cláusulas insertas en las condiciones generales del contrato así como en formularios dispuestos por uno de los contratantes, se interpretarán, en caso de duda, a favor del otro" (art. 713).

En el caso Banco Itaú[72], la Cámara de Apelaciones aplicó el principio *contra proferentem* e invocó los Principios UNIDROIT en relación al pago parcial alegado por la parte demandada. La decisión favorable al demandante fue apelada, bajo la pretensión de que el Juez no examinó adecuadamente la evidencia presentada, que demostraba pagos parciales. La Cámara de Apelaciones revisó si los estados de cuenta probaban que se había efectuado dicho pago parcial. La Cámara prestó particular atención al hecho de que las partes habían acordado que si el pago no hubiera sido efectuado, el Banco podía deducir el monto adeudado directamente de la cuenta del usuario.

Al interpretar el acuerdo entre las partes, la Cámara se refirió al principio *contra proferentem* del artículo 4.6 de los Principios UNIDROIT. Debido a que la demandada era, como consumidor, la parte débil que había accedido a las cláusulas estándares impuestas, la Cámara consideró que se imponía un cierto grado de flexibilidad al examinar las pruebas presentadas. Tras considerar la evidencia como válida, la Cámara aceptó la excepción de pago parcial.

En sendos casos similares de la Dirección Nacional de Aduanas[73], la oficina estatal inició acciones contra una empresa de seguros, solicitando el pago de una suma asegurada que garantizaba el adeudo de impuestos de mercaderías que entraron al país con una suspensión temporal para el pago de los mismos. La parte demandada argumentó que el reclamo no procedía en un proceso sumario (juicio ejecutivo). Sin embargo, la Cámara de Apelaciones resolvió que la legislación paraguaya permitía tal procedimiento cuando la póliza de seguros cubría los impuestos a favor de aduanas y cuando la institución cumplía con las condiciones establecidas en la póliza.

---

[72] Banco Itaú Paraguay S.A. vs. S. & S. Construcciones S.A., S. H., E. y S. H., O. E., Acuerdo y Sentencia 106 del 2017, Cámara de Apelaciones en lo Civil y Comercial, Cuarta Sala (http://www.unilex.info/case.cfm?id=2150).

[73] Ver nota 46.

La Cámara analizó los términos de la póliza para determinar si se cumplió con los mismos. Notó que la póliza contemplaba cláusulas estándares y no estándares, y determinó que las últimas prevalecían las últimas sobre las primeras, tal como reconoce el artículo 2.1.21 de los Principios UNIDROIT.

La Cámara luego determinó que las cláusulas estándares en la póliza de seguros contaban con una jerarquía diversa al considerar que las condiciones "particulares y específicas" debían prevalecer sobre los "términos generales". La Cámara se respaldó en los comentarios oficiales del artículo 4.4 de los Principios UNIDROIT, según los cuales las partes pueden establecer una jerarquía entre las diferentes provisiones del contrato.

La Cámara luego notó que los términos particulares y específicos que debían ser cumplidos por Aduanas eran ambiguos y, por lo tanto, debían ser interpretados aplicándose el principio *contra proferentem*. Al hacerlo, se apoyó en el artículo 713 del Código Civil reconociendo el principio, y reforzando la decisión manifestando que se encuentra reconocido por el artículo 4.6 de los Principios UNIDROIT.

C. Intención de las Partes e interpretación de declaraciones y otros actos

La Exposición de Motivos del Código Civil expresa que en la interpretación de contratos, debe prevalecer la verdadera intención de las partes sobre manifestaciones literales, basándose en la autonomía de la voluntad. En este sentido, el Código contiene varias normas con el fin de orientar al interpretador hacia la intención real. Algunas de ellas serán referidas seguidamente.

El artículo 708 dispone que para determinar la intención común de las partes, se deberá apreciar su comportamiento total, aun posterior a la conclusión del contrato[74]. La regla es más amplia que la posición tradicional del *common law* de no considerar las negociaciones previas a la

[74] Esta norma ha sido invocada varias veces en la jurisprudencia nacional, como por ejemplo en el caso Intertec Paraguay S. R. L. vs. 3M Uruguay S. A., Acuerdo y Sentencia 127, Cámara de Apelaciones en lo Civil y Comercial, Tercera Sala. Ver nota 34, p. 272.

hora de la interpretación del contrato. Siguiendo esa línea, de acuerdo al Artículo 300, la caracterización errónea del contrato no afectará su eficacia y el acto deberá juzgarse de conformidad a su contenido real.

Estas normas van en sintonía con los artículos 4.1[75] y 4.2[76] de los Principios UNIDROIT.

El caso Nitschke[77], en el que la Cámara de Apelaciones invocó a los Principios UNIDROIT en relación al deber de cooperación, cita también a este efecto el artículo 708 del Código Civil, destacando que la intención común de las partes debe ser establecida, entendiendo como tal lo que deseaban a la hora de celebrar el contrato, evaluando al respecto si como querían que se desenvuelva la relación contractual y cuál era la finalidad buscada con el acuerdo.

En el caso Nestlé[78], la Cámara de Apelaciones destaca que el Código Civil establece en sus artículos 709 y 710 que, para arribar a la intención común a la que alude el artículo 708, debe mirarse el contrato como un todo, e interpretarse las distintas cláusulas contractuales las unas por medio de las otras. A renglón seguido la Cámara invoca el artículo 4.1 de los Principios UNIDROIT, que consagra igualmente la intención común de las partes como norte a ser seguido para interpretar el contrato. Esa intención común no debe entenderse "en clave puramente subjetivista" sino también "conforme al significado que le habrían dado en circunstancias similares personas razonables de la misma condición que las partes"[79]. Para arribar al significado de la cláusula penal

[75] "Art. 4.1 (Intención de las partes) (1) El contrato debe interpretarse conforme a la intención común de las partes. (2) Si dicha intención no puede establecerse, el contrato se interpretará conforme al significado que le habrían dado en circunstancias similares personas razonables de la misma condición que las partes".

[76] "Art. 4.2 (Interpretación de declaraciones y otros actos) (1) Las declaraciones y otros actos de una parte se interpretarán conforme a la intención de esa parte, siempre que la otra parte la haya conocido o no la haya podido ignorar. (2) Si el párrafo precedente no es aplicable, tales declaraciones y actos deberán interpretarse conforme al significado que le hubiera atribuido en circunstancias similares una persona razonable de la misma condición que la otra parte".

[77] Ver nota 48.

[78] Ver nota 56.

[79] Señala textualmente la Cámara de Apelaciones: "...Pero, el susodicho artículo va aún más lejos, pues dispone que, en caso de que dicha intención común no pueda ser determinada, el contrato se interpretará conforme al significado que le habrían dado en circunstancias similares personas razonables de la misma condición que las partes. Como se ve, se propone

prevista en el contrato sometido a examen, la Cámara de Apelaciones hace alusión al contexto del contrato, para lo cual resulta relevante tomar en cuenta la naturaleza del mismo, las obligaciones de las partes, la duración y los términos referentes a la terminación.

D. Circunstancias relevantes

El asunto Gómez Vaezken hace mención de manera expresa al artículo 4.3 de los Principios UNIDROIT[80]. De acuerdo a esta norma, las circunstancias relevantes en el proceso de interpretación son las negociaciones previas, las prácticas establecidas entre las partes y su conducta posterior, la naturaleza y la finalidad del contrato, el significado otorgado comúnmente a los términos y las expresiones en el respectivo ramo comercial.

En este caso, un arquitecto paraguayo presentó una demanda contra una empresa de construcción venezolana, buscando el pago de honorarios profesionales por un trabajo hecho en relación a tres edificios. La parte demandada alegó que el acuerdo entre las partes solo se refería al trabajo sobre un edificio, sin hacer referencia a los otros dos. Adicionalmente, sostuvo que los honorarios profesionales acordados con relación a dicho edificio ya habían sido abonados.

Para llegar a la intención real de las partes, la Cámara de Apelaciones tuvo que determinar si efectivamente se realizó una "oferta" en relación a los otros dos edificios. La Cámara se refirió no solo al

---

de este modo una solución al impase que se puede suscitar en todos aquellos casos en que la "intención común" resulta difícil –sino directamente imposible– de determinar. Dicha solución resulta coherente con el principio de buena fe, el cual, como hemos visto, se encuentra explícitamente consagrado en nuestro código en su art. 714. En efecto, tal como ya se ha señalado, fa buena fe, vista específicamente como principio interpretativo, proyecta sus efectos de tal modo que debe ser considerada desde una doble dimensión. Impone el deber de velar por la intención común de las partes pero en coherencia con las prácticas del tráfico comercial".

80 "Art. 4.3 (Circunstancias relevantes) Para la aplicación de los artículos 4.1 y 4.2, deberán tomarse en consideración todas las circunstancias, incluyendo: (a) las negociaciones previas entre las partes; (b) las prácticas que ellas hayan establecido entre sí; (c) los actos realizados por las partes con posterioridad a la celebración del contrato; (d) la naturaleza y finalidad del contrato; (e) el significado comúnmente dado a los términos y expresiones en el respectivo ramo comercial; y (f) los usos".

artículo 674 del Código Civil Paraguayo sino también al artículo 2.1.2 de los Principios UNIDROIT para caracterizar a la oferta. Particularmente, la Cámara evaluó al respecto la conducta previa del demandado y cómo este se condujo a la hora de contratar. Uno de los miembros del Tribunal de Apelaciones voto en el sentido de que el demandante no probó que se realizó una oferta concreta de la demandante, y concluyó que la otra parte no estaba obligada de hacer ningún pago adicional. Sin embargo, los otros dos miembros del Tribunal votaron en sentido contrario. Según la mayoría, la demandante había probado que tenía el derecho de recibir el pago de los honorarios profesionales que estaba reclamando.

E. Interpretación sistemática del contrato

El artículo 709 del Código Civil dispone que las cláusulas del contrato se interpretan las unas por medio de las otras, atribuyendo a las dudosas el sentido que resulte del contexto general. La norma se encuentra en consonancia con el artículo 4.4 de los Principios UNIDROIT[81].

En sendos casos similares de Dirección General de Aduanas[82], esta presentó acciones judiciales contra de una compañía de seguros, buscando hacer cumplir una resolución administrativa. El tiempo jugó un papel preponderante en la cuestión. Tras establecer que el plazo de prescripción aplicable al caso es el relativo a vinculaciones de seguro (de un año), la Cámara de Apelaciones avanzó a determinar el inicio del cómputo. Sobre este punto, la Cámara notó que el contrato presentaba una contradicción.

Al encarar la cuestión de la interpretación del contrato, la Cámara se refirió al artículo 4.4 de los Principios UNIDROIT, citando *in extenso* al comentario oficial, según el cual "provisiones de carácter específico prevalecen por encima de provisiones que establecen reglas más generales". Al aplicar este principio, la Cámara sostuvo que las partes tenían la intención de dar efecto pleno al contrato desde la medianoche

[81] "Art. 4.4 (Interpretación sistemática del contrato) Los términos y expresiones se interpretarán conforme a la totalidad del contrato o la declaración en la que aparezcan en su conjunto."

[82] Ver nota 46.

del día de su firma. Consecuentemente, la acción de Aduanas no podía considerarse fuera de plazo.

F. Moneda de pago

El artículo 39 de la Ley 489 del 1993 declara al Guaraní como la moneda de pago en el territorio nacional. El artículo 51 reconoce la validez de contratos con monedas de pago extranjeras y que el cumplimiento de los mismos puede ser reclamado en la moneda de pago acordada entre las partes. Un importante libro sobre el derecho de las obligaciones compara esta regla con el artículo 6.1.9 de los Principios UNIDROIT[83], y considera que se lo puede usar de modo complementario[84].

G. Derecho a resolver el contrato

En coincidencia con el artículo 7.3.1 de los Principios UNIDROIT[85], el artículo 724 del Código Civil dispone que no procederá la resolución del contrato si el incumplimiento es de escasa importancia.

---

83 "Art. 6.1.9 (Moneda de pago) (1) Si una obligación dineraria es expresada en una moneda diferente a la del lugar del pago, éste puede efectuarse en la moneda de dicho lugar, a menos que: (a) dicha moneda no sea convertible libremente; o (b) las partes hayan convenido que el pago debería efectuarse sólo en la moneda en la cual la obligación dineraria ha sido expresada. (2) Si es imposible para el deudor efectuar el pago en la moneda en la cual la obligación dineraria ha sido expresada, el acreedor puede reclamar el pago en la moneda del lugar del pago, aun en el caso al que se refiere el párrafo (1)(b). (3) El pago en la moneda del lugar de pago debe efectuarse conforme al tipo de cambio aplicable que predomina en ese lugar al momento en que debe efectuarse el pago. (4) Sin embargo, si el deudor no ha pagado cuando debió hacerlo, el acreedor puede reclamar el pago conforme al tipo de cambio aplicable y predominante, bien al vencimiento de la obligación o en el momento del pago efectivo".

84 Silva Alonso, Ricardo, *Derecho de las obligaciones*, (notas de actualización: J.A. Moreno Rodríguez), Asunción, Intercontinental Editora, 15ª ed., 2017, p. 402.

85 "Art. 7.3.1 (Derecho a resolver el contrato) (1) Una parte puede resolver el contrato si la falta de cumplimiento de una de las obligaciones de la otra parte constituye un incumplimiento esencial. (2) Para determinar si la falta de cumplimiento de una obligación constituye un incumplimiento esencial se tendrá en cuenta, en particular, si: (a) el incumplimiento priva sustancialmente a la parte perjudicada de lo que tenía derecho a esperar en virtud del contrato, a menos que la otra parte no hubiera previsto ni podido prever razonablemente ese resultado; (b) la ejecución estricta de la prestación insatisfecha era esencial según el contrato; (c) el incumplimiento fue intencional o temerario; (d) el incumplimiento da a la parte perjudicada razones para desconfiar de que la otra cumplirá en el futuro; (e) la resolución del contrato

Esta norma del Código fue aplicada en varias ocasiones. Por ejemplo, la Corte Suprema consideró que en una transferencia de propiedad, la no designación de un escribano público no puede ser considerada fundamental, y que puede provocar a lo sumo el derecho a indemnización por daños debidos a la tardanza. Sostuvo adicionalmente que la resolución requiere que el incumplimiento prive a la perjudicada del interés económico tenido en consideración al momento de contratar[86].

En el caso Yacyretá[87], la Cámara de Apelaciones evaluó un incumplimiento contractual. La Cámara expresó que si bien el Código Civil distingue entre incumplimiento esencial y no esencial, no establece el criterio para determinarlos. Sobre este punto, la Cámara se refirió a la definición de incumplimiento proveída por los Principios UNIDROIT (art. 7.1.1) y resolvió a favor del demandante. En la opinión de la Cámara, al aceptar y usar los vehículos proveídos por el demandante, la otra parte había aceptado con su conducta los términos del contrato de arrendamiento y, por lo tanto, quedaba sujeta a responsabilidades ante su eventual incumplimiento.

En el caso Ofelia[88], tras determinar la existencia de una relación contractual, la Cámara de Apelaciones examinó la responsabilidad de la parte demandada por el incumplimiento de sus obligaciones. Al hacerlo, la Cámara una vez más recurrió a los Principios UNIDROIT, específicamente a su artículo 7.1.1 sobre el incumplimiento.

También en el caso Compasa[89], el voto disidente mencionó al artículo 7.1.3 de los Principios UNIDROIT sobre la suspensión del cumplimiento.

Rescisión y *resolución* son términos ambiguos en el derecho paraguayo. De hecho, los mismos generan controversias en varios

---

hará sufrir a la parte incumplidora una pérdida desproporcionada como consecuencia de su preparación o cumplimiento. (3) En caso de demora, la parte perjudicada también puede resolver el contrato si la otra parte no cumple antes del vencimiento del período suplementario concedido a ella según el artículo 7.1.5".

86 Pierre Yves Turbaux vs. Gloria del Carmen Ayala de Giménez s. Resolución de contrato y cobro de Dólares Americanos, Acuerdo y Sentencia 1595 del 2012, Corte Suprema de Justicia (Escobar, *Derecho comercial…*, ob. cit., p. 362).

87 Ver nota 51.

88 Ver nota 30.

89 Ver nota 44.

sistemas, por lo que los Principios UNIDROIT se valen del término neutral "terminación". En el Paraguay, en principio la rescisión constituye la terminación mediante un nuevo acuerdo entre las partes, que no puede afectar a los derechos adquiridos por terceros (art. 718 Código Civil). Sin embargo, en ocasiones el Código utiliza el término recisión cuando se refiere a la terminación unilateral[90].

El Código establece en su artículo 726 que el contrato queda extinguido desde que el interesado haga saber al moroso su decisión de resolverlo. De acuerdo con el artículo 729, la resolución solo tendrá efectos retroactivos entre las partes, no afectando a los derechos adquiridos por terceros en contratos de tracto sucesivo. El Código no define esta categoría y tampoco determina su diferenciación con los contratos de efecto inmediato[91].

Según un doctrinario paraguayo, en contraposición con los contratos de ejecución instantánea, los contratos de tracto sucesivo prolongan sus efectos a través del tiempo, como ocurre en contratos de arrendamiento o contratos de construcción[92]. En los contratos de ejecución instantánea, hay una solución única (y no necesariamente una ejecución inmediata). Ello mientras que en contratos de tracto sucesivo el acuerdo solo cumple con su fin mediante la duración del cumplimiento de sus obligaciones. En este caso, la cuestión no está en que el cumplimiento difiere, pero que para que el mismo sea útil al acreedor, debe ser distribuido o repetido por el transcurso del tiempo[93].

Los precedentes de tribunales paraguayos dejan dudas. En un fallo, la mayoría, en decisión dividida de la Corte Suprema, sostuvo que la

---

90 Como cuando el arrendatario en un contrato es turbado para el uso y goce. (art. 824, a, f, g) y en otras situaciones (arts. 837, 841); en contratos de seguros (arts. 556, 1562, 1563 y 1564); en depósitos (art. 1250) o en comodatos (art. 1281), entre otros en donde la ineficacia, contraria con la resolución que es retroactiva, opera para el futuro (*ex nunc)*. Lo mismo ocurre con el artículo 59 de la Ley 2051 del 2003 de "Contrataciones Públicas" que se refiere a rescindir administrativamente por incumplimiento de la otra parte.

91 El Código no define esta categoría y tampoco determina su diferenciación con los contratos de efecto inmediato El Código también utiliza esta terminología, sin más caracterizaciones, en el artículo 1467, al tratar sobre fianzas.

92 Martyniuk Barán, Sergio, *Lecciones de contratos Derecho civil*, Asunción, Intercontinental Editora, 2011, pp. 39-40.

93 Mélich-Orsini, José, *Doctrina general del contrato*, Caracas, Academia de Ciencias Políticas y Sociales, Centro de Investigaciones Jurídicas, 5ª ed., 2009, pp. 49-50.

diferencia entre la rescisión y la resolución se basa en los efectos de estas formas de terminación con respecto a las obligaciones ejecutadas. La restitución no depende de esta distinción, pero en la cuestión de si el contrato es de tracto sucesivo, por lo que las obligaciones ejecutadas no pueden ser retroactivas, mientras en los contratos de ejecución instantánea, incluso con obligaciones diferidas, la terminación tendrá efectos retroactivos[94]. Por lo tanto, la diferencia dependerá del tipo de contrato (si es de ejecución instantánea o de tracto sucesivo) y no de la distinción entre rescisión y resolución.

No obstante, otra decisión, la Corte Suprema diferenció entre los efectos de la rescisión y la resolución. Resolvió que, en la resolución, la terminación opera como regla general con efectos retroactivos, de conformidad con el artículo 729 del Código Civil. Por el contrario, la rescisión opera hacia futuro, y solo puede efectuarse de manera bilateral vía *distracto* (art. 718 Código Civil), o unilateralmente cuando una cláusula autoriza a las partes a terminar el contrato. Así también, la rescisión puede ser declarada en conformidad con la ley, cuando la misma lo provee[95].

Siguiendo esta decisión de la Corte Suprema, la restitución no puede ser reclamada en casos de rescisión, en los que los efectos de la terminación se extienden al futuro –*ex nunc*– y no afectan a las obligaciones ejecutadas previamente. En cambio, la resolución resulta retroactiva al momento de la formación (*ex tunc*), debido a las circunstancias sobrevenidas establecidas en el contrato (o, en ciertos casos, por la ley).

Un ejemplo es el pacto comisorio, o terminación por incumplimiento de la otra parte, que puede ser expresa o inferida de manera tácita (arts. 725 y 726 Código Civil). La parte que solicite el cumplimiento del contrato puede posteriormente cambiar su pretensión y buscar la terminación, o puede plantear ambos al mismo tiempo de manera subsidiaria (*ius variandi*). Sin embargo, el cumplimiento no puede ser reclamado una vez que la terminación sea planteada.

---

[94] Luis Fernando Camperchioli Estrago vs. Gilberto Palacios Acosta s. rescisión de Contrato por incumplimiento, Acuerdo y Sentencia 22 del 2009, Corte Suprema de Justicia, ver Escobar, *Derecho comercial…*, ob. cit., p. 360.

[95] Silvera de Gaona, Selva Graciela vs. Club Deportivo Sajonia s. rescisión de contrato e indemnización de daños y perjuicios, Acuerdo y Sentencia 157 del 2012, Corte Suprema de Justicia. Ver Escobar, *Derecho comercial…*, ob. cit., p. 361.

De conformidad con el artículo 728 del Código Civil, salvo acuerdo en contrario, la parte optando por la terminación puede intimar a la otra para que cumpla con sus obligaciones en un periodo de tiempo no inferior de quince días, tras los cuales puede reclamar el cumplimiento o declarar la terminación con la sola comunicación fehaciente hecha al moroso[96]. Esta regla encuentra inspiración por el derecho alemán, que difiere del Código Civil Napoleón, español e italiano, los cuales requieren intervención judicial para la terminación.

VIII. OTRAS SOLUCIONES DE LOS PRINCIPIOS UNIDROIT INVOCADAS EN LA JURISPRUDENCIA PARAGUAYA

Los siguientes principios y reglas también han sido invocados por los tribunales paraguayos como herramienta interpretativa del derecho nacional:

A. Carácter vinculante del contrato

En el caso Nitschke[97], la Cámara de Apelaciones afirmó que el contrato debía ser ejecutado en atención a su carácter vinculante, invocando al efecto el Artículo 1.3 de los Principios UNIDROIT.

B. Libertad de formas

En el caso Yacyretá[98], la Cámara de Apelaciones, luego de invocar el principio de libertad de formas, consagrado en la legislación paraguaya y en instrumentos de derecho uniforme –como los Principios UNIDROIT en su artículo 1.2–, decidió que el demandante había otorgado prueba suficiente que demostraba la existencia de una relación contractual entre las partes.

De nuevo, en el caso Ofelia[99], la Cámara de Apelaciones se apoyó en el principio de la libertad de formas reconocido en el Código Civil

[96] Este procedimiento no es necesario cuando el deudor ha manifestado su decisión de no dar cumplimiento al contrato (art. 728 Código Civil, concordante con el art. 7.3.3 Principios UNIDROIT).

[97] Ver nota 44.

[98] Ver nota 51.

[99] Ver nota 30.

invocando adicionalmente el artículo 1.2 de los Principios UNIDROIT y al artículo 2:102 de los PECL en este punto.

C. Definición de la oferta

En el caso Gómez Vaezken[100], ya referido, la Cámara de Apelaciones debía determinar si es que una oferta llegó a ser realizada con relación a los otros dos edificios para arribar a la real intención de las partes. En este contexto, la Cámara se refirió no solo al artículo 674 del Código Civil Paraguayo, sino también en el artículo 2.1.2 de los Principios UNIDROIT en su caracterización de la oferta.

D. Obligación de emplear los mejores esfuerzos

En el caso Ozorio[101], la demandante presentó una demanda contra una empresa de transporte público y el chofer de un bus que pertenecía a la empresa, buscando ser compensada por los daños resultantes de un accidente.

La Cámara de Apelaciones examinó la naturaleza de servicio de transporte público. En ese punto, la Cámara consideró que la demanda derivaba de una responsabilidad contractual en lugar de una responsabilidad extracontractual. Y señaló que un servicio de transporte público carga de manera implícita con la obligación de la empresa de transporte de proveer medidas de seguridad, que constituyen como tal un deber de mejores esfuerzos con relación a sus pasajeros.

Para determinar el alcance del deber de mejores esfuerzos, la Cámara mencionó al artículo 5.1.4 (2) de los Principios UNIDROIT. Tras decidir que la empresa de transporte no cumplió con su deber de mejores esfuerzos, la Cámara resolvió que los demandados eran responsables por los daños alegados por la actora.

E. Excesiva desproporción (*laesio*)

En el caso Pavetti[102], se presentó una demanda de nulidad de la transferencia de una finca. El demandante alegó que el precio

[100] Ver nota 31.
[101] Ver nota 54.
[102] Ver nota 58.

de la venta era bajo comparado con el valor de la finca y, por lo tanto, se configuraba la figura de la excesiva desproporción.

La Cámara de Apelaciones aplicó la provisión del Código Civil que introduce la figura de la excesiva desproporción (lesión contractual) y se refirió al artículo 3.2.7 de los Principios UNIDROIT, así como al artículo 4:109 de los PECL para afirmar que había un desequilibrio injustificado entre las obligaciones de las partes. Al respecto, la Cámara consideró que el demandante era un experimentado comerciante y que no podía alegar la falta de experiencia en el momento de firmar el contrato. Por ende, decidió que no había desproporción excesiva o una ventaja desmedida y rechazó la apelación.

F. Suspensión del cumplimiento

En el caso Compasa[103], se presentó una demanda contra una empresa (Petrobras), solicitándose compensación por daños resultantes de un incumplimiento de contrato causado por la falta de entrega de los bienes acordados. El voto de la mayoría confirmó la decisión del Juez de Primera Instancia, en favor de Compasa.

En su voto en disidencia, un miembro de la Cámara de Apelaciones analizó el cumplimiento del contrato de distribución. A su criterio, de acuerdo con lo pactado, *Compasa* tenía la obligación de mantener una reserva de asfalto permanente que sea suficiente para satisfacer la demanda en el mercado paraguayo y esta obligación fue incumplida. Petrobras mantuvo su parte del acuerdo al entregar los bienes de la forma acordada en el contrato hasta que *Compasa* decidió dejar de pagar de manera voluntaria, lo que llevó a que Petrobras suspendiera las entregas futuras.

El juzgador disidente analizó la conducta de las partes durante el transcurso del contrato en miras al deber de cooperación (art. 5.1.3 Principios UNIDROIT) y el derecho de suspensión del cumplimiento (art. 7.1.3). Basándose en lo antemencionado, votó por el rechazo de la demanda de daños presentada por *Compasa.*

En el caso Manzoni[104], un ciudadano paraguayo presentó una demanda contra la Instituto Nacional de Desarrollo Rural y de la Tierra

---

[103] Ver nota 44.
[104] Ver nota 19.

(Indert), buscando hacer el pago de una adjudicación a su favor por decisión del Presidente de la institución. Luego, el Indert revirtió la decisión y se rehusó a recibir el pago porque había cambiado de criterio, buscando ahora un precio más alto por el terreno a ser adjudicado. Entre varios argumentos sostenidos por la Cámara, se indicó que el hecho de que la institución haya ofrecido un precio y luego se haya rehusado a aceptarlo resulta contrario a la buena fe. La resolución del Tribunal menciona que una institución no puede basarse en el pronunciamiento de un nuevo Presidente y de tal manera dejar de lado decisiones anteriores debido al principio "*venire contra factum proprium*" establecido en el artículo 1.8 de los Principios UNIDROIT, citando adicionalmente otros artículos del instrumento, como 1.7, 2.1.4(2)(b); 2.1.18; 2.1.20; 2.2.5(2) y 10.4.

En el caso Ofelia[105], al lidiar con la cuestión de si existía o no derecho de salirse del acuerdo, la Cámara afirmó que las reglas de representación gobiernan a los contratos de venta comisionada. Al efecto, citó el artículo 2.2.10 de los Principios UNIDROIT, según el cual la representación no es efectiva en relación con terceros, a no ser que estos sepan o deban haber sabido de la misma. En el caso, a pesar de que la parte demandada se encontraba libre de revocar la autoridad de su representante, ello no resulta efectivo hasta que la medida llegue a conocimiento de terceros. Como consecuencia, se resolvió el pago de la comisión del agente hasta esa fecha.

IX. PALABRAS FINALES

El Paraguay presenta un ambiente propicio para la utilización de los Principios UNIDROIT, hoy por hoy plenamente instalados dentro del discurso jurídico en el país.

Estos principios cuentan con un potencial fecundo de aplicación en vinculaciones transfronterizas, en virtud a la habilitación legislativa paraguaya a que puedan tener virtualidad, tanto en el plano arbitral como judicial.

---

[105] Ver nota 30.

Y los desarrollos pretorianos recientes en casos domésticos son notables. Tres pronunciamientos de la Corte Suprema paraguaya los aplicaron en la interpretación de la normativa nacional sobre contratos. Y al menos otras dieciséis decisiones de Cámaras de Apelaciones hicieron lo mismo en una amplia variedad de cuestiones, desde el carácter vinculante de los contratos hasta la buena fe, los efectos de las obligaciones y la terminación de contratos, entre otros ejemplos.

El ambiente se muestra, pues, sumamente favorable para que el derecho paraguayo siga –de manera creciente– extrayendo provecho de los Principios UNIDROIT. Esta es una buena noticia, sin lugar a dudas, si se considera que el instrumento se erige, según opinión prevaleciente en principales círculos académicos a lo ancho del orbe, en la máxima expresión del derecho contractual comparado de nuestro tiempo.

¿PUEDE EXISTIR UNA AMENAZA DEL DERECHO UNIFORME FRENTE AL DERECHO INTERNO?: ¿PODRÍAMOS HABLAR DE UNA GUERRA ANUNCIADA?

JOSÉ LUIS MARÍN FUENTES*

Resumen: El presente artículo busca en cierta medida abordar la problemática que se presenta en muchos ordenamientos jurídicos con la aplicación a una situación jurídica dada de dos o más normativas que en su momento se presentan como idóneas para resolverla, pero donde una de ellas en consideración a su jerarquía normativa deberá ser aplicada de manera prioritaria frente a las demás; todo esto, genera ciertas dificultades entre los operadores jurídicos, quienes deberán sortear aquel conflicto para evitar un perjuicio a las partes implicadas.

En este corto estudio se podrá observar que un ordenamiento jurídico actual y en el marco de la globalización, en especial la jurídica, no puede permitirse el "lujo" de funcionar sólo con su derecho interno de origen local, por esos se hace necesario que se le inyecte o aporte al mismo normas de carácter global que lo oxigenen y le permitan insertarse en el movimiento unificador global donde la armonía jurídica se sobreponga sobre los diferentes conflictos que a nivel interno se puedan presentar.

Abstract: *This paper search in a certain way how to approach to the problem that is presented in many legal systems with the application to a given legal situation, of two or more regulations that at the time are presented as suitable to solve it, but where one of them in consideration of its normative hierarchy should be applied as a priority to the others; All this, creates certain difficulties between legal operators, who have to deal with that conflict to avoid any detriment to the parties involved.*

In this short study it will be possible to observe that a current legal system, and in the framework of globalization, especially the legal one, can not afford the "luxury" of working only with its domestic law of local origin, that's the reason why it is necessary to injects it or bring it global rules that oxygenate and allow it to be inserted in the global unifying movement, where legal harmony is superimposed over the different conflicts that may arise internally.

* Profesor de Derecho Internacional Privado en la Universidad de Medellín, Colombia.

de la unificación normativa. D. Creación del Derecho uniforme. E. Organismos creadores de Derecho uniforme. F. Interpretación del Derecho niforme. G. Características del Derecho uniforme. H. Incorporación del Derecho uniforme en el Derecho interno. II. Problemas de la incorporación del Derecho uniforme. A. El Derecho uniforme y las calificaciones. B. El Derecho uniforme y el conflicto de leyes. C. El Derecho uniforme y el forum shopping. III. Consideraciones finales.

I. INTRODUCCIÓN

La aplicación del denominado derecho uniforme puede conllevar a que se presenten conflictos con el derecho interno de un Estado determinado cuando se trata de darle solución a una situación jurídica planteada. Demostrar lo anterior sólo será posible si se lleva a cabo un análisis, así sea somero que nos permita inferir que tales conflictos efectivamente sí se presentan, y que pueden causar determinados traumatismos en cuanto a la solución de un litigio dado.

Para lo anterior es factible que se considere necesario partir al menos de ciertos interrogantes que nos lleven directamente al núcleo del asunto, éstos se pueden resumir en las siguientes dos cuestiones: ¿Puede la incorporación del derecho uniforme en un determinado ordenamiento jurídico causar problemas en cuanto a la aplicación de su derecho interno?, igualmente, ¿Es factible armonizar dos sistemas jurídicos que aparentemente son excluyentes en cuanto a su aplicación?

En la situación aquí planteada, sabemos de antemano que no es fácil luchar contra aquellos obstáculos que normalmente se presentan respecto a la aplicación de leyes o normas desconocidas (extranjeras) se trata, ya que en muchos casos se piensa que lo que ha sido creado por los legisladores responde a la voluntad del pueblo, y aquellos como representantes del deseo popular han tenido y tienen el conocimiento suficiente para crear normas que regulen situaciones propias, por lo que se hace irrelevante recurrir a normativas foráneas que no tienen ningún vínculo con la realidad que se vive dentro de ese ordenamiento jurídico.

Por ello cuando se opta por vivir en un ambiente o sistema por así llamarlo de "autarquía jurídica" puede parecer normal el hecho que sea innecesario acudir a normas extrafronteras para regular situaciones que no han tenido ningún contacto con el exterior; la consideración anterior pudo haber tenido cabida en épocas tales como lo fueron la Alta y la

Baja edad media donde el contacto con el exterior era mínimo, pero en la actualidad, esto es, en la era de la globalización, todo ello ha perdido su razón de ser. Por eso cuando un Estado o un individuo, llámese persona o empresa quieren tener relaciones de cualquier tipo con sus homólogos en el exterior, tendrán que "pagar" un precio, el cual variará de acuerdo al valor que represente para él o ellos, la obtención de ese beneficio proveniente de dicha relación, y que en la mayoría de las veces implica desprenderse de un porcentaje de su soberanía, a menos que lo que busque sea imponer a los otros su voluntad sin pagar nada a cambio y recibir todo a su favor.

De ahí que el propósito del presente ejercicio sea esencialmente el de poner en evidencia el manejo que se le está dando actualmente al derecho uniforme en diferentes ordenamientos jurídicos donde a pesar de existir como parte integral de los mismos, aún existen reticencias en cuanto a su aplicación, no se sabe si es por una cuestión cultural de rechazo hacia algo que no ha sido producido localmente, o por cuestiones meramente de caprichos personales por parte de los diferentes operadores jurídicos que tienen la función o la obligación de dar a aplicación a ese derecho uniforme o mal llamado extra-fronteras.

Con tal intención se pretende abordar en un primer lugar, y de forma muy tangencial lo que se entiende por derecho uniforme, sus orígenes, características e instituciones que lo crean, para luego confrontar su aplicabilidad en un ordenamiento jurídico dado, y de esa forma mostrar si se cumplen los presupuestos de las preguntas que acarrea el presente trabajo y la utilidad o no del mismo en la comprensión de dicha temática.

A. Consideración inicial

En un primer lugar y con el fin de delimitar el tema que se va a desarrollar, y desde un punto de vista muy general y abstracto, podemos señalar entre otros que:

1. El Derecho

Como ciencia social o disciplina busca regular y entender los comportamientos de los seres humanos, se basa en una serie de normas y principios cuya idea esencial es la justicia y el orden en una sociedad o comunidad dada. A su vez, puede ser entendido como una norma de convivencia social, lo que implica que la sociedad, en general, para poder conseguir una convivencia pacífica necesita de unas pautas, reglas o normas de comportamiento que vendrán determinas por el sistema político que en cada etapa de la historia social exista[1].

2. La autarquía

Es una forma de autosuficiencia, en un sistema esencialmente económico donde las comunidades producen sus propios alimentos y satisfacen sus necesidades básicas con aquello que producen y en cierta medida se encierran en sí mismas evitando cualquier contacto con el exterior y definiendo su propia forma de vida. Igualmente:

3. La autonomía

En el sentido político y social del término esencialmente determina una forma de independencia en cuanto a la toma de decisiones que tienen los seres, en otras palabras, es la capacidad de los sujetos de derecho para establecer reglas de conducta para sí mismos y en sus relaciones con los demás dentro de los límites que la ley señala[2].

La razón de mencionar los términos anteriores es que éstos nos pueden servir para entender en primer lugar aquellos sistemas sociales cuyo ordenamiento jurídico ha sido establecido esencialmente para regular de manera bastante particular, y por no decir aislada, las relaciones entre sus propios habitantes, sin que se presenten influencias por parte de algún otro sistema normativo exterior, donde el nivel de relaciones con los demás Estados es muy bajo.

En este caso, un interrogante que puede surgir frente a la descripción anterior, es: ¿sí en la actualidad los Estados pueden sobrevivir en

---

[1] Fernández Baquero, María Eva, *Historia y fuentes del Derecho romano*, en http://digibug.ugr.es/bitstream/10481/21703/1/HISTORIA%20Y%20FUENTES%20DEL%20DERECHO%20ROMANO.pdf

[2] Diccionario de la Real Academia de la Lengua Española.

un sistema como el aquí descrito, es decir, aislados de los demás y con poco contacto con sus pares en el exterior?

Creemos que en tiempos de la globalización lo aquí descrito, es visto quizás como una utopía, ya que salvo algunas excepciones (Corea del Norte) cada día es más evidente la interrelación entre los Estados y sus sistemas sociales, económicos y jurídicos lo que hace poco probable ver que haya un retroceso en cuanto a la correspondencia cada vez más amplia entre los miembros de la comunidad internacional.

Sin embargo, la realidad nunca ha sido esa, ya que al parecer desde los primeros tiempos existieron sociedades cuya forma de vida y desarrollo estuvieron enmarcados en dicho sistema; de ahí que hallar el origen de esta clase de situaciones o no es cosa fácil, toda vez que encontrar un antecedente exacto de cuando sucede un hecho determinado en la historia es bastante difícil y se tiene además como pretencioso, al menos en lo que respecta a ciertos períodos de la humanidad.

Actualmente con la tecnología y la inmediatez de la información es más fácil dar fe de ello, pero hasta hace poco, era bastante o quizás más difícil de llevar a cabo dicha tarea. Por esto, y a menos que sea una cuestión revolucionaria, la mayor parte del conocimiento que hoy poseemos ha sido el producto de una evolución histórica que en el caso de las ciencias sociales, ha acompañado al hombre casi desde sus inicios hasta el día de hoy; en esto no podemos olvidar que en el devenir de la humanidad no ha sido una excepción la regulación de sus comportamientos en tanto que comunidad social y políticamente organizada.

En un sistema cerrado no es necesario que la comunidad acuda a normas producidas por fuera de sus fronteras para regular comportamientos sociales en su territorio, ya que las que posee se presentan como suficientes para lograr tales propósitos. Un ejemplo de ello lo podemos encontrar en el llamado sistema feudal donde no era necesario depender de los demás para sobrevivir, en efecto cada feudo organizaba su propio sistema jurídico y regulaba sus relaciones de acuerdo al nivel de preparación del señor feudal quien fungía como legislador, juez y policía. En este sentido es apropiado traer a colación lo expresado por Calicles, (personaje principal del Gorgias de Platón), quien como buen sofista, y frente a una Justicia entendida como ley no escrita o armonía natural defendía el derecho de los más fuertes a tener un poder sin límites, pues ellos serán quienes hacían e imponían las leyes[3].

Como vemos pues, las regulaciones jurídicas del tipo autárquico tuvieron alguna vez en la historia de la humanidad su momento y relevancia, pero el deseo de los hombres de relacionarse más allá de esas "murallas" hizo necesario que se acudiese a otro sistema más abierto, donde partiendo de la integración con sus congéneres, los individuos y los Estados de una manera no tan autónoma, reglamentaron la vida al interior de sus comunidades con unos elementos o normas similares que también eran aplicables a otras sociedades y podían de alguna forma dar solución a los mismos conflictos aunque se presentasen en lugares diferentes; todo ello debido a que uno de los propósitos de la unificación de las normas, es básicamente regular comportamientos análogos entre humanos sin importar las diferencias culturales, o geográficas, ya que la interrelación personal es bastante idéntica debido que en materia de evolución, la biológica es muchísimo más lenta que la cultural.

B. Orígenes del Derecho uniforme

Siguiendo esa búsqueda que nos ocupa, y de alguna manera un tanto aproximada, podemos señalar que el *ius gentium* es quizás la primera expresión de lo que por derecho uniforme se puede entender, toda vez que como regulación especial debía aplicarse a las colonias del imperio, en cuyo caso cumplía una labor esencialmente de centralización de normas que eran idóneas para tratar situaciones jurídicas en diferentes lugares y bajo unos mismos parámetros previamente establecidos por el *ius commune*, visto éste como un conjunto de instituciones jurídicas aplicable a todos los pueblos[4].

En esa línea, Herrera indica al mencionar a Gaius que: "En efecto, el derecho que cada pueblo se ha dado a sí mismo le es propio y se

3 Ayala Martínez, Jorge M., El Derecho natural antiguo y medieval, en: *Revista Española de Filosofía Medieval*, 2003, Vol. 10, pp. 378 ss., en: https://www.uco.es/filosofiamedieval/sites/default/files/revistas/vol10/refmvol10a35.pdf

4 Adame Godard, Jorge, *Estudios sobre la Compraventa Internacional de Mercaderías*, México, UNAM, 1991, p. 170.

llama derecho civil (*ius civile*), es decir el derecho propio de la ciudad (*civitas*), mientras que aquel derecho que la razón natural (*naturalis ratio*) establece entre todos los hombres y es observado igual por todos los pueblos es llamado derecho de gentes (*ius gentium*), es decir el derecho usado por todas las naciones (*omnes gentes*)[5].

Igualmente señala que el derecho de gentes se llama así porque "casi todos los pueblos se guían por él". Así la nota distintiva entre uno y otro es que mientras que el derecho natural es el que surge del instinto natural, el de gentes surgiría del uso común y por lo tanto sería positivo. Esta es justamente la interpretación de Suárez cuando afirma que para Isidoro el derecho de gentes "es un derecho común a todas las naciones y establecido no por inclinación de la sola naturaleza sino por el uso de las naciones[6].

Durante el desarrollo del derecho romano entraron en juego la aplicación del *ius civile* como un derecho propio de la *civitas* romana, donde las relaciones con otras comunidades, en origen latinas y con posterioridad itálicas y mediterráneas, hizo necesaria o bien el reconocimiento de los negocios realizados entre romanos y miembros de estas comunidades a través de la vía de la concesión del *ius commercium* o bien la formalización de tratados internacionales en los que se reconocían expresamente validez de las relaciones comerciales a los ciudadanos de los pueblos firmantes.

Sin embargo, la realidad de un tráfico comercial y económico cada vez más fluido hizo que debiera acudirse a otro tipo de regulación la cual se le denominó *ius gentium* cuya aplicación estuvo a cargo de una magistratura a la que se atribuye específicamente el conocimiento de los conflictos surgidos, especialmente en el ámbito de las relaciones patrimoniales, entre extranjeros y ciudadanos romanos y entre extranjeros entre sí. Esta institución se denominó pretura peregrina[7].

---

5 Herrera, Daniel Alejandro, *Ius Gentium*, ¿Derecho natural o positivo?, en (https://fccuniversitario.files.wordpress.com/2012/06/herrera-ius-gentium-derecho-natural-o-derecho-positivo.pdf) p. 3.

6 Herrera, *Ius gentium*…, ob. cit., p. 5.

7 Fernández de Buján, Antonio, Conceptos y dicotomías del *ius*, en: *Revista Jurídica Universidad Autónoma de Madrid*, 2000, No. 3, pp. 9 ss., especialmente p. 31. En: https://repositorio.uam.es/bitstream/handle/10486/3131/14198_3RJ008.pdf?sequence=1

Frente a todo ello podemos traer a colación lo abordado en las *Institutas* de Gaio 1.1.1 (*De iure civile et naturale*) donde se establece que:

> Todos los pueblos que se rigen por leyes y costumbres usan en parte su propio derecho y en parte el derecho común de todos los hombres; pues el derecho que cada pueblo establece para sí, ése es suyo propio, y se llama derecho civil, como si dijéramos derecho propio de la ciudad; en cambio, el que la razón natural establece entre todos los hombres, ése se observa uniformemente entre todos los pueblos y se llama derecho de gentes, como si dijéramos el derecho que usan todas las naciones. Así pues, el pueblo romano usa en parte su propio derecho y en parte el derecho común de todos los hombres[8].

Vemos pues como tanto el *ius gentium* como el *ius commune* serían el fundamento del Derecho Romano el cual durante muchos siglos se convirtió en un derecho unificado[9] que aún el día de hoy, ha influenciado o es utilizado en cierta medida en la mayoría de los sistemas jurídicos del mundo.

Uno de los gregarios más destacados y conocidos del Derecho Romano y del movimiento unificador fue el Código de Napoleón de 1804 el cual se concibió como un modelo jurídico para todas las naciones[10]; no sin vacilaciones se ha mencionado que el derecho emanado de dicho código ha sido el punto de referencia para numerosos legisladores

---

[8] "*Omnes populi, qui legibus et moribus reguntur, partim suo proprio, partim communi omnium hominum iure utuntur: nam quod quis que populus ipse sibi ius constituit, id ipsius proprium est uocaturque ius civile, quasi ius proprium civitatis; quod uero naturalis ratio inter omnes homines constituit, id apud omnes populos peraeque custoditur uocaturque ius gentium, quasi quo iure omnes gentes utuntur. populus itaque Romanus partim suo proprio, partim communi omnium hominum iure utitur. quae singula qualia sint, suis locis proponemus*".

[9] Podríamos hablar aquí de la influencia que tuvo en la época el derecho canónico el cual conjuntamente con el derecho romano eran las normas imperantes en toda la Europa occidental, siendo el canónico un derecho unificado aplicable en los territorios donde tenía autoridad el Papa incluso sobre los gobernantes quienes obtenían la legitimación de aquél para poder gobernar en sus respectivos dominios. Una de las obras más representativas del derecho canónico es el *Decretum Gratiani* una obra bastante amplia e importante que unificó los textos de los 11 primeros siglos de la iglesia armonizándolos y unificándolos, convirtiéndolos en la obra de referencia sobre la materia. Cabrillac, Rémy, *Las codificaciones*, Santiago de Chile, Editorial Flandes indiano, 2009, p. 21.

[10] Soleil, Sylvain, Le Code Civil de 1804 a-t-il été concu comme un modele juridique pour les nations? In:), in *Forum Historiae Iuris*, März 2005, https://forhistiur.de/2005-03-soleil/

extranjeros, contribuyendo a la creación de un orden jurídico internacional, ha formado numerosas generaciones de estudiantes y profesores en el mundo con un método de razonamiento y una cultura jurídica propia[11].

Desde otro punto de vista no puede hacerse de lado el aporte al tema en estudio por parte de Fiedrich Karl von Savigny, miembro de la llamada Escuela histórica del derecho quien en un primer acercamiento y abiertamente en oposición al mismo señala en su obra "Vocación de nuestro tiempo para la legislación y la jurisprudencia de 1814" que:

> El supuesto general de este procedimiento es que cada pueblo tiene en su vida toda, y en especial también en su Derecho civil, una individualidad no meramente accidental, sino esencial y necesaria, fundada en todo su pasado, y que, por tanto, la invención de un Derecho común para todos los pueblos sería tan inútil como una lengua universal que hubiese de reemplazar las fuerzas vivas existentes[12]; ya que el Derecho positivo vive en la conciencia común del pueblo, y por lo tanto tenemos que llamarlo derecho popular[13].

Savigny, quien posteriormente cambia su inicial postura radical, afirma que no hay razón para que los jueces de cada Estado apliquen exclusivamente su ley territorial, en caso contrario deberán desechar ese principio de territorialidad del derecho y autorizar a los jueces el derecho de todos los países, que forma un derecho común emanado de la conciencia jurídica popular y formado por larga evolución bajo la influencia del cristianismo y del derecho romano, Cada uno de los pueblos civilizados reconoce, en principio el derecho de otros pueblos civilizados y, así en todos los Estados serán admitidos el uno a cambio del otro, en condiciones de absoluta paridad, no pudiendo propiamente

[11] Conseil d'Etat. L'influence internationale du Droit Français. La documentation française, Paris, 2001. Disponible en: http://www.ladocumentationfrancaise.fr/var/storage/rapports-publics/014000702.pdf

[12] Zuleta Puceiro, Enrique, Savigny y la teoría de la ciencia jurídica, en: *Anuario de Filosofía del Derecho*, 1976-1977, No. 19, pp. 57 ss., especialmente p. 76. En: https://dialnet.unirioja.es/descarga/articulo/1985426.pdf

[13] Contreras, Francisco J., La idea del espíritu del pueblo en F.C.V Savigny, en: *Anales de la Cátedra Francisco Suárez*, 2001, No. 35, p. 169. Disponible en: http://www.artic.ua.es/biblioteca/u85/documentos/1794.pdf

hablarse de territorialidad del derecho[14]. En ese sentido vemos que Savigny intentó establecer una base científica para los conflictos de leyes que fuera congruente con la comunidad de derecho entre los Estados cristianos independientes[15].

A finales del siglo XIX de la mano de la revolución industrial comienzan a darse los primeros intentos de unificación jurídica modernos[16] ya que se venía previendo que el derecho de los Estados debería unificarse[17] para que con ello se diere un impulso directamente el comercio internacional y fue precisamente allí en ese campo[18] donde surgen instrumentos normativos que comienza a unificarla. Por otro lado, ya en el año de 1893 se crea en los Países Bajos la Conferencia de La Haya de Derecho Internacional Privado[19] la cual como institución ha dado nacimiento a un sinnúmero de convenios que han unificado dicha materia con un alcance internacional bastante importante.

Esa tendencia en cuanto a instituciones encargadas de la unificación y uniformización de normas jurídicas, continuo teniendo eco a principios del siglo XX, y es así como surge un nuevo representante el cual es el Instituto para la Unificación del Derecho Privado o UNIDROIT[20] que se crea en Roma en 1926 bajo los auspicios de la entonces Sociedad de Naciones, y culmina en el territorio europeo con la creación en el año de 1966 de la Comisión de la Naciones Unidas para el Derecho

---

[14] de Savigny, Federico Carlos, *Sistema de Derecho romano actual* (Trad. J. Mesía / M. Poley), Alicante, Biblioteca Virtual Miguel de Cervantes, 2009, Vol. VIII, p. 28.

[15] Rigaux, François, Codification of Private International Law: Pros and Cons, en: *Louisiana Law Review*, 2000, Vol. 60, No. 4, pp. 1321 ss., p. 1323.

[16] En América Latina tenemos el Tratado de Derecho Internacional Privado de Montevideo de 1889

[17] Kozuka, Souichirou, The economic Implication of Uniform Law, en: *Revue de Droit Uniform*, 2007, Vol. 12, Issue 4, pp. 683.

[18] Sin embargo es curioso ver como en el continente europeo uno de los primeros instrumentos sobre la materia se dio el 2 de julio de 1890 cuando se firmó en Bruselas, un convenio internacional relativo a la esclavitud, al comercio y la importación hacia África de armas, municiones y licores; mediante esta convención se unificaron normas entre otras para: "poner fin a los crímenes y a las devastaciones que engendraron la trata de esclavos africanos, y de proteger eficazmente las poblaciones aborígenes de África y de asegurarle a ese vasto continente los beneficios de la paz y de la civilización".

[19] Primera conferencia citada por el gobierno neerlandés por iniciativa del jurisconsulto Tobías Michael Carel T.M.C. Asser, el sitio oficial es: www.hcch.net

[20] Para mayor información, véase: www.unidroit.org

Mercantil Internacional o CNUDMI[21]; al otro lado del Atlántico tendríamos a la Conferencias Especializadas de Derecho Internacional Privado o CIDIP patrocinadas por la Organización de Estados Americanos OEA que se han ocupado de crear igualmente un sinnúmero de normas unificadas sobre la materia las cuales son de actual aplicación.

C. El procedimiento de la unificación normativa

La unificación como proceso sistemático puede ser entendida como un método mediante el cual se busca establecer, en una materia jurídica dada, una reglamentación detallada e idéntica en todos los aspectos y para todos los Estados que han participado en su elaboración y aceptado su contenido, dejando en unos casos la elección de la modalidad bajo la cual debe darse su ejecución. En consecuencia, la unificación es portadora de una unificación legislativa de segundo grado incrustado en un sustrato flexible[22].

En este contexto es importante señalar que puede darse una distinción entre ese Derecho uniforme integrado por un conjunto de normas adoptadas por un grupo de Estados que mantiene una voluntad común de someterse a una misma reglamentación en determinadas relaciones jurídicas, y aquél mismo que hace referencia al resultado normativo en el que desemboca un proceso de unificación del Derecho, que puede materializarse a través de distintos cauces: Leyes Modelo, Leyes Uniformes, tratados de unificación y, en determinados círculos jurídicos con un alto grado de integración[23].

Se entiende pues que por medio de la unificación de normas[24] lo que se busca en esencia es suprimir o adaptar las normas internas que

---

21 El sito oficial es: www.uncitral.org

22 Kamde, Innocent Fetze, Harmonisation, unification et uniformisation. Plaidoyer pour un discours affiné sur les moyens d'intégration juridique, en: *Revue de Droit Uniforme*, 2008, Vol. 13, pp. 709 ss.

23 Fernández Rozas, José Carlos, Los procesos de unificación internacional del Derecho privado: técnicas jurídicas y valoración de resultados, en: *La unificación jurídica en Europa. Seminario organizado por el Consejo General del Notariado en la UIMP* (J.M. García Collantes, ed.), Madrid, Civitas, 1999, pp. 17 ss., especialmente p. 36.

24 René David (Citado por André Tunc) va más allá y considera que puede haber una unificación cuando se adopta una actitud común frente al derecho, y, por ejemplo, cuando se toma un sistema, un conjunto de métodos y conceptos. Puede haber unificación mediante la introducción de un vocabulario uniforme (Incoterms) o mediante una presentación estándar

regulan una materia en especial mediante una reglamentación más estandarizada que pueda ser aplicable en aquellos ordenamientos jurídicos que se conectan mediante situaciones jurídicas o mediante relaciones interestatales como puede ser el caso de compraventas internacionales de mercaderías.

Por otro lado, si aplicamos el concepto de unificación al derecho, tal vocablo puede indicar que hay una sustitución de dos o más sistemas jurídicos por un único sistema jurídico: en este caso estaríamos en presencia de la unificación en sentido estricto; en un sentido amplio, la unificación del derecho abarca todo proceso destinado a garantizar que las normas legales con el mismo contenido se inserten en dos o más sistemas jurídicos. Esto implica la conservación de la pluralidad formal de estos sistemas de derecho, a diferencia de la aplicación más restrictiva[25].

Una parte de la doctrina estima que en lugar de hablar de unificación internacional debería referirse mejor al término de mundialización de reglas del derecho ya que mediante tal expresión se podría definir el fenómeno que ésta conlleva donde no sólo aplica la unificación de las reglas sino su armonización, su coordinación, su acercamiento, su uniformización a su interpenetración.[26] También es necesario anotar que esa "mundialización" abarca bastantes ramas del derecho como lo son entre otras: el derecho mercantil internacional[27], el derecho de las

---

de las diferentes soluciones; o por leyes modelo con una organización internacional al cual se le notificarían los cambios que se vayan produciendo; o por contratos tipo que incluso pueden ser desarrollados por una organización empresarial dentro de una organización por la Comisión Económica de las Naciones Unidas para Europa o por otro organismo como COMECON, etc. La unificación del derecho por lo tanto es un área muy amplia que tiene aspectos muy variados. Tunc, André, Standards juridiques et unification du droit, en: *Revue internationale de droit comparé*, 1970, Vol. 22 No. 2, pp. 247-261. Disponible en: http://www.persee.fr/docAsPDF/ridc_0035-337_1970_num_22_2_15698.pdf

[25] Malintoppi, Antonio, Les relations entre l'unification et l'harmonisation du droit et la technique de l'unification ou de l'armonisation par voie d'accords internationaux, 1967-1968, p. 16.

[26] Paquette, Michel, La mondialisation des règles de droit: ¿coercition ou liberté?, en: *XIe Conference des Juristes de l'État*, Cowansville, Yvon Blais, 1992, p. 181. Artículo disponible en: http://www.conferencedesjuristes.gouv.qc.ca/files/documents/81/40/lamondialisationdes-reglesdedroit.pdf

[27] Convención de Viena de 1980 sobre la Compraventa Internacional de Mercaderías.

personas en materia de alimentos[28], adopción[29], secuestro internacional de menores[30], derecho laboral[31] entre otros. Lo anterior lleva a que se presente un reacomodamiento de los diferentes ordenamientos jurídicos nacionales lo que conlleva necesariamente a una mundialización de los conceptos legales[32].

En este sentido son adecuadas las palabras del Profesor Audit cuando señala que:

> Hay que decir que cualquier intento de globalización de la ley tiene como objetivo general facilitar las transacciones y las relaciones internacionales y garantizar su seguridad jurídica. Sin embargo, es en los campos comerciales y económicos donde la incapacidad de las leyes nacionales para abordar y solucionar los problemas planteados por este tipo de relaciones y transacciones, donde se hace sentir con más evidencias y acuidad. Es igualmente en estas áreas donde los gobiernos y Organismos internacionales, tanto gubernamentales como no gubernamentales, parecen ser más activos en cuanto al desarrollo de diversos instrumentos legales respecto a la mundialización del derecho. Algunos han llegado a afirmar que en el ámbito del derecho privado, el derecho sustancia uniforme, permanece circunscrito al comercio[33].

El Profesor Pereznieto haciendo referencia al tema y de una manera tangencial habla del "Trasplante o Cross Fertilization" de ordenamientos jurídicos de un sistema jurídico a otro por razones distintas, por ejemplo, la admiración que se tiene por un determinado sistema jurídico, cuyo funcionamiento se piensa que va a ser semejante en sus resultados si se "trasplanta" a un sistema jurídico diferente. En otras pa-

[28] Convenio de La Haya del 2 de octubre de 1973 sobre Ley Aplicable a las Obligaciones Alimenticias.

[29] El *Convenio de La Haya de 29 de mayo de 1993 relativo a la Protección del Niño y a la Cooperación en Materia de Adopción Internacional (*Convenio de La Haya sobre Adopción).

[30] El *Convenio de La Haya de 25 de octubre de 1980 sobre los Aspectos Civiles de la Sustracción Internacional de Menores.*

[31] Los diferentes Convenios de la OIT.

[32] Paquette, La mondialisation des règles de droit..., ob. cit., p. 189.

[33] Audit, Bernard, Flux et reflux de la crise des conflits de lois, en: *Travaux du comité français de droit international privé, Journée du cinquantenaire, Problèmes actuels de méthode en droit international privé*, Paris, Éditions du C.N.R.S., 1988, p. 60.

labras, se trata de enlazar al sistema jurídico nacional antes cerrado con el mundo a través de regulaciones más avanzadas que ya han probado su eficiencia en la práctica[34].

Vemos pues como las relaciones jurídicas internacionales internacional necesitan de un constante intercambio no sólo de aire, sino de opiniones, de ahí que para poder progresar, el derecho como tal tiene la necesidad de evadirse de las fronteras nacionales en la cuales ha permanecido durante mucho tiempo encerrado y de alguna manera le ha creado ciertas patologías por lo que se hace necesario que se mezcle con otros y adquiera una nueva dimensión, ya al fin de cuentas el desarrollo del derecho está al servicio de la comunidad misma y no tanto de una élite política que decida en qué momento se exteriorice de acuerdo a sus intereses propios[35].

Y es que en muchos casos, la interrelación y la aplicación de un derecho uniforme en un ordenamiento jurídico interno puede tomar diferentes cauces[36], ello porque la elección del mismo se suele dejar de en mano de los políticos de quienes dependerá los parámetros que suelen influir en la mayoría de las organizaciones internacionales que abordan la materia. Es por este que se debe tener en cuenta el nivel de desarrollo económico de las naciones, sus preferencias axiológicas, así como sus aspiraciones sociales[37].

D. Creación del Derecho uniforme

La forma más común y típica de crear derecho uniforme es a través de los convenios internacionales llevados a cabo entre los Estados mismos, o mediante la elaboración de un instrumento normativo por parte de un organismo internacional especializado en la materia que

---

[34] Pereznieto Castro, Leonel, La revolución del derecho internacional privado en el mundo de hoy, en: *Anuario Hispano Luso de Derecho Internacional*, 2013, Vol. 21, p. 410.

[35] Rigaux, François, L'incidences des conventions internationales sur le droit civil, en: *RBDI*, 1966, I, pp. 278 ss., especialmente p. 279. Disponible en: http://rbdi.bruylant.be/public/modele/rbdi/content/files/RBDI%201966/RBDI%201966-1/Informations/RBDI%201966.1%20-%20pp.%20278%20%C3%A0%20298%20-%20informations.pdf

[36] Basedow, Jürgen, The Renascense of Uniform Law. European Contract Law and its components, en: *Legal Studies*, 1998, Vol. 18, Issue 2, pp. 121 ss.

[37] Kamde, Harmonisation, unification et uniformisation…, op. cit. p. 606.

se encarga de elaborarlo y luego ponerlo a disposición de los Estados partes para que se apruebe o no el contenido de éste.

En este aspecto apoyamos la posición de Bonell quien indica que nuestros tiempos se caracterizan por una multiplicidad de iniciativas dirigidas a la unificación o al menos a la armonización de las leyes nacionales. Ya no es posible contar el número de convenciones internacionales, leyes uniformes, códigos y reglas de conducta que tratan de regular los aspectos más variados no sólo del derecho privado, sino también del derecho público mediante normas uniformes destinadas también a satisfacer necesidades prácticas. A veces las convenciones individuales y las leyes uniformes apuntan a una aplicación universal, mientras que otras sólo se aplican a grupos definidos de estados o regiones. En algunos casos tratan de sustituir por completo el derecho interno correspondiente, mientras que en otros su objetivo es simplemente regular las relaciones internacionales, el derecho interno paralelo sigue regulando las relaciones puramente internas. Otra distinción se refiere a la aplicabilidad de la ley uniforme[38].

Se busca con este proceso el cual puede incluir la unificación y la armonización, la sustitución por normas mejores aquellas existentes en los sistemas jurídicos de los Estados individuales. Por "normas mejores", debe entenderse las reglas que elevan la categoría del *statu quo* con respecto a algún objetivo social normativo, como la justicia redistributiva o la mejora del bienestar económico. Aquí se mezclan los objetivos de la armonización y la reforma legislativa. Frente a lo anterior pueden surgir inmediatamente preguntas desconcertantes tales como: ¿Qué distingue la elaboración de una norma internacional de aquella de una nacional? ¿Cuándo podría prosperar una implementación normativa a partir del derecho internacional cuando los esfuerzos nacionales han fracasado?

Frente a las cuestiones anteriores pueden existir divergencias en cuanto al hecho que se afirme que en los proyectos internacionales para unificar y armonizar el derecho se goce de mejores ventajas, en especial

[38] Bonell, Michael Joachim, International Uniform Law in practice – Or where the real trouble begins, en: *American Journal of Comparative Law*, 1990, No. 38, pp. 865 ss. Disponible en: http://www.cisg.law.pace.edu/cisg/biblio/bonell2.html

en lo que hace relación a la calidad del material disponible y a la experiencia de quienes participan en su elaboración. Sin embargo, no puede desecharse la idea que en un proyecto de reforma legal puramente nacional también pueden recurrir a una amplia gama de talentos legales locales y emplear un análisis comparativo para determinar reglas óptimas que puedan ser aplicadas en dicho ordenamiento jurídico[39].

Somos de la idea que los instrumentos internacionales, salvo algunas excepciones que posteriormente se pueden mencionar, pueden proporcionar soluciones más correctas, estructuradas y eficaces a casos con elementos internacionales, que lo que el propio derecho interno podría hacer; todo esto sin tocar temas tan sensibles como lo puede ser la dignidad y la independencia del sistema jurídico local. De hecho, se puede afirmar que en el derecho unificado son más las ventajas que las desventajas en cuanto a los resultados que se obtienen con su aplicación. Sin embargo, somos conscientes que parte de la reticencia en cuanto a su aplicación puede venir por parte de grupos que tienen intereses particulares, incluso políticos[40] quienes aprovechan cualquier oportunidad para denigrar de tal normativa y pedir constantemente su exclusión del sistema jurídico local.

En este contexto, vemos como convenio internacional sobre la materia, busca esencialmente uniformizar aquellas normas que son aplicables en diferentes campos como el económico, la familia, el laboral etcétera. En otros términos, lo que se busca es establecer reglas comunes que se puedan integrar con el derecho interno de los Estados; de donde se puede pregonar que la incidencia del convenio internacional sobre el derecho interno es totalmente evidente, y que el sólo problema que puede ocasionar será aquel de determinar cuál será la extensión de

---

[39] Stephan, Paul B., *The futility of unification and harmonization in International Commercial Law*, Virginia, University of Virginia School of Law, Legal Studies Working Papers Series, 1999. p. 6. Disponible en: http://papers.ssrn.com/paper.taf?abstract_id=169209

[40] Al respecto señala Stephan que: "Si el proceso de unificación necesariamente tiene que sacrificar algo en el camino de la rendición de cuentas, puede compensarlo explotando los conocimientos técnicos de una forma más amplia de lo que los legisladores nacionales normalmente lo hacen. Libre de obstáculos políticos insignificantes, los expertos comprometidos en la redacción de leyes unificadas pueden tener la libertad de elaborar borradores sofisticados y equilibrados que anticipen y resuelvan una amplia gama de problemas potenciales". Stephan, *The futility of unification...*, op. cit. p. 8.

dicha acción, en consecuencia, sus límites. A este proceso de unificación se junta el de la armonización el cual busca hacer desaparecer las diferencias entre las legislaciones internas sin llegar hasta el punto de la unificación[41].

Es por ello que para que una norma uniforme pueda continuar expresando un derecho similar en los distintos países donde ella es parte de su ordenamiento jurídico, es necesario que se hayan producido decisiones judiciales al respecto, sino resulta inútil su aplicabilidad. De hecho, para que una ley sea uniforme, no necesariamente se necesita que sea uniformemente aplicada e interpretada por los jueces; ello porque lo anterior conduciría a ignorar las peculiaridades del razonamiento jurídico y el poder creativo de la actividad del juez; ya que no puede pensarse siquiera por un instante que la interpretación de textos similares necesariamente conduciría inexorablemente a los mismos resultados. Igualmente, un convenio internacional no tiene por objetivo establecer reglas comunes que tengan un lugar en el derecho interno, sino de determinar los objetivos comunes a la política económica y social de los países interesados[42].

Como se puede apreciar, un convenio internacional, tiene en todo caso, una incidencia fundamental en el derecho interno de los países firmantes. Este impacto se manifiesta ya sea por la uniformización, o por la armonización o por la transformación de la legislación interna con el fin de garantizar la coherencia del sistema legal, o mediante la solución de las antinomias resultantes entre la aplicación de la norma uniforme, y aquella de derecho interno[43].

Es sabido que la adopción por parte de un Estado de un texto uniforme no es muy del agrado de sus dirigentes políticos y de algunos académicos que no fueron invitados a participar en la elaboración del mismo; y es por eso que para no versen comprometidos en la adopción e incorporación de dicho instrumento en su ordenamiento jurídico,

[41] Rigaux, L'incidences des conventions internationales.... op. cit., p. 283.

[42] Foriers, Paul, L'incidence des conventions internationales sur le droit commercial, en: *RBDI*, 1966, I, pp. 286 ss. Disponible en: http://rbdi.bruylant.be/public/modele/rbdi/content/files/RBDI%201966/RBDI%201966-1/Informations/RBDI%201966.1%20-%20pp.%20278%20%C3%A0%20298%20-%20informations.pdf

[43] Foriers, L'incidence des conventions internationales..., op. cit., p. 290.

acuden a tomar "prestadas" las llamadas "Leyes Modelo", que igualmente son elaboradas por organismos internacionales o en el seno de una Conferencia internacional, pero cuya particularidad es que no tiene un carácter obligatorio directo, son moldeables (*Soft law*), y puede inspirar al legislador interno a la hora de codificar una determinada materia cubierta por dicha Ley modelo[44].

La unificación del derecho y la armonización de los derechos, en cierta medida, se imponen como mecanismos indispensables, sino necesarios, en la necesaria aproximación de las legislaciones. Su objetivo sigue siendo el mismo: lograr una mejora considerable en las situaciones jurídicas, decodificando la diversidad que caracteriza las legislaciones internas de los Estados; las unas con relación a las demás. Pero, en contra de este denominador que es común a todos, la unificación y armonización conservan características en muchos aspectos, sobre todo en su propia noción, además, también comparten los mismos métodos o instrumentos con relación a su ejecución[45].

Por ello, es claro señalar que en este entorno, la uniformización del derecho puede entrelazarse con otros aspectos no sólo de la vida jurídica de los Estados, sino que la misma es inseparable de la cooperación económica internacional, y del progreso de éstos, por medio de su desarrollo armónico con el derecho interno. Por eso ha de afirmarse que más que nunca, la claridad y la homogeneidad son aquellos atributos esenciales del derecho, aquel cuyo fin en la concepción que de él tenemos, será el de proteger y ayudar a los más débiles[46].

Una vez se ha producido la sistematización, sus normas sólo entran en vigor después de su introducción en los ordenamientos jurídicos individuales mediante el procedimiento de ratificación adecuado. Existen, sin embargo, ejemplos de normas internacionales uniformes que,

---

[44] Fernández Rozas, Los procesos de unificación internacional del Derecho privado…, op. cit., p. 29.

[45] Kablan, Serge, L'uniformisation régionale du droit: Processus comparés et Projet de l'OHADA en transport routier. Canada, National Library of Canada, 2000, p. 15. Disponible en: http://www.collectionscanada.gc.ca/obj/s4/f2/dsk2/ftp03/MQ55591.pdf

[46] Butros-Ghali, Butros, Discours d'ouverture. Le droit commercial uniforme au XXIe siècle, en: *Actes du Congrès de la Commission des Nations Unies pour le droit commercial international*, New York, Nations Unies, 1995, p. 2.

una vez aprobadas por los órganos competentes de las organizaciones supranacionales o comunitarias, son inmediatamente aplicables, este es el caso, de los tratados o convenios *self executing*, los cuales no requieren de ningún otro proceso para ser efectivos en los Estados que los han adoptado. Por último, puede haber reglas modelo que no tienen fuerza vinculante, cuya introducción en los distintos sistemas nacionales se deja enteramente a la discreción de los Estados para que las tomen como ejemplo al crear normas internas similares.

E. Organismos creadores de Derecho uniforme

Cómo lo señalamos con anterioridad, las organizaciones internacionales creadoras de derecho uniforme aparecen básicamente a finales del siglo XIX y en el siglo XX estando en primer lugar la Conferencia de La Haya de Derecho Internacional Privado, El Instituto para la Unificación del Derecho Privado, UNIDROIT, la Comisión de la Naciones Unidas para el Derecho Mercantil Internacional, CNUDMI/UNCITRAL, la Cámara de Comercio Internacional, Las Conferencias Interamericanas de Derecho Internacional Privado, CIDIP, el American Law Institute, ALI, la Organización para la armonización en África del Derecho Mercantil, OHADA, quienes de una manera estructurada y organizada han estado desarrollando normas que facilitan no solo la convivencia entre los Estados sino las relaciones comerciales entre los mismos.

Estimamos que estas organizaciones tanto por su vocación universal como regional, reflejan que sus intereses son meramente académicos y desprovistos de cualquier tinte político que pueda interferir en el fin último de la normativa que no es otro que el de brindar previsibilidad y seguridad jurídica[47] sin importar el lugar donde se encuentren las personas que reclaman ese derecho, sobretodo en épocas de la globalización donde se hace necesario cierta estandarización legal que facilite

[47] Honnold, John, Objectifs de l'Unification. Le Droit commercial uniforme au XXIe siècle, en: *Actes du Congrès de la Commission des Nations Unies pour le Droit commercial international*, 1992, p. 12. Disponible en: https://www.uncitral.org/pdf/french/texts/general/Uniform_Commercial_Law_Congress_1992_f.pdf

las relaciones interpersonales, económicas y sociales y evite de esa manera las incertidumbres propias de sistemas jurídicos desconocidos para quienes llegan a un territorio con el fin de establecer intercambios con sus habitantes o dependencias gubernamentales o empresas privadas[48].

F. Interpretación del Derecho uniforme

Uno de los grandes problemas que suscita la aplicación del derecho uniforme es su interpretación por parte de los tribunales[49] o autoridades que están encargadas de hacerlo y frente a una situación jurídica determinada; ello porque se estima en la mayoría de la veces por parte de aquellos, que lo más natural en estos casos sea recurrir una fuente conocida y familiar lo que los conducirá indefectiblemente a consultar su derecho interno *–lege fori–*, sin muchas veces tomarse el esfuerzo de preguntarse si tal situación tendría una mejor solución si fuese interpretada a la luz de lo contenido en la normativa uniforme *–lege causae*[50].

---

48 En un estudios llevado a cabo sobre el rol de tales organizaciones, Scotti indica que: "Aun cuando se superpongan los trabajos de organizaciones de carácter universal o de una de éstas con otra de vocación regional, ello puede no resultar contraproducente si, en cambio de verlo como una 'duplicación de trabajo', se lo observa como un conjunto de múltiples esfuerzos compartidos que, de ser coordinados, podrían ser capaces de obtener óptimos resultados, e incluso de elaborar soluciones universalmente aceptables, que brinden la tan anhelada seguridad jurídica a las personas humanas, quienes, en definitiva, deben ser los destinatarios principales de tales esfuerzos". Scotti, Luciana, El rol de los organismos internacionales en la armonización del Derecho Internacional Privado, Centro Argentino de Estudios Internacionales. p. 40, Disponible en: http://w1.cejamericas.org/index.php/biblioteca/biblioteca-virtual/doc_view/6537-el-rol-de-los-organismos-internacionales-en-la-armonizaci%C3%B3n-del-derecho-internacional-privado.html

49 A menos que sea un tribunal establecido para el efecto como es el caso del Tribunal de Justicia de la Comunidad Europea que es el encargado de interpretar los acuerdos a que están sometidos los países miembros de la Unión Europea, es decir, el Derecho Comunitario. En el caso del Mercosur está el Tribunal Permanente de Revisión del Mercosur.

50 "La dialéctica entre las normas internas y las unificadoras es un hecho indiscutible pues la soberanía del Estado sigue constituyendo un importante freno a cualquier proyecto unificador. Una ley, por técnica que sea en apariencia, es siempre la traducción de una política y de unos intereses y su unidad supone un objetivo común, lo que requiere la unidad de soberanía excluida por hipótesis. No en vano los autores internacionalistas han tenido que reconocer que la unificación del Derecho se presenta siempre como algo inacabado y no puede excluir de ninguna forma el eventual empleo del Derecho internacional privado conflictual". Fernández Rozas, Los procesos de unificación internacional del Derecho privado…, op. cit., p. 31.

Y es que en muchas ocasiones las dificultades relacionadas con la incorporación de los tratados o convenciones en el orden interno de los Estados que han prestado su consentimiento en obligarse por los mismos no son pocas; la misma se vincula a la recepción y aceptación del derecho uniforme por los jueces nacionales, autoridades administrativas, e incluso árbitros en el proceso de aplicación del Derecho; el juego de las reservas, la interpretación judicial a través de categorías jurídicas del foro o la eventual acción del orden público son elementos que dificultan la puesta en práctica de una sana asimilación del Derecho unificado por parte de las instancias nacionales. Finalmente, el juego de las cláusulas del instrumento internacional que contiene el resultado unificador, en lo que respecta a los ámbitos de aplicación material, temporal y territorial del convenio, tampoco contribuye a una difusión de este particular conjunto normativo[51].

Por eso, y en cuanto a la forma como debe abordarse e interpretarse el derecho uniforme o convencional, tenemos que la mayoría de los textos contentivos de la materia dictaminan que debe acudirse en primera instancia a la auto-interpretación que es una sus particularidades más importantes, la cual radica en el hecho que ésta clase de normas deben interpretarse a la luz del texto mismo del convenio[52], y sólo en casos determinados donde no es posible tal interpretación, se señala a donde se debe acudir para poder brindar una solución acorde a las necesidades de quienes reclaman la aplicación de esa normativa;

---

[51] Malintoppi, Antonio, Mesures tendant à prévenir les divergences dans l'interprétation des règles de droit uniforme, en: *UNIDROIT Year Book*, 1959, pp. 249 ss.

[52] La mayoría de los convenios internacional señalan tal obligación, entre ellos tenemos: La Convención de Viena de 1980 sobre la Compraventa Internacional de Mercaderías. Artículo 7 1) En la interpretación de la presente Convención se tendrán en cuenta su carácter internacional y la necesidad de promover la uniformidad en su aplicación y de asegurar la observancia de la buena fe en el comercio internacional. 2) Las cuestiones relativas a las materias que se rigen por la presente Convención que no estén expresamente resueltas en ella se dirimirán de conformidad con los principios generales en los que se basa la presente Convención o, a falta de tales principios, de conformidad con la ley aplicable en virtud de las normas de derecho internacional privado. En el mismo sentido: Artículo 1.6 de los Principios UNIDROIT sobre los Contratos Comerciales Internacionales. Artículo 4° de la Convención Interamericana sobre Derecho Aplicable a Contratos Internacionales de 1994. Artículo 23 del Convenio de La Haya del 30 de junio de 2005 sobre Acuerdos de Elección de Foro. Artículo 53 Convenio de La Haya del 23 de noviembre de 2007 sobre Cobro Internacional de Alimentos para los Niños y otros Miembros de la Familia.

tal re-direccionamiento será en esencia hacia los principios generales del derecho, la costumbre internacional, los usos comerciales, la jurisprudencia, la doctrina y en último lugar donde se debe recurrir para interpretarlo es al derecho interno[53] del Estado donde se ha puesto de relieve tal interpretación.

Como sabemos, en estos eventos ha de emplearse una terminología jurídica neutra que no afecte intereses particulares, sino que propenda a un acercamiento de los diferentes conceptos en juego para hallar el que mejor se adapte a la situación jurídica que ha de ser elucidada y resuelta por los encargados de brindar la justicia que se busca. Es importante que el resultado esté acorde no sólo con lo buscado por las partes, sino por lo querido por los operadores jurídicos, ya que interpretar es esencialmente adaptar una situación jurídica a un esquema local donde ésta busca producir efectos o resultados razonables[54].

Algunos autores sostienen en una posición opuesta al anterior planteamiento que "la unificación del derecho debería comportar la identidad absoluta del contenido de las normas jurídicas que son objeto". En la práctica, sobre todo internacional, a menudo se recurre a los órganos del Estado para llevar a cabo la inserción de textos uniformes en las leyes nacionales: a esto lo llamamos "proceso de adaptación" de las normas internas a los procesos normativos a nivel internacional. Ahora, ¿quién dijo que la "adaptación", implicaba también necesariamente la "interpretación". Aquí radica una de las fuentes de los problemas más espinosos que conlleva el análisis del derecho uniforme que amenaza constantemente la vocación de este derecho[55].

---

[53] Esto no quiere decir que la normativa nacional no pueda aportar una solución más eficaz al problema planteado, sin embargo estimamos que primero se deben agotar otros recursos antes de acudir a esta clase de normas. Algunos autores estiman que se debe acudir primeramente a la ley local para tratar de buscar allí una solución que el derecho uniforme no aporta. Véase Henk, Snijders / Stefan Vogenauer. *Content and Meaning of National Law in the Context of Transnational Law (Interpretation of UNIDROIT Principles of International Commercials Contracts by national Courts)*, Munich, European Law Publishers, 2009, p. 169.

[54] Enderlein, Fritz, *Uniform Law and its application by judges and arbitrators. International Uniform Law in Practice*, Oxford University Press, 1987, p. 332. Disponible en: http://www.cisg.law.pace.edu/cisg/biblio/enderlein.pdf

[55] Malintoppi, Mesures tendant à prévenir les divergences…, ob. cit., p. 249.

G. Características del Derecho uniforme

El derecho uniforme moderno como tal difiere del derecho interno esencialmente en cuanto a su forma de elaboración, la cual está ligada estrechamente con la reunión y estudio por parte de un grupo de expertos para analizar una materia determinada, la mayoría de las veces, bajo el patrocinio de un organismo multilateral que ve la necesidad de implementar un cuerpo de normas que pueda dar solución a determinados problemas jurídicos que se suscitan en el tráfico externo, los cuales no pueden ser abordados por el derecho interno, el cual regula o no regula la cuestión, o si lo hace, lo hace de una forma precaria o con un alcance limitado a su esfera territorial; en este caso ese "nuevo derecho fusionado" regulará la cuestión tanto desde un punto de vista interno como externo.

El derecho uniforme es inicialmente un derecho extra fronteras, que mediante su incorporación se convierte posteriormente en un derecho interno lo cual hace que el mismo tenga un contenido material propio de donde se desprende que sus normas serán aplicables directamente a la situación jurídica que ha de ser dilucidada por el operador jurídico que tenga a cargo la solución de la misma.

Si bien como afirmamos en este caso, el derecho uniforme moderno es obra de organismos o instituciones especializadas internacionales lo que le da un carácter universal o regional, nada obsta para que éste sea el producto de un acuerdo entre dos o más Estados para regular un tema determinado, lo que limita su aplicación *ratio materiae* al territorio de aquellos que han adoptado el mismo, en consecuencia, su alcance será más limitado para este tipo de casos[56].

H. Incorporación del Derecho uniforme en el Derecho interno

Para que el derecho uniforme pueda ser efectivo y cumplir el propósito por el cual fue creado debe surtir un proceso mediante el cual

---

[56] Fernández Rozas, José Carlos, Consideraciones en torno a la relevancia del Derecho uniforme en la regulación del tráfico privado externo, en: *Estudios jurídicos en homenaje al profesor Aurelio Menéndez*, Madrid, Civitas, 1996, Tomo IV, pp. 5210.

éste, entra a formar parte del derecho interno del Estado que ha decidido adoptarlo, es decir, debe incorporarse cumpliendo los requisitos que se exijan para esta clase de actos, y de acuerdo a las exigencias del ordenamiento jurídico donde se vaya a implementar, ya que para que sea efectivo, su aplicación debe ser reconocida como tal en dicho territorio.

En muchos casos, el derecho uniforme o convencional debe someterse al procedimiento legislativo donde se le otorgará la categoría jurídica con la que ingresa al ordenamiento jurídico, esto es, si se trata de una ley ordinaria, o si por el contrario se trata de una ley con rango constitucional o supra constitucional como puede ser el caso de tratados o convenios que protegen los derechos humanos, en estos casos habrá podrá tener aplicación el principio general denominado *specialia generalibus derogant*.

Por otros lado, cuando el derecho uniforme proviene de un uso o costumbre internacional como es el caso de la *lex mercatoria*[57] (cuya creación puede no estar adscrita a ningún organismo internacional), es necesario que el operador jurídico lo incorpore a ese ordenamiento legal, no por la vía tradicional que es mediante la refrendación legislativa, sino que su inserción se hace cuando el mismo derecho interno autoriza su aplicación en una situación que presente tal particularidad[58], y que únicamente pueda ser resuelta con aquella norma de carácter consuetudinario para que puedan ser efectivos los postulados de derecho uniforme.

II. PROBLEMAS DE LA INCORPORACIÓN DEL DERECHO UNIFORME

Cuando conviven en un mismo ordenamiento jurídico dos normativas, esto es, derecho uniforme y derecho interno, y ambos se

[57] Puede ser el caso de la Convención de Viena de 1980 sobre la compraventa internacional de mercaderías, cuando un Estado que no la ha ratificado la utiliza como costumbre internacional, en este caso tiene aplicabilidad su artículo 9; en el mismo sentido tenemos también los denominados INCOTERMS de la Cámara de Comercio Internacional.

[58] Un ejemplo de ello lo podemos encontrar en el artículo 7 del Código de Comercio colombiano que señala: "Los tratados o convenciones internacionales de comercio no ratificados por Colombia, la costumbre mercantil internacional que reúna las condiciones del artículo 3, así como los principios generales del derecho comercial, podrán aplicarse a las cuestiones mercantiles que no puedan resolverse conforme a las reglas precedentes".

proyectan como idóneos para abordar, y quizás resolver una situación jurídica dada, en muchas ocasiones se presenta el caso que ninguno de los dos lo haga de manera completa, en este evento el juez u operador judicial debe acudir a una operación híbrida, donde lleva a cabo una "especie de mezcla" de ambas regulaciones para poder hallar y brindar una mejor solución al caso propuesto. Lo anterior nos puede llevar a pensar que en esta clase de situaciones en muy difícil resolver un litigio con una única normativa, en especial desde el punto de vista del derecho uniforme, ya que difícilmente se encontrará una decisión judicial o administrativa que tenga como fundamento único al derecho uniforme y que se halle en un estado de total pureza, sin ningún tipo de contaminación por parte del derecho interno[59].

En este mismo sentido, consideramos que no es lo mismo la actitud que tome un juez o una autoridad administrativa, frente a la que tome un árbitro, ya que la realidad nos ha mostrado que éste puede disponer de más libertad para utilizar ciertos recursos provenientes de derecho extranjero, cosa que para el juez o el otro funcionario no les es tan fácil, en especial cuando las partes sobre todo en materia contractual pueden escoger libremente el derecho que va regir su relación obligacional[60] el cual puede ser diferente al del Estado del foro, e incluso uniforme.

---

[59] "Constituye un hecho indiscutible la dialéctica entre las normas internas y las unificadoras pues la soberanía del Estado sigue constituyendo un importante freno a cualquier proyecto unificador. Ciertamente, una vez que se ha introducido en el sistema jurídico de un Estado el Derecho uniforme se convierte en "Derecho nacional", no obstante, sigue conservando ciertas peculiaridades, derivadas de su especial proceso de elaboración, que no responde a unos principios jurídicos únicos, sino que es el resultado de una acomodación de intereses realizada por obra de la cooperación internacional; dichas peculiaridades se manifestarán, como es lógico, a la hora de la interpretación. Además, una ley, por técnica que sea en apariencia, es siempre la traducción de una ideología y de unos intereses y su unidad supone una política común, lo que requiere la unidad de soberanía excluida por hipótesis. No en vano un autor internacionalista de la categoría de J.A. Carrillo Salcedo ha tenido que reconocer que la unificación del Derecho se presenta siempre como algo inacabado y no puede excluir de ninguna forma el eventual empleo del Derecho internacional privado". Fernández Rozas, Consideraciones en torno a la relevancia del Derecho uniforme..., op. cit., p. 5218.

[60] Un ejemplo de ello lo podemos encontrar en el artículo 3 numeral 1 del Convenio de Roma de 1980 sobre la Ley aplicable a las obligaciones contractuales que indica: "Artículo 3 Libertad de elección. Los contratos se regirán por la ley elegida por las partes. Esta elección deberá ser expresa o resultar de manera cierta de los términos del contrato o de las circunstancias del caso. Para esta elección, las partes podrán designar la ley aplicable a la totalidad o solamente a una parte del contrato...." De igual manera el artículo 7 de la Convención Interamericana sobre el Derecho aplicable a los contratos internacionales.

Y es que en estos eventos existe un temor reverencial, especialmente por parte de los jueces u otros funcionarios administrativos al aplicar el derecho uniforme, a menos que se haya tenido una formación específica con relación a la materia, en cuya situación podríamos decir que está mejor habituado a ello, pero en muchos países esto es la excepción, ya que la realidad muestra que cada día es mayor el número de normas que deben aplicar los jueces, las cuales en el caso de derecho uniforme, como es un derecho que "acaba de llegar" en muy pocas ocasiones se le realiza un verdadero proceso de incorporación al orden jurídico en un sentido estricto, esto es, una mutación entre las normas, sino que se le deja al lado y no se le jerarquiza, lo que en muchas ocasiones conlleva a que no esté al alcance de quien debe aplicarlo.

Por otro lado, por muy bien elaborada que se encuentre la normativa uniforme, ésta debe armonizarse con la normativa interna existente, y eso es un proceso que no solo es largo, sino qué en ciertas ocasiones puede parecer tedioso, por lo que los encargados de realizar dicha tarea simplemente no lo hacen por lo que ello implica, y de ahí no sólo la desidia, sino el miedo que les puede producir acudir a una especie de "*twilight zone*".

A. El Derecho uniforme y las calificaciones

¿Se puede afirmar que con la incorporación del derecho uniforme en el ordenamiento jurídico conlleva a que el procedimiento conocido como las calificaciones, desaparezca al igual que el conflicto de leyes? En este caso creemos que no es así, toda vez que para aplicar el derecho uniforme, el juez debe interpretarlo, y esta interpretación en la mayoría de los casos se llevará a cabo a la luz del propio derecho interno, es decir, *legi fori*; sin embargo, en muchas ocasiones y como lo señalamos anteriormente, la mayor parte de las normativas uniformes, en especial aquellas de carácter multilateral, pregonan por una interpretación del tipo *lege causae*, donde el fundamento esencial será que la interpretación se haga de acuerdo al derecho a partir del cual se configuró la situación jurídica que debe ser resuelta, es decir, desde el propio derecho uniforme, y no del derecho interno como tal[61].

[61] En la misma línea, Fernández Rozas afirma que: "De ahí que, en la práctica, el remedio habitual consiste en el sometimiento de la cuestión interpretativa a la jurisdicción del Estado

Entonces en ese caso, estimamos que las calificaciones subsisten y pueden aplicarse ambas cuando de analizar y determinar cierta figura jurídica que se hace necesaria para resolver un caso en particular.

B. El Derecho uniforme y el conflicto de leyes

Ahora, nos preguntamos aquí: ¿Que sucede en el caso de un conflicto de leyes en materia de derecho internacional, esto es, cuando dos normas, una local y una extranjera se presentan como adecuadas para regular una situación jurídica dada? En este caso, si el juez u operador jurídico no cuentan dentro de sus normas internas de derecho internacional privado con una norma precisa que regule tal situación, entonces se deberá analizar de aquellas cuál de estas presenta unos vínculos más estrechos con la situación en litigio. En el caso del derecho uniforme tal incertidumbre puede desaparecer, ya que precisamente ese es uno de sus propósitos, esto es, acabar con los vacíos o lagunas que existen respecto a la aplicación de la norma que sea la más idónea. En este caso, estimamos que la afirmación con relación al desaparecimiento de los conflictos de leyes puede ser cierta, pero no en su totalidad, ya que el derecho uniforme complementa, pero no resuelve de manera total todos los litigios que se presentan con relación a una situación dada, es decir, con su implementación el riesgo de negación de justicia es menor, pero no desaparece de manera definitiva.

---

que aplica el Convenio. En este caso, es indudable que puede suscitarse un "conflicto de interpretaciones", toda vez que el ordenamiento Estado con el cual también está conectada la relación jurídica controvertida puede tener un criterio divergente acerca de los términos del Convenio. Evidentemente, la interpretación *fori* es la que prevalece, lo cual puede frustrar la espiración uniforme del texto aplicado. Esta posición maximalista, puede ser matizada por vía jurisprudencial a través de ciertos mecanismos que, en nuestra opinión, no pueden generalizarse. Concretamente, en los casos en que el Convenio de Derecho uniforme abarque aspectos de Derecho material y de Derecho aplicable, y la divergencia se centre en una institución de Derecho material, cabría la posibilidad, no sin proceder con antelación a un complejo proceso de elucubración teórica, de acudir a una norma de conflicto del Convenio para que, esta designe el ordenamiento conforme al cual ha de realizarse la interpretación. Mas los problemas de interpretación no agotan los inconvenientes de la aplicación del Derecho uniforme en un Estado determinado. En efecto, no debe perderse de vista que existe una profunda interacción entre las normas unificadoras y el sistema interno donde se reciben, de suerte que en la aplicación de estas se pueden suscitar ciertas distorsiones. Acaso la más significativa derive de la calificación como "uniformes" de las normas contenidas en un Convenio concreto. Fernández Rozas, Consideraciones en torno a la relevancia del Derecho uniforme…, op. cit. p. 5228.

C. El derecho uniforme y el *forum shopping*

Otra de las cuestiones que generan ciertos interrogantes en el campo jurídico internacional es aquella de saber si: ¿con la unificación de las normas se reduce el riesgo que la partes en un litigio acudan a una jurisdicción exterior diferente a la del foro para buscar una solución que se adapte mejor a sus deseos o intereses, y no a lo que legalmente deberían acudir? La situación anterior a la que se le conoce en el ámbito del derecho internacional privado como *forum shopping*, esto es, la búsqueda por parte del demandante de un tribunal que le brinde con su decisión un mejor resultado que se adapte a sus intereses propios, evadiendo en muchas ocasiones los tribunales que serían generalmente competentes para definir el litigio que se presenta, incluso incurriendo en lo que también se conoce como el fraude a la ley[62].

En este caso en particular creemos que el derecho uniforme, puede reducir significativamente el riesgo de *forum shopping* ya que sería un sin sentido, acudir a un tribunal que seguramente va a fallar en los mismos términos que lo haría el tribunal del foro del cual se huyó, por lo ello desalentaría sobre todo al demandante a que acudiese a otro tribunal, al menos le quedaría más difícil de encontrar uno que se adapte a sus deseos e intereses, ya que si bien la tendencia unificadora en la materia no es muy prolífica en estos casos, poco a poco se desarrollan instrumentos sobre la materia que ayudan a que este tipo de situaciones vayan siendo menos frecuentes; para el caso en concreto existen ciertos convenios en materia de competencia judicial que le han dado solución a esta problemática[63].

Por otro lado, se ha podido comprobar que el en derecho uniforme también reduce los riesgo de que se presente el fraude a la ley, ya que con dicho proceso cada vez se cierra más el círculo de la incertidumbre con relación a las normativas aplicables por lo que el derecho de un Estado será similar al de los otros que hayan adoptado el instrumento

[62] Audit, Bernard, *Droit International Privé*, Paris, Economica, 2010, p. 46.

[63] Reglamento (UE) No. 1215/2012 del Parlamento Europeo y del Consejo de 12 de diciembre de 2012 relativo a la competencia judicial, el reconocimiento y la ejecución de resoluciones judiciales en materia civil y mercantil.

unificados; en este caso podemos ver como en el caso de normativas como la Convención de Viena sobre la Compraventa Internacional de Mercaderías, también conocida como CISG, donde las partes de acuerdo a su artículo 6° excluyen su aplicación a la relación contractual que las une, y designan el derecho de un Estado que no hace parte del convenio (i.e. Venezuela) puede presentarse el caso que las normas de derecho internacional privado de aquél Estado remitan al derecho aplicable a la materia o a la costumbre internacional, en cuyo caso será la misma CISG por lo que el deseo de las partes de evadir a aplicación de esa normativa quedó en vano, ya que indefectiblemente se les aplicará la misma independientemente del lugar donde se encuentren, ya que en la mayoría de los Estados que no la han ratificado, la misma tiene aplicación vía sus normas internas de derecho internacional privado.

III. CONSIDERACIONES FINALES

Primera. La cuestión de sí existe o no un conflicto entre el derecho uniforme y el derecho interno de un determinado Estado (donde el primero ha sido incorporado) ha venido suscitando muchos interrogantes durante las últimas décadas, en especial con relación a cuál de ellos tiene prevalencia en cuanto a su aplicabilidad. Esto se da porque al momento de adjudicar una norma a un determinado problema jurídico puede presentarse cierto dilema para el operador jurídico encargado de darle solución al mismo, ya que es posible que tenga frente a sí dos normas que aparentemente pueden servir para tal propósito. En este caso, si la norma uniformizante aún no ha recibido una adecuada incorporación dentro de ese ordenamiento jurídico, y él estima que es la correcta, puede recurrir a las soluciones que le brindan tanto el principio del *specialia generalibus derogant*[64], como el de la *Lex posterior priori derogat*, ello teniendo en cuenta que su función principal será de la brindar la solución más justa posible y que cualquier antinomia entre las dos normas debe resolverse a favor del derecho uniforme como ley especial.

---

64 Un ejemplo de ello es el numeral 1 del artículo 10 del Código Civil colombiano; éste señala: "La disposición relativa a un asunto especial, prefiere a la que tenga carácter general".

Segunda. En cuanto a la aplicabilidad del derecho uniforme, existe un problema muy grande y éste depende esencialmente del nivel de conocimiento e idoneidad que tengan quienes son los encargados de incorporar normas uniformes en los ordenamientos jurídicos, especialmente por vía legislativa, ya que de la facilidad con la que se incorpore dependerá del conocimiento que se tenga de aquella materia en especial; se afirma esto, ya que no es lo mismo para un parlamentario holandés aprobar la incorporación de una normativa uniforme que para uno latinoamericano, asiático o africano que no está habituado a la materia, y que tiene muchos recelos en cuanto a la utilización de una norma en la cual él no participó, y poco le interesa el bienestar que aquella le pueda aportar a su comunidad, porque en muchos caos su orgullo "patrio" estará por delante del bienestar común.

Tercera. Con relación a la función de quienes deben aplicar de la normativa uniforme (operadores jurídicos) existe también mucha reticencia y rechazo en cuanto a la utilización de aquella, ya que al no tener una preparación adecuada (la mayoría de la veces, porque áreas como el derecho internacional privado, son desconocidas, infra valoradas o sub-utilizadas en muchos ordenamientos jurídicos –en especial el colombiano– y por el miedo a un eventual prevaricato) los jueces u otros funcionarios acuden directamente a su derecho interno, incluso aun cuando alguna de las partes, les haya puesto de relieve la particularidad e internacionalidad de la situación jurídica que debe fallar y el derecho que debe aplicar.

Cuarta. Entonces la dualidad en cuanto a la aplicación del derecho uniforme genera un gran problema el cual se presenta especialmente en el desconocimiento de la dinámica propia de esta clase de derecho, por parte no sólo de legisladores, sino de operadores jurídicos quienes quieren hacer parte o estar inmersos en una sociedad global, pero al mismo tiempo desean que sea regulada que dicha comunidad se regule por sus propias normas interna, y eso en este caso no sólo no es posible, sino que representa un riesgo para la seguridad jurídica tanto interna como global.

Quinta. Ahora, hablar de una "guerra anunciada" no en el sentido literal del término, puede tener cierta connotación, ya que, de acuerdo al nivel de desarrollo del Estado, (tanto en lo económico, como lo social, lo cultural y lo jurídico) dependerá la utilización armónica de las normativas uniformes con el derecho interno, aunque dicho proceso requiera un esfuerzo intelectual mayor, estimamos que, en este caso, los resultados valdrán la pena.

Igualmente hay que tener presente que en el proceso de elaboración del derecho uniforme concurren verdaderos especialistas y estudiosos de la materia que será sometida a regulación quienes durante años unen esfuerzos para tratar de elaborar un trabajo de excelente calidad y fiabilidad; sin embargo no suele suceder lo mismo cuando se trata de un trabajo de la misma índole llevado a cabo por el órgano legislativo de ciertos Estados donde se poco se conoce o se ha trabajado sobre la materia lo que prevé de antemano que un resultado bastante deficiente, por no decir "catastrófico" frente a la utilidad que pueda tener la aplicación de la nueva normativa elaborada por el legislador local.

Sexta. Como una eventual solución ante la reticencia de los Estados para adoptar e incorporar el derecho uniforme en sus ordenamientos jurídicos, ya que no es un secreto que muchos funcionarios gubernamentales con el argumento o ropaje de que se deben defender a ultranza las tradiciones y los particularismos legales de la sociedad se oponen a ello, evitando a toda costa su implementación por cualquier medio. Lo anterior nos lleva a considerar una alternativa y es aquella de acudir a un cauce mucho más flexible, esto es el de la Ley Modelo como explicitación del *soft law*, instrumento aquel que suele ser adoptado en el seno de una Conferencia internacional, que no tiene un carácter obligatorio directo, sino que su función es inspirar al legislador interno a la hora de codificar una determinada materia cubierta por dicha Ley modelo[65] o de ayudar al funcionario judicial a encontrar una solución más acorde con la situación jurídica que debe resolver.

[65] Fernández Rozas, Consideraciones en torno a la relevancia del Derecho uniforme..., ob. cit., p. 5210.

CLÁUSULAS DE JURISDICCIÓN Y SUMISIÓN AL FORO EN AMÉRICA LATINA

JÜRGEN SAMTLEBEN*

Resumen: En América Latina, la elección del foro en casos internacionales es un tema muy controvertido. Mientras que la sumisión al foro interno generalmente se acepta sin grandes reservas, la derogación del foro interno a través de una prórroga de un foro extranjero, tradicionalmente encuentra mucha resistencia. Esto se debe a la situación económica de estos países que por su experiencia histórica, tienen cierto recelo de litigar ante tribunales lejanos, en Estados económicamente más fuertes. Con el advenimiento de la globalización, esta postura comienza a cambiar. El artículo describe el desarrollo general de esta temática en América Latina y la situación legal en los diferentes Estados de la región.

Abstract: *In Latin America, choice of courts by the parties in international cases is highly debated. Generally, there are no major barriers if the local court which is prorogated by the parties has to decide over its own competence. But an agreement which derogates from the competence of the national courts in favour of tribunals in a foreign country is traditionally viewed with skepticism. This is due to the economic situation of these countries, which fear leaving the decision of commercial conflicts to tribunals located far away in foreign jurisdictions. But as a result of globalization, this attitude has begun to change. This article discusses the general situation in Latin America in this respect and considers the legal situation in the region's different countries.*

---

* Doctor en Derecho (Hamburgo), Ex-Titular del Departamento de América Latina del Instituto Max-Planck de Derecho Privado Extranjero e Internacional, Hamburgo 1971-2002. Profesor visitante en la Universidad San Pablo y la Universidad Federal de Santa Catarina (Brasil), en las Universidades Federales de La Plata y Córdoba (Argentina) y la Universidad Andina Simón Bolívar de Quito (Ecuador). Varias conferencias en diferentes Estados latinoamericanos.

I. INTRODUCCIÓN

Hace 25 años, Eugenio Hernández-Bretón hizo su doctorado en Alemania con una tesis sobre cláusulas de jurisdicción especialmente en el contexto latinoamericano[1]. En el resumen de este valioso estudio, llegó a la siguiente conclusión: "El derecho de las cláusulas de elección de la competencia internacional de los países suramericanos aquí estudiados se halla hoy en un estado difuso y confuso"[2]. Desde entonces, muchos cambios han ocurrido tanto en la legislación como en la jurisprudencia de los Estados latinoamericanos. Esto justifica ocuparse nuevamente del tema como nuestra contribución al homenaje del ilustre autor. Cuando hablamos de las mal llamadas cláusulas de jurisdicción, se está refiriendo a un problema de la competencia internacional[3]. La cuestión que se plantea es, si las partes de un contrato pueden por medio de esta cláusula determinar el foro para los conflictos que puedan resultar en el futuro de este acuerdo. En los códigos procesales de los Estados latinoamericanos normalmente se encuentran normas que regulan la prórroga de la competencia territorial o la sumisión al foro dentro del territorio del Estado. Pero la perspectiva cambia, cuando se trata del contexto internacional. En general, no hay problema, si las partes de un contrato internacional se someten al foro dentro del territorio del Estado de cuya legislación se trata. En cambio, la prórroga de un foro extranjero y la consiguiente derogación del foro interno tradicionalmente enfrenta un gran escepticismo o total rechazo en los Estados latinoamericanos. Esto tiene que ver con la situación económica de estos Estados

---

1 Hernández-Bretón, Eugenio, *Internationale Gerichtsstandsklauseln in allgemeinen Geschäftsbedingungen, unter besonderer Berücksichtigung des deutsch-südamerikanischen Rechtsverkehrs (dargestellt am Beispiel Argentinien, Brasilien und Venezuela),* Frankfurt am Main/Berlin/Bern/New York/Paris/Wien, Lang 1993. Ver mi reseña, en: *Revista de la Facultad de Ciencias Jurídicas y Políticas, Universidad Central de Venezuela*, 1995, No. 96, pp. 457 ss.

2 Hernández-Bretón, *Internationale Gerichtsstandsklauseln...*, ob.cit. p. 240: "*Das Recht der internationalen Gerichtsstandsklauseln der in dieser Arbeit untersuchten südamerikanischen Länder befindet sich heute in einem diffusen und unübersichtlichen Zustand*".

3 Sobre la diferencia entre jurisdicción y competencia internacional ver Hernández-Bretón, Eugenio, La autonomía de las partes en el sistema de la competencia procesal internacional directa, en: T. de Maekelt (ed.), *Libro-Homenaje a Werner Goldschmidt*, Caracas, Universidad Central de Venezuela, 1997, pp. 121 ss., especialmente. pp. 126 ss.

que se sienten en una posición inferior en relación con las grandes potencias económicas. Por eso, quieren evitar que los conflictos resultantes de su comercio exterior se decidan en el extranjero en desventaja de sus propios ciudadanos[4]. Recientemente, se puede notar un cambio de esta postura, hecho que se vincula con los efectos de la globalización. Una evolución similar se puede constatar en relación con el problema paralelo de la elección de la ley aplicable o la autonomía de las partes[5]. En el texto siguiente, nos limitamos a desarrollar el tema de la elección del foro competente o la sumisión al foro en el contexto internacional.

II. LOS TRATADOS

Los tratados multilaterales en el área latinoamericana reflejan la situación general en el ámbito jurídico y al mismo tiempo tienen su influencia en los derechos de los Estados contratantes o signatarios.

A. El Tratado de Lima

El Tratado de Lima de 1878 es el primer tratado multilateral en América Latina que abarca una codificación global del derecho internacional privado y procesal. En contra de una opinión generalizada, entró en vigencia con la ratificación por parte de Perú y Costa Rica[6]. También fue ratificado por Ecuador, como ha averiguado Eugenio Hernández-Breton en la cancillería ecuatoriana[7]. En el Título IV de este tratado se

4 Sobre los motivos económicos de esta resistencia ver más detalladamente Hernández-Bretón, La autonomía de las partes..., ob. cit., pp. 146 ss.

5 Hernández-Bretón, Eugenio, Autonomía conflictual en América Latina, Tendencias actuales, en: *Anuario del Instituto Hispano-Luso Americano de Derecho Internacional*, 2003, Vol. 16, pp. 441 ss.; más recientemente Albornoz, María Mercedes, Choice of Law in International Contracts in Latin American Legal Systems, en: *Journal of Private International Law*, 2010, Vol. 6, pp. 23 ss.; Vial Undurraga, María Ignacia, Party Autonomy in Latin America: A Pending Task, en: *Revista Chilena de Derecho*, 2018, Vol. 45, pp. 453 ss.

6 Ver A. Ulloa (ed.), *Congresos americanos de Lima, Recopilación de documentos*, 1938, Tomo II, pp. 283, 305, 355. El texto del tratado está publicado especialmente en pp. 343 ss.

7 Ver Hernández-Bretón, Eugenio, Personajes para una biografía de derecho internacional privado latinoamericano, en: *Revista de la Facultad de Ciencias Jurídicas y Políticas, Universidad Central de Venezuela*, 2009, No. 133, pp. 273 y 276, y además las citas en Samtleben, Jürgen, *Derecho internacional privado en América Latina*, Buenos Aires, Depalma, 1983, p. 13 nota 50. Sin embargo, la publicación del Decreto correspondiente del Congreso ecuatoriano del 2 de noviembre de 1880, en: A. Noboa (ed.), *Recopilación de Leyes del Ecuador*,

regula la competencia de los tribunales de la República en relación con hechos realizados en el extranjero o por extranjeros. En este contexto, el artículo 27 dispone lo siguiente:

> Los extranjeros, aunque se hallen ausentes, pueden ser demandados ante los tribunales de la nación: 1°) ...; 2°) ...; 3°) si se hubiere estipulado que el Poder Judicial de la República decida las controversias relativas a obligaciones contraídas en el otro país.

Esta norma, que solo trata de la sumisión a los tribunales nacionales, encuentra su modelo en el artículo 39 No. 3 del Código Civil peruano de 1851, copiado también en el artículo 54 No. 3 del Código Civil guatemalteco de 1877. En el siglo XX, esta norma se refleja a la vez, en el Tratado de Quito entre Colombia y Ecuador de 1903, artículo 26 No. 3[8], en el Código Civil nicaragüense de 1904, artículo 41 No. 3, en el Código Civil peruano de 1936, artículo XIX, No. 3, en el Código de Procedimiento Civil venezolano de 1987, artículo 53 No. 3, y en la Ley del Organismo Judicial de Guatemala de 1989, artículo 34 literal c).

También el actual Código Civil peruano de 1984 sigue esta tradición, pero hace una reserva importante. En cuanto el artículo 2058 No. 3 admite la sumisión expresa o tácita a los tribunales peruanos en materia patrimonial, el artículo 2062 No. 2 lo autoriza en relación al estado y la capacidad de las personas o a las relaciones familiares solo "cuando la causa tenga una efectiva vinculación con el territorio de la República". Este artículo, que tiene su origen en el artículo 43 No. 2 del proyecto venezolano de Ley de Normas de Derecho Internacional Privado de 1965, muestra que también la sumisión a los tribunales nacionales debe tener sus límites, lo que vamos discutir otras veces en el curso de este estudio. En Venezuela, el artículo 57 No. 2 del Código de Procedimiento Civil de 1987 y el artículo 43 No. 2 de la Ley de Derecho Internacional Privado de 1998 igualmente han incorporado esta norma.

Guayaquil, Imprenta de "El Telégrafo", 1900, Tomo II, p. 111, trae la siguiente anotación: "No se efectuó el canje". En el mismo sentido, Bustamante Muñoz, Antonio, *Lista de los instrumentos internacionales concluidos por el Ecuador*, Quito, Editorial Casa de Cultura Ecuatoriana, 1960, p. 155.

8 Texto reproducido en Caicedo Castilla, José Joaquin, *Derecho internacional privado*, Bogotá, Editorial Temis, 6ª ed., 1967, pp. 521 ss. Para más detalles ver: Samtleben, *Derecho internacional privado...*, ob. cit., p. 14.

B. Los Tratados de Montevideo

Los Tratados de Montevideo se muestran reticentes en lo tocante a la prórroga del foro. El Tratado de Derecho Civil Internacional de 1889 regula en su Título XIV "De la jurisdicción" los diferentes casos de la competencia internacional. El Tratado de Derecho Procesal Internacional del mismo año trata en su artículo 5 del cumplimiento de sentencias extranjeras y exige que sean expedidas por tribunal competente en la esfera internacional. Ninguna de estas disposiciones deja entrever que esta competencia pueda ser determinada por el acuerdo de las partes. Por eso es opinión dominante que estos tratados parten de un sistema de competencia obligatoria que no abre espacio para la voluntad de las partes[9]. Y esta posición fue corroborada en ocasión de la revisión de estos tratados en 1940. Es verdad que el Tratado de Derecho Civil Internacional de 1940 en su artículo 56 inciso 3 admite la "prórroga territorial de jurisdicción" en materia patrimonial, si el demandado la admite voluntariamente después de promovida la acción –lo que excluye cláusulas contractuales de este tipo. Pero el Protocolo Adicional en su artículo 5 es tajante en excluir toda modificación de la competencia internacional por voluntad de las partes.

> La jurisdicción y la ley aplicable, según los respectivos tratados, no pueden ser modificadas por voluntad de las partes, salvo en la medida en que lo autorice dicha ley.

La excepción contenida en la última parte, que ha dado motivo para interpretaciones divergentes, solo tiene sentido en relación con la ley aplicable y no altera la prohibición de modificación de la competencia internacional por voluntad de las partes[10]. La norma se debe a

---

9 Ver para todos Goldschmidt, Werner, *Derecho internacional privado*, Buenos Aires / Bogotá / México / Santiago, Abeledo-Perrot, 10ª ed., 2009, p. 885. En sentido contrario Oyarzábal, Mario J.A., *El contrato de seguro multinacional*, Buenos Aires, Editorial Abáco de Rodolfo Depalma, 1998, p. 82.

10 Cf. en la jurisprudencia argentina la sentencia de la Cámara Nacional de Apelaciones en lo Civil y Comercial, sala I, 12 de diciembre del 2000 (Royal & Sun Alliance Seguros Uruguay c. Transporte Patrón S.A. y otros), en: *Revista jurídica argentina La Ley*, 2001 Tomo D, pp. 123, 125.

una intervención del delegado uruguayo[11] y fue introducida un año después, en forma similar, en el derecho uruguayo como artículo 2403 del Código Civil.

C. El Código Bustamante

El Código Bustamante, adoptado en la Sexta Conferencia Panamericana en La Habana 1928, regula en el Título Segundo del Libro Cuarto las cuestiones de la competencia internacional. Esta sección comienza en el artículo 318 con una clara declaración en favor de la autonomía de las partes.

> Será en primer término juez competente para conocer de los pleitos a que dé origen el ejercicio de las acciones civiles y mercantiles de toda clase, aquel a quien los litigantes se sometan expresa o tácitamente, siempre que uno de ellos por lo menos sea nacional del Estado contratante a que el Juez pertenezca o tenga en él su domicilio y salvo el derecho local contrario.
> La sumisión no será posible para la acciones reales o mixtas sobre bienes inmuebles, si la prohíbe la ley de su situación.

El autor de la obra, el jurista cubano Antonio Sánchez de Bustamante y Sirvén[12], se orientó con esta norma por el modelo del artículo 56 de la Ley de Enjuiciamiento Civil española de 1881, introducida en Cuba en 1885. Este artículo, que trata de la prórroga de la competencia territorial, fue así elevado por Bustamante al nivel de la competencia internacional. Pero para excluir la elección de un foro que no tiene ninguna relación con el caso concreto, añadió la condición que al menos una de las partes sea nacional o domiciliado en el Estado del foro. Por esa razón, en la jurisprudencia venezolana, la sumisión al foro panameño fue considerada sin valor, ya que ambas partes tenían la

[11] Bustamante Rivero, José Luis, *El Tratado de Derecho Civil Internacional* de 1940, Montevideo, 1942, pp. 165 ss.

[12] Ver para su vida y obra mi artículo "Bustamante, Antonio Sánchez de", en: J. Basedow / G. Rühl / F. Ferrari / P. de Miguel Asensio (eds.), *Encyclopedia of Private International Law* Cheltenham/Northampton, MA, Edward Elgar Publishing, 2017, Vol. 1, pp. 244 ss.

nacionalidad venezolana y su domicilio en Venezuela[13]. Igualmente, en el Brasil, no se aceptó la sumisión al foro extranjero en base del artículo 318 del Código Bustamante, porque ninguna de las partes era nacional o domiciliado del foro elegido[14].

Durante la discusión de las normas del proyectado Código por la Comisión Internacional de Jurisconsultos Americanos en Rio de Janeiro 1927 esta norma fue objeto de vehemente crítica. Mientras Bustamante la justificaba con el ejemplo de dos cubanos en Paris, que para la venta de un inmueble en Cuba prorrogan la competencia de los tribunales de su país natal, otros delegados se apoyaban en los Tratados de Montevideo y querían evitar, que un inversor norteamericano de esta manera, pueda evadir la competencia de los tribunales del país donde desarrolla sus actividades. Esta discusión resultó en un compromiso, añadiendo al artículo la adición "salvo el derecho local contrario"[15]. Sin embargo, también estas palabras se prestaban a diferentes interpretaciones. En su libro, Bustamante defendió la opinión, que esto abra la posibilidad de prescindir de nacionalidad o domicilio de las partes como condición de la elección del foro[16] y así lo entendió también la Suprema Corte dominicana[17]. Conforme a otra opinión, esta reserva solo se refiere al caso en que el derecho del *forum prorogatum* no admite esta forma de elección

[13] Corte Suprema de Justicia, Sala Político-Administrativo, Exp. 6385, 1 de febrero de 1990 (Tuna Atlántica C.A. c. Fosapatum S.A. y otra, en: O.P. Tapia (ed.), *Jurisprudencia de la Corte Suprema de Justicia*, 1990, año XVII, No. 2, pp. 157 ss., 159 ss., en un caso de colisión de barcos. Sin embargo, la misma Corte denegó la aplicación del art. 318 Código Bustamante, aceptando la prórroga del foro arbitral inglés entre una parte venezolana y una panameña: Corte Suprema de Justicia, sentencia de 15 de julio de 1992 (Zuki Teria Navigation Inc. c. Naviera Naviprobo S.A.), citado por Matthies Todtmann, Félix Roland, *Arbitrariedad y arbitraje*, Caracas, Oscar Todtmann Editores, 1996, pp. 175 y 205.

[14] Côrte Suprema, Sentença estrangeira, No. 95, 28 de abril de 1937 (Manoel Pereira Jorge), en: *Revista Forense*, 1937, Anno XXXIV, vol. LXXI, pp. 282-283.

[15] Ver la discusión en: Comisión Internacional de Jurisconsultos Americanos, Reunión de 1927, vol. III: *Actas sintéticas de la Sub-Comisión B, Derecho Internacional Privado* (Ministerio de Relaciones Exteriores del Brasil, ed.), Rio de Janeiro, Imprensa Nacional, 1927, pp. 530-535, 539-541.

[16] Sánchez de Bustamante y Sirvén, Antonio, *Derecho internacional privado*, La Habana, Carasa y Cía., 1931, Tomo III, pp. 110, 123 (Nos. 1648, 1668).

[17] Suprema Corte de Justicia, 28 de enero de 1955 (Cristóbal Montero Reese c. María Altigracia Ortega Peña de Montero), en: *Boletín Judicial*, 1955, No. 534, pp. 67 ss., especialmente p. 81. Ver también *infra*, III D 3.

del foro[18]. Sin embargo, en vista de las discusiones en Rio de Janeiro, no puede haber duda, que este agregado deja a cada Estado contratante en completa libertad de aplicar el contenido del artículo 318 o no[19]. No obstante, esta norma ha influenciado el derecho de varios Estados latinoamericanos, como veremos después.

También para Bustamante era evidente, que una libre elección del foro no se puede admitir en todos casos[20], como muestra ejemplo, el artículo 318 inciso 2 en relación con inmuebles. Especialmente en materia de asuntos matrimoniales, Bustamante en su libro excluye toda posibilidad de una determinación del foro competente por voluntad de las partes[21]. Sin embargo, esta convicción no ha encontrado expresión en el Código Bustamante. Esto porque el Código en materia de la competencia internacional sigue muy cerca a las normas sobre la competencia territorial de la Ley de Enjuiciamiento española de 1881, también vigente en Cuba, que no tenía disposiciones al respecto[22]. Solo indirectamente se pude inferir de los artículos 52 y 54 del Código Bustamante, que las acciones de separación de cuerpos y divorcio se ventilan necesariamente en el foro del domicilio conyugal[23]. En clara contradicción a esta concepción teórica, durante las discusiones en Rio de Janeiro Bustamante llegó a admitir que el Código permite la libre elección del foro también para acciones de divorcio[24]. No es de extrañar por eso, que

---

[18] Así Valladão, Haroldo, *Estudos de direito internacional privado*, Rio de Janeiro, Livraría José Olympio, 1947, p. 550.

[19] Acertadamente Ochoa Muñoz, Javier L., La expresión "salvo derecho local contrario" en las normas sobre competencia internacional del Código Bustamante, en: *DeCita, derecho del comercio internacional, temas y actualidades*, 2005, Vol. 4: *Litigio judicial internacional*, pp. 67 ss.

[20] Sánchez de Bustamante y Sirvén, *Derecho internacional privado...*, ob. cit., pp. 108 ss. (Nos. 1644-1648), definitivamente en contra de un "*forum shopping*".

[21] Sánchez de Bustamante y Sirvén, *Derecho internacional privado...*, ob. cit., pp. 64 y 68 (Nos. 763 y 776).

[22] Esto se debe al hecho, que en 1881 los asuntos matrimoniales en España todavía estaban bajo la jurisdicción eclesiástica. En Cuba, las leyes de divorcio de 1899 y 1918 no tenían normas sobre la competencia judicial, y solo la Ley de Divorcio de 1934 regulaba la competencia territorial para esta materia en su art. 25.

[23] Sánchez de Bustamante y Sirvén, *Derecho internacional privado…*, ob. cit., pp. 71-72 (Nos. 786 y 788).

[24] Comisión Internacional de Jurisconsultos Americanos, *Actas sintéticas...*, ob. cit., p. 543-544.

justamente esta norma en varios Estados latinoamericanos ha servido de base para fundar la competencia internacional en asuntos matrimoniales en la voluntad de las partes, así en el Brasil[25], en Costa Rica[26] y Chile[27], en Ecuador[28], en la República Dominicana[29], y también en Venezuela[30].

D. La Convención Interamericana sobre Competencia en la Esfera Internacional para la Eficacia Extraterritorial de las Sentencias Extranjeras

En el marco de las Conferencias Interamericanas Especializadas sobre Derecho Internacional Privado (CIDIP) no existe una convención sobre la competencia internacional directa de los tribunales[31]. Una proposición presentada por Uruguay para la CIDIP-VII no logró su aceptación para incluir el tema en la agenda de esta conferencia[32]. La

---

25 Supremo Tribunal Federal, Sentença estranjeira No. 912, Enero 31, 1933 (Arthur William Waidtlow), en: *Archivo Judiciário*, vol. XXIX, 1934, pp. 248, 257-258, también en: *Journal du droit international privé*, t. 61, 1934, pp. 469, 472-473; Sentença estrangeira No. 998, Julio 17, 1940 (Manuel Estevão da Costa), en: *Revista dos Tribunais*, vol. CXXXVI, Ano XXXI, 1942, pp. 824, 826-827; Sentença estrangeira No. 1.057, Noviembre 29, 1944 (Alina de Carvalho Hirt), en: *Archivo Judiciário*, vol. LXXV, 1945, pp. 139, 141-142; Sentença estrangeira, No. 1.169, vol. XCIII, Julio 27, 1949 (Charles Ban), 1950, p. 229.

26 Corte de Casación, 2 de marzo de 1938 (Antonio Romero Cañizales c. Eloísa Herminia Díaz), en: *Sentencias de la Corte de Casación*, 1938, Primer Semestre, pp. 226, 230.

27 Corte de Apelación de Santiago, 19 de diciembre de 1964 (Saldarriaga D., Octavio c. Stine Ll., Gloria), en: *Revista de Derecho, Jurisprudencia y Ciencias Sociales y Gaceta de los Tribunales*, t. LXI, 1961, Segunda Parte, Sección Segunda, pp. 97, 99.

28 Juzgado de la Primera Provincia de Pichincha, Julio 16, 1941 (María Elena Valenzuela Plaza c. Dr. Alberto Guerrero Martinez), citado por González Muñoz, Rafael P., L'expérience du Code Bustamante dans les pays de L'Amérique Latine, en: *Bulletin de la Societé de Législation Comparée*, t. 71, 1947-1948, pp. 713, 719.

29 *Supra*, nota 17.

30 Sobre la jurisprudencia venezolana al respecto ver detalladamente Samtleben, Jürgen, La aplicación del Código Bustamante en Venezuela, en: *Libro Homenaje a la memoria de Joaquín Sánchez-Covisa*, Caracas, Facultad de Derecho, Universidad Central de Venezuela, 1975, pp. 319, 341-342, 345-346.

31 Cf. Fernández Arroyo, Diego P., Acerca de la necesidad y posibilidades de una Convención interamericana sobre competencia judicial internacional en casos de Derecho Internacional Privado, en: *Liber Amicorum en homenaje al profesor Dr. Didier Opertti Badán*, Montevideo, Fundación de Cultura Universitaria, 2005, pp. 113 ss.

32 OEA/Ser.G, P/CAJP-22094/03 add. 6, 19 de febrero de 2004.

Convención Interamericana sobre Eficacia Extraterritorial de las Sentencias y Laudos Arbitrales Extranjeros de 1979 alude en su artículo 2 literal d) a la competencia internacional indirecta como requisito para el reconocimiento de sentencias extranjeras, pero dejando el asunto a la libre discreción del Estado donde deban surtir efecto. Esta laguna se quería cubrir con la Convención Interamericana sobre Competencia en la Esfera Interamericana para la Eficacia Extraterritorial de las Sentencias Extranjeras de 1984[33]. Sin embargo, esta convención durante mucho tiempo solo estuvo ratificada por México y no entró en vigencia hasta 2004 con la segunda ratificación por parte de Uruguay. Por eso, su impacto en el derecho de los Estados latinoamericanos es escaso.

Una norma de esta convención, sin embargo, ha llamado bastante la atención. Conforme el artículo 1:

> se considerará satisfecho el requisito de la competencia en la esfera internacional, cuando el órgano jurisdiccional de un Estado Parte que ha dictado sentencia, hubiera tenido competencia de acuerdo con las siguientes disposiciones:
> A. – C. ...
> D. Respecto de acciones derivadas de contratos mercantiles celebrados en la esfera internacional, si las Partes hubieran acordado por escrito someterse a la jurisdicción del Estado Parte que pronunció la sentencia, siempre y cuando tal competencia no haya sido establecida en forma abusiva y haya existido una conexión razonable con el objeto de la controversia.

Este inciso D ha jugado un importante papel en la discusión sobre los contratos de endeudamiento externo de los Estados latinoamericanos[34]. En estos contratos, los bancos extranjeros como una "*golden rule*" insisten en una cláusula que somete el contrato a la jurisdicción y

[33] Ver sobre esta convención Parra-Aranguren, Gonzalo, La Tercera Conferencia Especializada Interamericana sobre Derecho Internacional Privado (CIDIP-III, La Paz, 1985 [sic], en: *Revista de la Facultad de Derecho de la Universidad Católica Andrés Bello*, 1984/85, No. 33, pp. 9, 106 ss., y No. 34, pp. 9 ss. (nos. 87-123).

[34] Ver sobre este tema Samtleben, Jürgen, Cláusulas de jurisdicción y legislación aplicables en los contratos de endeudamiento externo de los Estados latinoamericanos, en: *Libro-Homenaje a Werner Goldschmidt...*, ob. cit., pp. 87 ss.

legislación del Estado donde se encuentra la sede del banco. Un autor mexicano caricaturiza esta posición con el eslogan "*He who has the gold, makes the rule*"[35]. El mismo autor califica estas cláusulas como "abusivas", basándose en el artículo 1 inciso D de la Convención Interamericana sobre Competencia en la Esfera Interamericana para la Eficacia Extraterritorial de las Sentencias Extranjeras[36].

E. El Protocolo de Buenos Aires

En 1994, los Estados del MERCOSUR suscribieron el Protocolo de Buenos Aires sobre Jurisdicción Internacional en Materia Contractual[37]. Este Protocolo, que se aplica a contratos internacionales de índole civil o comercial entre personas físicas o jurídicas con domicilio o sede social en diferentes Estados Partes del MERCOSUR[38], entró en vigencia para Argentina, Brasil y Paraguay en 1996 y para Uruguay en 2004. En su artículo 4, inciso 1, declara en primer lugar competente el foro elegido por las partes:

> En los conflictos que surjan en los contratos internacionales en materia civil y comercial serán competentes los tribunales del Estado Parte a cuya jurisdicción los contratantes hayan acordado someterse por escrito, siempre que tal acuerdo no haya sido obtenido en forma abusiva.

Con esta norma, que refleja la influencia de la Convención Interamericana mencionada de 1984, quedan abolida entre los Estados del

---

35 Vázquez Pando, Fernando A., The Mexican debt crisis in perspective: faulty legal structures and aftershocks, en: *Texas International Law Journal*, 1988, Vol. 23, pp. 171 ss., especialmente p. 204.

36 Vázquez Pando, The Mexican debt crisis..., ob. cit., p. 206-207.

37 Sobre el Protocolo y su aplicación en la jurisprudencia ver Samtleben, Jürgen, El Protocolo de Buenos Aires y la elección del foro en la primera opinión consultiva del Tribunal Permanente del Mercosur, en: M. Oyarzábal (coord.), *Derecho procesal transnacional, Libro homenaje al Profesor Doctor Gualberto Lucas Sosa*, Buenos Aires, Editorial Ábaco de Rodolfo Depalma, 2012, pp. 619, 628 ss,

38 Art. 1 literal a) del Protocolo. La segunda alternativa en el art. 1 literal b), que se refiere a los acuerdos de elección del foro, solo tiende a ampliar el ámbito de aplicación del Protocolo. Para más detalles ver Samtleben, El Protocolo..., ob. cit., p. 634-635.

Plata las restricciones de la elección del foro contenidas en los Tratados de Montevideo[39]. Esto fue confirmado en un fallo que llegó hasta el Tribunal Permanente de Revisión del MERCOSUR. Una sociedad argentina celebró en mayo de 2000 un contrato con una sociedad paraguaya para la distribución de sus productos en Paraguay. Una cláusula del contrato, expresamente en base del Protocolo de Buenos Aires, atribuía competencia internacional exclusiva para todas las controversias que podían surgir del contrato a los tribunales de la Ciudad Autónoma de Buenos Aires. Sin tener en cuenta esta cláusula, la sociedad paraguaya demandó a la sociedad argentina ante la Jueza de Primera Instancia en lo Civil y Comercial del Primer Turno de la jurisdicción de Asunción por daños y perjuicios derivados de responsabilidad contractual, valiéndose de la legislación paraguaya, que prohíbe la derogación del foro paraguayo[40]. La jueza, por medio de la Corte Suprema paraguaya, consultó al Tribunal de Revisión del MERCOSUR, que se pronunció en favor de la prioridad de las normas del Protocolo sobre las legislaciones nacionales, confirmando la posibilidad de la elección del foro entre partes domiciliadas en diferentes países de la región económica del MERCOSUR. Sin embargo, dejó al juez nacional la tarea de evaluar si el acuerdo de las partes había sido obtenido en forma abusiva[41].

III. LOS DERECHOS DE LOS ESTADOS LATINOAMERICANOS

A continuación, vamos examinar como el tema de la elección del foro internacional se presenta en los derechos de los diferentes Estados

---

39 Ruiz Díaz Labrano, Roberto, Problemas procesales en el Mercosur, en: M.A. Ciuro Caldani (coord.), *Del Mercosur, Aduana – Jurisdicción – Informática – Relaciones intercomunitarias*, Buenos Aires, Ediciones Ciudad Argentina, 1996, pp. 279 y 285. De otra opinión: Galante, Diego, Comentarios sobre la jurisdicción del Mercado Común del Sur (Protocolo sobre jurisdicción internacional en materia contractual, Buenos Aires, 1994), en: *Revista del Derecho Comercial y de las Obligaciones*, 1996, año 29, pp. 555-556, 560.

40 Ver *infra*, III A 2.

41 Tribunal de Revisión del MERCOSUR, Opinión Consultiva no. 01/2007, 4 de abril de 2007 (Norte S.A. Imp. Exp. c. Laboratorios Northia Sociedad Anónima, Comercial, Industrial, Financiera, Inmobiliaria y Agropecuaria), en: www.tprmercosur.org/es/sol_contr_opiniones.htm. Detalladamente sobre este proceso Samtleben, Jürgen, El Protocolo..., ob. cit., pp. 623-624, 635 ss.

latinoamericanos. Tradicionalmente, hubo mucha resistencia en América Latina en contra de una derogación del foro nacional, como ya habíamos mencionado en el inicio de este estudio. En la práctica, la primera brecha en el muro de rechazo se rompió en relación con la crisis del endeudamiento externo de estos Estados. Ante la necesidad del crédito externo, los Estados aceptaron las cláusulas de los bancos extranjeros que preveían la competencia de los tribunales extranjeros y para esto modificaron su legislación, lo que no pasó sin contrariedades[42]. Enseguida, se esparció la convicción que para el comercio internacional en los tiempos de un mundo globalizado, es necesario dotar a las partes de un amplio poder de negociación, incluyendo el acuerdo sobre el foro competente y brindando las cautelas necesarias. El camino para este objetivo no fue igual en todos los Estados y hay todavía hoy bastante resistencia en contra de esta evolución.

A. Los Estados del Plata

Tradicionalmente unidos por los Tratados de Montevideo, los Estados del Plata tienen mucho en común en materia de Derecho Internacional Privado y Procesal. Sin embargo, en la materia que estudiamos, hemos de constatar en la actualidad grandes diferencias.

1. Argentina

En Argentina, todavía el artículo 1 del Código Procesal Civil y Comercial de la Nación de 1967 prohibía toda derogación del foro argentino a favor de jueces extranjeros. Esta norma refleja no solo la influencia de los Tratados de Montevideo sino también de la jurisprudencia argentina anterior, que especialmente en derecho marítimo había anulado las cláusulas de jurisdicción a favor de tribunales extranjeros en conocimientos de embarque[43]. Sin embargo, seis años más tarde, una ley especial facultó al gobierno a someterse, en relación con los contratos

---

42 Ver Samtleben, *Cláusulas...*, ob. cit., pp. 93 ss.

43 Corte Suprema, 16 de noviembre de 1936 (Compte y Cía. c. Ibarra y Cía.), en: *Fallos de la Corte Suprema de Justicia de la Nación,* 1937, Vol. 176, p. 218.

de crédito externo, a jueces de otras jurisdicciones[44]. Esta norma fue considerada inconstitucional por parte de la doctrina porque el artículo 100 de la Constitución garantizaba a la Nación la competencia de los tribunales argentinos[45]. Y esto llevó, en las postrimerías del gobierno militar, a un proceso famoso, en que un juez de la Patagonia prohibió al gobierno argentino firmar los contratos de refinanciación de la deuda externa, que contenían una sumisión irrevocable a los tribunales de Nueva York, y hasta arrestó al presidente del Banco Central por traición a la patria. El caso encontró una solución benigna en la instancia superior, pero resultó en la frustración de las negociaciones sobre la conversión de la deuda externa[46].

Mientras tanto, en materia civil y comercial, las reformas del artículo 1 del Código Procesal Civil y Comercial de los años 1976 y 1981 llevaron a admitir la prórroga de foros extranjeros, exceptuándose los asuntos de competencia exclusiva argentina[47]. Y con la misma salvedad la materia encuentra ahora su regulación en los artículos 2601, 2605-2607 del nuevo Código Civil Comercial de 2014, que muestran también la influencia del Convenio de La Haya sobre Acuerdos de Elección de Foro de 2005. Detalladamente, el Código determina la forma del acuerdo de elección del foro extranjero en materia patrimonial, pero es obvio, que estas normas valen igualmente para la sumisión a los tribunales argentinos[48]. Con esto, Argentina hoy en día dispone de una de las legislaciones más modernas de esta materia en América Latina.

2. Paraguay

Durante mucho tiempo el derecho paraguayo siguió el modelo del derecho argentino. Así, en materia civil y comercial los respectivos

44 Art. 7 de la ley 20548 de 1973, modificador del art. 48 de la ley 16432 de 1961.

45 Ver sobre las diferentes opiniones Ramayo, Raúl Alberto, El artículo 100 de la Constitución Nacional y la Nación como parte ante los tribunales de otro país, en: *Revista jurídica argentina La Ley*, 1976, Tomo B, pp. 671 ss. Al art. 100 corresponde hoy el art. 116 de la Constitución de 1994.

46 Ver sobre los detalles del caso Samtleben, *Cláusulas...*, ob. cit., p. 95.

47 Sobre estas reformas ver Samtleben, El Protocolo..., ob. cit., pp. 625-626.

48 Fernández Arroyo, Diego, en: J.C. Rivera / G. Medina (dir.), *Código Civil y Comercial comentado* Buenos Aires, La Ley, 2014, Vol. 6, pp. 816-817.

códigos argentinos estaban en vigor en Paraguay sin modificaciones hasta 1987, cuando fueron sustituidos por el nuevo Código Civil paraguayo. Por eso no es de extrañar que también en el actual Código Procesal Civil paraguayo de 1988 todavía se note la influencia del derecho argentino. El artículo 3 de este Código es una copia más o menos literal del artículo 1 del Código procesal argentino citado *supra*, pero en su versión original de 1967, excluyendo la elección del foro extranjero y solo admitiendo una excepción legal. Mientras que la disposición argentina fue modificada posteriormente, la prohibición del artículo 3 del Código Procesal Civil paraguayo quedó inalterada hasta hoy, y tampoco hay leyes especiales que admitan la elección del foro extranjero. Al contrario, en el artículo 19 inciso 1 del Código de Organización Judicial de 1981 se establece un foro obligatorio ante la judicatura nacional para todos los contratos que deban cumplirse en Paraguay. Esta posición es corroborada por otras leyes y también por la jurisprudencia[49]. Una ley reciente admite la autonomía de las partes en relación con la elección del derecho aplicable[50]. Pero esta autonomía no se extiende al campo procesal, así que no se puede excluir la competencia de los tribunales paraguayos por un acuerdo en favor de jueces extranjeros.

3. Uruguay

El artículo 2403 del Código Civil uruguayo, copiando la respectiva norma del Protocolo Adicional a los Tratados de Montevideo de 1949, excluye toda modificación de la competencia internacional de los tribunales por la voluntad de las partes, como hemos visto *supra* (II A). Por eso, la jurisprudencia no admite la derogación del foro uruguayo a favor

---

[49] Ver para los contratos de representación y distribución Decreto Ley No. 7 de 1991, art. 10, y Ley No. 194 de 1993. En la jurisprudencia Corte Suprema de Justicia, Sala Constitucional, Acuerdo y Sentencia No. 827, 12 de noviembre de 2002 (Electra Amambay SRL c. Compañía Antártica Paulista Ind. Brasileira de Bebidas), en: *La Ley, Revista jurídica paraguaya*, 2001, Tomo 24, p. 1302. En esta sentencia no se tenía en cuenta el Protocolo de Buenos Aires de 1994 (*supra*, II E).

[50] Ley 3593 de 2015, Gaceta Oficial de 20 de enero de 2015. Ver Ruiz Díaz Labrano, Roberto, Ley aplicable a los contratos en base a los principios de La Haya, en: D. Fernández Arroyo / J. Moreno Rodríguez, (dir.), *Contratos internacionales, entre la libertad de las partes y el control de los poderes públicos*, Buenos Aires, ASADIP, OEA, 2016, pp. 277 ss.

de jueces extranjeros[51]. Desde hace mucho tiempo, se está trabajando en la redacción de una nueva Ley de Derecho Internacional Privado. La última versión de este proyecto fue sancionado por la Cámara de Diputados en 2016 y aguarda su aprobación por el Senado[52]. Pero aquí tropieza con la resistencia que especialmente opone el artículo 60, que con muchas cautelas admite la elección del foro extranjero, excluyendo varios tipos de contratos, entre ellos los contratos de transporte y seguros marítimos. La suerte del proyecto, por ende, es todavía incierta.

B. Brasil

Por su lengua, su posición geográfica y por su historia, Brasil es diferente de los otros Estados latinoamericanos. Pero en la materia que tratamos aquí, encontramos los mismos problemas. A comienzos del siglo pasado, la jurisprudencia era uniforme en considerar sin valor todas las cláusulas contractuales, que implicaban la elección de un foro extranjero[53]. En esto influyó mucho el argumento, que la Introducción del Código Civil de 1916 en su artículo 15 declaraba competentes "*sempre*" los tribunales brasileños para las demandas contra personas domiciliadas o residentes en el Brasil. En cambio, el artículo 12 de la Ley de Introducción de 1942, que fundaba también la competencia de la justicia brasileña en el domicilio del demandado, prescinde de la palabra "*sempre*". Esto daba lugar a discusiones en la doctrina y la jurisprudencia, si con esto se abra la posibilidad de derogar el foro brasileño a favor de tribunales extranjeros. Especialmente bajo la influencia del artículo 318 del Código Bustamante, las cláusulas de elección de foro eran

---

51 Ver Juzgado Letrado de 1ª Instancia en lo Civil de 7° Turno, 16 de agosto de 1954 (L.G.Cooper c. Repremar), en: *La Justicia Uruguaya*, Tomo XXXIV, p. 192, No. 4409, y para la jurisprudencia ulterior Fresnedo de Aguirre, Cecilia, *La autonomía de la voluntad en la contratación internacional*, Montevideo, Fundación de Cultura Universitaria, 1991, pp. 70-71.

52 Texto: Cámara de Senadores, XLVIII. Legislatura, Segundo Período, Comisión de Constitución y Legislación, Carpetas 661/2016, Distribuido: 956/2016, 26 de septiembre de 2016.

53 Supremo Tribunal Federal, Aggravo de petição, No. 5.015, Julio 23, 1930 (Alliança da Bahía c. Mala Real Inglesa), en: *Archivo Judiciário*, vol. XVI, 1930, p. 5; para la jurisprudencia anterior ver Kelly, Octavio, *Manual de Jurisprudencia Federal*, Rio de Janeiro, Jacintho Ribeiro dos Santos Livreiro-Editor, 1914, pp. 145 y 147, y para la jurisprudencia ulterior Garland, Paul Griffith, *American-Brazilian Private International Law*, New York, Oceana Publ., 1959, p. 89 nota 365.

consideradas válidas también en el ámbito internacional[54]. Pero esto solo justificaba el reconocimiento de sentencias extranjeras que se basaban en la sumisión expresa o tácita de las partes, y no excluía la competencia concurrente de los tribunales brasileños[55]. Solo con el nuevo Código de Proceso Civil de 2015 las cosas han cambiado. El artículo 25 de este Código excluye la competencia de los tribunales brasileños, cuando existe una cláusula escrita de elección de un foro exclusivo extranjero en un contrato internacional, salvo en los casos de competencia exclusiva de los tribunales brasileños. Todavía hay que ver, como se aplica esta norma en la práctica. Siguiendo una tendencia de la jurisprudencia anterior, es de presumir, que no se acepten estas cláusulas, cuando las partes no están en iguales condiciones económicas[56].

C. Los países andinos

La Comunidad Andina de Naciones, antes Pacto Andino, engloba actualmente los siguientes Estados: Bolivia, Colombia, Ecuador y Perú. A estos se añadían Chile, miembro de 1969 hasta 1976, y Venezuela, miembro desde 1974 hasta 2011. Varios actos que se dictaron en el marco de esta área de integración tienen su importancia también para el derecho internacional privado y procesal[57]. Entre ellos se encuentra

---

[54] Garland, *American-Brazilian...*, ob. cit., pp. 89 ss.

[55] Ver la jurisprudencia en Samtleben, Jürgen, *Rechtspraxis und Rechtskultur in Brasilien und Lateinamerika*, Aachen, Shaker Verlag, 2010, pp. 35-36 y 47. Últimamente Superior Tribunal de Justiça, Quarta Turma, Agravo Regimental no Agravo em Recuso Especial no. 679.421, 17 de marzo de 2016 (Remazel Engeneering c. Cimatel Brasil Ltda), en: *Diário da Justiça* del 31 de marzo de 2016.

[56] En un caso sentenciado después de la promulgación, pero antes de la entrada en vigor del nuevo Código de Proceso Civil, el Superior Tribunal de Justicia aceptó la prórroga del foro extranjero, resaltando que las partes habían contratado libremente al mismo nivel de negociación: Superior Tribunal de Justiça, Terceira Turma, Recurso Especial no. 1.518.604, 3 de marzo de 2016 (Robson de Souza e Roubinho Marketing Esportes Ltda c. Nike do Brasil Comércio e Participações Ltda), en: *Diário de Justiça* del 29 de marzo de 2016; confirmado por Embargos de Declaração, 2 de junio de 2016, en: *Diário da Justiça* del 12 de junio de 2016.

[57] Ver Guerrero, Mauricio, El Derecho internacional privado y la integración andina, en: *Anuario Ecuatoriano de Derecho Internacional*, 1976-80, Vol. VI, pp. 292 ss.; Parra-Aranguren, Gonzalo, El impacto del proceso de integración económica latinoamericana sobre las normas convencionales de Derecho internacional privado, en: *Revista de la Facultad de Derecho de la Universidad Católica Andrés Bello*, 1978/79, No. 26, pp. 9, 17 ss.

la célebre Decisión 24 de 1970, que prohibía la prórroga del foro extranjero en contratos de inversión y transferencia de tecnología. Pero esta decisión fue subrogada por la consiguiente Decisión 220 de 1987 y la actual Decisión 291 de 1991, que dejan este asunto al criterio de las legislaciones nacionales[58]. Así vamos estudiar la materia país por país.

1. Bolivia

Bolivia es el único país de América Latina que carece de normas de derecho internacional privado. El Código Civil de 1975[59] no retomó las respectivas normas del Código Civil de 1830 a la espera de una nueva Ley de Derecho Internacional Privado[60]. Pero esta ley nunca se realizó. Tampoco en el área del derecho internacional procesal hay normas que regulan la materia. La doctrina se basa en la norma del artículo 519 del Código Civil, según el cual el contrato tiene fuerza de ley entre los contratantes, para justificar la autonomía de las partes también en las relaciones internacionales[61]. Y se cita en este contexto una vieja sentencia de la Corte Suprema, que denegó la competencia de los tribunales bolivianos, porque las partes habían acordado que la obligación demandada sea cumplida en el Perú[62]. Queda cuestionable si de estos argumentos se puede derivar la facultad de las partes para convenir expresamente la competencia internacional de tribunales extranjeros. Esto sí afirma

58 Dec. 291 del 21 de marzo de 1991, art. 10, en: *Gaceta Oficial del Acuerdo de Cartagena*, no. 80 del 4 de abril 1991, pp. 44, 46; sobre el tema ver Czar de Zalduendo, Susana, El régimen común andino sobre inversiones extranjeras y trasferencia de tecnología: Capítulo final, en: *Revista del Derecho Industrial*, 1991, año 13, pp. 37 ss., especialmente p. 42.

59 Este código fue promulgado por Decreto-Ley bajo la dictadura de Hugo Banzer. Su vigencia era precaria, porque al contrario de otras leyes no había sido confirmado por decisión parlamentaria. Después de dos sentencias admonitorias del Tribunal Constitucional, solo logró esta confirmación en mayo de 2018.

60 Morales Guillén, Carlos, Código Civil concordado y anotado, La Paz, Gilbert, 1994, 4ª ed., pp. XV-XVI, 111-112.

61 Rodríguez Mendoza, Fernando, Bolivia, en: C. Esplugues Mota / D. Hargain / G. Palao Moreno (ed.), *Derecho de los contratos internacionales en Latinoamérica, Portugal y España*, Madrid, Buenos Aires, Montevideo, Edisofer S.L., Euros Editores S.R.L., B de F Ltda., 2008, pp. 101 ss., especialmente p. 107. Similarmente Salazar Paredes, Fernando, *Derecho internacional privado boliviano*, La Paz, CERID, 2004, p. 417 en base al art. 454 Código Civil.

62 Corte Suprema, junio 14, 1880 (Bacarreza c. Ponce), en: *Gaceta Judicial* no. 486 del 15 de febrero de 1885, p. 9; citado por Rodríguez Mendoza, Bolivia, ob. cit., p. 107.

un proyecto académico de una Ley de Derecho Internacional Privado, siguiendo el modelo de la ley venezolana de 1998 (ver *infra*, III C 6)[63]. Pero el legislador boliviano hasta ahora no se ha ocupado de esta tarea.

2. Colombia

En Colombia encontramos una situación algo parecida. "No obstante la relevancia de la materia, el Derecho internacional privado colombiano cuenta con un muy limitado número de tratados o convenciones internacionales de distribución de competencia judicial y carece de un cuerpo de jurisprudencia y doctrina o de normas internas que definan la competencia de los jueces locales en asuntos de alcance internacional"[64]. Así describe una renombrada profesora colombiana en una reciente contribución la situación de su país. A pesar de su rotunda inclinación por la libre elección del foro en los contratos internacionales, constata una tendencia de los tribunales colombianos "en el sentido de considerar que la cláusula de prórroga jurisdiccional no tiene la virtud de impedir al nacional colombiano acudir a sus tribunales nacionales"[65]. Para esto cita una sentencia de la Corte Suprema de Justicia del año 2002, la cual señala expresamente, que la admisión de la autonomía de las partes para elegir la legislación aplicable para su contrato, no implica la facultad para una libre elección del foro[66]. Al otro lado, una sentencia extranjera basada en una cláusula de jurisdicción, puede ser reconocida en Colombia, porque la competencia del tribunal extranjero

---

[63] Ver art. 50 del proyecto, publicado en Salazar Paredes, *Derecho internacional privado...*, ob. cit., pp. 903 ss., 911. Una versión actualizada del proyecto, que regula la elección del foro en su art. 108, se encuentra en https://asadip.wordpress.com/2009/12/07/el-proyecto-de-ley-de-derecho-internacional-privado-de-bolivia.

[64] Zapata de Arbeláez, Adriana, Colombia, en: C. Esplugues Mota / D. Hargain / G. Palao Moreno (ed.), *Derecho de los contratos internacionales...*, ob. cit., pp. 205 ss., especialmente 243-244.

[65] Zapata de Arbeláez, Colombia..., ob. cit., p. 248.

[66] Corte Suprema de Justicia, Sala Civil, exp. T-1100122030002002-0109-01, 18 de abril de 2002, *en:* Zapata de Arbeláez, Colombia..., ob. cit., pp. 218-219. Ver de la misma autora, Validez de las cláusulas atributivas de jurisdicción en la contratación internacional, Perspectiva de derecho colombiano, en: A. Zapata de Arbeláez (comp.), *Derecho internacional de los negocios, Alcances, Homenaje a Fernando Hinestrosa*, Bogotá, Universidad Externado de Colombia, 2003, pp. 357 ss., especialmente pp. 371 ss. con otras referencias jurisprudenciales.

no se examina en el proceso de exequatur, salvo que se haya arrebatado la competencia exclusiva de los tribunales colombianos[67]. El tema ha ganado también gran importancia en el contexto de la deuda externa. Para la refinanciación de la deuda, por varios actos se intentó autorizar al gobierno para someterse a tribunales extranjeros en los respectivos contratos, lo que constantemente fue declarado inconstitucional por el Tribunal Constitucional[68].

3. Chile

En Chile, la jurisprudencia en los comienzos del siglo XX no admitía que las partes de un contrato internacional puedan acordar la competencia de un foro extranjero[69]. Con el advenimiento del Código Bustamante, otras sentencias se basaban en sus normas para considerar la sumisión al foro chileno[70]. Para la elección de un foro extranjero, en esta época se cita un caso aislado, en que tal cláusula era considerada válida, pero no aplicable al caso concreto[71]. Además, en un caso muy discutido, se llegó a reconocer una sentencia de divorcio en Panamá, basada en la sumisión de las partes mediante apoderados especiales[72]. En cambio, no se tomó en cuenta la sumisión al foro argentino en un caso de divorcio, negando la aplicación del Código Bustamante[73].

---

67 Corte Suprema, 19 de julio de 1994, en: *Jurisprudencia civil y comercial*, 1994, Segundo semestre, pp. 106, 118.

68 Detalladamente sobre estos acontecimientos Samtleben, *Cláusulas...*, ob. cit., pp. 99 ss.

69 Corte de Apelaciones de Valparaíso, 15 de junio de 1901 (Spethmann i Hellwig c. Vorwerk i Compañia), en: *Gaceta de los tribunales*, 1901, pp. 993 ss.

70 Corte Suprema, 24 de noviembre de 1950 (Holzmann, Ernesto y otros c. Gainsborg. José M.), *Revista de Derecho, Jurisprudencia y Ciencias Sociales*, 1950, Tomo XLVII, 1950, Segunda Parte, Primera Sección, pp. 509, 513; Corte de Apelaciones de Santiago, 18 de mayo de 1987 (Senermann, Abraham c. República de Cuba y otros), 1987, Tomo LXXXIV, Segunda Parte, Sección Segunda, pp. 68, 73-74; ver también la sentencia *supra,* nota 27.

71 Corte Suprema, 28 de junio de 1976, citado por Guzmán Latorre, Diego, *Tratado de Derecho Internacional Privado*, Santiago de Chile, Editorial Jurídica de Chile, 3ª ed., 1997, p. 548.

72 Corte Suprema, 21 de junio de 1968 (Retally G., Marta Emilda), *Revista de Derecho, Jurisprudencia y Ciencias Sociales y Gaceta de los Tribunales*, 1968, Tomo LXV, Segunda Parte, Sección Primera, p. 204, con dos votos vencidos.

73 Corte de Apelaciones de Santiago, 11 de diciembre de 1962, *Revista de Derecho, Jurisprudencia y Ciencias Sociales y Gaceta de los Tribunales*, 1963, Tomo LX, Segunda Parte, Sección Segunda, p. 5.

La situación cambió también aquí, con la crisis de la deuda externa. Un Decreto-Ley del gobierno militar de 1973 permitió a las entidades y empresas estatales expresamente, aceptar en sus contratos la elección de un foro extranjero, lo que en los motivos se justificaba otra vez con las normas del Código Bustamante.[74] Inmediatamente se discutió si este Decreto-Ley era una norma especial para la actividad estatal o si de esto se puede derivar la libertad general de las partes para concertar la competencia de tribunales extranjeros también en sus contratos comerciales. En cuanto la Suprema Corte si bien en algunas sentencias se mostró reticente para aceptar la elección del foro extranjero,[75] en la más reciente jurisprudencia se ha inclinado para considerar estas cláusulas como válidas con el efecto derogatorio de la competencia de los tribunales chilenos.[76]

4. Ecuador

En Ecuador, el tema de las cláusulas de jurisdicción es altamente controvertido. Para justificar la sumisión al foro ecuatoriano se recurrió al Código Bustamante[77]. Pero como en los otros Estados

---

[74] Decreto-Ley No. 2.349 del 13 de octubre de 1978, en: *Diario Oficial* del 28 de octubre de 1978. Ver sobre más detalles Samtleben, *Cláusulas...*, ob. cit., pp. 103-104.

[75] Corte Suprema, enero 25, 1999 (H.J.Broom y Cía c. Exportadora Frutícola Antumalal), en: *Revista de Derecho, Jurisprudencia y Ciencias Sociales y Gaceta de los Tribunales*, 1999, Tomo XCVI, Segunda Parte, Sección Primera, pp. 12 ss.; ver también 13 de mayo de 2002 (Deutsche Bank A.G. c. Constructora Tribasa S.A.), 2002, Tomo IC, Segunda Parte, Sección Primera, pp. 90 ss.

[76] Corte Suprema, Primera Sala, 14 de mayo de 2007 (State Street Bank and Trust Company c. Inversiones Errazúriz Ltda. y otros), en: *Revista de Derecho, Jurisprudencia y Ciencias Sociales y Gaceta de los Tribunales*, 2007, Tomo CIV, Segunda Parte, Sección Primera, pp. 219, 251; ver sobre este caso las contribuciones de Diego Guzmán Latorre y Aldo Monsálvez Muller, en: E. Picand Albónico (coord.), *Estudios de Derecho Internacional, Libro Homenaje al profesor Santiago Benadava*, Santiago, Librotécna, 2008, Tomo II: Derecho internacional privado, pp. 219 ss., especialmente pp. 225 ss.; igualmente Corte Suprema, Primera Sala, Rol. no. 3.247-06, 22 de enero de 2008 (Mauricio Hochschild S.A.C.I. c. Ferrostaal A.G.) y Rol No. 10890-2013, 20 de agosto de 2014 (Cubix Latin America c. sociedad Import y Export Markvision International Chile Limitada*)*, ambas en: www.basejurisprudencial.poderjudicial.cl.

[77] Corte Suprema, Segunda Sala, 11 de octubre de 1972 (Célimo Lucero c. Luis Aníbal Sánchez), citado por Orbe C., Héctor P., *La letra de cambio, el pagaré a la orden y el cheque en la realidad procesal ecuatoriana*, Quito, Imprenta Editorial, 1976, p 156-157.

latinoamericanos, la jurisprudencia ecuatoriana tradicionalmente se mostró hostil frente a las cláusulas que implicaban la renuncia al foro ecuatoriano en favor de tribunales extranjeros[78]. Para ello se basaba en la segunda frase del artículo 1505 del Código Civil, que prohibía la sumisión en Ecuador a una jurisdicción no reconocida por las leyes ecuatorianas. Un decreto interpretativo de 1976 limitaba esta prohibición a los contratos suscritos en Ecuador, posibilitando así la prórroga del foro extranjero en contratos celebrados fuera del territorio ecuatoriano[79]. Tanto la segunda frase del artículo 1505 como la ley interpretativa fueron derogadas por la Ley de Arbitraje y Mediación de 1997[80]. Pocos meses después, otra ley interpretativa respecto de los artículos 27 a 30 del Código de Procedimiento Civil, que regulaban la competencia territorial incluyendo la prórroga de jurisdicción, extendía la aplicación de estos artículos también al ámbito internacional[81]. Pero esta ley interpretativa fue declarada inconstitucional por el Tribunal Constitucional[82].

Entretanto, una decisión de la Corte Suprema se pronunció en el sentido, que solo para el sector estatal estaba vedada la elección del foro extranjero, y únicamente cuando el contrato se celebra en el Ecuador[83]. Fundaba su opinión en el artículo 14 de la Constitución de 1998, que expresamente prohibía al gobierno y a las entidades públicas la

[78] Corte Suprema, Primera Sala, 10 de junio de 1969 (Rymland Industries Ltd. y Confort Spring Corporation c. Siderúrgica Ecuatoriana S.A.), en: *Gaceta Judicial*, 1969, Serie XI, No. 8, p. 1064; 26 de abril de 1976 (Amazonas C.A. de Seguros c. Agencia Marítima Europacífico S.A.), *ibid.*, 1976, Serie XII, No. 11, p. 2253; Tercera Sala, 9 de septiembre de 1976 (Royal Insurance Co. Limited c. Europacífico S.A.), *ibid.*, 1976, No. 13, p. 2905. Otras sentencias en este sentido en Kadner, Daniel, *Das internationale Privatrecht von Ecuador*, Tübingen, Mohr Siebeck, 1999, pp. 173-174.

[79] Decreto Supremo No. 797-B del 27 de septiembre de 1976, en: *Registro Oficial*, 15 de octubre de 1976, No. 193.

[80] Ley de Arbitraje y Mediación del 21 de agosto de 1997, en: *Registro Oficial*, 4 de septiembre de 1997, No. 145.

[81] Ley No. 55 del 27 de enero de 1998, en: *Registro Oficial*, 30 de enero de 1998, No. 247. A los arts. 27 a 30 del Código de Procedimiento Civil corresponden hoy los arts. 9 ss. del Código Orgánico General de Procesos de 2016.

[82] Tribunal Constitucional, Tercera Sala, caso No. 037-2001-TC, 2 de mayo de 2002, en: *Registro Oficial*, 9 de mayo de 2002, No. 572, pp. 9 ss.

[83] Corte Suprema, Primera Sala de lo Civil y Mercantil, No. 217, 15 de mayo de 2000 (Teresa García Franco c. Società Italiana per Condotte D'Acqua Spa), en: *Registro Oficial*, 29 de junio de 2000, No. 109, pp. 22, 24.

sumisión a una jurisdicción extraña, si el contrato fuere concluido en el territorio ecuatoriano[84]. Desde entonces, la situación ha cambiado, porque en la constitución actual de 2008 no existe tal limitación. Además, una ley de 2010 autoriza expresamente al Estado y las entidades y organismos del sector público a aceptar en sus contratos con gobiernos, entidades públicas o privadas extranjeras una jurisdicción extranjera para la solución de controversias[85].

Necesariamente, esta liberalización en el sector estatal debería reflejarse también en la contratación comercial internacional. Siguiendo la línea de argumentación de la Corte Suprema en el caso mencionado, un Juez en Guayaquil consideró válida una cláusula en un contrato comercial, que establecía para cualquier conflicto resultante de este, la competencia de los tribunales de California[86]. En cambio, una nueva decisión muy controvertida de la Corte Suprema retornó a la posición anterior, declarando sin valor estas cláusulas en contratos comerciales[87]- Sin embargo, con el advenimiento de la nueva ley de 2010 han cambiado las cosas. Se argumenta, que a los particulares no se les puede vedar lo que la ley admite para la contratación estatal. Siendo así, son consideradas válidas las cláusulas en un contrato comercial internacional, que remiten a las partes para la solución de sus conflictos a un foro extranjero[88].

---

84 Sobre la evolución del derecho ecuatoriano respecto a esta temática ver Samtleben, *Cláusulas...*, ob. cit., pp. 104-105.

85 Código Orgánico de Planificación y Finanzas Públicas del 20 de octubre de 2010, Quinta Disposición General, en: *Registro Oficial*, 22 de octubre de 2010, No. 306, Segundo Suplemento.

86 Juzgado Segundo Civil Guayaquil, Decisión no. 470-D-04, 2005 (Andina Licores S A c. E & J Gallo Wintery), no publicado, citado por Pérez Loose, Hernán, Ecuador, en: *Encyclopedia...*, ob. cit., Vol. 3, pp. 2043, 2046.

87 Corte Suprema, Tercera Sala de lo Civil y Comercial, No. 322-2007, 17 de octubre de 2007 (Lamiformi Cía. Ltda. c. Maersk del Ecuador C.A.), en: *Registro Oficial*, 1 de julio de 2009, No. 624, p. 32.

88 Así Pérez Loose, Ecuador, ob. cit., p. 2047: *"In sum, unlike other countries in the region that have come to accept submission of commercial and civil disputes to foreign tribunals trough a clearly defined policy, Ecuador appears to have reached the same result but in a piecemeal fashion, that is to say as the outcome of a series of steps adopted at differing levels, pace and timing"*.

5. Perú

Ya hemos visto que todos los códigos civiles del Perú admitían expresamente la sumisión de las partes a los tribunales peruanos (*supra.* II A). En cambio, la elección de un foro extranjero no tenía respaldo en la legislación peruana. En un inicio, la jurisprudencia negó valor a una cláusula contractual a favor de un tribunal extranjero[89], pero decisiones ulteriores lo admitieron[90], Hoy en día, el Código Civil de 1984 tiene una clara concepción al respecto. La sumisión al foro peruano es reconocida en materia patrimonial sin limitaciones (art. 2058 No. 3), en cuanto en materias de índole personal solo se acepta cuando la causa tiene una efectiva vinculación con la República (art. 2062 No. 2). En materia patrimonial, también es válida la elección de un tribunal extranjero o la prórroga en su favor, si no se trata de asuntos de competencia exclusiva peruana y no constituya abuso de derecho o una lesión del orden público peruano (arts. 2060, 2067 No. 2)[91]. Con esta limitación se quería combatir las cláusulas en contratos de adhesión impuestas por la parte económicamente más fuerte[92]. El Código Civil peruano de 1984 es entonces el primer código latinoamericano que tiene una regulación moderna y sistemática de esta materia.

6. Venezuela

La situación en Venezuela antes de la sanción de la nueva Ley de Derecho Internacional Privado fue magistralmente descrita por Eugenio Hernández-Bretón[93]. Relata como la jurisprudencia venezolana recurrió a las normas del Código Bustamante para juzgar la validez

---

[89] Corte Suprema, 13 de agosto de 1932 (Ricci c. Luísi y Compañía), en: *Anuales Judiciales de la Corte Suprema de Justicia*, 1932, Tomo XXVIII, p. 135.

[90] Corte Suprema, 18 de septiembre de 1944 (Ramón Mir c. Elba Ondina García Gómez), en: *Anuales Judiciales de la Corte Suprema de Justicia,* 1944, Tomo XL, p. 254; 12 de diciembre de 1963 (Compañía de Seguros El Pacífico c. Duncan Fox Company), *Revista de Jurisprudencia Peruana*, 1964, año XXII, p. 695.

[91] Esta norma se orienta en al art. 67 § 3 del proyecto brasileño de Haroldo Valladão de 1970, que en Brasil no prosperó.

[92] Proyectos y anteproyectos de la reforma del Código Civil, Lima, Pontificia Universidad Católica del Perú, 1980, Tomo I, pp. 193-194; esto vale especialmente para contratos de consumo, López-Taruella Martínez, Aurelio, en: *Encyclopedia...*, ob. cit., pp. 2410, 2414.

[93] Hernández-Bretón, *Internationale Gerichtsstandsklauseln...*, ob. cit., p. 218 ss.

de la prórroga del foro en el contexto internacional[94]. El Código de Procedimiento Civil de 1987 en su artículo 53 No. 3 siguió la norma del Tratado de Lima, que justifica la sumisión de las partes a los tribunales nacionales (*supra*, II A). En cambio, sobre la prórroga de un foro externo, contenía una norma enigmática en su artículo 2, que prohibía la derogación del foro venezolano en asuntos relacionados con inmuebles en Venezuela o con el orden público, señalando para los otros casos la aplicación de los tratados internacionales[95]. En la doctrina venezolana la interpretación de esta norma era controvertida, prevaleciendo la opinión que solo en base de tratados internacionales era lícito pactar la competencia de un foro extranjero[96].

El Proyecto de Ley de Normas de Derecho Internacional Privado de 1963, revisado en 1965, solo regulaba la prórroga del foro venezolano. El artículo 41 No. 4 del proyecto admitía la sumisión a la jurisdicción de los tribunales nacionales en materia patrimonial. Lo mismo vale según el artículo 43 No. 2 para las acciones sobre estado de las personas o las relaciones familiares, pero con la salvedad que la causa tenga una vinculación efectiva con el territorio de la República. En cambio, el proyecto guarda silencio sobre el tema de la prórroga de un foro externo. Esta laguna se llenó, cuando en 1998 el proyecto, otra vez revisado, se convirtió en la Ley de Derecho Internacional Privado vigente. Mientras que los artículos 40 No. 4 y 42 No. 2 regulan la sumisión al

94 Hernández-Bretón, *Internationale Gerichtsstandsklauseln...*, ob. cit., p. 218, 231. Ver también Corte Suprema de Justicia, Sala Político-Administrativo, Exp. 7852, 24 de abril de 1991 (Pezgolfo C.A. c. Innocenzo Natoli Passanasi), en: O.P. Tapia (ed.), *Jurisprudencia de la Corte Suprema de Justicia*, 1991, año XVIII, No. 4, pp. 230-231; Sentencia 59, Exp.12.112, 28 de enero de 1999 (Eduardo Felipe Valencia Sosa Gómez c. Norma Valencia de Nuñez), en: O.P. Tapia (ed.), *Jurisprudencia de la Corte Suprema de Justicia* 1999, año XXVI, No. 1, pp. 292 ss., y las sentencias *supra,* nota 13.

95 El art. 2 del proyecto decía: "La jurisdicción venezolana no puede derogarse convencionalmente en favor de una jurisdicción extranjera, no de árbitros que resuelvan en el exterior, salvo que se trate de controversias sobre obligaciones entre extranjeros o entre un extranjero y un venezolano no domiciliado en el país y la derogación resulte de un acto escrito." La forma definitiva de esta disposición se debe a una modificación por parte de la Comisión Legislativa del congreso. Ver *Exposición de Motivos, Código de Procedimiento Civil,* Caracas, 1986, pp. 3 y 58.

96 Detalladamente sobre esto Hernández-Bretón, *Internationale Gerichtsstandsklauseln...*, ob. cit., pp. 232 ss.

foro venezolano, siguiendo las líneas del proyecto, el artículo 47 de la ley copió el artículo 2 del Código de Procedimiento Civil, pero sin alusión a los tratados internacionales. Según este artículo, la jurisdicción de los tribunales venezolanos no podrá ser derogada convencionalmente en favor de tribunales extranjeros cuando se trata de acciones relativas a derechos reales sobre bienes inmuebles situados en Venezuela o a materias respecto de las cuales no cabe transacción o que afecten los principios esenciales del orden publico venezolano. De esta norma se puede deducir a contrario, que en otros casos la prórroga del foro externo es válida, implicando la renuncia al foro venezolano[97]. Sería desubicado extenderse aquí sobre los detalles de esta regulación que el destinario de este homenaje conoce mucho mejor[98].

D. El norte de América Latina

En cuanto los Estados del Plata, Brasil y los países andinos se pueden englobar bajo la denominación geográfica América del Sur, falta un nombre común para los Estados latinoamericanos al norte del subcontinente suramericano. Por eso optamos por la expresión "El norte de América Latina" para caracterizar la parte superior del área latinoamericana.

1. Centroamérica

Siguiendo la tradición del Tratado de Lima, las leyes de Guatemala y Nicaragua admiten la sumisión al foro nacional en casos internacionales (*supra*, II A). Las más recientes leyes son la de El Salvador y la de Panamá que contienen disposiciones similares[99]. En Honduras,

---

[97] Rodríguez, Luis Ernesto, Inderogabilidad convencional de la jurisdicción, en: T.B. de Maekelt / I. Esis / C. Resende (coord.), *Ley de Derecho Internacional Privado comentada*, Caracas, Universidad Central de Venezuela, 2005, Tomo II, pp. 1043, 1071. Sin embargo, el autor remarca la tendencia restrictiva de los tribunales al respecto.

[98] Ver Hernández-Bretón, Eugenio, *Problemas contemporáneos del derecho procesal civil venezolano*, Caracas, Editorial Sherwood, 2004, pp. 101 ss., 115 ss.

[99] El Salvador: Código Procesal civil y Mercantil de 2008, art. 22 no. 1; Panamá: Código de Derecho Internacional Privado de 2015, art. 11 No. 5.

los códigos procesales vigentes admiten la prórroga del foro dentro del territorio del Estado[100]. Estas normas, que en su contexto se refieren a la competencia territorial, se pueden aplicar también a nivel internacional, facultando a las partes de un contrato internacional de someterse expresa o tácitamente a los tribunales hondureños[101]. La jurisprudencia costarricense justificaba la sumisión a los tribunales nacionales con las normas del Código Bustamante[102]. En cambio, el nuevo Código Procesal Civil de Costa Rica de 2016 en su artículo 11.1 No. 4, solo autoriza una prórroga del foro costarricense, si una de las partes es nacional de Costa Rica y al mismo tiempo exista algún criterio de conexión con el territorio nacional, para evitar una exagerada práctica del *forum shoppping*[103].

Por otro lado, de este escenario no se puede deducir que viceversa en todos estos países también sea válida una prórroga de un foro extranjero, implicando la renuncia al foro interno[104]. Todavía, en los motivos del anterior Código Procesal Civil de Costa Rica de 1989, se admitía la derogación del foro costarricense, excepto en los casos de una competencia exclusiva, citando el Código Bustamante[105]. Sin embargo, el actual Código Procesal Civil no menciona entre los casos de incompetencia internacional la prórroga de un foro externo por las partes,

100 Ley de Organización y Atribuciones de los Tribunales de 1906, arts. 142 y 143; Código Procesal Civil de 2007, arts. 38 ss.

101 Ver la respuesta del Embajada hondureña a una encuesta de la OEA en ocasión de la CIDIP-V, OEA/Ser.K/XXI.5, CIDIP-V/11/93, p. 63, 68.

102 Corte Suprema de Justicia, Segunda Sala, no. 247, 11 de agosto de 1995 (ESC c. SFS de C para el DT), en: *Jurisprudencia*, julio-diciembre 1995, No. 29, p. 12; ver también la sentencia citada *supra*, nota 26.

103 Artavia Barrantes, Sergio / Carlos Picado Vargas, *Nuevo Código Procesal Civil comentado*, San José, Investigaciones Jurídicas S.A., 2016, Tomo I, p. 166.

104 En sentido negativo en Guatemala: Corte Suprema de Justicia, Cámara Civil constituida en Tribunal de Amparo, 11 de noviembre de 1983 (Eric Eduardo Klandero Hurtado c. Bombardier Inc.), en: *Gaceta de los Tribunales*, segundo semestre 1983, año CII, p. 99; en el Salvador: Corte Suprema de Justicia, Julio 30, 1985 (José Lorenzo y Salvador Ernesto Menéndez Castro c. Miguel Ángel y Juan Manuel Bolaños Sandoval), en: *Revista Judicial*, 1985, Tomo LXXXVI, p. 181. En ambos casos, la solicitada aplicación del art. 318 Código Bustamante no prosperó.

105 Asamblea Legislativa, *Explicación y concordancia del Código Procesal Civil*, San José, Imprenta Nacional, 1990, p. 7. Ver también Arguedas Salazar, Olman, *Comentarios al Código Procesal Civil*, San José, Editorial Juritexto, 1995, p. 51.

siguiendo así el modelo del Código respectivo de El Salvador[106]. En Honduras, se citan las normas del Código Bustamante para justificar la determinación del foro competente por las partes[107]. En cambio, el Código Procesal Civil de Nicaragua de 2015 en su artículo 27 No. 5 admite expresamente la derogación del foro nicaragüense a favor de un tribunal extranjero por una cláusula contractual, cuando por lo menos una de las partes sea extranjera. Y el nuevo Código de Derecho Internacional Privado de Panamá de 2015 regula detalladamente la derogación del foro panameño en su artículo 15, bajo ciertas condiciones: 1. Que exista una convención escrita que designe específicamente un tribunal extranjero como competente; 2. Que este tribunal acepta la prórroga pactada; 3. que la materia objeto de prórroga sea de carácter dispositivo, y 4. que no se vulnere ninguna regla de competencia judicial internacional privativa de la República de Panamá. Cumplido estos requisitos, los tribunales podrán declinar su competencia judicial internacional, lo que da al juez un margen de discreción para evaluar la cláusula pactada y reprobar las cláusulas "abusivas".

2. México

En México el derecho procesal, incluyendo el derecho procesal internacional, tradicionalmente pertenece a la competencia de los diferentes Estados de la Federación. Recientemente, una reforma constitucional ha incluido entre las facultades del Congreso de la Unión "expedir la legislación única en materia procesal civil y familiar"[108]. Pero el legislador federal hasta ahora no ha hecho uso de esta nueva competencia[109]. Por eso, en el presente trabajo nos limitamos al estudio del Código Federal de Procedimientos Civiles, que vale para los

---

106 El Salvador: Código Procesal civil y Mercantil de 2008, art. 23; Costa Rica: Código Procesal Civil de 2016, art. 11.3. En ambos casos, solo se exceptúan de la jurisdicción nacional los casos de la inmunidad y lo regulado en tratados o convenios internacionales.

107 Lobo Lara, Honduras, ob. cit., pp. 455, 466; en el mismo sentido el documento citado en la nota 101.

108 Art. 73 no. 30 de la Constitución, adicionado mediante Decreto publicado en el *Diario Oficial de la Federación* el 15 de septiembre de 2017.

109 Una iniciativa para expedir un "Código Nacional de Procedimientos Civiles y Familiares" no prosperó; ver *Gaceta del Senado* del 30 de octubre de 2017, pp. 93 ss.

tribunales federales, y al Código de Procedimientos Civiles del Distrito Federal, que vale para los tribunales de la unidad territorial que ahora es la Ciudad de México. Las normas de estos Códigos, que tratan de la prórroga de la competencia territorial de los tribunales dentro de la República, se aplican sin más también en casos internacionales para la sumisión a los tribunales mexicanos[110]. En cambio, falta una norma que admita expresamente la derogación del foro mexicano. Solamente en el contexto de la ejecución de sentencias extranjeras los artículos 566 y 567 del Código Federal de Procedimientos Civiles reconocen la competencia del tribunal extranjero designado por convenio de las partes, si esta elección no implica denegación de acceso a la justicia y no opera solo en beneficio de una de las partes[111]. Y la segunda frase del artículo 571 No. III, añadida por la reforma de 2008, deniega reconocer la competencia del tribunal extranjero, cuando exista una cláusula de sometimiento únicamente a la jurisdicción de tribunales mexicanos[112]. Pero de estas normas no se puede inferir si es posible, a través de una prórroga de un tribunal extranjero, excluir la competencia concurrente de los tribunales mexicanos. Tampoco el Proyecto de ley de Derecho Internacional Privado, elaborado en círculos académicos, contiene una clara respuesta al respecto[113].

Como colofón queremos mencionar la práctica en ciertos Estados mexicanos, que durante mucho tiempo gozaban de mala fama por los llamados "divorcios mexicanos". Para aumentar su ingreso fiscal, estos

---

110 Ver sobre el art. 23 del Código Federal de Procedimientos Civiles y el art. 151 del Código Federal de Procedimientos Civiles, Albornoz, *Encyclopedia...*, ob. cit., pp. 2333, 2339.

111 El Código de Procedimientos Civiles del Distrito Federal en su art. 606 no. III solo en forma general reconoce la competencia del tribunal extranjero si está en conformidad con reglas reconocidas en la esfera internacional y compatibles con el derecho mexicano. Ver sobre estos artículos Vázquez Pando, Fernando Alejandro, Mexican Law of Judicial Competence, en: *Houston Journal of International Law,* 1990, Vol. 12, pp. 337 ss., 341 ss., 357 ss.

112 Igualmente art. 1347-A del Código de Comercio; ver *Diario Oficial de la Federación* del 30 de diciembre de 2008, p. 48.

113 Ver el texto del proyecto en: *Revista Mexicana de Derecho Internacional Privado*, 2015, No. 34, pp. 63 ss. Los arts. 161 y 162 del proyecto tratan el asunto solo en el contexto de ejecución de sentencias extranjeras y reconocen la competencia del tribunal extranjero en base de un convenio de las partes en iguales condiciones que los arts. 566 y 567 del Código Federal de Procedimientos Civiles. Sin embargo, según el art. 153 del proyecto el proceso ante el tribunal extranjero no induce litispendencia para los tribunales mexicanos.

Estados admitían el divorcio de extranjeros que no tenían ningún contacto real con el territorio mexicano, basado en una sumisión ficticia de las partes[114]. El gobierno central, preocupado por la reputación internacional del Estado mexicano, no tenía competencias para modificar la regulación procesal en estos Estados. Pero con una modificación del derecho de extranjería, prohibiendo el divorcio de extranjeros que no tenían domicilio registrado en la Secretaría de Gobernación y penalizando toda actuación al respecto, logró en 1971 la completa extinción de estos divorcios[115].

3. Las islas caribeñas

En el mismo año en que México cerró sus fronteras para los extranjeros en busca de un divorcio fácil, se abrieron nuevos paraísos de divorcio en el mar de las Antillas. Haití y la República Dominicana aprovecharon la oportunidad para atraer gente de fortuna que querían desligarse de un matrimonio obsoleto. En Haití ya al final del año 1970 un Decreto había regulado la materia, que enmendado por una ley de 1971 admitió la sumisión de extranjeros a los tribunales haitianos para divorciarse[116]. Como esta regulación no prosperó, fue sustituida por una ley de 1974, que tiende a facilitar el procedimiento al máximo[117]. En la República Dominicana una ley de 1971 admitía el divorcio consensual de extranjeros bajo mínimas condiciones[118]. Una industria divorcista comenzó a aflorar, como se puede constatar a través de anuncios de bufetes de abogados especializados en el internet. Sin embargo, estos "divorcios al vapor" eran mal vistos por la comunidad internacional. La

---

[114] Detalladamente sobre esta práctica Stern, William B., Mexican marriages and divorces, en: *California Family Lawyer*, 1963, Vol. 2, pp. 1571 ss.

[115] Ver García Moreno, Victor Carlos, La iniciativa presidencial para reformar y adicionar la ley de nacionalidad y sus efectos en los divorcios migratorios mexicanos, en: *Revista de la Facultad de Derecho de México*, 1971, Tomo XXI, pp. 600 ss.; Siqueiros, José Luis, El divorcio de extranjeros en México y las reformas a la Ley de Nacionalidad y Naturalización, en: *El Foro*, 1971, 5ª época, No. 21, pp. 51 ss.

[116] Décret del 10 de diciembre de 1970, en: *Le Moniteur* no. 101 del 10 de diciembre de 1970; Loi del 24 de junio de 1971, en: *Le Moniteur* no. 51 del 28 de junio de 1971.

[117] Loi del 4 de julio de 1974, en: *Le Moniteur* del 22 de julio de 1974.

[118] Ley No. 142 del 4 de junio de 1971, en: *Gaceta Oficial* del 9 de junio de 1971, enmendado por Ley No. 136 23 de junio de 1983, en: *Gaceta Oficial* del 30 de junio de 1983.

nueva Ley de Derecho Internacional Privado dominicana de 2014, elaborada por el profesor español José Carlos Fernández Rozas, aspiraba a eliminar esta práctica[119]. Conforme el artículo 15 No. 3, la competencia internacional de los tribunales dominicanos en asuntos matrimoniales presupone una efectiva vinculación de las partes a la República por domicilio o nacionalidad, y el artículo 12 prohíbe expresamente una prórroga en esta materia. Pero durante el proceso legislativo, se suprimió tanto la alusión a los "divorcios al vapor" en la exposición de motivos de la ley como la disposición de la ley que derogaba toda la legislación en contrario[120]. Esto daba cierta razón a la opinión que la regulación de la Ley de 1971 sigue todavía en vigor[121]. Y la industria de divorcios parece florecer como antes[122]. Fuera del área familiar, la nueva Ley de Derecho Internacional Privado admite tanto la prórroga como la derogación del foro dominicano[123].

En la isla vecina de Cuba las cosas evolucionaron en sentido opuesto. La ley de divorcio de 1934 era muy liberal en este aspecto y admitía el divorcio de extranjeros basado en el recíproco disenso casi sin limitación, siendo suficiente la residencia del demandante[124]. Con esto se quería satisfacer el deseo de los "turistas divorciables" y facilitar un nuevo matrimonio en la isla. La prueba requerida en cuanto a que el demandante hubiera quedado al menos treinta días en Cuba, fue

---

119 Ver Fernández Rozas, José Carlos, ¿Por qué la República Dominicana necesita una Ley de Derecho Internacional Privado?, en: *Anuario Español de Derecho Internacional Privado*, 2013, Tomo XIII, pp. 781, 786.

120 Ver el proyecto de la ley, *ibid.* p. 800 ss., y el texto definitivo en la *Gaceta Oficial* del 18 de diciembre de 2014. Compare especialmente el Considerando Sexto y las Disposiciones Finales.

121 Suero, Juan Manuel, ¿Deroga el artículo 15.3 de la Ley 544-14, sobre Derecho Internacional Privado de RD, a la famosa Ley No. 142-71?. Disponible en: http://acento.com.do/2015/opinion/8287813-deroga-el-articulo-15-3-de-la-ley-544-14-sobre-derecho-internacional-privado-de-rd-a-la-famosa-ley-no-142-71

122 Ver los anuncios en el internet y la información de la Embajada norteamericana en: https://do.usembassy.gov/u-s-citizen-services/child-family-matters/special-family-issues/divorce-dominican-republic .

123 Ver arts. 12 y 14 de la ley. Según el texto de esta disposición, es dudoso, si la derogación excluye solo el foro del domicilio del demandado o también otros foros especiales en la República Dominicana.

124 Ley de Divorcio, Decreto-Ley no. 206 de 10 de mayo de 1934, en: *Gaceta Oficial* del 11 de mayo de 1934, arts. 25, 54 ss.

considerada en la doctrina cubana como "nula y pueril"[125]. Después de la revolución cubana, la situación ha cambiado. La actual legislación exige para la disolución consensual de un matrimonio celebrado en el extranjero que al menos uno de los cónyuges sea cubano o que ambos cónyuges hayan estado domiciliados en el país por más de seis meses[126]. Por otro lado, en contra de la tradición del Código Bustamante, que tenía gran peso en la doctrina y práctica de Cuba, hoy en día se prohíbe la derogación del foro cubano, con excepción solo de tribunales arbitrales[127]. Así, Cuba es uno de los pocos países latinoamericanos que expresamente no admite la prórroga de un foro judicial extranjero.

IV. CONSIDERACIONES FINALES

El panorama de la legislación latinoamericana nos ha demostrado que en todos los países se admite en casos internacionales la sumisión al foro interno. Sin embargo, algunos actos legislativos dejan entrever la conciencia que esta sumisión no puede ser ilimitada. Así, ya el Código Bustamante exige que al menos una de las partes sea nacional o domiciliado en el Estado del foro. Un reflejo de esta regulación encontramos en el nuevo Código Procesal Civil de Costa Rica, que solo autoriza una prórroga del foro costarricense, si una de las partes es nacional de Costa Rica y además existe algún criterio de conexión con el territorio nacional. Más enfocada fue la regulación del proyecto venezolano de Derecho Internacional Privado de 1963/65 que solamente para las acciones sobre estado de las personas o las relaciones familiares hace la salvedad que la causa tenga una vinculación efectiva con el territorio de la República. Esta regla encontró su afirmación legislativa no solo en la Ley de Derecho Internacional Privado venezolano de 1998, sino ya antes, en el Código Civil peruano de 1984. Al contrario, en la isla caribeña que engloba los Estados de Haití y República Dominicana, el acceso de extranjeros al foro interno es extremamente promocionado

125 Sánchez Roca, Mariano, *Leyes civiles de Cuba y su jurisprudencia*, La Habana, Ediciones Ley, 1951, Vol. I, p. 1375.

126 Ley de Procedimiento Civil, Administrativo y Laboral de 1974, art. 380; igualmente en la versión de 1977, art. 372.

127 Art. 3 de la Ley de Procedimiento Civil, Administrativo y Laboral.

para atraer gente adinerada en busca de un divorcio fácil, en cuanto Cuba ha abandonado esta práctica.

Mucha más resistencia ha encontrado en América Latina la admisión de una prórroga de un foro extranjero, implicando la derogación del foro nacional. Ya hemos discutido las causas de esta resistencia y de su paulatino ablandamiento. En la actualidad, las leyes de Argentina, Brasil, Nicaragua, Panamá, Perú, República Dominicana y Venezuela admiten expresamente la derogación del foro nacional, en cuanto en Chile la jurisprudencia ha llegado al mismo resultado. En Colombia y México al menos se reconocen sentencias pronunciadas en el foro extranjero convenido, sin que esto excluya la competencia concurrente de los tribunales nacionales. En cambio, las leyes de Cuba, Paraguay y Uruguay prohíben todavía una derogación de la competencia de los tribunales nacionales. La situación en los demás Estados se halla hasta hoy en el mismo "estado difuso y confuso" que el homenajeado había descrito con su profundo análisis en su tesis alemana[128].

---

[128] Ver *supra*, nota 2.

DERECHO PROCESAL INTERNACIONAL. PROCESO CON ELEMENTOS DE EXTRANJERÍA

LISSETTE ROMAY INCIARTE*

Resumen: Esta rama del derecho persigue la reglamentación de los supuestos de tráfico externo, determinando tanto los aspectos y consecuencias que configuran el régimen jurídico positivo de las relaciones y situaciones con elementos extranjeros, como las posibilidades de sanción judicial. El Derecho procesal internacional, se concibe como aquella parte del Derecho internacional privado que tiene por objeto la regulación de los aspectos procesales de las relaciones jurídicas dotadas de al menos, un elemento extranjero relevante, la cual puede residir tanto en la relación procesal anudada entre las partes, como en la relación jurídica internacional debatida procesalmente. Engloba tres aspectos como son; la jurisdicción y competencia, tramitación del juicio, y la ejecución de sentencias extranjeras, con la finalidad de garantizar a los particulares la conservación de sus derechos adquiridos.

Abstract: *This branch of law pursues the regulation of external traffic assumptions, determining both the aspects and consequences that make up the positive legal regime of relations and situations with foreign elements, as well as the possibilities of judicial sanction. The International Procedural Law is conceived as that part of Private International Law that aims to regulate the procedural aspects of legal relationships endowed with at least one relevant foreign element, which may reside in both the procedural relationship knotted between the parties, as in the international legal relationship debated procedurally. It includes three aspects as they are; the jurisdiction and competence, processing of the judgment, and the execution of foreign judgments, with the purpose of guaranteeing to the individuals the conservation of their acquired rights.*

---

* Abogada, Doctora en Derecho. Magister en Derecho Procesal Civil. Magister en Derecho Internacional y Derechos Humanos. Profesora Titular, Facultad de Ciencias Jurídicas y Políticas. Universidad del Zulia (LUZ) y Profesora Titular, Facultad de Ciencias Jurídicas y Políticas. Universidad Dr. Rafael Belloso Chacín (URBE). Jefa (E) del Departamento de Derecho Internacional de la Universidad del Zulia (LUZ). Jefe de Cátedra en Derecho Internacional en la Universidad Dr. Rafael Belloso Chacín (URBE) Email: lissetteromayi@gmail.com

Sumario: I. Derecho procesal internacional. A. Presupuestos. B. Naturaleza. C. Contenido. 1. Jurisdicción. 2. Cooperación judicial internacional. 3. Aplicación del Derecho extranjero. 4. Eficacia de la sentencia. 5. Ley aplicable al proceso. D. Principios estructurales. 1. Principios de Derecho internacional público. 2. Principios constitucionales. 3. Principios de Derecho internacional privado.

I. DERECHO PROCESAL INTERNACIONAL

Las diferentes disciplinas jurídicas suelen ocuparse de los límites temporales y espaciales de sus respectivas normativas, por eso hay que señalar que la doctrina según Miguel de Angulo se inclina decididamente por una concepción amplia, *lato sensu* del Derecho internacional privado, por lo cual no habría en este sentido obstáculo que opusiera a la inclusión en el mismo del Derecho procesal internacional; y por otro lado se insiste reiteradamente por la generalidad de los autores en que el Derecho internacional privado actúa en una doble dimensión, legislativa y jurisdiccional; es decir, esta rama del derecho persigue la reglamentación de los supuestos de trafico externo, determinando tanto los aspectos y consecuencias que configuran el régimen jurídico positivo de las relaciones y situaciones con elementos extranjeros, como las posibilidades de sanción judicial a esos aspectos y consecuencias; en este sentido, esta dimensión jurisdiccional del Derecho internacional privado es, la que se desarrolla precisamente por el Derecho procesal internacional[1].

Siguiendo en este mismo orden de ideas, se concibe al Derecho procesal internacional como aquella parte del Derecho internacional privado que tiene por objeto la regulación de los aspectos procesales de las relaciones jurídicas dotadas de al menos, un elemento extranjero relevante, la cual puede residir tanto en la relación procesal anudada entre las partes, como en la relación jurídica internacional debatida procesalmente.

La historia del Derecho Procesal Civil Internacional, la tendencia predominante es someter los casos con elementos extranjeros a los tribunales del foro, y esto es que, debido a la aparición del concepto de

---

1 De Angulo, Miguel, *Lecciones de Derecho procesal internacional*, Granada, Graficas del Sur, 1974, p. 12

soberanía, la figura del juez natural estaba relacionada con tal sumisión, pero hoy en día existen excepciones[2].

A. Presupuestos

La diversidad de ordenamientos jurídicos presentes en las múltiples relaciones entre las personas presupone la existencia del Derecho internacional privado. La diversidad de ordenamientos jurídicos es un presupuesto, pero no es el único, es necesaria la intercomunicación entre las personas sometidas a leyes diferentes, sin esto sería imposible que se den casos conectados con diferentes legislaciones[3]. Las situaciones privadas internacionales se distinguen por la presencia de elementos extranjeros, por cuanto pueden venir por elementos personales o subjetivos como por los elementos objetivos de una relación jurídica[4].

El Derecho internacional privado al encargarse de dar solución a los problemas que se plantean en las relaciones jurídicas privadas, por cuanto está presente en dicha relación un elemento internacional, debe ir de la mano del Derecho Procesal para dar respuestas a los problemas relativos a la determinación de la jurisdicción, la cooperación judicial internacional y la eficacia extraterritorial de decisiones[5].

Hoy en día el número de litigios vinculados con ordenamientos jurídicos extranjeros ha ido incrementándose, situación que obliga al Juez a enfrentar y resolver el problema de la internacionalización del proceso, como puede ser, la necesidad de citar al demandado, notificar una actuación a alguna de las partes, evacuar una prueba, ejecutar una medida cautelar, o ejecutar una sentencia fuera del lugar del proceso, estos son algunos de los problemas que habrá de enfrentar como consecuencia de esa internacionalidad[6]. Los presupuestos necesarios para la existencia del Derecho Procesal Civil Internacional son: La diversidad de servicios jurisdiccionales y la movilidad de las personas a través de

---

2 Maekelt, Tatiana B / Haydee Barrios / Zhandra Marin / Maritza Méndez, *Derecho procesal civil internacional, In memoriam Tatiana B. de Maekelt*, Caracas, Academia de Ciencias Políticas y Sociales, 2010, Serie Estudios 88, 2010, p. 9.

3 Maekelt / Barrios / Marin / Méndez, *Derecho procesal civil internacional...*, ob. cit., p. 10.

4 Maekelt / Barrios / Marin / Méndez, *Derecho procesal civil internacional...*, ob. cit., p. 11.

5 Maekelt / Barrios / Marin / Méndez, *Derecho procesal civil internacional...*, ob. cit., p. 11.

6 Maekelt / Barrios / Marin / Méndez, *Derecho procesal civil internacional...*, ob. cit., p. 12.

las fronteras, este último es el que hace poner en contacto a los tribunales de diversos estados[7].

B. Naturaleza

La naturaleza del Derecho Procesal Civil Internacional ha sido objeto de diversas controversias, hoy en día existen tres tendencias en relación a la naturaleza:

La primera tendencia lo califica como Derecho Procesal Civil: Entre los doctrinarios que lo ubican en esta tendencia se encuentra Gaetano Morelli, quien expresa que las normas de derecho estatal externo, que tienen por su objeto el carácter de normas de derecho procesal civil, constituyen el derecho procesal civil internacional. Son normas de derecho procesal civil que toman su razón de ser del hecho de la existencia de Estados extranjeros; es decir no hace distinción entre las normas de derecho procesal civil y las normas de derecho procesal civil internacional[8]. Morelli, sostiene que es una parte del derecho procesal; las normas de un Estado no solo regulan lo ocurrido en su interior, sino que algunas están relacionadas, con los elementos constitutivos de otro Estado; estas normas constituyen lo que se denomina derecho estatal externo. El derecho procesal civil internacional, es un derecho estatal externo, pero procesal. Solamente en el momento de determinar la ley aplicable al proceso es cuando el Derecho internacional privado las toma como objeto de estudio; por ello resulta oportuno incluir, esta temática dentro del derecho procesal civil internacional[9].

En este mismo orden de ideas, Arístides Rengel Romberg, señala que la necesidad de este estudio se origina en que si bien cada Estado soberano ha asumido como propia la función jurisdiccional y dicta en consecuencias normas de procedimiento para la realización del derecho en su territorio, puede ocurrir que la relación procesal pendiente en un Estado tenga elementos de conexión con el ordenamiento jurídico de otro Estado soberano, bien porque en ella intervengan sujetos

---

[7] Maekelt / Barrios / Marin / Méndez, *Derecho procesal civil internacional…*, ob. cit., p. 9.

[8] Maekelt / Barrios / Marin / Méndez, *Derecho procesal civil internacional…*, ob. cit., p .11.

[9] Silva Silva, Jorge Alberto, *Derecho internacional sobre el proceso*, México, Oxford University Press, 2004, Vol. 3, p. 33.

nacionales de ese Estado o domiciliados en él, o bien porque los bienes que son objeto de la controversia estén situados en el exterior[10].

Es partidario de que la solución a estos problemas corresponde al Derecho internacional privado; sin embargo en materia procesal no se encuentran disposiciones de Derecho internacional privado que tomen en cuenta los elementos de conexión que puedan existir en la relación procesal con un ordenamiento extranjero y tomen de estas últimas las normas reguladoras del proceso; el señala que rige el principio general de la territorialidad absoluta del derecho procesal, según el cual, para afirmar derechos por vía judicial debe regir el derecho del lugar en que se tramita el proceso, se aplica la *lex fori*[11].

En este mismo orden de ideas, Istavan Szaszy, asegura que el derecho procesal civil internacional regula los aspectos extraños del derecho procesal; el Derecho procesal internacional constituye una parte del derecho procesal civil, regulando sus aspectos extranjeros; es un procedimiento civil que tiene aspectos extranjeros. No obstante, el estudio de la ley aplicable no forma parte del derecho procesal interno, sino de otra rama, está conectado íntimamente con el derecho procesal civil internacional[12].

La segunda lo considera parte inseparable del Derecho internacional privado, este grupo de doctrinarios lo ubican como parte del Derecho internacional privado, entre ellos encontramos a Victor Romero del Prado, afirma que el Derecho procesal internacional, es aquella parte del Derecho internacional privado que trata del conflicto entre las leyes procesales de diversos países y fija las reglas referentes a la jurisdicción y competencia, a la tramitación de los juicios y a la ejecución de las sentencias extranjeras, con el fin de garantizar a los particulares la conservación de sus derechos adquiridos[13].

Gestoso y Acosta, definen el Derecho procesal internacional diciendo que es aquella parte del Derecho internacional privado que trata

---

[10] Rengel Romberg, Aristides, *Tratado de Derecho procesal civil venezolano. Según el Nuevo Código de 1987*, Caracas, Editorial Arte, 1992, Tomo I, Teoría General del Proceso, p. 236.

[11] Rengel Romberg, *Tratado de Derecho procesal civil venezolano…*, ob. cit., p. 236.

[12] Silva Silva, *Derecho internacional sobre el proceso…*, ob. cit., p. 33.

[13] Romero del Prado, Víctor, *Derecho internacional privado*, Córdoba, Ediciones Assandri, 1961, Vol. III, p. 275.

del conflicto entre las leyes procesales de los diversos países o Estados, y fija las reglas referentes a la competencia y al modo de proceder de los jueces y magistrados, en armonía con los principios fundamentales del derecho sustantivo, con el fin de garantizar a los particulares la conservación de sus derechos adquiridos[14].

Según Adolfo Miaja de la Muela, el derecho internacional procesal, es una parte integrante del Derecho internacional privado. Si el Derecho internacional privado solo estuviera compuesto por reglas conflictuales, sería imposible abordar las normas procesales internacionales, que no son conflictuales, sino materiales[15].

Gonzalo Parra Aranguren, afirma en relación al objeto de estudio del Derecho internacional privado, que la doctrina francesa asigna el estudio de las siguientes materias: la nacionalidad de las personas; la condición jurídica de los extranjeros; la selección de la ley aplicable a casos conectados con varios sistemas jurídicos y las cuestiones relativas al Derecho Procesal Civil Internacional, en particular, la jurisdicción o competencia internacional de los tribunales y la eficacia de las sentencias extranjeras[16].

Al respecto Gonzalo Parra Aranguren, sostiene que importantes sectores de la doctrina francesa denominan normas de competencia internacional las reglas dictadas por cada país para determinar los asuntos sometidos a sus órganos de administración de justicia, sin embargo recibió críticas por el termino internacional el cual fue poco satisfactorio, ya que se trata de preceptos que emanan en la generalidad de los legisladores estatales; así como el vocablo competencia, el cual consideran que tampoco es adecuado porque permite injustificables analogías con las normas que distribuyen los asuntos entre los diversos órganos de un Estado, con fundamento en la naturaleza de la controversia (*ratione materiae*), sus vínculos territoriales *(rationae loci*), las características personales de las partes (*rationae personae*), la cuantía del litigio y su eventual conexión con otros juicios pendientes[17].

[14] Romero del Prado, *Derecho internacional privado…*, ob. cit., p. 275.

[15] Silva Silva, *Derecho internacional sobre el proceso…*, ob. cit., p. 33.

[16] Parra Aranguren, Gonzalo, *Curso general de Derecho internacional privado. Problemas selectos y otros estudios*, Caracas, Universidad Central de Venezuela, 1998, p. 34.

[17] Parra Aranguren, Gonzalo, *Estudios de Derecho procesal civil internacional,* Caracas, Universidad Central de Venezuela, 1998, p. 262.

Esta tendencia incluye el Derecho Procesal Civil Internacional como parte del Derecho internacional privado, se encuentran estrechamente conectadas en los casos concretos con elementos foráneos.

La tercera y última tendencia sitúa al Derecho Procesal Civil Internacional como disciplina autónoma, entre ellos encontramos a los doctrinarios Virgos Soriano y Garcimartin Alférez, quienes consideran que constituye una disciplina autónoma, no solo por tener un objeto distinto que consiste en resolver los conflictos planteados por el funcionamiento jurídico del mundo y la división territorial de los servicios jurisdiccionales estatales, sino también porque se informa de principios que le son propios[18].

Hay quienes sostienen que existe una diferencia entre el Derecho internacional privado y el derecho procesal, la cual consiste en reconocer que una parte de las normas procesales han sido consideradas en las Conferencias Especializadas de Derecho internacional privado y varias de ella han recibido denominaciones propias del léxico y terminología del Derecho internacional privado; como es el caso de las relativas a reconocer y ejecutar sentencias extranjeras, recibir u obtener pruebas en el exterior, información del derecho extranjero, entre otros[19].

Venezuela sigue la tendencia que incluye al Derecho Procesal Civil dentro del Derecho internacional privado, debido a la influencia recibida de las doctrinas francesas; la Ley de Derecho Internacional Privada Venezolana al incluir normas de Derecho Procesal Civil Internacional fue con el objetivo de aclarar las normas confusas que se encuentran en el Código de Procedimiento Civil de 1987, y de esa forma llenar los vacíos que se presentaban en esta materia[20].

C. Contenido

En relación al contenido del Derecho procesal internacional encontramos: la jurisdicción, cooperación judicial internacional, aplicación del derecho extranjero, eficacia extraterritorial de la sentencia y ley aplicable al proceso.

---

[18] Maekelt / Barrios / Marin / Méndez, *Derecho procesal civil internacional*..., ob. cit., p. 14.

[19] Silva Silva, *Derecho internacional sobre el proceso*..., ob. cit., p. 34.

[20] Maekelt / Barrios / Marin / Méndez, *Derecho procesal civil internacional*..., ob. cit., p. 16.

1. Jurisdicción

Rengel Romberg, define la jurisdicción como la función estatal destinada a la creación por el Juez de una norma jurídica individual y concreta necesaria para determinar la significación jurídica de la conducta de los particulares, cada vez que entre ellos surjan conflictos de intereses y de asegurar por la fuerza, si fuere necesario, la práctica ejecución de la norma creada[21].

Eugenio Hernández-Bretón, señala que la jurisdicción en su acepción de *facultas jurisdictionis*, es una potestad estatal resultante de la soberanía y consiste en el poder abstracto de componer conflictos intersubjetivos con fuerza de cosa juzgada. Le corresponde al Derecho internacional público precisar los límites de esta facultad, la cual es reconocida a cada Estado soberano. El Estado Venezolano determina soberana y unilateralmente los límites de su propia jurisdicción, pero no puede determinar los límites de la jurisdicción de los Estados extranjeros. Cada legislador limita su función en esta materia a atribuirse o limitar la propia jurisdicción (principio de autolimitación de la propia jurisdicción), sostiene Hernández-Bretón, que no hay posibilidad alguna de remitir o indicar la jurisdicción de tribunales extranjeros, por cuanto esto es, consecuencia de la estructura y función de las normas sobre la jurisdicción[22].

Agrega Yaritza Pérez Pacheco que, la jurisdicción tiene dos límites uno interno y otro externo; el interno consiste en la distribución entre diversos órganos de un Estado de esa potestad; en otras palabras, la jurisdicción ejercida por los órganos judiciales debe respetar lo que es propio de otras ramas del Poder Público. En cambio, el externo o internacional, se refiere a la jurisdicción de los órganos judiciales de un Estado no va más allá de su territorio, llega hasta donde alcanza la soberanía estatal; este poder abstracto de juzgar se concreta cuando al operador jurídico se le presenta un litigio con elementos foráneos; y añade que desde una óptica internacional-privatista la noción de

[21] Rengel Romberg, *Tratado de Derecho procesal civil venezolano...*, ob. cit., p. 105.

[22] Hernández-Bretón, Eugenio, *Problemas contemporáneos del Derecho procesal civil internacional venezolano*, Caracas, Editorial Sherwood, 2005, Colección Cuadernos No. 8, p. 27.

jurisdicción debe estructurarse tomando en cuenta el limite externo y un tipo específico de litigios, los de trafico jurídico internacional[23].

Con ello se quiere significar, la facultad del Estado de delimitar su jurisdicción conlleva a la aplicación de normas que pueden ser de orden interno o de orden internacional; entre ellas se puede hacer mención dependiendo del caso concreto, a la cualidad de los sujetos involucrados, sumisión expresa o tácita, inmunidad de jurisdicción, así como las excepciones procesales (Cosa juzgada, litispendencia, conexidad internacional), entre otros.

2. Cooperación judicial internacional

La cooperación jurídica internacional comprende aquella actividad de carácter procesal, desplegada en un Estado, al servicio de un proceso incoado ante la jurisdicción de otro Estado, conlleva a establecer mecanismos de cooperación entre los Estados para el desarrollo de los procesos judiciales iniciados en otros estados, en virtud que el Derecho internacional público prohíbe a los funcionarios de un Estado realizar actos de soberanía en el territorio de otro Estado sin su autorización[24]. En otras palabras, no existe una obligación de los Estados para colaborar en dichos procesos, las regulaciones en esta materia se encuentran en las legislaciones procesales de los Estados.

La doctrina reconoce que este tema se ha de regular mediante el derecho convencional. En Venezuela existen diversas convenciones entre ellos están: Acuerdo sobre ejecución de actos extranjeros de 1911, Código de Bustamante 1928, Convención de La Haya relativa a la notificación o traslado en el extranjero de documentos judiciales y extrajudiciales en materia civil o comercial, Convenio de La Haya relativo a la obtención de pruebas en el extranjero en materia civil o mercantil, Convención Interamericana sobre exhortos o cartas rogatorias y su protocolo, y la Convención Interamericana sobre recepción de pruebas en el extranjero y su protocolo[25].

---

[23] Pérez Pacheco, Yaritza, *La jurisdicción en el Derecho internacional privado*, Caracas, Universidad Central de Venezuela, 2013, Serie Trabajos de Grado No. 15, p. 28.

[24] Maekelt / Barrios / Marin / Méndez, *Derecho procesal civil internacional…*, ob. cit., p. 16.

[25] Maekelt / Barrios / Marin / Méndez, *Derecho Procesal Civil Internacional…*, ob. cit., p. 21.

Sostiene Miriam Rodríguez Reyes, que cuando por su vinculación con el extranjero requieren ser practicadas fuera de los límites territoriales nacionales, la dificultad se traduce en la imposibilidad de extender el poder jurisdiccional hacia otros países cuyas autoridades detentan su propio poder territorial, precisamente por la limitación reciproca que en materia de soberanía ostentan los Estados, la vía que permite que aquellos juicios puedan seguir su curso natural es a través de la cooperación judicial internacional[26].

3. Aplicación del Derecho extranjero

En la doctrina siempre se ha discutido cual es la misión del juez en la aplicación del Derecho Extranjero, por lo tanto surgen interrogantes al respecto, ¿Está el Juez en la necesidad y el deber de conocer el derecho extranjero?, la razón a esa interrogante es que el Juez no está obligado a conocer el derecho extranjero, el juez está obligado a conocer su propio derecho; no obligado así a conocer el derecho foráneo, derecho extraño al derecho del lugar donde el ejerce su mandato a su facultad, desde este punto de vista el juez tiene como norte conocer su propia ley e interpretarla para hacer de ella una justa aplicación de las normas.

Las normas de conexión van a indicar al juzgador, cuando debe aplicar el derecho interno o el derecho extranjero, en otras palabras, que declare aplicable su propio derecho interno o atribuya la competencia a otra legislación. El Dr. Gonzalo Parra Aranguren, en su texto "Curso General de Derecho internacional privado", señala que: cuando la norma de conflicto ordena la aplicación de un ordenamiento jurídico extranjero, como ocurre si el tribunal venezolano tiene que decidir sobre la capacidad de un holandés que celebro un contrato en Caracas, porque en semejante hipótesis es aplicable el derecho de Holanda, de acuerdo con la norma venezolana de conflicto (art. 26 del Código Civil).

Ahora bien, la simple determinación del ordenamiento jurídico aplicable no resuelve de manera inmediata el litigio, y el juez, antes de dictar sentencia debe enfrentarse a otras cuestiones, generalmente

---

[26] Rodriguez Reyes, Mirian, *La cooperación judicial internacional y la tutela judicial efectiva*, Caracas, Universidad Metropolitana, Serie Trabajos de Grado No. 26, 2014, p. 33.

examinadas en la Parte general del Derecho internacional privado[27]. Es aquí realmente donde comienza el problema, cuando una norma de conexión ordena aplicar el derecho extranjero, ese problema se traslada al campo del Derecho internacional privado.

Las relaciones diplomáticas, son la base de las comunicaciones que le dan al Juez la facultad de tocar conocimientos acerca de una norma extranjera, pues, el Juez está obligado a aplicar el derecho extranjero cuando una norma de conexión interna de su propio ordenamiento jurídico ordene aplicar el derecho extranjero, de acuerdo a lo estipulado en el artículo 2 de la Ley de Derecho internacional privado; el juez no solo debe aplicar la ley extranjera sino que debe aplicarla correctamente, pues, a la ley debe atribuírsele el sentido propio de las palabras, de acuerdo a la conexión que existan entre ellas, así como la intención del legislador. Para aplicar el derecho extranjero a una determinada relación, la misma debe estar establecida en nuestra propia legislación, para no violar de esta manera la vigencia de la ley, estableciéndose como excepción a la aplicación de estas, el orden público internacional.

La posibilidad de aplicar el derecho extranjero, no es algo fácil de emplear cuando está en una controversia y el juez se ve ante esa circunstancia, en virtud que el conocimiento del ordenamiento jurídico interno de un país, de por sí no es fácil su estudio, por ende, resulta un poco delicado el conocimiento que se pueda obtener del derecho extranjero.

El Dr. Juan María Rouvier, expresa que: el Juez está en el deber de hacer de oficio la aplicación de la ley extranjera. Los resultados a que conduce el dejar a las partes en libertad de solicitar la aplicación del derecho extranjero, son contrarios a los fines del derecho. En muchas ocasiones se darían soluciones diferentes a un mismo problema, bastaría que en una oportunidad se solicitara la aplicación del derecho extranjero y en otra no, para que la solución fuera diferente. Por otra parte, las normas de Derecho internacional privado, son siempre, salvo un pequeño margen dejado a la autonomía de la voluntad, de carácter imperativo y no es posible permitir a las partes que sean ellas quienes determinen la aplicación de ese derecho extranjero, pues las normas de

[27] Parra Aranguren, *Estudios de Derecho procesal civil internacional*..., ob. cit., p. 34.

Derecho internacional privado perderían su carácter imperativo, y quedaría en manos de los particulares, el que se hiciera o no la aplicación de la ley extranjera[28].

Ahora bien, con respecto a la aplicación del derecho propio, los problemas del Derecho Internacional desaparecen y entra a regir el supuesto el derecho del foro. En cambio cuando se determina la aplicación del derecho extranjero, en la doctrina se han presentado desacuerdos en la aplicación de dicho derecho, en primer momento Ulrico Huber, Siglo XVII, justifico la aplicación extraterritorial del derecho, tanto nacional como extranjero, haciendo uso de la *Comitas Gentium* o cortesía internacional[29].

Existe actualmente un predominio en la Tesis jurídica, la cual fue impulsada por Savigny, pues se considera al derecho extranjero como derecho, y no como la tesis fáctica, considera al derecho extranjero como un hecho, y al considerarse así no puede ser objeto del recurso extraordinario de casación, el cual está limitado al control de la aplicación del derecho[30]. En la tesis jurídica, el Juez del foro está obligado a tomar en cuenta todas las normas jurídicas vigentes en el derecho extranjero, independientemente de su naturaleza escrita, consuetudinaria o judicial; no se puede extraer una fuente jurídica de su contexto natural, especialmente de su jurisprudencia y doctrina[31].

La Convención Interamericana sobre Normas Generales de Derecho internacional privado, en su artículo 2, establece: "Los jueces y autoridades de los Estados Partes estarán obligados a aplicar el derecho extranjero tal como lo harían los jueces del Estado cuyo derecho resultare aplicable, sin perjuicio de que las partes puedan alegar y probar la existencia y contenido de la ley extranjera invocada".

Igualmente, los artículos 2, 3, 60, 61 todos de la Ley de Derecho internacional privado, se observa que el legislador venezolano impone a los jueces el deber de aplicar de oficio el derecho extranjero. En otras

---

28 Rouvier, Juan María, *Derecho internacional privado. Parte general,* Maracaibo, 2006.

29 Maekelt, Tatiana, Aplicación del Derecho Extranjero, Artículo 2, en: *Ley de Derecho internacional privado Comentada*, Caracas, Facultad de Ciencias Jurídicas y Políticas, Universidad Central de Venezuela, 2005, Tomo I, p. 195.

30 Maekelt / Barrios / Marin / Méndez, *Derecho procesal civil internacional...*, ob. cit., p. 23.

31 Maekelt, *Aplicación del Derecho extranjero...*, ob. cit., p. 199.

legislaciones, los sistemas jurídicos prevén, si el derecho extranjero se tiene como un hecho procesal, el mismo debe ser alegado o invocado por las partes, sin embargo, otros sistemas jurídicos prevén la posibilidad de que el derecho extranjero pueda ser aplicado de oficio por el juez competente.

4. Eficacia de la sentencia

La reglamentación jurídica del trafico externo se opera en una doble dimensión: Determinación del régimen jurídico que le es aplicable (plano del *Ius*) y sanción jurisdiccional de ese régimen (plano del *forum*); la primera se refiere a que toda problemática relativa a los métodos de solución o procedimientos normativos, tienen como finalidad discernir las consecuencias jurídicas de una relación o situación con elementos extranjeros; y la segunda, implica un planteamiento contencioso por el que se trata de imponer judicialmente dichas consecuencias jurídicas[32].

En la referente al plano del *forum*, hay que distinguir dos posibilidades: a) Que la sanción jurisdiccional de que se trate vaya a ser impuesta por los órganos judiciales del foro, es decir, se plantean los problemas que se presentan en el proceso con elementos extranjeros, como la competencia internacional, la capacidad de las partes, procedimiento entre otros; b) O lo que se busque sea, la efectividad en el ámbito del mismo, una sanción jurisdiccional impuesta por una organización judicial extranjera, como es la efectividad extranacional de las decisiones judiciales[33].

El reconocimiento o la ejecución de una sentencia extranjera supone una aceptación por el foro de que la decisión extranjera puso fin a lo controvertido en el proceso en el que recayó, la ejecución implica un acto del Estado del foro por el que se actualiza la decisión extranjera y se hace imperativo su contenido; sin embargo, toda ejecución entraña implícitamente reconocimiento, pero no a la inversa, y esto ha originado que en diversos sistemas jurídicos, la reglamentación del reconocimiento sea menos estricta que la de la ejecución; en Venezuela se

[32] De Angulo, *Lecciones de Derecho procesal internacional…*, ob. cit., p. 80

[33] De Angulo, *Lecciones de Derecho procesal internacional…*, ob. cit., p. 80.

cuenta con el Acuerdo Boliviano, la Convención Interamericana sobre Eficacia Extraterritorial de Sentencias Extranjeras y la Ley de Derecho internacional privado, instrumentos encargados de establecer los requisitos que han de cumplir las decisiones extranjeras para surtir efectos en Venezuela[34]. En el sistema español se equiparan los requisitos para uno y otro, aunque los supuestos sobre los que operan sean distintos.

Hoy en día, el Tribunal Supremo de Justicia, exige exequatur para las sentencias extranjeras de divorcio, debido a que la ejecución de estas consiste en insertar una nota marginal en los libros del estado civil, se considera que la ejecución se materializa con la orden de inserción del fallo en los libros de registro civil, siempre y cuando el matrimonio se hubiere celebrado en Venezuela para que se proceda a estampar la nota marginal en el acta respectiva, o que el matrimonio se haya celebrado fuera de Venezuela, el acta de matrimonio se hubiere insertado en el Registro Civil de Venezuela previamente, igualmente en este caso se debe proceder a estampar la nota marginal en el acta de matrimonio respectiva[35].

5. Ley aplicable al proceso

El principio de aplicación de la *lex fori regit processum* está dirigido a la actividad de las autoridades públicas nacionales y a las partes en procesos pendientes ante dichas autoridades, y se llevaran a cabo según el derecho nacional. Gaetano Morelli, señala al respecto que: … las normas con que el Estado disciplina los ordenamientos de realización del derecho y que constituyen derecho procesal se aplican de ordinario a todos los procesos que dependen del ordenamiento del Estado, incluso a los que presentan elementos de carácter extraño. En principio, se excluyen las referencias a ordenamientos extranjeros a fin de tomar de ellos las normas reguladoras del proceso[36].

Los actos procesales se sucederán, conforme a lo establecido en la propia ley del foro, tomando como base el principio de la territorialidad

[34] Maekelt / Barrios / Marin / Méndez, *Derecho procesal civil internacional…*, ob. cit., p. 26.

[35] Pérez Pacheco, Yaritza, *La sentencia extranjera en Venezuela,* Caracas, Universidad Central de Venezuela, 2011, Serie Trabajos de Ascenso No. 17, p. 36.

[36] Pérez Pacheco, *La sentencia extranjera en Venezuela…*, ob. cit., p. 27.

de las leyes procesales, sin embargo, esta territorialidad presenta ciertos índices de relatividad. J. Balduino, se le atribuye la regla *lex fori regit processum*, la cual sustenta en el principio de territorialidad y el carácter cuasi-publico de las normas procesales, implica que los distintos actos procesales y el desarrollo del proceso, quedan sometidos a la ley del foro, es decir, su aplicación no acarrea problemas con respecto a los actos procesales que llevan a cabo las partes, como pueden ser la demanda, contestación, reconvención entre otros, o adopta el Juez, como las medidas cautelares, auto, sentencia, etc. Ahora bien, una excepción se origina en la necesidad de que determinados actos procesales deban sustanciarse en el extranjero, como la práctica de una notificación o una prueba determinada que deba llevarse en territorio extranjero. Los mecanismos de cooperación internacional permiten la posibilidad de que determinados actos, como la práctica de la prueba, se realicen conforme a la *lex fori*[37].

D. Principios estructurales

Con respecto a este punto, los legisladores estatales han tomado como base una serie de principios que condicionan la actuación de los Jueces y Abogados Litigantes. Yaritza Pérez Pacheco, señala que los Principios pueden ser ubicados en tres (3) grandes grupos: a) Principios de Derecho internacional público, b) Principios Constitucionales y, c) Principios de Derecho internacional privado.

1. Principios de Derecho internacional público

No existe un legislador supranacional, y no existen normas consuetudinarias sobre la materia en comento, sin embargo, es necesario acotar que, se debe tomar en cuenta para la reglamentación de su sistema de jurisdicción, la actividad jurisdiccional de los Estados en la resolución de litigios con elementos de extranjería significativos. Estos principios son: Principio de territorialidad de la soberanía estatal,

[37] Fernández Rozas, José Carlos / Sixto Sánchez Lorenzo, Derecho internacional privado, Pamplona, Thomson Reuters, Aranzadi, 6ª ed., 2011, p. 269.

principio de unilateralidad de las normas sobre jurisdicción, principio de inmunidad de jurisdicción y de ejecución, prohibición de denegación de justicia a los extranjeros[38].

Principio de territorialidad de la soberanía estatal: Cada Estado determina el alcance de su jurisdicción dentro de su ámbito territorial, de manera que a cada Estado le corresponde determinar cuáles controversias pueden ser resueltas por sus tribunales, este principio se encuentra consagrado en el artículo 12 de la Carta de la Organización de Estados Americanos (OEA), así como el artículo 10 de nuestra Constitución actual que establece lo que se debe entender por territorio[39].

Ahora bien, el artículo 1 del Tratado de Derecho procesal internacional de Montevideo 1940, contiene el principio de la territorialidad de las leyes procesales al expresar en el referido artículo: "Los juicios y sus incidencias, cualquiera que sea su naturaleza, se tramitarán con arreglo a la ley de procedimiento del Estado en donde se promuevan"[40]. Gonzalo Ramírez, manifiesta que la organización de los tribunales, su manera de funcionar, el procedimiento que deben seguir en los juicios en que intervienen, son asunto de carácter puramente interno y completamente ajeno a la autonomía de los que litigan, pues que tienen por objeto facilitar la buena administración de justicia[41].

En este mismo orden de ideas, Foelix sostiene que la competencia de las autoridades y las formas de proceder ante ellas se rigen por la ley del país donde se entabla la demanda sea cual fuere la ley bajo cuyo imperio pasaron los hechos de que se derivan[42]; es decir, que la organización y la competencia de las autoridades en cada uno de ellos, no dependa de las leyes de otro, esto es consecuencia del principio de la independencia de los Estados.

Asimismo, Laurent declara que las formas del procedimiento, está íntimamente ligada con el derecho público, pues dependiendo ante todo de la organización de los tribunales llamados a administrar justicia;

---

[38] Pérez Pacheco, *La sentencia extranjera en Venezuela...*, ob. cit., p. 52.

[39] Pérez Pacheco, *La sentencia extranjera en Venezuela...*, ob. cit., p. 47.

[40] Tratado de Derecho Procesal Internacional de Montevideo, 19 de marzo de 1940.

[41] Romero del Prado, *Derecho internacional privado...*, ob. cit., p. 277.

[42] Romero del Prado, *Derecho internacional privado...*, ob. cit., p. 277.

cada Estado se organiza como mejor lo entiende y según el concepto que se forma de la soberanía y de la libertad; de manera que solo con violación de esa soberanía podrían los extranjeros pretender que su ley nacional rigiese las formas del procedimiento en un país en que las leyes establecen otras diferentes[43]. Por otro lado, Dumolin, ha formulado este principio con su precisión habitual *diversitas fori non debet meritum causa variar*[44]. Andres Weiss, sostiene que las reglas generales en cuanto a las formas de proceder se rigen por la ley del lugar en que se inicia la demanda, en otras palabras, siendo el derecho de administrar justicia, uno de los atributos de la soberanía, no puede desconocerse que la forma en que se verifica esa administración de justicia en toda la extensión del territorio, depende de las leyes establecidas por el soberano o por la autoridad pública del mismo[45].

Principio de unilateralidad de las normas sobre jurisdicción: Con este principio se permite a los Estados extender sus leyes y jurisdicciones referentes a personas, bienes y actos fuera de su territorio. Yaritza Pérez Pacheco, sostiene que una de las principales consecuencias a nivel procesal de la unilateralidad de las normas estatal consiste en que si un Estado considera que carece de jurisdicción para conocer del litigio se limitara a declararlo, sin poder indicar cual Estado tiene, por lo tanto, los sistemas jurídicos internos de un país no pueden asignar jurisdicción a un Estado Extranjero[46]. De modo que se actúa contra este principio de unilateralidad, cuando el operador jurídico de un Estado, una vez que es declarada su falta de jurisdicción, entra entonces a analizar las razones por las cuales considera a los tribunales de un Estado extranjero, los llamados a conocer y decidir del caso planteado ante él, al existir en la relación jurídica una vinculación. El Juez nacional, una vez que declara su falta de jurisdicción, no puede indicar cual Estado tiene jurisdicción para conocer de la controversia[47]. El Estado venezolano fija sus propios criterios atributivos de jurisdicción y al no

[43] Romero del Prado, *Derecho internacional privado…*, ob. cit., p. 277.
[44] Romero del Prado, *Derecho internacional privado…*, ob. cit., p. 277.
[45] Pérez Pacheco, *La sentencia extranjera en Venezuela…*, ob. cit., p. 47.
[46] Pérez Pacheco, *La sentencia extranjera en Venezuela…*, ob. cit., p. 47.
[47] Pérez Pacheco, *La sentencia extranjera en Venezuela…*, ob. cit., p. 50.

verificarse dichos supuestos, se deberá entonces declarar la falta de jurisdicción de los Tribunales Nacionales del Estado, pero se debe tener cuidado en no incurrir en la denegación de justicia.

Asimismo, Romero del Prado, expresa que la competencia es la medida de la facultad jurisdiccional de los jueces de un determinado Estado, y que está sujeta a normas que la fijan y delimitan con cierta precisión; pues, las naciones las determinan en su derecho interno y los funcionarios judiciales las cumplen dentro del territorio de su jurisdicción[48]. Bartin, realiza una distinción entre la competencia general directa y competencia general indirecta, y ello es debido a determinar la competencia en el orden internacional. La competencia general directa, es saber si los tribunales de un país determinado son generalmente competentes para conocer en un litigio que les ha sido sometido, Bartin manifiesta nosotros tenemos una aplicación directa del sistema de la competencia judicial de este país, por lo que se habla de competencia general directa. En cambio, la competencia general indirecta, es cuando se trata del exequatur o reconocimiento de un fallo extranjero, y se debe buscar si el tribunal extranjero que lo ha dictado, era competente para darlo[49].

Principio de inmunidad de jurisdicción y de ejecución: Con respecto a este principio, señala Yaritza Pérez[50] que la inmunidad es un privilegio a ciertos sujetos de Derecho Internacional, que consiste en no ser sometidos, sin su consentimiento a los tribunales de otro Estado; la inmunidad de jurisdicción, es un límite para el acceso a la jurisdicción, y el de ejecución opera cuando se pretende la ejecución forzosa de una decisión de un órgano jurisdiccional extranjero, tanto la inmunidad de jurisdicción y ejecución son autónomas entre sí.

Ahora bien, Remiro Brotons[51] expresa que; a partir de finales del siglo XIX, combinando con la irrupción del Estado en la actividad económica y en el comercio exterior, se observa una tendencia a restringir

---

48 Romero del Prado, *Derecho internacional privado…*, ob. cit., p. 280.

49 Romero del Prado, *Derecho internacional privado…*, ob. cit., p. 280.

50 Pérez Pacheco, *La sentencia extranjera en Venezuela…*, ob. cit., p. 50.

51 Remiro Brotons, Antonio, *Derecho internacional. Curso general,* Valencia, Tirant lo Blanch, 2010, p. 568.

la inmunidad que confirman cien años después las leyes especiales de Estados Unidos (1976), Reino Unido (1978) y luego todas las que siguieron. Son numerosos los Estados cuyos tribunales piensan limitadamente el principio de inmunidad sobre la base de los tratados, las leyes o la jurisprudencia. La inmunidad restringida en la práctica estatal, impera un criterio dominante que se articula en torno a la distinción entre los actos *iure imperii* y los actos *iure gestionis* del Estado Extranjero, en otras palabras, entre sus actos de poder público o de soberanía (*iure imperii*) y los de carácter privado (*iure gestionis*).

Surgen numerosas dificultades en la práctica, debido a las diferentes perspectivas de los tribunales al aplicar este criterio dominante, lo importante es atender a la naturaleza del acto, debiendo reconocerse la inmunidad cuando el Estado actúa en el campo del Derecho público, pudiendo ejercer prerrogativas de poder público; o también puede aplicar este mismo criterio cuando se trate de distinguir los actos que solamente puede realizar el Estado de aquellos que pueden ser objeto de iniciativas particulares[52].

La distinción entre la actuación del Estado en el campo del Derecho público o en el Derecho Privado, no resuelven todos los problemas, pues, cada uno de los ordenamientos estatales son los que marcan conforme a su propio criterio la división entre lo de Derecho público y lo de Derecho privado, y no es el Derecho Internacional. Igualmente, por otro lado, no se puede negar que el objeto del acto resulta notable en ciertas ocasiones. Ejemplo, el Tribunal Constitucional alemán (Imperio iraní 1963) las actividades económicas comerciales de un Estado no son por su naturaleza distintas de otras actividades no soberanas del mismo; no obstante, un acto de un Estado puede presentar un contenido comercial y sin embargo, tener naturaleza pública, así lo reconoció un Tribunal de los Estados Unidos en el asunto Practical Concepts Inc (1985) al negar carácter comercial a un contrato de servicios celebrado entre dicha sociedad y Bolivia por contener disposiciones impropias de un contrato privado, tales como exenciones fiscales y otros privilegios[53]. En este sentido, los Estados extranjeros, los jefes de Estado, los

[52] Remiro Brotons, *Derecho internacional…*, ob. cit., p. 568.
[53] Remiro Brotons, *Derecho internacional…*, ob. cit., p. 568.

organismos internacionales, los agentes diplomáticos se benefician de la excepción de inmunidad de jurisdicción, es decir los sujetos de derecho internacional. Los Estados extranjeros gozan de inmunidad de jurisdicción y de ejecución solo respecto de los actos que hayan sido realizados en ejercicio de su *iure imperii* en cambio, sí podrán ser demandados y ejecutados respecto de los actos sujetos a las reglas generales del trafico jurídico privado, aunque los beneficios estén dirigidos al Estado, acta *iure gestionis*[54], sin embargo en la actualidad, ha perdido importancia el criterio dominante debido a que cada día el Estado participa más en el ámbito del comercio internacional como sujeto de derecho privado.

Principio de denegación de justicia a los extranjeros: El Estado ante el cual se muestra el caso le corresponderá admitir su jurisdicción al evidenciarse que esta es la única solución para evitar la denegación de justicia y no comprometer el acceso a una jurisdicción estatal[55].

2. Principios constitucionales

En relación a la jurisdicción interesan principalmente dos principios constitucionales; el principio de tutela judicial efectiva y el principio de reserva legal.

Tutela judicial efectiva: Esta garantía constitucional se encuentra establecida en el artículo 26 de la Constitución de la República Bolivariana de Venezuela. Este derecho alcanza dentro de su contenido a otros derechos fundamentales como son el derecho de acceso a la jurisdicción, el derecho a la defensa y debido proceso derechos estos que han sido desarrollados en el artículo 49 de la Constitución, y el derecho a una decisión oportuna y eficaz, el cual comprende a su vez el derecho a la tutela cautelar de las partes en juicio y el poder cautelar general del juez para asegurar la efectividad del fallo definitivo[56]. Todas las personas llamadas al proceso o que de alguna manera intervengan en el en

---

54 Pérez Pacheco, *La sentencia extranjera en Venezuela...*, ob. cit., p. 50.

55 Pérez Pacheco, *La sentencia extranjera en Venezuela...*, ob. cit., p. 55.

56 Moros Puentes, Carlos, *La Constitución según la Sala Constitucional*, Caracas, Librería J. Rincón, 2010, Tomo I, p. 316. (Ver Tribunal Supremo de Justicia/Sala Constitucional, Sentencia No. 269, de 25 de abril de 2000).

condición de parte, gozan también del derecho y garantía constitucional a la tutela jurisdiccional efectiva, tener igual acceso a la jurisdicción para su defensa, que se le respete el debido proceso, por supuesto que el conflicto o controversia sea resuelta en un plazo razonable, y la decisión sea motivada y ejecutada[57].

Este ámbito del derecho a la tutela jurisdiccional efectiva, se entienden comprendidas exigencias en la regulación del proceso, esenciales para la concreción de dicho derecho, son a veces difícil para el juzgador del amparo verificar si se han infringido o no, debido a la actuación u omisión de algún órgano encargado de administrar justicia[58]. Siguiendo en este mismo orden de ideas, de acuerdo al criterio establecido en la Sala Constitucional del Tribunal Supremo de Justicia, que el derecho a un proceso sin dilaciones indebida consiste en una prestación que deben cumplir los órganos jurisdiccionales de no retrasar irrazonablemente los procesos, pues lo que se entiende en cambio por retraso o demora, deberá precisarse en todo caso conforme a los criterios objetivos congruentes en su enunciado, ya que el carácter razonable de la duración de un procedimiento debe apreciarse teniendo en cuenta las circunstancias de la causa y considerando una serie de criterios como es la complejidad del asunto, la conducta de los reclamantes, la conducta de las autoridades implicadas y las consecuencias que de la demora se siguen para los litigantes, así como los márgenes ordinarios de duración de los litigios del mismo tipo[59].

Ahora bien, en el plano del Derecho internacional privado, la tutela judicial efectiva tiene como fin último garantizar a los ciudadanos el acceso al sistema judicial dentro de los límites y bajo las condiciones establecidas en el ordenamiento jurídico[60]. Asimismo, la Constitución establece la potestad que tienen los órganos del Poder Judicial de acuerdo a lo establecido en los artículos 253 al 272 *ejusdem*, de administrar

[57] Moros Puentes, *La Constitución según la Sala Constitucional...*, ob. cit., p. 315. (Ver Tribunal Supremo de Justicia/Sala Constitucional, Sentencia No. 215, de 7 de abril de 2000).

[58] Moros Puentes, *La Constitución según la Sala Constitucional...*, ob. cit., p. 315.

[59] Tribunal Supremo de Justicia/Sala Constitucional, Sentencia No. 3562, de 29 de noviembre de 2005, referente a los Derechos fundamentales procedimentales consagrados en la Constitución como es el acceso a la justicia.

[60] Pérez Pacheco, *La sentencia extranjera en Venezuela...*, ob. cit., p. 55.

justicia. La Jurisdicción Civil, de la cual hace referencia el artículo 1 del Código de Procedimiento Civil (CPC), según Henríquez La Roche, se entiende en este artículo en sentido laxo, por oposición a los otros ámbitos señalados de la administración de justicia, de modo que la intención del legislador es la de comprender en las reglas de unos principios procedimientos comunes, las jurisdicciones especiales de la rama civil; se ha considerado conveniente de acuerdo a la exposición de motivos, la consagración del principio de la unidad de la jurisdicción para hacer posible que otras jurisdicciones especiales creadas entre nosotros, puedan pasar al Juez Ordinario, una vez que el nuevo sistema procesal sea sancionado[61].

El Derecho Procesal Civil Internacional, determina la aplicación del propio derecho nacional, *lex fori*, en otras palabras, las reglas procesales nacionales reguladoras de procedimientos en los que están presentes los elementos de extranjería relevantes, pues, se trata de Derecho Nacional el cual está dirigido a autoridades públicas nacionales y a las partes en procesos pendientes ante dichas autoridades. La validez universal del principio de *fórum regit processum*, debe señalarse que, a dicho principio no se le atribuye el carácter de norma de Derecho internacional público, esta regla básica está consagrada en el artículo 56 de la Ley de Derecho internacional privado[62].

3. Principios de Derecho internacional privado

Su reglamentación debe alcanzar los principios propios del Derecho internacional privado, como son: el reconocimiento del principio de la autonomía de la voluntad de las partes como criterio atributivo de jurisdicción, principio de proximidad y principio de efectividad[63].

Principio de la autonomía de la voluntad de las partes: La Doctrina ha admitido que la autonomía de la voluntad adquirió su auge durante el siglo XIX, bajo la influencia filosófica Kantiana, Benthan y

---

61 Henriquez La Roche, Ricardo, *Comentarios al Nuevo Código de Procedimiento Civil*, Maracaibo, Centro de Estudios Jurídicos del Zulia, 1986, p. 84.
62 Hernández-Bretón, *Problemas contemporáneos*..., ob. cit., p. 23.
63 Hernández-Bretón, *Problemas contemporáneos* ..., ob. cit., p. 24.

el liberalismo económico, se le atribuye a Dumoulin el mérito de tomar en cuenta la autonomía de las partes, no se puede afirmar que sea un criterio aceptado en forma unánime por la doctrina. El Principio de la Autonomía de la Voluntad, para elegir libremente la ley aplicable a los contratos internacionales el cual está presente en las legislaciones internas, siendo acogido por el derecho convencional, no obstante, dicha elección no es válida cuando la misma infringe las leyes imperativas del foro o atenta contra el orden público establecido en las instituciones del Estado. Sin embargo, no todas las legislaciones aceptan la posibilidad de prorrogar la competencia del foro en los contratos, y cuando se encuentra contemplada, el ordenamiento jurídico la restringen a efecto de que no opere en beneficio de una sola de las partes; Estas restricciones se observan cuando se presentan casos como inversión extrajera directa, transferencia de tecnología entre otros.

En el Derecho internacional privado, la autonomía de la voluntad permite a los particulares elegir el derecho que estos desean aplicar a sus relaciones contractuales, esto es lo que se conoce como *lex contractus,* comúnmente se utiliza el término autonomía de las partes. El Convenio de Roma en su artículo 8, dispone sobre el consentimiento y validez de fondo, el cual estipula: Que la existencia y la validez del contrato, estarán sometidas a la ley que sería aplicable, si el contrato o la disposición fueran válidos. Igualmente, señala que para establecer que no ha dado su consentimiento, cualquiera de las partes podrá referirse a la ley del país en que tenga su residencia habitual[64].

Igualmente, la Convención Interamericana de Montevideo de 1994, en su artículo 12 y los Convenios de La Haya de 1995 en su artículo 10 y de 1985, articulo 10, colocan la existencia y validez del contrato o cualquiera de sus disposiciones, así como la validez sustancial del consentimiento de las partes con respecto a la elección del derecho aplicable, todo ello bajo el ámbito de la *lex contractus*, pero se prevé la posibilidad de excluir del ámbito de aplicación de la referida ley lo relacionado al comportamiento de aquella parte que no ha consentido como debe ser, el quedar sometido al derecho del lugar de la residencia habitual o del establecimiento de una de las partes.

[64] Convenio de Roma sobre la Ley aplicable a las Obligaciones Contractuales 1980.

Principio de proximidad: El Principio de Proximidad, se refiere a la formulación del principio del vínculo más estrecho como señala Kahn, 1973, se ha atribuido a Westlake, quien en su Primera Edición de su obra titulada Private International Law, publicada en 1958, se ha referido al "*Sistem of Law with the Transaction has its Closet and Most real Connection*". Este principio, se manifiesta en una jurisprudencia suiza, en el caso Chevaley, 1934, manteniéndose la idea de la voluntad hipotética. Esta sentencia expreso en sus considerandos lo siguiente expresa Schnitzer Adolf, en su obra *Les contrats internationaux en Droit international privé*, que: En el caso particular las partes no han convenido expresamente el derecho aplicable, hay que examinar entonces con cuál de los dos países en causa el contrato tiene la relación más estrecha. El derecho del país así indicado es, de hecho, el más próximo, es por lo que se puede partir de la idea de que las partes contratantes lo han querido presuntamente como derecho aplicable o en todo caso, lo hubieren querido si ellas hubieren pensado en regular esta cuestión[65].

Sin embargo, la doctrina no estuvo de acuerdo con la voluntad hipotética, y estipulo que los contratos son gobernados por la ley escogida por las partes expresamente o de manera concluyente por la interpretación de todos los elementos de hecho, así es como la doctrina formulo el Principio de proximidad. Schitzer, en su obra señala que cuando una voluntad determinada de las partes no pueda ser establecida, es aplicable la ley del país con la cual la relación en causa tiene el vínculo más estrecho[66].

Yaritza Pérez, señala que el principio de proximidad razonable, es un principio de construcción del sistema, no de interpretación, ya que una cosa es que los foros existentes se hayan construido atendiendo a criterios de proximidad y otra se atribuya a la jurisdicción, esto es, cada vez que la causa presente o no contactos suficientes con un Estado determinado, por ello, es muy importante tomar en consideración cuál de los supuestos el Estado ejercerá su potestad soberana y cuáles son los vínculos que debe presentar el referido supuesto con el Estado[67].

---

[65] Schnitzer, Adolf, *Les contrats internationaux en Droit international privé*, 1968, p. 558.
[66] Schnitzer, *Les contrats internationaux...*, ob. cit., p. 559.
[67] Pérez Pacheco, *La sentencia extranjera en Venezuela...*, ob. cit., p. 59.

Este principio opera como ordenador básico de la jurisdicción en aquellos espacios en los cuales la autonomía de la voluntad de las partes no es aplicable. En materia de contratos, se afirmó en un momento dado, que este principio de proximidad debe hacerse a partir de la naturaleza misma del comercio, tomando en cuenta el lugar donde el comerciante ejerce la actividad profesional, es el lugar de buenas a primera que se conoce, igualmente se debe tener en cuenta también, la relación debe ser localizada a partir de aquel que se encarga de la actividad profesional y no del cliente.

Según el Texto de la Ley de Derecho internacional privado Comentada, en el Tomo II, (Maekelt, Villarroel, Resende y otros,) expresa: que el derecho del lugar del establecimiento donde el cliente se ha dirigido el que debe ser aplicado a las relaciones jurídicas de las dos partes: el derecho del vendedor es el aplicable, ya que la compra no es sino una actividad preparatoria a la introducción ulterior de la mercancía para la venta en el circuito económico; igualmente, este principio es indicado para regular contratos celebrados fuera de la actividad comercial y los celebrados a través de los intermediarios, los contratos obligacionales son gobernados por el derecho del lugar donde quien realiza la prestación características tiene el centro de su actividad[68].

En tal sentido, este principio fue introducido en la jurisprudencia de los Tribunales Cantonales, en sentencia del Tribunal Comercial de Berna en 1944, y del Tribunal Comercial de Zúrich, en 1950, sin embargo, en los años 1965 y 1966 por una sentencia dictada por el Tribunal Federal, se acogió el criterio del domicilio o de la residencia habitual del deudor de la prestación. Es decir, se va a aplicar la ley del lugar donde la parte realiza la prestación, donde tenga su domicilio, residencia o sede.

Por lo tanto, el acuerdo sobre la jurisdicción directa es lo que comúnmente se llama cláusula de elección de foro, en el ámbito internacional se conocen como cláusulas de elección de foro internacional, a través de ellas las partes o los particulares indican en forma expresa la jurisdicción directa de uno o varios tribunales, tan es así, que en este

---

[68] AA.VV., *Ley de Derecho internacional privado Comentada*, Caracas, Universidad Central de Venezuela, 2002, Tomo II, p. 786.

punto en particular señala Eugenio Hernández Bretón en su Colección de Cuadernos Problemas Contemporáneos del Derecho Procesal Civil Internacional Venezolano cuando indica que: Los efectos de una cláusula de elección de foro deben ser apreciados y determinados desde el punto de vista de cada una de las partes, pues de esta forma, deben ser consideradas las posiciones procesales de las partes y las relaciones procesales preexistentes entre las partes y los correspondientes fora; ya que una vez dada la relatividad de los efectos de una cláusula de elección de foro, no debe sorprender que una misma cláusula tenga diversos efectos para las partes. En consecuencia, una cláusula de elección de foro puede tener para una de las partes sólo efectos positivos, o tener solamente efectos negativos. Sin embargo, puede suceder, que ambos efectos se presenten en forma acumulativa, o que, sencillamente, no estén presentes tales efectos[69].

Con respecto a lo anterior, la Sala Político Administrativa del Tribunal Supremo de Justicia sostuvo que una cláusula convencional de derogación de la jurisdicción venezolana, a favor de los Tribunales Extranjeros en virtud que debía hacerse en forma expresa e independiente, ya que para llegar a esa conclusión el Magistrado ponente se basó en el artículo 26 de la actual constitución, en el sentido que la derogación de la jurisdicción venezolana mediante contratos de adhesión lesiona el derecho constitucional como es el de acceso a la justicia, concordado con el artículo 47 de la Ley de Derecho internacional privado, el cual refiere a la inderogabilidad convencional de la jurisdicción.

La jurisdicción cuando le corresponde a los Tribunales Venezolanos no puede ser derogada convencionalmente a favor de los Tribunales Extranjeros, en los casos donde los asuntos se refieran a controversias relativas a derechos reales sobre bienes inmuebles situados en el país, o que de alguna manera afecten el orden público venezolano. La norma en comento deroga el artículo 2 del Código de Procedimiento Civil.

Cabe destacar que la codificación moderna le ha otorgado al juez el poder excepcional de fraccionar el contrato lo cual se conoce como *dépecage* judicial, que es cuando una parte del mismo sea separable del resto y tengan una conexión más estrecha con el derecho de otro

---

[69] Hernández-Bretón, *Problemas contemporáneos…*, ob. cit., p. 43.

Estado, y este poder le es conferido al Juez en su función de determinar el derecho que va a regir el contrato cuando las mismas partes no han establecido o indicado la ley a aplicar, el artículo 4 del Convenio sobre la Ley aplicable a las Obligaciones Contractuales, abierto a la firma en Roma el 19 de Junio de 1980 hace referencia a la Ley aplicable a falta de elección.

Así como el artículo 9 último aparte de la Convención Interamericana de México de 1994, el cual dispone:

> Si las partes no hubieran elegido el derecho aplicable, o si su elección resultara ineficaz, el contrato se regirá por el derecho del Estado con el cual tenga los vínculos más estrechos.
> El Tribunal tomara en cuenta todos los elementos objetivos y subjetivos que se desprendan del contrato para determinar el derecho del Estado con el que tiene los vínculos más estrechos. También tomara en cuenta los Principios Generales del Derecho Comercial Internacional aceptados por Organismos Internacionales.
> No obstante, si una parte del contrato fuera separable del resto del contrato y tuviese una conexión más estrecha con otro Estado, podrá aplicarse, a título excepcional, la ley de este otro Estado a esta parte del Contrato[70].

Sobre este particular comenta Werner Goldschmidt que se trata de obtener el imprescindible equilibrio entre la justicia formal, perseguida por las normas de conflicto, y la justicia material que debe realizarse en la especifica solución del caso concreto, representa una benéfica apertura hacia los nuevos conceptos de la doctrina contemporánea de los Estados Unidos de América del Norte y constituye adecuada respuesta a ciertas críticas contra la predominante utilización de las reglas indirectas en Derecho internacional privado[71]. De lo expresado en líneas anteriores, se desprende que el derecho aplicable al contrato, bien sea por elección de las partes, o por una decisión judicial, determina las normas imperativas aplicables al contrato y en consecuencia se fijan límites a la autonomía de la voluntad de las partes.

---

70 Convención Interamericana de México de 1994.

71 AA.VV., *Ley de Derecho internacional privado…*, ob. cit., p. 794.

Principio de efectividad: Supone que la decisión que dicte un órgano jurisdiccional en el ámbito del Derecho internacional privado, pueda ser ejecutada en el foro o en su defecto reconocida y ejecutada en un Estado extranjero. Ahora bien, este principio puede analizarse bajo dos perspectivas la del operador jurídico y la del abogado litigante. En el primer caso bajo la óptica del operador jurídico, la efectividad y la economía procesal deben ser el norte de toda decisión judicial, no tiene sentido admitir la jurisdicción de los tribunales del foro para obtener un fallo abstracto y sin posibilidad de ejecución en el mismo foro o de reconocimiento y ejecución en un Estado extranjero, en el cual se solicite su cumplimiento. Y en el segundo caso, bajo la óptica del abogado litigante, este principio ejerce su principal influencia sobre la conducta de estos, por cuanto deberán abstenerse de llevar sus pretensiones ante los tribunales de un Estado en el cual no será posible ejecutar directamente las decisiones que se adopten[72].

[72] Pérez Pacheco, *La sentencia extranjera en Venezuela…*, ob. cit., p. 64.

EL REENVÍO EN EL ORDENAMIENTO JURÍDICO VENEZOLANO

MARÍA ALEJANDRA RUÍZ*

Resumen: Las Instituciones Generales siguen ocupando una parte fundamental del Derecho Internacional Privado, a pesar de sus tantos detractores; por lo que, a través del presente trabajo se busca realizar un estudio sobre el Reenvío como una institución que conduce a lograr una solución justa y equitativa para el caso en concreto. De esta forma, se analizarán sus presupuestos, sus antecedentes, su regulación y excepciones, a fin de obtener una mayor comprensión del mismo y determinar su importancia dentro de nuestro ordenamiento jurídico.

Abstract: *The General Institutions continue to occupy a fundamental part of Private International Law, despite its many detractors; therefore, through this work we seek to carry out a study on the* "Reenvío" *as an institution that leads to achieve a just and fair solution for the specific case. In this way, its premises, its background, its regulation and exceptions will be analyzed in order to obtain a better understanding of it and determine its importance within our legal system.*

Sumario: I. Nociones generales. II. Presupuestos. III. Clasificación: A. Reenvío de primer grado. B. Reenvío de segundo grado. C. Reenvío ulterior o circular. IV. Antecedentes. V. Reenvío en el Derecho venezolano. A. Nacimiento del reenvío. B. Reenvío en los tratados internacionales. C. Reenvío en la legislación interna. D. El reenvío en la actualidad. VI. Comentarios finales.

* Abogada mención *Magna Cum Laude* de la Universidad Central de Venezuela. Asociada del escritorio jurídico Baker & Mckenzie en el departamento de Litigio. Profesora de Teoría General del Proceso de la Universidad Monteávila. Estudiante de la Maestría de Derecho Internacional Privado y Comparado de la Universidad Central de Venezuela, en etapa de tesis.

Un profesor es un conocimiento, pero un maestro va más allá del conocimiento, es una luz, un ejemplo de vida y de dedicación.

María A. Ruiz

I. NOCIONES GENERALES

Existe una regla general que consiste en que cada país establece sus propias normas de derecho internacional privado, por lo tanto, cada Estado da a los conflictos la solución que, acertada o equivocadamente, les parezca mejor en virtud del principio de independencia de los países. En este sentido, pueden haber tantas reglas de solución de conflictos de leyes como países diferentes existan[1], sin embargo, estas diversas reglas que se establecen en cada uno de los ordenamientos jurídicos, pueden originar, a su vez, dos tipos de conflictos; el positivo y el negativo[2].

El conflicto positivo implica la acumulación de ordenamientos jurídicos que se consideran competentes, de forma exclusiva y excluyente, para regular la situación jurídica que se les presente, mientras que, el conflicto negativo se produce, a diferencia del anterior, cuando diversos ordenamientos demuestran una actitud pasiva y manifiestan un decidido propósito de no reglamentar el supuesto de hecho conforme a sus propias normas materiales[3], remitiendo de esta forma, a un derecho extranjero[4].

Yanguas Messía señala que el problema del reenvío trata de hallar su justificación cuando se está en presencia de un conflicto negativo, pues al no haber un ordenamiento jurídico que se considere competente, la norma de conflicto de un determinado país remitirá a un derecho extranjero considerado aplicable, y éste, a su vez, tendrá una norma de conflicto que remitirá a otro derecho extranjero que considere aplicable, pero que tampoco se considerará competente, creando una especie de

---

1 Niboyet, Jean Paul, *Principios del Derecho internacional privado* (Trad. A. Rodríguez), Madrid, Editorial Nacional, 1950, pp. 306 ss.

2 Carrillo Salcedo, Antonio, *Derecho internacional privado. Introducción a sus problemas fundamentales*, Madrid, Editorial Tecnos, 2ª ed., 1976, p. 233

3 Aguilar Navarro, Mariano, *Derecho internacional privado*, Madrid, Facultad de Derecho de la Universidad Complutense, 1979, Tomo II, Volumen I, Parte Segunda, pp. 150 ss.

4 Madrid Martínez, Claudia, El reenvío, en: T. B. de Maekelt et al., *Ley de Derecho Internacional Privado Comentada*, Caracas, Universidad Central de Venezuela, 2005, p. 213

círculo vicioso que implica una absoluta falta de certeza para el justiciable. No obstante, el problema no radica en remitir a un determinado derecho extranjero sino al determinar qué norma de ese derecho extranjero debe ser aplicada, si la norma material o la norma de conflicto[5].

Si la norma de conflicto considera aplicable solamente el derecho material extranjero se tornaría indiferente el problema del reenvío, mientras que, si se remite al derecho extranjero, considerándolo como un todo, es decir, tomando también en cuenta sus normas de conflicto, se generaría el reenvío[6].

II. PRESUPUESTOS

Tomando en consideración los comentarios anteriores, el problema del reenvío surge cuando frente a un problema de derecho internacional privado, al momento de determinar el derecho aplicable, nos damos cuenta que existe una norma de conflicto que remite la solución del caso a otro ordenamiento jurídico, el cual remite a su vez al derecho de otro país.

En este sentido, el profesor Bonnemaison señala la existencia de tres tipos de remisión, i) una remisión máxima, la cual implica que el Derecho considerado aplicable por la *lex fori* debe incluir tanto las normas materiales como sus normas de conflicto; ii) la remisión media la cual señala que el derecho material extranjero solo será aplicable si su norma de conflicto lo declara competente, de lo contrario se busca otro factor de conexión apropiado o se aplica la lex fori, y iii) la remisión mínima la cual implica que se considera aplicable únicamente las normas materiales del ordenamiento jurídico declarado competente[7].

Por lo tanto, para que se configure una situación de reenvío, la profesora Tatiana B. de Maekelt indica que deben existir dos condiciones:

1. Que la norma de conflicto original, cuando remita al derecho extranjero, incluya su norma de Derecho Internacional Privado (remisión máxima)

---

[5] De Yanguas Messía, José, *Derecho internacional privado, Parte general*, Madrid, 2ª ed., 1958, pp. 219-220, en: Carrillo Salcedo, *Derecho internacional privado…*, ob. cit., pp. 233-234.

[6] Kegel, Gerhard, *Derecho internacional privado*, Bogotá, Ediciones Rosaristas, 1982, pp. 219 ss.

[7] Madrid Martínez, *El reenvío…*, ob. cit., pp. 214-215.

2. Que el punto de conexión de ésta última sea diferente al contenido en la norma original, lo que produce el conflicto negativo[8].

No obstante, para el autor Fernández Rozas, adicional al conflicto negativo, el problema del reenvío implica la concurrencia de tres supuestos:

1. Diversidad de puntos de conexión utilizados por las normas de conflicto de los ordenamientos que concurren en un supuesto de tráfico jurídico externo.
2. Posibilidad de consultar la norma de conflicto extranjera, o si se quiere, la consideración del Derecho extranjero en su integridad, tanto el derecho material como el conflictual.
3. La remisión de la norma de conflicto extranjera a otra ley[9].

Es por ello que, el reenvío solo es relevante, en palabras de la autora Tatiana B. De Maekelt, "cuando se acepta la aplicación del derecho extranjero designado por la norma indirecta del foro"[10], siendo necesario que las normas de conflictos de ambos Estados sean distintas entre sí, puesto que si fueran iguales, las dos coincidirían en sus resultados y no se configuraría el problema del reenvío[11].

III. CLASIFICACIÓN

Tradicionalmente la doctrina ha hecho referencia a la existencia de dos tipos de reenvíos, el reenvío de primer grado y el de segundo grado; clasificación que se hace tomando en cuenta el Derecho al cual remita la norma de conflicto extranjera[12].

---

8 B. de Maekelt, Tatiana, *Teoría general del Derecho internacional privado*, Caracas, Academia de Ciencias Políticas y Sociales, 2ª ed., 2014, p. 347.

9 Fernández Rozas, José Carlos / Sixto Sánchez Lorenzo, *Derecho internacional privado*, Madrid, Civitas, pp. 394 ss.

10 B. de Maekelt, *Teoría general del Derecho internacional privado*..., ob. cit., p. 347.

11 Alfonsín, Quintín, *Curso de Derecho privado internacional. Teoría del Derecho privado internacional,* Montevideo, Biblioteca de Publicaciones Oficiales de la Facultad de Derecho y Ciencias Sociales de la Universidad de Montevideo, 1955, p. 432.

12 Madrid Martínez, *El reenvío*..., ob. cit. p. 217.

A. Reenvío de primer grado

Habrá reenvío de primer grado cuando la norma de conflicto extranjera remita al Derecho del Foro[13], este tipo de reenvío también es denominado por el autor Gerhard Kegel como retroenvío[14], un ejemplo de ello lo podemos observar en el artículo 4 del Decreto Ley Húngaro sobre Derecho Internacional Privado:

> Si en virtud de las disposiciones del presente Decreto-Ley debe aplicarse una ley extranjera, el caso será regido por las normas del Derecho extranjero aplicable que regulan directamente la cuestión litigiosa. Sin embargo, si el Derecho extranjero reenvía en lo que a esta cuestión se refiere al Derecho húngaro, este último será aplicado[15].

B. Reenvío de segundo grado

Se configura cuando la norma de conflicto extranjera remite a su vez al derecho de un tercer Estado[16]. Ejemplo de ello lo podemos observar en la Ley de Derecho Internacional Privado Polaca, específicamente en su artículo 4:

> 1. Cuando la ley extranjera aplicable de acuerdo con la presente ley remita a la ley polaca, debe aplicarse esta última.
> 2. Cuando la ley extranjera designada por la presente ley, remita a otra ley extranjera debe aplicarse esta última[17].

Ahora bien, el reenvío podría generar una remisión indefinida según los diferentes puntos de conexión aplicados por el derecho al cual se remite; dando lugar a aquella situación que los autores denominan

---

[13] Madrid Martínez, El reenvío..., ob. cit. p. 217.

[14] Kegel, *Derecho internacional privado...*, ob. cit. p. 216

[15] Decreto Ley No. 13 Sobre Derecho Internacional Privado del Consejo Presidencial Húngaro, Gaceta Oficial, 31 de mayo de 1979, en: *Material de clase para Derecho internacional privado*, Caracas, Universidad Central de Venezuela. 2006, p. 354, en: http://Acienpol.Msinfo.Info/Bases/Biblo/Texto/L-2100/A-08.Pdf

[16] Madrid Martínez, El reenvío..., ob. cit. p. 217.

[17] Ley polaca sobre Derecho Internacional Privado 12 de noviembre de 1965, Gaceta Oficial de la República Popular de Polonia, 17 de noviembre de 1965, vigencia: 1 de julio de 1966, en: *Material de clases para Derecho internacional privado...*, ob. cit., p. 335.

Raquette o *Pin-Pong Internacional*, situación que es rechazada de manera significativa por diversos autores puesto que impide el correcto funcionamiento del sistema jurídico[18]. No obstante, siguiendo la opinión de Tatiana B. de Maekelt se ha tratado de superar este escenario a través de la "teoría de reenvío total", mediante la cual no solo se debería aplicar las normas de Derecho de un sistema jurídico sino todo el conjunto de disposiciones que regulen la materia, incluyendo la jurisprudencia, con el fin de detener el reenvío indefinido[19].

Para evitar a toda costa este tipo de situaciones, podemos observar ordenamientos jurídicos que regulan expresamente la manera de interrumpirlo, de esta forma, la Ley Federal Austríaca sobre Derecho Internacional Privado señala:

> 1. La remisión al Derecho Extranjero comprende también sus normas de remisión. 2. Si el orden jurídico extranjero reenvía al Derecho austriaco, se aplicarán sus normas materiales (las normas jurídicas con excepción de sus normas de remisión); en caso de reenvío ulterior se aplicarán, tomando en cuenta otros reenvíos, las normas materiales del ordenamiento jurídico que no remite más o que recibe primero un reenvío[20].

C. Reenvío circular o ulterior

En el artículo antes citado se puede identificar, además del reenvío de primer grado y de segundo grado, la existencia de un tercer tipo de reenvío denominado reenvío circular o ulterior, el cual a pesar que no es tan común en la práctica, es menester referirnos a ellos por formar un tercer tipo de reenvío. Este tipo particular de reenvío –circular o ulterior– se configura cuando después de varias remisiones a distintos derechos extranjeros, la norma de conflicto de uno de ellos remite al derecho del foro o simplemente no remite a mas ningún ordenamiento jurídico[21].

---

[18] B. de Maekelt, *Teoría general del Derecho internacional privado…*, ob. cit., p. 348.

[19] B. de Maekelt, Tatiana, *Normas generales de Derecho internacional privado en América*, Caracas, Universidad Central de Venezuela, 1984, p. 107.

[20] Ley federal austriaca sobre Derecho Internacional Privado, 15 de junio de 1978, en: *Material de clase para Derecho internacional privado…*, ob. cit., p. 342.

[21] B. de Maekelt, *Teoría general del Derecho internacional privado…*, ob. cit., pp. 347 ss.

Empero, para evitar que siga el reenvío indefinido, la norma austríaca, por ejemplo, ordena la aplicación del Derecho material del foro en el primero de los casos o del derecho material de aquel ordenamiento jurídico que no remite más o de aquel que reciba primero el reenvío; siendo, desde mi punto de vista, la solución más idónea para evitar el *Raquette*.

A pesar de lo explicado anteriormente, existen casos en los cuales la remisión hecha por la norma de conflicto a un ordenamiento jurídico extranjero, no se produce por causa de la utilización de diferentes puntos de conexión, sino por la divergente calificación que se da a los mismos[22], provocando lo que se conoce como el "reenvío por calificación", entre los ejemplos más emblemáticos se encuentran el caso Forgo y el caso Quintana vs. Sion[23].

IV. ANTECEDENTES

Es doctrinalmente aceptado que la problemática del reenvío comenzó con el célebre caso Forgo[24], en el que se discutió la sucesión de un Bávaro que murió en Francia sin haber adquirido en dicho país su domicilio legal. Franz Xaver Forgo vivió en Francia hasta su muerte, no dejó heredero alguno y sus bienes fueron reclamados por el Estado Francés; ante dicha pretensión, se opusieron unos familiares colaterales domiciliados en Baviera.

El Estado Francés se apoyó en el artículo 768 del Código de Comercio Francés en el que se señalaba que a falta de hijos y de cónyuge, la sucesión de los hijos ilegítimos (Forgo lo era) correspondía al Estado. Por su parte, los parientes colaterales invocaron la norma de Derecho Internacional Privado francesa que sometía la herencia de los bienes muebles a la ley del domicilio, y al no haber adquirido Forgo en Francia su domicilio legal, le correspondía remitirse al derecho bávaro el cual reconocía a los parientes colaterales la posibilidad de heredar.

---

[22] Madrid Martínez, El reenvío…, ob. cit., p. 219.

[23] Juzgado Segundo de Primera Instancia en lo Mercantil de la Circunscripción Judicial del Distrito Federal y del Estado Miranda, Sentencia de 29 de septiembre de 1966, en: *Jurisprudencia de los Tribunales de la República*, 1996, Vol. XIV, pp. 128 ss.

[24] Madrid Martínez, *El reenvío…*, ob. cit., p. 216.

El tribunal de Casación, en virtud de dichos alegatos, construyó la teoría del reenvío tras aceptar que la norma de derecho internacional privado francesa remitía a la ley del domicilio (Baviera), no obstante, estimó que el derecho bávaro tenía que ser reconocido en su totalidad, incluyendo sus propias normas de conflicto, las cuales remitían a la ley de la residencia de hecho (Francia); por lo tanto, debía aplicarse el derecho francés y así se decidió. Esta tesis fue admitida por la Sala de lo Civil del Tribunal de Casación Francés, en sentencia de 24 de junio de 1878[25].

No obstante, a pesar de ser doctrinalmente aceptado como el primer caso de reenvío, podemos identificar obras de autores donde aseguran que existen otros antecedentes jurisprudenciales tales como el caso Collier v. Rivaz[26], decidido en el año 1841, en el que se trató la validez formal de un testamento otorgado en Bélgica por un inglés domiciliado en este país y de acuerdo a la forma inglesa. En este caso, según el derecho inglés la validez del testamento era sometida en materia inmobiliaria a la ley del domicilio del testador. Por su parte, la ley belga del domicilio remitía a la ley nacional del testador, es decir, la ley inglesa. El juez inglés aplicó Derecho Belga que contenía una norma de conflicto que reenviaba a la ley nacional inglesa y lo declaró válido.

Por su parte, otros autores como Gerhard Kegel señalan la existencia de otro antecedente jurisprudencial, tal es el caso Krebs vs. Roseline[27] el cual fue decidido por un tribunal de Lubeck en 1861. No obstante, a pesar de ello, dichos casos no tuvieron tanta envergadura y por lo tanto se entiende al caso Forgo como aquel que marca la aparición moderna del reenvío[28]. Así, en Francia se adopta el reenvío en el año 1878, en Bélgica se adopta en el año 1879, en Alemania desde 1861, en Luxemburgo desde 1855 y en Venezuela desde 1907[29].

---

[25] B. de Maekelt, *Teoría general del Derecho internacional privado…*, ob. cit., pp. 346 ss. (ver nota 859).

[26] B. de Maekelt, *Teoría general del Derecho internacional privado …*, ob. cit., pp. 346 ss. (ver nota 858).

[27] Kegel, *Derecho internacional privado…*, ob. cit., p. 217.

[28] Niboyet, *Principios del Teoría general del Derecho internacional privado…*, ob. cit., p. 321.

[29] Niboyet, *Principios del Teoría general del Derecho internacional privado…*, ob. cit., p. 321.

V. REENVÍO EN EL DERECHO VENEZOLANO

A. El nacimiento del reenvío en Venezuela

La primera referencia a esta institución la podemos encontrar en la decisión de la Corte Superior del Distrito Federal del 24 de noviembre de 1906, la cual adquirió notoriedad a través de una nota jurisprudencial publicada en el año 1907 en el "*Journal de Droit International Privé*"[30], por lo que llevó a muchos extranjeros como el autor Niboyet a considerar a Venezuela como uno de los países que favorecían y aceptaban el reenvío[31]. Esta decisión declaró con lugar la adopción de Luis Royer Voupel por dos señores de nacionalidad austriaca. En este sentido el tribunal estableció:

> ...considerando que, si bien es cierto que la capacidad de los adoptantes debe regirse por su ley personal, en el presente caso esa ley es la venezolana, puesto que Austria-Hungría está comprendida entre aquellas naciones que, como Inglaterra, Alemania y Estados Unidos de Norteamérica, admiten como ley personal la del domicilio y por tanto la adopción que hacen los esposos Schuneck, con arreglo a las leyes de Venezuela, tanto en cuanto a las formalidades extrínsecas, como con respecto a las condiciones de capacidad, es también válida en la nación a que ellos pertenecen. Por tales razones esta Corte, administrando justicia en nombre de los Estados Unidos de Venezuela y por autoridad de la ley, declara con lugar Ia adopción de Luis Royer Vaupel por el señor Rudolf Schuneck y la señora Leonie Gaudinot de Schuneck[32].

Ahora bien, a pesar de ser nuestra primera referencia al reenvío, dicha decisión generó muchas críticas entre ellas las del doctor Muci Abraham quien realizó un par de observaciones y señaló que dicho re-

---

[30] Reyna de Roche, Carmen Luisa, *Estudio sobre el reenvío en el Derecho internacional privado venezolano*, Caracas, Instituto de Derecho Privado, Facultad de Ciencias Jurídicas y Políticas, Universidad Central de Venezuela, Cuadernos Colección de Derecho internacional privado, 1974, p 150.

[31] Parra Aranguren, Gonzalo, El reenvío en el Derecho internacional privado venezolano, en: *Revista de la Facultad de Ciencias Jurídicas y Políticas*, 1991, No. 79, p. 203.

[32] Reyna de Roche, *Estudios sobre el reenvío...*, ob. cit. p. 168.

envío se hace sobre una base imaginaria, ya que en Austria el estado y capacidad de las personas se regían por la ley nacional y no por la ley del domicilio, por lo tanto, debió decidirse conforme al derecho de Austria y no conforme al derecho venezolano[33]. Por su parte, también señaló que por no ser un asunto contencioso no debió afirmarse que la jurisprudencia venezolana ha asumido una actitud favorable al reenvío, aunado al hecho que, la jurisprudencia no se forma con una sola decisión sino por reiteradas decisiones[34]. No obstante, a pesar de dichas consideraciones, esta decisión es considerada un verdadero caso de aceptación de reenvío en nuestro país[35].

En Venezuela, antes de la Ley de Derecho Internacional Privado vigente, se pueden encontrar pocas referencias al problema del reenvío ya que nuestro ordenamiento jurídico se caracterizaba por guardar silencio sobre el tema, en consecuencia, no se encontraba establecida una regla o principio general que lo aceptara o que, por el contrario, lo rechazara[36].

B. El reenvío en los tratados internacionales

En este sentido, el Código Bustamante, no incluye norma alguna reguladora del reenvío, a pesar de que en el proyecto del mismo se permitía en materia de estado y capacidad[37]. El autor Parra Aranguren señaló que tal silencio debe ser considerado como un rechazo ya que en diversas oportunidades Bustamante calificó como de orden público internacional todas las normas de Derecho Internacional Privado, por lo que el juez solo podría aplicar sus propias normas de conflicto[38].

Por otra parte, la Convención Interamericana sobre Normas Generales de Derecho Internacional Privado tampoco establece una disposición general sobre la materia, en palabras del autor Parra Aranguren, en virtud de la falta consenso entre los participantes a la Segunda Con-

[33] Reyna de Roche, *Estudios sobre el reenvío…*, ob. cit., p. 169.
[34] Reyna de Roche, *Estudios sobre el reenvío…*, ob. cit., p. 169.
[35] Parra Aranguren, *El reenvío en el Derecho…*, ob. cit. p. 202.
[36] Reyna de Roche, *Estudios sobre el reenvío…*, ob. cit., p. 157
[37] Reyna de Roche, *Estudios sobre el reenvío…*, ob. cit., pp. 155 y ss.
[38] Parra Aranguren, *El reenvío en el Derecho…*, ob. cit., pp. 144-145.

ferencia Especializada (CIDIP-II) para la elaboración de normas generales referentes al reenvío; en este sentido, señala Goldschmidt que la decisión fue sabia pues "mucha más valió no resolver el problema que solucionarlo defectuosamente"[39].

Empero, con relación a este silencio podría estimarse la posibilidad de aplicar el reenvío si tal figura es aceptada por el sistema de Derecho Internacional Privado considerado aplicable por la norma de conflicto, en virtud del artículo 2 de la Convención según el cual el Derecho Extranjero debe aplicarse tal y como lo haría el juez extranjero. No obstante, en opinión de Tatiana B. de Maekelt ello no fue la intención del legislador[40].

Así mismo, la Convención Interamericana sobre Derecho Aplicable a los Contratos Internacionales, en su artículo 17 dispone:

> Para los efectos de esta Convención se entenderá por derecho el vigente en un Estado, con exclusión de sus normas relativas al conflicto de leyes[41].

A diferencia de los convenios anteriores, esta convención si excluye el problema del reenvío de forma directa, no obstante, a pesar de no estar expresamente establecido en los convenios antes analizados, es notable el rechazo a regular el reenvío en los tratados internacionales, y ello es debido a que, por lo general, con los tratados se busca eliminar este tipo de incidencias; así, me parece importante resaltar las palabras del autor Parra Aranguren al respecto:

> ...los tratados internacionales son contrarios a la aceptación del reenvío, habida cuenta de su finalidad, consistente en la sustitución de las normas de Derecho Internacional Privado estatales por las soluciones establecidas de común acuerdo; y , según destaca certeramente Hans Lewald, "sería poco concebible que la regla de conflicto convencional, cuando declara aplicable la ley de uno de los Estados contratantes para regular una cuestión determinada, incluya

[39] Parra Aranguren, *El reenvío en el Derecho...*, ob. cit., pp. 158-159.

[40] De Maekelt, *Normas generales de Derecho internacional privado...*, ob. cit., p. 176

[41] Convención Interamericana sobre Derecho Aplicable a los Contratos Internacionales del 17 de marzo de 1994. Disponible en: http://www.oas.org/juridico/spanish/tratados/b-56.html

también una referencia a sus normas de conflicto, porque, precisamente, son esas reglas de conflicto las que deben ser reemplazadas por las normas convencionales[42].

Por lo tanto, se justifica la negativa a regular el reenvío en las normas convencionales en virtud de la función localizadora que tienen las partes para determinar el derecho aplicable a una situación jurídica, así como también, por la posibilidad de que a falta de ésta elección, se determine el derecho aplicable en virtud del principio de proximidad[43].

C. El reenvío en la legislación interna

Por otra parte, si bien podemos observar que no se estableció un principio general sobre el tema, ya que ni los tratados ni la ley interna lo establecía, existía una norma que permitía el reenvío en una materia tan especial, como es la letra de cambio; así el artículo 483 del Código de Comercio señala:

> La capacidad de una persona para obligarse por medio de la letra de cambio se determina por la ley nacional. Si esta ley declara competente la de otro Estado, esta última es la que se aplica.

Ante el silencio legislativo, autores se planteaban la posibilidad de aplicar analógicamente dicho artículo[44], sin embargo, aquellos que rechazaban esta posibilidad, afirmaban que por la presencia de este artículo no podía deducirse que nuestro ordenamiento jurídico aceptara en forma general el reenvío, debido a que no respondía a la intención del legislador, puesto que, se trató de una copia casi textual del Convenio de La Haya[45]. Sin embargo, otros autores aceptaban que dicho artículo si implicaba una actitud por parte del legislador de aceptar el reenvío

---

[42] Parra Aranguren, *El reenvío en el Derecho ...*, ob. cit., pp. 144.

[43] Madrid Martínez, *El reenvío...*ob. cit. p. 224.

[44] Reyna de Roche, *Estudios sobre el reenvío...*, ob. cit., p. 161.

[45] Sansó, Benito, La función de la interpretación en la búsqueda y adaptación de la ley extranjera aplicable, en: *Estudios Jurídicos*, 1984, p. 161.

en el ordenamiento jurídico venezolano, tanto que el juez venezolano reconoció dicha posibilidad en la sentencia Quintana vs. Sion[46].

D. El reenvío en la actualidad

Para procurar la armonía internacional de soluciones[47], la Ley de Derecho Internacional Privado recogió expresamente el principio del reenvío en su artículo 4, de la siguiente forma:

> Cuando el Derecho extranjero competente declare aplicable el Derecho de un tercer Estado que, a su vez, se declare competente, deberá aplicarse el Derecho interno de este tercer Estado.
> Cuando el Derecho extranjero competente declare aplicable el Derecho venezolano, deberá aplicarse este Derecho.
> En los casos no previstos en los dos párrafos anteriores, deberá aplicarse el Derecho interno del Estado que declare competente la norma venezolana de conflicto.

En esta norma, Goldschmidt observó con claridad la aplicación de las tesis del profesor Bonnemaison, en consecuencia, i) la tesis de la remisión media se consagra en el primer párrafo; ii) la remisión máxima en el segundo párrafo; y iii) la remisión mínima en el último párrafo. De esta forma, el primer párrafo consagra el deseo de respetar la voluntad de la ley extranjera, el segundo obedece al afán de aplicar la *lex fori* y finalmente el tercer párrafo se inspira en la concepción de que la remisión debe ser solamente al derecho material extranjero[48].

El artículo transcrito representa la regla general que, aparentemente, no tiene excepciones, no obstante, el profesor Eugenio Hernández-Bretón indicó que para analizar dicha afirmación resulta necesario recurrir a lo que señala el artículo 2 de nuestra Ley de Derecho Internacional Privado, el cual establece:

> El Derecho extranjero que resulte competente se aplicará de acuerdo con los principios que rijan en el país extranjero respectivo, y

[46] Reyna de Roche, *Estudios sobre el reenvío…*, ob. cit. p. 162.
[47] B. de Maekelt, *Teoría general del Derecho internacional privado…*, ob. cit. p. 354.
[48] Madrid Martínez, El reenvío…, ob. cit. p. 226.

de manera que se realicen los objetivos perseguidos por las normas venezolanas de conflicto[49].

Por lo que, la lectura concordada del artículo 4 junto al artículo 2 de la Ley de Derecho Internacional Privado conduce a establecer ciertas excepciones, y, en consecuencia, a i) negar el principio de la remisión máxima y ii) aceptar, como excepción, la remisión mínima, en aquellos casos en que la aplicación de las normas del derecho extranjero impidiera realizar los objetivos perseguidos por las normas de conflictos venezolanas. De esta forma, la solución venezolana se aproximaría a la contenida en la Ley de Introducción al Código Civil Alemán[50].

> Cuando el Derecho extranjero es designado, deberán aplicarse también sus normas de conflicto, en tanto que ellas no sean contrarias al sentido de la norma de conflicto alemana.

Si el reenvío conduce a resultados incompatibles con el objetivo específico del derecho material perseguido por la norma venezolana de conflicto, la remisión debe ser mínima; sin embargo, es necesario delimitar que el artículo 2 de la Ley no hace referencia al objetivo perseguido por el conjunto de normas venezolanas de conflicto, sino al objetivo perseguido por cada norma de conflicto en particular, por lo tanto, se deberá determinar el objetivo para cada supuesto específico regulado por la norma. Ejemplo de ello lo podemos observar en el artículo 37 de la Ley de Derecho Internacional Público, el cual persigue la validez formal del acto. Para el profesor Hernández-Bretón permitir la aplicación de las normas de conflicto extranjeras podrían impedir la validez formal del acto, no obstante, a pesar de ello, en los casos en los que las normas de conflicto remitan a un derecho que declare válido el acto deberá ser aceptado el reenvío[51].

Otro ejemplo significativo de la excepción a la regla general, es el señalado por el autor Víctor Hugo Guerra relativo a la materia de

[49] Hernández-Bretón, Eugenio, En materia de calificaciones, reenvío y otros asuntos de Derecho Internacional Privado, en: *Cuadernos Unimetanos*, 2007, p. 237

[50] Hernández-Bretón, *En materia de calificaciones...*, ob. cit., p. 237.

[51] Hernández-Bretón, *En materia de calificaciones...*, ob. cit., p. 238.

menores, el cual indica que debe entenderse al interés superior del niño como un principio fundamental de nuestro ordenamiento jurídico, por lo que, su violación acarrearía la no aplicación del derecho extranjero potencialmente competente[52], en este sentido, si el reenvío conduce a resultados incompatibles al interés superior del niño la remisión debería ser mínima.

Por su parte, diversos autores señalan la existencia de otras excepciones, tales como, aquellos casos en los que la ley permite a las partes elegir el derecho aplicable, es decir, en materia contractual. Esta excepción se justifica en virtud de la finalidad perseguida por las partes al momento de elegir el derecho aplicable, la cual es sustituir las normas estatales de Derecho Internacional Privado por las soluciones establecidas de común acuerdo, así como también, por que a falta de la determinación del derecho aplicable entra en juego el principio de proximidad que también permite determinar el derecho aplicable. El autor Giral Pimentel, fundamenta esta excepción en lo establecido en el artículo 2 de la Ley de Derecho Internacional Privado, específicamente, en la orden de realizar los objetivos de las normas venezolanas de conflicto, ya que las normas que regulan la materia contractual procuran recoger las orientaciones de la Convención Interamericana Sobre Derecho Aplicable a los Contratos Internacionales, la cual excluye expresamente el reenvío[53].

Si bien esto aplica en nuestro ordenamiento jurídico, sobre este punto no se puede quedar inadvertido lo establecido en la Ley de Paraguay No. 5.393 dirigida a regular el derecho aplicable a los contratos internacionales, mediante la cual se establece en su artículo 10 lo siguiente:

> Artículo 10. Exclusión del reenvío. La elección del derecho no incluye las normas de conflicto de leyes del derecho elegido por las partes, **a no ser que las partes establezcan expresamente lo contrario** (resaltado propio).

[52] Guerra, Víctor Hugo, La retención y el traslado ilícito de niños, niñas y adolescentes, en: *Segundo a*ño de *vigencia de la Ley Orgánica para la Protección del Niño y Adolescente*, Caracas, Universidad Católica Andrés Bello, 2002. p. 378.

[53] Giral Pimentel, autor citado en: Madrid Martínez, El reenvío..., ob. cit., p. 227.

Podemos notar una posibilidad que no se encuentra expresamente recogida en nuestra Ley de Derecho Internacional Privado ni en la Convención Interamericana sobre Derecho Aplicable a los Contratos Internacionales; pero que debemos tener presente. Esta posibilidad, regulada por primera vez en los Principios de La Haya, consiste en permitir que las partes establezcan de común acuerdo la inclusión de las normas de conflicto de leyes del derecho escogido; lo cual redirecciona la discusión planteada sobre este aspecto para dejarlo a consideración de las partes y enarbolar el principio clave en materia contractual, como lo es la autonomía de la voluntad; pero que puede acarrear injusticias si las partes no conocen el funcionamiento de esta institución, así como, si se llegase a presentar el reenvío indefinido al no establecer los límites adecuados a la remisión.

Por último, se puede entender excluido el reenvío en materia de hecho ilícito u obligaciones no convencionales, pues el artículo 32 de la Ley de Derecho Internacional permite en cierta medida la autonomía de la voluntad, ya que le está permitido a la víctima elegir entre dos ordenamientos jurídicos según le resulte más favorable[54], facultad que se protege mejor con la directa aplicación del derecho material[55].

Las excepciones indicadas responden a la necesidad de brindar una mayor protección, no obstante, en palabras de la autora Tatiana B. De Maekelt "en este ámbito, como en muchos otros, la jurisprudencia tendrá la última palabra"[56].

VI. COMENTARIOS FINALES

Es clara la relevancia del reenvío en nuestro ordenamiento jurídico, pues son distintas las razones que lo justifican, no obstante, las más relevantes y las que se aplican en la actualidad son i) la teoría de la indivisibilidad del derecho extranjero, en virtud del cual, cuando una norma de conflicto declara competente un derecho extranjero debe ser considerado al derecho en su integridad, tanto las normas de derecho material como sus normas de conflicto, ya que la misma debe ser

[54] Madrid Martínez, El reenvío…, ob. cit., p. 227.

[55] B. de Maekelt, *Teoría general del Derecho internacional privado…*, ob. cit. p. 356.

[56] B. de Maekelt, *Teoría general del Derecho internacional privado…*, ob. cit. p. 356.

aplicada tal y como lo haría el juez extranjero; ii) la tesis que el reenvío facilita la solución uniforme de los conflictos de leyes, ya que permite la aplicación de todos los derechos vinculados con la relación en cuestión lo cual favorece una positiva armonización de los mismos y de igual forma, iii) la teoría de que el reenvío desalienta la selección deliberada del foro, promoviendo la uniformidad de los resultados. Tanto así que la autora Tatiana B. de Maekelt consideró que al legislador venezolano le interesaba más la armonía internacional de soluciones que la aplicación de su propio derecho, siempre que se conduzca con ello a la solución equitativa al caso en concreto[57].

Sin embargo, a pesar de ser una figura que se encuentra regulada expresamente en nuestro ordenamiento jurídico, por medio de un artículo que se convirtió en ejemplo de las tesis de remisión, se deben tomar en consideración los objetivos de cada una de las normas de conflicto para verificar, de esta forma, si procede el reenvío ante una situación con elementos de extranjería jurídicamente relevantes. Empero, a pesar de ello, no hay duda que la regla general es la remisión máxima, pues se entiende al derecho extranjero como un todo indivisible, aplicando tanto las normas de conflicto como las normas materiales.

[57] B. de Maekelt, *Teoría general del Derecho internacional privado…*, ob. cit., p. 348.

LA CONFERENCIA DE LA HAYA DE DERECHO INTERNACIONAL PRIVADO Y EL DERECHO APLICABLE A LOS NEGOCIOS INTERNACIONALES

MARÍA MERCEDES ALBORNOZ*

Resumen: El presente texto examina la labor desarrollada por la Conferencia de La Haya en materia de derecho aplicable a los negocios internacionales, con el propósito de identificar tanto sus aportes a la seguridad jurídica, previsibilidad y justicia de las soluciones, como algunos desafíos que requieren atención. Se concluye, por un lado, que la elaboración de diversos convenios y la adopción de los Principios de La Haya constituyen una contribución relevante a la unificación progresiva de las reglas de determinación del derecho aplicable en esta materia a nivel global, afirmando el principio de autonomía de la voluntad. Por otro lado, que es conveniente procurar intensificar el impacto del trabajo de la Conferencia en el mundo de los negocios transfronterizos.

Abstract: *This text analyses Hague Conference's work in the field of the law applicable to international transactions, with the aim of identifying its contributions to legal certainty, predictability and justice, as well as some challenges that require attention. It concludes, on the one hand, that the adoption of diverse conventions and of the Hague Principles are a relevant contribution to the progressive unification of rules on choice of law in this field at a global level, affirming the principle of party autonomy. On the other hand, it concludes on the conenience of seeking to intensify the impact of the work of the Conference in the world of cross-border transactions.*

Sumario: I. Introducción. II. Instrumentos de La Haya sobre derecho aplicable a los negocios internacionales. A. Compraventa. 1. Convenio sobre la ley aplicable a las ventas de carácter internacional de objetos muebles corporales. 2. Convenio sobre la ley aplicable a la transferencia de la propiedad en caso de venta de carácter internacional de objetos muebles corporales. 3. Convenio

* Profesora Investigadora Titular del Centro de Investigación y Docencia Económicas (CIDE), de México. Doctora y Master en Derecho Internacional Privado, *Université de Paris II, Panthéon-Assas,* Francia. Abogada, Universidad Nacional del Litoral, Argentina.

I. INTRODUCCIÓN

Con el objeto de "trabajar por la unificación progresiva de las normas de Derecho Internacional Privado"[1], la Conferencia de La Haya ha venido contribuyendo de manera significativa a la codificación universal de esta área del conocimiento jurídico. 40 instrumentos[2], la gran mayoría de ellos ya en vigor en un total global de 153 Estados[3], son fruto de la labor de la Conferencia de La Haya de Derecho Internacional Privado en pos de la justicia y la seguridad jurídica en las relaciones privadas pluriconectadas. El fin último de los esfuerzos por tender puentes entre culturas[4] y sistemas jurídicos es facilitar la vida de las personas. Esta meta, por sí sola importante, adquiere una mayor relevancia en la época actual, de globalización e hiperconexión ampliamente facilitadas por el desarrollo tecnológico.

---

1 Artículo 1 del Estatuto de la Conferencia de La Haya de Derecho Internacional Privado, adoptado el 31 de octubre de 1951 en la Séptima Sesión de la Conferencia de La Haya de Derecho Internacional Privado, en vigor desde el 15 de julio de 1955. https://www.hcch.net/es/instruments/conventions/full-text/.

2 Para llegar a esta cifra se toman en cuenta los "nuevos" convenios, más los Principios sobre la elección de la ley aplicable en materia de contratos comerciales internacionales, https://www.hcch.net/es/instruments/conventions. Es decir, quedan excluidos los "viejos" convenios, firmados entre 1902 y 1945, https://www.hcch.net/es/instruments/the-old-conventions.

3 Tabla de firmas, ratificaciones y adhesiones a los convenios de La Haya, https://assets.hcch.net/docs/cbe4e800-ee00-4e21-9148-1fe2875bc68a.pdf.

4 Van Loon, Hans, The Hague Conference on Private International Law: Current Problems and Perspectives, en: *Cursos de Derecho Internacional y Relaciones Internacionales de Vitoria-Gasteiz*, Vitoria-Gasteiz, Facultad de Derecho de la Universidad del País Vasco, 2002, p. 25. http://www.ehu.eus/cursosderechointernacionalvitoria/ponencias/pdf/2002/2002_1.pdf.

Como lo destaca el ex-Secretario General de la Conferencia de La Haya, en las últimas décadas, ésta "ha sido una plataforma en [constante] evolución para la elaboración de nuevos métodos para afrontar los desafíos de la globalización"[5]. Sin embargo, a pesar de los significativos aportes del gran trabajo realizado en el seno de la Conferencia, existen algunas áreas de oportunidad que podrían potenciar su impacto. Este planteamiento se formula justamente en 2018, cuando el organismo celebra sus 125 años. Tal conmemoración resulta un momento propicio para reflexionar sobre el camino recorrido y sobre el rumbo a seguir en el futuro.

La presente contribución se enfocará en la labor desarrollada por este organismo internacional, especialmente en materia de derecho aplicable a los negocios internacionales, con el propósito de identificar tanto sus aportes, como algunos desafíos que requieren ser atendidos. Para ello es necesario hacer referencia a los instrumentos elaborados en el seno de la Conferencia de La Haya que regulan el derecho aplicable a diferentes cuestiones atinentes a los negocios transfronterizos.

II. INSTRUMENTOS DE LA HAYA SOBRE DERECHO APLICABLE A LOS NEGOCIOS INTERNACIONALES

La incertidumbre a la que se encuentran expuestos los actores privados que participan en operaciones de comercio internacional puede reducirse no sólo cuando saben a qué autoridad estatal o tercero neutral recurrir ante una eventual controversia, sino, también, cuando existen reglas claras que les indican qué normas son aplicables a sus relaciones jurídicas. El tema del derecho aplicable a los negocios internacionales ha suscitado preocupación e interés a nivel global y esto se ve reflejado en varios instrumentos de La Haya, a los que se hará alusión a continuación. A efectos de ordenar la exposición, se los agrupará en torno a cuatro ejes: compraventa, intermediación, *trusts* y contratos comerciales internacionales en general.

[5] Van Loon, Hans, The Global Horizon of Private International Law, en: *Recueil des Cours*, 2015, Tomo 380, p. 45.

A. Compraventa

La compraventa internacional de mercaderías, o ciertos aspectos de ella, han sido regulados en tres instrumentos elaborados por la Conferencia de La Haya: el Convenio de 15 de junio de 1955 sobre ley aplicable a las ventas de carácter internacional de objetos muebles corporales[6], el de 15 de abril de 1958 sobre ley aplicable a la transferencia de la propiedad en caso de venta de carácter internacional de objetos muebles corporales[7], y el de 22 de diciembre de 1986 sobre la ley aplicable a los contratos de compraventa internacional de mercaderías[8].

1. Convenio sobre la ley aplicable a las ventas de carácter internacional de objetos muebles corporales

Este instrumento entró en vigor el 1 de septiembre de 1964 y obliga a ocho Estados: Dinamarca, Finlandia, Francia, Italia, Níger, Noruega, Suecia y Suiza[9]. Lo firmaron, pero no lo ratificaron España, Luxemburgo y Países Bajos[10]. Nótese asimismo que, si bien Bélgica fue Estado contratante, en febrero de 1999 denunció el convenio, con efectos desde el 1° de septiembre de dicho año[11].

Este convenio se aplica a las "ventas de carácter internacional de objetos muebles corporales" (art. 1, 1er párr.); pero no provee una definición específica de tales contratos. En realidad, sólo se requiere la existencia de vínculos con más de un Estado y se establece la insuficiencia de la declaración de las partes acerca de la aplicación de determinada ley, o de la competencia de cierto juez o de un tribunal arbitral, para conferirle a la venta de objetos muebles corporales el carácter de internacionalidad (art. 1, 4° párr.). Esto significa que un contrato cuyos elementos principales están localizados en el territorio de un solo

6 https://www.hcch.net/es/instruments/conventions/full-text/?cid=31.

7 https://www.hcch.net/es/instruments/conventions/full-text/?cid=32.

8 https://www.hcch.net/es/instruments/conventions/full-text/?cid=61.

9 Tabla de estado de situación, https://www.hcch.net/es/instruments/conventions/status-table/?cid=31.

10 *Ídem.*

11 https://www.hcch.net/es/instruments/conventions/status-table/notifications/?csid=139&disp=type.

Estado, no puede ser internacionalizado por la mera elección hecha por las partes de la ley o el foro de otro Estado, o porque hayan pactado un acuerdo arbitral.

El sistema de determinación de la ley aplicable a la venta establecido por este convenio es dual o bipartito. En primer lugar, entra en juego el principio de autonomía de la voluntad, en sentido conflictual: "La venta se regirá por la ley interna del país designado por las partes contratantes" (art. 2, 1er párr.). La elección podrá ser expresa o tácita, resultando esta última indubitablemente de las cláusulas contractuales. En segundo lugar, de manera subsidiaria, se aplicará, en principio, "la ley interna del país en que el vendedor tenga su residencia habitual en el momento en que recibe el encargo [y si] el encargo se recibe en un establecimiento del vendedor, la venta se regirá por la ley interna del país en que estuviere situado dicho establecimiento" (art. 3, 1er párr.). Se advierte aquí el peso conferido al deudor de la prestación característica del contrato y el empleo de su residencia habitual o el establecimiento como elementos de conexión[12]. Pero la ley aplicable será la del país de residencia habitual del comprador o la del establecimiento que haya efectuado el encargo, si el vendedor recibió el encargo en ese país (art. 3, 2° párr.). En este supuesto se reconoce que, dadas las circunstancias del caso, el contrato tiene más vínculos con el sistema jurídico del país donde reside habitualmente o donde está establecido el comprador, que con aquél donde tiene su residencia habitual o su establecimiento el vendedor. Finalmente, si la venta se llevó a cabo en subasta o en un mercado bursátil, quedará regida por la ley del lugar donde se realizó la subasta, o por la del lugar donde se encuentre la bolsa (art. 3, 3er párr.). En realidad, en caso de ausencia de elección por las partes, es el lugar de celebración del contrato el elemento que prevalece para determinar la ley aplicable[13].

---

[12] Cuando se acoge la prestación característica, tal como lo subraya Antonio Boggiano, lo gravitatorio es el domicilio del deudor y no el lugar de cumplimiento material de dicha prestación. *Derecho internacional privado. En la estructura jurídica del mundo actual*, Buenos Aires, Abeledo Perrot, 6ª ed., 2011, p. 517.

[13] Mebroukine, Ali, Quelques remarques à propos de la Convention de La Haye de 1986 sur la loi applicable aux contrats de vente internationale de marchandises, en: *International Business Law Journal*, 1998, No. 1, p. 57.

Es preciso señalar que entre las exclusiones del ámbito material de aplicación del convenio se encuentra la transferencia de la propiedad del objeto mueble corporal que es objeto del contrato de venta (art. 5, inciso 3). Justamente para esta cuestión específica se redactó otro instrumento de *hard law*, adoptado el 15 de abril de 1958: el convenio sobre ley aplicable a la transferencia de la propiedad en caso de venta de carácter internacional de objetos muebles corporales.

Se ha observado que el Convenio de 1955 sobre la ley aplicable a las ventas de carácter internacional de objetos muebles corporales no fue exitoso[14]. Porque, más allá del escaso número de ratificaciones alcanzadas, ya para los años '80 la mayoría de sus disposiciones quedaron "obsoletas, debido a la rápida evolución de las reglas del derecho comercial internacional"[15]. Esta circunstancia condujo a la elaboración de un nuevo convenio, que vio la luz en 1986.

2. Convenio sobre la ley aplicable a la transferencia de la propiedad en caso de venta de carácter internacional de objetos muebles corporales

Este convenio, firmado únicamente por Italia y Grecia y ratificado sólo por Italia, no ha entrado en vigor[16]. La intención del codificador era completar el espectro de normas uniformes aplicables a la venta internacional de objetos muebles corporales. En efecto, el mismo día en que se adoptó el Convenio sobre ley aplicable a la transferencia de la propiedad, se firmó también otro, sobre la competencia del foro contractual en el supuesto de venta de carácter internacional de objetos muebles corporales[17] que, a pesar de haber sido firmado por cuatro Estados, no contó con ninguna ratificación[18].

---

14 Mebroukine, Quelques remarques…, ob. cit., p. 45.

15 Mebroukine, Quelques remarques…, ob. cit., p. 45.

16 Tabla de estado de situación, https://www.hcch.net/es/instruments/conventions/status-table/?cid=32.

17 https://www.hcch.net/es/instruments/conventions/full-text/?cid=34.

18 Tabla de estado de situación, https://www.hcch.net/es/instruments/conventions/status-table/?cid=34. Pero casi medio siglo más adelante se firmó el Convenio de 30 de junio de 2005 sobre acuerdos de elección de foro, con un ámbito de aplicación mucho más amplio, que se encuentra en vigor desde el 1 de octubre de 2015 y que cuenta con 32 Estados parte, https://www.hcch.net/es/instruments/conventions/full-text/?cid=98 y https://www.hcch.net/es/instruments/conventions/status-table/?cid=98.

Si bien el Convenio sobre la ley aplicable a la transferencia de la propiedad en caso de venta de carácter internacional de objetos muebles corporales no encuentra en vigor, su existencia es prueba del intento por contar con normas comunes a varios Estados que generen mayor certeza en la materia. Por eso se hará alusión, aunque de manera sucinta, el contenido de sus principales disposiciones.

La determinación de la ley aplicable a los aspectos del contrato de venta indicados en el artículo 2, se hará siguiendo las reglas generales del artículo 3 del convenio, a reserva de las disposiciones específicas de los artículos 4 y 5 (sobre oponibilidad a los acreedores del comprador de derechos sobre los objetos vendidos del vendedor no pagado y sobre los derechos del comprador oponibles a terceros que reclaman derechos reales sobre los objetos vendidos, respectivamente).

En virtud del artículo 3, la ley aplicable a la transferencia a favor del comprador, de la propiedad de los objetos vendidos, con respecto a terceros al contrato de venta, será "la ley interna del país en que están situados estos objetos en el momento en que se produzca una reclamación que les afecte" (2° párr.). No obstante, hay dos supuestos en los cuales se aplicará una ley diferente. Así, el 3er párrafo del artículo dispone que "Se mantendrá, sin embargo, la propiedad adquirida por el comprador que le haya sido reconocida por la ley interna de uno de los países en que los objetos vendidos hayan estado anteriormente situados" y que, "Además, si se trata de venta sobre documentos y estos documentos representan a los objetos vendidos, se considera adquirida por el comprador la propiedad que le ha sido reconocida por la ley interna del país en que ha recibido los documentos".

3. Convenio sobre la ley aplicable a los contratos de compraventa internacional de mercaderías

Este convenio, a pesar de ser más moderno que el de 1955, no corrió con mejor suerte que él, ya que ni siquiera ha entrado en vigor. Solo cuenta con dos Estados contratantes: las repúblicas Argentina y de Moldova[19]; sin embargo, para que inicie su vigencia se requiere el

[19] Tabla de estado de situación, https://www.hcch.net/es/instruments/conventions/status-table/?cid=61.

depósito de cinco instrumentos de ratificación, aceptación, aprobación o adhesión (art. 27). Eslovaquia, Países Bajos y la República Checa lo han firmado, mas no lo han ratificado[20]. Se previó expresamente que el Convenio sobre la ley aplicable a los contratos de compraventa internacional de mercaderías de 1986, reemplace el Convenio sobre la ley aplicable a las ventas de carácter internacional de objetos muebles corporales de 1955, con respecto a los Estados parte de ambos (art. 28). No obstante, en la práctica no existe ningún Estado en esta situación[21].

Aunque el Convenio sobre la ley aplicable a los contratos de compraventa internacional mercaderías no encuentra en vigor, su existencia demuestra, por un lado, un esfuerzo por modernizar el contenido del convenio de 1955 y, por otro lado, que se ha continuado intentando propiciar la adopción de normas comunes a varios Estados para incrementar la certeza jurídica en cuanto el derecho que rige el contrato básico del comercio internacional. Por ello se hará referencia al contenido de sus disposiciones más relevantes, en muchas de las cuales se advierte el influjo del Convenio de Roma de 19 de junio de 1980 sobre la ley aplicable a las obligaciones contractuales[22] [23].

---

[20] *Ídem.*

[21] Países Bajos firmó ambos, sin haber ratificado ninguno de ellos.

[22] El Convenio de Roma, 80/934 CEE, versión consolidada CF 498Y0126(03), Diario *Oficial de las Comunidades Europeas, No. L 266, 9 de octubre de 1980, pp. 0001-0019,* https://eur-lex.europa.eu/legal-content/ES/TXT/?uri=celex:41980A0934, estuvo en vigor desde el 1 de abril de 1991 hasta que fue reemplazado por el Reglamento Roma I, el 17 de diciembre de 2009. Ver comentarios a este instrumento en: Foyer, Jacques, Entrée en vigueur de la Convention de Rome du 19 juin 1980 sur la loi applicable aux obligations contractuelles, en: *Journal du Droit International,* 1991, Vol. 118, No. 3, pp. 601 ss.; Lagarde, Paul, Le nouveau droit international privé des contrats après l'entrée en vigueur de la Convention de Rome du 19 juin 1980, en: *Revue critique de droit international privé*, 1991, Vol. 98, pp. 287 ss.

[23] Dicho instrumento fue posteriormente reemplazado por el Reglamento (CE) No. 593/2008 del Parlamento Europeo y del Consejo de 17 de junio de 2008 sobre la ley aplicable a las obligaciones contractuales (Roma I), *Diario Oficial de la Unión Europea*, No. L 177, 4 de julio de 2008, pp. 109-119, https://eur-lex.europa.eu/legal-content/ES/TXT/PDF/?uri=CELEX:32008R0593&from=ES, aplicable a partir del 17 de diciembre de 2009 (art. 29). Ver Bonell, Michael Joachim, El Reglamento CE 593/2008 sobre la ley aplicable a las obligaciones contractuales ("Roma I"): es decir, una ocasión perdida, en: ¿Cómo se codifica hoy el derecho comercial internacional?, Asunción, La Ley, 2010, pp. 209 ss.; F. Ferrari / S. Leible (eds.), *Rome I Regulation: the law applicable to contractual obligations in Europe*, Munich, Sellier European Law Publishers, 2009.

Al delimitar su ámbito material de aplicación en el artículo 1, el convenio de 1986 indica cuándo se considera que un contrato de compraventa de mercaderías es internacional. Califica la internacionalidad del contrato adoptando un criterio amplio, no limitado a los supuestos en los que los establecimientos de los contratantes se encuentren ubicados en Estados distintos (inciso a), sino que también incluye "todos los demás casos en que exista conflicto entre las leyes de Estados diferentes, a no ser que dicho conflicto dimane exclusivamente de una estipulación de las partes acerca de la ley aplicable y aun cuando vaya acompañada de la designación de tribunal o árbitro" (inciso b).

El sistema de determinación del derecho aplicable a la compraventa es dual: permite la autonomía de la voluntad para la elección de la ley y establece cómo identificar la ley aplicable en ausencia de elección. En cuanto a la elección de la ley aplicable, el artículo 7 innova, con respecto al convenio de 1955, en los siguientes aspectos: i) para que haya elección tácita se requiere que ésta resulte "claramente de las estipulaciones del contrato y del comportamiento de las partes, considerados en su conjunto"; ii) se admite expresamente el fraccionamiento o *dépeçage* del contrato; iii) se permite a las partes efectuar la elección, o bien modificarla, en cualquier momento.

Para cuando los contratantes no hayan ejercido la autonomía de la voluntad para señalar la ley aplicable, el artículo 8 contiene normas subsidiarias. De hecho, mantiene la importancia conferida al lugar de celebración del contrato en el convenio de 1955. En efecto, primeramente, se establece que el contrato de compraventa internacional de mercaderías se regirá "por la ley del Estado en el cual tenga su establecimiento el vendedor al momento de celebrarse el contrato" (art. 8.1). Sin embargo, en segundo lugar (art. 8.2), afinando el criterio del lugar de celebración[24], se indica que se aplicará la ley del Estado donde tenía su establecimiento el comprador cuando contrató, siempre que:

a) se hayan celebrado negociaciones y el contrato haya sido concertado por las partes estando éstas presentes en dicho Estado;

[24] Mebroukine, Quelques remarques…, ob. cit., p. 58.

b) en el contrato se prevea expresamente que el vendedor deberá cumplir su obligación de entregar las mercaderías en dicho Estado; o
c) el contrato haya sido concertado sobre la base de condiciones establecidas fundamentalmente por el comprador y de una invitación formulada por éste a diversas personas para la presentación de ofertas (licitación).

En tercer lugar, se incluye una cláusula de escape, similar a la contenida en el artículo 4.5 del Convenio de Roma, aunque un poco más estricta[25]. Esto también representa una innovación, en comparación con el convenio de 1955, que introduce flexibilidad en la determinación de la ley aplicable. En efecto, según el artículo 8.3 del Convenio sobre la ley aplicable a los contratos de compraventa internacional de mercaderías, "a título excepcional y cuando a la luz de las circunstancias en su conjunto (...) el contrato tenga vinculaciones manifiestamente más estrechas con una ley distinta de aquella que en caso contrario le sería aplicable según los apartados 1 y 2 del presente artículo, el contrato se regirá por esa ley".

B. Intermediación

En torno a la figura de la intermediación, la Conferencia de La Haya ha elaborado dos convenios: el del 14 de marzo de 1978 sobre la ley aplicable a los contratos de intermediarios y a la representación[26] y el del 5 de julio de 2006 sobre la ley aplicable a ciertos derechos sobre valores depositados en un intermediario[27].

1. Convenio sobre la ley aplicable a los contratos de intermediarios y a la representación

Este instrumento entró en vigor el día 1 de mayo de 1992 entre cuatro Estados contratantes que, además, son los únicos signatarios:

[25] Mientras que el Convenio de Roma sólo alude a una mayor proximidad "lazos más estrechos" con otro país, el de La Haya de 1986 exige "vinculaciones manifiestamente más estrechas".
[26] https://www.hcch.net/es/instruments/conventions/full-text/?cid=89.
[27] https://www.hcch.net/es/instruments/conventions/full-text/?cid=72.

Argentina, Francia, Países Bajos y Portugal[28]. La materia que regula es la determinación de la ley aplicable

> a las relaciones de carácter internacional que se crean cuando una persona, el intermediario, tiene el poder de actuar, actúa o pretende actuar en sus relaciones con un tercero por cuenta de otra persona, el representado, (…) tanto si el intermediario actúa en nombre propio como en nombre del representado y tanto si su actividad es habitual como ocasional (art. 1, párr. 1 y 3).

El ámbito material de aplicación del convenio "Incluye la actividad del intermediario consistente en recibir y en comunicar proposiciones o en realizar negociaciones por cuenta de otras personas" (art. 1, párr. 2).

El convenio regula las dos facetas de las relaciones jurídicas internacionales de intermediación y representación: la interna, que atiende a las relaciones entre el representado y el intermediario, y la externa, referida a las relaciones con terceros derivadas de la intervención de un intermediario.

Para la faceta interna, prefiguró las soluciones que posteriormente serían adoptadas por el Convenio de Roma[29] y la Convención interamericana sobre derecho aplicable a los contratos internacionales[30], que serían extendidas a los contratos en general[31]. En efecto, el Convenio

---

[28] Tabla estado de situación, https://www.hcch.net/es/instruments/conventions/status-table/?cid=89.

[29] Audit, Bernard / Louis d'Avout, *Droit international privé*, Paris, Ed. Economica, 6ª ed., 2010, p. 746.

[30] También conocida como "Convención de México", firmada el 17 de marzo de 1994 y en vigor entre México y Venezuela desde el 15 de diciembre del año 1996. https://www.oas.org/juridico/spanish/tratados/b-56.html y https://www.oas.org/juridico/spanish/firmas/b-56.html. Ver comentarios a este instrumento en: Fernández Arroyo, Diego P., La Convention Interaméricaine sur la loi applicable aux contrats internationaux, en: *Revue Critique de Droit international privé*, 1994, Vol. 84, No. 1, pp. 178 ss.; Hernández-Bretón, Eugenio, La Convención de México (CIDIP V, 1994) como modelo para la actualización de los sistemas nacionales de contratación internacional en América Latina, en: *DeCITA, Derecho del comercio internacional, temas y actualidades*, 2008, No. 9, pp. 167 ss.; Juenger, Friedrich K., The Inter-American Convention on the Law Applicable to International Contracts: Some Highlights and Comparisons, en: *American Journal of Comparatie Law*, 1994, Vol. 42, pp. 381 ss.

[31] Van Loon, The Global Horizon…, ob. cit., p. 33.

sobre la ley aplicable a los contratos de intermediarios y a la representación consagra el principio de autonomía de la voluntad, permitiendo la elección expresa o tácita de la ley aplicable al contrato (art. 5) y, en ausencia de elección, se aplicará la ley del Estado donde, "al momento de la creación de la relación de representación, el intermediario tuviera su establecimiento profesional" (art. 6, 1er párr.). Cuando es el juez quien tiene que determinar la ley aplicable, debe para ello identificar dónde estaba establecido el intermediario, deudor de la prestación característica. Sin embargo, en caso de que confluyan en un mismo Estado[32] el lugar donde el intermediario debe ejercer a título principal su actividad y la ubicación del establecimiento profesional (o, en su defecto, la residencia habitual) del representado, corresponde aplicar la ley de ese Estado (art. 6, 2° párr.). Estas normas, concebidas para regir la cara interna de la relación, no serán de aplicadas cuando la relación de representación surja de un contrato de trabajo (art. 10).

En cuanto a la faceta externa, de relaciones entre el intermediario y los terceros, el convenio dispone que "la existencia y el ámbito de poderes del intermediario, así como los efectos de los actos del intermediario en el ejercicio real o pretendido de sus poderes, se regirán por la ley interna del Estado en el que el intermediario tuviera su establecimiento profesional en el momento en que actúa" (art. 11, 1er párr.). No obstante, en algunos supuestos excepcionales contemplados en el 2° párrafo del artículo 11, se aplicará la ley del Estado en el cual el intermediario actúa.

A pesar de lo establecido en el artículo 11, el 14 indica que cuando el representado o el tercero haya designado una ley por escrito y ello haya sido expresamente aceptado por la otra parte, se aplicará la ley así elegida. Además, a diferencia de lo dispuesto en el artículo 10 para los aspectos internos de la relación de intermediación, las normas que regulan la faceta externa de tal relación se aplican incluso cuando el intermediario actúa en virtud de un contrato de trabajo[33].

[32] Ver Mayer, Pierre / Vincent Heuzé, *Droit international privé*, Paris, Montchrestien, 9ª ed., 2007, p. 550.

[33] Téngase presente que, según el artículo 12: "A los fines de la aplicación del párrafo primero del artículo 11, cuando el intermediario que actúa en virtud de un contrato de trabajo que le vincula al representado no tiene un establecimiento profesional personal, se entenderá que

Finalmente, cabe añadir que resulta coherente[34] que la ley aplicable a la cara externa de la relación rija también las eventuales acciones del tercero contra el intermediario, derivadas del hecho de que este último "haya actuado en el ejercicio de sus poderes, más allá de sus poderes o sin poderes" (art. 15).

2. Convenio sobre la ley aplicable a ciertos derechos sobre valores depositados en un intermediario

Este convenio entró en vigor el 1 de abril de 2017 entre tres Estados: Suiza, Estados Unidos de América y Mauricio[35]. Aunque aún cuenta con el mínimo número de Estados parte requerido para entrar en vigor (art. 19), se entiende que presenta gran interés para todos aquellos países que deseen potenciar su participación en el mercado financiero mundial. Este instrumento era necesario para ofrecer certeza jurídica[36] y previsibilidad cuando se trata de determinar la ley aplicable a los valores depositados en centrales de compensación y liquidación, u otros intermediarios. A fin de facilitar la circulación internacional de capitales y el acceso a los mercados de capitales, el establecimiento de normas comunes sobre la ley aplicable a los valores depositados en un intermediario es susceptible producir efectos positivos en todos los Estados, sin importar cuál sea su grado de desarrollo económico.

El instrumento contiene una serie de normas de conflicto cuyo punto de partida es el reconocimiento de que el principio del lugar del intermediario relevante genera certeza y previsibilidad. Los valores depositados en un intermediario cuando hay elementos de internacionalidad y, en particular, ciertas cuestiones relativas a los mismos que son enlistadas en el convenio se rigen por la ley determinada siguiendo las reglas del Capítulo II.

---

tiene su establecimiento en el lugar en que está situado el establecimiento profesional del representado al que está vinculado".

34 Audit, *Droit international...*, ob. cit., p. 746.

35 Tabla de estado de situación, https://www.hcch.net/es/instruments/conventions/status-table/?cid=72.

36 Bernasconi, Christophe / Harry C. Sigman, The Hague Convention on the Law Applicable to Certain Rights in Respect of Securities Held with an Intermediary (Hague Securities Convention), en: *Uniform Law Review*, 2005, Vol. 10, No. 1-2, p. 117.

El referido capítulo del convenio establece un sistema singular y minucioso para la determinación de la ley aplicable. En primer lugar, consta de una conexión principal; luego, una serie de conexiones subsidiarias; finalmente, una lista de conexiones expresamente excluidas. A su vez, la conexión principal (autonomía de la voluntad) se encuentra sujeta a ciertas condiciones; en otras palabras: la libertad de elección se ve restringida a las leyes de ciertos Estados.En principio, según el artículo 4, la ley aplicable a todas las cuestiones relativas a los valores depositados en un intermediario indicadas en el convenio "será la ley en vigor en el Estado expresamente designado en el contrato de cuenta como aquel Estado cuya ley rige el contrato de cuenta o, si el contrato de cuenta expresamente establece que otra ley sea aplicable a todas esas cuestiones, esta otra ley". Sin embargo, la ley así seleccionada sólo podrá ser aplicable si, al momento de celebrar el contrato, el intermediario relevante tiene un establecimiento en ese Estado, que:

a) solo o con otros establecimientos del intermediario relevante o con otras personas actuando para el intermediario relevante en ese mismo Estado o en otro:
   (i) efectúa o supervisa anotaciones en cuentas de valores;
   (ii) realiza la administración de los pagos o de otras actividades societarias relativas a los valores depositados en el intermediario; o
   (iii) participa, de cualquier otra manera, en una actividad profesional o regular de mantenimiento de cuentas; o
b) es identificado mediante un número de cuenta, un código bancario o cualquier otro modo de identificación particular como un establecimiento que mantiene cuentas de valores en ese mismo Estado.

Con carácter subsidiario, el artículo 5 del convenio establece una serie de conexiones que funcionan en cascada, con tres niveles.

Primeramente, si la ley aplicable no fue determinada en virtud de la conexión principal, "pero del contrato de cuenta escrito resulta de manera expresa e indubitada que el intermediario relevante celebró dicho contrato de cuenta a través de un determinado establecimiento", se aplicará la ley en vigor en el Estado en el que se encuentre ese establecimiento, si se cumplen las condiciones del artículo 4 transcriptas más arriba. El artículo 5 prevé, adicionalmente, que ciertas cláusulas[37] no serán tenidas en cuenta para decidir si de un contrato resulta de modo expreso e indubitado que el mismo se celebró a través de un establecimiento determinado.

En segundo lugar, si aun así no quedó determinada la ley aplicable, ésta será la que esté en vigor en el Estado "conforme a cuya ley el intermediario relevante se haya constituido o, en su defecto, organizado en el momento de celebración del contrato de cuenta escrito o, si no hay tal contrato, en el momento de apertura de la cuenta de valores".

En tercer lugar, si de todos modos la ley aplicable todavía no hubiera quedado determinada, ésta será la que se encuentre en vigor en el Estado "donde el intermediario relevante ejerza sus actividades, y si las ejerce en varios lugares, donde esté el lugar principal de actividad, en el momento de celebración del contrato de cuenta escrito o, si no hay tal contrato, en el momento de apertura de la cuenta de valores".

El sistema de determinación de la ley aplicable instaurado por este convenio se completa con una lista de puntos de conexión expresamente excluidos (previstos en el artículo 6), que no serán tenidos en cuenta para identificar la ley aplicable en virtud del convenio.

C. *Trusts*

El *trust* es una figura propia del derecho anglosajón, desarrollada por los tribunales de equidad del *common law* y que ha sido adoptada por otros países con algunas modificaciones. Si bien el fideicomiso regulado en la legislación de diversos Estados latinoamericanos presenta semejanzas con el *trust* del *common law*, también tiene divergencias. El objetivo aquí no es comparar ambas figuras sino señalar que, debido a

[37] Se trata de las cláusulas que dispongan: "que una notificación o cualquier otro documento puede o debe entregarse al intermediario relevante en ese establecimiento; (...) que el intermediario relevante puede o debe ser demandado en un Estado determinado o en una unidad territorial determinada de un Estado con diversas unidades; (...) que disponga que la información sobre el estado de las cuentas de valores o cualquier otro documento puede o debe ser enviado por el intermediario relevante desde dicho establecimiento; (...) que cualquiera de los servicios que presta el intermediario relevante puede o deber ser prestado desde dicho establecimiento; [o] (...) que una operación o función puede o debe ser realizada por el intermediario relevante en ese establecimiento" (art. 5.1).

las diferencias de regulación de una tradición jurídica a otra y de un país a otro, resulta crucial poder tener certeza acerca de cuál es el derecho aplicable al trust en casos transfronterizos. Entre los instrumentos de la Conferencia de La Haya sobre derecho aplicable a los negocios internacionales se encuentra el Convenio del 1 de julio de 1985 sobre la ley aplicable al *trust* y su reconocimiento[38].

1. Convenio sobre la ley aplicable al *trust* y su reconocimiento

Este convenio entró en vigor el 1 de enero de 1992 y cuenta con catorce Estados parte: Australia, Canadá, la Región Administrativa Especial de Hong Kong (China), Chipre, Italia, Liechtenstein, Luxemburgo, Malta, Mónaco, Países Bajos, Panamá, Reino Unido, San Marino y Suiza[39]. Por su parte, Estados Unidos de América y Francia lo firmaron, pero no lo han ratificado[40]. Vale la pena destacar que Panamá no sólo es el único Estado latinoamericano parte, sino el último de todos los Estados parte en haber asumido tal carácter. En efecto, el instrumento entrará en vigor con respecto a Panamá el 1° de diciembre de 2018. Asimismo, es preciso tener presente que, aunque Bélgica no es parte contratante, replicó algunas de sus normas en el Código de Derecho Internacional Privado[41]. También merece ser subrayado el hecho de que los Estados vinculados por el convenio pertenecen a tradiciones jurídicas diversas: no se trata únicamente de países de *common law*, ni únicamente de países romano-germánicos. Ello responde al objetivo de regular resolver problemas atinentes a la validez del *trust* y su reconocimiento en Estados no familiarizados con dicha figura[42]. En instrumentos como éste se ve plasmada, de manera particular, la aspiración

---

[38] https://www.hcch.net/es/instruments/conventions/full-text/?cid=59.

[39] Tabla de estado de situación, https://www.hcch.net/es/instruments/conventions/status-table/?cid=59.

[40] *Ídem.*

[41] Capítulo XII, Trust (arts. 122 a 125), Loi portant le Code de droit international privé, 16 de julio de 2004, http://www.ejustice.just.fgov.be/cgi_loi/change_lg.pl?language=fr&la=F&cn=2004071631&table_name=loi.

[42] Fawcett, J. J. / J. M. Carruthers, *Cheshire, North & Fawcett Private International Law*, Oxford, Oxford University Press, 14ª ed., 2008, p. 1312.

del Derecho Internacional Privado de tender puentes para facilitar la interacción entre sistemas y culturas jurídicas diferentes.

El Convenio define el *trust* como "las relaciones jurídicas creadas –por *acto inter vivos* o *mortis causa*– por una persona, el constituyente, mediante la colocación de bienes bajo el control de un *trustee* en interés de un beneficiario o con un fin determinado" (art. 2) y solo se aplica a aquéllos que sean "creados voluntariamente y cuya prueba conste por escrito" (art. 3).

Para efectos de la determinación de la ley aplicable al *trust*, el convenio consagra en su artículo 6 el principio de la autonomía de la voluntad, con la característica de que quien elige la ley aplicable al *trust* es el constituyente. Se está ante una elección unilateral, que podrá ser efectuada de manera expresa, o bien tácita. Esta última forma de elección debe "resultar de las disposiciones del instrumento por el que se crea el *trust* o se prueba su existencia, interpretadas, cuando sea necesario, a la luz de las circunstancias del caso" (art. 6, 1er párr., *in fine*).

Pero dicha elección de la ley aplicable podrá no surtir efectos. Esto sucederá cuando en la ley seleccionada se desconozca la institución del *trust* o la categoría de *trust* de la que se trate. En cualquiera de estos dos casos, se desencadenará la solución subsidiaria, prevista en el artículo 7 para la ausencia de elección por parte del constituyente.

En ausencia de una elección susceptible de producir efectos, la ley aplicable al *trust* se determina en virtud del principio de proximidad: el *trust* se regirá por la ley del Estado con el que esté más estrechamente vinculado. El mismo artículo 7 establece cuatro factores particulares a tener en cuenta al procurar identificar el derecho más próximo al *trust*. Ellos son: el lugar de la administración del *trust* designado por el constituyente, el lugar donde se encuentren situados los bienes del *trust*, el lugar donde resida o ejerza sus actividades el *trustee*, y los objetivos del *trust* y los lugares donde deban cumplirse. Sin embargo, guarda silencio acerca del momento en el cual deben ser considerados tales factores en caso de existir conflicto móvil. Con respecto a esta cuestión puntual, se ha estimado que el momento clave es el de creación del *trust*[43]. Así, por ejemplo, si el *trustee* cambió varias veces de residencia durante la

[43] Fawcett / Carruthers, *Cheshire, North & Fawcett…*, ob. cit., p. 1317.

vida del *trust* y se requiere determinar la ley aplicable en ausencia de ejercicio de la autonomía de la voluntad, la residencia a tener en cuenta será la que tenía al momento de la creación del *trust*.

El convenio admite el *dépeçage*, tanto en el supuesto de elección como en el de ausencia de elección, para que cualquier elemento separable pueda ser regido por otra ley (art. 9). Asimismo, precisa qué aspectos del *trust* serán regulados por la ley aplicable determinada en función de sus disposiciones: esa ley "regirá la validez del *trust*, su interpretación y sus efectos, así como su administración" (art. 8). Como corolario, se establece en el artículo 11 que todo *trust* creado de conformidad con la ley aplicable será reconocido como *trust*. Y se precisa que el reconocimiento "implicará como mínimo que los bienes del *trust* sean distintos del patrimonio personal del *trustee* y que éste pueda actuar como demandante o demandado y pueda comparecer en calidad de *trustee* ante notario o cualquier persona que ejerza una función pública" (art. 11, 2° párr.).

Si bien han transcurrido más de 30 años desde la firma del convenio, se estima que sería positivo que más Estados, tanto de tradición romano-germánica como de *common law*, se adhirieran al mismo[44].

D. Contratos comerciales internacionales en general

Antes del 19 de marzo de 2015, fecha en la que fueron aprobados los Principios sobre la elección de la ley aplicable en materia de contratos comerciales internacionales[45], se carecía de un instrumento adoptado por un organismo internacional de alcance universal que abordara los contratos comerciales internacionales en general desde la perspectiva de la determinación del derecho que los ha de regir[46]. Y los Principios de La Haya han venido a llenar este vacío, convirtiéndose además en el primer instrumento de derecho blando elaborado por la

[44] Hayton, David, Reflections on The Hague Trusts Convention after 30 years, en: *Journal of Private International Law*, 2016, Vol. 12, No. 1, pp. 24-25.

[45] https://assets.hcch.net/docs/21356f80-f371-4769-af20-a5e70646554b.pdf.

[46] El enfoque adoptado por los Principios UNIDROIT (Instituto Internacional para la Unificación del Derecho Privado) sobre los contratos comerciales internacionales (cuya primera versión data de 1994 y la más reciente data de 2016, https://www.unidroit.org/unidroit-principles-2016/unidroit-principles-2016-overview/spanish-black-letter) es netamente sustantivo.

Conferencia. A raíz del empleo del *soft law* como técnica de codificación, novedosa para este organismo internacional, se ha señalado que su misión ha sido, en cierto sentido, "ampliada"[47].

Evidentemente, los Principios de La Haya no son instrumento de *hard law* como las convenciones internacionales vinculantes para los Estados parte redactadas con anterioridad, muchas de las cuales, como se ha visto más arriba, enfrentan dificultades para obtener un número significativo de firmas, ratificaciones o adhesiones, llegando a veces a ponerse en riesgo o incluso a obstruirse su entrada en vigor[48]. Al optar por una técnica blanda, como lo ha hecho la Conferencia en materia de derecho aplicable a los contratos comerciales internacionales, aunque se cede en vinculatoriedad, la flexibilidad facilita progresar en la materia regulada, incrementando la calidad y la justicia del contenido[49], a la vez que se hace posible ganar en impacto práctico. Ahora bien, los principios son sólo uno entre diversos tipos de instrumentos englobados dentro de la técnica del *soft law*[50].

1. Principios sobre la elección de la ley aplicable en materia de contratos comerciales internacionales

Los Principios de La Haya constituyen un conjunto de principios generales acerca de la elección del derecho aplicable a los contratos internacionales, adoptado "a través de los procesos deliberativos y diplomáticos de la Conferencia de La Haya de Derecho Internacional Privado, que consagra la visión de la organización en cuanto a los principios básicos acerca de los acuerdos de las partes en cuanto al derecho

[47] Boele-Woelki, Katharina, Party Autonomy in Litigation and Arbitration in View of the Hague Principles on Choice of Law in International Commercial Contracts, en: *Recueil des Cours*, 2015, Tomo 379, p. 53.

[48] Acerca de ésta y otras dificultades del *hard law*, así como sobre sus beneficios, ver Albornoz, María Mercedes / Nuria González Martín, Towards the Uniform Application of Party Autonomy for Choice of Law in International Commercial Contracts, en: *Journal of Private International Law*, 2016, Vol. 12, No. 3, pp. 456-457.

[49] Albornoz / González Martín, Towards the Uniform Application…, ob. cit., pp. 457-459. No obstante, como se verá más adelante, no siempre es posible escapar a la necesidad de acoger ciertas soluciones de compromiso.

[50] Otros son, por ejemplo: leyes modelo, guías legislativas, recomendaciones, guías de mejores prácticas.

que regirá sus contratos comerciales internacionales"[51]. Su objetivo es afirmar el principio de autonomía de la voluntad para la elección del derecho aplicable a los contratos comerciales internacionales, a fin de contribuir a la consolidación del mismo a nivel global, teniendo presente que aún encuentra resistencia en algunas regiones, como Sudamérica y Medio Oriente[52].

Tal como lo indica el preámbulo, este instrumento puede servir como modelo para futuros instrumentos normativos de orden nacional[53], regional, supranacional o internacional. Además de los legisladores, resulta relevante que otros destinatarios de los principios sean los tribunales judiciales y arbitrales. En cualquier caso, pueden utilizarse para interpretar, para completar y para desarrollar normas acerca de la materia que abordan.

Los Principios de La Haya sólo se ocupan de la elección del derecho aplicable efectuada por las partes de contratos internacionales celebrados en ejercicio de su actividad comercial o profesional (art. 1.1). Es decir que dejan de lado el supuesto de no ejercicio de la autonomía de la voluntad, en el que le corresponde al juzgador (árbitro o juez) llevar a cabo tal selección. Además, contienen una calificación de internacionalidad del contrato: se entiende que "un contrato es internacional[,] salvo si las partes tienen sus establecimientos en el mismo Estado y la relación entre las partes y los demás elementos relevantes, independientemente del derecho aplicable elegido, está vinculada únicamente con dicho Estado" (art. 1.2).

La libertad de elección del derecho aplicable es consagrada en términos amplios en el artículo 2 (admisión del *dépeçage*, de realización o modificación en cualquier momento, no exigencia de vínculos con el derecho seleccionado). Esto se ve reforzado con la aceptación de que,

[51] Grinsberger, Daniel / Neil B. Cohen, Key Features of the Hague Principles on Choice of Law in International Commercial Contracts, en: *Uniform Law Review*, 2017, Vol. 22, pp. 317-318.

[52] Van Loon, The Global Horizon…, ob. cit., p. 52.

[53] Esto ya ha sucedido en Paraguay, cuya Ley No. 5.393 sobre el derecho aplicable a los contratos internacionales (*Gaceta Oficial de la República del Paraguay*, No. 13, 20 de enero de 2015, https://assets.hcch.net/upload/contractslaw_py_es.pdf) ha tomado como modelo los Principios de La Haya, además de la Convención de México.

por un lado, la elección sea expresa o tácita y de que, por el otro, recaiga sobre "normas de derecho".

La elección será tácita si resulta "claramente de las disposiciones del contrato o de las circunstancias" (art. 4); pero la prórroga de jurisdicción o el acuerdo arbitral no deben considerarse en sí mismos como elección del derecho aplicable. El carácter estricto del test a realizar para valorar si las partes tuvieron la voluntad de seleccionar cierto derecho, favorece la seguridad jurídica[54] e impide que se tome en cuenta una voluntad meramente hipotética, equivalente a una ausencia de elección[55].

Finalmente, un aspecto primordial de los Principios de La Haya es la aceptación de la posibilidad de que las partes del contrato elijan expresa o tácitamente someterlo al derecho no estatal. En efecto, el derecho elegido puede ser el de un Estado, o bien "normas de derecho generalmente aceptadas a nivel internacional, supranacional o regional como un conjunto de normas neutrales y equilibradas, salvo estipulación en otro sentido del derecho del foro" (art. 3). Como se aprecia en la norma transcripta, la elección está sujeta a varias restricciones. La determinación de cuándo un conjunto de normas goza de las características de neutralidad y equilibrio puede ser compleja si se sale de los casos típicos[56]. Otra restricción que se es la primacía conferida al Derecho Internacional Privado del foro[57]. Aunque no hay indicación expresa, corresponde interpretar que esta restricción sólo tendría efecto en sede judicial, ya que los tribunales arbitrales carecen de foro. La introducción de estas limitaciones refleja, sin dudas, que se está ante una solución de compromiso[58].

---

[54] Gama Jr., Lauro, Tacit Choice of Law in the Hague Principles, en: *Uniform Law Review*, 2017, Vol. 22, p. 344.

[55] Si se concluye que no hubo elección (al menos tácita), no serán aplicables los Principios de La Haya.

[56] Tales como, por ejemplo, los Principios UNIDROIT. Ver *supra*, nota 46.

[57] Ver Mankowski, Peter, Article 3 of the Hague Principles: the Final Breakthrough for the Choice of Non-State Law?, en: *Uniform Law Review*, 2017, Vol. 22, p. 389.

[58] Ver *supra*, nota 49. La versión inicialmente discutida en los trabajos preparatorios era más liberal; pero luego fue modificada para introducir restricciones. Fauvarque-Cosson, Bénédicte, New Principles in the Legal World: The Hague Principles on Choice of Law in International Commercial Contracts, en: L. Gullifer / S. Vogenauer (eds.), *English and European Perspectives on Contract and Commercial Law. Essays in Honour of Hugh Beale*, Oxford, Portland, Hart Publishing, 2014, p. 463.

Sin desconocer que pueden surgir dificultades de interpretación e implementación, se considera que los Principios de La Haya tienen la oportunidad de contribuir a la unificación progresiva en esta área del Derecho Internacional Privado. Ciertamente, cuentan con el potencial necesario para ayudar a avanzar hacia la aceptación global de la autonomía de la voluntad de las partes para elegir el derecho aplicable al contrato comercial internacional[59]. Pero, al fin y al cabo, su éxito dependerá de la receptividad de legisladores, contratantes, sus asesores jurídicos, jueces y árbitros.

III. REFLEXIONES SOBRE LA LABOR DE LA CONFERENCIA DE LA HAYA EN MATERIA DE DERECHO APLICABLE A LOS NEGOCIOS INTERNACIONALES

El derecho aplicable a los negocios internacionales es una de las áreas en las cuales la Conferencia de La Haya ha venido trabajando desde los años '50 del siglo XX. A lo largo del tiempo, dicha labor ha contribuido y continúa contribuyendo a incrementar la certeza jurídica para los operadores del comercio internacional. Sin embargo, si se reflexiona al respecto, se aprecia que existen áreas de oportunidad que, de ser atendidas, podrían impulsar una mayor incidencia del trabajo de este organismo en el día a día de los negocios transfronterizos.

A. Aportes

El trabajo de la Conferencia de La Haya en materia de derecho aplicable a los negocios internacionales ha efectuado aportes para brindar seguridad jurídica, previsibilidad y soluciones justas a las partes que celebran contratos del comercio internacional. El aporte más directo y tangible es la adopción de instrumentos jurídicos que regulan el tema o diversos aspectos del mismo: los convenios y los principios cuyos rasgos esenciales fueron examinados más arriba. Mientras los referidos convenios se ocupan de ciertos contratos internacionales específicos, o incluso de algunas cuestiones relacionadas con un contrato

[59] Albornoz / González Martín, Towards the Uniform Application…, ob. cit., p. 464-465.

internacional en particular, el ámbito de aplicación de los Principios de La Haya abarca los contratos comerciales internacionales en general[60]. Todos estos instrumentos tienen como meta procurar la unificación progresiva de las reglas para determinar el derecho aplicable a nivel global. Como la Conferencia es un organismo intergubernamental de carácter universal, cuyos miembros pertenecen a culturas jurídicas diferentes, la tendencia a la unificación propicia la certeza en el flujo transfronterizo en el que interactúan diversos sistemas jurídicos y tradiciones.

Más allá de la propia existencia de convenios y principios, constituye de por sí un aporte de la Conferencia el hecho de hacerse eco de la problemática del derecho aplicable a los negocios internacionales, de generar conciencia acerca de ella entre los Estados y de proveer un foro para su discusión. En el mismo orden de ideas, también son contribuciones valiosas la concentración y eventual clasificación de información de derecho comparado obtenida de fuentes confiables y el intercambio de ideas y argumentos, tanto al momento de analizar la factibilidad de preparar un instrumento como cuando se trata de buscar consensos para determinar el contenido de éste.

En cuanto al contenido de los instrumentos jurídicos adoptados por la Conferencia, es preciso reconocer el esfuerzo por reflejar soluciones modernas, adaptadas a la realidad contemporánea a su elaboración, en reglas redactadas con claridad. Adicionalmente, se ha venido procurando perseguir la certeza jurídica, sin por ello olvidar la necesidad de introducir flexibilidad en las reglas destinadas a actividades tan dinámicas como las propias del comercio internacional. En este sentido, resulta un aporte fundamental la afirmación del principio de autonomía de la voluntad para todos los contratos internacionales regulados por instrumentos de La Haya. Porque, si bien se trata de un principio que goza de aceptación generalizada, esto no se verifica en la totalidad de los sistemas jurídicos del mundo o, al menos, la posibilidad de que las partes elijan a qué derecho someter su contrato internacional no se admite en todos lados con la misma amplitud[61].

---

[60] Con la exclusión expresa de los contratos de consumo y los contratos de trabajo (art. 1.1). Además, los Principios no se aplican al derecho que rige ciertas cuestiones previstas en el artículo 1.3.

[61] Ver Van Loon, The Global Horizon…, ob. cit., p. 52.

Asimismo, hay un aporte de la labor de la Conferencia que lleva el sello de su adaptación a los tiempos que corren: la incipiente apertura hacia la utilización de técnicas de codificación de *soft law*. Esto implica haber tomado conciencia de que la autoridad persuasiva del instrumento puede pesar más que su obligatoriedad formal o carácter vinculante y de que la existencia de un instrumento de *soft law* no es obstáculo para que se genere uno de *hard law* sobre la misma materia. Así, se ha subrayado la importancia de que un instrumento de *soft law* tenga capacidad de ser "fuente de inspiración constante para el desarrollo de reglas uniformes"[62]. En el área del derecho aplicable a los contratos comerciales internacionales, la flexibilización es ilustrada, por supuesto, por los Principios de La Haya.

B. Desafíos

La labor de la Conferencia de La Haya en el área de derecho aplicable a los contratos internacionales no está exenta de retos que merecen ser atendidos, si lo que se desea es fortalecer su impacto en la cotidianeidad de los negocios transfronterizos y, en última instancia, facilitar la vida de las personas que participan en ellos.

Uno de los desafíos que incide de manera directa en los efectos prácticos del trabajo de la Conferencia es la dificultad para obtener ratificaciones o adhesiones a los convenios internacionales elaborados en su seno. De hecho, varios de los instrumentos adoptados en materia de negocios internacionales cuentan con un número escaso de Estados contratantes[63].

Otros han tardado mucho tiempo en entrar en vigor[64]. Otros más, no han logrado suscitar siquiera el interés del número mínimo de

---

[62] Fauvarque-Cosson, New Principles…, ob. cit., p. 465.

[63] Por ejemplo, el Convenio sobre la ley aplicable a ciertos derechos sobre valores depositados en un intermediario tiene 3 Estados parte, y el Convenio sobre la ley aplicable a los contratos de intermediarios y a la representación, 4; *supra*, notas 35 y 28, respectivamente.

[64] De los instrumentos a los que se ha hecho referencia en esta contribución, a dos les tomó más de 10 años entrar en vigor: el Convenio sobre la ley aplicable a los contratos de intermediarios y a la representación y el Convenio sobre la ley aplicable a ciertos derechos sobre valores depositados en un intermediario; *supra*, notas 26 y 27, respectivamente.

Estados para entrar en vigor[65]. Las causas de este fenómeno pueden ir desde reticencias por el contenido de algún convenio en particular, hasta falta de conciencia sobre la relevancia de la problemática de la cuestión del derecho aplicable a los negocios internacionales y ausencia de interés político, en determinado momento o período, para avanzar en la regulación internacional de este tema.

Es factible sortear esta dificultad incursionando en el empleo de técnicas de codificación de *soft law*, que resultan apropiadas en materia de negocios y contratación internacional. Constituye un logro que se haya redactado un conjunto de principios sobre elección del derecho aplicable a los contratos comerciales internacionales en general. No obstante, también es un desafío mantener y profundizar la actitud de apertura hacia la posibilidad de recurrir a ésta y otras técnicas blandas para regular diversos aspectos de los negocios internacionales.

Otro reto consiste en identificar nuevas cuestiones pertenecientes a o vinculadas con el área de los negocios internacionales, que pudieran beneficiarse si contaran con normas de Derecho Internacional Privado de fuente internacional. El desarrollo de las tecnologías de la información y de la comunicación genera nuevas realidades como, por ejemplo, criptomonedas, contratos inteligentes, *blockchain*, difícilmente localizables, que cuestionan postulados jurídicos tradicionales y requieren atención. Es un desafío para la Conferencia emprender el estudio de temas nuevos como éstos que, además, se sitúan en un ámbito interdisciplinario. Por ello se estima que sería conveniente incorporar las opiniones de personas y/o instituciones expertas en áreas que exceden lo netamente jurídico.

También constituye un desafío de magnitud intentar evitar la proliferación de instrumentos jurídicos internacionales dirigidos a regular contratos internacionales. Actualmente existe una multiplicidad de instrumentos emanados de diversos organismos codificadores (como UNIDROIT, la Comisión de las Naciones Unidas para el Derecho

---

[65] Es el caso del Convenio sobre ley aplicable a la transferencia de la propiedad en caso de venta de carácter internacional de objetos muebles corporales y del Convenio sobre la ley aplicable a los contratos de compraventa internacional de mercaderías; *supra*, notas 7 y 8, respectivamente.

Mercantil Internacional, la Organización de los Estados Americanos, la misma Conferencia) lo que podría llegar a ser contraproducente y generar incertidumbre entre quienes participan en el comercio internacional. Este desafío trae consigo la necesidad de evitar superposiciones entre instrumentos y la co-responsabilidad de trabajar en coordinación[66].

Dos retos adicionales que la Conferencia de La Haya debe enfrentar en los próximos años atañen a su labor en materia de derecho aplicable a los negocios internacionales; pero también van más allá. Uno de ellos consiste en intensificar la divulgación de los instrumentos existentes y su funcionamiento para crear conciencia y contribuir a incrementar su impacto en el día a día. El otro es la necesidad de continuar apostando a la expansión regional de esta organización internacional, lo que implica dejar definitivamente atrás el eurocentrismo. Se reconoce que ha avanzado mucho con la instalación de oficinas regionales de América Latina y el Caribe y de Asia y el Pacífico; sin embargo, hay continentes que no quedan cubiertos aún y que representan una gran área de oportunidad. De todos modos, no se trata únicamente de abrir representaciones, sino también, y más que nada, de dar a conocer los instrumentos existentes en otros países y propiciar su adhesión a ellos, así como de facilitar la participación de tales países en las nuevas discusiones.

IV. CONCLUSIÓN

La Conferencia de La Haya de Derecho Internacional Privado ha desarrollado una importante labor para propiciar la certeza jurídica y la justicia en los negocios internacionales. La elaboración de diversos convenios a lo largo del tiempo y la reciente adopción de los Principios de La Haya implican una contribución relevante a la unificación progresiva de las reglas de determinación del derecho aplicable en esta materia

[66] La colaboración entre foros codificadores ya ha comenzado a implementarse, por ejemplo, en el caso del proyecto de la Organización de los Estados Americanos de una *Guía sobre contratos internacionales en las Américas*, cuyo primer borrador (OEA/Ser.Q, CJI/doc.540/17, del 21 de julio de 2017) ha recibido comentarios de organismos y expertos externos a la OEA. Ver Moreno Rodríguez, José Antonio, Beyond the Mexico Convention and the Hague Principles: what's Next for the Americas?, en: *Uniform Law Review*, 2017, Vol. 22, pp. 435-442.

a nivel global, afirmando el principio de autonomía de la voluntad. No obstante, se considera conveniente procurar intensificar el impacto del trabajo de la Conferencia en el mundo de los negocios transfronterizos y mantener una actitud de apertura que permita utilizar nuevas técnicas, entablar diálogos con nuevas voces y explorar nuevos horizontes.

REFLEXIONES SOBRE EL TRÁFICO INTERNACIONAL DE NIÑOS Y NIÑAS ANTE LA EMIGRACIÓN FORZADA DE VENEZOLANOS

MARÍA VICTORIA MÁRQUEZ OLMOS*

Resumen: Venezuela enfrenta una problemática de gran magnitud, como es el desplazamiento masivo de sus ciudadanos, sin embargo, dentro de este grupo de emigrantes se encuentra un grupo de personas vulnerables, como son los niños, ya que corren el riesgo de ser separados de sus familiares o abandonados, por ello, es importante tomar medidas urgentes para detener los riesgos que pueden presentar estos grupos, especialmente por los temas de trata, tráfico de menores, explotación laboral, entre otros. La Cooperación Jurídica Internacional entre los Estados, es la base fundamental para la implementación y eficacia de la Convención Interamericana sobre el Tráfico Internacional de Menores, a los fines de prevenir, controlar y sancionar este delito, así como combatir los efectos económicos y sociales que implica la utilización ilícita y lucrativa de los niños.

Abstract: *Venezuela is facing a big problem, as is the massive displacement of its citizens, however, within this group of emigrants is a group of vulnerable people, such as children, Since they run the risk of being separated from their families or abandoned, therefore, it is important to take urgent measures to stop the risks that these groups can present, especially for the issues of trafficking, trafficking of minors, labor exploitation, among others. The International Legal Cooperation among States is the fundamental basis for the implementation and effectiveness of the Inter-American Convention on International Traffic in Minors, in order to prevent, control and sanction this crime, as well as combat the economic and social effects that the illicit and lucrative use of children implies.*

* Abogado egresada de la Universidad de los Andes (ULA). Especialista y Magíster en Criminalística, Magíster en Educación Superior mención Docencia Universitaria. Doctora en Ciencias de la Educación. Actualmente cursando un Postdoctorado en Estudios Libres. Profesora de la Universidad Central de Venezuela (UCV) y Universidad José María Vargas (UJMV).

Sumario: I. Introducción. II. Desarrollo Conceptual. A. El Fenómeno de la Migración Internacional. B. Migración Forzada de Venezolanos. C. Tráfico Internacional de Niños y Niñas. D. Marco Internacional y Nacional para la Protección de Niños y Niñas. III. Conclusiones.

En cada niño se debería poner un cartel que dijera: Tratar con cuidado, contiene sueños.
Mirko Badiale

I. INTRODUCCIÓN

Venezuela en los últimos años ha enfrentado una crisis política, social y económica que ha generado escasez de alimentos, medicinas, cierre de empresas privadas, inflación, falta de efectivo y divisas, inseguridad, aumento de la pobreza, desempleo y conflictos sociales, lo que se tradujo en el surgimiento de la movilización más grande de migrantes en Latinoamérica. Al respecto, la Organización Internacional para las Migraciones (OIM), sostiene que hasta el 15 de agosto de 2018, aproximadamente 2,3 millones de venezolanos han abandonado su país[1].

Esta problemática ha obligado a los gobiernos de los países afectados, tales como Colombia, Ecuador, Brasil, Perú y Chile, adoptar mecanismos tanto ordinarios como extraordinarios para regularizar la entrada de los venezolanos, dichos mecanismos se justifican, no solo por razones de seguridad, sino también para aliviar la presión que genera la llegada masiva de personas sobre los servicios públicos de los países receptores. La mayoría de los venezolanos que se encuentran viviendo en el extranjero, presentan estatus migratorios irregulares.

Ante la situación planteada, la Organización Internacional para las Migraciones (OIM), citada ut supra ha señalado en su quinto informe que los migrantes venezolanos se enfrentan a diferentes peligros, entre los que se pueden mencionar homicidios, robos, tratos crueles, esclavitud sexual y tráfico de personas. En Perú por ejemplo, el Ministerio del Interior informó que en operaciones de lucha contra el tráfico de

---

1 Organización Internacional para las Migraciones, Quintoo Reporte de Seguimiento del Plan de Respuesta para la Migración Venezolana en la Región, Perú, Agosto, 2018 en: http://www.examenonuvenezuela.com/boletines/5to-reporte-de-seguimiento-al-plan-de-respuesta-para-la-migracion-venezolana-en-la-region

personas, entre los meses de enero y junio de 2018, rescataron 57 venezolanos, lo que representa el 63% de las víctimas extranjeras[2].

Las migraciones masivas, constituyen un caldo de cultivo para un gran número de situaciones que presentan elementos de extranjería y por lo general involucran directamente a los niños, niñas y adolescentes, como es el caso del tráfico internacional de niños. Esta problemática, inquieta cada día a más países a nivel mundial, ya que se trata de un fenómeno de dilatadas dimensiones, constituyéndose en una de las actividades criminales más lucrativas, después del tráfico de drogas y armas.

El tráfico internacional de menores es un fenómeno grave, los delincuentes se valen de la condición vulnerable de las niñas y niños usándolos como mercancías, bien sea, porque sus padres los regalan o venden, o son separados ilegalmente de su familia y del país de origen o residencia, abusando de los mismos para conseguir ganancias y dividendos ilícitos, por ejemplo una adopción ilegal, prostitución, pornografía cibernética, explotación a través del trabajo infantil, incursión en grupos de guerrilla, en el transporte y venta de drogas, trasplante de órganos, entre otros delitos[3].

Sobre el particular, considero necesario citar a Marie-Pierre Poirier, coordinadora especial de UNICEF para la crisis de personas refugiadas y migrantes en Europa (2016), quien expresó que las políticas de control migratorio a menudo han guiado a los Estados en su respuesta, en lugar de atacar las necesidades urgentes y reales, como es proteger los derechos de los niños refugiados y migrantes, por lo que si hubiera opciones legales y seguras, los niños y sus familias no se verían forzados a verse entre las manos de traficantes que llevan a muchos de ellos por rutas peligrosas o irregulares[4].

---

[2] Organización Internacional para las Migraciones, Quinto Reporte de Seguimiento del Plan..., ob cit, p.1.

[3] Scotti, Luciana, Herramientas del Derecho Internacional Privado para Prevenir y Combatir el tráfico Internacional de Niños, en: *Revista de Derecho, Universidad de Montevideo*, 2017, No. 31, p. 77, en: http://revistaderecho.um.edu.uy/wp-content/uploads/2017/09/SCOTTI-Luciana-B.-Herramientas-del-Derecho-Internacional-Privado-para-prevenir-y-combatir.pdf

[4] UNICEF, 500.000 niños migrantes y refugiados expuestos a la explotación en una crisis que alimenta las redes de traficantes, 2016, en: https://www.unicef.org/venezuela/spanish/media_34109.html

Ahora bien, debo señalar que la Ley Orgánica para la Protección de Niños, Niñas y Adolescentes, contempla el Sistema de Protección Integral, el cual se encuentra estrechamente vinculado con los principios de interés superior de niños, niñas y adolescentes y el principio de la prioridad absoluta, referente a las decisiones gubernamentales, quienes deben tener como prioridad la protección a la infancia. El principio del interés superior del niño, también fue tomado en cuenta en la Convención Interamericana sobre el Tráfico Internacional de Menores, aprobado en la Quinta Conferencia Especializada Interamericana sobre Derecho Internacional Privado (CIDIP-V) en 1994.

Dicha convención se encuentra constituida por un conjunto de artículos en la que se evidencia la jurisdicción directa, la jurisdicción indirecta y las reglas para la cooperación internacional. En cuanto al objeto de la Convención, se puede inferir que su propósito es la protección de los derechos fundamentales y el interés superior del menor, la prevención del tráfico internacional de menores, así como su regulación en los aspectos civiles y penales[5].

Para lograr este propósito, la Convención señala que los Estados parte se obligan asegurar la protección del menor en consideración a su interés superior; instaurando un sistema de cooperación jurídica entre los Estados partes que consagre la prevención y sanción del tráfico internacional de menores, adoptar las disposiciones legales y administrativas en la materia, así como asegurar la pronta restitución del menor víctima del tráfico internacional al Estado de su residencia habitual[6].

---

[5] Art. 1 de la Convención Interamericana sobre Tráfico Internacional de Menores: "El objeto de la presente Convención, con miras a la protección de los derechos fundamentales y el interés superior del menor, es la prevención y sanción del tráfico internacional de menores, así como la regulación de los aspectos civiles y penales del mismo.
En tal sentido, los Estados Parte de esta Convención se obligan a: a) asegurar la protección del menor en consideración a su interés superior; b) instaurar un sistema de cooperación jurídica entre los Estados Parte que consagre la prevención y sanción del tráfico internacional de menores, así como adoptar las disposiciones legales y administrativas en la materia con ese propósito; y c) asegurar la pronta restitución del menor víctima del tráfico internacional al Estado de su residencia habitual, teniendo en cuenta el interés superior del menor". CIDIP-V, México, 1994. En: http://www.oas.org/juridico/spanish/tratados/sp_conve_interame_tr%C3%A1fi_interna_menor_18.pdf

[6] Artículo 1 de la Convención Interamericana sobre Tráfico Internacional de Menores (*Ejusdem*).

Sobre la base de las consideraciones anteriores, debo advertir la importancia de la cooperación jurídica internacional establecida en la Convención, ya que los Estados tienen el deber de proteger a los niños, niñas y adolescentes, inclusive cuando están en una situación de peligro extremo como es el caso de las emigraciones masivas de los venezolanos, específicamente cuando los niños entran en un país o están en tránsito, corren el riesgo de convertirse en potenciales víctimas de estos delitos.

En definitiva debo advertir la importancia que tiene esta Convención y así lo ha señalado la doctrina especializada, al afirmar que estamos ante la última de las Convenciones de Derecho Internacional Privado, ya que estudia la problemática de la minoridad como un punto específico del Derecho Civil Internacional en general y del Derecho Internacional de Familia en particular. Sin embargo, debo expresar que en el caso de Venezuela si bien es cierto firmó la Convención, lamentablemente hasta la fecha no ha sido ratificada, no comprometiéndose internacionalmente con el alcance y las implicaciones derivadas del contenido de este maravilloso convenio interamericano.

A. Desarrollo conceptual

A los fines de desarrollar el tema objeto del presente ensayo, se hace necesario abordarlo de la siguiente manera:

1. El fenómeno de la migración internacional

La migración forzada, comprende el desplazamiento de un grupo de personas por razones económicas, sociales o políticas, a los fines de establecerse en un nuevo lugar y alcanzar una mejor calidad de vida. En el caso específico de las emigraciones pueden suceder en el mismo país, es decir, cuando se desplazan de una ciudad a otra o de una región a otra, o se trasladan de un país a otro, inclusive de un continente a otro. Para David Turton la migración forzada, representa un cúmulo de convicciones sociales y culturales generadas por los individuos para otorgarle un significado[7].

[7] Unicef, *Niñez y Migración Forzada*, Quito, Observatorio de los Derechos de la Niñez y Adolescencia, Mayo 2010, p. 22, En: https://www.unicef.org/ecuador/MigracionForzada_web.pdf

Este fenómeno ha llegado a ser uno de los problemas más complejos y difíciles de enfrentar hoy en día, en virtud a la precariedad que viven millones de desplazados. Son complejas y diversas las causas que motivan a los emigrantes a dejar su país de origen, en muchas ocasiones se debe a que la economía se encuentra en receso, las tasas de desempleo y/o subempleo son elevadas, es por ello, que una o más personas de una familia toman la decisión de emigrar para conseguir trabajo, ya sea a un país menos pobre o a un país desarrollado donde existan más posibilidades y mejor remuneración[8].

La problemática de la migración internacional es multifactorial, sin embargo, puede ser agrupada en dos componentes, el primero es el factor social, los cuales se relacionan con la descomposición social, inseguridad y las necesidades de la familia del migrante en el país de origen. El segundo es el factor económico, donde la pobreza, la inflación, el hambre, el desempleo, no permiten que la población alcance su calidad de vida, es decir, que los factores económico y social se encuentran estrechamente vinculados con la emigración[9].

2. Migración forzada de venezolanos

Actualmente los venezolanos al emigrar los acompañan sentimientos encontrados de rabia, tristeza, desesperanza e incertidumbre, así como el dolor de dejar un país del que nunca pensaron salir, sin embargo, guardan la esperanza de llegar a otro país que les proporcionará una mejor calidad de vida. De allí que cuantificar la migración de venezolanos se hace cada día más difícil, en virtud del número elevado de personas, lo cual impiden que sean registradas oficialmente, por tanto, las estadísticas que se manejan actualmente poseen un elemento de estimación.

Según la Organización Internacional para las Migraciones (OIM), realizó un monitoreo entre octubre de 2017 a marzo de 2018 en lugares de tránsito y asentamientos de migrantes venezolanos en Brasil,

---

[8] Núñez, David, Causas y efectos de la migración internacional, en: *Revista Perspectivas* (Universidad Católica Boliviana San Pablo), 2008, No. 22, p. 168, en: http://www.redalyc.org/pdf/4259/425942158006.pdf

[9] Núñez, Causas y efectos..., ob. cit., pp. 161-162.

Colombia y Perú aplicando la encuesta FMS, de los resultados arrojados se evidenció que la mayor proporción de los encuestados informó tener la intención de permanecer en el país en el cual se realizó la encuesta, por ejemplo el 64% de los 3.397 venezolanos encuestados en Brasil informaron que querían quedarse allí, el 76% de los 5.360 encuestados en Colombia reportó que ese país sería su destino final, mientras que el 54% de las 3.547 personas encuestadas en Perú tenían la intención de permanecer allí[10].

Entre 2015 y 2017 la migración global de venezolanos se incrementó en 132% y en ese mismo lapso, su número aumentó drásticamente a 895% en países suramericanos, por lo que la naturaleza creciente y duradera de la migración venezolana y sus dimensiones regionales se vuelven cada vez más aparentes. Igualmente el informe de Tendencias Migratorias en las Américas, realizado por la Organización Internacional de Migraciones (OIM), señaló que en los últimos dos años, la mayoría de los emigrantes venezolanos se han dirigido hacia Colombia o usan este país como tránsito para llegar a otros destinos[11].

En definitiva es la crisis política, social y económica que actualmente enfrentamos en Venezuela, lo que ha generado la movilización más grande de migrantes en Latinoamérica, producto de la pérdida progresiva de la democracia, la escasez de alimentos, medicinas, hiperinflación, falta de efectivo, un período largo del control cambiario, desempleo, conflictos sociales, inseguridad, descomposición social, pérdida de valores, aumento de la pobreza, entre otros.

Todo lo anterior ha impulsado a muchas familias venezolanas a salir de manera forzada del país, afectando precisamente a los niños quienes se encuentran en condiciones más vulnerables. La UNICEF cita al Director de la División de Protección Internacional del Alto Comisionado de las Naciones Unidas para los Refugiados (ACNUR), señalando que la niñez en situación de refugio está expuesta a un doble riesgo, por

---

10 Organización Internacional para las Migraciones (OIM), Análisis: flujos migratorios de venezolanos en Sudamérica, Mayo, 2018, en: https://robuenosaires.iom.int/sites/default/files/Informes/FMS_VEN_jun15_sp.pdf

11 Organización Internacional para las Migraciones (OIM), Informe tendencias migratorias en las Américas, Abril, 2018, en: https://robuenosaires.iom.int/sites/default/files/Informes/Tendencias_Migratorias_Nacionales_en_America__Venezuela.pdf

un lado, la violación de sus derechos humanos en su país de origen los ha convertido en refugiados; y por otro lado, su situación de refugio los condena frecuentemente a ser violentados en los contextos de destino, convirtiéndolos en uno de los grupos más vulnerables dentro de una categoría ya transgredida por su condición etaria[12].

Los informes de ACNUR y UNICEF, han explicado que uno de los grupos más vulnerables al abandono y la explotación son las niñas, ellas están expuestas a situaciones peligrosas tales como: maltrato, abuso sexual o explotación laboral como empleadas domésticas. Para el caso de los niños y niñas emigrantes no acompañados, están expuestos a situaciones similares, corren el riesgo de ser separados de sus familiares o abandonados, por ello, es importante tomar medidas urgentes para atemperar los riesgos que pueden presentar estos grupos, especialmente por los temas de trata, tráfico de menores, explotación laboral y niños combatientes[13].

B. Tráfico internacional de niños y niñas

El tráfico se refiere a las facilidades que se le da un individuo para cruzar la frontera, sin cumplir con los requisitos legales o administrativos para su ingreso, con el propósito de lograr directa o indirectamente un beneficio económico u otro de orden material. Al respecto, la CIDIP V en su artículo 2 define el tráfico internacional de menores como la substracción, el traslado o la retención, o la tentativa de substracción, traslado o retención, de un menor con propósitos o medios ilícitos[14].

Igualmente se puede entender el tráfico internacional de menores como la substracción, traslado o retención de un menor con propósitos o medios ilícitos, entendidos como la prostitución, explotación sexual, servidumbre, secuestros, consentimiento forzado, entre otros, ya sea en

[12] Unicef, Niñez y migración forzada..., ob. cit., p. 15.

[13] Unicef, Niñez y Migración Forzada..., ob. cit., p. 48.

[14] a) "Menor" significa todo ser humano cuya edad sea inferior a dieciocho años.
b) "Tráfico internacional de menores" significa la substracción, el traslado o la retención, o la tentativa de substracción, traslado o retención, de un menor con propósitos o medios ilícitos…

el Estado de residencia habitual del menor o en el Estado parte en el que el menor sea localizado[15].

Entre las causas más conocidas que originan el tráfico internacional de menores se encuentran: la mendicidad o niños en condiciones de calle, la explotación infantil como turismo sexual, prostitución y pornografía infantil, el tráfico de órganos, la explotación laboral en cultivos o minas, las adopciones internacionales, embarazo prematuro, violaciones, venta de bebés en proceso de gestación, la movilización de poblaciones como conflictos armados, migraciones masivas, desastres naturales, competencia territorial entre cárteles y el narcotráfico[16].

El tráfico internacional de menores involucra a víctimas vulnerables, por lo que priva el principio del interés superior del niño, consagrado tanto en el orden internacional como en el interno. De allí que los Estados están jurídicamente obligados por los tratados que han suscrito, y cuyo cumplimiento es inexcusable en el derecho interno.

El interés superior del niño es un principio jurídico interpretativo fundamental, por tanto, toda norma que deba aplicarse en una situación el cual afecte real o potencialmente a un menor, ha de interpretarse de conformidad con su interés superior, de allí que el órgano encargado de aplicar una norma debe priorizarla, entre todas las interpretaciones posibles, aquella que nos pueda aportar una norma aplicable a un caso que afecta directa o indirectamente a un niño, debemos considerar aquella que satisfaga en mayor medida el interés de este último[17].

La Convención Interamericana sobre Tráfico Internacional de Menores, en cuanto a su ámbito de aplicación material tiene como finalidad la protección de los derechos fundamentales y el interés superior del menor, por medio de la prevención y sanción del tráfico internacional de menores, así como la regulación de aspectos penales y civiles. Dicha Convención, también expresa que los Estados Parte velarán por el interés superior del menor, procurando que los procedimientos de aplicación de la Convención permanezcan confidenciales en todo momento.

---

15 González, Melanie, Tráfico internacional de menores, Grado Cero Prensa, Noviembre, 2016, p. 1, en: https://gradoceroprensa.wordpress.com/2016/11/02/trafico-internacional-de-menores/

16 González, Tráfico internacional…, ob. cit.

17 García, Soledad, El interés superior del niño, en: *Anuario Mexicano de Derecho Internacional*, 2016, Vol. 16, en: https://www.sciencedirect.com/science/article/pii/S1870465417300041

Los Estados parte de la Convención son Argentina, Belice, Bolivia, Brasil, Colombia, Costa Rica, Ecuador, El Salvador, Honduras, México, Nicaragua, Panamá, Paraguay, Perú, República Dominicana, Uruguay y Venezuela, por tanto, se obligan a:

1. A asegurar la protección del menor en consideración a su interés superior,
2. Instaurar un sistema de cooperación jurídica entre los Estados que consagre la prevención y sanción del tráfico internacional de menores, adoptar las disposiciones y administrativas en la materia con ese propósito.
3. Asegurar la pronta restitución del menor víctima de tráfico internacional al Estado de su residencia habitual, teniendo en cuenta el interés superior del menor[18].

Sin embargo, sólo han ratificado la Convención Argentina, Belice, Bolivia, Brasil, Colombia, Costa Rica, Ecuador, El Salvador, Honduras, Nicaragua, Panamá, Paraguay, Perú, República Dominicana y Uruguay. La Convención en su artículo 29 señala que la misma está sujeta a ratificación y que los instrumentos de ratificación se depositarán en la Secretaría General de la Organización de Estados Americanos[19]. Ahora bien, la participación de Venezuela como Estado parte de esta Convención no es obligatoria, pues ésta sólo está firmada y no ratificada, por tanto, la simple firma y no ratificación no es suficiente para que entre en vigor en el territorio venezolano, por tal motivo, cualquier solicitud de tráfico hecha por o hacia Venezuela no se regirá obligatoriamente por dicha Convención.

C. Marco internacional y nacional para la protección de niños y niñas

Tomando en cuenta la problemática planteada, los Estados han decidido aprobar varios instrumentos en el ámbito internacional, así

[18] González, Tráfico internacional..., ob. cit.

[19] Art. 29 Convención Interamericana sobre Tráfico Internacional de Menores: "Esta Convención está sujeta a ratificación. Los instrumentos de ratificación se depositarán en la Secretaría General de la Organización de los Estados Americanos".

como instrumentos internos, cuyo fin primordial es la protección de los derechos fundamentales de niños, niñas y adolescentes. Entre los instrumentos internacionales que los protegen se pueden mencionar los siguientes: La Convención de Naciones Unidas sobre los Derechos del Niño de 1989, la Convención Interamericana sobre Tráfico Internacional de Menores (CIDIP V, México, 1994), la Convención de La Haya de 1980 sobre Aspectos Civiles de la Sustracción Internacional de Menores y la Convención Interamericana de Restitución Internacional de Menores (CIDIP IV, Montevideo, 1989), el Protocolo Facultativo relativo a la Venta de Niños, la Prostitución Infantil y la utilización de los Niños en la Pornografía del año 2000.

Igualmente debo mencionar a la Convención de las Naciones Unidas Contra la Delincuencia Organizada Transnacional del año 2000; el Protocolo para Prevenir, Reprimir y Sancionar la Trata de Personas, especialmente Mujeres y Niños, que complementa la Convención de las Naciones Unidas contra la Delincuencia Organizada Transnacional y el Protocolo contra el Tráfico Ilícito de Migrantes por Tierra, Mar y Aire, que complementa la Convención de las Naciones Unidas Contra la Delincuencia Organizada Transnacional.

En cuanto a los instrumentos nacionales que lo regulan, se encuentra la Ley Orgánica para la Protección de Niños, Niñas y Adolescentes, quien en su artículo 266 sanciona el tráfico de niños, niñas y adolescentes, con penas de 10 a 15 años de prisión[20], y si las víctimas son niñas o adolescentes, o en la causa concurren víctimas de ambos sexos, se regirá por el procedimiento especial previsto en la Ley Orgánica sobre el Derecho de las Mujeres a una Vida Libre de Violencia, quien también

[20] Art. 266 de la Ley Orgánica para la Protección de Niños, Niñas y Adolescentes: "Quien promueva, facilite o ejecute, actos destinados a la entrada o salida del de un niño, niña o adolescente, sin observancia de las formalidades legales, con el propósito de obtener un beneficio ilícito o lucro indebido para sí o para un tercero, será penado con prisión de diez a quince años.
Si la o las víctimas son niñas o adolescentes, o en la causa concurren víctimas de ambos sexos, conocerán los Tribunales Especiales previstos en la Ley Orgánica sobre el Derecho de las Mujeres a una Vida Libre de Violencia, conforme el procedimiento en él establecido", Gaceta Oficial No. 6.185 Extraordinario de fecha 8 de junio de 2015.

contempla este tipo de delitos en su artículo 15 ord. 18, al considerarlo una forma de violencia de género[21].

III. CONCLUSIONES

Tomando en cuenta la problemática que actualmente enfrenta Venezuela, como es la emigración forzada de venezolanos, lo cual ha generado la movilización más grande de migrantes en América latina, producto de la pérdida progresiva de la democracia, la escasez de alimentos, medicinas, hiperinflación, falta de efectivo, control cambiario, desempleo, conflictos sociales, inseguridad, descomposición social, aumento de la pobreza, entre otros.

Esta migración masiva, pone en riesgo a un grupo de personas que son más vulnerables como son las niñas y niños, ya que están expuestas a situaciones peligrosas tales como: separarlos de sus familiares, que sus padres los abandonen, que puedan ser víctimas de trata, tráfico de menores, explotación laboral o que sean reclutados por la guerrilla.

Con base a lo anterior, debo señalar que existe un instrumento internacional muy importante, como es la Convención Interamericana sobre Tráfico Internacional de Menores, que abarca el ámbito de aplicación material, personal, espacial y temporal, además de los aspectos penales y civiles que contempla la materia, tiene como objetivo principal la prevención y sanción del tráfico internacional de menores, así como asegurar la pronta restitución del menor víctima del tráfico internacional al Estado de su residencia habitual, tomando en cuenta el interés superior del niño.

Si bien es cierto que existen otros instrumentos internacionales que consagran la protección de los derechos de los niños, niñas y adolescentes, considero que esta Convención es importante para la protección de los niños que se encuentran en otro país en condición de emigrantes.

[21] Art. 15 de Ley Orgánica sobre el Derecho de las Mujeres a una Vida Libre de Violencia: "Se consideran formas de violencia de género en contra de las mujeres, las siguientes:
18. Tráfico de mujeres, niñas y adolescentes: Todos los actos que implican su reclutamiento o transporte dentro o entre fronteras, empleando engaños, coerción o fuerza, con el propósito de obtener un beneficio de tipo financiero u otro de orden material de carácter ilícito", Gaceta Oficial No. 40.548 de fecha 25 de noviembre de 2014.

Debo advertir que Venezuela, aunque haya firmado la Convención Interamericana sobre Tráfico Internacional de Menores no es aplicable, al no estar ratificada.

Finalmente, es de advertir la gravedad que actualmente enfrentamos ante la problemática migratoria y el tráfico internacional de menores en Venezuela, ya que existe un vacío normativo respecto del tema, específicamente referente al proceso de localización y restitución del menor al lugar de su residencia habitual. Ahora bien, debo manifestar que para eliminar ese vacío legislativo, Venezuela debe ratificar la Convención Interamericana sobre Tráfico Internacional de Menores, constituyéndose como un referente jurídico convencional para aplicarlo a los casos concretos, sin embargo, debo advertir que desde abril de 2017 nuestro país formalizó su retiro de la Organización de Estados Americanos (OEA), esto trae como consecuencia, que los derechos de los niños y niñas se encuentran en un estado progresivo de indefensión frente al tráfico internacional de menores.

CRITERIOS ATRIBUTIVOS DE JURISDICCIÓN EN EL SISTEMA VENEZOLANO DE DERECHO INTERNACIONAL PRIVADO EN MATERIA DE TÍTULOS VALORES

MIRIAN RODRÍGUEZ REYES DE MEZOA*
CLAUDIA LUGO HOLMQUIST**

Resumen: Este trabajo describe los criterios atributivos de jurisdicción que los jueces venezolanos tienen a su alcance, para determinar su propia potestad de juzgar en controversias que tengan por objeto títulos valores y estén caracterizadas por su vinculación con ordenamientos jurídicos extranjeros. Tales criterios son presentados siguiendo el orden de prelación de las fuentes de Derecho internacional privado venezolano, de lo cual se desprende que estos criterios están contenidos en dos fuentes de orden internacional, el Tratado de Derecho Internacional Privado o Código Bustamante y la Convención Interamericana sobre Conflictos de Leyes en materia de Letras de Cambio, Pagarés y Facturas, y en una fuente de orden nacional, la Ley Derecho Internacional Privado.

Abstract: *This paper analyzes the jurisdiction al grounds that Venezuelan judges have at their disposal, to decide disputes cross-border securities. The criteria are presented following the hierarchy of sources under Venezuelan private international law. Two of them are of an international character: the Treaty of Private International Law or Bustamante Code and the Inter-American Convention on Conflict of Laws concerning bills of exchange, promissory notes, and invoices; and one domestic, the Venezuelan Private International Law Act.*

* Abogado (UCAB). Magíster Scientiarum en Derecho Internacional Privado y Comparado (UCV). Doctora en Ciencias Mención Derecho (UCV). Profesora de Derecho Internacional Privado y Secretario General (UNIMET).

** Abogado (UCV). Tesista de la Maestría de Derecho Internacional Privado y Comparado (UCV). Profesora de pregrado (UCV y UNIMET) de Derecho Internacional Privado. Abogado en ejercicio.

Por los pasillos de la Universidad Central de Venezuela se oyó alguna vez de un estudiante la expresión: "es una doctrina ambulante". Esta es la más honesta y genuina expresión que refleja la admiración que profesan los alumnos por la erudición del Maestro Eugenio Hernández-Bretón. En su homenaje, con gran admiración, respeto y afecto, van estas líneas.

I. INTRODUCCIÓN

El estudio de los títulos valores[1] en el marco del sistema venezolano de Derecho internacional privado, es un tema que no ha recibido mayor desarrollo por parte de la doctrina patria *iusprivatista*. Solo el aspecto relativo al Derecho sustantivo y en especial a la determinación del Derecho aplicable ha sido objeto de desarrollo doctrinal, a la luz del sistema normativo anterior a la vigencia de la Ley de Derecho Internacional Privado[2]. De manera que sobre los criterios atributivos de jurisdicción en la materia no hay referencias. A nivel jurisprudencial tampoco hay mayor despliegue de sentencias referidas al Derecho internacional privado en materia de títulos valores, de hecho, las encontradas son referidas a lo largo del texto de este trabajo.

Sobre los criterios atributivos de jurisdicción en el sistema venezolano ha habido un considerable y calificado desarrollo[3]; por lo que no

1 Hemos acogido la terminología de "título valor" por ser la más ampliamente utilizada, si bien se reconoce que en el argot venezolano la expresión título de crédito en mayor medida y título negociable en menor medida, son utilizados con frecuencia. A todo evento, lo aplicaremos considerando que también pueden ser denominados papel valor, documento de crédito, título circulatorio, valor literal, efectos de comercio, título representativo de crédito, etc. Sobre la terminología puede verse, Morles Hernández, Alfredo, *Curso de Derecho Mercantil*, Caracas, Universidad Católica Andrés Bello, 3ª ed., 1986, tomo III, pp. 1271-1272.

2 En tal sentido, Giral Pimentel, José Alfredo, Derecho internacional privado sustantivo de los títulos de crédito en Venezuela, en: *Revista de la Facultad de Ciencias Jurídicas y Políticas, Universidad Central de Venezuela*, 1995, No. 96, pp. 84 ss. Hernández-Bretón, Eugenio, Capacidad y forma en materia de letra de cambio en la nueva Ley de Derecho Internacional Privado, en: *Revista de la Facultad de Ciencias Jurídicas y Políticas, Universidad Central de Venezuela*, 2000, No. 117, pp. 27 ss.; Maekelt, Tatiana, Normas de conflicto en el Código de Comercio venezolano. Comentarios y sugerencias para su reforma, en: *Jornadas de Derecho Mercantil*, Caracas, Universidad Católica Andrés Bello, 1978, pp. 518 ss.; Parra-Aranguren, Gonzalo, La Convención de las Naciones Unidas sobre las letras de cambio internacionales y pagarés internacionales, en: *Revista de la Facultad de Derecho, Universidad Católica Andrés Bello*, 1988, No. 41, pp. 41 ss.

3 Puede consultarse, entre otros, Madrid Martínez, Claudia, Criterios atributivos de jurisdicción en el sistema venezolano de Derecho Internacional Privado, en: *Derecho Procesal Civil*

abundaremos en aspectos que han sido clara y ampliamente tratados. Por tal razón hemos dado especial atención a las fuentes aplicables y al orden en que deben aplicarse, considerando que esto es primordial para el abordaje de la solución de controversias relativas a títulos de crédito. Asimismo, a los criterios atributivos de jurisdicción respecto a los cuales la materia de títulos valores introduce consideraciones adicionales referidas al tema en concreto, por ejemplo, en lo que respecta al cumplimiento de la obligación o a la disposición y tenencia de bienes.

Vimos por tanto en el ámbito de los criterios atributivos de jurisdicción de los títulos valores, un espacio para contribuir con unas líneas generales que sirvieran de base para estudios futuros que profundicen en la vasta materia que representan los títulos valores, y con ello, honrar la vida científica, académica y profesional del Jurista, Eugenio Hernández-Bretón, quien ha tenido una extendida y extraordinaria obra literaria de Derecho internacional privado, especialmente enfocada en la dimensión procesal de esta rama jurídica, y cuya presencia académica en quienes hemos sido sus alumnos, colegas y tutorados ha permeado nuestra formación *iusprivatista.*

II. CONSIDERACIONES TEÓRICAS DE BASE

La ausencia de definición legal sobre los títulos valores ha propiciado la tendencia doctrinal más bien a destacar los caracteres que estos

---

Internacional, Caracas, Academia de Ciencias Políticas y Sociales, Consejo de Desarrollo Científico y Humanístico Consejo de Desarrollo Científico y Humanístico, Universidad Central de Venezuela, 2010, Serie Estudios No. 88. Pérez Pacheco, Yaritza, *La jurisdicción en el Derecho Internacional Privado*, Caracas, Facultad de Ciencias Jurídicas y Políticas, Universidad Central Venezuela, 2008, Serie Trabajos de Grado No. 18. Hernández-Bretón, Eugenio, *Problemas contemporáneos del Derecho procesal civil internacional venezolano*, Caracas, Editorial Sherwood, 2004, Colección Cuadernos, No. 8. Hernández-Bretón, Eugenio, Domicilio del demandado, en: *Ley de Derecho Internacional Privado*, Caracas, Facultad de Ciencias Jurídicas y Políticas, Universidad Central Venezuela, 2005 Tomo II. Hernández-Bretón, Eugenio, Acciones patrimoniales, en: *Ley de Derecho Internacional Privado*, Caracas, Facultad de Ciencias Jurídicas y Políticas, Universidad Central Venezuela, 2005 Tomo II. Hernández-Bretón, Eugenio, Sumisión expresa, en: *Ley de Derecho Internacional Privado*, Caracas, Facultad de Ciencias Jurídicas y Políticas, Universidad Central Venezuela, 2005 Tomo II. Hernández-Bretón, Eugenio, Sumisión tácita, en: *Ley de Derecho Internacional Privado*, Caracas, Facultad de Ciencias Jurídicas y Políticas, Universidad Central Venezuela, 2005 Tomo II.

presentan. A tales fines, es común enfatizar en la incorporación, la literalidad y la autonomía como caracteres necesarios para una definición completa, también, en la consideración de la abstracción como característica de algunos títulos que al ostentarla son llamados abstractos, como las letras de cambio[4].

La incorporación se ha entendido como la vinculación de un derecho con un papel de tal modo que aquel no puede ser transferido sin el papel, formando un solo cuerpo[5]. En tal sentido, se adquiere y se transfiere el derecho incorporado al título con la adquisición y transferencia del papel, y la presentación del mismo se erige en el aval para exigir el cumplimiento de la obligación. Es esta característica la que traza la mayoría de los conceptos y nociones que se han formulado sobre los títulos valores, en tanto incorporan un derecho patrimonial, notoriamente manifiesto en los títulos más comunes, las letras de cambio, los cheques y los pagarés. La literalidad implica que el contenido, la extensión y la modalidad del derecho incorporado vienen determinados solo en función del texto del documento. Así, el tenor del documento, lo señalado en el papel, presume el derecho incorporado[6]. Mientras que la autonomía se centra en la función natural de circulación que tiene el título y en razón de la cual la adquisición del documento es independiente de su creación o de las anteriores transferencias del título[7], lo cual determina que se adquiere el derecho emancipado de las posibles excepciones que puedan ejecutarse contra los anteriores portadores del título[8]. Por su parte, la abstracción, típica de los títulos abstractos, verbigracia la letra

---

4 Puede verse, Goldschmidt, Roberto, *Curso de Derecho Mercantil*, Caracas, Facultad de Derecho, Universidad Central de Venezuela, reimpresión de la 2ª ed. corregida y ampliada, 1980, pp. 160-162. Asimismo, Morles Hernández, *Curso de Derecho Mercantil...*, ob. cit., pp. 1275-1287. Morles agrega al listado de elementos resaltantes señalado, a la legitimación, pero no como elemento propio del título valor, sino como un efecto de su posesión, para determinar con la exhibición del documento, quién puede ejercer el derecho derivado del título. *Ibídem*, pp. 1282-1283.

5 Goldschmidt, *Curso de Derecho Mercantil...*, ob. cit., p. 160.

6 Si bien en algunos casos, el título puede remitir a otro documento que valida el contenido de aquel, tal es el caso de las acciones de una Compañía Anónima con respecto al acta constitutiva o estatutos de la compañía. Goldschmidt, *Curso de Derecho Mercantil...*, ob. cit., p. 161.

7 Morles Hernández, *Curso de Derecho Mercantil...*, ob. cit., p. 1279.

8 Goldschmidt, *Curso de Derecho Mercantil...*, ob. cit., p. 162.

de cambio, supone que la validez de la obligación consignada en el papel (obligación cartular o cambiaria) no depende de la obligación causal o fundamental que da origen a la primera[9].

III. CRITERIOS DE JURISDICCIÓN EN MATERIA DE TÍTULOS VALORES

La piedra angular del sistema venezolano de fuentes de Derecho internacional privado es el artículo 1 de la Ley de Derecho Internacional Privado, en cuyo texto se establece el orden de prelación de dichas fuentes, aplicables para la solución de los supuestos de hecho relacionados con ordenamientos jurídicos extranjeros. Así, se ubican en el primer orden, las normas de Derecho Internacional Público, en particular, las establecidas en los tratados internacionales vigentes; en segundo orden, las normas de Derecho internacional privado venezolano; en tercer orden, la analogía y en el cuatro, los principios de Derecho internacional privado generalmente aceptados. A tales efectos, los criterios a partir de los cuales los tribunales venezolanos tendrán jurisdicción están contenidos en las fuentes ubicadas en el primer y segundo orden, quedando descartadas, por tanto, la analogía y los principios de Derecho internacional privado generalmente aceptados como fuentes aplicables al ámbito de la determinación de la jurisdicción.

La jurisdicción, en tanto función del Estado para administrar justicia, ha de estar expresamente atribuida a sus órganos judiciales, por tanto, contenida en criterios clara y explícitamente establecidos, bien en un tratado o en una ley nacional. En consecuencia, la tercera y cuarta fuente de derecho previstas en el artículo 1 de la Ley de Derecho Internacional Privado, que en el ámbito de la determinación del Derecho aplicable son procedentes, no tienen cabida en el de la determinación de la jurisdicción. De ser procedentes estas fuentes para determinar la jurisdicción de un Estado, significaría atribuir jurisdicción sobre la base de criterios que el codificador o el legislador, según fuere el caso, no consideró.

---

[9] Goldschmidt, *Curso de Derecho Mercantil...*, ob. cit., p. 169.

Ahora bien, de estar contenidos tales criterios en tratados o en leyes, ello da pie a hablar de la jurisdicción distributiva y de la atributiva, respectivamente. La jurisdicción distributiva que viene dada, como su nombre lo indica, por la distribución de la jurisdicción entre los estados cuyos ordenamientos jurídicos se encuentran vinculados a un caso de Derecho internacional privado, para Venezuela y en los supuestos de hecho relativos a títulos valores, se reduce al ámbito de dos instrumentos normativos de naturaleza convencional o internacional. Mientras que la jurisdicción atributiva, en razón de la cual el legislador nacional o estatal atribuye de manera unilateral la jurisdicción de sus propios jueces, se limita a un solo instrumento legal. Por tanto, en el primer ámbito nos referiremos al Tratado de Derecho Internacional Privado o Código Bustamante y a la Convención Interamericana sobre Conflictos de Leyes en materia de Letras de Cambio, Pagarés y Facturas, mientras que en el segundo lo haremos con la Ley de Derecho Internacional Privado.

Cabe destacar que los criterios atributivos de jurisdicción previstos en las fuentes de jurisdicción reseñadas, han de entenderse enmarcadas dentro de lo que se ha denominado foros de carácter concurrente, por oposición a los foros exclusivos. Esto es, que pueden existir otros jueces de otros estados que sean potencialmente competentes para juzgar el mismo caso, y como consecuencia de ello, la probabilidad de producirse sentencias que, reuniendo los requisitos exigidos en las normas sobre reconocimiento, desplieguen sus efectos en el foro[10]. De manera que, tratándose de criterios atributivos de jurisdicción concurrentes, se plantea la probabilidad de producirse situaciones de litispendencia, en cuyo caso, correspondería aplicar el artículo 58 de la Ley de Derecho Internacional Privado, sea cual fuere el estado con el cual el caso estaría vinculado[11].

[10] D. Fernández Arroyo, Diego, Aspectos generales del sector de la jurisprudencia internacional, en: D. Fernández Arroyo (Coord.), *Derecho internacional privado de los estados del Mercosur. Argentina, Brasil, Paraguay, Uruguay*, Buenos Aires, Zavalía, 2003, p. 161.

[11] Tal precepto permite la procedencia de la excepción de litispendencia para todo juicio que no suponga jurisdicción exclusiva. Ello, indistintamente de si la materia es civil o mercantil, a diferencia del Código Bustamante que también prevé la litispendencia en el artículo 394, pero solo en materia civil.

A. Fuentes Internacionales o Convencionales

Confluyen en la regulación de títulos de crédito en el sistema venezolano de fuentes internacionales, tres instrumentos normativos de origen convencional, tales son, el Tratado de Derecho Internacional Privado o Código Bustamante (La Habana, 1928)[12], la Convención Interamericana sobre Conflictos de Leyes en materia de Letras de Cambio, Pagarés y Facturas (Ciudad de Panamá, 1975)[13] y la Convención Interamericana sobre Conflicto de Leyes en materia de Cheques (Montevideo, 1979)[14]. No obstante, solo los dos primeros establecen criterios atributivos de jurisdicción en el tema que nos ocupa, toda vez que el último de estos se limita a regular el Derecho aplicable y aspectos sustantivos en la materia específica de cheques, con lo cual, lo excluiremos de este trabajo. De manera que el Código Bustamante y la Convención sobre Conflictos de Leyes en materia de Letras de Cambio, Pagarés y Facturas se erigen en las únicas fuentes internacionales o convencionales previstas en el sistema venezolano de Derecho internacional privado que establecen criterios atributivos de jurisdicción en la materia de títulos valores[15].

En cuanto a su objeto de regulación, la Convención es de carácter especial frente al Código Bustamante; asimismo, respecto a su entrada en vigencia posterior a este último, prevalece en su aplicación ante supuestos de hecho sobre la misma materia. Ello, en aplicación de los

---

[12] Suscrito en La Habana, Cuba, en 1928 y ratificado por Venezuela, Ley Aprobatoria promulgada el 23 de diciembre de 1931, depósito del instrumento de ratificación el 12 de marzo de 1931 y publicado en Gaceta Oficial No. 17.698, 9 de abril de 1932.

[13] Gaceta Oficial No. 33.150, 23 de enero de 1985.

[14] Gaceta Oficial No. 33.143, 14 de enero de 1985.

[15] Debe aclararse que si bien el título de la Convención sobre Conflictos de Leyes en materia de Letras de Cambio, Pagarés y Facturas hace mención expresa a los "conflictos de leyes", con lo cual se presumiría que se limita al establecimiento de normas de conflicto o indirectas para determinar el Derecho aplicable a los supuestos regulados, lo cierto es que la referida Convención sobrepasó esos límites, pues también regula la jurisdicción. Como una imposición de "la realidad viviente sobre los estrictos requerimientos de la lógica formal" y un "homenaje a la terquedad" calificó Parra Aranguren la circunstancia de mantener ese título, a pesar de que la moción de varios delegados de suprimir la referencia a conflictos de leyes, fue rechazada. Véase Parra-Aranguren, Gonzalo, Las seis Convenciones suscritas en Panamá (1975) sobre Derecho Internacional Privado, en: *Revista de la Facultad de Derecho, Universidad Católica Andrés Bello*, 1979-1980, No. 27, p. 18.

principios previstos en la Convención de Viena sobre Derecho de los Tratados referidos a tratados sucesivos concernientes a la misma materia, en particular, según lo prescrito en su artículo 30[16].

Tal premisa, que coloca en situación de aplicación preferente a la Convención Interamericana sobre el Código Bustamante, sin duda permanece firme en la identificación de los criterios atributivos de jurisdicción en lo que respecta a letras de cambio y pagarés (en el caso de facturas, véase *infra*), por ser estos títulos objeto específico de la Convención. En tal sentido, en controversias vinculadas a estados entre los cuales se encuentre vigente dicha Convención y se refieran a estos tipos de títulos, este instrumento normativo es de aplicación directa[17].

No obstante, de considerarse títulos valores distintos a letras de cambio y pagarés, el Código Bustamante, por su generalidad, contemplaría un ámbito de aplicación más amplio y por tanto, de aplicación directa pero solo frente a estados en los que, concretamente, las disposiciones relativas a criterios de jurisdicción estuvieran vigentes[18]. A juicio de Giral, la aplicación preferente de la Convención –a cuyo criterio llega por aplicación de los principios que rigen la vigencia temporal de la ley formal, apoyado en la Obra Jurídica de Joaquín Sánchez-Covisa y según los cuales, el principio de Derecho internacional privado posterior deja sin efecto al anterior– no obsta para que ambos instrumentos puedan ser aplicados simultáneamente en la materia que nos ocupa, salvo en algunos aspectos específicos que en su obra señala[19]. Sin embargo, en materia de títulos valores, tal simultaneidad encuentra asidero

---

16 La Convención de Viena no está vigente en Venezuela, sin embargo, la doctrina patria ha acogido sus principios rectores en la observancia, aplicación e interpretación de los tratados.

17 Vigente entre Argentina, Chile, Costa Rica, Ecuador, El Salvador, Guatemala, Honduras, México, Panamá, Paraguay, Perú, República Dominicana, Uruguay y Venezuela.

18 Países que lo ratificaron sin reservas: Cuba, Guatemala, Honduras, Nicaragua, Panamá y Perú. Países que ratificaron con reservas determinadas: Brasil, Haití, República Dominicana, Venezuela. País que se adhirió con reservas: Bahamas.

19 Véase al respecto, Giral Pimentel, Derecho internacional privado sustantivo…, ob. cit., pp. 92-93. Cabe destacar que la jurisprudencia venezolana, en tanto aplicación de tratados vigentes referidos a la misma materia, se ha pronunciado a favor de su aplicación armónica/concomitante/complementaria. Véase, Corte Suprema de Justicia/Sala político Administrativa, Sentencia No. 605, 9 de octubre de 1997 (Embotelladora Caracas C.A., y otros v. Pepsi Cola Panamericana, S.A.).
Compartimos este criterio, en materia de títulos valores, siempre que el ámbito de aplicación de los instrumentos se limite a la determinación del Derecho aplicable a la controversia.

solo en el ámbito de la determinación del Derecho aplicable, ámbito al que se circunscribió la obra referida de Giral, no así, en el de la determinación de los criterios atributivos de jurisdicción. Esto, en razón a lo aludido anteriormente en referencia a que la jurisdicción de los jueces venezolanos debe estar expresamente atribuida a sus órganos judiciales, en criterios explícitamente previstos en un tratado o en una ley.

Esta es la misma razón por la que estimamos que en supuestos relativos a cheques y por ausencia de criterios de jurisdicción en la Convención Interamericana sobre Conflicto de Leyes en materia de Cheques, los criterios previstos en la Convención Interamericana sobre Conflictos de Leyes en materia de Letras de Cambio, Pagarés y Facturas, no pueden ser aplicados por extensión a casos análogos ni como principios de derecho generalmente aceptados[20]. A todo evento podrán ser aplicados los criterios de jurisdicción previstos en el Código Bustamante siempre que el supuesto esté vinculado a países entre los cuales se encuentren vigentes las disposiciones que contemplan los criterios de jurisdicción. En ausencia de este aserto, la Ley de Derecho Internacional Privado será la fuente aplicable.

La vigencia simultánea del Código Bustamante y de la Convención Interamericana sobre Conflictos de Leyes en materia de Letras de Cambio, Pagarés y Facturas en lo que respecta a criterios de jurisdicción, se resumen en las siguientes premisas:

Si el ámbito de la controversia se refiere a letras de cambio y pagarés, los criterios atributivos de jurisdicción contenidos en la Convención Interamericana sobre Conflictos de Leyes en materia de Letras de Cambio, Pagarés y Facturas serán aplicables frente a los países entre los cuales se encuentre vigente dicho instrumento. Asimismo, lo serán si en los estados vinculados al supuesto con elementos de extranjería relativo a letras de cambio y pagarés se encuentran vigentes, simultáneamente, la referida Convención Interamericana y el Código Bustamante. Si el ámbito de la controversia se refiere a cualquier otro título valor, los

[20] Vescovi es partidario de aplicar extensivamente el artículo 8 de la Convención Interamericana sobre Conflictos de Leyes en materia de Letras de Cambio, Pagarés y Facturas que contempla los criterios atributivos, a los supuestos de jurisdicción en materia de cheques. Vescovi, Eduardo, *Derecho procesal civil internacional, Uruguay, el Mercosur y América*, Montevideo, Ediciones Idea, 2000, p. 45.

criterios atributivos de jurisdicción contenidos en el Código Bustamante serán aplicables solo frente a los países entre los cuales se encuentren vigentes las disposiciones sobre criterios de jurisdicción contenidas en este tratado. También lo serán, si tratándose de letras de cambio y pagarés, entre los estados vinculados al supuesto con elementos extranjeros no se encuentra vigente la Convención Interamericana. Para cualquier otro supuesto sobre títulos valores, en ausencia de tales premisas, los criterios atributivos de jurisdicción serán, indefectiblemente, los contemplados en la Ley de Derecho Internacional Privado.

1. Código Bustamante

Los criterios atributivos de jurisdicción contenidos en el Código Bustamante, en cuanto sean aplicables, son procedentes en razón de lo expuesto más arriba, frente a los estados parte entre los cuales se encuentren vigentes las disposiciones relativas a criterios de jurisdicción y a títulos valores. En atención al artículo 271 del Código Bustamante y del Capítulo que contiene dicha disposición (Del contrato y letras de cambio y efectos análogos), Giral ha interpretado que la lista de títulos valores expresados en ella, tales son, las libranzas, los vales, pagarés y mandatos o cheques, es de carácter enunciativo, con lo cual, el Código Bustamante es aplicable a estos y todos los títulos de crédito. Agrega por tanto a esta lista, las cédulas hipotecarias y los certificados de depósitos. Coincidimos con el autor siempre que estos tengan carácter de título negociable (véase *infra*, lo referido a las facturas).

a. Acciones civiles y mercantiles

El artículo 318 del Código Bustamante consagra como criterio general atributivo de jurisdicción, la sumisión expresa o tácita para el ejercicio de toda clase de acciones civiles y mercantiles[21].

[21] La clasificación tradicional de las acciones en civiles, penales y mixtas, según la jurisdicción; en reales, personales y mixtas de acuerdo con el derecho que se hace valer en la pretensión, y demás clasificaciones clásicas, son referidas por la doctrina procesalista como un homenaje a la tradición, en tanto dichas clasificaciones carecen de sentido y utilidad en relación a la acción, siendo más adecuado referirse a la clasificación de las pretensiones.

.- Sumisión expresa o tácita, con vinculación

Sea la sumisión expresa o tácita, el artículo en referencia contempla la vinculación al foro, bien por la nacionalidad o por el domicilio de alguna de las partes. De esta manera, la nacionalidad venezolana, sea originaria o adquirida, o el domicilio ubicado en el territorio nacional determinará la jurisdicción de los jueces venezolanos (sobre la calificación del domicilio, véase *infra*).

Así, con base en la voluntad de las partes interesadas, por sumisión expresa tendrán jurisdicción los jueces venezolanos en aplicación del artículo 321, si aquellas han renunciado clara y terminantemente al fuero propio y al mismo tiempo han designado con toda precisión a los jueces venezolanos sometiéndose a su *facultas jurisdictionis*. Para la sumisión expresa, el Código Bustamante plantea la simultaneidad de los efectos derogatorio y prorrogatorio de la jurisdicción, según los cuales las partes renuncian al foro propio y atribuyen jurisdicción a otro, respectivamente. Somos de la opinión de que en el marco interpretativo de esta norma, la omisión del efecto prorrogatorio, debe dar por sentado la no aplicabilidad de esta fuente,[22] en cuyo caso, en ausencia de tratado, corresponderá aplicar la Ley de Derecho Internacional Privado.

En aplicación del artículo 322, la sumisión tácita viene dada por la interposición de la demanda ante el juez venezolano para el caso del demandante, y por la comparecencia y la actuación en el juicio por parte del demandado, siempre que tal actuación no sea proponer la declinatoria de la jurisdicción. El *in fine* de esta norma tiene fines aclaratorios al precisar que no se entenderá como sumisión tácita si el procedimiento se sigue en rebeldía.

La sumisión vinculada al foro en razón de la nacionalidad o del domicilio de alguna de las partes prevista en el referido artículo 318, plantea una excepción contenida en la expresión "salvo el derecho local contrario", cuyo entendimiento ha sido interpretado de distintas maneras por la doctrina venezolana. Por un parte, se ha entendido que

---

Véase Rengel-Romberg, Arístides, *Tratado de Derecho Procesal Civil Venezolano, según el nuevo Código de 1987*, Caracas, Editorial Arte, 3ª ed., 1992, Vol. 1, pp. 169-170 y Vol. 2, p. 119. Cuenca, Humberto, *Derecho Procesal Civil*, Caracas, Ediciones de la Biblioteca, Universidad Central de Venezuela, 7ª ed., 1998, Tomo 1, p. 189.

22 En contra, Madrid Martínez, *Criterios atributivos...*, ob. cit., pp. 105-106.

implica una excepción a la aplicación de las reglas de competencia procesal internacional establecidas en el Código Bustamante y que opera cuando el Derecho del juez contempla una norma sobre el mismo aspecto de competencia internacional, distinta a la del referido tratado[23]. Por otra, se ha sostenido que la expresión "no debe excluir al criterio atributivo de jurisdicción, sino a las limitaciones que el Derecho internacional pueda imponerle"[24], criterio este que compartimos.

El artículo 318 prevé adicionalmente una reseña referida a la sumisión respecto a acciones reales o mixtas sobre bienes inmuebles que, por su naturaleza, no aplica al supuesto de los títulos valores, toda vez que estos son considerados bienes muebles, según veremos más adelante.

b. Acciones personales

En materia de acciones personales[25], el artículo 323 del Código Bustamante consagra dos criterios atributivos de jurisdicción de carácter alternativo, permitiendo con ello la procedencia de uno u otro para asignar la jurisdicción al Estado parte, tales son el lugar del cumplimiento de la obligación y el domicilio del demandado. Establece además uno subsidiario, la residencia habitual que, para el sistema venezolano, se subsume en el criterio del domicilio por cuanto el concepto de residencia habitual se equipara a la definición legal del domicilio, como veremos *infra*.

---

[23] Es la postura de Javier Ochoa. Véase, Ochoa Muñoz, Javier, La expresión "salvo el derecho local contrario" en las normas sobre competencia procesal internacional del Código Bustamante, en: *DeCita*, 04.2005, p. 79.

[24] Es la opinión de Claudia Madrid. En el caso concreto, señala la autora que tales limitaciones serían los supuestos de inderogabilidad de la jurisdicción contenidos en el artículo 47 de la Ley de Derecho Internacional Privado; los casos que tengan por objeto derechos reales sobre bienes inmuebles situados en Venezuela, artículo 53.3 *ejusdem*; los casos de contratos de seguros celebrados con compañías extranjeras, artículo 358 del Código de Comercio, de contratos de transporte de bienes o de personas que ingresan al territorio venezolano, artículo 10 de la Ley de Comercio Marítimo; así como de los contratos de interés público, artículo 151 de la Constitución de la República Bolivariana de Venezuela. Consúltese, Madrid Martínez, *Criterios atributivos* ..., ob. cit., pp. 108-110.

[25] Entendidas como "la tutela de las relaciones jurídicas de las obligaciones que solo pueden promoverse contra el obligado y sus herederos". Cuenca, *Derecho Procesal*..., ob. cit., p. 189.

.- Lugar del cumplimiento de la obligación

El Código Bustamante no prevé la calificación del lugar donde la obligación deba cumplirse, con lo cual la definición de lo que debe entenderse como tal debe responder a las soluciones contempladas en el sistema venezolano de Derecho internacional privado. En tal sentido, nuestro sistema tan solo prevé normas expresas de calificación en sus fuentes convencionales, precisamente, en el Código Bustamante, adoptando la calificación *lege fori* como criterio general y subsidiario al señalar en su artículo 6 la atribución de los estados de calificar de acuerdo con su propia calificación para los casos no previstos en dicho tratado[26].

En consecuencia, para calificar el lugar del cumplimiento de la obligación ha de recurrirse a los conceptos contenidos en el Derecho material del juez. En ese plano del Derecho venezolano, el lugar donde la obligación debe cumplirse se entiende como aquél donde se realiza el pago de la obligación y dependerá de la naturaleza civil o comercial de la relación de que se trate, la determinación de la fuente de Derecho interno aplicable. Así, en materia civil, el régimen aplicable es el Código Civil, en cuyo artículo 1.295 el lugar del pago viene dado por el lugar fijado en el contrato[27]. Esta disposición material que equipara el cumplimiento de la obligación con el pago, ha sido reconocida por la doctrina nacional como la norma que contiene el criterio general para la determinación del lugar de cumplimiento de las obligaciones[28].

En materia mercantil, los artículos 410.5 y 411 del Código de Comercio[29] contemplan especificaciones en referencia a la determinación

[26] Véase al respecto, Maekelt, Tatiana, *Ley venezolana de derecho internacional privado. Tres años de su vigencia,* Caracas, Academia de Ciencias Políticas y Sociales, 2002, p. 90.

[27] El artículo agrega que "si se trata de cosa cierta y determinada, el pago debe hacerse en el lugar donde se encontraba la cosa que forma su objeto, en la época del contrato. Fuera de estos dos casos, el pago debe hacerse en el domicilio del deudor, salvo lo que se establece en el artículo 1.528". El artículo 1.528 señala: "Cuando nada se ha establecido respecto de esto, el comprador debe pagar en el lugar y en la época en que debe hacerse la tradición. Si el precio no ha de ser pagado en el momento de la tradición, el pago se hará en el domicilio del comprador según el artículo 1.295".

[28] Madrid Martínez, *Criterios atributivos...*, ob. cit., pp. 133-134.

[29] Artículo 410 del Código de Comercio: "La letra de cambio contiene: ... 5° El lugar donde el pago debe efectuarse...".
Artículo 411 del Código de Comercio: "El título en el cual falte uno de los requisitos enunciados en el artículo precedente, no vale como tal letra de cambio, salvo en los casos determinados en los párrafos siguientes:

del lugar del pago para el caso concreto de las letras de cambio, que en todo caso podrán aplicarse analógicamente para otros títulos de créditos objeto de controversias en las que ha de aplicarse el Código Bustamante.

Ahora bien, no debe perderse de vista que el título valor es un instrumento especial que encierra una promesa unilateral del deudor de efectuar una prestación, es decir, lleva implícita la obligación asumida por este (obligación cartular). El documento (bien corporal) prueba la existencia del crédito, por tanto, de un derecho patrimonial a favor del acreedor (crédito o derecho cartular) y que está incorporado al título (bien inmaterial)[30]. Este derecho cartular y su correlativa obligación cartular, son totalmente independientes de la obligación causal o relación fundamental, es decir, de la que se deriva de la relación o negocio jurídico que da lugar al título valor, por ejemplo, del contrato de compraventa, de préstamo, transporte, etc., carácter que ostentan los títulos valores en razón del rasgo de abstracción, específicamente los títulos abstractos, verbigracia, las letras de cambio, los pagarés y los cheques[31].

Así las cosas, conviene advertir que el criterio del lugar del cumplimiento de la obligación previsto en el Código Bustamante se erige como un criterio general aplicable a cualquier acción personal y no especifica si se trata de la obligación causal o de la obligación cartular, por tanto, como criterio atributivo de jurisdicción funciona para ambas especificaciones, es decir, tanto para determinar la jurisdicción en

La letra de cambio que no lleve la denominación "letra de cambio", será válida siempre que contenga la indicación expresa de que es a la orden.

La letra de cambio cuyo vencimiento no esté indicado, se considerará pagadera a la vista.

A falta de indicación especial, se reputa como lugar del pago y del domicilio del librado, el que se designa al lado del nombre éste.

La letra de cambio que no indica el sitio de su expedición, se considera como suscrita en el lugar designado al lado del nombre del librador."

30 Kummerow, Gert, *Bienes y Derechos Reales*, Caracas, Mac Graw Hill, 5ª ed., 2002, pp. 40-43.

31 Noodt Taquela, María Blanca, Títulos valores, en: D. Fernández Arroyo (Coord.), *Derecho internacional privado de los estados del Mercosur. Argentina, Brasil, Paraguay, Uruguay*, Buenos Aires, Zavalía, 2003, p. 1200. La autora agrega en el listado de títulos abstractos, a las facturas. No obstante, en Venezuela este instrumento tiene otras características que lo excluyen de este listado (véase *infra*).

caso de obligaciones derivadas del negocio jurídico fundamental que da lugar a la emisión o aceptación del título valor, como puede ser un contrato (contrato causal de transmisión) como para aquellas obligaciones incorporadas al título (obligación cartular, o cambiaria para el caso específico de las letras de cambio). No obstante, a efectos de precisar la base de la pretensión del demandante, es menester que este distinga si se trata de una o de otra obligación, y de ser la causal o fundamental, debe especificarse detalladamente. Este fue el criterio acogido en la sentencia Quintana & Sión (1966) en la que el juez venezolano dictamina que si bien tanto una como otra "se deducen con arreglo a un único y mismo procedimiento, el del juicio ordinario [...] la única circunstancia que permite determinar si la acción deducida es la cambiaria o es la causal, son los términos del respectivo libelo de la demanda y especialmente, de su petitorio"[32].

.- Domicilio del demandado y Residencia habitual

Resulta menester destacar que el domicilio del demandado constituye el criterio general atributivo de jurisdicción igualmente consagrado en la Ley de Derecho internacional privado, aunque en esta última expuesto de manera tácita, según podrá apreciarse más adelante. El Código Bustamante en su artículo 22 remite a la ley territorial, el concepto, la adquisición, pérdida y recuperación del domicilio tanto de las personas naturales como jurídicas. De acuerdo con tal remisión, ha de acudirse a lo previsto en el sistema venezolano de Derecho internacional privado para determinar el concepto de domicilio. Señalábamos que ambos criterios, domicilio y residencia habitual, consagrados de manera subsidiaria en el Código Bustamante (art. 323), se reducen a uno, ya que el segundo constituye el contenido de la definición del primero. En efecto, el domicilio del demandado corresponde al territorio del Estado donde este tenga su residencia habitual, si se trata de persona física; ello, por definición del artículo 11 de la Ley de Derecho Internacional Privado. Tal consideración es aplicable cuando el criterio domiciliar constituye un medio para determinar el Derecho aplicable y la jurisdicción de los tribunales (art.15 Ley de Derecho Internacional Privado).

[32] Juzgado Segundo de Primera Instancia en lo Mercantil de la Circunscripción Judicial del Distrito Federal y del Estado Miranda, 29 de septiembre de 1966 (Quintana v. Sión).

Tratándose de personas jurídicas, la calificación del domicilio de sociedades, asociaciones, fundaciones y corporaciones viene dada por el lugar donde esté situada su dirección o administración, salvo lo que se dispusiese en sus Estatutos o en leyes especiales (art. 28 del Código Civil)[33] o por el lugar que determina el contrato constitutivo de la sociedad, y a falta de esta designación, por el lugar de su establecimiento principal (art. 203 del Código de Comercio), según se trate de personas jurídicas de carácter civil o mercantil, respectivamente.

No hace referencia el Código Bustamante a los supuestos de existencia de varios demandados. Estimamos que en tales casos, nada impide que puedan ser demandados en los estados correspondientes a sus respectivos domicilios.

2. Convención Interamericana sobre Conflictos de Leyes en materia de Letras de Cambio, Pagarés y Facturas

El artículo 8 de la Convención Interamericana sobre Conflictos de Leyes en materia de Letras de Cambio, Pagarés y Facturas es la única disposición sobre jurisdicción que establece la Convención que prevé los criterios generales para letras de cambio, criterios que por remisión de la misma norma, son aplicables a los pagarés (art. 9) y a las facturas (art. 10).

A continuación, veamos cada uno de los casos de títulos de crédito previstos en la referida Convención.

a. Letras de Cambio

El artículo 8 establece dos criterios atributivos de jurisdicción alternativos, tales son el lugar donde la obligación deba cumplirse y el lugar donde el demandado se encuentre domiciliado. La alternabilidad de estos criterios viene dada porque indistintamente son competentes para conocer de las controversias suscitadas con motivo de la negociación de letras de cambio, los tribunales de los estados Parte que correspondan a

[33] El referido artículo agrega: "Cuando tengan agentes o sucursales establecidos en lugares distintos de aquel en que se halle la dirección o administración, se tendrá también como su domicilio el lugar de la sucursal o agencia, respecto de los hechos, actos y contratos que ejecuten o celebren por medio del agente o sucursal".

cualquiera de esos criterios, siendo que la escogencia de uno u otro, de acuerdo con el texto de la norma, la determina el actor.

La opción de darle a elegir al acreedor uno de estos foros fue considerada acorde con la filosofía que inspiró a la Convención, en el marco de su discusión. En efecto, se consideró favorecedora de la circulación y eficacia del proceso cambiario en tanto confiere mayor facilidad en la obtención del pago de la letra o de su cumplimiento; ello, pese a que igualmente se estimó como contradictorio el establecer el lugar del cumplimiento de la obligación y no aquél donde la obligación se contrajo, siendo que esta es la conexión dispuesta en el mismo instrumento para determinar el Derecho aplicable a las obligaciones cambiarias (art. 5)[34].

.- Lugar del cumplimiento de la obligación

Hemos de reproducir lo expresado en el acápite referido a este mismo criterio en el desarrollo del Código Bustamante, específicamente en lo atinente a la calificación *lege fori* del artículo 6 *ejusdem*, en referencia a que los estados deberán calificar de acuerdo con su propia calificación. Con la precisión de que, tratándose de materia mercantil y concretamente de materia cambiaria, la norma contemplada en el artículo 410.5 del Código de Comercio es de aplicación preferente al criterio general previsto en el artículo 1.295 del Código Civil (ver *supra*), en tanto establece la disposición especial sobre este particular título de crédito. En efecto, de conformidad con dicha disposición, la letra de cambio debe contener en su texto indicación del lugar donde el pago debe efectuarse –lo cual no deja de estar en concordancia con la disposición del Código Civil– y a falta de indicación especial en el texto del título, el lugar que se designa al lado del nombre del librado se reputa como lugar del pago y del domicilio de este, según lo dispuesto en el artículo 411 *ejusdem.*

[34] Opertti Badán, Didier, La Convención de 1975 sobre letras de cambio y el proyecto de convención del CJI sobre cheques de circulación internacional, en: *Cursos de derecho internacional. El derecho internacional privado en Las Américas (1974-2000)*, Washington, Comité Jurídico Interamericano, Secretaría General de la Organización de los Estados Americanos, Serie Temática, Vol. I (Parte 1), pp. 126-128.

En cuanto a si este criterio atributivo de jurisdicción lugar de cumplimiento de la obligación en el marco de la Convención Interamericana es aplicable tanto a la obligación causal como a la cartular, estimamos que es procedente solo para determinar la jurisdicción en caso de la obligación cartular o cambiaria, toda vez que este tratado fija criterios atributivos para un marco específico: los títulos de crédito, en particular, las letras de cambio y los pagarés (*infra* explicaremos lo relativo a las facturas). De manera que el ámbito de aplicación que tiene este criterio atributivo en la Convención Interamericana es más reducido en comparación con el Código Bustamante y con la Ley de Derecho Internacional Privado, como veremos más abajo, porque en estas últimas fuentes, el lugar de cumplimiento de la obligación es aplicable de manera general, en el primero, a todas las acciones personales, y en el segundo, a todas las acciones patrimoniales. Es decir, que en estas fuentes la relación causal o fundamental también tendrá como criterio atributivo de jurisdicción, el mismo de la relación cartular, pero en la Convención, no necesariamente podrán coincidir en tanto que la causal podrá estar determinada por el criterio de cumplimiento de la obligación previsto en otra fuente normativa de Derecho internacional privado, como pudiera ser la Ley de Derecho Internacional Privado (en particular, artículo 40.2).

.- Domicilio del demandado

En cuanto al domicilio del demandado previsto como segundo criterio de jurisdicción en el artículo 8 de la Convención, la Convención no expresa los términos de su calificación, por lo que reproducimos lo expuesto en el punto homónimo referido al Código Bustamante.

Se agrega que la interpretación del concepto domicilio en los casos de existencia de varios demandados, en el marco de la Convención, es pacífica en cuanto a la posibilidad de demandar ante los tribunales de cualquiera de los estados donde estén domiciliados los demandados[35], lo cual potencia la posibilidad de producirse casos de litispendencia.

[35] Noodt Taquela, Títulos valores..., ob. cit., p. 1217.

b. Pagarés

Por efecto de la remisión que hace el artículo 9 de la Convención a todas las disposiciones que lo anteceden para aplicar a los pagarés, se aplican en consecuencia los criterios atributivos de jurisdicción del lugar del cumplimiento de la obligación y del domicilio del demandado establecidos en el artículo 8 ya revisados, a las controversias que tengan por objeto negociaciones con pagarés.[36] La referida Convención, en el foro venezolano, no ha sido exitosamente aplicada para determinar la jurisdicción de los jueces venezolanos en casos que han tenido por objeto el pago de pagarés.

En sentencia de la Sala Política Administrativa del Tribunal Supremo de Justicia[37], en un juicio de intimación intentado por la demandante domiciliada y constituida conforme a las leyes de Curazao, para exigir el pago por el monto principal de un pagaré suscrito a favor de la demandante por el demandado domiciliado en Venezuela, la Sala debió pronunciarse acerca del recurso de regulación de jurisdicción interpuesto. A lo largo del texto de la sentencia se observan diversas inconsistencias.

El caso inicia antes de la promulgación de la Ley de Derecho Internacional Privado y la sentencia del juez *a quo* se fundamenta en las normas vigentes para entonces. Sin embargo, llama la atención, por una parte, que la representación legal del demandado fundamenta la falta de jurisdicción del juez venezolano en el artículo 3 de la Convención Interamericana sobre Conflictos de Leyes en materia de Letras de Cambio, Pagarés y Facturas, siendo que dicho precepto no está destinado a determinar la jurisdicción[38]; y por otra, que Curazao no había ratificado

---

[36] En la discusión de la Convención, la intervención de Tatiana Maekelt fue decisiva en la extensión de las disposiciones sobre letras de cambio solo al marco de los pagarés y las facturas y no a todos los títulos valores como fuera la propuesta de la delegación guatemalteca. Su intervención estuvo justificada por la conveniencia de no prolongar en exceso la discusión sobre el tema. Opertti Badán, La Convención de 1975…, ob. cit., p. 128.

[37] Tribunal Supremo de Justicia/Sala político Administrativa, Sentencia No. 929, 25 de abril de 2000 (Banco Principal N.V. v. José Tomás Blanco Arocha), en: http://historico.tsj.gob.ve/decisiones/spa/abril/00929-250400-14729.HTM

[38] En efecto, el artículo 3 de la Convención establece el Derecho aplicable a las obligaciones resultantes de las letras de cambio, siendo este el correspondiente al lugar donde estas han sido contraídas.

la referida Convención. Pese a que la decisión del Tribunal Supremo es dictada bajo la vigencia de la Ley de Derecho Internacional Privado, este no utiliza el sistema de fuentes previsto en su artículo 1 que, de ser aplicado y en ausencia de tratado vigente entre los dos estados Parte, lo hubiese indefectiblemente referido a esta fuente estatal. Consecuencia de ello, no aplicó el criterio atributivo de jurisdicción allí previsto, en particular, el domicilio del demandado (art. 39 *ejusdem*), si bien llega erradamente a igual resultado de atribuirse jurisdicción, pero por vía del artículo 40 del Código de Procedimiento Civil.

En otra sentencia[39], la Convención Interamericana ha sido erróneamente aplicada por el Tribunal Supremo de Justicia para atribuirse jurisdicción en un juicio de intimación relativo a un pagaré, cuyos elementos de extranjería estaban vinculados con Colombia, siendo que este país suscribió la Convención pero no la ratificó. Así, la ausencia de tratado vigente para determinar la jurisdicción del tribunal venezolano, conducía necesariamente a aplicar los criterios atributivos de jurisdicción previstos en la Ley de Derecho Internacional Privado en lugar del artículo 8 de la Convención, como en efecto se procedió. A todo evento, las disposiciones de dicho tratado han podido ser aplicadas como principios de Derecho internacional privado generalmente aceptados, pero solo en el ámbito del Derecho aplicable y del Derecho substantivo o material, no así en materia de jurisdicción.

c. Facturas

De acuerdo con el artículo 10 de la Convención, las disposiciones sobre letras de cambio son aplicables a las facturas en los estados Parte en cuyas legislaciones este tipo de título tenga el carácter de documentos negociables, con lo cual, los criterios de jurisdicción previstos para letras de cambio también se supondrían aplicables en Venezuela. Sin embargo, los títulos valores no deben confundirse con los documentos que tienen un contenido meramente probatorio[40]. En efecto, según el

---

39 Tribunal Supremo de Justicia/Sala político Administrativa, Sentencia No. 586, 22 de abril de 2003 (Eduardo Clopatofsky De La Peña v. Plácida Amparo Mejía González y Wilson Salcedo Rojas), en: http://historico.tsj.gob.ve/decisiones/spa/abril/00586-220403-2003-0151.HTM

40 Goldschmidt, *Curso de Derecho Mercantil...*, ob. cit., p. 166.

artículo 124 del Código de Comercio las facturas constituyen uno de los medios de prueba de las obligaciones mercantiles, por tanto, no serían instrumentos negociables.

En tanto para Venezuela no son títulos valores, carecen de las rasgos característicos de los mismos, especialmente de la autonomía, la incorporación y la abstracción[41], que en conjunto presumen que el derecho que el título contiene (derecho cartular) es independiente de aquel derivado de la relación subyacente al documento, es decir, de la causa que le dio origen. A tales efectos, no se plantearían supuestos para la determinación de la jurisdicción por la factura propiamente dicha, sino por la obligación mercantil de la que constituye medio de prueba. Así, en tales casos, corresponde proceder con los criterios de jurisdicción propios de las obligaciones, según las fuentes de Derecho aplicables. Esto es consistente con la declaración del Estado venezolano ante la Secretaría de la Organización de Estados Americanos precisando que la factura en Venezuela no tiene el carácter de instrumento negociable[42].

B. Fuentes Nacionales o Estatales

Ante supuestos de hecho suscitados con motivo de la negociación de letras de cambio y pagarés conectados a estados frente a los cuales no se encuentra vigente la Convención Interamericana sobre Conflictos de Leyes en materia de Letras de Cambio, Pagarés y Facturas o bien, suscitados con motivo de la negociación de cualquier título valor frente a los cuales no se encuentra vigente el Código Bustamante, los criterios atributivos de la jurisdicción venezolana vendrán determinados por la única fuente estatal, la ley de Derecho Internacional Privado, que establece criterios generales que serán aplicables a la especialidad de los títulos valores.

---

[41] Recuérdese que la autonomía se refiere a que el derecho transmitido en el título de crédito por efecto de la circulación a cada nuevo adquirente, es autónomo, porque está desvinculado de la situación jurídica que ostentaba el transmitente, por lo que cada nuevo adquirente recibe un derecho que le es propio. Mientras que la abstracción implica la independencia del derecho cartular de la causa que le dio origen, de la relación subyacente al documento, por ejemplo, del contrato. Noodt Taquela, Títulos valores…, ob. cit., pp. 1199-1200.

[42] Giral Pimentel, Derecho internacional privado sustantivo…, ob. cit., 84 ss., especialmente, pp. 95-96.

1. Ley de Derecho Internacional Privado

El proyectista de la Ley de Derecho Internacional Privado advirtió el carácter general que esta adquiriría frente a la legislación especial que se previera en el ámbito del Derecho Mercantil Internacional. En efecto, la Exposición de Motivos señala que

> En el caso del Derecho Mercantil Internacional, se ha preferido no establecer una regulación especial independiente (*omissis*). Por otra parte, se ha juzgado que las normas relativas a temas muy especiales, como las referentes a Derecho Cambiario, Seguros, Quiebras o compañías de Comercio o bien escapaban a las características generales de esta ley, o bien –como sucede señaladamente en el caso de las Sociedades Mercantiles– debían desarrollarse en el seno de la propia ley mercantil dentro de los principios generales que la ley de Derecho Internacional Privado señala. Los Proyectos del 2° Libro del Código de Comercio y de la Ley General de Títulos Valores y Operaciones Bancarias comprenden, en efecto, tales disposiciones.

Sin embargo, el pretendido desarrollo de leyes especiales en la materia no se ha materializado[43], por lo que los criterios atributivos de jurisdicción previstos en la Ley de Derecho Internacional Privado, en cuanto sean aplicables a la materia de títulos valores, cumplen el rol de servir de base normativa para determinar la jurisdicción de los jueces venezolanos en ausencia de tratados internacionales vigentes en Venezuela.

a. Criterio general para todo tipo de acciones. Domicilio del demandado

La fórmula utilizada por el legislador venezolano en la redacción del artículo 39 de la Ley de Derecho Internacional Privado, se decanta en el establecimiento del criterio del domicilio del demandado como foro general pero de forma implícita. Lo implícito viene dado en suponer que "además" de la jurisdicción que ostentan los jueces

[43] En lo que respecta los títulos valores, Proyecto Goldschmidt en 1963 con una versión definitiva en 1967, Proyecto De Sola en 1978 y Proyecto Morles en 1984. Véase al respecto, Morles Hernández, *Curso de Derecho Mercantil...*, ob. cit., pp. 1312-1337.

venezolanos por juicios intentados contra personas domiciliadas en el territorio nacional, también la ostentarán en juicios contra personas domiciliadas en el exterior en los casos contemplados en los artículos 40 (por el ejercicio de acciones patrimoniales), 41 (por acciones sobre universalidades de bienes) y 42 (por acciones sobre estado y relaciones familiares). El carácter de foro general, implica que opera con independencia de la materia objeto del litigio, con lo cual, no requiere distinguir la naturaleza de la acción, tal como sí sucede con los criterios atributivos previstos en los artículos 40, 41 y 42[44].

Aquí reproducimos los términos expuestos acerca de la calificación del domicilio de personas físicas y jurídicas en el criterio análogo previsto en el Código Bustamante, ya abordado.

El referido criterio, en materia de títulos valores, ha estado presente en las decisiones de nuestro máximo tribunal, aunque con desaciertos. En una acción intimatoria de cobro de bolívares con fundamento en la imposibilidad de cobro ("pago suspendido" o "*stop payment*") de un cheque emitido por la demandada a favor de la demandante, fue utilizado por la Sala Político Administrativa[45] de manera complementaria para reforzar la aplicación del artículo 40 del Código de Procedimiento Civil. Ello luce cuestionable, considerando que para el año 2001, fecha de la decisión, la Ley de Derecho Internacional Privado tenía dos años de vigencia.

b. Acciones patrimoniales

Según la remisión que hace el citado artículo 39 de la ley, el domicilio del demandado fuera del territorio venezolano obliga a canalizar la determinación de los criterios atributivos de jurisdicción según se trate de la naturaleza de las acciones: de contenido patrimonial (art. 40), relativas a universalidades de bienes (art. 41) y sobre estado y relaciones familiares (art. 42). Por fuerza de la lógica temática, nos

[44] Pérez Pacheco, *La jurisdicción...*, ob. cit., p. 129.

[45] Tribunal Supremo de Justicia/Sala político Administrativa, Sentencia No. 303, 7 de marzo de 2001 (Siexmaca Servicios de Importación y Exportación Marítimos y Aéreos C.A. v. Fletes Acme Venezolana, S.A.), en: http://historico.tsj.gob.ve/decisiones/spa/marzo/00303-070301-0435.HTM

referiremos solo a las primeras contenidas en el artículo 40 y a los cuatro ordinales que establecen los criterios de jurisdicción, entendiendo por acción de contenido patrimonial, aquella cuya pretensión es valorada económicamente.

.- Disposición o tenencia de bienes muebles ubicados en el territorio

Es menester, en una primera aproximación al criterio de jurisdicción lugar de situación de del bien, *locus rei sitae*, previsto en el ordinal 1 del artículo 40, hacer algunas precisiones de carácter general acerca de las expresiones "disposición o tenencia de bienes" contenidas en el mismo. Veamos de seguidas.

En cuanto a la disposición. De acuerdo con la teoría clásica de los derechos reales, la disposición es un atributo que corresponde al derecho real de contenido más amplio, el derecho de propiedad, en virtud del cual se otorga al titular el poder de usar, gozar y disponer del bien[46], material (destruyendo o consumiendo el bien cuando legalmente no le está prohibido) o jurídicamente (enajenando el bien o confiriéndole a otra persona, total o parcialmente las prerrogativas de que goza)[47]. En consecuencia, el señalamiento que el legislador de Derecho internacional privado hace a la disposición de los bienes pareciera a primera vista referirse a estos cuando son objeto, concretamente, del derecho de propiedad. Sin embargo, esta visión sería restrictiva tanto frente a los llamados derecho reales limitados, también denominados fraccionados, parciarios, menores, en cosa no propia o en cosa ajena, como frente al derecho de naturaleza provisional o interina que es la posesión, en cuyos contenidos la disposición del bien es un atributo que se reserva exclusivamente al propietario.

De interpretarse de manera restrictiva, estos derechos limitados y la posesión dejarían de ser considerados en el marco de la aplicación del criterio de jurisdicción *locus rei sitae*, lo cual no pareciera acertado. No creemos por tanto, que la *ratio* del legislador *iusprivatista* haya deseado

[46] El artículo 545 del Código Civil define el derecho real de propiedad como el derecho de usar, gozar y disponer de una cosa de manera exclusiva con las restricciones y obligaciones establecidas por la ley.

[47] Kummerow, *Bienes y derechos...*, ob. cit., p. 241.

descartar a los bienes objeto de una gama de derechos reales distintos al derecho de propiedad. Entonces, resulta más pertinente realizar una interpretación amplia en razón de la cual se incluye a los bienes cuando son objeto *directo* o *inmediato* de los derechos reales, en tanto que en este ámbito el titular del derecho ejerce un poder o señorío sobre el mismo sin intermediación o mediación de terceros, es decir, el bien se erige en el objeto directo e inmediato del derecho real (*ius in re*).

De esta manera, estimamos que las acciones relativas a la disposición de bienes muebles o inmuebles situados en el territorio nacional a que hace referencia el ordinal 1 es aplicable a bienes cuando son objetos de derechos reales en general y no específicamente del derecho de propiedad.

En cuanto a la tenencia. Sobre la tenencia o detentación de bienes se ha expresado que esta contiene el *corpus* que es ejercicio de un poder de hecho sobre una cosa, pero carece del *animus* que implica la intención de tener el bien para sí y no en nombre de otra persona a quien reconoce mejor derecho[48]. Es el caso de aquellos que ejercen una posesión natural, precaria, en nombre ajeno o mediación posesoria, en razón de la cual el detentador o tenedor reconoce un poder superior al propio. En tal sentido, la doctrina identifica generalmente cuatro casos de detentación[49], entre los cuales, la detentación en interés ajeno para el cumplimiento de una obligación y la generada en interés propio del detentador para ejercitar un derecho personal sobre un bien ajeno, da pie a considerar que en el supuesto de la tenencia, el legislador *iusprivatista* consideró incluir a los bienes cuando son objeto *indirecto* de obligaciones o de derechos de crédito, es decir, de relaciones jurídicas cuyo objeto directo es una conducta o prestación (la prestación debida) pero que en ciertos tipo de prestación pudiera referirse o recaer indirectamente sobre bienes (*ius ad rem*).

---

[48] Aguilar Gorrondona, José Luis, *Cosas, Bienes y Derechos Reales. Derecho Civil II*, Caracas, Universidad Católica Andrés Bello, 2ª ed., 1991, p. 117.

[49] La detentación en interés ajeno a causa de una relación de dependencia, la detentación en interés propio por motivos de hospitalidad o amistad, la detentación en interés ajeno para el cumplimiento de una obligación y la detentación en interés propio del detentador para ejercitar un derecho persona sobre un bien ajeno. Véase Kummerow, *Bienes y derechos...*, ob. cit., p. 159. Aguilar Gorrondona, *Cosas, Bienes...*, ob. cit., p. 121.

Por todo lo anterior, la doctrina nacional ha advertido de manera concluyente que la jurisdicción de los tribunales venezolanos en materia de bienes no se encuentra limitada a regular cuestiones relativas a derechos reales sino además a las referidas a la tenencia de bienes, inclusive, cuando esta derive de una relación meramente obligacional o crediticia[50]. Tal aserto guarda correspondencia con lo expresado por Messineo, el título, como bien mueble corporal, es susceptible de relaciones y negocios jurídicos que tienen inmediatamente por objeto el título, y mediatamente el derecho incorporado en el mismo[51].

Hechas las precisiones anteriores, es importante aclarar el ámbito de aplicación del criterio *locus rei sitae* en el marco de los títulos valores y para ello es importante destacar la naturaleza del título. *Supra*, nos hemos referido a la naturaleza de bien corporal que ostenta el título al considerarlo como un documento que valida y prueba la existencia de un crédito, y al mismo tiempo, a la naturaleza de bien incorporal o inmaterial que constituye el crédito a favor del acreedor que yace incorporado en el documento.

En ese orden de ideas, el título valor bajo la perspectiva de documento es un bien corporal, toda vez que puede ser percibido por los sentidos, y al mismo tiempo, subyace en él un crédito o derecho patrimonial a favor del acreedor, que es un bien incorporal en tanto solo puede ser percibido por el intelecto. Tanto en su acepción como bien corporal como en la de bien incorporal, el título valor es un bien mueble. Lo es, en el primer caso, porque es susceptible de desplazamiento, es decir, es un bien mueble por su naturaleza (art. 532 Código Civil). En el segundo caso es también un bien mueble por el objeto a que se refiere o por determinarlo así la ley (art. 531 Código Civil). En efecto, en la *summa divisio rerum* o gran clasificación de las cosas (art. 525 *ejusdem*) de conformidad con la cual todas las cosas, derechos y acciones se clasifican en bienes muebles e inmuebles, los derechos de créditos u obligaciones son considerados por la ley como bienes muebles.

En resumen, el criterio de jurisdicción *locus rei sitae* aplica al título valor en tanto es un bien mueble. Así, siendo un documento que

[50] Hernández-Bretón, *Problemas contemporáneos...*, ob. cit., p. 70. Asimismo, Madrid Martínez, Criterios atributivos..., ob. cit., p. 141.

[51] Morles Hernández, *Curso de Derecho Mercantil...*, ob. cit., 1273.

prueba la existencia de un crédito, al mismo le son aplicables las reglas sobre circulación de los bienes muebles[52].

Ahora bien, por lugar de situación del bien, y en particular de los bienes muebles corporales y más concretamente, de los títulos representativos de crédito de cualquier clase, deberá recurrirse por vía de aplicación de los principios de Derecho internacional privado generalmente aceptados, a la calificación que al respecto hace el Código Bustamante en su artículo 106, en el que se define dicho lugar como aquel que corresponda a su "situación ordinaria o normal", lo cual, tratándose el título de un documento, la percepción a través de los sentidos se hace manifiesta. Así, si se encuentra ubicado en territorio nacional, los tribunales venezolanos tendrán jurisdicción.

.- Acciones relativas a obligaciones que se ejecuten en el territorio

El ordinal 2 del artículo 40 prevé tres criterios atributivos de jurisdicción: el lugar de celebración del contrato (*locus celebrationis*), el lugar de ejecución o cumplimiento de la obligación (*locus executionis*) y el lugar de verificación del hecho que da origen a la obligación (*locus obligationis causae*). La doctrina ha advertido sobre el ámbito contractual del criterio *locus celebrationis*[53], así como de la esfera extracontractual del criterio *locus obligationis causae*[54], por lo que en materia de títulos valores solo el criterio *locus executionis* resulta aplicable.

---

[52] Kummerow, *Bienes y derechos...*, ob. cit., p. 40. En tal sentido, la posesión de buena fe de bienes muebles y de títulos al portador, produce a favor del tercero, el mismo efecto que el título (art. 794 Código Civil). En relación a la reivindicación de títulos valores, véase para títulos al portador extraviados o sustraídos, artículo 130 del Código de Comercio, y el 424 *ejusdem* para títulos a la orden.

[53] A todo evento, si la relación fundamental o causal que da origen a la emisión o aceptación del título, es un contrato, será procedente este criterio si se verifica la celebración del mismo en el territorio venezolano. Sin embargo, sería aplicable solo al ámbito del contrato.

[54] Criterio que compartimos. En tal sentido, Hernández-Bretón, *Problemas contemporáneos...*, ob. cit., p. 72. En contra, Pérez Pacheco, *La jurisdicción...*, ob. cit., pp. 138-140, especialmente, 139. En esta misma línea, la jurisprudencia ha desmarcado la diferenciación, aplicando el criterio *locus obligationis causae* también en materia contractual. Véase: Tribunal Supremo de Justicia/Sala político Administrativa, Sentencia No. 335, 6 de marzo de 2003 (Molino Oriental, C.A. v. Garnac Grain Co. Inc.), en: http://historico.tsj.gob.ve/decisiones/spa/marzo/00335-060303-2001-0804.HTM

Tratándose de controversias que tengan por objeto títulos valores, el lugar de ejecución o cumplimiento de la obligación verificado en territorio nacional, atribuirá jurisdicción a los tribunales venezolanos. A tales efectos, sobre la calificación del lugar de cumplimiento de la obligación, nos remitimos a lo señalado *supra* en la explicación del mismo criterio en el marco del Código Bustamante.

La aplicación de este criterio en el marco de la Ley de Derecho Internacional Privado, en situación similar al caso del Código Bustamante, no está concebida en *stricto sensu* para supuestos de títulos valores, como sí lo está en la Convención Interamericana sobre Conflictos de Leyes en materia de Letras de Cambio, Pagarés y Facturas. Por tanto, el mismo aplicaría para determinar la jurisdicción de los tribunales venezolanos tanto para el negocio jurídico fundamental que da lugar a la emisión o aceptación del título valor como para la obligación cartular.

Sin embargo, la claridad conceptual para distinguir el negocio jurídico fundamental o causal de la relación cartular, cambiaria en este caso, puede ser pasada por alto. En sentencia de la Sala Política Administrativa del Tribunal Supremo de Justicia[55], este equívoco conduce a atribuirse la jurisdicción venezolana a partir de un criterio de jurisdicción que a todas luces no era el que correspondía aplicar. Se trata de un juicio por cobro de 10 letras de cambio, en el que se determina el domicilio en Puerto Rico, de dos codemandados: el librado y el avalista. Existía certeza del domicilio del primero, no así del segundo. La Sala determinó su domicilio en Puerto Rico tras la revisión de lo indicado en el poder otorgado al apoderado, así como por interpretación del artículo 411 del Código de Comercio, según el cual debe entenderse como lugar del pago y lugar del domicilio del deudor, a aquel que se designe al lado del nombre del librado, siendo este, Puerto Rico. El asunto es que tras determinar la procedencia de la Ley de Derecho Internacional Privado, sin haber, por cierto, descartado la ausencia de tratado vigente, la Sala aplica el artículo 1 de la ley e invoca el 39 que lo remite al 40.2, por estar los codemandados domiciliados en el extranjero.

[55] Tribunal Supremo de Justicia/Sala político Administrativa, Sentencia No. 213, 7 de febrero de 2002 (Vasos Venezolanos S.A. v. Plaveco de Puerto Rico INC y Joaquín Reinaldo Simoni Baena), en: http://historico.tsj.gob.ve/decisiones/spa/febrero/00213-070202-11840.HTM

Es en la identificación del criterio atributivo de jurisdicción donde se conduce al equívoco. El referido numeral 2 del artículo 40, se vio, establece tres criterios atributivos de jurisdicción, que no son aludidos por la Sala, pese a la cita textual que hace del mismo. Al asumir la jurisdicción venezolana a partir de haberse "suscrito" las letras de cambio en Venezuela, pareciera haberse adoptado tácitamente el criterio *locus celebrationis*, porque resulta evidente que por el criterio *locus executionis* (lugar del cumplimiento de la obligación, por tanto, del pago) no habría habido lugar a la jurisdicción venezolana, y tampoco correspondía aplicar el criterio *locus obligationis causae.* De manera que el lugar donde fueron suscritas las letras se correspondería con el criterio *locus celebrationis* o lugar de celebración del contrato, sin embargo, esto sería erróneo habida cuenta, la letra de cambio no es un contrato. ¿Quiso por tanto la Sala, al atribuirles jurisdicción a nuestros jueces por ser Venezuela el lugar donde fueron suscritas las letras, referirse a la relación fundamental o causal? Evidentemente no, no se hace referencia en absoluto al contrato que da origen a la emisión de las referidas letras, cuestión que en la Sentencia Quintana & Sión, referida *supra*, se determinó que de referirse la pretensión de la demanda a la relación fundamental o cambiaria, esta debía especificarse detalladamente. La conclusión, tras el análisis de la citada sentencia, conduce a que los tribunales venezolanos no tenían jurisdicción.

.- Citación personal del demandado

El criterio *locus citacionis* establecido en el ordinal 3 del artículo 40 contempla como exigencias, que la citación del demandado sea personal y que esta se practique en el territorio venezolano, tal como se desprende del propio texto de la norma. Se ha afirmado además, que abarca la citación de personas naturales como de personas jurídicas, estas últimas, en cabeza de quien ejerza su representación legal[56].

La recalcada circunstancia de ser considerado como un criterio de jurisdicción exorbitante por no exigir vinculación de la causa con el territorio venezolano, plantea la necesidad de que el juez afirme su

[56] Hernández-Bretón, *Problemas contemporáneos*..., ob. cit., p. 74.

propia competencia tras efectuar la citación personal del demandado[57], y la desventaja de no tener la posibilidad correctiva de declinar su jurisdicción por vía de la figura del *forum non conveniens*, en tanto que tal posibilidad está prevista en el sistema venezolano de Derecho internacional privado exclusivamente para la materia marítima (art. 333 Ley de Comercio Marítimo).

En materia de títulos valores, no hay mayores consideraciones a resaltar en cuanto al criterio *locus citacionis*, salvo el hecho de que el mismo ha sido pasado por alto por el Tribunal Supremo de Justicia en un caso de una obligación documentada en un pagaré, aplicando en su lugar, el criterio del domicilio del demandado. Si bien se discutía si los demandados tenían domicilio en Colombia o Venezuela, estos habían sido citados en San Antonio del Táchira, Venezuela, firmando sin reservas las respectivas boletas de intimación[58].

.- Sumisión expresa o tácita, sin vinculación

Tampoco en referencia al criterio de la sumisión voluntaria previsto en el ordinal 4 de la ley, hay mayores consideraciones que destacar que la doctrina venezolana no haya ya desarrollado[59]. En tal sentido, solo a efectos de la diferenciación con la sumisión voluntaria prevista en el Código Bustamante, la Ley de Derecho Internacional Privado marca el contraste con una fórmula más laxa al no exigir vinculación alguna con la causa ni con la nacionalidad o domicilio de las partes. Lo propio hace con la sumisión expresa, para la cual solo exige que conste por escrito (art. 44). Cabe destacar que la Sala Político Administrativa,

---

[57] Hernández-Bretón, *Problemas contemporáneos*..., ob. cit., pp. 75-76. Asimismo, Madrid Martínez, Criterios atributivos..., ob. cit., p. 151. En tal sentido, para evitar el efecto del foro exorbitante se recomienda analizar si opera alguna de las excepciones de jurisdicción, especialmente en los casos en que el demandado ha opuesto la cuestión previa de falta de jurisdicción. Pérez Pacheco, *La jurisdicción*..., ob. cit., p. 141.

[58] Véase Hernández-Bretón, *Problemas contemporáneos*..., ob. cit., p. 76. Asimismo, *supra*, Tribunal Supremo de Justicia/Sala político Administrativa, Sentencia No. 586, 22 de abril de 2003 (Juan Luis Augusto Suarez Novoa v. Plácida Amparo Mejía González y Wilson Salcedo Rojas).

[59] En efecto, Hernández-Bretón, *Problemas contemporáneos*..., ob. cit., pp. 77-80. Hernández-Bretón, Sumisión expresa..., ob. cit., pp. 1031-1034. Hernández-Bretón, Sumisión tácita..., ob. cit., pp. 1035-1037. Madrid Martínez, Criterios atributivos..., ob. cit., pp. 153-156. Pérez Pacheco, *La jurisdicción*..., ob. cit., pp. 144-147.

en sentencia dictada antes de la entrada en vigencia de la Ley de Derecho Internacional Privado, advirtió, corrigiendo a la parte demandada, que la expresión contenida en el texto de un pagaré, en el cual se establecía la sumisión a las leyes del Estado de Nueva York, no debía entenderse como sumisión expresa a la jurisdicción de los Tribunales de dicho estado, en tanto tal señalamiento, en los términos redactados, se refería única y exclusivamente a la elección de la ley aplicable a la relación contractual entre las partes y no a la jurisdicción, destacando además, la diferencia entre esta y el Derecho aplicable[60].

En lo que respecta a la sumisión tácita, la ley registra una fórmula similar a la del Código Bustamante, determinada por la conducta procesal asumida por las partes, entendiéndola para el demandante, con la interposición de la demanda, y para el demandado, con la realización en juicio, personalmente o por medio de apoderado, de cualquier actuación que no sea proponer la declinatoria de jurisdicción u oponerse a una medida preventiva. Esto último, superando la fórmula prevista en aquella fuente internacional, en cuanto a concluir que la oposición a una medida preventiva constituye una conducta defensiva que no involucra voluntad de sumisión sino la necesidad de actuar en defensa del propio interés frente a la actuación del demandante[61].

La materia de títulos valores no incorpora elementos distintivos o diferenciadores para el criterio atributivo de jurisdicción señalado.

IV. ALGUNAS REFLEXIONES DE CIERRE

Todo lo anterior se ajusta al marco tradicional de los títulos valores en los que la característica de la incorporación está presente, en mayor medida, en los títulos a la orden, como los cambiarios (letras de cambio, cheques y pagarés), en mediana medida en los títulos al portador y en menor medida en los títulos nominativos, pero siempre presente como elemento caracterizador de los títulos.

---

[60] El pagaré señalaba: "...se considerará según, y será regido por, las leyes del Estado de Nueva York". Véase Corte Suprema de Justicia/Sala Político Administrativa, Sentencia No. 481, 22 de septiembre de 1993 (Banco Consolidado C.A. v. Julio César Makarem Urdaneta).

[61] Hernández-Bretón, Sumisión tácita..., ob. cit., pp. 1036.

En la época contemporánea cobra importancia la desincorporación o desmaterialización de los títulos valores. El papel físico, sin pretensiones de desaparecer aun, se tambalea ante los avances de la modernidad que se abre a la emisión de documentos electrónicos, frente a lo cual se plantea la circunstancia de asegurar la publicidad de los mismos para surtir efectos de eficacia frente a terceros, cuestión que no pierde viabilidad ante la posibilidad de obtener certificaciones en físico o realizar anotaciones en cuenta que validen la existencia y la transferencia del derecho que incorporan los títulos. Ante este panorama, los criterios atributivos de jurisdicción previstos en nuestro sistema de Derecho internacional privado, no perderían vigencia, inclusive en aquel contemplado en el artículo 40.1 que se refiere a la tenencia de bienes muebles.

Pero en un futuro seguramente nos estaremos enfrentando a supuestos en los que los documentos no tendrán esencia física, solo sustrato electrónico o virtual. En tales situaciones corresponderá, si no revisar la noción tradicional de los títulos valores, plantearse alternativas de solución adaptando la interpretación a los innovadores esquemas, que permita la posibilidad de exhibir, por ejemplo, la tenencia de estos títulos sin sustrato físico, para efectos de probar que su tenencia se verifica en el territorio venezolano. En fin, vendrá y veremos.

GLOBALIZACIÓN FAMILIAR: NUEVAS ESTRUCTURAS PARA SU ESTUDIO*

NURIA GONZÁLEZ MARTÍN**

Resumen: La presente contribución tiene como objetivo realizar un acercamiento descriptivo hacia una nueva terminología globalizadora familiar internacional, transfronteriza, transnacional y migratoria. Para ello, los nuevos términos ubicados en el derecho internacional privado se abordan desde tres ángulos diferentes: 1. Relacionados con las relaciones conyugales (v.gr. novias por correspondencia –*Mail-Order Brides*– o turismo de divorcio –*Divorce Tourism*–); 2. Relacionados con las diferentes maneras transfronterizas de traer niños al mundo (v.gr. gestación por sustitución –*Surrogate Maternity*–); 3. Relacionados con los niños dejados atrás (v.gr. menores no acompañados –*Unaccompanied Minors*–). Igualmente, dada la actualidad, se cierra el panorama con los comentarios relativos a la separación de familias en la frontera de México y los Estados Unidos.

Abstract: *This paper has been written with the aim to acquaint the reader with new terminology related to global international, cross-border, transnational and migrant families. To this end, the new terms that can be found in Private International Law are approached in three different ways: 1. Those related to spousal relations (e.g. Mail Order Brides or Divorce Tourism); 2. Those related to diverse cross-border ways to give birth to children (e.g. Surrogate Maternity); 3. Those related to parent-child relations (e.g. left-behind child or unaccompanied minors). As well, given its current relevance, this overview is finalized with comments regarding family separation in the US-Mexico border.*

---

* La presente contribución fue presentada para su publicación en el libro de las XII Jornadas ASADIP 2018, "Las familias en el Derecho Internacional privado: Cambio de paradigmas", Santa Cruz, Bolivia.

** Doctora en Derecho Internacional Privado por la Universidad Pablo de Olavide, Sevilla, España. Investigadora Titular "C" del Instituto de Investigaciones Jurídicas de la Universidad Nacional Autónoma de México (UNAM). Investigadora del Sistema Nacional de Investigadores, Nivel III. Mediadora Certificada por el Tribunal Superior de Justicia de la Ciudad de México. Asesora Externa de la Secretaría de Relaciones Exteriores mexicana. Autora de 18 libros de propia autoría/coautoría, 20 libros coordinados y/o compilados y más de un centenar de artículos publicados en revistas nacionales e internacionales. Premio Universidad Nacional Jóvenes Investigadores en Investigación Ciencias Sociales 2008. Académica visitante Stanford Law School, California, USA 2012-2016 y 2018.

A la persona del amigo y profesor Eugenio Hernández-Bretón, como muestra de admiración y reconocimiento por su gran aporte al derecho internacional privado, no solo en Venezuela sino a lo largo del orbe; hombre de fuertes convicciones, congruencia, sabiduría y alta preparación; hombre que sabe perfectamente compatibilizar el rigor de sus enseñanzas con la sensibilidad que sirve de ejemplo para todos. Es doctrina y es sencillo.
Gracias por privilegiarnos con tu amistad y permitirnos ser parte de tu entorno.

I. INTRODUCCIÓN

Desde el momento en el que los seres humanos dejaron de ser sedentarios *per se*, se inicia el desplazamiento de las poblaciones y con ello, de manera paulatina, el intercambio o cruce étnico/racial, cultural y religioso, entre otros.

Como una consecuencia de ese movimiento poblacional, se puede decir que se potencia la socialización la cual, a través del tiempo, fue la que dio pie a la creación de grupos con una mayor cohesión a través de una historia común y sobre todo a través de signos de identificación tales como la geografía, la raza, la lengua, la cultura y, por supuesto, posteriormente la nacionalidad, fundamentalmente.

Igualmente, podemos decir que este arraigo de inicio se ha ido moldeando y de cierta forma desvaneciendo y, por ello, podemos atrevernos a expresar que el fenómeno de la globalización no es nuevo pero lo que si pareciera ser nuevo es la inercia hacia una sociedad más "artificial", o al menos no tan natural como en sus inicios más remotos o mediatos, pero en donde se establecen o mantienen fronteras cerradas, especialmente cuando se atienden relaciones familiares[1].

---

1 Hacker, Daphna, *Legalized families in the era of bordered globalization*, Cambridge, Cambridge University Press, 2017, p. 317. Agradezco a Daphna Hacker su inspiración, todo un honor conocerla en su conferencia titulada "Global Economic Inequalities Through the Familial Lens" en Stanford Law School el 7 de febrero de 2018, donde se hizo, igualmente, la presentación del libro referido arriba y referente indubitado e inspirador para este artículo.

Hablamos de una familia, en la era actual, que no puede ser entendida solo dentro de una frontera nacional en donde se visualizan diferentes tipos de familias, o modelos familiares, y en donde la globalización les afecta de manera contundente[2]. Entre estas categorías tenemos:

- familia internacional, es decir, aquella en la que cada esposo, compañero/a, puede nacer y crecer en diferentes Estados o naciones;
- familias transfronterizas, aquellas que se mueven, en conjunto o en parte, a otro Estado o nación;
- familias transnacionales como puede ser aquella producto de la reproducción asistida, creadas por los gametos o los servicios de embarazo en el extranjero, y
- familias productos de la migración, en las que uno o más miembros de la familia son atendidos por un trabajador migrante remunerado.

Por supuesto, la numeración arriba anotada no se acota con esas cuatro categorías generales, basta con dar un vistazo a nuestro alrededor y percatarse, casi de inmediato, que un elemento de extranjería está siempre presente y de ahí una diferente interpretación, desde el derecho internacional privado, de lo que representa el concepto de "familia" y, por ende, los diferentes modelos familiares[3].

---

[2] El derecho de familia internacional y transnacional ha sido un campo de estudio en desarrollo y un área creciente de práctica legal en los últimos años. Para ver toda esta temática crucial, recomendamos la lectura de G. Douglas / M. Murch / V. Stephens (eds.), *International and National Perspectives on Child and Family Law. Essays in Honour of Nigel Lowe*, Cambridge, Intersentia, 2018; Gaudemet-Tallon, Hélène, Individualisme et mondialisation : aspects de Droit international privé de la famille, en: *A Commitment to Private International Law. Essays in honour of Hans van Loon / Un engagement au service du Droit international privé. Mélanges en l'honneur de Hans van Loon*, Cambridge, Amberes, Portland, Intersentia 2013, pp. 181-194.

[3] Muir watt, Horatia, Les modèles familiaux à l'épreuve de la modialisation (Aspects de Droit international privé), en: A.L. Calvo Caravaca / J.L. Iriarte Angel (eds.), *Mundialización y familia*, Madrid, Colex, 2001, pp. 11-22; M. Guzman Zapater / C. Esplugues Mota (dirs.), *Persona y familia en el nuevo modelo español de Derecho internacional privado*, Valencia, Tirant lo Blanch, 2017; Gonzálvez Vicente, Pilar, Cuestiones internacionales en Derecho de familia, en: *Homenaje a Luis Zarraluqui Sánchez-Eznarriaga. La voz del Derecho de familia*, Madrid, AEAFA, 2017, pp. 109-117.

De esta manera, en la actualidad es importante visualizar la interrelación indiscutible entre la globalización, las fronteras, las familias y la ley. Para ello, es imprescindible considerar, asimismo, el papel de las leyes internacionales, multinacionales y religiosas en la configuración de las vidas de millones de familias que se ven afectadas tanto por las oportunidades como por los desafíos creados por la globalización y la continua resistencia de las fronteras nacionales y las fronteras culturales[4].

La idea anterior se complementa, e incluso se hace más patente a la vez que compleja, cuando las tecnologías, en general, entran en juego. Todos recibimos, a través de nuestras redes sociales, una cantidad de anuncios publicitarios con ideas muy imaginativas que desembocan en la llamada de atención del destinatario, y con ello, la consecuente atracción e impacto buscado. En esta ocasión, con la oportunidad de promocionar la industria del turismo y así alentar el viajar a diferentes destinos, se realizó un anuncio en donde se solicita a un grupo de personas que expresaran sus nacionalidades u orígenes. Muchas de ellas, en estas pequeñas entrevistas, manifestaron el orgullo de ser nacionales de un determinado país e igualmente manifestaron con quiénes se sienten más lejanos o menos identificados, incluso expresando rechazo a algunas nacionalidades o grupos étnicos. Posteriormente, se les invitó a realizar unas pruebas genéticas y así determinar el porcentaje de sus orígenes. Este video que ha dado la vuelta en las redes sociales[5], expone y concluye que todos tenemos mucho más en común con el mundo, racial o étnicamente hablando, que lo que podemos llegar a imaginar.

Embona todo ello con la idea, ésta primera que estamos esbozando, en torno al intercambio debido al cruce de fronteras, a la socialización mediata e inmediata a la que llamamos globalización, en donde las fronteras están más allá de los mapas, ya que se encuentran, en numerosas ocasiones, en las mentes de cada individuo y se hacen más patentes,

---

[4] Hacker, *Legalized families…*, ob. cit., *passim.* Lowe, Nigel / Gillian Douglas, *Families across frontiers*, The Hague, Martinus Nijhoff, 1996.

[5] *Momondo – e DNA Journey,* disponible en: www.youtube.com/watch?v=tyaEQEmt5ls& feature=youtube; "Momondo – eDNA Journey," Facebook, disponible en: https://www.facebook.com/momondo/videos/1741100669466167/

y trágicas, cuando dichas fronteras se refuerzan a través de administraciones presidenciales poderosas.

Para abordar lo expuesto en esta introducción (I), enunciamos una nueva terminología globalizadora familiar internacional, transfronteriza, transnacional y migratoria. Para ello, los nuevos términos ubicados en el derecho internacional privado, o incluso desde el derecho internacional de los derechos humanos, se clasifican desde tres ángulos o parcelas diferentes: A. Relacionados con las relaciones conyugales; B. Relacionados con las diferentes maneras transfronterizas de traer niños al mundo; C. Relacionados con los niños dejados atrás (II). Finalizamos con un panorama en torno al suceso más reciente, durante la administración actual norteamericana, sobre la separación de familias en la frontera de México y los Estados Unidos (III). Un apartado de consideraciones generales dará colofón al documento (IV).

II. NUEVA TERMINOLOGÍA GLOBALIZADORA FAMILIAR

Sin perder de vista la apreciación arriba anotada, más evidente que romántica, hacemos hincapié en que la interrelación entre la globalización, las fronteras y las familias es un tema de extrema importancia y máxime en los últimos tiempos; no olvidemos que el siglo XXI refleja un incremento más que notorio de relaciones de tráfico externo[6]. De hecho se habla, por parte de una doctrina reconocida, de un "nuevo diccionario familiar[7] que puede mostrar las variantes de los modelos familiares ante una globalización más transfronteriza que nunca –y no es pleonasmo–, incluyendo o reforzando que quizás el término familia no está reservada solo a las relaciones familiares físicas e invocamos, siguiendo a nuestra autora de inicio, a comunidades virtuales como *"Second Life"* en donde se da una situación real que se escapa de lo virtual, al nacer un hijo fruto de la relación entre Bara, un ciudadano sueco, y Nickel, ciudadana norteamericana, los cuales se conocieron a través de

---

6 Dreyzin De Klor, Adriana, Derechos humanos y derecho internacional privado, en: *Anuario Instituto Hispano Luso Americano de Derecho Internacional*, 2018 (en prensa).

7 No solo reflejado en la literatura jurídica sino desde la antropología, psicología, etcétera. Veáse en ese sentido, Hacker, *Legalized families…*, ob. cit., p. 5.

sus avatars y en donde hay que dilucidar situaciones filiales e incluso de posible residencia habitual de uno de los progenitores[8].

En definitiva, sabemos que históricamente la globalización ha unido a personas por razones laborales, sociales, culturales y económicas[9], creando relaciones y de ahí familias transfronterizas, transnacionales, pero la globalización también separa familias, traigamos a colación la última orden ejecutiva de abril de 2018 del presidente norteamericano Trump, y todo lo que ello contrajo al pretender, o conseguir, separar los niños de sus padres, un tema que será abordado, como expresamos, al final de la presente contribución.

Podemos aseverar que la literatura jurídica aborda ampliamente el fenómeno de la globalización pero no pone una especial atención en torno a la familia. Sin lugar a dudas, el tema amerita su abordaje y en ese sentido la variedad de escenarios está servida, la variedad de modelos y la necesidad de interactuar con el derecho internacional privado es necesario, inmediato e imperativo. Es fundamental elegir vivir una propia visión de familia y proteger internacional e integralmente a los diferentes miembros de la misma, especialmente a los más vulnerables.

Esta terminología globalizadora familiar se concretó, desde hace algunos años, en las denominadas nuevas estructuras familiares en donde se englobaban términos no tan nuevos pero si de una gran proliferación[10] tales como matrimonios y divorcios de conveniencia, familia solidaria, familia reconstituida, familia de profesión, familia adoptiva, familia y reproducción asistida, familias monoparentales, familias homoparentales, etcétera[11].

---

8 Véase el Documental de HBO, "When Strangers Click," dirigido por Robert Kenner en 2011. Citado en Hacker, *Legalized families*..., ob. cit., pp. 1-2.

9 Sánchez Lorenzo, Sixto, Perfiles de la integración del extranjero en: *La integración de los extranjeros (Un análisis transversal desde Andalucía),* Barcelona, Atelier, 2009, p. 31.

10 No podemos dejar de pensar en las no tan nuevas pero si reiteradas situaciones que se dan dentro de un núcleo familiar, cuando padres que no tienen ningún síndrome del nido vacío, solicitan, incluso vía judicial, que sus hijos adultos busquen trabajos o se independicen de manera definitiva haciendo su vida propia fuera del que fuera el hogar familiar. Las disputas en este terreno han llegado a tener hasta cargos criminales ante signos de maltrato o violencia física de los hijos adultos hacia los padres que se atreven a presentar este tipo de desafío.

11 González Martín, Nuria, Modelos familiares ante el nuevo orden jurídico: una aproximación casuística, en: J. Carbonell / M. Carbonell / N. González Martín, *Las familias en el siglo XXI: una mirada desde el derecho,* México, IIJ-UNAM, 2012, pp. 57 ss.

La terminología que en esta contribución abordaremos está más aterrizada en los aspectos eminentemente relativos al derecho internacional privado, dado que los Estados se ven en la necesidad de regular la vida familiar de los nuevos tipos de familias y los desafíos que presentan estos procesos de cambio[12]. Sabemos que el derecho internacional privado es un área del conocimiento compleja que intenta ofrecer soluciones a problemas que no son fáciles de resolver; en donde se interactúa con normas de origen internacional y doméstico o nacional, entre sistemas legales diferentes, y en donde ante problemas similares, y aun encontrando soluciones, no siempre se satisfacen los intereses de todos; algo connatural a la especie humana pero que queda más patente en éste área del conocimiento jurídico, por lo tanto el abordaje de la temática de las nuevas estructuras familiares en el ámbito internacional y la búsqueda de una solución inequívoca, armónica, quizás no es posible pero sí la búsqueda de un patrón basado en la protección incondicional del ente familiar, según sus necesidades y con la apertura debida de los Estados que deben asumir la responsabilidad de cuidar a quienes forman parte de sus residentes habituales, punto de conexión indubitado, que pone en conexión la idea primigenia que redunda en un panorama más amable de convivencia y paz social.

En definitiva, una nueva terminología globalizadora familiar internacional, transfronteriza, transnacional y migratoria, que puede iniciar aún con más términos novedosos que los señalados arriba, enunciados desde los tres ángulos mencionados, es decir, en las relaciones conyugales, en las concretadas con las maneras de procrear y la de aquellos menores que no necesariamente llevan el acompañamiento debido.

Precisar la noción de familia y su relación con el derecho internacional privado y el derecho internacional privado de familia, es un tema que demanda toda la atención, en ese sentido, recomendamos la propuesta de su estudio articulando principios e instituciones familiares: 1. Derecho a tener una familia (filiación/maternidad subrogada/adopción internacional); 2. Interés superior del niño (restitución internacional de menores/obligación alimentaria/ maternidad subrogada); 3. Acceso a la justicia (divorcio/obligación alimentaria/efectos patrimoniales del matrimonio). Véase en ese sentido a Dreyzin De Klor, Derechos humanos y derecho…, ob. cit. No olvidemos que la enumeración no queda zanjada cuando visualizamos dentro de dichos principios, por ejemplo, instituciones como menores migrantes no acompañados, o el tema de las familias separadas en fronteras como U.S-México.

12 Kritzman-Amir, Tally, Iterations of the family: parents, children and mixed-status families, en: *Minneapolis Journal International Law*, 2015, Vol. 24, p. 257.

A. Relacionada con las relaciones conyugales por su establecimiento y su proyección

Nada tiene que ver un hogar dividido (*Split Household*)[13], una vida junta separada (*Living Apart Together)*[14] y una relación a larga distancia (*Long Distance Relationship*)[15]; términos diferentes pero que en esencia describen una situación en la que una pareja, casada o no, tiene una relación íntima, más o menos exclusiva, en donde cada uno vive en un lugar diferente, con una residencia habitual diferente[16].

El concepto de intimidad móvil (*Mobile Intimacy*)[17] también hace referencia a un modo de vivir la relación de pareja, ligadas

---

13 Desde hace más de veinte años se vine produciendo en China, fundamentalmente, la práctica de la *Split Household,* es decir, los hogares divididos entre los migrantes rurales y urbanos. Esta práctica tiene tres variantes, según si el cónyuge y los hijos del migrante se quedan atrás o se han unido al migrante: migración única, migración de pareja y migración familiar. La migración de parejas y la migración familiar son resultados de la readaptación rural activa de los hogares rurales de China a fin de maximizar las ganancias de las oportunidades de trabajo urbanas. La decisión de los migrantes de dejar a los niños o llevarlos depende de la edad de los niños y de si los padres de los migrantes, es decir los abuelos, están disponibles para ayudar. Fan, Cindy / Mingjie Sun / Siqi Zheng, Migration and split households: a comparison of sole, couple, and family migrants in Beijing, China, en: *Environment and Planning*, 2011, Vol. 43, pp. 2164 ss.; Bustamante, Juan José, Perpetuating split-household families. The case of Mexican sojourners in Mid-Michigan and their transnational fatherhood p, en: *Migraciones Internacionales*, 2007, Vol. 4, No. 1.

14 Nos referimos a aquellas situaciones en donde hay una relación íntima pero la pareja vive en domicilios separados, algo que no es novedoso pero si de gran proliferación. Por determinar alguna cifra, dichas parejas representan alrededor del 10% de los adultos en Gran Bretaña. Se registraron cifras similares para otros países de Europa, incluidos Bélgica, Francia, Alemania, los Países Bajos, Noruega y Suecia. Cifras más altas al 10% se revela en el sur de Europa, aunque aquí las parejas a menudo permanecen en hogares parentales –esta característica adicional plantea dudas o incluso serios problemas para aquellos padres que potencian la independencia de los hijos y reclaman su derecho a no tener el síndrome del nido vacío.
Véase, entre otra doctrina, Bawin-Legros, Bernadette, Regulation of intimacy and love semantics in couples living apart together, en: *Revue Internationale de Sociologie*, 2001, Vol. 11, No. 1; De Boer, Ted, Living apart together: the relationship between public and Private International Law, en: *Netherlands International Law Review*, 2010, Vol. LVII, No. 2.

15 Muy relacionadas entre los estudiantes universitarios pero que en la actualidad se extiende a otros sectores poblacionales como son matrimonios que necesitan trabajar en ciudades diferentes, incluso en países diferentes.

16 Hacker, *Legalized families…*, ob. cit., p. 5.

17 Raiti, Gerard C., Mobile intimacy: Theories on the economics of emotion with examples from Asia, en: *Journal of Media and Culture*, 2007, No. 10(1), en: http://journal.media-culture.org.au/0703/02-raiti.php.

íntimamente, a través de los medios electrónicos, pero separados físicamente.

Igualmente, cuando hablamos de matrimonios y, en este momento, dado el incremento de casos en los que las personas se casan fuera de su grupo de origen, tenemos que referirnos, digamos, a diferentes categorías entre los que destacamos: matrimonio transfronterizo (*Cross-Border Marriage*), matrimonio multinacional (*Multinational Marriage*), matrimonio mixto (*Mised Marriage*), matrimonio intercultural (*Cross-Cultural Marriage*)[18], matrimonio interreligioso (*Interfaith Marriage*)[19] e interracial (*Interracial Marriage*)[20]. La exposición física o virtual con diferentes nacionalidades, religiones y razas así como la mayor tolerancia hacia la exogamia, propicia estas nuevas relaciones, especialmente en occidente. El denominado "caos normal del amor" ante la globalización, en donde personas de diferentes lugares y culturas negocian el significado de las relaciones familiares[21].

La ciudadanía íntima (*Intimate Citizenship*)[22], es otro término sociológico y, por ende, a mediano o corto plazo, jurídico, que tiene que ver con las elecciones íntimas, relativas tanto al matrimonio como a la procreación, que van en torno a los matrimonios del mismo sexo o a la gestación por sustitución.

El término ciudadanía familiar (*Familial Citizenship*) plantea si un país debe gratificar o premiar con la ciudadanía del otro consorte,

---

[18] F. Strijbosch / M.C. Fonlets (eds.), *Relations familiales interculturelles*, Oñati, International Institute for the Sociology of Law, 1999.

[19] También denominados matrimonios mixtos, en donde los esposos profesan diferentes religiones; un término diferente a los matrimonios religiosos, es decir, aquellos que conforman familias regidas bajo una ley basada en la religión, al respecto véase Hacker, *Legalized Families…*, ob. cit., p. 92. Cuando se refiere a los desafíos que se han ido pergeñando cuando hay que coordinar las situaciones internas y externas en la práctica de la ley familiar religiosa a nivel global, y especialmente, en occidente con el tema de los matrimonios no registrados; Hamilton, Carolyn, *Family, Law and Religion*, London, 1995.

[20] Se denomina matrimonio interracial cuando la pareja pertenece a diferentes razas o etnias raciales. Una práctica prohibida, por ejemplo, en los Estados Unidos hasta 1967 cuando la Corte Suprema decidió en Loving v. Virginia que las restricciones basadas en la raza en los matrimonios violaban la Cláusula de Protección Equitativa de la Constitución de los Estados Unidos.

[21] Beck, Ulrich / Elisabeth Beck-Gernsheim, *Distance Love*, Cambridge, Polity Press, 2014, p. 7.

[22] Plummer, Kenneth, *Intimate citizenship: private decision and public dialogue*, Seattle, University of Washington Press, 2001.

un término muy cercano, e igualmente controvertido, al de visa de esposos (Spouse Visa)[23]. Ambos términos correlacionados con los matrimonios por conveniencia (*Sham Marriage, Fraudulent Marriage, Fictive Marriage o Marriage of Convenience*)[24], término utilizados por la Autoridades tratando de diferenciar entre los matrimonios basados en el amor y aquellos utilizados para soslayar un tema migratorio[25].

---

23 Hacemos notar que como una estrategia de ciudadanía de segunda clase, algunos Estados, intentando minimizar la ciudadanía conyugal, crean una forma de ciudadanía de segunda clase que excluye el derecho a la reunificación familiar.
En torno al derecho de la reagrupación familiar, en contextos como el español, véase Diago Diago, María del Pilar, La reagrupación familiar de descendientes, personas sujetas a representación legal y de la "pareja de hecho" en la enésima modificación de la Ley 4/200, en: *RDMEx*, 2011, No. 26, pp. 11 ss.; Fresneda Sierra, Javier, Dificultades existentes en los procesos de reunificación familiar, en: *VII Jornadas: orientación familiar. Inmigración y familia: nuevos retos profesionales*, Madrid, Universidad Pontificia de Comillas, 2001, pp. 81-89; Moya Escudero, Mercedes, El derecho a la reagrupación familiar en la Ley de extranjería, en: *La Ley*, 1 de febrero de 2000, No. 4982, pp. 1-8.

24 Nos referimos a aquellos matrimonios contraídos no por amor y con el fin de obtener un beneficio personal o un propósito estratégico como puede ser el matrimonio político. "Matrimonios que se han celebrado 'por conveniencia' (los motivos a nadie le importan, y menos al derecho matrimonial, cada uno se casa por los motivos que quiere y allá cada uno con su conciencia) sino que estos matrimonios son realmente simulados, celebrados normalmente, entre extranjeros y nacionales, o entre extranjeros. Son 'matrimonios' en los que no concurre un verdadero 'consentimiento matrimonial'... no son 'verdaderos matrimonios' sino *negocios jurídicos simulados o* 'matrimonios meramente aparentes'". Calvo Caravaca, Alfonso / Javier Carrascosa González, Matrimonios de complacencia y derecho internacional privado, en A.L. Calvo Caravaca / E. Castellanos Ruíz (dirs.), *El derecho de familia ante el siglo XXI: aspectos internacionales*, Madrid, Colex, 2003, p. 121. Su práctica ha proliferado tanto que hay países que han reformado sus códigos penales para tipificarlo. Por ejemplo, en España, en 2009 se reformó el Código Penal, y en ella se plasmó como delito con cárcel, entre dos y cinco años, si se promueven los matrimonios de conveniencia a través de un grupo organizado. Si es a título individual, se expulsa al extranjero y al nacional se le disuelve el vínculo.

25 En torno a la discreción de la emisión de visas en casos de esposos en Canadá, véase Satzewich, Vic, Visa officers as gatekeepers of a state´s borders: the social determinants of discretion in spousal sponsorship cases in Canada, en: *Journal of Ethnic & Migration Studies*, 2014, Vol. 40, pp. 1450 ss. Jimenez Blanco, Pilar, Movilidad transfronteriza de personas, vida familiar y Derecho internacional privado, en: *Revista Electrónica de Estudios Internacionales*, 2018, No. 1. En dicho artículo se plantea que la movilidad transfronteriza de personas requiere una adecuada protección de su derecho a la vida familiar, lo que implica, en consecuencia, la posibilidad de trasladarse y residir con los miembros de la familia en otro Estado. Aunque este artículo se circunscribe al ámbito de la Unión Europea se puede trasladar perfectamente a cualquier espacio y así expone que en el ámbito del Derecho migratorio, la forma de acreditar y dar eficacia a las relaciones familiares no coincide en todos los casos con los métodos clásicos del Derecho internacional privado. Existen en ocasiones

Igualmente, en esta categoría relacionada con las relaciones conyugales, tenemos términos como novias por correspondencia (*Mail-Order Brides*)[26] y mujeres sobrantes (*Leftover Women*), es decir, en el primer caso hablamos de una nueva modalidad donde la mujer deja su país de origen y se marchan a vivir al país de origen de los hombres. El motivo real de este nuevo tipo obedece a una tendencia de género que surge en países donde las mujeres han ganado niveles de libertad e independencia[27] y los hombres buscan otras mujeres que provienen de países menos desarrollados y, por ende, mujeres con una visión o mente más tradicional[28]. En el segundo caso, mujeres sobrantes o dejadas[29], se refiere a mujeres que se han quedado solteras y que viven en países más desarrollados que los anteriores –Singapore, Korea y Taiwan, entre otros– pero en donde los varones han optado por novias por correspondencia[30].

---

dos visiones diferentes, la civil y la administrativa, sobre la misma realidad familiar. En este sentido, el Derecho migratorio debe supeditarse al derecho a la vida familiar, en particular a la protección del interés superior del menor y a su derecho de relación con ambos progenitores, principios rectores de todas las decisiones que les afecten.

26 Markee, Tifany, A call for cultural understanding in the creation, interpretation and application of Law. Is the United States meeting the needs of Russian immigrant "Mail-Order Brides"?, en: *California Western International Law Journal*, 2001, Vol. 31, No. 2.

27 Los países desarrollados de Asia oriental importan un gran número de mujeres del extranjero como novias todos los años. Estos matrimonios transfronterizos prácticamente no existían hace 20 años. La demanda de novias extranjeras desarrollada por los países asiáticos es consecuencia de la mejora en el estado económico de las mujeres pero también motivos discriminadores relacionados con las mujeres en el matrimonio. Kawaguchi, Daiji / Soohyung Lee, Brides for sale: cross-border marriages and female immigration, en: *Economic Inquiry*, 2017, Vol. 55, pp. 633-654.

28 Hacemos notar que no siempre ese es el caso estereotípico; podemos agregar situaciones como la ocurrida tras la caída de la Unión de República Socialistas Soviéticas, URSS, en donde las mujeres se publicitaban en busca de esposos, tal era el caso de Rusia, Bielorrusia, Ucrania y Moldova.

29 Un término derogativo hecho popular a través de All-China Women´s Federation, quien clasifica de esta manera a las mujeres que se mantienen solteras a partir de sus treintas, no obstante, en esta ocasión también se refiere a mujeres que viven contextos muy específicos, en el caso chino, igualmente el fenómeno ha sido provocado por la política de un solo hijo así como los abortos selectivos de niñas.

30 Es importante mencionar que en aquellos países pobres donde las novias emigran, como por ejemplo Vietnam, también hay hombres sobrantes, los cuales "importan" novias de países incluso de países más pobres o simplemente quedan solteros.

Por acotar la numeración de las diferentes modalidades dentro de las relaciones conyugales, también llamamos la atención en torno al acuerdo conyugal portátil (*Portable Spousal Agreement*) o el acuerdo de divorcio portátil (*Portable Divorce Agreement*), términos más prácticos que afectivos[31], donde se persigue que los documentos legales aseguren tanto el significado del mismo como su ejecutabilidad en diferentes países. Hablamos de acuerdos prenupciales absolutamente conectados con la competencia en diferentes sistemas legales[32]. En este grupo incluimos, dada la movilidad y la incertidumbre de vivir ambas partes toda su vida en el mismo país, cuestiones como el testamento. El turismo de divorcio (*Divorce Tourism*) es otro término relacionado con el *forum shopping*, en donde los ex esposos buscan la jurisdicción más favorable para ellas/os[33].

B. Relacionados con las diferentes maneras transfronterizas de traer niños al mundo

Encontramos términos como turismo de fertilidad, turismo procreativo, infertilidad en el exilio, reproducción migratoria y reproducción transfronteriza (*Fertility Tourism, Procreative Tourism, Infertility Exile, Reproduction Emigration y Cross-Border Reproduction Care*)[34].

---

[31] De hecho, los partidarios de los acuerdos prenupciales argumentan que los cónyuges saben mejor cuáles son sus necesidades y pueden tomar las decisiones más eficientes con respecto a su futura vida familiar. Además, argumentan que los acuerdos prenupciales promueven la certeza en las relaciones familiares y previenen litigios cuando estas relaciones fracasan. Marson, Allison A., Planning for love: the politics of prenuptial agreements, en: *Stanford Law Review,* 1997, Vol. 49, pp. 887 ss.

[32] Morley, Jeremy D., International prenuptial agreements: necessary but dangerous, en: *NYSBA Family Law Review*, 2014, Vol. 46, No. 2. En torno a dichos acuerdos prenupciales en el contexto norteamericano, véase Estin, Ann Laquer, Marriage and divorce conflicts in international perspective, en: *Duke Journal Comparative and International Law*, 2017, Vol. 27, p. 513.

[33] Londres se encuentra entre la capital del divorcio a nivel global, en concreto parece que las ex esposas, y sus abogados, a sabiendas de la reputación de las cortes inglesas, buscan su generosidad al verse beneficiadas al repartir las propiedades del matrimonio. "Keen to Leave your Rich Husband? Come to London, Divorce Capital for the World" The Guardian, U.S. Edition or "Where to Split", comparison between England/New York, The Economist. Rodriguez, Cecilia, Divorce tourism: London is still the top destination, https://www.forbes.com/sites/ceciliarodriguez/2013/08/22/divorce-tourism-london-is-still-the-top-destination/#4b4749e7515c

[34] Kang, Tingyu, New media, expectant motherhood, and transnational families: power and resistance in birth tourism from Taiwan to the United States, en: *Media, Culture & Society*,

Como sabemos, ésta es una tendencia en incremento[35] y así, se da cuando las personas viajan de un país a otro para comprar gametos (sobre todo óvulos) o servicios relativos a embarazos, tanto contratos de subrogación como partos, o importar gametos (óvulos y esperma) de otro país; es decir, las variantes son más que viables, genéticamente hablando, y las implicaciones legales complejas y no siempre a favor de los niños productos de este tipo de reproducción. En la actualidad un niño puede nacer de: (1) un esperma producido en un país y de (2) un óvulo traído de otro país; en donde (3) se puede trasplantar como embrión en el vientre de una mujer de un tercer país, el cual (4) nace en un cuarto país para (5) unos padres que residen en un quinto país[36].

Si nos centramos, en este momento, en la gestación por sustitución o gestación subrogada, también conocida comúnmente como materni-

---

2018, Vol. I, No. 6, 2018, p. 1. El papel de las tecnologías de la información y la comunicación (TIC) en la maternidad transnacional en el contexto del turismo de nacimiento, ha desarrollado formas de acuerdos familiares transnacionales.

35 Véase en ese sentido el artículo que referimos, a raíz de los 30 años desde Baby M, centrado en los 5 debates centrales de la literatura jurídica sobre gestación por sustitución. Feldman, Eric A. / Baby M turns 30: the law and policy of surrogate motherhood, en: *American Journal Law and Medicine*, 2018, Vol. 44, pp. 7 ss.
Trimmings, Katarina / Paul Beaumont, General report on surrogacy, en: K. Trimmings / P. Beaumont (eds.), *International Surrogacy Arrangments*, London, Hart Publishing, 2013, pp. 430-550.

36 Hacker, *Legalized families…*, ob. cit., pp. 8-9. En los temas de gestación por sustitución hay una amplia bibliohemerografía que referir. Para aquellos que prefieran el material en español pudiéramos empezar por: Rubaja, Nieve, El derecho internacional privado al servicio de los derechos fundamentales de los niños nacidos por el empleo de la gestación por sustitución en el extranjero, en: J. Moreno Rodriguez / C. Lima Marques (coords.), *Jornadas de ASADIP 2014,* Porto Alegre, Asunción, Gráfica y Editora RJR, 2014, pp. 282 ss.; Lamm, Eleonora / Nieve Rubaja, Parámetros jurisprudenciales en los casos de gestación por sustitución internacional. Los lineamientos del Tribunal Europeo de Derechos Humanos y sus repercusiones en el contexto global, en: *Revista de Bioética y Derecho*, 2016, Vol. 37, pp. 149 ss. Quiñones Escámez, Ana, El contrato de gestación por sustitución no determina la filiación sino la intervención de una autoridad pública conforme a la ley (Método de reconocimiento para los actos públicos extranjeros y método conflictual para los hechos y los actos jurídicos privados), en: *Revista para el Análisis del Derecho*, 2017, Vol. 2, pp. 202 ss.; Álvarez González, Santiago, Gestación por sustitución y orden público, en: *Revista para el Análisis del Derecho*, 2017, Vol. 2, pp. 166 ss.; Albornoz, María Mercedes / Nuria González Martín, Aspectos transfronterizos de la gestación por sustitución, en: *Anuario Mexicano de Derecho Comparado,* 2016, Vol. XVI, pp. 131 ss. Sobre la complejidad que puede llegar a tener la utilización de los "Assisted Reproductive Technologies" ART, véase Nejaime, Douglas, The nature of parenthood, en: *Yale Law Journal*, 2017, Vol. 126, pp. 2260 ss.

dad subrogada (*Surrogate Maternity*), podemos expresar que no es un tema nuevo porque no es absolutamente de nueva generación pero si es de una gran proliferación, en donde no existe un trabajo sistemático, ni a nivel nacional ni a nivel internacional[37]. El hecho de que no se deba considerar, *estricto sensu*, como un tema nuevo no le resta el carácter de actual al encuadrarse dentro de un gran debate nacional e internacional, fundamentalmente en cuanto a la tutela jurídica de las personas que acuden al uso de dicha técnica de reproducción asistida.

Como decimos, un tema de actualidad que está en el punto de mira por su inercia hacia la proliferación del acto y la falta de una regulación propia, pertinente o completa, objetivo crucial e inexcusable cuando se pretende abordar la gestación subrogada[38].

En ese orden de ideas, reiteramos no solo la complejidad sino lo controvertido al ir vinculado de diferentes aristas, con análisis diversos y, además, aderezados con temas interdisciplinarios, tales como antropología, sociología, medicina, bioética, derecho a la salud, estudios de género, derechos sexuales y reproductivos, derecho constitucional, derecho civil, derecho administrativo, derecho familiar, derecho de los menores, derechos humanos, derecho internacional de los derechos humanos y derecho internacional privado.

Así las cosas, el debate fundamental, que comienza incluso desde su nomenclatura, se ubica en:

1. Dicha práctica ¿se debe prohibir o permitir? en donde la variedad de opiniones transitan desde una postura opresiva, incluso con una tendencia hacia la criminalización de la misma, hasta posiciones en donde estimamos que la prohibición no es una

---

[37] Engel, Martin, Cross-border surrogacy: time for a Convention?, en: Dethloff et al (eds.), *Family Law and Culture in Europe: Developments, Challenges and Opportunities; Proceedings of the Fifth Conference of the Commission on European Family Law*, Amberes, Intersentia, 2014; Vela Sanchez, Antonio J., Y el sueño se convirtió en pesadilla: el Tribunal Constitucional Portugués declara la inconstitucionalidad de la legislación sobre gestación por sustitución (I). A propósito de la STC portugués No. 225/2018, de 24 de abril, en: *La Ley*, 12 de julio de 2018, No. 9237.

[38] Quiñones Escámez, Ana, Doble filiación paterna de gemelos nacidos en el extranjero mediante maternidad subrogada (En torno a la RDGRN de 18 de febrero de 2009), en: *InDret*, 2009, No. 3.

respuesta y sí lo es el respeto hacia quienes deciden involucrarse, de una u otra manera, en dicha práctica; en donde hay que contar con candados pertinentes que fundamentalmente protejan al sector más vulnerable involucrado en dicha práctica, nos referimos a los hijos nacidos fruto de la gestación subrogada.

2. Dicha práctica ¿debe ser remunerada o gratuita? constituyéndose éste como el elemento más controvertido. Hay quienes estiman que el hecho de que una mujer reciba una compensación económica se torna en un problema de fondo que puede cruzar la tenue frontera del tráfico y, hay quienes pensamos que debe reconocerse, y así protegerse, la voluntad de las mujeres de prestar su útero a cambio de una remuneración, es decir, no prohibir el pago sino regularlo dando certeza jurídica a todas las partes[39].
3. ¿Acceso a la práctica? es decir, quién debe tener acceso a éste tipo de acuerdo o contrato, qué edad deben tener las mujeres gestantes, condiciones de salud, de vivienda, consideración de requisitos igualmente para los padres intencionales y en donde, una vez más, se debe poner el acento en evitar, no permitir, cualquier requisito que implique alguna discriminación[40].

---

[39] La gestación por sustitución en el derecho comparado podemos discernir: 1. Estados que permiten la gestación por sustitución, medie o no una contraprestación económica son Georgia, Israel, Rusia, Ucrania y algunos estados de los Estados Unidos, fundamentalmente; 2. Estados que permiten la gestación por sustitución solo si es altruista son Australia, Brasil, Canadá –excepto Quebec–, Grecia, Reino Unido, India, Nueva Zelanda, Sudáfrica, Tailandia y algunos estados de los Estados Unidos de América; 3. Estados que prohíben la gestación por sustitución son Austria, Alemania, España, Francia, Italia, Suiza, algunos estados de los Estados Unidos de América y 4. Estados cuya legislación guarda silencio acerca de la gestación por sustitución son Argentina, Colombia, Chile, Perú y algunos estados de los Estados Unidos de América. Un trabajo, por demás actual, y que cubre la Unión Europea lo encontramos en Bellot, Hermida, Gestación subrogada: un problema global. Situación en el marco de la Unión Europea, la Conferencia de Derecho Internacional privado de La Haya, y el Comité de los Derechos del Niño, en: *Revista Crítica de Derecho Inmobiliario*, 2018, No. 767, pp. 1193-1229.

[40] Ni que decir tiene que estamos pensando en el debate del acceso, a dicha práctica, a personas del mismo sexo o el tema de solicitar una nacionalidad en lugar de una residencia habitual, en el contexto mexicano. Nuestra inclinación deriva, indubitadamente, hacia la protección por parte del Estado, los diversos Estados, de aquellos que desean ser progenitores, mujeres que optan por gestar para otras familias y aquellas niñas y niños que nacen por este tipo de

En definitiva, un tema con un gran impacto en la legislación aplicable, problemas de anomías y antinomias, difícil de resolver. Un tema, por demás complejo, que conlleva un alto nivel de atracción de la literatura jurídica en donde los debates están más que servidos, con posturas diametralmente opuestas. En esta oportunidad, por la extensión restringida de la presente contribución, no es factible analizar la gestación por sustitución, ni se podría ni siquiera esbozar el panorama general y mucho menos detallar puntualmente todas las vertientes que implica la misma[41]. Con el ánimo de ser congruente dejamos para otra ocasión el análisis del mismo[42].

C. Relacionados con los niños dejados atrás

Refiriéndose a aquellos niños de padres que emigran y que son dejados para su crianza al progenitor que se queda en el país de origen o en manos de abuelos u otros familiares; ejemplos de países con esta tradición o situación son México, Sri Lanka, Moldavia y Filipinas. Otra situación es la que se proyecta cuando dentro de un país los padres se trasladan sin sus hijos, es el caso de China, fundamentalmente por el tema del impacto de la agricultura y la urbanización.

---

acuerdos, es decir, una verdadera, real e integral protección de los derechos humanos de todos aquellos interlocutores que participan en el acto.

41 Por anotar alguna fuente, por ejemplo, en torno a la gestación por sustitución y las parejas del mismo sexo, en el caso de Israel, véase. Cooperman, Jamie, international mother of mystery: protecting surrogate mother's participation in international commercial surrogacy contracts, en: *Golden Gate University Law Review*, 2018, Vol. 48, pp. 161 ss. Una perspectiva europea puede verse en Storrow, Richard F., International surrogacy in The European Court of Human Rights, en: *N.C. J. International Law*, 2018, Vol. 43, pp. 38 ss. En general véase: Bassan, Sharon, Different but same: a call for a joint pro-active regulation of cross-border egg and surrogacy markets, en: *Health Matrix Journal of Law Medicine*, 2018, Vol. 28, pp. 323ss.; Mutcherson, Kimberly, Things that money can buy: reproductive justice and the international market for gestational surrogacy, en: *N.C. Journal International Law*, 2018, Vol. 43, pp. 150 ss.; Pol, Rutuja, Proposing an international instrument to address issues arising out of international surrogacy arrangements, en: *Geo. Journal International Law*, 2017, Vol. 48, pp. 1309 y ss.

42 En el momento de publicación de este volumen, se está formando el libro referido a continuación, en el que un número importante de colegas y amigos interesados en la materia, estamos desarrollando vertientes muy variadas de la temática referida a la gestación por sustitución. Véase en su momento, M.M. Albornoz (ed.), *La gestación por sustitución en el Derecho Internacional Privado y Comparado,* México, Fondo de Cultura Económica, 2019 (en proceso).

Destacamos, dentro de esta categoría que atañe específicamente a la niñez, el tema de la maternidad transnacional (*Transnational Motherhood*) en donde se pone el mayor énfasis en la diada madre-hijo, como ejemplo de fronteras parentales de género y en general familias que están diseminadas en dos o tres países.

Igualmente, términos relacionados con la niñez son los denominados paternidad a distancia (*Teleparenting* o *Mobile-Phone Mom*), es decir, padres transnacionales que apoyados de la tecnología se mantienen en contacto con sus hijos que se han quedado atrás.

De la misma manera, encontramos el niño paracaídas (*Parachute Kid)* el cual se refiere al fenómeno de aquellos niños enviados a vivir a un nuevo país, solos o con un miembro familiar lejano o con el pago a un cuidador, mientras sus progenitores están en el país de origen.

Bajo este genérico también se perfila a aquellos niños que son acompañados por uno de sus padres y hermanos mientras el progenitor proveedor se mantiene en su país de origen, es el denominado niño satélite (*Satellite Kid*), donde el progenitor proveedor ausente es denominado, asimismo, padre astronauta (*Astronaut Parent*). También podemos mencionar a la "familia de astronautas" la cual es una unidad familiar donde los miembros residen en diferentes países alrededor del mundo, en contraste con una "familia nuclear". La familia de astronautas representa el máximo exponente de un imparable y creciente transnacionalismo, interfamiliar, que viene de la mano de la globalización.

Tanto el niño paracaídas como el niño satélite cambian de ubicación y se trasladan al extranjero buscando una buena escolaridad y una alta educación que no tienen, en las mismas condiciones, en sus países de origen. El fenómeno creció en los Estados Unidos a partir de la década de los noventas y especialmente con menores de Taiwan, con una idea más de permanencia que de regreso a sus países, incluso previendo en su vida adulta traer a sus progenitores a estos países "anfitriones"[43].

Cuando hablamos de bebés anclas o turismo de nacimiento/turismo de maternidad *(Anchor Baby y Birth Tourism*) barajamos aquellos casos en los que se trata de asegurar la nacionalidad en otro país con un movimiento de corto plazo, es decir, aquellos padres que deciden dar a

[43] Hacker, *Legalized families*..., ob. cit., p. 10.

luz en un determinado país y así garantizar la nacionalidad por el simple hecho de nacer en su suelo, *ius soli,* como es el caso de los Estados Unidos de América, un tema que no dejan pasar por alto las autoridades americanas[44].

A partir de 2005, el término bebé ancla se utilizó ampliamente para describir a los hijos de mujeres pobres de color, concretamente inmigrantes latinas no documentadas, que se suponía daban a luz en los Estados Unidos para obtener ganancias financieras, a expensas de los contribuyentes. La respuesta legislativa a esta amenaza percibida fue la "Birthright Citizenship Act (H.R.140;S.45)". Esta Ley de Ciudadanía por derecho de nacimiento, negaría la ciudadanía a los niños nacidos en los Estados Unidos a menos que uno de los padres del niño sea ciudadano de los Estados Unidos o sea residente legal permanente o residente legal que preste servicio militar en los Estados Unidos. Dicha ley de ciudadanía por derecho de nacimiento actualmente se encuentra bajo consideración en el Congreso de los Estados Unidos, la idea es negar la ciudadanía por derecho de nacimiento; dicha ley, desde su propio nombre "engañoso", invita a un replanteamiento más que contundente hacia su rechazo[45].

En el caso concreto de los bebés anclas, dicha nomenclatura se hace muy visible, al menos a través de la prensa más mediática, desde que el Presidente Trump inició su candidatura presidencial en 2015 y acometió contra la ciudadanía por derecho de nacimiento, decimocuarta enmienda constitucional, *–birthright citizenship–*, para los hijos de los inmigrantes no documentados, llamándolos despectivamente bebés anclas y con ello, de manera paralela, acusando a las mujeres migrantes de "*undermining of the United States*"[46]. Se presenta así, y sin lugar a

[44] Kim, Joon K. / Ernesto Sagas / Karina Cespedes, Genderacing immigrant subjects: "anchor babies'and the politics of birthright citizenship", en: *Social Identities*, 2018, Vol. 24, No., pp. 312 ss.

[45] Foster, Carly Hayden, Anchor babies and welfare queens: An essay on political rhetoric, gendered racism, and marginalization, en: *Women, Gender, and Families of Color*, 2017, Vol. 5, No. 1, p. 51. Como la ley de ciudadanía por nacimiento en realidad negaría la ciudadanía por derecho de nacimiento es importante expresar que tan nefasta es que ni siquiera el nombre del proyecto de ley se acerca fidedignamente a su contenido.

[46] Queremos hacer notar aquí que tanto las denominaciones de "bebé ancla" *–Anchor Baby–* como "reina del bienestar" *–Welfare Queen–* son ejemplos de una "retórica política racista

dudas, el escenario más peyorativo y denigrante que un panorama discriminador puede evocar[47].

Cuando nos referimos al turismo de nacimiento se evoca igualmente a la proliferación que ha tenido esta práctica en los últimos tiempos, atendiendo igualmente a la ley de ciudadanía por derecho de nacimiento, que no solo se ubica en el colectivo latinoamericano sino que también atañe a otros sectores poblacionales, como bien puede ser al sector poblacional chino, al taiwanés[48] o incluso el turco. Por lo que respecta al primer sector, traemos a colación el evento ocurrido en septiembre de 2012, cuando en la población de Chino Hills, California, un rico suburbio de Los Ángeles, se descubrió la práctica de un hotel como lugar de nacimiento de bebes de progenitores chinos. La controversia estalló cuando los residentes que protestaban argumentaron que el turismo de nacimiento chino es una "laguna de la inmigración", donde los extranjeros aprovecharon la ciudadanía de nacimiento, *ius soli,* garantizada por la mencionada decimocuarta enmienda de la Constitución de los Estados Unidos[49].

---

de género utilizada públicamente por los legisladores para marginar a las poblaciones vulnerables. En los años ochenta y noventa, los legisladores utilizaron la frase 'reina del bienestar' para describir a las mujeres solteras pobres que tenían varios hijos, supuestamente con el propósito de obtener ganancias financieras a expensas de los contribuyentes de los Estados Unidos. El término 'bebé ancla' se ha utilizado más recientemente para describir a los hijos de mujeres inmigrantes no documentadas que, según afirman algunos legisladores, vienen a los Estados Unidos a tener bebés". Foster, Anchor babies…, ob. cit., p. 50.

47 Kim / Sagas / Cespedes, *Genderacing immigrant...*, ob. cit., núm. 3, p. 313.

48 Kang, New media…, ob. cit., p. 13. Este artículo se centra en las mujeres embarazadas en el turismo de nacimiento, destacando una forma emergente de maternidad transnacional que involucra diferentes aristas. Véase, asimismo, Grant, Tyler, Made in America: Medical tourism and birth tourism leading to a larger base of transient citizenship, en: *Virginia Journal of Social Policy & the Law*, 2015, Vol. 22, Issue 1, pp. 159 ss.

49 Wang, Sean H., Fetal citizens? Brithright citizenship, reproductive futurism, and the "panic" over Chinese birth tourism in Southern California, en: *Enviroment and Planning D: Society and Space*, 2017, Vol. 35, No. 263. Son numerosos los casos que recurren a este tipo de servicio. Véase el caso en 2013 en Arcadia, California o el mencionado acontecido el 3 de marzo de 2015, en donde agentes federales allanaron treinta y siete lugares en el sur de California como parte de una investigación sobre la práctica del "turismo de nacimiento" o "turismo de maternidad". Véase en Nori, Mehera, Asian/American/Allien: birth tourism, the raciolization of Asians, and the identity of the American citizen, en: *Hastings Women's Law Journal,* 2016, Vol. 27, pp. 87 y 89. Lewin, Tamar, California apartments raided in federal investigation of Chinese birth tourism, en: *New York Times*, 3 de marzo de 2015, http://www.nytimes.com/2015/03/04/us/california-homes-raided-in-federal-crackdown-on-chinese-birth-tourism.html; Jordan, Miriam, Federal agents raid alleged "maternity tourism"

El tema que subyace y que debería hacernos pensar es sobre lo justo o injusto que puede ser cómo determinar quién puede dar a luz a los ciudadanos en los Estados Unidos.

Igualmente, tenemos los denominados menores no acompañados (*Unaccompained Minors*), todo un fenómeno en los últimos tiempos que demandan, una vez más, protección internacional e integral dados los peligros a los que se enfrentan al cruzar una frontera solos, sin acompañamiento[50]. Un menor no acompañado se define como aquel niño sin estatus legal, menor de 18 años de edad, que no tiene padres ni tutores legales disponibles en los Estados Unidos para brindar cuidado y custodia. Ello se determina en el momento de la entrada, por lo que cuando ingresan sin un padre o tutor, es cuando se define que son menores no acompañados[51]. Los motivos por los que cruzan fronteras solos son diversos, pero entre los más comunes son la huida de reclutamiento de pandillas, violencia[52], motivos económicos[53] y reunificación familiar[54].

---

businesses catering to Chines, en: *Wall Street Journal*, 3 de marzo de 2015, en: http://www.wsj.com/articles/us-agents-raid-alleged- maternity-tourism-anchor-baby-businesses-catering-to-chinese-1425404456?tesla=y

50 La situación geográfica de México con respecto al cruce de menores no acompañados procedentes del triángulo centroamericano –Northern Triangle of Central America–, es decir, Guatemala, Honduras y El Salvador, es más que singular y compleja. Derivamos a la lectura puntual de AA.VV., The need to open doors and hearts: the detention of unaccompanied minors seeking asylum in the United States and Mexico, en: *University Dayton Law Review*, 2017, Vol. 42, pp. 359 ss. Wynne, Michael .J., Treating unaccompanied children like children: a call for the due process right to counsel for unaccompanied minors placed in removal proceeedings, en: *Elon Law Review*, 2017, Vol. 9, pp. 431 ss.; V. Cabedo Mallol (coord.), *La situación de menores inmigrantes no acompañados: su protección e integración,* Valencia, Tirant lo Blanch, 2010; Sánchez Estrada, Jazmín, Hacia una política migratoria con perspectiva de derechos humanos. Una mirada crítica a los derechos de niñas y niños migrantes no acompañados, en: *Alegatos*, 2014, No. 86; Sanjurjo Rivo, Vicente A., La detención de menores inmigrantes no acompañados en la experiencia de los Estados Unidos, en: *Revista Española de Derecho Constitucional*, 2011, Año 31, No. 93.

51 Chang, Stewart / Amy Woo Lee / Cynthia Holton / Craig Arthur, Families across borders: when immigration law and family law collide - Minors crossing borders, en: *Whittier Journal of Child and Family Advocacy*, 2018, Vol. 17, p. 139.

52 Violencia en el ámbito privado, es decir, en el hogar o grupo doméstico, así como en el público, refiriéndonos a la colonia, barrio o ciudad. Igualmente, hay que hacer referencia a la criminalidad e inseguridad ciudadana.

53 Referido o ligados tanto a la pobreza, desigualdad social y precariedad.

54 Chang / Lee / Holton / Arthur, Families across borders..., ob. cit., pp. 146-147. En torno a una vision amplia véase Matos, Noquel A., Rectifying a wrongful reaction: policy

Por acotar, igualmente, ésta última categoría mencionada relacionada con los niños, enunciamos el fenómeno de la sustracción internacional parental de menores (*International Parental Child Abduction*) ante la crisis de parejas y, en donde hay menores, el incremento de traslados o retenciones ilícitas de los hijos por parte de uno de sus progenitores quebrantando los derechos de guarda, custodia y visita del otro progenitor[55].

El análisis de los conceptos esbozados desde el derecho internacional privado, requiere un espacio por sí solo, invocamos a los colegas a enfrentar los retos y las rutas que conlleva los aspectos sustantivos del mismo. El manejo de los cuatro sectores constitutivos del contenido del derecho internacional privado requiere, a su vez, como expresamos, no olvidar que junto con la solución legal viable se combine la solución familiar que favorezca la dinámica familiar.

III. FAMILIAS SEPARADAS EN LA FRONTERA MÉXICO-ESTADOS UNIDOS[56]

Una situación real que hace patente la falta de sensibilidad, por decir lo menos, de la actual administración norteamericana es la situación

---

alternatives to family detention and expedited migration proceedings without representation for unaccompanied minors and other migrants seeking asylum, en: *Cardozo Journal Aequial Rights and Social Justice*, 2016, Vol. 23, p. 221. Un tema que, en lo personal, nos parece crucial es la implementación en las escuelas o facultades de derecho de clínicas especializadas en estos temas para asistir a los menores inmersos en estas situaciones. En este sentido, véase Marzouk, Julie, Ethical and effective representation of unaccompanied immigrant minors in domestic violence-based asylum cases, en: *Clinical Law Review*, 2016, Vol. 22, pp. 395-443.

55 Beaumont, Paul / Peter E. Mceleavy, *The Hague Convention on International Child Abduction*, Oxford, Peter Carter QC, 1999, pp. 88 ss.; Mceleavy, Peter E., The New child abduction regime in the European Union: symbiotic relationship or forced partnership?, en: *Journal of Private International Law*, 2005, No. 1; Mceleavy, Peter, Evaluating the views of abducted children: trends in appellate case law, en: *Child and Family Law Quarterly*, 2008, Vol. 20(2); González Martín, Nuria, International Parental child abduction and mediation: an overview, en: *Child and Family Law Quarterly*, 2014, Vol. 48(2), pp. 319 ss.; González Martín, Nuria, Non exceptional exceptions: the latest on the united state of America and Mexico Supreme Courts' Hague abduction decisions (Lozano and Direct Amparo under Revision 903/2014) en: *Spanish Yearbook of International Law*, 2015, Vol. 19, pp. 23-33.

56 See #kidsarewaiting Facebook Live Chat, realizado en vivo el 29 de agosto de 2018 a las 13:00 pm Horario del Este. En donde el International Social Service-USA, maneja una serie

en donde los niños migrantes son separados de sus padres o del adulto que los acompaña[57].

En este contexto, iniciado en abril de 2018, pareciera que se podría hablar de una "nueva" categoría de menores desprotegidos a los que se les infringe un daño irreparable[58]. Un ejemplo de ello la tenemos bajo la denominada doctrina de "tolerancia cero" en los Estados Unidos[59], por la cual todo inmigrante indocumentado se considera un delincuente y

---

de cifras que no dejan indiferente a nadie: "- 2,000 migrant #kidsarewaiting to be reunited with their families across the U.S.-Mexico border; - 20,000 #kidsarewaiting to leave group homes in the U.S.; - 30,000 #kidsarewaiting to be deinstituionalized in the U.S.; - 107,000 #kidsarewaiting to be adopted in the U.S.; - 100,000 #kidsarewaiting in U.S. Foster care for their families in foreign countries to be engaged in permanency planning for them; - 193,000 #kidsarewaiting in non-relaive Foster homes to be reunited with family".

57 Vulnerando uno de los principios rectores establecidos desde la Carta Magna de la niñez, es decir, la Convención de Naciones Unidas sobre los derechos del niño de 1989, ratificada por la comunidad internacional en su totalidad con la excepción de los Estados Unidos de América, en donde su artículo 9, inciso I, subraya el derecho del niño a vivir con ambos padres y el artículo 10, inciso I, se refiere a la reunificación familiar de manera expedita, positiva y humana.
El número de familias detenidas en la frontera ha crecido exponencialmente y los peligros latentes son más que evidentes y máxime para los menores inmersos en estas situaciones. Véase, en ese sentido, las cifras y las realidades expuestas en Lakosil, Natalie, The Flores settlement: ripping families apart under the Law, en: *Golden Gate University Law Review*, 2018, Vol. 48, pp. 31 ss. Creemos conveniente expresar que la situación no es exclusiva de un solo país y dado que el tema lo hemos vinculado México-U.S, debemos expresar que México, igualmente, es un país de origen, tránsito, destino y retorno de migrantes con grandes retos sobre la materia, y no solo teórico sino en la práctica diaria.

58 La realidad es que creció el número de ciudadanos afectados por la deportación de progenitores pero también de cónyuges. "Como resultado del reciente aumento en las deportaciones de personas con vínculos a largo plazo con los Estados Unidos, cientos de miles de los matrimonios de ciudadanos estadounidenses han sido socavados fundamentalmente. Algunos permanecen en los Estados Unidos sin sus parejas de por vida; otros abandonan el país para mantener juntas a sus familias. De cualquier forma, experimentan dificultades financieras, psicológicas y emocionales. Quienes deciden irse son desarraigados, pierden la proximidad con sus familiares y amigos, el acceso a sus propiedades y las oportunidades profesionales para las que se capacitaron en los Estados Unidos. Se enfrentan a barreras culturales y de idioma una vez que se mudan al extranjero" (la traducción es nuestra). Caldwell, Beth, Deported by marriage. Americans forced to choose between love and country, en: *Brook Law Review*, 2016, Vol. 82, p. 1 ss.

59 La Fiscalía anunció en abril de 2018 una estrategia de "tolerancia cero" que implicaba presentar cargos penales contra cualquier adulto que entrara ilegalmente a los Estados Unidos. Si viajaban con niños, como los menores no pueden ser encarcelados, eran segregados de sus padres. Se les trasladaba a un albergue de Servicios Sociales donde permanecían hasta que se encontrara una familia de acogida.

se le procesa judicialmente como tal, aunque no tenga antecedentes penales, y por tal "motivo" los niños no pueden seguir junto a sus padres y son separados[60]. Un resultado frecuente, en estos casos, es la deportación de los padres[61] y, por tanto, los niños son entregados a un cuidador o sponsor o son colocados en hogares de acogida federales[62], seguidas de medidas de seguimiento adecuadas para garantizar la seguridad y el bienestar de los niños[63].

Según los últimos datos, el Gobierno de los Estados Unidos tiene bajo custodia a 11,351 menores inmigrantes en un centenar de centros[64]. El Presidente de los Estados Unidos justificó esta medida porque

[60] La crisis estalló en la opinión pública cuando se hizo público que en el lapso de seis semanas, entre el 19 de abril y 6 de junio de 2018, la Administración había separado a unos 2,000 niños, a veces bebés de sus progenitores o familiares adultos. Trump suspendió, a través de una orden ejecutiva, el 20 de junio de 2018, su política de separación de familias en la frontera, no obstante, en paralelo se siguió obligando a los menores a declarar ante un juez, vulnerando derechos de los menores a mansalva. www. elpais.es 7 de julio de 2018.

[61] Los padres inmigrantes detenidos por funcionarios de inmigración corren el riesgo de perder sus derechos parentales mucho más rápidamente que los padres nacidos en Estados Unidos que están encarcelados. La deportación no debe considerarse motivo suficiente para la terminación del derecho parental. Incluso como resultado, los niños con recursos familiares en otro país a menudo son injustamente liberados/propuestos para su adopción, y corren el riesgo de perder la conexión con la familia, la cultura, el idioma y otras fuentes importantes de desarrollo saludable. ISS, *Developing Sustainable Repatriation and Reintegration Programs for Children and Families Separated by Borders,* July 2018, p. 2.

[62] Por una cuestión práctica/económica, en promedio, los niños que están en un centro de crianza, los denominados *foster care*, cuestan al sistema estatal de protección infantil más de $ 30,000 por año. Invertir en la colocación segura de un niño con su familia en otro país puede ahorrar dinero a los sistemas estatales mientras trabaja para mantener unidas a las familias cuando es en el mejor interés del niño. ISS, *Developing Sustainable Repatriation and Reintegration Programs for Children and Families Separated by Borders,* July 2018, p. 2

[63] ISS, *Developing Sustainable Repatriation…*, ob. cit., p. 2. De manera similar, la suspensión del Estatus de Protección (Temporal *Temporary Protected Status*, TPS, por sus siglas en inglés) para ciudadanos salvadoreños, haitianos, hondureños y nicaragüenses, deja a miles de niños y padres vulnerables en la aplicación de la ley de inmigración. Estas familias tendrán dificultades con la decisión sobre qué hacer si son detenidos y / o deportados. ¿Deberían los niños regresar con ellos o deberían quedarse en los Estados Unidos? Estas decisiones son emocionalmente complejas para los miembros de la familia y generan recursos ya de por sí limitados. http://cimmcw.org/wp-content/uploads/ISS-Practice-Brief.pdf

[64] La Cancillería mexicana emitió un comunicado de prensa el 19 de junio de 2018 en torno a la situación: https://www.gob.mx/sre/prensa/condena-el-gobierno-de-mexico-la-politica-de-separacion-de-familias-migrantes-en-estados-unidos. Claramente se declara dicha "acción como cruel e inhumana… representa una violación a los derechos humanos de los

implica el cumplimiento de la actual ley migratoria y la responsabilidad recae en los legisladores, invitando a la creación de una nueva normativa. Pero la realidad es otra, dicha práctica de separar a los menores de sus familiares no responde a ninguna ley y de ahí la orden ejecutiva de 20 de junio de 2018 que paralizó la medida. La idea es replantear la práctica de la denominada tolerancia cero a través de una nueva legislación migratoria que aborde el problema, no obstante, el Congreso no llega a ningún acuerdo sobre la reforma migratoria.

La actual administración norteamericana parece enfocarse, no solo en la potencial construcción de un "nuevo" muro entre México y U.S., sino en la población más vulnerable; primero, poniendo en duda la permanencia de los denominados *dreamers* o soñadores y ahora culpando a los legisladores por la separación de las familias.

Como decimos, desde abril de 2018[65], la administración Trump comenzó a separar, de forma generalizada, a las familias que intentaban entrar ilegalmente en el país. Las imágenes de hileras de niños en tiendas de campaña y las grabaciones de sus llantos dando la vuelta al mundo fueron el detonante para que la sociedad se percatara de una

---

migrantes y pone en situación de vulnerabilidad a niñas y niños (...) Los casos de menores mexicanos que se encuentran en esta situación son pocos, en torno al 1%, y están identificados con el debido acompañamiento de los consulados de México. El mayor número de menores separados de sus familias corresponde a niñas y niños provenientes de Guatemala, El Salvador y Honduras. Las organizaciones civiles están dando seguimiento al tema de manera muy puntual".

65 Un relato pormenorizado de lo acontecido, lo podemos ver en la decisión United States District Court Southern District of California, Case No. 18cv0428 DMS (MDD) Order Granting Plaintifss Motion for Classwide Preliminary Injunction, de 26 de junio de 2018, en donde se habían ordenado una serie de medidas dirigidas a facilitar la comunicación regular entre los niños y niñas con sus padres y lograr la reunificación en plazos específicos, el último se venció el 26 de julio de 2018. https://www.politico.com/f/?id=00000164-3f39-d1bc-afef-7fbbdf010001

Los documentos judiciales exponen con crudeza cómo el Gobierno actuaba sin un plan definido mientras colocaba a niños de escasa edad en una vía legal totalmente separada de la de sus padres. Las autoridades no saben con certeza dónde están algunos adultos –por ejemplo, algunos excarcelados– ni cuántos niños fueron exactamente separados de sus padres. La Administración también reconoce la dificultad de contactar a un adulto cuando ya ha sido deportado a su país de origen mientras su hijo, con el que emprendió el peligroso periplo desde Centroamérica, sigue en Estado Unidos. Y advierte de que algunas pruebas de ADN no han sido concluyentes.www.elpais.es 7 de julio de 2018.

situación por demás aberrante en pleno siglo XXI. California, como Estado santuario, no se ha quedado sin pronunciarse[66].

Un fallo judicial de 1997 –ratificado después por otras sentencias– conocido como el acuerdo de Flores estableció que ningún niño puede permanecer en un centro de detención más de 20 días aunque esté con sus padres. Con la nueva política de separación de los menores, este límite ya no afectaba a sus progenitores. La orden ejecutiva mencionada firmada el 20 de junio 2018 instó al fiscal general a solicitar la marcha atrás de ese acuerdo y el plazo, planteando acelerar los procesos judiciales para las familias e instó al Departamento de Defensa a facilitar instalaciones para albergar a las familias.

Por su oportunidad, creemos que es interesante delinear ciertas "particularidades" que derivan del estatus de nacionalidad de los hijos menores de padres deportados, de esta manera, podemos considerar;

(a) Hijos ciudadanos o nacidos en los Estados Unidos de padres deportados –*U.S. citizen children of deported parents*– quienes en su interés superior son puesto bajo custodia después de la deportación de un padre para ser reunificado con ese padre en su país de origen, los cuales obtienen evaluaciones integrales del padre, o cuidador potencial en otro país, así como una evaluación de los recursos disponibles que le dan para su ubicación, el cual es un paso crucial en la toma de decisiones;

(b) Hijos no nacidos o ciudadanos en los Estados Unidos de padres deportados –*Non-U.S. citizen children of deported*

[66] El Gobierno intentó a través de una demanda acabar con la ley santuario en el Estado de California, la que permite que ninguna agencia policial del Estado pueda colaborar con la policía de inmigración federal. Sin embargo, el juez federal de Sacramento, John Méndez, respaldó dos de las tres normas que protegen a los indocumentados, dándole una victoria a California contra la administración federal. Este triunfo al ataque legislativo de Trump es de enorme simbolismo. California, donde se calcula que vive una cuarta parte de los 11 millones de indocumentados del país, fue el primer estado santuario y que al que el fiscal general, Jeff Sessions, quien suele hacer citas bíblicas cuando defiende las políticas locales y estatales tengan prohibido indagar el estatutos migratorio de las personas, colaborar en los operativos de la agencia de Inmigración y Control de Aduanas (ICE) y transferir a los detenidos por faltas menores. Sin embargo, el juez aclaró que no se puede multar a dueños de empresas o fábricas con 10.000 dólares por permitir la entrada de ICE o porque accedan a los documentos migratorios de los empleados. www.elpais.es 7 de julio de 2018.

parents– los cuales son retenidos después de la detención o deportación de un padre, corriendo un riesgo mayor ya que no están sujetos a los mismos derechos y servicios que los niños nacidos en los Estados Unidos; específicamente niños que les tocó sufrir la política de tolerancia cero y no solo se les separa sino que son procesados como menores no acompañados y debe ser entregado bajo el cuidado en un hogar de acogida temporal o a un hogar temporal de la *Office of Refugee Resetlement* –ORR– dentro de los 20 días mientras se espera el proceso de deportación, lo que puede llevar varios años debido a los atrasos actuales;

(c) menores no acompañados –*Unaccompanied Minor Children*–, los cuales en su mayoría no reciben un ajuste del estado migratorio y, como resultado, miles de menores indocumentados en los Estados Unidos están sujetos a la aplicación de la ley de inmigración y un riesgo de detención y deportación[67].

Ante el panorama descrito y, como un hecho inédito tenemos la medida cautelar de la Comisión Interamericana de Derechos Humanos (CIDH) a solicitud de la Comisión Nacional de Derechos Humanos de México y otros 5 Ombusperson de Latinoamérica, para proteger niños y niñas migrantes separados de sus familias en Estados Unidos[68].

De esta manera, la Comisión emitió dos resoluciones:

1. una se refiere a una solicitud de medida cautelar presentada por la Comisión Nacional de los Derechos Humanos de México, la Defensoría del Pueblo de Colombia, la Defensoría del Pueblo de Ecuador, la Procuraduría de Derechos de Guatemala, el Comisionado Nacional de los Derechos Humanos de Honduras y la Procuraduría para la Defensa de los Derechos Humanos de El Salvador, todas ellas Instituciones Nacionales de Derechos Humanos, a favor de niños y niñas que permanecen sin ser reunificados.

---

67 ISS, *Developing Sustainable Repatriation…*, ob. cit., p. 3.

68 http://www.oas.org/es/cidh/prensa/comunicados/2018/186.asp

2. Con respecto a cinco familias en particular, se refiere a una solicitud de medida cautelar presentada por Texas Civil Rights Project, the Women's Refugee Commission, the Immigration Clinic of the University of Texas School of Law and Garcia & Garcia Attorneys at Law, P.L.L.C.[69].

Tras recibir ambas solicitudes de medidas cautelares, precisamente en vista del carácter complementario del sistema interamericano, "la CIDH solicitó información al Estado en relación con los resultados que habría tenido las anteriores medidas respecto de la situación de riesgo de las personas propuestas como beneficiarias. El Estado presentó su última respuesta el 10 de agosto de 2018. Al emitir sus resoluciones, la Comisión notó que si bien el Estado informó haber dado pasos para la reunificación de los 2,551 niños y niñas que inicialmente fueron identificados, estando vencidos los plazos establecidos en la decisión del "U.S. District Court for the Southern District of California", según su último informe aprobado, permanecerían todavía 572 niños y niñas separados de sus familias en custodia de la Oficina de Reubicación de Refugiados. Asimismo, según lo informado por el Estado respecto de 410 niños y niñas, los adultos que los acompañaban se encontrarían ya fuera de los Estados Unidos"[70].

La situación es por demás desoladora y más que lamentable pero no olvidemos que promoviendo los derechos de los padres, se promueven los derechos de los niños, en su interés superior. La reunificación es urgente.

IV. CONSIDERACIONES GENERALES

La diversidad de temas apuntados, bajo un tema tan genérico como necesario, en el marco de la globalización familiar, da para mucho.

La meta concreta que nos planteamos al elegir la temática es llamar la atención, a través de una exposición enunciativa más que comprensiva, u omnicomprensiva, sobre la necesidad de introducir conceptos que redundan más en visualizar y, por ende, en proteger modelos nuevos de vida, voluntarios e involuntarios.

---

[69] http://www.oas.org/es/cidh/prensa/comunicados/2018/186.asp

[70] http://www.oas.org/es/cidh/prensa/comunicados/2018/186.asp

Aunque la interacción entre diferentes áreas del conocimiento jurídico es importante, el derecho internacional privado cobra una dimensión más que particular ante estas circunstancias globalizadoras. No podemos hablar de un derecho internacional de familia cuando realmente lo que se aplica a los aspectos internacionales de un determinado caso es derecho familiar doméstico o nacional.

No es una verdad de perogrullo que el derecho internacional privado está destinado a regular situaciones que se encuentran bajo la órbita de diferentes ordenamientos jurídicos y de ahí la necesidad de utilizar una pluralidad de métodos, buscando una solución no contraria a los principios esenciales de los Estados cuyos tribunales intervienen o ante los cuales se aspira obtener el reconocimiento[71]. La legislación nacional, y su papel indubitado y central, a su vez asume la relevancia de otros sistemas legales e indaga sobre sus conexiones con la globalización y las fronteras nacionales. El intenso cruce de fronteras entre humanos, capital e ideas, así como la persistencia de las fronteras, tiene lugar en un universo legal compuesto por una amalgama de leyes y tribunales internacionales, nacionales y subnacionales[72]. La tarea que el derecho internacional privado tiene por delante no deja impasible a nadie.

Por el desarrollo de la presente contribución, y no como otro orden de ideas, subrayamos que por un compromiso moral, y por supuesto también académico, revisamos, como parte segunda de este texto, el ligamen de la protección debida, internacional e integral, una vez más, a la comunidad relativa a la minoridad que cruza fronteras, en esta ocasión referida a los acontecimientos iniciados en abril de 2018 en la frontera norte de México y los Estados Unidos al separar a los hijos de sus padres y/o cuidadores[73]. Debemos enfrentar la realidad de que es responsabilidad del gobierno proteger a las familias vulnerables sin

71 Dreyzin de Klor, Adriana, Derechos humanos y derecho..., ob. cit.; Estin, Marriage and divorce..., ob. cit., p. 488.

72 Berman, Paul Schieff, *Global legal pluralism. A jurisprudence of Law beyond borders*, New York, Cambridge University Press, 2012, pp. 6-8.

73 Hacemos notar en este momento, el hecho de la amplia crítica, por parte una doctrina mayoritaria, hacia las deficiencias en el sistema legal de los Estados Unidos cuando se trata de los derechos de los niños ciudadanos de los Estados Unidos a ser cuidados por sus padres inmigrantes no documentados. Véase Hall, Elizabeth, Where are my children… and my

importar si permanecen en Estados Unidos o si se ven obligadas a irse[74]. Es responsabilidad de cada país proteger a los niños donde sea que estén, independientemente de su origen[75]. Implementar en la legislación disposiciones sólidas, bajo un modelo colaborativo y coordinado, para identificar, apoyar y reintegrar a los niños vulnerables[76]. No queremos menores migrantes que encuentren un camino más traumático que el que dejaron atrás en sus países de origen[77].

En el caso puntual que traemos con las familias separadas, es notorio que las políticas norteamericanas tienen la tendencia de socavar, pareciera que sistemáticamente, derechos humanos de su población migrante. Un tema que está en los programas de estudio de las escuelas de nivel superior pero que no pareciera importar a la Administración. Lo anterior lo constato desde que vi la tarea encomendada a mi hija, en su año como Sophomore durante su High School en 2017-2018, en donde

rights? Parental rights termination as a consequence of deportation, en: *Duke Law Journal*, 2011, Vol. 60, pp. 1459 ss.

74 ISS, *Developing Sustainable Repatriation…*, ob. cit., p. 4.

75 Hablamos de la protección de los derechos humanos –que las leyes nacionales e internacionales les reconocen– y de los obstáculos para dicha garantía, en los que se incluye ausencia de perspectiva de niñez en la aplicación de la normativa en materia de migración; la carencia de garantías básicas de debido proceso y de un enfoque que considere su calidad de menores en los procedimientos migratorios, entre otras. Obstáculos normativos y de la praxis.

76 ISS, *Children on the move. From protection towards a quality sustainable solution. A practical guide,* http://iss-blog.iss-usa.org/ (Próximamente en español también). La importancia de este magnífico manual es fundamental ante la ausencia de una verdadera estructura de actuación transfronteriza, ni desde la norma ni desde la praxis. El valor del manual junto con su difusión es crucial, véase tan solo cómo se invita a los abogados que se involucran en dichos temas representando a los menores, que actúen como tales y no como trabajadores sociales o "case managers", los cuales ya realizan su tarea. Coordinación y colaboración entre los diferentes interlocutores y no incursión en áreas que no les corresponden.

77 A las razones por las que dejaron sus países: guerras, violencia doméstica, pobreza, víctimas de tráfico, persecución religiosa, forzados a contraer matrimonio, desastres naturales, reagrupación familiar e incluso mejores oportunidades de estudio o de trabajo, entre otras; se unen los riesgos que llevan implícitos este movimiento o migración: detención, explotación sexual, explotación laboral, reclutamiento de pandillas, abuso y violencia, malnutrición, adicciones, muerte o daños serios, entre otros. Situaciones que llegan a ser, en muchos casos, de mayor dimensión que aquellas de las que huyeron de sus países de origen. Para un panorama en torno al tema en general, véase UNICEF, *A child is a child. Protecting children on the move from violence, abuse and explotation,* New York, UNICEF, 2017; UNICEF, *Broken dreams. Central American children's dangerous journey to the United States*, Geneva, UNICEF, 2016.

estudiando políticas públicas, dentro de U.S. Goverment, su profesor encargó que buscaran temas de su interés, dentro de la materia, para formar una opinión y ésta expresarla, a través de una carta, a un congresista local. El tema elegido fue el proyecto de ley H.R. 4760, conocida como la *Securing America´s Future A*ct[78], la cual fue sometida a la Cámara el 10 de enero de 2018 por el Diputado Bob Goodlatte.

El proyecto de ley está diseñado para enmendar las leyes de inmigración y la ley de seguridad nacional[79] mediante la implementación de políticas que reducirían significativamente la inmigración legal, devastar los procesos de asilo y criminalizar a los extranjeros indocumentados, entre otros. Por una parte, ésta es una medida extrema para supuestamente garantizar que los empleos sean ocupados por norteamericanos en lugar de ser ocupados por extranjeros, así *grosso modo*; un tema que pudiera ser menor frente a los desafíos que enfrentan la población migrante indocumentada, no obstante, con los ojos de una adolescente, tratando de ser coherente con un país que recibe a una población migrante altamente cualificada también solicita que se eviten "(...) repercusiones perjudiciales, como dañar la economía[80], disminuir las protecciones humanitarias y desalentar la diversidad del país", esta diversidad –en armonía– que tanto le ha ayudado a crecer en un país distinto al suyo.

El tema esbozado de las familias separadas en la frontera México-Estados Unidos, es un tema muy difícil de digerir pero no menos que los sucesivos y reiterados actos deplorables para la comunidad migrante no documentada que no expone, realmente, a la población autóctona y que solo desencadena resentimiento basados en una idea de rechazo a lo extraño. El tema, sin lugar a dudas, no es de seguridad y empleo.

---

78 "Securing america's future act" H.R. 4760 https://timesofindia.indiatimes.com/world/us/bill-for-increasing-allotment-of-green-cards-introdUc

79 Proyectos de ley similares lo podemos ver en:
https://www.stilt.co/blog/2018/05/h1b-trump-impact/
https://www.congress.gov/bill/115th-congress/senate-bill/354/actions

80 http://thehill.com/blogs/congress-blog/homeland-security/377972-goodlattes-immigration-bill-would-imperil-american
https://niskanencenter.org/wp-content/uploads/2018/02/Niskanen-Analysis-of-Securing-Americas-Future-Act-of-2018.pdf

A VERY SPECIAL TYPE OF RENVOI IN CONTEMPORARY PRIVATE INTERNATIONAL LAW. ARTICLE 4 LEY DE DERECHO INTERNACIONAL PRIVADO OF VENEZUELA IN THE LIGHT OF RECENT DEVELOPMENTS

PETER MANKOWSKI*

Abstract: Article 4 Private International Law Act of Venezuela establishes a rather complicated rule on renvoi accepting only a renvoi of first and second, but not of any higher degree. This attempts at striking a delicate balance in the seemingly eternal struggle between international decisional harmony and procedural economy. At first glance, this rule appears rather singular. Yet it finds some fellow brethren in Article 34 EU Succession Regulation and Articles 4 Hague Succession Convention; 21(2) Hague Child Protection Convention. In its first limb, permitting a renvoi of first degree, it is joined by many national Private International Law Acts. A close relative is Article 13(1) Italian Private International Law Act of 1995. It may be criticised that Article 4 Ley de Derecho Internacional Privado does not address parties' choice of law at all, though.

Resumen: *El artículo 4 de la Ley de Derecho Internacional Privado de Venezuela establece una norma bastante complicada sobre el reenvío, que lo acepta en primer y segundo grado, pero no de grado superior. Éste intenta un delicado equilibrio en la lucha aparentemente eterna entre la armonía internacional de soluciones y la economía procesal. A primera vista, esta regla es bastante singular. Sin embargo, encuentra algunos compañeros en el artículo 34 del Reglamento de la Unión Europea sobre Sucesiones y los artículos 4 de la Convención de La Haya sobre Sucesiones; 21(2) del Convenio de La Haya para la Protección de la Infancia. En su primer apartado, que permite un reenvío de primer grado, se le unen muchas leyes nacionales de Derecho internacional privado. Un pariente cercano es el artículo 13(1) de la Ley Italiana de Derecho internacional privado de 1995. Aunque se puede criticar que el artículo 4 de la Ley venezolana no aborde en absoluto la autonomía conflictual.*

* Full Professor for Private International Law, International Procedural Law, Comparative Law and Private; Director of the Seminar for Private International Law and International Procedural Law; Director of the Seminar for Private Law; Universität Hamburg, Germany

Sumario: I. Introduction. II. The text of the rule. III. Distinguishing the several degrees of renvoi. IV. Exceptions. A. Contracts. B. Party autonomy: the unruly horse. V. Relations to other rules of the General Part of the Ley de Derecho Internacional Privado. A. Relationship with Article 2 Ley de Derecho Internacional Privado. B. "Precedence of the purposes of Venezuelan Private International Law". C. Relationship with Article 37 Ley de Derecho Internacional Privado. VI. Renvoi in the European Union's Private International Law in a nutshell. A. General considerations. B. Exclusion of renvoi as the rule. C. Article 34 Succession Regulation as important exception to the rule. VII. Renvoi in the Hague Conventions in a nutshell. VIII. Comparative analysis.

I. INTRODUCTION

The celebrated and redoubtable jubilee has endeared himself to the world as a master of the law related to dispute resolution in all its shades, as most prominently evidenced by his 1991 Heidelberg *Dissertation*[1] and his magisterial evaluation of Venezuelan international procedural law[2]. But carrying at least equal weight, for decades he has been a stalwart of Venezuelan private international law. His particular interest has been devoted to the general rules of Venezuelan private international law. In this regard, the Venezuelan Private International Law Act of 1999 features, or rather stars, amongst many modern codifications of Private International Law which rendered particular attention to, and placed a special emphasis on, such general rules. Especially, the Venezuelan legislator felt obliged to introduce a codex including express and elaborate rules on incidental questions, *renvoi* and most of their likes. I may be forgiven if I, with the greatest respect and many congratulations, humbly venture in this Libro homenaje dedicated to Eugenio Hernández-Bretón, to write a few lines on *renvoi* in order to compare Article 4 Ley de Derecho Internacional Privado of Venezuela (in the following: LDIP) to contemporary developments, particularly those in the Private International Law of the European Union and in the

1 Hernández-Bretón, Eugenio, *Internationale Gerichtsstandsklauseln in Allgemeinen Geschäftsbedingungen – Unter besonderer Berücksichtigung des deutsch-südamerikanischen Rechtsverkehrs (dargestellt am Beispiel Argentinien, Brasilien und Venezuela)*, Frankfurt am Main, Peter Lang, 1993.

2 Hernández-Bretón, Eugenio, *Problemas contempóraneas del derecho procesal civil internacional venezolano*, Caracas, Sherwood, 2004.

Hague Conventions. The jubilee has had to say quite some learned and insightful words on Article 4 LDIP himself[3]. The rule took on *renvoi* in a more general, if not comprehensive manner in Venezuelan Private International Law legislation for the first time[4], with apparently only the very limited Article 483(1) 2nd sentence Código de Comercio as a kind of predecessor, but on the heels of a famous court case[5] [6].

II. THE TEXT OF THE RULE

For the sake of convenience, Article 4 LDIP may be set out in the original and in the author's translation to English as the starting point:

> **Artículo 4.**
> Cuando el Derecho extranjero competente declare aplicable el Derecho de un tercer Estado que, a su vez, se declare competente, deberá aplicarse el Derecho interno de este tercer Estado.
> Cuando el Derecho extranjero competente declare aplicable el Derecho venezolano, deberá aplicarse este Derecho.

---

3 Hernández-Bretón, Eugenio, Neues venezolanisches Gesetz über Internationales Privatrecht, in: *IPRax*, 1999, pp. 194, at p. 195. Hernández-Bretón, Eugenio, En materia de calificaciones, reenvío en otros asuntos de Derecho Internacional Privado, in: *Cuadernos Unimetanos*, septiembre 2007, No. 11, pp. 227 ss., at pp. 237-240.

4 On the aforegoing developments and the drafting history Madrid Martínez, Claudia, Reenvío. Artículo 4, in: T. B. de Maekelt / I. Esis Villaroel / C. Resende (coord.), *Ley de Derecho Internacional Privado Comentada*, Caracas, 2005, T. I, pp. 213 ss., at. pp. 224-226, 229.

5 The case of *Napoleón de Jesús Quintana vs. Salomón Sión* went through three instances, from bottom to top: Juzgado Segundo de Prima Instancia en lo Mecantil de la Circunscripción Judicial del Distrito Federal y Estado Miranda 29 september 1966, in: *Revista de la Facultad de Derecho, Universidad Central de Venezuela*, 1966, No. 33, pp. 167 ss.; Corte Superior Segunda en lo Civil y Mecantil de la Circunscripción Judicial del Distrito Federal 13 december 1966, in: *Jurisprudencia Ramírez & Garay*. 1996, T. XV, pp. 245; Sala de Casación Civil, Mercantil y del Trabajo 27 april 1967.

6 de Maekelt, Tatiana B., Das neue venezolanische Gesetz über Internationales Privatrecht, in: *RabelsZ*, 2000, Vol. 64, pp. 299 ss., at p. 318; Bonnemaison W., José Luis, El reenvío, in: *Revista de la Facultad de Ciencias Jurídicas y Políticas, Universidad Central de Venezuela*, 2000, No. 117, pp. 75 ss., at p. 79; Monleón, Nicole, *Das neue internationale Privatrecht von Venezuela*, Tübingen, Mohr Siebeck, 2008, pp. 85-86.
The best account of the previous law regarding *renvoi* appears to be Parra-Aranguren, Gonzalo, El Reenvío en el Derecho Internacional Privado venezolano, in: *Libro Homenaje a Haroldo Valladão*, Caracas, Universidad Central de Venezuela, 1997, p. 323.

En los casos no previstos en los dos párrafos anteriores, deberá aplicarse el Derecho interno del Estado que declare competente la norma venezolana de conflicto.

Article 4.

If the applicable foreign law declares applicable the law of a third State who, in turn, declares it applicable, the substantive law of this third State shall be applied.

If the applicable foreign law declares applicable the law of Venezuela, the law of Venezuela shall be applied.

In the cases not provided for in the preceding paragraphs, the substantive law of the State which the conflicts law of Venezuela declares applicable shall be applied.

III. DISTINGUISHING THE SEVERAL DEGREES OF *RENVOI*

In short, Article 4 LDIP accepts *renvoi* of first and second degree[7], but not of third or any higher degree[8]. However, Article 4 (1), (3) LDIP rule out that the Venezuelan perspective in all instances coincides with that of the (second) law determined to be applicable by the conflicts rules of the (first) law declared applicable by Venezuelan law. Article 4 (1), (3) LDIP adopts a selective approach, ruling out a foreign court theory at the level of second degree which is one of the two traditional alternatives at that level[9]. A *Weiterverweisung* is only conditionally followed to the second foreign law, thus picking a special case and only a limited sample from the menu[10]. The basic principle is that the

---

7 For a description of the degrees of *renvoi* see e.g. Madrid Martínez, Reenvío…,ob. cit., p. 217.

8 Bonnemaison W., El reenvío…, ob. cit., p. 77; Madrid Martínez, Claudia, Venezuela, in: J. Basedow / G. Rühl / F. Ferrari / P. de Miguel Asensio (eds.), *Encyclopedia of Private International Law, vol. 3: National Reports A-Z* (Cheltenham/Northampton, MA Elgar, 2017), pp. 2647 ss., at. p. 2654.

9 See Davì, Angelo, Le renvoi en droit international privé contemporain, in: *Recueil des Cours*, 2010, Vol. 352, pp. 9 ss., at p. 214.

10 Exposición de Motivos, in: B. de Maekelt, Tatiana / Eugenio Hernández-Bretón / Claudia Madrid Martínez (coord.), *Ley de Derecho internacional privado – Derogatorias y concordancias*, Caracas, Academia de Ciencias Políticas y Sociales, 7th ed., 2015, pp. 73 ss., at p. 78; Bonnemaison W., El reenvío…, ob. cit., p. 78.
See also von Hein, Jan, *Renvoi* in European Private International Law, in: S. Leible (ed.), *General Principles in European Private International Law*, Kluwer, Alpen aan den Rijn, 2016, pp. 227 ss., at p. 253 on Art. 34 EU Succession Regulation.

substantive rules of the law determined to be applicable is to be applied whenever these rules are declared applicable by the conflicts rules of the said law[11]. Beyond that[12] (e.g. where the Private International Law of the second foreign law refers back to the first foreign law or to Venezuelan law[13]), Article 4 (3) LDIP establishes a *abgebrochene Weiterverweisung*[14]. On the other hand, accepting a *angenommene Weiterverweisung* which *per definitionem* results in the application of a foreign law, Article 4 LDIP is heralded as comparing favourably to those approaches which only accept a *Rückverweisung* in clear pursuit of *lex forism*.[15] Furthermore, Article 4 (3) LDIP also results in the application of a foreign law, not of Venezuelan law.

Evidently, this is a compromise between a certain reach for international decisional harmony, for international uniformity on the one hand[16] and practitioners' convenience on the other hand. A side purpose might be to dissolve problems where the Venezuelan solution happens not to coincide with the solution preferred by the foreign law applicable.[17] Practitioners and courts are obliged to enquire into a potential

---

11 Parra-Aranguren, Gonzalo, La loi vénézuélienne de 1998 sur le droit international privé, in: *Revue critique de droit international privé*, 1999, Vol. 88, pp. 209 ss., at pp. 215-216.

12 Explaining the possible sub-cases evolving from a *renvoi* of second degree e.g. Romano, Gian Paolo, *Le dilemme du renvoi en droit international privé*, Zürich/Paris/Genève, Schulthess/LGDJ/Collection Genevoise, 2015, pp. 200-208; Nietner, Sarah, *Internationaler Entscheidungseinklang im europäischen Kollisionsrecht*, Tübingen, Mohr Siebeck, 2016, pp. 99-115.

13 Compare von Hein, *Renvoi* in European Private International Law..., ob. cit., pp. 253-254 on Art. 34 EU Succession Regulation.

14 On this phenomenon compare Michaels, Ralf, Der Abbruch der Weiterverweisung im deutschen Internationale Privatrecht, in: *RabelsZ*, 1997, Vol. 61, p. 685.

15 Neuhaus, Paul Heinrich, Proyecto venezolano de Ley de Normas de Derecho Internacional Privado. Obersvaciones de Derecho Comparado, in: *Libro homenaje a la memoria del Lorenzo Herrera Mendoza*, Caracas, Universidad Central de Venezuela, 1970, pp. 53 ss., at p. 79; Bonnemaison W., El reenvío..., ob. cit., p. 80; see also B. de Maekelt, Das neue venezolanische Gesetz über Internationales Privatrecht..., ob. cit., pp. 318-319.

16 Hernández-Bretón, Neues venezolanisches Gesetz über Internationales Privatrecht..., ob. cit., p. 195.

17 Parra-Aranguren, Gonzalo, El reenvío de la ley Italiana de Derecho Internacional Privado de 1995, in: Parra-Aranguren, Gonzalo, *Curso General de Derecho Internacional Privado. Problemas Selectos y Otros Estudios*, Caracas, Universidad Central de Venezuela, 3rd ed., 1998, pp. 385 ss., at p. 404; Hernández-Bretón, Neues venezolanisches Gesetz über Internationales Privatrecht..., ob. cit., p. 195.

maximum of two foreign conflicts laws, namely the Private International Law of the law determined to be applicable by the Venezuelan Private International Law, and the Private International Law of any law which the former Private International Law declares applicable. This might be burdening and cumbersome enough,[18] in particular in the event of a certain applicable law employing unwritten conflicts rules disputed between its own courts.

IV. EXCEPTIONS

Article 4 LDIP is drafted in an absolute manner at first glance not permitting for any exceptions.[19] But relying on such first glance easily proves deceptive.

A. Contracts

Article 4 LDIP does not apply to contracts. In this regards, it cedes to Art. 17 Mexico City Convention[20], since Venezuela has ratified this very Convention, and the Convention takes precedence to Venezuela's domestically grown Private International Law rules[21].

B. Party autonomy: the unruly horse

A major peculiarity consists in Article 4 LDIP not addressing party autonomy at all. Party autonomy has emerged as a if not *the* major, primary, sometimes even dominating principle in many areas of modern Private International Law,[22] and the LDIP has endorsed it accordingly

---

[18] See Vlas, Paul, De Verordening IPR-erfrecht in wording, *WPNR*, 2012, Vol. 6924, pp. 249 ss., at p. 251.

[19] Hernández-Bretón, En materia de calificaciones…, ob. cit., p. 237.

[20] Inter-American Convention of 17 March 1994 on the Law Applicable to International Contracts, OAS, Treaty series No 78, 33 ILM 732.

[21] B. de Maekelt, Das neue venezolanische Gesetz…, ob. cit., p. 319; Madrid Martínez, Venezuela…, ob. cit., p. 2654.

[22] See only Kohler, Christian, L'autonomie de la volonté en droit international privé: un principe universel entre libéralisme et étatisme, in: *Recueil des Cours*, 2012, Vol. 359, pp. 285 ss.

and sincerely. If one is prepared to accept party autonomy one should also accept the parties' intentions as the underlying legitimation for party autonomy. Anything else would be self-contradictory. Parties generally intend to see the law chosen applied in the event of their choice of law, without any further conflict rules intervening. The parties want to fix the applicable substantive law and to extract it from the web of Private International Law of other conflicts rules. Consequentially, it appears logical to follow this intention as a guiding principle, too[23]. In the pursuit of this very logic, there should not be any *renvoi* in the event of an accepted parties' choice of law[24] unless the parties have opted not for the substantive rules of the chosen law to be applied, but for its conflicts rules (if such option has been made open to them by the PIL of the forum state at the outset). To introduce an exception to Article 4 LDIP in cases of permitted parties' choice of law would amount to a well-reasoned teleological reduction[25].

V. RELATIONS TO OTHER RULES OF THE LEY DE DERECHO INTERNACIONAL PRIVADO

A. Relationship with Article 2 Ley de Derecho Internacional Privado

Article 4 LDIP is not a stand-alone but must be seen and measured in the light of the entirety of the LDIP. In particular and foremost, the jubilee has drawn a line between Article 4 LDIP on the one hand and Article 2 LDIP ascertaining how to deal with foreign law under the auspices of Venezuelan Private International Law, on the other hand. He interprets Article 2 LDIP as establishing a basic rule for the

[23] See for instance Art. 2596 *in fine* Código Civil Argentino of 2014.

[24] Lagarde, Paul, En guise de synthèse, in: M. Fallon / P. Lagarde / S. Poillot-Peruzzetto (dir.), *Quelle architecture pour un code européen de droit international privé?*, Bruxelles, Peter Lang, 2011, pp. 365 ss., at p. 374; Romano, *Le dilemme du renvoi…*, ob. cit., pp. 305-316; von Hein, *Renvoi…*, ob. cit., p. 236; Sonnentag, Michael, Renvoi, in: J. Basedow / G. Rühl / F. Ferrari / P. de Miguel Asensio (eds.), *Encyclopedia of Private International Law, vol. 2: Entries I-Z*, Cheltenham/Northampton, MA, Elgar, 2017, pp. 1537 ss., at p. 1542.

[25] See Monleón, *Das neue internationale Privatrecht…*, ob. cit., p. 87.

characterization of foreign laws under a functional approach, within the framework provided by the LDIP, *and* as a basic rule to determine the scope of reference to a foreign law in order to permit a *renvoi* of first and second degree under Article 4 LDIP[26].

B. "Precedence of the purposes of Venezuelan Private International Law"

Furthermore, the jubilee[27] has been understood[28] that he tentatively supports a proviso that Article 4 LDIP is subject to the purposes of Venezuelan Private International Law taking precedence[29]. Introducing such an unwritten proviso would result in an almost open-ended teleological reduction. It would gain particular importance with regard to form and non contractual obligations[30]. In the latter field, at least in torts, the victim's interests are believed to prevail[31]. Yet the option granted to the victim, namely to opt for the law of the place where the activity causing the damage took place instead of the *lex loci damni*[32], can be easily construed as an instance of unilateral party autonomy[33].

---

26 Hernández-Bretón, Eugenio, Los objectivos de los normas venezolanos de conflicto, in: *Liber amicorum Jürgen Samtleben*, Montevideo, Fundación de Cultura Universitaria, 2002, pp. 169 ss., at pp. 176 ss.; id., An attempt to regulate the problem of ‚characterization' in private international law, in: *Festschrift für Erik Jayme*, München, Sellier, 2004, pp. 331 ss., at pp. 332 ss.; id., En materia de calificaciones..., ob. cit., p. 238.

27 Hernández-Bretón, Eugenio, Capacidad y forma en materia de letra de cambio en la nueva Ley de Derecho Internacional Privado, in: *Revista de la Facultad de Ciencias Jurídicas y Políticas, Universidad Central de Venezuela*, 2000, No. 117, pp. 27 ss., at p. 40.

28 Monleón, *Das neue internationale Privatrecht...*, ob. cit., p. 87.

29 Such a proviso is advocated for by B. de Maekelt, Tatiana B., Das neue venezolanische Gesetz..., ob. cit., p. 319; Madrid Martínez, Reenvío..., ob. cit., p. 230.

30 B. de Maekelt, Das neue venezolanische Gesetz..., ob. cit., p. 319; D'Onza García, Rossanna, Ley applicable a las sucesiones, Ley applicable a la forma y Ley applicable a la prueba de los actos en la Nueva Ley de Derecho Internacional Privado, in: *Revista de la Facultad de Ciencias Jurídicas y Políticas, Universidad Central de Venezuela*, 2000, No. 118, pp. 95 ss., at pp. 105-106; Madrid Martínez, Reenvío..., ob. cit., p. 230; Monleón, *Das neue internationale Privatrecht* ..., ob. cit., p. 87; see also Giral Pimentel, José Alfredo, *El contrato internacional*, Caracas, Universidad Central de Venezuela, 1999, pp. 241-245.

31 Monleón, *Das neue internationale Privatrecht...*, ob. cit., p. 88.

32 On which Monleón, *Das neue internationale Privatrecht...*, ob. cit., p. 88 places much reliance.

33 Madrid Martínez, Reenvío..., ob. cit., p. 227.

C. Relationship with Article 37 Ley de Derecho Internacional Privado

The area covered by Art. 37 LDIP, namely the form of juridic acts, is also discussed as a possible exception to Art. 4 LDIP. Art. 37 LDIP is a so called *alternative Anknüpfung*, *in favorem validitatis*. Insofar as *renvoi* would lead to a law granting formal validity to the juridical act at stake, *renvoi* should be permitted, it is argued[34]. Perhaps it is more appropriate to phrase the aspired result in the manner that *renvoi* should be permitted insofar as it extends the circle of laws referred to, thus serving the *favor* pursued best by adding more options[35].

VI. *RENVOI* IN THE EUROPEAN UNION'S PRIVATE INTERNATIONAL LAW IN A NUTSHELL

Comparison is a valuable source for insights, not only in substantive law, but also in conflicts law. From a European perspective, the European Union's Private International Law is the prime candidate for such comparison.

A. General considerations

The European Union's Private International Law does not take a uniform stance towards *renvoi*[36]. For the time being and for the foreseeable future, it lacks and will lack a General Part of Private International Law (despite very considerate pushes from academia towards drafting such General Part[37]). Hence, the legislative statements on the

[34] Hernández-Bretón, Capacidad y forma en materia de letra de cambio…, ob. cit., pp. 38-40; Madrid Martínez, Reenvío…, ob. cit., p. 228.

[35] Schmidt, Konrad, *Die Sinnklausel der Rück- und Weiterverweisung im Internationalen Privatrecht nach Artikel 4 Absatz 1, Satz 1 EGBGB*, in: Frankfurt am Main, Peter Lang, 1998, pp. 71-72; Mankowski, Peter, in: C. von Bar / P. Mankowski, *Internationales Privatrecht I: Allgemeine Lehren*, München, Beck, 2nd ed., 2003, § 7 para. 228.

[36] See, for instance, survey and discussion by Mäsch, Gerald, Der Renvoi im Europäischen Kollisionsrecht, in: S. Arnold (Hrsg.), *Grundfragen des Europäischen Kollisionsrechts*, Tübingen, Mohr, 2016, p. 55.

[37] See in particular Leible, Stefan / Michael Müller, The Idea of a 'Rome 0 Regulation', in: *Yearbook of Private International Law*, 2012/2013, Vol. XIV, pp. 137 ss.; Wilke, Felix M., Brauchen wir eine Rom 0-Verordnung?, in: *Zeitschrift für Gemeinschaftsprivatrecht*, 2012, Vol. 9, Issue 6, pp. 334 ss.; S. Leible / H. Unberath (Hrsg.), *Brauchen wir eine*

degree to which *renvoi* is admitted, are split up and divided amongst the several existing pieces of the European Union's Private International Law. As an interlude, it must be asserted again and again that one should always bear in mind that a respectable number of the European Union's Member States in their respective national conflict laws do not endorse *renvoi* at all but are wholeheartedly opposed to it, most prominently so far (*i.e.* before Brexit is executed) the United Kingdom[38]. Furthermore, the European Union's Private International Law is primarily designed in order to solve conflicts within the Internal Market and between the laws of Member states. Insofar as the European Union's Member States are also Member States of the various acts of European Union Private International Law they share common conflicts rules, and thus differences between their conflict laws should not arise (at least in theory and viewed as idealistically as demanded by the general approach of European Union law). Hence, this fosters and supports the tendency against *renvoi*.

B. Exclusion of *renvoi* as the rule

The Rome I and Rome II Regulations[39] each opt for clean cut and a wholesale denunciation of *renvoi*, Articles 20 Rome I Regulation;

Rom 0-Verordnung?, Jena, Jenaer Wissenschaftliche Verlagsgesellschaft 2013; S. Leible (ed.), *General Principles in European Private International Law*, Alphen aan den Rijn, Kluwer, 2016, and Heinze, Christian, Bausteine eines Allgemeinen Teils des europäischen Internationalen Privatrechts, in: *Festschrift für Jan Kropholler*, Tübingen, Mohr, 2008, p. 105; Sonnenberger, Hans Jürgen, Randbemerkungen zum Allgemeinen Teil eines europäisierten IPR, in: *Festschrift für Jan Kropholler*, Tübingen, Mohr, 2008, p. 227; Kreuzer, Karl, Was gehört in einen Allgemeinen Teil des Europäischen Kollisionsrechts?, in: B. Jud / W.H. Rechberger / G. Reichelt (Hrsg.), *Kollisionsrecht in der Europäischen Union*, Wien, Boltzmann Institut, 2008, p. 1; Bariatti, Stefania / Étienne Pataut, Codification et théorie général du droit international privé, in: M. Fallon / P. Lagarde / S. Poillot-Peruzzetto (dir.), *Quelle architecture pour un code européen de droit international privé?*, Bruxelles, Peter Lang, 2011, p. 337; Lagarde, En guise de synthèse…, ob. cit., p. 365; Nehne, Timo, *Methodik und Allgemeine Lehren des europäischen Internationalen Privatrechts*, Tübingen, Mohr, 2012; Leible, Stefan, Auf dem Weg zu einer Rom 0-Verordnung?, in: *Festschrift für Dieter Martiny*, Tübingen, Mohr, 2014, p. 429.

38 Interestingly, some Member States have changed camps in recent times, Italy towards admitting *renvoi* (Art. 13 (1) Italian Private International Law Act of 1995), Belgium towards excluding *renvoi* (Art. 16 Code Droit International Privé belge).

39 Regulation (EC) No 593/2008 of the European Parliament and the Council of 17 June 2008 on the law applicable to contractual obligations (Rome I), OJ EC 2008 L 177/6; Regulation

24 Rome II Regulation. This is hardly surprising for the Rome I Regulation which is operating in the realm of contract where party autonomy is not only the theoretical maxim but the core and essence of every-day drafting practice. As regards the Rome II Regulation, the exclusion of *renvoi* reflects a policy decision. Article 11 Rome III Regulation[40] in the realm of divorce and legal separation reflects a like policy decision[41] and follows the footsteps of Rome I and Rome II. Article 15 Maintenance Regulation does not exclude the denunciation of *renvoi* as contained in Article 12 Hague Maintenance Protocol[42] from its general reference to the Hague Maintenance Protocol. In the same line of excluding *renvoi* are the latest entries, the Article 32 Matrimonial Property Regulation[43] and Article 32 Registered Partnership Property Regulation[44]. So far so good, and one would even believe a unitary approach to exist.

C. Article 34 Succession Regulation as important exception to the rule

Yet Article 34 Succession Regulation[45] depicts a puzzling and startling deviation. As the general rule its first paragraph asserts:

> The application of the law of any third State specified by this Regulation shall mean the application of the rules of law in force in

(EC) No 864/2007 of the European Parliament and the Council of 11 July 2007 on the law applicable to non contractual obligations, OJ EC 2007 L 199/40.

40 Council Regulation (EC) 1259/2010 of 20 December 2010 implementing enhanced cooperation in the area of the law applicable to divorce and legal separation, OJ EU 2010 L 343/10.

41 An in-depth analysis is provided by Davì, Le renvoi..., ob. cit., pp. 324-342.

42 Hague Protocol of 23 November 2007 on the law applicable to maintenance obligations, OJ 2009 EC L 31/19, Hague Convention No 39.

43 Council Regulation (EU) 2016/1103 of 24 June 2016 implementing enhanced cooperation in the area of jurisdiction, applicable law and recognition and enforcement of decisions in matters of matrimonial property regimes, OJ EU 2016 L 183/1.

44 Council Regulation (EC) No 4/2009 of 18 December 2009 on jurisdiction, applicable law and recognition and enforcement of decisions in matters relating to maintenance obligations, OJ EC 2009 L 7/1.

45 Regulation of the European Parliament and the Council of 4 July 2012 on jurisdiction, applicable law, recognition and enforcement of decisions and authentic instruments in matters of succession and the creation of a European Certificate of Succession, OJ EU 2012 L 201/107.

that State, including its rules of private international law in so far as those rules make a *renvoi*:
(a) to the law of a Member State; or
(b) to the law of another third State which would apply its own law.

This general rule is made subject to a great number of exceptions as comprehensively listed in Article 34 (2) Succession Regulation.

If one conceives this, at first glance somewhat peculiar, rule to be a solitary one would be misled. Article 34 (1) Succession Regulation has its roots, and the idols on which it is modeled, in the universe of the Hague Conventions, in particular Article 4 Hague Succession Regulation[46], even though it transcends them insofar as accepting a remission if the Private International Law of a Third State refers back to the law of a Member State[47]. Article 34 (1) Succession Regulation might be a solitary in the European arena (particularly so since the two more recent Regulations on matrimonial or registered partnership property returned to the main course), but on the world-wide scale it has some relatives. It might not have spearheaded the renaissance or the comeback of *renvoi* in the European Union's Private International Law as it was once suspected as a possibility in 2012[48] and even in 2016[49], but at least it has its predecessors. Perhaps the explanation is that succession (and the same should relate to status and property) is more concerned with avoiding "limping" legal relationships than are contract, non-contractual obligations, and property relationships of marriages and registered partnerships, and thus it might be prone to put more emphasis on international decisional harmony[50]. Howsoever, even if one can accept

[46] Janzen, Ulrike, Die EU-Erbrechtsverordnung, in: *Deutsche Notar-Zeitschrift*, 2012, pp. 484 ss., at p. 490; Schack, Haimo, Was bleibt vom renvoi?, IPRax 2013, 315, 319; von Hein, *Renvoi…*, ob. cit., p. 243.

[47] von Hein, *Renvoi…*, ob. cit., p. 253.

[48] See the title chosen by Solomon, Dennis, Die Renaissance des Renvoi im Europäischen Internationalen Privatrecht, in: *Liber amicorum Klaus Schurig*, München, Sellier, 2012, p. 237.

[49] von Hein, *Renvoi…*, ob. cit., p. 228.

[50] Sonnentag, Michael, *Der Renvoi im Internationalen Privatrecht*, Tübingen, Mohr, 2001, pp. 123-124, 269, 297; Sonnenberger, Randbemerkungen zum Allgemeinen Teil eines europäisierten IPR…, ob. cit., p. 238; Hughes, David Alexander, The insolubility of renvoi and its consequences, in: *Journal of Private International Law*, 2010, Vol. 6, pp. 195 ss., at

these explanations they are limited to certain topics and do not operate on a comprehensive, all-embracing scale. This is where Article 4 LDIP exceeds, and goes beyond, its fellow brethren.

Article 26 of the Proposal for the Succession Regulation was still intent to follow the rule of excluding *renvoi*[51], motivated by avoiding to have the estate split by the back door of third States' conflict rules[52]. This Proposal met heavy criticism[53] and was eventually abandoned[54]. With the nationality principle and the habitual residence principle competing in matters of succession, it was deemed inappropriate to destroy international decisional harmony by unilaterally pressing forward the European solution to that competition[55]. Recital (57) 3rd sentence

p. 207; Henrich, Dieter, Der Renvoi: Zeit für einen Abgesang, in: *Festschrift für Bernd von Hoffmann*, Bielefeld, Gieseking, 2011, pp. 159 ss., at p. 165; von Hein, *Renvoi*..., ob. cit., p. 241; Nietner, Sarah, *Internationaler Entscheidungseinklang im europäischen Kollisionsrecht*, Tübingen, Mohr, 2016, pp. 45-60; Sonnentag, Renvoi..., ob. cit., p. 1543.

51 Proposal for a Regulation of the European Parliament and the Council on jurisdiction, applicable law, recognition and enforcement of decisions and authentic instruments in matters of succession and the creation of a European Certificate of Succession, COM (2009) 154 final p. 24.

52 Khairallah, Georges, La détermination de la loi applicable à la succession, in: G. Khairallah / M. Revillard, (dir.), *Droit européen des successions internationales*, Paris, Defrénois, 2013, pp. 47 ss., at p. 59.

53 Khairallah, La détermination de la loi applicable à la succession..., ob. cit., p. 70; Lagarde, Paul, Présentation de la proposition de règlement sur les successions, in: A. Bonomi / C. Schmid (éds.), *Successions internationales*, Zürich, Schulthess, 2010, pp. 11 ss., at p. 18; Kindler, Peter, Die Europäische Erbrechtsverordnung nach dem Vorschlag der Kommission vom 14. Oktober 2009, in: *IPRax*, 2010, pp. 44 ss., at p. 48; Max Planck Institute for Comparative and Private International Law, Comments on the European Commission's Proposal for a Regulation of the European Parliament and of the Council on Jurisdiction, Applicable Law, Recognition and Enforcement of Decisions and Authentic Instruments in Matters of Succession and the Creation of a European Certificate of Successions, in: *RabelsZ*, 2010, Vol. 74, pp. 522 ss., at pp. 656-657; Schurig, Klaus, Das internationale Erbrecht wird europäisch – Bemerkungen zur kommenden Europäischen Verordnung, in: *Festschrift für Ulrich Spellenberg*, München, Sellier, 2010, pp. 343 ss., at p. 348; Leipold, Dieter, Ist unser Erbrecht noch zeitgemäß?, in: *JuristenZeitung*, 2010, pp. 802 ss., at p. 809; Remde, Natalie, Die Europäische Erbrechtsverordnung nach dem Vorschlag der Kommission vom 14. Oktober 2009, in: *Deutsche Notar-Zeitschrift*, 2012, pp. 65 ss., at pp. 75-76 sowie schon Heinze, Bausteine eines Allgemeinen..., ob. cit., p. 118.

54 Lagarde, Paul, Les principes de base du nouveau règlement européen sur les successions, in: *Revue critique de droit international privé*, 2012, Vol. 101, pp. 691 ss., at p. 705.

55 Lagarde, Les principes de base du nouveau règlement européen..., ob. cit., p. 705. Also Godechot-Patris, Sara, Le nouveau droit international privé des successions: entre satisfactions et craintes, in: *Recueil Dalloz*, 2012, pp. 2462 ss., at p. 2466; Revillard, Mariel,

Succession Regulation emphasizes this. To avoid limping successions in third state cases was a corroborating concern[56]. Furthermore, Article 34 (1) Succession Regulation shall prevent negative conflicts where neither State wants to see its own law applied[57]. Since international uniformity is already achieved as between the European Union's Member States who have endorses uniform European conflict rules[58], that goal can only matter in relation to third States. This explains for the main distinctions in Article 34 (1) Succession Regulation[59].

VII. *RENVOI* IN THE HAGUE CONVENTIONS IN A NUTSHELL

The main pivot and stronghold of complex rules on *renvoi* is Article 21 (2) Hague Child Protection Convention[60]. Article 21 Hague Child Protection Convention in its entirety reads:

> (1) In this Chapter the term "law" means the law in force in a State other than its choice of law rules.

Successions internationales: le règlement du Parlement européen et du Conseil du 4 juillet 2012 en matière de successions, Paris, Defrénois, 2012, pp. 743 and 749; Schack, Haimo, Was bleibt vom renvoi?, in: *IPRax*, 2013, pp. 115 ss., p. 119; Franzina, Pietro / Antonio Leandro, *Il nuovo diritto internazionale privato delle successioni per causa di morte in Europa*, in: Le nuove leggi civili commentate 2013, pp. 275 ss., at p. 325; Müller-Lukoschek, Jutta, *Die neue EU-Erbrechtsverordnung*, Bonn, Deutscher Notarverlag, 2nd ed., 2015, § 2 para. 194; Döbereiner, Frank, Das internationale Erbrecht nach der EU-Erbrechtsverordnung, in: *Mitteilungen des Bayerischen Notarvereins, der Notarkasse und der Landesnotarkammer Bayern*, 2013, pp. 358 ss., at p. 364.

[56] See Khairallah, La détermination de la loi applicable à la succession…, ob. cit., p. 61.

[57] Lokin, Pia Anna Maria, *Grensoverschrijdende erfopvolging*, Deventer, Kluwer 2012, p. 200 and also Barnich, Laurent, Présentation du Règlement successoral européen, in: A. Nuyts (coord.), *Actualités en droit international privé*, Bruxelles, Bruylant, 2013, pp. 7 ss, at p. 19. As does Art. 4 LDIP; Madrid Martínez, Reenvío…, ob. cit., p. 214.

[58] Remde,, Die Europäische Erbrechtsverordnung…, ob. cit., p. 75; Lagarde, Présentation de le règlement sur les successions…, ob. cit., p. 12; Lokin, *Grensoverschrijdende erfopvolging…*, ob. cit., p. 200; Cach, Christopher / Alexander J. Weber, Privatautonomie im Internationalen Erbrecht, in: *Zeitschriften im Bereich der Rechtsvergleichung*, 2013, pp. 263 ss., at p. 267.

[59] Bajons, Ena-Marlis, Die EU-ErbrechtsVO: Gleichlauf und Auseinanderfallen von forum und ius im Wechselspiel mit Drittstaaten, in: *Festschrift für Helmut Rüßmann*, Saarbrücken, Juris, 2013, pp. 751 ss., at p. 758.

[60] Hague Convention of 19 October 1996 on jurisdiction, applicable law, recognition, enforcement and co-operation in respect of parental responsibility and measures for the protection of children, Hague Convention No 34.

> (2) However, if the law applicable according to Article 16 is that of a non-Contracting State and if the choice of law rules of that State designate the law of another non-Contracting State which would apply its own law, the law of the latter State applies. If that other non-Contracting State would not apply its own law, the applicable law is that designated by Article 16.

Even before that Article 4 Hague Succession Convention[61] entered the stage:

> If the law applicable according to Article 3 is that of a non-Contracting State, and if the choice of law rules of that State designate, with respect to the whole or part of the succession, the law of another non-Contracting State which would apply its own law, the law of the latter State applies.

Article 3 (1) (a) Hague Child Abduction Convention is also said to embrace *renvoi*[62], as to be derived from its drafting history[63]. Furthermore, Article 9 Hague Marriage Convention[64] implicated that the reference law of the State where the marriage was celebrated, was to include the Private International Law of that State[65].

The standard Hague attitude and device is excluding *renvoi*, though[66]. International conventions aiming at unifying conflicts rules

---

[61] Hague Convention of 1 August 1989 on the law applicable to succession to the estates of deceased persons, Hague Convention No 32.

[62] See e.g. Schuz, Rhona, The Hague Child Abduction Convention: Family Law and Private International Act, in: *International Comparative Law Quarterly*, 1995, Vol. 44, pp. 771 ss., at p. 796.

[63] Pérez-Vera, Elisa, Explanatory Report on the 1980 Hague Child Abduction Convention, in: *Actes et Documents de la Quatorzième Session, Octobre 1980, vol. III*, The Hague, Hague Conference, 1982, para. 68.

[64] Hague Convention of 14 March 1978 on celebration and recognition of the validity of marriages, Hague Convention No 26.

[65] Malmström, Åke, Explanatory Report on the 1978 Hague Marriage Convention, in: *Actes et Documents de la Treizième Session, October 1976, vol. III*, The Hague, Hague Conference, 1978, p. 300; Kropholler, Jan, Der renvoi im vereinheitlichten Kollisionsrecht, in: *Festschrift für Dieter Henrich*, Bielefeld, Gieseking, 2000, pp. 393 ss., at p. 396; Davì, Le renvoi…, ob. cit., p. 272.

[66] See only Gottschalk, Eckart, *Allgemeine Lehren des IPR in kollisionsrechtlichen Staatsverträgen*, Berlin, Duncker & Humblot, 2002, pp. 62-137; von Hein, *Renvoi…*, ob. cit., p. 242.

by their very nature and goal do not carry too much sympathy for differences and national idiosyncrasies. Uniform conflict rules generally do not even care about the possible interest of non-Contracting states. However, it is advised that they should in the interest of decisional harmony and international uniformity of concrete results to be reached[67]. In 1989 and 1996 respectively Article 4 Hague Succession Convention and Article 21 (2) Hague Child Protection Convention kind of pioneered in this regard, but was not followed by subsequent Hague Conventions afterwards. Conversely, not even the "sister act" of the Hague Child Protection Convention, namely the Hague Adults Protection Convention[68] of 2000, followed the surmised lead, but rather negated *renvoi* in its Article 19. Article 10 Hague Intermediated Securities Convention[69] of 2006 and Article 20 Hague Maintenance Protocol of 2007 do the very same. This is just a return to the traditional line as it was to be observed in the European Union with Article 32 Matrimonial Property Regulation and Article 32 Registered Partnership Property Regulation reverting from the avenue outlined by Article 34 Succession Regulation. The rollback and backlash is evident. A general renaissance of the *renvoi* took not place at The Hague, either[70].

Yet there is one more hidden instance where a Hague conflicts rule refers to the private international law of a certain State: According to the accompanying Report, the referral by Article 5 (1) *in fine* Hague Choice of Court Agreements Convention[71] of 2005 to the *lex fori prorogati* shall include a referral to the Private International Law of the *lex fori prorogati* since otherwise the wording would have referred to the *substantive* law of that State[72].

---

67 See only Gottschalk, Allgemeine Lehren des IPR…, ob. cit., pp. 135-136; von Hein, *Renvoi…*, ob. cit., p. 242; Sonnentag, Renvoi…, ob. cit., p. 1541.

68 Hague Convention of 5 July 2006 on the law applicable to certain rights in respect of securities held with an intermediary, Hague Convention No 36.

69 Hague Convention of 13 January 2000 on the international protection of adults, Hague Convention No 35.

70 von Hein, *Renvoi…*, ob. cit., p. 243.

71 Hague Convention of 30 June 2005 on Choice of Court Agreements, Hague Convention No 37.

72 *Hartley, Trevor / Masato Dogauchi, Explanatory Report* on the 2005 Hague Convention on Choice of Court Agreements para. 125, para. 149 fn. 184; to the same avail *Wagner, Rolf,* Das Haager Übereinkommen vom 30.6.2005 über Gerichtsstandsvereinbarungen, in:

VIII. COMPARATIVE ANALYSIS

On closer inspection, Article 4 LDIP reveals a striking resemblance to the solution as adopted in some of the Hague Conventions and - later-on, well after the promulgation of Article 4 LDIP in 1999 –in Article 34 (1) Succession Regulations of 2012. § 5 (2) Hungarian Private International Law Act of 2017 joins the boat insofar as the law applicable in the first step is ascertained based on nationality under Hungarian Private International Law (which makes for another interesting variation of the same theme[73]). In an age where *renvoi* is in decline on the global scale[74], these attempts stem against the tide in search of a balancing compromise. Article 4 LDIP positions Venezuela on the liberal side of the compromise faction of the spectrum[75].

All of these rules endorse a *renvoi* of first degree, a *Rückverweisung*, leading back to the forum state. Article 34 (1) (a) Succession Regulation begs to differ in detail insofar as it deems sufficient that the *"Rückverweisung"* is to the law of any Member State of the Regulation, not necessarily to the law of the forum state[76] since in the external dimension the European Union equate itself to a single State with all the laws of its Member States being equivalent[77]. The shared approach can

RabelsZ, 2009, Vol. 73, pp. 100 ss., at pp. 117-118; *Simotta, Daphne-Ariane,* Zur materiellen Nichtigkeit von Gerichtsstandsvereinbarungen (Art. 25 Abs. 1 S. 1 EuGVVO), in: *Festschrift für Rolf A. Schütze zum 80. Geburtstag*, München, Beck, 2014, pp. 541 ss., at p. 545.

[73] See Ziegler, Tamas Dezso / Vanda Vadasz / Sarolta Szabó, The New Hungarian Private International Law Code, in: *Yearbook of Private International Law*, 2017/2018, Vol. XIX, pp. 333 ss., at pp. 342-343.

[74] See only Mankowski, Peter, The New Japanese Private International Law Act from a European Perspective, in: *Japanese Yearbook of International Law*, 2008, Vol. 51, pp. 241 ss., at p. 291; Ziegler / Vadasz / Szabó, The New Hungarian Private International Law Code…, ob. cit., p. 342.

[75] See the impressive panorama developed by Davì, Le renvoi…, ob. cit., pp. 101-254.

[76] Solomon, Die Renaissance des Renvoi…, ob. cit., p. 243; Bajons, Ena-Marlis, Internationale Zuständigkeit und anwendbares Recht in Erbsachen, in: M. Schauer / E. Scheuba (eds.), *Europäische Erbrechtsverordnung*, Wien, Manz, 2013, pp. 29 ss., at p. 37; Davì, Angelo, Art. 34 Succession Regulation, in: A.L. Calvo Caravaca / A. Davì / H.P. Mansel, *The EU Succession Regulation*, Cambridge, Cambridge University Press, 2016, note 25.

[77] Solomon, Die Renaissance des Renvoi…, ob. cit., p. 243; Agostini, Eric, Le mécanisme du renvoi, in: *Revue critique de droit international privé*, 2012, Vol. 102, pp. 545 ss., at p. 570.

be explained by procedural economy and the *Heimwärtsstreben* back to the *lex fori* so deeply engraved in almost every court and practitioner. On the more general count that a genuine *Rückverweisung* to the *lex fori* is permitted, Article 4 LDIP enjoys a far larger company, for instance Article 4 (1) Romanian Private International Law Act of 1992, Article 5 (1) Polish Private International Law Act of 2011.

But by far the best companion for, and the closest relative of, Article 4 LDIP is Article 13 (1) Italian Private International Law Act of 1995. It suffers express exceptions by virtue of Article 13 (2), (3) Italian Private International Law Act of 1995 with regard to parties' choice of law, the form of juridic acts, and non contractual obligations. These exceptions mirror exactly the areas where a teleological reduction of Article 4 LDIP either is to be endorsed (parties' choice of law) or has found resourceful advocates. Taken *verbatim,* only by its wording, Article 4 LDIP goes beyond the Italian rule[78]. The Italian development went by no means unnoticed in Venezuela, but was very prominently received and discussed[79]. It is believed to have been the background against which Article 4 LDIP was modeled and might be interpreted[80].

[78] Parra-Aranguren, El reenvío de la ley Italiana..., ob. cit., p. 405; Hernández-Bretón, Neues venezolanisches Gesetz..., ob. cit., p. 195.

[79] Parra-Aranguren, Gonzalo, El reenvío de la ley Italiana de Derecho Internacional Privado de 1995, in: *Revista de la Fundación Procuraduría General de la República*, 1997, Vol. 17, pp. 23 ss.; Parra-Aranguren, El reenvío de la ley Italiana..., ob. cit., p. p. 385.

[80] B. de Maekelt, Das neue venezolanische Gesetz..., ob. cit., p. 55.

RÉGIMEN APLICABLE AL PAGO DE OBLIGACIONES EN MONEDA EXTRANJERA

RAMÓN ESCOVAR ALVARADO*

Resumen: El pago de obligaciones en moneda extranjera es uno de los temas de Derecho más relevantes del Derecho venezolano. En este ensayo analizamos el impacto que sobre éste ha tenido la reciente modificación del régimen cambiario venezolano, así como las reglas y principios particulares que son aplicables a las obligaciones en moneda extranjera de contratos comerciales internacionales. Si se trata de un contrato comercial internacional regido por Derecho venezolano, el deudor en ningún caso podrá pagar en bolívares las obligaciones dinerarias expresadas en moneda extranjera –ni siquiera en supuestos en los que la moneda extranjera solo haya sido fijada como moneda de cuenta–.

Abstract: *Payment of contractual obligations in foreign currency is a relevant topic of current Venezuelan Commercial Law. This essay studies: (a) the impact that the recent modification of the Venezuelan Exchange regulations has on such an important topic; and (b) the specific rules that apply to international commercial contracts. If Venezuelan Law governs an international commercial contract, the obligor will not be able to pay in Bolivars monetary obligations expressed in foreign currency –not even in cases where the parties have entered an* effectivo *clause.*

* Universidad Católica Andrés Bello ("UCAB"), Abogado. Universidad de Nueva York (Estados Unidos de América), Magister en Derecho Comparado. Universidad Central de Venezuela ("UCV"), Magister *Scientiarum* en Derecho Internacional Privado y Comparado. Profesor de Derecho Internacional Privado en la UCAB. Ejerce el Derecho en ESC+G Abogados S.C.

1. A las 7:00 am del lunes 2 de octubre de 2000 fue la primera clase de mi último año de Derecho. Y la materia no podía ser otra que Derecho Internacional Privado. El profesor empezó su exposición con una exacta puntualidad. De forma magistral y aguda nos adentró en temas tan interesantes y, a la vez, complejos como el sistema fuentes en el Derecho Internacional Privado, la tutela jurisdiccional efectiva, los criterios atributivos de jurisdicción y los contratos comerciales internacionales. Con una excelente exposición no solo nos explicó la historia y los problemas actuales del Derecho Internacional Privado, sino que, en especial, nos ilustró sobre su porvenir. Al terminar la clase tomó el Metro de vuelta hasta Chacaíto y luego caminó hacía su oficina en el prestigioso bufete internacional del que es socio.

2. Sus lecciones eran un verdadero placer para sus jóvenes estudiantes de quinto año de Derecho. Admiramos su sabiduría, don de gentes, honorabilidad y humildad. Por eso elegimos padrino de promoción a Eugenio Hernández-Bretón, nuestro profesor de Derecho Internacional Privado.

3. La influencia del profesor Eugenio Hernández-Bretón en mi formación académica, profesional y cívica ha sido realmente invaluable. Tuve el privilegio de volver a ser su alumno en la Maestría de Derecho Internacional Privado y Comparado. Él, además, fue el tutor de mi tesis de *magister* y sin su decidido apoyo me hubiese sido imposible terminarla.

4. Entre las muchas cosas que he aprendido del profesor Hernández-Bretón a través de este ensayo quiero destacar una: la importancia de la justicia material en el caso concreto; es decir, del verdadero Derecho, aquel que soluciona el fondo de los problemas jurídicos y no se limita a fórmulas y dogmas ritualistas. Eugenio Hernández Bretón es una muestra de que el verdadero maestro es aquel que no solo dicta sus clases de forma elocuente y aguda, sino que, además, motiva a sus alumnos a seguir su ejemplo profesional, académico y, sobre todo, cívico.

5. En las siguientes líneas abordo un tópico relacionado con los contratos comerciales internacionales, tema de Derecho global que el profesor Hernández-Bretón ha desarrollado durante años. Concretamente, analizo el pago de obligaciones en moneda extranjera a la luz de

la reciente derogatoria de la Ley de Régimen Cambiario y sus Ilícitos y de la vigencia del Decreto Cambiario No. 1.

6. Mi postura es muy sencilla: si el contrato es meramente local, aplica el artículo 128 de la Ley del Banco Central de Venezuela; sin embargo, si se trata de un contrato comercial internacional regido por Derecho venezolano, el deudor en ningún caso podrá pagar en bolívares las obligaciones dinerarias expresadas en moneda extranjera –ni siquiera en casos en los que la moneda extranjera solo haya sido fijada como moneda de cuenta–. Mientras en Venezuela no exista libre convertibilidad monetaria las obligaciones de pago en moneda extranjera de contratos comerciales internacionales deberán ser pagadas en la moneda convenida.

INTRODUCCIÓN

7. El 4 de mayo de 2018, la Sala de Casación Civil del Tribunal Supremo dictó su más reciente sentencia sobre pago de obligaciones en moneda extranjera[1]. Este fallo decidió la controversia entre *Univar Valores USA Inc. y. Cerdex* y fue emitido antes de la derogatoria del régimen de control de cambio. Su conclusión es que las restricciones del mercado privado de divisas producto del régimen de control de cambio justifican que los deudores de obligaciones en moneda extranjera puedan liberarse mediante el pago del equivalente en bolívares a la tasa legal aplicable. Esta tesis es contraria a las reglas que unos meses más tarde estableció el Convenio Cambiario No. 1, emitido por el Ministerio de Finanzas y el Banco Central de Venezuela.

8. La postura de la sentencia *Univar* no se fundamenta en un análisis de las normas del ordenamiento jurídico venezolano sobre pago de obligaciones en moneda extranjera ni en las teorías de derecho privado que pudiesen justificar una modificación de la modalidad de cumplimiento (por ejemplo: la teoría de la imprevisión). Se basa, simplemente, en un silogismo cuyos extremos se dan por probados: el régimen de control de cambio restringía la compra-venta de divisas y, por tanto,

[1] Tribunal Supremo de Justicia / Sala de Casación Civil, sentencia No. RC.000216, 4 de mayo de 2018 (Univar Usa, Inc., v. CERDEX, C.A.). Consultada en: https://bit.ly/2NhIMuA

para ese momento existía una "imposibilidad objetiva" que justificaba que todos los deudores de obligaciones convenidas en moneda extranjera se liberen pagando la cantidad equivalente en bolívares a la tasa legal aplicable a la fecha del pago.

9. Desde una perspectiva práctica la conclusión de la sentencia *Univar* se asemeja bastante a establecer el bolívar como moneda de curso forzoso, algo que ni siquiera las derogadas normas del régimen de control de cambio establecían. A esto se le suma que nuestro máximo tribunal no expuso el referido criterio en un fallo aislado. En la misma lógica de la decisión *Univar* se inscribieron las sentencias dictadas por la Sala de Casación Civil el 14 de diciembre de 2017 (caso: *Policlínica Méndez Gimón*)[2] y por la Sala Constitucional el 2 de noviembre de 2011 (caso: *Motores Venezolanos, C.A.*)[3]. Estas dos decisiones estipulan una regla cronológica sobre obligaciones en moneda extranjera: (a) si la obligación fue pactada antes de la vigencia del control de cambio, debe pagarse en la moneda convenida; (b) si fue pactada durante la vigencia del control de cambio, debe pagarse en Bolívares.

10. En una anterior oportunidad, expusimos nuestro criterio de que la jurisprudencia del máximo tribunal venezolano sobre pago de obligaciones en moneda extranjera no era correcta por dos razones fundamentales: (i) el artículo 128 de la Ley del Banco Central de Venezuela permite que las partes de un contrato pacten mediante convención expresa la moneda extranjera como moneda de pago y no simplemente como moneda de cuenta; y (ii) el artículo 128 de la Ley del Banco Central de Venezuela no constituye lo que en Derecho Internacional Privado se conoce como norma de aplicación inmediata y, por tanto, no excluye la aplicación de un Derecho foráneo que permita el pago en moneda extranjera –y menos aún en aquellos casos en los que la conexión con el ordenamiento jurídico venezolano sea meramente incidental–[4].

---

2 Tribunal Supremo de Justica / Sala de Casación Civil, sentencia No. RC.000831, 14 de diciembre de 2017 (José Gregorio Medina v. Médicos Unidos Los Jabillos, C.A.). Consultada en: https://bit.ly/2O1IgpO

3 Tribunal Supremo de Justicia, Sala Constitucional, sentencia No 1641, 2 de noviembre de 2011 (Motorvenca). Consultada en: https://bit.ly/2y5XdMR

4 Escovar Alvarado, Ramón, Pago de obligaciones en moneda extranjera, en: *MARC. Revista de Medios Alternativos de Resolución de Conflictos*, julio 2018, pp. 16 ss. Disponible en: https://bit.ly/2mdquzL.

11. Ahora bien, el 2 de agosto de 2018 la asamblea nacional constituyente derogó el régimen cambiario y sus ilícitos. Esta derogatoria abarca: (a) El Decreto-Ley del Régimen Cambiario y sus Ilícitos; (b) la disposición del artículo 138 del Decreto-de Ley del Banco Central de Venezuela acerca del ilícito de la actividad de negociación y comercio de divisas en Venezuela; y (c) todas aquellas disposiciones normativas que colidan con el decreto derogatorio.

12. Adicionalmente, 7 de septiembre de 2018, el Convenio Cambiario No. 1 fue publicado en la Gaceta Oficial[5]. Este importante instrumento normativo establece expresamente la "libre convertibilidad de la moneda" y contiene una serie de reglas que desarrollan el principio general de pago moneda en extranjera establecido en el artículo 128 de la Ley del Banco Central de Venezuela.

13. A la fecha de escribir este ensayo la información sobre el funcionamiento práctico del nuevo sistema de compra-venta de divisas en Venezuela es escaza. Únicamente se sabe que: (i) la compra-venta de divisas ha sido despenalizada, de forma teórica existe libre convertibilidad del bolívar y, en consecuencia, las personas podrán comprar y vender moneda extranjera en el país con menos limitaciones a las que existía durante la vigencia del régimen ilícitos cambiarios; (ii) El Banco Central de Venezuela centralizará la compra-venta de divisas de los entes públicos y de las exportadores privados; y (iii) las personas podrán comprar divisas tanto en un mercado privado denominado Sistema de Mercado Cambiario ("SIMERCA") como en el mercado paralelo.

14. Basados en esta información suponemos que, al menos al principio del nuevo sistema cambiario, existirán dos tasas de cambio entre el bolívar y las monedas extranjeras más importantes en el comercio internacional. De cualquier forma, consideramos que no se pueden analizar las regulaciones vigentes sobre la convertibilidad del bolívar sin ponderar los efectos prácticos que quince años de control de cambio han generado tanto en la economía como en el Derecho venezolano. Por esta misma razón consideramos que el pago de obligaciones en moneda extranjera seguirá siendo un tema de discusión vigente y de capital importancia en nuestro Derecho. Ojalá que estemos equivocados y que,

5 Véase: Gaceta Oficial No. 6.405 Extraordinario del 7 de septiembre de 2018.

más temprano que tarde, las restricciones de convertibilidad monetaria no sean parte de aquel porvenir de libertad que años atrás de forma elocuente nos enseñaba el profesor Hernández Bretón.

I. ARTÍCULO 128 DE LA LEY DEL BANCO CENTRAL DE VENEZUELA Y LA POSTURA DEL TRIBUNAL SUPREMO DE JUSTICIA

15. El artículo 128 de la Ley del Banco Central de Venezuela, norma fundamental del Derecho venezolano sobre pago de obligaciones en moneda extranjera, permite que las partes de una relación jurídica convengan que el pago sea realizado en moneda foránea, a pesar de que la regla general aplicable a esa categoría de obligaciones pecuniarias es que el pago se realice con la entrega del equivalente en moneda de curso legal[6]; en pocas palabras: los co-contratantes pueden relajar la regla general. Por lo tanto, la naturaleza del artículo 128 de la Ley del Banco Central de Venezuela es la de una norma inminentemente dispositiva –y no imperativa–.

16. Es debido al carácter dispositivo del artículo 128 de la Ley del Banco Central de Venezuela que las partes de una relación jurídica pueden establecer la moneda extranjera como moneda de cuenta o como moneda pago; el deudor se libera únicamente pagando el monto exacto en la moneda extranjera en los casos en que ésta haya sido pactada como moneda de pago mediante "convención especial", es decir, a través de una medio que demuestre que las partes convinieron que el pago debía efectuarse solo en la moneda en la cual la obligación dineraria ha sido expresada[7].

17. Recordemos que la estipulación de una moneda como moneda de cuenta funciona como un mecanismo para determinar el valor de la obligación de pago. Por ende, ésta se traduce en una obligación

---

6 En efecto, la norma dispone que: "Los pagos estipulados en monedas extranjeras se cancelan, **salvo convención especial**, con la entrega del equivalente en moneda de curso legal, al tipo de cambio corriente del lugar en la fecha de pago" (negritas nuestras).

7 Véase Rodner, James-Otis, *El dinero, obligaciones de dinero y de valor, la inflación y la deuda en moneda extranjera*, Caracas, Academia de Ciencias Políticas y Sociales, Centro de Investigaciones Jurídicas, 2ª ed. concordada con la jurisprudencia venezolana y los Principios UNIDROIT, 2005, p. 280.

alternativa: el deudor, en principio, podrá liberarse mediante el pago en la moneda extranjera pactada o en moneda de curso legal[8]. Su efecto práctico se resume en el derecho del deudor de elegir pagar en una u otra moneda. En cambio, la consecuencia de pactar una moneda extranjera como moneda de pago es que el deudor solo podrá liberarse pagando en la moneda extranjera convenida[9].

18. El artículo 128 de la Ley del Banco Central de Venezuela condiciona la eficacia de la estipulación de pago en moneda extranjera a que ésta sea acordada mediante "convención especial". La norma no prohíbe utilizar la moneda extranjera como moneda de pago ni, menos aún, como moneda de cuenta. A esto hay que añadir que no existe disposición normativa alguna en el ordenamiento jurídico venezolano que establezca el bolívar como moneda de curso forzoso –léase: como único y exclusivo medio de pago monetario–.

19. Una moneda de curso legal es también de curso forzoso cuando el ordenamiento jurídico la establece como único y exclusivo medio de pago de obligaciones pecuniarias y prohíbe la estipulación y el pago en moneda extranjera[10]. En Venezuela, la moneda de curso legal tiene poder liberatorio al igual que lo tendría una moneda extranjera en aquellos casos en los que, de acuerdo el artículo 128 de la Ley del Banco Central de Venezuela, las partes lo hayan pactado mediante "convención especial"[11].

20. El régimen de control de cambios vigente en Venezuela antes de la derogatoria de la ley del Régimen de Control de Cambios y sus Ilícitos restringía la compra-venta de divisas, pero nunca llegó a establecer el curso forzoso del bolívar. Esta circunstancia fue destacada por Mélich-Orsini, para quien las referidas restricciones cambiarias no convertían el bolívar en moneda de curso forzoso[12].

---

[8] Véase: Rodner, *El dinero…*, ob. cit., p. 280; Mélich-Orsini, José, *Doctrina general del contrato*, Caracas, Academia de Ciencias Políticas y Sociales, 5ª ed. (3ª reimp.), 2006, Serie Estudios No. 61; Plachart Pocaterra, Control de cambios y obligaciones en moneda extranjera. Revisado en: https://bit.ly/2xWFVSY,p. 10.

[9] Rodner, *El dinero…*, ob. cit., p. 306.

[10] Rodner, *El dinero…*, ob. cit., p 141

[11] Rodner, *El dinero…*, ob. cit., p 137

[12] Véase: Mélich-Orsini, José, El Pago efectivo en moneda extranjera y el vigente control de cambio, en: *Estudios de Derecho Privado*, Caracas, Universidad Católica Andrés Bello, 2004, Tomo I, p. 326

21. Inclusive durante el periodo más estricto del derogado sistema de control de cambio siempre estuvo vigente la norma contenida en el artículo 128 de la Ley del Banco Central de Venezuela. Aún en esa etapa las partes podían convenir el pago de sus obligaciones pecuniarias en moneda extranjera; la única condición era que la estipulación debía ser realizada en una "convención especial".

22. No obstante, las sentencias dictadas por el Tribunal Supremo de Justicia durante la vigencia del control de cambio restaron eficacia al artículo 128 de la Ley del Banco Central de Venezuela. En primer lugar, la decisión Motores Venezolanos, C.A., estableció el criterio estrictamente territorial de que el pago en Venezuela de obligaciones en moneda extranjera únicamente podía realizarse en bolívares a la tasa aplicable al momento del pago. El efecto de ese precedente jurisprudencial fue que los deudores de obligaciones en moneda extranjera siempre podían liberarse en Venezuela pagando el monto equivalente en bolívares a la tasa oficial aplicable a la fecha del pago, inclusive a pesar de haber suscrito una "convención especial" que establecía la moneda extranjera como moneda de pago. Cabe destacar, sin embargo, que el criterio *Motores Venezolanos* al menos permitió el pago en la moneda extranjera convenida siempre que éste se realizara fuera de Venezuela.

23. Como señalamos *supra*, según las sentencias Univar, Méndez Gimón y Motores Venezolanos, en nuestro Derecho existía una regla cronológica sobre obligaciones en moneda extranjera: (a) si la obligación fue pactada antes de la vigencia del control de cambio, debía pagarse en la moneda convenida; y (b) si fue pactada durante la vigencia del control de cambio, debía pagarse en Bolívares. Nuestro Tribunal Supremo Justicia estableció la comentada tesis sin analizar si era aplicable alguna las teorías de derecho privado que pudiesen justificar una modificación de la modalidad de cumplimiento. Por ejemplo, no se estudió la aplicación de la teoría de la imprevisión ni tampoco se analizó si la intención del deudor fue pagar mediante divisas obtenidas a través vía permitidas por el régimen cambiario (e.g. casos de divisas obtenidas por la exportación de bienes y servicios o por préstamos en el extranjero).

24. Consideramos que la postura de la jurisprudencia venezolana se tradujo en una derogatoria parcial del artículo 128 de la Ley del BCV debido a que (i) eliminó la eficacia del derecho de las partes de pactar

una moneda extranjera como moneda de pago y no simplemente como moneda de cuenta; y (ii) sus efectos prácticos eran equiparables a fijar el curso forzoso del bolívar durante la vigencia del control de cambio.

II. EL ARTÍCULO 8 DEL CONVENIO CAMBIARIO NO. 1

25. Consideramos que el artículo 8 del Convenio Cambiario No. 1 rescata la efectividad del artículo 128 de la Ley del Banco Central de Venezuela y, al mismo tiempo, demuestra que el precedente del máximo tribunal venezolano acerca del pago de obligaciones en moneda extranjera fue errado[13]. La comentada disposición del Convenio Cambiario No. 1 establece tres reglas sobre el pago de obligaciones en moneda extranjera:

A. Así las partes estipularon la moneda extranjera como moneda cuenta, el deudor podrá liberarse pagando en la moneda extranjera o en su equivalente en bolívares al tipo de cambio vigente para la fecha del pago;
B. Si durante o después de la vigencia de restricciones cambiarias las partes estipularon la moneda extranjera como moneda de pago, el deudor se libera pagando únicamente en la moneda extranjera convenida; y
C. Si antes de la vigencia de restricciones cambiarias las partes estipularon la moneda extranjera como moneda de pago, el deudor podrá pagar su obligación en la moneda extranjera o en su

[13] Convenio Cambiario No. 1, art. 8. "De acuerdo con lo dispuesto en el artículo 128 del Decreto con Rango, Valor y Fuerza de Ley del Banco Central de Venezuela, el pago de las obligaciones pactadas en moneda extranjera será efectuado en atención a lo siguiente:
a) Cuando la obligación haya sido pactada en moneda extranjera por las partes contratantes como moneda de cuenta, el pago podrá efectuarse en dicha moneda o en bolívares, al tipo de cambio vigente para la fecha del pago.
b) Cuando de la voluntad de las partes contratantes se evidencie que el pago de la obligación ha de realizarse en moneda extranjera, así se efectuará, aun cuando se haya pactado en vigencia de restricciones cambiarias.
c) El pacto de una obligación en moneda extranjera como moneda de pago únicamente se entenderá modificado cuando haya sido efectuado previo al establecimiento de restricciones cambiarias y siempre que estas impidan al deudor efectuar el pago en la forma convenida, caso en el cual el deudor se liberará procediendo como se indica en el literal a) del presente artículo".

equivalente en bolívares al tipo de cambio vigente para la fecha del pago, siempre y cuando se demuestre que las restricciones cambiarias le impedían pagar en la moneda extranjera convenida.

26. Los dos primeros ordinales del artículo 8 del Convenio Cambiario No. 1 ratifican el principio general sobre pago de obligaciones en moneda extranjera, contenido en el artículo 128 de la Ley del Banco Central de Venezuela: (i) si la moneda extranjera ha sido fijada simplemente como moneda de cuenta, el deudor podrá liberarse pagando, a su elección, en la moneda extranjera convenida o en su equivalente en moneda de curso legal a la fecha de pago (ordinal primero, art. 8 Convenio Cambiario No. 1); y (ii) si la moneda extranjera ha sido pactada como moneda de pago el deudor se liberará únicamente mediante el pago en la moneda extranjera pactada (ordinal segundo, art. 8 Convenio Cambiario No. 1).

27. Adicionalmente, el segundo y el tercer ordinal del referido artículo 8 se apartan de la tesis creada por las sentencias Univar, Policlínica Méndez Gimón y Motores Venezolanos, C.A. Consideramos que éstos artículos constituyen un avance en rescatar no solo la eficacia del artículo 128 de la Ley del Banco Central de Venezuela sino también uno de los principios pilares de nuestro Derecho Privado: la autonomía de la voluntad de las partes[14]. Nuestro criterio se basa en dos razones fundamentales.

28. La primera es que el segundo de los referidos ordinales destaca que la regla sobre pago exclusivo en moneda extranjera aplica también

[14] La autonomía de la voluntad de las partes, consagrada en nuestro Derecho en el artículo 1.159 del Código Civil y en el artículo 29 de la Ley de Derecho Internacional Privado, permite que los co-contratantes reglamenten libremente sus obligaciones convencionales sin más limitaciones que las impuestas por normas legales en cuya observancia estén interesadas el orden público o las buenas costumbres (art. 6 del Código Civil).
Código Civil, artículo 1.159: "Los contratos tienen fuerza de Ley entre las partes. No pueden revocarse sino por mutuo consentimiento o por las causas autorizadas por la Ley".
Ley de Derecho Internacional Privado, artículo 29: "Las obligaciones convencionales se rigen por el Derecho indicado por las partes".
Para un buen análisis del orden público en el sistema de Derecho contractual venezolano, véase: Mélich-Orsini, *Doctrina general*..., ob. cit., p. 20

en casos de estipulaciones convenidas durante la vigencia de las restricciones cambiarias. La tesis jurisprudencial que hemos comentado en este ensayo restaba eficacia a la autonomía de la voluntad de las partes porque permitía que el deudor de obligaciones de pago exclusivo en divisas se liberase en moneda local en casos en los que la modalidad de pago había sido pactada durante la vigencia de las restricciones cambiarias. Un efecto práctico de esta tesis era que la simple vigencia del control de cambio erosionaba, por ejemplo, la voluntad de comerciantes que, por no haber sido afectados por las restricciones cambiarias, acordaban pagar en moneda extranjera.

29. La segunda razón es que el tercer ordinal del primero restringe el supuesto que permitía que deudores de obligaciones pecuniarias de pago exclusivo en moneda extranjera se liberasen pagando el monto equivalente en bolívares a la fecha del pago. La comentada norma exige que se cumplan dos condiciones para suprimir la obligación de pago en moneda extranjera: (i) que la estipulación haya sido convenida antes de la vigencia de las restricciones cambiarias; y (ii) que se demuestre que las restricciones cambiarias impedían que el deudor pagase en la moneda extranjera convenida.

30. Según el tercer ordinal del artículo 8 del Convenio Cambiario No. 1, la modalidad de pago exclusivo en moneda extranjera se entiende suprimida únicamente si: (a) la estipulación de pago en cuestión fue acordada antes de la vigencia de las restricciones cambiarias; (b) la relación contractual no es de naturaleza internacional (véase *infra* Casos de Contratos Internacionales); (c) antes o durante las restricciones cambiarias el deudor no obtuvo divisas por alguna de alternativas que no fueron expresamente prohibidas por las derogadas normas del régimen cambiario y que, además, no estaban comprendidas dentro de la obligación de ser vendidas al Banco Central de Venezuela –*e.g.* compensaciones dinerarias recibidas en extranjero tales como préstamos, y un porcentaje determinado del precio de compra-venta de bienes y de pago de servicios, etc.[15]–

[15] En la doctrina venezolana el profesor Pró-Rísquez ha planteado ese escenario en su análisis del pago de salario en divisas. Pró-Rísquez, Juan Carlos, El pago del salario en divisas y otras opciones económicas de retención en Venezuela, en: *Revista Venezolana de Legislación y Jurisprudencia*, 2018, No. 10, p. 126. Consultado en: https://bit.ly/2NiYvcM

31. Se debe tener presente que la última versión del derogado régimen cambiario solo prohibía la compra-venta de divisas. Recordemos que en teoría un control cambiario funciona solo ante circunstancias realmente extraordinarias. Su propósito es evitar que Estado ponga en riesgo inminente su propia subsistencia como consecuencia de la pérdida total de las reservas internacionales. Es por esta razón que, en principio, únicamente se limita y se regula la compra-venta de divisas. Pero, en esencia, estas restricciones no deberían abarcar un porcentaje determinante de las divisas que personas domiciliadas en Venezuela generan en el extranjero –léase: fuera de los límites territoriales de aplicación del control de cambio–.

32. El que la jurisprudencia del Tribunal Supremo de Justicia hubiese adoptado una interpretación que dejaba sin efecto cláusulas de pago exclusivo en moneda extranjera suscritas en el marco del comercio internacional por personas domiciliadas en Venezuela no solo hacía del artículo 128 de la Ley del Banco Central letra muerta y erosionaba el principio de autonomía de la voluntad de las partes, sino que, lo que es aún más grave, promovía que las partes ejecutarán sus contratos de mala fe. Consideramos que la correcta aplicación del tercer ordinal del artículo 8 del Convenio Cambiario No. 1 significará el fin de la comentada tesis jurisprudencia y, por ende, será un paso en la dirección correcta.

III. CASOS DE CONTRATOS COMERCIALES INTERNACIONALES

33. La mayor parte de los contratos comerciales internacionales establecen monedas extranjeras como moneda de pago. En consecuencia, permitir que los deudores de obligaciones pecuniarias en moneda extranjera de contratos comerciales internacionales se liberen mediante el pago del equivalente en bolívares promueve la ejecución de mala fe de esa categoría contractual. Y, adicionalmente, se traduce en la extensión extraterritorial de la aplicación de una tesis de la jurisprudencia venezolana a supuestos de hechos cuya conexión con Venezuela podría ser meramente incidental y que, salvo que las partes hayan

elegido el Derecho venezolano como *lex contractus* o que Venezuela sea el centro de gravedad de la relación contractual, no se rigen por Derecho venezolano.

33. En este capítulo analizaremos las razones que fundamentan la anterior conclusión. Específicamente, abordaremos los temas siguientes: (i) la internacionalidad del Contrato; (ii) la dimensión internacional del artículo 128 de la Ley del Banco Central de Venezuela; y (iii) la aplicación de los principios UNIDROIT sobre Contratos Comerciales Internacionales 2016.

A. La internacionalidad del contrato

34. Toda controversia cuyo supuesto de hecho contenga elementos de extranjería jurídicamente relevantes es de Derecho Internacional Privado. En el ordenamiento jurídico venezolano la internacionalidad es el factor que activa el sistema normativo de Derecho Internacional Privado. Por esta razón el elemento "extranjero" puede ser determinante. Su importancia práctica en casos contractuales se traduce en que aspectos esenciales como la autonomía de la voluntad de las partes, la validez e interpretación del contrato, el alcance de las obligaciones y prestaciones de los co-contratantes se regirán por normas de Derecho Internacional Privado. Así, el elemento internacional puede acarrear que el fondo de un contrato se rija por un Derecho extranjero o, inclusive, por la *lex mercatoria.*

35. A la par del Derecho Internacional Privado contemporáneo el Derecho venezolano adopta dos tipos de criterios para determinar el carácter internacional de un contrato: los criterios jurídicos y los criterios económicos. De acuerdo con los primeros, un contrato tendrá carácter internacional siempre que las partes tengan nacionalidades o domicilios en diferentes Estados (criterios jurídicos-subjetivos) o que la negociación, suscripción o ejecución del contrato involucre a más de un Estado (criterios jurídicos-objetivos). Por su parte los segundos enfocan su análisis en la relevancia que el objeto del contrato tenga para el comercio internacional. Según el criterio económico, un contrato será internacional siempre que incida en el comercio internacional o, dicho

de otro modo, que implique un "flujo y re-flujo" monetario de un país a otro[16].

36. El Derecho Internacional Privado venezolano desarrolla los criterios jurídicos en el primer artículo de la Convención Interamericana de Normas Generales de Derecho Internacional Privado, de la Convención Interamericana sobre Derecho Aplicable a los Contratos Internacionales y de la Ley de Derecho Internacional Privado[17]. Adicionalmente, en Venezuela la aplicación del el criterio económico ha sido respaldada sin contrapartida por la jurisprudencia y la doctrina, a pesar de no fundamentarse en norma positiva expresa[18]. Sobre este importante tema es cita obligada el precedente jurisprudencial de la célebre sentencia de la extinta Corte Suprema de Justicia en Sala Político-Administrativa del 09 de octubre de 1997 (caso: *Embotelladora Caracas, C.A. vs. Pepsi-Cola Panamericana*) en la que se concluyó que a pesar de no cumplir con los criterios jurídico un contrato es internacional siempre que tenga incidencia económica en el comercio internacional.

B. Dimensión internacional del artículo 128 de la Ley del Banco Central de Venezuela y de la autonomía de la voluntad de las partes

37. La naturaleza dispositiva del artículo 128 de la Ley del Banco Central de Venezuela no solo se mueve en una dimensión doméstica o nacional sino también en una internacional. Esto ocurre en casos con

---

[16] Véase: Romero, Fabiola, Autonomía de las partes. Artículo 29, en: T. Maekelt / I. Esis / C. Resende (ed.), *Ley de Derecho Internacional Privado Comentada*, Caracas, Universidad Central de Venezuela, 2005, Tomo II. p. 743. Véase también: Madrid Martínez, Claudia, Relaciones de las empresas con sus pares. Los Contratos internacionales, en: C. Madrid (ed.), *La empresa y sus negocios de carácter internacional*, Caracas, Academia de Ciencias Políticas y Sociales, 2011, Serie Cuadernos No. 1, p. 101.

[17] Véase: Madrid Martínez, Relaciones de las empresas..., ob. cit., p. 104.

[18] Para un agudo análisis sobre el tema, véase: Hernández-Bretón, Eugenio, Lo que dijo y no dijo la sentencia Pepsi-Cola, en: *Revista de la Facultad de Ciencias Jurídicas y Políticas, Universidad Central de Venezuela*, 1998, No. 109, p. 141.

Esta postura ha sido reconocida y seguida por la doctrina *iusprivatista*. Véase: Madrid Martínez, Relaciones de las empresas..., ob. cit., .p. 105.

Cabe destacar, además, que Nuestra doctrina, explica de forma detallada la historia y alcance del criterio económico. Véase: Romero, Autonomía de las partes..., ob. cit., p.743.

elementos foráneos adicionales a la moneda extranjera (domicilio de las partes, lugar de negociación, suscripción o ejecución de las prestaciones). Se debe advertir que la comentada disposición legal contempla un supuesto de hecho internacional: la moneda extranjera. Sin embargo, este, *per se,* no es suficiente para activar el sistema de Derecho Internacional Privado. Para que dicho sistema se active es necesario un elemento de extranjería adicional; por ejemplo: domicilio de las partes, lugar de negociación o de ejecución de las prestaciones esenciales del contrato –incluyendo el lugar de pago de la obligación dineraria–.

38. Es debido a su carácter dispositivo que el artículo 128 de la Ley del Banco Central de Venezuela no constituye lo que en Derecho Internacional Privado se conoce como norma de aplicación inmediata y necesaria, *international madatory rules* o *lois de pólice*; es decir: disposiciones imperativas y especiales del Derecho interno, consagradas por el artículo 10 de la Ley de Derecho Internacional Privado[19], las cuales debido a que en un momento determinado son indispensables para la salvaguarda del Estado aplican a supuestos con elementos de extranjería excluyendo la eventual aplicación de un Derecho foráneo.

39. El principal efecto de que el artículo 128 de la Ley del Banco Central de Venezuela no sea una norma de aplicación inmediata y necesaria es que la relación contractual pueda ser regida por un Derecho extranjero. Desde la óptica de la autonomía de la voluntad de las partes, establecida para casos de Derecho Internacional Privado en el artículo 29 de la Ley de Derecho Internacional Privado, los co-contratantes pueden convenir que sus contratos se rijan por un Derecho foráneo que permita el pago en moneda extranjera, inclusive en casos en los que el pago en moneda extranjera no ha sido convenido mediante "convención especial". En pocas palabras: a través de la selección de un Derecho foráneo como ley aplicable al contrato las partes pueden lograr que las

[19] La doctrina venezolana de forma unánime señala que el artículo 10 de la Ley de DIP consagra las normas de aplicación inmediata y necesaria. La norma dispone: "No obstante lo previsto en esta Ley, se aplicará necesariamente las disposiciones imperativas del Derecho venezolano que hayan sido dictadas para regular los supuestos de hecho conectados con varios ordenamientos jurídicos". En otros, véase: Madrid Martínez, Claudia, Normas de aplicación necesaria. Artículo 10, en: T. Maekelt / I. Esis / C. Resende (ed.), *Ley de Derecho Internacional Privado Comentada*, Caracas. Universidad Central de Venezuela, 2005, Tomo I, p. 352.

obligaciones pecuniarias sean pagadas en divisas sin siquiera tener que pactar la moneda extranjera como moneda de pago mediante convención especial.

40. De manera de facilitar nuestra explicación utilizaremos un ejemplo sencillo cuyos elementos no están vinculados de forma efectiva y determinante con Venezuela: una sociedad mercantil domiciliada en Venezuela compra en la ciudad de Nueva York una serie de bienes muebles a un proveedor domiciliado en el Estado de Delaware, Estados Unidos de América. Las partes estipulan el precio en Dólares, pero no establecen el dólar como única moneda de pago, y fijan la ciudad de Nueva York como lugar de pago. Aunado a lo anterior, someten el contrato al Derecho del Estado de Nueva York, Estados Unidos de América. Los bienes objeto de la compra-venta son entregados al comprador en la referida ciudad y, posteriormente, éste los transporta a Venezuela para re-venderlos en el mercado venezolano. Según el Derecho de Nueva York el deudor se libera de obligaciones pecuniarias en dólares.

41. En el caso planteado, de acuerdo con el artículo 29 de la Ley de Derecho Internacional Privado, las partes pueden elegir el Derecho de Nueva York como *lex contractus* y, por lo tanto, el precio debe ser pagado en dólares a pesar de que no se haya cumplido con la "convención especial" requerida en el artículo 128 del Banco Central de Venezuela.

42. Queremos destacar además las consecuencias del hecho de que el domicilio del deudor sea el único vínculo con Venezuela y que el resto de los elementos de hecho se conectan con ordenamientos jurídicos extranjeros (lugar de negociación, ejecución de las obligaciones esenciales y domicilio de las partes). La primera consecuencia relevante es que no es razonable desconocer los efectos de la selección del Derecho de Nueva York al permitir que el deudor se libere pagando en bolívares bajo el argumento de que no se cumplió con lo dispuesto en el artículo 128 de la Ley del Banco Central de Venezuela, norma cuya naturaleza, como hemos explicado, es dispositiva. La conexión con nuestro ordenamiento jurídico es meramente incidental. Y esta circunstancia tiene efectos jurídicos importantes.

43. La segunda consecuencia jurídica relevante es que en casos cuyos hechos sean similares a los de nuestro ejemplo del párrafo 40 el

comentado artículo 128 ni siquiera sería aplicable en el escenario de que las partes no hubiesen elegido, expresa o tácitamente, un Derecho extranjero para regir el Contrato.

44. De acuerdo con el artículo 30 de la Ley de Derecho Internacional Privado, a falta de indicación válida de las partes las obligaciones convencionales se rigen por el Derecho con el cual se encuentran más directamente vinculadas[20]. En este sentido, la importante Convención Interamericana sobre el Derecho Aplicable a los Contratos Comerciales Internacional (conocida como la Convención de México) es más explícita[21]. Su artículo siete establece de forma magistral que:

> "El contrato se rige por el derecho elegido por las partes. El acuerdo de las partes sobre esta elección debe ser expreso o, en caso de ausencia de acuerdo expreso, debe desprenderse en forma evidente de la conducta de las partes y de las cláusulas contractuales, consideradas en su conjunto. Dicha elección podrá referirse a la totalidad del contrato o a una parte del mismo.
> La selección de un determinado foro por las partes no entraña necesariamente la elección del derecho aplicable".

45. A pesar de estar vigente solo entre México y Venezuela, las disposiciones de la Convención de México reflejan un principio de Derecho Internacional Privado de aceptación universal. Pues, sin lugar a dudas, la autonomía de las partes es un principio fundamental de Derecho Internacional Privado y, en consecuencia, el artículo 7 de la citada Convención puede ser aplicado en casos que involucren a partes

---

[20] Ley de Derecho Internacional Privado, art. 30: "A falta de indicación válida, las obligaciones convencionales se rigen por el Derecho con el cual se encuentran más directamente vinculadas. El tribunal tomará en cuenta todos los elementos objetivos y subjetivos que se desprendan del contrato para determinar ese Derecho. También tomará en cuenta los principios generales del Derecho Comercial Internacional aceptados por organismos internacionales". Para un buen análisis del artículo 30 de la Ley de Derecho Internacional Privado véase: Romero, Fabiola, Solución subsidiaria. Artículo 30, en: T. Maekelt / I. Esis / C. Resende (ed.), *Ley de Derecho Internacional Privado Comentada*, Caracas, Universidad Central de Venezuela, 2005, Tomo II, p. 779.

[21] Para un buen análisis acerca de la importancia de la Convención de México, véase: Hernández-Bretón, Eugenio, *Mestizaje Cultural en el Derecho Internacional Privado de los Países de la América Latina* (Trabajo de Incorporación a la Academia de Ciencias Políticas y Sociales), Caracas, Academia de Ciencias Políticas y Sociales, 2007, p. 54.

domiciliadas en Estados diferentes a México y Venezuela, de acuerdo con el artículo 1 de la Ley de Derecho Internacional Privado[22].

46. Para determinar cuál es el Derecho más directamente vinculado con una obligación contractual se deben ponderar elementos subjetivos y objetivos. Como explicamos *supra*, los primeros están relacionadas con la nacionalidad y domicilio de las partes y los segundos con el lugar de negociación y suscripción del contrato, así como el de ejecución de las prestaciones contractuales. En nuestro ejemplo del párrafo 40 el Derecho del Estado de Nueva York es el ordenamiento jurídico que se encuentra más directamente vinculado con el contrato –y, en especial, con la obligación de pago–, debido a que es en ese Estado donde: (a) éste fue suscrito, (b) los bienes muebles vendidos le fueron entregados al comprador y (c) se debe ejecutar el pago de la contraprestación dineraria. Es el Derecho de Nueva York el aplicable al Contrato y por vía de consecuencia se excluye la aplicación del artículo 128 de la Ley del Banco Central de Venezuela.

C. La aplicación de los Principios UNIDROIT sobre Contratos Comerciales Internacionales 2016

47. En la sección anterior concluimos que el artículo 128 de la Ley del Banco Central no aplica si las partes han convenido regir su contrato por un Derecho distinto del venezolano y, a falta de selección de Derecho aplicable, si el ordenamiento jurídico más directamente vinculado con la obligación pecuniaria es extranjero. Si el Derecho que rige el contrato no condiciona el pago en moneda extranjera a que ésta haya sido fijada como moneda de pago, el deudor solo se liberará pagando en la moneda convenida.

48. Ahora bien, ¿Qué pasa si la *lex contractus* es el Derecho venezolano? En ese caso, los principios UNIDROIT complementan las

[22] Ley de Derecho Internacional Privado, art. 1: "Los supuestos de hecho relacionados con los ordenamientos jurídicos extranjeros se regularán, por las normas de Derecho Internacional Público sobre la materia, en particular, las establecidas en los tratados internacionales vigentes en Venezuela; en su defecto, se aplicarán las normas de Derecho Internacional Privado venezolano; a falta de ellas, se utilizará la analogía y, finalmente, se regirán por los principios de Derecho Internacional Privado generalmente aceptados".

disposiciones internas venezolanas sobre pago de obligaciones pecuniarias de contratos comerciales internacionales. Como explicaremos en esta sección, el acreedor no podrá ser obligado a recibir bolívares si: (a) las partes fijaron la moneda extranjera como moneda de pago conforme con el principio general del artículo 128 del Banco Central y las reglas particulares del artículo 8 del Decreto Cambiario No. 1; o (b) existen restricciones cambiarias en Venezuela. Mientras el bolívar no sea libremente convertible, el deudor solo se liberará en la moneda extranjera pactada.

49. A continuación explicamos las razones que fundamentan nuestro criterio:

50. Los Principios UNIDROIT tienen fuerza y valor legal en Venezuela; el Derecho venezolano les otorga fuerza jurídica a través del último párrafo del numeral tercero del artículo 31 de la Ley de Derecho Internacional Privado[23]. Adicionalmente, dichos principios pueden utilizarse para interpretar o complementar el Derecho elegido como Derecho aplicable al contrato, de acuerdo con el penúltimo parágrafo de su preámbulo[24].

51. Una de las principales diferencias entre los contratos comerciales internacionales y los contratos comerciales locales tiene que ver con el contexto en que cada uno se desarrolla[25]. Los contratos comerciales

---

[23] Ley de Derecho Internacional Privado, art. 31: "Además de lo dispuesto en los artículos anteriores, se aplicarán, cuando corresponda, las normas, las costumbres y los principios del Derecho Comercial Internacional, así como los usos y prácticas comerciales de general aceptación, con la finalidad de realizar las exigencias impuestas por la justicia y la equidad en la solución del caso concreto".

[24] Principios UNIDROIT, Preámbulo:
"...Estos Principios pueden aplicarse cuando las partes hayan acordado que su contrato se rija por principios generales del derecho, la "lex mercatoria" o expresiones semejantes.
Estos Principios pueden aplicarse cuando las partes no han escogido el derecho aplicable al contrato.
Estos Principios pueden ser utilizados para interpretar o complementar instrumentos internacionales de derecho uniforme.
Estos Principios pueden ser utilizados para interpretar o complementar el derecho nacional.
Estos Principios pueden servir como modelo para los legisladores nacionales e internacionales".

[25] Por locales nos referimos aquellos que no poseen elementos de extranjería jurídicamente relevante o, dicho de otro modo, que no cumplen con los criterios, jurídicos o económicos, para ser considerados internacionales.

internacionales responden a la naturaleza anacional, global, dinámica y sofisticada del comercio internacional. Por eso no es jurídicamente eficiente ni razonable someterlos a reglas pensadas para supuestos de hecho locales.

52. Por la diferencia entre los contratos comerciales internacionales y los contratos comerciales domésticos nuestro sistema de Derecho Internacional Privado otorga fuerza jurídica a los Principios UNIDROIT y, en consecuencia, los adopta como normas de Derecho venezolano sobre contratos comerciales internacionales. Como enseña nuestra doctrina, siempre que el ordenamiento jurídico de Venezuela sea aplicable al fondo del contrato se deben ponderar:

> (i) las normas sustantivas contenidas en el derecho interno, así como las normas de conflicto en derecho aplicable a la relación contractual;
> (ii) si la relación es internacional, las normas contenidas en las reglas UNIDROIT;
> (iii) si la relación es internacional, los principios de derecho mercantil internacional...[26].

53. El artículo 6.1.9 de los referidos principios establece que el deudor de una obligación en moneda extranjera no puede liberarse pagando el equivalente en bolívares si ésta no es libremente convertible en divisas o si fue fijada como moneda de pago. La citada norma literalmente dispone:

> Artículo 6.1.9 (Moneda de pago)
> (1) Si una obligación dineraria es expresada en una moneda diferente a la del lugar del pago, éste puede efectuarse en la moneda de dicho lugar, a menos que:
> (a) dicha moneda no sea convertible libremente; o
> (b) las partes hayan convenido que el pago debería efectuarse solo en la moneda en la cual la obligación dineraria ha sido expresada.

[26] Para un agudo análisis sobre el Derecho aplicable a la estipulación y pago en moneda extranjera, véase: Rodner, James-Otis, Ley aplicable a la estipulación y pago en moneda extranjera, en: *Estudios de Derecho Privado*, Caracas, Universidad Católica Andrés Bello, 2004, Tomo I, p. 248.

(2) Si es imposible para el deudor efectuar el pago en la moneda en la cual la obligación dineraria ha sido expresada, el acreedor puede reclamar el pago en la moneda del lugar del pago, aun en el caso al que se refiere el párrafo (1)(b).

(3) El pago en la moneda del lugar de pago debe efectuarse conforme al tipo de cambio aplicable que predomina en ese lugar al momento en que debe efectuarse el pago.

(4) Sin embargo, si el deudor no ha pagado cuando debió hacerlo, el acreedor puede reclamar el pago conforme al tipo de cambio aplicable y predominante, bien al vencimiento de la obligación o en el momento del pago efectivo.

54. En consecuencia, el deudor de una obligación en moneda extranjera pudiese liberarse en moneda local si –y solo si– se comprueba que la moneda local: (a) es libremente convertible en divisas; o (b) no fue fijada como moneda de pago por las partes.

55. A lo anterior se debe añadir que, según el referido artículo 6.1.9, el acreedor tiene el derecho –y no el deber– de reclamar el pago en moneda local si se comprueba que para el deudor de la obligación era realmente imposible pagar en moneda extranjera. Esta concepción como derecho descarta la práctica forense venezolana de constreñir a acreedores de obligaciones en divisas de contratos comerciales internacionales a recibir el "pago" en bolívares en Venezuela[27]. A todo evento, la imposibilidad de pagar en la moneda acordada se limita únicamente al supuesto del ordinal c del artículo 8 del Convenio Cambiario No. 1 (casos en los que la estipulación de pago fue convenida antes de las restricciones cambiarias). No es aplicable cuando la moneda extranjera fue pactada durante la vigencia del control de cambio, debido a que, como explicamos *supra*, en estos casos el deudor se libera pagando únicamente en la moneda extranjera convenida.

56. De manera de facilitar nuestra explicación, volvamos a nuestro ejemplo del párrafo 40. Pero en esta oportunidad supongamos que las partes eligieron regir el contrato por el Derecho de Venezuela y que,

[27] Conviene apuntar que, inclusive, esta práctica llegó al exceso de formular ante tribunales venezolanos procedimientos de oferta real en bolívares de obligaciones en divisas cuyo pago debía realizarse en el extranjero.

además, no pactaron el lugar en donde debía pagarse la obligación dineraria del comprador. Estos únicamente expresaron el precio en dólares.

57. De acuerdo con el artículo 1295 del Código Comercio, a falta de estipulación de los co-contratantes, el pago debe efectuarse en el domicilio del deudor. Por ende, el deudor de nuestro ejemplo debe pagar su obligación pecuniaria en Venezuela, país en el que se encuentra su domicilio. En los términos del artículo 6.1.9 de los Principios UNIDROIT, el bolívar sería la moneda del lugar del pago y el dólar la moneda en que la obligación dineraria fue expresada.

58. A pesar de que las partes no establecieron que el pago debía efectuarse únicamente en dólares, el comprador de nuestro ejemplo no puede liberarse pagando en bolívares. Su pago debe realizarse únicamente en dólares, es decir, en la moneda en que el precio fue estipulado. En congruencia con el comentado artículo 6.1.9 de los Principios UNIDROIT, norma sobre moneda de pago de obligaciones pecuniarias en contratos comerciales internacionales, el acreedor no puede ser obligado a recibir bolívares mientras dicha moneda no sea libremente convertible en divisas. Y esta regla aplica a todas las obligaciones en moneda extranjera, sin importar el momento en que han sido pactadas (antes o durante la vigencia del control de cambio).

59. Según el artículo 6.1.9 de los Principios UNIDROIT, mientras en Venezuela no exista libre convertibilidad monetaria, las obligaciones expresadas en moneda extranjera de contratos comerciales internacionales solo pueden ser pagadas en la moneda convenida, indistintamente que ésta haya sido fijada como moneda de pago o como moneda de cuenta. Los elementos para determinar la modalidad de pago son la naturaleza comercial internacional del contrato y la libre convertibilidad o no de la moneda –y no el hecho de que la moneda haya sido convenida como moneda pago–.

60. En la medida que la aplicación del Convenio Cambiario No. 1 y de la Derogatoria del Decreto-Ley del Régimen Cambiario y sus Ilícitos se traduzca en la libre convertibilidad del bolívar, las obligaciones expresadas en moneda extranjera podrán ser pagadas en su equivalente en bolívares. Mientras no exista libre convertibilidad monetaria las obligaciones de pago en moneda extranjera de contratos comerciales internacionales deberán ser pagadas en la moneda convenida.

IV. LA TEORÍA DE LA IMPREVISIÓN COMO ARGUMENTO PARA REQUERIR LA MODIFICACIÓN DE LA MODALIDAD DE PAGO DE LAS OBLIGACIONES EN MONEDA EXTRANJERA

61. En la práctica forense venezolana se ha utilizado la teoría de la imprevisión como escudo contra el pago en divisas de obligaciones en moneda extranjera. Se alega al respecto que el incumplimiento en moneda foránea es excusable a luz de la teoría de la imprevisión o, en otras palabras: por la ocurrencia de un hecho imprevisto, imprevisible y sobrevenido que acarreó que el cumplimiento de su prestación le fuese excesivamente oneroso.

62. La doctrina *iusprivatista* venezolana señala que la teoría de la imprevisión se fundamenta en el principio *rebus sic stantibus* y se refiere a una excesiva onerosidad sobrevenida de una de las partes para cumplir el contrato[28]. De forma tal que si luego de que las partes suscriben un contrato ocurren circunstancias imprevistas e imprevisibles que alteran de forma sustancial el equilibrio económico contractual –dicho de otro modo: que hacen demasiado onerosa la ejecución del contrato para una de las partes–, la parte afectada puede rehusar su cumplimiento y solicitar que: (a) las prestaciones sean modificadas de manera de que se devuelva a las condiciones económicas que existían al momento en que se suscribió el contrato; o (b) su liberación total o parcial[29].

63. La teoría de la imprevisión no es regulada por nuestro Derecho Privado interno. Sin embargo, su aplicación como principio general de Derecho Privado ha sido postulada por nuestra doctrina *iusprivatista.* En este sentido, los trabajos académicos que sobre el tema han escrito Mélich-Orsini, Rodner, Morles y Lupini constituyen un significativo aporte venezolano al Derecho comparado. Por su parte, la jurisprudencia de tribunales arbitrales ha acogido y desarrollado la teoría de la imprevisión a través de destacados laudos arbitrales, inclusive en controversias meramente locales.

---

[28] Véase Rodner, *El dinero…*, ob. cit., p. 671.

[29] Véase Rodner, *El dinero…*, ob. cit., p. 671. Véase también: Lupini Bianchi, Luciano, *Estudios de Derecho Privado*, Caracas, Academia de Ciencias Políticas y Sociales, 2010, p. 309.

65. La comentada teoría de derecho privado aplica en casos de contratos comerciales internacionales por ser ésta *lex mercatoria* –esto es: principio jurídico general producto de la costumbre entre comerciante y que es de general aceptación en el comercio internacional– y por estar contenida en los Principios UNIDROIT. Como explicamos *supra*, tanto la *lex mercatoria* como los Principios UNIDROIT son vinculantes y tienen fuerza legal en congruencia con el comentado artículo 31 de la Ley de Derecho Internacional Privado.

66. De forma específica los artículos 6.2.1, 6.2.2 y 6.2.3 de los principios UNIDROIT consagran y regulan la teoría de la imprevisión bajo el término de "excesiva onerosidad" o "*hardship*". Conforme al segundo de los artículos citados, ésta ocurre cuando se altera sustancialmente el equilibrio económico de un contrato, bien sea porque el costo de la prestación a cargo de una de las partes se ha incrementado o porque el valor de la prestación que una parte recibe ha disminuido como consecuencia de eventos que: (a) ocurren o son conocidos por la parte afectada después de la celebración del contrato; (b) no pudieron ser razonablemente tenidos en cuenta por la parte en desventaja en el momento de celebrarse el contrato; (c) escapan al control de la parte en desventaja; y (d) el riesgo de su ocurrencia no fue asumido por la parte en desventaja.

67. Adicionalmente, el artículo 6.2.3 de los Principios UNIDROIT regula los efectos de la teoría de la imprevisión. De acuerdo con la citada disposición, la parte afectada por la excesiva onerosidad sobrevenida puede reclamar, de forma fundamentada y sin demora, la renegociación del contrato. En caso de no llegarse a un acuerdo dentro de un tiempo prudencial, cualquiera de las partes puede acudir a un ente jurisdiccional para que éste determine si hay o no "excesiva onerosidad" y, de ser necesario, resuelva o adapte el contrato.

68. Nuestra doctrina rechaza la teoría de la imprevisión en supuestos de obligaciones en moneda extranjera. Así, por ejemplo, Rodner fundamenta esta postura en que, como todas las obligaciones de dinero, la obligación en moneda extranjera es indestructible. Por eso el deudor no se puede liberar del cumplimiento en casos en los que durante la ejecución del contrato ocurre dificultad sobrevenida para el cumplimiento

de la prestación[30]. Según el destacado autor, esto trae como consecuencia que en supuestos de controles de cambio el deudor siempre está obligado a cumplir y la deuda en moneda extranjera no perece por este cambio de condiciones sobrevenidas que hacen más oneroso el cumplimiento de las prestaciones[31].

69. Como explicamos *supra*, el segundo ordinal del artículo 8 del Convenio Cambiario No. 1 descarta la aplicación de la teoría de la imprevisión en obligaciones convencionales pactadas durante la vigencia del control de cambio. Por esta razón la teoría de la imprevisión carece de relevancia jurídica en supuestos en los que la moneda extranjera ha sido pactada como moneda pago durante las restricciones cambiarias. En ese supuesto, el deudor siempre tendrá que pagar en la moneda extranjera convenida.

70. No obstante, la comentada teoría puede ser jurídicamente relevante en el supuesto del tercer ordinal del artículo 8 del Convenio Cambiario No. 1, disposición que permite que los deudores de obligaciones pecuniarias de pago exclusivo en moneda extranjera pactadas antes de las restricciones cambiarias en ciertos escenarios puedan liberarse pagando el monto equivalente en bolívares a la fecha del pago. Para que la modalidad del pago en sea modificada a bolívares la citada disposición exige que la obligación convencional no solo haya sido pactada antes del control de cambio sino, además, que se demuestre que las restricciones cambiarias impedían que el deudor pagase en la moneda extranjera convenida.

71. En nuestro criterio, el ordinal tercero del artículo 8 del Convenio Cambiario No. 1 debe ser interpretado y aplicado de forma congruente y armónica con la teoría de la imprevisión. La interpretación que proponemos se traduce en que el pago en bolívares de obligaciones en las que la moneda extranjera ha sido pactada como moneda de pago se condicione a que el deudor demuestre lo siguiente: (i) el pago en moneda extranjera fue pactado antes de la vigencia de las restricciones cambiarias; (ii) el control de cambio constituyó un hecho imprevisto,

---

30 Rodner, *El dinero…*, ob. cit., p. 272.

31 Rodner, *El dinero…*, ob. cit., p. 272.

imprevisible y sobrevenido que generó que para el pago en moneda extranjera le fuese excesivamente oneroso.

CONCLUSIONES

1. El artículo 128 de la Ley del Banco Central de Venezuela, norma fundamental del Derecho venezolano sobre pago de obligaciones en moneda extranjera, permite que las partes de una relación jurídica convengan que el pago sea realizado en moneda extranjera, a pesar de que la regla general aplicable a esa categoría de obligaciones pecuniarias es que el pago se realice con la entrega del equivalente en moneda de curso legal· Su naturaleza es dispositiva.

2. En Venezuela, la moneda de curso legal tiene poder liberatorio al igual que lo tendría una moneda extranjera en aquellos casos en los que, de acuerdo el artículo 128 de la Ley del Banco Central de Venezuela, las partes la hayan estipulado como moneda de pago. Nuestra moneda local, el bolívar no es de curso forzoso.

3. Los dos primeros ordinales del artículo 8 del Convenio Cambiario No. 1 ratifican el principio general sobre pago de obligaciones en moneda extranjera, contenido en el artículo 128 de la Ley del Banco Central de Venezuela. El segundo ordinal destaca que la regla sobre pago exclusivo en moneda extranjera aplica también en casos de estipulaciones convenidas durante la vigencia de las restricciones cambiarias. Y el tercero exige que se cumplan dos condiciones para suprimir la obligación de pago en moneda extranjera: (i) que la estipulación haya sido convenida antes de la vigencia de las restricciones cambiarias; y (ii) que se demuestre que las restricciones cambiarias impedían que el deudor pagase en la moneda extranjera convenida.

4. El artículo 128 de la Ley del Banco Central no aplica si las partes han convenido regir su contrato por un Derecho distinto del venezolano o, a falta de selección de Derecho aplicable, si el ordenamiento jurídico más directamente vinculado con la obligación pecuniaria es extranjero. Si el Derecho que rige el contrato no condiciona el pago en moneda extranjera a que ésta haya sido fijada como moneda de pago, el deudor solo se liberará pagando en la moneda convenida.

5. En supuestos de contratos comerciales internacionales regidos por Derecho venezolano, el deudor en ningún caso podrá pagar en bolívares las obligaciones dinerarias expresadas en moneda extranjera –ni siquiera en casos en los que la moneda extranjera solo haya sido fijada como moneda de cuenta–. Mientras en Venezuela no exista libre convertibilidad monetaria las obligaciones de pago en moneda extranjera de contratos comerciales internacionales deberán ser pagadas en la moneda convenida.

6. El ordinal tercero del artículo 8 del Convenio Cambiario No. 1 debe ser interpretado y aplicado de forma congruente y armónica con la teoría de la imprevisión. El pago en bolívares de obligaciones en las que la moneda extranjera ha sido pactada como moneda de pago está condicionado a que el deudor demuestre que: (i) el pago en moneda extranjera fue pactado antes de la vigencia de las restricciones cambiarias; (ii) el control de cambio constituyó un hecho imprevisto, imprevisible y sobrevenido que generó que para el pago en moneda extranjera le fuese excesivamente oneroso.

EL PRINCIPIO DE LA AUTONOMÍA DE LA VOLUNTAD Y LAS RELACIONES CONTRACTUALES*

ROBERTO RUIZ DÍAZ LABRANO**

Resumen: El enfoque pretende constituye una semblanza sobre la autonomía de la voluntad conflictual, cada vez más admitida pero no de forma irrestricta, admite condiciones impuestas por la ley derivadas del interés u orden público. La tendencia es garantizar la libertad de contratar y de elegir las reglas que las partes decidan acordar a sus relaciones contractuales, incluyendo la ley aplicable y la jurisdicción competente.
Es receptada cada vez más por las legislaciones nacionales y las fuentes convencionales y su mayor evolución se produce a través de la Convención Interamericana de Derecho Internacional Privado sobre Derecho aplicable a los Contratos Internacionales y los Principios de La Haya relativos al derecho aplicable a la contratación internacional.

***Abstract:** The focus of this piece aims to create a semblance about the autonomy of the conflict will, which has become widely more accepted but not unrestrictedly. This allows for conditions that are imposed by the law which are derived from public interest. The tendency is to guarantee freedom when hiring and to choose the rules that each party agrees on with respect to their contractual relations, including the applicable laws and respective jurisdiction. This tendency has become widely more accepted by national legislation and by conventional sources; its biggest evolution occurs through the "Interamerican Convention of Private International Law on the Applicable Laws in International Contracts" and through the Haya Principles that relate to applicable law in the matter of international contracting.*

* Monografía preparada por el autor para el Libro Homenaje al destacado profesor Eugenio Hernández-Bretón organizado por la Academia de Ciencias Políticas y Sociales, obra de la cual me siento absolutamente honrado de participar por la alta calidad de persona y jurista del mismo.

** Doctor en Derecho. Profesor Titular de Derecho Internacional Privado y Profesor Titular de Derecho de la Integración de la Facultad de Derecho de la Universidad Nacional de Asunción. Miembro Honorario de la Asociación Americana de Derecho Internacional Privado. Profesor de la Maestría de Derecho Internacional Privado e Integración de la Universidad de Buenos Aires. Ex Presidente del Tribunal Permanente de Revisión del Mercosur. rdlabrano@rdlabrano.com

Sumario: I. El principio de la autonomía de la voluntad. II. Los antecedentes sobre la autonomía de la voluntad. III. Autonomía de la voluntad en las relaciones contractuales. IV. El dépécage. V. Limitaciones legales a la autonomía de la voluntad. VI. Ausencia de indicación de la ley aplicable. VII. Los esfuerzos de armonización y unificación.

I. EL PRINCIPIO DE LA AUTONOMÍA DE LA VOLUNTAD

Una de las instituciones más utilizadas en el mundo de las relaciones jurídicas es el contrato[1], su uso frecuente en las relaciones comerciales internacionales, su desarrollo y evolución como instrumento jurídico, lo colocan en punto focal de discusión cada vez que se busca perfeccionar o expandir su aplicación.

> En realidad, toda relación contractual supone un acuerdo de voluntades, debe ser entendido como una manifestación voluntaria y libre de los sujetos de la relación en función de satisfacer un deseo real de obligarse en circunstancias normales, es decir no resultado de imposiciones de una de las partes que vulneren la libertad de decidir.
>
> Las partes pueden reglar sobre los derechos que le son disponibles con toda amplitud, acordar libremente sobre bienes y servicios que no estén sujetos a restricciones o limitaciones legales y pueden establecer el contenido y condiciones de la obligación.

---

[1] Código Civil de Vélez con Notas. En términos de definición es siempre referencia el Art. 1137 del Código de Vélez "Hay contrato cuando varias personas se ponen de acuerdo sobre una declaración de voluntad común, destinada a reglar sus derechos". En la nota al Art. 1137 se lee: "Savigny. Derecho Romano", t. 3, § 140. "Es preciso, dice este autor, tener en consideración el objeto de la voluntad. Si pues dos personas acuerdan sostenerse mutuamente por sus consejos en la adquisición de una ciencia, o de un arte, sería impropio dar a este acuerdo el nombre de contrato, porque en este caso la voluntad no tiene por objeto una relación de derecho". Freitas es más claro en la materia dice que "habrá contrato, cuando dos o más personas acordasen entre sí alguna obligación u obligaciones recíprocas a que correspondan derechos creditorios"; es decir, que una de las partes se constituye deudora y la otra acreedora, o que ambas sean recíprocamente deudores y acreedores. Maynz dice, que "contratos son aquellas manifestaciones de voluntad, que tienen por objeto crear o extinguir obligaciones", § 281, lo mismo Domat, lib. I, tít. I, § I., en: https://digestocivilcomercial.wordpress.com/digesto-procesal-civil-y-comercial/codigo-civil-de-velez-con-notas/

Tienen todo el derecho de determinar en ejercicio de la autonomía de la voluntad las reglas a que desean sujetar sus relaciones[2]. La autonomía de la voluntad[3] debe representar el principio de libertad e igualdad entre las partes y es el punto troncal de los contratos[4].

Por la relevancia que posee, es de vital importancia el análisis y determinación del derecho o ley aplicable, así como el órgano jurisdiccional competente en materia contractual. Se busca ubicar la ley que facilite la interpretación del contrato y la solución de los conflictos que puedan suscitarse, La tarea tiene diversas vertientes y métodos, como el perfeccionamiento de las normas de conflicto, la codificación, leyes modelos y fuentes convencionales.

En el tema de la ley aplicable, el análisis sobre la autonomía de la voluntad como primera fuente de las obligaciones, su alcance o las

---

2 Art. 2:102: Intención. La voluntad de una parte de obligarse por contrato se determinará a partir de sus declaraciones o su conducta, tal y como estas fueran razonablemente entendidas por la otra parte. Principios De Derecho Europeo de los Contratos. Preparadas por la Comisión de Derecho europeo de los contratos.

3 El principio se encuentra explícito o implícito en varios códigos, como el Código Civil dela Nación Argentina Art. 2651 "Autonomía de la voluntad. Reglas. Los contratos se rigen por el derecho elegido por las partes en cuanto a su validez intrínseca, naturaleza, efectos, derechos y obligaciones. La elección debe ser expresa o resultar de manera cierta y evidente de los términos del contrato o de las circunstancias del caso Dicha elección puede referirse a la totalidad o a partes del contrato…."; Código Civil de Brasil Art. 427 "*A proposta de contrato obriga o proponente, se o contrário não resultar dos termos dela, da natureza do negócio, ou das circunstâncias do caso*", el Código Civil Uruguayo en su Art. 1.291: "Los contratos legalmente celebrados forman una regla a la cual deben someterse las partes como a la ley misma. Todos deben ejecutarse de buena fe y por consiguiente obligan, no solo a lo que en ellos se expresa, sino a todas las consecuencias que según su naturaleza sean conformes a la equidad, al uso o a la ley" y el Art. 1.294: "Las partes pueden, por mutuo consentimiento, extinguir las obligaciones creadas por los contratos y retirar los derechos reales que se hubiesen transferido; y pueden también por mutuo consentimiento, revocar los contratos por las causas que la ley autoriza", el Código Civil Paraguayo Art. 669: "Los interesados pueden reglar libremente sus derechos mediante contratos, observando las normas imperativas de la ley, y en particular las contenidas en este título y en lo relativo a los actos jurídicos" y el Art. 715 "Las convenciones hechas en los contratos forman para las partes una regla a la que deben someterse como a la ley misma, y deben ser cumplidas de buena fe. Ellas obligan a lo que esté expresado y a todas las consecuencias virtualmente comprometidas". El anteproyecto De Gásperi de Código Civil Paraguayo dispone "El contrato debe ser interpretado de buena fe".

4 Ruiz Díaz Labrano, Roberto, Las nuevas orientaciones de la contratación internacional, en: L.O. Baptista / L. Ramina / T. Scheila (Coords.), *Direito internacional contemporâneo*, Brasil, Editorial Juruá, 2014.

limitaciones como aplicación normativa es un debate permanente, sobre todo cuando se presentan las limitaciones que las legislaciones imponen a su ejercicio, restringiendo las libertades que la autonomía en principio autoriza.

En efecto, el principio de autonomía de la voluntad en general y también aplicado al Derecho Internacional Privado no es irrestricto, admite condiciones impuestas por la ley derivadas del interés u orden público[5], pero fuera de estas excepciones, la tendencia es garantizar la libertad de contratar y de elegir las reglas que las partes decidan acordar a sus relaciones contractuales[6].

Los acuerdos celebrados ejerciendo las partes su derecho a elegir las reglas por las que habrá de regirse el contrato, se extienden a la elección de la ley aplicable y la jurisdicción competente representada como autonomía conflictual. Esta elección no evita que la ley pueda ser obstaculizada o rechazada.

La autonomía de la voluntad como principio fundamental para las relaciones contractuales, implica decidir libremente bajo la voluntad de las partes, es un derecho reconocido a las personas y solo puede ser restringido en forma excepcional[7]. Sin embargo su reconocimiento no ha sido ni es siempre pacífico.

Las posiciones se tensan ante el reclamo de mayor autonomía, de un lado se considera que la injerencia del Estado en las relaciones

---

5 El Código Civil y Comercial de la Nación Argentina, aprobado el 7 de octubre de 2014. El nuevo Código, que entró en vigencia el 1 de agosto de 2015, consagra expresamente la autonomía de la voluntad de las partes, sin permitir que este principio sea aplicado a los contratos internacionales celebrados por consumidores. Ley No. 26.994, en: *Boletín Oficial de la República Argentina*, No. 32.985, 8 de octubre de 2014.

6 "Art. 1:102: Libertad contractual. (1) Las partes son libres para celebrar un contrato y establecer su contenido, dentro del respeto de la buena fe". Principios de Derecho Europeo de los Contratos. Preparadas por la Comisión de Derecho europeo de los contratos.

7 El Convenio Europeo sobre la Ley aplicable a las Obligaciones Contractuales de Roma de 1980, refiere en el Art. 1.1. "Las disposiciones del presente Convenio serán aplicables, en las situaciones que impliquen un conflicto de leyes, a las obligaciones contractuales". En torno a la autonomía de las partes para determinar la legislación aplicable en este tipo de contratos, el Art. 3.3 dispone "La elección por las partes de una ley extranjera, acompañada o no de la de un Tribunal extranjero, no podrá afectar, cuando todos los demás elementos de la situación estén localizados en el momento de esta elección en un solo país, a las disposiciones que la ley de ese país no permita derogar por contrato, denominadas en lo sucesivo "disposiciones imperativas".

privadas es un atropello a la persona misma. Por otro, se considera que liberar absolutamente a la autonomía de la voluntad todas las relaciones contractuales sin ninguna limitación, constituye un exceso y un peligro para quienes tienen una posición más débil en la relación contractual.

Las teorías están divididas, la autonomía se funda básicamente en que es la persona la que en sus relaciones crea e impulsa la gestación del derecho, en tanto que es la comunidad como conjunto de personas organizadas, las que interpretando –apropiándose– de las voluntades particulares establece reglas que pueden limitar los derechos individuales.

Para nosotros, si el derecho nace con las personas y para las personas, son éstas las que en sus relaciones privadas pueden comprender mejor el interés de sus negociaciones y apreciar la conveniencia de concretar un contrato, previendo los razonables efectos de las obligaciones asumidas e incluso previendo sus consecuencias, entre ellas la ley y jurisdicción en caso de conflictos.

Lo cierto es que la voluntad de las partes libremente expresada y concertada en un contrato se convierte en derecho para las partes[8]. Se excluye así a la ley como primera fuente contractual, la cual queda relegada en los contratos a un rol subsidiario para llenar los vacíos que pueda presentar lo acordado como expresión de la voluntad de las partes.

La lucha doctrinaria por hacer primar la autonomía de la voluntad refleja tendencias políticas que fueron imponiéndose para despegar del excesivo control estatal las relaciones jurídicas privadas[9]. No obstante,

[8] "La autonomía de la voluntad entendida como poder de los particulares para regular sus asuntos personales y patrimoniales de acuerdo con sus intereses y aspiraciones constituye un principio de derecho privado ampliamente reconocido en los distintos ordenamientos jurídicos". Bouza Vidal, Nuria, *Aspectos actuales de la autonomía de la voluntad en la elección de la jurisdicción y de la ley aplicable a los contratos internacionales*, en: http://www.ehu.eus/cursosderechointernacionalvitoria/ponencias/pdf/2004/2004_5.pdf

[9] Bouza Vidal, *Aspectos actuales de la autonomía*..., ob. cit., refiere "En las situaciones vinculadas a distintos ordenamientos jurídicos, el Derecho internacional privado positivo atribuye a los particulares, en sectores materiales cada vez más extensos, el poder de elegir la ley aplicable a sus actos y relaciones jurídicas; así como el tribunal competente para conocer de sus controversias, ya sea un tribunal estatal o un tribunal arbitral. No obstante, el significado jurídico de la autonomía de la voluntad en el Derecho internacional privado ha sido objeto de interpretaciones distintas, en particular por lo que respecta a la elección de la ley aplicable. Aún a riesgo de una excesiva simplificación, cabe sostener que las distintas construcciones doctrinales en torno a la autonomía de la voluntad se corresponden a los cambios políticos, económicos e ideológicos que ha sufrido Europea desde finales del S. XIX hasta la actualidad".

posiciones limitativas y con alguna justificación, reverdecen por la necesidad de cubrir situaciones en las cuales la "soberanía" de la voluntad particular puede afectar a la parte más vulnerables o débil de la relación.

Lo cierto es que liberar al contrato, como primera fuente de fórmulas o a reglas legales preestablecidas por el órgano legislativo, ha significado uno de los pasos históricamente más trascendentes y significativos para el desarrollo de las obligaciones contractuales que en el Derecho Internacional Privado, se manifiesta en la posibilidad de elección de la ley aplicable y jurisdicción competente.

II. LOS ANTECEDENTES SOBRE LA AUTONOMÍA DE LA VOLUNTAD

Se atribuye a Charles Dumoulin[10] haber sido el primero que puso de manifiesto el principio de autonomía de la voluntad como fuente de las relaciones contractuales, el autor consideró a la voluntad de las partes como soberana para la elección de la ley a la que se sometían las partes[11].

Savigny en este punto hablaba de la "sumisión voluntaria", o lo que sería mejor la voluntaria sumisión de las partes a reglas específicas que regulan una determinada relación jurídica en sus dos vertientes, el

[10] (1500-1566). Nacido en París, abogado del Parlamento de París, Profesor de la Universidad de Tubingen y de Estrasburgo, publicó sus comentarios sobre la lex "Cunctos Populos", expuso su doctrina en su obra "*Opera quae extant omnia*".

[11] "Como es sabido, se atribuye a Dumoulin la introducción de la autonomía de la voluntad en el Derecho Internacional Privado. En materia contractual la norma sostenida por los estatutarios respecto a la ley aplicable a los contratos era la lex loci celerationis. Si alguna función se atribuía a la autonomía de la voluntad era precisamente la de confirmar la ley del lugar de celebración del contrato porque debía entenderse que las partes deseaban someterse a dicha ley. Dumoulin, en su célebre consulta a los esposos De Ganay, sobre la base de que el régimen económico matrimonial descansaba en un pacto tácito, entiende que debía aplicar se la ley elegida por las partes a los bienes matrimoniales, cualquiera que fuera el lugar de situación. De su situación, de esta forma la autonomía de la voluntad aparece configurada como un criterio de Derecho Internacional Privado claro y distinto". Casanovas y La Rosa, Oriol, *La autonomía de la voluntad en Derecho internacional privado,* en: file:///C:/Users/RDL/Downloads/La%20autonom%C3%ADa%20de%20la%20voluntad%20en%20el%20DIPr%20Cassanova.pdf_

derecho reglado y la jurisdicción ante la cual se habrá de dirimir las divergencias que pudieran surgir. Decía

> 2. El derecho local aplicable a cada relación de derecho se encuentra bajo la influencia de la voluntad libre de las personas interesadas que se someten voluntariamente al imperio de un derecho determinado, por más que esta influencia no sea ilimitada. Esta sumisión voluntaria extiende también su eficacia a la jurisdicción competente para conocer de las diversas relaciones de derecho.
> Esta sumisión presenta a su vez dos cuestiones a resolver: ¿bajo qué condiciones debe admitirse, puesto que frecuentemente no es objeto de una declaración expresa? ¿En qué casos es facultativa esta sumisión o se prohíbe por leyes absolutas?. La gran influencia de esta sumisión voluntaria sobre el derecho local aplicable ha sido en todo tiempo generalmente reconocida.

Savigny, entendía que la elección de la jurisdicción no representaba necesariamente la elección de la ley territorial del foro como ley aplicable[12].

En cuanto a la elección de la ley apuntaba

> El derecho local aplicable a cada relación de derecho se encuentra bajo la influencia de la voluntad libre de las personas interesadas que se someten voluntariamente al imperio de un derecho determinado.

Algunas referencias indican que el faro de Berlín tenía una visión limitada del principio, para nosotros tal apreciación no es correcta, comprendió y admitió la autonomía de la voluntad con el alcance actualmente entendido[13], solo que utilizaba una terminología distinta y propia de la época.

---

[12] Carrascosa González sostiene que para Savigny "el lugar de ejecución era determinado por los contratantes, por lo que reflejaba, en cierto sentido, su voluntad". Una vez determinado el lugar de ejecución y con ello la legislación territorial aplicable, las partes no se pueden apartar del contenido de ella, a no ser en la medida en que sea permitido por la misma legislación". Carrascosa González, Javier, Contratos internacionales, prestación característica y la teoría del *stream-of-commerce*, en: A.L. Calvo Caravaca / P. Blancomorales Limones (ed.), *Globalización y Derecho*, Madrid, Colex, 2003, pp. 87 ss., especialmente p. 91.

[13] Fabiola Romero también entiende que aun cuando este autor 'despejó el camino para un posterior desarrollo del principio de la autonomía de las partes...no puede afirmarse que Savigny admitiera la autonomía de las partes. Romero, Fabiola, El Derecho aplicable al

Si la autonomía conflictual, tal como hoy la entendemos, surge de la libre voluntad de las personas interesadas, es decir de quienes en virtud de tal libertad resuelven someter la interpretación del contrato al imperio de un derecho determinado, el autor visualizó perfectamente el alcance con que esta libertad se expresa. Su cuestionamiento en realidad se limitó a la terminología "autonomía de la voluntad".

Para comprender su posición debemos partir de su principal aporte, el derecho para su aplicación en situaciones con elementos extraños a la ley local, debe necesariamente ser situado respecto a una ley determinada. Con relación a los contratos, los situó bajo la ley a la cual las partes decidan someter su relación y solo sujeta a algunas limitaciones.

Se ha expuesto que la referencia a la sumisión o a la elección de una ley era limitada, se advierte que no es así, Savigny abordó directamente lo que hoy conocemos como autonomía de la voluntad, refiriéndose a aquella decisión unilateral o la de varias voluntades como el caso la relación contractual, como decisión particular de someter la relación a una ley extendiéndola a la jurisdicción competente

Expresaba "Esta sumisión voluntaria extiende también su eficacia a la jurisdicción competente para conocer de las diversas relaciones de derecho". Debemos tener presente que para Savigny "Todo contrato implica una voluntad positiva de la cual tiene clara conciencia las partes". De estas referencias, se aprecia así que las bases para la construcción de la doctrina devenida en principio de autonomía de la voluntad tienen vieja raigambre.

Oriol Casanovas y La Rosa señala que

> La evolución de las ideas y las transformaciones de la vida económica hicieron que la autonomía de la voluntad adquiera un gran auge durante el siglo XIX. En pleno triunfo del liberalismo, Mancini estimó que la autonomía de la voluntad era el principio que debía regir en materia contractual[14].

---

contrato internacional, en: *Liber Amicorum Tatiana B. de Maekelt*, Caracas, Facultad de Ciencias Jurídicas y Políticas, Universidad Central de Venezuela, 2001, Tomo I, pp. 203 ss., especialmente p. 223, con cita de Hernández-Bretón, Eugenio, Contratación internacional y autonomía de las partes: anotaciones comparativas, en: *Revista de la Fundación Procuraduría General de la República*, 1995, No. 12, Año 10, p. 46.

[14] Casanovas y La Rosa, *La autonomía de la voluntad…*, ob. cit.

Dice también se considera que el principio insertado en el Derecho Internacional Privado encuentra sus bases en el capitalismo, se propugnaba como principio que la ley debía interferir lo menos posible en la actividad de los individuos (*laisser-faire*) y, en consecuencia, estos debían gozar la máxima libertad en materia de contratos. Este principio pasó rápidamente del ámbito del Derecho material al campo del Derecho Internacional Privado, traduciéndose en la consagración legislativo o jurisprudencial de la autonomía de la voluntad.

La autonomía de la voluntad en Derecho Internacional Privado arranca de Zitelmann[15]. Tomaso Perissi[16] la formuló con extraordinaria claridad al distinguir entre "autonomía contractual", que concibe como una facultad de establecimiento de normas materiales, y que puede, consistir en una referencia a disposiciones de una legislación extranjera, y la "autonomía de la voluntad" que opera sobre la elección de la ley aplicable y no solo sobre la reglamentación de las relaciones"[17].

Las ideas de que el Estado no debería tener injerencia en los asuntos puramente privados, se traduce en el Derecho Internacional Privado en la posibilidad de elección de la ley aplicable y la jurisdicción competente, a la autonomía contractual privada se suma la autonomía contractual del conflictual propia de esta materia. Ya no se trata de definir reglas materiales para regir el contrato, sino la ley como ordenamiento jurídico para su interpretación y el lugar y órgano ante el cual se habrán de resolver os conflictos.

Niboyet, cuestiona

> ...A nuestro juicio, no existe una teoría de la autonomía de la voluntad. Lo que ha ocurrido es que se ha cometido el error fundamental de confundir este concepto con el de la libertad de estipulaciones, única noción verdaderamente exacta y cuyo contenido es diferente... La voluntad de las partes no es nunca superior y ni siquiera paralela a la ley, debiendo siempre actuar dentro del círculo admitido por la legislación competente... La voluntad no puede crear

[15] Zitelmann, Ernst, *Internationales Privatrecht*, Leipzig, Ducker & Humblot, 1912, Tomo II, pp. 270 ss.

[16] Perassi, Tomasso, Sull autonomía dei contraenti, nota a la Sentencia de 21 de enero de 1928 del Tribunal de Casación Italiano publicada, en: *Rivista di Diritto Iternazionale*, 1928, pp. 516-520 y reproducida en: *Scritti giuridici,* Vol. II, Milano, 1958, págs. 173-180

[17] Casanovas y La Rosa, *La autonomía de la voluntad*..., ob. cit.

Derecho en contra de la ley, pues tanto en nuestra materia como en las demás, su radio de acción es limitado... Podemos, pues afirmar que tanto en Derecho interno como en Derecho internacional, la autonomía de la voluntad no existe, lo único que existe a este respecto es una libertad de estipulaciones que, jurídicamente, siempre es la misma en todas las circunstancias en que se manifiesta...[18].

Destaca el jurista francés:

...Por tal razón, la doctrina que ha reparado en tal circunstancia y ha afirmado que el poder de la voluntad encuentra su sustentación en la voluntad de las partes, no podría ubicar el contrato en un país donde no tenga punto de contacto... Ello favorece que se elija arbitrariamente una ley, lo cual favorece la comisión del fraude a la ley[19].

Para Batiffol la voluntad de las partes sería un simple hecho que al juez permite establecer los elementos materialmente localizados del contrato, por lo que sería formalmente una elección del derecho aplicable, pero será el juez que finalmente determinará la ley aplicable, aceptando la señalada por las partes o cualquier otra que considere más adecuada al contrato[20]. Según Rabel se rebaja la elección de las partes a una simple localización.

III. AUTONOMÍA DE LA VOLUNTAD EN LAS RELACIONES CONTRACTUALES

En los contratos, como hemos visto, la primera fuente nace por voluntad de las partes, del ejercicio o aplicación del principio de autonomía de la voluntad, según el cual las partes acuerdan reglar sus derechos[21]. Esta facultad, debe ser ejercitada teniendo en cuenta las

---

[18] Niboyet, Jean Paul, *Traité de Droit international privé français*, Paris, 1948, Tomo V.

[19] Batiffol, Henri, *Traité élémentaire de droit international privé*, LGDJ, 1949, Tomo II, p. 216; Id., La crise du contrat et sa portée, en: *Archives de Philosophie du Droit*, 1968; Id., *Les conflits de lois en matière de contrats*, Paris, Thése, 1938. Citado por Feldstein de Cárdenas, Sara, *Contratos internacionales*, Buenos Aires, LexisNexis, Abeledo-Perrot, 1995.

[20] Batiffol, *Les conflits de lois en matière de contrats...*, ob. cit., pp. 38-39.

[21] En el fallo del caso Pablo Treviso S.A.F.A.C.I.M.I. y otros c/ Banco Argentino de Comercio. (31/8/1976, ED, 77-426), Boggiano sostuvo, coherentemente, que las normas imperativas o coactivas del derecho privado del foro no configuran límite a la autonomía material, salvo

condiciones fijadas en la ley para ser "actos voluntarios lícitos" por lo cual deben ser efectuados con "discernimiento, intención y libertad" y tener por finalidad inmediata crear, modificar, transferir, conservar o extinguir derechos[22].

Por tanto, las partes pueden someterse libremente a las reglas a las cuales sujetar sus relaciones jurídicas y establecer –acordar– la ley aplicable y la jurisdicción competente, claro que con las limitaciones consecuencia de normas imperativas o de orden público a los que se sujeta la aplicabilidad del derecho extranjero[23].

Al acordar la ley a las partes la posibilidad de reglar sus derechos existe una asimilación a la facultad de producir una ley, atendiendo a que los contratos forman para las partes una regla a la cual deben someterse como a la ley misma, y deben ser cumplidas de buena fe y lo acordado por las partes obliga a lo que esté expresado, y a todas las consecuencias virtualmente comprendidas[24]. Comprende por tanto, los

cuando ellas se consideran "la esencia misma de algún principio general de orden público". Advierte que debe distinguirse entre las normas coactivas del derecho, que son de orden público interno y se aplican a los casos nacionales, y las normas de política de DIPr, las cuales "se refieren a casos con elementos extranjeros y los sujetan al derecho propio por consideraciones de orden público internacional, esto es, aplicable a casos multinacionales". Fernández Arroyo, Diego / Cecilia Fresnedo de Aguirre, Obligaciones contractuales: aspectos generales, en: D. Fernández Arroyo, (Coord.), *Derecho Internacional Privado de los Estados del Mercosur*, Buenos Aires, Zavalía, 2003, p. 954.

22 Art. 296 del Código Civil Paraguayo: "Son actos jurídicos los actos voluntarios lícitos, que tengan por fin inmediato crear, modificar, transferir, conservar o extinguir derechos. Las omisiones que revistieren los mismos caracteres, están sujetas a las reglas del presente título".

23 Art. 22 del Cod. Civil Paraguayo "Los jueces y tribunales aplicarán de oficio las leyes extranjeras, siempre que no se opongan a las instituciones políticas, las leyes de orden público, la moral y las buenas costumbres, sin perjuicios de que las partes puedan alegar y probar la existencia y contenido de ellas. No se aplicarán las leyes extranjeras cuando las normas de este Código sean más favorables a la validez de los actos.".

24 El Código Civil Paraguayo sancionado por Ley N° 1183/86, sustituyó al Código Civil de Velez Sársfiel que fuera adoptado por el Paraguay, no obstante muchas instituciones del Código de Vélez han servido de base al anteproyectista Dr. Luis De Gásperi, cuyo trabajo fue adoptado como modelo básico para la reforma por la Comisión Nacional de Codificación, entidad dependiente de Ministerio de Justicia, por lo que el aporte y construcción jurídica del ordenamiento jurídico Paraguayo tiene una deuda definitiva de gratitud intelectual con los ilustres juristas Vélez Sárfield y De Gásperi. Una de las innovaciones más importantes incorporadas por el Código Civil ha sido la unificación de los Códigos Civil y de Comercio en las ramas de Obligaciones y Contratos, que fuera propuesta a la Comisión Nacional de Codificación por el Profesor Dr. Luis De Gásperi, siguiendo esta sistematización al Cod. Civil Italiano de 1942.

efectos de lo declarado por las partes, el virtualmente comprendido en ellos y el que les asigne la ley[25].

José Luis Siqueiros señala que la libertad de contratación es

> Uno de los puntos cardinales de los Principios es que las partes tienen la libertad para celebrar un contrato y determinar su contenido. Esta es una premisa básica en el comercio intencional. La Libertad de contratar constituye el eje sobre el cual gira un orden internacional abierto, orientado hacia el libre comercio y la competitividad[26].

Si la ley autoriza a que las partes puedan reglar libremente sus derechos, no debería existir obstáculo para que en los contratos internacionales las partes puedan acordar la ley aplicable he incluso la jurisdicción competente. Si el contrato constituye una regla a la cual las partes se someten como a la ley misma, no se ve razón para negar que la ley electa por los mismos sea la ley internacionalmente aplicable[27].

Javier Carrascosa González, que se ha ocupado del tema expresa

> Dicha autonomía consiste en el *derecho subjetivo*, del que disponen los contratantes, a elegir la Ley que regula el contrato en el que participan. Es un punto de conexión, como se ha visto, que cuenta con profundas raíces históricas, un punto de conexión que recogen la mayor parte de los sistemas estatales de Derecho internacional privado y que acogen también numerosos Convenios internacionales que regulan la contratación internacional en materias concretas, como la compraventa y el transporte (O. Lando[28], H. Batiffol).

---

25 Art. 301 del Cód. Civil Paraguayo dice: "Los actos jurídicos producen el efecto declarado por las partes, el virtualmente comprendido en ellos y el que les asigne la ley". Es la voluntad de las partes la que determina el acto jurídico contractual y es también la que puede, en ejercicio de la libertad de reglar el derecho, establecer las reglas a las que las partes decidan someterse.

26 Siqueiros, José Luis, *Los Principios de UNIDROIT y la Convención Interamericana sobre el Derecho Aplicable a los Contratos Internacionales*, en: http://www.bibliojuridica.org/libros/libro.htm?l=138

27 Por ejemplo, los Arts. 669 y 715 del Cód. Civil Paraguayo y sus concordancias.

28 Lando, Ole, Principios de Derecho Europeo de los Contratos, Partes I y II (Revisadas) Preparadas por la Comisión de Derecho europeo de los contratos. Traducción del texto de los artículos publicados en O. Lando, *Principles of European Contract Law*, The Hague, Kluwer Law International, 2000, pp. 1-93.

Tres grandes razones avalan el uso de este punto de conexión:

1°) *Seguridad jurídica preventiva.* Mediante la elección de Ley del contrato, queda fijado cuál es Derecho que regula el contrato. Las partes pueden adaptar sus comportamientos a dicha Ley. Se evitan ulteriores controversias sobre cuál es la Ley del contrato, sean cuales sean las vicisitudes de éste, y se evita que sea el juez o el árbitro el que tenga que fijar la Ley del contrato "sorprendiendo" a las partes con una Ley aplicable que bien podrían no haber previsto como aplicable, eliminando posibles "chauvinismos legales" de los jueces que, en nombre de la "Ley del país más conectado con el contrato", aplican descaradamente la *Lex Fori* (O. Kahn-Freund. W. Wengler, P. Nygh).

2°) *Realización de los intereses materiales de las partes.* Los contratantes son los sujetos mejor posicionados para determinar la Ley que debe regir una relación con *efectos inter-partes* (R. de Nova). La elección de Ley permite a los contratantes someter su relación jurídica al Derecho *más adecuado a sus intereses* (P. Mayer). Si los contratantes han elegido un Derecho estatal aplicable a su contrato es porque el contenido de ese Derecho les conviene: reduce los "costes de transacción" de ambos contratantes. Se produce, además, una sana "competencia entre Derechos estatales". Así, una empresa puede sujetar al mismo Derecho todos los contratos internacionales que celebra; puede elegirse un *Derecho neutral* para los contratantes; puede optarse por la Ley cuyo *contenido* sea más satisfactorio para los contratantes, por la Ley de un país que ha ratificado un determinado Convenio internacional cuya aplicación conviene a las partes, etc. (J.M. Jacquet).

3°) Es un criterio que permite individualizar la Ley aplicable en relación a una *realidad no física*, las obligaciones contractuales, cuyo objeto no resulta localizable, de modo físico, en ningún país, a diferencia de lo que ocurre en otros ámbitos, como los derechos reales que recaen sobre bienes físicos muebles o inmuebles (P.M. Patocchi), Objetos materiales susceptibles de localización física en el espacio.

Estas tres razones hacen de la autonomía de la voluntad un punto de conexión óptimo: no solo ofrece *seguridad jurídica*, sino que proporciona *soluciones justas* que fomentan las transacciones económicas internacionales y potencian los intercambios internacionales. Hace de la norma de conflicto una *norma materialmente orientada*, que tiene en cuenta el contenido de los Derechos en presencia[29].

IV. EL *DÉPEÇAGE*

Abierta la posibilidad de la elección de la ley, existe la posibilidad de que se opte por una sola ley para todo el contrato o la posibilidad de elegir varias leyes aplicables a diversas partes del contrato. En este último caso se parte de la idea de que del contrato pueden surgir aspectos particulares que deberían ser regidas por la ley más apropiada, a esta posibilidad de elección la doctrina francesa denomina *dépeçage*.

En la práctica comercial internacional el *dépeçage* es cada vez más frecuente. El Convenio de Roma en el artículo 3.1 estableció que:

> Los contratos se regirán por la ley elegida por las partes. Esta elección deberá ser expresa o resultar de manera cierta de los términos del contrato o de las circunstancias del caso. Para esta elección, las partes podrán designar la ley aplicable a la totalidad o solamente a una parte del contrato.

De este modo los contratantes tienen la opción de elegir una ley única para regular el contrato o elegir varias leyes que puedan ser aplicadas al mismo contrato, solución que otorga enorme amplitud a la opción de las partes de elegir la ley aplicable.

Sobre la base de la los Principios de La Haya, ya se ha sanciona una ley que recoge su orientación[30], José Moreno Rodríguez sobre la misma ha expuesto

> El proyecto inicial, en el que participamos activamente, se había inspirado en los llamados "Principios de La Haya" relativos al derecho aplicable a la contratación internacional, propiciados por la Conferencia de La Haya de Derecho Internacional Privado. Este

[29] Carrascosa González, Javier, Elección múltiple y elección parcial de la ley aplicable al contrato internacional, en: *Anales de Derecho*, 2000, No. 18, pp. 7 ss.

[30] La novedosa Ley Paraguaya, No. 5.393/15.

> instrumento se ocupa del derecho aplicable cuando hay selección del mismo por las partes, y una fuente principal del mismo ha sido la llamada Convención de México sobre el derecho aplicable a la contratación internacional, aprobada en la CIDIP V de la Organización de los Estados Americanos (OEA). Esta última convención sirvió también de inspiración para las normas –reproducidas casi íntegramente– contenidas en la ley paraguaya para supuestos de ausencia de selección del derecho, tema no tratado por los Principios de La Haya.

La ley sobre el derecho aplicable a los contratos internacionales, inspirada en los "Principios de La Haya" relativos al derecho aplicable a la contratación internacional, propiciados por la Conferencia de La Haya de Derecho Internacional Privado, introdujo una fuerte innovación al sistema conflictualista rígido y sobre el alcance de la interpretación del derecho elegible.

A más de consagrar expresamente la posibilidad de la elección de la ley aplicable, introdujo la posibilidad de que las partes puedan elegir a) El derecho aplicable a la totalidad o a una parte del contrato; y, b) Distintos derechos para diferentes partes del contrato, en la medida que estas sean claramente distinguibles.

La elección puede realizarse o modificarse en cualquier momento. Una elección o modificación realizada con posterioridad al perfeccionamiento del contrato no debe afectar su validez formal ni los derechos de terceros. Una novedad no menor, es que no se requiere vínculo alguno entre el derecho elegido y las partes o su transacción.

Con esta ley específica para los contratos internacionales, se resuelven una serie de cuestiones que impedían finalmente la aplicación del derecho al cual las partes acordaron someter sus contratos privados internacionales. Es en términos legislativos la más reciente aplicación del principio comentado.

V. LIMITACIONES LEGALES A LA AUTONOMÍA DE LA VOLUNTAD

Conforme lo expuesto, no se ve obstáculo para que las partes puedan elegir directamente la ley a la cual deciden someter sus relaciones contractuales, incluyendo la elección de ley aplicable y jurisdicción competente, en la medida en que no afecten normas de orden público, normas imperativas o de aplicación inmediata[31] o normas de policía[32].

Relativo a este punto, el Anteproyecto de Código Europeo de los Contratos elaborado por el Grupo de Pavía o Proyecto Gandolfi en 2001 dispone en el artículo 2 referido a la

> Autonomía contractual.
> 1. Las partes pueden determinar libremente el contenido del contrato, dentro de los límites impuestos por las normas imperativas, las buenas costumbres y el orden público, tal como se fijan en el presente código, en el derecho comunitario o en las leyes nacionales de los Estados miembros de la Unión Europea, siempre y cuando no persigan únicamente el fin de perjudicar a otros.
> 2. Dentro de los límites del inciso precedente, las partes pueden concluir contratos que no estén sometidos a la reglamentación del presente código, en particular mediante la combinación de tipos legales diferentes y la relación entre varios actos.

Sobre las normas imperativas que interfieren con la ley electa por las partes, el artículo 11 de la Convención Interamericana sobre Derecho aplicable a los Contratos Internacionales[33] dispone

> ...se aplicarán necesariamente las disposiciones del derecho del foro cuando tengan carácter imperativo. Será discreción del foro,

[31] La limitación fundada en las normas imperativas está prevista en el Art. 669 del Código Civil "Los interesados pueden reglar libremente sus derechos mediante contratos *observando las normas imperativas de la ley*".

[32] El Anteproyecto de Código Europeo de los Contratos elaborado por el Grupo de Pavía o Proyecto Gandolfi en 2001 dispone en el Art. 2 referido a la "Autonomía contractual. 1. Las partes pueden determinar libremente el contenido del contrato, dentro de los límites impuestos por las normas imperativas, las buenas costumbres y el orden público, tal como se fijan en el presente código, en el derecho comunitario o en las leyes nacionales de los Estados miembros de la Unión Europea, siempre y cuando no persigan únicamente el fin de perjudicar a otros. 2. Dentro de los límites del inciso precedente, las partes pueden concluir contratos que no estén sometidos a la reglamentación del presente código, en particular mediante la combinación de tipos legales diferentes y la relación entre varios actos.", en: http://alterini.org/lu_antecodeur.htm

[33] Convención Interamericana sobre Derecho aplicable a los Contratos Internacionales, suscripta en México, D.F., México el 17 de marzo de 1994, en la Quinta Conferencia Especializada Interamericana sobre Derecho Internacional Privado (CIDIP-V).

cuando lo considere pertinente, aplicar las disposiciones imperativas del derecho de otro Estado con el cual el contrato tenga vínculos estrechos.

Diego Fernández Arroyo y Cecilia Fresnedo afirman que

> En ningún ordenamiento jurídico se admite la autonomía de la voluntad en forma absolutamente irrestricta, aunque varían los medios y la medida en que esta se limita. Lo que sí es indudable es que existe una tendencia universal a aceptar –con diferentes limitaciones– que las partes pueden determinar, en un ámbito de igualdad, el derecho aplicable y el juez competente a sus relaciones contractuales. En el ámbito interamericano es la tendencia mostrada por la Convención Interamericana adoptada en la CIDIP V (México 1994), lo mismo que sucede en el ámbito mercosureño con el Protocolo de Buenos Aires (1994) y los Acuerdos de Arbitraje (1998)[34].

Por consiguiente, salvo las excepciones previstas en la ley, no existe razón alguna para limitar el derecho de que las partes puedan reglar libremente sus derechos, pero como hemos visto, salvo ciertas limitaciones de orden o interés público o por normas de carácter imperativo y de aplicación inmediata como de leyes de policía[35].

Las normas imperativas pueden restringir la ley electa por las partes, son aquellas no pueden ser dispuestas por las partes aún en uso de la autonomía de la voluntad y que tienen por propósito la protección de intereses privados, buscando equilibrar las distorsiones que afecten a la parte más débil de la relación contractual[36]. Por ejemplo, las cláusulas abusivas en contratos bilaterales o las que provienen de cláusulas

---

[34] Fernández Arroyo / Fresnedo de Aguirre, Obligaciones contractuales: aspectos generales..., ob. cit., p. 953.

[35] Siqueiros, cita como ejemplo: "controles de divisas, licencias de importación y exportación, leyes antimonopólicas, etcétera, normatividad que, por otra parte, no debe confundirse con la reserva genérica del orden público del foro, incluida en todos los instrumentos internacionales.". Siqueiros, *Los Principios de UNIDROIT...*, ob. cit.

[36] En cita efectuada por Claudia Lima Marques "Se repite aquí la famosa frase de Neuhaus: "La autonomía de la voluntad en el Derecho Internacional Privado pierde su sentido –así como la libertad contractual en el derecho material– si pasa a ser instrumento de dominación de los más débiles por los más fuertes." OEA/Ser.G CP/CAJP-2094/03 add. 3-a. 17 diciembre 2004.

predispuestas, la ley se encarga de atemperar[37]. En cuanto a las normas de policía tienen una finalidad pública o de protección del Estado en la economía.

No es fácil distinguir estas categorías porque el interés privado va concatenado con el interés público, pero esencialmente contemplan normas destinadas a la protección de la libertad comercial o libre competencia, a garantizar la competencia leal entre las empresas, evitando que por medio de acuerdos o prácticas desleales, monopólicas o de abuso de posición dominante[38].

Estas prácticas son combatidas por reglas que los Estados establecen para garantizar el libre comercio, son consideradas normas imperativas de carácter económico, conocidas y regladas bajo el derecho de la competencia también denominado derecho a la concurrencia. La protección en estos casos se justifica en función de un interés público, control normalmente atribuido a un órgano estatal que determina las medidas correctivas o el alcance de las sanciones económicas a que las prácticas contra el derecho de competencia puedan producir.

Las partes pueden invocar, la violación de normas de esta naturaleza para fundar en ella la nulidad del contrato y es allí donde aparece el interés en dilucidar si el hecho invocado constituye limitación a la autonomía de la voluntad en la elección de una legislación y si el juez del foro debe o no tomar en cuenta estas normas como parte de la legislación extranjera aplicable.

El elemento para considerar la existencia de una norma imperativa no es necesariamente la ilicitud del objeto que conduce a la nulidad del contrato, es la imposibilidad de admitir la legislación elegida porque importa eludir normas imperativas del Estado en el cual se pretende hacer surtir efectos al contrato. Son, en síntesis, limitaciones a la actuación de los particulares impuestas por el derecho público económico.

La cuestión que interesa al Derecho Internacional Privado e este punto, es saber si el juez del foro puede tomar en cuenta las reglas de

[37] Moreno Rodríguez, José Antonio, Cláusulas abusivas en el Derecho Paraguayo, en: *Revista de Derecho Comparado*, 2000, pp. 371 ss.

[38] Las empresas de gran volumen y poder económico pueden distorsionen el libre comercio imponiendo condiciones y limitación en el acceso al mercado, control de precios, monopolio de producción o comercialización, o de recursos desatinadas a la producción.

competencia del derecho extranjero para limitar o evitar su aplicación, e internamente para aplicar o no el derecho extranjero o en todo caso bajo que alcance.

Diversas soluciones han sido propuestas, las más, indican que las normas imperativas del derecho económico extranjero tienen relevancia para restringir la aplicación del derecho extranjero indicado como competente cuando importan prácticas o acuerdos que tienen repercusión en la libre competencia o en el mercado del estado del foro.

La jurisprudencia norteamericana ha establecido ciertos criterios que permiten mayor claridad sobre la aplicación práctica por los jueces de esta limitación. La regla partiría de que todo Estado puede imponer obligaciones, incluso a personas que no están bajo su jurisdicción, por actos cumplidos más allá de sus fronteras cuando tengan consecuencias o pudieran tener efecto en el referido Estado[39].

VI. AUSENCIA DE INDICACIÓN DE LA LEY APLICABLE

El principio en materia de ley aplicable a las relaciones contractuales es la electa por las partes en uso la autonomía de la voluntad con las limitaciones señaladas la destinada a ser aplicada, pero ¿qué sucede cuando las partes han omitido la designación de la ley aplicable?

Los elementos de conexión más utilizados, por medio de normas de conflicto o por ser las leyes con mayor vínculo con la relación, son los de *la lex loci celebrationis* y según ciertas circunstancias la *lex loci executionis*, hecha la salvedad de que, en materia contractual internacional, nos podremos encontrar con la aplicabilidad de diversas leyes.

A las soluciones por vía de normas de conflictos, se suman las que directamente tienen fuente convencional, que pueden introducir otros criterios, como que la ley aplicable al contrato es determinada por el derecho del estado con el cual tenga los vínculos más estrechos[40].

Por otra parte, en materia contractual se busca siempre salvaguardar la validez de la relación contractual, por lo que su invalidez o

---

[39] Sentencia del juez Hand, citado por Guardians Cambó, Ignacio, *Contrato internacional y Derecho imperativo extranjero*, Pamplona, Aranzadi, 1992, p. 266.

[40] Art. 9 de la Convención Interamericana sobre Derecho Aplicable a los Contratos Internacionales.

nulidad debería ser excepcional, en la interpretación la tendencia debería ser la aplicación del principio "*favor negotii*"[41].

En cuanto a la interpretación

> Los principios establecidos de UNIDROIT han precisado que el contrato internacional debe interpretarse conforme a la intención común de las partes. Si dicha intención no puede ser establecida, el contrato se interpretará conforme el sentido que le habrían dado las personas sensatas en la misma condición que las partes, colocados en la misma circunstancia[42].

Como hemos visto, conforme a las nuevas tendencias, se trata de ubicar de acuerdo con los elementos de la relación jurídica contractual, el derecho que tenga con la misma los vínculos o contactos más estrechos, para lo cual se recurrirá tanto a los elementos objetivos como subjetivos que surgen del contrato[43].

Las bases del derecho o vínculo más estrecho provienen del derecho norteamericano y tiene por antecedente remoto el caso Auten vs. Auten[44], precedente que dio lugar a la teoría del "centro de gravedad" o "agrupamiento de contactos", se expresó que los casos más recientes no atendían únicamente al lugar de celebración o cumplimiento del contrato sino a la ley del lugar en donde reside el centro de gravedad del asunto en disputa o los "contactos más significativos" de la misma[45].

---

41 En el ordenamiento jurídico paraguayo se puede inferir la regla de la última parte del Art. 22 del Código Civil "No se aplicarán las leyes extranjeras cuando las normas de este Código sean más favorables a la validez de los actos".

42 Santos Belandro, Rubén, *El Derecho aplicable a los contratos internacionales*, Montevideo, Fundación Cultura Universitaria, 1996, p. 106.

43 Giral Pimentel, José Alfredo, *La teoría de las vinculaciones. El régimen aplicable al contrato en ausencia de la autonomía de la voluntad*, en: http://www.zur2.com/fcjp/117/giral.htm

44 En el caso Auten vs. Auten los Tribunales de Nueva York aplicaron la ley de Inglaterra (ley de la nacionalidad de las partes, del domicilio conyugal y del domicilio de los hijos) al cumplimiento de un contrato de separación entre esposos celebrado en Nueva York 14 años antes del juicio, no obstante que Nueva York era además el domicilio de una de las partes al momento del litigio y el lugar del pretendido cumplimiento del contrato. El caso culminó un año después de finalizado el Segundo Restatement bajo la dirección de del Prof. Willis Reese.

45 "Richman & Reynolds 194 Nota 6 y 195. Siehr anota similitudes entre esta teoría y la teoría de la sede de la relación jurídica de Savigny, así como con la teoría del centro de gravedad de Gierke, Ver Siehr, Kurt G., Domestic Relations in Europe: European Equivalents to

Los autores norteamericanos sustentan que la base de la aplicación de la ley extranjera se justifica por la justicia que representaría para el caso concreto o relación jurídica determinada. El juez debe consultar primeramente sus propias reglas y solo con el objetivo de hacer justicia, aplicar la ley extranjera.

Las corrientes que propugnan resolver los conflictos de leyes por medio de la aplicación de la "ley más relevante", constituye una fuerte orientación para el sistema americano y doctrina prevalente.

La teoría fue esbozada por Robert Leflar, conforme a los elementos a ser considerados por los jueces en las decisiones en los casos multi estatales, se debe tener presente en conjunto la ley de mayor influencia ("*Choice-Influencing Considerations*"), la previsibilidad de resultado, el mantenimiento el orden Interestatal e internacional, la simplificación de la tarea judicial; la protección de los intereses gubernamentales del foro y aplicación de la regla de la ley más relevante o la mejor ley al caso. Adhiere a esta teoría F. Juenger, indica que estas teorías han significado el derrumbe del dogma bilateralista.

En los sistemas que prevalece el uso de normas de conflicto, como medio para ubicar la ley material aplicable, son las normas de conflicto a las cuales recurrirá el juez, observando los elementos de la relación jurídica y calificando la naturaleza de la relación.

VII. LOS ESFUERZOS DE ARMONIZACIÓN Y UNIFICACIÓN

Diversas fuentes convencionales producto de organizaciones e instituciones abocadas a la armonización del derecho internacional privado, han propiciado y generado leyes modelos, reglamentaciones y convenciones internacionales que reflejan la preocupación en la evolución de la materia.

Entre los ya remotos, el Tratado de Derecho Civil Internacional de Montevideo de 1940 tiene una referencia por excepción, en el artículo 5 del Protocolo "La jurisdicción y la leyes aplicables sobre los tratados no pueden ser modificadas por voluntad de partes, salvo: en la medida en

American Evolutions, en 30 The American Journal of Comparative Law 37, 40-41 (1982)", en cita de José Alfredo Giral Pimentel.

que dicha ley lo autorice"[46]. Sobre su interpretación, Antonio Boggiano, señala que al no existir prohibición expresa, debe interpretarse que los Tratados de Montevideo lo admiten[47]. En aquella época, los Estados en general no aceptaban con amplitud el principio.

Una de las referencias más importantes es el Convenio Europeo sobre la Ley aplicable a las Obligaciones Contractuales de Roma de 1980, refiere en el artículo 1.1. "Las disposiciones del presente Convenio serán aplicables, en las situaciones que impliquen un conflicto de leyes, a las obligaciones contractuales".

En torno a la autonomía de las partes para determinar la legislación aplicable en este tipo de contratos, el artículo 3.3 dispone

> La elección por las partes de una ley extranjera, acompañada o no de la de un Tribunal extranjero, no podrá afectar, cuando todos los demás elementos de la situación estén localizados en el momento de esta elección en un solo país, a las disposiciones que la ley de ese país no permita derogar por contrato, denominadas en lo sucesivo "disposiciones imperativas".

En Convención de Viena de 1980 sobre los Contratos de Compraventa Internacional de Mercaderías y en la Convención de La Haya de 1986 sobre la ley aplicable a los Contratos de Compraventa Internacional de Mercaderías[48] se encuentra el mismo principio.

El punto más destacado en la evolución, ha sido la Convención Interamericana sobre Derecho aplicable a los Contratos Internacionales[49], define el alcance de la expresión contratos internacionales. En su

---

[46] El Tratado de Montevideo de Derecho Civil Internacional de 1889 no contiene referencias con relación a la autonomía de la voluntad, ni a la aceptación o rechazo del principio.

[47] Fresnedo de Aguirre, Cecilia, *La autonomía de la voluntad en la contratación internacional*, Montevideo, Fundación de Cultura Universitaria, 1991.

[48] Fresnedo de Aguirre, *La autonomía de la voluntad…*, ob. cit., p. 9.

[49] "Precedida de serios estudios e ilustradas discusiones, el 18 de marzo de 1994 fue suscrita en ciudad de México la Convención Interamericana sobre Derecho Aplicable a los Contratos Internacionales ('CIDACI'). La adopción de la CIDACI tuvo lugar en el marco de la Quinta Conferencia Interamericana Especializada sobre Derecho Internacional Privado ('CIDIP-V') y fue suscrita por México, Venezuela, Uruguay, Brasil y Bolivia. Muy prontamente fue ratificada por Venezuela y México, pero luego de dichas ratificaciones la CIDACI, hasta la fecha, no ha recibido otras ratificaciones. Como resultado de lo anterior solo rige como tratado internacional para esos dos países". Eugenio Hernández-Bretón,

artículo 1, luego de determinar que se aplica a este tipo de relaciones, refiere "Se entenderá que un contrato es internacional si las partes del mismo tienen su residencia habitual o su establecimiento en Estados Parte diferentes, o si el contrato tiene contactos objetivos con más de un Estado Parte".

Específicamente sobre la autonomía de la voluntad la Convención Interamericana (CIDIP-V), siguiendo el modelo de la Unión Europea con Convención de Roma de 1980[50], consagra el principio en el artículo 7, al referirse a la "Determinación del derecho aplicable".

La Convención enuncia

> El contrato se rige por el derecho elegido por las partes. El acuerdo de las partes sobre esta elección debe ser expreso o, en caso de ausencia de acuerdo expreso, debe desprenderse en forma evidente de la conducta de las partes y de las cláusulas contractuales, consideradas en su conjunto. Dicha elección podrá referirse a la totalidad del contrato o a una parte del mismo. La selección de un determinado foro por las partes no entraña necesariamente la elección del derecho aplicable.

Hernández-Bretón, expresa

> En atención a la tan amplia y liberal admisión del principio de autonomía conflictual, se hizo necesario imponer una obligatoria limitación a dicho principio. Siguiendo el modelo del Convenio de Roma, la CIDACI reconoce la existencia de las llamadas normas de aplicación necesaria, las cuales se aplicarán obligatoriamente en todos los casos aún en aquellos supuestos en que las partes han elegido el derecho aplicable. Tal es la situación respecto de las normas

---

La contratación internacional en Las Américas: La CIDACI 22 Años Después, en: https://revistas.unc.edu.ar/index.php/esdeem/article/view/15939/15742.

50 El Convenio de Roma de 1980 sobre ley aplicable a las obligaciones contractuales: unifica las normas de conflicto de los Estados miembros de la UE en esta materia estableciendo un mismo régimen jurídico internacional cuando el litigio verse sobre alguno de los contratos contemplados en su ámbito de aplicación. Su interpretación uniforme la asegura el TJCE. Este Convenio se aplicará siempre que el supuesto litigioso caiga bajo su ámbito de aplicación, incluso si, haciendo uso de la autonomía de la voluntad las partes sometieron el contrato a la ley de un tercer Estado.

de aplicación necesaria del foro que conozca del caso relativo a la materia contractual. También se prevé en la CIDACI que discrecionalmente el tribunal del foro pueda aplicar las normas de aplicación necesaria de terceros estados con los cuales el contrato presente un vínculo estrecho. Esta es la solución del artículo 11 de la CIDACI[51].

El autor apunta además

> ...hemos sostenido que a la luz de la CIDACI la contratación internacional se apoya en cuatro pilares fundamentales[52]. Dichos pilares son: (1) La admisión de la autonomía conflictual, (2) El reconocimiento de la teoría de los vínculos más estrechos o más directos, (3) La aplicación de la nueva lex mercatoria y (4) La intervención de las normas de aplicación necesaria.

Se puede apreciar lo avanzado de la convención, no por otra cosa a servido de base de la elaboración de los Principios de La Haya en materia de contratación internacional[53].

Moreno Rodríguez refiere que

> La idea de elaborar en la Conferencia de La Haya un instrumento en materia de contratación internacional ya había sido propuesta en el año 1980[54], luego de que con tantos elogios se elaborara en Europa

---

[51] Hernández-Bretón, La contratación internacional en Las Américas..., ob. cit.

[52] Hernández-Bretón, Eugenio, La Contratación mercantil internacional a la luz de la Convención Interamericana sobre Derecho Aplicable a los Contratos Internacionales, en: V*isión Contemporánea del Derecho Mercantil Venezolano, IV Jornadas Centenarias del Colegio de Abogados del estado Carabobo*, Caracas, Vadell Hermanos, 1997, pp. 39-63.

[53] Moreno Rodríguez, José, La Convención de México sobre el Derecho Aplicable a la Contratación Internacional, Washington DC, Organización de Estados Americanos, 2006.

[54] Ha sido una propuesta del entonces gobierno checoslovaco. Doc. Prel. n° 10 de enero de 1980, Oficina Permanente de la Conferencia (edit.), Actes et documents de la Quatorzième session, t. I, La Haya, 1982, pp. I-158, No. 18. Lo cita el trabajo de la Oficina Permanente de la Conferencia de La Haya de Derecho Internacional Privado, del que principalmente han participado Marta Pertegás e Ivana Radic, intitulado Elección de la ley aplicable a los contratos del comercio internacional. ¿Principios de La Haya?, en: J. Basedow / D. Fernández Arroyo / J. Moreno Rodríguez, *Cómo se codifica hoy el Derecho comercial internacional*, Asunción, CEDEP, La Ley Paraguaya, 2010, pp. 341 ss. También, en 1980, un Grupo de Trabajo constituido por la Comisión de Derecho y Prácticas Comerciales de la Cámara de Comercio Internacional presentó a sus comités nacionales un proyecto de directivas en materia de ley aplicable a los contratos internacionales. En aquel momento, dicha Comisión

el Convenio de Roma de 1980 relativo al derecho aplicable a los contratos, hoy convertido en Reglamento Comunitario No. 593 de 200814. Este instrumento inspiró, a su vez, a la llamada Convención de México de 1994, elaborada en las Américas en el seno de las Conferencias Interamericanas Especializadas de Derecho Internacional Privado (CIDIPs)[55].

Lo más novedoso son los Principios de La Haya sobre los contratos internacionales, cuyo mayor aporte es precisamente referido a la autonomía de la voluntad de las partes (art. 2.1), asumiendo de que no hay nadie en mejor posición que los propios contratantes para señalar la Ley más adecuada para regir su transacción, incluyendo otros aportes no menos significativos, como la posibilidad de la elección de un derecho no estatal.

Su influencia de La Haya ya se ha hecho sentir y seguramente marcara el rumbo de los debates sobre los contratos internacionales y especialmente el alcance e interpretación en la aplicación del principio de autonomía de la voluntad.

La Ley de la República del Paraguay No. 5.393/15, que la tuvo como fuente, deja una amplia discrecionalidad a las partes para la elección del derecho aplicable, las partes pueden simplificar la elección señalando una sola ley o varias para los diversos elementos del contrato, acotando que para tal efecto deben ser claramente distinguibles de modo a evitar dudas sobre el derecho referido. La elección de la ley aplicable debe ser expresa o en su caso desprenderse de forma evidente de las cláusulas del contrato y la conducta de las partes.

---

consideró que los litigios entre las partes de relaciones comerciales internacionales "dan lugar a menudo a cuestiones relativas a la ley aplicable a los contratos" y que "convendría recomendar a los árbitros que tomasen en consideración las normas de conflicto [previstas] en los asuntos donde se suscita la cuestión de la ley aplicable a los contratos". Se expresa en el trabajo de la Oficina Permanente de la Conferencia de La Haya, que aunque esta idea no tuvo éxito en la época y su ámbito de aplicación se limitaba al arbitraje, parecería oportuno –tres décadas más tarde– continuar el trabajo iniciado, extendiéndolo al contencioso judicial del comercio internacional, ver Reporte de Oficina Permanente, p. 343.

[55] Moreno Rodriguez, José, *Los Principios de La Haya y el Derecho no estatal en el arbitraje comercial internacional*, en: http://www.pj.gov.py/ebook/monografias/nacional/arbitraje/Jos%C3%A9-Antonio-MorenoLos-Principios-de-la-haya.pdf

A título de conclusión, podemos afirmar que la evolución de las relaciones contractuales y en especial el comercio internacional han impuesto cada vez más el principio de autonomía de la voluntad plasmado en diversos instrumentos convencionales y leyes modelos, cuya penetración en el derecho interno de los Estados es previsible.

DE LA REGULACIÓN DE LA PARTE GENERAL DEL DERECHO INTERNACIONAL PRIVADO EN LA UNIÓN EUROPEA

STEFAN LEIBLE*

Resumen: Este trabajo parte de la premisa de que las ventajas de una codificación de la Parte General del Derecho internacional privado europeo superan a los inconvenientes de la misma. Así, evalúa las posibilidades de adoptar un Reglamento que recoja la parte genereal del Derecho internacional privado y su posible aplicabilidad directa. En la contribución se expone por qué debe preferirse un Reglamento "Roma" a un Reglamento "B-Roma", cómo funciona la competencia legislativa y el procedimiento legislativo en el plano europeo, qué contenidos debería recoger este instrumento y de qué modo, y bajo qué puntos de vista debería el legislador europeo decidirse a favor de una u otra variante, para finalmente volver de nuevo a las perspectivas de un Reglamento "Roma 0".

Abstract: *This paper is based on the premise that the advantages of an encoding of the General Part of European private international law outweigh the disadvantages of it. Thus, it evaluates the possibilities of adopting a Regulation that includes the general part of private international law and its possible direct applicability. The contribution sets out why a "Rome" Regulation should be preferred to a "B-Rome" Regulation, how legislative competence and legislative procedure operate at the European level, what content this instrument should contain and how, and under what points of view should the European legislator decide in favor of one or another variant, to finally return again to the perspectives of a "Rome 0" Regulation.*

* Rector de la Universidad de Bayreuth, Alemania.

I. INTRODUCCIÓN

La Ley venezolana de Derecho internacional privado es conocida en Europa y en particular en Alemania especialmente a través de las propias publicaciones del homenajeado[1] y del apoyo por él prestado a una tesis doctoral alemana sobre este tema[2]. Una diferencia llamativa con el actual Derecho internacional privado de la Unión Europea consiste en que la Ley venezolana de Derecho internacional privado contiene un amplio capítulo con "Disposiciones Generales"[3]. Además, Venezuela también ha ratificado desde hace tiempo la Convención interamericana sobre normas generales del Derecho internacional privado de 1979[4]. Un catálogo tan transversal de normas falta (¿aún?) a nivel de la Unión Europea.

Después de que con el Tratado de Ámsterdam se transformase el mero acuerdo intergubernamental en asuntos civiles según el Tratado de Maastricht en una auténtica política comunitaria y que el artículo 81 del Tratado de Funcionamiento de la Unión Europea se convirtiese en una norma competencial independiente para la "cooperación judicial en materia civil" con el Tratado de Niza[5], la Unión Europea está

1 Hernández-Bretón, Eugenio, Neues venezolanisches Gesetz über das Internationale Privatrecht, en: *IPRax* 1999, Hefte 3, pp. 191 ss.; también B. de Maekelt, Tatiana, Das neue venezolanische Gesetz über Internationales Privatrecht, en: *RabelsZ*, 2000, Hefte 2, Bd 64, pp. 299 ss.; Parra-Aranguren, Gonzalo, La loi vénézuélienne de 1998 sur le Droit international privé, en: *Revue critique de Droit International Privé*, 1999, Vol. 88(2), pp. 209 ss.

2 Monléon, Nicole, *Das neue internationalen Privatrecht von Venezuela,* Tübingen, Mohr Siebeck, 2008.

3 Sobre los antecedentes resumidamente B. de Maekelt, Das neue venezolanische Gesetz..., ob. cit., p. 309; con más detalle sobre la Parte General del Derecho internacional privado venezolano: Monléon, *Das neue internationalen Privatrecht von Venezuela...,* ob. cit., pp. 76-101.

4 Sobre los desarrollos actuales en la unificación del Derecho internacional privado, especialmente en el ámbito contractual, véase Dreyzin de Klor, Adriana, The harmonisation of International Contract Law in Latin America, en: S. Leible / R. Miquel Sala (eds.), *Legal Integration in Europe and America*, Jena, Jenaer Wissenschaftliche Verlagsgesellschaft, 2018, pp. 11 ss.

5 Sobre la elaboración de la norma Leible, Stefan, Art. 81 AEUV, en: Streinz (ed.), *EUV/AEUV. Vertrag* über *die Europäische Union, Vertrag* über *die Arbeitsweise der Europäischen Union, Charta der Grundrechte der Europäischen Union*, 2018, CH Beck, 3ª Auflage, 2018, Rn. 1 ss.

unificando cada vez más sectores del Derecho internacional privado hasta entonces regulados puramente por normas nacionales o convencionales, normalmente por medio de Reglamentos. Si bien en un principio la atención se centró sobre todo en el Derecho procesal civil internacional, desde el final de la última década también las normas sobre conflictos de leyes están cada vez más en el punto de mira del legislador europeo. El Reglamento Roma II marcó el inicio[6], y poco después siguió el Reglamento Roma I[7]. Desde entonces no ha habido pausa. Antes de ocuparse del Derecho internacional de sucesiones[8], el legislador europeo se apoderó ya del Derecho internacional de familia con el Reglamento relativo a los alimentos[9] y el Reglamento Roma III[10]. A ello siguieron el Derecho internacional sobre los regímenes económicos en el matrimonio y en las uniones registradas[11]. Los planes del legislador europeo se han dirigido entre tanto a la eficacia frente a terceros de la cesión de créditos[12].

---

6 Reglamento (CE) No. 864/2007 del Parlamento Europeo y del Consejo, de 11 de julio de 2007, relativo a la ley aplicable a las obligaciones extracontractuales (Roma II), DOUE 2007 L 199/40.

7 Reglamento (CE) No. 593/2008 del Parlamento Europeo y del Consejo, de 17 de junio de 2008, sobre la ley aplicable a las obligaciones contractuales (Roma I), DOUE 2008 L 177/6.

8 Cfr. el Reglamento (UE) No. 650/2012 del Parlamento Europeo y del Consejo, de 4 de julio de 2012, relativo a la competencia, la ley aplicable, el reconocimiento y la ejecución de las resoluciones, a la aceptación y la ejecución de los documentos públicos en materia de sucesiones mortis causa y a la creación de un certificado sucesorio europeo, DOUE 2012 L 201/107.

9 Reglamento (CE) No. 4/2009 del Consejo, de 18 de diciembre de 2008, relativo a la competencia, la ley aplicable, el reconocimiento y la ejecución de las resoluciones y la cooperación en materia de obligaciones de alimentos, DOUE 2009 L 7/1.

10 Reglamento (UE) No. 1259/2010 del Consejo, de 20 de diciembre de 2010, por el que se establece una cooperación reforzada en el ámbito de la ley aplicable al divorcio y a la separación judicial, DOUE 2010 L 343/10.

11 Reglamento (UE) 2016/1103 del Consejo, de 24 de junio de 2016, por el que se establece una cooperación reforzada en el ámbito de la competencia, la ley aplicable, el reconocimiento y la ejecución de resoluciones en materia de regímenes económicos matrimoniales, DOUE 2016 L 183/1; Reglamento (UE) 2016/1104 del Consejo, de 24 de junio de 2016, por el que se establece una cooperación reforzada en el ámbito de la competencia, la ley aplicable, el reconocimiento y la ejecución de resoluciones en materia de efectos patrimoniales de las uniones registradas, DOUE L 183/30.

12 Propuesta de Reglamento del Parlamento Europeo y del Consejo sobre la ley aplicable a los efectos frente a terceros de las cesiones de créditos, COM(2018) 96 final de 12 de marzo de 2018.

Si hay algo que no guste en absoluto a la ciencia jurídica –en especial a la alemana– es la falta de sistemática[13]. Por tanto, a la vista de las muchas normas "especiales", no sorprende que la idea de la coherencia pasase pronto a un primer plano en el debate científico del Derecho internacional privado[14]. Se cuestionan la necesidad, las condiciones y los contenidos de una "Parte General" o –dicho de modo sintético–: ¿Necesitamos un Reglamento Roma 0?[15] Entretanto, el propio Parlamento Europeo ha abordado ya el tema en varias ocasiones[16]. La experta con-

[13] Cfr. también los trabajos del homenajeado, en los que se ocupó con ánimo estructurador del Derecho internacional privado y del Derecho procesal civil internacional en América del Sur y América Latina: Hernández-Bretón, Eugenio, Mestizaje cultural en el Derecho internacional privado de los países de la América Latina, Caracas, Academia de Ciencias Políticas y Sociales, 2007; íd., *Internationale Gerichtsstandsklauseln in Allgemeinen Geschäftsbedingungen*, Bern, Peter Lang, 1993.

[14] Cfr. también por ejemplo las contribuciones en G. Rühl / J. von Hein (eds.), *Kohärenz im Internationalen Privat- und Verfahrensrecht der Europäischen Union*, Tübingen, Mohr Siebeck, 2016; Trüten, Dirk, *Die Entwicklung des Internationalen Privatrechts in der Europäischen Union*, Bern, Stämpfil Verlag AG, 2015, p. 607 ss.; Heinze, Christian, Bausteine eines Allgemeinen Teils des europäischen Internationalen Privatrechts, en: D. Baetge / J. von Hein / M. von Hinden (eds.), Die richtige Ordnung. Festschrift für Jan Kropholler zum 70. Geburtstag, Tübingen, Mohr Siebeck, 2008, p. 105 ss.; Leible, Stefan, Der Beitrag der Rom II-Verordnung zu einer Kodifikation der allgemeinen Grundsätze des Europäischen Kollisionsrechts, en: G. Reichelt (ed.), *Europäisches Gemeinschaftsrecht und IPR – Ein Beitrag zur Kodifikation der Allgemeinen Grundsätze des Europäischen Kollisionsrechts*, Wien, Manz, 2007, p. 31 ss.; íd., Rom I und Rom II: Neue Perspektiven im Europäischen Kollisionsrecht, 2009, p. 47 ss.; *Reichelt*, Zur Kodifikation des Europäischen Kollisionsrechts – am Beispiel des ordre public, en: íd. (ed.), *Europäisches Gemeinschaftsrecht und IPR. Ein Beitrag zur Kodifikation der Allgemeinen Grundsätze des Europäischen Kollisionsrechts*, Wien, Manz, 2007, p. 5 ss.; Sonnenberger, Hans Jürgen, Randbemerkungen zum Allgemeinen Teil eines europäisierten IPR, en: D. Baetge / J. von Hein / M. von Hinden (eds.), Die richtige Ordnung. Festschrift für Jan Kropholler zum 70. Geburtstag, Tübingen, Mohr Siebeck, 2008, pp. 227 ss.

[15] Cfr. las numerosas contribuciones en S. Leible (ed.), *General Principles of European Private International Law*, Kluwer Law International, 2016; S. Leible / H. Unberath (eds.), *Brauchen wir eine Rom 0-Verordnung?*, Jena, Jenaer Wissenschaftliche Verlagsgesellschaft, 2013; además por ejemplo Wilke, Felix, A Conceptual Analysis of Private International Law, London, Intersentia, 2019; íd., Brauchen wir eine Rom 0-Verordnung?, en: *Zeitschrift für Gemeinschaftsprivatrecht*, 2012, Vol. 9, Issue 6, pp. 334 ss.; Nehne, Timo, Methodik und allgemeine Lehren des europäischen Internationalen Privatrechts, Tübingen, Mohr Siebeck, 2012; también Weller, Matthias, Allgemeine Lehren, en: íd. (ed.), *Europäisches Kollisionsrecht*, Baden-Baden, Nomos, 2016, pp. 19 ss. así como las contribuciones en T. Azzi / O. Boskovic (ed.), *Quel avenir pour la théorie générale des conflits de lois?*, Paris, Bruylant, 2015, y en M. Fallon / P. Lagarde / S. Poillot-Peruzzetto (ed.), *Quelle architecture pour un code européen de Droit international privé*, Bern, Peter Lang, 2011.

[16] Rühl, Gisela, / Jan von Hein, Towards a European Code on Private International Law?, en: *RabelsZ*, 2015, Vol. 79, pp. 701 ss., (cfr. la presentación en http://www.europarl.europa.eu/

sultada por el Parlamento Xandra E. Kramer manifiesta grandes simpatías por un *European private international law code* con una Parte General, aun cuando deja entrever –con razón– dudas sobre su factibilidad política en la actualidad[17].

Dejando de lado el completamente incierto contexto político, la presente contribución parte de la premisa de que las ventajas de una codificación de la Parte General del Derecho internacional privado europeo superan a los inconvenientes de la misma. Sin embargo, debe destacarse aquí especialmente una ventaja (general) del Derecho internacional privado de la Unión Europea precisamente en comparación con las distintas Convenciones interamericanas: su aplicabilidad directa, o de forma refleja la inaplicabilidad de los Derechos internacionales privados nacionales. En lo que sigue, la contribución expone por qué debe preferirse un Reglamento "Roma" a un Reglamento "B-Roma" (II), cómo funciona la competencia legislativa y el procedimiento legislativo en el plano europeo (III), qué contenidos debería recoger este instrumento y de qué modo (IV), y bajo qué puntos de vista debería el legislador europeo decidirse a favor de una u otra variante (V), para finalmente volver de nuevo a las perspectivas de un Reglamento "Roma 0" (VI).

II. ¿ROMA 0 O BROMA 0?

En un primer momento –si exceptuamos el Reglamento Europeo de Insolvencia[18]– el legislador europeo separó de forma estricta entre Reglamentos sobre Derecho procesal civil internacional, entre ellos especialmente los Reglamentos "Bruselas"[19], y los de Derecho

RegData/etudes/STUD/2015/510003/IPOL_STU(2015)510003_EN.pdf); Kramer, Xandra, A European Framework for private international law: current gaps and future perspectives, Brussels, European Parliament, 2012.

[17] Cfr. Las recomendaciones de Kramer, Xandra, *Current gaps and future perspectives in European private international law: towards a code on private international law?*, Brussels, European Parliament, 2012, p. 18.

[18] Reglamento (CE) No. 1346/2000 del Consejo, de 29 de mayo de 2000, sobre procedimientos de insolvencia, DOCE L 160/1.

[19] Reglamento (CE) No. 44/2001 del Consejo, de 22 de diciembre de 2000, relativo a la competencia judicial, el reconocimiento y la ejecución de resoluciones judiciales en materia civil y mercantil, DOCE L 12/1 (Reglamento "Bruselas I"), ahora Reglamento (UE)

internacional privado en sentido estricto, los Reglamentos "Roma". Los Reglamentos más recientes, por el contrario, tratan de la competencia internacional, el reconocimiento y ejecución de decisiones y los conflictos de leyes en un sector jurídico dentro de un único instrumento normativo[20]. En principio esto no es sorprendente ni merecedor de crítica, puesto que la concurrencia de *forum* y *ius* que con ello se persigue es indudablemente práctica, y al fin y al cabo tanto el término "Derecho internacional privado" como el término "*conflict of laws*", usual en el *common law,* se utilizan a menudo como término general para todas aquellas cuestiones jurídicas, formales o materiales, que se plantean en los llamados "supuestos con elementos de extranjería"[21].

Enlazando con esta comprensión del concepto, lo consecuente sería regular las respuestas a las cuestiones arriba formuladas no solo en un instrumento general de conflicto de leyes, sino en un instrumento completamente general: ni "Bruselas" ni "Roma" sino (desde luego con una abreviatura algo desafortunada para el mundo hispanohablante) "BRoma"[22]. Tampoco la Ley venezolana de Derecho internacional privado se limita a la determinación del Derecho aplicable. Lo que ocurre

---

n° 1215/2012 del Parlamento Europeo y del Consejo, de 12 de diciembre de 2012, relativo a la competencia judicial, el reconocimiento y la ejecución de resoluciones judiciales en materia civil y mercantil, DOCE L 351/1 (Reglamento "Bruselas Ibis"); Reglamento (CE) No. 2201/2003 del Consejo, de 27 de noviembre de 2003, relativo a la competencia, el reconocimiento y la ejecución de resoluciones judiciales en materia matrimonial y de responsabilidad parental, por el que se deroga el Reglamento (CE) No. 1347/2000, DOUE L 338/1 (Reglamento "Bruselas IIbis).

20 Y no basta con ello: el Reglamento europeo de sucesiones introduce además un propio certificado sucesorio europeo.

21 Una tendencia contraria en crecimiento considera sin embargo que el Derecho internacional privado, a pesar de su denominación al fin y al cabo equívoca, no depende de la existencia de elementos de extranjería cualquiera que sea su naturaleza, sino que plantea la cuestión sobre el derecho aplicable también en los llamados supuestos puramente internos (cfr. sin embargo art. 1 de la Ley venezolana de Derecho internacional privado, que en ningún caso representa un caso aislado a nivel mundial). Por razones de competencia (ver *infra* III.) los instrumentos legislativos de la Unión Europea requieren sin embargo en cualquier caso un elemento de extranjería. Sobre este tema en general recientemente Wilke, *A conceptual analysis of Private International Law…*, ob. cit..

22 Véase sobre el concepto en: Heiss, Helmut /Emese Kaufmann-Mohi, Classification: A subject matter for a Rome 0 Regulation?, en: S. Leible (ed.), *General Principles of European Private International Law*, Kluwer Law International, 2016, pp. 87 ss., especialmente p. 89.

es que los principios que subyacen a ambos sectores no son necesariamente idénticos[23]. Ya por este motivo es apropiado para empezar un tratamiento separado, siempre que se trate de cuestiones de naturaleza general. Además ya existe una especie de (pequeña) Parte General del Derecho procesal civil europeo, consistente en el nuevo Reglamento Bruselas I, reformado después de extensos debates y que posiblemente incluso puede ser completado por las "*European Rules of Civil Procedure*"[24] en el Derecho procesal material. Por tanto, a medio plazo parece justificada una concentración exclusiva en "Roma" y solo a largo plazo se podría reflexionar sobre un Código unitario.

III. COMPETENCIA Y PROCEDIMIENTO

La competencia del legislador europeo para la regulación del Derecho internacional privado se fundamenta en el artículo 81.2 c) del Tratado de Funcionamiento de la Unión Europea. Según el apartado primero de este artículo, debe desarrollarse una cooperación judicial en asuntos civiles, que abarca expresamente también la aproximación de las disposiciones legales y reglamentarias con repercusión transfronteriza, basada en el principio de reconocimiento mutuo de las resoluciones judiciales y extrajudiciales. Esta cooperación podrá incluir la adopción de medidas de los Estados miembros. Así pues, el principio de reconocimiento[25] anclado en el Derecho originario no está en absoluto aislado, sino que debe completarse con legislación europea de finalidad unificadora. Según el artículo 81.2 c) del Tratado de Funcionamiento de

---

23 Sobre ello Würdinger, Markus, Das Prinzip der Einheit der Schuldrechtsverordnungen im Europäischen Internationalen Privat- und Verfahrensrecht, en: *RabelsZ* , 2011, Vol. 75, pp. 102 ss.

24 Así un proyecto actual del European Law Institute con UNIDROIT, cfr. https://www.unidroit.org/work-in-progress-eli-unidroit-european-rules o https://www.europeanlawinstitute.eu/projects-publications/current-projects-feasibility-studies-and-other-activities/current-projects/civil-procedure

25 Sobre el principio del reconocimiento en el Derecho internacional privado europeo Lehmann, Matthias, Recognition as a substitute for conflict of Laws?, en: S. Leible (ed.), *General Principles of European Private International Law*, Kluwer Law International, 2016, pp. 11 ss.; Grünberger, Michael, Alles obsolet? – Anerkennungsprinzip vs. klassisches IPR, en: S. Leible / H. Unberath (eds.), *Brauchen wir eine Rom 0-Verordnung?*, Jena, Jenaer Wissenschaftliche Verlagsgesellschaft, 2013, pp. 81 ss.

la Unión Europea, el Parlamento Europeo y el Consejo adoptarán, con arreglo al procedimiento legislativo ordinario, medidas para garantizar la compatibilidad de las normas aplicables en los Estados miembros en materia de conflictos de leyes y de jurisdicción, "en particular" cuando estas medidas resulten necesarias para el buen funcionamiento del mercado interior. Con este inciso en el apartado segundo desaparece el obstáculo para la actividad legislativa que se leía en parte –aunque equivocadamente– en los requisitos de la norma predecesora (art. 65 Tratado de la Comunidad Europea). Como consecuencia, tampoco se cuestiona ya la aplicación universal de las normas de conflicto europeas. Las normas de Derecho internacional privado en sentido estricto cumplen con los requisitos del artículo 81.2 c) del Tratado de Funcionamiento de la Unión Europea *per se*, con lo que el Parlamento y el Consejo en principio tienen la competencia para dictar un Reglamento "Roma 0" con arreglo al procedimiento legislativo ordinario.

Desde luego plantea algunos problemas el artículo 81.3 del Tratado de Funcionamiento de la Unión Europea, según el cual en asuntos de familia con repercusión transfronteriza rige un procedimiento legislativo especial que requiere unanimidad y que la competencia recae en el Consejo, que solo requiere una consulta previa del Parlamento (art. 81.3, subapartado 1 TFUE). De ello resulta que un Reglamento "Roma 0" que pretendiese ser aplicable a todos los Reglamentos especiales de Derecho internacional privado (y con ello también a los que tratan cuestiones de Derecho de familia) debería ser dictado de acuerdo con los requisitos procedimentales del artículo 81.3 del Tratado de Funcionamiento de la Unión Europea.

De modo alternativo se podría dictar un Reglamento "Roma 0" sin ámbito de aplicación propio y lograr su aplicación a través de las remisiones contenidas en los respectivos Reglamentos "Roma" especiales. Estas remisiones podrían ser dinámicas o estáticas. Remisiones estáticas conllevarían la ventaja de que un Reglamento "Roma 0" se podría modificar más fácilmente. El inconveniente se encontraría en que las remisiones deberían reformarse para abarcar la respectiva versión actual del Reglamento "Roma 0". Con ello sería posible que en algún caso fuesen paralelamente aplicables distintas versiones del Reglamento "Roma 0". Remisiones dinámicas, cuya admisibilidad en el contexto del artículo 81.3 del Tratado de Funcionamiento de la Unión Europea no está exenta de dudas[26], generarían exactamente las consecuencias contrarias: un Reglamento "Roma 0" sería más difícil de modificar, existiría siempre una única versión vigente del mismo.

IV. CONTENIDO

El contenido de un Reglamento "Roma 0" se deriva sin más de la estructura de toda norma de conflicto (como es conocida también en el Derecho internacional privado venezolano[27]):[28] supuesto de hecho (A), punto de conexión (B) y consecuencia jurídica, que es la determinación del Derecho aplicable.

A. Supuesto de hecho

El supuesto de hecho describe el sector o subsector jurídico en el que debe ser aplicada la norma de conflicto[29]. Aquí pueden extraerse especialmente tres aspectos de importancia general: calificación (1), cuestión previa (2) y normas materiales imperativas (3). Aun cuando la representación aparece también en la discusión sobre un Reglamento "Roma 0"[30], su relevancia se agota principalmente en el Derecho contractual. Por ello, lo mejor es que estuviese situada en el Reglamento Roma I, que es donde –si bien en base a una propuesta de la Comisión completamente desencaminada en este punto– se quiso ubicar originariamente[31]. Por cierto, el legislador alemán, que recientemente dictó

---

[26] En contra Wilke, *A conceptual analysis of Private International Law*…, ob cit.

[27] Cfr. *Tatiana* B. de Maekelt, Das neue venezolanische Gesetz..., ob. cit., pp. 309 ss.

[28] Sobre la relación entre estructura normativa y Parte General ampliamente *W* Wilke, *A conceptual analysis of Private International Law*…, ob cit.

[29] Kropholler, Jan, *Internationales Privatrecht*, Tübingen, Mohr Siebeck, 6ª ed. 2006, § 13 II 1, p. 104; von Hoffmann Bernd / Karsten Thorn, *Internationales Privatrecht*, C.H. Beck, 9ª ed. 2007, § 4 Rn. 4.

[30] Gebauer, Martin, The Law of agency, en: S. Leible (ed.), *General Principles of European Private International Law*, Kluwer Law International, 2016, p. 345 ss.; Wilke, Brauchen wir eine Rom 0-Verordnung?..., ob. cit., p. 338.

[31] Cfr. al respecto Spellenberg, Ulrich, Vertreterverträge, en: S. Leible / F. Ferrari (eds.), *Ein Internationales Vertragsrecht für Europa*, Jena, Jenaer Wissenschaftliche Verlagsgesellschaft, 2006, pp. 151 ss.

una regulación sobre el Derecho aplicable a la representación voluntaria, tampoco la localizó en la (pequeña) Parte General del Derecho internacional privado alemán[32].

1. Calificación

Según la concepción aquí aplicable, con la calificación se trata de un método para determinar cuál es la norma de conflicto pertinente[33]. Esto requiere para empezar la interpretación del supuesto de hecho normativamente predeterminado. En cualquier caso, en teoría las definiciones legales son inequívocas; por lo demás se requieren métodos de interpretación. Naturalmente desde el punto de vista de la técnica jurídica sería posible introducir catálogos de definiciones en un Reglamento "Roma 0". No obstante, esto podría sobrecargar muy rápidamente un instrumento de este tipo. Por ello parece preferible dejar las definiciones en el respectivo instrumento especial[34]. Para una codificación de los métodos europeos de interpretación en un Reglamento "Roma 0" no hay casi necesidad, puesto que en primer lugar como mínimo se trata de una cuestión del Derecho privado europeo en su conjunto, y en segundo lugar el Tribunal de Justicia de la Unión Europea se ha pronunciado hasta ahora de forma razonablemente clara sobre los mismos.

Calificación significa además la clasificación del respectivo supuesto fáctico. Debido a la estrecha relación de este punto con la interpretación del supuesto de hecho se podría negar la necesidad de la codificación de este elemento. También el legislador venezolano omitió dictar una norma general sobre este punto[35]. No obstante, con ello se

---

32 Véase ahora el nuevo art. 8 EGBGB en la Sección "Derecho de las personas físicas y de los negocios jurídicos" es decir, precisamente fuera de la Sección anterior "Disposiciones generales". Cfr. en general sobre este artículo Rademacher, Lukas, Kodifikation des internationalen Stellvertretungsrechts – Zum Referentenentwurf des Bundesjustizministeriums, en: *IPRax*, 2017, pp. 56 ss.

33 Cfr. Kropholler, *Internationales Privatrecht...*, ob. cit., § 15 I 1, p. 114; Kegel, Gerhard / Klaus Schurig, *Internationales Privatrecht*, C.H. Beck, 9ª ed. 2004, § 7 I, p. 327.

34 Cfr. Heiss / Kaufmann-Mohi, Classification…, ob. cit., p. 92.

35 Monléon, *Das neue internationalen Privatrecht von Venezuela...*, ob. cit., p. 100; Hernández-Bretón, Neues venezolanisches Gesetz..., ob. cit., p. 195; B. de Maekelt, Das neue venezolanische Gesetz..., ob. cit., pp. 315 ss.

trata de un paso teóricamente independiente en el proceso de la calificación, y por tanto un Reglamento "Roma 0" debería contener también una norma al respecto. Se puede optar por una calificación autónoma, una calificación *ex lege fori* o una calificación *ex lege causae*. En atención a la deseada aplicación uniforme de la normas de conflicto unificadas se abre paso precisamente una solución autónoma. Si sin embargo faltasen estándares europeos, se debería poder recurrir subsidiariamente a la *lex fori*[36].

2. Cuestión previa

El tema y el concepto de la cuestión previa parecen ocupar especialmente al debate alemán sobre Derecho internacional privado[37], pero la misma también es relevante en el Derecho internacional privado europeo[38]. Normas legales nacionales sobre esta problemática son raras en los Estados miembros de la Unión Europea, mientras que el artículo 6 de la Ley venezolana de Derecho internacional privado y el artículo 8 de la Convención interamericana sobre normas generales del Derecho internacional privado contienen desde hace casi dos décadas una norma explícita, aunque abierta[39]. Aquí se trata de relaciones jurídicas que tienen prioridad sobre la decisión en cuanto a la "realmente" virulenta cuestión principal[40]. Un ejemplo paradigmático lo constituye la existencia del matrimonio en relación con un derecho sucesorio

---

[36] Así en principio también Nehne, Methodik und allgemeine Lehren..., ob. cit., pp. 189 ss.

[37] Bernitt, Carmen Christina, *Die Anknüpfung von Vorfragen im Europäischen Kollisionsrecht*, Tübingen, Mohr Siebeck, 2010; Solomon, Dennis, Die Anknüpfung von Vorfragen im Europäischen Internationalen Privatrecht, en: J. Bernreuther / R. Freitag / S. Leible / H. Sippel / U. Wanitzek, *Festschrift für Ulrich Spellenberg*, München, Sellier, 2010, pp. 355 ss.

[38] Gössl, Susanne L., Preliminary questions in EU Private International Law, en: *Journal of Private International Law*, 2012, Vol. 8, pp. 63 ss.; Siehr, Kurt, General problems of Private International Law in modern codifications *de lege lata* and *de lege Europea ferenda*, en: *Yearbook of Private International Law*, 2005, Vol. 7, pp. 17 ss., especialmente pp. 50 ss.

[39] Hierzu auch Monléon, *Das neue internationalen Privatrecht von Venezuela...*, ob. cit., pp. 89 ss.

[40] von Hoffmann / Thorn, *Internationales Privatrecht…*, ob. cit., § 6 Rn., pp. 56 ss.; Clarkson, Chris / Jonathan Hill, *The Conflict of Laws*, Oxford University Press, 4ª ed. 2011, pp. 44 ss.; L. Collins (ed.), *Dicey and Morris on The Conflict of Laws*, Thomson, 13ª ed. 2000, Vol. I, Rz. 2-044 ss.

del cónyuge supérstite. La diferenciación ulterior de este concepto del concepto de la "cuestión parcial" y la "cuestión preliminar" (*Erstfrage*) es habitual al menos en Alemania, aunque no generalmente aceptada[41]. La cuestión parcial designa a relaciones jurídicas que no pueden ser nunca objeto de una cuestión principal, debiendo incluso depender de una de ellas (por ejemplo la forma de un negocio jurídico). La cuestión preliminar se refiere a una relación jurídica prejudicial en una norma de Derecho internacional privado de la *lex fori* en contraposición de una relación de este tipo en una norma material de la *lex causae*.

Los partidarios de una conexión dependiente de las cuestiones previas argumentan con la armonía internacional de decisiones. A ello puede oponerse para empezar la falta de claridad terminológica de todo el complejo así como su falta de relevancia práctica[42]. En realidad, la determinación del Derecho aplicable a la cuestión previa solo se vuelve problemática cuando la cuestión principal no se debe decidir según la *lex fori*, la norma de conflicto respectiva en la *lex causae* difiere de la norma de conflicto de la *lex fori* y las normas de los respectivos Derechos materiales conducen a resultados diferentes. Sin embargo, teniendo en cuenta la aplicabilidad universal del Derecho internacional privado europeo, no puede excluirse que se dé esta combinación. Si bien en Alemania se favorece la conexión independiente de la cuestión previa en pos de la armonía interna de decisiones, en el contexto de la armonización europea se llegaría a la aplicación del Derecho unificado por la vía de la aplicación de la *lex fori*, existiendo solamente la posibilidad de recurrir subsidiariamente al Derecho internacional privado de los Estados miembros[43].

3. Normas materiales imperativas

Normas materiales imperativas son normas de un Derecho nacional que también deben aplicarse a un supuesto cuando en realidad el

---

[41] von Hoffmann / Thorn, *Internationales Privatrecht...*, ob. cit., § 6 Rn. 42 ss.; Kropholler, *Internationales Privatrecht...*, ob. cit., § 18, p. 130 ss., así como § 32, p. 221 ss.

[42] Mäsch, Gerald, Preliminary questions, en: S. Leible (ed.), *General Principles of European Private International Law*, Kluwer Law International, 2016, pp. 101 ss., especialmente p. 112.

[43] Nehne, Methodik und allgemeine Lehren..., ob. cit., p. 227.

Derecho internacional privado (europeo) conduce a la aplicación de otro ordenamiento jurídico[44]. Estas normas, que cada vez son más frecuentes e importantes en la práctica, erosionan el finamente calibrado sistema de conexiones de los Reglamentos Roma al desplazar al Derecho que resulta aplicable en virtud de las mismas[45]. Desde luego en una Parte General de un Derecho internacional privado europeo no puede renunciarse al tratamiento de la cuestión y a una cierta apertura a las normas materiales imperativas, puesto que la experiencia demuestra que los Estados normalmente no están dispuestos a renunciar a la aplicación de ciertas normas que se consideran especialmente importantes a pesar de la aplicación de un Derecho extranjero, en caso de existir una relación suficiente del supuesto con dichos Estados.

Por tanto, un Reglamento "Roma 0" debería definir en general las normas materiales imperativas. Con el artículo 9.1 del Reglamento Roma I está disponible un modelo aprovechable. Afortunadamente, la definición allí contenida no se orienta exclusivamente en la eficacia imperativa de dichas normas, sino que también describe su contenido. La referencia a la salvaguardia de sus intereses públicos, tales como su organización política, social o económica, se basa en una definición de Savigny[46] que fue modificada por Franceskakis[47] y asumida por el Tribunal de Justicia de la Unión Europea[48]. En principio la definición debe saludarse favorablemente, ya que hace evidente también para los no versados en Derecho internacional privado, que no toda norma del Derecho nacional puede elevarse sin más a norma material imperativa

[44] Cfr. también sobre el art. 10 de la Ley venezolana de Derecho internacional privado, redactado de forma bastante amplia, B. de Maekelt, Das neue venezolanische Gesetz..., ob. cit., p. 310; Parra-Aranguren, La loi vénézuélienne de 1998..., ob. cit., p. 217.

[45] En este contexto véase en relación con Latinoamérica también Madrid Martínez, Claudia, Material rule and Conflictual rule Regarding International Contracts in Latin America, en: S. Leible / R. Miquel Sala (eds.), *Legal Integration in Europe and America*, Jena, Jenaer Wissenschaftliche Verlagsgesellschaft, 2018, pp. 31 ss.

[46] Savigny, Friedrich Carl von, *System des heutigen römischen Rechts*, Berlin, 1849, tomo 8, p. 36.

[47] Franceskakis, Phocion, en: *Répertoire Dalloz de Droit international*, 1968, entrada: Conflit de lois (principes généraux), Nr. 137; véase ampliamente íd., Quelques précisions sur les "lois d'application immédiate" et leurs rapports avec les règles de conflits de lois, en : Revue critique de Droit International Privé, 1966, Vol. 55, pp. 1 ss.

[48] *TJUE*, asuntos acumulados C-369/96 y C-376/96, Arblade, Rec. 1999, I-8430, n. 30.

para hacer valer los intereses de determinados grupos[49]. No obstante continúa siendo aún bastante amplia[50] y por ello parece dudoso que las normas materiales imperativas puedan reducirse a ciertos preceptos fundamentales en un futuro. Al fin y al cabo según la formulación elegida en el artículo 9.1 del Reglamento Roma I es suficiente con que el Estado en cuestión considere a la norma como esencial para el interés público. Si de modo parecido a como ha ocurrido con la cláusula de orden público el Tribunal de Justicia de la Unión Europea no fija aquí unos límites, en un futuro tampoco las normas materiales imperativas podrán ser domesticadas por el Derecho internacional privado, sino solo con ayuda de las libertades fundamentales[51]. Con independencia de esto, con la definición en el artículo 9.1 del Reglamento Roma I se ha dado un primer e importante paso, que permite pronosticar con alguna probabilidad de éxito que de la creación de una Parte General del Derecho internacional privado europeo se podrá obtener una explicación satisfactoria del concepto de norma material imperativa. Para normas materiales imperativas del *forum* se tendría que clarificar que el Estado del *forum* no puede aplicar sus propias normas materiales imperativas si estas no presentan ninguna relación con el supuesto.

Además se plantea la cuestión relativa al efecto que tienen las normas materiales imperativas de otro Estado distinto al Estado del foro: ¿Pueden o incluso deben ser tomadas en consideración?[52] Si una de estas cuestiones se ha respuesto afirmativamente, ¿cómo ha de tener lugar dicha toma en consideración – en forma directa o indirecta?[53] Por

---

49 De modo parecido Bonomi, Andrea, Le régime des règles impératives et des lois de police dans le Règlement "Rome I" sur la loi applicable aux contrats, en : E. Cashin Ritaine / A. Bonomi (eds.), *Le nouveau règlement européen "Rome I" relatif à la loi applicable aux obligations contractuelles*, Lausanne, Schulthess, 2008, pp. 217 ss., especialmente p. 225.

50 Cfr. también –con ejemplos– Mankowski, Peter, Die Rom I-Verordnung – Änderungen im europäischen IPR für Schuldverträge, en: *Internationales Handelsrecht*, 2008, Vol. 8, pp. 133 ss., especialmente p. 147.

51 Sobre las diferencias véase Thorn, Karsten, Eingriffsnormen, en: S. Leible / F. Ferrari (eds.), *Ein Internationales Vertragsrecht für Europa*, Jena, Jenaer Wissenschaftliche Verlagsgesellschaft, 2006, pp. 129 ss., especialmente pp. 136 ss.

52 Cfr. Leible, Stefan, *Rom I und Rom II: Neue Perspektiven im Europäischen Kollisionsrecht*, Bonn, Zentrum für Europäisches Wirtschaftsrecht, 2009, pp. 62 ss.

53 Sonnenberger, Jürgen, Overriding Mandatory Provisions, en: S. Leible (ed.), *General Principles of European Private International Law*, Kluwer Law International, 2016, pp. 117 ss., especialmente pp. 123 ss.; cfr. Martiny, Dieter, VO (EG) 593/2008 Art. 9, en: J. Säcker / R.

desgracia falta hasta ahora un modelo útil para una regulación, puesto que art. 9.3 Reglamento Roma I, de ser aplicable, contribuye sólo escasamente a una solución.

B. Punto de conexión

El punto de conexión determina el vínculo entre el supuesto de hecho y la aplicación de las normas de un ordenamiento jurídico nacional[54]. Aquí debe prestarse atención a cuatro temas en particular: la cuestión sobre el principio fundamental de la conexión (1), la autonomía conflictual (2), la nacionalidad (3) y la residencia habitual (4).

1. ¿Vínculos más estrechos o protección de la parte débil?

El Derecho internacional privado europeo actual es parcialmente de estilo savigniano cuando se basa en los vínculos más estrechos de un supuesto fáctico con un ordenamiento jurídico, ya sea en la forma de conexiones más estrechas tipificadas como en el artículo 4.1 del Reglamento Roma I, en la forma de una norma de conflicto general de carácter subsidiario como en el artículo 4.4 del Reglamento Roma I, o en la forma de una cláusula de escape como en el artículo 4.3 del Reglamento Roma I. Todo esto se basa en la asunción de que el Derecho más adecuado objetivamente es aquél que está vinculado de forma más estrecha con la relación jurídica[55].

La protección de la parte débil aparece ya desde hace algún tiempo al lado del principio de los vínculos más estrechos, percibido como neutral[56]. Piénsese en el artículo 6 del Reglamento Roma I. Una posible consecuencia para un Reglamento "Roma 0" sería desterrar el principio de los vínculos más estrechos a los Considerandos o incluso

---

Rixecker (eds.), *Münchener Kommentar zum BGB*, München, Beck, 5ª ed. 2010, Rn tomo 10, pp. 118 ss.

54 Kropholler, *Internationales Privatrecht...*, ob. cit., § 13 II 2, p. 105; Kegel / Schurig, *Internationales Privatrecht...*, ob. cit., § 6 II 1 (p. 312).

55 Con más detalle Leible, Rom I und Rom II..., ob. cit., pp. 7 ss.

56 Con más detalle Leible, Stefan, Rechtswahlfreiheit und kollisionsrechtlicher Verbraucherschutz, en: C. Armbrüster / M. Franzen / M. Georgi / L. Haertlein / P. Heermann / S. Sieker / R. Wolfram (eds.), *Privatautonomie und Ungleichgewichtslagen, Jahrbuch Junger Zivilrechtswissenschaftler 1995*, 1996, pp. 245 ss.

considerar su completa omisión. Desde luego parece preferible otra solución que se base en las distintas funciones de los vínculos más estrechos. Mientras los vínculos más estrechos aparezcan como punto de conexión subsidiario, continúa tratándose de una solución razonable, que permite sobre todo tomar en consideración de forma flexible todos los factores tradicionales del Derecho internacional privado. Por el contrario, mientras se trate de una cláusula de escape general, un Reglamento "Roma 0" debería especificar que concede prevalencia a las normas especiales de protección de la parte débil[57]. A la vista de la relativa indeterminación del concepto debería además considerarse incluir en un Reglamento "Roma 0" un catálogo de factores que pudieran influir en la determinación del vínculo más estrecho.

2. Autonomía conflictual

En principio debe partirse de la base de que el individuo –o, en su caso, las partes– tienen la mejor perspectiva sobre qué Derecho debería ser aplicable a su relación jurídica. La autonomía conflictual es un principio general de conexión (no solo en el ámbito contractual) y no una solución residual[58]. Esto debería reflejarse también en un Reglamento "Roma 0". Desde luego pueden estar indicadas limitaciones a favor de terceros o a favor de una parte que se percibe como estructuralmente más débil, por ejemplo en Derecho del consumo o del trabajo. Para un Reglamento "Roma 0" esto no representa ningún problema, puesto como *lex generalis* de todos modos estaría en principio abierta a modificaciones a través de los distintos Reglamentos sobre Derecho internacional privado. Por tanto, debería incluir la autonomía conflictual como punto general de conexión, previendo al mismo tiempo (declarativamente) la posibilidad de limitaciones a través de normas especiales[59].

---

57 Claramente en contra de una cláusula de escape general Remien, Oliver, Closest connection and escape clauses, en: S. Leible (ed.), *General Principles of European Private International Law*, Kluwer Law International, 2016, pp. 211 ss., especialmente p. 223.

58 Sobre ello Leible, Stefan, Parteiautonomie im IPR - Allgemeines Anknüpfungsprinzip oder Verlegenheitslösung?, en: H.P. Mansel / T. Pfeiffer / H. Kronke / C. Kohler / R. Hausmann (ed.), *Festschrift für Erik Jayme*, München, Sellier, 2004, pp. 485 ss.

59 Ampliamente Mansel, Heinz Peter, Party autonomy, legal doctrine on choice of Law, and the general section of the European conflict of Laws, en: S. Leible (ed.), *General Principles of European Private International Law*, Kluwer Law International, 2016, pp. 131 ss.

Una elección del Derecho genera cuestiones clásicas sobre perfección y eficacia, y una norma de conflicto propia podría indicar el camino para la respuesta a las mismas. Sin embargo parecen más adecuadas normas unificadas de Derecho material[60] (estándares materiales divergentes para la determinación del foro en base a la autonomía conflictual han ocupado también al homenajeado[61]). A la vista del material normativo existente en los Reglamentos europeos vigentes, deberá prestarse especial atención a la coherencia en este punto.

3. Nacionalidad

El principio de la nacionalidad es un pilar clásico del Derecho internacional privado. Según opinión general, es asunto del Estado al que pertenece potencialmente una parte decidir sobre la adquisición o la pérdida de este estatus. Como consecuencia puede llegarse a una múltiple nacionalidad o a la apatridia. En este último caso, la residencia habitual está disponible como punto de conexión subsidiario.

Más difícil resulta la situación para quienes ostentan varias nacionalidades, puesto que aquí son concebibles varias soluciones: se puede (aunque esto resulta crítico desde el punto de vista del Derecho antidiscriminación) tomar en consideración la nacionalidad del Estado del foro, pero también la nacionalidad efectiva o una elección del propio súbdito mixto. Teniendo en cuenta la arriba mencionada importancia de la autonomía conflictual en el moderno Derecho internacional privado europeo, la concesión de un Derecho de elección parece plausible. No obstante, si una norma de Derecho internacional privado persigue un determinado favor, pretendiendo un fundamento lo más amplio posible en especial para la validez de un negocio jurídico, debería poder actuar como punto de conexión cada una de las nacionalidades en presencia[62].

---

60 Jayme, Erik, Kodifikation und Allgemeiner Teil im IPR, en: S. Leible / H. Unberath (eds.), *Brauchen wir eine Rom 0-Verordnung?*, Jena, Jenaer Wissenschaftliche Verlagsgesellschaft, 2013, pp. 33, especialmente pp. 38 ss.

61 Hernández-Bretón, *Internationale Gerichtsstandsklauseln...*, ob. cit., pp. 181 ss.

62 Sobre la validez formal expresamente Wilke, Brauchen wir eine Rom 0-Verordnung?..., ob. cit., p. 337.

4. Residencia habitual

La residencia habitual se ha convertido ya desde hace tiempo en otro pilar del Derecho internacional privado europeo y ha aparcado en muchos casos al principio de la nacionalidad, del mismo modo que la conexión del domicilio desplazó en Venezuela a la nacionalidad[63]. Sin embargo, es desconcertante el hecho de que una definición general de la residencia habitual en el Derecho internacional privado europeo haya de buscarse en vano, mientras que por ejemplo la Ley venezolana de Derecho internacional privado contiene un ramillete de normas para la determinación del domicilio (arts. 11 a 15). Solo existen regulaciones expresas para el sector de las sociedades, asociaciones, personas jurídicas y personas físicas actuando en el marco de su actividad profesional. Por lo menos se pueden encontrar además puntos de apoyo para la determinación de la residencia habitual en general en los Considerandos del Reglamento europeo de sucesiones, aunque extrañamente los nuevos Reglamentos sobre régimen económico vuelven a guardar silencio sobre esta cuestión.

A la vista de esto, sería extremadamente útil una definición en un Reglamento "Roma 0", puesto que terminaría con las incertidumbres a las que conduce especialmente la concurrencia de soluciones objetivas subjetivas y "mixtas". Los criterios objetivos (piénsese por ejemplo en una duración mínima de la residencia) sirven particularmente a la claridad jurídica, pero tienen su típico reverso: posibles resultados inequitativos en el caso concreto. Por ello parece que debería considerarse seriamente como solución intermedia tomar un período mínimo de residencia como regla presuntiva y declarar al mismo tiempo que debe tomarse en consideración un *animus manendi*[64].

---

63 Cfr. Hernández-Bretón, Neues venezolanisches Gesetz..., ob. cit., p. 195; B. de Maekelt, Das neue venezolanische Gesetz..., ob. cit., pp. 311 ss.; ampliamente sobre el domicilio en el Derecho internacional privado venezolano Monléon, *Das neue internationalen Privatrecht von Venezuela...*, ob. cit., pp. 229-284.

64 Cfr. Weller, Marc-Philippe / Bettina Rentsch, "Habitual residence": A plea for "settled intention", en: S. Leible (ed.), *General Principles of European Private International Law*, Kluwer Law International, 2016, pp. 171 ss., especialmente pp. 185 ss.

III. EL DERECHO APLICABLE

La combinación del supuesto de hecho y del punto de conexión conduce al Derecho aplicable. También aquí se plantean en especial cuatro cuestiones generales, en concreto la consideración de un reenvío (A), el tratamiento de la remisión a un ordenamiento plurilegislativo de base territorial o de base personal (B), la averiguación y aplicación del un Derecho extranjero declarado aplicable (C) así como el orden público como límite para la aplicación del Derecho extranjero. (D).

A. Reenvío

Con el reenvío se trata de esclarecer si la remisión a un ordenamiento se refiere a sus normas materiales o a su Derecho internacional privado (cfr. art. 4 Ley venezolana de Derecho internacional privado). En este último caso puede darse un reenvío de segundo grado o reenvío ulterior o un reenvío de primer grado o reenvío de retorno por parte del Derecho extranjero. Como en el caso de la cuestión previa, la relevancia práctica de esta problemática se ve reducida por la progresiva unificación del Derecho internacional privado en la Unión Europea. Sin embargo aún no ha llegado el momento para un completo canto del cisne, puesto que debido a la aplicabilidad universal del Derecho internacional privado europeo es posible que se declare aplicable el Derecho de terceros Estados.

Desde el punto de vista de la política legislativa, el interés en aceptar la propia conexión y de no poner en cuestión los valores que basan la misma por parte de decisiones divergentes del Derecho internacional privado extranjero habla a favor del principio de remisión a la norma material[65]. Esto rige aún más en cuanto más diferenciada sea la propia regla de conexión y más importantes los valores en que esta se basa[66]. Una remisión al Derecho material simplifica además la aplicación de las normas de determinación de Derecho aplicable, puesto que se ahorra al tribunal y a las partes la costosa y lenta averiguación y la a menudo

65 Mäsch, Gerald, Der Renvoi – Plädoyer für die Begrenzung einer überflüssigen Rechtsfigur, en: *RabelsZ*, 1997, Vol. 61, pp. 286 ss., especialmente p. 290 ss.

66 Junker, Abbo, *Internationales Privatrecht*, C.H. Beck, 2ª ed., 2017, § 8 Rn. 18.

equivocada aplicación de las normas de conflicto de otro Estado, o, en caso de un reenvío de segundo grado, incluso de otros Estados[67].

Por el contrario, a favor del principio de la remisión total habla el interés en la armonía internacional de decisiones. El juez nacional decide del mismo modo en que lo haría el juez extranjero[68]. Esto limita el atractivo del *forum shopping* y ayuda a evitar relaciones jurídicas claudicantes. Una remisión total propicia además la aplicación del propio Derecho, beneficiando por tanto la tendencia al legeforismo (*Heimwärtsstreben*) de los tribunales[69].

También precisamente en el contexto de una codificación del Derecho internacional privado europeo, estos argumentos conducen a optar por regla general a favor de una remisión al Derecho material. Desde luego es problemático que el Derecho internacional privado europeo no solo remite al Derecho de Estados miembros, sino también al Derecho de terceros Estados. Sin embargo, ni siquiera esto permite tomar distancia de una remisión material y tomar en consideración el reenvío previsto en un Derecho extranjero. Al fin y al cabo, el argumento del legeforismo fue siempre bastante débil[70] y de todos modos la armonía internacional de decisiones solo se puede conseguir si también la otra parte rechaza el reenvío. Además, parece muy raro que en un proceso legislativo se dedique mucho tiempo y esfuerzos para lograr un consenso de los Estados miembros sobre los puntos de conexión determinantes para luego permitir que se supriman sin más los valores que se expresan a través de la regulación que se ha encontrado a través de reenvíos de primer o de segundo grado previstos por terceros Estados. Por tanto, como Mäsch formuló en su momento, en el Derecho internacional privado europeo se debería "desterrar el reenvío al baúl de los recuerdos de las aberraciones interesantes desde el punto de vista de la historia del Derecho"[71] y dar preferencia –en cualquier caso, en principio–

[67] von Bar, Christian /Peter Mankowski, *Internationales Privatrecht*, C.H. Beck, 2ª ed. 2003, Band I: Allgemeine Lehren, § 7 Rn. 238.

[68] Kropholler, *Internationales Privatrecht...*, ob. cit.,, § 24 I 3 b (p. 164 s.).

[69] von Hoffmann/Thorn, *Internationales Privatrecht...*, ob. cit., § 6 Rn. 91; Kropholler, *Internationales Privatrecht...*, ob. cit., § 24 I 3 a (p. 163 s.).

[70] von Bar/Mankowski, *Internationales Privatrecht...*, ob. cit., Band I: Allgemeine Lehren, § 7 Rn. 238.

[71] Mäsch, Der Renvoi..., ob. cit., p. 307.

a la remisión al Derecho material. Menos osado, aunque aún mejor que una remisión total, es la propuesta de una limitación a la remisión material al menos en relación con los Estados de la Unión Europea o del Espacio Económico Europeo[72]. Desde luego esto no se podría realizar totalmente en un Reglamento "Roma 0", puesto que en el Reglamento europeo de sucesiones el legislador europeo se ha decidido por remisiones totales en algunos casos. Ante este trasfondo, un Reglamento "Roma 0" podría y debería ciertamente excluir el reenvío de modo general, pero debería permitir de nuevo excepciones a esta norma básica[73].

B. Remisión a un ordenamiento plurilegislativo de base territorial o de base personal

Dificultades adicionales a la hora de determinar el Derecho aplicable se generan cuando los propios Estados diferencian por su parte según factores geográficos o según religión o creencia. Una remisión al ordenamiento estatal no es suficiente. Para un Reglamento "Roma 0" existen aquí dos alternativas: podría llevar a cabo él mismo una diferenciación o dejársela al respectivo Derecho estatal.

En caso de plurilegislación de base personal, la decisión debe dejarse de buen principio al ordenamiento declarado aplicable[74]. Ejemplos de ello se encuentran en el artículo 15 del Reglamento Roma III y en el artículo 37 del Reglamento europeo de sucesiones. Por el contrario, el panorama es distinto en caso de plurilegislación de base territorial. Si el Estado plurilegislativo tiene como punto de conexión

72 Así Sonnenberger, Randbemerkungen zum Allgemeinen Teil eines europäisierten IPR..., ob. cit., p. 238, con remisión al art. 8 de la Propuesta del Consejo alemán de Derecho internacional privado para una regulación europea del Derecho internacional de sociedades (H. J. Sonnenberger [ed.], *Vorschläge und Berichte zur Reform des europäischen und deutschen internationalen Gesellschaftsrechts. Vorgelegt im Auftrag der zweiten Kommission des Deutschen Rates für Internationales Privatrecht, Spezialkommission Internationales Gesellschaftsrecht*, Tübingen, Mohr Siebeck, 2007).

73 von Hein, Jan, Renvoi in European Private International Law, en: S. Leible (ed.), *General Principles of European Private International Law*, Kluwer Law International, 2016, pp. 227 ss., especialmente pp. 272 ss.

74 Eichel, Florian, References to non-unified legal systems, en: S. Leible (ed.), *General Principles of European Private International Law*, Kluwer Law International, 2016, pp. 275 ss., especialmente pp. 302 ss.

principal la nacionalidad, es razonable que el Derecho internacional privado europeo no decida directamente, sino que aplique el ordenamiento jurídico determinado a través de las normas vigentes en ese Estado[75].

Sin embargo, el caso es distinto cuando el punto de conexión hace referencia a un lugar, o sea, especialmente en relación con la residencia habitual. Aquí el foco ya recae en una localidad concreta, por lo que también es plausible que se permita a la conexión alcanzar de alguna manera a la subunidad geográfica, es decir, prolongar la decisión de la conexión europea a esta misma subunidad[76]. Esto se puede motivar alegando que en estos casos la norma de conflicto en realidad no remite al Derecho vigente en el Estado en que se halla ese lugar, sino al Derecho vigente en el territorio en que se halla ese lugar[77]. Una regulación de este tipo sirve a la claridad jurídica y es también ya en parte Derecho vigente (véase art. 22 Reglamento Roma I y art. 25 Reglamento Roma II).

C. Averiguación y aplicación del Derecho extranjero

Una vez ya se ha determinado en abstracto que el Derecho de un Estado distinto al del Estado del foro debe aplicarse en un caso concreto, se plantea la cuestión sobre el concreto contenido material de este Derecho y el modo en que debe aplicarse. Se trata por tanto de la averiguación y la aplicación del Derecho extranjero (cfr. art. 2 Ley venezolana de Derecho internacional privado)[78]. Exactamente se trata aquí de cuatro aspectos: la identificación del elemento fáctico transfronterizo en el caso concreto, la posibilidad de una elección posterior

---

75 Leible, *Rom I und Rom II...*, ob. cit., p. 59; en contra Eichel, References to non-unified legal systems..., ob. cit., pp. 284 ss.

76 Leible, Stefan, Der Beitrag der Rom II-Verordnung zu einer Kodifikation der allgemeinen Grundsätze des Europäischen Kollisionsrechts, en: G. Reichelt (ed.), *Europäisches Gemeinschaftsrecht und IPR – Ein Beitrag zur Kodifikation der Allgemeinen Grundsätze des Europäischen Kollisionsrechts*, Wien, Manz, 2007, pp. 31 ss., especialmente p. 52.

77 Kegel / Schurig, *Internationales Privatrecht...*, ob. cit., § 11 II (p. 418).

78 Ampliamente Trautmann, Clemens, *Europäisches Kollisionsrecht und ausländisches Recht im nationalen Zivilverfahren*, Tübingen, Mohr Siebeck, 2011; véase además el estudio de derecho comparado del Schweizerisches Institut für Rechtsvergleichung, *The application of foreign Law in civil matters in the EU member states and its perspectives for the future*, 2011, disponible en http://ec.europa.eu/justice/civil/files/foreign_law_iii_en.pdf

de la ley aplicable, la naturaleza facultativa o imperativa del Derecho internacional privado y la averiguación del contenido de normas jurídicas extranjeras[79].

Si bien lo que se ha mencionado en primer lugar debería dejarse para el Derecho procesal civil internacional, un Reglamento "Roma 0" debería encargarse de las tres cuestiones restantes. En segundo lugar, por tanto, la posibilidad de una elección posterior del Derecho se podría condicionar básicamente a su admisibilidad según la *lex fori*. En tercer lugar se podría permitir a las partes en litigio, siempre que sea posible una elección del Derecho, renunciar a la aplicación del Derecho internacional privado del foro. Y en cuarto lugar, en interés de la armonía de decisiones debe considerarse que la averiguación del contenido de normas jurídicas extranjeras ha de ser tarea del tribunal decisor. La postura del *common law* según la cual se atribuye a las partes la carga de alegar el Derecho extranjero no debe seguirse. Como mucho se podría prever una excepción para aquellos casos en los que la averiguación del Derecho conduciría a una inversión de medios desproporcionada en relación con la cuantía del litigio. Sin embargo, en cualquier caso se necesita regular qué Derecho se aplica cuando el contenido del Derecho extranjero no puede ser averiguado en absoluto.

Por el contrario, la aplicación del Derecho extranjero en sí misma no plantea grandes problemas. El Derecho extranjero debe aplicarse como lo aplicaría el juez extranjero y tendría que ser posible una casación, pero esta última cuestión es ya genuinamente procesal y por tanto ya no es abarcada por el patrón de un Reglamento "Roma 0".

D. Orden público

Por regla general, los tribunales deniegan la aplicación al Derecho extranjero cuando conduce a un resultado que es incompatible con

[79] Con más detalle Kieninger, Eva Maria, Ascertaining and applying foreign Law, en: S. Leible (ed.), *General Principles of European Private International Law*, Kluwer Law International, 2016, pp. 357 ss., especialmente, pp. 359 ss.; además por ejemplo las contribuciones en Société de legislation comparée (ed.), *L'application du droit étranger*, Paris, Société de législation comparée, DL, 2018; C. Esplugues / J.L. Iglesias / G. Palao (eds.), *Application of Foreign Law*, Munich, Sellier, 2011.

concepciones básicas de justicia del Estado del foro. Este límite del orden público, conocido por así decirlo en todo el mundo y naturalmente también en Venezuela (art. 8 de la Ley venezolana de Derecho internacional privado), se encuentra en el Derecho procesal europeo en franca retirada. Sin embargo, hasta ahora todos los Reglamentos mantienen la excepción de orden público[80]. Esto es también correcto, porque por un lado la renuncia a la excepción de orden público en el Derecho procesal civil europeo se enfrenta ya a una crítica justificada[81], y por otro lado ha de tenerse en cuenta que las normas europeas sobre Derecho aplicable exigen su aplicación universal[82] y que por ello también puede ser llamado a la aplicación Derecho de un tercer Estado "al que no puede otorgarse sin más un voto de confianza"[83].

Por tanto, un Reglamento "Roma 0" debe contener obligatoriamente una cláusula general de orden público. Lo único que es dudoso, es decir, que merece una reflexión, es si al menos debería darse un voto de confianza al Derecho de los Estados miembros. Sin embargo, mientras los Derechos de los Estados miembros no estén completamente armonizados o incluso unificados, parece que tampoco este paso es deseable ni factible. Esto rige especialmente –pero no de forma exclusiva– en relación con el Derecho internacional privado de familia y sucesiones, puesto que dejando de lado los "*Principles of European Family Law*"[84] y otras iniciativas doctrinales[85] las diferencias entre las

---

[80] Art. 21 Reglamento Roma I, art. 26 Reglamento Roma II, art. 12 Reglamento Roma III y art. 35 del Reglamento europeo de sucesiones.

[81] Cfr. a modo de ejemplo Freitag, Robert, Vertrauen ist gut, Kontrolle ist besser - positive Kompetenzkonflikte im europäischen Zuständigkeits- und Anerkennungsrecht de lege lata und de lege ferenda, en: *Jahrbuch Junger Zivilrechtswissenschaftler 2004*, 2005, pp. 399 ss.; Leible, Stefan, Die Angleichung der nationalen Zivilprozessrechte. Vom „Binnenmarktprozess" zu einer europäischen ZPO?, en: P.-C. Müller-Graff (ed.), *Der Raum der Freiheit, der Sicherheit und des Rechts*, Baden Baden, Nomos, 2005, pp. 55 ss., especialmente pp. 64 s. Véase sobre el debate con ulteriores referencias Leible, Stefan, Art. 34 Brüssel I-VO en: T. Rauscher (ed.), *Europäisches Zivilprozess- und Kollisionsrecht*, München, Sellier, 2ª ed. 2006, Rn. 4.

[82] Cfr. *supra* III.

[83] von Hein, Jan, Europäisches Internationales Deliktsrecht nach der Rom II-Verordnung, en: *Zeitschrift für europäisches Privatrecht*, 2009, No. 1, pp. 6 ss., especialmente p. 23.

[84] Cfr. por ejemplo K. Boele-Woelki / F. Ferrand / C. González Beilfuss / M. Jänterä-Jareborg / N. Lowe / D. Martiny / W. Pintens (eds.), *Principles of European Family Law regarding*

regulaciones materiales de los Estados miembros y sus respectivas concepciones consuetudinarias y morales aún son en parte considerables[86]. Esto conduce a notables divergencias del "orden público del Derecho de familia"[87] de los Estados miembros y hace que la existencia de una cláusula de orden público sea condición indispensable para una Parte General del Derecho internacional privado europeo.

La excepción de orden público debería ser considerada de oficio y desde el inicio del proceso[88]. Debe ser configurada como un control del resultado y no como un control de la norma. Además debe encontrarse una norma que llene la laguna resultante de la barrera del orden público. En este punto se enfrentan el principio de intervención mínima[89], la aplicación subsidiaria (general) de la *lex fori* así como soluciones funcionales. Por último un Reglamento "Roma 0" debería dejar claro que el orden público no contiene solamente valores nacionales, sino que como mínimo está abierto a influencias europeas. Debe pensarse sobre todo en la Convención Europea de Derechos Humanos y en la Carta de los Derechos Fundamentales.

---

divorce and maintenance between former spouses, Anwerp, Oxford, Intersentia, 2004, y al respecto Boele-Woelki, Katharina, The principles of European family law: its aims and prospects, en: *Utrecht Law Review*, 2005, No. 1, pp. 160 ss.; íd. / Dieter Martiny, Prinzipien zum Europäischen Familienrecht betreffend Ehescheidung und nachehelicher Unterhalt, en: *Zeitschrift für europäisches Privatrecht*, 2006, pp. 6 ss.

85 Cfr. por ejemplo Schwenzer, Ingeborg, Model Family Code: from a global perspective, Bâle, Intersentia, Stämpfli, 2006, y al respecto íd., Grundlinien eines modernen Familienrechts aus rechtsvergleichender Sicht, en: *RabelsZ*, 2007, Vol. 71, pp. 705 ss.

86 Con referencias de Derecho comparado por ejemplo Dethloff, Nina, Europäische Vereinheitlichung des Familienrechts, en: *Archiv für die civilistische Praxis*, 2004, Vol. 204, pp. 544 ss.; íd., Familien- und Erbrecht zwischen nationaler Rechtskultur, Vergemeinschaftung und Internationalität. Perspektiven für die Forschung, *Zeitschrift für europäisches Privatrecht*, 2007, pp. 992 ss.; Pintens, Walter, Materielles Familienrecht in Europa – Rechtseinheit oder –vielfalt?, en: R. Freitag / S. Leible / H. Sippel / U. Wanitzek (eds.), *Internationales Familienrecht für das 21. Jahrhundert*, München, Sellier, 2006, pp. 137 ss.

87 Cfr. al respecto Sonnenberger, Hans Jürgen, Wandlungen und Perspektiven des familienrechtlichen ordre public, en: R. Freitag / S. Leible / H. Sippel / U. Wanitzek (eds.), *Internationales Familienrecht für das 21. Jahrhundert*, München, Sellier, 2006, pp. 29 ss.

88 Cfr. contrastando arts. 41, 45 y 34 No. 1 del Reglamento Bruselas Ibis.

89 Wurmnest, Wolfgang, Ordre public (Public Policy), en: S. Leible (ed.), *General Principles of European Private International Law*, Kluwer Law International, 2016, pp. 305 ss., especialmente p. 327.

V. PARÁMETROS DE DECISIÓN PARA EL LEGISLADOR EUROPEO

Un Reglamento "Roma 0" de acuerdo con el patrón que aquí se ha esbozado proporcionaría mayor transparencia y coherencia y reduciría redundancias o ayudaría a evitarlas en un futuro. No obstante, con ello no se ha dicho nada aún sobre cómo debería elegir el legislador europeo entre varias alternativas posibles, todas ellas adecuadas para lograr el resultado pretendido. Para el Derecho internacional privado europeo existente hasta la fecha, la previsibilidad del Derecho aplicable y la armonía de decisiones son directrices determinantes, en definitiva por tanto la seguridad jurídica y la igualdad. Esto se hace especialmente evidente en el Considerando 6 del Reglamento Roma I (con el mismo contenido que el Considerando 6 del Reglamento Roma II), que en primer lugar habla expresamente de "previsibilidad del resultado de los litigios" y en segundo lugar de "libre circulación de resoluciones judiciales". Esto último puede considerar consecuencia del aspecto de la igualdad: la libre circulación de resoluciones judiciales está garantizada especialmente cuando son reconocidas en otro lugar, y la probabilidad de ello aumenta de forma considerable cuando el tribunal llamado a reconocer hubiese llegado a la misma decisión.

Además, se defiende que el legislador europeo debería orientarse en el principio de eficiencia[90]. Al fin y al cabo el propio artículo 120 del Tratado de Funcionamiento de la Unión Europea contiene el estándar de la eficiencia para legislación europea. Normas jurídicas eficientes procuran una distribución de bienes en la que los bienes en cuestión se atribuyen a las personas que pueden obtener mayor provecho de ellos. En especial se trata de la minimización de los costes de transacción. Por tanto la orientación en el criterio de eficiencia está en consonancia con el objetivo de la seguridad jurídica, puesto que quien puede evaluar la situación jurídica de forma segura puede renunciar al aseguramiento de

---

[90] Rühl, Gisela, The role of economic efficiency in European Private International Law, en: S. Leible (ed.), *General Principles of European Private International Law*, Kluwer Law International, 2016, pp. 45 ss., especialmente pp. 49 ss.; ampliamente sobre la eficiencia en Derecho internacional privado íd., *Statut und Effizienz, Ökonomische Grundlagen des Internationalen Privatrechts*, Tübingen, Mohr Siebeck, 2011.

los riesgos relativos a la misma y a un costoso asesoramiento jurídico[91]. No obstante son posibles fricciones con el objetivo de la igualdad. En este caso el legislador europeo debería reconocer al criterio de eficiencia como objetivo equivalente, con lo que sin embargo aún no se ha realizado ninguna conclusión sobre el resultado de una ponderación en la concreta situación a decidir desde un genuino punto de vista de política legislativa.

VI. CONCLUSIÓN Y PERSPECTIVAS

El Derecho internacional privado se basa en una larga tradición académica. Las cuestiones sobre un Reglamento "Roma 0" que se han esbozado aquí no son nuevas, sino que son objeto de un prolongado debate académico en el que se integran el largo proceso de creación de la Ley venezolana de Derecho internacional privado[92] y las Convenciones interamericanas de Derecho internacional privado. Al fin y al cabo, estas cuestiones afectan a principios del Derecho internacional privado. El hecho de que sin embargo falten a menudo respuestas claras se debe en definitiva a los intereses en conflicto y a su divergente ponderación. La toma de una decisión en uno u otro sentido después de ocuparse intensivamente de las posiciones e intereses contrapuestos es incumbencia y cometido de la política.

El camino hacia un Reglamento "Roma 0" es pedregoso y está en parte cuajado de dificultades políticas y prácticas extremadamente relevantes.[93] Sin embargo, dejar margen al Tratado de Funcionamiento de la Unión Europea a la vista de esto no es –como muestra una simple ojeada al Derecho privado europeo– una alternativa convincente[94]. Los especialistas en Derecho internacional privado pueden sobrevivir

[91] Con más detalle Leible, Stefan, Außenhandel und Rechtssicherheit, en: *Zeitschrift für Vergleichende Rechtswissenschaft*, 1998, Vol. 97, pp. 286 ss.

[92] Cfr. por ejemplo B. de Maekelt, Das neue venezolanische Gesetz..., ob. cit., pp. 304 ss.; Parra-Aranguren, La loi vénézuélienne de 1998..., ob. cit., pp. 211 ss.

[93] Wagner, Rolf, A "Rome 0" Regulation from a political point of view, en: S. Leible (ed.), *General Principles of European Private International Law*, Kluwer Law International, 2016, 2016, pp. 61 ss., especialmente pp. 66 s.

[94] Wilke, A conceptual analysis of Private International Law..., ob. cit.

también sin un Reglamento "Roma 0", pero como consecuencia del número siempre creciente de transacciones transfronterizas, especialmente en una Europa con libertad de circulación de mercancías y personas, cada vez hay más juristas que sin ser expertos en Derecho internacional privado han de prestar asesoramiento jurídico en supuestos con repercusión transfronteriza. Estos juristas no deberían perderse en el laberinto del Derecho internacional privado[95] o, en palabras de Prosser, en la "ciénaga sombría, llena de arenas movedizas y habitada por doctos aunque excéntricos profesores que teorizan sobre asuntos misteriosos en una extraña e incomprensible jerga"[96]. Por tanto ya ha llegado la hora para que la Comisión presente un Libro Verde sobre un Reglamento "Roma 0".

---

95 Cfr. Fränkel, Rudolf, Der Irrgarten des internationalen Privatrechts, en: *RabelsZ*, 1930, Vol. 4, pp. 239 ss., especialmente p. 241.

96 Prosser, William L., Interstate Publication, en: *Michigan Law Review*, 1952/53, Vol. 51, pp. 959 ss., especialmente p. 971.

THE BRUSSELS I REGULATION AND THIRD COUNTRIES*

SYMEON C. SYMEONIDES**

Abstract: This essay is a brief critique of the regime established by the Brussels Convention on Jurisdiction and the Enforcement of Judgments in Civil and Commercial Matters and its successor, the European Union's Brussels I Regulation. The essay focuses only on those of the regime's aspects that affect defendants domiciled outside the EU (third-country defendants) and certain proceedings in courts outside the EU. From the EU perspective, the Brussels regime is an unqualified success. Regrettably, one cannot say the same about some of the regime's external aspects. In particular, the regime discriminates against third-country defendants by: (1) subjecting them to exorbitant jurisdictional bases available under the national laws of many EU states (although it prohibits the use of those same bases against defendants domiciled in the EU); and (2) mandating recognition of the resulting judgments throughout the EU. Other, more subtle, discriminatory features include the way the regime treats the claims of exclusive jurisdiction of third countries, as compared to EU states, and agreements conferring exclusive jurisdiction on the courts of third countries rather than to courts of EU states. In 2018, a year of coarsened international discourse punctuated by threatened or real trade wars and retaliations, these discriminatory features of the Brussels regime may not appear excessive. Nevertheless, at least for those who prefer to think in longer terms, or who view private international law as the *derecho de la tolerancia*[1], they amount to "transgressions upon comity and general decency"[2].

Resumen: Este ensayo es una breve crítica al régimen establecido por el Convenio de Bruselas relativo a la competencia judicial y la ejecución de resoluciones judiciales en materia civil y mercantil y su sucesor, el Reglamento Bruselas I

* This essay is dedicated to Professor Dr. Eugenio Hernández-Bretón, a scholar of great erudition and wisdom, a teacher of genuine talent and dedication, a lawyer of exemplary accomplishment, a leader of admirable courage, and a man of impeccable integrity.

** Alex L. Parks Distinguished Chair in Law and Dean Emeritus, Willamette University, Oregon, USA; LL.B. (Priv. L), LL.B. (Pub. L.), LL.M., S.J.D., LL.D. (h.c.mult.), Ph.D. (h.c.).

1 Goldschmidt, Werner, *Derecho internacional privado: derecho de la tolerancia; basado en la teoría trialista del mundo jurídico*, Buenos Aires, Depalma, 2009, 10ma edición.

2 Takahashi, Koji, Review of the Brussels I Regulation: A Comment from the Perspectives of Non-Member States (Third States), in: *Journal of Private International Law*, 2012, Vol. 8, p. 9.

de la Unión Europea. El ensayo se centra únicamente en los aspectos del régimen que afectan a los demandados domiciliados fuera de la UE (demandados de terceros países) y en determinados procedimientos ante tribunales de fuera de la UE. Desde la perspectiva de la UE, el régimen de Bruselas es un éxito rotundo. Lamentablemente, no se puede decir lo mismo de algunos de los aspectos externos del régimen. En particular, el régimen discrimina a los acusados de terceros países mediante: (1) someterlos a bases jurisdiccionales exorbitantes disponibles en virtud de la legislación nacional de muchos Estados de la UE (aunque prohíbe el uso de esas mismas bases contra demandados domiciliados en la UE); y (2) exigir el reconocimiento de las sentencias resultantes en toda la UE. Otras características discriminatorias más sutiles son la forma en que el régimen trata las demandas de jurisdicción exclusiva de terceros países, en comparación con los Estados de la UE, y los acuerdos que confieren jurisdicción exclusiva a los tribunales de terceros países en lugar de a los tribunales de los Estados de la UE. En 2018, año en el que el discurso internacional se ha vuelto más tosco, marcado por guerras comerciales y represalias reales o amenazadas, estas características discriminatorias del régimen de Bruselas pueden no parecer excesivas. Sin embargo, al menos para aquellos que prefieren pensar a más largo plazo, o que ven el derecho de la tolerancia en el derecho internacional privado, equivalen a "transgresiones a la cortesía y a la decencia general".

Table of Contents:

INTRODUCTION

Fifty years ago, on September 27, 1968, the six original Member States of the European Economic Community signed the Convention on Jurisdiction and the Enforcement of Judgments in Civil and Commercial Matters (Brussels Convention), which entered into force five years later[3]. In 2001, after the establishment of the European Union (EU), the Convention was converted into a Regulation[4], which was

[3] 1972 O.J. (L 299) 32, available at https://curia.europa.eu/common/recdoc/convention/en/c-textes/brux-idx.htm

[4] Council Regulation (EC) No 44/2001 on jurisdiction and the recognition and enforcement of judgments in civil and commercial matters, O.J. L1 2/1 (2001), available at: https://eur-lex.europa.eu/legal-content/EN/TXT/?uri=celex%3A32001R0044

later revised or "recast" in 2012.[5] The 2012 Recast is directly applicable in 25 Member States and –by virtue of special provisions and procedures– in Denmark, Ireland, and (for now) the United Kingdom.

From the European Union perspective, the regime established by the Rome Convention and its successor instruments is an unqualified success story, an admirable monument to the vision of European legal integration. It is certainly far more comprehensive than similar regional integration efforts in the Americas and elsewhere[6]. Indeed, when one looks at the Brussels regime from the inside, one finds much more to praise than to criticize, and an overall assessment from that perspective would be ninety-five percent of it would have been complimentary and only five percent critical.

However, because of the space limitations of this volume, this essay is not a global or even general assessment of the Brussels regime, but rather a brief comment focusing on some of the regime's aspects that affect non-EU states (hereinafter "third countries"). This external perspective explains why this essay is more critical than complimentary, but it does not detract from the author's overall admiration for the Brussels regime as a whole.

I. DISCRIMINATION AGAINST THIRD-COUNTRY DEFENDANTS

From a third-country perspective, the most regrettable feature of the Brussels I regime is its discrimination against defendants domiciled outside the EU (hereinafter third-country defendants) for purposes

[5] Regulation (EU) No 1215/2012 of the European Parliament and of the Council of 12 December 2012 on Jurisdiction and the Recognition and Enforcement of Judgments in Civil and Commercial Matters, O.J. L 351, 20/12/2012, available at https://eur-lex.europa.eu/legal-content/EN/ALL/?uri=celex%3A32012R1215. Except as otherwise indicated, all citations hereinafter are to the 2012 Recast, which is referred to as "Brussels I".

[6] Inter-American Convention on Extraterritorial Validity of Foreign Judgments and Arbitral Awards of 1979; Inter-American Convention on Jurisdiction in the International Sphere for the Extraterritorial Validity of Foreign Judgments of 1984; Agreement between the Government of Australia and the Government of New Zealand on Trans-Tasman Court Proceedings and Regulatory Enforcement of 2008; Riyadh Arab Agreement for Judicial Cooperation of 1983.

of jurisdiction and ultimately recognition[7]. The drafters did a commendable job in singling out and blacklisting the exorbitant jurisdictional bases available under the laws of the Member States[8]. The black list was an excellent idea, except that it has that color only for some defendants –those domiciled in an EU Member State. Although the blacklisted bases may not be used against those defendants, they remain available against third-country defendants[9]. Herein lies the first inconsistency. If the defendant's domicile were relevant for determining whether a jurisdictional basis is exorbitant, then the differentiation among defendants would point in the opposite direction. Using as an example Article 14 of the French Civil Code (a blacklisted rule that grants French courts jurisdiction, *inter alia*, when the plaintiff is a French national), it is more of an overreach, and more burdensome, to subject a Brazilian defendant to French jurisdiction under that article than to subject a Belgian defendant to the same. Needless to say, however, geography was not the drafters' rationale. We shall return to this point later. Suffice it to say that this feature of the Brussels I is almost unique in the international arena. It certainly stands in sharp contrast with the jurisdictional law of virtually all the countries in the Americas, which treat local and foreign defendants alike for recognition purposes[10].

This feature of Brussels I is bad enough, but it is made much worse by a second unique feature. The recognition part of Brussels I abandons the differentiation between defendants and treats all judgments rendered under the Regulation, including those based on a blacklisted

7 Brussels I, Arts. 4 and 6.

8 Brussels I, Art. 6.2.

9 Brussels I, Art. 6.2.

10 e.g., Inter-American Convention on Extraterritorial Validity of Foreign Judgments and Arbitral Awards, Art. 2(d); Inter-American Convention on Jurisdiction in the International Sphere for the Extraterritorial Validity of Foreign Judgments, Art. 1; Canadian Uniform Enforcement of Foreign Judgments Act, arts. 8-9. The jurisdictional law of the United States also treats local and foreign defendants alike and provides the latter with the same due process protection as the former. One might criticize one aspect of that law, which allows discrimination against foreign plaintiffs by more easily denying them a forum through the application of the doctrine of *forum non conveniens* as compared to domestic plaintiffs. Such discrimination, however, is not automatic. It does not affect all foreign plaintiffs and depends on a case-by-case consideration of additional factors other than the plaintiff's domicile.

basis, under the same relatively liberal standards of easy recognition and enforcement[11]. Moreover, the Regulation prohibits the state addressed from reviewing the jurisdiction of the state of origin and specifically precludes the application of the public policy exception "to the rules relating to jurisdiction"[12]. Thus, this second feature compels an Irish court to recognize a French Article-14 judgment against a Brazilian defendant, but prohibits the same court from recognizing a judgment rendered on the same jurisdictional basis against a Belgian defendant. Arthur von Mehren justifiably characterized this feature of the Brussels regime as "the single most regressive step that has occurred in international recognition and enforcement practice in [the twentieth] century"[13]. Even European authors such as Trevor Hartley castigate this "parochial attitude"[14], characterizing it as "a retrograde step" *vis-à-vis* the rest of the world[15]. As he points out, "[i]n Europe, Americans and other non-Europeans [defendants] are systematically discriminated against; in the United States, on the other hand, there is no discrimination against Europeans and other foreigners"[16].

---

11 Brussels I, Arts. 36, 39.

12 Brussels I, Art. 45.3.

13 Von Mehren, Arthur T., Recognition and enforcement of sister-State judgments: Reflections on general theory and current practice in the European Economic Community and the United States, in: *Columbia Law Review*, 1981, Vol. 81, p. 1060. See also Takahashi, Koji, Review of the Brussels I Regulation: A Comment from the Perspectives of Non-Member States (Third States), in: *Journal of Private International Law*, 2012, Vol. 8, p. 2 ("[I]t does seem unfair to non-E[U-domiciled defendants to subject judgments against them which are founded on exorbitant bases of jurisdiction to the Regulation's liberal regime of recognition and enforcement: it effectively means that the assets of a non-EU-domiciled defendant situated in each Member State are exposed to any exorbitant base of jurisdiction that a claimant can invoke in any EU Member State".); Nadelmann, Kurt H., Jurisdictionally improper fora in Treaties on Recognition of Judgments: The Common Market Draft, in: *Columbia Law Review*, 1957, Vol. 67, p. 995. But see Gaudemet-Tallon, Hélène, Les frontières extérieures de l'espace judiciaire européen: quelques repères, in: A. Borrás et al. (eds.), *E Pluribus Unum—Liber Amicorum Georges A.L. Droz*, 1996, Kluwer Law International, pp 85-87.

14 Hartley, Trevor C., The Brussels Regulation and Non-Community States, in: J. Basedow / H. Baum /Y. Nishitani (eds.), *Japanese and European Private International Law in Comparative Perspective*, 2008, p. 25.

15 Hartley, The Brussels Regulation..., op. cit., p. 21.

16 Hartley, Trevor C., *International commercial litigation: Text, cases and materials on Private International Law*, Cambridge, Cambridge University Press, 2nd ed., 2015, p. 172.

One who wishes to defend the discrimination against third-country defendants can find some reasons to defend the first feature described above. For example, at the inception of the Brussels regime, one could argue that the European Community lacked institutional competence to force upon Member States uniform jurisdictional rules in cases involving third-country defendants[17]. Although that justification no longer exists, one could argue that, as matter of policy, the European Union has less of an interest in how Member States treat third-country defendants and thus has little justification to intrude into the procedural laws of those states. However, in its 2012 Recast proposal, the European Commission itself eliminated that argument by proposing that third-country defendants be subjected to the same jurisdictional rules that Brussels I provided for EU defendants.[18] Ironically, the rationale for this proposal was not a desire to eliminate the discrimination against third-country defendants but rather a desire to provide all EU *plaintiffs* with the same access to a forum regardless of the defendant's domicile.[19] In the end, this proposal survived in part. Articles 18(1) and 21(2) dealing with consumers and employment contracts, respectively, subject third-country defendants to the same jurisdictional bases as EU defendants, as do Articles 24 and 25, dealing with exclusive jurisdiction and exclusive forum selection clauses, respectively. These articles are discussed later.

Finally, one could defend the jurisdictional discrimination of third-country defendants by pointing out that other countries also have discriminatory rules, or have exorbitant jurisdictional bases that mistreat non-forum defendants (whether domiciled in sister states or

---

17 Droz, Georges A.L., *Compétence judiciaire et effets des jugements dans le marché commun*, Paris, 1972.

18 European Commission, Proposal for a Regulation of the European Parliament and of the Council on jurisdiction and the recognition and enforcement of judgments in civil and commercial matters Brussels, 14.12.2010 COM(2010) 748 final, 2010/0383 (COD).

19 Para. 2.2.5.3. of Impact assessment accompanying the Proposal for a Regulation of the European Parliament and of the Council on jurisdiction and the recognition and enforcement of judgments in civil and commercial matters (Recast), Brussels, 14.12.2010, SEC (2010) 1547 final ("The full harmonisation of jurisdiction rules would achieve the desired objective of ensuring both full and equal access to justice to the European courts. Access to justice would also be fully transparent because all rules on international jurisdiction would be consolidated in one single document, the revised Regulation. This option would do away with the artificial distinction between defendants domiciled within the EU and outside the EU").

foreign countries). For example, in the United States, tag jurisdiction is still constitutionally permissible under certain circumstances[20] and, until recently, the same was true for "doing business" as a basis for general jurisdiction[21]. The difference is that judgments rendered under these bases have no extraterritorial effect because the United States cannot force any other country to recognize them. Only in the context of an international convention or other similar supranational instrument is there the ability to bestow such an effect. In contrast to the two Inter American conventions on jurisdiction and recognition, which do not authorize such discrimination[22], the Brussels I regime is the only supranational regime that both authorizes exorbitant jurisdictional bases against third-country defendants and compels recognition of the resulting judgments in other contracting (i.e., EU) states and thereby facilitates "transgressions upon comity and general decency"[23].

For years, the pragmatic but often unspoken rationale for this discrimination was that it would give the EU the necessary bargaining power to negotiate with other countries. For example, and most notably, the EU could use that power to negotiate under the auspices of The Hague Conference of Private International Law a worldwide comprehensive international convention on jurisdiction and recognition of judgments that would (or could) preclude recognition of judgments grounded on jurisdictional bases commonly regarded as exorbitant. Indeed, a comprehensive attempt for such a convention in the 1990s aimed for a double or mixed convention that would place exorbitant bases on a blacklist. Unfortunately, that attempt failed, producing only the much narrower Choice-of-Court Convention of 2005.

A subsequent effort, which is currently under way at The Hague, has not even attempted to deal with direct jurisdiction and deals with exorbitant bases only by not including them in the agreed upon indirect jurisdiction bases. Aiming for the broadest international consensus, the

---

20 *Burnham v. Superior Court*, 495 U.S. 604 (1990).

21 In *Goodyear Dunlop Tires Operations, S. A., et al. v. Brown*, 564 U.S. 915 (2011), and *Daimler AG v. Bauman*, 571 U.S. 117 (2014), the U.S. Supreme Court essentially eliminated this jurisdictional basis in most cases.

22 See supra note 10.

23 Juenger, Friedrich K., Judicial jurisdiction in the United States and in the European Communities: A comparison, in: *Michigan Law Review*, 1984, Vol. 82, p. 1211.

draft convention currently on the table proposes a small number of narrow indirect jurisdiction rules covering only the most uncontroversial scenarios[24]. For example, with regard to non-contractual obligations, the draft convention proposes an indirect jurisdiction rule that is drastically narrower than Article 7(2) of Brussels I, which, as interpreted by the ECJ, grants direct (and indirect) jurisdiction to an EU-member state in which either the conduct or the injury occurred. Article 5.1(j) of the draft convention covers only obligations "arising from death, physical injury, damage to or loss of tangible property", and only if the conduct "directly" causing the injury occurred in the state of origin[25]. This provision excludes numerous other torts, such as those not involving or not connected to physical injury or involving loss of intangible property. Most notably, it excludes situations involving the torts covered by 5.1(j) and in which only the injury, but not the injurious conduct, occurred in the state of origin. One need only think of products liability to realize that these latter cases are far more numerous than the cases covered by the draft convention. In other words, this a minimalist convention that does not rise above the lowest common denominator.

Interestingly, during the negotiations for the draft convention, the EU did not advocate for the adoption of a rule similar to Article 7(2) of the Brussels I Recast[26]. Perhaps for economic reasons, the EU did not want to expose EU defendants to indirect jurisdiction in third countries whose only contact would be the occurrence of the injury. To be sure, the United States, and possibly some other countries, were unlikely to agree to such an unqualified rule. However, had the EU pushed for such a rule, a compromise could have been reached, such as the compromise of Article 5.1(g) of the draft convention, which deals with contractual obligations. That provision grants indirect jurisdiction to the state of performance of the contract (consistently with the Brussels regime) but

---

24 Hague Draft Convention on the Recognition and Enforcement of Foreign Judgments of May 28, 2018, Art. 5 (hereinafter referred to as "Hague draft convention").

25 See Hague draft convention, Art. 5.1(j).

26 The author was a member of the "experts group" that drafted the preliminary text and also participated in the Special Commission meetings that finalized the draft convention. The views expressed here are solely the author's and do not reflect the views of any country or organization.

also provides an escape for cases in which that state's connection is not "purposeful and substantial"[27] (consistently with US jurisdictional principles).

Be that as it may, when or if the draft convention goes into effect, a judgment rendered in a non-EU country that was the place of the injury but not the conduct will not circulate under the convention, whereas a judgment rendered by an EU Member State under the same circumstances will circulate within the EU. Thus, the protectionism of EU defendants will continue because: (1) judgments rendered under the above circumstances by non-EU states against EU defendants (and others) will not be eligible for recognition, but (2) judgments rendered against third-country (and EU) defendants by an EU Member State will be enforceable throughout the EU.

In conclusion, the long-awaited Hague convention will not remedy the discriminatory treatment of third-country defendants that the Brussels Convention initiated and its successors continued. If the reason for this treatment was to serve as a bargaining chip for forcing or cajoling other countries to accept a balanced multilateral (direct or indirect) jurisdiction convention, that strategy has not paid off. Moreover, if past experience is any indication, the bilateral convention route does not appear any more promising.

II. EXCLUSIVE JURISDICTION

Article 24 of Brussels I (which is one of the articles that applies "regardless of the domicile of the parties"), grants exclusive jurisdiction, *inter alia,* to the courts "of a Member State"[28] in which an immovable is situated to adjudicate "rights *in rem*" (hereinafter "real rights") in that immovable[29]. Article 26 complements Article 24 by prohibiting the courts of other EU Member States from entertaining actions involving real rights in the same immovable, as well as actions involving

[27] Hague draft convention, Art. 5.1(g).

[28] Brussels I, Art. 24.

[29] This provision is subject to an exception for proceedings involving "tenancies of immovable property concluded for temporary private use for a maximum period of six consecutive months", Brussels I, Art. 24(1).

other subjects for which Article 24 assigns exclusive jurisdiction to the states designated therein[30].

To be sure, there is nothing wrong with this grant of exclusive jurisdiction. The problem arises from the fact that Article 24 confines this grant to the courts "of a Member State"[31]. Obviously, the EU cannot confer jurisdiction on the courts of third countries, but it could and should respect the equivalent claims of exclusive jurisdiction of third countries in analogous circumstances. The refusal of Brussels I to recognize these claims creates another invidious differentiation between immovables situated within and without the EU. For example, under Articles 24 and 26, a French court must refrain from entertaining an action involving real rights in a Spanish immovable, but the same court need not do so in a similar action involving real rights in an Algerian immovable[32]. Moreover, if the French court does entertain the latter action, the resulting judgment "shall be recognized in the other Member States" because it is a judgment permissibly "given in a Member State"[33].

From the perspective of third countries, this denial of *effet réflexe* is another problematic feature of Brussels I. Koji Takahashi characterized this feature as "repugnant to comity", reasoning that "[i]f the sovereignty of a Member State in which a connecting factor under Article [24] is situated warrants respect, there is no good reason why the same respect should not be accorded to the sovereignty of a non-Member State in which the same connecting factor is situated"[34]. It is

---

30 Article 24 contains three additional rules assigning exclusive jurisdiction to the Member States designated therein for matters involving legal persons or associations, entries in public registries, and the registration or validity of patents, trademarks, designs, or other similar rights required to be deposited or registered. For the sake of simplicity, these rules are not discussed here, although the discussion in the text applies to these rules as well.

31 Brussels I, Art. 24.

32 Mari, Luigi / Ilaria Pretelli, Possibility and terms for applying the Brussels I Regulation (Recast) to extra-EU disputes, in: *Yearbook of Private International L*aw, 2013-14, Vol. 15, p. 219 ("[T]he Brussels system does not stipulate that European judges must decline jurisdiction when the connecting factor – the one used to grant exclusivity to European judges – points to a non-European forum").

33 Brussels I, Art. 36.1

34 Takahashi, Koji, Review of the Brussels I Regulation: a comment from the perspectives of non-member States (third States), in: *Journal of Private International Law*, 2012, Vol. 8, p. 9.

unfortunate that the Commission failed to address this issue in its 2010 Recast proposal, although a carefully drafted provision proposed at that time by the *Groupe européen de droit international privé* (GEDIP) would have resolved this matter in an appropriate way. In the above hypothetical, the provision would require the French court to stay its proceedings if Algeria's claim of exclusive jurisdiction was "analogous" to the claim under Article 24, and to decline jurisdiction once the Algerian court rendered a judgment entitled to recognition under French law[35].

In contrast to Brussels I, the Hague draft convention respects the exclusive jurisdiction of the situs state, even if that state is not a party to the convention, by imposing a negative obligation not to recognize a judgment that does not originate from the situs state. Article 6(a) of the draft convention provides that a judgment that ruled on real rights in immovable property shall be recognized and enforced "if and only *if* the property is situated in the State of origin."[36] Moreover, Article 16, which provides that the convention "does not prevent the recognition or enforcement of judgments under national law", is "[s]ubject to Article 6"[37]. The combination of these two articles means that, in the above hypothetical involving an Algerian immovable, a Tunisian

---

[35] Groupe européen de droit international privé, Consolidated version of a proposal to amend Regulation 44/2001 in order to apply it to external situations, Art. 22bis (Bergen 2008, Padua 2009, Copenhagen 2010) available at https://www.gedip-egpil.eu/documents/gedip-documents-20vce.htm ("Where no court of a Member State has exclusive jurisdiction under Article 22, a court of a Member State before which proceedings are brought concerning a matter to which that Article applies and which has jurisdiction under another provision of this Regulation shall stay its proceedings if it is established that the courts of a non-Member State have exclusive jurisdiction under the law of that State on the basis of provisions analogous to those in Article 22"). A much softer version of this principle survived in Articles 33 and 34 of the Recast dealing with *lis pendens* and related actions. According to Recital 24, in the above hypothetical, the French court *may* consider Algeria's analogous claim of exclusive jurisdiction and *may* take the actions specified in the GEDIP proposal, but *only* if an action involving the same immovable was already pending in Algeria when the French court was seised. See section V, infra.

[36] Hague draft convention, Art. 6(b) (emphasis added). See also Garcimartín Alférez, Francisco / Geneviève Saumier, *Preliminary Explanatory Report to the Hague Draft Convention of May 28, 2018*, para. 232 ("this conclusion holds irrespective of whether [the situs] State is also a Contracting State or not."). By contrast, the next paragraph of Article 6, which deals with tenancies in immovable property, is confined to situations in which the property is situated in "a Contracting State". Id. Art. 6(c).

[37] Hague draft convention, Art. 16.

judgment purporting to adjudicate real rights in that immovable will not be recognizable in any contracting state, even if Algeria itself is not (and Tunisia is) a contracting state. However, the same will not be true for a French judgment involving the same immovable because, as noted above, Brussels I mandates recognition of such a judgment in other EU Member States.

Until the pertinent provisions of the draft convention are finalized, it is unclear how the resulting conflict between the convention and Brussels I will be resolved, but the present version of those provisions seem to give priority to Brussels I[38].

III. CHOICE-OF-COURT AGREEMENTS

Article 25, another Brussels I article that applies "regardless of [the parties'] domicile" and the second article granting exclusive jurisdiction, suffers from the same problem as Article 24. Article 25 provides that, if the parties have validly agreed to confer jurisdiction to a court "of a Member State," that court "shall have jurisdiction," and "[s]uch jurisdiction shall be exclusive unless the parties have agreed otherwise"[39]. Consequently, if that court is seized[40], it "has priority" to determine the validity and scope of the agreement[41], and the courts of other Member States must decline jurisdiction unless the agreed upon court declares that it has no jurisdiction under the agreement[42].

Article 25 deserves extensive discussion, especially regarding its problematic treatment of the choice-of-law question when raised before

38 See Hague draft Convention, Art. 24.2; compare id. Art. 23.4 with 23.2.

39 Brussels I, Art. 25.

40 If the agreed upon court is seized first, it has priority under Article 29, the general *lis pendens* provision of Brussels I. If that court is seized second, it has priority under the exception from the *lis pendens* provision of Article 31.2. However, if that court is not seized and the substantive validity of the agreement is contested before another court, the latter court will answer that question under the choice-of-law rules of the Member State designated in the choice-of-court agreement. See Brussels I, Art. 25.1 and Recital 20.

41 Brussels I, Recital 22.

42 Brussels I, Art. 31.2-3. Paragraphs 2 and 3 of Article 31 do not apply in consumer, employment, or insurance contracts when the consumer, employee, or the presumptively weak party in the insurance contract (the policyholder, insured, beneficiary, or injured party) is the claimant and the agreement is not valid under the relevant provisions of Brussels I. See Brussels I, Art. 31.4.

a court other than the one designated in the agreement[43]. However, for the purposes of this brief "external" review, the more relevant issue is the confinement of the Article 25 to agreements conferring jurisdiction on "a court or the courts of a Member State"[44], and the resulting exclusion of agreements conferring jurisdiction on the courts of third countries. In this case, however, there was a justification for this exclusion because, at the time of the Brussels Recast, the Hague Convention on Choice-of-Court Agreements of 2005 had been finalized and the EU contemplated approving it. The Convention requires contracting states to enforce exclusive choice-of court agreements falling within its scope and designating the courts of a contracting state (as well as judgments based on such agreements). As a result of the EU's approval of the Hague Convention in 2015, all EU Member States must now accord essentially the same deference to choice-of-court agreements designating a court in any Convention state as they must for agreements designating a court of an EU Member State under Brussels I[45], unless the case falls within one of the exceptions specified in Article 26 of the Hague Convention regarding Regional Economic Integration Organizations[46]. Thus, the approval of the Hague Convention expands the number of choice-of-court agreements that the courts of EU Member States must enforce. Although the expansion does not cover agreements designating courts in non-Convention states, it does provide a strong incentive for other countries to ratify the Convention.

---

43 For extensive comparative discussion of the question of which law governs the substantive validity of a choice-of-court agreement, see Symeonides, Symeon C, Choice-of-court agreements: American practice in a comparative perspective, in: A. Bonomi / K. Nadakavukaren Schefer (eds.), *U.S. Litigation Today: Still a Threat for European Businesses or Just a Paper Tiger?*, Zürich, Schulthess Verlag, 2018, pp. 85-135. See also Nielsen, Peter A., The New Brussels I Regulation, in: *Common Market Law Re*view, 2103, Vol. 50, pp. 522-23.

44 Brussels I, Art. 25.

45 See Hague Choice-of-Court Convention, Arts. 5-6.

46 The most effective of these exceptions is when "none of the parties is resident in a Contracting State that is not a Member State of the [EU]." Hague Convention Art. 26.6(a). Stated affirmatively, the Hague Convention does not apply if all the parties are residents of the EU. For the application of this and all other exceptions, see Hartley, Trevor / Masato Dogauchi, *Explanatory Report to the Hague Convention of 30 June 2005 on Choice of Court Agreements*, 2005, paras. 291-310.

With regard *to non-exclusive* choice-of-court agreements, one must look to the provisions of the Hague draft Convention on Recognition and Enforcement of Judgments of 2018. Article 5.1(m) of the draft convention provides that a judgment is eligible for recognition if it was rendered by a court designated in a non-exclusive choice-of-court agreement, as long as the state of origin is a convention state[47]. Article 7.1(d) provides that recognition "may be refused" if the proceedings in the court of origin were contrary to an agreement conferring jurisdiction to the courts of a state other than the state of origin, even if that state is not a convention state[48]. Although Brussels I does not have a similar provision, one must note that Article 7.1(d): (1) simply allows but does not mandate non-recognition of a judgment rendered in breach of the choice-of-court agreement; and (2) does not mandate enforcement of the agreement or, much less, recognition of a judgment rendered in the state designated in the agreement if that state is a not a party to the convention.

In any event, as noted earlier[49], until the pertinent provisions of the draft convention are finalized, it is unclear whether the convention will prevail over Brussels I in the event of a conflict between them. However, such a conflict is less likely in these cases because, even when there are two irreconcilable judgments, there does not appear to be a scenario in which one instrument compels the recognition of a judgment that the other instrument prohibits. To the contrary, both instruments use discretionary language (recognition "may be refused") and their provisions dealing with irreconcilable judgments –Article 45.1(c)-(d) of Brussels I and Article 7.1(e)-(f) of the draft convention– are otherwise identical.

[47] This provision does not apply to consumer or employment contracts. See Hague Draft Convention Art. 5.2

[48] Hague Draft Convention, Art. 7.1(d). See Garcimartín Alférez F.J. / Saumier, Geneviève, *Preliminary Explanatory Report to the Hague Draft Convention of May 28, 2018*, para. 267 (noting that this provision "applies irrespective of the nature of the choice of court agreement, be it exclusive or non-exclusive, insofar as the agreement validly excluded the jurisdiction of the court of origin" and that "[i]t also applies irrespective of whether the court chosen by the parties or designated in the trust instrument was the court of a Contracting State or a third State").

[49] See *supra* note 38.

I. Lis Pendens and Related Actions

One of the improvements of the Brussels I Recast over its predecessor Regulation was the introduction of a soft discretionary *lis pendens* rule in favor of actions pending in third countries. Article 33 of the Recast provides in part that if, at the time a court of an EU Member State is seised under any of the jurisdictional bases of Articles 4 or 7-9,[50] an action on the "same cause of action and between the same parties" was pending in a third state, the court "may" stay the proceedings if: "(a) it is expected that the court of the third State will give a judgment capable of recognition . . . in that Member State; and (b) the . . . stay is necessary for the proper administration of justice"[51]. It is noteworthy that one of the factors for determining whether a stay is necessary for the proper administration of justice is "whether the court of the third State has exclusive jurisdiction in the particular case in circumstances where a court of a Member State would have exclusive jurisdiction"[52].

Article 34 provides a similar rule for "related" actions pending in a third country, even if they do not involve the same parties or cause of action. The article provides that if, at the time an action was filed in a court of an EU Member State under any of the jurisdictional bases authorized by Articles 4 or 7-9, a "related" action was pending in a third country, the court "may" stay the proceedings if: "(a) it is expedient to hear and determine the related actions together to avoid the risk of irreconcilable judgments…; (b) it is expected that the court of the third State will give a judgment capable of recognition… in that Member State; and (c) the… stay is necessary for the proper administration of justice"[53].

Article 33 and 34 represent a welcome and commendable gesture of good will toward third countries. It is unfortunate that this is virtually the only such gesture.

50 Notably, Article 33 does not apply when the jurisdiction of the Member State court is based on Articles 10-25, which provide for insurance contracts, consumer contracts, employment contracts, exclusive jurisdiction, and choice-of-court agreements.

51 Brussels I, art. 33.1.

52 Brussels I, Recital 24.

53 Brussels I, art. 34.1.

IV. CONSUMER OR EMPLOYMENT CONTRACTS

Another change introduced by the 2012 Recast was to extend against third-country defendants some of the jurisdictional rules previously applicable against EU defendants. Article 6 of the Recast reiterated the rule that third-country defendants may be sued under any of the jurisdictional bases (including the blacklisted ones) available under national law, but, in order to "ensure the protection of consumers and employees"[54], added the phrase "subject to Article 18(1) [and] Article 21(2)". In this context, of course, "subject to" means in addition *to* the national-law bases.

Article 18(1) provides that a consumer may sue the merchant in the consumer's domicile, while Article 21(2) provides that an employee may sue the employer in the place "where or from where" the employee habitually works or the last place where he or she did so, or, in the absence of such a place, in the place "where the business which engaged the employee is or was situated"[55]. Employers cannot reasonably complain that the places listed in Article 21(2) lack a sufficient connection with the employer's activities. The same is true with regard to merchants who are sued in the consumer's domicile under Article 18(1). This is because this article incorporates the requirements of Article 17(1)(c), which provides that the merchant must pursue commercial or professional activities in the consumer's domicile or direct such activities to that state[56]. In any event, the above articles do not treat third-country defendants any worse than EU defendants. In fact, the characteristic feature of the Brussels I provisions on consumer and employment contracts is that they are biased against both classes of defendants. This is a conscious and unapologetic policy choice of protecting the presumptively weak parties, a choice which this author applauds.

Particular praise is due for the policy reflected in Articles 19 and 23, which prohibit pre-dispute choice-of-court agreements unless they favor the consumer or employee, respectively. This courageous and

[54] Brussels I, Recital 14.

[55] Brussels I, Art 21.1(b), through cross reference from Art. 21.2.

[56] Brussels I, Art. 17.1(c)

wise policy choice stands in high contrast with the policy of the United States Supreme Court, which sees nothing wrong with pre-dispute forum-selection clauses (to say nothing of arbitration clauses, class-action waivers and class-arbitration waivers) that, more often than not, deprive consumers and employees of their meaningful day in court[57].

CONCLUSION

The Brussels Convention was then and remains today the most successful international convention of its kind. It converted an economic alliance of independent states into an area of mutual trust in civil and commercial litigation, laying the foundations for a legal quasi federation. In comparing the Convention with the jurisdictional regime of the US federation, the great comparatist Fritz Juenger applauded the "impressive progress" of the European Community as reflected in the Convention's "functional and pragmatic" approach to jurisdiction, which he found preferable to the "reliance on an 'imprecise inquiry"[58], which characterizes the jurisdiction law of the United States. In his view, the Convention demonstrated that "multistate jurisdictional problems are amenable to rational solutions, and that national sovereignty need not inhibit the framing of workable rules"[59].

However, Juenger also castigated the Convention's "discriminatory features" and suggested that, in the same way that US scholarship could be enlightened by the European experience in crafting clear and workable rules, "the Europeans might gain from paying attention to American ideas about fundamental rights and procedural fairness"[60]. He concluded that "[i]t would be deplorable if these two major systems,

---

[57] Symeonides, Symeon C., *Oxford Commentaries on American Law: Choice of Law*, Oxford, Oxford University Press, 2016, pp. 435-468. For discussion of state statutes and court decisions that are friendlier to consumers and employees, see Symeonides, Symeon C., What Law Governs Forum-Selection, in: 78 *La. L. Rev.* vol. 78, 2018, pp. 1119-61.

[58] Juenger, *Judicial jurisdiction in the United States…*, op. cit., p. 1212 (*quoting* Calder v. Jones, 104 S. Ct. 1482, 1487 (1984)).

[59] Juenger, *Judicial jurisdiction in the United States…*, op. cit., p. 1212 (*quoting* Calder v. Jones, 104 S. Ct. 1482, 1487 (1984))..

[60] Juenger, *Judicial jurisdiction in the United States…*, op. cit., p. 1212 (*quoting* Calder v. Jones, 104 S. Ct. 1482, 1487 (1984)).

linked by political realities and a shared belief in the rule of law, were to disregard each other's accomplishments"[61].

More than thirty years after Juenger wrote these words, his conclusions and admonitions retain their cogency. The European Union succeeded the European Community and continued the progress attained by the Brussels Convention by smoothing its rough edges and filling its gaps through the Brussels I Regulation and its Recast, as well as by enacting other successful Regulations. It is unfortunate that, despite all this progress, the "discriminatory features" of the Brussels regime remain largely intact.

At the same time, it cannot escape one's attention that, fifty years after the Brussels Convention, we live in a world in which discriminating against "the other" has become a political banner for some forces and threatened or real trade wars and retaliations initiated primarily by one particular political leader and soon followed by others are becoming commonplace. Compared to the ugliness of that political reality, the discriminatory features of the Brussels regime are small potatoes. Nevertheless, if private international law is, as Werner Goldschmidt taught us, the *derecho de la tolerancia*[62], we must continue to speak up against intolerances, be they big or small, new or old.

[61] Juenger, *Judicial jurisdiction in the United States…*, op. cit., p. 1212 (*quoting* Calder v. Jones, 104 S. Ct. 1482, 1487 (1984)).

[62] Goldschmidt, *Derecho internacional privado…*, ob. cit.

LAS RELACIONES FUNCIONALES ENTRE EL *FORUM* Y EL *IUS* EN EL SISTEMA VENEZOLANO DE DERECHO INTERNACIONAL PRIVADO

VÍCTOR GREGORIO GARRIDO RAMOS*

Resumen: El estudio de las relaciones entre la competencia judicial internacional (el *forum*) y el Derecho aplicable o competencia legislativa (el *ius*) tiene como finalidad exponer la correlación funcional de soluciones entre los diversos conjuntos de normas que conforman orgánicamente el contenido del sistema venezolano de Derecho internacional privado, cuya aplicación judicial persigue ofrecer una respuesta global a los supuestos de hecho con elemento extranjero, en tanto que organismo jurídico.

Abstract: *The objective of this investigation on "mutual relations" between forum (international jurisdiction) and ius (conflict of law) is to expose the functional correlations of legal results achieved by the several sets of rules comprised organically in the Venezuelan system of International Private Law, when this is applied to offer an overall solution to litigations bound to a plurality of foreign systems of law.*

* Abogado (Universidad Central de Venezuela (UCV) 1996; *Magister Scientiarum* en Derecho Internacional Privado y Comparado, UCV, 2006); Profesor de Derecho Internacional Privado, UCV; Profesor de Economía Política, UCV; Postgrado de Administración, UCV, 1973; Ingeniero Mecánico, UCV, 1967.

y la correlación indirecta "*lex causae = f (forum)*". C. El reenvío y las correlaciones "*lex civilis forum = f (forum)*" y "*lex civilis causae = f (forum)*". D. La cuestión incidental y sus posibles relaciones "*lex civilis causae = f (forum)*". E. El orden público en el Derecho internacional privado y la unidad indirecta "*lex civilis fori = f (forum)*". F. La adaptación y sus relaciones indirectas "*lex civilis causae = f (forum)*". VI. El control de la sentencia extranjera: corrrelación "*lex causae = f (forum)*". VII. Conclusión.

I. INTRODUCCIÓN

Es un honor participar en el homenaje escrito que se rinde en vida a la obra científica y académica del Maestro Dr. Eugenio Hernández-Bretón, jurista de inteligencia muy organizada y cultor ejemplar de "la noble responsabilidad de la docencia"[1] (J. Sánchez-Covisa *dixit*). Fue mi profesor de pre-grado (UCV, 1995) en la disciplina jurídica en la que se enmarca este estudio y, posteriormente, tutor de mi Trabajo de Grado para optar al título de *Magister Scientiarium en Derecho Internacional Privado y Comparado* (UCV, 2005)[2]. Tales eventos –no los únicos, en tiempo y espacio– me permiten afirmar aquellos caracteres personales del Maestro y el afecto fraternal que le profeso.

El tema de las relaciones entre el *forum* (competencia judicial internacional) y el *ius* (Derecho aplicable al fondo del litigio) ha sido tratado generalmente por diversos autores extranjeros[3] para hacer referencia a la correlación funcional de soluciones que aportan los "conjuntos de normas" que conforman "el contenido" de todo sistema estatal de Derecho internacional privado, considerado como un organismo jurídico destinado a dar una respuesta justa y global a los litigios iusprivatistas con elemento extranjero. A tal efecto partimos, en primer lugar, de las apreciaciones doctrinales extranjeras sobre el tema bajo estudio y

---

1 Sánchez-Covisa, Joaquín, Prólogo a la tesis del Dr. René De Sola, en: *De la comercialidad de las operaciones inmobiliarias en el Derecho venezolano*, Caracas, Ediciones Garrido, 1955, pp. 9 ss., especialmente p. 9.

2 Garrido Ramos, Víctor Gregorio, *Leasing financiero mobiliario internacional* (Tesis calificada "excelente" y publicación recomendada por el Jurado), Caracas, 2005.

3 Principalmente, en la doctrina española: Julio D. González Campos, Adolfo Miaja de la Muela. En la doctrina francesa: Pierre Hébraud, Yves Lequette, Henri Battifol.

de la metodología legislativa venezolana que, mediante una Ley especial, encausa positivamente las normas de Derecho internacional privado –tanto materiales como formales– y las normas de Derecho procesal civil internacional en base a la íntima conexión que existe entre estos dos sectores normativos. En segundo lugar, hacemos referencia a los "tres conjuntos de normas" que conforman orgánicamente "el contenido" del sistema venezolano de Derecho Internacional Privado (*caeteris paribus* las normas de Derecho internacional privado convencional), destinado a regular los casos iusprivatistas con elemento extranjero: (1) las normas atributivas de jurisdicción a los tribunales venezolanos (sector "conflicto de jurisdicciones"); (2) las normas relacionadas con el Derecho aplicable al fondo del litigio (sector "conflicto de leyes"); (3) las normas relacionadas con la eficacia extraterritorial de sentencias extranjeras (sector "reconocimiento de sentencias extranjeras"). Partiendo de estos precedentes, analizamos las diversas correlaciones entre el *forum* y el *ius* que se pudieran presentar en el umbral del litigio y durante el *iter* procesal, utilizando instrumentalmente el Análisis Económico del Derecho para explicar las relaciones funcionales entre el *forum* y el *ius*. Finalmente, hacemos referencia al control de la sentencia extranjera por el Juez del exequátur, dada la importancia que tiene la penetración de sus efectos en la vida jurídica privada internacional.

II. PREMISAS

Cuando, en doctrina se ha hecho alusión a "las relaciones entre el *forum* (competencia judicial internacional del tribunal de instancia, en los litigios con elemento extranjero) y el *ius* (Derecho material aplicable al fondo del litigio)", se han utilizado indistintamente los términos "vínculos" y "relaciones" ("*les liens*" o "*les rapports*")[4] para hacer referencia a un mismo fenómeno: la mutua influencia que existe entre los diferentes "conjuntos de normas" que –en virtud del principio de

[4] González Campos, Julio D., Les liens entre la compétence judiciaire et la compétence législative en droit international prive, en: *Recueil des Cours*, 1977, Tomo 156, pp. 226 ss., especialmente p. 236; ha expresado: "*Néanmoins, bien que ces expressions jouissent d'un certain droit de cité dans le langage usuel, leurs sens mérite d'être précisé,* étant *donné la diversité des termes auxquels on a recours pour caractériser les rapports entre le forum et le jus en droit international privé*".

soberanía territorial de cada Estado– regulan las diversas materias jurídicas que conforman "el contenido" de cada sistema estatal de Derecho Internacional Privado[5] (*lex formalis*). Aunque tal diferenciación obedece tanto a la estructuración como al funcionamiento y objetivos perseguidos por las normas que se agrupan en cada conjunto, éstos se encuentran, no obstante, interrelacionados "por tomar en consideración un mismo fenómeno social y jurídico: el tráfico jurídico externo" y, por otra parte, perseguir una finalidad común: "ofrecer una respuesta global a la cuestión de la situación jurídica de la persona en las relaciones privadas internacionales"[6].

El *forum* y el *ius* aparecen relacionados desde los propios orígenes del Derecho Internacional Privado[7]. Un análisis de su proceso de evolución histórico permite mostrar que en el entorno del siglo XII la "relación entre el *forum* y el *ius*" obedecía a un "principio de unidad" basado sobre ciertos aspectos sociales y jurídicos propios de la época, en virtud del cual "*le juge est naturellement lié à son propre ordre juridique et par conséquent l'application par celui-ci d'un système juridique* étranger *s'avère difficile sinon imposible*"[8]. Es decir, cada tribunal aplica su *lex fori* en virtud del principio de territorialidad del Derecho[9]. Luego, si cada Juez aplica la *lex fori* lo hace porque es la ley indicada por una norma de Derecho aplicable al fondo vinculada a una norma de competencia judicial. En este sentido, en Venezuela se ha mantenido este "principio de unidad entre el *forum* y el *ius*", por ejemplo, en materia de sucesiones cuando corresponde a los tribunales venezolanos la competencia jurisdiccional al verificarse, en el momento de la muerte,

---

[5] La Constitución de la República Bolivariana de Venezuela vigente (CRBV) establece –como materia de competencia exclusiva del Estado– la formación del sistema de Derecho internacional privado, al disponer que "Es de la competencia del Poder Público Nacional:... La legislación en materia de... derecho internacional privado..." (art. 156, num. 32 CRBV).

[6] González Campos, Julio D., Las relaciones entre *forum* y *ius* en el Derecho Internacional Privado. Caracterización y dimensiones del problema, en: *Anuario español de Derecho internacional*, 1977/1978, Vol. IV, pp. 89 ss., especialmente p. 94.

[7] Fernández Rozas, José C. / Sixto Sánchez Lorenzo, *Curso de Derecho internacional privado*, Madrid, Civitas, 1996, 3ª ed., p. 91.

[8] González Campos, Les liens..., ob. cit., p. 249.

[9] Miaja de la Muela, Adolfo, Les príncipes directeurs des règles de compétence territoriale des tribunaux internes en matière de litiges comportant un élément international, en: *Recueil des Cours*, 1977, Tomo 156, pp. 1 ss., especialmente p. 62.

que la *apertura de la sucesión* ocurre cuando el último domicilio del causante se encuentra en territorio venezolano[10]. Con el paso del tiempo surge una "aparente separación entre el *forum* y el *ius*"[11], "hasta el punto de que las primeras normas de conflicto se han moldeado en cuanto a sus conexiones, sobre los foros de competencia judicial" en el marco del proceso de evolución o desarrollo del Derecho internacional privado[12]. Así, cabe señalar la disociación aparente entre el *forum* y el *ius* que puede ser percibida en algunos aspectos que caracterizan la obra de F. K. von Savigny (1779-1861). Por una parte, el autor alemán rehúsa admitir la *lex fori* como principio básico de alcance general para la regulación de las relaciones privadas internacionales[13] y, por otra, expone la idea de localización de la sede de la relación jurídica que erige a la norma de conflicto en paradigma normativo[14]; sin que él llegue a desconocer la existencia de "*une liaison intime*" entre el *forum* y el *ius*[15].

Actualmente, es innegable la existencia de un vínculo (*le lien*) entre el Juez y la Ley por ser los cimientos que sirven de apoyo a todo ordenamiento jurídico[16]. También lo es respecto del vínculo que, históricamente, ha existido entre el *forum* y el *ius* en el ámbito del Derecho internacional privado. No obstante, a partir de este vínculo derivan mutuas relaciones (*les rapports*) que reflejan la presencia de una cierta organización entre los diversos "conjuntos de normas" destinadas a dar solución global a los casos iusprivatistas de tráfico externo. En este orden de ideas, parte de la doctrina extranjera hace alusión a una correlativa "*vis attractiva*" entre el *forum* y el *ius*: "*l'attraction du for sur la loi applicable et l'attraction du droit applicable sur la compétence du*

---

10 Yanes, Francisco Gerardo, *Memorandum de Derecho Internacional Privado*, Caracas, Academia de Ciencias Políticas y Sociales, 2007, p. 144.

11 González Campos, Les liens…, ob. cit., p. 255 ss.

12 González Campos, *Las relaciones…*, ob. cit., p. 97.

13 González Campos, Les liens…, ob. cit., p. 260.

14 Fernández Rozas / Sánchez Lorenzo, *Curso de Derecho…*, ob. cit., pp. 92 y 298.

15 González Campos, Les liens…, ob. cit., p. 260.

16 Hébraud, Pierre, De la corrélation entre la loi applicable à un litige et le jude compétent pour en connaître, en: *Revue Critique de Droit International Privé*, 1968, Vol. LVII, N°. 2, pp. 14 ss., especialmente p. 258. En igual sentido, Carrillo Salcedo, Juán Antonio, Le renouveau du particularisme en droit international privé, en: *Recueil des Cours*, 1978, Tomo 160, pp. 181 ss., especialmente p. 227: "*Certes, les liens entre la compétence judiciaire et la compétence legislative sont incontestables*".

for"[17]. Esta correlación supone que, en algunos casos, "*la compétence législative commande la compétence judiciaire*"[18] o que en otros casos, "*la compétence judiciaire commande la compétence législative*[19].

En el ámbito del ordenamiento jurídico venezolano, los "conjuntos de normas" del Sistema Venezolano de Derecho internacional privado, tienen su cauce vertebral de codificación en una ley especial: la Ley de Derecho Internacional Privado[20]. Luego, las soluciones aportadas por los diversos conjuntos normativos que integran el contenido del Derecho internacional privado, están interrelacionadas para garantizar, finalmente, la coherencia funcional del Sistema que se traduce en el logro de los propósitos de la Ley de Derecho internacional privado: alcanzar los dos supremos objetivos de justicia y seguridad jurídica en la solución de casos iusprivatistas con elemento extranjero. A tal efecto, las correlaciones funcionales entre el *forum* y el *ius* –objeto de este estudio– permiten analizar las relaciones orgánicas que existen entre los diversos conjuntos de normas que conforman el sistema venezolano de Derecho internacional privado.

La idea de organismo jurídico con la que se puede calificar al sistema venezolano de Derecho internacional privado conduce, en consecuencia, al análisis de las relaciones orgánicas existentes entre los tres conjuntos de normas que se enmarcan en su contenido, que encuentran una manifestación general en las particulares relaciones "*ius = f (forum)*" y "*forum = f (ius)*", como expresiones matemáticas de modelos que permiten explicar la coherencia del sistema venezolano de Derecho internacional privado, reflejada en la correlación funcional de soluciones aportadas por los tres conjuntos de normas antes señalados. En términos del Análisis Económico del Derecho, se puede derivar una *función de utilidad*[21] a partir de las variables independientes (cada uno

[17] Miaja de la Muela, *Les príncipes directeurs*..., ob. cit., p. 62.

[18] Lequette, Ives, *Protection familiae et protection* étatique *des incapables*, Paris, Dalloz, 1976, p. 108 ss.

[19] Lequette, *Protection familiae*..., ob. cit., pp. 112 ss.

[20] Gaceta Oficial No. 36.511, de 6 de agosto de 1998.

[21] Cooter, Robert / Thomas Ulen, *Derecho y economía*, México, Fondo de Cultura Económica, 2016, p. 34; si denotamos por: *u* (coherencia del sistema de Derecho internacional privado venezolano), *x* (normas del sector "conflicto de jurisdicciones"), *y* (normas del sector "conflicto de leyes"), *z* (normas del sector "eficacia de sentencias extranjeras"); se puede

de los tres "conjuntos de normas" que conforman el contenido del Derecho internacional privado venezolano) que comandan "la coherencia del sistema" (variable dependiente). Es decir, cuando el legislador establece –expresa o tácitamente– el contenido de su sistema de Derecho internacional privado, se puede derivar una función de utilidad que relaciona la "coherencia del sistema" con una diversidad de combinaciones entre los "conjuntos de normas". Pero la mejor (la óptima) de las posibles combinaciones –en el marco de las restricciones de viabilidad impuestas en cada sistema jurídico estatal (ejemplos: orden público internacional; inderogabilidad voluntaria de la jurisdicción)– puede describirse matemáticamente como una maximización de la función de utilidad, en el marco del concepto de *eficiencia* en el sentido de Pareto[22]. Es decir, que no exista la posibilidad de lograr una cierta combinación entre los "conjuntos de normas" que desmejore la máxima coherencia posible que, funcionalmente, corresponda a la óptima combinación de los conjuntos dados.

III. CONTENIDO DEL DERECHO INTERNACIONAL PRIVADO VENEZOLANO

El contenido o materias contempladas por cada sistema estatal de Derecho internacional privado constituye, como lo ha señalado Franceskakis, uno de los "elementos de desemejanza"[23] que se concreta en la diversidad de normas que conforman el núcleo central de la reglamentación que aporta soluciones a las dimensiones judicial y legislativa de "los supuestos de hecho relacionados con los ordenamientos jurídicos extranjeros"[24]. Haciendo un ejercicio de comparación entre los

establecer una función de utilidad $u = f(x, y, z)$ que describe la "coherencia del sistema" (u) que se puede obtener a partir de diferentes combinaciones entre x, y, z.

22 Cooter / Ulen, *Derecho y economía…*, ob. cit., pp. 24-26; "maximización" y "eficiencia" son conceptos básicos para explicar el comportamiento económico situaciones que implican la interacción coordinada de una pluralidad de diversas variables.

23 Franceskakis, Phocion, Droit international privé, en: *Repertoire de Droit international, Enciclopédie Juridique*, Paris, Dalloz, 1968, Tomo I, p. 679; citado en: González Campos, *Las relaciones…*, ob. cit., p. 93, nota 11.

24 Categoría o supuesto de la norma contenida en el artículo 1 Ley de Derecho internacional privado venezolana.

sistemas de Derecho internacional privado suizo y venezolano, la norma contenida en el artículo primero de la Ley Federal Suiza sobre Derecho Internacional Privado[25] contempla cinco materias que conforman su contenido: (1) la competencia judicial de las autoridades suizas; (2) el Derecho aplicable; (3) el reconocimiento y ejecución de las decisiones extranjeras; (4) la quiebra y el convenio sucesoral; (5) el arbitraje. Por su parte, la Ley de Derecho Internacional Privado venezolana no contiene una norma semejante que exprese positivamente las materias contempladas en su contenido. Sin embargo, a partir de su Exposición de Motivos[26] se puede deducir el contenido o materias contempladas por el Derecho internacional privado venezolano, a saber:

(1) la atribución de competencia judicial a los tribunales ordinarios para conocer de litigios con elemento extranjero (sector "conflicto de jurisdicciones"); (2) la determinación del Derecho material aplicable al fondo de litigio con elemento extranjero (sector "conflicto de leyes"); (3) el reconocimiento, por el Juez del *exequátur*, de decisiones judiciales dictadas por tribunales extranjeros y su eventual ejecución en Venezuela (sector "eficacia de sentencias extranjeras"). Luego, se puede apreciar que "quiebra" y "arbitraje" no son materias reguladas por la Ley de Derecho internacional privado venezolana, porque son cuestiones que no forman parte del contenido del Derecho internacional privado venezolano: por una parte,

---

25 Ley Federal Suiza sobre Derecho internacional Privado, artículo 1: "La presente ley rige, en materia internacional: a.- La competencia de las autoridades judiciales o administrativas suizas; b.- El derecho aplicable; c.- Las condiciones del reconocimiento y de la ejecución de las decisiones extranjeras; d.- La quiebra y el convenio sucesoral; e.- El arbitraje"; en: Maekelt, Tatiana B. de, *Material de clase para Derecho Internacional Privado*, Caracas, Universidad Central de Venezuela, Facultad de Ciencias Jurídicas y Políticas, 1995, 3ª ed., Tomo I, pp. 462 ss., especialmente p. 462.

26 Ley de Derecho Internacional Privado. Exposición de Motivos, en: T. Maekelt et al., *Ley de Derecho Internacional Privado. Derogatorias y concordancias*, Caracas, Academia de Ciencias Políticas y Sociales, 6ª ed., 2013, pp. 53 ss., especialmente p. 63, "Al redactar la Ley se ha partido del concepto de que las normas de Derecho Internacional Privado eran, en sentido estricto, las relativas al Derecho Privado sustantivo –esencialmente Derecho Civil y Derecho Mercantil– y al Derecho Procesal Civil... en consonancia con el criterio de gran parte de la doctrina y la legislación comparada... y en la importancia que tiene la competencia procesal y el problema de la penetración de los efectos de la sentencia extranjera en la vida jurídica privada internacional".

> ...se ha juzgado que las normas relativas a temas muy especiales, como las referentes a..., Quiebras... o bien escapaban a las características generales de esta Ley, o bien... debían desarrollarse en el seno de la propia ley mercantil dentro de los principios generales que la Ley de Derecho Internacional Privado señala[27].

Por otra, en virtud de la norma contenida en el artículo 62 de la Ley de Derecho internacional privado[28], el arbitraje es una "materia especial" por lo que no forma parte del contenido del Derecho internacional privado venezolano. Además, la Ley de Derecho internacional privado no contiene normas atributivas de jurisdicción al Juez del exequátur, "pues se ha estimado que, por razones prácticas y de buena técnica legislativa, debían seguir constituyendo materia específica de la legislación procesal"[29]. Luego, corresponde a la *lex processualis fori* determinar quién ha de ser el Juez del exequátur.

IV. CORRELACIONES ENTRE EL *FORUM* Y EL *IUS* EN EL UMBRAL DEL PROCESO

A. *Lex fori regit jurisdictionis*: inicial correlación "*forum* = *f* (*lex processualis fori*)".

El Código de Procedimiento Civil venezolano dispone que las controversias judiciales que no tengan expresamente pautado un procedimiento especial se ventilarán por el procedimiento ordinario (art. 338 CPC)[30], el cual comenzará por demanda propuesta por escrito ante el Tribunal (art. 339 CPC)[31]. En virtud del carácter territorial de las

---

27 Ley de Derecho Internacional Privado. Exposición de Motivos..., ob. cit., p. 64.

28 Art. 62 LDIPV: "Salvo lo dispuesto en el artículo 47 de esta Ley, todo lo concerniente al arbitraje comercial internacional se regirá por las normas especiales que regulan la materia". El artículo 47 LDIPV dispone: "La jurisdicción que corresponde a los tribunales venezolanos... no podrá ser derogada convencionalmente... en favor de... árbitros que resuelvan en el extranjero, en aquellos casos en que el asunto se refiera a controversias relativas a... materias respecto de las cuales no cabe transacción...".

29 Ley de Derecho Internacional Privado. Exposición de Motivos..., ob. cit., p. 65.

30 Art. 338 CPC: "Las controversias que se susciten entre partes en reclamación de algún derecho, se ventilarán por el procedimiento ordinario, si no tienen pautado un procedimiento especial".

31 Art. 339 CPC: "El procedimiento ordinario comenzará por demanda, que se propondrá por escrito en cualquier día y hora ante el Secretario del Tribunal o ante el Juez".

normas procedimentales, todo juicio iusprivatista con elemento extranjero que no verse, por ejemplo, sobre el reconocimiento de una sentencia extranjera (Título X del CPC), comienza con una demanda que se debe proponer ante la autoridad con competencia territorial interna. En esta etapa inicial del proceso judicial surge, en primer lugar, el problema de la "jurisdicción internacional directa" que debe ser solucionado aplicando las "normas sobre jurisdicción" (arts. 39 a 47 LDIPV), agrupadas en el sector "conflicto de jurisdicciones", caracterizadas estructuralmente por disponer de diversos criterios o foros atributivos de "jurisdicción o competencia internacional directa". Ésta no debe confundirse con la "competencia territorial interna" (exacta medida en que se atribuye jurisdicción a un determinado Tribunal en base a la demarcación territorial interna que le designa la *lex fori*)[32] ni con la "jurisdicción internacional indirecta" (la que corresponde a los tribunales de un Estado extranjero a los solos fines de apreciar la eficacia de una sentencia dictada por ellos)[33].

En el ámbito del Derecho procesal civil internacional, la norma indirecta y bilateral contenida en el artículo 56 de la Ley de Derecho internacional privado[34] somete la regulación de "la competencia" al "Derecho del funcionario" ante el cual se desenvuelve el proceso; en consagración del principio básico *lex fori regit processum*, admitido universalmente por el Derecho positivo. Al estar dicha norma incardinada en la *lex formalis fori*, esta norma somete la competencia judicial internacional directa a la regulación de la *lex processualis fori*. Este modelo normativo encuentra manifestación en una primera correlación funcional "*forum = f (lex processualis fori*)", según la cual el *ius* ejerce una vis atractiva sobre el *forum*, aportando una solución que forma parte de la solución unitaria que aporta el sistema de Derecho internacional privado como organismo jurídico. Sin embargo, el alcance de esta primera correlación está condicionado –una vez afirmada la competencia

---

[32] Fernández Rozas / Sánchez Lorenzo, *Curso de Derecho…*, ob. cit., pp. 197-199.

[33] Sánchez-Covisa, Joaquín, Anotaciones sobre la competencia procesal internacional indirecta, en: *Obra jurídica de Joaquín Sánchez-Covisa*, Caracas, Ediciones de la Contraloría General de la República, 1976, pp. 377 ss., especialmente p. 382.

[34] Art. 56 LDIPV: "**La competencia y la forma del procedimiento se regulan por el Derecho del funcionario ante el cual se desenvuelve**" (negritas nuestras).

territorial del tribunal de fondo e iniciado el proceso– a la amplitud que se atribuya al principio *lex fori regit processum* en cada sistema de Derecho internacional privado[35], porque la aplicación de la *lex processualis fori* puede experimentar discontinuidades o excepciones, como consecuencia del problema delimitante entre el derecho procesal y el derecho sustantivo, que se manifiestan por ejemplo, en la regulación de los diversos aspectos formales del procedimiento probatorio, cuando los hechos susceptibles de valoración probatoria se producen en el extranjero. Así, la norma del artículo 38 de la Ley de Derecho internacional privado[36] regula ciertos aspectos del procedimiento probatorio, al margen de lo dispuesto en materia de cooperación internacional que se regula en la norma del artículo 59 de la Ley de Derecho internacional privado[37].

B. *Forum necessitatis*: correlación directa y obligada "*lex processualis fori = f (forum)*"

Ante el riesgo de denegación de justicia y para garantizar plenamente el derecho humano a una tutela judicial internacional efectiva[38] hay situaciones en las que se debe permitir el acceso a los tribunales venezolanos. En tal sentido, la norma contenida en el artículo 43º LDIV[39]

---

[35] González Campos, *Las relaciones…*, ob. cit., p. 106.

[36] Art. 38º LDIPV: "Los medios de prueba, su eficacia y la determinación de la carga de la prueba se rigen por el Derecho que regula la relación jurídica correspondiente, sin perjuicio de que su sustanciación procesal se ajuste al Derecho del Tribunal o funcionario ante el cual se efectúa".

[37] Art. 59º LDIPV: "Los Tribunales de la República podrán dirigirse a cualquier autoridad competente extranjera, mediante exhortos y comisiones rogatorias, para la práctica de citaciones, diligencias probatorias o de cualquier otra actuación judicial que resulte necesaria para el buen desarrollo del proceso. Así mismo evacuarán, dentro de la mayor brevedad, los exhortos y comisiones rogatorias provenientes de Tribunales extranjeros que se ajusten a los principios del Derecho Internacional aplicables en la materia".

[38] El art. 26 CRBV dispone: "Toda persona tiene derecho de acceso a los órganos de administración de justicia para hacer valer sus derechos e intereses, incluso los colectivos o difusos, a la tutela efectiva de los mismos y a obtener con prontitud la decisión correspondiente. …".

[39] Art. 43º LDIPV: "Los tribunales venezolanos tendrán jurisdicción para dictar medidas provisionales de protección de las personas que se encuentren en el territorio de la República, aunque carezcan de jurisdicción para conocer del fondo del litigio".

atribuye jurisdicción, excepcionalmente[40], a los tribunales venezolanos "para dictar medidas provisionales de protección de las personas mediante un criterio que responde a "necesidades concretas"[41]: el denominado *forum necessitatis*, establecido en la Ley por su decisivo impacto operacional en la justa solución final de la *litis*, cual es el objetivo que se persigue mediante la correlación orgánica y funcional de las soluciones parciales aportadas por cada uno de los conjuntos de normas que conforman el contenido del Derecho internacional privado venezolano. En virtud de la referida norma, los tribunales venezolanos no podrían "dictar medidas provisionales que justifican estas medidas de protección" si no tienen la potestad que se les atribuye excepcionalmente, porque "*c'est le droit national de chaque Etat qui définit le volume de sa propre compétence dans les litiges internationaux*"[42]. Se establece así una correlación "*lex processualis fori = f (forum)*" que puede suscitarse incluso antes de que comience el litigio porque, como lo ha señalado la doctrina, "son la urgencia y la necesidad que justifican estas medidas, así como sus efectos provisionales los datos que determinan que en esta materia exista una correlación directa y obligada entre el *forum* y el *ius*"[43]. Tales medidas provisionales de protección están caracterizadas por los siguientes datos:

> a) Son medidas *instrumentales*; b) Son medidas *temporales*; c) Para su adopción, debe concurrir una apariencia de buen derecho (*fumus boni juris*); d) Deben adoptarse ante una situación de peligro para la futura ejecución correcta de la sentencia (*periculumin mora*); e) Pueden requerir la prestación de una *fianza o contracautela* para evitar abusos en la utilización de las medidas…; f) Debe existir una conexión real entre el objeto de las medidas… y la competencia territorial del tribunal que las adopta; g)…, además, dichas medidas deben ser adoptadas con carácter *urgente*…

[40] La atribución del *forum necessitatis* a los tribunales venezolanos se aparta de los criterios o foros de jurisdicción regulados en los artículos 39 a 42 LDIPV.

[41] Fernández Rozas / Sánchez Lorenzo, *Curso de Derecho…*, ob. cit., p. 210.

[42] Fragistas, Ch., La compétence internationale en droit privé, en: *Recueil des Cours*, 1961, Tomo 104, pp. 159 ss., especialmente p. 170.

[43] González Campos, *Las relaciones…*, ob. cit., pp. 99-100.

C. La exclusividad del *forum rei sitae* inmobiliario: correlación unitaria "*forum* = *f* (*lex formalis fori*)"

En el sistema de Derecho internacional privado autónomo venezolano, los derechos reales inmobiliarios se rigen por el Derecho del territorio del Estado donde están situados (art. 27 LDIPV)[44]. En consecuencia, el Derecho material venezolano (*lex civilis fori*) será aplicable al caso concreto cuando el bien inmueble se encuentre en el territorio de la República de Venezuela. Partiendo de esta premisa, los tribunales venezolanos tienen jurisdicción exclusiva en aquellos juicios que versen sobre derechos reales sobre bienes inmuebles situados en el territorio del Estado venezolano, razón por la cual el *forum rei sitae* es inderogable por voluntad de las partes (art. 47 LDIPV)[45], independientemente de cual sea el domicilio del demandado (art. 39 LDIPV)[46] que es el foro general de jurisdicción en el sistema de Derecho internacional privado venezolano. Se puede observar una correlación de soluciones basada en una unidad entre los criterios o conexiones en ambos sectores del *forum* y el *ius*[47] que otorga exclusividad al *forum rei sitae*. En sentido inverso, la norma de jurisdicción contenida en el artículo 46 de la Ley de Derecho internacional privado[48] reconoce la exclusividad del *forum* de los bienes inmuebles situados en el extranjero al invalidar la *prorrogatio fori* en materia de acciones *in rem*. Luego, el carácter exclusivo del *forum rei sitae* cuando el inmueble objeto del litigio está situado en

[44] Art. 27 LDIPV: "La constitución, el contenido y la extensión de los derechos reales sobre los bienes, se rigen por el Derecho del lugar de la situación".

[45] Art. 47 LDIPV: "La jurisdicción que corresponde a los tribunales venezolanos... , no podrá ser derogada convencionalmente en favor de tribunales extranjeros, o de árbitros que resuelvan en el extranjero, en aquellos casos en que el asunto se refiera a controversias relativas a derechos reales sobre bienes inmuebles situados en la República...".

[46] Art. 39 LDIPV: "Además de la jurisdicción que asigna la ley a los tribunales venezolanos en los juicios intentados contra personas domiciliadas en el territorio nacional, los tribunales de la República tendrán jurisdicción en juicios intentados contra personas domiciliadas en el exterior en los casos contemplados en los artículos 40, 41 y 42 de esta Ley".

[47] Hébraud, De la corrélation..., ob. cit., p. 233.

[48] Art. 46 LDIPV: "No es válida la sumisión en materia de acciones que afecten a la creación, modificación o extinción de derechos reales sobre bienes inmuebles, a no ser que lo permita el Derecho de la situación de los inmuebles".

el extranjero se fundamenta en un principio de eficacia procesal en el sentido de que

> El Tribunal del lugar del inmueble es el que está en mejores condiciones para analizar las situaciones de hecho, para realizar las inspecciones que sean necesarias, y para aplicar unas normas y unos usos que suelen ser los de ese Estado; añadiendo la necesidad de realizar inscripciones en los registros de tal país[49].

La jurisdicción exclusiva de los tribunales venezolanos en materia de derechos reales inmobiliarios funciona también como uno de los seis requisitos contenidos en el artículo 53 de la Ley de Derecho internacional privado[50] que debe ser respetado, especialmente, por una sentencia extranjera para que pueda tener efecto en Venezuela. Por otra parte, según lo dispone la norma general contenida en el artículo 5 de la Ley de Derecho internacional privado[51], la exclusividad del *forum rei sitae* respecto de bienes inmuebles situados en territorio venezolano funciona como una condición excluyente de los efectos que pueda producir una situación jurídica creada de conformidad con un Derecho extranjero aplicable al fondo de un litigio. En estos dos últimos casos se establece una correlación "*lex fori* = *f* (*forum rei sitae inmobiliario*)".

D. El domicilio de la persona física: condicionante de la unidad entre el *forum* y el *ius*

En el Derecho internacional privado, el domicilio es el vínculo que liga a una persona con un determinado sistema jurídico territorial, quedando sujeto a un determinado *territorium legis*[52]. En tal sentido, la

---

49 Fernández Arroyo, Diego, ¿Es razonable que los jueces de los Estados miembros de la Unión Europea sean exorbitante o exclusivamente competentes para resolver situaciones privadas internacionales?, en: *Revista Poder Judicial*, 2003, No. 71, pp. 11 ss., especialmente p. 23.

50 Art. 53 LDIPV: "Las sentencias extranjeras tendrán efecto en Venezuela siempre que reúnan los siguientes requisitos:... 3. Que no versen sobre derechos reales respecto a bienes inmuebles situados en la República...".

51 Art. 5 LDIPV: "Las situaciones jurídicas creadas de conformidad con un Derecho extranjero que se atribuya competencia de acuerdo con criterios internacionalmente admisibles, producirán efecto en la República a no ser..., que el Derecho venezolano reclame competencia exclusiva en la materia respectiva...".

52 Valladão, Haroldo T., *Derecho internacional privado. Introducción y parte general*, México, Edit. Trillas, 1987, p. 405.

disposición contenida en el artículo 11 de la Ley de Derecho internacional privado[53] califica de manera autónoma el domicilio de la persona física. Por otra parte, la norma del artículo 15 de la Ley de Derecho internacional privado[54] dispone que el domicilio de la persona física tiene una doble función: 1) en el sector "conflicto de leyes", como factor de conexión destinado a determinar el Derecho aplicable (el *ius*) a supuestos personales (existencia, estado y capacidad); relaciones familiares (matrimonio, filiación, adopción, protección de incapaces) y sucesorios; 2) en el sector "conflicto de jurisdicciones", como criterio atributivo de competencia judicial internacional a los tribunales venezolanos (el *forum*). En esta segunda función, el domicilio del demandado constituye, en defecto de exclusividad o de necesaria protección a las personas, el criterio atributivo de jurisdicción que determina, con carácter general, la aplicación de normas atributivas de jurisdicción especiales por razón de la acción ejercida en el juicio: las de contenido patrimonial (art. 40 LDIPV), las relativas a universalidades de bienes (art. 41 LDIPV) y las acciones sobre estado de las personas o las relaciones familiares (art. 42 LDIPV). Estos antecedentes permiten establecer una correlación estricta (unitaria y directa) entre los criterios que sirven para determinar una y otra competencia, judicial (el *forum*) y legislativa (el *ius*)[55], siempre que la persona física tenga su domicilio en Venezuela. Si lo tuviese en extranjero, se establecería una "aparente separación" entre el *forum* y el *ius* que se manifiesta en una relación indirecta "*lex causae* = *f* (*forum*)". Al respecto, para algún autor extranjero[56] la cuestión del conflicto de jurisdicciones es un "*préalable nécessaire*" para la solución del problema del conflicto de leyes. Sin embargo, este modo de razonamiento no entraña la existencia de una "correlación absoluta" entre los conjuntos de normas de cada sector, en virtud del alcance global de soluciones

[53] Art. 11 LDIPV: "El domicilio de una persona física se encuentra en el territorio del Estado donde tiene su residencia habitual".

[54] Art. 15 LDIPV: "Las disposiciones de este Capítulo se aplican siempre que esta Ley se refiera al domicilio de una persona física y, en general, cuando el domicilio constituye un medio de determinar el Derecho aplicable o la jurisdicción de los Tribunales".

[55] González Campos, *Las relaciones…*, ob. cit., p. 118.

[56] Loussouarn, Yvon, Les conflits de lois et les conflits de juridictions en Droit international privé, en: *Cours Institut H.E.I. Université de Paris*, 1970-1971, pp. 17 ss.; citado por González Campos, *Las relaciones…*, ob. cit., p. 95, nota 17.

que debe ofrecer un sistema orgánico de Derecho internacional privado. Aunque realmente es innegable el vínculo (*le lien*) entre el *forum* y el *ius*, no es menos cierto la *vis attractiva* que ejerce el Derecho material aplicable sobre la competencia judicial internacional consagrada en las normas sobre jurisdicción contenidas en los artículos 41(1) y 42(1) de la Ley de Derecho internacional privado. Es decir, el establecimiento de la jurisdicción internacional de los tribunales venezolanos (*forum legis*) siempre que resulte aplicable el Derecho material venezolano al fondo del litigio; asunto que tratamos en el sub-epígrafe 5 *infra*.

E. El criterio del paralelismo: correlación indirecta "*forum* = *f* (*lex civilis fori*)"

Con independencia de la adopción y ejecución de las medidas provisionales de protección de las personas que se encuentren en el territorio de la República (art. 43 LDIPV), la presentación de la demanda por el actor abre el proceso ordinario (art. 339 CPC). Es con esta actuación del actor que comienzan a surgir en el *iter* procesal diversas situaciones que se manifiestan en las correlaciones funcionales de soluciones entre los conjuntos de normas que regulan las competencias judicial y legislativa. En el razonamiento habitual, parece lógico que el Juez de fondo aplique –una vez afirmada su competencia territorial– las normas de la *lex formalis fori* para determinar el Derecho aplicable al fondo del litigio. Se establece así una "correlación funcional directa o primaria: "*lex formalis fori* = *f* (*forum*)", que implica "la obligación del juez de aplicar las normas de Derecho internacional privado de su propio sistema jurídico"[57]. Es decir, tal correlación primaria sólo manifiesta la existencia de una dependencia cronológica y no "una correlación absoluta" entre la competencia judicial (el *forum*) y la competencia legislativa (el *ius*). Luego, la determinación de la competencial judicial internacional de los tribunales venezolanos no siempre se encuadra en dicha correlación primaria. A veces, como lo señala G. Morelli, "los elementos de los cuales depende la jurisdicción del Estado coinciden con ciertos

[57] González Campos, *Las relaciones…*, ob. cit., p. 100.

elementos relevantes para la decisión del mérito, o los presuponen"[58]. En este contexto existen casos en los que la jurisdicción internacional de los tribunales ordinarios se establece cuando la norma de conflicto del foro indica como aplicable su propio derecho material (*lex civilis fori*) por vía de un *forum legis*[59]; es decir, una competencia judicial establecida en dependencia del Derecho material aplicable[60], configurándose una correlación "*forum* = *f* (*ius*)", centrada en la idea de "coordinación" entre ambas competencias[61]. Así, la norma de conflicto del foro funciona en dos etapas sucesivas con distintas finalidades: la primera, para de establecer la jurisdicción de los tribunales en función de la competencia legislativa de la *lex fori*; la segunda, ordenar la aplicación del Derecho material del foro para resolver el fondo del litigio. Luego, no es la *lex processualis fori* la que establece la jurisdicción de los tribunales nacionales sino la *lex formalis fori* en su primera y previa aplicación. Es en esta primera fase del mecanismo señalado en que se establece una correlación "*forum* = *f* (*lex civilis fori*)" cuando la norma de conflicto bilateral es aplicada por un tribunal cuya competencia de basa en un *forum legis* que caracteriza al denominado criterio del paralelismo o "criterio objetivo directo"[62], consagrado en el Derecho internacional privado positivo venezolano en la s en las normas contenidas en los artículos 41(1)[63] y 42(1)[64] de la Ley de Derecho internacional privado. La primera de estas normas atribuye jurisdicción a los tribunales venezolanos cuando se ejercen acciones relativas a "universalidades

---

[58] Morelli, Gaetano, *Derecho procesal internacional*, Buenos Aires, Edotiral Jurídica Europa América, 1953, p. 96.

[59] González Campos, Les liens…, ob. cit., p. 277.

[60] González Campos, Les liens…, ob. cit., p. 278.

[61] González Campos, *Las relaciones*…, ob. cit., p. 103.

[62] Vescovi, Eduardo, *Derecho procesal civil internacional*, Montevideo, Ediciones IDEA, 2000, p. 37.

[63] Art. 41 LDIPV: "Los tribunales venezolanos tendrán jurisdicción para conocer de juicios originados por el ejercicio de acciones relativas a universalidades de bienes: 1. Cuando el Derecho venezolano sea competente, de acuerdo con las disposiciones de esta Ley, para regir el fondo del litigio…".

[64] Art. 42 LDIPV: "Los tribunales venezolanos tendrán jurisdicción para conocer de los juicios originados por el ejercicio de acciones sobre estado de las personas o las relaciones familiares: 1. Cuando el Derecho venezolano sea competente, de acuerdo con las disposiciones de esta Ley, para regir el fondo del litigio…".

de bienes"; la segunda, cuando se ejercen acciones sobre "estado de las personas o las relaciones familiares". Surge entonces el problema sobre la "delimitación entre normas de conflicto"[65], operación funcional que es realizable al margen de la pretensión litigiosa concreta y es previa a la puesta en funcionamiento de la norma de conflicto.

F. La voluntad de las partes: condicionante de la correlación "*lex formalis = f (forum)*"

La voluntad de las partes es un factor condicionante de la jurisdicción internacional de los tribunales venezolanos. Tanto en su dimensión positiva *–prorrogatio fori–* como en su dimensión negativa *–derogatio fori–* tiene como objeto una "transferencia de jurisdicción" que implica, en última instancia, "una modificación de la competencia legislativa"[66], porque un desplazamiento del litigio querido por las partes en el umbral del proceso, supone un cambio en la aplicación del sistema estatal de Derecho internacional privado (*lex formalis*). Así, la autonomía de la voluntad funciona como un vector[67] en el sector del conflicto de jurisdicciones. En ambos casos ya existe una jurisdicción atribuida legalmente. Luego, su intervención al inicio del proceso para atribuir o revocar voluntariamente la jurisdicción confirmada, encuentra manifestación en la correlación funcional primaria "*lex formalis = f (forum)*". Por lo tanto, la correlación de soluciones voluntariamente querida, implica la aplicación por el Tribunal territorialmente competente de la pluralidad de normas que conforman el sistema de Derecho internacional privado del foro. En el Derecho internacional privado autónomo venezolano, la *prorrogatio fori* interviene cuando el demandado esta domiciliado en el exterior (art. 39 *in fine*)[68], en virtud de las normas contenidas en los

[65] Fernández Rozas / Sánchez Lorenzo, *Curso de Derecho...*, ob. cit., pp. 340-341.

[66] González Campos, *Las relaciones...*, ob. cit., p. 101.

[67] Brand, Louis, *Mecánica vectorial*, México, CECSA, 1961, p. 21; "Cualquier magnitud física que envuelva la idea de dirección así como la de magnitud y que pueda ser representado por un segmento con dirección, se llama vector". Haciendo un símil, *derogatio fori* y *prorrogatio fori* en el Derecho internacional privado venezolano serían vectores de magnitudes distintas y direcciones opuestas.

[68] *Vid.* nota 47, *supra.*

artículos 40(4)[69] y 42(2)[70], en materias reguladas por el Derecho patrimonial (derechos reales, derechos de crédito, obligaciones contractuales y no contractuales), por el Derecho de las personas (existencia, estado y capacidad de las personas) y por el Derecho de familia, respectivamente; *a fortiori* cuando el demandado está domiciliado en el territorio del Estado venezolano. No procede en juicios originados por el ejercicio de acciones relativas a universalidades de bienes cuando el demandado esta domiciliado en el exterior. La *derogatio fori* voluntaria no procede en las materias señaladas en la norma del artículo 47 de la Ley de Derecho internacional privado. Tampoco procede en ciertas materias reservadas por el Derecho positivo venezolano[71].

V. CORRELACIONES ENTRE EL *FORUM Y* EL *IUS* EN EL *ITER* PROCESAL

Cronológicamente, una vez resuelto el "conflicto de jurisdicciones" mediante el "conjunto de normas atributivas de jurisdicción" a los tribunales venezolanos, el Juez de instancia territorialmente competente debe poner en funcionamiento "el conjunto de normas" que tiene a su disposición para determinar el Derecho aplicable al fondo del litigio. Se establece así un "vínculo necesario" *(nécessaire lien)* entre el Tribunal de instancia que conoce del litigio y su sistema de Derecho Internacional Privado, la *lex formalis fori*[72]. Tal vínculo implica que "*le juge est allors invité a parachever l'oeuvre du legislateur*", en justificación de la unidad que debe existir entre la competencia judicial (el *forum*) y la

---

[69] Art. 40 LDIPV: "Los tribunales venezolanos tendrán jurisdicción para conocer de los juicios originados por el ejercicio de acciones de contenido patrimonial:... 4, Cuando las partes se sometan expresa o tácitamente a su jurisdicción".

[70] Art. 42 LDIPV: "Los tribunales venezolanos tendrán jurisdicción para conocer de los juicios originados por el ejercicio de acciones sobre estado de las personas o las relaciones familiares:... 2. Cuando las partes se sometan expresa o tácitamente a su jurisdicción, siempre que la causa tenga una vinculación efectiva con el territorio de la Republica".

[71] Pérez Pacheco, Yaritza, *La jurisdicción en el Derecho internacional privado*, Caracas, Universidad Central de Venezuela, Facultad de Ciencias Jurídica y Políticas, 2008, pp. 85-86, notas 273-274, señala, por ejemplo, las siguientes materias: contratos de seguros celebrados con compañías extranjeras (art. 358 Ccom.); contratos de transporte de bienes o personas que ingresen al territorio venezolano (art. 10 Ley de Comercio Marítimo).

[72] González Campos, Les liens..., ob. cit., p. 268.

competencia legislativa (el *ius*)[73]; es decir, la coherencia interna del sistema de Derecho internacional privado. Así, el legislador venezolano pone a disposición del operador jurídico tres tipos de normas en el sector "conflicto de leyes": 1) las normas de aplicación necesaria; 2) las normas materiales de Derecho internacional privado autónomo; 3) las normas de conflicto de Derecho internacional privado autónomo. La intervención "implícita" de las normas de aplicación necesaria en el *iter* procesal está regulada en el artículo 10 de la Ley de Derecho internacional privado[74] porque no señala el momento en que deben ser aplicadas por el Juez competente. Los otros dos tipos de normas pertenecen, según la disposición del artículo 1 de la Ley de Derecho internacional privado, a "las normas de Derecho Internacional Privado venezolano". Se hace presente en este sector la eventual aplicación necesaria de la *lex fori* al fondo del litigio en base a un método de regulación "directo" (método material o sustantivo). "Indirectamente", la *lex fori* se aplicaría eventualmente mediante el funcionamiento de la norma de conflicto del foro, cuya consecuencia jurídica puede señalar la competencia de un Derecho extranjero que debe aplicarse "de acuerdo con los principios que rijan en el país extranjero respectivo" (art. 2 LDIPV)[75]. Partiendo de la premisa que el núcleo fundamental del vínculo (*le lien*) entre el *forum* y el *ius* es el que existe entre la competencia judicial territorial interna y el Derecho material aplicable al fondo del litigio, haremos referencia *infra* a las correlaciones funcionales de soluciones que pueden surgir entre el *forum* y el *ius* en el proceso de aplicación judicial del Derecho internacional privado venezolano.

A. La norma de aplicación necesaria: unidad directa "*lex civilis fori = f (forum)*"

La necesaria aplicación directa en el *iter* procesal de ciertas normas imperativas de la *lex civilis fori* –sin pasar por la norma de

[73] González Campos, *Las relaciones…*, ob. cit., p. 99.

[74] Art. 10 LDIPV: "No obstante lo previsto en esta Ley, se aplicarán necesariamente las disposiciones imperativas del Derecho venezolano que hayan sido dictadas para regular los supuestos de hecho conectados con varios ordenamientos jurídicos".

[75] Art. 2 LDIPV: "El **Derecho extranjero que resulte competente** se aplicará de acuerdo con los principios que rijan en el país extranjero respectivo…". (negritas nuestras).

conflicto– "se impone de manera rigurosa cuando presentan un carácter de orden público internacional"[76], aunque "la doctrina sobre las normas de aplicación inmediata no responda suficientemente a la cuestión de la distinción o de la no-distinción entre imperatividad interna e imperatividad internacional"[77]. Las soluciones que aportan las NAN está representada por una correlación *ratione materiae* "*lex civilis fori* = *f* (*forum*)" caracterizada por una "tendencia absolutista del foro"[78] ya se trate de ciertos supuestos, con independencia del domicilio, de los derechos de personas, familia o sucesiones, lo que obliga a la calificación *ex-lege fori* del supuesto litigioso de tráfico externo. Mediante esta correlación orgánica de soluciones se alcanza la "unidad entre *forum* y *ius*", caracterizada por "la coincidencia necesaria entre la competencia legislativa y la judicial"[79]. Así, en presencia de las normas de aplicación necesaria, el Juez debe aplicar exclusivamente la *lex civilis fori* del mismo modo como también debería aplicar un Derecho extranjero sólo en la circunstancia negativa en que la solución sea abandonada a la norma de conflicto[80].

B. La norma de conflicto y la correlación indirecta "*lex causae* = *f* (*forum*)"

De no proceder en el juicio la aplicación necesaria de una norma absolutamente imperativa del foro al fondo del litigio, el Juez venezolano competente se remitirá a las "normas de Derecho Internacional Privado venezolano" en defecto de normas de Derecho internacional privado convencional[81], que se manifiesta en el "vínculo necesario" entre el *forum* y la *lex formalis fori* que entraña la aplicación del

---

[76] Hébraud, De la corrélation…, ob. cit., p. 248.

[77] Carrillo Salcedo, Le renoveau du particularisme…, ob. cit., p. 233.

[78] Carrillo Salcedo, Le renoveau du particularisme…, ob. cit., p. 257.

[79] González Campos, *Las relaciones…*, ob. cit., p. 115.

[80] Laquette, *Protection familiae…*, ob. cit., p. 207.

[81] El término "normas de Derecho internacional privado convencional" hace referencia aquí a "las normas de Derecho Internacional Público sobre la materia, en particular, las establecidas en los tratados internacionales vigentes en Venezuela". Por otra parte, el término "normas de Derecho internacional privado autónomo" encierra las normas derivadas de la fuente "normas de Derecho internacional Privado venezolano", en virtud del art. 1 LDIPV.

"conjunto de normas de Derecho internacional privado autónomo". Pertenece a tal conjunto la norma de conflicto, cuya consecuencia jurídica es determinar indirectamente el Derecho material (*lex fori* o *lex causae*) aplicable al fondo del litigio, en virtud de la concretización de su factor de conexión. Luego, si la *lex civilis fori* resulta competente se establece una correlación unitaria *indirecta* "*lex civilis fori* = *f* (*forum*)" cuando el "domicilio de la persona física" o "el lugar de la situación de los bienes" o "el lugar de celebración de los actos jurídicos" se encuentren en el territorio del Estado venezolano. En esta hipótesis, se alcanza indirectamente una "correlación unitaria indirecta" entre la competencia judicial y el Derecho aplicable –por una vía diferente a la que se alcanza mediante la intervención de una norma de aplicación necesaria– que impide, parafraseando al profesor W. Goldschmidt, "que el Derecho internacional privado fracase"[82].

Cuando la norma de conflicto venezolana funciona "extraterritorializando" un Derecho privado extranjero surgen diversos aspectos en el análisis de algunos problemas generales propios del Derecho internacional privado manifestándose en la correlación indirecta "*lex civilis causae* = *f* (*forum*)". Cabe destacar, en la esfera de aplicación del Derecho internacional privado venezolano, la diferencia entre los términos "Derecho extranjero competente" y "Derecho aplicable" utilizados en la norma general contenida en el artículo 4 de la Ley de Derecho internacional privado[83] que establece reglas definidas en materia de reenvío, cuya intervención en el *iter* procesal se plantea en relación con "la extensión del Derecho extranjero competente" designado por la norma de conflicto del foro.

[82] Frase de W. Golsschmidt reproducida por Parra-Aranguren, Gonzalo, La institución desconocida en la Convención Interamericana sobre Normas Generales de Derecho Internacional Privado (CIDIP-II, Montevideo, 1979), en: *Revista de Derecho, Tribunal Supremo de Justicia*, 2002, No. 7, pp. 313 ss., especialmente p. 320.

[83] Art. 4 LDIPV: "Cuando el **Derecho extranjero competente** declare aplicable el Derecho de **un tercer Estado que, a su vez, se declare competente,** deberá aplicarse el Derecho interno de este tercer Estado.
Cuando el **Derecho extranjero competente** declare aplicable el Derecho venezolano, deberá aplicarse este Derecho…". (negrillas nuestras).

C. El reenvío y las correlaciones *lex civilis fori* = *f* (*forum*) y *lex civilis causae* = *f* (*forum*)

La norma general del artículo 2 de la Ley de Derecho internacional privado hace, en principio, una remisión global al Derecho extranjero señalado como "competente"[84] por la norma de conflicto del *forum* venezolano, por lo que no resulta "aplicable" el Derecho privado de aquel, en virtud de la aceptación de la figura del reenvío. Cuando procede el "reenvío simple o de primer grado" (art. 4 LDIPV, segundo par.) para la resolución del fondo del litigio –debido "al afán de aplicar el propio Derecho privado"[85] o, en expresión de H. Battifol, "la preferencia en favor de la propia ley por parte del Juez que conoce del litigio"[86]– se establece una correlación *unitaria* indirecta "*lex civilis fori* = *f* (*forum*)". Es decir, el Juez aplica su propio Derecho privado al fondo del litigio. Según expresión de H. Batiffol, el reenvío simple es una manifestación tópica "de la preferencia del Juez " Por otra parte, cuando procede la intervención del "reenvío ulterior o de segundo grado" (primer par. art. 4 LDIPV), la norma de conflicto del "Derecho extranjero competente" sustituye funcionalmente a la del foro, indicando el Derecho privado "de un tercer Estado" aplicable al fondo del litigio. En una primera hipótesis, si ese "tercer Estado" correspondiera al *forum*, se establecería la unidad indirecta "*lex civilis fori* = *f* (*forum*)". En otra, si es un Estado extranjero, se establece una relación indirecta no unitaria "*lex civilis causae* = *f* (*forum*)".

El reconocimiento del reenvío en el sistema de Derecho internacional privado venezolano provoca los siguientes comentarios: en primer lugar, cuando no procede el reenvío *ratione materiae*[87] la norma contenida en el artículo 2 de la Ley de Derecho internacional

---

84 Vid. notas 76 y 84 *supra*.

85 Goldschmidt, Werner, El proyecto venezolano de Derecho Internacional Privado, en: Revista del Ministerio de Justicia, 1964, No. 50, año XIII, pp. 57 ss., especialmente p. 88.

86 Batiffol, Henry, Les liens de la compétence judiciaire et de la compétence législative, en: *Cours l'Institut H.E.I.*, Paris, 1960-61, p. 103; citado por González Campos, *Las relaciones…*, ob. cit., p. 127.

87 B. de Maekelt, Tatiana, *Ley venezolana de Derecho internacional privado. Tres años de su vigencia*, Caracas, Academia de Ciencias Políticas y Sociales, 2002, pp. 78-79; señala

privado hace una remisión sectorial (Teoría de la referencia mínima) al Derecho privado extranjero señalado por la norma de conflicto del foro que se manifiesta en una correlación funcional indirecta "*lex causae* = *f*(*forum*)". En segundo lugar, la intervención del "reenvío ulterior o de segundo grado" se manifiesta también en una correlación indirecta "*lex causae* = *f*(*forum*)" en la cual la norma de conflicto del Derecho extranjero competente sustituye a la norma de conflicto del foro señalando, mediante una remisión sectorial el Derecho privado extranjero aplicable al fondo (el *ius*). En tercer lugar, la identidad de efectos entre el reenvío simple, manifestado en la correlación unitaria indirecta "*lex fori* = *f*(*forum*)" y los *forum legis* establecidos en los artículos 41(1) y 42(1) de la Ley de Derecho internacional privado, correspondientes a la correlación unitaria indirecta *forum* = *f*(*lex fori*) comprueba la coherencia orgánica de soluciones que aporta el sistema venezolano de Derecho internacional privado a los casos iusprivatistas con elemento extranjero.

D. La cuestión incidental y sus relaciones "*lex civilis causae* = *f*(*forum*)"

En la doctrina del Derecho internacional privado, la iuestión incidental está emparentada con el problema de las calificaciones y en cierto modo es semejante al reenvío[88]. En el sistema venezolano de Derecho internacional privado autónomo, la norma general contenida en el artículo 6 de la Ley de Derecho internacional privado –copiada textualmente del artículo 8 de la Convención Interamericana sobre Normas Generales de Derecho Internacional Privado– dispone: "Las cuestiones previas, preliminares o incidentales que puedan surgir con motivo de una cuestión principal, no deben resolverse necesariamente

ciertas materias exceptuadas de reenvío: "obligaciones convencionales" (art. 29 y 30); "la forma de los actos" (art. 37); "hechos ilícitos" (art. 32). "Estas excepciones obedecen al mayor grado de la seguridad jurídica deseable en las materias señaladas. En todo caso,... la jurisprudencia tendrá la última palabra".

[88] Bonnemaison, José Luis, La cuestión incidental en la problemática del Derecho internacional privado, en: Libro Homenaje a la memoria de Joaquín Sánchez-Covisa, Caracas, Facultad de Derecho, Universidad Central de Venezuela, 1975, pp. 33 ss., especialmente pp. 33 y 40.

de acuerdo con el Derecho que regula esta última". A partir de estas premisas, se puede interpretar cabalmente que la intervención de la institución que nos ocupa aquí presupone la existencia de un litigio con elemento extranjero (cuestión principal) que está ya en conocimiento de la autoridad con competencia judicial (el *forum*). Luego, la pregunta que se plantea es la siguiente: ¿cuál es el Derecho aplicable (el *ius*) a un asunto "postliminar" o incidencia que surge después que se ha determinado el derecho aplicable a la cuestión principal? La norma del artículo 6 de la Ley de Derecho internacional privado permite al Juez adoptar, alternativamente, alguna otra solución diferente basada en "el Derecho que regula la cuestión principal". Al respecto, la doctrina propone dos formas clásicas para resolver la cuestión incidental: 1) la solución *ex-lege fori* o autónoma, que consiste en regular la cuestión incidental de acuerdo con el Derecho internacional privado del foro; 2) la solución *ex lege causae* o jerarquizada, que somete la solución de la cuestión incidental al sistema de Derecho internacional privado del Derecho privado extranjero aplicable a la cuestión principal.

Respecto de la solución *ex lege fori* o autónoma se plantea un problema de "delimitación entre normas de conflicto del foro" –distinto al que se haya podido presentar respecto de la cuestión principal– a efectos de precisar el alcance y significado del contenido del supuesto normativo mediante la operación de "calificación-subsunción". Tal problema es el la base que ha permitido a la doctrina emparentar la cuestión incidental con la calificación. Precisada la norma de conflicto reguladora de la cuestión principal, el Juez venezolano deberá aplicar –mediante una referencia sectorial– el Derecho privado extranjero "de acuerdo con los principios que rijan en el país extranjero respectivo", que se manifiesta en una relación no unitaria indirecta "*lex causae = f* (*forum*)".

Respecto de la solución *ex-lege causae* o jerarquizada, la norma de conflicto del ordenamiento extranjero destinado a resolver la cuestión principal sustituye la del foro para indicar el Derecho privado aplicable a la cuestión incidental (el *ius*), dándole relevancia a la norma de conflicto extranjera. Por lo tanto, el Juez venezolano debe aplicar ese Derecho extranjero "de acuerdo con los principios que rijan en el país extranjero respectivo" (art. 2 LDIPV). Sobre este argumento, entre otros, es que se basa la doctrina para establecer cierta semejanza con el reenvío. Luego. bajo la hipótesis que el Derecho regulador de la cuestión principal admita el reenvío, ¿podría la *lex fori* regular la cuestión incidental?. En tal caso sí sería necesario resolver la cuestión incidental mediante este método de solución, porque se establecería una relación *indirectamente* unitaria "*lex fori* = *f* (*forum*)". De otro modo, si el Derecho aplicable a la cuestión incidental es extranjero se mantiene la misma relación *no unitaria* indirecta "*lex causae* = *f* (*forum*)".

E. El orden público en el Derecho internacional privado y la unidad indirecta "*lex fori* = *f* (*forum*)"

Alguien expresó que el orden público –tanto en su concepción como "conjunto de disposiciones" como en la de "conjunto de principios"– es "*l'infant terrible*" del Derecho internacional privado. Tal vez porque su intervención en el proceso de aplicación judicial del Derecho internacional privado tiene como efectos: (1) excluir el funcionamiento de la norma de conflicto del foro (intervención *a priori* del orden público mediante la norma de aplicación necesaria), que se manifiesta en una relación unitaria directa "*lex fori* = *f* (*forum*)"; (2) en ausencia del efecto anterior, excluir la aplicación de las disposiciones de la *lex causae* (intervención *a posteriori* o excepción de orden público) cuando su aplicación produzca resultados que conculquen *manifiestamente* los principios esenciales y actuales del orden público nacional. Al tal efecto, el Juez debe controlar *vis-à-vis* la solución del caso concreto y los principios esenciales de la *lex fori*, los cuales no admiten otra categorización distinta a la calificación *ex lege fori*.

La intervención *a posteriori* del orden público venezolano en el *iter* procesal está regulado por la norma general contenida en el artículo 8 de la Ley de Derecho internacional privado[89]. La aplicación de esta norma puede conducir a la aplicación de la *lex fori* si opera el efecto sustitutorio derivado de la excepción de orden público. Es decir, se puede llegar, en última instancia, a una reglamentación "unitaria y global"

[89] Art. 8: "Las disposiciones del derecho extranjero que deban ser aplicables de conformidad con esta Ley, sólo serán excluidas cuando su aplicación produzca resultados manifiestamente incompatibles con los principios esenciales del orden público venezolano".

del supuesto en el ámbito de la *lex fori* manifestada en la relación unitaria indirecta "*lex fori* = *f* (*forum*)", habiéndose partido de una regulación indirecta "*lex causae* = *f* (*forum*)".

F. La adaptación y sus relaciones indirectas "*lex causae* = *f* (*forum*)"

La adaptación es una cuestión que aparece gracias a un cambio de actitud que parte única y exclusivamente del Juez y del legislador del foro, respecto de la función que debe atribuirse al Derecho Internacional Privado[90]. Su regulación en la norma contenida en el artículo 6 de la Ley de Derecho internacional privado[91] supone, en primer lugar, acudir al método analítico a efectos de fragmentar la unidad del supuesto de tráfico jurídico externo para aplicarle a cada uno de ellos, armónicamente, normas materiales procedentes de sistemas iusprivatistas diversos y, posteriormente, su aplicación simultánea en virtud del método sintético. Así, "análisis y síntesis se contrabalancean"[92]. La aplicación de diversas normas de conflicto del foro supone una regulación indirecta de cada fragmento del supuesto litigioso que se manifiesta, generalmente, en una diversidad de soluciones "*lex causae* = *f* (*forum*)", cuyos contenidos deben ser sintetizados armónicamente por el Juez a quien corresponde, como lo ha señalado la doctrina, la creación *ad hoc* de una norma material[93] (*lex fori*) mediante "la búsqueda de una solución más justa y equitativa para los particulares"[94]. Con ello, se pasa de una plural reglamentación indirecta "*lex causae* = *f* (*forum*)" a una reglamentación unitaria y directa "*lex fori* = *f* (*forum*)". Si bien existe en el *iter* procesal una intervención mediata de una pluralidad de normas de conflicto querida por el legislador del foro (primer par. art. 7 LDIPV),

---

90 Bouza Vidal, Nuria, *Problemas de adaptación en Derecho internacional privado e interregional*, Madrid, Tecnos, 1977, p. 27.

91 Art. 7 LDIPV: "Los diversos Derechos que puedan ser competentes para regular los diferentes aspectos de una misma relación jurídica, serán aplicados armónicamente, procurando realizar las finalidades perseguidas por cada uno de esos Derechos.
Las posibles dificultades causadas por su aplicación simultánea se resolverán teniendo en cuenta las exigencias impuestas por la equidad en el caso concreto".

92 Golschmidt, *Derecho internacional privado...*, ob. cit., p. 11.

93 Bouza Vidal, *Problemas de adaptación...*, ob. cit., p. 13.

94 Bouza Vidal, *Problemas de adaptación...*, ob. cit., p.14.

al Juez le corresponde adaptar (sintetizar) las soluciones parciales "teniendo en cuenta las exigencias impuestas por la equidad en el caso concreto" (segundo par. art. 7 LDIPV).

VI. EL CONTROL DE LA SENTENCIA EXTRANJERA: CORRELACIÓN "*LEX CAUSAE = F (FORUM)*"

"De todos los problemas que surgen en el intercambio internacional, el problema del reconocimiento de sentencias extranjeras y su ejecución en otros países, es posiblemente el más importante"[95]. Así lo reconoce también la más destacada doctrina iusprivatista internacional venezolana sobre la materia[96]. En atención a la doctrina iusprocesalista venezolana, el concepto de sentencia es correlativo del concepto de jurisdicción, en tanto que "norma jurídica individual y concreta creada por el juez mediante el proceso"[97]. Luego, la sentencia dictada por un Juez extranjero (*lex causae*) es correlativa a su competencia internacional desde la perspectiva del Juez del exequátur (el *forum*). Aparece así una tercera dimensión en la que se le plantea a éste y no al Juez de instancia, "el problema de la penetración de los efectos de la sentencia extranjera en la vida jurídica privada internacional"[98]. En Venezuela, la solución a este problema se encuentra establecida de forma expresa en las normas sobre eficacia y ejecución de las sentencias extranjeras (Capítulo X LDIPV) y en las normas procesales vigentes (Título X CPC).

En el ámbito de la jurisdicción contenciosa, la *lex processualis fori* (primer par. art. 850 CPC)[99] le impone al Juez del exequátur declarar la ejecutoria de la sentencia extranjera para lo cual deberá examinarla a fin de cerciorarse de que dicha sentencia reúna los requisitos de ley

---

[95] Wolff, Martín, *Derecho internacional privado*, Barcelona, Bosh, 1958, p. 237.

[96] Sánchez-Covisa, Joaquín, La eficacia de las sentencias extranjeras de divorcio, en: *Obra jurídica de Joaquín Sánchez-Covisa*, Caracas, Ediciones de la Contraloría General de la República, 1976, pp. 327 ss., especialmente p. 331.

[97] Rengel-Romberg, Arístides, *Tratado de Derecho procesal civil venezolano*, Caracas, Arte, 1992, Vol. II, p. 286.

[98] Ley de Derecho Internacional Privado. Exposición de Motivos..., ob. cit., p. 63.

[99] Art. 850 CPC: "Corresponde a la Corte Suprema de Justicia declarar la ejecutoria de las sentencias de autoridades extranjeras, sin lo cual no tendrán ningún efecto...".

establecidos en el artículo 53 de la Ley de Derecho internacional privado [100]. Se establece en este supuesto una correlación directa "*lex causae* = *f* (*forum*)" según la cual el juez del exequátur venezolano debe recurrir a las normas de su sistema de Derecho internacional privado (*lex formalis fori*) a efectos de otorgar o denegar el pase de la sentencia extranjera cuyo reconocimiento se ha solicitado y eventualmente su ejecución, siempre que se cumplan los requisitos concurrentes exigidos en el texto del artículo 53 *eiusdem*. En otras palabras, la relación entre el Juez del exequátur y la sentencia extranjera es directa porque no se establece mediante la aplicación de la norma de conflicto del foro en un juicio ordinario sino en un ámbito de problemas distintos, el de la eficacia en el territorio del Estado del foro de una decisión judicial extranjera. Así, por ejemplo, el control de la jurisdicción de los tribunales del Estado sentenciador (jurisdicción internacional indirecta) se realiza mediante un criterio comparativo de equivalencias con los principios generales de jurisdicción consagrados en el Capítulo IX de la Ley de Derecho internacional privado, por aplicación extensiva del artículo 9 de la Ley de Derecho internacional privado[101]. El control de la exclusividad del foro venezolano se puede realizar mediante la aplicación del artículo 5 de la Ley de Derecho internacional privado[102], en virtud de los efectos constitutivo o mero declarativo de una sentencia extranjera.

[100] Art. 53 LDIPV: "Las sentencias extranjeras tendrán efecto en Venezuela siempre que reúnan los siguientes requisitos: 1. Que hayan sido dictadas en materia civil o mercantil...; 2. Que tengan fuerza de cosa juzgada...; 3. Que no versen sobre derechos reales respecto a bienes situados en la República o que no se haya arrebatado a Venezuela la jurisdicción exclusiva que le correspondiere...; 4. Que los tribunales del Estado sentenciador tengan jurisdicción...; 5. Que el demandado haya sido debidamente citado...; 6. Que no sean incompatibles con sentencia anterior que tenga autoridad de cosa juzgada; y que no se encuentre pendiente ante los tribunales venezolanos, un juicio sobre el mismo objeto y entre las mismas partes...".

[101] Art. 9 LDIPV: "Cuando el Derecho extranjero declarado aplicable al caso establezca instituciones o procedimientos esenciales para su adecuada aplicación que no estén contemplados en el ordenamiento jurídico venezolano, podrá negarse la aplicación de dicho Derecho extranjero, siempre que el Derecho venezolano no tenga instituciones o procedimientos análogos".

[102] Art. 5 LDIPV: "Las situaciones jurídicas creadas de conformidad con un Derecho extranjero que se atribuya competencia de acuerdo con criterios internacionalmente admisibles producirán efecto en la República, a no ser... que el Derecho venezolano reclame competencia exclusiva en la materia respectiva...".

VII. CONCLUSIÓN

Actualmente, es innegable la existencia del vínculo (*le lien*) que históricamente ha existido entre la competencia judicial internacional (el *forum*) y el Derecho privado aplicable al fondo del litigio (el *ius*). No obstante, durante la aplicación judicial de los "conjuntos de normas" que conforman el contenido de un sistema estatal de Derecho internacional privado se pueden presentar diversas "relaciones mutuas" entre el *forum* y el *ius* (*les rapports*), que se traducen en una correlación funcional de soluciones que, orgánicamente, persiguen aportar una respuesta global a las cuestiones de la vida privada internacional.

En base a estos argumentos y tomando auxilio en el análisis económico del Derecho, se han podido establecer aquí diversas relaciones funcionales "*ius* = *f* (*forum*)" y "*forum* = *f* (*ius*)" que son la manifestación de la correlación orgánica de soluciones entre los tres sectores o conjuntos de normas que integran de forma coherente el sistema venezolano de Derecho internacional privado autónomo (*caeteris paribus* fuentes normativas internacionales), cuyo cauce vertebral de positivación se encuentra en la Ley de Derecho Internacional Privado de 1998.

www.ingramcontent.com/pod-product-compliance
Lightning Source LLC
LaVergne TN
LVHW082157051026
849532LV00012B/3613
* 9 7 8 9 8 0 4 1 6 0 1 3 4 *